中国电力工业志丛书

华东电力工业志

(1991～2002)

中国电力出版社

华东电网地理位置接线示意图(2002年底)

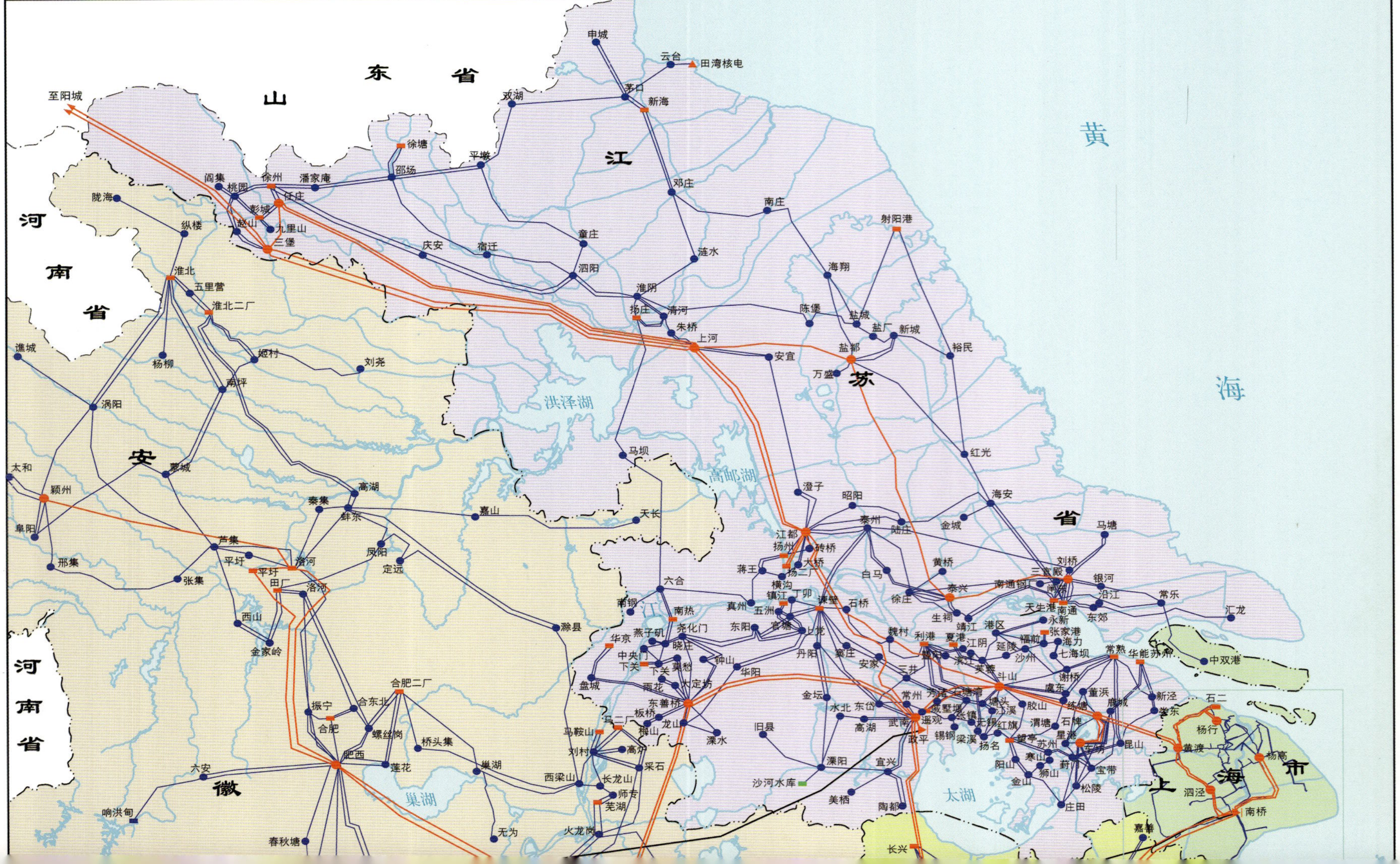

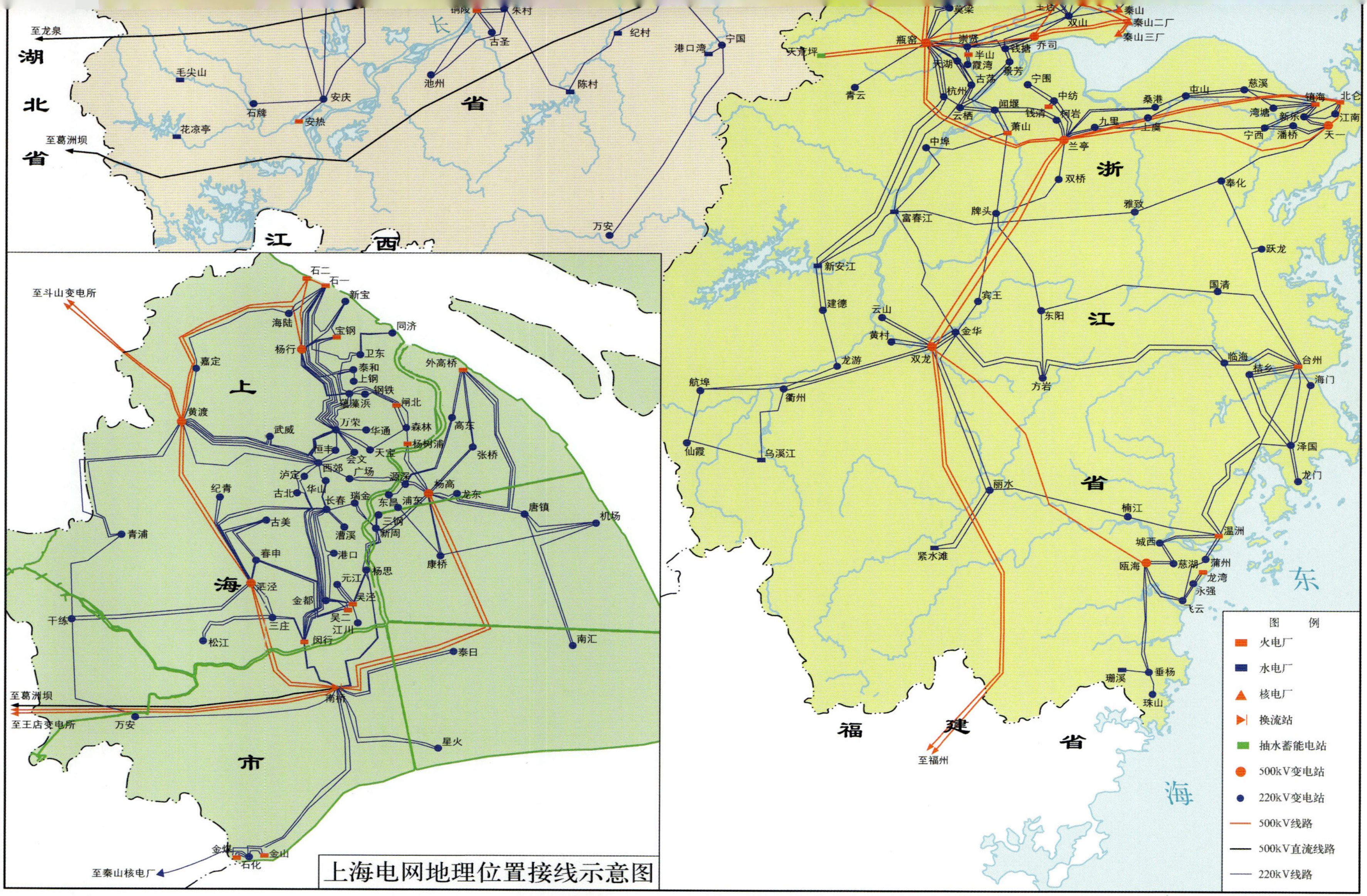
上海电网地理位置接线示意图
图例
火电厂
水电厂
核电厂
换流站
抽水蓄能电站
500kV变电站
220kV变电站
500kV线路
500kV直流线路
220kV线路
上海市
浙江省
福建省
江西
湖北省
东海
至龙泉
至葛洲坝
至斗山变电所
至王店变电所
至秦山核电厂
至福州
石二
石一
新宝
同济
海陆
宝钢
杨行
卫东
泰和
上钢
钢铁
蕴藻浜
闸北
嘉定
黄渡
武威
万荣
华通
森林
杨树浦
外高桥
高东
张桥
恒丰
天宝
会文
广场
西郊
沪定
古北
华山
长春
瑞金
东昌
浦东
杨高
龙东
唐镇
机场
纪青
古美
漕溪
三钢
新周
康桥
青浦
春申
港口
杨思
元江
吴泾
泗泾
金都
吴二
江川
三庄
闵行
松江
干练
南汇
泰日
南桥
万安
星火
金山
石化
瓶窑
天荒坪
青云
杭州
云栖
中埠
富春江
新安江
建德
龙游
衢州
乌溪江
航埠
仙霞
云山
黄村
双龙
金华
宾王
东阳
方岩
丽水
紧水滩
兰亭
双桥
雅致
奉化
跃龙
国清
临海
台州
海门
泽国
龙门
温洲
楠江
城西
瓯海
慈湖
蒲州
龙湾
永强
飞云
垂杨
珊溪
珠山
宁波
镇海
北仑
江南
天一
慈溪
中山
桑港
上虞
九里
宁西
潘桥
萧山
闻堰
钱清
乔司
双山
秦山二厂
秦山三厂
安庆
安热
石牌
毛尖山
花凉亭
池州
古圣
陈村
纪村
港口湾
宁国
万安

1991 年 7 月 9 日，中共中央总书记江泽民（左四）视察苏州供电局胥门变电站水灾现场

1995年6月3日，全国人大常委会委员长乔石（左二）视察新安江水电厂

1996年11月29日，国务院总理李鹏（左三）、副总理吴邦国（左一）视察天荒坪抽水蓄能电站

2000年12月12日，国务院总理朱镕基（右一）到浙江省电力公司考察

2002年6月23日，国家副主席胡锦涛（前排中）视察秦山核电站三期工程

1993年1月16日，上海市副市长顾传训（前排左三）等参加在上海举行的中国华东电力集团暨中国华东电力集团公司揭牌仪式

1993年4月7日，中共中央政治局委员、上海市市委书记吴邦国（前排右三）视察石洞口发电厂

1996年11月13日，电力工业部副部长汪恕诚（前排左六）参加浙江省暨华东电网行政村村村通电仪式

1997年1月22日，电力工业部部长史大桢（前排右一）和江苏省副省长俞兴德（前排左一）为江苏省新海发电厂荣获全国“一流火力发电厂”称号揭牌

1998年春节，安徽省省长回良玉（前排右二）视察安徽省电力调度中心，向坚守岗位的职工拜年

2000年10月17日，国家电力公司副总经理陆延昌（前排左二）视察上海市市东供电公司伟绩变电站

2002年12月，国家电力公司副总经理赵希正（前排左三）出席国家电力公司华东公司中层干部会议

建成的上海外高桥电厂和建设中的外高桥电厂二期工程

上海石洞口第二发电厂 60 万千瓦汽轮发电机组安装现场

1994 年，天荒坪抽水蓄能电站主厂房水轮发电机组安装现场

2002年，建设中的上海500千伏泗泾变电站

2002年，建设中的江阴长江大跨越工程立塔施工

建设中的镇江跨越长江500千伏输电工程

华东电管局望亭发电厂

上海吴泾热电厂八期扩建工程

安徽平圩电厂60万千瓦汽轮发电机组

江苏扬州第二发电厂

浙江北仑发电厂60万千瓦机组

上海闸电燃气轮机发电厂

秦山核电站三期工程

2001 年批准建设的上海南汇风力发电项目模型

2000 年建成投产的天荒坪抽水蓄能电站

1991年，上海500千伏南桥交直流变电站扩建工程建成投运

1992年8月，安徽500千伏繁昌变电站扩建工程建成投运

2002年10月开工建设的江苏500千伏锡东南变电站

2000 年开工建设的 500 千伏三峡—常州直流输电政平换流站

华东电网第一个 500 千伏输变电达标投产工程——浙江金华变电站

2001 年 12 月开工建设的上海500千伏输电线路吴淞口黄浦江大跨越塔

1991 年，华东电网科技成果推广会召开

华东电力试验研究院高压试验室

华东电力培训中心 30 万千瓦仿真培训机房

2001年11月6日，国家电力公司华东公司总经理邵世伟（前排中）与调度通信中心的员工一起祝贺华东与福建联网成功

2002年7月24日，国家电力公司华东公司BPR项目正式启动，国家电力公司华东公司与麦肯锡公司签订合作协议

1993年1月，中国华东电力集团公司总经理周祥根（右二）会见美国电力公司客人

1994年2月，中国华东电力集团公司总经理钱忠伟（前右一）接待美国参议员并陪同参观华东电力总调度所

2002年，国家电力公司华东公司总经理邵世伟（左五）接待来访的印度水利电力部部长（右四）及其随行人员

华东电力调度大楼(2000年)

华东电力调度中心

2002 年 8 月 24 日，上海 500 千伏南桥变电站遭飑线袭击后的受灾现场

2000年3月，华东电力集团公司本部“三讲”教育动员大会召开

2002年7月，国家电力公司华东公司举行“七一”歌会，庆祝党的生日

2001年6月22日，在“忘年交”活动中，国家电力公司华东公司新、老党员在会标上签名

华东电网有限公司董事长、党组书记、总经理帅军庆（会标下左四）、副总经理赵首先（会标下右四）、胥传普（会标下左二）、黄良宝（会标下右二）、华东电力工委主任庄毅群（会标下左一）、党组纪检组组长王航（会标下右一）出席2008年11月12日公司召开的《华东电力工业志》(1991～2002)内审暨编志工作总结会议

2009年3月24日，《华东电力工业志》(1991～2002)终审会议与会人员

中国电力工业史志编辑委员会成员名单

中国电力工业史志编辑室

《华东电力工业志》
（1991～2002）
编纂委员会

编纂人员

总　　序

《中国电力工业志》（1991～2002）丛书的陆续出版，是全行业电力史志工作者辛勤耕耘、通力合作的结果。这套续志丛书的出版，标志着在新的电力管理体制格局下，电力行业精神文明建设取得的丰硕成果。

中国电力工业第一部志书记述了自中国有电开始至1990年，百余年中国电力工业发展的历史。由于时间跨度大，为了填补国内尚无一部系统记述电力事业发展的专业志书的空白，修志人员以拓荒和补救的方式来收集濒临泯没的资料，经过近20年的努力，这套38卷丛书到1995年已经全部出版。从整体上看，第一部《中国电力工业志》丛书资料丰富、内容翔实、体例严谨，可供后人借鉴，受到史学界和广大读者的好评。

从第一部志书的下限至2002年，正处在国家经济建设突飞猛进，也是电力工业发展最快的时段。2002年底，又恰逢电力体制改革进入了重组国有电力资产，组建电网、发电公司，实行厂网分开的重要时期。为了记录电力资产重组前的这段历史，续修1991～2002年电力工业志丛书的任务便被提上了日程。根据上届修志的经验，这届续修电力工业志，继续由中国电力企业联合会领导，各网、省、自治区、直辖市电力史志编委会组织实施。

1991年以来，中国电力工业进入高速发展时期，发电装机容量、发电量持续增长。全国发电装机容量继1987年突破1亿千瓦后，到1995年超过了2亿千瓦，2000年又跨上3亿千瓦的台阶，2002年底达到3.56亿千瓦。发电量在1995年超过了1万亿千瓦时，2002年底达到1.65万亿千瓦时。12年间，全国发电装机容量和发电量年均增长率分别达到8.4%和8.5%，从1996年底开始一直位居世界第二位。与此同时，中国电力工业已经步入大机组、大电网、西电东送、南北互济、跨区联网，实现更大范围资源优化配置新的发展时期，中国电力工业正向高效、环保、安全、经济的更高目标迈进。

12年间，电力工业作为关系国家经济发展全局的重要基础产业，为满足国民经济发展和人民群众需求，保障全面建设小康社会奋斗目标的实现，为贯彻落实科学发展观，充分体现国家能源发展战略的要求，逐步转变电力增长方式，实现电力工业持续、稳定、健康发展作出了重要贡献，取得了举世瞩目的成绩。但是，与发达国家相比，全国人均拥有的发电装机容量和电力消费占能源消费的比重还很低，因此，把这一时期电力工业发展过程中积累的经验、教训如实记录下来，力求为现在和未来的电力工业发展提供有益的借鉴是续志的重要责任。

修志是一项千秋大业，必须经世之用。在续志过程中我们以邓小平理论和“三个代表”重要思想为指导，以辩证唯物主义和历史唯物主义为准则，力求把 12 年里电力工业所走过的道路，客观、真实地反映出来。既突出时代特点、全面记述；又继承延续、据实创新的编纂；使续志成为一部具有资料性著述的丛书。提高续志的可读性和适用性，为广大读者学志、用志提供帮助。

电力工业志是以电力生产力的发展为主线，全面记述对电力工业发展有影响、起推动作用的有关事件和人物。修志，既是总结昨天的记录，又是把握今天、创造明天的导向，不仅有助于当代人认识现实世界，而且能使后代人从用志的过程中得到启迪。希望这套《中国电力工业志》（1991～2002）丛书的面世，能使国内外广大读者从中得益，以便更好地为电力工业发展服务。

中国电力工业史志编辑委员会

序　言

《华东电力工业志》（1991～2002）出版了。这是华东电网文化建设中一项值得庆贺的大事。

华东电网所覆盖区域（上海、江苏、浙江、安徽三省一市），自古以来就有物华天宝、人杰地灵之美誉。自中国的第一盏电灯最早在上海点亮，开启了中国有电的历史。中华人民共和国成立后，通过恢复改造和不懈的建设，华东电力工业取得了快速发展。

这本志书，以翔实的资料、齐全的门类、丰富的内容和简洁朴实的文字，再现了1991～2002年华东电力工业改革、发展、变化的轨迹。在这短短的12年里，华东火力发电朝着“大容量、高参数、自动化”机组和大电厂的方向迅速发展；抽水蓄能资源开发加快，大型电站相继建成；核电建设取得突破，发展较快；新能源发电项目建设开始启动。华东电网500千伏主网架基本建成，并实现同福建省电网的互联，实现与华中电网通过两条直流输电线路相互联结，输送容量与可靠性倍增，电网规模跃居全国区域电网之首。全网的电力生产、运行和维修管理水平大幅提高，技术改造成效显著，农村电网改造如期完成，技术经济指标不断优化，污染治理卓有成效。截止到2002年底，全网有6000千瓦以上发电厂120家，发电装机容量已达6250.2万千瓦，年发电量3145.04亿千瓦时；全网有220千伏及以上线路30925千米，变电站361座，变电容量11636万千伏安；全网最高负荷5590万千瓦。同1990年相比，电源容量增加1.4倍，500千伏线路增加2.87倍，变电容量增长5倍，并且500千伏电网作为接纳区外来电和华东电力输送主通道的格局已经确立……

咀嚼这本志书，相信每一位读者不仅可以清晰地看到华东电力工业在这12年中所取得的成就，更可以展望华东电力工业将以科学发展观统领全局，总结快速发展的成功经验，优化区域电源结构和配置，充分发挥区域电网互联的安全和经济效益，为华东地区经济社会发展作出更大贡献的愿景。谨此，向为这本志书问世付出大量心血的编纂人员表示敬意，向给予本志书编纂工作以大力支持和帮助的各位领导、专家和前辈表示感谢！

华东电网有限公司董事长、党组书记、总经理

《华东电力工业志》编纂委员会主任

帅军庆

二〇〇八年十一月十二日

凡　　例

一、本志根据中国电力工业史志编辑委员会的统一部署进行编纂，是中国电力工业志丛书的一个分卷。

二、本志以马列主义、毛泽东思想、邓小平理论和“三个代表”重要思想为指导，以辩证唯物主义和历史唯物主义为准则，以生产力的发展为主线，存真求实，记述华东电力工业 1991～2002 年发展的历史。

三、本志断限，上自 1991 年，下止 2002 年。本志中部分内容，如勘测设计、集资办电、物资管理、审计管理、外事管理、技术干部管理、思想政治工作、纪检监察等因前志未记，故将上限酌情上溯，乃至发端。

四、本志由概述、志的本体（电源建设、电网建设、规划与勘测设计、施工与基建管理、发电、输变电、用电、电网管理与电力调度、农村电力、科技与信息、教育培训、多种产业、经营管理、党群）、人物、大事记、专记组成，卷首有图片、总序、序言、凡例，卷末有附录、编后记。

五、本志用语体文记述体，以第三人称记述，由述、志、记、图、表、录等体裁组成。志为主体，横分门类，纵记史实。一般设篇、章、节、目四个层次。大事记采用编年体，结合记事本末体。

六、人物入志，华东电管局副局级及以上领导干部记入简历，全国劳动模范作简要介绍，省部级劳动模范列出名单。

七、称谓，人物一般直书其名，必要时加职务；地名均用当时地名。断限内上级主管部门先后为能源部、电力工业部（简称电力部）、国家电力公司（简称国电公司），断限期间统称时，用“上级主管部门”；具体指某一时段时，用当时主管部门的名称。本单位名称，断限时间内为华东电业管理局（简称华东电管局），一直存续到 2002 年 5 月。1993 年前为中国华东电力联合公司（简称华东电力联合公司）；1993 年～2000 年 6 月为中国华东电力集团公司（简称华东电力集团公司）；2000 年 7 月～2002 年底为国家电力公司华东公司（简称国电华东公司）。断限期间统称时，用华东电管局（公司）；具体指某一时段时，用当时单位实际名称。

断限内华东电网所在的地区，指上海市、江苏省、浙江省、安徽省（简称华东三省一市或华东电网地区）。上海市、江苏省、浙江省、安徽省电力工业局（电力公司），统称华东三省一市电力局（公司）。泛指华东电网地区各电力企业时，用华东电力企业。华东电力系统则泛指华东电网地区电业管理机构、企业和相关电力设施。

八、行文规范，以《中国电力工业志行文规范》为依据。

九、科学技术名词术语，一律采用国家或有关部门审定的标准称呼；有英文译名的，先用中文写出全称，后在括号内标出英文缩写或英文全称。

十、本志中字体、标点符号、计量单位、阿拉伯数字的使用，均按国家有关部门颁布的标准及《中国电力工业志行文规范》执行。

十一、资料主要取自华东电管局和其他相关单位档案室；统计数据，以华东电管局统计部门的数据为准。

目　　录

概　述

华东电网覆盖上海、江苏、浙江和安徽等省市，东临黄海、东海；北依独立运行的山东省电网；南经一回500千伏交流输电线路同福建省电网相接；西北方有500千伏交流输电线路经山东、河南直达山西阳城电厂，实现对华东江苏的电力“专线专供”；西则通过两回500千伏直流输电线路同华中区域电网互联，并与河南、湖北和江西省电网为邻。

华东三省一市地处长江中下游，面积约35万千米^2，人口1.96亿，工业兴盛，农产丰富，商贸繁荣，人才汇聚，交通便捷，物流畅通，是中国经济相对发达地区之一。境内上海和江苏几为平原，浙江和安徽多丘陵和山地，能源资源相对匮乏。浙皖两省水能资源蕴藏量1203.2万千瓦，仅占全国1.8%，且开发逾80%，常规水电发展空间有限。2002年，华东煤炭保有储量281.5亿吨，仅占全国2.81%，主要分布在苏皖两省北部，其中两淮煤炭可外供但数量有限。石油和天然气资源集中两处：苏北油气区储量不大，开采量已过半；东海油气区资源丰度和探明程度均低，近期难以充当能源供应基地。华东三省一市经济相对发达、能源需求巨大而本地资源短缺的状况，形成了华东电力工业发展中“北煤南运”和“西气东输”的一次能源流向，以及华东电网运行中“西电东送”的区外来电格局。

华东电力工业开中国有电之先河，但历经战乱而备受创伤。中华人民共和国成立后，通过恢复改造和七个五年计划建设，华东电力工业取得了快速发展。到“七五”计划期末的1990年，华东三省一市发电设备容量已达2582.54万千瓦，年发电量1091.45亿千瓦时。其中水电装机284.29万千瓦，占11%；火电装机2298.25万千瓦，占89%。火电机组多为中小容量，供电煤耗率较高，可靠性指标偏低。华东电网500千伏线路总长2061千米，变电站6座，容量559.7万千伏安；220千伏线路总长11662千米，变电站108座，容量2112万千伏安。然而500千伏主网架结构薄弱，220千伏电网输送容量多处受阻，出现若干“瓶颈”。华东三省一市全社会用电量1084.87亿千瓦时，其中葛沪直流区外来电年仅7.81亿千瓦时。华东电网用电形势依然严峻，拉闸限电现象屡屡发生。从“八五”计划开始，在全国改革不断深化和经济发展加快的大背景下，在中共中央、国务院决定开发开放上海浦东，推动长江流域经济带大发展战略的实施进程中，华东电网地区经济和社会发展尤为迅速。为适应这一新形势的要求，华东电力工业的发展必须与之同步并力争适度超前。

一

1991～2002年，华东火力发电朝着“大容量、高参数、自动化”机组和大电厂的方向迅速发展，水电建设转为以开发抽水蓄能电站为主。华东电力企业根据“集资办电”等政策，不断开拓资金渠道，加速电源建设步伐，其间相继投产 30 万千瓦级机组 43 台，60 万千瓦机组 12 台，总容量达 2061 万千瓦，接近 1990 年火电总装机的 90%。继运行有年的谏壁、徐州、望亭、石洞口和镇海 5 大发电厂之后，又建成石洞口二厂、平圩、北仑、常熟、台州、外高桥、利港、洛河、淮北、南通、扬州二厂、宝钢和吴泾二厂等发电厂，百万千瓦级火电厂增至 18 座。北仑电厂更以装机 300 万千瓦成为 20 世纪中国内地最大火电厂。外高桥电厂二期工程 2 台单机容量最大的 90 万千瓦超临界机组，2001 年 7 月亦开工建设。“九五”计划期间，发电容量 180 万千瓦的全国最高水头的天荒坪抽水蓄能电站、8 万千瓦的浙江溪口和安徽响洪甸抽水蓄能电站建成。10 万千瓦的江苏沙河抽水蓄能电站 2002 年投入运行。已开工建设的尚有浙江桐柏、江苏宜兴和安徽琅琊山等抽水蓄能电站，发电容量分别为 120 万、100 万和 60 万千瓦。华东电网负荷峰谷差日益增大，应运而生的大型抽水蓄能电站分散在三省布点建设，使电网的调峰填谷运营获益匪浅。

华东核电建设取得突破，发展较快。“八五”计划期间，位于浙江海盐的秦山一期 30 万千瓦核电机组建成，1991 年 12 月首次并网发电成功，结束了中国内地无核电的历史。“九五”计划期间，秦山二期 2 台国产化 60 万千瓦核电机组工程 1996 年 6 月开工，1 号机组 2002 年 4 月投入商业运行。中国和加拿大政府合作建设的秦山三期 2 台 72.8 万千瓦重水堆核电机组工程 1998 年 6 月动工，1 号机组 2002 年 12 月投运。位于江苏连云港的中国和俄罗斯合作项目田湾核电站一期工程 1999 年 10 月开工，安装 2 台单机容量国内最大的 106 万千瓦压水堆核电机组。华东核电发展加快，既能优化电源结构，又可减轻燃料运输压力，因此弥足珍贵。与此同时，新能源发电项目建设开始启动。1998 年，浙江建成苍南鹤顶山和临海括苍山两项风电工程，总装机容量达 3 万千瓦。苏、沪多项风电工程已开工建设。此外，2002 年底前上海和浙江均有垃圾焚烧电厂投入运行。在城市一般垃圾经过分类提高热值后，垃圾焚烧发电可望推广。

华东电网 500 千伏主网架基本建成，其规模跃居全国区域电网之首。新建 500 千伏线路 5917 千米，变电站 21 座，总容量 2834.7 万千伏安。主网架核心部分由横∞形增强为双环形，主要输电通道均为双回或多回路。继繁昌、瓶窑、江都、南桥、黄渡和斗山等变电站之后，武南、兰亭、石牌、上河、三堡和王店等一批 500 千伏枢纽变电站建成。华东江苏 500 千伏工程冲破输变电只能作为电源配套的桎梏，一批工程集中后单独立项，闯出新路，功不可没。其中 500 千伏江阴长江大跨越工程立项建设，创造了多项国际或国内第一。2000 年，山西阳城电厂接入华东电网的 733 千米 500 千伏输电线路投入运行，成为中国大容量坑口电厂跨区“专线专供”之先例。2001 年，浙江双龙变电站至福建福州变电站的 500 千伏输电线路投产，华东电网同福建省电网实现互联。此举既解福建“小网大机”之忧，又补华东“水电不足”之缺，受到多方称道。2002 年，三峡送电华东的 860 千米龙政 500 千伏直流输电线路投运，华东与华中区域电网由两条直流通道互联，输送容量与可靠性倍增，三峡和葛洲坝水电站“西电东送”渐入佳境。华东 220 千伏新增线路 11285 千米，几近翻番；变电容量剧增 6129 万千伏安，接近 3 倍。足证华东经济快速发展对电力需求之强劲，加速电网建设时不我待！

电力规划、勘测设计和基本建设水平不断提升。华东电管局重视编制华东电力“八五”、“九五”和“十五”计划并不遗余力地滚动修订，千方百计为华东三省一市经济和社会发展创造条件。通过超前规划，争取区外来电，落实燃料资源，筹划运输途径，确定装机规模，优化电网布局，协调网厂建设，使华东电网得以持续、快速、有序地发展。三省一市电力工业局也都注重规划先行，保证电力工业与地方经济发展相协调。华东和三省一市五家电力设计院、华东和上海两家水电勘测设计院承担华东等地大型水火电和超高压输变电工程，获得数十项国家级优秀工程设计奖和科技进步奖。华东电力施工企业适应加快电力建设步伐扩大建设规模的需要，不断强化管理，提高能级，施工水平跃升。2002年，华东电网已有综合性一级施工企业15家，可承担60万千瓦火电机组或500千伏输变电工程等，12年累计完成产值443亿元。华东电管局不断深化基建体制改革，大力推行项目法人责任制、资本金制、招投标制、建设监理制和合同管理制等，使工程质量普遍提高，工程造价受到控制。1995年起按照电力部要求，开展基建达标投产活动。2002年底前达标投产的31台燃煤机组运行稳定，功能齐全，等效可用系数一般提高6～7个百分点，安全经济效益显著，受到运行单位好评。

二

电力运行和维修管理水平大幅提高。华东电管局在国内率先组织量化指标考核的大机组竞赛和500千伏变电站运行竞赛，推动同类型机组和变电站之间开展交流评比，共同提高安全经济运行水平，收效甚佳。大机组竞赛后被推广到全国。能源部“新厂新办法”政策出台后，火电厂单元机组实行全能值班，水电厂和变电站推行无人值班或少人值守，减人增效成为关注焦点。其间，自成体系的电业检修体制受到冲击，电力检修市场不断发育壮大，保证检修质量，提高检修水平成为当务之急。华东电管局及时组织编制机组检修工艺规程和贯彻执行ISO 9000系列标准在全网推广，并试点开展设备状态检修，与国外检修周期接轨等。1995年，电力部将原5项技术监督扩展到包括节能、环境保护、继电保护和电能质量技术监督在内的9项。华东电管局修订技术监督条例，配备专职监督人员，建立质量、标准、计量三位一体的技术监督体系，涵盖电力建设和生产的全过程，为提高发供电设备健康水平，提供强有力的技术支持。

技术改造力度前所未有，成效显著。华东电管局和三省一市电力工业局大力推动技术进步，首先拆除望亭、田家庵、杨树浦和下关电厂等20世纪50年代及以前安装的共61.6万千瓦低效中压机组，通过“以大代小”工程，置换为大容量高效率机组；其次对国内早期生产的20万千瓦和30万千瓦机组汽轮机通流部分进行改造，提高缸效，降低热耗，经济效益显著。华东电管局组织成立跨区域的“UP型锅炉技术协作网”，交流安全运行经验，通过技术改造，解决了长期疲于应对的“四管”爆漏问题。20世纪50～60年代投产的一批水电站通过技术改造，机组容量增加，辅助系统更新，实现全程监控，电站旧貌换新颜，焕发出勃勃生机。新安江水电站技术改造后，最大出力提高，调峰能力猛增。浙江乌溪江和紧水滩水电站通过技术改造，实现了梯级电站集中控制。在此期间，华东电网针对输变电设备薄弱环节进行技术改造，精心构筑坚强电网。1996年和此前的一次污闪事故，曾导致数十条500千伏和220千伏线路多次跳闸。分析事故原因，制定防污措施，华东电网分两批调换超高压线路和变电设备绝缘子共120余万片，耗资约7000万元，实现了污闪治理预期目标。因应环境变化修订技术标准至关重要，亡羊补牢，未为迟也！1998年，国务院作出“两改一同价”的决定，华东三省一市电力公司在省市人民政府支持下，投入447.3亿元资金改造农村电网，力度之大，前所未有。农网改造如期完成。电网结构优化、供电线损明显下降、电压合格率符合要求、供电设备容量增加并留有适度发展余地等目标基本实现。

技术经济指标不断优化，污染治理卓有成效。在大容量高效率机组投入运行的同时，华东电网通过技术改造和强化管理等多项措施，使发电消耗指标逐年下降，可靠性指标明显改善。2002年同1990年相比：供电标准煤耗率从405克/(千瓦时)下降到366克/(千瓦时)；火电厂厂用电率由7.20%下降到5.96%；等效可用系数从81.32%提高到91.48%；非计划停运系数从6.25%大幅下降至1.06%。机组整体运行水平的提高，为华东电网安全经济运行奠定了坚实的基础。华东电网全口径线损率波动较大，1990年为7.63%，其间一度提高，1999年虽降至7.63%，但此后又有反弹。用电急剧增长，输变电建设滞后虽为主要因素，但只有技术措施和管理措施双管齐下，方能求其稳步下降。鉴于环保要求日高，华东电管局制定全网“九五”环保计划，确定主要污染物控制目标值，并将环境保护技术监督纳入常态化管理。2002年同1995年相比：火电厂废水排放总量从24438.3万吨下降到14997.8万吨，达标排放率从68.4%提高到99%；二氧化硫排放量从109.64万吨减少到84.12万吨；全网灰渣综合利用率从60.7%剧升到94.9%。灰渣在公路和城市建设中“变废为宝”用于基础填层，社会效益可观，某些火电厂储灰甚至告罄。在燃煤机组容量增加1846万千瓦的情况下，华东各项污染指标不增反减，环保部门赞誉有加。

用电状况和用电管理因应地区经济发展形势。“八五”计划期间，华东三省一市国民生产总值（GDP）年均增长率高达16.1%，同期用电量年均增长率为10.7%。“九五”计划中，受通货紧缩、国民经济软着陆和亚洲金融危机等影响，前三年用电平均增长率仅5.1%，1998年甚至降到3.4%。“十五”计划前两年，用电增长率又上升至10.5%和14.3%。由于电源建设受项目审批等原因影响严重延缓甚至停滞，长江三角洲地区又重现用电紧张局面。在新一轮用电增长中，用电结构发生变化。同1990年相比：2002年第一产业和第二产业比例均有下降；独第三产业和居民生活用电比例分别由6.7%和7.6%上升到10.6%和11.3%。华东地区经济和社会发展的现代化进程由此可见一斑。其间，用电管理随电力供求关系而不断变化。“八五”计划中，华东电网仍对“双保”和重点企业下达用电指标。农村用电管理在“电力为农业、为农民、为农村经济服务”（简称“三为”服务）和“农村电气化县”活动推动下，供电质量和生活用电保证率等有所改善。“九五”计划开始，电力供需矛盾缓解，电力供应由计划分配逐步转向市场调节，电力营销和需求侧管理受到重视。通过“电力扶贫共富工程”，1996年11月，华东电网在全国率先实现行政村“村村通电”目标。1998年以后，根据国务院“两改一同价”的决定，华东三省一市农电管理体制改革深化，实现一县一公司，县（市）乡镇电力一体化管理。农村生活用电与城市居民“同网同价”终于实现。

三

华东电网按照“科学调度、服务至上”原则，力保电网安全、优质、经济运行。鉴于500千伏与220千伏线路电磁环网运行危及安全，华东电管局1992年提出220千伏电网省市分区运行，翌年进行部署，省市间10条220千伏联络线1998年全部开断，为省市220千伏电网分区运行提供范例。对于电网建设滞后导致电厂送出受阻问题，采取特殊方式抢建关键线路，研制微机稳定装置以应急需。由于措施得当，截至2002年，华东电网已保持连续30年无电网瓦解导致大面积停电事故的良好纪录。1995年，华东电力集团公司在国内率先将日负荷曲线由24点增加到96点，藉以提高预报精度；同时制定《华东电网自动发电控制工作规划》，确定控制策略，提出了分期目标，推动工作有序进行。1998年，华东电网在国内首先实行区域控制偏差评价标准，2002年又采用了国际最新的控制性能标准。是年，华东电网频率合格率由1990年的99.7%提高到99.995%，取得相当大的社会效益和经济效益。其间，华东电网和省市调度机构的自动化和通信设备亦有长足发展，为应用新技术新标准提供了硬件基础。

坚持团结治网，诚信服务。华东电管局（公司）坚持发展第一，为团结治网奠定基础；坚持以大局为重，切实保证电网安全优质运行；坚持利益协调，既提倡发扬风格，也重视省市各自关切；坚持民主管理，充分调动各方面的积极性；坚持制度建设，强调依法治网。通过迎峰度夏为三省一市电力公司和政府服务，并形成制度。初春即派员分赴各省市研究处理当年度夏问题，确保500千伏新设备适时投运，系统全结线运行。暮秋则谋划翌年举措，会同电力公司向省市政府报告工作，做到未雨绸缪。华东电管局通过多种途径竭诚服务于三省一市经济发展、社会进步和人民生活。华东电管局与省市电力局之间互相支持。电力企业与地方政府关系融洽。电业优质服务深得电力用户和人民群众好评。在此基础上，华东电网采取措施妥善解决计划经济时期遗留的难题，利用价格杠杆优化配置区域资源，电网商业化运营率先起步，区域电力市场开始试点。1994年，华东电力集团公司通过“固化”省际联络线送受电计划、对省际交换电量实行峰谷电价和严格财务结算等创新举措，强化省市联络线考核，并不断优化考核指标，加快电网商业化运营步伐。1996年，中国华东电力集团管委会决定用三年时间取消苏皖两省外送统配电量33.54亿千瓦时，为发展区域电力市场创造条件。1998年，通过“发展华东区域电力市场咨询项目”，与国外咨询机构合作探索区域电力市场建设，形成若干基础性文件。2000年1月，上海、浙江开始进行省市发电侧电力市场试点。2001年，试用华东电网电能量交易系统，为省市电力公司双边交易提供技术支撑平台。

实施“科技兴网”战略，提高电网科技、管理和装备水平。1991～2002年，科技投入剧增8倍，华东电力系统共获得国家级科技进步奖6项，省部级科技进步奖140项，提高了电网的科技水平。其中“华东电网自动发电控制”、“开放型分布式能量管理系统”、“大型汽轮机寿命评定新技术”和“大机组运行优化研究”等项目均达到国内领先、国际先进。华东电管局制定《“九五”科技发展规划》和《华东电网科技发展“十五”执行计划与2015年规划》，为华东电网迈向国际先进水平精心布局，绘制蓝图。华东电网共有华东和三省电力试验研究院（所）等4家，承担发供电企业技术监督、技术服务、技术开发和技术情报中心任务。其间各院（所）参加大型发电机组和500千伏输变电设备国际招标、监造和调试等工作，既为电网安全运行和技术水平提高作出贡献，同时也加强自身建设，相继成立了一批通过国家或省市认证的检验中心。

坚持“安全第一，预防为主”方针，开展安全文明生产达标（简称“双达标”）和创一流企业活动，促进企业整体素质和安全生产水平的提升。“八五”计划前三年，华东电网安全形势严峻，年生产事故多达200余起，其中1993年人身事故死亡32人，令人震惊。1994年生产事故减至157起，但基础并不牢固，1995～1998年又上升到200余起。1996年，更高达350起。1999～2002年，情况逐步好转。2002年，发生生产事故134起，为1953年有记录以来最少，几代电业人梦寐以求的年度人身零死亡目标终于实现。实践证明：强化安全管理，提高员工素质，安全生产方能植根于实处。鉴于安全形势严峻，能源部1989年提出开展安全文明生产达标活动，华东电管局通过制定考核实施细则，在网内火电厂中先行推开。1991年，天生港和望亭发电厂相继被能源部授予“安全文明生产达标企业”称号。1993年，新安江水电站等5座水电站全部被电力部首批授予“安全文明生产达标企业”称号。是年，阜阳供电局等13个供电局首批被授予“安全文明生产达标企业”称号，“双达标”活动进行得如火如荼，至1996年，华东电网32家火电厂、9座水电站和35个供电局均已跻身“双达标”企业行列。为巩固达标成果，进一步提高管理水平，电力部决定开展创一流企业活动。华东电管局制定规划和华东电网一流企业标准予以推动，并就发电厂“减人增效”和供电局“用户供电可靠率”等考核难点问题组织研讨，通过试点逐步解决。试点企业新海发电厂和石洞口第二发电厂被首批授予1995年度电力部“一流火力发电厂”称号。徐州和绍兴两试点供电局被首批授予1997年度“一流供电企业”称号。截至2002年，华东电网已有16个发电厂和22个供电局跻身一流企业行列。

四

华东电网经营管理机构在改革和发展的历史进程中多次变更。1993年1月，中国华东电力集团成立，作为集电力生产、建设、经营、科研、设计、教育和多种经营于一体的特大型国有企业，对国家实行计划单列和财务计划单列。运作4年的中国华东电力联合公司改建为中国华东电力集团公司成为集团的核心企业，华东三省一市电力公司为集团紧密层企业。集团公司运作7年余，达到了“促进企业组织结构调整，推动生产要素合理流动，形成群体优势和综合功能”的目的。2000年6月，中国华东电力集团公司撤销，成立国家电力公司华东公司，成为国家电力公司的分公司。在公司名称更迭的过程中，华东电业管理局行政管理职能始终未变。在成立40年后，2002年5月，由于深化改革，实行政企分开，华东电管局随苏沪皖等省市电力工业局的相继撤销而退出历史舞台。

企业经营以财务管理为中心，财务管理以经济效益为中心，取得不凡绩效。1991～1992年，华东电网的财务核算体制为华东电力联合公司直属单位和省市电力公司各自独立核算。1993年1月，中国华东电力集团成立后，6月，财政部批准实行财务计划单列，税利分流，直接核定集团各类指标，集团公司再分解下达到华东三省一市电力公司。华东电力集团公司完善企业经营以财务管理为中心，财务管理坚持以提高经济效益为中心，通过落实资产经营责任制，加强预算控制和财务监督，提高企业的资产质量和经济效益。2000年6月，华东电力集团公司撤销，成立国家电力公司华东公司后，财务核算体制改为执行法人授权委托制度、经营目标责任制和内部工效挂钩考核制。1990～2002年，华东电网资产总额从213.7亿元增加到2530亿元；主营业务收入从110.6亿元提高到1227亿元；实现利润总额305亿元，上缴税收687.6亿元，出色地完成了国有资产保值增值目标。

中共华东电管局（公司）党组认真执行党的路线、方针、政策，充分发挥党组织在企业中的政治核心作用，推动华东电网不断改革和发展，职工思想教育和企业两个文明建设取得实效。1993年，华东电力企业实施劳动、人事、工资制度配套改革，各级党组织坚持思想发动在先，引导职工转变观念，使涉及群众切身利益的改革得以顺利进行。1996年，针对电力供需形势改变，适时对职工进行市场意识、竞争意识、效益意识和危机意识教育，为深化改革奠定基础。华东电管局党组积极组织电力系统创建双文明单位工作，支持网内各单位参加省市开展的文明单位评选活动。1998年首次考评，全网即有30家企业被国电公司命名为双文明单位，71家荣获省市文明单位称号。截至2002年，被国电公司命名的双文明单位有65家，荣获省市文明单位的有163家。

华东电网各级党组织高度重视自身建设。1999～2000年，华东电力集团公司及三省一市电力公司党组（党委）用整风精神开展了以“讲学习、讲政治、讲正气”为主要内容的党风党性教育。各级党的纪检和行政监察部门，通过社会供电服务承诺制等工作，积极推动行风建设。1997～2002年，在供电营业窗口建设中，华东电管局累计授予城市“供电营业规范化服务达标窗口”称号238家，“供电营业示范窗口”55家，有力地弘扬了“为人民服务，树行业新风”精神。2002年，上海市电力公司再次位居上海市参加行风评议的26个单位之首，浙江省电力公司获浙江省文明行业荣誉称号，安徽省电力公司喜获省人民政府行风评议“优秀单位”称号。华东电网各级工会在完善职工代表大会制度，协调稳定劳动关系，加大民主监督力度等方面开展大量工作。通过对口劳动竞赛，举办职工体育比赛，开展群众文艺活动等丰富多彩的方式，活跃了职工生活，增强了企业凝聚力。

华东电力工业经过12年的快速发展和深化改革，到2002年底，发电装机总容量已达6250.16万千瓦，年发电量3145.04亿千瓦时。其中常规水电459.3万千瓦，抽水蓄能电站206万千瓦，合计占10.6%；燃煤火电5226.2万千瓦，占83.6%；燃气机组185.9万千瓦；核电167.8万千瓦；风电等5万千瓦。华东电网共有500千伏线路7978千米，变电站27座，总容量3394.4万千伏安；220千伏线路22947千米，变电站334座，总容量8241.6万千伏安；最高负荷5590万千瓦；居中国区域电网首位，列世界大电网前茅。

2002 年，全社会用电量 3294.6 亿千瓦时，其中区外来电 156.8 亿千瓦时。同 1990 年相比，电源容量增加 1.4 倍，电源结构呈现多样化和优化态势，核电、风电、燃气机组和抽水蓄能电站等相继投运，燃煤火电比例下降 5.4 个百分点，为华东电源建设的可持续发展闯出了新路。500 千伏线路增长 2.87 倍，变电容量增长 5 倍，500 千伏电网作为接纳区外来电和华东电力输送主通道的格局已经确立。同期全社会用电量增长 2 倍，而区外来电骤增 19 倍，另辟蹊径破解华东本地一次能源短缺难题的努力成果初现。在此期间，华东电网“加速发展、团结治网和精细管理”的理念不胫而走；在电力系统中多年取得“用全国 1/6 装机、发 1/5 电量”、“创国电 1/4 收入、赢 1/3 利润”的骄人业绩，一时传为佳话。凡此种种，足以使长期奋力拼搏的亲历者为之动情！

面对国际资本和产业大举向长江三角洲转移，国有企业雄风重振，民营经济迅猛崛起，华东地区经济又一轮快速增长蓄势待发。华东电力工业将以科学发展观统领全局，吸取快速发展的成功经验，进一步加强华东 500 千伏电网和区外来电通道建设，优化区域电源结构和电源配置，充分发挥区域电网互联的安全和经济效益，为华东地区经济和社会发展提供可靠、优质、充足和廉价的电能。让当年中国第一盏电灯亮起的地方，闪耀出更具魅力的光彩！

第一篇　电　源　建　设

第一篇 电 源 建 设

1991～2002年，电源建设过程尽管曾有起伏，但仍然是华东电网电源建设史上发展最快、成就最大的时期。其间，1991～1997年电源建设速度很快，1998～2000年装机势头明显减缓，2001年起，电源建设又开始了新一轮的大发展。

纵观12年的发展进程，华东电网电源建设呈现鲜明特点：资金来源多元化；火力发电设备大容量、高参数和高度自动化，大型火电厂成倍建成；水电深度开发，抽水蓄能电站开始建设并投运；核电等其他能源协调发展。全网共投产了30万千瓦及以上火电机组55台，建成装机容量百万千瓦及以上大型火电厂13家，开始建设并陆续投运大型抽水蓄能电站。在电源建设的实践中培养了一批熟悉大机组建设的管理人才、具有丰富经验的设计、施工和调试队伍，形成了一套崭新的基本建设管理模式。

第一章 火 电 工 程

华东三省一市火电建设以大机组为主，其中绝大部分为国产机组，也有部分设备以技术引进的方式从国外进口。其间，华东电网投产的火电机组中有60万千瓦机组12台，另有2台90万千瓦机组在建，显示出火电发展的基本取向。

第一节 火电机组及火电厂

一、建设项目

1990年底，华东电网在建15台机组共614万千瓦，在建的装机容量百万千瓦及以上的大型火力发电厂有平圩、北仑、上海石洞口二厂、常熟4家。

2002年底，华东三省一市全社会火电装机容量比1990年底增长了1.35倍。新增装机容量百万千瓦及以上的大型火力发电厂有宝钢、外高桥、吴泾二厂、扬州二厂、利港、南通、台州、洛河、淮北9家。在建装机容量百万千瓦及以上的大型火力发电厂有2家，即外高桥电厂二期（2台90万千瓦）和嘉兴电厂二期（4台60万千瓦）。

华东电网30万千瓦及以上大型火电机组建设情况见表1-1-1。

表 1-1-1 华东电网 30 万千瓦及以上大型火电机组建设情况

工程名称	建设规模（万千瓦）	建设性质	主机设备制造国别	投产时间	建设工期（月）	总投资（亿元）	单位千瓦投资（元）
望亭发电厂 11 号	30	“以大代小”	中国	1997-04-09	29.7	14.84	4945
吴泾热电厂 11 号	30	扩建	中国	1991-12-27	31.2	11.176	1863
吴泾热电厂 12 号	30	扩建	中国	1992-11-07	41.6		1863
石洞口第二发电厂 1 号	60	新建	美国和瑞士	1992-06-12	47.5	36.02	3002
石洞口第二发电厂 2 号	60	新建	美国和瑞士	1992-12-20	54		3002
外高桥发电厂 1 号	30	新建	中国	1995-04-25	29.3	53.77	4481
外高桥发电厂 2 号	30	新建	中国	1995-12-28	38.4		4481
外高桥发电厂 3 号	30	新建	中国	1996-12-21	48.2		4481
外高桥发电厂 4 号	30	新建	中国	1997-09-19	57.1		4481
宝钢发电厂 3 号	35	扩建	日本	1999-10-20	32	22.2821	6366
吴泾第二发电厂 1 号	60	扩建	中国	2000-07-10	37.3	69.52	5793
吴泾第二发电厂 2 号	60	扩建	中国	2001-05-06	47.2		5793
利港发电厂 1 号	35	新建	意大利和西班牙	1993-05-20	49.5	14.7	2100
利港发电厂 2 号	35	新建	意大利和西班牙	1993-12-13	56.3		2100
利港发电厂 3 号	35	扩建	中国和美国	1998-03-05	30.9	31.66	4523
利港发电厂 4 号	35	扩建	中国和美国	1998-08-11	36.1		4523
常熟发电厂 1 号	30	新建	中国	1993-07-02	34	28.9385	2411.5
常熟发电厂 2 号	30	新建	中国	1993-12-30	39.9		2411.5
常熟发电厂 3 号	30	新建	中国	1994-03-20	42.9		2411.5
常熟发电厂 4 号	30	新建	中国	1994-11-01	50.2		2411.5
华能南京发电厂 1 号	30	新建	俄罗斯	1994-03-17	48.5	32.1208	5353.47
华能南京发电厂 2 号	30	新建	俄罗斯	1994-10-20	55.6		5353.47
彭城发电厂 1 号	30	新建	中国	1996-09-15	29.5	28.6	4767
彭城发电厂 2 号	30	新建	中国	1997-05-24	37.8		4767
扬州第二发电厂 1 号	60	新建	美国	1998-11-12	31.5	89.57	7464
扬州第二发电厂 2 号	60	新建	美国	1999-06-20	38.5		7464
华能南通发电厂 3 号	35	扩建	美国	1999-04-14	28	37.20	5314
华能南通发电厂 4 号	35	扩建	美国	1999-07-12	31		5314
华能太仓发电厂 1 号	30	新建	中国	1999-12-19	19.5	31.60	5267
华能太仓发电厂 2 号	30	新建	中国	2000-04-19	23.5		5267

续表

工程名称	建设规模（万千瓦）	建设性质	主机设备制造国别	投产时间	建设工期（月）	总投资（亿元）	单位千瓦投资（元）
徐塘发电厂4号	30	“以大代小”	中国	2002-03-05	19.5	23.1897	3865
徐塘发电厂5号	30	“以大代小”	中国	2002-07-14	23.5		3865
北仑电厂1号	60	新建	美国和日本	1991-10-30	42.5	28.255	2355
北仑电厂2号	60	新建	加拿大和法国	1994-10-20	48.5		2355
北仑电厂3号	60	扩建	日本	2000-09-28	51.5	122.2	6790
北仑电厂4号	60	扩建	日本	2000-07-08	49		6790
北仑电厂5号	60	扩建	日本	2000-07-28	49.5		6790
嘉兴发电厂1号	30	新建	中国	1995-07-02	30.3	29.56	4927
嘉兴发电厂2号	30	新建	中国	1995-12-13	35.7		4927
台州发电厂7号	33	“以大代小”	中国	1997-02-01	28.4	31.1	4712
台州发电厂8号	33	“以大代小”	中国	1997-12-23	39		4712
长兴第二发电厂1号	30	“以大代小”	中国	2002-12-15	23.5	24.1227	4020
温州发电厂二期3号	30	扩建	中国	2001-04-29	25	33.3974	5566
温州发电厂二期4号	30	扩建	中国	2001-09-14	29.5		5566
平圩发电厂2号	60	新建	中国	1992-12-24	99.8	15.634	2605
马鞍山第二发电厂1号	30	新建	中国	1995-12-28	35.3	27.73	4622
马鞍山第二发电厂2号	30	新建	中国	1996-12-16	47.9		4622
田家庵发电厂5号	30	“以大代小”	中国	1996-12-28	31.1	13.7	4567
洛河发电厂3号	30	扩建	中国	1998-09-06	56.3	25.4	4233
洛河发电厂4号	30	扩建	中国	1999-02-02	61.1		4233
铜陵发电厂3号	30	扩建	中国	1999-12-10	36	14.73	4910
淮北第二发电厂1号	30	新建	中国	2000-04-13	28.8	29.35	4892
淮北第二发电厂2号	30	新建	中国	2000-07-10	28.8		4892
合肥第二发电厂1号	35	新建	中国和德国	2001-06-16	46.5	46.39	6614
合肥第二发电厂2号	35	新建	中国和德国	2001-08-21	48.7		6614

注　“以大代小”工程是指拆除小型机组，建设大型机组，严格按照基建程序建设，以提高能效的技术改造工程。

二、机组装备

华东电网火电机组装备具有显著特点。

华东电管局（公司）为了提高能效，根据电网实际，明确并实施了主要采用高参数、大容量、高度自动化机组的方针。

1992年，华能国际电力开发公司投产了石洞口第二发电厂2台60万千瓦超临界机组，这是中国首批建设的超临界发电机组。锅炉采用CE-SULZER公司生产的超临界一次中间再热锅炉，锅炉出口蒸汽压力和温度分别为25.3兆帕和542℃，蒸汽流量1900吨/时，再热温度为569℃。汽轮机和发电机采用瑞士ABB公司产品。2001年7月18日，外高桥发电厂二期扩建工程2台90万千瓦机组举行开工典礼。该工程是国内单机容量最大的燃煤发电机组，也是世界上容量最大的单轴汽轮发电机组。锅炉为德国阿尔斯通供货的超临界一次中间再热塔式炉，最大连续蒸发量为2788吨/时，过热器出口压力和温度分别为25.76兆帕、542℃，再热器出口温度为568℃。汽轮机为德国西门子公司生产的单轴、四缸四排汽凝汽式汽轮机，额定发电出力为90万千瓦。汽轮发电机也由德国西门子公司生产，冷却方式采用水氢氢。

华东电网的亚临界发电机组为网内主力机组。除北仑、扬州二厂等发电厂一批进口的亚临界发电机组外，还率先使用了国内制造的引进型亚临界发电机组，其中包括吴泾发电厂六期2台、外高桥发电厂一期4台、望亭发电厂1台、嘉兴发电厂2台、温州发电厂2台等，共计32台。如外高桥发电厂一期工程安装了4台国产引进型30万千瓦机组。其锅炉是上海锅炉厂引进美国燃烧工程公司全套技术专利，并在国产化基础上设计制造的亚临界控制循环锅炉，最大连续蒸发量为1025吨/时，主蒸汽出口压力和温度分别为18.3兆帕和541℃。汽轮机是上海汽轮机厂获得美国西屋公司技术转让许可证后制造的亚临界中间再热冷凝式汽轮机。发电机则是上海电机厂引进美国西屋公司技术，采用国内最新技术优化设计制造的30万千瓦水氢氢冷却的发电机。投运后的实绩表明，这些机组的可靠性、经济性和调峰运行能力较好，机组的技术指标已经达到甚至部分优于进口机组。又如嘉兴电厂二期工程采用两机一控的单元集中控制室，为华东电网首次4台60万千瓦燃煤机组一次设计、同步建设的工程，工程投资效益较好。

华东电网投产的30万千瓦及以上机组自动化程度达到国内先进水平，热控装置采用了微机分散控制系统（DCS）。系统大部分采用国外成熟产品，如美国西屋公司、德国西门子公司生产的产品，少量采用中外合资的国产产品。华东电网新机组试运期间热控自动投入率逐年提高，如1992年投产的吴泾六期2台30万千瓦机组平均值为92.5%，1996年到1997年投产的彭城电厂1号机组等9台机组平均值为96%，2000～2002年投产的北仑发电厂3号机组等7台机组平均值为99.5%。

为适应电网日益迫切的调峰需求，华东电网从20世纪90年代起陆续兴建了一批容量较小的单循环和联合循环发电机组。上海闸电燃气轮机发电厂引进了美国通用电气（GE）公司生产的MS9001型10万千瓦级户外快装式单循环燃气轮机发电机组。该套机组设备在ISO工况下燃烧180号重油，启动和停机使用0号柴油进行清洗和助燃，具有20世纪90年代国际先进水平。工程于1996年1月开工，1996年12月，4套机组全部投产。浙江镇海电厂建设了2套GE公司SE型10万千瓦燃气轮机组和1台10万千瓦阿尔斯通公司的汽轮发电机组，总容量为30万千瓦，燃料为180号重油。工程于1996年开工，1997年11月，2台单循环机组投产，1999年9月，1台10万千瓦汽轮发电机组投产。温州龙湾电厂也建造了2套GE公司SE型10万千瓦级燃气轮机组和1台10万千瓦的汽轮发电机组，总容量为 30 万千瓦，燃料为原油。1996 年 9 月，工程开工，1998 年 5 月，2 台单循环机组投产，1999 年 4 月，10 万千瓦汽轮发电机投产。宝钢自备电厂 0 号机组系瑞士 ABB 公司生产的高炉煤气燃气—蒸汽 15 万千瓦联合循环机组，汽轮机由日本川崎公司生产，带有一级抽汽供热装置，于 1997 年 11 月投产。金华燃机电厂燃用重油的联合循环机组共 2 套，总容量为 11 万千瓦，于 1999 年 4 月投产。1999 年 1 月投产的合肥燃机电厂，装有烧轻柴油的联合循环机组，总容量为 11.8 万千瓦。另外，江苏苏州、无锡、常州等城市也都建设了燃机电厂。在此期间，华东电网共建成 10 个中小型燃机电厂，总装机容量为 158.05 万千瓦。这些机组的投运缓解了全网负荷峰谷差较大的矛盾，增加了全网事故备用的容量。由于机组设备全部是国外引进的，又是国内初次使用，所以在投产初期都碰到了问题，经过一段时间后运行逐渐稳定。

“九五”计划后期和“十五”计划初期，根据国家“西气东输”工程的要求，华东电网规划了第一批大型燃气机组，共有 11 个工程 23 台机组，总装机容量为 690 万千瓦。列入国家计划第一批建设的有漕泾、望亭、戚墅堰、华兴、半山 5 个电厂工程共 11 台机组。2002 年 11 月开始，在工程前期工作的同时，主设备招标工作陆续展开，华东电网大容量燃机电厂建设拉开了序幕。

经过大规模建设，华东电网的大机组比例显著上升。

1990 年底，华东三省一市单机 30 万千瓦以下（不包括 30 万千瓦机组）火电机组的总容量为 1708.25 万千瓦，占火电总装机容量的 74.3%。2002 年底，华东三省一市 30 万千瓦以下机组总容量为 2761.03 万千瓦，占总装机容量的比例大幅下降为 51%。

12 年中，华东电网中小型机组比例虽然明显下降，但其装机总容量仍增加了 1000 万千瓦左右。主要原因是宏观调控失当以及其他因素，使大机组建设不能及时适应用电增长的需求。一个突出的实例就是嘉兴发电厂二期工程 4×60 万千瓦机组。该工程由于多种干预，投资方、制造厂商屡次变化等原因，从 1993 年开始，前后历经 10 年，方得以开工建设。这也是导致 21 世纪初浙江省严重缺电的原因之一。在此类背景下，三省一市陆续兴建了一批技术成熟、造价较低的国产 10 万～20 万千瓦中型机组，合计 40 台 541.4 万千瓦。其中，上海市 3 台 32.4 万千瓦，江苏省 19 台 275.5 万千瓦，浙江省 9 台 113.5 万千瓦，安徽省 9 台 120 万千瓦。这些机组大部分是扩建机组，工期短，投产后能正常运行，可用率高，设备可靠性好，部分解决了用电紧张的矛盾，但煤耗高于大机组，并造成土地环保等资源的浪费。

第二节　典　型　工　程

一、吴泾热电厂扩建工程

该厂分八期建设，总容量为 215 万千瓦。其中第一至第七期工程属吴泾热电厂，装机容量为 95 万千瓦。第八期工程装机容量为 120 万千瓦，属吴泾第二发电厂。

第六期扩建工程包括 2 台 30 万千瓦引进型国产亚临界机组，利用世界银行贷款建设。

工程列入国家“七五”计划期内建设、“八五”计划期间投运的重点项目。1986 年 11 月和 1987 年 10 月，国家计委分别批准项目建设书及可行性研究报告。工程通过国际性招投标，由上海电气联合公司、上海电力建设局、西北电力设计院组成的上海电气联合公司集团中标承建。按世界银行规定，美国伯克德公司作为上海电气联合公司集团的咨询公司。工程实行单一责任制（即工程总承包制）。该工程主设备采用引进的美国西屋公司技术，由上海三大动力制造厂生产。锅炉由上海锅炉厂生产，型号为 SG－1025－18.3/M316，一次再热，最大连续蒸发量为 1025 吨/时，过热器出口蒸汽压力 18.3 兆帕，蒸汽温度 541℃，再热器出口温度为 541℃。汽轮机由上海汽轮机厂生产，型号为 N300－170/538/538，发电功率为 30 万千瓦。发电机由上海电机厂生产，型号为 QFSN300－2，冷却方式是水氢氢冷。主厂房采用三列式布置，即厂房布置依次为汽机房、除氧煤仓间、锅炉房。机炉集中控制，两炉共用一个烟囱。

上海电力建设局下属的上海电力建筑工程公司、上海电力安装第二工程公司、上海电力建设启动调整试验所分别负责工程的土建、安装和调试。1988 年 11 月 22 日，主厂房开始打桩。1989 年 5 月 20 日工程开工。第 1 台机组于 1991 年 12 月 26 日完成 168 小时试运行投产。第 2 台机组于 1992 年 11 月 7 日完成 168 小时试运行投产（华东电网第一次实施 168 小时试运行）。该项目建设获得电力部 1995 年度优质工程奖。

第八期工程规划建设 4 台 60 万千瓦燃煤机组，其中先建设 2 台 60 万千瓦国产亚临界引进型燃煤机组，是国家重大基础设施工程，也是上海市重大抢建工程、上海市“九五”计划期内电力建设的头号工程。国家计委于 1994 年 9 月 28 日批准工程项目建设书，1997 年 12 月 30 日批复可行性研究报告。1998 年 8 月，国电公司批复初步设计。1998 年 10 月 14 日，批准为新开工项目。

工程建设的主体设备是上海电气（集团）公司首次引进美国技术，自行设计制造的 60 万千瓦燃煤机组。建设单位是上海吴泾电厂八期工程筹建处。总体设计单位是华东电力设计院。上海电力建设有限责任公司是施工总承包单位。该公司下属的上海电力建筑工程公司、上海电力安装第二工程公司、上海电力建设启动调整试验所分别承担工程的土建、安装和调试。安徽电力建设第二工程公司负责冷却塔施工。施工监理单位为上海市电力工程建设监理有限公司，设备监造单位为上海电能成套设备公司，性能试验由华东电力试验研究院承担，质量监督由华东电管局质量监督中心站负责。工程于 1997 年 6 月 1 日开工。1、2 号机组分别于 2000 年 7 月 10 日和 2001 年 5 月 6 日完成 168 小时满负荷试运行后投产。经半年试生产考验，2 台机组设备运行情况良好，主要技术经济指标达到优良，充分表明了由上海三大动力厂首次生产的国产引进型 60 万千瓦发电机组的设计、制造、安装、调试和运行已经达到 20 世纪 90 年代国外同类型机组的先进水平。

参加工程建设的设计、制造、施工、业主等单位密切配合。上海电气（集团）公司全力以赴，把吴泾八期工程作为上海建设工业新高地的样板工程。上海电力建设有限责任公司提出“争创国产 60 万千瓦精品工程”的奋斗目标，制定了创精品工程的措施。上海电建公司下属单位强化外包施工队管理，完善技术方案，改进施工工艺，提高了施工质量。施工企业认真对待工程监理提出的意见，对华东电管局和上海市基本建设工程质监中心站组织的31次质量监督检查发现的问题举一反三，进行认真整改。设计单位根据已设计投产11台60万千瓦机组的经验和教训，提出了97项措施。工程最终获2002年度国电公司发电优质工程和2003年度国家建筑工程鲁班奖。

二、扬州第二发电厂工程

扬州第二发电厂（简称扬州二电厂）规划装机容量4台60万千瓦燃煤机组。第一期工程安装2台具有20世纪80年代国际先进水平的燃煤机组，为国家“九五”计划重点工程。1992年4月和1993年6月，华东电管局先后转报项目建议书和可行性研究报告。1994年12月，国家计委批复扬州二电厂工程可行性研究报告。1996年8月，电力部批复初步设计。工程动态投资为89.844亿元。该工程由华东电力集团公司、江苏省电力公司、江苏省国际信托投资公司、扬州市和泰州市能源投资公司合资组建扬州第二发电有限公司，并利用世界银行贷款进行建设。主辅设备通过国际招标采购。工程建设的2台亚临界60万千瓦燃煤机组，主设备统一招标。锅炉是美国巴威公司生产的亚临界一次中间再热、自然循环汽包炉，最大连续蒸发量为2000吨/时，主蒸汽出口压力和温度分别为18.3兆帕和541℃，再热器出口温度为541℃。汽轮机是美国西屋公司生产的型号为TC4F－980的单轴反动式、四缸四排气、凝汽式汽轮机。发电机功率为60万千瓦，为美国西屋公司生产的THAR－Z741000－300－2000型号、水氢氢冷却方式发电机。主厂房采用三列式布置，1、2号机组合用机炉集中控制，合用一个烟囱。华东电力设计院负责总体设计，锅炉和汽机岛由美国萨金·伦迪公司设计，热控岛由德国西门子公司设计，咨询由美国依柏斯柯负责，国内咨询为中国国际工程咨询公司。江苏省电力建设第三工程公司中标承担电厂主体工程施工，调试由江苏省电力试验研究所承担。由江苏兴源电力建设监理公司和镇江市兴华监理公司分别承担主体和外围工程的施工监理。质量监督工作由华东电管局质量监督站和江苏省电建质量监督中心站分别负责。扬州二电厂工程于1996年3月28日正式开工。1号机组于1998年11月12日移交试生产，2号机组于1999年6月20日投入试生产，总工期38个月22天。该工程十分注重控制工程造价，采取了各种措施，如优化103米跨度网架结构储煤棚和灰渣场方案；循环水排水口从长江边后移20米；电厂灰坝、护岸、灰渣水回收渣房等通过招标确定价格以及缩短工期，同时合理安排资金投入时间，使工程概算总投资（动态）由89.844亿元降为73.478亿元，节约工程投资16.362亿元。

早在工程施工准备阶段，江苏省电力公司就提出了把扬州二电厂“建成安全文明的施工样板工程和贯标样板工程，建设成为窗口工程”和“建成全国一流、华东前茅，实现高水平达标机组”的奋斗目标。工程建设者积极参加华东电力集团公司和华东电力工委组织的同类型同容量机组对口竞赛，充分调动参建者的积极性。江苏电建三公司抓住改革机遇，在施工中实现了安全管理制度化、安全设施标准化。整个工程没有发生企业上报死亡和重伤事故，现场文明施工受到赞誉。国电公司提出了“学北仑，赶扬二”的口号，该工程成为全国电力建设文明施工的“窗口”工程。全国电力建设系统曾有70多批次参观学习团去扬州二电厂工地学习交流。

该工程由于工期短、质量好、安全文明生产好、投资省，获江苏省扬子杯奖、2000年度国电公司发电优质工程和2000年度国家建筑工程鲁班奖。

该工程1号机组在168天试运行期内，正值江苏省电网用电相对缓和时期，电力调度困难，致使机组调停时间长、开停机多、负荷率低，造成有些技术经济指标（如试生产期平均厂用电率、供电煤耗）稍差。

三、北仑电厂工程

北仑电厂（原名北仑港发电厂）是依托宁波深水良港建设的大型现代化电厂。从20世纪80年代初开始规划建厂到“九五”计划末期5台60万千瓦燃煤机组全部竣工，成为当时中国内地装机容量最大的火力发电厂。

早在1980年，电力部电力建设总局就规划在北仑港地区建设一座大型港口电厂，规划容量为4台60万千瓦燃煤机组，分两期建设。1984年，水利电力部（简称水电部）上报国家计委，申请北仑港电厂工程列入1986年度世界银行贷款项目。同年9月17日，国家计委下发《关于北仑港电厂利用世界银行贷款项目建议书的批复》，同意北仑港电厂向世界银行贷款进行建设，北仑港电厂从而成为中国第一个利用世界银行贷款建设的火力发电厂。经国家能源投资公司批准，一期工程投资调整为28.255亿元，其中世界银行贷款为3.6623亿美元。

一期工程建设2台进口的亚临界燃煤机组，主设备分别招标。1986年3月，北仑港电厂一期工程成立了浙江北仑港电厂工程建设公司（浙江省电力局下属公司），全面负责工程建设管理。1号机组锅炉采用美国CE公司生产的亚临界锅炉，最大连续蒸发量为2008吨/时，主蒸汽出口压力和温度分别为18.3兆帕和541℃，再热器出口温度为541℃。汽轮机组采用日本东芝公司生产的TC-4F33.5型号的汽轮机，发电功率为60万千瓦。发电机组采用日本东芝公司生产的TAKS-LCH型水氢氢冷却方式发电机。2号机组锅炉采用加拿大巴布科克威尔克斯公司生产的亚临界锅炉，最大连续蒸发量2027吨/时，主蒸汽出口压力和温度分别是18.3兆帕和541℃，再热器出口温度为541℃。汽轮机组采用法国阿尔斯通公司生产的T2.A650.30.4.46型汽机，发电功率为60万千瓦。发电机组采用法国阿尔斯通公司生产的T260-640水氢氢冷却方式汽轮发电机。主厂房采用三列式布置，机炉集中控制，每台机组配一个烟囱。工程由第二十冶金建设公司承担土建施工，浙江省火电建设公司负责安装，总体调试由浙江省电力试验研究所承担。

1988年1月5日，一期工程正式开工，中共中央领导出席了开工典礼。该工程是浙江省首次建设安装60万千瓦燃煤机组，参加工程建设的广大职工充分发扬主人翁精神，积极采用新工艺、新技术和新设备，1号机组于1991年10月30日完成168小时满负荷试运行移交试生产。2号机组于1990年10月8日开工建设，于1994年10月20日完成168小时满负荷试运行，移交生产。

由于该工程按2台机组分别进行设备招标、开工和投产，虽然降低了设备价格，节约了投资，但由于设备型号不一，对电厂检修、备品备件储备和电厂运行等带来诸多不便。施工工期也有延长。一期工程建设总体效益不尽理想。

1992年8月21日，国家计委批准了北仑发电厂二期3、4号机组的项目建议书。浙江省电力局组织工程建设单位通过调研和技术谈判，得出了只需增加极少量外汇，即可多进口1台机组的结论。该局为此补报了5号机组的项目建议书。1994年11月25日，国家计委批准了北仑电厂二期工程5号机组项目建议书。北仑电厂二期工程的建设规模成为3台60万千瓦燃煤机组。国家批准概算（动态）为122.2亿元，其中利用世界银行贷款和由世界银行提供担保的联合融资贷款5.5亿美元，内资部分由浙江省电力公司、浙江省电力开发公司和华东电力集团公司按36%、34%、30%的出资比例兴建。二期工程吸取了一期工程的经验教训，并借鉴省内外其他工程的经验，3台机组的主体设备采用相同型号并通过分岛国际竞争性招标采购，降低了投资。锅炉采用日本石川岛播磨公司生产的亚临界锅炉，最大连续蒸发量为2045吨/时，主蒸汽出口压力和温度分别为18.3兆帕和541℃，再热器出口温度为541℃。汽轮机采用日本东芝公司生产的TC4F-42型号汽轮机，发电功率为60万千瓦。发电机采用日本东芝公司生产的TAKS-LCH水氢氢冷却方式汽轮发电机。灰岛由美国爱伦公司、煤岛由德国诺尔公司、升压站岛由日本东芝分别中标供货。主厂房采用三列式布置方式，3、4号机组合用机炉集中控制，5号机组设单独的机炉集中控制室。3台机组合用一个烟囱。

工程于1996年6月8日正式开工，3、4、5号机组分别于2000年9月28日、2000年7月8日、2000年7月28日完成168小时满负荷试运行后移交试生产。1997年7月，因电力体制改革，工程总承包单位改称浙江省电力建设总公司北仑项目部，项目法人为北仑发电有限公司。工程咨询为美国依柏斯科公司，工程管理咨询由日本东京电力公司负责。华东电力设计院负责工程总体设计及部分外围项目设计。土建施工由冶金部第二十冶金公司和浙江省第二建设工程公司承担，浙江省火电建设公司承担安装，浙江省电力试验研究所承担调试和性能试验。工程监理为中国电力建设咨询公司浙江分公司，质量监督工作由华东电管局质量监督中心站负责。

该工程在国内电力建设工程中首次实施3台进口60万千瓦燃煤机组连续施工，规模大，技术要求高，施工管理复杂。工程以“建设60万千瓦机组样板工程，争创全国60万千瓦机组施工新水平”为目标，逐步建立和完善项目管理体系。在工程管理中，开发建立计算机工程管理系统，实现工程信息资源共享，提高了工程管理水平，加强了各项施工要素的优化配置。该工程根据上级要求，积极推行“小业主、大监理、总承包”的新型电力基建工程管理模式，积极贯彻以项目法人责任制为核心的工程招标投标制、工程监理制、资本金制和合同管理制在内的“五制”。该工程进行“五制”的探索，为华东电网大型发电工程建设实行“五制”积累了宝贵经验。由于积极提倡文明施工和严格安全管理制度，1997年，电力部号召全国电力建设系统“学北仑，赶扬二”，北仑电厂二期工程成为全国电力建设系统安全文明施工的榜样。

2002年11月22日，二期主体工程获得2002年度中国建筑工程鲁班奖。

四、合肥第二发电厂工程

合肥第二发电厂规划容量为4台35万千瓦燃煤发电机组。一期工程为中外合资建设项目，建设2台35万千瓦燃煤发电机组，工程总投资46.39亿元。1992年10月，华东电管局转报项目建议书，1993年3月通过了可行性研究审查。1996年3月，国务院批准《国家计委关于审批中外合资建设的安徽合肥二电厂可行性研究报告的请示》。

1996年11月，合肥第二发电厂贷款协议书在北京安徽大厦签署。1997年6月25日，项目融资签字仪式在北京人民大会堂举行，国务院副总理吴邦国出席了签字仪式。该工程被列为国家“九五”计划重点项目。工程业主为中外合资安徽省合肥联合发电有限公司，股东方为新加坡电力（私人）有限公司、华东电力集团公司、安徽省能源开发总公司、合肥市建设投资公司和安徽省电力公司。工程采用总承包方式建造。主厂房区域由德国ABB联合体中标，辅助工程由安徽省电力公司下属明达公司中标。计划工期36个月。德国ABB联合体由德国ABB公司、哈尔滨电站工程有限公司、ABB中国有限公司和安徽电力建设第一工程公司组成。德国ABB公司牵头管理和协调联合体工作，主厂房区域的设计委托东北电力设计院，安徽电力建设第一工程公司负责工程建筑、安装施工。安徽省电力设计院作为工程的业主工程师单位，负责主厂房区域工程设计图纸审核、确认和辅助工程区域设计以及两大区域工程设计接口的协调。辅助工程的建筑安装由安徽电力建设第二工程公司承担。监理由中国国际工程咨询公司和中国电力建设工程咨询公司承担。

该工程的锅炉是哈尔滨锅炉厂生产的亚临界中间再热自然循环锅炉，额定蒸发量为1156吨/时，过热器出口蒸汽压力和温度分别为17.3兆帕和541℃，再热器出口温度为541℃，汽轮机发电功率为35.3万千瓦，汽轮发电机为水氢氢冷却方式。该工程在施工中形成了两个管理公司、两个主要施工单位的同场竞争，在竞争中互相交流，互相学习，共同提高。施工单位积极探索、学习国外公司项目法施工的新思路，新方法，实行施工区现场区域化封闭小区管理的新举措，管理人员集中办公。整台机组移交生产实行30天可靠性运行模式，提高了机组建设质量和整体移交水平。该工程在每台机组选用了3台双进双出钢球磨煤机（型号为SVEDALA），这是华东电网内首次使用这种型号的磨煤机，优点是对煤种的适应性强，为华东电网使用这种型号的磨煤机积累了经验。由于这种型号磨煤机第一次使用，落煤管设计等存在一些问题，影响了工期，也付出了一定的代价。

工程于1997年9月1日开工，2001年3月23日1号机组圆满完成连续30天可靠性运行，2号机组于2001年8月20日圆满完成连续30天可靠性运行。2001年6月16日和2001年8月21日，1、2号机组先后移交商业运行。

该工程获得全国优秀焊接工程奖、2002年中国建筑工程鲁班奖，并被ABB公司列为全球样板工程。

五、望亭发电厂“以大代小”工程

该厂是华东电网的主力发电厂之一。1990年底装机容量为110万千瓦，拥有10台机11台炉共20万千瓦及2台30万千瓦燃油机组和1台为煤代油改造而建设的30万千瓦燃煤机组。

“以大代小”工程拆除老厂20万千瓦小机组，建设1台30万千瓦燃煤机组（第11号机组）。华东电力联合公司于1991年1月29日上报《望亭发电厂改建1×30万千瓦机组替代中压机组项目建议书的报告》，1992年5月12日获国务院生产办公室批准，1991年12月26日通过可行性研究报告审查，1992年12月3日通过了初步设计审查。

工程由上海电力建设局下属的上海电力安装第一工程公司、上海电力建筑工程公司、上海电力建设启动调整试验所分别负责机组安装、土建和调试。上海电力建设局在工程现场设承包公司（相当于工程施工总承包）负责工程施工的组织领导和工程施工协调。监理单位为上海华东电力建设监理公司。华东电力设计院负责工程设计。工程质量监督由华东电管局质量监督中心站负责。业主为望亭发电厂所属11号机组筹建处。老厂（20万千瓦机组）拆除工作由望亭发电厂负责。老厂房拆除工作带来了系统改造、设备搬迁等工程210项，需拆除主厂房及辅助建筑14850米^2、建筑总方量40000米^3。为主厂房整体爆破，1993年4月28日～11月17日进行了18次爆破。老厂房平均高度27米，混凝土等方量约17000米^3，距离电厂升压站最近处仅为10米。老厂房爆破作业由南京工程兵学院所属工程队负责实施，加药量为1.6吨。由于组织工作严密，安全措施得当，调度预案充分，1993年12月8日12时老厂房成功爆破拆除。

11号机组的锅炉为上海锅炉厂引进美国燃烧工程公司（CE）技术制造的亚临界一次再热控制循环汽包锅炉，采用单炉膛、四角切向燃烧方式和露天布置全钢悬吊式结构。汽轮机是上海汽轮机厂引进美国西屋公司技术制造的N316－16.67/538/538型亚临界双缸双排汽DEH－Ⅲ一次中间再热、单轴凝汽式汽轮机，采用数字电液调节系统，操作简便，运行安全可靠、效率高、内轴尺寸紧凑，便于抽汽口布置。发电机是上海电机厂引进美国西屋公司技术制造的QFSN－300－2型无刷励磁水氢冷发电机。该机组采用炉、机、电集中控制方式，设置一单元集控室，应用微机分散型控制系统。

1994年10月18日，望亭发电厂第11号机组工程开工，1997年4月9日完成168小时试运行投产。该工程在华东电网内第一次实现168小时试运前完成满负荷甩负荷试验。试生产期间，保护、监测仪表、热控自动投入率均达到100%。1998年3月，国电公司命名望亭电厂11号机组为“基建移交生产达标投产机组”。工程获1998年度国电公司火电优质工程。

改造工程完成后，望亭发电厂发电装机容量为120万千瓦。

第二章 水 电 工 程

华东电网的水电开发，自中华人民共和国成立以来一直受到关注。进入 20 世纪 90 年代后，随着大型火电机组和核电机组的相继投产，水电在全网电力、电量中比重下降，电网对水电的需求从电量转变为调峰容量。因此，华东电网对水电资源转向深度开发利用。在继续建设一批中小型水电站的同时，一方面对设备陈旧、效益较低的水电站进行改造，改善设备状况，增加装机容量，一方面开始兴建抽水蓄能电站。

截至 2002 年底，全网水电装机容量 665.31 万千瓦，约占全网总装机容量的 10.6%。

第一节 常规水电站工程

华东三省一市常规水电开发建设工程基本上集中在浙江、安徽，江苏也有少量水电建设项目。

一、浙江省水电站工程

浙江水能资源相对比较丰富。进入 20 世纪 90 年代，水电发展进入了一个新阶段。继紧水滩水电站建成以后，截至 2002 年又相继建成了玉溪、珊溪等一批中小型水电站，同时对湖南镇、黄坛口等电站进行了扩建和改造，全省常规水电装机总容量达到 398.68 万千瓦，比 1990 年增加了 165.45 万千瓦。

玉溪水电站是浙江瓯江流域水力开发的重要组成部分，是继紧水滩、石塘水电站开发后的第三级梯级电站，位于石塘下游 10 千米处。主坝为混凝土重力坝，坝高 80.3 米。电站 1995 年初开工，2 台机组分别于 1995 年 3 月和 1997 年 12 月投入运行。电站安装了从奥地利 ELIN 引进的 2 台单机容量 2 万千瓦的灯泡贯流式水轮发电机组，总装机容量 4 万千瓦。瓯江的开发正值国家实行改革开放的重要时期，玉溪电站的建设是浙江省水电工程建设中第一个实行工程建设业主负责制，第一个实行施工管理全面监理制，第一个利用外国出口信贷引进国外机组的水电工程。

珊溪水利枢纽工程是国家重点建设工程和首个利用亚行贷款建设的基础设施项目，位于浙江省温州市文成县境内。电站装有 4 台 5 万千瓦混流式水轮发电机组，主坝为钢筋混凝土面板堆石坝，坝高 103.8 米，以 1 回 220 千伏线路接入电网，年平均发电量为 3.55 亿千瓦时。1994 年 1 月，国家计委批复了浙江省珊溪水利枢纽工程项目建议书。1996 年 9 月 29 日，珊溪水利枢纽前期工程破土动工，主体工程于 1997 年 7 月 1 日开工，同年 11 月 1 日，成功实现飞云江截流。2000 年 5 月 12 日，珊溪水库下闸蓄水。2000 年 6 月 28 日首台机组发电，2000 年 9 月 23 日、2001 年 6 月 4 日、2001 年 7 月 22 日其余 3 台机组相继投产。

二、安徽省水电站工程

1991年以后，安徽省因地制宜地继续开发水电，截至2002年陆续在长江水系和淮河水系建成了一批水电站。其中长江水系建成较大的有港口湾、粟坑、庆丰三级、吴俊、大龙潭、雷公井等水电站，最大单机容量3万千瓦（港口湾）。淮河水系建成较大的有丰坪、黄庄、爬爬岩、平田等水电站，最大单机容量2000千瓦（丰坪）。截至2002年，全省水电装机容量达到了64.91万千瓦，比1990年的47.96万千瓦增加了16.95万千瓦。

港口湾水电站位于安徽省宁国市西南18千米，坐落在水阳江支流西津河上，是一座以防洪为主，集发电、灌溉、城市供水、水产养殖和旅游开发等功能于一体的水利水电工程。水库总库容9.41亿米^3，防洪库容1.42亿米^3，调节库容3.97亿米^3。主坝坝型为混凝土面板堆石坝，坝顶宽7米，最大坝高68米。发电厂房位于主坝右岸下游约40米，厂房内安装2台3万千瓦东方电机股份公司制造的混流式水轮机发电机组。设计年利用小时1881小时，设计年发电量1.13亿千瓦时。两台机组分别于2001年7月1日和2001年8月1日投产。该电站通过双回110千伏线路接入宁国变电站。

粟坑水电站位于贵池县梅村乡粟坑村，电站安装3台200千瓦水轮发电机组，工程于1991年8月开工，1995年5月全部建成。庆丰水电站位于石台县贡溪乡上湾村，电站安装2台400千瓦水轮发电机组，工程于1999年12月开工，2000年12月建成投产。吴俊水电站位于太湖县玉珠乡吴俊村，电站安装2台2500千瓦水轮发电机组，工程于1998年6月开工，2001年11月建成投产。大龙潭水电站位于岳西县五河区桃李乡，电站安装2台5000千瓦水轮发电机组，工程于1991年1月开工，1994年建成投产。雷公井水电站位于潜山县龙潭乡，电站安装2台7500千瓦水轮发电机组，工程于1998年4月开工，2000年7月建成投产。

丰坪水电站位于金寨县燕子河镇茶铺村，电站安装2台2000千瓦、1台200千瓦水轮发电机组，工程于1993年开工，1996年8月建成投产。黄庄水电站位于金寨县南溪镇黄庄村，电站安装3台500千瓦水轮发电机组，工程于1998年底开工，计划于2003年初建成投产。爬爬岩水电站位于霍山县大化坪镇，电站安装2台1250千瓦水轮发电机组，工程于1992年3月开工，1998年12月建成投产。平田水电站位于舒城县平田乡白桑村，电站安装2台400千瓦水轮发电机组，工程于1993年4月开工，1995年5月建成投产。

同时，还有一批小水电站抓紧筹建。长江水系的有映月潭、清溪河黄河（村）二级水电站；淮河水系的有东风、牛山河、麒麟、陡河、五道河、流波、石羊河等水电站。

三、江苏省水电站工程

江苏的小型水电站大部分建在苏北地区，容量较小，主要为乡村的农副产品加工和生活照明提供电力。在并入电网以后，则补充一些县乡的工农业生产和生活用电。由于江苏的水力发电资源有限等原因，“八五”计划期间，小水电站亦无大的发展。截至1995年末，全省共有500千瓦及以上的小水电站15座，总装机容量2.2906万千瓦，其中洪泽县高良涧水电站装机容量3200千瓦，仍是当时省内容量最大的水电站。“九五”计划开始后，全省小水电站的建设得到一定程度的发展，截至2002年末，全省共有6000千瓦以下小水电站31座，总装机容量3.3915万千瓦。其中，500千瓦及以上小水电站26座，装机容量 3.2175 万千瓦；500 千瓦以下小水电站 5 座，装机容量 1740 千瓦。

第二节　抽水蓄能电站工程

随着地区经济水平的增长，华东电网电力负荷逐年上升，20 世纪 80 年代年平均增长率为 6.6%。峰谷差与最高负荷的增长基本同步，年平均增长率达 6.59%，电网调峰能力不足的问题日益突出，导致高峰时段拉限电或低频率运行，低谷时段火电机组压火运行甚至调停。从发展看，调峰问题更为突出。秦山核电站兴建、区外来电的接纳等都需要电网拥有更为安全、可靠的调节手段。因此，华东电网从 80 年代开始准备兴建抽水蓄能电站。1991～2002 年，相继建成了几座抽水蓄能电站，为缓解日益加剧的电网调峰压力发挥了应有的作用。

一、华东天荒坪抽水蓄能电站工程

华东天荒坪抽水蓄能电站位于浙江省安吉县境内，直线距离至杭州 57 千米，至上海 175 千米，至南京 180 千米。电站以 2 回 34 千米长的 500 千伏输电线路接入瓶窑变电站，接近华东电网的负荷中心。电站安装 6 台 30 万千瓦可逆式抽水蓄能发电机组，总装机容量 180 万千瓦。设计年发电量（调峰电量）30.14 亿千瓦时，抽水电量（填谷电量）41.04 亿千瓦时，为日调节纯抽水蓄能电站。工程自 1992 年开工，至 2000 年建成，建设总工期 8 年，其中从主体工程开工到 1 号机组投入试生产，历时 55 个月。天荒坪抽水蓄能电站机组全部投入运行后，高峰发电能力为 180 万千瓦，低谷填谷能力为 180 万千瓦，最大调峰能力可达 369 万千瓦。这不仅改变了华东电网基本由火电机组调峰的状况，同时也改善了电网火电机组的运行条件，相当于日减少 18 台 20 万千瓦机组的同时调停。此外，它在电网中还能够承担事故备用的重要功能，也为系统提供了旋转备用（详见专记三）。

二、浙江宁波溪口抽水蓄能电站工程

宁波溪口抽水蓄能电站位于浙江省奉化市溪口镇，距负荷中心宁波市仅 35 千米。溪口镇距上水库 4 千米，距电站厂房及下水库 2 千米。电站总装机容量为 8 万千瓦，由 2 台单机容量为 4 万千瓦竖轴混流可逆式水泵水轮发电机组组成。设计年发电量为 12610 万千瓦时，年抽水电量为 17280 万千瓦时，抽水—发电循环电站的综合效率为 73%。工程于 1994 年 2 月开工建设，1997 年 12 月首台机组并网发电，1998 年 5 月全部机组并网发电并投入商业运行。通过运行实测，电站的综合效率达到 77.7%，经济效益较好。

三、安徽响洪甸抽水蓄能电站工程

响洪甸抽水蓄能电站是利用原响洪甸水库作为上库，下库拦河筑坝，扩建 2 台 4 万千瓦蓄能机组，组成装机容量为 12 万千瓦的混合式抽水蓄能电站。工程总投资 4.56 亿元。工程由水电十局施工。机组由东方电机股份有限公司制造，其中水泵水轮机转轮从国外进口。

工程于 1994 年 12 月获得安徽省计委批准正式开工建设，经过将近 6 年的施工建设，2000 年 6 月 23 日 2 台机组完成试运行，2000 年 11 月正式投运。

四、江苏沙河抽水蓄能电站工程

江苏进入20世纪90年代后，电网的峰谷差矛盾日益突出。为满足江苏电网调峰需求，改善电源结构，提高电网运行的经济性、安全性和可靠性，江苏省也开始兴建抽水蓄能电站，截至2002年沙河抽水蓄能电站建成投运。该电站位于国家4A级旅游度假区——天目湖风景区，距南京市120千米，处于电力负荷中心区。电站安装2台5万千瓦发电机组，电站主机设备由法国ALSTOM集团提供，采用立轴单阶可逆混流式水泵水轮机、三相立轴悬式空气冷却可逆式同步发电电动机，设计年发电量1.82亿千瓦时，年抽水用电2.44亿千瓦时。工程自1998年9月正式开工建设。2002年6月1号机组投入商业运行，2号机组同年7月投入商业运行。

第三节　在建抽水蓄能电站工程

一、浙江桐柏抽水蓄能电站工程

桐柏抽水蓄能电站位于浙江省天台县境内，与杭州、宁波直线距离分别为150千米、94千米，距秦山核电站150千米，距已建（或在建）浙江沿海各大火电厂都在100千米至150千米之内，地理位置适中，建设条件优越。该工程利用已建的桐柏水电站水库作为上水库，在百丈溪筑坝新建下水库。电站以2回500千伏出线接入华东电网，在电网中承担调峰、填谷、调频、调相和事故备用等任务，是一座日调节纯抽水蓄能电站。电站安装4台单机容量为30万千瓦的立轴混流可逆式单级水泵水轮机发电电动机组，总装机容量120万千瓦，平均年发电量21亿千瓦时，年抽水用电量28.13亿千瓦时。工程自2001年12月正式开工。

二、安徽琅琊山抽水蓄能电站工程

琅琊山抽水蓄能电站位于安徽滁州市西南郊的琅琊山麓，距市区仅3千米。电站上水库主坝为混凝土面板堆石坝，副坝为混凝土重力坝。电站装设4台15万千瓦的单级可逆式抽水蓄能机组，总装机容量60万千瓦，以2回220千伏线路接入安徽电网。电站设计年发电量8.56亿千瓦时，年抽水电量11.72亿千瓦时，为日调节纯抽水蓄能电站。工程于2002年12月正式开工。

三、江苏宜兴抽水蓄能电站工程

宜兴抽水蓄能电站位于江苏省宜兴市境内西南郊的铜官山区，距离上海、无锡分别为200千米和75千米，处于江苏省用电负荷中心附近，是一座日调节的纯抽水蓄能电站。电站装机容量100万千瓦，安装4台单机容量为25万千瓦的可逆式发电机组，电站正常日均发电量408.5万千瓦时，年发电量14.69亿千瓦时，年抽水耗电量19.59亿千瓦时，综合效率76%。电站以2回500千伏输电线路接入已建设的500千伏宜溧变电站，直接进入华东及江苏主网架。工程自2002年1月开始工程前期准备，计划于2003年8月主体工程开工。

第三章　其他能源发电工程

核能发电、风力发电、垃圾发电等新型电源工程的建设，有利于华东电网电源结构调整、节能减排，并减轻燃煤运输压力。根据国家适当发展核电、积极发展风电等新能源发电的要求，华东电网积极开展有关项目的建设工作。由于风电、垃圾发电项目的主设备大部分进口，单位造价高，电力电量稳定性低、发电成本高，市场竞争力差，只有加强政策扶持才能形成规模发展。

第一节　核　　电

一、秦山核电站工程

秦山核电站一期工程是中国第一座自行设计和建设的核电站，坐落在浙江省嘉兴市海盐县城南。

该工程安装1台30万千瓦发电机组，核反应堆采用国际上成熟的压水型反应堆，属原型示范压水堆核电站。该工程1983年立项，工程总投资17.75亿元。由上海核工程研究设计院、华东电力设计院为主设计，中国核工业部第二十二建设公司、第二十三安装公司、浙江火电建设公司等单位施工。

该工程于1983年6月1日破土动工，1985年7月主厂房进入全面施工，1991年12月15日首次开始并网发电成功，1994年4月投入商业运行，1995年7月通过国家验收。一期工程的建成，结束了中国内地无核电的历史，标志着中国已开始掌握核电技术，成为世界上第七个能自行设计、建造、调试和运行管理核电站的国家。

1986年1月18日，国务院常务会议决定建设秦山核电二期工程。工程计划建设2台国产化60万千瓦商用压水堆核电机组，并预留扩建2台核电机组场地。1987年10月10日国家计委批准工程项目建议书，1992年7月13日，国家计委批准秦山核电二期工程可行性研究报告，同年11月13日审查通过了二期工程初步设计。1995年12月15日国家计委批准秦山核电二期工程开工。1996年6月2日，秦山核电二期主体工程开工，国务院副总理吴邦国出席开工典礼。二期工程总投资148亿元，电站设计寿命为40年。经过议标，建筑安装总承包为核工业建设集团下属中原核电建设公司，工程设计总承包为核工业第二研究设计院（核岛设计）。通过投标，核工业第二十二公司、第二十四公司分包土建工程，核工业第二十三公司分包核岛安装，浙江省火电建设公司和核工业第五公司分包1、2号机组常规岛及附属设备安装。2002年2月6日1号机组并网成功，同年4月正式投入商业运行。2号机组计划2004年投产。秦山核电二期1号机组投运后，各项运行技术指标均达到或高于初步设计值。

1996年2月，《国家计委关于浙江省秦山核电站三期（重水堆）工程项目建议书的批复》下达。1997年1月31日，国家计委批准秦山三期工程可行性研究报告。该工程是中国与加拿大政府合作建设的最大贸易项目，安装2台72.8万千瓦重水堆核电机组，设计寿命40年，是中国首台商用重水堆核电站，工程总投资28.8亿美元。工程使用加拿大成熟的CANDU－6型重水堆核电站技术，利用国外融资，采用加拿大原子能公司承包商交钥匙合同方式进行建造。

1998年6月8日，1号核岛主厂房浇灌第一罐混凝土，1号机组于2002年12月31日投入商业运行，2号机组拟于2003年投产。

二、田湾核电站工程

1995年3月24日，江苏省计经委、省电力局联合向电力部提出了《关于尽快向国家计委申请将连云港扒山头核电站列入国家"九五"开工计划的报告》。国家计委于1997年4月28日下发批复：原经国务院批准的辽宁核电站项目建议书，视同批准江苏连云港核电站（后经国务院批准定名为田湾核电站）工程立项。同年12月，在北京人民大会堂签署了《中华人民共和国政府和俄罗斯联邦政府合作建设连云港核电站总合同》，中国国务院总理李鹏、副总理李岚清，俄罗斯第一副总理涅姑佐夫等出席了签字仪式。工程投资总额为24.9亿美元。江苏核电有限公司负责核电站建设和运营。

1999年10月20日，田湾核电站工程正式开工，国务院副总理吴邦国出席开工仪式并按下开工信号按钮。田湾核电站厂址位于江苏省连云港市连云区高公岛田湾，规划4台百万千瓦级核电机组，并留有再建2～4台的余地。一期工程建设2台106万千瓦的俄罗斯AES－91型压水堆核电机组，设计寿命40年，年发电量为140亿千瓦时。

根据合同，田湾核电站采取"中俄合作，以我为主"的建设方式。俄方负责核电站总的技术责任、核岛、常规岛设计及成套设备供应与机组调试。中方负责工程建设管理、土建施工、围墙内部分设备的第三国采购、电站辅助工程和外围配套工程的设计、设备采购及核电站安装。按照国际现行核安全和辐射安全标准的要求和中方的意见，在设计中新增加了4条安全措施。

通过招投标，核工业华兴公司和第二十二公司承担核岛土建，核工业第二十三公司承担核岛安装，江苏省电力建设第一工程公司、第三工程公司负责常规岛土建，江苏省电力建设第三工程公司承担常规岛安装。1号机组和2号机组分别于1999年10月20日和2000年9月20日浇灌第一罐混凝土。2001年11月11日，1号机组反应堆厂房穹顶钢衬里球冠顺利吊装，标志着1号机组土建施工基本完成，全面转入安装阶段。截至2002年底，二级进度计划重大节点目标均按期或提前完成。

第二节　风　　电

1994年12月，浙江省电力公司组建成立全资子公司浙江省风力发电发展有限责任公司，分别负责苍南鹤顶山风电项目和临海括苍山风电项目。苍南鹤顶山风电场距苍南县城

22千米，分两期建设，装机容量为2台500千瓦风力发电机组，主设备由丹麦NORTANK公司供货。1996年1月，工程投入运行。二期工程利用外资兴建，装机容量为15台600千瓦风力发电机组，主设备由德国VESTAS公司供货。1998年6月开工，同年12月并网发电。工程概算总投资10166.11万元（其中德国政府混合货款11.50万马克）。临海括苍山风电项目建在括苍山主峰两侧海拔1250～1350米的山脊上。该工程装机总容量为33台600千瓦风力发电机组，工程概算为21409.22万元。通过招标，主设备由丹麦MICON公司供货，其中16台发电机组由国内组装。1997年7月工程开工，但遭遇当年11号强台风袭击，工程被迫停工。经中外双方共同努力，部分机组于1997年底并网，1998年5月全部竣工。

尔后，上海、江苏也积极规划风电项目，已进行前期工作的有上海南汇区2台1500千瓦（德国产）、奉贤区4台850千瓦、崇明县3台1500千瓦、江苏龙源公司10台500千瓦和江苏联能公司2台2000千瓦风电机组等工程。华东电网风电项目的建设方兴未艾。

第三节　垃　圾　发　电

一、上海御桥生活垃圾焚烧发电厂工程

上海御桥生活垃圾焚烧厂位于上海浦东新区北蔡御桥工业区，占地8万米^2，由浦发集团投资建设。1996年11月经国家计委批准立项，1998年9月国家计委批准工程可行性报告。工程总投资6.7亿元（其中使用法国政府贷款3000万美元）。该工程设3条垃圾焚烧生产线，日处理生活垃圾1000吨，配备2台8500千瓦汽轮发电机组。上海电力安装第二工程公司承担工程的设备安装。2000年2月5日主厂房开工，2002年5月29日完成3炉2机168小时试运行。同年7月，通过了国家电力公司西安热工研究院的工业性性能考核。2002年9月20日上海市环保局批准机组进入试生产。

二、上海江桥生活垃圾焚烧发电厂工程

上海江桥生活垃圾焚烧厂工程是国家计委批准兴建的重大环保工程基础设施。工程分二期建设，一期安装2台500吨/日焚烧炉，2台44吨/时的余热锅炉、2台1.2万千瓦汽轮发电机组。二期安装1台500吨/日焚烧炉和1台44吨/时的余热锅炉。一期工程总投资7.5亿元。上海环城能源有限公司负责建设，主体设计为西班牙BBE公司，中方北京五洲工程设计院和上海发电设备成套设计院参加设计，上海电力安装第二工程公司承担工程的设备安装和调试。2002年1月15日1、2号炉钢结构吊装开始，2002年10月10日厂用电系统受电。

三、杭州乔司垃圾焚烧发电厂工程

杭州乔司垃圾焚烧发电厂位于杭州市余杭区乔司镇西侧，厂区占地面积4.7万米^2。工程由国家计委批准立项，建设2台6000千瓦抽汽凝汽式汽轮发电机组。该工程被列入国家环保高技术产业化示范工程。杭州锦江绿色能源有限公司（民营企业）和中国节能投资公司共同出资2.1亿元兴建，浙江省电力设计院设计，浙江省火电建设公司中标施工，

杭州市江南监理公司负责工程监理。锅炉、汽机、发电机分别由杭州锅炉厂、杭州汽轮机厂和济南发电机厂供货。2001 年 3 月 19 日正式开工，计划 2004 年投产。

四、宁波枫林垃圾发电厂工程

宁波枫林垃圾发电厂位于宁波市北仑区小港镇布阵岭，一期工程建设 3 台 350 吨垃圾焚烧炉、2 台 6000 千瓦汽轮发电机组，总投资 4 亿元。工程由宁波市枫林绿色能源开发有限公司投资兴建。2001 年 12 月 15 日，该厂通过竣工验收投产。

华东电网区域内的城市垃圾热值普遍很低，垃圾分类很差，垃圾电站的投资又较大。如何发展，各地均从长计议。

第二篇　电　网　建　设

第二篇 电 网 建 设

进入 20 世纪 90 年代以后，随着全国改革开放的不断深化，尤其是中共中央、国务院关于开发开放浦东，推动长江流域经济带发展战略的实施，华东电网区域内三省一市的国民经济继续保持快速发展的势头，对电力的需求日益增长。加快 500 千伏输变电工程建设，增强主网架的结构，拓展其覆盖范围，是确保大型电站电力送出，满足电力安全输送和地区用电负荷快速增长需求的重要举措。

20 世纪 90 年代初期起，华东电管局（公司）把加强电网规划，适度超前实施网架建设作为公司重要发展战略。首先解决 500 千伏淮沪、徐沪输电线路输送容量偏小，运行不够灵活，影响电网运行的可靠性与稳定性等问题。同时，积极拟订电网建设方案，在电厂配套中列入 500 千伏线路项目，并想方设法筹措项目资金。先后建成了 500 千伏安徽繁昌—江苏斗山和浙江瓶窑—江苏斗山输电线路，形成了连接皖南、苏南、上海和浙北的 500 千伏环网。电网结构在较大程度上得到了加强，既增加了线路的输送容量，又提高了系统运行的稳定性和可靠性。

此后，国家对项目投资体制实施改革，为电网建设项目的立项和筹集资金提供了更为有利的条件。华东电力集团公司与三省一市电力公司通力协作，在不失时机地安排作为电厂配套送出的电网建设项目的同时，率先尝试主网架输变电项目的单独立项及建设工作。其中最有代表性的，是利用世界银行贷款建设华东江苏 500 千伏输变电项目。该项目所含若干子项目统一立项，其建设规模之大，难度之高，均属国内电网建设史上首次。

截至 2002 年底，华东电网已形成较强的 500 千伏网架，全网 500 千伏线路长度比 1990 年增加 2.87 倍，500 千伏变电站增加 21 座，变电容量增加 5 倍，并拥有±500 千伏直流线路 611 千米，换流站容量 304.6 万千伏安。

诸多项目建成投运后，不仅满足了苏北电源点向苏南负荷中心送电的需要，同时也加强了华东 500 千伏主网架的核心部分，形成了经皖南、苏南、上海、浙北等地区的东西两个双环网，将三峡送电和网内一些大型电站、系统调峰电站直接接入核心网架，也增强了省（市）间功率输送和事故紧急支援的能力。

华东电网 220 千伏工程也有较快的发展，2002 年与 1990 年相比，220 千伏工程线路长度增加 0.97 倍，220 千伏变电容量增加 2.9 倍。省（市）内部的电力输送瓶颈问题也趋于缓解。

第一章 500 千伏线路工程

1991年后，华东500千伏电网迅速发展，形成了强大的核心网架。山西阳城送电江苏以及三峡送电华东等输变电工程，尤其是华东江苏500千伏输变电工程的建设，大大加强了华东主干网，使华东各省市电网间的联系更加可靠。其间，华东电网新建主力电厂，包括核电、水电都以500千伏线路接入主网架。2001年，500千伏福州—双龙第一回线建成投运，2002年，福建与华东电网第二回500千伏联网线路建成，实现了福建与华东联网。1990年和2002年华东三省一市500千伏输变电工程对照情况见表2-1-1。

表2-1-1　1990年和2002年华东三省一市500千伏工程对照情况

年份	地区	输电线路长度（千米）	变电站数/变压器数/总容量（座/台/万千伏安）
1990	华东合计	2061 (566)	6/9/559.7
	上海	160 (41)	2/5/359.4
	江苏	552	2/2/100.2
	浙江	321 (142)	1/1/50
	安徽	1028 (383)	1/1/50.1
2002	华东合计	7978 (611)	27/47/3394.4
	上海	429 (41)	5/12/884.4
	江苏	3933	12/17/1175
	浙江	2238 (142)	7/13/975
	安徽	1378 (428)	3/5/360

注 1. 输电线路长度指回路长度，系交流和直流线路长度之和，括号内为直流线路长度。

2. 直流输电线路长度不含龙政直流部分，变电容量含南桥，不含龙政。

3. 3台单相变压器组成1组的，按1台计算。

第一节　主网架跨省市工程

1992年建成500千伏繁昌—斗山线路后，连接了繁昌变电站和斗山变电站。江苏和安徽两省电网直接以500千伏线路相联，从而在华东经济最发达的地区，形成了从皖南（繁昌）、苏南（斗山）到上海（黄渡、南桥）、浙北（瓶窑）再到皖南（繁昌）的500千伏跨省环状网架。1996年建成的500千伏瓶窑—斗山线路，又将江苏和浙江两省电网直接以500千伏线路相联，在跨省环状网架中间安装了一条“金腰带”，形成了∞形的东、西两个环网。1994年建成黄渡—南桥第二回线和1998年建成斗山—黄渡第二回线，2001年建成瓶窑—南桥第二回线以及2002年建成的武南—瓶窑、武南—繁昌第二回线，将东、西两个环网基本建成了双回路（繁昌—瓶窑仍是单回路）。华东电网500千伏主网架跨省市的核心部分大大加强。

一、主要项目

（一）500千伏繁昌—斗山线

500千伏繁昌—斗山输电线是安徽平圩发电厂2台60万千瓦机组的送出配套工程。1982年12月，华东电管局上报《平圩电厂五十万伏送变电工程设计任务书》，1983年又向水电部报送计划任务书。1984年3月，水电部将该计划任务书报国家计委审批。

1984年11月，国家计委下达《关于平圩电厂五十万伏送变电工程设计任务书的批复》。该项目建设内容和规模为：建设洛河—平圩—合肥—繁昌—谏壁—苏南（斗山）线路，全长590千米，其中繁昌—斗山部分为289.7千米。平圩—繁昌段240千米和洛河电厂—平圩电厂联络线17千米已分别在1988年和1989年竣工。

1987年9月，华东电管局印发《关于五十万伏繁昌—斗山输电线路安徽省境内部分初步设计的审批意见》和《关于五十万伏繁昌—斗山输电线路江苏省境内部分初步设计的审批意见》。由于建设谏壁500千伏升压站资金中增加地方集资部分难度较大，“七五”计划内国家投资较紧，并考虑到“七五”计划期间谏壁电厂送出的主要潮流仍经220千伏谏壁—常州线路向苏南送电，1987年12月，华东电管局按照水电部计划司的决定，暂缓建设500千伏谏壁升压站。因此繁昌—斗山线路部分地段路径方案需重新设计。1989年11月华东电管局发送《500千伏繁昌—斗山输电线路江苏段初步设计（修改）的审批意见》。

该工程以华东电管局为总建设单位，两相关省电力局为各区段的分建设单位。工程采用联合设计的方法，由华东电力设计院为负责单位，江苏、安徽两省电力设计院参加。由华东、安徽、江苏省送变电工程公司施工。工程于1989年9月开工，1992年6月30日竣工，同年8月5日投运。

（二）500千伏瓶窑—斗山线

为确保华东电力系统的安全稳定和事故处理的灵活性，并提高沪宁杭500千伏约900千米大环网的稳定性，1984年5月，华东电管局向水电部报请审批《五十万伏斗山至瓶窑输变电工程设计任务书》。同年7月，水电部报请国家计委审批500千伏苏南（斗山）

至杭州瓶窑输变电工程设计任务书。1985 年 10 月，国家计委批复同意建设从苏南斗山至杭州瓶窑 500 千伏输变电工程，线路长度 180 千米。但因项目资金不落实，迟迟未能开工。

1992 年 6 月，华东电管局向能源部上报《关于天荒坪抽水蓄能电站配套输变电工程设计任务书的报告》，报告称：配套项目中的 500 千伏瓶窑至斗山线路工程既是为了配合天荒坪抽水蓄能电站投产运行所必须建设的；同时也是为了确保华东电网的安全可靠和事故处理的灵活性，提高华东 500 千伏主网架的稳定水平所急需建设的，是华东电网的重要网架工程。因此，抓紧早建快建该线路工程显得极为迫切和特别重要。1992 年 12 月，能源部向国家计委上报《关于天荒坪抽水蓄能电站配套 500 千伏送变电工程可研报告的请示》。

1993 年 12 月，国家计委《印发关于审批浙江天荒坪抽水蓄能电站配套五百千伏送变电工程可行性研究报告的请示的通知》，同意该项目建设。

天荒坪抽水蓄能电站配套 500 千伏送变电工程项目中线路建设内容和规模为：新建天荒坪电站至瓶窑 2 回 500 千伏线路，共 68 千米；新建瓶窑变电站至斗山变电站 1 回 500 千伏线路，共 178 千米。在总投资中，线路部分为 2.9 亿元，其中利用世行贷款约 500 万美元，国内资金由合资各方按电站合资比例分担。1994 年 3 月，电力部下发《关于 500 千伏瓶斗输变电工程初步设计审查意见的批复》，线路全长 192.5 千米，实际新建长度 182 千米，核定总投资 28821 万元。

华东电管局为 500 千伏瓶窑—斗山线路工程总建设单位，江苏、浙江两省电力局为各区段的建设单位。工程由华东电力设计院设计。工程采用投标方式确定施工单位，共有华东、江苏、浙江、安徽四家送变电工程公司负责施工。工程于 1994 年 11 月开工，1996 年 3 月 29 日投运。该线路的建成，对确保天荒坪抽水蓄能电站的电力外送，加强长江三角洲电力负荷中心 500 千伏核心网架，有着重要作用。2001 年 1 月 17 日，瓶斗线开断环入武南变电站。

500 千伏瓶窑—斗山线建成后，华东电网加紧了电网核心部分的双回路建设。1994 年 6 月，上海已建成黄渡—南桥第二回线。

（三）500 千伏斗山—黄渡第二回线路

500 千伏斗山—黄渡第二回线路作为华东江苏 500 千伏输变电项目的内容之一，由国家计委在 1998 年 2 月批准立项。工程项目的建设内容和规模包括：新建斗山变电站—石牌变电站 500 千伏线路 60 千米，石牌变电站—黄渡变电站 500 千伏线路 50 千米，以及斗黄线开断环入石牌变电站 500 千伏线路 2×5 千米。1998 年和 1999 年国电公司分别印发《关于 500 千伏江都至常州、斗山至黄渡二回送变电工程初步设计的批复》、《关于石牌 500 千伏变电站及 π 接线路工程初步设计的批复》。

该工程业主单位是华东电力集团公司，上海市、江苏省电力公司分别负责管辖段范围内线路建设。工程由华东电力设计院设计，华东、上海、江苏送变电工程公司分段施工。工程于 1997 年 12 月开工，1998 年 7 月 19 日投运。

斗黄第二回线的投运，使江苏送往上海的电力调度更灵活，运行更稳定。2001 年 4 月 12 日，斗黄双回线环入 500 千伏石牌变电站，改称斗牌线和牌渡线。

（四）500千伏瓶窑—南桥第二回线路

1996年瓶斗线建成后，浙江电网通过瓶窑—斗山、瓶窑—繁昌和瓶窑—南桥线路与华东主网交换电力电量。其中瓶窑—南桥线路潮流相对较大，达到70万千瓦。随着华东电网的发展，省际间220千伏联络线将逐步打开，潮流交换及事故支援全部由500千伏联络线承担。“九五”计划期间，天荒坪抽水蓄能电站机组陆续建成投产。2000年夏季高峰时段，瓶窑—南桥500千伏线路潮流将超过150万千瓦，瓶窑—南桥一回线路难以满足系统运行需要，急需建设瓶窑—南桥第二回500千伏线路。另外浙江杭州和湖州地区负荷发展较快，瓶窑变电站降压变电容量难以满足地区负荷供电要求，急需建设杭东输变电工程。1997年7月，华东电管局上报500千伏杭东输变电工程与500千伏瓶南第二回路输电线工程可研报告书。同年11月，电力部经研究，同意华东电管局的报告，向国家计委呈送《关于华东瓶窑至南桥第二回500千伏线路和杭东500千伏输变电工程可行性研究报告的请示》。

1998年7月，国家发展计划委员会下达《关于华东瓶窑至南桥第二回500千伏线路和杭东500千伏输变电工程可行性研究报告的批复》，同意新建瓶窑至南桥第二回500千伏线路170千米，瓶窑、南桥变电站分别扩建500千伏间隔一个。

2000年5月，国家电力公司印发《关于500kV瓶窑至南桥2回送变电工程初步设计的批复》，核定工程总投资为30909万元，其中外资213万美元。

该工程业主为华东电管局，浙江省、上海市电力公司为项目所在地的建设单位，委托浙江省超高压输变电建设公司、上海超高压输变电工程筹建处具体负责建设。由华东电力设计院和浙江省电力设计院分区段负责设计。通过招标，由华东、上海、浙江送变电工程公司施工。由华东电力建设监理有限公司及上海、浙江电力建设监理有限公司分区段负责监理。工程于1999年12月24日动工，2001年5月14日投产。

（五）500千伏武南—繁昌线路

500千伏武南—繁昌线路是三峡送电华东配套交流500千伏输变电工程之一。1995年12月，国务院三峡工程建设委员会批复了三峡工程输电系统设计，该线路工程被批准立项。2000年9月，国家电力公司《关于常州武南至繁昌500千伏送电线路工程初步设计的批复》，同意华东电力设计院推荐的路径方案。根据三峡送出工程总体安排，该工程同期接入东善桥500千伏变电站，所以工程路径分为两段：第一段从武南变电站至东善桥变电站，长约147.9千米，第二段从东善桥变电站至繁昌变电站，长约119.6千米。根据东善桥变电站进出线安排，工程在张家庄附近与已建的500千伏繁斗一回线进行换接。核定工程总投资为28984万元。

该工程是国家电力公司的项目，由国家电力公司电网建设分公司负责建设。由华东电力设计院、安徽省电力设计院设计，江苏省宏源送变电建设监理有限公司监理，安徽省送变电工程公司施工。工程于2002年7月竣工。

（六）500千伏武南—瓶窑线路

500千伏武南—瓶窑线路也是三峡送电华东配套交流500千伏输变电工程之一。由1995年12月国务院三峡工程建设委员会批复的三峡工程输电系统设计批准立项。2000年

9 月，国电公司《关于常州武南至瓶窑 500 千伏送电线路工程初步设计的批复》，同意浙江省电力设计院推荐的路径方案。线路全长 146.95 千米，核定工程总投资为 17928 万元。

该工程也是国电公司的项目，由国电公司电网建设分公司负责建设。由浙江省电力设计院设计，浙江省电力建设监理有限公司监理，浙江省送变电工程公司和江苏送变电公司施工。工程于 2002 年 5 月竣工。

到 2002 年底，±500 千伏龙政直流和政平换流站单极投运，500 千伏交流武南—政平线路也竣工投运。2003 年初三峡水电站首批机组发出的强大电流通过龙政直流线路在政平站换流后经 500 千伏武南—繁昌、武南—瓶窑等线路输送到华东三省一市的广大区域。

至此，华东 500 千伏电网的核心部分，除了安徽繁昌—浙江瓶窑仍为单回路外，已经全部建成了双回路。1991～2002 年华东 500 千伏电网跨省市工程投运情况见表 2－1－2。

表 2－1－2　　1991～2002 年华东 500 千伏电网跨省市工程投运情况

序号	线　路	投运时间	长度（千米）
1	繁昌—斗山	1992－08－05	289.7
2	瓶窑—斗山	1996－03－29	182
3	斗山—黄渡二回	1998－07－19	96
4	瓶窑—南桥二回	2001－05－14	181.83
5	武南—瓶窑	2002－05－14	150
6	武南—繁昌	2002－07－02	266.55

二、典型工程

（一）500 千伏繁昌—斗山输电线路

500 千伏繁昌—斗山输电线路工程设计最大风速 30 米/秒，最大覆冰 5 毫米。线路采用 4 分裂导线，江苏段采用 LGJ－400/50；安徽段采用苏联提供 AC2Y－400/50。经过对 1984 年“1·18”雪灾事故的分析、论证，华东电管局决定繁斗线地线验算覆冰为 20 毫米，选择抗冰能力较强的加强型钢芯铝合金地线。根据对华东电网几次污闪事故进行的统计和分析，华东电管局下达了《对 500 千伏繁昌—斗山输电线路江苏境内污秽等级设计原则的意见》，对江苏境内沿线的污秽等级及绝缘子串的泄漏比距进行了调整。同时，对发生污闪的绝缘子串进行分析、研究，确定适当加大繁斗线双悬垂绝缘子串串间距离，由原来的 450 毫米增加到 600 毫米。结果证实了其减少闪络的有效性，受到能源部的好评，并为今后工程的设计提供了依据。

该工程采用联合设计的方法，由华东电力设计院为负责单位。江苏、安徽两省电力设计院参加。三个设计院在主要设计原则方面开了十余次协调会，统筹兼顾，反复勘测，选择了一条合理的路径。

该工程是华东电网地区首次采用招标择优选择施工单位的 500 千伏输电工程。招标工作由华东电管局统一组织，评标委员会由华东电管局、相关省电力局及相关的设计院、供电局、建设银行派员组成。参照“综合考察、分项记分、加权叠加、以高定标”的原则，结合该工程情况，确定了超过标 3%或低于标底 7%作为废标处理的原则。招标工作于 1990 年 9 月开始，11 月结束。华东、江苏、安徽三家送变电公司中标。这次招标为华东电网此后的招投标工作奠定了基础。

该工程沿线所经地区，为江南经济发达地区。华东电管局组织有关单位反复论证，最后确定在常州、无锡交界处南侧至无锡前洲镇东之间的 10.447 千米范围采用同塔双回路设计，由此开创了华东 500 千伏同塔双回路建设的先河。

1991 年以前，500 千伏线路建设用地在概算指标中无明确规定，造成施工单位不注意节约用地，青苗赔偿费用高，环境污染严重。华东电管局通过实地调查、协商等办法，详细明确了各单位工程的施工用地指标，并规定由施工单位和建设单位按确定的指标签订承包协议，取得了良好的经济效益和社会效益。该指标在以后的工程中一直被参照运用。

（二）500 千伏瓶窑—斗山输电线路

500 千伏瓶窑—斗山输电线路工程设计风速平地、丘陵为 30 米/秒，最大设计覆冰 5 毫米；山区最大风速为 33 米/秒，最大设计覆冰 10 毫米。

线路全线采用 4 分裂 LGJ - 400/35 特轻型钢芯铝绞线。1991 年前，华东地区 500 千伏线路的导线一般都使用 LGJ - 400/50 轻型钢芯铝绞线。经过论证，瓶斗线率先使用 LGJ - 400/35 特轻型钢芯铝绞线。同 LGJ - 400/50 轻型钢芯铝绞线比，采用特轻型钢芯铝绞线每千米节约导线 1.9 吨，铁塔基础工程量也减小。虽然由于弧垂增大一些，引起杆塔使用数量增加，但经济效益十分明显。此后，华东 500 千伏线路都采用此型导线。

针对江南地区村庄密集的特点，工程铁塔采用导线三角排列的猫头塔和直线转角塔，线间距离约为水平排列的塔性的 70%，缩小了走廊宽度。为解决线路路径困难，工程专门设计了三相导线垂直排列的 E 型塔。两边导线的水平距离仅 2 米，仅在无锡的黄石节地区就少拆民房 8000 米^2。

为保证地线的安全运行，华东电管局组织调研，选定的带羊角间隙的拉紧式绝缘子大大提高了灭弧性能；采用实心拉紧式瓷瓶没有零值问题；采用两个 A 型环垂直链扣结构，即使磁体破碎，也不会发生地线落地事故。该工程在常州、湖州地区试用了国内外比较先进的拉紧式地线绝缘子，有效地解决了运行的后顾之忧。

由于大气污染日益严重，造成镀锌钢绞线地线运行过程中腐蚀严重。如上海地区的线路投运十年，就要考虑调换钢绞线地线。该工程率先使用镀锌铝合金钢绞线，其使用寿命为镀锌钢绞线的 2 倍，截至 2002 年仍然安全运行。

第二节　主网架省市境内工程

一、主要项目

（一）上海市境内工程

上海地区 500 千伏输电线路 1991 年前有属于淮沪线的瓶窑—南桥上海段 41.32 千米，

属于徐沪线的斗山—黄渡上海段 14.81 千米，黄渡—南桥 48.63 千米，以及石洞口电厂配套的石洞口—黄渡 34.8 千米，合计 139.56 千米。另有葛（洲坝）—沪（上海）直流上海段 41 千米。1991～2002 年，华东 500 千伏电网在上海地区的发展，主要是为石洞口第二发电厂、吴泾八期工程和外高桥电厂配套的输变电工程以及环网的杨行—杨高输变电工程。

1. 500 千伏石洞口第二发电厂—黄渡第二回线路

为满足石洞口第二发电厂 2 台 60 万千瓦机组电力送出的要求，同时提高电厂接入上海电网的安全可靠性，1986 年 2 月，上海市电力局向华东电管局提出了《关于上海石洞口 2 台 60 万千瓦机组配套输变电工程的报告》。1987 年 2 月，上海市电力局上报石洞口第二发电厂 500 千伏及 220 千伏送出配套输变电工程设计任务书。同年 3 月，华东电管局经审查同意后向水电部转报该设计任务书。同年 6 月，水电部同意华东电管局和上海市电力局的意见，向国家计委报送石洞口第二发电厂送出配套输变电工程设计任务书。

同年 10 月，国家计委下达《关于石洞口第二电厂配套五十万伏输变电工程设计任务书的批复》。工程内容包括：石洞口第一发电厂—黄渡变电站第一回 500 千伏线路断开，环入石洞口第二发电厂；建设石洞口第二发电厂—黄渡变电站第二回 500 千伏线路 40 千米；建设杨高变电站两组 75 万千伏安变压器；鉴于南桥至杨高一回 500 千伏架设、220 千伏运行的线路等都可以向东部地区送电，因此杨高变电站先按 220 千伏建设。

1987 年 11 月，华东电管局印发《关于 500 千伏南桥至杨高输电线路工程初步设计的审批意见》。1988 年 3 月，水电部批复石洞口第二发电厂配套 500 千伏输变电工程初步设计，总投资 15464.8 万元。

该工程由华能国际电力开发公司、水电部等投资，上海市电力局负责建设，由华东电力设计院设计，华东、上海送变电工程公司施工，华东电力试验研究所负责调试。工程于 1988 年 12 月开工，1991 年 12 月竣工。

此外，南桥—杨高一回线升压于 1992 年 4 月完成。

2. 500 千伏黄渡—南桥第二回线路

为加强上海 500 千伏网架，及时解决上海电网北电南送困难问题，并促成 220 千伏电网分片运行，提高南桥 500 千伏系统的运行可靠性，1992 年 2 月，上海市电力局上报 500 千伏黄渡—南桥第二回线路设计任务书。同年 3 月，华东电管局经审查同意后向能源部转报该设计任务书。同年 6 月，能源部同意华东电管局和上海市电力局的意见，向国家计委报送上海黄渡—南桥第二回 500 千伏线路可行性研究报告。

同年 8 月，国家计委发出《关于上海黄渡至南桥第二回五百千伏线路可行性研究报告的批复》，同意建设黄渡—南桥第二回 500 千伏线路 43 千米，纳入外高桥电厂配套送变电工程。1993 年 4 月，电力部批复该工程的初步设计，总投资为 11017 万元。

该工程由国家能源投资公司、上海市申能电力开发公司和上海市电力局投资，上海市电力局负责建设，由华东电力设计院设计，上海送变电工程公司施工。工程于 1992 年 10 月开工，1994 年 6 月竣工。

3. 500 千伏南桥—杨高第二回线路

该项目是外高桥电厂一期配套的输变电工程。1990 年 9 月，上海市电力局向上海市计委、华东电管局上报上海外高桥电厂一期工程设计任务书。在设计任务书的第八部分电厂接入系统和配套输变电工程里提出，为保证外高桥电厂及系统的安全运行，经可行性审查同意新建石洞口经吴淞口—杨高（或南桥—杨高第二回）500 千伏线路。同年 11 月，上海市计委、华东电管局经研究后原则同意，向能源部并国家计委上报上海外高桥电厂项目设计任务书，并提出配套建设 500 千伏线路 50 千米。同年 12 月，能源部向国家计委呈送《关于上海外高桥电厂设计任务书的请示》，提出配套架设南桥—杨高第二回 500 千伏线路 50 千米。1991 年 8 月，国家计委下达《关于上海外高桥电厂设计任务书的批复》，原则同意架设南桥—杨高第二回 500 千伏线路约 45 千米。

1993 年 4 月，电力部下发《关于 500kV 南桥至杨高第二回送变电工程初步设计的批复》。同意设计推荐的路径方案，即基本上平行于南杨一回走线，工程途经奉贤、上海、南汇、川沙等县，路径长度约 45 千米。核定工程总投资为 10025 万元。

该工程业主为上海市电力局，由华东电力设计院设计，上海超高压输变电筹建处负责建设，上海送变电工程公司施工。工程于 1993 年 12 月开工，于 1994 年 11 月竣工。

此外，根据国家计委 1998 年 2 月《关于上海泗泾、杨行 500 千伏输变电工程可行性研究报告的批复》建设了石洞口至杨行的线路 10.3 千米，于 2000 年 11 月竣工。

4. 500 千伏杨行—杨高线路

到 1999 年底，上海电网已形成石洞口二厂—黄渡—南桥—杨高的 500 千伏双回“半环网”。220 千伏电网分南北片运行，北片以黄渡变电站和石洞口联络变压器为中心组成，南片以南桥变电站和杨高变电站为中心组成。

根据上海电网规划，随着东部地区供电负荷的增长，需要形成东部供电区，并推进 220 千伏电网分层分区供电。为配合外高桥发电厂二期 2 台 90 万千瓦机组的送出，提高上海电网的运行可靠性和灵活性，加强上海受端网架，并实现杨高变电站 220 千伏电网分区运行，2000 年 5 月，上海市电力公司上报外高桥发电厂二期送出配套（500 千伏输变电工程部分）可行性研究报告的请示。同年 6 月，华东电力集团公司研究后同意，并向国家电力公司转报该可行性研究报告。同年 11 月，上海市电力公司建议将工程更名为“上海 500 千伏环网工程”。同月，国家电力公司向国家计委上报上海 500 千伏环网输变电工程可行性研究报告的请示。

2001 年 7 月，国家计委发出《关于上海 500 千伏环网杨行—杨高段输变电工程可行性研究报告的批复》。建设规模及内容为：新建顾路 500 千伏变电站，安装两组 100 万千伏安变压器；新建杨行至杨高同塔双回路 500 千伏线路共计 118 千米；扩建杨行变电站和杨高变电站 500 千伏间隔各 2 个；建设相应的无功补偿、通信及二次系统设备。工程由上海市电力公司负责建设、经营及债务偿还。2002 年 2 月，国电公司下发《关于杨行至杨高 500 千伏送变电工程初步设计的批复》。线路工程投资为 108973 万元。

工程由上海市电力公司电网建设公司负责建设，华东电力设计院设计，上海电力工程建设监理有限公司监理，上海送变电工程公司施工总承包。工程于 2001 年 12 月 18 日开工，计划于2003年建成投运。

杨杨线的即将建成，标志着上海将完成500千伏上海双回路的大环网，大大提高网架的输送容量及安全运行水平。1991～2002年上海市境内新建500千伏输电线路投运情况见表2-1-3。

表2-1-3　　1991～2002年上海市境内新建500千伏输电线路投运情况

序号	线　　路	投运时间	长度（千米）
1	石洞口—黄渡第二回	1991-12	36.6
2	南桥—杨高	1992-04	46.04
3	黄渡—南桥第二回	1994-06	48
4	南桥—杨高第二回	1994-11	45.14
5	石洞口—杨行	2000-11-30	10.3

（二）江苏省境内工程

1991年前，江苏省境内500千伏交流线路有属于徐沪线的任庄变电站—江都变电站343.73千米，江都—斗山变电站131.08千米和斗山—黄渡江苏段76.89千米，合计551.7千米。

1991～2002年，除了华东主网架跨省市的核心部分外，华东500千伏电网在江苏境内的发展，由以下几部分组成：一是扬州二电厂配套送出的输变电工程；二是山西阳城电厂一期配套，专厂、专线、专供江苏的输变电工程；三是华东江苏500千伏输变电工程；四是三峡送电华东工程。主要项目有：

1. 扬州第二发电厂送出工程

1993年3月，江苏省电力局向华东电管局上报扬州二电厂可行性研究报告，报告的第十部分为接入系统。同年6月，华东电管局向电力部转报。同年7月，电力部向国家计委呈送《关于江苏扬州第二发电厂一期及500千伏配套送出工程可行性研究报告的请示》。

1994年12月，国家计委下发《国家计委关于江苏扬州第二发电厂工程可行性研究报告的批复》，电厂一期工程以500千伏电压等级接入电力系统。其送出工程方案中有电厂以2回出线接入现有的江都500千伏变电站，共建设500千伏线路60千米。

1996年8月，电力部下达《关于500kV扬州二厂至江都变送变电工程初步设计的批复》，扬二厂至江都变电站线路，经过扬州市属的邗江县和江都市，路径长度约42千米，全线采用同塔双回路。核定投资17172.4万元。

扬二厂—江都变电站线路，由华东电力集团公司、江苏省电力公司等四家合资建设。由华东电力设计院设计，江苏省送变电公司施工，工程于1998年8月竣工。

2. 山西阳城电厂一期配套送变电工程

山西阳城电厂一期配套送变电工程，是国家“九五”重点建设项目，是变输煤为输煤输电并重的示范性工程。山西是中国主要能源基地之一，煤炭储量十分丰富，由于运输能力不足，煤炭外运受到制约。江苏是中国经济发达地区之一，但省内能源供应不足，电力供应紧张。建设山西阳城电厂向江苏送电，可以缓解铁路运输的紧张状况，充分发挥山西能源基地的优势，也可以缓解江苏电力供应紧张局面，对促进山西、江苏两省的经济发展有重大意义。1994 年 11 月，江苏省电力局向华东电管局上报《关于山西阳城电厂至江苏淮阴送出工程设计任务书的报告》。同月，华东电管局向电力部上报《关于山西阳城电厂至江苏淮阴 500 千伏送出工程设计任务书的报告》。1995 年 4 月，电力部向国家计委呈送《关于山西阳城电厂至江苏淮阴 500 千伏送出工程可行性研究报告的请示》。

1996 年 4 月，国家计委印发《关于审批山西阳城电厂一期工程及其配套送变电工程可行性研究报告的请示的通知》，批复同意该工程的建设。山西阳城电厂的电力以专厂、专线、专供的方式全部送往江苏省。其线路部分建设内容包括：新建阳城电厂至东明开关站线路 3 回，长度约 3×280 千米，东明开关站至三堡开关站线路 2 回，长度约 2×245 千米，三堡开关站至淮阴（上河）变电站线路 2 回，长度约 2×230 千米，三堡开关站至任庄变电站线路 1 回，长度约 50 千米。以上线路总长度约 1840 千米。

1997 年 8 月，电力部下达《关于山西阳城电厂至江苏淮阴 500kV 送出线路工程初步设计的批复》。该工程线路分为四段：第一段，阳城电厂至东明开关站，路径全长约 256.3 千米，其中部分采用 3 个单回路方案，其余部分采用 1 个同塔双回路和 1 个单回路方案。第二段，东明开关站至三堡开关站，全长约 269.3 千米，采用 2 个单回路架设。第三段，三堡开关站至淮阴（上河）变电站，全长约 207.1 千米，采用同塔双回路架设。第四段，三堡开关站至任庄升压站，线路全长约 37.9 千米。采用 1 个单回路架设，部分采用同塔双回路架设。全部线路途经山西、河南、山东、安徽和江苏五个省，四段路径总长度合计为 770.6 千米。线路中间落点于东明、三堡 2 个新建 500 千伏开关站。

整个工程构成“三二三”回路输电方式，共计折合单回路 1706.762 千米。

该工程项目法人为江苏省电力公司。华东电力设计院为设计总承包单位，山西、河南、山东为设计分包单位，江苏省电力设计院为参加设计单位。通过全国性的公开招标投标，由 14 家送变电公司中标负责建设，中国超高压建设公司为总监理单位。工程于 1997 年 12 月 26 日开工，第一阶段建设阳城电厂至淮阴（上河）变电站 2 回线路和三堡站至任庄站联络线，折合单回路 1459 千米，2000 年 5 月竣工；第二阶段建设阳城电厂至东明站单回路 246.5 千米，2001 年 8 月竣工。

为配合阳城送出工程，原 500 千伏任庄—江都线，开断环入淮阴上河变电站，分拆成任庄—上河线和上河—江都线。新建上河变电站 1999 年 12 月投运，成为华东电网受电阳城的接入点。

500 千伏阳城—淮阴线的建成，对缓解铁路运输压力，提高社会效益和经济效益，支援沿海地区经济发展具有重要的战略意义。

3. 华东江苏 500 千伏输变电工程线路项目

江苏电网是华东电网的重要组成部分，“八五”计划期间电力得到了较快发展，用电量年均增长 11.45%。到 1995 年底，江苏省全社会用电量为 698.6 亿千瓦时。

江苏省用电形势虽有所缓解，但缺电问题并未从根本上得到解决。电源建设不能满足用电增长的需要，网架仍较为薄弱，电网建设又跟不上电源的需要。其主要原因是电网建设长期以来仅作为电站的配套项目，因时因地逐段随机组建设，受到配套输变电建设规模的限制和资金来源不确定的影响。华东500千伏网架到1996年底仍然是单回路，联系江苏省长江南北的500千伏线路及江苏与邻省市的500千伏联络线也仍然是单回路，运行的安全性、灵活性差，电网的安全稳定运行得不到可靠的保证。随着2000年前后阳城电厂向江苏送电以及苏北徐州等地区电源相继投产，用电网需求不断增长，500千伏主网架薄弱问题将日益突出，加快建设华东江苏500千伏输变电工程十分必要。

1996年11月，江苏省电力局向华东电管局上报《江苏输变电项目利用世界银行贷款可行性研究报告》。次月，华东电管局向电力部上报《华东江苏500千伏输变电项目利用世界银行贷款可行性研究报告》。从此，这一综合项目工程被冠以“华东江苏”之名。1997年2月，电力部向国家计委呈送《关于华东江苏500千伏输变电项目利用世界银行贷款可行性研究报告的请示》。同年8月，电力部又上报了可行性研究补充报告，要求增列江苏南京城市电网工程。

1998年2月，国家计委在历史上首次对输变电项目不作为电厂配套，对若干个输变电项目统一批复，下达了《关于华东江苏500千伏输变电项目可行性研究报告的批复》。其中送电工程部分建设500千伏线路996千米，主要为：任庄变电站—淮阴（上河）变电站500千伏线路230千米；淮阴（上河）变电站—江都变电站500千伏线路134千米；江斗线斗山侧改接入武南变电站500千伏线路28千米；江都变电站—武南变电站500千伏线路124千米；瓶斗线开断环入武南变电站500千伏线路2×6千米，共12千米；淮阴变电站—盐城变电站500千伏线路120千米；盐城变电站—扬东变电站500千伏线路135千米；扬东变电站—斗山变电站500千伏线路30千米；斗黄线开断环入石牌变电站500千伏线路2×5千米，共10千米；斗山变电站—石牌变电站500千伏线路60千米；石牌变电站—黄渡变电站500千伏线路50千米；石牌变电站—胜蒲变电站500千伏线路60千米；江阴长江大跨越500千伏线路3千米。

从1998年6月国家电力公司印发《关于500千伏江都至常州、斗山至黄渡二回送变电工程初步设计的批复》，到2002年5月印发《关于500千伏江阴长江大跨越工程初步设计的批复》，国家电力公司对华东江苏500千伏输电工程项目的初步设计均作出了批复。

该工程业主单位为华东电力集团公司，江苏省电力公司为业主代理。设计单位有华东、江苏省电力设计院等，主要施工单位有华东、江苏送变电工程公司等。主要监理单位有江苏省宏源送变电建设监理有限公司和江苏省兴源电力建设监理有限公司。

到2002年底，江苏省境内500千伏电网向全省扩展，泰州、南通、盐城地区联入500千伏系统，全省13个省辖市地区除镇江、宿迁、连云港地区外，其余10个地区全部联入500千伏系统运行。

华东江苏500千伏输变电工程建设情况见表2-1-4。

表2-1-4　　华东江苏500千伏输变电工程建设情况

序号	线　　路	投运时间	长度（千米）	初设批准文号
1	江都—武南第二回	1998-08-12	103.8	［1998］201号
2	江斗线改接入武南变电站	1998-08-12	28	
3	任庄—淮阴第二回	1999-12-07	207.11	［2000］20号
4	淮阴—江都第二回	1999-12-07	114	［1999］593号
5	瓶窑—斗山线开断环入武南变电站	2001-01-17	21.74	［2000］310号
6	斗山—石牌第二回	2001-04-12	60	［1998］201号
7	石牌—黄渡第二回	2001-04-12	50	［1998］201号
8	斗山—黄渡线开断环入石牌变电站	2001-04-12	6.99	［1999］240号
9	石牌—胜浦双回	2001-04-22	35.04	［2000］48号、21号
10	淮阴—盐城	2002-08-29	82.8	［2000］312号
11	盐城—扬东	2002-09-26	126.585	［2000］549号
12	扬东—斗山		2×78.5	［2000］686号
13	长江大跨越		3.703	［2002］352号

注　批准文号中国家电力公司均以“国电电规”作为“发文机关代字”。

（三）浙江省境内工程

1991年前，浙江省境内500千伏交流输电线路只有属于淮沪线的繁昌—瓶窑浙江段61.03千米和瓶窑—南桥浙江段118.2千米，合计179.23千米，另有葛洲坝—上海直流浙江段142千米。1991～2002年，除了华东主网架跨省市的工程外，华东500千伏电网在浙江省境内的发展主要由三部分组成，其中大部分是随着北仑电厂、天荒坪抽水蓄能电站和秦山核电站二、三期扩建而配套建设的500千伏输变电工程，一部分是单独立项的500千伏输变电工程，还有一部分则是为三峡直流送电华东而配套建设的500千伏交流输变电工程。

1. 北仑港电厂一期配套500千伏输变电工程

1987年3月，浙江省电力局上报《关于北仑港电厂一期配套500千伏输变电工程可行性研究报告》。同年5月，华东电管局经研究后认为新建2回500千伏线路是北仑港电厂安全稳定发电所需，建设2组75万千伏安变压器同北仑港电厂2台60万千瓦机组容量相匹配，500千伏肖绍（兰亭）变电站是浙南500千伏主网的枢纽点，同意北仑港电厂一期配套输变电工程的建设并向水电部转报。同年7月，水电部经研究后同意，向国家计委上报《关于北仑港电厂一期配套五十万伏输变电工程可行性研究报告》。同年10月，浙江省计划经济委员会同意该工程的内资部分中的4550万元，由浙江省集资解决。

1988年1月，国家计委下达《关于北仑港电厂一期配套五十万伏输变电工程可行性研究报告的批复》。线路方面项目建设内容和规模为：新建北仑港电厂经肖绍至瓶窑双回输电线路，每回245千米，其中肖绍变电站至瓶窑变电站本期先建一回100千米。

1988 年 4 月，水电部印发《关于北仑港电厂一期配套 500 千伏输变电工程初步设计的批复》。工程线路总投资核定为 16554 万元。1990 年 12 月能源部印发《关于五十万伏北仑港至绍兴二回送电线路工程初步设计的批复》，线路长度 134.5 千米，概算 10039 万元。

该工程业主为华东电管局，由华东电力设计院、浙江省电力设计院设计；浙江省超高压输变电建设公司负责建设；浙江省送变电工程公司负责施工。

北仑—绍兴—瓶窑第一回线路于 1989 年 11 月 20 日开工，1991 年 7 月投运，北仑—绍兴第二回线路于 1991 年 11 月 10 日开工，1993 年 12 月投运。

2. 北仑港电厂二期扩建送出工程

北仑港电厂一期工程 2×60 万千瓦为利用世行贷款项目，第一台于 1991 年并网发电，第二台计划于 1994 年初投产。在一期工程的基础上再利用世行贷款连续二期的扩建不仅可以做到投资省、见效快，而且对浙江的经济发展也十分必要。1992 年 12 月，浙江省电力局向华东电管局上报《北仑港电厂二期扩建工程可行性研究（设计任务书）的请示》，次年 2 月，又与浙江省计划经济委员会联合向能源部呈送《关于北仑港电厂二期扩建工程可行性研究报告（设计任务书）的请示》。该两个文件均提出了配套 500 千伏送变电工程。1993 年 3 月，浙江省电力开发公司上报关于建设资金落实情况的报告。同月，华东电管局转报该项目可行性研究的报告，能源部经审查后原则同意，向国家计委呈送《关于浙江北仑港电厂扩建及 500 千伏送变电工程可行性研究报告的请示》。本期工程建设规模为 120 万千瓦，安装 2 台 60 万千瓦燃煤机组及相应的 500 千伏、220 千伏配套送变电工程。

1993 年 8 月，国家计委下达《关于浙江北仑港电厂二期工程部分五百千伏送变电工程可行性研究报告的批复》。项目建设内容和规模为建设绍兴变电站至瓶窑变电站第二回 500 千伏线路 97.5 千米；建设绍兴变电站至牌头 1 回 500 千伏线路 58 千米（先以 220 千伏运行）。

1993 年 11 月，电力部下达《关于 500 千伏绍兴至瓶窑第二回送变电工程初步设计的批复》。线路全长 97.5 千米，核定总投资为 15323 万元。1993 年 11 月，电力部下达《关于 500 千伏绍兴至金华送电线路工程绍牌段初步设计的批复》，线路全长 54 千米，核定总投资为 7788 万元。

鉴于国家计委已同意将北仑港电厂 5 号机组纳入北仑港电厂二期工程的建设，1994 年 10 月，浙江省电力局向华东电管局上报《关于北仑电厂 5 号机组（纳入北仑电厂二期工程）可行性研究的报告》，建设规模为 1×60 万千瓦燃煤机组以及相应的输变电配套工程。同年 11 月，华东电管局向电力部作了转报。同年 12 月，浙江省电力局又向华东电管局上报《北仑港电厂二期工程（3×60 万千瓦）500 千伏送出配套输变电工程可行性研究报告的请示》。同年 12 月，电力部向国家计委呈送《关于浙江北仑港电厂二期扩建工程利用世界银行贷款可行性研究报告的请示》，在接入系统部分提出了配套 500 千伏输变电项目内容。

1995 年 8 月，国家计委在《印发国家计委关于审批浙江北仑港电厂二期扩建工程利用外资可行性研究报告的通知》里批复：电力送出采用 500 千伏电压接入系统，具体建设内容为：绍兴至瓶窑第二回线路97.5千米；绍兴至牌头线路58千米；绍兴至金华线路145千米；北仑港至兰亭线路140千米。以上共计500千伏线路440千米（前二回线路国家计委已在1993年批复）。送变电工程委托浙江省电力公司负责建设。

1996年7月，电力部下达《关于500千伏绍金线、瓶窑变扩建、兰亭变扩建送变电工程初步设计的批复》。1999年2月，国家电力公司下达《关于北仑港电厂至绍兴变三回500kV送电线路、绍兴变扩建工程初步设计的批复》。

绍兴—瓶窑2回线由华东电力设计院、浙江省电力设计院设计，绍兴—牌头线路由浙江省电力设计院设计，浙江省超高压输变电建设公司负责建设，浙江省送变电工程公司负责施工。

绍兴—瓶窑第二回线路1994年12月投运；绍兴—牌头线路也在1994年12月投运；绍兴—金华线路1997年10月投运；北仑港—绍兴（兰亭）第三回线路1999年11月投运。

3. 500千伏天荒坪电站—瓶窑线路

500千伏天荒坪电站—瓶窑线路是天荒坪抽水蓄能电站配套500千伏送变电工程之一。1993年12月，国家计委批准立项，新建天荒坪电站至瓶窑2回500千伏线路，共68千米。1994年11月电力部下达《关于500千伏天荒坪电站至瓶窑变送电线路工程初步设计的批复》。该线路从安吉县的天荒坪电站至余杭县的瓶窑镇，2回线按单回路架设，每回线路长度约38.5千米，核定概算总投资为15843万元。

该工程由华东电力集团公司委托浙江省电力建设总公司筹建。华东电力设计院负责设计，浙江省电力建设监理有限公司负责监理，华东、浙江省送变电工程公司承担施工。工程于1995年12月20日开工，于1998年5月建成投运。

4. 浙江500千伏牌头至金华输电工程和金华至温州输变电工程

为保障温州地区乃至整个浙西南地区经济发展与居民生活用电需求，根据浙江省电网“九五”计划安排，1997年7月，浙江省电力公司上报浙江500千伏牌头—金华—温州输变电工程可行性研究报告。同月，华东电管局经审核后原则同意该工程的建设和建设规模，转报电力部。同年9月，电力部向国家计委呈送《关于浙江500千伏牌头至金华输电工程和金华至温州输变电工程可行性研究报告的请示》。

1998年6月，国家发展计划委员会下达《关于浙江500千伏牌头至金华输电工程和金华至温州输变电工程可行性研究报告的批复》。该工程项目建设内容和规模为：新建牌头至金华500千伏线路90千米，使兰亭—牌头、牌头—金华500千伏线路全压运行；新建金华—温州500千伏线路180千米。该工程的项目法人为浙江省电力公司，由浙江省电力公司负责建设、经营及债务偿还。

该工程建设单位为浙江超高压输变电建设公司，牌头—金华线路由华东电力设计院设计，金华—温州线路由浙江省电力设计院负责设计，浙江省电力建设监理有限公司负责监理，浙江省送变电工程公司承担施工。牌头—金华线路于1999年7月建成投运，金华—温州线路于2001年4月建成，同年6月投运。

5. 500千伏杭东—瓶窑线路

500千伏杭东—瓶窑线路是1998年7月国家发展计划委员会在下达《国家发展计划

委员会关于华东瓶窑至南桥第二回 500 千伏线路和杭东 500 千伏输变电工程可行性研究报告的批复》里同意立项建设的，新建瓶窑至杭东 500 千伏线路 55 千米。

1999 年 2 月，国电公司下达《关于浙江杭东至瓶窑 500 千伏输变电工程初步设计的批复》。其中杭东—瓶窑线路决定采用路径北方案，其中周家池至瓶窑变电站段，与 500 千伏瓶南 2 回线同塔架设。该工程途经海宁、余杭两市，线路长度约 53 千米，其中同塔双回路段 40 千米，单回路段 13 千米。核定投资为 21372 万元。

该工程业主为华东电管局，委托浙江省电力公司建设。由浙江省超高压输变电建设公司具体负责建设；由浙江省电力设计院负责设计；由浙江送变电工程公司施工；浙江电力建设监理有限公司负责监理。工程于 1999 年 11 月开工，于 2001 年 5 月投产。

6. 秦山核电站二、三期送出 500 千伏输变电工程

秦山核电站二、三期工程开工建设，总容量 260 万千瓦，拟于 2002～2003 年建成投产。其电力电量在华东三省一市消纳。因此，配合秦山核电站二、三期的实施，需同步建设其送出工程和网内相应的输变电工程。1998 年 4 月，浙江省电力公司上报《秦山核电送出及王店、宁波等 500 千伏输变电工程可行性研究报告》的请示。同年 7 月，华东电力集团公司转报该工程可行性研究报告。同年 12 月，国电公司向国家计委呈送《关于浙江配合秦山核电站二、三期送出 500 千伏输变电工程可行性研究报告的请示》。

1999 年 8 月，国家发展计划委员会下达《关于浙江秦山核电站二、三期送出 500 千伏输变电工程可行性研究报告的批复》。线路方面项目建设内容和规模为：新建秦山—杭东变电站双回 500 千伏线路 130 千米；新建秦山—王店变电站双回 500 千伏线路 80 千米，其中 1 回线架设 OPGW 电路；新建王店—杭东 500 千伏线路 52 千米；新建杭东—兰亭变电站双回 500 千伏线路 140 千米，钱塘江大跨越 1 处，其中 1 回线架设 OPGW 电路。由华东电力集团公司和浙江省电力公司分别作为项目法人，负责项目的建设、经营、还本付息，其中，王店变电站和华东系统通信工程由华东电力集团公司负责。

2000 年 11 月，国电公司下达《关于秦山至杭东 500 千伏送电线路工程初步设计的批复》。线路途经海盐、海宁、杭州等市县，线路全长约 60.8 千米，全线按同塔双回路架设，一次建成。核定该工程概算总投资 24233 万元。

2001 年 3 月，国电公司下达《关于秦山至王店、王店至杭东 500 千伏送电线路工程初步设计的批复》。秦山至王店线路途经海盐、嘉兴等市县，全长约 39.5 千米。全线按同塔双回路架设，一次建成。核定秦山—王店 500 千伏送电线路工程概算总投资 14772 万元，OPGW 光缆通信工程投资 409 万元。王店—杭东线路分为三段，两段为已建线路工程，其中一段费用计入本工程。途经桐乡、海宁等市县，线路全长 42.9 千米，本次崇福—杭东段线长 16 千米，按单回架设。核定王店—杭东 500 千伏送电线路工程概算总投资 9254 万元。

该三条线路工程项目法人为浙江省电力公司。由浙江省电力设计院负责设计，浙江省送变电公司施工。秦山—杭东双回线路于 2000 年 10 月开工，于 2001 年 12 月建成投运；秦山—王店、王店—杭东线路分别于 2001 年 3 月和 5 月开工，于 2002 年 6 月建成投运。

到 2002 年底，浙江省已建成了以东西走向的北仑—绍兴—瓶窑线路、东北到西南走向的绍兴—金华线路和西北到东南走向的金华—温州线路为骨干的 500 千伏网架，又有瓶

窑—繁昌线、瓶窑—斗山线和瓶窑—南桥线路分别与安徽、江苏、上海相连，更有金华（双龙）—福州线路与福建连通。全省境内共有 500 千伏线路 28 条，全长 2238 千米。1991～2002 年浙江省境内新建 500 千伏输电线路主要工程投运情况见表 2-1-5。

表 2-1-5　1991～2002 年浙江省境内新建 500 千伏输电线路主要工程投运情况

序号	线　路	投运时间	长度（千米）
1	北仑—绍兴—瓶窑	1991-07	235.32
2	北仑—绍兴第二回	1993-12-06	131.92
3	绍兴—瓶窑第二回	1994-12	96.51
4	绍兴—牌头	1994-12	52.52
5	绍兴—金华	1997-10	145
6	天荒坪—瓶窑双回	1998-05	77
7	牌头—金华	1999-07	87.50
8	北仑—绍兴第三回	1999-11-07	145
9	杭州—瓶窑	2001-05	53
10	金华—温州	2001-06-24	173.16
11	秦山—杭东双回	2001-12-01	120
12	王店—杭东	2002-06-08	15.5
13	秦山—王店双回	2002-06-16	78

（四）安徽省境内工程

1991 年前，安徽省境内 500 千伏线路有属于淮沪线的洛河—繁昌段 237.64 千米，繁昌—瓶窑线安徽段 141.19 千米，以及属于 500 千伏洛平繁线的平圩—洛河段 17.34 千米，平圩—繁昌段 240.52 千米，以及荻港、平圩、洛河三处大跨越，合计 645 千米，另有葛洲坝—上海直流安徽段 383 千米。1991～2002 年，安徽省境内主要新建了 500 千伏洛河—阜阳线路，该工程属于三峡送电华东配套交流 500 千伏输变电工程之一。

国务院三峡建设委员会批准的全部三峡输变电工程进度表中原来没有该项目。1999 年 8 月，安徽省电力公司要求将 500 千伏阜阳输变电工程纳入三峡配套工程，线路建设规模为架设洛河电厂—阜阳变电站 500 千伏线路一条，全长 128 千米。华东电力集团公司研究后同意并上报国家电力公司审批。1999 年 12 月，国家电力公司召开 2003 年前三峡输变电工程建设方案协调会，将由国家电力公司调整并经过国务院三峡建设委员会原则同意的 2003 年前三峡输变电交流单项工程建设计划印发。该计划中已经将 500 千伏阜阳输变电工程纳入三峡配套工程，包括洛河—阜阳线路 128 千米。该线路起点为淮南洛河发电厂，终点为 500 千伏阜东变电站，途经阜阳、利辛、凤台、淮南 4 个县市，线路全长 128.5 千米。全线为单回路架设，共使用铁塔 310 基，其中淮河大跨越 4 基。

该项目法人为国家电力公司，委托国家电力公司电网建设分公司常州建设工程部负责建设；由安徽省电力设计院设计；安徽送变电工程公司、山东送变电工程公司施工；江苏宏源送变电建设监理有限公司监理；建成后由淮南供电局负责运行。工程于 2001 年 10 月开工，2002 年 7 月竣工投运。

二、典型工程

（一）500 千伏江阴长江大跨越工程

江阴长江大跨越工程是中国首个利用世界银行贷款建设的输变电工程——华东江苏500 千伏输变电项目中的关键部分，是江苏北电南送的第二条 500 千伏过江通道，是将区外和苏北沿海电厂的电能输送到苏南及上海用电负荷中心的咽喉要道。工程建设一个同塔双回路，正常输送容量 200 万千伏安，热稳定最大极限输送容量 320 万千伏安。

工程的设计前期工作始于 1995 年。1998 年 8 月 4 日，国电公司电力规划设计总院在北京主持召开 500 千伏江阴长江大跨越工程设计原则审查会，确定了南北跨越点，决定采用经华东电力设计院数年调查研究、计算分析和估算比较后推荐的角钢塔的跨越塔塔型。1998 年 12 月 3 日，国电公司电力规划设计总院印发《500 千伏江阴长江大跨越工程初步设计审查会议纪要》，明确了工程设计的规模和跨越方案（耐张段全长 3703 米，采用“耐张—直线—直线—耐张”布置方式，由两基全高 346.5 米的双回路蝶型跨越塔和四基高 55 米单回路干字型耐张塔组成）；明确了导、地线选型、防振防雷措施和绝缘配置；考虑到工程的特殊性，对跨越点的防震设防按地震烈度 7 度考虑，铁塔基础采用高强度预应力混凝土管桩（简称 PHC 桩），桩径为 800 毫米。

该工程最大设计风速 32 米/秒，导线最大设计覆冰厚度 10 毫米，验算导线覆冰厚度 20 毫米、地线 25 毫米，最高、最低和年平均气温分别为 40、－15℃和 15℃，平均雷电日 40 天。导线为国内首次采用四分裂 AACSR/EST－500/230 特强钢芯铝合金导线、分裂间距 600 毫米。一根地线采用导电率（IACS）为 20％的 AC－360 铝包钢绞线，另一根为国内首次采用光缆地线 OPGW－350，单模光纤 24 芯。导地线均采用阻尼线加防振锤的防振方案，并装设预绞丝护线条。光缆地线 OPGW 采用生产厂家通过计算和模拟试验提供的阻尼线防振措施。工程绝缘配合主要取决于防雷保护要求。该工程第一次结合防雷理论进行科学试验，建立了高塔防雷设计的新理念和新方法，引用已建跨越塔运行经验和已有试验研究成果，采用行波分析确定绝缘水平，经电磁场分析试验验证，江阴跨越塔采用 4 联 33 片 240 毫米高（530 千牛）绝缘子组串，耐张塔采用 6 联 26 片 205 毫米高（400 千牛）绝缘子组串，雷电过电压间隙分别采用 5.6 米和 3.7 米。跨越塔和北岸耐张塔在国内首次采用高强度预应力 PHC 桩基础，南岸耐张塔附近民房众多，采用灌注桩基础。每个跨越塔都在 346.5 米顶架、302 米下横担、226 米和 120 米塔身位置，分别安装高光强航空障碍灯；AC－360 地线上，离塔 150 米处，以及档距中间间隔 200 米处均安装警航球。跨越塔中央均设有钢制井筒，直径 1.7 米，筒内安装国内首台行程 329 米、一梯直达的齿条式升降机。筒外设置旋转楼扶梯作为检修备用。

1998 年 12 月 24 日，华东江苏 500 千伏输变电工程项目领导小组在南京召开第六次扩大会议。华东电力集团公司要求有关设计和建设单位认真做好江阴长江大跨越工程的设计、采购和施工前期准备工作，特别是要做好施工组织设计的编制和设备招投标文件的编制。该工程设备招标过程历时近 4 年。2001 年 3 月 22 日世界银行批复同意除跨越塔外的全部评标结果。跨越塔合同于 2002 年 1 月 3 日获世界银行批准。

1999 年 5 月 18 日，该工程第一次工程协调会的召开标志着工程由前期准备阶段转为工程建设阶段。

2001 年 3 月 14 日，国电华东公司在上海主持召开“江阴长江大跨越工程设备采购和现场施工协调会”，要求抓紧研究工程建设的管理体制问题，决定定期召开工程协调会，建立协调会制度，并编印工程简报。2001 年 9 月 19 日，国电华东公司发出通知，成立江阴长江大跨越工程工作小组，具体负责工程的组织协调工作。2002 年 1 月 28 日，该工程第二次工程协调会在江苏常州召开。会议重点研究和讨论了工程总进度、咨询配合进度以及概算收口准备等问题。

2002 年 7 月 12 日，国电华东公司印发《关于做好 500 千伏江阴长江大跨越工程建设的意见》，强调工程在设计、制造和施工等方面极具挑战性，所有参建单位要制订周密细致的应对措施，积极优化施工组织设计，安全施工，杜绝违章，尽最大努力，保证工程尽快投产。

该工程于 2000 年 12 月 8 日开工建设。跨越塔高度和重量均居同类型工程世界第一，是输电工程的标志性工程。同时在国内大跨越工程中创造了许多第一：铁塔设计中第一次采用了日本 SM570 高强度钢材。第一次采用了超厚度（65 毫米厚）焊接十字型大型构件为超大规模大跨越铁塔设计提供了新材料、新技术和新经验。第一次采用双层底板结构型式，解决了厚度 130 毫米的单层底板结构在焊接和运行中可能出现层状撕裂的技术难题，创立了跨越塔基础连接的新思路。

该铁塔构件制作由英国克里福兰桥梁公司承担。该公司具有百年历史，早年曾为上海外白渡桥提供钢结构。该公司将铁塔构件的制作转包给上海江南造船厂。开始阶段，质量达不到技术要求。华东公司大力加强协调和监造，使制造商进一步引起重视，焊接攻关终获成功。

该工程第一次采用 AACSR－500 特高强钢芯铝合金导线。第一次采用了世界上最大吨级——530 千牛级绝缘子，并设计了新型的绝缘子串组装型式。第一次在跨越塔上采用高光强警航灯和警航球警示系统，以替代警航油漆，不仅节约了大量投资，还减轻了运行维护工作和环境污染。

由于该跨越塔特高、特重，施工选择落地抱杆组立方案。采用比较先进的动力集中控制、数字化显示、超载限位以及计算机数据采集保存、变频无级调速等技术，实现现场全方位监控。控制室内配备多台高清晰度显示屏，指挥人员通过显示屏即可全面了解现场情况。

（二）500 千伏杨行—杨高输电线路工程

杨杨线需跨越黄浦江，跨越点在邻近黄浦江汇入长江的吴淞口，跨越段全长 1860 米，采用“耐—直—直—耐”布置。

该工程全线双回路建设。共使用杆、塔共 159 基，全部采用钢管形式。其中钢管塔 131 基，钢管杆 28 基，跨越塔 2 基，跨越锚塔 2 基。

线路段最大设计风速为 35 米/秒，最大设计覆冰厚度 5 毫米，验算覆冰厚度 15 毫米，平均雷电 40 日。导线采用四分裂 LLBJ－400/35 型铝包钢芯铝绞线。一根地线采用LLBJ－95/55 型钢芯铝绞线，另一地线采用 OPGW－177 型复合光缆。悬垂串采用爬距 12000 毫米、绝缘高度 4340 毫米的合成绝缘子。耐张串采用爬距 4167 毫米，绝缘高度 4340 毫米，连接高度为 1500 毫米的长棒瓷绝缘子，3 根 2 联成串。

跨越段最大设计风速为 36 米/秒，最大设计覆冰厚度 10 毫米，验算覆冰厚度 20 毫米，最高、最低和年平均温度分别为 40、−10℃和 15℃，年平均雷电日 40。导线采用四分裂 AACSR/EST-410/150 型特强钢芯铝合金线。一根地线采用 AC-250 铝包钢绞线，另一地线采用 OPGW。导地线均采用阻尼线加防振锤联合防振措施。悬垂串采用 4 联 31 片玻璃绝缘子、耐张。跨越塔雷电过电压间隙为 4 米。

直线跨越塔和耐张塔均采用钢管结构双回路鼓形排列塔型，跨越塔全高均为 177.5 米，耐张塔全高均为 59.8 米。铁塔基础均为台阶加灌注桩基础。

跨越塔内均设 1 座载重 500 公斤的井筒电梯，并在井筒外设有旋转爬梯，4 根主材均设脚钉供检修维护使用。

该工程线路全部在市区通过，其中浦西段有 3 千米通过繁华的市区。为此，线路走廊的选定和施工政策处理问题困难重重。前期工作最早于 1985 年就开始进行。1985 年 10 月，华东电管局就委托上海市城市规划设计院对杨行—杨高线路走向进行可行性研究。1986 年 2 月，水电部上报国家计委，提出建设杨杨线。5 月，国务院、中央军委正式批准迁建江湾机场。但在机场停飞前，工程无法建设。为保留走廊，1987 年上海市第八届人民代表大会第六次会议，通过了由钱如瑛、陈履中等 16 名代表提出的“请保留石洞口—杨高 50 万伏线路走廊”的代表议案。当年 8 月，上海市城市规划管理局以《关于控制保留石洞口（杨行）至杨高（北蔡）五十万伏线路走廊的报告》指出：浦江两岸的杨行、杨高两站目前尚不能直接环通，待今后有条件或有关技术问题解决后，即设法环通。10 月，国家计委批复提出“石洞口第二电厂至杨高五十万伏线路走廊，请上海市采取措施”。同年，上海市城市规划设计院编制了《石洞口—杨高 500 千伏线路路径方案》，次年，经审核后上报市计委。2000 年，国家电力公司电力规划设计院印发《关于 500 千伏顾路变电站及 500 千伏杨行—杨高输电线路工程可行性研究审查意见的通知》，建设范围中明确了杨杨线的具体路径。设计院于 2001 年完成初步设计。工程于 2001 年 12 月开工，拟于 2003 年竣工。

设计工作进行了创新，尤其是杆塔和基础工程，有许多设计型式为上海和全国之最：新设计双回路窄基钢管杆塔型，是上海地区首条全新设计的钢管结构线路；采用无筋法兰连接是全国第一；500 千伏窄基双联、四联钢管杆是全国首创；采用的耐张瓷拉棒是上海第一；静压桩基础是首次运用在一般线路中。

该工程跨越多，其中外高桥电厂升压站出口 1 号和 2 号塔之间跨越 220 千伏线路 7 条。这 7 条线路既不能同时停电，也不能长时间停电。施工单位采用了以迪尼玛高强度绝缘绳作承力绳索，玻璃钢防护杆连同尼龙网为防护措施，进行不停电张力架线，取得了成功。

（三）500 千伏阳城—淮阴输电线路工程

500 千伏阳淮线工程环境复杂、施工困难。沿途太行山区山高路险、交通不便；政策处理问题多、难度大；平原地区地下水位高、流沙层多；华东地区人口密度大、交叉跨越频繁。工程参建单位多，共有 5 家设计单位、14 家送变电公司、8 家土建施工单位，10 家监理单位、3 家分建设单位、18 家铁塔厂等。江苏省电力公司，作为工程项目法人，在工程建设中率先贯彻项目法人责任制、招投标制、工程监理制、合同制和资本金制，在建设中取得优异成绩。

在招投标管理上，项目全面实行“公开、公平、公正”的招投标。不仅有力地控制了设备和工程的质量，大大降低了工程造价，还得到了最佳的售后服务。

该工程采用总监理与分监理相结合的管理模式，由总监理牵头，统一全线的监理标准、办法，协调管理各分监理单位，对工程进度、安全、质量实施全过程监理。

该工程采用联合设计的方式。华东电力设计院为总承包设计单位，负责整个工程路径方案的统一协调、初步设计原则的确定及工期配合等总体策划。山西、河南、山东、江苏等省电力设计院为分包或参加设计单位。整个设计过程中既做到统一标准，又发挥各自特长。总包单位还采取工程协调会的形式，制订技术措施、互递信息、相互帮助、共同研讨、统筹安排。

设计单位利用卫星图确定全线路径方向，再进行全线航测，采用航摄相片信息，调整路径走向，减少路径的曲折程度，全线缩短路径长度25千米。终勘定位时，利用GPS全球卫星定位系统，把图纸上的路径落到实地，减少了青苗赔偿，节省了时间和人力。

该工程平地最大设计风速30米/秒、山区32米/秒；最大设计覆冰分10毫米和5毫米两个地区；为线路提高抗冰能力，对高海拔山区取导地线20毫米验算覆冰，对平地曾经严重冰灾地区的地线取20毫米验算覆冰。黄河大跨越段取最大风速33米/秒；主槽段、漫滩段最大覆冰分别为15毫米和10毫米；主槽段导线、漫滩段导线和该两段地线分别取验算覆冰25、15毫米和20毫米。

三堡开关站以西线路导线为四分裂LGJ－300/40型钢芯铝绞线，以东为四分裂LGJ－400/35型导线；架空地线中架设一根光缆复合地线OPGW，另一根为低铝钢比钢芯铝绞线LGJ－95/55型作为配合OPGW的良导体地线。黄河大跨越导线为AACSR－320型特高强钢芯铝合金绞线，一根地线为光缆复合地线OPGW，另一根为与其配合的LB20－150型铝包钢绞线。

根据污区划分图结合现场调查，一般泄漏比距为2.0～2.5厘米/千伏，局部地区3.0厘米/千伏。采用玻璃绝缘子或瓷双伞绝缘子，三堡以西用双联耐张210千牛绝缘子串，以东用双联耐张300千牛绝缘子串。悬垂串均用单联160千牛绝缘子串。对直线转角塔和重要交叉跨越档用双挂点双悬垂串。对泄漏比距要求大于2.5厘米/千伏的悬垂串用自贡塞迪维尔大爬距玻璃绝缘子。

全线使用了47种单、双回路塔型。双回路黄河大跨越塔用蝶型塔头和高桩承台加连梁式灌注桩基础。

第三节 跨区域联络线建设

一、三峡送电华东工程

举世瞩目的三峡枢纽工程1994年12月正式开工建设。为配合三峡电站2003年首批机组投产，保证三峡电力的消纳，华东电力系统的任务就是保证三峡送电华东工程的实施。

华东电管局（公司）和三省一市电力局（公司）十分重视三峡输变电工程的建设，认真抓好工程的各个环节。在能源部（后电力部）的领导下，1992 年，华东电管局和华东电力设计院根据三峡的送电能力和华东电网的发展需要，提出了三峡送电华东的设计能力及包括工程项目、回路数、千米数在内的网络建设方案。1995 年 12 月，国务院三峡工程建设委员会批复了三峡工程输电系统设计，决定采用纯直流方案送电华东，设计送电能力为 720 万千瓦。在已有葛洲坝至上海南桥直流输电工程 120 万千瓦能力的基础上，新建 2 回±500千伏直流输电工程，每回设计送电能力 300 万千瓦，直流线路总长 2200 千米。相应建设配套交流 500 千伏线路 850 千米，变电容量 850 万千伏安。

1996 年 6 月，华东电管局成立了由上海市、江苏省电力公司和华东电力试验研究院等参加的华东三峡直流输电工程工作小组，开展直流输电前期和系统研究、科研项目等方面的工作，并负责华东段直流输电工程的技术管理和协调工作。

根据国务院的决定，从 1992 年和 1993 年起，分别征收三峡工程建设基金并提高葛洲坝电厂上网电价以筹集三峡工程建设资金。华东电管局和三省一市电力局每年均完成财政部和电力部下达的任务，为三峡工程 1997 年大江截流和以后的工程建设作出贡献。

（一）±500 千伏龙政直流输电工程

±500 千伏龙政直流输电线路是三峡电站送电华东的第一回直流输电工程，是三峡电力外送最重要的工程之一。该工程西起三峡电站附近的湖北省宜昌市龙泉换流站，终点为江苏省常州市政平换流站。线路途经湖北、安徽、江苏三省，跨越汉江、长江，穿越大别山区。线路原设计长度为 1100 千米，竣工时实际全长为 860.173 千米，其中从安徽省金寨县到常州政平的华东境内长 461.7 千米。全线 2007 基铁塔。龙泉换流站和政平换流站单极额定输送功率为 150 万千瓦，双极额定输送功率为 300 万千瓦。在龙泉换流站安装 1 组 75 万千伏安变压器，远期 2 组。在政平换流站安装 14 台换流变压器，其中 2 台备用，每台容量为 28.37 万千伏安，500 千伏交流出线 4 回，并留有扩建的可能，本期 2 回至 500 千伏武南变电站。

国电公司作为该工程的项目法人，对工程建设的进度、质量、安全和投资控制等全面负责。在具体工程建设的实施中，国电公司电网建设分公司代表项目法人负责实施工作。工程华东段的设计单位是华东电力设计院；华东段线路的施工单位是甘肃、山西、华东、江苏、内蒙古、北京 6 个送变电公司，安徽送变电公司负责芜湖长江大跨越的施工；监理单位是中国超高压输变电建设公司和北京燕东工程监理咨询有限公司；华东电力调度通信中心和华东电力试验研究院参加调度及调试；工程运行单位包括安徽送变电工程公司运检分公司、安徽芜湖供电局和江苏送变电公司运检中心。

该工程自 2000 年 7 月正式开工建设，2002 年 12 月单极投运，2003 年 6 月双极投运。龙政直流输电工程输送距离长、容量大、系统复杂、技术含量高。工程各参建单位克服了工期紧、任务重，施工条件恶劣，技术要求高等困难，仅用 29 个月就实现了单极送电，为 2003 年三峡电力送出打下了基础。工程的建成，对满足华东地区电力需求，加强华东与华中电网的连接，优化华东与华中地区的能源结构，促进两大地区的水火电优势互补，提高电网运行质量和经济效益具有重要的意义。

直流送电华东的第二回线路从三峡电站右岸换流站至上海青浦的华新镇，线路设计全长也是1100千米，尚在建设之中。

（二）配套交流500千伏输变电工程

为配合三峡2003年第一批机组投产发电，在建设三峡至华东第一回直流输电工程的同时，相应在华东地区配套建设一批500千伏交流输变电工程。国务院三峡工程建设委员会批准的三峡送电华东交流500千伏输变电工程线路共850千米。其中包括常州（武南）—东善桥—马鞍山线路204千米，2002年投产；马鞍山—繁昌线路61千米，2005年投产；常州（武南）—瓶窑线路150千米，2003年投产。新建、扩建交流500千伏变电站11座，变电容量合计850万千伏安。其中除杭东（乔司）变电站扩建为100万千伏安，其余10个变电站均为75万千伏安，包括黄渡、杨行、肥西变电站各扩建一组75万千伏安，新建宜兴、苏州南、湖州、诸暨、马鞍山、宣城、巢湖变电站各一组75万千伏安。另有马鞍山—滁县大跨越一处。

1999年1月，国家电力公司召开三峡输变电工程有关项目协调会。会议明确华东地区1999年预备开工的项目有常州（武南）—瓶窑、常州（武南）—东善桥—繁昌的500千伏线路；电网建设分公司负责建设该2条线路；华东电力集团公司负责建设上述各段线路两侧的进出线间隔和相应的无功补偿设备，并保证2002年与常州（武南）—瓶窑、常州（武南）—东善桥—繁昌的线路同步建成投产。

1999年3月，华东电力集团公司按照国家电力公司的要求，根据华东电网发展规划和电力市场变化情况，经与三省一市电力公司协调，上报了1999～2001年三峡输变电单项工程预安排建议。内容包括：500千伏政平—武南双回线，线路长度2×7千米（其中武南的2个扩建间隔由华东电力集团公司负责建设）；500千伏政平—宜兴双回线，线路长度2×50千米；500千伏宜兴变电站，变电容量1×75万千伏安；500千伏杭东（乔司）变电站2号主变压器扩建，变电容量1×100万千伏安；政平变电站扩建2个500千伏交流出线间隔，以配合政平—宜兴双回线。

同月，安徽省电力局报告，前列为三峡送电华东配套交流500千伏输变电工程的肥西500千伏2号主变压器扩建工程，原计划1997年开工，1998年底投运。由于该工程对解决安徽省皖中地区用电紧张状况起着至关重要的作用，需要尽快立项开工。而在1996年三峡配套输变电工程尚未正式启动，鉴于该项目的紧迫性，安徽省电力局作为项目法人已经以单独立项形式上报国家计委，国家计委于1998年10月批复。安徽省电力局正抓紧该工程建设，力争1999年底完成。同年8月，安徽省电力公司要求将阜阳500千伏输变电工程纳入三峡配套输变电工程。华东电力集团公司研究后上报国家电力公司。规模为新建阜阳东郊500千伏变电站，安装75万千伏安（后实际为80万千伏安）主变压器一组，新建500千伏洛河—阜阳500千伏线路128千米，2000年开工，2002年投产。

1999年12月，国电公司召开2003年前三峡输变电工程建设方案协调会。由国电公司调整并经国务院三峡工程建设委员会原则同意的2003年前三峡输变电交流单项工程建设调整为2000年开工项目：常州（武南）—瓶窑150千米，常州（武南）—东善桥—马鞍山—繁昌第二回265千米，新建阜阳变电站，安装75万千伏安主变压器一组（代替原马鞍山变电站75万千伏安），新建宜兴变电站，变电容量1×75万千伏安。2000年后开工项目：新建洛河—阜阳500千伏线路128千米，杭东（乔司）变电站2号主变扩建，变电容量1×100万千伏安；新建500千伏政平—武南双回线，线路长度2×7千米。新建500千伏政平—宜兴双回线，线路长度2×50千米。以上拟建设项目交流线路7条，657千米；交流变电站3个，容量250万千伏安，均在2002年投产。会议还明确了各建设单位的职责和分工。国家电力公司电网建设分公司与华东电力集团公司、三省电力公司的分工原则为：电网建设分公司负责建设上述7条500千伏线路，其线路两端的进出线间隔和高压电抗器由变电站产权单位华东电力集团公司负责建设（洛河—阜阳线洛河侧间隔和电抗器由安徽省电力公司负责建设），并要求与500千伏线路同步建成；电网建设分公司负责建设上述三个500千伏变电站（宜兴、杭东、阜阳）围墙内部分，围墙外的220千伏配套部分（杭东变无）分别由江苏、安徽省电力公司负责建设，并要求与500千伏变电站同步建成。

三峡送电华东配套交流500千伏输变电工程中，由华东电管局（公司）负责建设政平—武南双回线、武南—瓶窑第二回线、武南—东善桥—繁昌第二回线相应变电站的8个间隔扩建工程。其中：武南变电站扩建出线间隔4个，1个用于武南—瓶窑第二回线，1个用于武南—东善桥—繁昌第二回线，2个用于政平—武南双回线；东善桥变电站扩建出线间隔2个，用于武南—东善桥—繁昌第二回线；瓶窑变电站扩建出线间隔1个，用于武南—瓶窑第二回线；繁昌变电站扩建出线间隔1个，用于武南—东善桥—繁昌第二回线。2000年7月，国电华东公司上报该工程可行性研究报告的请示。2001年3月，国电公司批复同意由国电华东公司负责武南、东善桥、瓶窑、繁昌4个变电站8个间隔的扩建，并建设相应的二次系统设备。

2001年7月，国电华东公司召开了三峡配套武南等变电站出线间隔扩建工程协调会，对工程总体进度及建设管理原则作了安排。国电华东公司受国电公司委托，负责对整个项目统一管理，并委托省电力公司具体负责项目的工程建设。同年11月，国电公司批复该工程的初步设计，核定本工程概算总投资11497万元。

2000年9月，国电公司分别对常州武南—瓶窑、常州武南—繁昌500千伏送电线路工程初步设计作出批复。2001年7月和12月又分别对杭东变电站扩建2号主变压器工程和武南—政平500千伏送电线路工程初步设计作出批复。2002年10月国电公司批复了宜兴500千伏变电站新建及政平换流站扩建宜兴出线间隔工程的初步设计。2002年7月，根据三峡电站供电范围发生的变化和国电公司对原三峡输电系统设计进行的补充研究，国务院三峡工程建设委员会对三峡输变电工程及二次系统调整方案作了批复，其中新建、扩建变电站站址有所变更。

参与三峡送电华东交流500千伏输变电工程的各设计、施工、监理、调试、运行单位按照三峡输变电工程“创一流”标准及工程达标投产的具体要求，精心组织、精心施工，除500千伏宜兴变电站后改为2003年投产外，其余项目都在2002年竣工。三峡送电华东交流500千伏输变电工程投运情况见表2-1-6。

表2-1-6 三峡送电华东交流500千伏输变电工程投运情况

主要工程	规 模	投产时间	投资（万元）	备 注
武南—瓶窑第二回	150千米	2002-05-14	17928	批复概算
繁昌——东善桥第二回	119千米	2002-05-19	28984	批复概算
东善桥—武南第二回	147.55千米	2002-07-02		
洛河—阜阳	120千米	2002-07-17	13838	批复概算
阜阳变电站新建	75万千伏安	2002-07-17	12882	批复概算
政平—武南双回	12.4千米	2002-10-19	3280	
杭东变电站扩建	100万千伏安	2002-11-03	5538	批复概算

二、福建与华东联网工程

1998年，国电公司开始了福建与华东联网工程的前期工作。当年9月，国电公司召开了福建电网与华东电网联网论证（初步可行性研究）专题审查会；11月，请电力规划设计总院开展可行性研究；12月成立了前期工作组，由国电公司计划投资部领导任组长，华东电力集团公司、福建省电力局领导任副组长，国电公司有关部门、浙江省电力公司、电力规划设计总院、华东电力设计院、福建省电力勘测设计院等为成员单位。

1999年1月，国电公司计划投资部召开前期工作启动会，前期工作组成员单位代表参加了会议。与会代表对计划投资部提出的联网工程可行性研究工作大纲进行讨论，并对华东、福建电网负荷发展水平、电源项目建设次序进行了研究。会议原则通过了计划投资部提出的工作大纲，并就可研设计工作要求、进度及工作安排等达成了一致。同年8月，受国电公司委托，电力规划设计总院召开了福建与华东联网工程可行性研究审查会议。

同年11月，国电公司上报《关于福建与华东500千伏联网工程可行性研究报告的请示》，提出福建与华东电网均为一次能源短缺的电网，实现其联网不是长期大容量互供的需要，而是以取得联网效益为主的一项联网工程。联网既可解决福建后石电厂投产后福建电网的安全运行问题，又可降低两网总备用容量，还可为两网调剂余缺和提高福建水电的利用提供可能。联网后可取得约60万千瓦的预期容量效益。2000年12月，国家计委发文《关于福建与华东500千伏联网工程可行性研究报告的批复》，同意建设该工程。项目建设主要内容及规模包括：新建福州北开关站到金华变电站500千伏线路366千米；福州北开关站和金华变电站高压侧各安装1组15万千乏高压并联电抗器；扩建福州北开关站和金华变电站500千伏间隔各1个；相应建设通信及二次系统设备。工程动态总投资8.18亿元，由国家电力公司作为项目法人，负责该工程的建设、经营及债务偿还。

2000年6月，电力规划设计总院印发福建与华东联网福州北至金华500千伏送电线路工程初步设计审查会议纪要。本工程起自福州北500千伏开关站，止于浙江金华双龙500千伏变电站。线路全长357.1千米。分为浙江一段、浙江二段、福建段，分别由浙江省电力设计院、华东电力设计院和福建省电力勘测设计院负责设计。由华东电力试验研究院负责系统调试；由安徽省电力工程监理有限责任公司、浙江电力建设监理有限公司负责监理；工程施工单位为福建省第二电力建设公司、湖南送变电建设公司、浙江省送变电工程公司。工程自2000年12月开工，到2001年10月28日竣工，11月投产。

福建与华东第一回 500 千伏联网工程投产后，解决了福建电网“大机小网”的问题，并为近期福建向华东输送部分富余电力创造了条件，但仍存在交换容量小、交流弱联网等问题。为此，国电公司于 2002 年 1 月向国家计委上报《关于福建与华东第二回 500 千伏联网工程可行性研究报告的请示》，提出建设福建与华东第二回 500 千伏联网工程，可以进一步提高福建与华东间电力交换能力，解决单回弱联网可能发生的联网线解列和频率稳定问题，改善福建内部 500 千伏电网的运行条件，为福建远期接受区外电力提供了一个通道。经过论证，福建与华东第二回 500 千伏联网线路仍选择福州变电站和金华变电站为联网点，与第一回联网线路平行。2002 年 7 月，国家计委发文《关于福建与华东第二回 500 千伏联网工程可行性研究报告的批复》，同意建设该工程。项目建设主要内容及规模包括：建设福州变电站到金华变电站 500 千伏线路 365 千米，导线截面为 4×400 毫米^2；扩建福州变电站和金华变电站 500 千伏间隔各 1 个；建设相应的无功补偿设备。福州和金华变电站各装设 1 组 18 万千乏高抗等。相应建设其他二次系统设备。工程动态总投资 7.2 亿元，由国电公司作为项目法人，负责建设、经营及债务偿还。

2002 年 6 月，国电公司批复了福建与华东联网 500 千伏福州北至金华第二回送变电工程初步设计。批准概算为 65773 万元。

该工程由华东电力设计院、浙江省电力设计院和福建省电力勘测设计院负责设计。由浙江省送变电工程公司、福建省第二电力建设公司和湖南送变电建设公司、甘肃送变电工程公司、广东输变电工程公司负责施工；由安徽省电力工程监理有限责任公司、浙江电力建设监理有限公司负责监理；由福建省超高压输变电局和浙江省金华、丽水、温州电业局负责运行。工程自 2002 年 3 月开工，到 2002 年 11 月 25 日竣工。

第四节 新技术应用

华东电网的输电建设，不仅在建设规模、建设速度方面，而且在新技术的应用方面，都取得了进展。

一、杆塔基础

（1）线路基础可选用的型式越来越广泛，除常用的现浇台阶式、大平板基础外，岩石、灌注桩、复合式沉井、角钢插入式斜柱平板基础等也因地制宜优先使用。高强度预应力钢筋混凝土管桩（PHC 桩），在送电线路工程中首次使用。

（2）为进一步减少土石方开挖、更好地保护自然植被，线路的基础设计根据山区坡度，采用四个基础全方位的高、低基础。

（3）静压桩基础首次运用在一般线路中，为城市及居民密集区线路施工提供了便利。

二、杆塔选型

（1）江阴大跨越采用了高强钢焊接十字形组合断面主材的塔型，为建设大跨越输电铁塔提供了新的结构形式。

（2）华东江苏 500 千伏输变电项目首先采用 4×630 导线的双回路钢管塔输电线路，

钢管杆塔具有安全性能高、外形美观、维护费用低等优点。钢管塔的钢管间连接，过去采用法兰连接形式，结构复杂，费工费时。20世纪90年代末开始推广无筋法兰连接，为钢管塔制作提供了先进的技术。500千伏线路同塔双回路比2个单回路线路，可减少走廊宽度55～60米，提高了单位走廊的输送能力。500千伏山西阳城至江苏淮阴线路，全线双回路达414千米，开创了同塔双回路长距离输电的先例，减少了线路走廊宽度，节省了线路走廊占地2484万米^2，降低了通道清理费和民房动迁费，并减少了对沿线环境的影响。

华东电网已投运的500千伏同塔双回线路超过1000千米，在建的还有400多千米，占500千伏输电线路总长的12%。形成了适用于不同气象区、不同导线截面和不同塔头布置的较完整的双回路塔系列。

(3) 为减少杆塔的占地，上海率先在500千伏线路中使用双回路窄基钢管杆，直线采用双联杆，耐张采用四联钢管杆，条件相同情况下占地面积仅为角钢铁塔的10%左右。

500千伏瓶窑—斗山线工程首创了三相垂直排列的塔，两边导线的水平距离仅2米，大大减小线路走廊宽度。

三、新型导、地线

(1) 面临电网负荷快速增长，华东电网较早采用大截面导线，提高了线路输送容量。

1998年设计的500千伏盐城—扬东线在全国首次采用4×LGJ-630导线，500千伏政平—武南线在全国首次采用4×ACSR-720导线。华东电网新建的500千伏线路大都采用4×LGJ-630导线，提高了输电效率。

(2) 20世纪90年代，为改善对邻近弱电线路的危险影响并作为高频载波的通道，广泛采用良导体地线。1998年，华东电网首次建成的500千伏天荒坪—瓶窑线路采用光缆复合架空地线（OPGW），在以后的500千伏线路中OPGW被大量推广使用。

(3) 按我国线路设计规程，输电导线的发热允许温度对钢芯铝绞线和钢芯铝合金线规定的70℃（大跨越可采用+90℃），标准允许温度偏低。

随着我国输电导线材料和制造工艺水平的提高，导线国标已等同或等效采用国际标准，并按国外标准生产出口。这是提高我国输电导线允许温度的可靠基础。华东电网率先从基建方面着手改进，提高输电导线允许温度，增加了500千伏输电线路的输送容量，提高了电网的安全性和经济性。

四、绝缘子多样化

(1) 线路绝缘子选择不限于瓷或玻璃，种类选择已多样化。1998年在500千伏江都—扬州二电厂线路首次批量使用了美国的合成绝缘子，后来大量使用了国产的合成绝缘子。

(2) 1998年，德国的瓷长棒绝缘子在无锡地区500千伏斗山—黄渡一回线路试运行。1999年起，在华东电网多条线路上运行。上海500千伏杨行—杨高线第一次采用耐张瓷拉棒。

(3) 早期的500千伏线路，绝缘子最大的吨位采用的是160千牛。到20世纪90年代末期，采用了300千牛大吨位绝缘子。90年代末开始采用了420千牛及530千牛吨级的绝缘子，大大简化了跨越工程的绝缘子金具串的结构，使运行维护更方便，运行更可靠。

第二章　500 千伏变电工程

华东电网变电站的建设呈现出建设速度快、数量多、布点密集、变压器容量大、自动化水平高的特点。工程开始采用100万千伏安的大容量变压器组。同时，也普遍使用GIS气体绝缘开关，使变电站的布置更为紧凑。这些技术措施的明显效果是，在不增加变电站占地面积的条件下增加了变电容量，提高了站址和走廊资源的利用率。

随着计算机技术及网络通信技术的快速发展，计算机监控系统在500千伏变电站取得了广泛的应用。自1997年浙江500千伏双龙变电站第一套计算机监控系统成功投运开始，至2002年，华东电网已有11个按计算机监控系统设计的500千伏变电站相继投运。采用先进的计算机监控系统，不仅减少了二次设备，实现了减人增效，同时大大提高了电网安全生产水平。

第一节　主网架跨省市工程

1991年前，在华东500千伏电网跨省市的核心部分中建成的变电工程有：属于淮沪线的繁昌、瓶窑、南桥变电站，前二站各安装一组50万千伏安变压器，南桥变电站则装有2台75万千伏安变压器，另有2台67万千伏安换流变压器。属于徐沪线的江都、斗山、黄渡变电站，3个变电站分别安装了一组50万、50万、75万千伏安变压器。1991～2002年，随着华东电网平圩、利港、北仑等大型火力发电厂和天荒坪抽水蓄能电站、秦山核电站二、三期工程接入系统，跨省市核心部分中的各个变电站都进行了扩建；随着地区用电量的增加，负荷中心又不断有新的变电站建成，通过送电线路开断环入电网跨省市的核心部分。这些新的变电站在随后的年月里大多进行了扩建，在2002年华东500千伏电网跨省市核心部分建成双回路的同时，成为有多台500千伏变压器与多条500千伏进出线的枢纽变电站。

一、主要项目

（一）500千伏斗山变电站扩建工程

500千伏斗山变电站扩建工程是安徽平圩电厂2台60万千瓦机组的送出配套工程。为缓和江苏省苏南地区的电力供需矛盾，适应对外开放经济发展的要求，释放安徽省多余电力，1988年8月，江苏省电力局向华东电管局报请审批500千伏斗山变电站扩建1×50万千伏安主变压器工程设计任务书。同年9月，华东电管局向能源部转报该设计任务书。能源部同意将徐沪线谏壁50万伏升压站中的1台50万千伏安主变压器改装在苏南斗山变电站。

1991年3月，能源部下发《关于500kV苏南（斗山）变电站扩建工程初步设计审查意见的批复》。扩建规模为：500千伏50万千伏安变压器1组，220千伏出线2回，15.75千伏低压并联电抗器3组，每组45兆乏。500千伏采用1个半断路器接线。工程总投资为3501.2万元。

该工程业主为华东电管局，由华东电力设计院设计，具体由无锡供电局负责建设，江苏省送变电工程公司施工。工程于1989年10月12日开工，于1992年1月29日投运。

（二）500千伏瓶窑变电站扩建工程

500千伏瓶窑变电站扩建工程是1988年1月，国家计委在《关于北仑港电厂一期配套五十万伏输变电工程可行性研究报告的批复》里批准立项的。

1988年4月，水电部下发《关于北仑港电厂一期配套500千伏输变电工程初步设计的批复》，批复了瓶窑变电站扩建工程的初步设计。建设规模为扩建1组3×25万千伏安变压器（2号），增加500千伏至绍兴出线1回，增加220千伏出线2回。500千伏为一个半断路器接线。批准总概算为3271万元。

该工程业主为华东电管局，由西南电力设计院设计，浙江省送变电工程公司施工。于1992年6月投运。

（三）500千伏黄渡、繁昌变电站扩建和南京（东善桥）变电站新建工程

1993年12月，国家计委在《印发关于审批浙江天荒坪抽水蓄能电站配套五百千伏送变电工程可行性研究报告的请示的通知》中，同意配套500千伏变电工程建设的内容为：绍兴、黄渡、繁昌变电站各扩建一组75万千伏安变压器；新建南京500千伏变电站，装设1组75万千伏安变压器。以上共装设4组75万千伏安变压器。在总投资中，变电工程投资为3.1亿元，其中利用世行贷款约1500万美元，国内资金由国家能源投资公司定额投资5000万元，其余由三省一市筹措解决。

1995年12月，电力部下发《关于500千伏黄渡变电站扩建4号主变压器工程初步设计的批复》。扩建规模为：500千伏75万千伏安主变压器1组及相应的500千伏、220千伏进线间隔，35千伏侧装设45兆乏并联电抗器4组。500千伏为一个半断路器接线，本期4号主变压器与500千伏黄（渡）石（洞口）2回线，组成1个完整串。增设1台断路器。核定工程概算总投资为15276.07万元。

该工程的业主是华东电管局，委托上海市电力局建设。由华东电力设计院设计，上海送变电工程公司施工。于1997年6月投运。

1995年10月，电力部下发《关于500千伏繁昌变电站扩建2号主变压器工程初步设计的批复》。扩建规模为：500千伏75万千伏安主变压器1组及相应的500、220千伏进线间隔，2号主变压器低压侧装设3组45兆乏并联电抗器。500千伏为一个半断路器接线，远景规模按5个完整串规划。本期扩建2号主变压器接入平圩线串，增加1台断路器和1组电流互感器，组成1个完整串。核定工程概算总投资为13757.15万元。

该工程的业主是华东电管局，委托安徽省电力局建设。由华东电力设计院设计，安徽送变电工程公司施工。工程于1998年10月开工，于1999年12月投运。

1996年5月，电力部下发《关于南京东善桥500千伏变电站及π接线路工程初步设计审查意见的批复》。其中南京东善桥500千伏变电站是在220千伏开关站基础上扩建为

500 千伏变电站，开关站现有 220 千伏出线 10 回，其中 9 回已运行。建设规模为：新建 1 组 500 千伏 75 万千伏安变压器；500 千伏出线 2 回（分别至繁昌、武南）；220 千伏出线本期不扩建。变压器 35 千伏侧安装 4 组 45 兆乏并联电抗器。500 千伏采用一个半断路器接线。电气主接线同意设计方案一，即繁昌线与 1 号主变压器组成一个完整串，武南线路为不完整串，共装设 5 组断路器。完整串装设 3 组电流互感器，不完整串装设 2 组电流互感器。500 千伏繁昌—常州（武南）线接入南京东善桥变电站线路工程，同意设计推荐的路径方案。东西两段接入线路长度分别为 6.42 千米和 6.5 千米。核定 500 千伏南京东善桥变电站工程投资为 26254 万元，500 千伏繁昌—斗山线环入南京东善桥变电站送电线路工程投资为 3042.5 万元；工程概算总投资为 29296.5 万元。

该工程的业主是华东电管局，委托江苏省电力局建设。由华东电力设计院和江苏省电力设计院设计，华东、江苏省送变电公司施工，江苏省宏源送变电建设监理有限公司监理，工程于 1996 年 11 月开工，于 1998 年 6 月投运。

（四）500 千伏常州（武南）变电站工程

武南变电站新建工程是江苏利港电厂二期工程配套的 500 千伏送变电工程。1995 年 6 月，国家计委交通能源司《关于明确江苏利港电厂二期工程配套 500 千伏送变电工程内容的函》批准立项。项目建设内容和规模为：建设常州 500 千伏变电站，装设一组 75 万千伏安变压器，并将现繁昌至斗山的 500 千伏线路开断后转接入常州变电站，新建 500 千伏线路共 6 千米。

1995 年 8 月，电力部下发《关于 500kV 常州武南变电所及 π 接线路工程初步设计的批复》。常州武南变电站工程建设规模为：新建 1 组 500 千伏 75 万千伏安主变压器（3 号变压器），500 千伏出线 2 回，即繁斗线 π 接武南变电站，220 千伏出线扩建 3 回，3 号主变压器 35 千伏侧安装 4 组 45 兆乏并联电抗器。500 千伏采用一个半断路器接线，先上 3 个不完整串，共 6 台断路器。500 千伏繁斗线 π 接常州武南变电站线路工程同意设计推荐的开环路径方案，开环线路总长度约 3.66 千米，其中双回路段约 2.33 千米。核定常州武南变电站工程总投资为 32597.43 万元；500 千伏繁斗送电线路 π 接常州武南变电站线路工程总投资为 1988.69 万元；全部工程概算总投资为 34586.12 万元。

该工程由华东电力设计院设计，江苏省送变电公司施工。工程于 1996 年 4 月开工，于 1998 年 6 月 16 日投运。

（五）500 千伏瓶窑变电站扩建工程

500 千伏瓶窑变电站扩建工程是浙江北仑港电厂二期扩建送出工程之一。1995 年 8 月，国家计委在《印发国家计委关于审批浙江北仑港电厂二期扩建工程利用外资可行性研究报告的通知》中批准立项。建设内容为扩建瓶窑变电站，安装 1 组 500 千伏 75 万千伏安变压器。

1996 年 7 月，电力部下发《关于 500kV 绍金线、瓶窑变扩建、兰亭变扩建送变电工程初步设计的批复》。瓶窑变电站 3 号主变压器扩建工程建设规模为 75 万千伏安变压器 1 组，45 兆乏低压并联电抗器 2 组及相应电气、土建部分。500 千伏为一个半断路器接线，已运行和在建共 7 线 2 变压器，装有 15 台断路器，组成 3 个完整串和 3 个不完整串。3 号主变压器接入繁昌线不完整串内，增装 1 台断路器，组成 1 个完整串，断路器带合闸电阻。核定工程总投资为11025万元。

该工程业主为浙江省电力局。由西南电力设计院设计，浙江省超高压输变电工程建设公司负责建设，浙江省送变电工程公司施工。于1998年12月投运。

（六）500千伏泗泾变电站工程

500千伏泗泾变电站工程是为配合吴泾电厂八期工程的建设，促进上海黄浦江以北供电区电网结构及上海市城网的逐步完善，由国家计委于1998年2月在《关于上海泗泾、杨行500千伏输变电工程可行性研究报告的批复》里批准立项的。项目建设内容为新建泗泾变电站，变电容量为75万千伏安，南桥至黄渡双回500千伏线路破口进泗泾变电站，线路长度10千米。

1998年8月，国电公司下发《关于上海泗泾500千伏变电所及π接线路、杨行500千伏变电站工程初步设计的批复》。500千伏泗泾变电站建设规模为安装75万千伏安变压器1组，500千伏出线4回（黄渡1、2，南桥1、2），220千伏出线12回。500千伏采用1个半断路器接线；本期为4线1变电站，组成1个完整串和3个不完整串；线路和变压器出口不装隔离开关；母线上不装避雷器。同意本工程按最终规模一次征地，共计征地面积14.4万米^2（含带征地3.2万米^2）。关于500千伏黄渡—南桥双回线π接泗泾变电站线路工程，同意设计院推荐的路径方案，线路总长度2.393千米，其中单回路2.213千米，双回路0.18千米。同意将220千伏春申—古美线路π接泗泾变电站线路工程概算列入泗泾变电站工程中。核定泗泾变电站工程概算总投资为37983万元，黄南双回线开断环入泗泾变电站线路工程概算投资为1375万元。

该工程的业主是华东电管局，委托上海市电力局建设。由华东电力设计院、上海市电力设计院设计，上海送变电工程公司施工。于2001年1月投运。

（七）500千伏石牌变电站工程和扩建武南、东善桥变电站工程

该三项工程是1998年2月经国家计委《关于华东江苏500千伏输变电项目可行性研究报告的批复》批准立项的。内容包括新建500千伏石牌变电站，安装1组75万千伏安变压器；扩建武南、东善桥500千伏变电站，各安装1组75万千伏安变压器（包括相应的变压器间隔）。

1999年5月，国电公司下发《关于石牌500千伏变电站及π接线路工程初步设计的批复》。石牌500千伏变电站建设规模为安装1组75万千伏安变压器，500千伏出线5回（斗山、黄渡各2回，胜浦1回），220千伏出线6回。主变压器35千伏侧安装3组60兆乏并联电抗器、2组40兆乏并联电容器。500千伏采用一个半断路器接线；2组主变压器进串，1组主变压器接母线；本期采用2个完整串、2个不完整串。线路和变压器出口不装隔离开关。同意本工程按最终规模一次征地，共计征地8.6万米^2。关于500千伏斗山—黄渡双回线π接石牌变电站线路工程，同意设计推荐的路径方案，线路总长度2.138千米，其中双回路长度为0.44千米。同意对斗黄一线的改造设计方案，并同意将改造费用列入500千伏石牌变电站及π接线路工程。核定工程投资为33601万元，其中500千伏石牌变电站投资为31909万元；斗山至黄渡双回线π接石牌变电站投资1295万元；改造费用397万元。

该工程业主是华东电力集团公司，委托江苏省电力公司建设。由华东电力设计院设计，江苏省送变电公司施工。工程于 1998 年 10 月开工，于 2001 年 3 月投运。

2000 年 6 月，国家电力公司下发《关于武南变、斗山变扩建及瓶斗线 π 接武南变、斗山变进线段改造工程初步设计的批复》。武南变扩建规模为扩建 1 组 75 万千伏安变压器、500 千伏瓶窑 1 和斗山 2 出线间隔、4 组 40 兆乏并联电容器及有关的一、二次设备和土建部分。500 千伏为一个半断路器接线；扩建 2 线（瓶窑 1、斗山 2）1 变压器，采用 3 个不完整串，本期线路和变压器出口不设隔离开关。关于 500 千伏瓶斗线 π 接武南变电站线路工程，同意设计推荐的接入方案，北侧段线路按单回路架设，长度约 5.8 千米，南侧段按同塔双回路一次建设，线路长度约 5.7 千米。武南 500 千伏变电站扩建工程投资为 12089 万元，500 千伏瓶斗线 π 接武南变电站线路工程，投资为 3472 万元。

该工程业主是华东电力集团公司，委托江苏省电力公司建设。由华东电力设计院设计，江苏省送变电工程公司施工。于 2002 年 1 月投运。

1999 年 11 月，国家电力公司下发《关于南京（东善桥）500 千伏变电所扩建 2 号主变工程初步设计的批复》。建设规模为扩建 1 组 75 万千伏安变压器，2 组 60 兆乏并联电容器及有关的一、二次设备和土建部分。500 千伏为一个半断路器接线；扩建 2 号主变压器间隔，采用不完整串，靠母线侧安装 2 台断路器；2 号主变压器出口不设隔离开关。核定工程投资为 8434 万元。

该工程业主是华东电力集团公司，委托江苏省电力公司建设。由华东电力设计院设计，江苏省送变电公司施工。工程于 1999 年 2 月开工，于 2001 年 6 月投运。

（八）500 千伏黄渡、泗泾变电站扩建工程

为满足上海西北部和西南部地区负荷增长的需要，提高电网的供电可靠性，以及控制上海 220 千伏电网的短路电流水平，1999 年 7 月，国家发展计划委员会印发《国家计委关于上海黄渡和泗泾 500 千伏变电站扩建工程可行性研究报告的批复》。

项目建设规模及主要内容为：扩建黄渡 500 千伏变电站 5 号主变压器，新增 1 组 75 万千伏安降压变压器，采用 3 台 25 万千伏安自耦变压器，扩建相应的主变压器进线间隔，新增 3 组 6 万千乏低压电容器。扩建泗泾 500 千伏变电站 2 号主变压器，新增 1 组 75 万千伏安降压变压器，采用 3 台 25 万千伏安自耦变压器，扩建相应的主变压器进线间隔，新增 4 组 6 万千乏低压电容器和 1 组 4.5 万千乏低压电抗器。

2000 年 4 月，国家电力公司下发《关于 500kV 黄渡、泗泾变电所扩建工程初步设计的批复》。其中 500 千伏黄渡变电站扩建 5 号主变压器工程，扩建规模为 1 组 75 万千伏安变压器，3 组 60 兆乏低压并联电容器组及有关的一、二次设备和土建部分。500 千伏为一个半断路器接线；扩建 5 号主变压器经断路器接至 500 千伏 1 号母线，增装断路器、隔离开关等设备。核定工程投资为 9030 万元。

500 千伏泗泾变电站扩建 2 号主变压器工程，扩建规模为 1 组 75 万千伏安变压器，1 组 45 兆乏低压并联电抗器，4 组 60 兆乏低压并联电容器及有关的一、二次设备和土建部分。500 千伏采用一个半断路器接线；扩建 2 号主变压器间隔，采用不完整串，安装 2 台断路器；本期 2 号主变压器出口不设隔离开关。核定工程投资为 9176 万元。

该两项工程业主是华东电力集团公司，委托上海市电力公司建设。由华东电力设计院设计，上海送变电工程公司施工。分别于2000年12月和2001年5月投运。

（九）500千伏王店变电站工程

500千伏王店变电站新建工程是秦山核电站二、三期送出500千伏输变电工程之一。1999年8月国家计委批准立项。项目建设内容和规模为新建500千伏王店变电站，安装一组75万千伏安降压变压器，建设相应的无功补偿和二次系统设施。瓶窑至南桥双回线开断接入王店变电站，新建500千伏线路20千米。

2000年11月，国家电力公司下发《关于浙江秦山核电站二、三期送出工程王店500千伏变电所及π接线路工程初步设计的批复》。王店500千伏变电站新建工程建设规模为安装1组75万千伏安变压器，500千伏出线7回；220千伏出线10回；60兆乏低压并联电抗器3组。500千伏采用一个半断路器接线；组成2个完整串和4个不完整串，安装14台断路器。同意本工程按最终规模一次征地，总征地面积9.5万米^2。关于500千伏瓶南双回线π接进王店变电站线路工程，同意设计推荐的路径方案，新建线路长度约3.2千米。核定工程概算总投资为38111万元。其中王店变电站新建工程37089万元，500千伏瓶南开口环王店输电线路工程1022万元。

该工程业主是国电华东公司，委托浙江省电力公司建设。由浙江省电力设计院设计，浙江省送变电工程公司、上海电力建筑工程公司施工。工程于2000年9月开工，于2002年5月投运。

1991～2002年华东500千伏电网跨省市新建扩建变电站投运情况见表2-2-1。

表2-2-1　　1991～2002年华东500千伏电网跨省市新建扩建变电站投运情况

序号	变电站	新建或扩建	变电容量（万千伏安）	投运时间
1	斗山	扩建	50	1992-01
2	瓶窑	扩建	75	1992-06
3	黄渡	扩建	75	1997-06
4	东善桥	新建	75	1998-06
5	武南	新建	75	1998-06
6	瓶窑	扩建	75	1998-12
7	繁昌	扩建	75	1999-12
8	黄渡	扩建	75	2000-12
9	泗泾	新建	75	2001-01
10	石牌	新建	75	2001-03
11	东善桥	扩建	75	2001-04
12	泗泾	扩建	75	2001-05
13	武南	扩建	75	2002-01
14	王店	新建	75	2002-05

二、典型工程

（一）500千伏石牌变电站

“八五”计划期间，苏州地区电力需求增长迅猛，供需矛盾尤为突出。石牌变电站的建设，既增加了苏州地区的受电能力，又为常熟第二发电厂的2×60万千瓦机组输出提供配套，同时为苏南地区的220千伏电网分层分区运行创造了有利条件。

该工程总平面布置比较紧凑，全站占地面积约77700米^2，比国内类似规模的500千伏变电站节省10%左右。500千伏和220千伏配电装置居中位置，各设置了一座继电保护室，可以节省电缆约30%。

该工程在华东地区的500千伏变电站首次采用支持式铝管母线，在江苏省内500千伏变电站中第一次使用计算机监控系统。在江苏省内500千伏变电站中首次采用三相共体变压器，与同类型进口单相变压器相比，具有投资省、减少占地面积、运行维护方便等优点。

该站采用计算机监控，所有遥测、遥信量均通过计算机监控系统采集，在计算机屏幕上显示。可在计算机上遥控断路器、电动隔离开关、电动接地隔离开关和站用变压器总断路器，具有自动化程度高、操作方便运行安全、可靠的特点。自动化监控系统在数据采集、运行监控、事件报警、光字牌画面显示、事件顺序记录、事故追忆记录、运行操作指导、控制功能、报表打印、保护通信、远动通信等方面功能完善。

防误闭锁取消常规的电脑钥匙闭锁装置，采用分层分级的嵌入式结构和3层防误操作闭锁装置。

该工程实现了工程创精品的目标，与车坊变电站工程一起成为华东电网创建“精品工程”的典范。

（二）500千伏王店变电站工程

500千伏王店变电站位于嘉兴市建设乡泾桥村，距嘉兴市区约20千米，进站道路与嘉海公路相连，占地约8.835万米^2。

该站接地网采用镀锡铜绞线，接头采用火泥熔接技术。此项技术的特点是耐腐蚀，使用寿命长，在500千伏变电站建设中得到普遍应用。

220千伏配电装置采用悬挂式管形母线，管母材料为LDRE－T6 ϕ170毫米×10毫米铝镁合金管，具有节约投资、减少占地等优点。断路器为北京ABB产品，隔离开关采用意大利ALSTOM产品，型号有SPV（垂直折臂）型、SPVT（垂直折臂带接地）型、SPOT（水平折臂单接地）型和SPO2T（水平折臂双接地）型。

220千伏配电装置中取消旁路母线，具有运行操作简单，减少变电站占地的优点。

微机监控系统取代常规监控系统方式，配电装置附近设继保小室，保护微机监控子站下放。微机保护采用分布、开放式网络化模式，交流采样，继电保护独立配置，其信号接入监控系统。

该工程于2000年9月14日正式开工，2002年5月16日正式移交投运。工程质量评为优良。

第二节　主网架省市境内工程

一、主要项目

（一）上海市境内工程

1991年前，华东500千伏电网在上海市境内有黄渡和南桥两个变电站，各安装1台和2台75万千伏安变压器。1991～2002年，除了连入华东500千伏电网跨省市核心部分的变电站以外，上海市境内还为石洞口二厂、吴泾电厂八期配套建设了杨高、杨行变电站。

1.500千伏杨高变电站工程

该工程是石洞口第二电厂配套500千伏输变电工程之一。1987年10月，国家计委批准立项。1988年3月，水电部下发《关于石洞口二厂配套500千伏输变电工程初步设计审查的批复》。该工程装设2组3×25万千伏安主变压器；500千伏出线2回，220千伏出线10回；500千伏采用一个半断路器接线；批准总投资为12156万元。

该工程由华能国际电力开发公司、水电部等投资，委托上海市电力局建设，具体由上海市电力局五十万伏输变电工程筹建处负责建设，华东电力设计院设计，上海送变电工程公司施工。工程于1988年12月开工，2台主变压器于1992年4月投运。

2.500千伏杨行变电站工程

该工程是为配合吴泾电厂八期工程的建设，由国家计委于1998年2月批准立项的。1998年8月，国家电力公司下发《关于上海泗泾500kV变电所及π接线路、杨行500kV变电所工程初步设计的批复》。杨行500千伏变电站工程建设规模为：安装2组75万千伏安变压器；500千伏出线2回，220千伏出线12回；500千伏采用一个半断路器接线；同意本工程按最终规模一次征地，共计征地8.9万米^2；核定工程概算总投资为37824万元。

该工程的业主是上海市电力局，由华东电力设计院设计，上海送变电工程公司施工。工程于1999年4月开工，1台主变压器于2001年12月投运，另1台尚在建设中。

（二）江苏省境内工程

1991年前，华东500千伏电网在江苏省境内有江都和斗山2个变电站，各安装1台50万千伏安变压器。1991～2002年，除了连入华东500千伏电网跨省市核心部分的变电站以外，江苏省境内还为扬州第二发电厂配套扩建了江都变电站；在阳城送电江苏项目中新建了淮阴（上河）变电站；在华东江苏500千伏输变电项目中新建了胜浦（车坊）、盐城（盐都）、扬东（泰兴）、南通（三官殿）变电站。

1.500千伏江都变电站扩建

该项目属扬州第二发电厂送出工程的内容，国家计委1994年12月批准立项。原规模为：新建淮阴500千伏变电站并扩建江都变电站，在江都变电站新安装2组75万千伏安变压器，将江都变电站现有的1组50万千伏安变压器移装在新建的淮阴变电站。

1996年8月，电力部下发《关于500kV扬州二厂至江都变送变电工程初步设计的批复》。江都变电站扩建 2 台 75 万千伏安变压器，原有 1 组 50 万千伏安变压器（1 号主变压器），拆迁调往其他变电站；500 千伏出线 2 回，220 千伏出线 1 回；500 千伏为一个半断路器；工程投资为 21775.4 万元。

但扬州供电局报告，考虑到大型变压器搬迁工作量巨大，江都 50 万千伏安变压器停用时间又长，重新组装也不易保证质量，要求保留原有 50 万千伏安变压器，扩建工程新增 1 组 100 万千伏安或 75 万千伏安变压器。江苏电力局又提出，淮阴变电站原列入扬州二电厂配套，但由于阳城向江苏送电进程的提前，使潮流方向发生了变化，主要是北电南送。从而，建设江都至常州 2 回线要比建设 500 千伏淮阴变电站更迫切。因此，建议将扬州二电厂一期用于 500 千伏淮阴变电站的配套资金调整到 500 千伏江都至常州 2 号线。华东电管局同意江苏省电力局及扬州供电局的建议，决定建设江都变电站 1 台 75 万千伏安变压器。

该工程委托江苏省电力局建设，由华东电力设计院设计，江苏送变电公司施工。1 台主变压器于 1999 年 5 月投运。

2. 500 千伏淮阴（上河）变电站工程

500 千伏淮阴变电站及 π 接线路工程由扬州第二发电厂配套和山西阳城送出两部分组成。根据电力规划设计总院关于山西阳城电厂向江苏送电可行性研究报告的审查意见，山西阳城电厂向江苏送电工程落点至江苏淮阴。在华东、江苏电网发展规划中，500 千伏淮阴变电站是华东 500 千伏网架在苏北中部的枢纽变电站。华东电管局于 1995 年 9 月在江苏淮安主持召开了 500 千伏淮阴变电站规划选所报告审查会。1997 年 6 月，电力部下发《关于 500kV 淮阴变电所 π 接线路工程初步设计的批复》。淮阴变电站工程建设规模为安装 75 万千伏安变压器 1 台。500 千伏出线 4 回，220 千伏出线 7 回。500 千伏采用一个半断路器接线。站区围墙内占地面积 7.9 万米^2，站区总建筑面积控制在 4100 米^2。500 千伏任（庄）江（都）线开断环入淮阴变电站线路工程线路长度共计 4.2 千米。核定工程概算总投资为 44914 万元。

该工程业主单位是江苏省电力局，由江苏省 500 千伏阳城电厂送出工程筹建处负责建设，江苏省电力设计院设计，江苏省送变电公司施工。于 1999 年 12 月投运。

3. 500 千伏胜浦（车坊）、盐都、泰兴、三官殿变电站工程

该 4 个变电站项目均是 500 千伏华东江苏输变电工程的内容。1998 年 2 月国家计委批准立项。

2000 年 1 月，国家电力公司下发《关于胜浦 500kV 变电所及石牌至胜浦二回送变电工程初步设计的批复》。胜浦（车坊）500 千伏变电站工程建设规模为安装 1 组 100 万千伏安变压器；500 千伏出线 1 回，220 千伏出线 9 回；500 千伏采用一个半断路器接线；同意本工程按最终规模一次征地，共计征地面积 8.4 万米^2。工程投资为 20015 万元。

该工程业主单位是华东电力集团公司，华东电力设计院、江苏省电力设计院设计，江苏省送变电公司施工。工程于 1999 年 4 月开工，于 2001 年 4 月投运。

2000 年 6 月，国家电力公司下发《关于 500kV 淮阴至盐城送电线路和扬东、盐城变电所工程初步设计的批复》。盐城（盐都）变电站工程建设规模为安装 1 组 75 万千伏安变

压器；500 千伏出线 2 回，220 千伏出线 7 回；500 千伏采用一个半断路器接线；同意本工程按最终规模一次征地，共计征地面积 8.8 万米^2。工程投资为 22627 万元。

该工程业主单位是华东电力集团公司，江苏省电力设计院设计，江苏省送变电公司施工。于 2000 年 4 月 27 日开工，于 2002 年 8 月投运。

扬东（泰兴）变电站工程建设规模为安装 1 组 75 万千伏安变压器；500 千伏出线 3 回，220 千伏出线 8 回；500 千伏采用一个半断路器接线；同意本工程按最终规模一次征地，共计征地面积 9.5 万米^2。工程投资为 25186 万元。

该工程业主单位是华东电力集团公司，华东电力设计院设计，江苏省送变电公司施工。于 2000 年 6 月 8 日开工，于 2002 年 9 月投运。

2000 年 6 月，国家电力公司下发《关于南通（三官殿）500kV 变电所工程初步设计的批复》。南通（三官殿）500 千伏变电站是在 220 千伏开关站的基础上升压扩建的。建设规模为安装 1 组 75 万千伏安变压器；500 千伏出线 1 回；500 千伏采用一个半断路器接线；同意本工程按最终规模一次征地，本期扩建需征地 3.9 万米^2。核定工程概算投资为 13843 万元。

该工程业主单位是华东电力集团公司，华东电力设计院、江苏省电力设计院设计，江苏省电力建设第一工程公司施工。于 2001 年 3 月 18 日开工，于 2002 年 10 月投运。

2002 年，利用世行贷款结余进行了华东江苏 500 千伏输变电续建项目，新建连云港、龙潭变电站，扩建盐城变电站，新增变电容量 250 万千伏安。

此外，将原阳城送出工程确定在 500 千伏淮阴变电站配套扩建一台 75 万千伏安变压器装置地点调整到 500 千伏三堡开关站，于 2002 年 11 月投运。

1991～2002 年江苏省境内除华东电网跨省市的核心部分以外新建扩建变电工程情况见表 2-2-2。

表 2-2-2　　1991～2002 年江苏省境内新建扩建变电工程投运情况

序号	变电站	新建或扩建	变电容量（万千伏安）	投运时间
1	江　都	扩建	75	1999-05
2	上　河	新建	75	1999-12
3	车　坊	新建	100	2001-04
4	盐　都	新建	75	2002-08
5	泰　兴	新建	75	2002-09
6	三官殿	新建	75	2002-10
7	三　堡	扩建	75	2002-11

（三）浙江省境内工程

1991 年前，华东 500 千伏电网在浙江省境内有瓶窑变电站，安装 1 台 50 万千伏安变压器。1991～2002 年，除了连入华东 500 千伏电网跨省市核心部分的变电站以外，浙江省境内还为北仑发电厂、天荒坪抽水蓄能电站、秦山核电配套新建扩建了绍兴（兰亭）、金华（双龙）、宁波（天一）变电站，在金华—温州输变电工程和杭东输变电工程中新建了温州（瓯海）、杭东（乔司）变电站；在三峡送电华东项目中扩建了杭东（乔司）变电站。

1.500千伏兰亭变电站工程

该项目是北仑发电厂一期配套500千伏输变电工程之一。1988年1月，国家计委批准立项。内容为：新建肖绍变电站，安装1组75万千伏安变压器，并留有再扩建一组的余地。1988年4月，水电部印发《关于北仑港电厂一期配套500千伏输变电工程初步设计的批复》。绍兴（兰亭）变电站建设规模为装设1组3×25万千伏安变压器；500千伏出线3回，220千伏出线7回；500千伏采用一个半断路器接线；站区占地在9.4万米^{2}以内。批准总概算9012万元。

该工程业主为浙江省电力局，由华东电力设计院、浙江省电力设计院设计；浙江超高压输变电建设公司负责建设；浙江送变电公司负责施工。工程于1989年11月20日开工，于1992年12月投运。

2.500千伏兰亭变电站扩建工程

该项目是天荒坪抽水蓄能电站配套工程之一。1993年12月国家计委批准立项。内容为绍兴（兰亭）变电站扩建1组75万千伏安变压器。1995年6月，电力部下发《关于天荒坪抽水蓄能电站配套500千伏兰亭（绍兴）变电站扩建2号主变压器工程初步设计的批复》。扩建75万千伏安主变压器1组，增装45兆乏并联电抗器3组。2号主变压器增加1个不完整串，装设2组断路器。核定工程概算总投资为14204万元。

该工程资金由合资各方按电站合资比例分担，由华东电力设计院设计，浙江省超高压输变电建设公司负责建设，浙江省送变电工程公司负责施工。于2000年7月投运。

3.500千伏兰亭变电站扩建工程

该项目是北仑发电厂二期扩建送出工程之一。1995年8月国家计委批准立项。内容为扩建绍兴（兰亭）变电站，安装1组75万千伏安变压器。

1996年7月，电力部下达《关于500千伏绍金线、瓶窑变扩建、兰亭变扩建送变电工程初步设计的批复》。兰亭（绍兴）变电站扩建工程建设规模为75万千伏安主变压器1组和至金华500千伏出线1回及相应电气、土建部分。500千伏为一个半断路器接线。核定工程总投资为13054万元。

该工程业主是浙江省电力局，由华东电力设计院设计，浙江省超高压输变电建设公司负责建设，浙江省送变电工程公司负责施工。于1998年6月投运。

4.500千伏双龙变电站工程

该项目是北仑发电厂二期扩建送出工程之一。1995年8月国家计委批准立项。内容为新建金华（双龙）变电站，安装一组75万千伏安变压器。1995年11月，电力部下达《关于500kV金华变电所工程初步设计的批复》。金华（双龙）变电站新建工程规模为75万千伏安变压器1组（2号主变压器）；500千伏出线1回至兰亭（绍兴），220千伏出线10回；500千伏采用一个半断路器接线；工程建筑总面积4200米^2。核定工程概算总投资为32302万元。

该工程业主是浙江省电力局，华东电力设计院设计，浙江省超高压输变电建设公司负责建设，浙江省送变电工程公司负责施工。于1997年12月投运。

5.500千伏瓯海变电站工程

该项目是金华至温州输变电工程之一。1998年6月，国家发展计划委员会下达《关于浙江500千伏牌头至金华输电工程和金华至温州输变电工程可行性研究报告的批复》。该工程项目建设内容和规模为新建500千伏温州变电站，安装75万千伏安变压器1组。1998年9月，电力规划设计总院下发《关于印发金华至温州500kV送电及绍兴变电所扩建工程初步设计审查会议纪要的通知》。500千伏温州变电站工程安装1组75万千伏安主变压器；500千伏出线1回（至金华），220千伏出线6回；500千伏采用一个半断路器接线；同意本工程按最终规模一次征地，站区围墙内占地面积控制在8万米^{2}左右；全站总建筑面积控制在2200米^{2}以内。

该工程业主是浙江省电力局，由西南电力设计院设计，浙江省电力公司超高压建设分公司负责建设，浙江电力建设监理有限公司负责监理，浙江省送变电工程公司负责施工。于1999年4月开工，于2001年6月投运。

6.500千伏杭东（乔司）变电站工程

该项目是1998年7月国家发展计划委员会在下达《国家发展计划委员会关于华东瓶窑至南桥第二回500千伏线路和杭东500千伏输变电工程可行性研究报告的批复》里同意立项建设的。

1999年2月，国家电力公司下达《关于浙江杭东至瓶窑500千伏输变电工程初步设计的批复》。杭东（乔司）500千伏变电站新建工程规模为安装75万千伏安变压器1组；500千伏出线1回至瓶窑变电站，220千伏出线9回；主变压器35千伏侧安装3组45兆乏并联电抗器；500千伏采用一个半断路器接线；同意本工程按最终规模一次征地，站区共计征地9.6万米^2。核定工程投资为25058万元。

该工程业主是华东电力集团公司，由浙江省电力设计院设计，浙江省电力公司超高压建设分公司负责建设，浙江电力建设监理有限公司负责监理，浙江省送变电工程公司负责施工。于2001年5月投运。

7.500千伏双龙变电站扩建工程

该项目是秦山核电站二、三期送出500千伏输变电工程之一。

1999年8月，国家发展计划委员会批准立项建设。项目建设内容和规模为扩建500千伏金华变电站，安装1组75万千伏安降压变压器，建设相应的无功补偿和二次系统设施。2000年7月，国家电力公司下发《关于浙江秦山二、三期送出工程500kV宁波变新建、金华变扩建、杭东变扩建和北—绍三回送电线路π接宁波变工程初步设计的批复》。金华（双龙）500千伏变电站扩建1号主变压器工程规模为：扩建1号75万千伏安变压器组、1组45兆乏并联电抗器、2组40兆乏并联电容器，及有关的一、二次设备和土建部分。500千伏为一个半断路器接线。核定工程动态投资为6473万元。

该工程业主是浙江省电力局，由华东电力设计院设计，浙江省电力公司超高压建设分公司负责建设，浙江省送变电工程公司负责施工。工程于2000年11月开工，于2001年5月投运。

8.500 千伏宁波（天一）变电站工程

该项目是秦山核电站二、三期送出 500 千伏输变电工程之一。1999 年 8 月，国家发展计划委员会批准立项建设。建设内容和规模为新建宁波 500 千伏变电站，安装 1 组 75 万千伏安降压变压器，建设相应的无功补偿和二次系统设施。北仑发电厂至兰亭第三回 500 千伏线路开断接入宁波变电站，新建线路长度 10 千米。2000 年 7 月，国家电力公司批复初步设计。

500 千伏宁波（天一）变电站新建工程建设规模为：安装 75 万千伏安变压器 1 组；500 千伏出线 2 回，220 千伏出线 7 回；60 兆乏并联电抗器 3 组；500 千伏采用一个半断路器接线；同意本工程按最终规模一次征地，总征地面积 11.2 万米^2。核定工程动态投资为 25899 万元。

北仑发电厂至绍兴变电站 3 回 500 千伏送电线路 π 接宁波变电站工程，同意设计推荐的接入方案，π 接线路全长 3.1 千米。工程动态投资为 1078 万元。

该工程业主是浙江省电力局，由华东电力设计院承担变电站设计，浙江省电力设计院负责线路工程设计，浙江省电力公司超高压建设分公司负责建设，浙江省送变电工程公司负责施工。工程于 2000 年 5 月 21 日开工，于 2002 年 3 月投运。

1991～2002 年浙江省境内除华东电网跨省市的核心部分以外新建扩建变电工程投运情况见表 2-2-3。

表 2-2-3　1991～2002 年浙江省境内除华东电网跨省市的核心部分以外新建扩建变电工程投运情况

序号	变电站	新建或扩建	变电容量（万千伏安）	投运时间
1	兰　亭	新建	75	1992-12
2	双　龙	新建	75	1997-12
3	兰　亭	扩建	75	1998-06
4	兰　亭	扩建	75	2000-07
5	双　龙	扩建	75	2001-05
6	乔　司	新建	75	2001-05
7	瓯　海	新建	75	2001-06
8	天　一	新建	75	2002-03
9	乔　司	扩建	100	2002-11

注　乔司变电站扩建 100 万千伏安工程系三峡送电华东配套 500 千伏交流输变电工程内容之一。

（四）安徽省境内工程

1991 年前，华东 500 千伏电网在安徽省境内有繁昌变电站，安装 1 台 50 万千伏安变压器。1991～2002 年，除了连入华东 500 千伏电网跨省市核心部分的繁昌变电站扩建外，安徽省境内为洛河发电厂二期配套新建了肥西变电站，后又单独立项扩建肥西变电站，在三峡送电华东项目中新建了阜阳（颍州）变电站。

1.500千伏肥西变电站工程

该项目是安徽洛河电厂二期电力送出工程。1993年3月，国家计委下达《关于安徽洛河电厂二期工程可行性研究报告的批复》。洛河电厂二期送出工程配套建设合肥西（上派）500千伏变电站，安装1组75万千伏安变压器，相应将平圩、洛河电厂—繁昌的2回500千伏线路开断转接入合肥西变电站；新架设500千伏线路4千米。电力部于1993年11月对工程初步设计进行审查，批准初步设计。该工程是在原220千伏肥西变的基础上扩建而成的。建设规模为80万千伏安变压器1组（乌克兰进口）；4组35千伏45兆乏电抗器；500千伏出线4回；500千伏电气主接线采用一个半断路器接线。工程概算总投资为22141万元。

工程建设单位为安徽省电力局，由安徽省电力设计院设计，安徽省电力监理公司负责监理，安徽送变电工程公司等施工。工程于1994年12月开工，于1996年12月竣工投运。

2.500千伏肥西变电站扩建工程

安徽肥西变电站500千伏扩建工程是1998年10月国家发展计划委员会在《国家计委关于安徽肥西变电站500千伏扩建工程可行性研究报告的批复》里批准建设的。扩建工程安装1组75万千伏安降压变压器及相应的二次系统和无功补偿装置。由安徽省电力公司作为项目法人，负责工程的建设、管理及债务偿还。

1999年9月，国电公司下发《关于肥西500千伏变电站扩建工程初步设计的批复》。扩建1组500千伏75万千伏安（后实际安装为80万千伏安）变压器；主变压器35千伏侧装设2组45兆乏并联电抗器；500千伏为一个半断路器接线；工程动态投资8672万元。

该工程业主是安徽省电力公司，由安徽省电力设计院设计，安徽省电力监理公司负责监理，安徽送变电工程公司等施工。于2000年4月竣工投运。

3.500千伏阜阳（颍州）变电站工程

该工程属于三峡送电华东配套交流500千伏输变电工程之一。

1999年8月，安徽省电力公司要求将500千伏阜阳输变电工程纳入三峡配套工程，规模为新建阜阳东郊（颍州）变电站，安装75万千伏安变压器1组。华东电力集团公司研究后同意并上报国电公司审批。1999年12月，国电公司召开2003年前三峡输变电工程建设方案协调会，将由国家电力公司调整并经过国务院三峡建设委员会原则同意的2003年前三峡输变电交流单项工程建设计划印发。该计划中已经将500千伏阜阳输变电工程纳入三峡配套工程，包括新建阜阳东郊（颍州）变电站。2000年9月，电力规划设计总院印发阜东500千伏变电站工程修改初步设计审查会议纪要和《关于安徽阜东500kV变电站工程初步设计总布置方案及征地范围的批复》。2001年4月，国家电力公司下发《关于阜东500千伏变电站新建工程初步设计的批复》。工程建设规模为安装75万千伏安变压器1组；500千伏出线1回，220千伏出线8回；60兆乏低压并联电抗器3组；500千伏采用一个半断路器接线；同意本工程按最终规模一次征地，共计征地面积5.2万米^2。核定工程动态投资为12882万元。

该项目法人为国家电力公司，委托国家电力公司电网建设分公司负责建设；由安徽省电力设计院设计；江苏宏源送变电建设监理有限公司监理；安徽送变电工程公司施工。工程于2002年7月投运。

二、典型工程

（一）500千伏杨行变电站

杨行变电站首期工程先安装2组75万千伏安主变压器，共计150万千伏安。

2号主变压器选用日本三菱公司SUB－MRR分相式强冷风冷主变压器。3号主变压器选用奥地利ELIN公司TBQ－225R44D9K－99主变压器。

500千伏采用一个半断路器接线，主变压器不装设线路隔离开关及变压器隔离开关，是上海500千伏变电站首次采用此种一次接线。500千伏及220千伏母线在上海首次采用立柱式管形母线。断路器采用日本三菱500－SFM－63B型立式断路器。

杨行变电站微机监控系统采用国电南瑞电网控制公司开发研制的新一代DR－800分布式SCADA/EMS系统。该系统采用分布式方案，通过计算机局域网（LAN）将多个不同的计算机连成一体，形成一个开放式模块结构系统，不但可以与其他计算机系统互连，还可以管理信息系统（MIS）通信，有很强的适应性。

杨行变电站监控系统间隔层部分，采用上海惠安公司控制系统公司生产的新一代数据采集，处理系统—多功能IED D25 D200 LCD可实现变电站的各项基本功能。站内监控系统与华东总调，上海市调的通信站级控制层与间隔层之间的通信均通过自动切换装置至双数据处理盒通信装置实现。

双数据处理和通信装置平行运行互为备用。终端服务器主要连接事件记录打印机、拷贝等设备，并与报警系统通信。计算机通信接入华东总调分组交换机或上海市调分组交换机进行数据交换。

在主控制室配置2台运行工作站，运行人员通过运行工作站对变电站全部一次设备及二次设备进行监视、测量、记录并处理各种信息及对变电站的主要设备实现远方控制。

（二）500千伏车坊变电站

该工程经多方案比较后选定的站址，接近苏州地区南部和工业园区的负荷中心，可减少线路损耗。站址区域场地开阔平整，出线走廊较宽敞，对节省工程投资和控制工程造价比较有利。工程总平面布置紧凑合理，场地利用系数达95%左右。

该工程主变压器容量采用100万千伏安变压器，由于采用壳式结构，空载损耗小(214千瓦)，运行费用较低。全站采用微机防误装置，与采用常规的电磁锁防误操作措施相比，既提高了防误闭锁的可靠性，又节省了控制电缆。

该工程采用计算机监控，500千伏每回出线配置2套进口ABB的分相电流差动保护，每个500千伏开关配置1套开关保护，500千伏每条母线配置2套母差保护。所有遥测、遥信量均通过计算机监控系统采集，在计算机屏幕上显示。自动化监控系统按站级与间隔级两个控制层构成。

（三）500千伏双龙变电站

双龙变工程是电力部、华东电力集团公司、浙江省电力公司确立的500千伏变电工程基建移交生产达标试点工程，也是浙江省首次实行工程监理制的工程。

双龙变电站是华东电网首次取消常规控制，完全采用计算机监控的500千伏变电站。其综合自动化系统最具特色，变电站的监控装置，融远动、自动和继电保护等装置的功能于一体。该系统除常规的数据采集、统计制表、故障切除等功能外，还具有以下特点：完全采用计算机操作，设有双重防误操作闭锁；采用电压自动控制功能（AVC），有利于提高系统电压合格率和优化无功潮流；准确反映一、二次设备的运行状态和参数，便于检修维护；取代常规控制屏，继电保护分布于就地小室，经光纤送到主控室监控系统，既省去大量二次电缆和电缆层装置，又提高了信号质量和动作可靠性。

（四）500千伏肥西变电站

500千伏肥西变电站是在原220千伏肥西变电站的基础上扩建而成的。

肥西变电站工程由国家开发银行、省能源投资公司、省电力局共同投资。

肥西变电站主变压器为从乌克兰进口的单相自耦中压有载调压变压器组，500千伏断路器为西安高压开关厂引进三菱技术生产的六氟化硫罐式断路器。这两种设备在安徽省均为首次采用。

220千伏部分在原来的220千伏系统基础上，对原为上下母线加两侧旁路母线接线进行了改造。

第三节 新技术应用

华东电网的变电工程建设，也获得了技术创新成果。

一、支持式铝管母线

为节省变电站的占地面积，并能做到配电装置布置的简明清晰，华东电力设计院在500千伏石牌变电站设计中首次采用支持式铝管母线。经过强度计算，铝管母线在大风、覆冰等恶劣气候环境下，以及短路电动力作用下，均能满足强度要求。

由于江南地区征地费用明显增加，采用支持式铝管母线（江苏电力设计院采用的是悬挂式铝管母线），对节约土地资源、提高设计技术水平具有重要意义。

二、大容量变压器

500千伏变电站采用大容量变压器，既可减少占地面积，又能节省工程投资。

胜浦（车坊）变电站安装容量100万千伏安的主变压器，是当时国内最大容量的降压变压器，采用壳式结构，具有空载损耗小（214千瓦）、年运行费用低等特点。而在石牌、盐都、泰兴及三官殿变电站采用的75万千伏安三相共体变压器，与同类型的单相变压器相比，可节省投资20%，占地面积也小。采用大容量变压器已成为电网建设的发展方向。

三、气体绝缘金属封闭开关

随着电力需求快速增长，经济发达地区的输电线路走廊和变电站征地的矛盾尤为突出，已成为影响城市电网建设的瓶颈问题。多年来，在工程中采用多回路铁塔、敷设地下高压电缆和小型化、紧凑型、集成度高的开关设备，对增加线路通道，减少变电站占地，协调发展城市电网是十分有利的。

20 世纪 80 年代后期，在上海以及江苏、浙江的大中型城市，新建的变电站开始采用以国产为主的 110～220 千伏金属封闭式组合电器（GIS）装置。至 2002 年，华东电网已建成 110 千伏以上 GIS 装置 890 余个间隔。

四、500 千伏变电站计算机监控系统

在 20 世纪 90 年代中期，随着计算机软技术的迅速发展，作为 500 千伏变电站采用计算机监控系统的试点项目，浙江金华（双龙）变电站由国内自行设计和供货的计算机监控系统成功投入运行。此后，计算机监控系统逐步替代常规的监测和控制系统。

计算机监控系统采用分布式网络结构，系统分为站级控制层和间隔控制层，由主计算机、数据处理前置机、I/O 测控单元以及光纤电缆等设备组成。计算机监控系统不仅将变电站测量、监视、控制和保护等功能综合成一体，而且能实现断路器和隔离开关的远方控制、防误操作的分析判断以及断路器合闸同期检测的功能。对监控、继电保护等设备采取分散布置，继电器小室下放到配电装置场地内的设计优化方案，使控制电缆使用量减少很多，在保证变电站的安全性和可靠性的基础上，进一步提高了变电站建设的技术经济性。

至 2002 年 6 月，上海的泗泾、杨行和江苏的石牌、盐都、泰兴以及浙江的双龙、王店、杭东 500 千伏变电站都采用了计算机监控系统，三省一市的 220 千伏及以下的变电站也推广应用计算机监控技术。

五、500 千伏串联补偿技术

串联补偿技术在国外电力系统中广泛运用，实践证明是一种成熟的先进技术。在长距离输电线路上采用固定串联补偿（FSC）或可控串联补偿（TCSC）装置，能很好地改善电网的运行状况，提高线路输送能力，保证电网系统的稳定、可靠及灵活运行。同时，在远距离、大容量输电工程中采用串联补偿装置，可减少输电线路回路数，从而节省线路建设投资。

500 千伏阳城电厂至江苏淮阴输变电工程全长 733 千米，为有效提高线路的送电能力，在东明开关站至上河变电站 2 回线路中间的三堡开关站内，各装设 1 组由西门子公司供货的串联补偿装置。工程于 2000 年 11 月投入运行后，不仅满足了阳城电厂送出功率 210 万千瓦的需要，同时线路的稳定极限也提高了 10%，还推迟了第三回 500 千伏线路的建设，节省工程投资约 3 亿元。

第三章　220千伏及以下电网工程

随着500千伏主网架加强，各省市间220千伏网络陆续开断运行，不再发挥跨省市主干联络线的功能。然而220千伏电网仍然得到快速发展，在省市内发挥着重要作用。

为节能降耗和拉动国民经济健康发展，抵御金融危机的影响，国家和省市政府先后投入大量资金，加快改造和建设城市电网。华东三省一市电力公司积极行动，2002年底均完成计划任务，提高了城网供电的可靠性。

第一节　220千伏电网工程

一、概况

随着华东三省一市用电量快速攀升，220千伏网络迅速扩建，不仅数量增加，技术上也有较大提高。

220千伏输电线路的塔型开始采用自立式铁塔，替代以前的单柱拉线塔和水泥杆，使双回路双分裂导线，尤其是大截面导线得到广泛使用。

至2002年底，华东地区220千伏变电站总计达到334座，线路882条，总长度22947千米。

1990年和2002年华东三省一市220千伏电网情况见表2-3-1。

表2-3-1　　1990年和2002年华东三省一市220千伏电网情况

年　份	地　区	输电线路长度（千米）	变电站数/变压器数/总容量（座/台/万千伏安）
1990	华东	11662（32）	108/183/2112
	上海	1016	17/42/492
	江苏	4247（32）	48/75/871
	浙江	3677	21/34/389
	安徽	2722	22/32/360
2002	华东	22947（189）	334/616/8241.6
	上海	1965（146）	51/134/1800
	江苏	9121（43）	145/241/3218.6
	浙江	6611	80/151/2158
	安徽	5250	58/90/1065

注　输电线路长度系回路长度加电缆线路长度，括号中为电缆线路长度。

二、典型工程

（一）220 千伏人民广场地下变电站

220 千伏人民广场地下变电站是石洞口第二发电厂配套送出工程之一，地处上海市人民广场东南角。该工程是国内第一座超高压大容量城市型地下变电站，在国际上也属最大型地下变电站之一。工程被列为上海市重大工程建设项目。

工程建设单位为上海市电力局，由上海勘测设计院设计。土建由上海市隧道公司承担，电气安装由上海送变电工程公司承担。

一期工程安装 2 组奥地利依林（ELIN）公司 3 相 3 绕组强油循环水冷变压器。采用电缆变压器组接线。站内不设 220 千伏断路器。110 千伏全封闭组合电器采用法国阿尔斯通产品，有 9 路出线。35 千伏配电装置采用西门子公司六氟化硫充气柜，3AF 型真空断路器，有 24 路出线。

人民广场地下变电站主设备安装在一个外径 62.4 米，内径 58 米，筒底深为－18.6 米，内净面积为 2650 米^{2}的地下钢筋混凝土筒体内。筒壁由 1.2 米厚连续墙壁及 1 米厚内衬组成，底板厚 4 米。筒体顶覆盖土层厚 1.5 米，绿化后成为上海市人民广场一个绿化区域。

变电站工程 1988 年 12 月 21 日开工，1993 年 9 月投运。

该变电站工程荣获 1994 年电力部优质工程。

1998 年 1 月，该变电站增加安装 3 号主变压器 24 万千伏安 1 台，仍为 ELIN 公司的三相三绕组、强油循环水冷却式变压器。同年 12 月，又相继投运 35 千伏 21 回出线、2 台并联电抗器、1 台接地下变压器。

（二）220 千伏源深站—广场站电缆工程

源深站—广场站 220 千伏电缆工程是上海人民广场 220 千伏地下变电站电源供给工程。

工程业主单位是上海市电力公司。

该电缆工程共有 2 回出线，浦东段直埋 1880 米，黄浦江隧道段 600 米。源深站至黄浦江浦东竖井段使用上海电缆厂的 220 千伏 1（根）×845 毫米^2 充油电缆产品，浦东竖井至广场站段使用法国里昂电缆厂的 220 千伏 1（根）×700 毫米^2 充油电缆产品，广场站至广场地下变电站段使用法国里昂电缆厂的 220 千伏 1（根）×630 毫米^2 交联聚乙烯绝缘电缆。

工程列入 1992 年度上海市重点工程项目。1992 年 9 月 4 日开工，第一回路于 1993 年 7 月投入运行，第二回路于 1993 年 9 月投入运行。

该工程为国内首例超高压交联电缆与充油缆对接，集直埋、隧道、排管与诸多施工方式于一体的大型工程。

1995 年 2 月，工程获得了 1994 年电力部优质工程奖。

第二节　城市电网建设与改造

为进一步贯彻“两个根本转变”的要求，执行电力开发与节约并重，把节约放在首位的方针，华东电管局于 1998 年 1 月向电力部报送华东电网“九五”节能降耗规划。1998 年 2 月，国家计委批复同意电力部关于北京、上海、重庆、广州、苏州五城市电网"九五"节能降耗规划，要求在完善城网规划的基础上，进一步降低线损，节约能源。同年3月，华东电管局转报上海市、江苏省电力局关于上海和苏州电网建设和改造（节能降耗）工程项目可行性研究报告，并由电力部审查后转报国家计委审批。同时，电力规划设计总院印发华东电网（江苏、安徽部分）"九五"节能降耗规划评审意见，由电力部转报国家计委审批。同年4月，国家电力公司发出《关于抓紧开展电网"九五"节能降耗规划及有关工作的通知》，要求加强组织领导，成立由主管生产的局长或总工程师负责的领导小组，统筹安排，分步实施，务求实效。

随着电力工业的发展和经济结构的调整，到1998年，华东电网摆脱了长期以来的严重缺电局面，电力买方市场已初步显现。与此同时，由于多年来投入不足，致使电网建设滞后于电源建设，特别是城市电网出现了基础薄弱、可靠性低、经济性差、供电瓶颈等问题，在不同程度上限制了城市用电的需求和消费，严重影响用电市场的发展。华东电管局执行国家电力公司1998年6月发出的《关于抓紧做好城市电网规划工作的通知》，决定加大电力结构调整力度，在搞好上海、苏州等城市电网建设与改造试点的基础上，"九五"计划后期再选择一批重点城市电网，加大投入，加快城市电网建设改造步伐，不断地提高供电质量、供电可靠性，降低线损，开拓电力市场。城网规划着重落实"九五"后三年和"十五"初电网建设与改造项目，测算出分年度工程量、资金需求以及动态总投资需求，筹集不低于总投资20%的资本金，资本金来源除用户贴费外，不足部分从自有资金中补足，融资部分申请银行贷款解决。同月，华东电管局转报江苏电网建设和改造可行性研究报告。同年7月起，华东电管局和三省一市电力公司把落实城网、农网建设、改造项目前期工作作为重点，组织修编省会城市和各地级及以上城市的电网（1998～2000年）建设改造项目可研报告。8月，浙江省电力公司重新上报了宁波、温州市城网建设改造项目可行性研究报告（修正版）。同时根据进度情况协调做好各项有关实施的准备工作。提出启动城网建设、改造项目，坚持基建程序，具备条件的可研、开工一起报批。在国务院统一部署下，华东城市电网建设与改造于1998年下半年正式启动。

1998年8月、9月和12月，国家电力公司分三批下达城市电网建设与改造项目新开工计划的通知，华东电网的上海、苏州（第一批），无锡、扬州、杭州、合肥（第二批），南京、徐州、宁波、常州（第三批）等10个城市电网名列其中。

1999年，国家全面启动其他地级城市电网建设与改造项目。4月，国家电力公司下达1999年国家电力公司城网建设与改造续建项目投资计划，华东电网除上述10个城市电网外，江苏泰州、浙江温州、安徽马鞍山等3个城市电网也列入了城网建设与改造续建项目之中。

1999年华东电网13个城市城网建设与改造续建项目投资计划见表2-3-2。

表2-3-2　　1999年华东电网13个城市城网建设与改造续建项目投资计划　　单位：亿元

项目名称	上海城网	苏州城网	无锡城网	扬州城网	南京城网	徐州城网	泰州城网	常州城网	杭州城网	宁波城网	温州城网	合肥城网	马鞍山城网
总投资	40.0	17.4	10.5	6.5	15.7	6.66	5.79	7.34	18.2	7.25	7.38	4.71	2.63

华东三省一市电力公司按照国家电力公司 1998 年 12 月制订的《关于加强城市电网建设改造工程管理的规定》，由省市电力公司作为项目法人，对工程建设实行统一领导、组织和管理，各地级市供电局（公司）受其委托负责具体实施。工程建设贯彻项目法人责任制、资本金制、招投标制、工程监理制和项目管理合同制。工程建设采用性能合格、运行实绩良好的国产设备，提高了城市电网装备的科技含量和现代化水平，增强了设备运行的可靠性并减少了占地面积，节约了投资。

自 1998 年 8 月国家计委批准上海城市电网建设与改造项目可行性研究报告，经过 3 年多的建设与改造，上海城市电网结构得到了明显的改善，供电能力大大加强。但由于上报可行性研究报告时比较仓促，个别输变电项目无法在规定的时间内完成。2001 年 12 月，上海市电力公司向国家电力公司报送上海城市电网建设与改造项目优化调整方案。

1998 年 6 月 10 日，苏州城市电网建设与改造工程作为全国第一批城市电网建设与改造项目在全省率先实施。2002 年 10 月 18 日，江苏全省 13 个市的电网建设与改造工程全部通过省电力公司和国家电力公司验收，前后历时 4 年零 4 个月。投资总额达 100.13 亿元，居全国各省（市、自治区）之首。

安徽省城网建设与改造工程从 1998 年底开始启动，到 2000 年 8 月国家陆续批准全部 16 个市的城网建设与改造工程开工建设，批准总投资 25.44 亿元。2001 年 11 月，安徽省电力公司对部分城市城网建设与改造投资计划进行调整，核减马鞍山和淮南城网投资计划安排用于合肥、芜湖的城市配网工程。

到 2002 年底，华东三省一市电力公司均按计划完成了城市电网建设与改造任务，共完成投资 224.41 亿元，建设新增线路 40496 千米，变电容量 3443.68 万千伏安，改造替换线路 13506 千米，变电容量 868.18 万千伏安。1998～2002 年华东三省一市城市电网建设与改造完成投资情况见表 2-3-3。

表 2-3-3　1998～2002 年华东三省一市城市电网建设与改造完成投资情况

单位：亿元

年　份	1998	1999	2000	2001	2002	合　计
全网合计	24.48	46.06	66.53	64.72	22.62	224.41
上海市	8.24	9.01	10.25	11.48	1.05	40.03
江苏省	10.77	19.70	35.90	25.04	8.72	100.13
浙江省	4.02	13.86	14.37	17.82	8.87	58.94
安徽省	1.45	3.49	6.01	10.38	3.98	25.31

1998～2002 年华东三省一市城市电网建设与改造新增、改造生产能力情况见表 2-3-4。

表2-3-4　　1998～2002年华东三省一市城市电网建设与改造新增、改造生产能力情况

年份			1998	1999	2000	2001	2002	合计
全网	建设新增	线路（千米）	7185	8964	8571	7009	8767	40496
		变电（万千伏安）	149.60	540.08	655.62	1053.36	1045.02	3443.68
	改造替换	线路（千米）	652	2663	4114	2588	3489	13506
		变电（万千伏安）	60.22	93.17	184.24	250.02	280.53	868.18
上海	建设新增	线路（千米）	5028	1820	2144	741	5844	15577
		变电（万千伏安）	44.00	107.40	63.20	493.63	719.48	1427.71
	改造替换	线路（千米）	95	736	1009	234	2270	4344
		变电（万千伏安）	35.10	25.50	33.10	123.13	200.78	417.61
江苏	建设新增	线路（千米）	889	5012	3353	2777	660	12691
		变电（万千伏安）	71.40	208.08	405.33	296.04	47.64	1028.49
	改造替换	线路（千米）	89	1204	2523	1422	565	5803
		变电（万千伏安）	17.12	51.61	113.84	68.06	25.07	275.70
浙江	建设新增	线路（千米）	803	1233	1492	1602	2263	7393
		变电（万千伏安）	26.10	175.85	92.95	152.47	277.90	725.27
	改造替换	线路（千米）	21	427	199	446	654	1747
		变电（万千伏安）	—	5.47	0.73	27.15	54.68	88.03
安徽	建设新增	线路（千米）	465	899	1582	1889	—	4835
		变电（万千伏安）	8.10	48.75	94.14	111.22	—	262.21
	改造替换	线路（千米）	447	296	383	486	—	1612
		变电（万千伏安）	8.00	10.59	36.57	31.68	—	86.84

城市电网建设与改造基本解决了城市电网网架薄弱、设备陈旧、容载比偏低、线损率偏高、无功补偿不足、缺乏调节及调度手段等问题，收到了电网设施更新、网络结构完善、自动化程度提高、技术指标改善等效果，提高了供电可靠性，有效地扩大供电能力。例如江苏省城市居民用电量由1998年的43.48亿千瓦时增长到2002年的61.46亿千瓦时，增长41.3%，满足了社会各方面对电力的需求。

第三篇　规划与勘测设计

第三篇　规划与勘测设计

华东电网地区一次能源严重缺乏，煤炭保有储量逐年下降，至2002年仅占全国的2.81%，水电开发率已达81.3%，煤、油、气等一次能源主要靠区外输入。

华东电管局（公司）在上级部门和三省一市政府支持下，积极促进与外区联网，利用区外来电，同时优化区内资源配置。在电源规划方面，实行合理开发区内有限水电，优化发展火电，适当发展核电，因地制宜发展新能源发电的政策。同时加强电网规划建设，提高电网调峰能力。在规划和勘测设计中，力求做到开发与技术改造并重，重视环境保护，提高能源利用效率。

华东电管局（公司）坚持以市场需求为依据，协调三省一市电力局（公司）适时编制和滚动修订“八五”、“九五”、“十五”计划，并在此基础上形成华东电网的发展计划。同时，着力组织有关电力设计、勘测单位调查研究，科学规划电源点和输电通道，努力弥补一次能源不足制约电力发展的缺陷。按照国家利用三峡水电资源、强化资源优化配置的总体战略，华东电网如期完成三峡送电华东、山西阳城电厂送出以及福建与华东联网工程，对华东电网长远发展具有重要的战略意义。

“八五”、“九五”计划期间，华东电网在电源优化计算结果和分析的基础上，考虑建厂条件、资金来源、煤炭和设备供应等因素，经过综合平衡，提出了规划期电源建设计划，建设的重点为两淮、徐州地区以及长三角负荷中心地区。“八五”、“九五”计划期间共安排投产发电机组3378万千瓦、500千伏输电线路6906千米、变电容量3250万千伏安。“十五”计划期间，华东电网计划投产发电机组1836.8万千瓦，新建500千伏交流输电线路3935千米，新增500千伏交流变电容量2775万千伏安。

由于华东电力市场初建，电力仍以省市为主进行平衡，大电网的整体优势体现不够。电网仍存在薄弱环节，省市间和省市内部电力交换还受到制约。对此，华东电网在安排与区外联网的同时，加快了位于长江三角洲负荷中心的500千伏主网架建设。

华东电力设计院等7家勘测设计院发挥技术优势，完成了一批百万千瓦级大型电厂和众多的大型输变电工程设计，为华东电网发展成全国最大的跨省市电网作出了重要贡献。他们主动融入市场竞争，不断改进技术服务方式，积极提高服务能力和水平。在承担传统的火电、水电、输变电工程的勘测设计的同时，还在核电、风电工程设计和环保工程设计等新领域获得了突破。坚持深化改革，加快内部机制转换，推进科技进步，实施可持续发展战略，获取了一批科技含量较高的开发成果。

第一章　电　力　规　划

华东电网所处的三省一市土地面积35万千米^2，占全国的3.6%；海岸线长达3400多千米。1990年全地区人口为1.79亿，占全国的15.7%；国民生产总值（GDP）为2761亿元（当年价），占全国的20.1%；人均GDP为2101元，是全国平均水平的1.3倍。2002年全地区人口为1.96亿人，占全国的12.8%；GDP为27871亿元（当年价），占全国的23.2%；人均GDP为14220元，是全国平均水平的1.7倍。华东电力规划按照区域经济发展要求以及电力行业的标准、导则和规范制订并组织实施，保证了华东电网地区12年间经济长足进步的电力需求。

华东三省一市可供继续开发的水力资源不多，仅对浙江的瓯江、飞云江等流域进行了开发。上海、浙江、江苏、安徽抓紧规划建设一批风电、垃圾发电项目。这一时期，华东电网努力发展超临界燃煤机组和燃气—蒸汽联合循环机组、抽水蓄能电站等工程。建设高效、节能项目成为华东电网规划开发的新特征。

第一节　一次能源的资源条件

一、煤炭

华东三省一市煤炭资源稀少，且煤层较深，开采条件差。截至1990年底，华东三省一市的煤炭保有储量合计294.4亿吨，仅占全国的3.1%。其中，浙江的资源量很小仅为1.29亿吨，江苏也只有41.99亿吨，其煤炭产量主要供本省自用，仅有少量调剂性输出，安徽两淮煤炭资源相对较多，达到251.16亿吨，具有一定的开发生产规模。

截至2002年底，华东三省一市的煤炭保有储量下降到281.5亿吨，仅占全国的2.8%。其中，浙江的资源量降到1.1亿吨，江苏产量基本自用，安徽两淮煤炭资源为242.53亿吨。

华东三省一市煤炭资源C级以上储量合计占全国的4.62%，高于占全国保有储量的比例，表明煤炭勘探程度比较高。2002年华东各省煤炭勘探开发利用情况见表3-1-1。

表3-1-1　2002年华东各省煤炭勘探开发利用情况　单位：亿吨

地　区	矿区数（个）	占全国比重（%）	保有储量（亿吨）	占全国比重（%）	其中：A+B+C（亿吨）	占全国比重（%）
全国	5887	100	10032	100	4107	100
江苏	125	2.12	37.89	0.4	30.5	0.74
浙江	70	1.19	1.10	0.01	0.68	0.02
安徽	162	2.75	242.53	2.4	158.6	3.86
华东合计	357	6.06	281.52	2.81	189.78	4.62

注　1. 资料来源：国土资源部；

2. 煤炭储量分级按勘探和研究程度，将煤炭储量分为A、B、C、D4级，其中A级和B级称为高级储量。

江苏省的煤炭产量1990年为2408万吨，2002年产量仅为2593.59万吨。在江苏全省煤炭保有储量中探明的剩余可采资源10亿吨。徐州矿业集团、大屯煤电集团和地方煤矿几乎各占储量的三分之一，但是徐州矿业集团和地方煤矿开采强度基本达到极限，全部资源已基本动用。大屯煤电集团由于年产量相对较低，还有一定的资源储备。总体而言，江苏省煤炭开发已经进入中后期。

浙江省的煤炭资源总量很小，勘探开发工作也已进入尾声，1990年产量为137万吨，2002年产量仅为73.5万吨。

华东地区3个拥有煤炭资源的省份中，只有安徽“两淮”地区还有较大规模的煤炭储量没有开采，特别是淮南地区拥有华东三省一市煤炭总储量的50%以上，未来将成为华东地区重要的煤炭生产基地。

1990年，华东3个产煤省煤炭年产量为5750万吨，占全国产量的5.3%。随着安徽两淮煤矿产量的增长，2002年华东3个产煤省煤炭生产量达到8804.93万吨，占全国总产量的6.4%。其中，安徽生产6137.84万吨，占华东产量的69.7%。其次是江苏省，生产2593.59万吨，占29.5%。最少是浙江省，生产73.5万吨，仅占0.8%。

华东三省一市发电用煤主要依靠区外输入，1990年电煤用量中约四分之三需由区外供应，至1995年，华东三省一市6000千瓦及以上电厂发电用煤9039万吨，其中区外供应6624万吨，占73.3%。因此，煤炭及其运输成为华东地区经济和电力发展的关键，对供应华东三省一市的煤源及其产量的分析和铁路、水运能力的预测研究，是华东电网历次发展规划的重要组成部分。

二、水力

（一）水能资源

华东三省一市是全国水能资源稀少地区之一，且有限的常规水电资源主要集中在浙江、安徽两省。水力资源理论蕴藏量为1203.2万千瓦，年发电量1054亿千瓦时，占全国水力资源的1.8%；可开发2.5万千瓦以上装机容量540.4万千瓦，年发电量110.53亿千瓦时，仅占全国可开发资源的1.34%。华东三省一市水力资源及开发情况见表3-1-2。

表3-1-2 华东三省一市水力资源及开发情况

项目		理论蕴藏量	占全国比重（%）	其中：2.5万千瓦容量以上		
				可开发	已开发（不含抽水蓄能）（2001年底）	开发程度（%）
上海市、江苏省	装机容量（万千瓦）	199.1	0.29			
	年发电量（亿千瓦时）	174.4	0.29			
浙江省	装机容量（万千瓦）	606.0	0.89	490.8	398.68	81.2
	年发电量（亿千瓦时）	530.9	0.90	97.9	77.19	79.6

续表

项　目		理论蕴藏量	占全国比重（%）	其中：2.5万千瓦容量以上		
				可开发	已开发（不含抽水蓄能）（2001年底）	开发程度（%）
安徽省	装机容量（万千瓦）	398.1	0.59	49.6	40.88	82.4
	年发电量（亿千瓦时）	348.7	0.59	12.63	6.28	49.7
华东地区合　计	装机容量（万千瓦）	1203.2	1.78	540.4	439.56	81.3
	年发电量（亿千瓦时）	1054	1.78	110.53	83.47	75.5
全　国	装机容量（万千瓦）	67604.7	100	40463.1	5275.76	13.0
	年发电量（亿千瓦时）	59221.8	100	19116.7	2163.43	11.3

注　资料来源：中国大中型水电站规划图集，1994年；2001年电力工业统计资料。已开发水电含2.5万千瓦装机容量以下。

（二）水电开发

华东三省一市的水电开发程度远远高于全国，1990年按容量计算的水电开发程度，华东达到了52.6%。经过“八五”、“九五”计划期间的持续开发，至2001年底，按容量计算的水电开发程度，全国为13%，华东达到了81.3%。其中安徽为82.4%，浙江为81.2%。

2002年，华东三省一市全社会水电装机总容量665.31万千瓦，年发电量153.99亿千瓦时，分别占全国的7.7%和5.6%，远高于资源量占全国的比重，表明华东地区水电开发的强度比较大。

1. 常规水电

华东三省一市自20世纪50年代起兴建了一批大中型常规水电站。“八五”、“九五”计划期间，华东电网的水电开发规划一是对已建水电站进行扩建，二是对滩坑等移民人口相对较多的水电站进行开发，三是在国家相关政策的扶持下，大力开发小水电。华东三省一市全社会水电装机总容量从1990年的284.3万千瓦上升到2002年的665.3万千瓦，增长了1.34倍。截至2002年底，已建常规水电站有：新安江、富春江、乌溪江、珊溪、黄坛口、紧水滩、石塘和陈村等。这些水电站的水库调节性能大都较好，并具有显著的综合效益，已成为系统调峰的重要电源，其有关指标见表3-1-3。

表3-1-3　　2002年华东三省一市已建常规水电站指标

指标项目	新安江	富春江	乌溪江	黄坛口	紧水滩	石塘	陈村	珊溪
所在河流	新安江	钱塘江	乌溪江	乌溪江	瓯江	瓯江	青弋江	飞云江
流域面积（千米^2）	10442	31300	2151	2482	2761	3234	2800	1529
多年平均流量（米^3/秒）	322	914	77.2	85.9	96.7	108.3	89	58.8

续表

指标项目	新安江	富春江	乌溪江	黄坛口	紧水滩	石塘	陈村	珊溪
正常蓄水位（米）	108	23	230	115	184	102.5	119	160
死水位（米）	86	21.5	190	105.5	164	101.1	101	130
正常蓄水位下库容（亿米^3）	178.4	4.4	15.82	0.85	10.35	0.74		23.28
调节库容（亿米^3）	102.7		11.34	0.5	5.48	0.09	13.1	12.34
调节性能	多年	日	多年	日	年	日	多年	多年
装机容量（万千瓦）	66.25	29.72	27	8.2	30	7.8	15	20
保证出力（万千瓦）	17.8	5.1	5.22	1.63	3.03	1.12	2.8	2.96
年均发电量（亿千瓦时）	18.6	9.23	5.6	1.42	5.99	1.97	3.16	3.55
利用小时（小时）	2808	3105	2074	2122	1633	2423	2100	1775

资料来源：华东勘测设计研究院。

2. 抽水蓄能电站

随着华东电网负荷峰谷差日益加大，急需加强调峰电源建设。在分别对江苏、浙江和安徽省抽水蓄能资源进行普查的基础上，为加强统一协调，1992 年华东电管局又要求华东勘测设计院和上海勘测设计院共同完成了《华东电网水电（包括抽水蓄能）开发顺序（1991～2010 年）研究报告》。此后继续开展了工作。至 20 世纪 90 年代后期查明：华东三省一市可开发的抽水蓄能站址共计 48 处，总装机容量达 5143 万千瓦。其中，浙江 26 处，装机容量达 3157 万千瓦；安徽 11 处，装机容量达 1246 万千瓦；江苏 11 处，装机容量达 740 万千瓦。

浙江抽水蓄能站址多属于高水头、大容量类型。装机超过 100 万千瓦的有 4 处，总装机 2516 万千瓦；水头在 250～650 米的有 8 处，总装机 2117 万千瓦；有条件成为华东电网的调峰电站基地。安徽的抽水蓄能电站站址集中于皖南，水头均在 200 米左右。江苏全境没有高山峻岭，水流落差小，因此站址水头多在 200 米以下。

20 世纪 80 年代，华东电网开始规划在靠近电网负荷中心的浙江天荒坪，建设装机 180 万千瓦规模的抽水蓄能电站，承担电网顶峰填谷任务。从 1991 年至 2002 年底，华东三省一市总共规划建成了抽水蓄能电站 4 座，总装机 206 万千瓦。其中，浙江天荒坪抽水蓄能电站装机 180 万千瓦（6×30 万千瓦），宁波溪口抽水蓄能电站 8 万千瓦，江苏沙河抽水蓄能电站 10 万千瓦，安徽响洪甸抽水蓄能电站 8 万千瓦。

至 2002 年底，华东电网在建的抽水蓄能电站有桐柏（120 万千瓦）、琅琊山（60 万千瓦）和宜兴（100 万千瓦），总计 280 万千瓦。

2002 年华东三省一市在建和待建的抽水蓄能电站及其工作特性情况见表 3-1-4。

表 3-1-4　2002 年华东三省一市在建和待建抽水蓄能电站及其工作特性

电站名称	地理位置	上水库			下水库		平均水头（米）	装机容量（万千瓦）
		最高水位（米）	最低水位（米）	有效库容（万米³）	最高蓄水位（米）	最低蓄水位（米）		
桐柏*	浙江天台	396.21	376	1063	141.17	110	250	120
琅琊山*	安徽滁县	171.8	150	1238	29	22	135	60
宜兴*	江苏宜兴	471.5	435.0	507.3	80.6	57.0	384	100
响水涧	安徽繁昌	222	193	1274	14.6	1	199.7	100
乌龙山	浙江建德	298	265	364.34	24.7	21.7	258	40
双峰	浙江宁海	544.5	526	175.4	290.8	272	254	16
天荒坪二	浙江安吉	960	915	550	250	215	705	180
柏峰	浙江义乌	450.0	400.0	429	118.8	99.2	316	60
昌化	浙江临安	849	825	953	266.2	220	583	220
乌龙山二	浙江建德	551	505	430	24.1	21.7	506	100
方溪	浙江缙云	930	900	985	285	250	650	280
铜峰	江苏宜兴	250	227.5	977	30	17	208	80

注　带 * 为在建项目。

资料来源：华东勘测设计研究院。

三、核能

华东三省一市可建核电站厂址资源较丰富。发展核电是改善华东电网电源结构、减少煤炭运输及环保压力的根本途径。20 世纪 70 年代，华东电网开始起步规划核电建设，最初规划在浙江富阳以及江苏无锡建设核电，后确定在位于杭州湾畔的嘉兴海盐建设全国第一座核电站——秦山核电站。该电站一期工程 1 台 30 万千瓦机组于 1991 年顺利投运，以 3 回 220 千伏出线送电至南湖、双山变电站联入华东电网。90 年代初，华东电管局在上报能源部的华东三省一市电力发展（1991～2000 年）中期规划报告中就明确提出，“八五”计划期间要在秦山核电站一期工程投产后，继续扩建秦山核电站二期（2 台 60 万千瓦）和三期（60 万千瓦）。同时建议在浙江和江苏地区积极开展核电前期工作，继续选好一批核电厂址，为 21 世纪华东三省一市核电发展打下基础。

1996 年底，华东电力集团公司在正式上报电力部的《华东三省一市电力发展“九五”计划及 2010 年规划目标》报告中提出：为解决华东三省一市能源短缺、运输紧张、环保容量和电力供需矛盾突出等问题，积极促进华东电网核电的发展已是势在必行。报告明确“九五”计划要确保开工秦山核电站二期（2 台 60 万千瓦）、三期（2 台 70 万千瓦）、江苏连云港田湾核电一期（2 台 100 万千瓦），以及浙江三门核电一期（2 台 100 万千瓦）等工程建设，力争在 2001～2010 年间总共投产 660 万千瓦核电项目，在华东电网初步建成几个具有一定规模的核电基地。

截至2002年底，华东三省一市已投产的核电站有秦山一期30万千瓦、秦山二期1号机组65万千瓦、秦山三期1号机组72.8万千瓦，共167.8万千瓦。在建的核电站项目共349.8万千瓦，即田湾核电2台106万千瓦机组、秦山二期2号机组65万千瓦、秦山三期2号机组72.8万千瓦。

除上述已建成的核电站外，华东电网地区还规划了三门核电一期、二期（各2台100万千瓦）等一些大型核电站址。

四、石油、天然气

华东三省一市含油气盆地主要有陆上的苏北油气区和海上的东海油气区，所产石油、天然气基本在华东就地消费，其产量无法满足华东电网的发电需求。华东三省一市可引进的天然气资源共两种方式：管道天然气和液化天然气（LNG）。其中管道天然气主要依靠国家西部大开发的战略，分阶段实施西气东输，逐步满足华东三省一市天然气发电的需求；液化天然气（LNG）必须根据国家统一规划，从国外引进天然气，在沪、苏、浙沿海地区建设液化天然气接收站以满足发电需求。

（一）西气东输

早在20世纪70年代，为改善华东电网的电源结构，华东电管局就在华东电网发展规划中提出，从我国西部地区（四川）大规模输入天然气用于华东电网的发电，规划建设一批燃气电站以解决华东缺电问题。后由于受四川资源开发规模进度的影响，以及输气距离过长的条件制约，未能实施。90年代末，我国西部大开发的战略决策得以实行，鉴于我国新疆塔里木盆地具有非常丰富的天然气储量，可以保证30年稳定供气，国家规划了从新疆塔里木盆地库车—塔北地区到上海的西气东输管线，并在2002年7月4日正式开工建设，它是我国油气管道建设史上距离最长的输气管道，总长3900千米，计划在2003年底实现东段通气，2004年底实现全线供气。年供气量共120亿米^3，其中100亿米^{3}供华东三省一市。

华东电网为配合“西气东输”工程建设，缓解电网调峰压力，做了大量的项目前期工作。计划在“十五”计划中后期和“十一五”计划期间建设一批燃气—蒸汽联合循环机组。根据“十五”计划前两年的实际进展情况看，这些燃机电站投产时间均有所推迟。

（二）苏北油气区

苏北油气区位于苏北盆地，占地15.62千米^2，分布在江苏和安徽两省的8个地区17县76个乡镇，油田规模以小型、微型为主，勘探、开发难度较大。根据第二次全国油气资源评价，苏北油气区石油和天然气地质理论资源量分别为5.25亿吨和191.71亿米^3，属于低丰度含油气盆地。

自发现高产油流以后，苏北油气区的石油产量长期在年产石油30万吨以下。“六五”和“七五”计划阶段是苏北油气田重要的发展阶段，1985年石油产量跃上50万吨新台阶，1995年产量突破百万吨大关，达到101.4万吨。进入“十五”计划后，苏北油气田不断有新发现。油田延长稳产期，低渗油藏改造取得明显效果，老油田石油产量持续增长，2000年产量超过150万吨，2002年达到157万吨。到2002年底，石油累计采出量

2314 万吨，约占可采储量的 50%。按照油气区开采的历史经验，进一步增加产量的潜力十分有限，油气区开发已进入中后期开发阶段。

（三）东海油气区

东海油气区位于中国的福建省、浙江省以东，台湾岛以北，韩国济洲岛以南的东海大陆架上，面积 26 万千米^2。根据第二次全国油气资源评价，东海油气区石油和天然气地质理论资源量分别为 53.8 亿吨和 2.48 万亿米^3。在中国海域油气区中，东海油气当量资源丰度最低，约为 3.15 万吨/千米^2。其中，石油资源丰度为 2.15 万吨/千米^2，天然气资源丰度为 1.0 千万米^3/千米^2。

东海平湖油气田是中国在东海第一个发现并投入开发经营的复合型油气田，面积为 240 千米^2，由中国海洋石油总公司与上海市及新星石油公司合作开发，1998 年底投产，首期工程年产天然气 4 亿米^3。该油气田成了上海市的天然气供气源之一，每天向上海供气 120 万米^3。

春晓气田群距平湖油气田约 60 千米，距浙江宁波三山约 350 千米，该区水深 90～110 米，气田群包括春晓、天外天、断桥气田和残雪油气田。

五、风能

华东三省一市风能资源开发利用在中国内地起步最早，1976 年中国内地第一台国产 18 千瓦风力发电机组并入浙江泗礁岛电网运行。20 世纪七八十年代在浙江嵊泗安装了国产和进口风力发电机组进行风能资源开发利用试验，但站点分散，规模小。规模化风力发电场的建设始于 90 年代，但此后进展不快，在“八五”、“九五”计划期间的历次规划中均只是提出“在有条件的地区充分开发利用风能资源”。至 2002 年底，仅在浙江建设了两个中型风电场，其中临海括苍山风电场安装 33 台 600 千瓦风力发电机组，总装机容量 1.98 万千瓦；苍南鹤顶山风电场，安装 15 台 600 千瓦、2 台 500 千瓦进口风力发电机组以及 3 台 265 千瓦国产风力发电机组，总装机容量 1.0795 万千瓦。

2000 年 11 月，由国电华东公司编制的华东电网第一份《华东电网三省一市风力发电规划》正式上报国电公司。该规划详细分析了华东电网三省一市区域内的风能资源分布，以及华东电网三省一市风能资源开发所具有的优势，明确提出风能作为取之不尽、用之不竭的可再生清洁能源，对华东电网三省一市一次能源的补充和改善电源结构、保护环境以及实施可持续发展战略具有重要意义。在综合华东电网三省一市风能资源状况、风电场工程建设条件以及前期工作深度的基础上，明确提出华东电网“十五”计划期间规划新建和扩建风电建设规模为 19.1 万千瓦，其中上海市 6 万千瓦、江苏省 8 万千瓦、浙江省 3 万千瓦、安徽省 2 万千瓦。

六、潮汐能

华东沿海省市潮汐资源较为丰富，可开发的潮汐资源 950.28 万千瓦，约占全国的 40%，年发电量可达 286.88 亿千瓦时，主要分布在浙江 2000 千米海岸线上。但受开发条件及投资的局限，华东电网在潮汐能发电方面，发展步伐并不快，实际建设投产的仅有位于浙江温岭县乐清湾江厦港的江厦潮汐能发电试验站，总装机容量 3200 千瓦。

第二节 一次能源运输条件

华东三省一市东濒黄海、东海，西接河南、湖北，南邻江西、福建，北依山东。境内铁路、公路纵横，沿海港口众多，交通便利。但区内煤炭资源相对不足，电煤需从山西、陕西、河南和内蒙古经铁路和水路运至各电厂。

一、铁路运输

华东电网地区煤炭供应主要来自华北、西北及河南等地。

20世纪90年代初，华东电网煤炭运输主要有两个路径：一个是山西的电煤经铁路运至秦皇岛等北方港口后中转至华东；另一个是由铁路经徐州、商丘进入华东，其中少量电煤运至长江沿岸港口后中转至长江三角洲地区的电厂。

至2002年，经过大规模建设，铁路运输途径显著增加。铁路运送电煤的路径为：从山西、陕西、内蒙古等地经过铁路从京沪线、陇海线和京九线到达电厂。进入华东三省一市的主要运煤铁路共有6条，分别是津浦线（天津—浦口）、陇海线（连云港—兰州）、京九线（北京—常平）、浙赣线（株洲—杭州）、武九线（武昌—九江）、麻武线（武昌—麻城）。区内运输线路主要包括淮南线（淮南—芜湖）、沪杭线（上海—杭州）和皖赣线（芜湖—贵溪）等。

二、海运和河运

华东三省一市煤炭以海运为主，海运的煤炭来自北方的秦皇岛、天津、青岛、日照、营口、黄骅港以及江苏的连云港。华东三省一市中，上海煤炭基本以海运为主，有少量铁路运输到达量；浙江煤炭也以海运为主，铁路运输其次，内河运输占一定数量；安徽煤炭是净调出，以铁路调出为主，运河和长江运输为辅；江苏的煤炭调入运输方式比较复杂，主要有海江联运和铁路、长江、运河运输等方式。

随着区外煤炭运输量增加，相应的铁路与长江联运量的增长不多，海运已成为越来越重要的运输方式。

第三节 规划编制与实施

根据水电部的有关规定，华东电管局于1987年编制了《华东电网“八五”计划及“九五”设想》。1991年以后，随着中国经济体制改革的不断深化，电力工业逐步从计划经济向市场经济过渡。华东电管局坚持以适应三省一市经济和社会发展的用电需求为宗旨，坚持做好电力发展规划工作，在对电网现状进行科学分析的基础上，提出规划的思路和原则，确定规划的目标和项目，远近结合、分步实施。其间，华东电管局1991年编制了《华东三省一市电力发展“八五”计划及2000年规划》，1995年编制了《华东三省一市电力发展“九五”计划》，2000年编制了《华东三省一市电力发展“十五”计划及2015

年远景规划》，还先后根据实际执行情况和主客观条件的发展变化对以上规划作了多次滚动修正。华东电管局（公司）率先在全国电力系统中实施了综合计划，为协调区域电力发展、明确各省市的电力发展目标和任务，起到了良好作用，得到了上级主管部门的推广。

电力规划对华东电网的电力建设具有很强的指导意义，促使华东电力工业得到有序发展，为地区经济持续、快速、健康发展提供了保证。

一、“八五”计划

（一）计划的编制与调整

华东电网电力发展“八五”计划及“九五”设想，是在原“七五”计划及“八五”设想提出后不久即1987年6月开始编制的。规划中预测1995年需电量为1800亿～1910亿千瓦时，最高负荷2790万～2965万千瓦。与此相适应，“八五”计划期间拟新增机组1500万千瓦，其中新建、扩建9个百万千瓦级骨干电厂（大部分是沿江沿海电厂），天荒坪抽水蓄能电站投运60万千瓦；新建500千伏输电线路2265千米（内含与福建联网500千米），进一步加强500千伏主干网络，新增500千伏变电容量1150万千伏安；争取从区外受电200万千瓦，电量80亿千瓦时，力争“八五”计划期间扭转电网建设落后于电源建设的局面。规划中预测2000年需电量2600亿千瓦时，最高负荷4150万千瓦。与此相适应，“九五”计划拟新增机组1600万千瓦（仍以煤电为主，大部在沿江沿海负荷中心区），其中天荒坪抽水蓄能电站全部建成投运，并开发其他抽水蓄能电站；核电站除秦山扩建外拟在浙江另辟一核电点。为配合骨干电厂新建大机组投产，“九五”计划拟建设500千伏输电线路1845千米，变电容量1150万千伏安，以进一步完善和加强500千伏主网架和地区网络。

国家原定全国在2000年实现国民生产总值比1980年翻两番的目标可提前在1995年实现，而华东三省一市的经济增长速度高于全国，可于1994年提前实现。据此，1991年10月，经华东电网规划领导小组审议通过，修改后的《华东三省一市电力发展“八五”计划及2000年规划》正式上报能源部。1992年6月，在华东电网规划工作会议上再次作了滚动修正。其中，重点对2000年的需电量和最高负荷水平作了修正，即需电量从原定的2600亿千瓦时修正为2700亿千瓦时，最高负荷从原定的4150万千瓦修正为4380万千瓦。与此相对应，“九五”计划新增发电机组容量从原定的1600万千瓦提高到1878.5万千瓦。

（二）计划的实施

1. 经济发展与电力需求

“八五”计划期间，在邓小平南巡讲话精神鼓舞下，上海浦东加速开发开放，进一步带动了华东三省一市经济增长的更大发展，1993年提前7年完成国内生产总值翻两番的任务。1995年华东三省一市国内生产总值超过13000亿元，五年年均增长16.1%。

“八五”计划期间，华东三省一市的用电量、负荷均达到了原定计划目标。1995年华东三省一市全社会用电量达1826.7亿千瓦时，年均增长率为10.9%，比“七五”计划期间提高3.2个百分点。全社会最高用电负荷达2820万千瓦，年均增长11.1%，比“七五”计划期间提高1.2个百分点。

2. 电源和电网建设

华东电网五年净增装机1330万千瓦，年均增长8.7%。

“八五”计划期间，华东三省一市新开工大中型电力项目1278.2万千瓦，其中水电193.2万千瓦，火电905万千瓦，节能改造项目180万千瓦，共退役（含报废）中低压机组102.3万千瓦。同时开工建设了望亭、南市、杨树浦、闸北、下关、台州和田家庵电厂共180万千瓦的“以大代小”节能改造项目。其中，南市电厂5万千瓦机组在“八五”计划期间投产。整个“八五”计划期间，华东三省一市全口径投产发电装机容量1330万千瓦，未达到原定“八五”计划拟新增机组1500万千瓦的目标，主要是天荒坪抽水蓄能电站等大型建设项目推迟投运。到1995年底，全网接转“九五”计划的在建容量为985.5万千瓦，其中水电188万千瓦、火电622.5万千瓦、节能改造项目175万千瓦。

“八五”计划期间，华东电网共建成500千伏交流线路941千米、500千伏变电容量350万千伏安，已形成斗山—黄渡—南桥—瓶窑—繁昌—斗山500千伏单回主环网（其中黄渡至南桥为双回路）。华东电网500千伏交流输电线路长度从1990年的1495千米增加到2436千米；500千伏降压变压器容量从1990年的425万千伏安增加到775万千伏安。

3. 存在的问题

“八五”计划后期，华东电网发用电基本平衡，但在夏、冬用电高峰季节，高峰时段电力缺口较大，电网仍出现局部地区拉限电情况。由于电网建设长期滞后于电源的发展，致使主网架相对薄弱，输变电容量不足，造成线路和变压器频频过载，跟不上用电迅速增长的需要。

二、华东电网“八五”综合计划

1992年7月，华东电管局为了改革计划编制，提高计划的全面长周期指导水平，提出了“综合计划”的概念，印发了华东电网“八五”（1991～1995年）综合计划通知的文件，要求华东三省一市电力局结合各省市电力局的情况，编制各自的“八五”综合计划。经能源部计划司推荐，该“计划”在1992年全国电力计划会议上介绍后得到好评。该“计划”提出了华东电网12条奋斗目标：①新增装机和确保投产同“八五”计划安排。②完善和加强500千伏主网架，电网建设要和电源建设同步。③积极发展核电，做好三峡送电准备工作，研究水电站扩容和再兴建一座大型抽水蓄能电站。④抓紧抓好首批“大代小”发电工程，拆除、退役中低压机组37台60.6万千瓦，就地建设6台105万千瓦高压机组。⑤进一步提高高压发电比，继续深入开展节能降耗工作，部属供电煤耗计划指标由1990年的399克/(千瓦时)下降到1995年的380克/(千瓦时)。⑥全网主要技术经济指标能达到发达国家电网20世纪80年代初的平均水平；调度自动化达到实用化，初步建设成具有综合信息处理能力的管理信息系统（MIS），建成30万千瓦机组等仿真培训中心和电网调度仿真培训装置。⑦逐步实现频率考核标准50±0.1赫兹目标，主网电压合格率达到99%及以上。⑧提高农村通电率，乡、村、户的通电率由1990年的99.51%、96.05%、86.5%分别提高到1995年的100%、99%、96%。⑨全员劳动生产率计划由1990年的63540元/人提高到1995年的85567元/人，年均增长6.1%，执行中努力争取超过

6.5%。⑩转换经营机制，组建企业集团，尽早实现还贷电价，努力建成具有自我循环、自我发展能力的电网。⑪为建设和管理好一个现代化的电网，加强教育培训，增加教育投入，在人才需求预测基础上，做好人才引进和聘用工作。⑫集体经济总收入由 1990 年的 9.44 亿元增长到 1995 年的 17.41 亿元，年均增长 13%，实现利润由 1990 年的 1 亿元增长到 1995 年的 1.2 亿元，平均增长 3.7%。该综合计划的实施情况总体较好。

三、“九五”计划

（一）计划的编制与调整

“八五”计划期间华东电网取得较大发展。1995 年 5 月，华东电管局按电力部统一部署，编制完成了《华东三省一市电力发展“九五”计划（汇报稿）》，并在杭州召开的全国电力规划工作会议上作了汇报。此后，在此汇报稿的基础上又结合华东三省一市电力局滚动修正的“九五”计划做了滚动修正，重点修正了需电量和最高负荷水平及相应的电源建设规模，于 1996 年 12 月编制完成。

该计划针对当时存在的“电力建设跟不上国民经济发展和人民生活提高用电的需要，电网调峰容量不足，电厂在建容量不足、即将出现新机投产低谷，网架长期滞后于电源发展、导致网架薄弱和输变电容量不足，电价水平偏低、使资金利润率低下、还贷能力和再投资能力差”等五个主要问题，提出 2000 年需电量为 2700 亿～2900 亿千瓦时，最高负荷为 4380 万～4700 万千瓦。“九五”计划要求新机投产 1878.5 万千瓦；加快华东 500 千伏电网建设，计划新建 500 千伏输电线路 4641 千米（内含阳城送淮阴配套线路 1840 公里），扩建、新建 500 千伏变电站 17 个、计变电容量 2100 万千伏安。此外，在测算所需电力建设资金后，对资金缺口提出了解决方案；在煤电运力平衡上既作了全面总量分析，又对各电厂燃煤增量的运输路线作了具体安排；在电价上试算了 2000 年新扩建电厂平均上网电价水平；在环保和节能上提出要尽量控制二氧化碳和烟尘排放量，控制小机组发电，实行以大代小。“九五”计划要求更多地安装 30 万～60 万千瓦机组，推动高耗能小机组的退役，2000 年及以后多安装 90 万千瓦大型机组。

（二）计划的实施

1. 经济发展与电力需求

“九五”计划期间，华东地区 GDP 由 1995 年的 13146 亿元增长到 2000 年的 22208 亿元，平均年增长速度为 11%，高于全国平均增长速度 2.7 个百分点；人均 GDP 由 1995 年的 7016 元增长到 2000 年的 11430 元，平均年增长速度为 10.2%。由于受亚洲金融危机影响，1998 年、1999 年两年增长速度一度放缓，但 2000 年又有回升。

1996 年下半年起，由于受亚洲金融危机影响，华东三省一市电力供需矛盾开始缓和，“九五”计划前三年用电年平均增长率仅为 5%。1999 年，由于国民经济大背景出现了重大变化，亚洲金融危机逐渐淡化，特别是国有企业开始逐步走出困境，使用电增长率回升至 7.23%。2000 年，由于国民经济继续好转，用电增长率出现了强劲反弹，达到了近二十年来的最高纪录 14.6%。2000 年，华东三省一市全社会用电量达 2609 亿千瓦时，“九五”计划年均增长 7.4%，比“八五”计划期间下跌 3.5 个百分点，未达到修正后的计划目标。

2. 电源和电网建设

到2000年末，华东三省一市全社会发电装机容量五年净增1757.32万千瓦，500千伏输电线路长度增加到5841千米，500千伏变电容量增加到1894.4万千伏安。

“九五”计划期间，华东三省一市在发电量增加、燃煤量增加的前提下，由于加大了发电厂环保治理的力度，烟尘排放量和废水排放量明显下降，废水排放达标率逐年上升。与1995年相比，2000年燃煤总量增加约24%，而烟尘排放总量减排率达45%，废水排放总量减排率达到30%，基本实现了可持续发展的指标。

3. 存在的问题

华东三省一市的电力市场开放程度尚处于起步阶段，电力的供需仍主要由省市进行平衡，大电网的整体优势未得到充分体现。电网建设虽已取得较大发展，但500千伏电网仍存在薄弱环节，尤其是受长江和钱塘江输电线路过江点的限制，江苏北电南送和浙江南北电力交换还存在“瓶颈”现象。

四、三峡、阳城送电华东和福建华东联网

为经济合理地利用有限的能源资源，弥补华东电网一次能源的不足，满足华东电网电力供应长远目标的需要，华东电网利用区外来电的力度不断加大。按照国家利用三峡水电资源、强化资源优化配置的总体战略，华东电网开始规划建设三峡送电华东工程、山西阳城电厂送电江苏工程以及福建与华东联网工程，这是华东电网充分利用中西部地区丰富水电资源和山西煤炭资源以及实现区域内资源优化配置的重要工程，这些工程的规划建设对实现华东电网长远发展目标具有重要的战略意义。

（一）三峡送电华东工程

三峡工程规模空前，技术复杂，是关系到国计民生的跨世纪重大战略工程。三峡水利枢纽总装机容量1820万千瓦，保证出力499万千瓦，多年平均发电量847亿千瓦时。枢纽工程于1994年12月开工，1997年11月大江截流。

三峡水利枢纽的建设促成了区域电网的联网，实现了更大范围内的水、火电经济调节。三峡工程自1992年经全国人大批准建设后，从1992年开始，包括输电系统论证、输电系统设计、电能消纳等各项工作逐步展开。1995年，国务院三峡建设委员会批复了三峡输电系统设计方案，2002年又对原三峡输电系统设计方案进行了调整，整个输变电工程预计2008年全部建成，总工期历时13年，静态总投资将达到311.67亿元。

经国务院三峡工程建设委员会批准，三峡水电站配套输变电工程中送电华东部分500千伏交流线路856千米，新建500千伏变电站6座，扩建500千伏变电站5座，形成500千伏交流变电容量850万千伏安；新建500千伏直流线路约2000千米，新建500千伏直流换流站容量1200万千瓦。截至2002年底，相关工程已按计划建成投产或正在施工建设中。

在三峡工程规划和初步设计期间，华东电管局主要做了两项工作。一是处理好与华中电网的关系，合理确定华东受电规模。会同清华大学开展专题研究，从华东实际需求出发，提出需要受电1000万千瓦的方案。最后批准为720万千瓦，大于华中电网的建议。

二是处理好各省市之间的关系，合理确定省市受电比例，在对三省一市用电要求、能源供应、厂址资源、装机情况进行综合分析，并与省、市政府、电力公司充分沟通后，建议上海、江苏、浙江、安徽省按照4:3:2:1的比例进行消纳，得到了上级主管部门和三省一市的认同。

（二）山西阳城电厂送电江苏工程

山西是我国主要的能源基地之一，煤炭储量丰富，由于运输能力不足，煤炭外运受到制约。江苏省是中国经济发达的省份之一，但省内能源供应不足，电力供应紧张。建设山西阳城电厂直接向江苏送电，既可以缓解铁路运输的紧张状况，充分发挥山西能源基地的优势，又可以缓解江苏电力供应的紧张局面，对促进山西、江苏两省的经济发展有着极其重要的意义。阳城电厂及其配套送出工程被列入国家“八五”计划，是国家能源优化配置战略中一个重要的试验项目和示范工程，其中阳城电厂送出工程是以“专厂、专线、专供”的方式将电力从山西阳城电厂直接送出至江苏，全部电力、电量均售给江苏，成为江苏电网的一个重要组成部分。

山西阳城电厂一期工程安装6台35万千瓦机组。500千伏阳城电厂送出工程由阳城电厂一期送出和二期送出工程组成，一期送出工程由山西阳城电厂出线，经山西、河南、山东、安徽、江苏5省25个市、县，到达终端江苏淮安。沿途跨越太行山，京广、京九铁路，黄河以及大运河，线路路径全长733千米。全线采用“三、二、三”接线方式，总投资44.5亿元，其中利用外资6000万美元，工程可行性研究报告1996年4月获国家计委批复同意，2001年8月工程建成投运。

（三）福建与华东联网工程

福建与华东联网工程是国电公司继三峡输变电工程、东北与华北联网工程之后实施的又一个全国联网重点项目，亦为“十五”计划期间全国实施的首批联网项目之一。

福建与华东联网工程的建设可以较好地改善福建电网的安全性和经济性，解决福建电网存在多年的“小网大机”问题，提高福建电网的输送功率，而且能发挥区域电网的优越性和资源优化配置效应。

福建与华东联网工程主要包括福州—双龙1回线和福州—双龙2回线工程，其中福州—双龙1回线东起福州北郊，北连浙江金华，主要建设水口水电站至福州、福州至金华500千伏输电线路，以及福州北郊500千伏开关站，500千伏线路总长366千米。项目总投资8.18亿元。国家计委2000年12月和2002年7月分别批复了福州—双龙1回线和福州—双龙2回线工程的可行性研究报告。2001年11月3日，500千伏福州—双龙1回线的建成投运，标志着福建与华东电网开始互联，结束了福建“电力孤岛”的历史。

五、华东江苏500千伏工程

为加强华东和江苏电网结构，以满足大容量电源接入系统和江苏“北电南送”的需要，华东电网利用世界银行贷款建设了华东江苏500千伏输变电工程。该工程开创了电网建设投资渠道的全新模式，一是电网项目独立立项，不再依附于电源项目，二是电网多项项目可以一起审批，先后建设。

1996年上半年，电力部向国家计委上报江苏省500千伏电网2000年发展计划及2005

年展望的方案，提出江苏输变电项目申请利用世界银行贷款的要求。国家计委同意该工程列为世界银行1998财政年度备选项目。1996年11月，世界银行中国和蒙古局与华东电力集团公司、江苏省电力公司商谈华东江苏500千伏输变电项目利用世界银行贷款问题，确定该项目业主为中国华东电力集团公司，江苏省电力公司为业主代表。

1996年11月，江苏省电力局根据《江苏省500千伏电网2000年发展计划及2005年展望审查会议纪要》，编制完成项目可行性研究报告，并上报华东电管局。同年12月，华东电管局向电力部上报项目可行性研究报告。1997年2月，电力部向国家计委上报项目利用世界银行贷款可行性研究报告的请示。同年8月，电力部向国家计委上报项目可行性研究补充报告的请示。1998年2月，国家计委正式批复项目可行性研究报告。

在开展项目可行性研究报告国内上报审批程序的同时，世界银行评估团1997年10月对本项目进行评估，至1997年底，世界银行要求的项目评估工作基本结束。1998年2月，由财政部组团，电力部、中国华东电力集团公司、江苏省电力公司、江苏省计划经济委员会派员参加的中国代表团，在美国华盛顿世界银行总部，与世界银行就《项目贷款协定》和《项目协议》进行谈判，双方于1998年2月26日签署《贷款谈判纪要》、确认了《项目贷款协定》和《项目协议》签字文本。1999年3月11日，中国驻美大使李肇星代表中方正式签署《项目贷款协议》和《项目协议》。1999年9月29日，《项目贷款协议》和《项目协议》正式生效。

华东江苏500千伏输变电项目在上级主管部门的关心和江苏省各级政府的积极支持下，至2002年底，共建成了500千伏线路836千米和500千伏变电站7座、新增500千伏变电容量550万千伏安。新建220、110千伏输电线路22.6千米，220千伏变电容量74万千伏安。静态总投资为57.67亿元，动态总投资为76.93亿元。

该项目加强了华东和江苏电网的500千伏网架结构，增加了江苏北电南送的主通道，既适应阳城和苏北电源送出和苏南地区用电增长的要求，又扩大了江苏电网与相邻省（市）电网的功率输送和交换的能力，缓解了华东电网的缺电矛盾，同时对江苏乃至华东地区社会经济发展和人民生活水平提高发挥了重要作用。

六、“十五”计划

（一）计划的编制与调整

早在1996年底，华东电管局就启动了“十五”计划的编制研究工作，最初对2005年底电量和最高负荷预测为：需电量4000亿千瓦时，最高负荷为6690万千瓦，增长率分别为8.2%和8.8%。其后，根据国家经贸委、国电公司《关于开展“十五”电力行业规划编制工作的通知》，中国华东电力集团公司2000年6月编制完成了《华东三省一市电力发展“十五”计划及2015年远景规划》，并通过了国家经贸委和国电公司的评审。

该计划提出“十五”电力发展的基本方针，即“在利用好区外来电的基础上，优化区内资源配置，经济开发区内有限水电，优化发展火电，适当发展核电，因地制宜发展新能源发电，提高电网调峰能力，重点加强电网建设，促进全国联网，开发与技术改造并重，高度重视环境保护，提高能源利用效率”。

该计划预测指标根据上级明确要求被大幅压缩，形成了华东电网“十五”计划。该计划提出华东三省一市2005年需电量为3230亿千瓦时，年均增长率为5.5%；最高用电负荷为5780万千瓦，年均增长率为6%。“十五”计划期间投产发电机组1836.8万千瓦。华东500千伏电网建设目标是在充分考虑全国联网格局的基础上，进一步加强华东地区长江三角洲负荷中心的跨省500千伏主环网，并以主环网为依托，逐步形成各省（市）500千伏网架，华东三省一市将新建500千伏交流输电线路3935千米，新增500千伏交流变电容量2775万千伏安。根据这一计划，嘉兴电厂二期等项目审批和建设的难度进一步提高。

（二）计划的实施

1. 经济及用电状况

“十五”计划前两年，华东三省一市积极应对中国加入世界贸易组织（WTO）后的新形势，成功地走出了“九五”计划中期东南亚金融危机的阴影，在国际国内宏观形势趋好的背景下，抓住了加入WTO的机遇，国民经济出现了高速发展的良好势头，以浦东开发为龙头的长江三角洲成为带动华东乃至全国经济发展的火车头。在地区经济保持快速发展的环境下，用电需求始终保持旺盛的增长势头。2002年，全社会用电量完成3294.6亿千瓦时，两年平均增长12.4%，全口径用电最高负荷达到5590万千瓦，两年平均增长13.5%。由于华东三省一市“十五”前两年电力需求呈强劲增长态势，用电量和用电最高负荷均保持两位数增长，用电实绩大幅超过“十五”计划预测方案，更是大大超过了“十五”计划。其中2002年用电量比原“十五”计划预测方案高出552亿千瓦时，比“十五”计划2005年需电量多64.6亿千瓦时，提前三年实现了原“十五”计划。

“十五”计划前两年电力供需形势的一个突出特点是，华东三省一市出现了1996年后少见的供需紧张形势。由于电力需求的增长远远高于原先的预测水平，也远高于发电装机容量的增长速度，加之新开工建设项目大幅缩减，华东地区尤其是长江三角洲地区重现多年前的严重缺电局面。尽管电网内各发电厂稳发满发，区外来电也已经达到最大输送功率，但在夏季和冬季负荷高峰时期，仍不能满足用电需求，三省一市普遍出现了不同程度的拉限电情况。其中缺电最严重的浙江省2002年拉限电达10964条次，累计负荷2203万千瓦。

2. 电源投产情况

“十五”计划前两年原计划投产的大中型机组525万千瓦，均按计划完成。此外，秦山核电站三期工程1号机组、长兴电厂四期工程1号机组和多台13.5万千瓦机组投产，实际投产规模为659.8万千瓦。

3. 电源开工规模

按原计划安排，“十五”计划期间需国家批准开工建设规模为：2001年929.3万千瓦，2002年495万千瓦。实际批准的开工规模是：2001年开工360万千瓦，2002年开工368.5万千瓦，“十五”前两年合计仅开工728.5万千瓦，与原计划安排相差较大。2001～2002年华东三省一市电源计划开工及实际开工规模见表3-1-5。

表 3-1-5　2001～2002 年华东三省一市电源计划开工及实际开工规模　单位：万千瓦

项　目	建设规模	2001 年		2002 年	
		计划	实际	计划	实际
桐柏抽水蓄能	4×30	√	√		
外高桥二期	2×90	√	√		
漕泾热电	2×30	√			
常熟二厂	2×60	√			
贾旺电厂 PFBC	20.8	√			
嘉兴二期	4×60	√			√
长兴四期	2×30	√	√		
华光潭水电	8.5	√			√
安庆电厂	2×30	√			√
琅琊山抽水蓄能	4×15	√			√
望亭燃机	2×35			√	
闸北燃机联合循环	2×10			√	
戚墅堰燃机	2×35			√	
张家港燃机	2×35			√	
宜兴抽水蓄能	4×25			√	
半山燃机	3×35			√	
滩坑水电	3×20			√	
合　计		929.3	360	495	368.5

4. 电网建设

2001 年，华东电网新增 5 座 500 千伏变电站，扩建 4 组 500 千伏变压器，共投产主变压器 9 组，计 700 万千伏安，投运 500 千伏输电线路 10 条，共计 1202.8 千米。

2002 年，华东电网新增 6 座 500 千伏变电站、扩建 3 组 500 千伏变压器，共投产主变压器 9 组，计 700 万千伏安；投运 500 千伏输电线路 13 条，共计 1133 千米。另外还完成了三峡配套输变电项目繁昌、瓶窑、东善桥、武南变电站相应的 8 个 500 千伏间隔。

至 2002 年底，华东电网共拥有 500 千伏线路 7978 千米；500 千伏降压变容量 3395 万千伏安，形成了武南—东善桥—繁昌—瓶窑—武南和黄渡—斗山—武南—瓶窑—王店—南桥—黄渡 500 千伏主环网。江苏电网形成了 500 千伏任庄—淮阴—江都—武南—斗山的长江南北主干通道；安徽电网形成了 500 千伏平圩（洛河）—肥西—繁昌的长江南北主干通道；浙江电网形成了 500 千伏北仑—兰亭—瓶窑的钱塘江南北主干通道；上海形成了 500 千伏石洞口—黄渡—南桥—杨高的半环网。

截至 2002 年底，华东电网共有三条输电线路通道与区外联络，分别为葛沪±500 千伏直流线路、金华—福州北 500 千伏交流线路以及龙政±500 千伏直流线路。

5. 存在的问题

（1）2000 年后随着华东电网地区经济的高速发展，电力供应渐趋紧张。由于“十五”计划未能预见新一轮的用电迅速增长，大型火电项目开工不足，华东电网的电源建设跟不上电力需求的增长，一些原规划建设的火电厂迟迟不能如期建设，如嘉兴电厂二期等，更加剧了华东电网的缺电局面。在积极消纳福建、二滩电力电量的情况下，华东电网装机仍显严重不足。2002 年 8 月 23 日，全网统调最高负荷达到 5126 万千瓦，当日华东电网最高发电出力 4945.1 万千瓦，区外来电 339.7 万千瓦，全网统调实际备用容量仅为 72 万千瓦，备用率 1.4%。迎峰度夏期间，华东电网再次出现了拉限电局面。

（2）电网建设虽已取得较大发展，但 500 千伏网架结构仍存在薄弱环节，负荷增长较快地区的 500 千伏变电容量建设跟不上负荷增长的需要，由于潮流分布的不均匀，电网输电仍存在“瓶颈”限制问题。

（3）随着人民生活水平的不断提高以及第三产业的发展，电网用电结构发生变化，用电负荷峰谷差呈逐年增大趋势，电网调峰能力不足。

（4）华东电网积极贯彻国家西部大开发战略，配合“西气东输”工程建设和东海天然气的开发，缓解电网调峰压力，做了大量的项目前期工作。计划在“十五”计划中后期和“十一五”计划期间建设一批燃气—蒸汽联合循环机组，共计 910 万千瓦（“西气东输”工程配套 850 万千瓦，东海天然气 60 万千瓦）。其中，漕泾热电（2×30 万千瓦）、望亭燃机（2×35 万千瓦）、戚墅堰燃机（2×35 万千瓦）、半山燃机（3×35 万千瓦）和张家港燃机（2×35 万千瓦）共计 375 万千瓦作为国家第一批机岛主设备统一招标项目。根据“十五”计划前两年的实际进展情况看，上述燃机电站投产时间均有所推迟，进一步加剧了华东电网“十五”后三年的电力供需矛盾。

截至 2002 年底，华东三省一市全社会装机容量 6250.2 万千瓦。其中，常规水电 459.3 万千瓦，占 7.3%；抽水蓄能 206 万千瓦，占 3.3%；燃煤火电 5226.2 万千瓦，占 83.6%；燃气轮机 185.9 万千瓦，占 3.0%；核电 167.8 万千瓦，占 2.7%；其他 5 万千瓦，占 0.1%。

2002 年底，华东电网统调发电装机容量达 5266.1 万千瓦，其中常规水电 234.5 万千瓦，占 4.4%；抽水蓄能 198 万千瓦，占 3.8%；燃煤火电 4483.9 万千瓦，占 85.1%；燃气轮机 181.9 万千瓦，占 3.5%；核电 167.8 万千瓦，占 3.2%。

第二章　勘　测　设　计

华东电网地区注册有火电与送变电勘测设计院5家，包括华东电力设计院、上海电力设计院、江苏电力设计院、浙江电力设计院和安徽电力设计院；有两家水电勘测设计研究院，一家是华东勘测设计院，一家是上海勘测设计研究院。各勘测设计院积极参与华东电网火电、水电、其他能源与输变电工程的开发设计建设，进行了艰苦、细致的工作，积累了大量资料，创造了丰硕的科技创新成果，为华东电网的发展作出了贡献。

第一节　火电与送变电勘测设计

一、华东电力设计院

（一）机构与人员

华东电力设计院（简称华东院）1953年3月创建于上海，是中国勘察设计单位综合实力百强和获得国家质量体系认证单位，具有工程勘察设计、造价咨询、环境影响评价、工程总承包、工程咨询、工程监理、测绘及海洋工程等甲级证书和对外经营权的独立法人。它主要承担电力系统规划，火电、核电、超高压、特高压送变电工程的勘测设计、咨询、监理、总承包等，是一个综合性、多功能的大型设计院。

该院的主管部门几经变更。1993年7月15日，根据电力部通知，院名为“电力工业部华东电力设计院”。1997年3月5日，根据电力部通知，华东院正式划归国家电力公司领导。1998年8月17日，根据国电公司通知，院名改为“国家电力公司华东电力设计院”。

该院先后有正副院长、院长助理、正副总工程师17人分别参加国家、地方、部局以及高等院校举办的培训班，院内同时举办了27期管理人员培训班。至1999年底，共有760人次参加培训。20世纪90年代，该院重点抓勘测设计人员岗位、资质培训。按国家规定，对技术人员进行每年不少于32学时的脱产培训，同时开始建立工程技术人员的教育培训档案。

除组织学习规程规范、院生产管理制度、专业会议传达、生产总结、国内外技术动态等内容外，还增加消化引进技术、介绍设计成品、专题鸣放、请院内外专家讲课，以及根据工程需要举办专题讲座等，并根据不同对象，采取办班、外送等多种形式，对职工进行继续教育。1991年，进行压水堆核电厂汽（水）锤计算的专题讲座。1996年，举办有关压水堆核电厂基础知识、一回路系统和堆结构等方面的知识讲座。1997～1999年，连续举办核电厂知识的深化培训，以及核电厂的抗震分析和岩土动态参数知识讲座。随着火电厂使用新燃料工程设计项目日益增多，1999年，举办4期燃用天然气电厂专题讲座。

1999～2000 年，华东院先后举办美国规范钢结构设计学习班、美国规范混凝土结构设计及常规火电厂结构抗震分析培训班。2001 年，通过对伊朗 Mapna 图纸编号的学习培训，满足伊朗工程的需要。

华东电力设计院员工构成情况见表 3-2-1。

表 3-2-1　华东电力设计院员工构成情况

年　份	1990	1995	2000	2002
职工总人数	1439	1348	1085	1030
高级职称（人）	217	273	295	291
占百分比（%）	15.08	20.25	27.19	28.25
中级职称（人）	490	457	354	286
占百分比（%）	34.05	33.90	32.63	27.77
初级职称（人）	281	187	171	136
占百分比（%）	19.53	13.87	15.76	13.20

截至 2002 年，该院经岗位、资质培训考试取得资质证书的有注册建筑师 21 人、注册结构师 88 人、监理工程师 258 人、造价工程师 26 人、工程总承包项目经理 48 人、核电校审人员 282 人次、压力容器设计人员 23 人、消防自审员 40 人、建设项目（工程）劳动安全卫生预评价人员 16 人、概预算人员 76 人、会计人员 41 人、统计员 14 人、内审员 195 人、外审员 1 人，共计 16 个岗位，约 1100 人次。

（二）能力与成果

1. 电力系统规划

1991～2002 年，该院所做的地区电网规划设计项目主要包括上海、江苏、浙江、安徽、福建等地区电网的系统设计或通信规划。华东电网规划方面，1996 年提出华东电网 2010～2020 年主网架规划，1997 年提出华东电网 2010 年规划，2002 年提出华东电网 2015 年目标网架规划设计以及华东电网二次系统“十五”规划。大区联网与全国联网规划方面，1992 年重新开始研究三峡送电华东，1993～1994 年华东院先后完成了山西阳城电厂送电江苏的可行性研究、电网设计、送电方案优化等工作，1998 年起，华东院在电力规划设计总院的组织下参与全国联网规划设计工作，1998～1999 年，开展了福建与华东联网工程设计，2000 年起进行了金沙江一期工程输电系统规划设计。

2. 火电勘测设计工程

1991～2002 年，该院设计的亚临界机组发电工程主要包括外高桥电厂一期（装有 4 台 30 万千瓦引进型机组）、嘉兴发电厂一期（从设计、设备采购到施工全面试点招投标工程）、北仑发电厂二期（20 世纪中国内地最大容量的火力发电厂工程）、扬州第二发电厂、吴泾电厂八期（上海电气集团公司成套供应的第 1 台 60 万千瓦机组发电工程）等，设计的超临界机组发电工程主要包括上海华能石洞口第二电厂（中国第一座超临界 60 万千瓦机组发电工程）、外高桥电厂二期（中国第一座 90 万千瓦超临界机组发电工程）等，设计的燃气轮机电厂包括闸北电厂改造燃气轮机发电工程等，设计的新能源电厂有广东东莞市厚街镇固体废物余热发电厂和嘉兴焚烧垃圾电厂等。在超超临界发电工程上，率先进行了中国第一座百万千瓦级超超临界火电机组——华东玉环电厂的前期工作，2002 年 10 月完成了初步可行性研究。1993 年、1995 年、1996 年、2000 年，华东电力设计院每年承担的勘测设计机组投产容量，均占全国同期火电投产总容量的 20%左右。

3. 核电常规岛设计

1991 年 10 月，该院与上海核工程研究设计院签订协议，共同承担了当时出口的“交钥匙”工程——巴基斯坦恰希玛 30 万千瓦压水堆核电厂设计。该工程已于 2000 年 6 月顺利投产。1991 年 12 月 15 日，该院承担常规岛设计的秦山核电厂 30 万千瓦机组工程首次并网发电。1992 年，该院承担了中国第一座国产 60 万千瓦核电站——秦山核电厂二期 2 台 60 万千瓦级压水堆核电机组的常规岛全过程设计。2002 年 4 月，1 号机组顺利投产。此外，华东电力设计院还承担了广东大亚湾核电厂 2 台 90 万千瓦级压水堆工程的厂址选择和技术支持工作、三门核电可行性研究，江苏 2 台 100 万千瓦级核电厂选址，山东海阳 2 台 100 万千瓦级核电厂初步可行性研究与可行性研究和国产化 100 万千瓦压水堆核电厂概念设计，还承担了由加拿大进口的秦山核电厂三期 2 台 70 万千瓦级重水堆工程常规岛可行性研究（电力系统部分）、设备进口谈判、初步设计（国内版）、升压站设计和业主的技术后援工作。

4. 输变电勘测设计

20 世纪 90 年代中期，该院开展了华东江苏 500 千伏送变电工程约 1000 千米和山西阳城至江苏淮阴约 500 千米的 500 千伏输电线路的勘测设计。

1997 年 6 月，该院在完成可行性研究的基础上，于 1999 年初开始对±500 千伏三峡至常州 860 千米直流输电工程中的东半段，自安徽金寨至江苏常州的政平 460 千米线路和芜湖长江大跨越 3.5 千米线路进行初步设计并负责全线的归口工作，9 月完成初步设计，2001 年 5 月完成施工图设计。2000 年 12 月，该院完成了±500 千伏三峡（华中）至广东直流输变电工程 975 千米的可行性研究。2001 年 3 月，开始进行荆州至耒阳段（含长江、澧水、沅水 3 项大跨越）500 千米线路的初步设计并负责全线的归口工作，8 月完成初步设计，于 2002 年 7 月、9 月分别完成直流线路和 3 项大跨越的施工图设计。

1994 年，完成可行性研究，1999 年 1 月，完成初步设计的 500 千伏江阴长江大跨越工程总长 3703 米，跨距 2303 米，塔高 346.5 米，位居世界第一。工程首次采用超高强导线、大跨距复合光缆、世界最大吨级绝缘子（530 千牛）、高强度钢材（450 兆帕）、厚板十字柱新塔型、双层塔脚板新结构、特高强 PHC 桩、高达 329 米的齿条式电梯等十项新技术，填补了国内空白，达到国际先进水平。

1997 年 6 月，华东院开始设计三峡至常州的±500 千伏政平换流站，2002 年 4 月，完成施工图设计。三峡至上海直流输变电工程的±500 千伏换流站于 1999 年 9 月完成选址工作。2000 年 9 月，开始设计的三峡至广东直流输变电工程的±500 千伏荆州换流站，于2002年3月完成初步设计。

5. 三维设计技术

1998年起，该院在建立三维模型技术方面接连开展了一系列工作，选取美国INTERGRAPH公司的工厂设计软件系统（下称PDS），建立三维模型的深度从初步设计到施工图阶段，范围从汽机房到整个主厂房，并且从建立简单的三维模型、碰撞检查到真正意义上的三维设计。1999年3月，在伊朗SAHAND电厂工程中进行三维设计。1999年7～8月，派专业人员4人参加电力规划设计总院组织的赴美学习团，参加为期3周的由INTERGRAPH公司主办的PDS培训班。同年，为了工程设计中有效应用计算机辅助设计（CAD）三维设计技术，并保证工程正常设计进度，在伊朗工程设计中设立两个设总：工程设总和CAD设总。凡涉及三维设计工作的专业均设两个主设人，第一主设人负责传统设计，由工程设总管理；第二主设人负责三维设计并剖切出二维成品图，由CAD设总归口。从而使华东院不仅具有建立主厂房三维模型技术、碰撞检查技术，而且可实际使用从三维模型抽取施工图成品图技术、从工程库产生设备材料表等报表技术，直接进行工程设计。2000年底，为了让三维设计技术应用于生产，电厂主厂房三维设计由专业设计处室负责。2002年，华东院的三维模型技术处于全国电力设计系统前列。

6. 工程设计走向国际市场

该院积极参与境外工程项目的设计投标，先后有菲律宾PINAMUAN电厂（1台30万千瓦）、巴基斯坦恰希玛核电站（30万千瓦级压水堆）、印度尼西亚苏门答腊发电厂，伊朗SAHAND电厂（2台32.5万千瓦）、印尼500千伏输电线路（251千米）、巴基斯坦132千伏线路钢杆塔工程、伊拉克巴格达东燃机电厂（4台10万千瓦）及孟加拉电厂（2台12.5万千瓦）等工程设计投标。其中除菲律宾PINAMUAN电厂因业主或国内投标组织者原因未能中标外，其余工程均中标。1996年5月，决定参与伊朗SAHAND电厂投标，先后派出5批人员去伊朗实地考察，谈判释疑，使投标书逐步符合业主招标书的要求。1999年10月，总承包合同签订生效，2000年4月，签订勘测设计合同，这是华东院首次走出国门承担完整的大型发电工程勘测设计项目。在送电工程方面，中标的印尼三宝垅—泗水（Ungaran-Surabaya Banat）长251千米的500千伏送电线路交钥匙工程，华东院承担全部工程设计工作。

1998年，建设部颁布关于进一步加强工程招标投标管理的规定。华东院立即成立前期工作小组，立足国内面向国际市场，密切关注招投标市场，一旦得到信息，即与业主取得联系，了解项目情况，组织有关专业人员收集资料，设计最佳方案参与投标。同年，参与兰州第二热电厂扩建燃机电站、兰州西固电厂改造工程的设计投标，均中标。2001年，中标戚墅堰电厂燃机联合循环机组工程（2台30万千瓦）和望亭发电厂燃气—蒸汽联合循环机组工程（2台30万千瓦）。

1991～2002年，华东电力设计院获国家级优秀勘测设计项目共19项，省部级14项。其中包括1991年，上海石洞口电厂工程（4台30万千瓦）获国家优秀设计金奖；1991年3月，“引进型60万千瓦火力发电厂成套设备”获国务院重大技术装备领导小组颁发的国家重大技术装备特别奖；1993 年，平圩电厂新建工程（1 台 60 万千瓦）和±500 千伏葛上直流输变电工程（含南桥换流站）分别获国家优秀设计金奖；1996 年，吴泾热电厂六期工程（2 台 30 万千瓦）获国家第七届优秀工程设计金奖；1997 年，“秦山 30 万千瓦核电厂设计及建造”获国家科技进步特等奖；1999 年，常熟电厂新建工程获国家第八届优秀工程设计金奖，上海外高桥电厂岩土工程勘测获国家第六届优秀勘察金奖；2000 年外高桥电厂一期工程（4 台 30 万千瓦）和 500 千伏东善桥变电所工程分别获全国第九届优秀工程设计金奖。

华东院还获国家级、省部级奖的科研、标准化项目共 35 项。1991 年 5 月，华东院被授予“能源部电力科技成果推广优秀单位”称号。1992 年 12 月，与上海吴泾热电厂共同研制成功国内第一台“内置式除氧器”，1997 年 8 月，由电力部电力规划设计总院组织鉴定后获国家专利。与长春发电设备总厂、上海石洞口电厂联合开发的“MDQ1000/1500.5OC 型门式滚轮堆取料机”获 1992 年度能源部科技进步奖，为国内大容量火力发电厂的输煤机械革新开创一种新的型式。

二、上海电力设计院

（一）机构与人员

1950 年 12 月，实行军事管制后的上海市电力公司与沪西电力公司合并，并在公司内设立了工程处设计科。这是中国最早的电力设计部门，其主要职能是负责火力发电厂备品备件的设计和上海市大部分地区供电线路的设计。1957 年 2 月，上海电业管理局将设计人员分别划入上海电业管理局设计室和新组建的上海送变电工程公司设计室，后分别称为华东电业管理局设计室和上海供电局设计室。1985 年 9 月，华东电管局设计室划归上海市电力公司管辖，改称上海市电力公司设计室。1987 年 6 月，经上海市电力局研究决定，将上海市电力局设计室与原上海供电局设计室合并，组建上海电力设计研究所。1992 年 8 月，上海电力设计研究所更名为上海电力设计院。

2001 年 9 月 17 日，上海市电力公司下发《关于上海电力设计院改制为上海电力设计院有限公司的通知》，决定由上海市电力公司、上海电力股份公司联合发起成立上海电力设计院有限公司。其中，上海市电力公司出资 50%、上海电力股份公司出资 10%、上海电力设计院有限公司职工持股会出资 40%。2001 年 12 月 11 日，经上海市工商行政管理局批准备案，上海电力设计院正式更名为“上海电力设计院有限公司”。

上海电力设计院有限公司是上海市电力公司控股的具有甲级与乙级资质证书的电力规划、勘测、设计、咨询、科研业务的独立法人企业。公司主营业务为城市电力系统规划和热网规划的制定、风能等可再生能源规划设计、热电联供工程和燃气轮机联合循环发电工程以及新建火力发电厂及大型机组技术改造、500 千伏及以下等级的输变电工程的设计、咨询等。该院于 1996 年通过 ISO 9001：1994 质量管理体系认证，2002 年通过 GB/T19001－ISO 9001：2000 质量体系换证。

1991～2002 年，公司共招收大专院校毕业生 90 人，在系统内、外引入人才 44 人。两者合计，新增人员的比重占 2002 年职工总人数的 78.36%。1990 年、1995 年、2000 年、2002 年上海电力设计院员工构成情况见表 3－2－2。

表 3-2-2　上海电力设计院员工构成情况

年份	年末总人数	职称构成							
		高级职称		中级职称		初级职称		合计	占总数之比（%）
		人数	占比（%）	人数	占比（%）	人数	占比（%）		
1990	193	33	17.10	50	25.91	65	33.68	148	76.68
1995	204	26	12.75	63	30.88	70	34.31	159	77.94
2000	188	33	17.55	71	37.77	51	27.13	155	82.45
2002	171	47	27.49	63	36.84	41	23.98	151	88.30

1994～2002 年，公司职工培训教育经费的支出为 3663.23 万元，占职工工资总额年平均值的 2.38%。组织干部职工参加市（部）公共课程学习的有 102 人次，外出参加公司技术培训或岗位资格培训的有 255 人次，参加质量体系培训或认证资格学习的 137 人次。公司内部组织工程技术讲座 91 期（次），参加技术培训活动的职工有 1282 人次。另外，有 2 名院领导赴美国参加 MBA 管理专业的研究生学习，40 人（次）参加在职学历教育。

（二）能力与成果

1. 电力系统规划

1991 年 4 月，与日本东京电力公司合作，完成《上海市区配电网改造和发展规划的研究报告》。2001 年完成《上海电网二次系统规划》。《上海电网二次系统规划》分析了上海电网的现状、问题及需求，对电网三级调度 SCADA 系统的配置和 UNIX 操作系统的应用以及直接接受的远动终端（RTU 型微机）实行遥测、遥信、遥控、遥调的功能进行了回顾与分析，提出了 2005 年、2010 年、2015 年的电网调度自动化规划的总体目标以及实施目标所要采取的逐步推进的系统改造方案。

2. 大型发电工程设计

公司承担了许多大型工程设计，包括上海石洞口发电厂亚临界 UP 型单炉膛燃煤直流锅炉的改造工程、闵行发电厂 12.5 万千瓦燃煤汽轮发电机组综合性改造工程、外高桥发电厂、杨树浦发电厂、高桥石化公司热电厂烟气脱硫工程、上海浦东新区生活垃圾焚烧厂汽轮发电项目工程、上海浦东新区生活垃圾焚烧厂生物气体发电项目工程、外高桥保税区集中供热工程、上海化学工业区热电联供电厂热网工程、吴淞工业区集中供热工程。其中，上海浦东新区生活垃圾焚烧厂项目是国内首次引进的大型生活垃圾焚烧发电项目。公司根据中国的实际情况，大胆提出了用水冷凝器代替空气冷凝器、下排汽缸代替轴向排放汽缸、热力系统取消高温冷凝器、减小旁路管道直径等优化设计方案，得到了外方的认可，从而节约了 2000 多万元的投资。该项工程获得了中国石油化工集团公司 2002 年度优秀工程设计一等奖。

3. 大型输变电工程设计

从 1991 年至 2002 年底，上海市新投运的 220 千伏变电站有 37 座，其中由该院设计的就有 33 座。

公司设计的 220 千伏恒丰变电站是 20 世纪 90 年代末设计建成的上海第一座由远方遥信、遥测、遥控的综合自动化无人值班的全户内型 220 千伏变电站。该站的工程设计荣获上海市

2002年度优秀工程设计一等奖。另外，公司设计的220千伏源深变电站获1993年度上海市优秀工程项目设计二等奖，220千伏会文变电站在1995年度被评为上海市优秀工程设计二等奖，220千伏东昌变电站被国家电力公司评为1999年度优秀变电工程项目一等奖。

1993年起，公司加强输变电工程中的优化设计，如上海轨道交通供电系统的优化设计，原先业主要求建38座110千伏变电站，经优化设计和供电资源的共享，变电站设计减少到25座，从而大大节约了土地资源和工程投资。又如南京长江第二大桥220千伏电缆工程、洋山深水港110千伏降压站进线等工程优化设计，都为中国的电缆随同特大型大桥设计施工提供了大量理论依据和施工数据。

公司曾于1998年荣获“全国电力行业质量效益型先进企业”称号，于1995年起荣获“上海市文明单位”和“国电公司双文明单位”、“上海市重点实事工程立功竞赛优秀公司”等称号。公司不断地进行科技创新，在城市变电站、高压电缆输电、垃圾焚烧电厂等设计方面积累了丰富经验。完成发电厂的新建、改建、扩建和热电联供工程项目140余项，完成设计并投运各种等级变电站520余座，完成设计投运35～500千伏输电线路3200余千米。近10年内，公司有40项工程勘察设计分别获得国家、部省（市）级优秀工程设计奖、优质工程奖和科技进步奖。

三、江苏省电力设计院

（一）机构与人员

江苏省电力设计院可溯源于1956年6月成立的江苏省工业厅地方电业管理局设计室，1958年9月3日成立江苏省电业局设计院。1975年3月，恢复院的建制，更名为江苏省电力设计院。从1999年开始，该院成为江苏省电力公司的全资子公司。

1990年前，该院组织机构比较简单，2001年4月作了较大调整，将生产系统改变为事业部制，管理系统仍为职能部制。生产系统分为发电咨询设计部、电网咨询设计部和勘测部，下属11个专业室。

2002年底，该院职工人数为376人，员工及构成见表3-2-3。

1993年4月，该院取得建设部颁发的甲级电力工程“勘察设计证书”。2002年7月，取得建设部颁发的甲级“工程勘测证书”和甲级“工程设计证书”。至2002年底，该院已有国家级的注册监理工程师、一级注册建筑师、一级注册结构工程师、注册造价工程师等104人。

表3-2-3　江苏省电力设计院员工构成情况

年份	年末全院总人数	其中		类别			其中拥有技术职称的情况					
							高级职称		中级职称		初级职称	
		干部人数	女职工人数	工程技术人员（人）	管理人员（人）	工人及其他人员（人）	人数	占比（%）	人数	占比（%）	人数	占比（%）
1990	395		102	297	39	59	56	14.2	144	36.5	102	25.8
1991	390	333	102	289	41	60	50	12.8	141	36.2	117	30.0
1995	411	360	91	320	37	54	75	18.2	161	39.2	101	24.6
2000	371	329	69	259	78	34	83	22.4	138	37.2	96	25.9
2002	376	337	61	277	72	27	92	24.5	153	40.7	71	18.9

（二）能力与成果

该院在完成《“九五”计划期间江苏电力系统设计》、《江苏 500 千伏与 220 千伏电网分层分区规划》等课题的规划设计后，又完成了《“十五”计划期间江苏 500 千伏送变电项目可行性研究》等专题研究，还完成近 60 个发电工程的接入系统项目设计和江苏“十五”计划期间电力信息通信的研究规划。

1993～1994 年，该院大力开展江苏沿海、沿江电厂新厂址普查工作。1991～2002 年先后总计完成 12.5 万千瓦及以上发电机组 30 台共 508.5 万千瓦发电工程的施工图设计，完成 220 千伏及 500 千伏输电工程施工图设计共 131 项总长 4190 千米、220 千伏及 500 千伏变电工程施工图设计 85 台变压器共 1528.2 万千伏安。

1996～1999 年，该院连续四年跻身全国工程勘察设计单位综合实力百强行列。2002 年度，该院进入建设部公布的全国工程勘察设计企业营业收入前 100 名行列。该院连续三年获得“全国电力行业质量效益型先进企业”称号，并获得“全国电力行业质量效益型先进企业特别奖”。

该院实施“科教兴院”的战略方针，通过实施基础管理、人才开发、企业凝聚三大工程和完善管理信息、质量保证、考核分配三大体系以及科技创新推动设计水平不断提升。1994 年，该院参加 500 千伏南京东善桥变电站设计，在 500 千伏配电装置的设计中采用悬挂式管形母线，这在华东地区的 500 千伏配电装置设计中属首次。1996 年，该院在苏州华能电厂工程设计中成功应用高强度预应力混凝土管桩（PHC）处理软弱地基，这在电力系统中尚属首次。

1996～1997 年，该院在 500 千伏山西阳城送出工程泗洪陈集—淮阴变电站 500 千伏输电线路设计中采用同塔双回路形式，当时在国内是罕见的。1997～1999 年，在淮（阴）—江（都）2 回线路设计中，该线路与淮（阴）—江（都）1 回线有 13 千米的平行段，经精确计算，两线路中心线距离仅为 50 米，大量节省了线路占地和空间资源。2002～2003 年，该院在 220 千伏梁溪—通德桥变电站线路设计中又创新设计了 220 千伏同塔 4 回路铁塔，这在国内也是比较先进的。

2001 年，该院完成江苏省第一座无人值班 220 千伏变电站——震泽变电站的设计。2002 年，该院编制完成《江苏 220 千伏变电站典型设计》，成为江苏省的电力技术标准。

2001 年 7 月，该院在 500 千伏田湾核电站送出工程测绘中首次采用航空测绘技术，运用遥感技术、海拉瓦全数字摄影测绘系统，为线路方案的优化提供了支持，使输电线路长度缩短约 14 千米。1999 年 12 月，在苏州工业园区华能发电厂岩土工程勘测中采用高精度的地震勘查、雷达透视、跨孔波速、十字板剪切和旁压试验等新手段和新技术，使主厂房布置避开了长江古河床凹槽，节省地基处理费用 3000 万元。

十年来，该院共获得省部级及以上奖项 46 项，其中徐州彭城电厂一期工程、500 千伏东善桥变电站、苏州华能发电厂一期工程、山西阳城电厂送出工程测量项目等获得国家级金奖，同时还获得银奖 4 项、铜奖 4 项。另外，该院还获得国家级科技成果奖 2 项、省部级科技成果奖 4 项。

该院连续多年保持江苏省“文明单位”称号，并荣获 2000～2001 年度国电公司“双文明单位”称号。2001 年 12 月，该院被国电公司授予“一流电力设计企业”称号。

四、浙江省电力设计院

（一）机构与人员

浙江省电力设计院前身为 1956 年底成立的浙江省工业厅电业管理局设计组，1958 年 2 月，并入浙江省工业设计院，成为该院的第四设计室。1959 年 2 月，浙江省工业设计院第四设计室归浙江省电力工业厅领导，改名为浙江省电力工业厅设计室。1959 年 11 月，浙江省电力工业厅设计室与浙江省水电勘测设计院合并，成立了浙江省水利电力勘测设计院。1977 年，浙江省水利电力勘测设计院的火电及输变电设计人员划归浙江省电力局领导。1978 年 1 月，浙江省电力设计院正式建院。

1991 年，该院生产部门的管理模式由原来的综合室变为专业室，新成立档案室与计算机室两个辅助生产室。1993 年，该院撤销机、电、土等生产室和工程处，组建发电室、变电室，并全面调整管理、后勤和其他科室。到 2002 年底全院设有党委办公室、院办公室、财务科、人保科、计划经营科、总工办、行政科等 7 个职能科室；系统室、发电室、变电室、送电室 4 个生产室和计算机室、档案室 2 个辅助生产室。

2002 年底，全院有职工 410 人，专业技术人员占全院职工总数的 82.2%。拥有一级注册建筑师、一级注册结构工程师等各类注册师 37 人。员工及构成见表 3-2-4。

表 3-2-4　　浙江省电力设计院员工构成情况

年份	年末情况			类别			其中拥有技术职称的情况					
	全院人数	其中		工程技术人员（人）	管理人员（人）	工人及其他人员（人）	高级职称		中级职称		初级职称	
		干部人数	女职工人数				人数	占比（%）	人数	占比（%）	人数	占比（%）
1990	408	331	104	291	40	77	43	10.5	92	22.5	131	32.1
1995	436	361	115	317	36	83	46	10.6	147	33.7	145	33.3
2000	437	363	126	308	55	74	71	16.2	153	35.0	125	28.6
2002	410	347	118	294	53	63	84	20.5	144	35.1	109	26.6

（二）能力与成果

1991～2002 年，是该院发展较快的一个时期。2002 年，实现生产总值 23499.2 万元，与 1990 年的 457.7 万元相比，增长 50.3 倍；劳动生产率 57.5 万元/（人·年），与 1990 年的 1.1 万元/（人·年）相比增长 51.4 倍。1990 年，该院仅有 12.5 万千瓦火力发电机组和 220 千伏等级输变电工程的勘察设计资质。至 2002 年，该院具有了 60 万千瓦火力发电机组和 500 千伏电压等级输变电工程勘察设计资质，同时具备相应的工程总承包、工程咨询等甲级资质和进出口企业资格及一批专项资质。各项技术经济指标已跃居全国同行先进水平，在发电、变电、输电工程等诸多领域形成了自己的核心业务能力。

1. 电力系统规划

该院承担着浙江省电力系统的一次规划设计和系统的分析研究工作。1991～2001 年间，该院先后完成了浙江省“八五”、“九五”和“十五”系统规划。同时，还承担了浙江省的继电保护规划、调度自动化规划、通信规划等一系列规划设计任务，先后完成了《浙江省 1990 年电力系统安全自动装置设计》、《浙江省 1990 年电力系统调度自动化规划设计》、《浙江省 1990 年电力系统通信规划设计》、《1991～1995 年浙江省电力系统调度自动化规划设计》、《1991～1995 年浙江省电力系统通信规划设计》等。

2. 发电工程设计

“八五”计划期间，该院共完成 29 台机组、总容量为 127 万千瓦的设计工作。

“九五”计划期间，完成 21 台（套）机组，总容量为 328 万千瓦的设计工作。

2001～2002 年，该院完成或基本完成了 8 台机组、总容量为 157 万千瓦的设计工作。

3. 输变电工程设计

1991～2002 年期间，该院完成设计 93 个 220 千伏变电站、主变压器总容量为 1468.7 万千伏安，220 千伏输电线路总长 3907 千米；3 个 500 千伏变电站、主变压器总容量为 250 万千伏安，500 千伏输电线路总长 1554 千米。

1996 年，完成了浙江省第一个 220 千伏无人值班变电站渡东变电站设计，1996 年完成的 220 千伏台温Ⅲ回线大跨越工程采用钢管塔、固定型悬垂线夹等新技术与工艺，大大减少了工程投资。1998 年 11 月，该院独立承担了第一个 500 千伏变电站——杭东变电站的设计任务。1999 年完成的 500 千伏金华—温州线是浙江省首次采用航片选线技术的线路工程，并成功运用了 GPS 终勘定位技术。2002 年完成了浙江省第一个全户内式布置的城市变电站 220 千伏运河变电站的设计。2002 年设计完成的福建与华东联网第Ⅱ回输电线路工程，大大提高了福建向华东送电能力。

4. 工程总承包

该院发挥设计院的技术优势，不断拓展总承包市场，承接了 220 千伏慈西变电站等一批输变电总承包工程项目。

2001 年 6 月，该院与钱清发电责任有限公司、美国巴威公司签署了钱清脱硫工程委托建设框架协议和技术支撑合同，独立承接了钱清热电厂四期 2 号机组脱硫工程总承包项目，成功探索出了一种以中方为主导参与脱硫工程建设的全新国际合作模式，大大降低了工程造价，促进了电厂烟气脱硫工程建设的国产化水平。

5. 工程创优与科技成果

1990～2002 年，该院获得国家级优秀勘察设计奖 8 项，省部级优秀勘察设计奖 22 项。其中台州电厂四期工程（2×30 万千瓦）获全国优秀设计银奖，嘉兴发电厂一期岩土工程获优秀勘察银奖，220 千伏台州—温州第三回输电线路、嘉兴发电厂一期工程、龙湾电厂联合循环机组工程、500 千伏北仑—绍兴第三回路工程、220 千伏温州—蒲州线路瓯江大跨越工程等 6 个项目获全国优秀设计铜奖。

1991 年，该院试验研究的薄壁离心钢管混凝土结构获国家专利。1992 年“薄壁离心钢管混凝土结构基本理论的试验及应用”课题荣获浙江省科技进步一等奖，并列入国家“八五”重点科技成果推广项目。

1999 年，该院在北仑—绍兴第三回线等山区线路设计中，开始全面推广自行开发的全方位高低腿铁塔设计技术，大量减少了山区塔基的土石开挖量。2002 年，继在线路设计中成功运用钢柔性大跨越塔、全方位铁塔、插入式基础等新技术后，该院又在500千伏嘉兴—王店线路工程设计中大胆采取了猫型紧缩塔和双回路紧缩塔。

1990～2002年，该院获国家级优秀科技进步奖2项，省部级优秀科技进步奖8项。其中，舟山±100千伏直流输电工业性试验工程获国家重大技术装备成果一等奖，架空送电线路概预算管理系统获国家优秀工程设计软件铜奖。

从1992年起，该院连续保持浙江省电力系统"双文明单位"等称号，1996～2002年，连续7年入选全国勘察设计单位综合实力"百强"。1999～2002年，连续4年被中国水电质协评为年度质量效益型先进企业，并获得"全国电力行业质量效益型先进企业特别奖"。2000年11月，被国家电力公司授予"一流电力设计企业"。2002年9月，该院被中电联、中国水电质协联合授予"全国电力行业质量管理奖"。

五、安徽省电力设计院

（一）机构与人员

安徽省电力设计院设在合肥市，占地面积为27403米^2，房屋建筑面积为39502米^2。2000年末，固定资产原值3634万元，净值1994万元。

1951年6月，安徽省工业厅和淮南电厂抽调人员组成设计施工技术组，成为安徽省第一支电力设计队伍。1957年，治淮委员会撤销，所属勘测设计人员转属安徽省水利电力厅，并与上海电力设计院等单位支援安徽的火电勘测设计人员40余人组成火电设计组。1959年4月，改为设计室。翌年6月，设计室撤销，人员并入省水利电力厅勘测设计院。1962年7月，安徽省水利电力管理机构分开，原水电厅勘测设计院的火电勘测设计人员调入安徽省电业管理局，组建安徽省电业管理局设计室。1968年，设计室被撤销。1969年1月，大部分工程技术人员被下放。1970年7月，所留人员与省水利厅勘测设计院合并，成立安徽省水利电力局水电勘测设计支队八连。1972年5月，该设计支队八连为电力设计队。1973年3月，更名为安徽省水利电力局设计院电力设计室。其后，下放人员陆续调回，1977年6月，正式成立安徽省电力设计院，由安徽省电力局领导。

1991年，该院共设有17个科室，院管理科室下设院长办公室、思想政治工作办公室，全面质量管理办公室、计划经营科、技术科、人事科、保卫科、财务供应科、行政科、工会。生产科室设有发电室、变电室、线路室、勘测室、系统室、技术经济室、印制出版室。1993年，该院将6个生产科室改为发电室、电网室、勘测室3大生产科室，还成立计算机室、印制出版室两大辅助生产科室。同时，将行政后勤、物资供应与院本部分开。1993年5月，成立华东电力科工贸总公司，负责全院多经产业管理。1996年，该院把原生产科室改为工程部，形成3大生产工程部：发电工程部、电网工程部、勘测工程部；3个生产辅助科室：计算机室、档案室、印制出版室。管理科室有：院长工作部、党委工作部、纪检监察室、工会、离退办、人事安全部、财务部、技术质管部、市场营销部、项目管理部、信息部以及所属的华东电力科工贸总公司。

2002年1月，原安徽省水文地质勘测处划归安徽省电力设计院。该院在职人员总数为357人，其中大专以上学历人员为240人，占总人数的67.23%，比1998年提高

47.18%。在职职工中，具有高级职称 55 人，比 1983 年增加 14.28%；中级职称 120 人，比 1983 年增加 12.36%。在中级职称中有 8 人具有国家颁发的注册建筑师、结构师职称。

表 3-2-5　　安徽省电力设计院员工构成情况

年份	年末人数	职称构成							
		高级职称		中级职称		初级职称		合计	占总数之比（%）
		人数	占比（%）	人数	占比（%）	人数	占比（%）		
1991	352	41	11.6	93	26.4	82	23.3	216	61.4
1995	421	64	15.2	127	30.2	47	11.2	238	56.5
2000	357	55	15.4	120	33.6	71	19.9	246	68.9
2002	358	55	15.4	121	33.8	71	19.8	247	69.0

为了巩固和提高职工队伍的文化技术水平，该院对教育培训工作十分重视，配备了专职教培管理人员，制订了严格的培训计划，用于职工培训教育的建筑面积有 370 米^2。1993 年以后，该院进一步加大了培训的力度，进行岗位培训 539 人次、继续工程教育 712 人次、适应性培训 806 人次、学历教育 193 人次。从 1993 年开始，该院对入院新分配来的大专生都组织为期 30～45 天的入院教育，同时签订师徒培养合同，对新员工更好地适应岗位要求，尽快成长，起到了很好作用。该院把继续教育和培训作为提高人员素质的必要途径，至 2000 年，已有 8 人获得一级注册结构师资格证书，2 人获得一级注册建筑师资格证书；4 人获得二级注册建筑师资格证书；3 人获得注册监理工程师资格证书；1 人获得执业造价师资质证书。另有 26 人获得了全国工程总承包项目经理岗位培训证书。

（二）能力与成果

1993 年，该院获建设部颁发的电力工程设计甲级证书；1996 年，获得建设部颁发的甲级电力勘测设计证书。

其间，该院获奖达 89 项。其中，获得国家、省（部）级优质工程和优秀设计奖是：500 千伏平圩—繁昌超高压输电线路工程获国家优秀设计金奖、220 千伏长龙山—芜湖南—宁国输电线路工程获国家优质工程银奖、500 千伏肥西变电站获国家优秀工程设计银奖、铜陵电厂四期扩建获国家优秀工程设计银奖、芜湖电厂三期工程获国家优秀设计铜奖、220 千伏定远变电站被国家电网公司命名为优秀输变电工程、220 千伏宁国—屯溪线路测量工程等 78 个项目获省级优秀工程勘察一等奖及科技进步奖。

该院已拥有先进的计算机网络及各类先进、齐全的勘探、测量、土工试验仪器和印刷出版设备。各项管理工作做到标准化、规范化，1997 年通过 ISO 9001 质量体系认证，1998 年档案管理达国家一级标准。该院先后被授予“八五计划期间工程建设管理先进单位”、“全国测绘质量表彰单位”、“安徽省基础设施建设工作取得突出成绩单位”等荣誉称号，并获得“安徽省电力双文明单位”和华东电力集团“双文明单位”称号。

第二节　水电勘测设计

一、华东勘测设计研究院

（一）机构与人员

华东勘测设计研究院前身为1954年在上海建院的上海勘测设计院。1970年，上海勘测设计院被撤销。1978年恢复重建，在浙江省杭州市正式成立水利电力部华东勘测设计院。该院是大型国家甲级水电水利勘测设计研究单位之一。2002年12月，国家深化电力体制改革后，该院隶属于中国水电工程顾问集团公司。

该院已基本形成了为水电水利与再生新能源工程建设、城市与环境工程建设、大坝与各类基础设施构筑物安全运行等三大核心业务提供项目前期工作直至工程总承包全过程技术与管理服务的能力，成为一家多专业、跨领域、综合性现代化勘测设计研究院。

该院总部设在杭州，在福建、江西、深圳、重庆等地设立了下属机构。截至2002年底，员工总数1252余名，其中有国家级设计大师、享受政府特殊津贴人员、享受教授级研究员待遇高级工程师等各类高级专业技术人员278余名，工程师及其他专业技术人员572名。其中，持有国家注册各类执业资格人员329人次。员工构成情况见表3－2－6。

表3－2－6　华东勘测设计研究院员工构成情况

年份	员工总人数	科技人员人数			
		合计	高级职称及以上	中级职称及以下	占百分比（%）
1990	2099	881	254	627	42
1995	1774	836	291	545	47
2000	1472	865	264	601	59
2002	1252	850	278	572	68

（二）能力与成果

1. 水力资源普查

该院已参与3次全国性水力资源普查。认定华东地区的水力资源理论蕴藏量为2249.09万千瓦，其中江苏省和上海市为199.1万千瓦、浙江省606万千瓦、安徽省398.08万千瓦、福建省1045.91万千瓦。显而易见，华东水电资源主要集中在闽浙地区。

1978年，水电部规划设计管理局组织沿海各省水利勘测设计院及华东勘测设计研究院分别进行了潮汐能资源普查工作。1982年12月，华东勘测设计研究院按照分工主编了《中国沿海潮汐资源普查报告》，提出全国500千瓦以上潮汐电站站址190处，可开发容量2157万千瓦，年发电量618亿千瓦时。1987年，根据水电部科技司及国家海洋局科技司的要求，开展了全国可开发容量200～1000千瓦的潮汐资源的区划工作，华东勘测设计研究院于1987年9月完成了《全国沿岸农村海洋能资源区划（潮汐能部分）》，提出全国沿海可开发 200～1000 千瓦的潮汐电站总装机容量达 1141 万千瓦，年发电量达 282.56 亿千瓦时。

2. 其他能源规划

（1）抽水蓄能电站的普查和选点规划

华东勘测设计研究院重建以后，一直把华东地区抽水蓄能电站站址普查及选点规划工作作为水电建设战略任务之一来抓，在认真做好天荒坪等第一批抽水蓄能电站建设项目勘测设计工作的同时，总结经验，开阔思路，深化普查选点工作。20 世纪 90 年代初，在完成了浙江、福建、江西三省的抽水蓄能电站普查报告的基础上，进行了规划选点工作，分别编制了三省规划选点报告，推荐了可供开发比选的站址。稍后，又编写了《江苏省抽水蓄能电站规划选点报告》和《浙江省抽水蓄能电站布点规划报告》。2001 年，编制了《华东电网抽水蓄能电站选点查勘报告》。据初步统计，华东四省一市抽水蓄能电站可开发站址共 107 处，合计装机容量 13703 万千瓦。其中浙江省 36 处，装机容量 4860 万千瓦；安徽省 11 处，装机容量 1246 万千瓦；江苏省 19 处，装机容量 1920 万千瓦；福建省 41 处，装机容量 5677 万千瓦。

（2）风力发电资源的普查和选点规划

东南沿海是我国风电资源丰富区域之一，仅浙江省可开发利用的风电资源达 60 万千瓦以上。但直至 1993 年全国风电装机容量仅 1.45 万千瓦。1994 年，电力部决定将风电作为电力工业的清洁电源，制定了关于风电并网的规定。同年，该院在完成单项风电场设计前期工作的同时，对浙江沿海的风力资源进行普查，完成了《浙江省风力发电“十五”计划及 2015 年远景规划》。1997～1998 年，浙江临海括苍山风电场一期工程（单机容量 600 千瓦，总容量 1.98 万千瓦）和苍南风电场二、四期工程（单机容量 600 千瓦，总容量 1.0795 万千瓦）2 个风电场先后建成。之后，还开展了浙江、福建等一批沿海风电场的前期勘测设计工作，同时积极准备探索开发海上风电场。

（3）潮汐电站规划选点

该院除了早期承担了钱塘江潮汐电站开发研究、长江口潮汐电站规划、乐清湾潮汐资源技术经济调查和浙江省江厦潮汐电站勘测设计工作外，还进一步开展了浙闽沿海潮汐电站规划选点工作。在以往资源普查 85 个站点的基础上，分析筛选了其中 11 个站点开展规划阶段的勘测设计工作，于 1991 年 9 月提出了《浙闽沿海潮汐电站规划选点报告》。经技术经济比较，推荐浙江省健跳港、福建省八尺门为近期潮汐能开发项目。

3. 生态环境评估

福建水口水电站是华东地区装机规模最大的常规水电站（140 万千瓦），根据世行专家评估的要求，环境保护工作比较深入。该院从 1986 年起开始了长达 10 年的工程环境监测评估工作，完成了一系列的专题报告，其中《水口水电站环境影响执行总结》和《环境管理计划》都是全国首例。此后，该院不仅分别受地方电网公司和电源公司委托，编制了大量能源建设项目的工程环境影响报告书（表），还作为世界银行、亚洲开发银行等国际金融组织在华投资项目的主要咨询机构，参加了浙江天荒坪、桐柏、江苏宜兴、山东泰安等抽水蓄能电站、浙江省输变电工程、温州珊溪水库工程等建设项目的投资咨询，开展了环境影响及环境保护的调查和研究，提交了大量国际通用的世行版环评报告及咨询文件。

4. 地质勘测与工程测绘

在国内水电勘测设计系统中，该院是唯一拥有国家主管部门颁发的具有甲级地震安全性评价资质的单位，还拓展了从事工程地震安全评价、水库诱发地震研究和地质灾害评估与治理工作。水口水电站的水库诱发地震监测始于1988年，至2001年结束，前后持续时间长达13年。1993年4月水库下闸蓄水后一个多月的时间里，便在地震台有效监测范围内发生了水库诱发地震。在当时紧急情况下，根据翔实的野外宏观地震调查、地震活动与库水位的相关关系，该院当机定论：水口水电站库区地震活动为水库诱发性质；其最大震级不超过4.5级；地震不可能向大坝迁移，大坝不可能遭受大于6度的地震影响。这些结论都被后来的事实所证明，实际发生最大震级为4.3级。

进军西部后，该院的工程地质勘测研究能力有了新的飞跃。四川省雅砻江锦屏二级水电站为了开发利用高达310米的天然落差，采取截弯取直开挖长隧洞引水发电，总装机容量440万千瓦。通过大面积的宏观地质调查和勘探，2002年8月，该院编制了《锦屏二级水电站预可行性研究勘测设计工作大纲》。

20世纪90年代以来，该院努力推广应用测绘新技术，包括3S技术——卫星全球定位系统（GPS）、地理信息系统（GIS）和遥感（RS）等。尤其是在大型工程的施工控制网设计与施测和大型工程的变形监测网设计与施测两方面，具有专业的核心技术专长。近年，又完成了天荒坪抽水蓄能电站等工程的地形测绘。

5. 水工建筑物设计

该院勘测设计的水电站拦河大坝，几乎包含了所有坝型，而20世纪90年代完建或在建的不少大坝又创华东水电之最。例如，1996年建成的福建水口水电站混凝土实体重力坝，坝高101米。该院结合工程实际深入进行了厂坝连接（厂坝联合受力）、重力坝斜缝和纵缝不灌浆、坝内大直径压力钢管设置压缩垫层、DVF锚固系统的大吨位预应力闸墩等课题研究，取得突破，获取了较大的经济效益和社会效益。又如天荒坪抽水蓄能电站地下厂房设计结合地形条件采用自流式排水系统设计成功，被载入我国抽水蓄能电站设计导则。福建水口水电站2×500吨级三级船闸和2×500吨级垂直升船机的建设，积累了当今国内外航运过坝和高坝通航技术和设计经验，成为我国高坝通航技术新发展的标志。

截至2002年，该院荣获国家或省部级奖的水电工程优秀勘测设计项目约26项，其中国家级12项，福建水口水电站工程于2000年荣获全国第九次优秀工程设计金奖。另外，获国家或省部级科技成果奖的项目约40项，其中国家级奖项5项。1993年以来，该院一直是历届全国勘察设计单位综合实力百强单位，1994年后一直被评为全国水电水利勘测设计系统文明单位，1998年后一直被评为浙江省文明单位、全国电力系统双文明单位，2002年被评为全国电力系统双文明单位标兵。

二、上海勘测设计研究院

（一）机构与人员

上海勘测设计研究院（简称上海院）前身为1954年11月成立的燃料工业部上海水电勘测设计局，1958年改为水电部上海勘测设计院。1970年，该院被撤销。1978年，水电部调集原上海院下放职工在杭州组建华东勘测设计院。1983 年 4 月，为加强长江口综合开发整治和上海市水利工程建设等水利水电工程建设前期工作，水利电力部和上海市人民政府决定成立水利电力部华东勘测设计院上海分院、上海市水利规划设计院，编制 500 人，两块牌子一套机构，由水利电力部和上海市双重领导，以水利电力部为主。1987 年 2 月，水电部决定上海院恢复原名为“水电部上海勘测设计院”。1999 年 12 月上海院又更名为“水利部上海勘测设计研究院”，并加挂“国家电力公司上海勘测设计研究院”牌子。2001 年 7 月，根据国务院勘测设计体制改革决定，上海院由上海市政府管理，院名为“上海勘测设计研究院”。

该院积极融入激烈的市场竞争，由原业务单一的水利水电工程勘测设计院发展成为具有承担大中型水利水电、新能源、环境、工业与民用建筑、输变电、市政等工程科研、勘测、规划、设计、咨询、监理、监（检）测、总承包资格和能力的国家综合性甲级设计单位，并持有商务部颁发的对外经济合作经营资格证书。1998 年，该院通过 ISO 9001 质量体系认证。1999 年被评为全国创建文明行业先进单位，并连续多年蝉联上海市文明单位。上海院员工构成情况见表 3-2-7。

表 3-2-7 上海勘测设计院员工构成情况

年份	职工总人数	科技人员人数				
		高级职称	中级职称	初级职称	合计	占百分比（%）
1990	369	117（含教高）	65	114	314	85.1
1995	431	109（含教高）	147	114	377	87.4
2000	386	134（含教高）	113	76	342	88.6
2002	407	156（含教高）	95	89	351	86.2

注 合计中含尚未取得职称的新分配来的大学生。

（二）能力与成果

该院先后承担了福建棉花滩水电站、四川明台水电站、安徽响水涧抽水蓄能电站、江苏沙河和宜兴抽水蓄能电站、上海奉贤海湾风力发电场、长江口综合开发整治、太湖流域综合治理、上海市 220 千伏人民广场地下变电站等工程的规划设计，完成了浙江天荒坪抽水蓄能电站上水库等工程的建设监理。

该院积极参与华东地区的水电勘测设计研究工作，先后完成了江苏省抽水蓄能电站资源普查报告和江苏省苏南地区大型抽水蓄能电站规划选点报告。该院在苏南地区选出 8 个较好的站址，其中宜兴铜官山站址就是宜兴抽水蓄能电站，规划装机 100 万千瓦，成为苏南最佳站址。

该院是上海市第一家具有风电设计资质的设计单位，在风力发电设计领域处于国内先进行列。该院已掌握从测风设备的选型、数据的采集、数据分析等一整套完整的程序，在上海南汇、崇明岛等地建立了测风装置，进行了长期的风速、风向观测，积累了上海地区丰富的风资源资料。该院先后完成了上海崇明、南汇、奉贤以及江苏如东、山东威海、长岛等风力发电工程的规划设计工作，完成了上海市 10 万千瓦及以上风电场的选址报告。该院负责设计了上海市第一座风电场——奉贤海湾风电场，利用全球环境基金世界银行贷款建设的上海崇明、南汇风力发电工程计划于 2003 年投产发电。

该院承担设计的福建棉花滩水电站是国家“九五”重点工程建设项目，电站是以发电为主，兼有防洪、航运及水产养殖等综合效益的大型水利枢纽，总装机 60 万千瓦。电站大坝采用了碾压混凝土重力坝坝型，最大坝高 113 米，是目前为数不多的坝高超百米的碾压混凝土高坝之一。由于碾压混凝土可大面积机械化连续施工，大大缩短了工期，工程实现了提前蓄水及发电。该院在棉花滩水电站工程设计中，将新型的窄缝式消能方式应用在溢洪道尾部在国内尚属首次。该种消能方式使渲泄水流在空中消能更充分，避免了对河床及两岸岸坡的冲刷，成功地解决了峡谷河段、高坝、大流量泄洪消能的技术难题。该工程设计获全国优秀工程设计银奖。

该院承担设计的宜兴抽水蓄能电站上水库主坝下游坝基陡坡地形的倾斜度目前属国内外面板堆石坝之最。该工程首次采用了由面板坝加下游混凝土重力挡墙组成的混凝土面板混合堆石坝方案，体现了较高的设计水平。

该院在沙河抽水蓄能电站工程中，成功地采用了竖井半地下式厂房设计，2 台机组布置在竖井内，安装场和副厂房布置在地面，与地下厂房相比进出厂房交通方便，厂房通风、采光条件较好，运行费用较低，更有利于安全运行。厂房竖井开挖直径 31 米，其规模在国内同类厂房中是最大的。

该院负责设计的 220 千伏上海人民广场地下变电站是国内第一座超高压大容量城市型地下变电站，在国际上也属最大型地下变电站之一。其设计主要特点为 220 千伏电网进入市中心在国内尚属首举，在软土地基中建设直径 62.4 米，地下连续墙深 38 米，建筑物深 23.2 米的圆形地下工程也无前例，设计难度极大。经过论证和试验，该院解决了变电站与通信枢纽间的强弱电干扰问题以及大型基坑围护结构的土建结构设计难题。在变压器冷却、通风空调、变压器吊运就位、设备布置和消防灭火、紧急出口诸方面也采用了优化的技术措施。该工程的建成为中国大型超高压地下变电站设计填补了空白，获电力部优质工程奖、上海市优秀工程设计一等奖、水利部科技进步三等奖。

该院积极拓展国际市场，先后在土耳其、缅甸、巴基斯坦、孟加拉、越南、伊朗等国完成了几十项水电、输变电工程的设计和咨询服务等工作。该院精心设计，勇于创新，1983 年以来获国家、省部级科技进步奖、优秀设计奖 54 项、专利 20 余项。其中全国水资源普查、混凝土腹拱坝、长江口上海第二水源规划、上海市人民广场 220 千伏地下变电站、苏州河闸桥、水电站岔管设计 CAD 系统、软土地基灌浆加固等项目获国家级奖励，达到国际先进和国内领先水平。

第四篇　施工与基建管理

第四篇　施工与基建管理

“八五”计划前四年，火电建设项目较多，电力建设施工队伍任务比较饱满。“八五”计划末尤其是进入“九五”计划后，电力建设特别是火电建设一度处于低谷，电力施工企业陷入困境。一方面，电力建设市场不健全，市场竞争十分激烈，电力施工企业迫不得已相互压价竞争；另一方面，1998年底国家对电力体制提出改革意见，基建施工企业面临主辅分离等问题。华东电网各施工企业锐意改革、强化管理，采取内部竞争上岗、内部安置等一系列措施，同时积极争取市场份额，提高企业经济效益，在困难中求生存、求发展。各施工企业认真学习国内外先进经验，工程管理模式加速与国际先进水平接轨，创造了以温州二期工程为代表的“清晰的改革思路、先进的惯例模式、严谨的工作作风、科学的管理手段、牢固的精品意识”的成功经验，创建了火电建设以“扬二、北仑”为代表和电网建设以苏州石牌、车坊为代表的样板工程，受到系统内的高度赞誉。

第一章　施　工　企　业

改革开放以来，华东电网电力施工队伍的规模、能级得到了迅速发展，逐步形成了一批具有涵盖设计、施工、调试、监理一条龙服务能力和总承包资质的电力施工企业。至2002年，网内有综合性一级施工企业共15家。其中上海市有：上海电力建设有限责任公司下属的上海电力安装第一、二工程公司，上海电力建筑工程公司和华东送变电工程公司；上海市电力公司下属的上海送变电工程公司；江苏省电力公司下属的江苏省电力建设一、三公司和江苏省送变电工程公司；浙江省电力公司下属的浙江省火电建设公司和浙江省送变电工程公司以及代管的水电十二工程局；安徽省电力公司下属的安徽电力建设第一、二工程公司和安徽送变电工程公司。

截至2002年末，华东电网电力施工企业职工总人数为25320人，其中专业人员5692人，机械设备总值71817万元，具有承担60万千瓦及以上大容量、高参数、超临界机组，各种电压等级的输变电工程和核电站常规岛工程的施工能力。1991～2002年，华东电网电力施工企业共完成施工产值443亿元，其中上海18.45亿元，江苏113.62亿元，浙江120.27亿元，安徽85.03亿元，上海电建105.64亿元。

第一节 上海电力建设有限责任公司

上海电力建设有限责任公司的前身是上海电力建设局，是全国最早拥有国家一级总承包资质的施工企业之一。

1992年2月29日，上海电力建设局成立上海电力建设工程承包总公司。1998年8月28日经国电公司批准，上海电力建设局改制为上海电力建设有限责任公司，为华东电力集团公司的全资子公司。1999年5月31日，注销上海电力建设工程承包总公司。

该公司下属的主要单位有上海电力安装第一工程公司，上海电力安装第二工程公司，上海电力建筑工程公司，华东送变电工程公司，上海电力建设启动调整试验所，上海电力机械厂，上海电力建设修造厂，上海电力建设物资公司。

一、上海电力安装第一工程公司

该公司具有电力工程总承包一级资质。公司有职工1256人，其中具有项目经理资质29人；各类工程技术人员220人，高级职称39人，中级职称80人；技师、高级技师92人；高级工187人，中级工296人。公司的焊接技术在全国同行中名列前茅，多年来在部、市和全国举行的职工焊接比武和技能大赛中多次获得个人和集体的前三名，其中获得第一名9人次，第二名7人次，第三名3人次。

公司获得了许多荣誉，如石洞口电厂4台30万千瓦机组获国家建筑工程鲁班奖；华能石洞口第二电厂60万千瓦超临界机组，获美国《国际电力》杂志“国际电站奖”、上海市科技振兴二等奖、1994年全国优秀焊接工程奖、电力部科技进步一等奖；地铁一号线汉中路车站工程获上海市“白玉兰奖”和全国市政工程“金杯奖”。

二、上海电力安装第二工程公司

该公司是国家电力工程施工总承包一级资质企业，有职工1465名，其中管理人员217名、技术人员197名；有高级职称的27名、中级职称的110名；高级技师27名、技师50名；技术工人854名。

公司获省部级以上的各类荣誉称号178项，其中，1992年石洞口发电厂4台30万千瓦机组获国家建筑工程鲁班奖，1996年度获“全国优秀施工企业”称号，1998年外高桥发电厂一期工程获国电公司“优质工程”称号，2001年获国家工程建设银质奖，吴泾八期工程设备安装获国家建筑工程鲁班奖，2002年获得上海市重点工程立功竞赛优秀公司15连冠，并获得上海市政府授予的重大工程“建设金杯”3连冠。

三、上海电力建筑工程公司

该公司是土建专业施工企业，具有房屋建筑施工总承包、钢结构工程专业承包、高耸构筑物工程专业承包、起重设备安装工程专业承包一级资质和建筑装修装饰工程专业承包、预拌商品混凝土专业承包二级资质。公司有职工1501名，其中管理人员175名、技术人员196名；具有高级职称的28名、中级职称的78名。

公司获得省部级以上的各类荣誉称号118项。其中1991年获能源部、建设部、上海市“先进施工企业”称号；1995～1998 年连续 4 年蝉联上海市“优秀施工企业”称号；1992～2002 年共 10 次获上海市“优秀公司”称号；1997～1998 年获上海市“文明单位”称号。1992 年、1994 年、2003 年 3 次获国家建筑工程鲁班奖；2000 年获国家银质奖；10 次获部级优质工程或优质施工项目奖；2000 年获上海市“白玉兰奖”和“浦江杯”；8 次获上海市钢结构“金钢奖”。

四、华东送变电工程公司

该公司是从事输变电工程为主的综合性大型国有企业，拥有电力工程施工总承包一级资质；是电力部批准的送变电工程类甲级调试单位；上海市经委批准的设备维修 A1 级资质企业；具有上海市通信管理局批准的通信工程施工资格和上海测绘局批准的工程测量丙级资质。公司员工中，具有大专及以上学历的人员为 119 人，具有建设部认定的一级项目经理 33 人，二级项目经理 9 人，具有建设部认定的一级建造师 23 人。

公司获得多项荣誉：1994 年和 1998 年两度被列为上海市建筑施工企业经济实力 50 强；1995 年度上海市优秀施工企业；1996～1997 年度国电公司双文明单位；1997～1998 年度上海市文明单位；1997 年、1998 年国电公司实现安全目标管理电力企业；2000 年被国家电力公司评为实现电力建设安全生产 1000 天先进施工企业；2000～2001 年度国电公司双文明单位；2001 年、2002 年连续 2 年被评为上海市优秀公司；2002 年度全国电力行业优秀施工企业。

五、上海电力建设启动调整试验所

该所是承担大中型电厂机组启动调试和性能试验、具有调试甲级资质和化学清洗 A 级资质的专业调试单位。有职工 108 名，其中工程技术人员 98 名，具有中、高级技术职称人员 60 名。1991 年以来该所人员足迹遍及全国十几个省市及巴基斯坦、肯尼亚等国家。调试的机组累计总容量达 2870 万千瓦。

该所先后取得了“上海市文明单位”、“全国电力行业质量效益型先进企业”、“上海市职工最满意企业”和“全国电力调试行业优秀企业”等荣誉称号。

六、上海电力机械厂

该厂是电力系统的重点修造企业之一，具备电力部电站起重设备设计制造资质，国家质量监督检验检疫总局特种设备（大型起重机和电站汽机旁路）制造 A 级许可证和国家电力公司大型起重机制造、安装、维修资质。主要经营大型起重机、汽机旁路、金属构件、工业保温材料等产品制造和电站水处理设备工程，以及上述产品范围内的“四技”服务。1994 年 9 月，上海电力建设保温厂划转为该厂管辖。

该厂有职工 330 名。其中，管理人员 65 名、技术人员 26 名；有高级职称的 4 名、中级职称的 26 名；中高级以上技术工人 158 名。工厂占地面积 50900 米^2，建筑面积 22685 米^2。固定资产原值 3552 万元，净值 1501 万元。

该厂具有 40 余年专业生产电力机械的历史，开发制造的 20 万、30 万千瓦汽机旁路装置、电站水处理成套装置、FZQ-1250（1350）自升式起重机均为进口替代产品。FZQ-1250 自升式起重机荣获上海市科技结合生产重点工业项目会战振兴三等奖；FZQ-2000 大型自升式起重机于 1992 年进入韩国市场，目前全国已有 18 家电建施工企业拥有该厂制造的

FZQ 系列吊车。

七、上海电力建设修造厂

该厂有职工 270 余人。其中经营、技术管理人员共 56 人，具有中、高级技术职称人员 21 人、技师 12 名、高压合格焊工 20 多名以及三级、二级无损探伤员 7 名。

该厂拥有以燃机烟道进排气系统为主导产品的产品制造市场，以长输天然气管道安装为主的管道安装工程市场，以电厂设备维修为主的设备检修市场，以及管件及配管、压力容器、钢结构及起重机械等的设计制造能力。

八、上海电力建设物资公司

该公司是物资经营的专业企业，同时承担了上海电力建设有限责任公司物资部的归口管理职能。其经营范围是承担大型电站设备的运输、成套业务；设备材料采购、非标设备加工制作业务；进出口设备的接运、检验、代理、运输、催缴、保管发放、货物的码头装卸、仓储等各类物流业务。公司有基本职工 75 人，其中中高级专业技术人员 20 人，其他专业技术人员 23 人。

该公司先后承接并完成了广东省、海南省、上海市及周边省市和地区的数十个电厂项目和上海市重点工程项目的超大件设备的接运、仓储、现场管理及物资供应任务。获得了能源部授予的“物资工作达标单位”、“电力成套工作先进集体”等多项荣誉称号。

第二节　三省火电和水电施工企业

一、江苏省电力建设第一工程公司

“九五”计划期间，按照电力部深化电力体制改革的要求，江苏省电力局于 1998 年将江苏省电力建设第二工程公司（施工二级资质）撤编、分流，同时将原省电力建设公司改制成监理为实体的宏源监理公司。

江苏省电建一公司是国家一级电力施工企业，2002 年有职工 2293 人。1994 年，该公司创造了一年投产 4 台 30 万千瓦机组的全国纪录。该公司承建的张家港华宇电厂 1 号机组从土建开工到第一台机组投产移交共 15 个月零 9 天，创造了当时全国同类型机组施工速度的新纪录。该公司承建的南京下关电厂 2 台 12.5 万千瓦机组，被评为江苏省“扬子杯”工程和国家优质工程奖；徐塘电厂技改工程先后荣获国电公司火电优质工程奖、中国建筑工程鲁班奖等多项荣誉称号。

公司曾多次被评为江苏省建筑业最佳企业、江苏省文明单位、全国优秀施工企业，获电力部 1993 年电力投产 1200 万千瓦功臣集体、2003 年度电力建设功臣单位并全国“五一”劳动奖状。

二、江苏省电力建设第三工程公司

该公司是专业从事火电工程、核电站工程、变电站工程建设的大型建筑安装综合型施工企业，具有国家电力工程施工总承包一级资质。公司先后承担 36 家电厂的新建、扩建工程的建设任务，现已成为具有能同时建设多座大型火电厂、核电站、变电站的综合性施工企业。公司 2002 年在册职工 2645 人，拥有各类动力机具 2460 台件，总功率 23893 千瓦。

公司承建的扬州第二发电厂一期工程工期创全国同类型机组先进水平，获“中国企业新纪录”称号；质量创全国同类工程达标投产最高分，获得了江苏省电力建设行业内首个国家建筑工程鲁班奖；创建的安全文明施工“四化”管理方法被电力部向全国电力系统推广，全国电力系统有 100 多家单位到现场参观考察。

三、浙江省火电建设公司

1991 年，该公司还是一个以劳务型为主的施工单位，到 2002 年逐步转变为劳务型和管理型并重的施工企业。该公司拥有电力工程施工总承包一级资质、火电设备安装工程专业承包一级资质、管道工程专业承包一级资质、环保工程专业承包三级资质，调试甲级资质、1000 兆瓦压水堆核承压设备和 20 万千瓦低温供热堆核承压设备安装许可证、压力管道安装许可证、国际经济合作经营资格以及对外援助施工任务 B 级资质。

2002 年，公司共有员工 2879 人，其中工程技术和管理人员 740 人，占职工总数 25.7%；公司有硕士研究生 5 人、博士生 2 人。

公司承建发电机组共 33 台，总装机容量达 475.4 万千瓦。同时，施工水平和能力得到较大提高：北仑发电厂二期工程和长兴四期（技改）工程均获得中国建筑质量最高奖——鲁班奖；8 个工程项目获得“钱江杯”（浙江省建筑优质工程奖）、5 个工程项目获得浙江省优秀安装质量奖。

四、安徽电力建设第一工程公司

该公司具有国家电力工程总承包一级资质。公司以各类火电厂整体建筑安装、核电常规岛辅助生产建筑和设备安装为主，兼营各类工业和民用建设项目的建筑安装。

公司职工人数从 1992 年的 4519 人锐减至 2002 年的 2816 人。其中具有大学本科以上学历的工程技术人员由 1992 年的 138 人提高到 2002 年的 345 人。

公司承建完成了 18 台套、490 万千瓦的火电机组施工任务，同时还承建了安徽省内大量的 110 千伏输变电工程建设任务。在完成施工任务的同时，该公司也获得了许多荣誉。其中承建的合肥第二发电厂获得 2002 年度国家建筑工程鲁班奖，被 ABB 跨国公司列为全球样板工程。

五、安徽电力建设第二工程公司

该公司拥有一级电力施工总承包资质和对外经营工程承包资质，具有国家核安全局颁发的民用核承压设备安装资格许可证、国家质量技术监督局颁发的长输管道安装许可证、甲级环境污染治理工程证书和消防工程甲级施工许可证等。

公司有职工 2900 余人，具有专业技术职称的工程技术和各类管理人员 800 余人，其中高级职称 196 名。

经过平圩电厂一期工程 2 台 60 万千瓦机组建设洗礼，公司跃身于全国火电建设队伍的前列，并获“国家重大技术设备特等奖”、“施工企业管理优秀奖”等称号。到 2002 年为止，公司仍保持着全国唯一一家已建成 9 台 60 万千瓦和 1 台 90 万千瓦机组的骄人业绩。

公司先后获“全国先进集体”、“全国五一劳动奖状”、“先进施工企业”、“全国安康杯先进单位”称号，被新加坡劳工部授予“安全优秀奖”。1991年以来，公司所承建的20万千瓦以上机组，全部获得国家或省级“焊接优秀工程奖”。淮北二厂工程获得国家级优质工程奖，合肥二厂工程获国家建筑工程鲁班奖，上海外高桥工程获“全国优秀焊接工程一等奖”。

六、水电十二工程局

中国水利水电第十二工程局（简称水电十二局）于1991年2月由能源部委托浙江省电力局管理。2002年11月，国电公司决定水电十二局成建制划归中国水利水电工程总公司管理。2002年末，该局在职职工3557人，其中专业技术人员1372人。员工中具有高级专业技术职称的197人，中级专业技术职称的510人。该局持有国家水利水电工程施工总承包一级、市政公用工程总承包一级、房屋建筑工程施工总承包二级、港口与航道工程施工总承包二级等施工资质证书，拥有机械设备4000余台套，能独立承担大中型水利水电工程、市政工程，具备年挖填土石方2500万米^3、浇筑混凝土100万米^3、制作安装金属结构10000吨、安装水轮发电机组50万～80万千瓦的施工生产能力。

该局不断提高自主创新能力，获得多项科技成果，如：“滑框倒模技术在水口电站垂直升船机塔楼施工中的应用”获国电公司科技进步应用类三等奖，“梯段爆破计算机模拟技术”获中国水电建设集团公司科技进步一等奖。

第三节 三省一市送变电施工企业

一、上海送变电工程公司

该公司具有电力工程施工总承包一级、城市及道路照明工程专业承包一级、房屋建筑工程施工总承包二级、送变电工程甲级调试资质、国家电力监管委员会颁发的一级承装（修、试）电力设施许可证，能承担各类电压等级输电线路和变电站的建筑、安装、维修、调试等工程建设。2002年，公司有员工945人，其中专业技术人员172人。

该公司共承建完成500千伏输电线路9条，总长度为362.49千米；建成500千伏变电站8座（包括改扩建），总容量为675万千伏安。

公司承建的500千伏上海南桥交直流变电站工程荣获能源部“优质工程”称号，500千伏石洞口第二电厂配套输变电工程荣获1993年电力部“优质工程”称号，220千伏上海人民广场地下输变电工程荣获1994年电力部“优质工程”称号，500千伏南桥—杨高2回输电线路工程荣获1996年电力部“优质工程”称号，浦东国际机场35千伏1、2号中心变电站荣获上海市1998年度“申安杯”安装工程优质奖。

二、江苏省送变电工程公司

该公司拥有国家电力工程施工总承包一级、房屋建筑工程施工总承包三级和国家电监会颁发的一级承装（修、试）电力设施许可资格，具有国家进出口企业资格。1996年2月更名为江苏省送变电公司。公司连续多年被江苏省建设银行评定为“AAA”级资信企业。公司有职工1771人，其中有教授级、高、中、初级职称管理人员389人；2002年完成施工产值36513万元，全员劳动生产率为155639元/（人·年）。

公司共建成500千伏输电线路778.7千米、变电容量350万千伏安。

公司1998年12月承建完成的500千伏东善桥输变电工程和常州武南输变电工程获国家电力公司“基建移交生产达标投产输变电工程”称号，为全国早期命名的8个输变电工程中的2个。2000年5月公司荣获中国施工企业管理协会“1999年度全国优秀施工企业”奖。500千伏东善桥变电站荣获2000年度江苏省建筑工程“扬子杯”奖、获2000年度中国建筑工程鲁班奖。

三、浙江省送变电工程公司

该公司是具有电力工程总承包一级资质的大型电力施工企业。2002年，该公司职工人数为1207人，其中专业技术人员近365人。公司年施工产值从1991年的6001万元猛增至1999年的41996万元，实现利润960万元。

1993年，公司荣获全国五一劳动奖状，1996年被评为电力部双文明单位，1998年被中华全国总工会评为全国模范职工之家，2002年获得浙江省质量管理奖。公司施工的220千伏及以上输变电项目全部达标投产，有10余项（次）工程被评为浙江省、全国电力行业优质工程，其中一项工程获国家银质奖，2002年3月竣工的500千伏宁波天一变电站工程获得了中国建筑工程最高奖——鲁班奖。

四、安徽省送变电工程公司

该公司具有电力工程施工总承包一级、房屋建筑工程施工总承包三级、混凝土预制构件专业承包三级及电力消防设施工程专业承包三级等相关资质，也是送变电类甲级调试资质单位。公司有职工1500余人，其中专业技术人员449人。

公司1992年荣获“全国施工企业管理优秀奖”等称号，500千伏安徽平圩电厂至繁昌线路工程被能源部授予“优质工程”称号，1997年公司荣获全国先进企业五一劳动奖状，1999年公司被授予“全国电力行业质量效益型先进企业”称号；2000年220千伏定远变电站被评为国家电力公司优质输变电工程。2001年荣获国家电力公司“双文明单位”称号。2002年荣获安徽省“思想政治工作优秀企业”称号。

第二章　施　工　装　备

伴随电力市场的逐渐建立和完善，施工招投标制的不断深化、规范，电力大型施工机械装备已成为工程招投标的必备条件之一。为此，各施工企业都十分重视大型施工机械的更新、换代。反映华东电网各施工企业实力的重要标志之一——施工装备在装备数量、装备质量、装备管理水平等三方面实现了突破。先进的装备为安全施工、高效施工提供了保证。

第一节　机　械　装　备

纵观华东电力施工企业施工装备的发展历程，施工装备与当时的国情以及电力生产力发展水平密切相关。随着大容量、高参数发电机组的出现，设备重量和安装难度大大增加，进入“九五”尤其是“十五”计划期间，电力工程呈现单机容量大、电厂规模大、电厂设备新技术多、自动化程度高、质量要求高、工期要求紧的特点，迫切要求施工企业提高机械装备水平。

2000 年，华东电力施工企业的装备水平有了新的提高。机械设备原值 73024 万元，比 10 年前增长 1.1 倍。同时，机械管理的模式已从传统的分散管理逐步演变成集中与分散相结合的管理方式，对大型吊装和起重机械实行集中调度，形成“选、管、用、养、供、修、调”七位一体的管理系统，包括内部承包、租赁的经营机制，提高了大型施工机械的使用效率。

上海电力建设有限责任公司所属单位机械装备管理基础较好，施工机械技术经济指标见表 4-2-1。

表 4-2-1　　1991～2002 年上海电建施工机械技术经济指标

年份	年末自有机械				技术装备率（元/人）	动力装备率（千瓦/人）	完好率（%）	利用率（%）	装备生产率（元/百元净值）	总产值（万元）
	总数量（台）	价值（万元）		总功率（千瓦）						
		原值	净值							
1991	4111	11014.5	6841.7	66578.8	4830.3	4.7	92.3	70.8	540.66	36990.6
1992	2960	10328.9	6685.2	68129.0	4943.6	5.0	88.7	61.8	590.14	39452.2
1993	2049	9390.9	5539.8	61194.1	5305.8	5.9	91.5	67.0	906.44	50215.1
1994	2323	15027.0	8929.0	57022.0	10672.0	6.8	90.6	71.2	830.28	74135.7
1995	2588	17912.5	8800.2	57697.1	9324.2	6.1	91.2	72.3	986.57	86820.3
1996	2798	19127.8	9439.8	57762.6	10456.1	6.4	92.8	69.0	1112.19	104989.3
1997	2872	20336.7	9674.5	59993.1	11590.4	7.2	87.1	65.2	1221.10	118135.8

续表

年份	年末自有机械				技术装备率（元/人）	动力装备率（千瓦/人）	完好率（%）	利用率（%）	装备生产率（元/百元净值）	总产值（万元）
	总数量（台）	价值（万元）		总功率（千瓦）						
		原值	净值							
1998	2940	18863.3	7704.8	58652.1	10328	7.9	92.7	71.5	1575.86	121417.3
1999	2856	18527.6	6403.2	61664	8886	8.6	92.7	71.5	1835.41	117524.9
2000	2665	19168.59	6767.18	56697	10236	8.6	92.0	66.3	1699.64	115017.8
2001	2157	18943.7	5816.6	56163	10324	10.0	88.2	50.7	1716.81	99860.3
2002	2875	18666	5724	57337	9491	9.5	92.0	70.0	1794.43	102713.5

江苏省电建一公司机械设备总台数为1833台件，原值8281.7万元、净值4724.68万元、总功率为16387.8千瓦、全员技术装备率为20614元/人、动力装备率为7.15千瓦/人。

江苏省电建三公司起重机械为155台件。其中履带吊3台，共150吨；汽车吊6台，共169吨；塔吊6台；固定吊车2台，共10吨；桥式起重机10台，共58吨；龙门式起重机29台，共675吨；叉式起重机5台，共17.5吨。

浙江火电建设公司拥有9台履带式起重机，其中包括LR1400/1、P&H7250、SC1500、LS248RH5、KH700-2、SC500、BM500等大型起重机械。还拥有各类平板车、牵引头等38台及相应的特大型火电工程施工装备。

安徽省电建一公司自制并添置了2台40吨龙门吊、全液压履带吊6台、9台自卸车等施工机械。公司机械装备台数从1992年的1201台、装备总功率3.62万千瓦，发展到2002年的装备台数1426台，装备总功率3.75万千瓦。

2002年，安徽省电建二公司拥有机械设备总值2.6亿元，其中起重设备160余台套，总起重量6000余吨，拥有大型履带吊10台、100吨塔吊2台、FZQ1250筒吊2台等大型吊车，机械设备总功率为30663.68千瓦。

上海送变电工程公司拥有先进的牵张机、真空滤油机、高架车、越野吊车、全球定位系统、压接设备、测试仪器等现代化施工设备。2001年1月，公司从意大利购进18吨牵引机1台、16吨张力机1台。购进9吨牵引机1台、7吨张力机1台。2002年，公司机械设备原值达到6052万元，总功率12921千瓦，动力装备率13.6千瓦/人。

江苏省送变电公司拥有大型施工机械设备1149台、总功率达17215千瓦，技术装备率为17854元/人，动力装备率为9.72千瓦/人。公司固定资产10860.17万元，原值5722万元，净值3162万元。

浙江省送变电公司陆续进口了6套大型牵张机，1999年研制了井架连接四摇臂旋转高塔组立专用抱杆，成功组立张家港跨长江、舟山跨海等高塔。截至2002年，公司有200吨液压平板车1组，20～50吨低平板车7辆，20吨半挂车10辆，16～50吨汽车吊10台。该公司还具有年产2万吨铁塔、构件铁件的制作能力，拥有热浸镀锌锅2只和大型电控镀锌及环保设备，具有对镀锌烟雾、酸雾、助镀液和污水进行回收循环使用以及无公害处理能力。至2002年底，公司拥有施工机械、试验仪器等934台套，原值6711万元，机械总功率达10615千瓦。技术装备率为27398元/人，动力技术装备率为8.3千瓦/人。

2002年底，安徽送变电公司已拥有大型液压平板车2套，重型牵引车5台，大型吊车14台，中型载重汽车21辆，单机最大运载能力470吨。公司拥有各种主要施工机械设备2934台（套），总功率19142千瓦；机械设备原值4496万元，其中净值3000万元；技术装备率19828元/人，动力装备率12.65千瓦/人。

第二节　装　备　管　理

一、管理方式

华东电网各施工企业在“八五”计划以前都沿袭成立机具总站，进行集中管理的方式，但是这种计划经济年代的传统管理模式已经不能完全适应电力建设发展的需要。施工单位整合大型施工机械资源，采取集中与分散相结合的方式，同时相继成立独立经营核算的管理实体，对内实行自负盈亏工程量承包或内部机械费结算，在确保公司工程需求的基础上对外租赁，盘活了大型施工机械的利用率。

管理方式变化比较典型的是江苏省电建三公司。该公司以原机具站为基础，成立机具总站，由江苏省电力建设公司调度，其余中小型机械则分散到各工程处机修站，但所有机械设备的购置和大修理安排等仍由江苏省电力建设公司统一管理。由此形成集中与分散相结合的公司、工程处两级管理形式。公司在1991年出版了《机械设备使用、保养、修理规定》、《进口机械设备管理办法》、《仓库管理细则》等，完善了机械使用的“三定”（定人、定机、定岗位）制度以及机械设备的保养、修理制度。1996年，根据公司项目法施工的要求和各专业工程处（专业公司）的施工特点，首次将施工机械和专用机械设备实行分级管理、考核。1999年，编制了《起重机械安装拆卸施工工艺》、《工程机械大修竣工验收规范》和《机械设备一级、二级保养技术》等规程规范，使机械设备管理制度更完善、规范。随着国家对电厂建设投资的减少，国内特别是江苏火电建设市场逐步萎缩，火电施工企业的施工任务严重不足，大量的施工设备闲置。根据“以效益为中心、以市场为导向、以现场为核心”的方针，公司对外实行机械租赁，1999年度对外租赁费达200多万元，2000年度机械对外租赁费达600多万元。

二、使用保管

华东各施工企业从20世纪90年代初，按规定对起重设备进行定期安全检查已形成制度，基本上做到有计划、有检查、有记录、有整改措施，对消除事故隐患，加强事故防范起到了积极作用。“三定”制度是用好机械的有效办法，把人和机械的关系定下来，做到人人有岗位，事事有专责，台台机械有人管。各施工企业进一步健全和完善机械设备管理网络，制定了岗位责任制，在机械设备管、用、养、修上加强检查和督促。同时对操作人员实行机械保养与奖金挂钩，对机况机貌实行评分制，并作为年度红旗设备评比的依据和条件。各企业普及台账微机管理，账卡物齐全，维修保养记录详细完整。操作人员持证上岗、起重机挂牌及日常维护保养情况均按规定进行，“管、用、养、修、购、租”的管理模式日渐成熟。

第三章　施工能力与技术创新

电力建设市场的起伏对各施工企业是深刻的教育和挑战。各单位走出国门、开拓市场，积极学习和引进国外先进施工技术，同时，开展群众性科技创新活动，在施工能力大幅提高的同时，也获得了丰硕的科技成果。

第一节　火电施工企业

20世纪90年代后期，许多火电施工企业施工任务难以为继，施工能力与技术创新也是举步维艰。而电力投资多元化格局又促成了电力建设的大发展，华东电网各施工企业紧紧抓住电力建设发展的大好机遇，审时度势，积极应对，加大投入，施工企业的能力得到了较快的提高。

一、施工能力

浙江省火电建设公司抓住浙江电力高速发展的机遇，经过几个大工程的生产实践，健全了以总工程师为首的施工技术管理组织网络。1993年完成了“火电建设开工条件确认程序”等一系列技术管理制度。1996年公司质量保证手册第一版出版，“过程控制程序”、“检验和试验程序”等编入质量保证手册。1997年修订质量保证手册第二版。在严格执行国家、行业和上级颁发的各项法律法规、施工技术规程、规范、制度的基础上，经过工程生产实践，公司不断完善了一系列技术管理制度。

安徽电力建设第二工程公司是国内第一家拥有专业化烟囱建设和水塔建设技术的公司，采用法国设计的双曲线塔型，运用比利时哈蒙液压提升装置的施工技术，先后完成数十座5000米^{2}以上冷水塔建设项目。此外，公司拥有国电公司认可的金属检测中心和建筑检测实验室，具有年制作钢结构3万吨的专业化生产能力。公司还拥有电站运营公司和电站检修公司，承担着西来宾电厂等设备的检修与维护，是法国电力公司在中国电站的首家合作伙伴单位。

火电建设市场处于低谷时，各火电施工企业积极开拓国际市场，承建了一些国外火电工程。既拓展了企业的生存空间，又获取了参与国际市场竞争的宝贵经验。如江苏省电建三公司，2000年竞标承建新加坡普洛沙卡拉3×22.5万千瓦燃机电站工程。通过该工程建设的锻炼，培育了国际经营人才，积累了国际工程管理经验。2001年，该公司又成功进军核电领域，竞标承建江苏田湾2×100万千瓦核电（常规岛）的土建、安装工程，显示出强大的核心竞争能力。他们以诚信为竞争力基础，发挥精良的动力装备、高素质的队伍和管理优势，拥有同时承建多个不同能级的火电、核电、燃机发电机组及变电站的能力。他们以国际、国内两种资源优势建设两个市场，争创国内一流、国际知名公司的竞争能力，推进了企业的发展。安徽电力建设第二工程公司承建的新加坡西拉雅电厂三期 3×25 万千瓦机组共用三管钢内管烟囱工程，由中电技国际水电开发有限公司总承包，安徽省电建二公司作为合作伙伴，担负烟囱主体施工及钢内管制作并安装。该烟囱高度为 179.5 米，外筒系钢筋混凝土结构，内套 3 只直径各 4 米的等径钢筒。1993 年底，人员进点准备，1994 年初烟囱开始进入滑模施工，1994 年 6 月烟囱施工到顶。随后进入钢内管制作与安装，至 1995 年 1 月 20 日烟囱内管安装施焊完毕。1995 年 11 月，西拉雅电厂烟囱施工荣获新加坡劳工部颁布的 1995 年安全工作优秀奖。马来西亚古晋 2×5 万千瓦燃煤电厂建设项目系由中国机械设备进出口总公司总承包，安徽省电建二公司承担 2 台机组的安装与调试工作。工程自 1995 年 11 月 26 日锅炉钢架起吊，1 号机组 1997 年 8 月 28 日首次并网发电，2 号机组 1998 年 2 月 11 日首次并网发电，并各自完成 30 天可靠性试运行后移交。

华东电力施工企业都十分注重队伍建设，在改善施工装备和技术方面都肯投入，从而大大提高了施工能力，加快了施工进度。从建设工期来讲，以 60 万千瓦机组为例，1988 年国产第一台 60 万千瓦火力发电机组建设前后历时 6 年，而扬州第二发电厂 1 号 60 万千瓦机组于 1996 年 3 月动工，1998 年 11 月完成 168 小时试运行，施工工期仅为 31.5 个月。这充分显示了华东电建企业施工能力已迈上一个新台阶。

进入“十五”计划以来华东电网各施工企业效益都创历史之最，江苏省电建三公司、浙江省火电公司等企业连续几年的劳动生产率突破人均 15 万元，名列全国同行前列。

二、施工技术创新

华东各电力施工企业充分发挥员工的聪明才智，如江苏省电建一公司每年征集员工的合理化建议，仅 1998 年就实现 30 项技术创新，各单位施工技术创新也获得可喜成果。

（一）倒装法烟囱施工

随着火电厂机组容量不断增大和环保要求的提高，烟囱日趋高大。传统的单筒式钢筋混凝土烟囱的筒身普遍存在竖向裂缝。为了提高火电厂烟囱的耐腐蚀性能，避免混凝土筒身裂缝，改善烟气运行条件，上海电力建筑工程公司和华东电力设计院在华能上海石洞口第二电厂的烟囱工程中积极创新，结合实际条件，设计采用了新颖的 240 米双钢内筒钢筋混凝土烟囱。该烟囱外筒采用钢筋混凝土、双钢内筒为落地支撑式，经方案比较论证，确定采用自爬式液压顶升倒装法施工，解决了该项目施工技术的关键。

（二）改进油净化和焊接工艺

在上海吴泾热电厂八期工程施工中，为提高汽轮发电机油系统的净化效果和效率，上海电力安装第二工程公司购置了大流量冲洗装置，从而改变了压榨式滤油机低效的净化效果。另外，他们在电站厚壁受监焊口上成功应用二氧化碳气体保护焊，解决了焊工劳动强度高、焊接质量不易控制、返修难度大等问题，使焊接夹渣、气孔等缺陷减少，填补了国内焊接工艺的空白。

（三）对称吊装大件

上海外高桥电厂二期工程百万千瓦级的超临界燃煤发电机组施工过程中，上海电力安装第二工程公司应用了大量的新技术、新工艺来保证工程质量。根据现场的条件和特点，他们采用 2 台 FZQ－1250 吊车承担钢架吊装，另有 1 台 KH1000 履带吊配合吊装。重量在 50 吨以上的横梁和大板梁构件，采用 2 台 FZQ－1250 吊车双机抬吊。锅炉吊装时采取控制好吊装顺序，对称吊装，同时加强吊装过程中的基础沉降监测，避免由于基础载荷不平衡而引起的不均匀沉降。

（四）集群钢索液压提升

2000 年起，上海电力建筑公司在大型设备吊装作业中，应用了集群钢索液压千斤顶技术，采用计算机控制，可进行重达数千吨的设备吊装。该公司使用这些起重设备在发电机定子吊装、塔式锅炉设备吊装、船厂 600 吨大型龙门吊安装等起重作业中已取得了较好的实绩。

（五）金属监督信息系统

浙江省火电建设公司组织技术人员开发智能型金属试验监督信息管理系统（MMIS），专门用于金属监督、金属试验。1996 年 7 月，该成果在杭州通过了由电力部、劳动部组织的专家鉴定。

（六）防射线控制系统

1993 年 11 月，浙江省火电建设公司开展了 DL－Ⅲ型 γ 射线探伤机中文电脑全自动控制系统的研究工作，从根本上改变传统的手摇式 γ 射线探伤的输源方式，基本消除了 γ 射线对操作人员的生理和心理危害。该成果于 1997 年获得浙江省科学技术进步奖三等奖。

（七）科学运用 P3 软件

安徽电力建设一公司在合肥二电厂工程中，进一步深化 P3 软件在工程计划管理中的应用，确立了“以策划为中心，以工程计划为主线”的工程管理思路，取得了所有施工进度均在合同进度之前，绝大部分进度在内部控制计划（MTS）之前的良好效果。实践证明，在工序复杂、技术含量高的电力建设中应用 P3 软件，加强工程计划管理取得了很好的效果，真正做到了对工程计划的层层控制。

（八）液压整体制作波纹管

2000 年，上海电力建设修造厂承接了长江三峡水利工程巨型波纹管的试制任务。工程要求波纹管必须采用液压整体成型的方法进行加工制造，这在世界波纹管制造历史上也是空前的。经过大胆创新，该厂成功试制出优质的直径 12.4 米巨型波纹管，填补了我国超大型波纹管制造的空白。

第二节 输变电（含电缆）施工企业

在华东电管局和各省（市）电力公司的大力支持下，输变电施工企业采用了不少新技术、新设备、新材料，促进了电网建设的发展。

一、施工能力

华东输变电施工企业在参与国内市场竞争的同时，着眼国际市场，尤其在东南亚国家中积极参加工程投标，占领了一定的市场份额。既拓展了市场，又锻炼了职工队伍，提高了企业的施工能力。

1994年，浙江省送变电公司在全国同行中率先通过ISO 9002质量体系认证，2002年又通过了ISO 14000环境管理体系认证及OHSMS18000职业健康安全体系认证。该公司成功进入菲律宾、柬埔寨等国家的电建市场。菲律宾500千伏TAYABAS－NAGA输电线路修复工程位于菲律宾吕宋岛西部，全长205千米。浙江省送变电公司承建该工程第三段（341～567号含援助吉林送变电公司施工段），总长94.32千米，全线为双回线架设，完成基础修复13基，铁塔组立20基共1000吨，铁塔补料安装80.6吨，拆除旧导线325.93千米，架设新导线1512.34千米。该工程于1997年5月15日正式开机架设，1998年3月27日全线验收、消缺结束。工程建设得到菲律宾国家电力公司和总承包商西安电力机械出口公司的高度赞誉。1998年4月28日，菲律宾国家总统拉莫斯亲自参加工程通电仪式。2001年4月，该公司又承建柬埔寨王国基里隆一级水电站输变电工程（标段二），线路由基里隆一级水电站经115千伏康蓬变电站向115千伏金边GS1变电站输电。该线路全长46.17千米。全线完成基础施工101基，铁塔组立101基，导线长度47.32千米，全线为双回线架设。2002年1月15日完成架线任务，同年4月通过竣工验收。

江苏省送变电工程公司企业管理成绩列全国同行前列，1992年人均年产值突破2万元，1998年人均产值突破10万元，2000年5月获“全国优秀施工企业”称号。经江苏省电力公司批准，2001年12月该公司成立“江苏省500千伏输变电运检中心有限公司”后，业务范围由传统的输变电工程施工、咨询和监理，扩大至500千伏阳淮线的运行维护和江苏省境内500千伏交直流线路、变电站的运行和检修。该公司承建的16个工程项目被评为省部级优质工程。

安徽送变电工程公司在省内施工任务严重不足情况下，转变观念，向市场要出路，先后在苏、浙、桂、渝等地参加工程投标，承建省外工程的产值占该公司同期施工总产值的40%。1996年7月，该公司通过ISO 9002质量体系认证。同年，该公司获电力部“安全生产先进单位”称号。

二、施工技术创新

（一）利用航测优化路径

利用卫星照片、航拍照片、全数字化摄影测量系统和GPS全球定位系统，并配合使用计算机优化排位软件等高科技手段进行线路路径优化，使设计人员不但可以利用最新的地形照片进行精度更高的合理选线，而且大大节约了野外勘测工作量，缩短了设计周期。通过设计革命和2000年示范输变电工程设计思路的推广，使电力勘测设计提高到新阶段。在工程中应用这一技术可以缩短线路长度2%左右，同时有效地减少了沿线房屋拆迁量和林木砍伐量。500千伏阳城送出工程，在路径审定后，进行了全线航测，对路径进行了优化，有效地避开了分布于沿线两侧的障碍物，全线缩短长度（折合单回路）约25千米，具有相当大的经济和社会效益。

在三峡—常州±500千伏直流线路的路径勘测设计中，设计院按卫星影像图、GPS全球定位系统等先进技术手段对线路路径及塔位进行优化。卫星影像图的成像质量较好，河流、水库、山丘、树林、田地等地形比较清晰，公路也可分辨。因此，路径优化工作能够避开房屋密集地区，使得线路路径更加经济合理。

（二）电梯井筒的吊装立塔施工工艺

电梯井筒的吊装立塔施工工艺开发了攀爬自升电动多速双摇臂基座式高塔吊装设施，利用电梯井筒作为起吊设施基座。

（三）全方位电视监控系统

开发全方位电视监控系统、数显可调式超载保护装置，采用了微波通信传输信号，为现场指挥提供清晰的施工现场画面。

（四）改革安全用具

广泛采用攀登自锁防坠落、速差自锁和安全逃逸装置，为施工安全提供了可靠的保证。

（五）不封航循环牵引架线技术

1998年，在500千伏江阴长江大跨越工程架线施工中，采用了具有国际先进水平的直升机不封航、循环牵引架线技术。

（六）采用全球卫星定位系统

采用全球卫星定位系统GPS对杆塔基础进行精确定位，大大提高了施工质量。

（七）改进跳线安装工艺

使用计算机程序精确计算跳线的长度，集中压接，统一安装，改进了跳线安装工艺水平。

（八）推广多功能带电跨越架

华东电网推广的“多功能带电跨越架”架体结构简单、重量轻、稳定性好，利用输变电现场施工的常用工器具和滑车组进行提升，操作简便，提升速度快。改进后的跨越架做到一物多用，工效提高，费用节省。

改进后的跨越架在1992年浦东地区架线施工中曾三次不停电跨越四条110千伏线路；1993年施工中又不停电跨越两条110千伏线路；在500千伏黄渡—南桥第二回线施工中，不停电地跨越三条220千伏线路，保证了电网的安全运行，同时减少了停电和封路、封航的次数，提高了社会经济效益。1995年8月，“多功能带电跨越架”获得华东电管局技术改进奖一等奖。

（九）工器具改进

20世纪90年代以后，群众性技术革新和小改小革活动为施工技术进步创造了良好条件，工器具制作改进成果大量涌现。其中主要有：高空作业平台和出线作业平台设计制作、高空出线小车和配套工具设计制作、用意大利放线滑车轮改制大跨越放线滑车、设计加工组合式双层吊笼、大跨越工程升降吊笼系统设计、大跨越工程扭力扳手、导线测温计研制。

（十）落地外抱杆吊装钢管塔装置

220千伏莫愁湖—燕子矶线位于高楼林立、河网交错的南京市近郊，采用独立锥形钢管输电塔。施工场地拥挤窄小，大型吊车无法进场吊装。江苏省送变电公司施工技术人员刻苦攻关，终于研制出落地外抱杆吊装钢管塔装置。

（十一）开发四摇臂座塔抱杆系统

1991年，江苏省送变电公司在500千伏南京大胜关长江大跨越工程中，设计制作了一套四摇臂座塔抱杆系统，安全、优质、高速地完成塔头吊装任务，获1995年电力部科技进步奖二等奖。

第三节　调　试　企　业

1991～2002年，华东各省（市）调试所主要承担本省（市）范围内电力工程项目的调试工作。上海电建调试所由于工作任务严重不足，迫不得已积极开拓国内外市场，十年期间的调试足迹遍及全国十几个省市及巴基斯坦（木扎法戈）、肯尼亚（埃瑞特）、印度（马库）等国家，调试的机组累计总容量达2870.1万千瓦。华东各省（市）调试所以及上海电建调试所经历了单机容量提高到60万千瓦、输变电电压等级提高到500千伏、机组热控装置从常规仪表到集散控制系统、220千伏及以上变电站从常规控制发展到计算机监控的历史性跨越，培养锻炼了一大批基建调试专家和管理人才，积累了丰富的经验，具有全面承担60万千瓦级机组、500千伏输变电工程调试工作的资质和能力。

为加强电力建设调试单位的资质管理，确保火电、送变电工程调试工作的正常进行，电力部于1995年下发了电力工程调试单位资质管理办法（暂行），并于1996上半年对系统内申报电力建设调试单位的资质进行了评审。评审结果：华东电力试验研究院、上海电力建设局调整试验所以及江苏、安徽、浙江电力试验研究所为火电甲级工程调试资质单位；华东电力试验研究院、江苏、安徽、浙江电力试验研究所以及上海、江苏、浙江、安徽和华东送变电公司共9家单位通过为送变电甲级工程调试资质单位。

同时，按照电力部电力工程调试单位资质管理办法（暂行）的规定，华东电管局核批了5家丙级调试单位，分别是安徽电力建设一、二公司，江苏省徐州电力试验中心，浙江省火电建设公司（火电类）以及徐州送变电公司（送变电类）。

随着“厂网分开”电力改革的实施，电力工程调试单位资质管理已由中国电力建设企业协会电力调试专业委员会行使资质管理职能。

第四章　基　建　管　理

在国家改革开放不断深入的大环境下，华东电管局（公司）审时度势，提出了加速电力工程项目管理向国际惯例靠拢，工程质量、技术经济指标与国际先进水平接轨的要求。各有关单位认真学习国内外先进经验，不断探索、开拓创新，逐步走上了科学化、标准化、信息化管理之路。

第一节　管　理　体　制

华东电管局（公司）按照上级主管部门的要求，在电力建设工程中全面贯彻实施“五制”，工程管理水平进一步提高；设计革命起步，工程造价得到控制；工程建设质量、安全文明施工和施工工艺水平显著提高；一批大容量、高参数机组和输变电工程高质量地实现了达标投产，一些工程达到优质工程或“精品工程”的要求；机组可靠性指标逐年提高，标志着华东电网电力建设水平上了新的台阶。

一、项目法人责任制

华东电力系统大力推行以项目法人制为主导的资本金制、招投标制、工程监理制和合同管理制。江苏扬州二电厂、浙江北仑二期工程项目法人制为雏形的向国际惯例靠拢的项目法人制日臻完善，以公司化改组、合同为纽带、商业化运营、法制化运作，标志着华东电网以项目法人制为主导的基建体制改革已踏上规范化轨道。除江苏华润彭城电厂、安徽淮北二电厂、铜陵电厂 3 号机组等工程外，电力系统参股并按合同负责建设的各项工程，出资方都组成了有限责任公司，项目法人制逐步完善。

二、资本金制

针对华东地区电力建设投资多元化、多渠道的特点，华东三省一市电力公司、项目法人单位注重资本金制，建立一系列规定、制度，确保建设资金效益最大化。规范工程资金管理程序，为做好工程建设资金的合理使用，在建设工程的进度和相关建设资金安排的大前提下，各项目的建设单位按月向省（市）电力公司汇报本月完成的工程进度和资金使用情况，并上报下月资金使用计划。基建部及时会同发展计划部、财务产权部共同安排下月的工程资金流向，以保证各项目能按计划进行，也使有限的资金得以统筹利用。由于严格了基建程序，较好地执行了资本金制，一定程度上促进了工程建设，控制了工程造价。

三、招投标制

1996 年 1 月，华东电力集团公司积极贯彻电力部《电力工程设备招投标管理办法》，成立华东电网工程造价控制和招投标领导小组，下设造价控制和招投标两个工作小组，为提高工程质量、控制工程造价做好组织保证。

华东地区各在建工程认真执行工程招投标制，取得很好的成效。扬州第二发电公司一期工程是较早将招投标运用到工程建设中的项目，1994 年就严格按世界银行规定成功地通过国际公开招标进行了进口设备的采购。锅炉岛、汽机岛和仪控岛的合同价分别为 1.53 亿美元、1.57 亿美元和 0.85 亿美元，分别比参与竞争的众多国外厂商的最高报价低 0.17 亿美元、0.83 亿美元和 0.115 亿美元。江苏省电力公司和工程筹建处将国际招标中取得的成功经验用于整个工程建设，成立了招标组织，制定了一套严格的招标程序及规章制度。1995 年，工程项目的招投标率就达到 94%。1996 年起，50 万元及以上的工程项目全部实现了招标，50 万元以下的项目也全部实行了议标。在整个工程建设中，完成 50 万元及以上的项目招标 46 个，50 万元以下项目议标 75 个，通过招标确定的合同总价约 4 亿元，比最高报价低 1 亿多元。通过招议标采购的辅机设备 263 台（套），合同总价 1.34 亿元，比最高报价低 0.3268 亿元；储灰场灰坝工程概算批准 8118 万元，通过招标及竣工决算核定费用为 4700 万元，节省 3418 万元；电厂地基工程概算批准为 21304 万元，通过招标及竣工决算核定费用 17204 万元，节省 4100 万元；煤码头工程建筑部分概算批准 5555 万元，通过招标及竣工决算施工费用为 2967 万元，加上甲方供材 900 万元，该项目实际总造价为 3867 万元，比概算节省 1688 万元。

华东电管局（公司）及三省一市电力局（公司）严格执行电力工程基本建设程序，都相继成立了“电力工程建设招标办公室”，并详细制定了《工程招投标实施办法》和系列格式文本，电网建设项目实行设计、监理、施工、调试单位及主设备、大宗材料的招投标，并逐步纳入标准化轨道。网内大中型电力工程项目普遍推行了工程招投标制，注意克服干扰，认真组织编制招标文件，制定合理标底，实行“公开、公平、公正”招投标，依法建立了以合同为纽带的工程建设管理模式。

公司领导的坚决支持，坚持原则是顺利实施招投标制的重要保证。1999 年，华东江苏 500 千伏江阴大跨越工程主塔制作加工编写招标文件的关键时刻，上级主要领导在某公司的去信上批示，要求研究该公司参与制作的请求。华东公司领导还是按原计划坚持大跨越标准编写文件，经世界银行批准后进行招投标，从而确保了工程质量。

四、建设监理制

华东电管局（公司）和三省一市电力局（公司）实行工程建设监理制，从而确保业主负责制的落实，保证工程质量、提高投资效益，推进电力建设领域的重大改革。华东电网火电、输变电工程建设的监理工作在 1993 年电力部电力建设监理工作座谈会以后开始起步。1994 年 4 月，华东电管局颁发《华东电力工程建设监理工作管理办法（试行）》。本着“积极起步、因地制宜、讲究实效、稳步推开”的原则，华东电网从组建机构、人员培训开始，逐步开展工程监理工作。工程监理得到快速发展，监理人员的数量显著增加，业务水平不断提高。

华东电网先后成立了 7 个监理公司，分别是上海华东电力建设监理公司、上海电力监理咨询公司、上海市电力工程建设监理有限公司、江苏省兴源电力建设监理有限公司、江苏省宏源送变电建设监理有限公司、浙江电力建设监理有限公司和安徽省电力工程监理公司，均取得电力部火电或输变电工程建设监理甲级资质。

到1999年底，华东电网共有电力部批准的总监理师106名（含部分退休人员）。专业监理工程师资格由华东电管局审批、注册及颁证。

全网大中型电力工程都实行了工程监理制，工程监理已逐步摆脱电力工程项目“小监理、大筹建”模式，向“小筹建、大监理”的方向过渡。工程监理的作用逐渐被业主、施工和设计等单位接受，向“四控制、二管理、一协调”（即控制工程质量、控制工程安全、控制工程造价、控制工程进度、严格合同管理和工程信息管理，综合协调）的方向健康发展。

五、合同管理制

1998年2月，华东电力集团公司印发《经济合同签证审计办法》。1998年3月，华东电管局贯彻《国家电力公司合同管理办法》，起草了合同管理规章制度，使合同管理逐步走向规范化、正规化、科学化。参照《中华人民共和国合同法》、《中华人民共和国公司法》、《中华人民共和国招投标法》及公司财务制度，国电华东公司明确公司总经理工作部是合同管理的职能部门，制定下发了公司《合同管理办法》。1998年7月印发《华东电力集团公司合同章用印规定》的通知，并明确公司各有关职能部门的职责，确保每一份合同依法按程序签订，建立了以合同为纽带、具有法律效用的工程管理体系。

第二节　管　理　方　式

伴随着电网体制改革，华东电力集团公司改制为国电华东公司，资产纽带关系发生重大变革，电力建设的管理模式也发生了重大转变。华东电网的电力建设一方面强化电源建设管理，另一方面按照优先和重点考虑电网建设的思路，加大对电网建设管理力度。

一、属地委托

随着地方资金参与电网建设投资和业主责任制的不断推行，电网建设的管理模式也从过去计划经济下由国家（中央）统一投资、由华东电管局统一负责建设转变为按投资来源和投资主体由业主负责建设和还贷。对于由华东电管局（公司）作为业主负责建设的项目，华东电管局（公司）按合同制的管理要求，与省（市）电力公司签订委托建设协议，即属地化委托省（市）电力公司作为业主代表（建设单位）具体负责项目的实施，华东电管局（公司）有关部门全过程跟踪监督。委托协议中明确各方的职责和义务、工作内容和界面等，做到产权清晰、责任明确，有效地促进了各项工程建设任务的落实和完成。

对于由省（市）电力公司作为业主的项目，华东电管局（公司）主要负责可研的上报和年度计划的落实，并且组织项目的启动调试及投运工作。有时也参加项目实施过程中某些重要阶段的工作，如初步设计审查、重要工程的招投标工作等。

对项目的管理职能主要是通过计划、基建、生技、财务、安监和调度等有关职能部门的工作来实现。而省（市）电力公司对项目的管理方式不尽相同。如江苏省电力公司设立了500千伏输变电工程筹建处，由于其人员配置比较精干，又带有职能部门的色彩，所以项目现场的管理工作通常又委托给项目所在地的供电局承担，其作用相当于分建设单位。

安徽省的管理方式与江苏类似。与江苏省情况不同，浙江省电力公司则成立了浙江省超高压输变电建设公司，该公司更加具备了专业项目管理公司的功能，人员配备也比较齐全，项目实施过程中建设单位的职责主要由其承担。上海市的管理方式与浙江类似，虽然名称上称上海超高压输变电工程筹建处，但其职能和人员配备与浙江相仿。

二、小业主、大监理

小业主、大监理是深化电力体制改革，管理模式向国际惯例接轨的管理方式。建设管理单位在业主的监督下，通过招标，以合同的形式把工程现场的"质量、安全、造价、进度控制、合同管理、信息管理、工程建设协调"委托给专业监理单位。这种管理方式，优化了管理资源，极大地提高了工程现场管理水平。浙江省电力公司抓住电源、电网建设的发展机遇，在北仑港电厂二期和温州电厂二期工程中率先推行了"小业主、大监理"模式，使工程的安全文明施工、施工工艺水平、工程总体质量有了显著提高，温州二期工程被国电公司作为"小业主、大监理"的典范。

三、施工机械安全管理

施工机械的安全管理历来是工程建设管理的重要工作。电力部1996年6月颁发《电力建设起重机械安全监察规定》、《电力建设施工机械设备事故调查处理规定》、《电力建设大型起重机械的选型、安装和拆卸管理规定》、《电力建设施工机械设备规定》等四个规定。华东电力集团公司高度重视施工机械的安全管理，1999年初在杭州召开了华东电建输变电施工机械管理工作座谈会，会议传达了国电公司领导的讲话精神，并对此后华东地区施工机械管理工作进行了安排。

同年10月，华东电力集团公司还组织了第二期检验员、机管人员复证（取证）培训班，编制了部分教材，聘请了资深教授授课，为施工企业大型机械专业人员持证上岗、提高业务水平做了一定的工作。到2002年，已陆续举办了三次各类培训班，共有194人次参加了培训，经考核后取证。

此外，华东电力集团公司还积极支持华东起重机械检测中心站工作，充分发挥中心站的检测、监督效能，共检测20吨以上大型起重机械187台，并对2台起重机进行了结构应力测试，为华东地区大型起重机械安全运行创造了良好条件。

通过努力，华东电网各施工企业按照电力部上述四个规定的要求，加大建章立制工作，健全、完善了机械管理各项管理制度，进一步加强队伍建设，各施工企业大型机械安全状况大为改善，为大型施工机械安全、稳定运作奠定了基础。

四、安全文明施工

华东电管局把工程建设现场安全文明施工管理提高到体现企业综合管理水平、是职工队伍素质集中表现的高度来认识，审时度势提出认真落实安全生产的"四项保证"（思想保证、能力保证、技术保证和制度保证）。华东电网各施工企业积极贯彻，认真落实，工程施工现场安全文明施工的状况显著提高。

各单位坚持以人为本的安全管理思路，强化安全文明施工管理工作力度，依照安全管理思路、组织、责任、措施四到位要求，加强安全文明施工全过程管理，工程现场的安全文明施工水平逐年有了提高。江苏扬州二电厂、浙江北仑二期工程建设期间，施工现场道路通畅，材料、设备堆放整齐规范，施工作业节奏适度、井然有序。1998 年，国电公司曾组织全国电力建设单位“学扬二、赶北仑”，在华东电网内的安徽合肥二电厂、上海吴泾八期以及浙江温州二期工程、上海外高桥二期等工程都以此为榜样，奋起直追，在现场安全文明施工、施工工艺质量以及施工企业科学管理等方面又积累不少新的经验。

五、质量监督

华东电管局于 1986 年成立了工程质量监督中心站。华东电力建设工程质量监督中心站是电力部（后国电公司）电力建设工程质量监督总站的派出机构，各省、市电力公司设电力建设工程质量监督中心站。

华东电管局十分重视工程质量监督中心站的工作。华东电力建设工程质量监督中心站根据电力部 1995 年 1 月颁发的《电力建设工程质量监督规定》，制定了《华东电管局电力建设工程质量监督实施细则》。该实施细则主要对华东电网的电力建设工程项目进行质量监督工作，包括各类投资方式的新建、扩建、改建的火电、送变电工程项目及其配套、辅助和附属工程。电力建设质量监督机构，代表政府行使工程质量监督权。细则还规定了各省、市电力建设工程质量监督中心站的主要职责以及各级质量监督机构的权限。

中心站认真履行职责，认真开展华东电网质量监督归口管理工作。每年不定期召开华东电网质量监督工作会，交流质量监督工作经验，表彰先进质监站和优秀质监工作者，激励提高质量监督工作水平。中心站还牵头组织各省（市）质监中心站编写电力建设质检员培训教材，除总站编写的土建教材外，共编写了热机、电气、热控、送变电土建等四套培训教材。中心站牵头组织了各专业质检（监）员培训班 50 多期，使华东电力建设质检（监）员都能做到持证上岗。中心站组织华东电网各电建企业和电力建设工程的土建试验室二级及以下的等级资质认证，使华东电网各电建公司试验室和各工程试验室都通过认证，取得相应的电力建设工程试验室资质证书。

2001 年末，华东电力建设工程质量监督中心站在机构调整中撤销。

六、工程技经

按照“合理工期、控制造价、达标投产”的要求，华东电网技经工作取得了长足的进步，成为电力建设工作中的重要组成部分。华东电管局重视技经队伍的建设和管理，重视概预算人员培训考试认证和换证工作，注重人员素质培养和继续教育，鼓励技经人员参加造价工程师考试。据统计，截至 2002 年底华东电网已拥有注册造价工程师 247 人，是 1998 年的 3.2 倍。具有概预算编制上岗资格人员 2309 人，比 1998 年净增 676 人。华东电网已经形成新老结合、结构合理、专业齐全、具有相当规模的技经管理人员队伍。

七、定额管理

定额是工程造价科学化管理的基础和依据。华东电管局十分重视定额管理工作，组织完成了《送电线路预算定额》、《90 万千瓦机组安装预算补充定额》、《燃气—蒸汽联合循环电站预算定额》、《电力建设工程量清单计价规范—送电线路工程》的修编，启动了《热力设备安装工程预算定额》和《调试定额》修编工作。按照中电联定额站的安排，还协助完成建设部布置的《建设工程基础定额》电气册部分的编制工作。

华东电管局定期组织编制年度华东地区电力工程建设装置性材料综合预算价格及预算

价格调整系数，发布《华东片定额材料与机械费调整办法》。

华东电网各单位还应用信息化系统和软件编制了一些工程概预算管理系统。如浙江省火电建设公司编制了火电安装工程概预算管理系统，上海送变电公司编制了架空线路施工图预算软件。

八、对口竞赛

“八五”计划期间，华东电管局会同华东工委继续共同组织了同类型、同容量投产机组对口竞赛活动，对加强华东电力建设战线的物质文明和精神文明建设、调动广大干部员工的积极性起到了推动作用。各单位通过竞赛相互加深了友谊和了解，促进工程质量、文明施工、安全等各方面水平的不断提高。

第三节 基建管理信息化建设

全网各火电、送变电施工企业积极应用市场预测、投标策略、项目法施工、全面质量管理、网络统筹等现代化管理方法，全面推广计算机管理，初步形成了质量控制、工程进度、文明施工、物资供应、财务成本、劳动力调动、机具配置等管理网络化信息系统，逐步形成现代化的管理组织系统。同时，华东电管局推进企业标准化建设，加速企业管理标准与国际惯例的接轨。华东电网大型火电建设项目、500千伏输变电工程都积极开发应用P3软件，对工程实行全面、全过程筹划和资源配置优化，对工程实施有效的过程控制。同时进一步强化信息管理，工程项目管理水平不断提高。比较突出的是上海市和江苏省电力公司。

上海市电力公司积极实施企业资源计划（ERP）项目，进一步理顺项目管理流程。公司以效益最大化为共同的目标，完成ERP的设计配合、速效方案运行和最终方案的实施，全面提高了公司的建设管理水平。

江苏省电力公司在500千伏三堡输变电工程中试点应用P3和EXP软件的成果通过省级鉴定，获得较高评价，又规划和设计了省公司范围内电力建设企业信息管理系统(CMIS)。

新开工的500千伏输变电项目已全面应用P3和EXP软件辅助管理，220千伏项目也开始试点应用。各建设单位积极牵头组织，各参建单位全程参与，大大提高了项目管理的科技含量。电力建设企业信息管理系统（CMIS）开发工作加快进展。在继续应用网上填报子系统实时控制工程关键节点进度的同时，CMIS系统已具备试运行条件，进行省电力公司和试点市供电公司的数据对调。

第四节 工程达标投产和创优活动

华东电管局和三省一市电力局按照电力部提出的基建移交生产达标的要求，切实推动华东电网火电机组和输变电工程移交生产达标活动在全网有计划、有步骤地开展，并结出了丰硕的成果。

一、活动过程

1996年，外高桥电厂1号机组和嘉兴电厂1号机组分别被华东电管局命名为华东电网移交生产达标机组。尔后，外高桥电厂2号机组和嘉兴电厂2号机组由电力部组织全国电力系统内专家进行移交生产达标考核并被电力部命名为基建移交生产达标机组。同时受电力部委托，华东电管局对浙江500千伏金华双龙变电站进行达标考核，拉开了华东电网工程达标投产工作的序幕。1997年，电力部正式颁发了《火电机组移交生产达标考核评定办法（1997年版）》以及条文说明，使考评办法更规范、更具可操作性。电力部明确30万千瓦及以上机组、500千伏及以上送变电工程由电业管理局代部进行达标考核并上报电力部，由部进行统一命名。30万千瓦以下机组、220千伏及以下送变电工程的达标投产工作由电业管理局及省（市）电力局自行组织考核，报部备案。达标考核评定办法几经修订改版，随着《火电机组移交生产达标考核评定办法（2000年版）》以及《送变电工程移交生产达标考核评定办法（2000年版）》的相继问世，工程达标投产办法更趋完善，更具操作性。

在治理质量通病、贯彻“新启规”、工程优化的基础上，华东电网各项工程的项目法人、设计、施工、调试单位进一步强化了质量意识，在全面实现质量管理ISO 9002系列贯标认证的同时，积极创建“精品工程”，工程总体移交水平稳步提高，运行机组基本达到在役运行机组正常水平，大部分机组能同步投运自动发电控制（AGC）功能，运行稳定。“九五”计划期间投产机组平均等效系数比“八五”计划期间提高6～7个百分点。其中平均等效可用系数1996年为85.78%，1997年为86.53%，1998年为90.02%，“九五”计划末华东电网新建机组平均等效可用系数已超过90%。

1995～2002年，华东电网共投产30万千瓦以上燃煤机组40台，开展达标投产工作的32台，占总数的80%。至2002年底，全网已有31台火电机组和天荒坪蓄能电站6台机组以及13个500千伏输变电工程通过达标投产验收。其中，获国家建筑工程鲁班奖9个（5个为2003年、2004年获奖）、电力部（后称国家电力公司）优质工程称号24个。

二、工作重点

各级领导重视。华东电管局和各省市电力局成立了以主管基建的副局长任组长的基建移交生产达标领导小组，有的省（市）局基建局长还亲自担任部分机组工程的领导小组组长，以加大达标工作力度。安徽省电力局1997年有2台机组要求达标，局党组召开专题会议研究，提出了具体要求和措施。领导重视，认识一致，大大推进了基建达标活动。

落实责任。明确项目法人（或电厂厂长）为机组基建达标责任人，党政一把手带动领导班子一起抓基建达标，发动党政工团齐抓共管，真正起到了责任者、组织者、协调者和保证者的作用，这是达标工作取得成绩的扎实基础。

及时总结。组织全网未达标机组工程的有关人员共同参加达标机组的复检会，各省市电力局亦组织了省内各在建工程参加达标机组预检查，并进行交流活动，既达到了检查和示范的目的，又相互交流了达标工作中的经验和教训，促进了达标工作的健康发展。

严格要求。各单位坚持在基建达标工作中既严格要求，又实事求是。注重实效，反对华而不实、突击行为和提高建筑装修标准的形式主义倾向。在半年试生产期内，重点狠抓设备整治、系统完善和消除基建痕迹。

各单位坚持以达标投产为抓手，以创“精品工程”为目标，努力提高华东电网工程项目总体移交水平。到2002年末，达标投产工程项目已覆盖华东电网三省一市。

500千伏输变电工程达标复检情况见表4-4-1，发电机组达标复检情况见表4-4-2。

表4-4-1　500千伏输变电工程达标复检情况

序号	工程名称	投产时间	达标复检时间	批准文号
1	绍兴—金华输变电工程	1997-10-05	1998-08-06～07	国电建［1998］692
2	东善桥输变电工程	1998-06-16	1998-11-24～25	国电建［1998］692
3	武南输变电工程	1998-06-16	1998-11-26～27	国电建［1998］692
4	上河变电站工程	1999-12-07	2000-06-22～23	国电网［2000］784
5	三堡开关站变电工程	2000-01-15	2001-06-27～07-01	国电网［2002］132
6	东明开关站变电工程	2000-02	2001-06-27～07-01	国电网［2002］132
7	石牌输变电工程（1. 石牌变；2. 斗黄线开环工程）	2000-03-17	2002-01-16～18	国电网［2002］132
8	车坊输变电工程（1. 车坊变；2. 石坊输电线路）	2000-04-22	2002-01-16～18	国电网［2002］132
9	金温输变电工程（1. 温州变；2. 金温线）	2001-06-24	2002-03-19～20	国电网［2002］559
10	杭瓶输变电工程（1. 杭东变；2. 杭瓶线）	2001-05-15	2002-03-21～23	国电网［2002］559
11	繁昌2号主变压器扩建工程	1999-12	2002-03-26～29	国电网［2002］921
12	肥西4号主变压器扩建工程	2000-04	2002-03-26～29	国电网［2002］921
13	泗泾变电站工程	2001-01-05	2002-07-10～11	国电网［2002］921

表4-4-2　发电机组达标复检得分情况

序号	工程名称及机组编号	安全管理	技术指标	施工工艺及文明生产	调整试验	工程档案管理	工程综合管理	总分	评检依据
1	外高桥电厂1号机组	83	92.7	82.5	85	85		428.2	华东复检
2	嘉兴电厂1号机组	87	88.1	87	94	89.5		445.6	华东复检
3	外高桥电厂2号机组	86.5	92.2	85.5	94	90		448.2	1995年版标准
4	嘉兴电厂2号机组	88	88.74	87.5	94	91.5		449.74	1995年版标准
5	彭城电厂1号机组	90.8	96.3	82.9	95.4	94.3	46.42	459	1997年版标准
6	外高桥电厂3号机组	88.3	95.6	84.6	96.9	95.1	39.4	460.5	1997年版标准
7	马鞍山二电厂2号机组	84.7	88.4	85.9	93.1	94	45.44	446.1	1997年版标准
8	田家庵电厂5号机组	84	90	85.4	96.5	93.7	33.9	449.6	1997年版标准

续表

序号	工程名称及机组编号	安全管理	技术指标	施工工艺及文明生产	调整试验	工程档案管理	工程综合管理	总分	评检依据
9	台州电厂四期7号机组	86.1	87.28	89.6	84.3	96.3	40.1	443.58	1997年版标准
10	望亭电厂11号机组	85	92.8	82.6	90.15	96.5	45.7	447.05	1997年版标准
11	彭城电厂2号机组	91.6	95.8	86.2	97.45	96.5	50.22	467.55	1997年版标准
12	外高桥电厂4号机组	91.1	94.98	88.1	98.2	95.4	40.3	467.78	1997年版标准
13	台州电厂四期8号机组	91.1	88.61	90.1	93.5	96.9	96.6	556.81	1998年版标准
14	利港电厂二期3号机组	90.6	86.7	87.8	80.2	94.5	95	534.8	1998年版标准
15	利港电厂二期4号机组	92	93.58	88.8	86.1	95.5	97	552.98	1998年版标准
16	扬州第二发电厂1号机组	94.3	97.7	91.8	92.3	98	95.5	569.6	1998年版标准
17	扬州第二发电厂2号机组	94.6	99.2	92.8	99.6	98.6	96	580.8	1998年版标准
18	铜陵电厂3号机组	86.3	91.02	86.3	91.1	92.9	96	543.62	1998年版标准
19	淮北第二发电厂1号机组	90	91	86.8	95.9	97.3	92.5	553.5	1998年版标准
20	吴泾电厂八期1号机组	91.2	86.17	88.3	88.4	97.9	97	548.97	1998年版标准
21	淮北第二发电厂2号机组	93.8	91.52	86.8	92.6	97.7	93.5	555.72	1998年版标准
22	北仑电厂3号机组	91.30	85.30	88.30	85.70	87.60	90.50	528.70	2001年版标准
23	北仑电厂4号机组	86.80	88.97	90.25	90.02	90.50	90.50	537.04	2001年版标准
24	北仑电厂5号机组	91.30	89.25	90.27	91.80	91.80	90.10	544.52	2001年版标准
25	吴泾电厂八期2号机组	90.70	88.00	90.73	89.62	93.00	92.30	544.35	2001年版标准
26	温州电厂二期3号机组	90.50	90.20	93.79	84.49	93.80	95.30	548.08	2001年版标准
27	温州电厂二期4号机组	95.10	90.40	95.28	96.20	95.00	95.60	567.58	2001年版标准
28	徐塘电厂技改工程1号机组	95.40	90.05	96.96	96.10	96.70	96.30	571.51	2001年版标准

注 1. 自开展达标投产工作以来1995～2002年华东电网共投产30万千瓦以上燃煤发电机组40台，合计总容量1451万千瓦。其中由于各种原因，没有进行达标投产工作的6台（洛河电厂二期2×30万千瓦、马鞍山电厂1号机组30万千瓦、宝钢电厂3号机组35万千瓦以及合肥二电厂2×35万千瓦）。

2. 华东电网组织或参加复检的机组共28台，其中2台由华东电网公司命名（外高桥电厂1号机组、嘉兴电厂1号机组），25台由国家电力公司命名，铜陵电厂3号机组（30万千瓦）由于设备事故（发生一起合肥开关厂生产的高压开关爆炸事故）而未被命名。

通过达标投产工作的深入开展，“功在各方、利在电厂”的成功经验在华东电网迅速推广。华东电网达标投产工作将工程建设管理纳入规范化轨道，施工工艺水平显著提高，新机组投产后的可靠性指标大幅度提高，有些机组的建设管理已经达到国际先进水平。

1991～2002年华东电网获国家、部、国家电力公司优质工程项目名单见表4-4-3。

表 4-4-3　1991～2002 年华东电网获国家、部、国家电力公司优质工程项目名单

年份	火电工程	输变电工程
1991	1. 海口电厂 2×12.5 万千瓦； 2. 石洞口电厂 4×30 万千瓦	
1992	建筑工程鲁班奖（国家优质工程）：上海石洞口电厂 4×30 万千瓦机组主厂房	1.500 千伏上海南桥交直流变电站工程； 2.500 千伏安徽平圩至繁昌线路工程； 3.500 千伏徐州至任庄升压站工程； 4.500 千伏葛洲坝至上海直流线路工程
1993	1. 石洞口二电厂 2×60 万千瓦主厂房工程； 2. 石洞口二电厂双铜［筒］内筒烟囱工程	1.500 千伏石洞口第二电厂配套输变电工程； 2.500 千伏苏南（斗山）变电站； 3.220 千伏张家港港区变电站； 4.220 千伏杭州东郊变电站；
1994	1. 华能淮阴电厂主厂房工程； 2. 建筑工程鲁班奖（国家优质工程）：上海石洞口电厂 2×60 万千瓦机组主厂房	1.500 千伏繁斗线工程； 2.220 千伏人民广场地下输变电工程
1995	1. 上海石洞口第二电厂一期工程 2×60 万千瓦； 2. 华能淮阴电厂 2×20 万千瓦； 3. 吴泾热电厂六期扩建工程 2×30 万千瓦	
1996	1. 外高桥电厂 1 号 30 万千瓦机组主厂房工程； 2. 外高桥电厂一期 240 米集束式烟囱工程	1. 南（桥）—杨（高）二回送电线路工程； 2. 绍（兴）—瓶（窑）送电线路工程
1997	嘉兴电厂一期工程 2×30 万千瓦	
1998	1. 外高桥电厂一期工程； 2. 望亭电厂 11 号机组改造工程； 3. 田家庵电厂技改工程； 4. 马鞍山第二发电厂一期工程	
1999	1. 台州电厂四期工程； 2. 利港电厂二期工程	
2000	1. 扬州第二发电厂一期工程； 2. 华能南通电厂二期工程	1.220 千伏定远变电站工程； 2.500 千伏绍金输变电工程
	建筑工程鲁班奖（国家优质工程）：扬州第二发电厂一期工程 2×60 万千瓦	建筑工程鲁班奖（国家优质工程）：500 千伏南京东善桥变电站
2001	1. 北仑发电厂二期工程 3×60 万千瓦； 2. 淮北第二发电厂工程 2×30 万千瓦； 3. 苏州工业园区华能发电厂工程 2×30 万千瓦	1.500 千伏江苏淮阴上河输变电工程； 2.220 千伏江苏南京中央门变电站工程
2002	上海吴泾电厂八期工程 2×60 万千瓦	1.500 千伏车坊变电站工程； 2.500 千伏石牌变电站工程； 3.500 千伏杭东变电站工程
	建筑工程鲁班奖（国家优质工程）：1. 浙江北仑发电厂二期主体工程（3×60 万千瓦）； 2. 安徽合肥第二发电厂工程（2×35 万千瓦）	

注　授奖单位：1991 年、1992 年为能源部，1993～1997 年为电力部，1998～2002 年为国家电力公司。

第五篇　发　　　电

第五篇　发　　电

随着集资办电政策的落实和多家办电格局的形成，华东电网发电能力进入了快速发展的新时期，逐步扭转了持续严重缺电的被动局面。随着一批发电容量超过百万千瓦的大型发电厂的陆续建成，华东电网的发电能力逐年提高。至2002年底，华东三省一市全社会装机容量已经达到6250.16万千瓦，华东电网统调装机容量达5266.12万千瓦，比1990年末装机容量翻一倍还多。

截至2002年，华东电网6000千瓦以上发电厂数量达到120家。装机容量超过百万千瓦的大型火力发电厂有18家，地处上海市的5家、江苏省的7家、浙江省的3家、安徽省的3家。其间，华东电网的发电形式呈现多样化，核能发电、抽水蓄能发电、风能发电、垃圾发电、燃气（油）发电等纷纷并入电网。中国内地第一座核电站——秦山核电站在华东建成，标志着中国内地核能发电的突破。装机容量180万千瓦的天荒坪大型抽水蓄能电站的投运，提高了电网调峰和应急处理的能力。

华东电网各发电企业为提高发电设备的可靠性，加强对设备的运行、检修、技术改造的管理，尤其是对大型发电机组的管理。其间，深入开展了达标、创一流活动。健全和严格执行各项运行规程制度。以“大机组劳动竞赛”的方式，积极开展大机组运行技术的经验交流。设备维修逐步由“预防为主，计划检修”，向可预知的“状态检修”方向过渡。这些工作使电厂管理水平上了台阶。技术进步、技术改造使一批老旧机组和技术较落后的设备“旧貌换新颜”。

控制和治理燃煤火力发电生产过程中引发的环境污染，是确保国民经济可持续发展的历史重任。经过12年的持续努力，华东电网火电厂总体环境保护做到了烟尘、废水达标排放，灰渣利用创历史新高，二氧化硫排放得到初步控制。

20世纪90年代后，技术监督不断完善、深化，从原有的五项技术监督发展为九项，技术监督从发电、供电领域向电网的经济运行、环境保护、电能质量、二次系统等范畴纵深发展，为华东电网的安全、经济、优质运行作出了贡献。

第一章　发电能力和技术装备

1991～2002年，华东电网新增发电能力总体仍偏重燃煤机组，但核能和抽水蓄能发电均取得重要突破并得到较大规模的发展。风能、垃圾能等多种新能源发电尚属起步，潮汐能开发利用仍处于研究试点阶段。

在安徽省煤炭基地附近和作为负荷中心的上海市以及江苏、浙江两省沿江、沿海的港口岸边，涌现的一批百万千瓦容量的大型燃煤电厂，选用了世界一流的大容量、高参数、高自动化、调峰能力强的机组，30万千瓦机组和60万千瓦机组逐渐成为华东电网的主力机组。其间，对一批超期服役的老旧机组实施“以大代小”的改造，使多年老厂再现电网主力角色。

为充分挖掘水电资源的潜力，对服役多年的主力水电厂进行了较大规模的技术改造，使其继续在电网中发挥调峰和事故备用的主力军作用。应对调峰矛盾日益加剧的局面，拥有180万千瓦容量的天荒坪大型抽水蓄能电站应运而生，为确保华东电网的安全、经济、优质运行创造了条件。

1991年12月，中国内地首台30万千瓦压水堆核电机组在浙江秦山核电站成功并网发电。随着秦山二期、三期核电机组的相继投入运行，使华东电网核能发电的比重逐步提升。

燃气轮机电厂的建设和成功投入运行，不仅为充分利用“西气东输”的天然气能源增添了新的途径，而且提高了电网预防事故的应急处理能力。

第一节　发　电　能　力

20世纪90年代，随着安徽淮南平圩发电厂等坑口电厂和浙江北仑发电厂等港口火电以及秦山核电站、天荒坪抽水蓄能电站的相继投产，30万千瓦以上机组逐步成为主力机组，华东火电最大单机容量提升到60万千瓦。2002年，华东全网统调发电量为2746.85亿千瓦时，网外送入电量164.85亿千瓦时。其中，从福建受进电33.79亿千瓦时，从阳城电厂受电86.07亿千瓦时，从葛—沪直流受电43.84亿千瓦时，从龙政直流受电1.14亿千瓦时。送出网外8.06亿千瓦时。

1990年、2002年末，华东三省一市发电机组总容量、各种发电方式机组容量及所占百分比详见表5-1-1，1990～2002年火电机组各级容量及所占百分比见表5-1-2。

1991～2002年，新增火电机组容量为3113.78万千瓦，其特点主要表现在：①新增机组向大容量发展，30万千瓦及以上机组共新增2061万千瓦，占新增总量的66.19%；②20万千瓦机组从1995年起不再投产，此类机组已经淘汰；③10万千瓦机组增长势头由于非正常原因下降缓慢。

表5-1-1　　1990年、2002年华东三省一市发电机组容量、各种发电方式容量及所占百分比　　单位：万千瓦，%

年　份	总容量	火电		水电		核电		风电等	
		容量	百分比	容量	百分比	容量	百分比	容量	百分比
1990年末	2582.54	2298.25	88.99	284.29	11.00	0	0	0	0
2002年末	6250.16	5412.03	86.59	665.31	10.64	167.80	2.68	5.02	0.08
增量	3667.62	3113.78	84.90	381.02	10.39	167.80	4.58	5.02	0.13

表 5-1-2　　1990～2002 年华东三省一市火电机组各级容量及所占百分比

单位：万千瓦，%

年　份	总容量	30 万千瓦以下		30 万千瓦及以上、60 万千瓦以下		60 万千瓦	
		容量	百分比	容量	百分比	容量	百分比
1990	2298.25	1708.25	74.32	530	23.06	60	2.61
1991	2479.30	1799.30	72.57	560	22.59	120	4.84
1992	2784.34	1894.34	68.04	590	21.19	300	10.77
1993	3018.78	1998.78	66.21	720	23.85	300	9.94
1994	3277.27	2077.27	63.38	840	25.63	360	10.98
1995	3565.97	2215.97	62.14	990	27.76	360	10.10
1996	3867.72	2397.72	61.99	1110	28.70	360	9.31
1997	4013.61	2387.61	59.49	1266	31.54	360	8.97
1998	4280.78	2494.78	58.28	1366	31.91	420	9.81
1999	4673.96	2632.96	56.33	1561	33.40	480	10.27
2000	5036.00	2665.00	52.92	1651	32.78	720	14.30
2001	5359.70	2798.70	52.22	1781	33.23	780	14.55
2002	5412.03	2761.03	51.02	1871	34.57	780	14.41
增量	3113.78	1052.78	33.81	1341	43.07	720	23.12

一、大型火力发电厂

进入 20 世纪 90 年代后，国产 12.5 万千瓦高压机组已不能适应国民经济发展的需要，而国产 20 万千瓦高压机组由于设计机型选择不当，技术经济指标不佳，陆续不再选用。

诞生于 20 世纪 70 年代中期的国产 30 万千瓦机组，是中国内地首次采用亚临界压力参数的机组，由于设计制造先天不足，在华东电网运行中暴露了不少问题，迫使对其进行彻底改造。80 年代初，宝钢电厂首次引进了日本生产的 35 万千瓦亚临界压力参数的机组。80 年代末，中国利用引进技术生产的首台 60 万千瓦亚临界状态压力机组落户安徽平圩发电厂。90 年代初，华能上海石洞口第二发电厂采用了引进的 60 万千瓦超临界压力机组，其运行实绩显示出优异的安全、经济性能，为国内超临界压力机组的发展提供了借鉴。由此，华东电网主力发电机组由 30 万千瓦及以上的亚临界、超临界压力机组取而代之渐成发展趋势。

至 2002 年底，华东电网已有 13 台 60 万千瓦燃煤机组和 60 台 30 万～35 万千瓦燃煤机组投入运行，30 万千瓦及以上机组的基本情况见表 5-1-3。总容量超过百万千瓦的大型火力发电厂有华东电管局直属的望亭发电厂；上海的宝钢电厂、石洞口电厂、华能石洞口第二电厂、吴泾第二发电厂和外高桥发电厂；江苏的谏壁发电厂、华能南通发电厂、利港发电厂、常熟发电厂、扬州第二发电厂和徐州发电厂；浙江的北仑发电厂、台州发电厂和镇海发电厂；安徽的平圩发电厂、洛河发电厂和淮北发电厂共 18 家。

表 5-1-3　2002 年底华东电网 30 万千瓦及以上大型火电机组基本情况

地区	厂名	机组投运时间	容量（万千瓦）	锅炉					汽轮机			发电机		
				编号	燃烧	容量（吨/时）	参数	制造厂名	编号	型号	制造厂名	编号	型号	制造厂名
直属	望亭电厂	1974-09	30	12	油	1000	亚临界	上海锅炉厂	12	N300-165/550/550	上海汽轮机厂	12	QFS-300-2	上海电机厂
		1976-09	30	13	油	1000	亚临界	上海锅炉厂	13	N300-165/550/550	上海汽轮机厂	13	QFS-300-2	上海电机厂
		1989-09	30	14	煤	1025	亚临界	上海锅炉厂	14	N300-165/535/535	上海汽轮机厂	14	QFS-300-2	上海电机厂
		1997-04	30	11	煤	1025	亚临界	上海锅炉厂	11	N300-170/538/538	上海汽轮机厂	11	QFS-300-2	上海电机厂
上海	宝钢电厂	1982-04	35	1	煤或煤气	1160	亚临界	日本三菱	1	TC2F33.5	日本三菱	1	MB-J	日本三菱
		1983-11	35	2	煤或煤气	1160	亚临界	日本三菱	2	TC2F33.5	日本三菱	2	MB-J	日本三菱
		1999-10	35	3	煤	1160	亚临界	日本三菱重工	3	TC2F35.4	日本三菱	3	MB-J	日本三菱
	石洞口电厂	1988-02	30	1	煤	1025	亚临界	上海锅炉厂	1	N300-165/535/535	上海汽轮机厂	1	QFS-300-2	上海电机厂
		1988-12	30	2	煤	1025	亚临界	上海锅炉厂	2	N300-165/535/535	上海汽轮机厂	2	QFS-300-2	上海电机厂
		1989-09	30	3	煤	1025	亚临界	上海锅炉厂	3	N300-165/535/535	上海汽轮机厂	3	QFS-300-2	上海电机厂
		1990-05	30	4	煤	1025	亚临界	上海锅炉厂	4	N300-165/535/535	上海汽轮机厂	4	QFS-300-2	上海电机厂
	石洞口二厂	1992-06	60	1	煤	1900	超临界	CE-SULZER	1	D4Y454	ABB	1	50WT23E-128600-2	ABB
		1992-12	60	2	煤	1900	超临界	CE-SULZER	2	D4Y454	ABB	2	50WT23E-128600-2	ABB
	吴泾电厂	1991-12	30	11	煤	1025	亚临界	上海锅炉厂	11	N300-170/538/538	上海汽轮机厂	11	QFS-300-2	上海电机厂
		1992-11	30	12	煤	1025	亚临界	上海锅炉厂	12	N300-170/538/538	上海汽轮机厂	12	QFS-300-2	上海电机厂
	吴泾二电厂	2000-07	60	1	煤	2008	亚临界	上海锅炉厂	1	N600-16.7/538/538	上海汽轮机厂	1	QFS-600-2	上海电机厂
		2001-05	60	2	煤	2008	亚临界	上海锅炉厂	1	N600-16.7/538/538	上海汽轮机厂	1	QFS-600-2	上海电机厂
	外高桥电厂	1995-04	30	1	煤	1025	亚临界	上海锅炉厂	1	N300-16.7/537/537	上海汽轮机厂	1	QFSN-300-2	上海电机厂
		1995-12	30	2	煤	1025	亚临界	上海锅炉厂	2	N300-16.7/537/537	上海汽轮机厂	2	QFSN-300-2	上海电机厂
		1996-12	30	3	煤	1025	亚临界	上海锅炉厂	3	N300-16.7/537/537	上海汽轮机厂	3	QFSN-300-2	上海电机厂
		1997-09	30	4	煤	1025	亚临界	上海锅炉厂	4	N300-16.7/537/537	上海汽轮机厂	4	QFSN-300-2	上海电机厂

续表

地区	厂名	机组投运时间	容量（万千瓦）	锅炉					汽轮机			发电机		
				编号	燃烧	容量（吨/时）	参数	制造厂名	编号	型号	制造厂名	编号	型号	制造厂名
江苏	谏壁电厂	1980-12	30	7	煤	1000	亚临界	上海锅炉厂	7	N300-16.18/535/535	上海汽轮机厂	7	QFS-320	上海电机厂
		1983-11	30	8	煤	1000	亚临界	上海锅炉厂	8	N300-16.18/535/535	上海汽轮机厂	8	QFS-320	上海电机厂
		1986-09	30	9	煤	1000	亚临界	上海锅炉厂	9	N300-16.18/535/535	上海汽轮机厂	9	QFS-320	上海电机厂
		1987-09	30	10	煤	1000	亚临界	上海锅炉厂	10	N300-16.18/535/535	上海汽轮机厂	10	QFS-320	上海电机厂
	华能南通电厂	1989-09	35	1	煤	1085	亚临界	加拿大BW公司	1	AD-5型	美国GE公司	1	ATB-2	美国GE公司
		1990-04	35	2	煤	1085	亚临界	加拿大BW公司	2	AD-5型	美国GE公司	2	ATB-2	美国GE公司
		1999-04	35	3	煤	1073	亚临界	美国巴威	3	D5TC2F42	美国通用	3	ATB-2	美国西屋
		1999-07	35	4	煤	1073	亚临界	美国巴威	4	D5TC2F42	美国通用	4	ATB-2	美国西屋
	利港电厂	1993-05	35	1	煤	1160	亚临界	意大利	1	TCDF350	意大利	1	THAR-2	意大利
		1993-12	35	2	煤	1160	亚临界	意大利	2	TCDF350	意大利	2	THAR-2	意大利
		1998-03	35	3	煤	1246	亚临界	武锅厂	3	TC2F-38.6	美国西屋	3	THAR-2-411765	美国西屋
		1998-08	35	4	煤	1246	亚临界	武锅厂	4	TC2F-38.6	美国西屋	4	THAR-2-411765	美国西屋
	常熟电厂	1993-07	30	1	煤	1025	亚临界	上海锅炉厂	1	N300-165/535/535	上海汽轮机厂	1	QFS-300	上海电机厂
		1993-12	30	2	煤	1025	亚临界	上海锅炉厂	2	N300-165/535/535	上海汽轮机厂	2	QFS-300	上海电机厂
		1994-03	30	3	煤	1025	亚临界	上海锅炉厂	3	N300-165/535/535	上海汽轮机厂	3	QFS-300	上海电机厂
		1994-11	30	4	煤	1025	亚临界	上海锅炉厂	4	N300-165/535/535	上海汽轮机厂	4	QFS-300	上海电机厂
	华能南京电厂	1994-03	30	1	煤	1000	超临界	俄罗斯	1	TBB-320-2EY3	俄罗斯	1	TBB3202NY3	俄罗斯
		1994-10	30	2	煤	1000	超临界	俄罗斯	2	TBB-320-2EY3	俄罗斯	2	TBB3202NY3	俄罗斯
	彭城电厂	1996-09	30	1	煤	910	亚临界	东方锅炉厂	1	N300-16.7/537/537	上海汽轮机厂	1	QFXN-300-2	上海电机厂
		1997-05	30	2	煤	910	亚临界	东方锅炉厂	2	N300-16.7/537/537	上海汽轮机厂	2	QFXN-300-2	上海电机厂
	扬州二电厂	1998-11	60	1	煤	1745	亚临界	美国巴威	1	TCE4-980	美国西屋	1	THAR-2-74000-3	美国西屋
		1999-06	60	2	煤	1745	亚临界	美国巴威	2	TCE4-980	美国西屋	2	THAR-2-74000-3	美国西屋
	华能太仓电厂	1999-12	30	1	煤	1025	亚临界	上海锅炉厂	1	N300-16.7/537/537	上海汽轮机厂	1	QFXN2-300-2	上海电机厂
		2000-04	30	2	煤	1025	亚临界	上海锅炉厂	2	N300-16.7/537/537	上海汽轮机厂	2	QFXN2-300-2	上海电机厂
	徐塘电厂	2002-03	30	4	煤	1025	亚临界	上海锅炉厂	4	N300-16.7/537/537	上海汽轮机厂	4	QFXN2-300-2	上海电机厂
		2002-07	30	5	煤	1025	亚临界	上海锅炉厂	5	N300-16.7/537/537	上海汽轮机厂	5	QFXN2-300-2	上海电机厂

续表

地区	厂名	机组投运时间	容量（万千瓦）	锅炉					汽轮机			发电机		
				编号	燃烧	容量（吨/时）	参数	制造厂名	编号	型号	制造厂名	编号	型号	制造厂名
浙江	北仑电厂	1991-10	60	1	煤	2008	亚临界	美国 CE	1	TC-4F33.5	日本东芝	1	TAKS-LCH	日本东芝
		1994-10	60	2	煤	2027	亚临界	加拿大 B&W	2	T2、650、304、46	法国阿尔斯通	2	T260-640	法国阿尔斯通
		2000-09	60	3	煤	2045	亚临界	日本 IHI	3	TC4F-42	日本东芝	3	TAKS-TCH	日本东芝
		2000-07	60	4	煤	2045	亚临界	日本 IHI	4	TC4F-42	日本东芝	4	TAKS-TCH	日本东芝
		2000-07	60	5	煤	2045	亚临界	日本 IHI	5	TC4F-42	日本东芝	5	TAKS-TCH	日本东芝
	嘉兴电厂	1995-07	30	1	煤	1025	亚临界	上海锅炉厂	1	N300-16.7/537/537	上海汽轮机厂	1	QFSN-300-2	上海电机厂
		1995-12	30	2	煤	1025	亚临界	上海锅炉厂	2	N300-16.7/537/537	上海汽轮机厂	2	QFSN-300-2	上海电机厂
	台州电厂	1997-02	33	7	煤	1004	亚临界	北京重型电机厂	7	T2A-330-30-2F-1072	北京重型电机厂	7	TA-30046	北京重型电机厂
		1997-12	33	8	煤	1004	亚临界	北京重型电机厂	8	T2A-330-30-2F-1072	北京重型电机厂	8	TA-30046	北京重型电机厂
	温州电厂	2001-04	30	3	煤	1025	亚临界	上海锅炉厂	3	N300-16.7/537/537	上海汽轮机厂	3	QFXN2-300-2	上海电机厂
		2001-09	30	4	煤	1025	亚临界	上海锅炉厂	4	N300-16.7/537/537	上海汽轮机厂	4	QFXN2-300-2	上海电机厂
	长兴电厂	2002-12	30	1	煤	1025	亚临界	上海锅炉厂	1	N300-16.7/537/537	上海汽轮机厂	1	QFXN2-300-2	上海电机厂
安徽	平圩电厂	1989-11	60	1	煤	2008	亚临界	哈尔滨锅炉厂	1	N600-170/537/537	哈尔滨汽轮机厂	1	QFSN-600-2	哈尔滨电机厂
		1992-12	60	2	煤	2008	亚临界	哈尔滨锅炉厂	2	N600-170/537/537	哈尔滨汽轮机厂	2	QFSN-600-2	哈尔滨电机厂
	洛河电厂	1985-12	30	1	煤	1000	亚临界	上海锅炉厂	1	N300-16.7/538/538	上海汽轮机厂	1	QFSN-300-2	上海电机厂
		1986-10	30	2	煤	1000	亚临界	上海锅炉厂	2	N300-16.7/538/538	上海汽轮机厂	2	QFSN-300-2	上海电机厂
		1998-09	30	3	煤	1025	亚临界	上海锅炉厂	3	N300-16.7/538/538	上海汽轮机厂	3	QFSN-300-2	上海电机厂
		1999-02	30	4	煤	1025	亚临界	上海锅炉厂	4	N300-16.7/538/538	上海汽轮机厂	4	QFSN-300-2	上海电机厂
	田家庵电厂	1996-12	30	5	煤	1025	亚临界	上海锅炉厂	5	N300-16.7/538/538	上海汽轮机厂	5	QFSN-300-2	上海电机厂
	铜陵电厂	1999-12	30	3	煤	1025	亚临界	哈尔滨锅炉厂	3	N300-16.7/538/538	哈尔滨汽轮机厂	3	QFSN-300-2	上海电机厂
	马鞍山二厂	1995-12	30	1	煤	1025	亚临界	东方锅炉厂	1	N300-16.7/538/538	上海汽轮机厂	1	QFSN-300-2	上海电机厂
		1996-12	30	2	煤	1025	亚临界	东方锅炉厂	2	N300-16.7/538/538	上海汽轮机厂	2	QFSN-300-2	上海电机厂
	淮北国安电力有限公司	2000-04	30	1	煤	1025	亚临界	东方锅炉厂	1	N300-16.7/538/538	上海汽轮机厂	1	QFSN-300-2	上海电机厂
		2000-07	30	2	煤	1025	亚临界	东方锅炉厂	2	N300-16.7/538/538	上海汽轮机厂	2	QFSN-300-2	上海电机厂
	合肥联合发电有限公司	2001-06	35	1	煤	1049	亚临界	哈尔滨锅炉厂	1	DKY3-2N41B	德国 ABB 汽轮机厂	1	50WT21E-106	德国 ABB 汽轮机厂
		2001-08	35	2	煤	1049	亚临界	哈尔滨锅炉厂	2	DKY3-2N41B	德国 ABB 汽轮机厂	2	50WT21E-106	德国 ABB 汽轮机厂

华东电网拥有30万千瓦及以上机组的28家大型火电厂的主要概况如下：

（一）望亭发电厂

望亭发电厂是华东电业管理局直属发电厂，位于太湖之滨的江苏省苏州市吴县市望亭镇，濒临京杭大运河和沪宁铁路。1990年底拥有13台机组、14台锅炉，总容量110万千瓦（其中10台为中压燃煤机组共20万千瓦，2台亚临界参数燃油机组各30万千瓦，1台亚临界燃煤机组30万千瓦）。1997年4月，该厂拆除20万千瓦中压燃煤机组后建设的第4台国产30万千瓦机组投入运行。2001年5月，完成了对14号国产30万千瓦机组的大规模技术改造。至2002年底，全厂装机容量为120万千瓦。电厂拥有220千伏出线8条，以3路双回线分别接入苏南电网苏州、阳山和红旗变电站，另2回线路连接胶山和渭塘变电站。20世纪90年代起，该厂主要承担地区负荷及华东电网的调频任务，为华东电网的枢纽电厂之一。

该厂以精细严格的管理见长。1990年4月，时任中共中央总书记、国家主席江泽民在人民大会堂将全国企业管理优秀奖——“金马奖”亲手颁发给该厂厂长。

1991年12月，被能源部命名为“火力发电厂安全文明生产创水平达标企业”，2002年6月，被国家电力公司命名为2001年度“一流火力发电厂”。到2002年底，全厂安全无事故连续906天。2002年全年发电量44.94亿千瓦时。2002年底，该厂划归中国华电集团公司。

（二）宝钢电厂

宝山钢铁股份有限公司电厂（简称宝钢电厂），位于上海市宝山区宝钢公司厂区中部偏北，东临长江，北依练祁河。1990年底装机容量70万千瓦。该厂从1978年3月起开始筹建，最初装有日本三菱公司制造的2台35万千瓦机组。其后，相继建设了1台15万千瓦单烧低热值煤气的联合循环发电机组和1台35万千瓦燃煤高炉煤气混烧发电机组。由国外引进的15万千瓦单烧低热值煤气的燃气—蒸汽联合循环机组为单轴式机组，燃气轮机排气烟道上设置1台余热锅炉，用以回收烟气余热。在满负荷情况下，可燃烧高炉煤气36.22万米^3/时。当抽汽供热量为0时，设备发电能力为14.9万千瓦；当最大抽气量为180吨/时时，设备发电能力为10.78万千瓦。当抽汽量为0时，发电热效率为45.52%；当抽汽量为180吨/时时，则发电热效率为32.8%。该机组于1997年7月投产发电。35万千瓦燃煤高炉煤气混烧机组为日本三菱重工生产的亚临界、一次中间再热、单炉膛、平衡通风、固态排渣、露天布置的控制循环汽包锅炉和单轴两缸两排汽联合中间再热凝汽式汽轮机。机组于1999年10月移交生产。至2002年底，全厂总装机容量为120万千瓦。通过3条220千伏输电线路与上海北部电网的杨行变电站连接，另有1条220千伏线路同石洞口电厂联络。

（三）石洞口发电厂

石洞口电厂位于上海市宝山区盛桥，北临长江，东邻宝山钢铁总厂，西为华能上海石洞口第二电厂，是上海电网第一座超百万千瓦容量的现代化港口电厂。该厂装有4台国产30万千瓦改进型发电机组，1990年全部建成投产，同时适当引进国外先进的监测、控制和保护、自动装置以及汽机旁路、超高压电气设备等一些关键技术装备，吸取国内外的先进技术和经验，适时地满足了建设和运行的需要。至2002年底拥有同石洞口第二电厂联络的500千伏线路1条，8条220千伏出线中，3条连接上海北部电网的万荣变电站，2条连接海陆变电站，其余3条分别连接杨行、卫东变电站以及同宝钢电厂联络。

2002年，全厂年发电量为74.32亿千瓦时，供电标准煤耗为362克/（千瓦时），平均台年利用小时数为6193时。

2002年底，该厂划归中国华能集团公司。

（四）华能石洞口第二发电厂

华能石洞口第二电厂位于上海市宝山区盛桥镇，北临长江，东邻石洞口电厂和宝山钢铁总厂。该厂一期工程安装2台60万千瓦超临界压力燃煤机组，是中国内地首次引进的单机容量最大的超临界参数火电机组，主辅设备均由国外引进。2台机组均于1992年投产。至2002年底，通过2回500千伏线路将所发电力送至上海北部主电网的黄渡变电站和杨行变电站；另1条500千伏线路与相邻的石洞口电厂联络。

1992年，该厂获美国《国际电力》杂志颁发的“国际电站奖”；1995年，被电力部命名为“双达标”企业。1996年，获电力部“一流火力发电厂”和“双文明”称号。曾先后获得上海市最佳（优秀）工业企业形象单位、全国资源综合利用先进单位、上海市文明单位、全国重点行业效益十佳企业、全国电力行业优秀企业等多项荣誉称号。

2002年底，发电标准煤耗率为299克/（千瓦时），厂用电率为3.94%。

（五）吴泾热电厂

吴泾热电厂地处上海市南部的吴泾化工区，东临黄浦江。1990年底，该厂发电装机容量为35万千瓦，共有锅炉8台、发电机组6台，其中2.5万千瓦3台、5万千瓦1台、10万千瓦1台和12.5万千瓦1台，称为老厂。1991年和1992年，2台国产30万千瓦机组先后建成投运，称为新厂。2001年9月起开始拆除0号锅炉(220吨/时)。至2002年底，该厂总装机容量为95万千瓦。输出电力主要接入上海220千伏南部电网，同时通过热网管道向周边化工企业等供热。9条220千伏出线中，3条连接上海南部电网的元江变电站，2路双回线分别连接杨思和金都变电站，1条连接江川变电站，另外1条同闵行发电厂联络。

2002年全厂发电量59.49亿千瓦时(老厂23.83亿千瓦时，新厂35.66亿千瓦时)。

供电标准煤耗：老厂381克/(千瓦时)；新厂347克/(千瓦时)。

发电标准煤耗：老厂353克/(千瓦时)；新厂331克/(千瓦时)。

厂用电率：老厂7.35%；新厂4.56%。

2002年底，该厂划归中国电力投资集团公司。

（六）吴泾第二发电厂

吴泾第二发电厂厂区紧邻吴泾热电厂（原为吴泾热电厂第八期扩建工程），总装机容量120万千瓦，安装2台60万千瓦机组，分别于2000年7月10日、2001年2月28日投产运行。所发电力送入220千伏上海南部电网，4条220千伏出线中，2条送长春变电站，2条送春申变电站。

电厂由1999年12月成立的上海吴泾第二发电有限责任公司管理。到2002年底，2

台机组累计发电 136.97 亿千瓦时，发电标准煤耗率从 2000 年的 330 克/(千瓦时)下降到 327 克/(千瓦时)，厂用电率从 2000 年的 5.57%下降到 4.92%。

2002 年底，该厂划归中国电力投资集团公司。

（七）外高桥发电厂

上海外高桥发电厂位于上海市浦东新区东北部，北临长江出海口，是上海浦东第一批十大基础设施中投资最多的一项工程。该厂安装 4 台 30 万千瓦国产引进型燃煤发电机组。该工程从 1992 年 10 月动工，1995 年 4 月～1997 年 9 月，4 台机组相继投入商业运行。所发电力通过 7 条 220 千伏输电线路送入上海东北部电网，其中 3 路双回线分别连接张桥、龙东和高东变电站，1 条连接唐镇变电站。

1999 年转制为上海外高桥发电有限责任公司。

2002 年全年发电量 72.83 亿千瓦时，发电标准煤耗 319 克/(千瓦时)。该厂曾先后获电力部“一流火力发电厂”，国家电力公司“双文明单位”，“上海市最佳工业企业形象单位”、上海市“文明单位”、“上海市节约增效型先进企业”等多项荣誉称号。

（八）谏壁发电厂

谏壁发电厂地处江苏省镇江市谏壁镇，北临长江。该厂于 1987 年 9 月全部建成，共装机 10 台（包括 4 台 30 万千瓦机组），总容量达 162.5 万千瓦，当时是中国内地最大的百万千瓦级火力发电厂。1998 年起，分别对 4 台 30 万千瓦机组进行扩容改造，增加容量 12 万千瓦，全厂容量达 174.5 万千瓦。该厂地处苏南电网负荷中心，2002 年底由 12 条 220 千伏和 4 条 110 千伏高压输电线路向外送电。220 千伏出线中有 3 路双回线分别连接丹阳、官塘和泰州变电站，其余 6 条线路分别连接东岱、新桥、窦庄、石桥、丁卯和上党等变电站。

1994 年 6 月，被电力部授予 1993 年度“安全文明生产达标企业”称号；2002 年 6 月，被国家电力公司命名为 2001 年度“一流火力发电厂”。

1993 年 12 月 30 日，电厂出灰改造工程竣工，结束了持续 28 年向长江排放灰渣的历史。2002 年 10 月，全厂冲灰水和渣水通过技术改造工程进行处理后 100%可回收利用，实现了零排放。

到 2002 年底，全年发电量 112.76 亿千瓦时，全年设备等效可用系数达 90.43%，连续安全生产 652 天，创历史最高纪录。2002 年末，该厂划归中国国电集团公司。

（九）华能南通发电厂

华能南通发电厂位于江苏南通市天生港镇，南临长江，由华能国际电力开发公司南通分公司负责建设和经营。一期工程安装的 2 台由国外成套引进的 35 万千瓦火电机组，于 1989 年 4 月和 1990 年 4 月相继投入运行。二期工程建设 2 台同类型发电机组，于 1997 年开工，分别于 1999 年 4 月和 7 月投入商业营运。4 台机组总供货商经国际公开招标，均为美国 GE 公司。至 2002 年底，该厂装机总容量为 140 万千瓦。电厂拥有 220 千伏出线 9 回，向苏中电网送电，其中 4 条线路连接三官殿变电站、2 路双回线连接海安和东郊变电站，1 条线路连接沿江变电站。

1994 年 6 月，被电力部授予 1993 年度“安全文明生产达标企业”称号；1998 年 11

月由国家电力公司命名为1997年度“一流火力发电厂”。

2002年全年发电量78亿千瓦时。

（十）利港发电厂

利港发电厂位于江苏江阴市利港镇，北濒长江。一期和二期工程各安装2台35万千瓦燃煤机组。1989年1月，由中信集团新力能源开发公司、江苏省投资公司、无锡市地方电力公司和香港新宏电力投资有限公司共同投资组建的江苏利港电力有限公司成立，负责建设和经营利港电厂。一期工程2台机组分别于1993年5月和12月投产发电；二期工程2台机组分别于1998年3月和8月投产发电。至2002年底，全厂总装机容量为140万千瓦，拥有9条220千伏出线，向苏南电网送电，其中2路双回线连接石塘湾和梁溪变电站，其余5条线路分别连接暨阳、新沟、江阴、魏村和三井等变电站。

1997年6月，利港电厂被电力部命名为1996年度“安全文明生产达标企业”。2002年6月，被国家电力公司命名为2001年度“一流火力发电厂”。

2002年全年发电量85.05亿千瓦时，发电标准煤耗率为307克/(千瓦时)，供电标准煤耗率为320克/(千瓦时)，厂用电率4.07%。

（十一）常熟发电厂

常熟发电厂地处江苏省常熟市新港镇境内，北临长江。装机容量为4台国产30万千瓦燃煤机组，相继于1993年7月和12月、1994年3月和11月投入运营，总装机容量为120万千瓦。1998年起对4台机组的热控系统进行改造。2002年底，该厂通过9条220千伏线路向苏南电网送电，其中3路双回线连接昆山、谢桥和虞东变电站，其余3条出线分别连接新泾、董浜和七海坝变电站。

1997年6月，该厂被电力部命名为1996年度“安全文明生产达标企业”。2000年9月，被国家电力公司命名为1999年度“一流火力发电厂”。1997年10月组建的江苏常熟发电有限公司完成工商登记，1999年9月改制为内地与香港合资企业。2002年发电量73.53亿千瓦时，厂用电率4.72%，设备平均利用小时6127时。2002年底，该厂划归中国国电投资集团公司。

（十二）华能南京发电厂

华能南京发电厂位于南京市大厂区，东南临长江八卦洲河段北汊，东北紧邻南京热电厂和南京化学工业公司，西南是南京钢铁厂。总装机容量64万千瓦，安装苏联成套引进的2台32万千瓦超临界机组，是中国“八五”计划期间能源建设重点工程项目，也是继上海石洞口第二发电厂后中国第二座引进超临界机组的电厂。2台机组1994年3月和10月相继投产发电。该厂所发电力通过连接东善桥变电站的2条220千伏线路送入苏南电网。

1994年1月～1999年8月，江苏省电力局受托对华能南京发电厂进行管理，后由华能国际电力开发公司自行管理。

1997年6月，该厂被电力部命名为1996年度“安全文明生产达标企业”。1999年8月，被国家电力公司命名为1998年度“一流火力发电厂”。

至2002年底，累计发电279.18亿千瓦时。

（十三）彭城发电厂

彭城发电厂位于江苏省徐州市铜山县柳新乡境内。由香港华润（集团）有限公司、国家能源投资公司、江苏省投资公司、徐州市投资公司4家公司合资成立的徐州华润电力有限公司兴建，一期工程安装2台国产30万千瓦燃煤机组，分别于1996年9月15日、1997年5月24日投产运营。电厂通过3路双回220千伏线路连接任庄、桃园和九里山等变电站向苏北电网送电。

徐州华润电力有限公司是江苏电力行业第一个按国际惯例和现代公司组建的内地与香港合资企业，具有高度的经营自主权，机组大小修全部外包。

2002年发电量32.55亿千瓦时，发电标准煤耗率324克/(千瓦时)，供电标准煤耗率342克/(千瓦时)，厂用电率5.21%。

（十四）扬州第二发电厂

扬州第二发电厂位于江苏省邗江县八里镇，南临长江。一期工程利用世界银行贷款建设，安装2台国外引进的亚临界60万千瓦机组，分别于1998年11月和1999年6月投入运行，该厂总装机容量120万千瓦。所发电力通过2条500千伏线路接至江都变电站送入华东电网，另有1条220千伏线路连接蒋王变电站向苏北电网送电。

1996年3月，该厂改名为扬州第二发电有限责任公司。

2002年全年发电量62.4亿千瓦时，发电标准煤耗率为310克/(千瓦时)，供电标准煤耗率为324.6克/(千瓦时)，厂用电率4.44%，设备年平均利用小时5200时，到2002年底连续安全生产788天。

（十五）华能太仓发电厂

华能太仓发电厂地处江苏省太仓市时思镇境内，北依长江。由1997年6月19日成立的苏州工业园区华能发电有限公司负责兴建和营运。该厂是中国和新加坡政府合作开发建设的苏州工业园区的基础设施配套项目。一期工程建设2台30万千瓦机组，分别于1999年12月和2000年4月投入商业运行。所发电力通过2路220千伏双回线路经鹿城和新泾变电站送入苏南电网。

2001年7月，该厂获国家电力公司2000年度“电力安全文明生产达标企业”称号。2002年6月，被国家电力公司授予“一流火力发电厂”荣誉。至2002年底，全厂总装机容量60万千瓦，全年发电量37.13亿千瓦时，发电标准煤耗率为315克/(千瓦时)，供电标准煤耗率为329克/(千瓦时)，厂用电率4.19%，设备年均利用小时6189时。

（十六）徐塘发电厂

徐塘发电厂位于江苏徐州地区邳州市运河镇，地处陇海铁路线与京杭大运河交汇处。1990年底装有3台发电机组，装机总容量为8万千瓦，为部属企业。1999年7月，江苏徐塘发电有限责任公司登记注册，组织实施2台30万千瓦燃煤机组扩建工程。该项目是江苏“九五”计划期间电力发展的重点工程，同时又被列为优化火电结构，发展大容量、高参数、低能耗的“大代小”技术改造工程。2台30万千瓦扩建机组分别于2002年3月和7月投入运行。当年发电量19.47亿千瓦时，发电标准煤耗率为341克/(千瓦时)，供电标准煤耗率为480克/(千瓦时)。

2002年底，该厂划归中国大唐集团公司。

（十七）北仑发电厂

北仑发电厂位于浙江省宁波市北仑区，地处杭州湾口外金塘水道南岸，距宁波市区约26千米。该厂装有5台60万千瓦机组。1991年10月，首台60万千瓦机组投入运行。至2000年9月，5台60万千瓦机组全部建成投产，装机总容量达到300万千瓦，成为20世纪中国内地最大的火力发电厂。所发电力送入浙北电网，有2条500千伏出线连接兰亭变电站、1条500千伏出线连接天一变电站，另有220千伏3条出线分别连接新乐和江南变电站。

1998年11月，被国家电力公司首批授予“国际一流火力发电厂”称号，并获全国总工会颁发的五一劳动奖状。

至2002年底，累计发电量955.8亿千瓦时。

2002年末，该厂划归中国国电集团公司。

（十八）嘉兴发电厂

嘉兴发电厂位于浙江省平湖市乍浦镇东海之滨，一期工程安装2台国产引进型30万千瓦燃煤发电机组，分别在1995年7月和12月投产。至2002年底，该厂总装机容量为60万千瓦。所发电力通过220千伏室内升压站的4条220千伏出线送入浙北电网，其中1路双回线路连接瓦山变电站，另路双回线连接跃新变电站。

1997年，该厂被电力部授予“安全文明生产达标企业”称号，1998年被国家电力公司授予“一流火力发电厂”称号。2000年1月，该厂改组为嘉兴发电有限责任公司。

至2002年底，累计发电量37.66亿千瓦时。

（十九）台州发电厂

台州发电厂位于浙江省台州市椒江区前所镇境内，三面环山，南接台州湾。1990年已建成三期工程，共有6台12.5万千瓦燃煤发电机组，总装机容量75万千瓦。四期工程2台33万千瓦机组于1997年2月和12月先后投运。20世纪90年代后期，该厂6台12.5万千瓦机组扩容改造为13.5万千瓦机组。2002年底，全厂装机总容量增至147万千瓦，所发电力通过9条220千伏线路送入浙东电网，其中3条出线连接桔乡变电站，2路双回线连接海门和临海变电站，其余2条出线分别连接国清和跃龙变电站。

1992年，被能源部授予达标企业称号，是年以该厂资产为基础，由浙江省电力公司等5家企业发起成立浙江东南发电股份有限公司。2000年，该厂被国家电力公司命名为“一流火力发电厂”。

2002年供电标准煤耗率为346克/(千瓦时)，比1991年下降32克/(千瓦时)。

（二十）温州发电厂

温州发电厂坐落在乐清市磐石镇，位于瓯江入海口北岸。一期工程建设的2台12.5万千瓦机组分别于1990年12月和1991年8月投产，二期2台30万千瓦机组则于2001年4月和9月投产发电，2002年底全厂装机容量85万千瓦。通过10条220千伏向浙东电网送电，其中3路双回线连接永强、城西和蒲州变电站，其余4条出线分别连接泽国、洋湾、海门和楠江等变电站。

1998 年 6 月，被国家电力公司授予 1997 年度“安全文明生产达标企业”称号。2002 年 5 月，获国家电力公司“双文明单位”称号。

2002 年全年发电量 55.28 亿千瓦时，厂用电率 6.36%，发电标准煤耗率 330.2 克/(千瓦时)。

（二十一）长兴第二发电厂

长兴第二发电厂位于浙江省湖州市长兴县雉城镇，地处太湖南岸，毗邻华能长兴电厂。规划建设 4 台 30 万千瓦机组，首台 30 万千瓦机组 2002 年底投入运行，至 2002 年底，装机容量为 30 万千瓦，所发电力由 5 条 220 千伏出线送入浙北电网，其中 3 条分别连接湖州、安吉和白雀等变电站，1 路双回线同长兴发电厂联络。

2001 年 7 月，改组为浙江长兴发电有限责任公司，隶属浙江省能源集团公司。

（二十二）平圩发电厂

平圩发电厂位于安徽省淮南市平圩镇，南临淮河。一期工程建设 2 台 60 万千瓦亚临界火电机组，一期工程属设计、制造双引进项目，国家“七五”重点工程，国务院 12 项重大技术装备科研项目之一。1 号机组为采用引进技术国内生产的首台 60 万千瓦机组，1989 年 11 月建成移交试生产。第二台机组于 1992 年 12 月移交试生产。至 2002 年底，所发电力由 2 条 500 千伏线路送入华东电网，其中 1 条直接连接肥西变电站，另 1 条经洛河发电厂转肥西变电站。投产运营后共发电超过 700 亿千瓦时，供电标准煤耗率 340 克/(千瓦时)，厂用电率 4.4%。1999 年企业改制为安徽淮南平圩发电有限责任公司。期间，曾获国家重大技术装备特等成果奖、全国五一劳动奖状、电力部“安全文明生产达标企业”、国家电力公司“双文明单位”、“一流火力发电厂”等荣誉。

2002 年底，该厂划归中国电力投资集团公司。

（二十三）洛河发电厂

洛河发电厂位于安徽省淮南市洛河镇。一期工程安装 2 台 30 万千瓦汽轮发电机组，分别于 1986 年 1 月和 10 月投产。二期 2 台国产引进型燃煤 30 万千瓦汽轮发电机组分别于 1998 年 9 月和 1999 年 3 月投产发电。2001～2002 年完成一期 2 台 30 万千瓦机组的技术改造，机组安全和技术经济指标均显著提高，且每台机组出力均增至 32 万千瓦，至 2002 年底，该厂总装机容量达 124 万千瓦。所发电力经 500 千伏和 220 千伏线路送入华东电网，其中 500 千伏 2 条分别连接肥西和颍州变电站，1 条同平圩电厂联络；220 千伏 1 路双回路送至金家岭变电站，另 4 条分别送至秦集、寿州、芦集、平圩变电站。

该厂曾先后获电力部“双文明单位”、“安全文明生产达标企业”等荣誉。

2001 年 12 月该厂二期改制为安徽淮南洛能发电有限责任公司。

2002 年底，该厂划归中国大唐集团公司。

（二十四）淮南田家庵发电厂

淮南田家庵发电厂坐落在淮南市田家庵区，北临淮河，具有 60 多年的建厂史，1954 年曾安装过国产第一台 6000 千瓦汽轮发电机组。1993 年 8 月，通过“大代小”工程，在拆除老厂 8 台共 11.1 万千瓦小机组的基础上，建设 1 台国产引进优化型 30 万千瓦燃煤机组，1996 年建成投入运行。至 2002 年底共有 5 台机组（另 4 台分别为 2 台 12 万千瓦机组和 2 台 13.75 万千瓦机组），总装机容量 81.5 万千瓦。通过 5 条 220 千伏线路送电至皖中电网，其中 2 路双回线连接洛河和金家岭变电站，1 路连接凤阳变电站。

1996 年，该厂被电力部授予“安全文明生产达标企业”称号，2000 年被国家电力公司命名为“一流火力发电厂”。2002 年底，该厂划归中国大唐集团公司。

（二十五）铜陵发电厂

铜陵发电厂地处安徽省铜陵市桂家湖畔，位于长江南岸。至 1990 年底，装有 1 台 1.2 万千瓦机组和 2 台 12.5 万千瓦机组。1997 年拆除该 1.2 万千瓦机组。1999 年底，铜陵发电厂四期扩建工程 1 台 30 万千瓦机组投产，全厂总装机容量达到 55 万千瓦，该厂所发电力通过 7 条 220 千伏线路送入皖南电网，其中 3 路双回线连接朱村、古圣和新江变电站，1 路连接贵池变电站。

1992 年，该厂被电力部授予“安全文明生产达标企业”称号：2000 年，获安徽省“文明单位标兵”荣誉。

2002 年底，划归中国大唐集团公司。

（二十六）马鞍山第二发电厂

马鞍山第二发电厂位于马鞍山市西北郊慈湖乡，北临长江，是安徽省首家地方集资创办的电厂。一期工程由安徽省能源投资总公司、安徽省电力公司、皖能股份有限公司和马鞍山电力开发公司共同投资，建设规模为 2 台 30 万千瓦机组，分别于 1995 年 12 月和 1996 年 12 月投产发电。至 2002 年底，全厂总装机容量为 60 万千瓦，所发电力由 4 条 220 千伏线路送入皖南电网，其中 2 条连接刘村变电站，2 条连接采石变电站。

该厂 1998 年 6 月被国家电力公司授予“安全文明生产达标企业”；1998 年、1999 年获国家电力公司“双文明单位”称号；1999 年获国家电力公司“一流火力发电厂”称号。2002 年全年发电量 26.5 亿千瓦时。

1998 年底，企业改制为安徽马鞍山万能达发电有限责任公司。2002 年底，划归中国大唐集团公司。

（二十七）淮北第二发电厂（淮北国安电力有限公司）

淮北第二发电厂位于安徽濉溪县宋町乡。该厂由中外合资淮北国安电力有限公司负责建设和营运，一期工程安装 2 台国产引进技术型 30 万千瓦机组，2000 年 4 月和 7 月相继投产。至 2002 年底，全厂总装机容量为 60 万千瓦。所发电力通过 6 条 220 千伏线路送入皖北电网，3 路双回线分别连接姬村、五里营和高湖变电站。

2002 年底，该厂划归中国大唐集团公司。

（二十八）合肥第二发电厂（合肥联合发电有限公司）

合肥第二发电厂位于安徽合肥市肥东县桥头集镇。由新加坡联合电力有限公司、华东电力集团公司、安徽省电力公司、安徽省能源投资总公司和合肥市建设投资公司组建的中外合资安徽省合肥联合发电有限公司（1996 年 5 月工商登记注册）负责建设和经营。一期工程建设 2 台国外引进的 35 万千瓦机组，2 台机组分别于 2001 年 6 月和 8 月投入运行。至 2002 年底，全厂总装机容量为 70 万千瓦，所发电力通过 6 条 220 千伏线路送入皖中电网，其中 2 路双回线连接螺丝岗和莲花变电站，另 2 条线路分别连接桥头集和巢湖变电站。

除上述装有30万千瓦及以上容量机组的发电厂外，尚有江苏省徐州发电厂和浙江省镇海发电厂2家燃煤电厂，在1990年底前装机容量即已超过100万千瓦。徐州发电装有4台12.5万千瓦和4台20万千瓦发电机组，总装机容量130万千瓦；镇海发电厂装有2台12.5万千瓦和4台20万千瓦发电机组，总容量105万千瓦。安徽省淮北电厂1991年前，已装有2台5万千瓦、2台12.5万千瓦和2台20万千瓦机组，1993年3月又有1台20万千瓦机组投入运行，通过发电设备增容改造后，至2002年底，该厂总可调发电容量已达100.2万千瓦，亦跻身百万千瓦大厂行列。

二、主要水力发电厂

（一）新安江水力发电厂

新安江水力发电厂位于浙江省建德市境内新安江铜官峡谷，装有出力分别为7.5万千瓦和7.25万千瓦的9台混流式水轮发电机组。1990年，总容量为66.25万千瓦。经对其中6台机组完成改造后，2002年底全厂总容量达78万千瓦。该厂为华东电网第一调频电厂，承担着华东电网发电、防洪、防汛、调频、调峰和事故备用的重任，并为流域防汛抗洪发挥重要作用。

1990年，发电量为149245.62万千瓦时，单耗为5.65米^3/(千瓦时)。全年水库总进水量为102.22亿米^3，发电用水为84.35亿米^3。年初水位为101.257米，年末水位为99.447米。

2002年，发电量为228351.36万千瓦时，单耗为5.65米^3/(千瓦时)。全年水库总进水量138.02亿米^3，发电用水为126.74亿米^3，发电用水为126.74亿米^3。年初水位为98.161米，年末水位为99.225米。

1997年起，陆续对该1、4、5、7、8、9号机组增容改造，包括水轮机转轮改型及提高发电机容量。1995年4月，完成220千伏开关站改造：拆除110千伏设备并新增2条220千伏出线。1999～2002年，更新主变压器；将原“两机一变”扩大单元接线方式改为“三机一变”；220千伏送出线路增至5回，其中2路双回线连杭州和建德变电站，1条线路同富春江水电厂联络。

该厂在历年防汛抗洪中，成功地拦蓄洪水，确保下游安全度汛。1999年6月，在拦截新安江流域出现的20世纪初以来最大的洪水中发挥了重要作用，受到中央领导和浙江省委的表彰。该厂先后被评为“全国投入产出调查国家级先进集体”、“全国大型水电厂厂际竞赛评比先进单位”。

2002年全年发电量22.83亿千瓦时，上网电量22.32亿千瓦时，年平均设备利用小时数为3447小时，厂用电率为0.33%。

（二）富春江水力发电厂

富春江水力发电厂地处浙江省桐庐县境内，钱塘江中游富春江七里泷峡谷出口处，上游距新安江水力发电厂60千米，下游距杭州市90千米。是一个日调节水库、低水头河床式电站，装有5台水轮发电机组，总容量29.72万千瓦。大流域、小水库是其显著特点，主要担负华东电网调峰、调频及事故备用任务，兼有防洪减灾、航运、灌溉、水产、城市供水等综合经济效益。

1999年，在全国水电系统首先采用海事卫星遥测系统，对水库雨情进行实时监测和预报。1999年，对该厂计算机实时监控系统进行了三级改造；是年4月，发电运行正式实行无人值班（少人值守）管理模式。21世纪初，开始对电站主设备进行全面的更新改造。2000年，对电站船闸进行大修；将1号5.72万千瓦苏联产机组报废，改造为6万千瓦机组，2002年3月投入运行；对升压站进行全面更新改造，拆除全部110千伏线路，所发电力均由5条220千伏线路送出，其中4条分别连接金华、雅致、中埠和乔林变电站，1条同新安江水电厂联络。

2002年发电量10.82亿千瓦时，上网电量10.68亿千瓦时，年均设备利用小时数为3643小时，厂用电率为0.45%。

（三）乌溪江水力发电厂

乌溪江水力发电厂下辖乌溪江上、下游梯级开发的湖南镇电站和黄坛口电站，两站相距2.5千米，装机总容量35.2万千瓦，是浙西电网以调频、调峰为主，兼顾农田灌溉和城市供水的水利水电枢纽电站。

1994年12月，在黄坛口电站大坝下游左岸新建厂房1座，增装2台2.6万千瓦水电机组，使总装机容量增至8.2万千瓦；1996年12月，在湖南镇电站建成坝后式厂房1座，增装1台10万千瓦机组，使总装机容量增至27万千瓦。至此，乌溪江水力发电厂装机总容量达35.2万千瓦，所发电力通过2条220千伏线路连接仙霞和衢州变电站向浙南电网送电。1999年，建成并投运计算机实时监控系统、梯级电站调度中心计算机信息管理系统等重点技术改造和科技项目，实现了黄坛口电站的梯调中心对两级电站机组运行的集中控制、统一调度以及“一厂两站”三地联网和办公自动化。2000年11月起，该厂试行“无人值班（少人值守）”。

2002年，发电量为6.59亿千瓦时，上网电量为6.46亿千瓦时，年均设备利用小时数为2442小时，厂用电率为0.37%。

（四）紧水滩水力发电厂

紧水滩水力发电厂坐落在浙江省云和县境内的瓯江支流龙泉溪畔，距丽水市区62千米。该厂为“一厂两站”建制，下辖紧水滩水电站和石塘水电站，装机总容量38.58万千瓦，是浙江电网的主力调峰电厂。

该厂6台5万千瓦（紧水滩站）和3台2.6万千瓦（石塘站，后增容改造为2.86万千瓦）水轮发电机组于20世纪80年代末相继投入运行。1998年2月10日实现由梯级调度中心直接对紧水滩、石塘两电站9台机组等生产设备的远程监控；1998年6月2日，创建厂后连续2272天的最高安全生产纪录；1999年4月28日，该厂正式实行无人值班（少人值守）。2002年底，该厂总装机容量为38.58万千瓦，通过2条220千伏线路经丽水变电站送入浙南电网。

2002年，两站发电量7.68亿千瓦时，上网电量7.53亿千瓦时。紧水滩站、石塘站发电耗水率分别为6.08、19.86米^3/(千瓦时)，厂用电率分别为0.39%、0.68%，设备年平均利用小时数分别为1915、2491小时。

（五）珊溪水力发电厂

珊溪水力发电厂位于温州文成县珊溪镇，是国家重点建设的飞云江干流控制性大型综合利用工程珊溪水利枢纽工程主要组成部分。2000 年 6 月～2001 年 7 月，4 台 5 万千瓦混流式水轮发电机组相继投产发电，通过 1 条 220 千伏线路接入垂杨变电站向浙南电网送电。

珊溪水库是国家一级水库，也是温州地区最大水库。水库库容 18.24 亿米^3，正常蓄水位 142 米。珊溪水电厂以发电为主，兼有供水、防洪、旅游等综合效益。

（六）陈村水力发电厂

陈村水力发电厂地处安徽省泾县境内太平湖畔，是安徽省装机容量最大的水力发电厂。1990 年底，全厂总装机容量 18.4 万千瓦。电厂以发电为主，兼有防洪、灌溉、旅游等综合效益。电厂分为二级开发：一级陈村水电站装机 3 台，总容量 15 万千瓦，最大库容 26.88 亿米^3；二级纪村水电站装机 2 台，总容量 3.4 万千瓦，为径流式水电厂，利用陈村下游尾水，通过青弋江灌区总干渠与青弋江河道之间的落差，筑坝蓄水发电。

2002 年底，该厂划归中国大唐集团公司。

三、核能发电厂

（一）秦山核电公司（秦山核电厂）

秦山核电公司（秦山核电厂）坐落在浙江省海盐县秦山双龙岗，东临杭州湾，西接方家山，是中国内地第 1 座自行设计、建造、调试和运行管理的核电站。该核电站为原型示范堆核电站，采用压水型反应堆，装有 1 台 30 万千瓦双水内冷发电机组，1991 年 12 月首次并网发电，1994 年 4 月投入商业运行，1995 年 7 月通过国家验收。截至 2002 年 4 月，已累计发电 175 亿千瓦时。在第六循环中连续满功率运行 331 天，发电 27.22 亿千瓦时，创造了并网发电 10 年连续安全运行的最高纪录。该厂通过 2 条连接跃新和双山变电站的 220 千伏线路向电网送电，另有一条由上海石化变电站引入的 220 千伏线路作为备用电源。

“秦山 30 万千瓦核电机组全范围仿真机项目”被评为 1995 年全国十大科技成就奖，“秦山 30 万千瓦核电厂设计与建设”获得 1997 年国家科技进步特等奖。

2002 年全年发电量为 17.83 亿千瓦时，上网电量为 16.77 亿千瓦时，年均设备利用小时数为 5944 小时，厂用电率为 6.7%。

（二）秦山第二核电厂

秦山第二核电厂坐落在浙江省海盐县秦山镇杨柳山，与秦山核电一期毗邻，厂区征地面积 1.619 千米^2。1996 年 6 月，主体工程开工建设。2002 年 2 月，65 万千瓦的 1 号机组并网成功，是年 4 月 15 日投入商业运行。该厂通过 4 条 500 千伏线路向华东电网送电，其中 2 条连接王店变电站，2 条连接乔司变电站。另有 2 条 500 千伏联络线连接秦山第三核电厂。

到 2002 年底，该厂 1 号机组发电量为 34.89 亿千瓦时，上网电量为 32.47 亿千瓦时，年平均设备利用小时数为 6557 小时，厂用电率为 7.9%。

（三）秦山第三核电厂

秦山第三核电厂坐落在海盐县秦山东麓的螳螂山，与秦山第一、第二核电厂毗邻，共同形成布局长江三角洲南翼的秦山核电基地。该厂采用加拿大坎杜 6 重水堆核电站技术。

首台 72.8 万千瓦核电机组于 2002 年 12 月 31 日投入商业运行，所发电力通过连接秦山第二核电厂的 500 千伏线路向华东电网送电。

四、抽水蓄能电站

（一）天荒坪抽水蓄能电站

天荒坪抽水蓄能电站位于浙江省北部安吉县境内，上水库处于天荒坪和搁天岭之间的天然洼地，下水库坐落在太湖流域西苕溪支流大溪上，天然高差 590 米。电站接近华东电网负荷中心，距上海、南京、杭州分别为 175、180、57 千米，离 500 千伏瓶窑变电站 34 千米，地理位置优越，交通方便。电站装有 6 台 30 万千瓦可逆式抽水蓄能机组，总装机容量为 180 万千瓦，属日调节纯抽水蓄能电站，年发电量 31.60 亿千瓦时，年抽水耗电量 42.86 亿千瓦时，下水库库容 877 万米^3，上水库库容 885 万米^3。电站以 2 回 500 千伏 34 千米输电线路接入华东 500 千伏主网的瓶窑变电站。

1998 年 9 月～2000 年底，6 台抽水蓄能发电机组相继投入运行。至 2002 年底，电站总发电量 70.93 亿千瓦时，抽水耗电量 88.42 亿千瓦时。天荒坪抽水蓄能电站作为华东电网首家大型抽水蓄能电站，以其巨大的调峰、填谷和事故备用功能，成功探索了一条确保电网安全稳定运行的新途径。

（二）溪口抽水蓄能电站

溪口抽水蓄能电站位于宁波奉化市溪口镇西北的茗山岭下，距奉化、宁波市区分别为 15、35 千米。电站装机容量为 8 万千瓦，安装 2 台 4 万千瓦立轴可逆混流式水泵水轮发电机组，电站上、下水库库容分别为 103 万米^3 和 86.1 万米^3。机组设备由瑞士 ABB 和 SEW 公司生产。水轮机设计水头 240 米，额定转速 600 转/分钟。发电机额定电压 10.5 千伏。电站经 110 千伏线路接入 220 千伏奉化变电站。

1998 年 5 月 2 台机组相继投入运行。2000 年 12 月交宁波溪口抽水蓄能电站有限公司负责运行管理。

2002 年全年发电量 1.53 亿千瓦时，上网电量 1.5 亿千瓦时，年均设备利用小时数为 1910 小时，厂用电率为 0.91%。

（三）沙河抽水蓄能电站

沙河抽水蓄能电站位于江苏省溧阳市境内，距溧阳市区 18 千米，距南京市 120 千米。利用已建成的沙河水库作为下水库，在沙河水库东岸的龙井沟上，选择山沟地形兴建上水库。上水库总库容 262.25 万米^3。竖井式半地下厂房，竖井内径 29 米。电站装机 2 台 5 万千瓦机组，采用立轴单级可逆混流式水泵水轮机及三相立轴悬式空气冷却可逆式同步发电/电动机，设计年发电量 1.82 亿千瓦时。电站主机设备由法国阿尔斯通（ALSTOM）集团提供。电站 2 台机组分别于 2002 年 6 月 14 日和 2002 年 7 月 30 日投入商业运行。沙河抽水蓄能电站升压站通过长 22 千米的 220 千伏出线经溧阳变电站接入江苏电网。

（四）响洪甸抽水蓄能电站

响洪甸抽水蓄能电站由原建于 20 世纪 50 年代装有 4 台 1 万千瓦水轮发电机组的响洪甸水电站扩建改造而成。该抽水蓄能电站利用原大坝形成的水库作为上水库，在大坝下游河床狭窄处另筑小坝形成下水库，安装 2 台 4 万千瓦抽水蓄能机组，使该电站成为一座混合式抽水蓄能电站。2000 年 6 月 2 台抽水蓄能机组完成试运行，同年 11 月投产，通过 1 条 220 千伏线路经六安变电站接入皖中电网。该水电站的成功改建，为因地制宜、开发利用现有水能资源提供了一个范例。

五、燃气轮机发电厂

（一）上海闸电燃气轮机发电厂

上海闸电燃气轮机发电厂原是上海闸北发电厂的改造工程，由上海市电力公司和美国 GE 公司合资的上海闸电燃气轮机发电有限公司（成立于 1996 年 2 月）兴建和营运，坐落在上海杨浦区，濒临黄浦江。安装美国通用电气（GE）公司制造的 4 台 10 万千瓦级单循环同轴燃气轮机发电机组，燃料以重油为主，是中国内地最大的燃机电厂之一。1996 年 8～12 月，4 台机组相继投入运行，各项运行技术性能指标达到国内先进水平。通过 4 条 220 千伏向上海北部电网送电，其中 2 路双回线分别连接蕴藻浜和森林变电站，另 1 条连接钢铁变电站。到 2002 年底，累计发电 41.41 亿千瓦时，为弥补上海电力供需缺口、提高上海电力调峰能力作出了积极的贡献。

（二）镇海燃机发电厂

镇海燃机发电厂由中外合资镇海联合发电有限公司（成立于 1994 年 11 月）兴建和营运，位于浙江省宁波市镇海区虹桥镇海发电厂西侧。安装由 2 台美国通用电气（GE）公司制造的 MS9001E 型 10 万千瓦燃气轮发电机组、2 台荷兰 NEM 公司制造的 170 吨/时强制循环余热锅炉、1 台法国通用电气—阿尔斯通（GEC—ALSTHOM）公司制造的 10 万千瓦多级冲动凝汽式汽轮发电机组组成的燃气—蒸汽联合循环机组，发电总容量 30 万千瓦。装有 1 套法国 ALFALAVAL 公司制造的双流程油处理设备。燃用 180 号重油。

1997 年 5 月和 11 月，1、2 号燃机单机相继并网发电；1999 年 5 月 24 日，整套循环装置移交电厂试运行。

机组投运后，通过技术改造和革新，厂用电率从 10.69%下降到 2.61%，发电油耗从 344 克/（千瓦时）下降到 211 克/(千瓦时)，年发电量从 3729 万千瓦时增加到 119656 万千瓦时。

（三）金华燃气轮机发电厂

金华燃机电厂（金华燃机发电有限责任公司）位于金华市西南部白龙桥镇，安装 2 台 5.6 万千瓦燃气—蒸汽联合循环机组，各由 1 台法国 ALSTOM 公司制造的 PG6551B 型 3.8 万千瓦单轴燃气轮机发电机组、1 台杭州锅炉厂制造的 65 吨/时的 Q397143 - 66 - 3.82/450 型余热锅炉、1 台南京汽轮机厂制造的 1.8 万千瓦 L18 - 3.43 - 2 型汽轮发电机组组成。装机总容量 11.2 万千瓦。所发电力经 2 回 110 千伏出线、1 回 220 千伏出线送至金华黄村变电站接入电网。电厂主要承担金华地区电网调峰任务。2002 年下半年，该厂实施了轻油改重油的技术改造，增补了重油处理装置。

2 台机组于 1999 年 12 月投入运行。2002 年，全年发电量为 30282 万千瓦时，上网电量 29460 万千瓦时，年均设备利用小时数为 2753 小时，厂用电率为 2.55%，发电油耗为 203.9 克/（千瓦时）。

（四）温州龙湾燃气轮机发电厂

温州龙湾燃机发电厂由温州燃机发电有限公司兴建，坐落在离温州市中心约16千米的瓯江南岸。安装美国通用电气（GE）公司制造的2台PG9171E型10万千瓦燃气轮发电机、1台STAG209E型10万千瓦次高压凝汽式汽轮机发电机组以及比利时CMI公司生产的2台174吨/时的强制循环余热锅炉。主变压器、厂用变压器及启备变压器均为国内配套。总装机容量30万千瓦。2台燃机分别于1998年4月、5月并网发电；余热发电机组于1999年4月并网发电。所发电力通过2条220千伏线路经永强变电站送入浙东电网。2002年，全厂年发电量13.31亿千瓦时，上网电量12.83亿千瓦时，发电油耗从1998年的312克/（千瓦时）降至2002年的201克/（千瓦时），年均设备利用小时从1998年的1410小时提高到4439小时。

（五）合肥燃气轮机发电机组

合肥燃气轮机发电机机组在合肥发电厂动工兴建，安装引进20世纪90年代的先进设备，包括2台3.82万千瓦燃气机组，1台3.88万千瓦余热发电机组，总装机容量11.52万千瓦。燃气机组于1997年9月投入运行移交生产；余热发电机组于1998年建成发电。

六、潮汐发电站

江夏潮汐试验电站位于浙江省温岭市乐清湾江厦港，装有5台双向灯泡贯流式水轮发电机组，其中1台500千瓦、1台600千瓦和3台700千瓦，总装机容量3200千瓦，1985年12月全面建成。在世界上仅次于法国朗斯、加拿大安娜波列斯潮汐电站而位居第三，是中国开发利用潮汐能源的试验基地。到1990年，已正常投运11年，累计发电量3809.77万千瓦时。1992年开始对大坝维护加固，1998年发电控制水位从1.5米提高到1.7米。至1995年，该站相继完成通信设施改造、机组设备改造和更新以及改大坝钢筋混凝土闸门为钢闸门等技改项目，翌年发电量667.20万千瓦时，创历年新高。1996～1998年，对1～5号机组更换不锈钢转轮；更换线路、发电机开关；对进泄水闸海、库两侧翼墙加固和大坝挡浪墙加高，环境、设备整治有所改进。1999年1月，修补和加固大坝，坝坡填土1600米^3，坝顶填土335米^3。2001年5月，该站潮汐发电科普馆建成开放，同年12月，该电站被浙江省科学技术协会命名为首批省级科普教育基地。

2002年，电站发电量638万千瓦时，上网电量575万千瓦时，年均设备利用小时数为1994小时，厂用电率为3.13%。

七、风力发电场

（一）苍南鹤顶山风电场

浙江苍南鹤顶山风电场距温州市苍南县22千米。1996年1月，建在海拔908米的1号风场的2台丹麦NORTANK公司生产的NTK500/41型500千瓦风力发电机组竣工投运，当年发电量216.4万千瓦时。1998年12月，2号风场的15台德国VESTAS公司生产的V42-600千瓦变桨距风力发电机组竣工投运，总装机容量增至1万千瓦。

2002年全年发电量1493万千瓦时，上网电量1450万千瓦时，年均设备利用小时数为1493小时，厂用电率为0.47%。

（二）临海括苍山风电场

浙江临海括苍山风电场位于临海市与仙居县交界处，1998年5月，33台丹麦MICON公司生产的600千瓦定桨距风力发电机组全部竣工投运，总容量达1.98万千瓦。配套设施有35千伏线路21千米、场内10千伏线路15千米、SFE8－20000/35主变压器1台以及658米^{2}的中央控制楼。该工程1998年6月26日通过国家电力公司组织的验收。

2002年，全年发电量2599万千瓦时，上网电量2530万千瓦时，年均设备利用小时数为1313小时，厂用电率为0.24%。

八、垃圾焚烧发电厂

（一）上海御桥生活垃圾发电厂

上海御桥生活垃圾发电厂（上海浦城热电能源公司电厂）地处上海浦东新区北蔡的御桥工业区。能日处理生活垃圾1000吨，设三条垃圾焚烧生产线，配备3台150吨/时生活垃圾焚烧炉、3台29.32吨/时余热锅炉和2套8500千瓦的汽轮发电机组，可对120万～150万城市居民每日产生的生活垃圾用现代化的技术手段进行减量化、无害化、资源化的“三化”处理。2002年5月29日通过了三炉二机联合168小时的连续试运行，热态移交生产，投入商业运行。同年7月，国家电力公司西安热工研究院进行了工业性性能考核，包括垃圾处理量、炉渣分析、锅炉各项性能指标、运行参数、烟气排放环保指标等，考核结果全部符合国家标准规定。2002年9月20日，上海市环保局下文正式批准工厂投入试生产。

（二）杭州余杭垃圾发电厂

余杭垃圾发电厂位于杭州市余杭镇金星村。安装35吨/时链条式锅炉2台、日处理城市生活垃圾150吨的流化床锅炉1台、6000千瓦抽凝式发电机组2台，装机总容量1.2万千瓦。1995年6月建成投产。1999年被认定为浙江省城市生活垃圾焚烧发电示范工程。2001年6月，更名为杭州余杭锦江环保能源有限公司。

1997～2002年，累计发电37053.7万千瓦时，供电量32563万千瓦时。供电煤耗从2000年的482克/(千瓦时)下降到2002年的457克/(千瓦时)。

（三）杭州乔司垃圾焚烧电厂

乔司垃圾焚烧电厂由杭州锦江绿色能源有限公司兴建，位于杭州市乔司镇工业园区内。一期工程安装蒸发量为35吨/时异重循环流化床锅炉2台、6000千瓦抽凝式发电机组2台，装机总容量1.2万千瓦，年处理生活垃圾15万吨，于2002年6月并网发电。当年发电量2671万千瓦时，供电量2122.3万千瓦时，发电标准煤耗426克/(千瓦时)。

（四）杭州天子岭垃圾发电厂

1994年5月，杭州市天子岭废弃物处理总场与美国惠民集团合作，成立中佳环境技术有限公司，建设填埋气体发电厂。一期工程规模为2台970千瓦机组，最终可达6台。1998年10月27日，一期工程正式投产发电，该项目具有良好的经济、环境与社会效益。

（五）宁波市枫林垃圾发电厂

宁波枫林垃圾发电厂位于北仑区小港镇布阵岭（枫林），是宁波市人民政府为主出资兴建的环保重点工程，一期建设 3 台 350 吨/时的垃圾焚烧炉、2 台 6000 千瓦汽轮发电机组及配套系统。2001 年 12 月 15 日转为正式运行。该厂拥有从国外引进的液压自控式焚烧炉等关键设备，能使垃圾焚烧所产生的烟尘经过滤后排放。日焚烧处理生活垃圾近 1000 吨，服务区域已覆盖海曙、江东、江北三区及鄞州部分地区，服务人口达 100 万以上。

2002 年，共焚烧生活垃圾 29 万吨，发电量 6847 万千瓦时，上网电量 5220 万千瓦时。

第二节 各类发电机组设备技术水平

一、大型燃煤发电机组

60 万千瓦燃煤机组中，华能上海石洞口第二电厂的 2 台为超临界压力机组，其锅炉为瑞士苏尔寿和美国 CE 公司生产的超临界一次再热、螺旋管圈、高压运行直流锅炉，最大连续出力 1900 吨/时，主蒸汽压力和温度分别为 25.4 兆帕和 538℃，再热器出口压力和温度分别为 4.57 兆帕和 566℃，锅炉设计效率为 92.53%。汽轮机为瑞士 ABB 公司生产的单轴四缸四排汽反动式凝汽机组；汽轮机最大连续出力（TMCR）60 万千瓦，热耗 7648 千焦/（千瓦时），低压转子末级叶片长度 867 毫米。发电机为瑞士 ABB 公司生产，额定容量 719 兆伏安，额定电压 24 千伏，冷却方式为水氢氢，额定负荷效率 98.91%。

安徽平圩电厂的 2 台 60 万千瓦机组均为国产引进型机组，具有 20 世纪 80 年代初国际先进水平。三大主机中，锅炉是引进美国燃烧工程公司技术，由哈尔滨锅炉厂制造；汽轮机和发电机是引进美国西屋公司技术，分别由哈尔滨汽轮机厂和哈尔滨电机厂制造。该机组出力裕度较大，调峰性能好，自动化水平高，设施先进，安全保护措施完善。

浙江北仑发电厂的 60 万千瓦燃煤机组中，1 号机组锅炉为美国燃烧工程公司（CE）生产，汽轮机和发电机由日本东芝公司生产；2 号机组锅炉为加拿大 B&W 公司产品，汽轮机和发电机系法国阿尔斯通公司产品；二期 3 台机组的锅炉岛由日本石川播磨重工业公司（IHI）、汽机岛由日本东芝公司、灰岛由美国爱伦公司、煤岛由德国诺尔公司、升压站岛由日本东芝公司供货。

扬州第二发电厂的 60 万千瓦进口机组具有 20 世纪 80 年代国际先进水平。锅炉是美国巴威公司生产的亚临界压力、一次中间再热、自然循环汽包炉；汽轮机是美国西屋公司生产的单轴反动式、四缸四排汽、凝汽式汽轮机；发电机是美国西屋公司生产的水氢氢冷发电机。

上海吴泾第二电厂安装的 2 台 60 万千瓦机组的主机，分别由上海锅炉厂、上海汽轮机厂、上海电机厂采用引进技术生产。

华东电网投入运行的 60 万千瓦机组具有优异的可靠性、经济性和可调性，尤以华能上海石洞口第二电厂 2 台 60 万千瓦燃煤超临界压力进口机组更为显著。

（一）机组的可靠性、经济性

1996年，在60万千瓦机组的可靠性统计中，机组等效可用系数石洞口二厂1、2号机组分别为90.19%、80.45%；平圩电厂1、2号机组为81.66%、73.69%；北仑电厂1、2号机组分别为84.86%、67.79%。机组的等效强迫停机率石洞口二厂1、2号机组分别为1.04%、0.32%；平圩电厂1、2号机组分别为1.38%、9.05%；北仑发电厂1、2号机组分别为0.43%、6.15%。

1996年，60万千瓦机组的发电煤耗，石洞口二厂1、2号机组均为299克/（千瓦时）；平圩电厂1、2号机组分别为333、336克/(千瓦时)；北仑电厂1、2号机组分别为308、313克/(千瓦时)。

（二）机组的自动化程度及可调性能

超临界机组与进口亚临界机组都配备有较好的热工自动控制系统，都具有良好的调节性能；超临界机组晚间调峰负荷为30万千瓦（50%额定出力）。进口亚临界机组调峰负荷也在50%左右，而国产亚临界机组稍差一些。无论超临界机组还是亚临界机组，都设计为滑压运行，滑压方式为定—滑—定。超临界机组调峰性能较好，变负荷速率可达到设计要求，自动投入率高，自动调节功能较好。另外，超临界机组为直流锅炉，还具有启动速度快等优点。

（三）燃煤电厂的水处理技术

华东电管局组织西安热工研究所、华东电力试验研究所等单位与望亭电厂合作，先在亚临界压力30万千瓦机组上运用给水联合处理法（CWT）进行直流炉的给水加氧处理，取得成功，并推广应用。1992年，华能上海石洞口二厂60万千瓦的超临界压力机组锅炉补给水水处理技术进一步提高，应用了RO反渗透技术、活性炭过滤器、精密过滤器和复床加混床（即膜处理加离子交换处理）的联合型除盐处理系统。应用CWT方式后，水汽质量有所提高，出水水质最好时，达到电导率0.065～0.08微西/厘米、二氧化硅仅1～3微克/升的高水平；机组热力系统中各测点含铁量明显下降，特别是省煤器进口铁含量下降60%，高加疏水铁含量下降70%，有效抑制热力系统金属腐蚀；由于系统中铵含量降低10倍，汽轮机凝结水精处理的负担大为减轻，运行周期延长，处理效果提高，既节省了人力，又节省了酸碱耗量，同时也减少了废水的处理量；结垢速率明显下降，经对该厂1号机组小修时割管取样分析，水冷壁年结垢速率为18.4克/米^2，省煤器管年结垢速率为31克/米^2，较前有大幅度下降，从割管样品观察，管壁光洁、致密，表明运行压差不但没有上升，反而有所下降。

随着进口亚临界压力机组的大量安装和投产，随机配备了从美国进口的离子色谱仪、原子光谱吸收仪等先进测试仪器，摆脱了电厂化学监测常规的分光光度计的局限，使亚临界压力以上机组的超纯水汽中微量、痕量离子的监测得以实现。此外，现场还配置了精密的溶氧表、硅表、钠表、氢导、pH值表等在线仪表，进行实时监测。

30～35万千瓦机组中，华能南京电厂2台30万千瓦机组为由苏联进口的超临界压力机组，其余机组则均为亚临界压力机组。

二、核能发电机组

秦山核电一期是20世纪70年代设计、80年代建造、90年代初投运的中国第一座30万千瓦原型压水堆核电站，其核反应堆热功率为96.6万千瓦，冷却剂平均温度302℃。主蒸汽出口温度268℃、蒸汽压力5.54兆帕。

秦山核电二期65万千瓦压水堆核电机组，采用国际上成熟的商用压水堆堆型，核反应堆热功率为193万千瓦，冷却剂平均温度310℃。主蒸汽压力6.65兆帕。安装了单轴、双流四缸六排汽、反动凝汽式汽轮机和水氢氢冷65万千瓦发电机。

秦山核电三期70万千瓦商用重水堆核电机组，采用加拿大原子能有限公司（AECL）开发和提供的坎杜（CANDU）6技术，可直接利用国产天然铀作燃料，还可在发电的同时，大量生产钴60同位素。水平压力管式重水堆的热功率为215.85万千瓦，安装了日本日立公司生产的三缸、四排汽、再热凝汽式冲动式汽轮机，机组额定功率为72.8万千瓦。

三、大型抽水蓄能水轮机—发电机组

天荒坪抽水蓄能电站装有6台30万千瓦可逆式抽水蓄能机组，属日调节纯抽水蓄能电站，年均发电量30.14亿千瓦时，年均抽水耗电量41.04亿千瓦时，正常发电有效库容676.76万米^3，上、下库设计蓄水水位分别为863～905.2米和295～344.5米。电站选用挪威Knaerner公司生产的立轴、单级、可逆、混流式水泵水轮机，发电工况时，额定水头526米，出力30.6万千瓦。发电电动机为加拿大GE公司生产的立轴、悬式、空冷可逆式同步电机。电站单机容量、总装机容量、机组水头等多种技术参数在20世纪90年代国内外同类电站中屈指可数。6台机组均具有发电、发电方向调相、抽水、抽水方向调相、静止5种稳态运行工况，全站高峰发电能力为180万千瓦，低谷填谷能力为190万千瓦，最大调峰能力可达370万千瓦。上水库设计的事故备用库容可顶替60万千瓦事故容量3小时。自1998年首台机组投运后，累计发抽比高达80.2%。电站投运后，发挥了为电网调频、事故应急备用的重要作用，并改善了火电、核电的运行条件和效益。

四、燃气轮机发电机组

在华东电网已运行的燃气轮机发电机组中，单机容量以闸电燃机电厂4台10万千瓦燃气轮机为最大，而采用完全燃烧重油的技术，在世界同类电厂中也属鲜见。

该机组的燃机是由美国GE公司生产的MS9001E型燃气轮机发电机组。该机在ISO工况下燃用180号重油，输出功率为11.9万千瓦。燃烧室为回流分管型，出口温度1100～1150℃；压气机为17级轴流式，压比12.5，空气流量403千克/秒；涡流机为三级轴流式；发电机为氢冷型，额定容量143.3兆伏安。机组控制系统采用GE公司Mark V型微机系统。启动采用带有变扭器900千瓦电动机。重油处理能力每套为22～33吨/时的4套阿法拉伐美国分公司制造的GTP×51.7型离心式油处理设备。

该机组投入运行后，各项技术性能指标均处于国内同类机组的先进水平。根据1997年1月上海发电设备成套设计研究所的测试，4台机组的输出功率为12101～125227千瓦（合同保证值为119900千瓦），热耗率为10736～11052千焦/（千瓦时）［合同保证值为11340千焦/（千瓦时）］，燃机总效率为32.6%～33.5%。各种技术参数均符合合同规定。

第二章　发电技术经济指标

发电技术经济指标主要包括发电量、供热量、供电标准煤耗率、发电厂厂用电率、水电厂耗水率和可靠性指标等。统计并分析这些指标，有助于全面了解华东电网发电领域的变化、发展历程和改进、提高方向。

在发电能力稳步发展的同时，华东地区发电机组的运行水平也在不断提高，火电机组等效可用系数从1991年的82.59%，提高到了2002年的91.47%，非计划停运系数从1991年的5.37%，降低到2002年的1.06%。一批大容量、高参数机组的相继投入运行，老旧机组的增容改造和一批高耗能小机组的退役，促进了火力发电厂发电、供电煤耗的下降。大容量、高参数机组在电网中所占份额的增加，以及发电厂对厂用电系统技术改造力度的加大，使发电厂用电率明显下降。水电厂水情自动测报系统和卫星云图接收系统的陆续投入，为合理控制水库水位，减少水库弃水，降低耗水率创造了条件，促进了水能利用率的提高。

第一节　发　电　量

1991～2002年，随着国民经济的发展，华东电网装机容量稳步增长，华东电网三省一市发电量平均每年增长10%以上。1998年后，国民经济发展速度加快，1998～2002年发电量增长也快于1991～1998年。至2002年，华东三省一市全社会发电量为3145.04亿千瓦时，其中上海616.48亿千瓦时，江苏1168.76亿千瓦时，浙江889.21亿千瓦时，安徽470.6亿千瓦时。1991～2002年华东三省一市发电量情况见表5-2-1和图5-2-1。

表5-2-1　1991～2002年华东电网及三省一市发电量情况　单位：亿千瓦时

年份	华东					省市			
	总计	水电	火电	核电	风电	上海	江苏	浙江	安徽
1991	1203.85	74.50	1129.35			304.82	441.20	242.32	215.52
1992	1349.60	73.26	1271.11	5.23		348.05	481.15	284.13	236.27
1993	1483.68	74.23	1392.05	17.40		373.31	536.65	307.08	266.64
1994	1672.20	74.64	1579.77	17.79		401.12	631.90	340.90	298.29
1995	1831.52	89.81	1719.53	22.18		407.04	707.11	407.11	310.25
1996	1961.20	64.44	1874.51	22.25		430.15	756.87	448.36	325.82
1997	2051.45	71.69	1959.64	20.12		459.62	776.73	485.77	329.33
1998	2119.10	114.37	1993.10	11.63		482.86	781.07	539.00	316.18
1999	2268.89	119.03	2141.93	7.33	0.60	500.30	845.59	603.54	319.46

续表

年份	华东					省市			
	总计	水电	火电	核电	风电	上海	江苏	浙江	安徽
2000	2596.30	97.77	2477.45	20.35	0.73	558.27	972.56	697.33	368.14
2001	2823.76	115.57	2682.67	24.72	0.80	576.97	1041.20	788.17	417.42
2002	3145.04	153.99	2933.54	56.12	1.39	616.48	1168.76	889.21	470.60

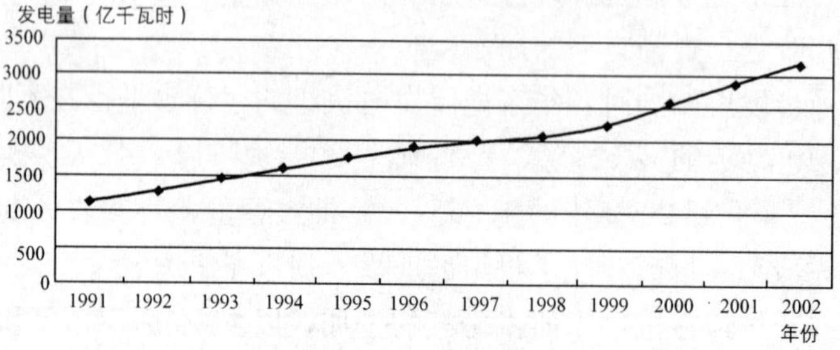

图 5-2-1 1991～2002 年华东三省一市发电量情况

第二节 供 热 量

根据地区工业发展的布局，华东电网自 1958 年开始供热，当年供热量 4.2 太焦，到 1963 年华东电网中上海地区有 2 家部属电厂供热，年供热量为 1548.3 太焦。1991 年华东电网供热量为 86521.7 太焦，其中上海 42097.5 太焦、浙江 21616.7 太焦。至 2002 年，区域内供热量为 237501.4 太焦，其中上海 46065.6 太焦、浙江 132316.4 太焦，上海的供热量增加缓慢，浙江的供热量增速最快。1991～2002 年华东三省一市电力系统供热量情况详见表 5-2-2。

表 5-2-2 1991～2002 年华东三省一市电力系统供热量情况 单位：太焦

年份	华东	上海	江苏	浙江	安徽
1991	86521.7	42097.5	19142.6	21616.7	3664.9
1992	94648.8	45969.1	19300.1	24167.1	5212.5
1993	100341.2	45818.6	21455.1	25975.9	7091.6
1994	102671.2	44573.7	21735.9	27801.1	8560.5
1995	112116.5	45634.7	21746.1	33464.5	11271.2
1996	120420.9	44160.8	23354.9	38527.9	14377.3
1997	127284.6	42565.4	23700.9	45310.4	15707.8
1998	149868.5	41396.2	23884.0	66431.1	18157.3
1999	162088.4	40585.4	23094.2	79376.4	19032.4
2000	18409.94	42966.5	25848.0	93932.8	21352.1
2001	20322.18	42256.6	29503.4	110164.1	21297.7
2002	237501.4	46065.6	35435.9	132316.4	23683.5

注 根据 6000 千瓦及以上电厂统计结果。

第三节 供电标准煤耗率

随着新投产大机组趋于稳定运行以及抑制中低压机组发电，大机组的发电比有所提高，华东电网的煤耗率逐年稳步降低。华东电网供电标准煤耗率从1991年的400克/(千瓦时)降低到2002年的366克/(千瓦时)。2002年，上海供电标准煤耗率为351克/(千瓦时)、江苏为376克/(千瓦时)、浙江为366克/(千瓦时)、安徽为365克/(千瓦时)。1991～2002年华东电网供电标准煤耗率情况详见表5-2-3。

表5-2-3　　1991～2002年华东电网供电标准煤耗率情况　单位：克/（千瓦时）

年份	华东	上海	江苏	浙江	安徽
1991	400	370	414	415	403
1992	403	387	412	410	401
1993	394	358	411	414	394
1994	393	357	408	412	393
1995	392	356	406	410	390
1996	392	356	404	411	389
1997	389	356	403	404	387
1998	384	354	399	391	383
1999	380	352	395	385	380
2000	373	351	385	372	375
2001	367	350	378	365	371
2002	366	351	376	366	365

注　根据6000千瓦及以上电厂统计结果。

第四节 发电厂厂用电率

1991年以前，由于用电紧张，电厂主要关注机组满发、稳发，对发电厂厂用电率指标重视程度不够，管理不细，厂用电率普遍较高。1991～2002年，电厂重视厂用电率指标，积极开展降低厂用电率的研究及应用工作，华东电力系统内发电厂厂用电率基本逐年稳步降低（其中，仅1996年系统内发电厂厂用电率比1995年上升了0.04个百分点）。1991年，华东电力系统发电厂厂用电率为6.77%，至2002年，发电厂厂用电率降低为5.77%，其中上海5.44%、江苏6.08%、浙江5.34%、安徽6.22%。1991～2002年华东电网及三省一市电力系统发电厂厂用电率情况见表5-2-4和图5-2-2。

表 5-2-4 1991～2002 年华东电网及三省一市电力系统发电厂厂用电率情况

单位:%

年份	华东				省市			
	总计	水电	火电	核电	上海	江苏	浙江	安徽
1991	6.77	0.36	7.10	—	5.99	7.33	6.26	7.31
1992	6.75	0.42	7.03	—	5.81	7.26	6.41	7.44
1993	6.71	0.41	6.97	—	5.65	7.30	6.57	7.21
1994	6.64	0.43	6.86	7.36	5.52	7.18	6.58	7.07
1995	6.61	0.37	6.85	—	5.61	7.17	6.29	7.05
1996	6.65	0.50	6.79	—	5.62	7.12	6.47	7.16
1997	6.53	0.52	6.67	—	5.51	6.97	6.42	7.08
1998	6.36	0.37	6.62	—	5.45	7.00	5.92	6.93
1999	6.23	0.36	6.48	6.96	5.51	6.84	5.64	6.78
2000	6.12	—	5.45	—	5.45	6.54	5.72	6.75
2001	5.98	—	6.15	—	5.54	6.39	5.51	6.49
2002	5.77	0.35	5.96	—	5.44	6.08	5.34	6.22

注 根据 6000 千瓦及以上电厂统计结果。

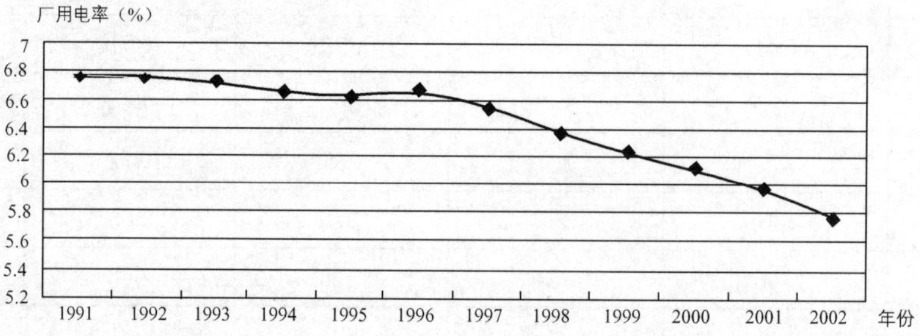

图 5-2-2 1991～2002 年华东电网及三省一市电力系统发电厂厂用电率情况

第五节 水电站耗水率

一、新安江水电站

机组耗水率大小与机组带负荷情况有较大关系。丰水年，机组较多时间接近满负荷运行，耗水率较小。枯水年（如 1997 年、2000 年、2001 年），为了保证电网安全运行，一般有 2～3 台机组处于轻负荷（单机小于 4 万千瓦）运行，耗水率增大。1991～2002 年新安江水电站耗水率情况见表 5-2-5。

此外，1997 年起，新安江水力发电厂对机组进行了增容改造。根据实验分析，增容改造后，耗水率相对减小，机组的效率有所提高。

表 5-2-5　　1991～2002 年新安江水电站耗水率情况　　单位：米³/(千瓦时)

年份	1月	2月	3月	4月	5月	6月	7月	8月	9月	10月	11月	12月	年均
1991	5.81	5.82	5.85	5.42	5.36	5.63	5.27	5.45	5.64	5.74	5.82	5.93	5.54
1992	6.10	6.42	6.35	6.19	5.89	5.95	5.69	5.66	5.79	5.82	5.87	6.13	5.95
1993	6.26	6.49	6.58	6.62	6.61	6.19	5.32	5.36	5.61	5.60	5.48	5.57	5.84
1994	5.76	6.03	5.94	6.15	6.09	5.30	5.45	5.74	6.19	6.46	6.12	6.11	5.80
1995	6.24	6.71	6.25	5.69	5.37	5.19	5.17	5.44	5.54	5.62	5.73	5.76	5.52
1996	5.90	6.37	6.57	6.16	6.02	6.00	5.15	5.38	5.48	5.75	5.93	5.98	5.77
1997	5.95	6.49	6.08	6.42	6.05	6.41	6.42	6.10	5.97	5.92	5.99	5.62	6.07
1998	5.48	5.53	5.66	5.60	5.70	5.79	5.59	5.59	6.32	6.00	6.85	7.13	5.71
1999	6.00	6.55	6.74	6.04	5.63	5.49	5.19	5.39	5.20	5.86	6.00	6.38	5.65
2000	6.45	6.84	6.00	5.97	6.93	8.21	6.84	7.51	7.84	8.17	8.30	8.42	6.67
2001	7.60	7.41	7.68	6.86	7.52	6.63	5.90	5.99	5.98	7.82	7.79	6.45	6.63
2002	6.87	6.42	6.14	5.67	5.39	5.47	5.29	5.35	5.47	6.04	6.72	6.01	5.65

二、富春江水电站

富春江水库为日调节水库。为充分发挥水库经济效益，富春江水电厂水库调度采取一系列措施提高水能利用率，尽量降低单耗。通过开展劳动竞赛、合理控制库水位和在枯水期抬高水位运行等措施，使有限的水能资源发挥最大的效益。

1991～2002 年间的平均耗水率为 28.3 米³/(千瓦时)，比历年均值有所降低，各年分布呈现两头低、中间高的趋势，耗水率情况见表 5-2-6。影响单耗的主要因素是水头，即坝上水位和来水量的大小。坝上年均水位大致呈现逐年升高的趋势，20 世纪 90 年代初期，年平均水位基本控制在 23.2 米左右，1997～2001 年，库区淹没矛盾突出，水位控制有所降低，年均水位均在 23 米以下，单耗明显增大。为充分发挥水库经济效益，经多方调研决定，从 2002 年 6 月开始，开机前坝上水位控制在 23.5 米以内，之后，水位又开始逐步回升。影响单耗的另一重要因素为来水量，从表 5-2-6 中可以看出，洪水场次多的年份单耗均偏大，这是由于来水量大，下游水位抬高使水头降低所致。1995 年坝上平均水位 23.2 米，属于偏高年份，但由于来水量大(全年共发生 17 场洪水，为建库以来洪水最多的年份)，下游水位抬高，单耗明显增大。2000 年和 2001 年虽然坝上水位不高，但单耗仅 27.1 米³/(千瓦时)，为建库以来第三低值，主要就是因为此两年来水量偏少。

表 5-2-6　　1991～2002 年富春江水电站耗水率情况

年　份	1991	1992	1993	1994	1995	1996	1997	1998	1999	2000	2001	2002	平均
耗水率［米³/(千瓦时)］	27.8	28.1	28.4	28.2	29.4	28.6	28.4	29.6	28.8	27.1	27.1	27.9	28.3
坝上水位（米）	23.16	23.2	23.2	23.24	23.2	23.05	22.84	22.84	22.84	22.84	22.85	23.05	23.03
洪水场次（次）	8	10	10	11	17	5	5	16	14	3	4	12	9.58

第六节 可靠性指标

一、火力发电机组

1991～2002年，华东电网新投入运行的10万千瓦及以上火力发电机组共95台，其中10万～19.9万千瓦机组34台、20万千瓦机组6台、30万～35万千瓦机组43台、60万千瓦机组12台，详情见表5-2-7。

表5-2-7 1991～2002年华东电网新投运的10万千瓦及以上火力发电机组情况

时期	机组所在厂名、序号				合计台数
	10万～19.9万千瓦	20万千瓦	30万～35万千瓦	60万千瓦	
1991～1995	夏港1、2，射阳港1、2，温州2，萧山1、2，长兴4、5，马鞍山11、12，芜湖11、12，合肥4（14台）	新海12，戚墅堰11、12，淮阴1、2，淮北7（6台）	吴泾11、12，外高桥1、2，利港1、2，常熟1、2、3、4，华能南京1、2，嘉兴1、2，彭城2（15台）	石洞口二厂1、2，北仑1、2，平圩2（5台）	40
1996～2000	杨树浦1、2，下关1、2，天生港10、11，张家港1、2，镇江1、2，舟山1，半山5，钱清1，芜湖13、14，宿州3（16台）		望亭11，外高桥3、4，宝钢3，华能南通3、4，华能太仓1、2，利港3、4，台州7、8，田家庵5，马鞍山二厂1、2，洛河3、4，铜陵3，淮北二厂1、2，彭城1（21台）	扬州二厂1、2，北仑3、4、5，吴泾二厂1（6台）	43
2001～2002	金陵石化3，盐城9，钱清2，金山热电1（4台）		温州3、4，合肥二厂1、2，徐塘4、5，长兴1（7台）	吴泾二厂2（1台）	12
合计台数	34	6	43	12	95

机组投产初期，由于当时设计、制造、安装和调试各种条件的限制，运行不够稳定，尤其是60万千瓦机组，投产初期频繁出现机组跳闸，直接导致机组等效可用系数（台年平均值）在85%左右徘徊。1994年，华东电力集团公司组织石洞口二厂、北仑电厂、平圩电厂和华东、浙江、安徽电力试验研究所，并邀请上海电力学院、浙江大学、东南大学参加，开展了60万千瓦机组热控系统完善化攻关，对机组的控制逻辑、部分测点的布置安装、控制方案的组态等进行了梳理和优化，有效地降低了机组的非计划停运次数，并对其他机组的运行完善也起到了示范作用。

1991～2002年，华东电力集团公司以提高机组可用率为目标，不断加强检修管理工作，先后制定和颁发了《大机组检修管理若干规定》、《20万千瓦机组检修工艺规程》、《30万千瓦机组检修工艺规程》等规定，进一步强调了检修计划的严肃性，也为全网大机组检修工艺质量标准的制定起了指导作用。从1995年开始，华东电力集团公司决定用两年时间在发电检修企业中开展贯彻ISO 9000系列标准工作的试点，之后在全网进行推广。随着电厂运行水平的提高，机组设备检修质量得到保证，华东电网机组的可靠性指标逐年稳步提高。

1990～2002 年华东电网 10 万千瓦及以上火力发电机组可靠性指标（台年平均值）情况见表 5-2-8。

表 5-2-8　1990～2002 年华东电网 10 万千瓦及以上火力发电机组可靠性指标（台年平均值）情况

年份	铭牌容量（兆瓦）	发电量（兆瓦时）	利用小时	等效可用系数（%）	千瓦装机发电量（兆瓦时）	非计划停运系数（%）	计划停运系数（%）	降低出力系数（%）	运行暴露率（%）
1990	185.32	782350.1	4284.87	81.32	4.22	6.25	10.65	1.78	91.91
1991	188.38	1087237.49	5784.83	82.29	5.77	5.23	11.22	1.25	93.92
1995	215.88	1271092.28	5890.64	86.22	5.89	3.71	9.4	0.66	89.77
1996	218.82	1289352.33	5909.68	85.99	5.89	2.79	10.81	0.41	92.47
1997	211.23	1161020.73	5516.86	88.18	5.5	2.89	8.69	0.24	88.46
1998	213.19	1114982.22	5231.87	88.11	5.23	2.1	9.6	0.19	87.1
1999	212.15	1085754.13	5162.87	90.22	5.12	2.03	7.58	0.17	85.15
2000	221.22	1122535.69	5314.88	89.53	5.07	1.77	8.47	0.23	87.85
2001	225.55	1202860.45	5553.99	91.08	5.33	1.54	7.06	0.32	89.21
2002	230.81	1305590.22	5943.55	91.48	5.66	1.06	7.26	0.2	92.25

注　1992～1994 年数据暂缺。

二、水力发电机组

1991～2002 年，华东电网逐年有新投入运行的水电机组，包括 1996 年的乌溪江水电厂 5 号机组（10 万千瓦）、1998～2000 年投产的天荒坪抽水蓄能电站 1～6 号机组（6 台 30 万千瓦）和 2000～2001 年投产的温州珊溪水电厂 1～4 号机组（4 台 5 万千瓦）。天荒坪抽水蓄能电站机组由于投产初期机组运行不稳定，引起 1999～2001 年水电机组非计划停运系数（台年平均值）上升、机组等效可用系数（台年平均值）下降，随着天荒坪抽水蓄能电站机组运行稳定，2002 年机组可靠性指标逐步趋于正常。

1990～2002 年华东电网水力发电机组可靠性指标情况见表 5-2-9。

表 5-2-9　1990～2002 年华东电网水力发电机组可靠性指标(台年平均值)情况

年份	铭牌容量（兆瓦）	发电量（兆瓦时）	利用小时	等效可用系数（%）	千瓦装机发电量（兆瓦时）	非计划停运系数（%）	计划停运系数（%）	降低出力系数（%）	运行暴露率（%）
1990	57.79	153784.47	2454.71	94.07	2.66	0.27	5.66	0	50.87
1991	58.07	169533.59	2826.62	94.57	2.92	0.22	5.21	0	53.58
1995	58.07	178529.51	2955.41	90.45	3.07	0.44	9.11	0	52.3
1996	58.37	126668.04	2170.07	91.76	2.17	0.23	8.01	0	40.17
1997	59.24	115418.17	1948.27	93.23	1.95	0.27	6.5	0	38.54
1998	74.77	207711.03	3289.99	93.52	2.78	1.29	5.19	0	55.44
1999	88.42	209814.43	3115.33	89.96	2.37	1.74	8.16	0.14	52.96
2000	98.83	135477.22	2028.76	76.36	1.37	10.58	13.06	0	44.59
2001	100.22	160020.21	2433.54	90.88	1.6	2.01	7.11	0	41.05
2002	93.95	207793.98	3067.28	92.27	2.21	0.54	7.19	0	45.63

注　1992～1994 年数据暂缺。

第三章 发电运行与设备检修

在电力企业体制改革和发展的过程中，华东电网各发电企业的运行和设备检修机制有了不同程度的变化。一些新建的发电厂按照能源部制定的《关于新型电厂实行新厂新管理办法的若干意见》实行了发电部建制，运行岗位人员的配置少而精，值班体制普遍改为五班三运转，发电设备的检修则采用外包方式，依市场经济法则按合同关系运作。一些原有检修力量较强的发电厂纷纷改制成立了对内承包检修任务、对外进行厂际协作的检修部或检修公司。

由中国水利电力工会华东工作委员会和华东电管局生技部门共同组织的国内大区电网中首创的"华东电网大机组劳动竞赛"，持之以恒，经久不衰，为提高网内30万千瓦以上大机组的安全可靠性和经济运行水平起到了不可或缺的作用。

20世纪90年代，华东电网发电设备的检修经历了3个阶段：初期，针对当时国产大机组大批投产和检修体制变革的状况以及应对电力供应紧张的局面，强调贯彻"预防为主、计划检修"的原则，发电机组的年度计划检修增列了三年滚动检修的安排，以充分挖掘机组的可用率；中期，1995年开始，华东电网全面贯彻ISO 9000系列标准，执行新制定的《质量手册》、《质量监督大纲》和《检修文件包制订导则》等指导性文件和检修管理规章制度，提高了机组检修质量；后期，在借鉴上海宝钢电厂90年代初率先推行发电设备"点检定修"制度的基础上，由上海外高桥发电厂和浙江北仑发电厂等单位进行了"状态检修"的试点探索，进一步促进了发电设备检修管理的现代化。

第一节 发 电 运 行

一、运行管理

（1）新建大型火力发电厂实行"新厂新办法"。20世纪90年代初，随着一批引进的大容量单元制集中控制机组的投产，促使发电企业实行以机组为单元的集中控制的运行方式，并将运行分场改为运行部的新建制。这种以机、电、炉全能的"机组值班员"替代原机、电、炉各专业分班管理，机组值班人员能全面、迅速地分析、判断机组的运行工况，从而提高机组正常运行的安全性、经济性和事故处理的正确性，使机组得以发挥最大经济效益。上海的华能石洞口第二电厂，浙江的北仑电厂，江苏的利港电厂，安徽的马鞍山二电厂等一些新建的发电厂，都按照能源部制定的《关于新型电厂实行新厂新管理办法的若干意见》确定运行体制，实行发电部建制，从建厂开始就采用竞争上岗、择优录用的办法组建运行队伍，配备少而精的运行岗位人员。例如：浙江北仑电厂于1991年1月按照上级主管部门《火电厂新机组生产准备工作暂行条例》的精神，设立运行部、检修部、燃运部和技术部 4 个生产管理职能部门，实行“（行）政技（术）合一”的两级管理模式，一专多能，一岗多职，以适应系统复杂、自动化水平高、技术难度大的大机组生产。上海外高桥发电厂于 1994 年 10 月 6 日将组织机构改为五部一处，其中，发电部管理机电炉运行、化水系统运行和除灰系统运行，燃料部管理燃料输送系统运行。国家实行每周 5 天工作制后，电厂的运行人员值班体制普遍改为五班三运转制。

（2）水力发电厂推行无人值班或少人值守。石塘水电厂与紧水滩水电厂是纯梯级关系，两厂相距较近。1996 年，电力部将紧水滩水电厂列入全国第二批九家水电厂“无人值班”（少人值守）试点单位之一。1996 年 12 月，两厂的运行管理从传统的机电分开管理方式过渡到机电合一，1997 年在机电合一的基础上又过渡到运行少人值守，削减分流运行人员 50%。1998 年 1 月，实现由梯级调度中心直接对紧水滩、石塘两厂 9 台机组实行计算机控制的“四遥”（遥测、遥信、遥控、遥调），管理信息系统（MIS）投入使用，为实现无人值班（少人值守）奠定了基础。1999 年 3 月，浙江省电力公司同意该厂实施无人值班（少人值守）试运行，1999 年 4 月 28 日正式开始实施。

（3）健全和严格执行各项运行规程制度。随着华东电网一批自动化程度高的 30 万千瓦及以上大机组投入运行，以及新的百万千瓦级大型火电厂的投产，对运行管理工作提出了新的要求。单元制大机组开始由机、电、炉三人“控制集中”变到由全能值班员一人“集中控制”，运行人员进一步减少，对人员的素质要求更高，运行管理工作也从粗放型向集约型转变。

1990 年，能源部开展的安全文明双达标活动和 1993 年电力部倡导的“创一流”活动，对发电厂规程制度的齐全、符合实际、定期修订和定期考试都提出了明确要求。华东电网内的发电厂，对健全和完善规程制度，做了大量的工作，为 20 世纪 90 年代后期开展的“运行优化”活动奠定了良好的基础。

1994 年，华东电管局颁发《加强大机组运行管理的若干规定》，针对华东电网大机组运行的实际，提出了 14 点要求，其中特别强调要确立“保设备”的观念，重视提高人员素质、热控保护投入和燃料管理等问题。这个《规定》在网内大机组电厂得到全面贯彻。华东电网新建电厂和有大机组的老电厂积极开展运行人员的仿真机培训、逐步推行运行值班人员的竞争上岗，加强新机组投产和老机组检修时热控系统的调试和投运。在此基础上，开展以机组安全和经济为目标建立的动态管理，通过对机组设计和实际运行参数的分析，进行优化试验，最后得出机组实际运行的优化曲线，利用计算机在线监控使机组在最优工况下运行，并建立相应的考核和奖励制度。

二、大机组运行技术交流

在华东电网大机组劳动竞赛活动中，坚持竞赛评比与专业交流相结合。每年至少举办一次专题经验交流、竞赛评比等活动；竞赛评比坚持要求从严、指标具体可比，竞赛办法随着生产的发展不断修改。1993 年起，将参赛机组的容量由 12.5 万千瓦及以上改为 20 万千瓦及以上机组，而将 12.5 万千瓦机组划入省（市）电力公司组织的竞赛范围。1998 年底，将参赛机组再次提高，改为 30 万千瓦及以上机组。根据机组的可靠性、经济指标、机组的可调性、自动化水平等评比内容，分别制订了 30 万、35 万、60 万千瓦机组的评分标准，规定每次评比设特等奖 1 名、一等奖 2 名、二等奖 3 名、三等奖 6 名。大机组竞赛评比促使设备的可用系数不断提高，12.5 万、20 万千瓦机组的可用系数从 80%提高到 88%左右，30 万千瓦、60 万千瓦机组可用系数达到 80%以上，同类型机组经济指标处于全国领先水平。在竞赛交流中，坚持竞赛评比与节能降耗相结合，先后组织了 3 次全网节能经验交流会，有效地推动了节能工作的开展，取得了实效。

三、省煤节电

华东电管局坚持开源与节流并重的方针，并始终把省煤节电列为重点工作内容，遵循“宏观调控、依法管理、技术进步、降耗增效、人人参与、有效监督”的节能工作原则，加强管理、落实各项技术措施，取得了较好的业绩。

1991 年，华东电网提前一年完成能源部下达的“近三年每年煤耗下降 3 克/（千瓦时）”的目标，全网部属企业全年完成供电煤耗率 393 克/（千瓦时）。1995 年，华东电管局被国家经贸委等单位评为全国“八五”计划节能先进企业。到 2001 年供电煤耗率已降至 367 克/（千瓦时），涌现出一批能耗指标先进的火电厂。供电煤耗达标的电厂有望亭、石洞口、石洞口二厂、吴泾、徐州、新海、南通、利港、天生港、盐城、戚墅堰、洛河、田家庵、马鞍山、芜湖、铜陵、北仑、镇海等火电厂。

（1）建立节能机构，保障节能工作开展。为了有效地开展节能降损和节电工作，华东电力集团建立健全了各级节能机构，集团公司和省市电力公司均建立了以主管生产的副总经理为组长，总工程师和各有关部门处长为成员的节能工作领导小组；建立了“纵向到底，横向到边”的节能网络。1995 年，电力部将原五项技术监督扩充为九项技术监督，“节能技术监督”为增列项目之一，力促把节能管理和节能监督有机地结合起来。

（2）坚持科学、合理的能耗定额考核和奖惩制度。为加大企业内部的能耗考核，1991 年，华东电管局与财政部驻上海市财政局中央企业财政驻厂员处联合颁发《华东电业管理局发供电企业燃料电力节约奖励试行办法》，奖励制度以鼓励先进、鞭策后进为原则，考核较为准确、科学地体现多劳多得及管理优劣的差异和运行操作水平高低之分；各相同类型机组制订同一定额，每年对实际完成指标进行修正，使奖励拉开差距，鼓励先进企业向更高目标努力。华东电管局根据三省一市电力局拥有机组的容量和发电能力，制订机组的单机供电煤耗，得出每个省市电力局的供电煤耗定额（每三年修订一次）考核值，以此考核各省市电力局。1994 年制定的《华东电力集团火电厂节能项目奖励实施细则》，专门列出节能单项奖，鼓励发电厂推动科技进步，落实节能技术措施。1998 年，为贯彻《中华人民共和国节约能源法》，对节能或节能科学技术研究、推广中有显著成绩的单位和个人给予奖励；适时结合节能工作开展的情况，制订《火电厂节约点火、助燃油考核办法》，加大奖罚力度，形成了良好的竞争激励机制。

（3）实行节能目标管理。20 世纪 90 年代初期，对网内主要火力发电厂制定供电煤耗率目标值和不同类型机组的供电煤耗率目标值，并根据设备的可靠性和设备改造状况，每年修正供电煤耗目标值，结合企业“安全、文明生产达标”活动，落实节能措施。

（4）抓好新投产机组全过程管理。新投产机组从试生产期间就要求将供电煤耗降到全网平均水平也是节能的主要措施之一。为此，从抓设备的全过程管理着手，从基建开始认真贯彻，抓好施工质量和调试生产，扭转新设备投产影响全网可靠性和经济性的局面，要求新机组投产第二年可用系数达到82%，强迫停运率小于5%，机组设计煤耗不大于330克/（千瓦时）。投产后一年时间，供电煤耗达到同类型机组平均水平。新机组投产后，由电力试验研究院（所）负责做好锅炉燃烧调整和汽机的热力特性试验；发电企业抓紧新机组消缺完善，使新机组的不稳定期由以往3～4年压缩到1～2年。例如，望亭电厂国产30万千瓦机组、吴泾热电厂30万千瓦机组，石洞口二电厂60万千瓦机组等新机组一般在一、二年内煤耗就达到较好水平。

（5）加速中低压机组退役改造。20世纪90年代后，华东电网内一批能耗高、效率低的老旧发电机组被拆除，1997～2000年，江苏省电力公司系统已关停小火电机组33.2万千瓦，关停省电力公司管理的省属小火电机组6.3万千瓦，韩庄发电厂、滨海发电厂全停；浙江省关停了艮山门、闸口、湖州、梅溪等5家装机容量偏小、发电设备老化的发电厂。上海市为配合杨树浦电厂中压机组停用报废，进行了原配电出线的升压改造，妥善安排23千伏和35千伏系统的地区负荷，保证了节能降耗计划的完成。

（6）依靠技术进步，采用节能措施。

1）汽轮机通流面积改造。浙江省电力公司首先对镇海电厂国产20万千瓦机组进行低压缸试点改造，效果很好。继而又推广至12.5万千瓦机组，田家庵、徐州电厂的12.5万千瓦机组结合大修，精修通流面积，更换部分叶片隔板，调整汽封间隙和调节汽门重叠度，使机组煤耗明显下降。

2）提高机组真空。改进30万千瓦机组胶球清洗装置，采用高压水冲洗凝汽器铜管。华东、安徽省电力试验研究院（所）采用进口氦质谱检漏仪，解决机组运行中找漏的“老大难”问题，使机组真空严密性得以提高。

3）降低发电厂给水泵、风机厂用电率。对12.5万、20万千瓦和30万千瓦机组改用高效给水泵或给水泵加装液力偶合器，特别是30万千瓦机组给水泵改造后，可靠性大大提高，每年每台节电1000万千瓦时以上。20世纪90年代末，全网改造大机组给水泵30台以上，风机改高效或加装液力偶合器18台，所有12.5万千瓦机组粗粉分离器改为轴向型分离器等。

4）降低锅炉排烟温度及漏风。镇海电厂670吨/时锅炉尾部烟道受热面改造为热管预热器，部分电厂锅炉受热面管改为螺形槽管，解决了排烟温度偏高的问题；在400、670吨/时锅炉上普遍推行调整预热器间隙，投用密封自动调节装置；适时投用锅炉吹灰器，并管好程控系统，以改善锅炉传热效果；上海市电力公司对锅炉漏风率进行考核，部分机组的锅炉漏风率达到合格。

5）应用稳燃技术，减少助燃用油。积极应用科技成果，落实节油技术，取得明显的效益，安徽和浙江省电力公司在所有400吨/时锅炉上加装多功能燃烧器后，实现了低负荷稳燃不用油。

（7）推广应用大机组优化运行管理系统。1997年，在吴泾电厂12号30万千瓦机组率先完成优化运行管理系统的基础上，先后在外高桥、石洞口、望亭和闵行等多家电厂的大机组上推广应用，每年进行机组最优曲线的校核修正试验。

（8）抓好燃料计量的配套完善工作。“八五”计划初期，华东电管局成立了全网燃煤计量攻关协作组，由三省一市电力公司、电力试验研究院（所）及部分火电厂参加。定下目标，在“八五”计划期间，以单机容量 12.5 万千瓦及以上的电厂为主要对象，实现进厂煤、入炉煤计量；采用实物标定装置和机械化连续取样装置配套，对进厂煤、入炉煤进行正平衡计算煤耗，达到规范化管理。首先在全网选择六个试点厂，用一年到一年半时间完成试点任务，然后全网推广。至 1996 年底，在 41 家单机容量为 12.5 万千瓦及以上的电厂中，有 34 家电厂配置了进厂入炉煤计量和实物检测装置（主要是华能系统的电厂没有配齐），14 家电厂配置了机械化自动取样装置。34 家电厂具备正平衡计算煤耗的条件，并且完成了机械化自动采制煤样装置的试点工作，其中徐州电厂还制订了全厂燃煤计量配套成龙计划。首先改造完善铁路进煤计量设备，更换了动态轨道衡称重传感器，对台面进行大修，使轨道衡的精度、稳定性和抗干扰能力有所提高。该厂在征得国家轨道衡计量站的同意下，利用自备车厢，取得自建标准车的数据，建立了一套用于平时检查动态衡的厂内标准；对公路进煤状态，安装机械地中衡进行过衡计量，使进厂煤的检衡率达到 90% 以上。在此基础上，华东电管局制订了《电子轨道衡的技术性能及现场维护使用》、《火电厂电子皮带秤运行维护管理制度》等文件，用以指导火电厂燃料计量的正确、正常使用。

“九五”计划期间，火电厂燃料管理的工作重心转移到解决煤的热量正确性问题，重点抓火电厂的机械化自动采制煤样装置的配置。1997 年，华东电管局制定了《燃煤机械化自动采制样装置技术要求》，要求各厂配置采制煤样装置，并根据电力部有关《开展电子皮带秤实物检测装置建标考核》的要求，逐步完成电力试验研究院的建标工作。

同时，加强计量考核，制定规章制度，确保计量工作正常化开展。各省市电力公司结合企业“双达标”考核工作，进行发电厂燃煤计量的验收和考核。加强燃煤计量工作，对降低燃料亏损、节能降耗，提高火电厂的经济效益，起到了举足轻重的作用。

四、水电站防洪和大坝安全监察

（一）新安江水电站防洪

遵照国务院 1981 年 9 月 26 日批文精神，新安江水库汛期限制水位按 106.5 米执行，浙江省人民政府会同有关单位组成新安江水电厂水库防汛领导小组，指挥汛期的水库调度。当汛期来水量偏多时，通过增加季节发电量以适时消落库水位，控制水库合理运行。在浙江省防汛防旱指挥部及当地市县配合下，1991～2002 年，连年科学有效地调节了新安江流域和钱塘江流域的特大洪水，充分发挥新安江水库多年调节的作用。

其间，新安江流域洪水频发，新安江水电站共拦蓄洪峰流量 4000 米^3/秒以上的洪水 48 次，其中 10000 米^3/秒以上的洪水 15 次。其中，被拦蓄的洪峰流量以 1996 年 7 月 1 日 5 时的 19140 米^3/秒为最大，1999 年 6 月 29 日 14 时的 17770 米^3/秒次之，1998 年 6 月 18 日 20 时的 17518 米^3/秒居第三位。三次洪水频率分别超过或接近五十年一遇。洪水总量以 1999 年 6 月 23 日 13 时～7 月 1 日 2 时期间的 55.16 亿米^{3}为最大，频率为二百五十年一遇；1996 年 6 月 29 日 17 时～7 月 2 日 23 时的 40.85 亿米^{3}次之，频率为五十年一遇。

（二）新安江水电站大坝监察

新安江水电站大坝第 2、3 坝段基岩地质构造为下石炭纪乌桐石英砂岩夹云母质或炭质页岩。自电站投运以来，2、3坝段中两条厚层页岩及其他薄层页岩的泥化趋势引起专家关注。为探查可能泥化范围，研究有效处理手段，确保大坝运行安全，根据华东电管局审查会议要求，新安江电厂委托华东勘测设计研究院历经15个月探查研究，1991年10月完成专题报告。为加固第15号孔页岩，电厂与武警水电第二总队及电力部大坝安全监察中心合作，1992年4～6月采用WJ-88新材料进行化学灌浆试验，取样分析，抗压强达21.81～31.12兆帕，岩芯采取率为100%。1993年10月，华东电管局召开评审会肯定其加固措施是成功的。

（三）富春江水电站防洪

富春江水电站对钱塘江流域的防汛抗洪起着至关重要的作用。1991～2002年，富春江水电站发生洪峰流量4000米^3/秒以上的洪水68次，其中1万米^3/秒以上的洪水11次。洪峰流量以1995年6月27日2时的14900米^3/秒为最大，1997年7月10日8时的14800米^3/秒次之，1992年7月5日10时的14400米^3/秒居三，三次洪水频率均接近十年一遇。洪水总量，以1995年6月21日23时～7月1日19时的58.32亿米^{3}最大，1998年6月13日5时～6月26日3时的51.01亿米^{3}次之，1997年7月7日17时～19日24时的48.04亿米^{3}居三。在历年抗洪中，富春江水电厂在浙江省防洪抗旱指挥部的调度下，采取准确合理的措施，既多发了电量，也为下游的抗洪保堤发挥了重要作用。

1995年5月20日～7月9日，出现了十年一遇的最大洪峰流量，为建库后最大洪峰。综合分析水情后，采取了准确合理的错峰措施，既多蓄0.91米^{3}的库容，又削峰2500米^3/秒，使桐庐镇的水位在分水江洪峰到达时反降了0.2米，国家防汛抗旱总指挥部充分肯定了富春江水库在这次抗洪中发挥的重要作用。1997年7月7～11日，全流域普降大到暴雨，7月9日，钱塘江干流多次出现超警戒水位和危急水位，当晚，在浦沿到闸堰段海塘险情加剧时，富春江水电厂根据浙江省防洪抗旱指挥部的调度命令，将下泄流量从12000米^3/秒减少到10000米^3/秒，为确保钱塘江大堤的安全作出了贡献。1998年6月中旬入梅后，接连发生两场大洪水，第一次洪水总量达51.01亿米^3，水库水位持续32小时保持在21.7米左右，其中最低下降水位达21.47米，有效减轻库区洪灾损失。同时配合浙江省防洪抗旱指挥部为下游错峰、削峰1000米^3/秒。

第二节 发 电 检 修

华东电网坚持设备管理以缺陷管理为中心，倡导建立基于零缺陷要求的设备全过程管理体系，明确每一个过程的管理目标和责任人。缺陷管理成为设备检修特别是状态检修的重要基础。

一、检修计划管理

20世纪90年代初，根据水利电力部颁发的《关于加强发供电设备管理的若干规定》和1987年重新修订的《发电厂检修规程》，针对当时国产大机组大批投产和检修体制变革的状况，强调贯彻“预防为主、计划检修”的原则，坚持“质量第一”，认真执行检修规程，加强基础建设，切实做到“应修必修、修必修好”。

发电厂检修工作的运转模式通常为：由生产副厂长（总工程师）、检修副总工程师实行全面领导，各车间和生产处室的各级专业技术人员各负其责，形成全厂检修技术管理网络。按照“预防为主、计划检修”的原则要求和华东电管局、省（市）电力局的具体规定，各发电厂及时上报本厂的年度检修计划和三年滚动规划，经华东电管局、省（市）电力局批准后实施。按照华东电管局、省电力局下达的检修计划，结合工厂的具体情况，经综合平衡后，以年、季、月度计划任务书形式下达到车间。车间主任、副主任、检修专职根据计划任务书要求并结合本车间情况，将检修计划分解下达到各检修班组，按照计划进度、质量要求具体实施。检修施工任务完成后，均实行班组、车间（分场）、厂部三级检验验收制度，并按照规定时间向华东电管局、省电力局上报检修工作总结。

年度检修计划和三年滚动规划的编报程序为：每年5月底前由华东电管局、省（市）电力局提出编制下年度检修计划的基本要求、主要目标和重点，并下达至各发电厂。各发电厂于7月底前将本厂的下年度检修计划和规划上报省（市）电力局；经省（市）电力局汇总、审核及平衡后于8月底前上报华东电管局，经华东电管局平衡批复后，省（市）电力局于11月底前，将审批后的下年度检修计划批复给各发电厂予以执行。发电机组的检修分为A、B、C、D四级，A级为大修、B级为中修、C级为小修、D级为计划停机维护。检修间隔时间通常为大修每3年1次，小修1年2次（大修当年可只安排1次）。

1991年，上海宝钢电厂率先推行发电设备“点检定修”制度，各类点检人员，按设备规定的点检周期、项目和方法，对设备进行预防性检查，对查出的项目进行预防性检修或事后维修；检修管理的任务则是以工序服从为主，全面接受设备管理提出的检修要求，开展以工时定额为主的劳动生产管理，在加强专业点检的同时，运行人员也加强对设备的日常点检、维护，实行全员设备管理，以保证设备始终处于最佳状态。宝钢电厂实行点检定修制度后，设备定修的针对性和计划性提高，机组非计划停修次数下降，设备的管理也从预防检修逐步向预知检修过渡，延长了设备检修周期，提高了机组等效可用系数。以后，浙江北仑、江苏华能淮阴等多家电厂也进行了试点探索，对设备缺陷的发生、发展、消除及验收实行全过程的质量监督和跟踪，使缺陷处理的每个环节都得到落实。北仑发电厂在实施“点检定修”制度过程中，不断总结经验，逐步建立起以日常点检、专业点检和精密点检三个层面的既相对独立、又相互联系的点检模式，使电厂机组的健康状况明显改善，等效可用系数逐年提高，检修费用逐年下降。随着在线状态监测设施与故障诊断技术的应用和发展，及时发现设备隐患，及时掌握在运设备的健康状况，确定最佳检修时间及检修项目，降低检修成本，做到防患于未然，为实施发电设备的“状态检修”打下了基础。

1996年的全网检修会议对20万千瓦及以上大机组检修间隔和工期作了新的规定，提出的控制年度计划停运系数在11%、检修间隔和检修工期的三种模式原则，自1997年起试行，详情见表5-3-1。规定国产机组可先按照模式一执行，逐步过渡到按模式二的检修；进口机组或引进技术制造的机组应按照模式二、三执行；新投运机组自第一次大修后按照规定模式执行，目的在于延长大机组检修间隔，以缩短计划停用时间，提高机组可用率。

表 5-3-1　华东电网 20 万千瓦及以上发电机组检修间隔和检修工期情况

模式	适用对象	检修周期		检修工期		
		大修	小修	大修	中修	小修
一	国产 20 万～30 万千瓦机组	4 年/次	7～8 月/次	45 天（20 万千瓦） 55 天（30 万千瓦）	—	14 天（20 万千瓦） 18 天（30 万千瓦）
二	进口、引进 30 万～35 万千瓦机组	大修—小修—中修—小修—大修，4 年 1 轮		50＋7 天	35 天	18 天
三	进口、引进 30 万～35 万千瓦机组	大修—小修—小修—中修—小修—小修—大修，6 年 1 轮		50＋7 天	35 天	18 天
	进口、引进 60 万千瓦机组			60＋10 天	40 天	25 天

二、检修体制的变革

发电厂设备检修体制，历经了多次变革。至 20 世纪 80 年代末，多数发电厂恢复了按机、电、炉、热工、化学和修配等专业组成的运行检修合一的车间，即小分场制；也有部分发电厂仍实行将专业检修班组集中成立检修车间的大分场制。

20 世纪 90 年代，随着外资、合资发电企业的出现，国外的管理模式相继引入，这些企业一般不设庞大的检修队伍，客观上形成了电力检修市场的需求。为适应市场经济体制和现代化电力工业大机组发展的新形势，网内老发电厂的检修体制开始由封闭的自给自足模式向厂与厂、厂与社会间协作的模式转变。1993 年开展的“三项制度改革”中，检修力量较强的老发电厂相继成立了对内承包检修任务、对外进行厂际协作的检修部或检修公司。随着华东电网内新建电厂实行“新厂新办法”、不设检修机构的电厂越来越多，发电设备的检修开始呈现市场机制的竞争态势，一些力量强的检修公司甚至进入到市场经济发达的广东等地区承包发电机组的检修任务。

由于发电设备技术复杂，检修工作需要对设备充分了解的技术力量，需方择优选择后，往往采用供需双方相对固定的长期协作方式。而部分实行“新厂新办法”的电厂对诸如控制系统等复杂部分的检修则自身配备了专门的维修人员，并非所有设备检修都予外包。

检修体制的变化，改变了电厂都需要按大修配备人力、物力所形成的人员臃肿现象，大大提高了劳动生产率。实行“新厂新办法”的电厂与检修公司完全依市场经济法则按合同关系运作，检修质量、进度、安全和奖惩等都纳入合同中，合同履行好坏直接影响经济利益，促使检修人员提高责任心。

1991 年 12 月，成立了以石洞口发电厂为基础的直属上海市电力公司的检修公司，主要负责石洞口发电厂和华能石洞口第二发电厂的机组检修任务，同时也参与外部市场竞争。其他发电厂也相继成立了本厂的检修公司。

1993年，江苏省电力公司开始改革发电厂检修体制，各发电厂相继成立了检修部或检修公司，为检修工作进入市场奠定了基础。是年底，共完成大修机组20台，累计容量176.4万千瓦，锅炉21台，累计容量6685吨/时，为年度大修计划容量的96.1%，以后每年检修容量有所增长，到2002年全年检修容量达419万千瓦。

1995年9月，浙江省电力公司进行发电厂检修体制改革，组建区域性检修公司。镇海发电厂将汽机、电气、锅炉、热控、修配等部门的检修部分，成建制划入新组建的宁波发电设备检修公司（1997年更名为宁波发电工程公司）。宁波发电设备检修公司的正式运转，为发电厂专业化集中检修提供了初步经验。

1992年，淮南电力检修公司成立，其前身为淮南发电总厂检修处，是由淮南发电总厂联合地处淮南的平圩、田家庵和洛河三大火电厂和田家庵多种经营公司共同组成，主要承担汽轮机、锅炉、电气设备和一些辅助设备的检修。1993年，淮南平圩发电厂进行行政机构调整，成立淮南平圩电力检修公司。2001年11月，田家庵发电厂检修公司成立，下设汽轮机、锅炉、电气分公司、电力工程公司、土建公司和电力修造厂。

三、检修管理

（一）健全和完善检修管理的规章制度

20世纪80年代中期，随着20万千瓦及以上大机组的陆续投产，为了适应形势发展的需要，1987年，水电部经过修订和补充，颁发了新的《发电厂检修规程》，贯彻新规程遂成为90年代华东电网加强检修管理的主要工作。

1991年，华东电管局颁发《大机组检修管理若干规定》，要求全网从电网的安全、优质、经济运行出发，加强大机组管理，坚持检修计划的正确性、严肃性，以提高设备健康和管理水平。根据形势的发展，1993年，华东电管局再次修订了《关于加强当前发电厂检修管理工作的若干意见》（即“检修25条”），并制定了《火力发电厂机组大修规范化管理办法》，按照全面质量管理的要求，从大修准备工作开始，根据PDCA循环的质量管理方法，对大修全过程管理作出了一系列具体规定，使机组大修施工管理工作达到规范化、标准化、制度化的要求。

1994年，华东电网检修工作会议通过了对引进的60万千瓦机组的检修模式、间隔时间和工期进行改革的意见，决定参照国外检修惯例，将检修分为A、B、C、D 4级，避免频繁的不必要的检修，提高机组可用小时。同年，针对网内大机组检修计划随意变动的情况，制订了《关于200MW及以上机组检修管理的若干具体规定》，进一步强调检修计划的严肃性，并对计划检修、临时检修、消除缺陷等做了明确的界定。

1996年的全网检修会议又对20万千瓦及以上大机组检修间隔和工期做了新的规定，要求年度计划停运系数控制在11%；检修间隔和检修工期根据国产机组、进口机组或引进技术制造的机组、新投运机组的不同类型按三种模式执行，以延长大机组检修间隔，缩短计划停用时间，提高机组可用率。

1997年，华东电管局编制了国产《200MW机组检修工艺规程》和《300MW机组检修工艺规程》，其后，又编制了国产《引进型300MW机组检修工艺规程》，为全网大机组检修工艺质量标准的规范化起到了指导作用。

（二）贯彻执行 ISO 9000 系列标准，提高检修质量

1995 年，华东电管局决定在发电检修企业中开展贯彻 ISO 9000 系列标准的试点工作，以有效控制发电设备检修质量。1997 年 12 月，华东电管局在无锡召开发电设备检修贯标工作会议，要求华东电网所有发电检修企业 1998 年开始全面推行 ISO 9000 系列标准。会议明确要求：对发电企业，要通过贯彻 ISO 9004 标准，建立"质量管理体系"，使企业管理工作规范化、程序化、文件化，以提高和巩固企业管理水平；对检修企业，要求通过贯彻 ISO 9004 标准，建立"质量保证体系"，提高企业素质，保证发电设备检修质量；根据需要，也可按照 ISO 9002 标准，创造条件以取得"质量体系认证"，使企业在发电设备检修市场中更具有竞争力。

为此，华东电管局制定了《质量手册》、《质量监督大纲》和《检修文件包制订导则》等 3 个指导性文件，为各单位贯标提供依据。各企业要根据电力行业的规程、标准和企业自身的实际情况，结合历来行之有效的检修管理规章制度，制定相关的质量文件；在贯标工作中必须坚持建立质量保证机制，做到"凡事有章可循"、"凡事有人负责"、"凡事有人监督"、"凡事有据可查"，摒弃陈旧的习惯，使质量体系能够正常、持久地运作起来。

1999 年末，华东电管局组织专家对嘉兴电厂和谏壁电厂的检修贯标工作进行了评价，促进了全网检修贯标工作的正常、持久开展。

2000 年 4 月，在浙江嘉兴召开的华东全网检修会议上，讨论和通过了华东电管局提交的《华东电网发电厂检修贯标评价办法》和《发电设备检修质量监理管理导则》。《导则》明确了发电设备检修质量监理工作的范围、程序、内容和监理中各方的职责，特别是对新建电厂实行检修监理，弥补管理和技术力量不足的缺陷，有利于提高检修质量。

2001 年，华东电网在大机组检修中继续推行 ISO 9000 标准，努力提高检修质量，确保机组安全经济运行，以达到稳发、满发和改善机组调峰性能；认真贯彻执行大机组延长检修间隔和缩短检修工期的试行规定，在保证检修质量的前提下，缩短了检修工期，降低了计划停运系数。

（三）推行发电设备的状态检修

1999 年，华东电管局按照国家电力公司《火力发电厂实施设备状态检修的指导意见》的要求，开始组织火力发电设备开展状态检修研究和试点工作，并确定北仑、外高桥电厂作为试点。

北仑电厂在以点检员为核心的全员设备管理模式的基础上，成立了北仑发电厂状态监测小组，进行设备监测和诊断技术的研究，对设备进行分类管理，优化设备检修策略；引进计算机检修管理软件，实现检修管理的规范化、标准化、程序化。同时，以可靠性为中心作为检修的指导思想，将状态监测和计算机管理系统有机集成，综合考虑设备状态、设备在系统中的地位和检修经济有效性，优化资源配置，优化检修策略，实现从状态监测向状态检修的跨越，推进了状态检修工作。

外高桥电厂实施状态检修的具体做法，是吸取国内外实施状态检修的经验后，对实施状态检修工作进行全厂整体规划，短时间内相继引入 SAP 管理软件、SRCM 软件、CSI

离线状态监测仪器及 RBMWARE 软件、发电机故障专家诊断系统和电厂主设备寿命管理系统。通过这些软件，实现了以信息管理为前导的全面现代化管理，促进了设备状态检修的深入开展。

与此同时，华东电网内还有部分电厂结合本单位实际情况，开展设备状态检修，采用较多的是辅机综合监测、主机振动在线和离线故障诊断模式以及机组和热力系统运行经济性诊断和评价模式，以指导主机检修。

2002 年 7 月，国家电力公司在浙江宁波召开发电设备状态检修技术研讨会，讨论了发电设备状态检修的现状及技术发展。会议指出，当前发电设备状态监测、分析和诊断技术的发展，正为开展大机组发电设备状态检修提供了基础条件，必将促进状态检修的全面开展。

第四章　技　术　改　造

根据上级主管部门的部署，华东电管局从1990年起，陆续提出了相应的“八五”、“九五”计划期内技术改造与技术进步（简称“双技”）工作目标、任务和重点，强调要切实加强领导，加强和规范对“双技”工作的管理，争取到2000年真正达到以技术进步为主。电力技术改造工作进入了新阶段，在保障电力设备安全、经济运行的前提下，又肩负着提高技术装备和管理现代化水平的任务。

20世纪90年代中后期，华东电网发电机组的技术改造全面展开，运行40年以上的一批老旧燃煤发电机组被拆除，代之以能源利用率高、环境污染小、技术性能好的大容量、高参数的新型火力发电机组。对国内早期生产的12.5万、20万千瓦和30万千瓦汽轮发电机组的汽轮机和控制系统进行技术改造，进一步挖掘机组的发电潜力，提高了机组的安全性和经济性。同时，对传统水电厂机组也进行了大规模技术改造。

加强技术改造的项目管理，是工程按质按量完成的重要保证。华东电管局各级管理部门从工程实践中不断探索，创新引入的工程“后评估”等操作模式，形成了一套切实可行的、有效的规范化管理制度，成为工程管理范畴中一项新的突破。

第一节　火电机组技术改造

一、火电机组“以大代小”工程

小火电机组曾经在电力供应严重不足和电网缺乏调峰手段的情况下，为缓解电力供应紧张和支持地方经济发展发挥了重要作用。但小火电机组存在能耗高、资源浪费、环境污染严重、发电成本高等自身难以弥补的弊端，关停小火电已成必然。

按照国家计委等四部委对小火电机组建设的管理和审批等规定，以及国家能源产业政策鼓励热电联产综合利用，限制纯冷凝式机组的建设。“八五”计划期间，华东电网加速进行中低压机组退役改造，望亭、田家庵、杨树浦、下关4家发电厂进行了“以大代小”工程的建设，拆除了20世纪50年代安装的一批共61.6万千瓦老旧低效中压机组，代之以新建大容量、高效率机组。望亭、田家庵电厂新建的30万千瓦机组在1996年投产。杨树浦电厂新建的2台11.2万千瓦热电联供机组分别于1998年7月和1999年4月投入运行。

在“八五”计划后期，江苏省加强了对小火电机组的管理，运行的小火电机组按照省经贸委下发的生产计划，热电机组以热定产，纯凝汽式机组则重点发挥其参与电网调峰发电作用，负荷低谷时段限发或停发。到1996年底，江苏全省5万千瓦及以下的机组装机容量已达368.93万千瓦，占当年全省火电装机容量的26.6%。1997年，国家电力公司开始部署关停小火电机组工作。1999年5月，国务院办公厅转发国家经贸委《关于关停小火电机组有关问题意见的通知》，江苏省电力公司按照国家经贸委和国家电力公司的要求，会同省经贸委编排了全省94.1万千瓦小火电机组的关停时间表。1997～2000年，江苏省电力公司系统已关停小火电机组33.2万千瓦，关停省电力公司管理的省属小火电机组6.3万千瓦，韩庄发电厂、滨海发电厂已全厂停运，共分流安置相关人员930人。至2002年末，江苏省电力公司关停了戚墅堰、徐塘发电厂的老发电机组，并落实了关停小机组后的供电负荷转移方案，组织制定了公司系统在运小火（热）电机组安全管理办法，使小火（热）电机组的安全生产工作逐步实现可控、在控。

1991年，浙江省杭州热电厂拆除了2台3000千瓦低效率的老旧机组，1997年10月，安装了1台2.5万千瓦高压汽轮发电机组。

二、30万千瓦UP型锅炉的技术改造

通用压力型（UP型）1025吨/时锅炉（简称UP型锅炉）是20世纪70年代上海锅炉厂为30万千瓦发电机组配套而自行设计制造的锅炉。80年代中期，上海锅炉厂根据从美国引进的设计制造技术，对早期的设计进行了改进。改进后的UP型锅炉最大连续蒸发量为1025吨/时，温度由原来的555/555℃改为540/540℃；原来的双炉膛改为单炉膛；尾部烟道采用双挡板调节再热汽温，取消了原来的烟气再循环风机；在燃烧、膨胀、密封、炉墙刚性等方面进行了改进；采用了摆动燃烧器，四角切圆布置；采用三分仓容克式空气预热器等。但锅炉水冷壁仍采用膜式结构，管径为22毫米，壁厚5.5毫米，总共有1396根。上海锅炉厂先后生产了21台UP型锅炉，华东地区共安装17台：望亭电厂1974年2台燃用重油的双炉膛UP型锅炉，1989年1台燃用烟煤的改进型单炉膛UP型锅炉；谏壁电厂4台双炉膛燃用烟煤的UP型锅炉；洛河电厂2台双炉膛燃用烟煤的UP型锅炉；上海石洞口电厂4台燃用贫煤的单炉膛改进型UP型锅炉；常熟电厂4台燃用烟煤的改进型单炉膛UP型锅炉。

早期的UP型锅炉因水冷壁拉裂和爆管等频发故障致经常被迫紧急停炉抢修，锅炉运行效率低，安全性和经济性指标很差。电厂、制造厂和有关研究院所为此花费大量的人力、物力和财力，对机组进行调整水动力、燃烧调整、更换水冷壁、测量水冷壁温度、消除水冷壁应力以及改善密封等完善化攻关，虽取得了一定效果，但仍未尽如人意。

按引进技术改进的UP型锅炉，投运后的参数指标和效率等都比早期锅炉有较大改善，但仍存在许多问题。主要是：依旧采用管径22毫米、壁厚5.5毫米的水冷壁，管壁温度对燃烧工况与水动力的影响较为敏感，极易发生超温爆管；水冷壁管管径细，刚性差，炉膛易变形；膨胀问题没有得到解决，水冷壁经常拉坏；机组带20万千瓦左右负荷时锅炉水冷壁易发生超温，低负荷下水动力不稳定，水冷壁经常超温；调峰特性差，无法在大范围内进行调峰；燃用贫煤的锅炉因采用一次风相对集中布置，造成炉膛内局部热负荷过高，水冷壁出现高温腐蚀；燃烧器无法摆动，再热器挡板调节不灵活等。

华东电管局和上海电力局组织电力试验院所、有关电厂及制造厂进行了大量的试验研究：进行锅炉水动力试验，根据热负荷分布曲线，调节水冷壁52个管屏的流量，以满足热负荷分布的要求，防止水冷壁超温；对燃烧器进行改造，以降低水冷壁附近的热负荷；改进水冷壁与内绑带的结构，消除水冷壁的应力；通过配风调整、输粉和制粉系统调整、燃烧调整，防止水冷壁超温爆管和寻找降低高温腐蚀的措施。同时，邀请清华大学、东南大学等著名大学资深教授，对水冷壁水动力情况进行理论计算，从设计上寻找原因；根据已有的运行经验，编制相应的规程，在运行方式上寻找"四管"（水冷壁管、过热器管、再热器管、省煤器管）爆漏的原因；对各台UP型锅炉进行调峰特性试验，找出适合的运行负荷范围，规定调峰的最低负荷，以降低"四管"爆漏的频率。

通过多年持续不断地攻关后得出的主要结论是：机组在80%额定负荷以下运行时经常发现水冷壁超温，因而调峰的下限宜定在80%额定负荷（24万千瓦）；针对水冷壁易发生超温爆管提出的相应管理措施，只能减少爆漏次数，不能治本，如不对UP型锅炉进行彻底的改造，存在的许多问题无法根本解决。

1996年，华东电管局组织成立了"UP型锅炉技术协作网"，成员包括望亭、姚孟、谏壁、洛河、石洞口、常熟和黄埔等国内安装UP型锅炉的电厂，华东、江苏、安徽、河南和广东省电力试验研究院（所），以及上海锅炉厂等单位。技术协作网先后召开了六届技术年会，交流了运行、检修、试验和改造方面的经验教训，为降低"四管"爆漏频率，提高机组运行可靠性、经济性和检修水平作出了贡献。

与此同时，石洞口、谏壁等电厂分别提出了彻底改造UP型锅炉的不同方案，并付诸实施。

（一）石洞口电厂UP型锅炉的技术改造

石洞口电厂UP型锅炉的技术改造为该型锅炉技术改造的典型。

1994年底，上海石洞口电厂成立了由电厂、检修公司和华东电力试验研究所等单位组成的锅炉改造小组，改造的目标确定为：锅炉要达到不泄漏、可调峰，变负荷速率高负荷段每分钟为5%额定负荷，中负荷段每分钟为3%额定负荷；锅炉最低不投油稳燃负荷达到40%额定负荷；锅炉可以滑压运行；效率比原设计高；可以全部燃用贫煤，又可以燃用50%贫煤和50%无烟煤；锅炉排烟中NO_x的含量低于650毫克/米^3（标）；锅炉必须满足分阶段自动的要求，即启动阶段MFT复位、炉膛吹扫、点火、升温升压直至带负荷等由启动程序自动完成，投粉后机组可由协调控制系统（CCS）自动加负荷至满负荷，反之，停炉也要自动完成。

1996年，招标选定锅炉改造采用德国Stenmuller公司的技术，即将锅炉改为螺旋管圈水冷壁式直流锅炉，燃烧区域水冷壁管管径放大到38毫米；锅炉改造集中在炉膛部分；锅炉配备内置式分离器，供启停炉时使用；水冷壁水动力分配将明显改善，强度增加，适应滑压运行。

燃烧器改造主要是将燃烧器相对集中布置改为设计煤种燃烧器（煤粉来自A粉仓）与校核煤种燃烧器（煤粉来自B粉仓）间隔布置；设计煤种燃烧器与校核煤种燃烧器之间布置风向可左右偏转的间隔风，以防止高温腐蚀；炉膛四角的切角加大，有助于卷吸高温烟气，有助于稳燃；燃烧器上方布置有过燃风，以降低NO_x；过燃风的切圆旋转方向与燃烧器切圆的旋转方向相同。输粉系统改造将一次风管分成6路，每路都有挡板自动控制风量，且再分成四支路，分别连接到一层燃烧器的四个角；增设6个小粉仓，每个小粉仓连接一层燃烧器，调整每层燃烧器的煤量，以达到四角燃料和风量均匀；结合新型的燃烧器，保证低负荷的稳燃。启动分离器系统改造内容是将外置式分离器改为内置式分离器，无投、切分离器过程，以简化启动系统；原有的分离器作为内置式分离器的疏水扩容器；水冷壁出口的蒸汽参数略有提高，保证锅炉在直流运行状态时分离器呈干态。

在热控系统升级改造中，由NET－90升级为INFI－90；锅炉分阶段自动，即启动阶段MFT复位、炉膛吹扫、点火、升温升压直至带负荷等由启动程序自动完成；投粉后机组可由CCS自动加负荷至满负荷，或减负荷至停炉；控制参数改为给水量和燃料量，即控制煤水比；运行控制改为滑压运行，给水泵为调速运行；在风管上加装风量测点，严格控制各处风量，保证锅炉在30～12万千瓦的各种负荷下稳定燃烧和降低NO_x的排放。

改造取得了明显的效果。首先，安全性有所提高。锅炉水冷壁系统各段的均匀性都好，蒸发系统水力偏差和热力偏差都小，完全达到设计指标。即在各种工况下，第二螺旋管段出口介质温度偏差在5℃以内，垂直段出口偏差基本在10℃左右；锅炉无泄漏连续运行达205天。其次，锅炉可调性能良好。机组在高负荷段（18万千瓦以上）负荷的变化率能达到每分钟3%额定负荷，低负荷段能达到每分钟2%额定负荷，60%额定负荷以上变负荷幅度最大可达6万千瓦；变负荷过程负荷响应较好，达到和超过引进型锅炉；改造后的锅炉在燃用贫煤的条件下达到40%额定负荷不投油稳燃，并可立即投入日常调峰运行；改造后的锅炉低负荷稳燃技术属全国领先，达到世界先进水平；调峰范围为30～12万千瓦，中间无投切磨煤机的断点，满足合同要求。再次，经济性能提高。同技术改造前相比，引风机和一次风机电流明显减小；高压加热器切除时，锅炉在过度燃烧情况下，机组出力可达28万千瓦，锅炉受热面未发现超温现象；额定负荷工况下，锅炉低位反平衡热效率达到91.46%，超过设计值1.26个百分点。

改造前机组冷态启动至20万千瓦负荷，在顺利情况下一般需12小时以上，改造后滑压启动至满负荷一般可控制在8小时以内，大大缩短了启动时间。

锅炉改造后环保指标中NO_x排放量符合要求。性能考核结果表明，在所定的配风设置下，在锅炉全程负荷范围内NO_x的排放量均达到了合同保证要求，即小于650毫克/米^3。

（二）谏壁电厂UP型锅炉的技术改造

谏壁电厂采用的改造方案与石洞口电厂不同，由上海锅炉厂采用引进美国CE公司技术，新增1台汽包和3台炉水循环泵，将锅炉改造为亚临界压力控制循环锅炉。改造后的锅炉为单炉体双炉膛，固态排渣煤粉炉。燃烧器改为水平浓淡分离加侧二次风，燃烧器分为8组，一、二次风喷口间隔布置，共有四个一次风，五个二次风；燃烧器为摆动式，一次风最大摆动角度为±20°，二次风最大摆动角度为±30°，以调节炉膛出口烟温。锅炉改造大项中，除水冷壁外，对屏式过热器、高温过热器、再热器等同时进行了改进或优化。同时，结合进行了汽轮机的技术改造。

谏壁电厂的锅炉改造后，锅炉效率、最低不投油稳燃负荷、锅炉参数等均达到设计要求，锅炉最大出力可达 1025 吨/时，额定工况下炉效为 92.31%，比改造前提高近 2 个百分点，可使机组供电煤耗降低 6 克/（千瓦时）；不投油最低稳燃负荷达到额定值的 35%，（即机组出力最低可达 11.2 万千瓦），锅炉可靠性明显提高。与改造前相比，每年可减少临时检修损失电量 9720 万千瓦时。到 2000 年底，已完成 2 台 1000 吨/时 UP 型锅炉改造任务。

（三）望亭电厂改进型 UP 型锅炉的技术改造

望亭电厂 14 号锅炉为上海锅炉厂生产的改进型 UP 型锅炉：单炉膛煤粉燃烧、固态排渣、直吹式制粉系统的直流锅炉。1989 年投运后，锅炉存在重大事故隐患，在低负荷时由于水动力的原因，极易产生局部过热爆管。1998 年，决定将锅炉改为单炉膛控制循环锅炉。2000 年 10 月改造工程开工，更换了所有的水循环系统管部件，增设汽包、控制循环泵等；过热器系统的分隔屏重新设计制造，增加了再热器系统的受热面；增加 5%额定负荷时启动旁路；重新设计燃烧器系统；同时将 MPS 磨煤机改为 HP 型磨煤机，并改造了空气预热器。至 2001 年 3 月改造完毕，并网发电，改造工程建设总周期为 198 天。改造后，锅炉排烟温度为 133℃左右（修正后），比改造前下降 23℃，锅炉效率为 92.84%（改造前为 90.88%），该锅炉是单炉膛 UP 型改为控制循环锅炉的第一台。

（四）洛河电厂 UP 型锅炉的技术改造

洛河电厂 1、2 号锅炉为上海锅炉厂生产的 UP 型双炉膛直流锅炉，煤粉燃烧，固态排渣，制粉系统为中间仓储式乏气送粉。锅炉变负荷能力差，水冷壁易发生爆管，低负荷稳燃特性差。2001 年和 2002 年分别将 2 台锅炉原先的直流炉改为控制循环汽包炉，取消双面水冷壁。

三、汽轮机技术改造和控制系统改造

大型汽轮发电机组的现代化技术改造包括汽轮机技术改造以及运行监控系统改造。

国内早期生产的 12.5 万、20 万和 30 万千瓦汽轮机的热耗高、效率低，如 30 万千瓦汽轮机高、中、低压缸效率比先进水平分别低 10%～12%、4%～8%、9.5%，热耗高 636.4～766.3 千焦/(千瓦时)；20 万千瓦汽轮机高、中、低压缸效率比先进水平分别低 7%～10%、2%～3%、8%～13%，热耗高 502.4～586 千焦/(千瓦时)；12.5 万千瓦汽轮机高、中、低压缸效率比先进水平分别低 5%～10%、5%～7%、9%～10%，热耗高 418.7～690.8 千焦/(千瓦时)。这些正是汽轮机可供改造挖掘的潜力所在。

20 世纪 90 年代中后期，华东电管局对 30 万、20 万和 12.5 万千瓦机组立项进行改造。上海石洞口电厂 4 台 30 万千瓦机组、江苏徐州电厂 4 台 20 万千瓦机组和谏壁电厂 2 台 30 万千瓦机组、浙江镇海电厂 20 万千瓦机组等一批机组的汽轮机通流部分改造项目经国家经贸委批准，列入国家“双加”(加大企业技术改造投资力度和加快企业技术改造步伐)技术改造计划。在汽轮机通流技术改造采用先进加工工艺制造的新型线高效叶片和弯扭叶片、分流叶栅、多齿封结构以及三元流优化设计新技术，更换高压缸、中压缸、低压内缸、蒸汽喷嘴、动叶片、静叶片等，使汽缸内流道光滑，叶型损失、二次流损失、漏汽损失和湿汽损失明显减少，提高通流效率和缸效，降低热能损耗，达到提高发电能力的目的。改造过程中，东方汽轮机厂、上海汽轮机厂和哈尔滨汽轮机厂给予了大力支持。徐州发电厂 7 号汽轮机(20 万千瓦)改造后高压缸效达 85.425%、中压缸效达 92.78%、低压缸效达 87.81%，分别比制造厂改造设计值提高 0.425%、0.28%、0.31%，改造后热耗为 8123.38 千焦/(千瓦时)比改造前降低 769.61 千焦/(千瓦时)。

谏壁发电厂 30 万千瓦汽轮机通流部分等一系列技术改造，采用西门子帕森斯公司设计，高压缸动静叶片、喷嘴组及低压缸动叶片等由西门子公司供货，其余部件则按该公司设计图纸在上海汽轮机厂加工制造。对零部件加工制作实行严格的监造和验收，由发电厂自行组织精心安装、调试，投运后机组由江苏省电力试验研究所严格按美国机械工程师协会(ASME)PTC6.0《汽轮机性能使用规程》标准进行性能考核试验。汽轮机改造后高压缸效达 89%，比改造前提高 10.6%，低压缸效达 87.2%，比改造前提高 7.1%，改造后热耗约 8371 千焦/(千瓦时)，比改造前下降 997.8 千焦/(千瓦时)，达到了预期目标。

为确保汽轮发电机组改造后的整体效益，对发电机也进行了配套改造，主要是提高发电机冷却系统的换热冷却能力，提高发电机定子绕组绝缘等级，并在此基础上适当增加线圈铜线截面积；对水内冷发电机定子端部采取屏蔽和冷却措施，以避免因漏磁损耗导致局部高温等。

到 2000 年底，江苏省电力工业局完成 2 台 30 万千瓦机组、7 台 20 万千瓦机组、1 台 12.5 万千瓦机组的现代化技术改造，总容量为 212.5 万千瓦，总投资为 6.54 亿元(不含常规大修项目)。改造后机组发电能力共提高 21.25 万千瓦，相当于新增一台 20 万千瓦发电机组，改造平均投资 3077.65 元/千瓦，大大低于新建同类型机组的单位造价；供电煤耗平均下降 18～20 克/(千瓦时)；机组寿命延长 10 年左右，按年利用 5000 小时计，可多发电 10.6 亿千瓦时/年，每年可节约标准煤约 22.2 万吨，由此减少烟尘排放量 177.6 吨/年，减少二氧化硫排放量 5920 吨/年。

望亭发电厂在 30 万千瓦 14 号机组改造工程中，对东方汽轮机厂生产的汽轮机的高、中、低压缸通流部分高、中、低压转子，高中压内外缸、低压内缸、导汽管等轴承及轴承座轴封及轴封蒸汽系统以及盘车装置和电液调速系统等进行了改造。改造后，汽轮机在 30 万千瓦工况下的热耗率为(修正到设计条件下)7940.88 千焦/(千瓦时)，基本达到设计要求[设计值为 7937 千焦/(千瓦时)]。汽轮机最大出力为 34.7845 万千瓦(修正到设计工况)，达到保证值 34.3233 万千瓦。对应的主蒸汽流量为 1072 吨/时(修正到设计工况)，达到汽轮机通流能力。改造后的汽轮机性能大为改善，能满足调峰需要，调速系统改为电调后，可靠性及稳定性得到了提高。

随着计算机技术的飞速发展，发电机组监控和自动调节技术日益成熟，电网发展对发电机组的监控和自动调节提出了更高的要求。为提高机组的整体自动化水平和可靠性，满足电网自动发电控制（AGC）的需要，从 1996 年起，各电厂陆续对大型机组的运行监控和自动调节系统进行了技术改造。望亭电厂 30 万千瓦机组、上海石洞口电厂 30 万千瓦机组、安徽平圩电厂 60 万千瓦机组和江苏谏壁电厂 30 万千瓦机组等一批投产较早机组的分散控制系统（DCS 系统）进行了改造。由于机组投入一次调频和 AGC 调节性能的提高，为提高电网运行水平奠定了技术基础。

第二节 水电站技术改造

一、新安江水电站

新安江水电站机组平均运行时间近32年，主变压器最长运行时间超过40年，设备面临着普遍老化，隐患缺陷不少，严重影响电厂的安全运行。为此，20世纪90年代开始，新安江水电站进行了全面技术改造，改造的内容主要是：

（一）水轮发电机组增容改造

更换发电机定子和转子；水轮机转轮更新及导水机构配套改造；调速器、接力器、油压装置、控制环及拐臂改造和油、水、风等辅助系统改造。截至2002年底，完成了1、5、7、8、9号机组的改造，改造后，机组出力由7.25万（或7.5万）千瓦增容到9万千瓦，单机容量增加了1.5万（或1.75万）千瓦。

（二）发电机—变压器主接线和升压站的改造

1995年前，新安江水电站发出的电力经升压站以220、110千伏各4回出线向沪、杭及浙西地区送电。1995年取消了110千伏系统，是年末，220千伏出线增至5回。

原1～8号发电机组采取“二机一变”方式（每2台发电机和一组变压器组成一组扩大单元），全厂有4组发电机—变压器扩大单元组，每组主变压器容量均为18万千伏安；9号机与6号主变压器组成单机单变单元组合，其主变压器容量为9万千伏安；主变压器低压侧设一条13.8千伏全厂联络母线。主接线改造方案确定采用“三机一变”扩大单元的组合方式，全厂9台发电机重新组合成3组扩大单元，每组新扩大单元主变压器的容量确定为30万千伏安，仍选用双绕组无载调压电力变压器，3组主变压器分别在2000年、2001年和2002年完成改造，3组主变压器集中布置于坝顶；保留13.8千伏联络母线，裸露铝母线改为离相封闭式母线。

（三）全厂计算机监控系统的改造

20世纪90年代，新安江水电厂完成全厂计算机监控系统方案的设计、主机选型和机房施工，相继在水轮发电机组上安装ZNK可编程序控制器，实现单机自动化；成功开发RTU当地功能，实现与电网AGC联调；开发并运用了新安江水库水情测报系统，在水库合理经济调度和防洪度汛中，发挥了重要作用。

二、富春江水电站

（一）计算机实时监控系统综合自动化改造

从20世纪80年代后期起，为适应调度自动化及厂站级监控的要求，富春江水电站开始对厂内自动化领域进行改造。1992年底，完成了计算机实时监控系统的二期工程，实现了全厂机组、开关站和公用系统的终端实时监控；1997年8月，选用南京南瑞自动化总公司SSJ-3000型计算机监控系统对计算机监控系统进行了升级改造，全厂综合自动化按“无人值班”（少人值守）进行设计和系统配置。

（二）大坝安全监测系统更新改造

富春江水电站为钱塘江干流上唯一的一座低水头、大流量、河床式水电站，大坝建成运行已 30 余年。2001 年 2 月，电厂委托华东勘测设计研究院进行富春江大坝安全监测系统更新改造规划，2001 年 10 月 24 日，富春江大坝安全监测系统投入试运行。该系统重点对坝顶水平位移、基础垂直位移、扬压力、渗流量、气温、水库水温及船闸闸墙变位等监测项目进行完善和改造，包含有变形监测、渗流渗压监测、环境量监测等共计 97 个测点，纳入自动化监测系统，实现数据的自动化采集和信息管理；通过分布式数据采集系统及信息管理系统进行大坝变形监测，渗流、渗压监测和环境温度监测。该系统投入试运行后，总体运行情况良好，各项指标基本满足要求。

三、紧水滩水电站计算机监控系统建设

1998 年 9 月，紧水滩水电站计算机监控系统建成投入运行，实现了由梯调（石塘）对两站的远方控制功能；在缩短开机并网时间、电网事故情况下顶出力、提高供电可靠性等方面，都起着十分有益的作用。同时节水增发效果明显，仅开机并网缩短时间一项所节约的空载损耗水量，大约每年可增发电量 90 万～100 万千瓦时。此外，采用计算机监控系统以后，机组停机加闸转速由原来 25%额定转速降到 12%额定转速，既大量减少闸瓦磨损、定转子污染，减少检修维护工作量，又可延长闸瓦使用寿命，减少转子制动环损坏；同时并网准确性高，机组无冲击，也可提高机组的健康水平，延长其寿命。

四、乌溪江水电站计算机监控系统改造

1999 年 6 月，乌溪江水电站梯级计算机监控系统第 3 次改造通过浙江省电力公司组织的工程验收。该系统由湖南镇电站计算机监控系统、黄坛口电站计算机监控系统及梯级调度中心计算机监控系统组成，硬件选用了先进的 Alpha 500au 工作站和光纤构成的 100 兆快速以太网主干网，是国内继白山梯级水电站之后第二个主干网采用高速以太网的大型梯级水电站计算机监控系统。

第三节 技术改造项目管理

一、技改工程管理方式

华东电力集团公司对所属资产中直属单位和 500 千伏主网架采取不同的管理方式，前者直接管理，后者则主要委托省（市）电力公司管理。1997 年底，华东电力集团公司重新修改了《直属单位技改工程管理办法》（简称《管理办法》），强调技改工程全过程管理，建立项目负责人制度；为了使项目立项有依据，确定一定投资额的项目立项必须做好前期工作，提交工程可行性研究报告。《管理办法》中新增项目招投标和项目开展后评估（重大项目还要做财务经济评价）的内容，明确分层管理，公司主要管理重点项目（投资总额 200 万元及以上）。直属单位为此制订了内部管理办法，明确项目立项前外出调研的任务及调研报告的要求，上报的可行性报告要明确立项项目技术上的先进性、经济上的合理性和项目实施的可能性。

20世纪90年代初，华东电网500千伏主网架输电设备投入运行初期，少量固定资产投资由三省一市管理；为了确保500千伏主网架安全、经济运行，发挥集中资金对重大技术改造项目投资的优越性，采取技改资金统一管理的方法；1995年，华东电力集团公司制定了《华东电网500千伏主网架技术改造工程项目管理暂行办法》，根据500千伏主网架生产运行委托三省一市电力公司管理的原则，每年技改项目申请由省市电力公司负责把关上报，留给省（市）电力公司一定自控费用，用于解决小型项目和购置仪器设备等外，华东电力集团公司主要抓两项工作，一是根据每年资金平衡，下达项目计划，对跨省市的系统工程负责设计审查，二是完成项目的抽查及所有项目的竣工决算，固定资产入账。

二、工程概预算

为控制工程造价，保证技改工程投资的经济效益，1995年，华东电力集团公司第一次制订了《技改工程预算费用计算标准》，结束了以往技术改造项目预算无标准可依的状况。由于市场变化等原因，截至2000年，华东电网1995年版《技改工程预算费用计算标准》已不再适用，为此，华东电力集团公司组织三省一市电力公司、华东电力设计院、省（市）电力设计院专业人员参加的修编工作小组，对旧标准进行修编。首先，根据技改工程的特点，选择具有代表性的发电、输变电工程，不同的机组容量和不同的电压等级的工程，以及较小的综合性工程，请有关设计院进行测算；再进行小范围的论证，分析各类工程测算的数据代表性问题，通过归纳数据，调整费率，确定再次修改的原则，并上机模拟计算各类工程概算数据；然后进行第二次修编。修订后的2000版标准规定的费用计算标准，较适合华东电网的实际情况，颁发执行后，为控制技改工程造价取得了良好的效果。上海电力股份有限公司的某项重点工程采用新预算标准比老标准节约投资100多万元。华东电网的技改工程管理方法及编制的标准达到了本专业的国内先进水平，获得国内同行的认可，曾有多家电力公司将华东的技改工程管理办法及费用计算标准作为规范使用。

三、规范化管理

管理的规范化既能提高工作效率，又能防止违规操作。1997年底，华东电力集团公司修订了直属单位技改工程管理办法，规定重点项目要开展招投标工作，此后华东电力集团公司组织的多次招投标工作都取得了较好的效果。特别是在1999年新安江水电厂3项单元机组增容改造工程和望亭电厂30万千瓦机组改造工程的设备采购中，招投标后的概算，比原概算节约了约4000多万元。在1999年底召开的华东电网技改工作会议上，组织与会人员学习国家颁布的《招标投标法》，使技改工程管理人员明确招投标工作的意义，熟悉招标工作的整个程序。

2000年以后，华东电网直属单位的重点技改工程实行公开招标。华东电力集团公司生产管理部门组织几项重点项目的招标工作示范，以促进基层单位招标工作规范化。根据《招标投标法》，总结前阶段工作经验，国电华东公司制订了《技术改造工程中招投标活动的若干规定》，明确了项目招标、评标的程序，使技改工程管理人员有了可供参照的统一工作标准。

四、项目后评估

后评估工作是对工程项目的综合评价，检查项目实施的质量，评定项目的经济效益和社会效益，总结经验和教训，为以后的决策提供依据。技改工程管理不同于基本建设管理，两者区别在于技改工程投资小，项目多，技改工程管理人员多数为电力专业技术人员，缺少技术经济专业知识，相对基本建设管理队伍而言，管理人员较少。针对这一特点，1999年，华东电力集团公司制定了《技术改造工程项目后评估实施办法》，举办专题培训班，聘请高校教师讲解技术经济专业知识，项目经济评价方法，并以新安江电厂大坝安全自动检测项目后评估作为试点。2002年9月18日，在苏州召开的“望亭发电厂14号机组改造工程后评价会议”上，国家电力公司发输电运营部代表在回顾国家电力公司技术改造中所取得的成绩时，表扬国电华东公司在技改工程管理中认真细致的作风和勇于创新的精神，表示国家电力公司将把工程验收和后评价作为今后技术改造管理的一个重点。

第五章　环境保护与综合治理

20世纪90年代开始，随着国民经济的快速发展和人民生活水平的日益提高，国家及地方政府对环境保护的力度逐步加大，加强了环境监测和立法执法力度，强化了企业和全社会节约资源、保护环境的责任。广大公众的环境意识也日益增强。华东电网火电厂在环境保护管理工作中，坚决贯彻执行国务院颁发实施的《国务院关于两控区酸雨和二氧化硫污染防治"十五"计划的批复》，以及《中华人民共和国大气污染防治法》、《火电厂大气污染物排放标准》和《污水综合排放标准》等多个法律、法规。在对火电厂二氧化硫排放实施总量控制的前提下，始终把二氧化硫排放与控制作为电力环境保护管理与污染物防治工作的重点，同时继续抓好废水、烟尘、灰渣、噪声等综合治理。经过12年的不懈努力，华东电网火电厂总体环境保护取得了良好的成效，烟尘废水达标排放，灰渣利用创历史新高，二氧化硫排放得到初步控制。

第一节　环　境　管　理

20世纪90年代初，国务院颁布的《建设项目环境保护管理条例》开始实施。华东电网所有的火电建设项目，包括新建、扩建、改造项目均严格贯彻执行这一条例，实行建设项目环境影响评价制度和环保设施"三同时"制度，即环保设施与主体工程同时设计、同时施工、同时投产。水电建设项目和电网建设项目也执行环境影响评价制度与环保设施"三同时"制度。天荒坪抽水蓄能电站等多个水电建设项目，都完成了国家环境保护行政主管部门对环境影响评价报告书的审查与批复，完成了国家环境保护行政主管部门对环保设施"三同时"的竣工验收；新安江水电厂增容改造工程，完成了浙江省环境保护行政主管部门对环境影响评价报告书的审查与批复；500千伏华东—江苏输变电工程等一批电网建设项目，完成了国家或省级环境保护行政主管部门对环境影响评价报告书的审查与批复。同时，天荒坪抽水蓄能电站等水电建设项目完成了国家相关行政主管部门对水土保持方案报告书的审查与批复；输变电工程电场与磁场环境影响的研究广泛开展，电网环境保护受到越来越高的重视。

"八五"计划初，国家提出燃煤火电厂粉煤灰"储用结合，积极利用"的综合利用政策。华东电网积极行动，在能源部的支持下，火电厂实行灰渣外运资费或处置费等补贴办法，推行粉煤灰经营承包方式，以多种方式成立独立核算、自负盈亏的粉煤灰公司，为华东电网灰渣综合利用成为全国电力系统的排头兵，发挥了积极作用。望亭发电厂灰渣综合利用形式被国家有关行政主管部门誉为"望亭模式"。

1991年，能源部根据国家要求下发《含多氯联苯电力装置运行管理规定》，华东电网开展深入的清查工作。通过清查，基本掌握含多氯联苯电容器和变压器等电力装置的历史与现状，并对废弃的电容器和变压器等按国家规定进行处置。富春江水电厂2台法国进口的含多氯联苯整流变压器报废后，委托国家环境保护行政主管部门批准具有资质的单位完成处理。

1991年以后，华东电网输变电线路电绝缘子污闪问题较为突出，华东电管局开展典型工业区及城市大气污染扩散对输变电设备污染影响、乡镇企业发展对输变电设备污染影响、大气污染与湿沉降对输变电设备污染影响等课题的研究。

1993年，江苏省电力局在华东电网率先实行火电厂厂长环境保护目标责任制。厂长环境保护目标责任制将环境保护作为“政绩”考核，并与经济效益挂钩。此后，上海市、浙江省、安徽省电力局亦相继实行此项环境保护目标责任制。

1994年以后，华东电管局先后组织开展《华东电网典型地区火电规划大气环境容量预测及二氧化硫控制对策研究》、《华东电网火电厂废水排放环境影响现状和发展预测及控制对策研究》等项目的研究，其成果为规划华东电网火电建设发挥技术支撑作用。《华东电网典型地区火电规划大气环境容量预测及二氧化硫控制对策研究》，获国家电力公司科技进步二等奖和国家科技进步三等奖。

1995年，根据电力部要求，华东电力集团公司制定华东电网“九五”环保计划，在与省（市）电力公司共商的基础上，确定华东电网“九五”计划末火电厂主要污染物控制目标。

1996年，国务院提出到“九五”计划末全国所有的工业污染源排放的污染物要达到国家或地方规定的排放标准。根据上级主管部门的要求，华东电网将火电厂排放的烟尘和废水定为达标治理重点，全网上下从法律高度统一认识，明确超标排放是一种违法行为，不但侵害公众利益，而且有损企业形象。华东电网列入国家电力行业《现有火电厂烟尘和废水达标排放（1998～2000年）治理改造计划》的治理项目共19项，其中上海3项、江苏7项、浙江3项、安徽5项和直属单位1项，上海、江苏、浙江、安徽省市电力公司自列共46项，总计65项。

1997年，《华东电业管理局环境保护技术监督条例》在全网试行，成为电力工业九项技术监督之一，为“十五”计划末华东电网火电厂污染物全面实现达标排放提供了技术保证。

1998年，国务院批复的《酸雨控制区和二氧化硫控制区划分方案》实施后，华东电网几乎所有的火电厂所在地被划为酸雨控制区或二氧化硫控制区。国家与地方对火电厂实行二氧化硫排放标准、环境质量与总量控制。

1998年，华东电力集团公司组织一次华东电力系统最大规模的环境保护法规宣讲活动，编辑出版约8万字的宣传册，摄制一部长达6小时的宣传录像带，向全网百余名厂、处级干部和广大电业职工进行环保法规的宣传。

2000年底，华东电网火电厂65项烟尘和废水达标治理项目全部完成，达标排放目标之所以能实现，一是制订的目标计划切实可行，二是采取的治理技术适用可靠，三是治理的资金落实到位。

2001年，国家电力公司举办了《输变电建设项目环境保护前期工作座谈会》，国家电力公司华东公司组织开展了《输变电设施电磁环境影响及限值的研究》等科研。华东电网各省（市）电力公司以各种形式举办多个输变电设施电磁环境技术研讨会或培训班。

至2002年，华东电网连续22年每年召开全网环保工作会议而不辍，成为华东电网环境保护工作的一个特色，被上级部门誉为“难能可贵”。每年一次召开的全网环保工作会议均根据国家及上级电力部门环境保护有关要求，结合华东电网环境保护实际，围绕环保管理和污染治理两个方面，确定会议主题，总结当年工作，提出下一年度的要求，不断促进全网环境保护工作向纵深发展。

截至2002年底，华东电网火电厂环保统计数据库储存了前12年火电厂装机容量、燃料、除尘器、烟囱、消声器、脱硫设施、大气污染物排放、厂用排水及回收利用、废水处理、灰场、灰渣储存与综合利用、污染事故与缴费、污染治理以及排放绩效等环保统计数据。

第二节　污　染　治　理

一、废水

火力发电厂是工业用水排水大户，其用水排水量当属特大型。燃煤火电厂排水主要有冲灰（渣）水、化学废水、含油污水、煤场污水等。“八五”计划初，国家提出工业用排水应实现“少用水，多回用，分级处理，减少排放”的目标。电力部要求火电厂废水资源化并推行水务管理，火电厂的废水综合治理得到重视，水务管理的理念逐步在火电厂设计和运行中得到落实，特别是灰水回收及闭路循环、灰浆浓相输送与干灰输送技术攻关的成功，为火电厂废水排放状况的改善提供了良好的途径。

华东电网火电厂典型年度废水排放与治理情况见表5-5-1。

表5-5-1　　华东电网火电厂典型年度废水排放与治理情况

项　目	1991年	1995年	2000年	2002年
火电厂座数（座）	44	51	58	60
用水总量（亿吨）	141.6	113.5	244.5	164.2
重复水用量（亿吨）	37.4	48.1	62.3	78.4
废水排放总量（万吨）	25055.8	24438.3	19205.1	14997.8
达标废水排放总量（万吨）	16065.3	16710.5	16939.8	14848.2
废水排放达标率（%）	64.1	68.4	88.2	99.0
冲灰渣水排放总量（万吨）	16302.1	18166.4	11382.5	8757.2
达标冲灰渣水排放量（万吨）	10040.5	10987.6	9119.1	8519.0
冲灰渣水排放达标率（%）	61.6	60.5	80.1	97.3
冲灰渣水回收量（万吨）	1389.1	3680.7	12863.6	14562.4
废水超标排污交费额（万元）	761.9	1011.0	405.6	7.7

由表5-5-1可见，随着火电厂座数不断增加，废水排放总量、冲灰渣水排放总量、废水超标排污交费额不断减少；重复水用量、废水排放达标率、冲灰渣水排放达标率、冲灰渣水回收量不断上升。火电厂水环境状况越来越好。

燃煤火电厂未经沉淀的灰水含有大量粉煤灰，直排江河湖海严重影响地区水环境。遵照国家及电力部的要求，经多年努力，1993年底，江苏谏壁电厂完成了灰水系统的技术改造，切断了向长江直接排灰水口；1995年，浙江温州电厂完成了灰水系统的技术改造，切断了向瓯江直接排灰水口，从此结束了华东电网火电厂向江河湖海直排灰水的历史。

1996年，国家提出工业企业污染物排放限期三年达标的要求，上级主管部门明确要求火电厂废水排放达标务期必成，华东电网进一步加快了火电厂废水综合治理。在重点推广冲灰渣水回收利用中，在应用冲灰水闭路循环、冲渣水脱水仓、浓浆输灰改成干出灰的同时，多家电厂提出实现废水“零”排放的目标。

华东电网完成的废水治理项目主要有：洛河等电厂灰水闭路循环设施投运；台州等电厂废水综合治理设施投运；淮北等电厂废水（包括生活废水）净化装置投运；田家庵等电厂炉烟处理冲灰水pH值设施投运；平圩、谏壁等电厂锅炉柠檬酸清洗废水焚烧试验；石洞口电厂曝气—化学氧气—凝聚法处理柠檬酸洗废液；望亭、外高桥、长兴、嘉兴等电厂完成废水“零”排放可行性研究报告的编制与审查等。

二、烟尘

烟尘是火电厂排放的主要大气污染物。烟气中烟尘的净化采用除尘装置和高烟囱排放，设置高效除尘装置，可显著降低烟尘排放浓度及总量；增加烟囱高度，可最大限度地利用烟气扩散能力，两者共用则可有效地促进局部地区大气环境质量的不断提高。

华东电网火电厂典型年度烟尘排放与治理情况见表5-5-2。

表5-5-2　　华东电网火电厂典型年度烟尘排放与治理情况

项　目	1991年	1995年	2000年	2002年
火电厂座数（座）	44	51	58	60
燃煤平均含灰量（%）	27.4	27.4	21.2	22.5
烟尘排放总量（万吨）	57.2	49.2	26.1	23.6
静电除尘器（套）	60	95	149	162
静电除尘平均除尘效率（%）	98.1	98.8	99.0	98.2
文丘里斜棒除尘器和水膜式除尘器（套）	46	72	44	36
文丘里斜棒除尘和水膜式除尘平均除尘效率（%）	93.9	91.6	95.0	94.8
多管式除尘器（套）	14	7	1	
多管式除尘平均除尘效率（%）	79.5	86.7	70.8	
旋风除尘器（套）	25	5	1	
旋风除尘平均除尘效率（%）	77.2	82.3	85.8	
其他除尘器（套）	2	4	3	3

续表

项　　目	1991 年	1995 年	2000 年	2002 年
其他除尘平均除尘效率（%）	93.0	95.19	93.8	93.8
无除尘锅炉（包括燃油锅炉不设除尘装置）（台）	37	8	9	5
烟尘超标排污交费额（万元）	539.1	499.2	145.8	20.0
烟囱总数（座）	108	98	114	120
高度 210 米及以上（座）	17	28	29	32
高度 150～210 米数（座）	21	21	32	37
高度 80～150 米数（座）	17	25	29	29
高度 80 米及以下数（座）	53	24	24	22

由表 5－5－2 可见，随着火电厂座数不断增加，烟尘排放总量、多管式与旋风式等低效除尘器、烟尘超标排污交费额不断减少；高效静电除尘器套数、静电除尘平均除尘效率不断上升，烟囱高度不断提高，火电厂大气烟尘环境状况明显改善。

1991 年前后，华东电管局组织三省一市电力工业局对全网 20 万千瓦及以上机组的镇海、石洞口、谏壁、望亭、徐州、新海、扬州和平圩等 8 家电厂的电除尘器进行普查，总体情况良好，但也存在不少问题，主要是电除尘器投用率低，原因主要有机械故障、电气故障、电除尘器积灰及振动设备卡死等。此后，全网火电厂大力推广应用静电除尘器，加速改造低效除尘器。新建、扩建和改造的大机组和位于城镇规划内的火电机组，均采用除尘效率 99%以上的多电场除尘器。

“八五”计划期间，杨树浦电厂 33 号炉试装布袋除尘器，后因种种原因被拆除，改回电除尘器。

1996 年，华东电网进一步加大火电厂除尘器本体或电源部分改造的力度，除将水膜除尘器改为静电除尘器外，对原有静电除尘器加强自动控制或改换新型阴极线、阳极板、改进振打装置以提高除尘效率。经过三年努力，华东电网火电厂烟尘排放达标得以实现。

华东电网完成的烟尘治理项目主要有：谏壁等电厂除尘器改造工程投运；洛河等电厂电除尘高压电源微机自动控制装置投运；吴泾等电厂高效浓缩机工程投运；杨树浦等电厂出灰（改为干出灰）改造工程投运；扬州等电厂炉底渣脱水仓装置投运；台州等电厂灰管防垢设施投运等。

三、二氧化硫

二氧化硫是火电厂排放的大气污染物，是大气污染重要污染因子。国务院《关于两控区酸雨和二氧化硫污染防治“十五”计划的批复》的颁发实施，使华东电网几乎所有的火电厂所在地均被划为酸雨控制区或二氧化硫控制区，实行排放标准、环境质量与总量控制三个同时，使华东电网火电厂二氧化硫排放面临严峻的考验。其间，烟气中二氧化硫的控制主要采用燃烧低硫煤并采用高烟囱排放。为此，华东电网严格控制火电厂来煤，不惜提高成本，损失利润，购买低硫煤，要求来煤含硫量小于 1%，特大城市、省会城市及“两控区”内电厂来煤要求含硫量控制在 0.7%以内，燃用低硫煤的对策使二氧化硫排放量下降，全网二氧化硫排放总量开始得到初步控制。同时，华东电网火电厂广泛开展脱硫可行性研究工作，并有半山、下关、钱清、扬州等4家发电厂取得实质性进展，建成投运或在建烟气脱硫或炉内脱硫装置；望亭、石洞口、利港、萧山、外高桥、北仑等电厂完成脱硫可行性研究报告的编制或审查；积极开展火电厂二氧化硫控制专题研究，以及国内外各种脱硫技术交流活动，制订切实可行的计划，不断推进工作进度，为2002年后火电厂脱硫项目的大规模实施打下坚实的基础。

华东电网火电厂典型年度二氧化硫排放与控制情况见表5-5-3。

表5-5-3 华东电网火电厂典型年度二氧化硫排放与控制情况

项 目	1991年	1995年	2000年	2002年
火电厂座数（座）	44	51	58	60
燃煤平均含硫量（%）	1.12	1.00	0.59	0.60
二氧化硫排放总量（万吨）	82.8	109.6	71.4	84.1
二氧化硫超标排放量（万吨）	3.65			
二氧化硫超标排放率（%）	4.41			
二氧化硫排污交费额（万元）		330.4	5473.0	10889.5

由表5-5-3可见，随着火电厂座数不断增加，燃煤平均含硫量不断下降；1995年度二氧化硫排放总量最高，2000年度、2002年度呈下降趋势；二氧化硫排污交费额逐年快速上升，数额巨大。火电厂大气二氧化硫环境状况开始得到初步改善。

四、灰渣

灰渣是燃煤火电厂产生的主要固体废弃物。随着科学技术的不断进步，国家对灰渣综合利用政策的不断调整，灰渣在公路建设、城市建设中得到了广泛利用，灰渣已经变废为宝，在华东电网不少电厂甚至因挖积存余灰而使灰渣综合利用率大于100%。灰渣综合利用，不仅可为社会提供大量的建材资源，而且还可延长火电厂灰场的使用年限。

华东电网火电厂典型年度灰渣及综合利用情况见表5-5-4。

表5-5-4 华东电网火电厂典型年度灰渣及综合利用情况 单位：万吨

项 目	1991年	1995年	2000年	2002年
火电厂座数（座）	44	51	58	60
灰渣产生总量	1244.7	1818.1	1682.7	1971.8
灰渣综合利用量	771.8	1233.6	1549.2	1871.5
其中：建工用灰	57.8	190.9	125.2	167.9
建材用灰	143.0	244.9	457.7	767.6
筑路用灰	138.4	604.1	628.3	605.3
回填用灰	129.4		67.1	218.4
填海造田用灰	282.7	244.0		
农业用灰	1.2	0.9	5.2	5.2
其他用灰	19.4	26.4	16.7	65.8
灰渣综合利用率（%）	62.0	60.7	92.1	94.9
灰渣缴费额（万元）	180.5	37.6	0	0

由表 5-5-4 可见，随着火电厂座数不断增加，灰渣产生总量、灰渣综合利用量、灰渣综合利用率不断增长，灰渣缴费额也不断下降。在灰渣利用量中，筑路用灰居高不下，建材用灰稳步上升，这一时期的火电厂灰渣综合利用量创下了历史新高。

华东电网完成的灰渣综合利用项目主要有：戚墅堰、南京热电、谏壁与望亭电厂共供湿灰约 600 万吨作为沪宁高速公路高路堤用灰，其中望亭电厂供灰约 90 万吨；望亭等电厂水泥粉煤灰砖、加气混凝土、粉煤灰砖密实砌块、粉煤灰黏土砖项目投运；镇海等电厂特种保温材料项目投运；常熟等电厂干灰超细灰分选装置投运；吴溼等电厂粉煤灰磨细装置投运；田家庵等电厂漂珠分选装置投运；淮北等电厂粉煤灰覆土项目投运；徐塘电厂纯灰种植植物的试验研究等。

五、噪声

火电厂的噪声声源有汽轮发电机、泵、风机等旋转机械，有锅炉、变压器、冷却塔等静止设备。噪声治理主要采用降噪减震等措施，以有效地控制各类噪声声源强。华东电网火电厂典型年度噪声影响与治理情况如表 5-5-5 所示。

表 5-5-5　华东电网火电厂典型年度噪声影响与治理情况

项　目	1991 年	1995 年	2000 年	2002 年
火电厂座数（座）	44	51	58	60
锅炉对空排汽消声器（个）	245	271	384	433
安全门排汽消声器（个）	100	214	554	555
超标电厂座数（座）	1	4	1	6
噪声超标交费额（万元）	5.3	22.9	0.4	30.1

由表 5-5-5 可见，随着火电厂座数不断增加，锅炉对空排汽消声器与安全门排汽消声器个数不断增多；超标电厂座数与噪声超标交费额的起伏是因为国家及地方有关噪声环境标准执法力度所致。火电厂噪声环境状况总体良好。

华东电网完成的噪声治理项目主要有：南市等电厂球磨机噪声治理装置投运；望亭等电厂汽轮机噪声治理装置投运；镇海等电厂燃机噪声治理装置投运；戚墅堰等电厂冷却塔噪声治理装置投运等。

第六章 技术监督及安全监察

技术监督是提高发供电设备健康水平，保证电网安全、优质、经济运行的重要手段。1991年后，为适应电网的快速发展，华东电网各专业技术监督工作贯彻“安全第一，预防为主”和超前防范的方针，执行依法监督、分级管理的原则。在电网建设、安装施工、生产运行、维护检修等各个领域持续、有序地进行监督。在制度建设、日常监管、事故分析、反事故技术措施的制订和贯彻执行、新检测技术的开发应用、人员培训等方面，做了大量工作。各类专业技术推向全过程、全方位的监督，为确保华东电网新建大型发电机组和超高压输变电工程的安全、经济运行，作出了贡献。

技术监督依托华东及三省一市电力试验研究院（所）作为技术后盾，不断促进新技术、新设备的推广应用，降低了发供电成本，提高了企业效益。

第一节 技术监督运作

20世纪70年代后期，华东电网的技术监督开始恢复。1994年，为加强技术监督的工作力度，华东电管局建立了以总工程师为组长的技术监督领导小组。1995年1月27日，行使华东电网技术监督的日常管理职能的华东电管局技术监督办公室在华东电力试验研究院成立，办公室主任由华东电力试验研究院总工程师担任。华东电力试验研究院依靠自身的技术、设备和人才等优势，承担起协调、组织、管理华东电网技术监督工作的重任。

1993年，上海市电力试验研究所成立（与华东电力试验研究院为“两块牌子、一套班子”），直接参与管理上海市电力局所属企业的技术监督工作。同年，华东电网三省一市电力局（公司）相继以省（市）电力局（公司）的生产管理部门、电力试验研究院（所）、调度部门为核心，组成省（市）电力局（公司）技术监督领导小组办公室。在省电力试验院（所）建立省电力局（公司）技术监督办公室，组织开展技术监督的日常管理工作。

1994年，考虑到华东电网已经进入超高电压、大机组和自动化的发展阶段，为了适应新设备、新技术的要求，华东电管局委托华东电力试验研究所组织三省电力试验研究所修订和补充1985年3月颁发的《华东电管局绝缘、电气仪表、化学、金属和热工仪表五项技术监督条例》，并于1994年8月颁布，9月1日起正式实施。1994年12月，电力部在成都召开全国电力系统技术监督工作会议，决定在原有的“五项监督”基础上，增加“节能、环境保护、继电保护、电能质量”四项监督，成为“九项监督”。从此，技术监督的范围由原来仅对发、供电设备的专项监督，扩展到对电网运行的安全性、经济性和质量进行全面监督。

1996年7月16日，电力部颁发《电力工业技术监督工作规定的通知》，明确电网是统一整体，所有并网的发供电设备、重要用电设备，都必须接受电网主管电力局技术监督归口管理。技术监督工作以质量为中心，以标准为依据，以计量为手段，建立质量、标准、计量三位一体的监督体系。同时明确了对电力建设和生产全过程实施技术监督，并规定了技术监督的范围及内容。

1997年6月，华东电管局颁发《华东电业管理局环保、节能、继保、电能质量技术监督条例》和实施细则。1998年11月，上海市电力局发布《上海市电力局九项技术监督实施细则（试行）》。江苏、浙江、安徽省电力局也相继颁发了相关的技术监督规定和实施细则。

2001年3月，国电华东公司颁发《华东电网技术监督管理条例补充规定》，进一步明确了生产部门应加强与技术监督部门之间的协作配合，强调技术监督工作要在进一步完善制度基础上，做到覆盖电力生产全过程。

2001年1月4日，上海市电力局被撤销。上海地区的技术监督工作按照上海市电力公司2000年8月生产例会上所述精神办理，即“在技术监督管理体制未完成改革前，仍按原方式进行。电试院作为技术监督管理部门要与生技、安监部门密切配合，积极开展技术监督的职责培训活动、合格上岗。”2001年3月27日，上海市电力公司发文明确：“随着电力体制改革的不断深入，原上海市电力局已撤销。为了实现政企分开，进一步加强公司的技术监督工作，经研究成立上海市电力公司技术监督办公室。办公室设在公司生产科技部，在技术监督领导小组领导下开展工作，归口管理上海电网的技术监督工作。”

根据《华东电业管理局九项技术监督条例》及实施细则的规定，华东电网的技术监督工作实行以华东电力试验研究院（所）代表华东电管局为一级，各省电试院（所）代表省电力局为一级，各发供电、基建、修造企业为一级的三级管理模式。各发供电企业负责监督本企业的全部设备状况；各省（市）电试院（所）负责指导和检查并监督省内5万千瓦及以上发电机组，及220千伏及以上全部输变电设备；华东电试院（所）应掌握和协助监督各省20万千瓦及以上火力发电机组、500千伏的全部输变电设备。

20世纪90年代中期，在新建电站和扩建电网工程中，技术监督工作受到普遍重视。技术监督工作从以往主要在电力生产运行和检修领域扩展至电力基建，形成从设计、修造、施工到生产运行各个环节的全方位、全过程技术监督。为此，各基层企业由总工程师分管技术监督工作，下设技术监督专职员，并组成由管理部门、车间到班组的三级技术监督网，全力做好各项技术监督工作。

《华东电业管理局技术监督条例》明确规定：技术监督是以可靠性为中心，以标准为依据，以状态评估为手段，督促和检查新设备的交接验收、运行设备的维护消缺；参加事故调查和制订反事故措施；组织专题研究、技术交流和技术培训；定期分析受监设备的监测数据并进行状态评估；建立和健全设备台账和技术档案。《华东电业管理局技术监督条例》还对技术监督报告制度和技术监督年会制度等作了规定，各专业技术监督每年应至少召开一次技术监督工作年会，总结检查上年度工作，安排下年度工作；各级监督管理部门要建立监管设备的台账，定期报送相关统计报表和技术监督工作总结；每年年度技术监督工作总结内容包括：所管辖设备的事故、障碍、异常概况；执行反事故技术措施和缺陷消除情况；相关规程、标准在实践执行中遇到的问题、解决办法和修改补充意见；采用新技术、新测试仪器的经验；技术培训开展情况；设备完好率、缺陷消除率等数据的统计报表等。

第二节　技术监督成效

随着华东电网的技术监督工作逐步深入电力建设、运行、维修、技术改造等各个领域，并与基层日常工作的指标考核与劳动竞赛相结合，有力地促进了华东电力工业的健康发展。

电力建设工程方面，1994 年，在外高桥电厂 1 号 30 万千瓦机组的建设过程中，首次根据《全过程技术监督管理细则》，组织实施化学等相关专业从设计、制造、施工到生产的全过程技术监督管理。随后，相继在望亭电厂 11 号 30 万千瓦机组、外高桥电厂后续 3 台 30 万千瓦机组、上海吴泾热电厂八期扩建工程 2 台 60 万千瓦机组等建设工程中贯彻执行，既促进了工程的顺利进展，又保证了机组高质量、高标准交付运行使用。外高桥电厂 1 号机组投产后连续 5 年未进行大修，设备的安全可靠性在国产引进型 30 万千瓦机组中名列前茅。全过程技术监督管理在华东电网各类基建和重大技术改造工程中普遍推广应用。

技术监督的检测分析提高了及时发现设备隐患和处理缺陷的能力，对提高运行设备的健康水平，确保电网安全运行作出了贡献。

1995 年以后，华东和江苏、浙江、安徽三省电力试验研究院（所）定期出版了《技术监督规程简报》、《技术监督专辑》等刊物，为现场和领导提供有价值的各类信息。

1998 年，华东电力集团公司技术监督办公室组织汇编各专业技术监督的规程、规定、文件，编辑出版了《电力工业技术监督规程汇编》，为各基层单位提供了技术监督管理的执法依据。

一、绝缘技术监督

1996 年，针对网内发生的多起变压器类事故，华东电力集团公司颁发了《现阶段对变压器类设备加强技术监督管理的要求》的通知，一方面督促各单位严格执行产品验收、周期校验和反措等试验工作；另一方面，积极开展 220 千伏及以上变压器现场局部放电试验，并对 110 千伏及以上变压器开展低电压短路阻抗和频响测试，使 1999 年主变压器事故降低至零。

20 世纪 90 年代开始，在每年春季开展的迎峰度夏例行性技术监督检查中，通过红外检测，都能及时发现因套管接头接触不良、隔离开关触头压力过小、互感器短接头松脱等造成的温度过热的隐形缺陷。

1996 年，针对华东 500 千伏线路发生大面积雾闪事故，积极开展绝缘子防污性能的选型研究，加强对各线路绝缘子的等值盐密测量，积极落实线路外绝缘调整爬距等工作。从 1997 年起，每年秋季大雾季节到来前，华东电力试验研究院向有关领导和部门提供《华东电网今冬明春污闪可能性预报》，供相关部门预谋对策和作事故预案时参考。

1994年4月，上海杨高变电站220千伏旁母隔离开关操作时，下节支持绝缘子断裂，引线落地，造成220千伏母线失电，形成浦东地区大面积停电。嗣后，网内又接连发生几起类似事故。技术监督人员现场调查分析了绝缘子的受力情况和瓷材料的性能，为制订反措提供了依据。

1994年，和金属技术监督共同对上海闸电燃机电厂2号发电机由于转子引线断裂引起发电机失磁保护动作停机事故进行分析，并对其他3台发电机提出了相应的检修维护措施，以避免类似事故再次发生。

二、电测仪表技术监督

电测仪表技术监督的一项重点工作是做好年度电气计量标准的逐级传递，建立标准源，提高传递精度，以提高电能计量的精度和可靠性，确保计量仪器装置准确可靠。1992年，华东电管局颁发了《华东电网电量变送器运行管理规定》，将电量变送器的检测管理与入网管理正式纳入监督范畴。嗣后，又陆续出台《华东电网电压互感器二次回路压降管理办法》、《华东电网电能量计费系统运行管理办法》、《上海电网关口电能计量管理办法》等规定。

1997年，华东电力试验研究院成功实施了500千伏电容式电压互感器的现场校验，保证了华东电网关口电能计量的准确性。

三、化学技术监督

（一）火电厂水汽质量监督

1993年，上海地区火电机组水汽品质合格率为96.8%，通过对大机组改进汽封自动控制及设备消缺等措施，使溶氧合格率达标；同时，加强了对代管电厂的监督管理，使一些老机组的水汽品质合格率逐步上升；1995年以后，上海地区火电厂的水汽平均合格率已达到98%以上，30万千瓦及以上机组始终保持大于99%。

1994～2001年，通过对外高桥电厂4台30万千瓦机组和吴泾第二电厂2台60万千瓦机组从基建到168小时试运行阶段的全程化学监督，严把基建安装、调试过程各节点的质量关，使这6台大机组投运后都取得了设备健康、运行稳定的良好成绩。

1999年3月，国家质量技术监督局发布国家标准《火力发电机组及蒸汽动力设备水汽质量》(GB/T 12145)。为贯彻执行国家标准，华东电力集团公司要求华东电网30万千瓦及以上机组采用化学在线仪表连续监控机组运行中的水汽品质，并制定本企业、本机组的控制期望值；采用在线采集数据、计算机显示的实时监控系统，及时准确地监督和控制水汽品质；及时按照GB/T12145控制发电机冷却水水质，水质达不到要求的应进行设备改进和调试；重视对在线检测仪表的维护，逐步完善校验比对制度；全面加强机组启动时水汽品质监督和机组停备用时的防腐保护等措施。在技术监督人员的协助下，各项措施取得了明显成效。石洞口电厂4台30万千瓦机组配套的UP型直流锅炉，投产初期四管爆漏事故频繁，受热面结垢量高，水冷壁管向火侧结垢速率最高时接近200克/(米^2·年)，锅炉经常需要酸洗，经过强化化学监督管理，结垢速率逐年降低，至2000年前后，4台30万千瓦机组锅炉水冷壁向火侧结垢速率降至约40克/(米^2·年)；外高桥发电厂4台30万千瓦机组，从基建时就做好有关监督管理，运行6年，锅炉水冷壁向火侧结垢160克/

(米^2·年)；华能石洞口二厂2台60万千瓦机组成功采用CWT给水处理技术，降低了机组运行压降，水冷壁管结垢速率保持20～30克/(米^2·年)。

（二）燃煤质量监督

针对上海地区火电厂普遍存在的燃煤采样和制样不规范，以及化验仪器设备的计量校验管理和规范配置方面的问题，1998年，上海市电力局发出《关于加强燃煤化学监督的通知》，对燃煤采样、制样、留样、化验、原始记录、分析仪器计量和校核、分析标准的更新等具体事项提出了规范化要求。

1999年，华东电管局颁发了《燃煤分析质量监督与考核办法》，并每年抽查煤样、进行校对和考核，使抽查校对合格率逐年提高。其中，热值和全硫2个项目的校对合格率，2001年比2000年分别提高12.06%和5.36%，2002年的合格率分别为96.88%和93.75%；煤样灰分、挥发分、热值、全硫4个项目的校对合格率，2001年比2000年提高12.06%～25.89%；2002年，这4个项目的校对合格率又有提高，分别为90.63%、96.88%、100%、96.88%，抽查和校对合格率均达到历年来最好水平。

燃煤的取样代表性也日益受到重视，截至2002年底，已有闵行、吴泾、石洞口3家电厂安装了入厂煤机械化采样装置，另有部分电厂安装了入炉煤机械化采样装置。

（三）电力用油（气）质量监督

1991年，上海地区部分电厂在汽轮机混油分析中，发现N32（N46）油的添加剂质量不稳定，出现了油泥、沉淀物及乳化现象，化学技术监督人员提出了必须经老化等专项试验合格后方能使用混油的建议。1994～1995年，上海电力局发布《上海市电力工业局电厂汽轮机油全过程监督管理的规定（试行）》、《上海市电力工业局电厂汽轮机调速系统用抗燃油管理规定》。

1996年，华东电力集团公司发布《华东电网汽轮机用油质量管理规定（试行）》，规定了新油验收的项目、要求和仪器配置，加强了新油的选择和验收；统一汽轮机油牌号的称谓，避免误购误用；强调30万千瓦及以上机组汽轮机油运行中的检验，重点进行新投运、大修及运行中油系统的颗粒污染监测及有关管理；明确了抗燃油新油、运行油的质量管理、维护规定以及汽轮机油管理考核办法。

1996～2000年，建立了抗燃油油质监督，开展常规项目检测；2000年，华东电力试验研究院基本建立了抗燃油所有检测项目的设施；从2001年开始，全面考核抗燃油油质合格率。

变压器油油质监控主要是色谱、微水和简化分析的测试。从1996年开始，上海市电力公司为供电局、电厂设立了气相色谱工作站，配备了华东电力试验研究院研发的变径活塞自动全脱气装置，以及具有检测数据判别和储存功能的气相色谱分析仪、标准气体等。经过培训，上海地区的供电局和主力电厂均能使用气相色谱法及时检测变压器油的溶解气体组分含量。华东电力试验研究院定期开展培训，与各基层工作站开展比对，控制检测质量。变压器油油质长期保持近100%合格，油耗小于1%。

六氟化硫质量监督主要是新气验收，检测运行中气体的水分、泄漏量，以及检修时监督处理等。1995年，在华东电力试验研究院成立电力工业部六氟化硫监督检测中心，配置了可为各基层单位提供验收新气质量、比对水分检测仪器、检测运行中水分等服务的仪器设备。

四、金属技术监督

（一）火电厂金属技术监督

1991 年，电力工业部华东电业管理局锅炉压力容器检验中心和上海市电力工业局锅炉压力容器检验中心相继成立。1991 年，检验中心历时 15 天完成对上海石洞口电厂 3 号 30 万千瓦机组的锅炉进行的示范性检验。该台锅炉曾在投运的 9 千余小时中，因设计、制造、安装过程中遗留不同程度的缺陷，引起爆管泄漏等非计划停炉达 34 次，最长连续运行仅 65 天。检验中，查出大小缺陷和隐患多达 92 处，该炉经检验后，连续投运增长到 123 天。

1996 年，安徽省电力局在国内首次颁布了《安徽省火电厂凝汽器铜管管理条例》。条例的贯彻，改变了凝汽器铜管频繁泄漏的状态。1997 年后，未再发生大面积凝汽器泄漏事件。该条例后被采纳作为华东电网的管理条例。此后，安徽省火电厂广泛开展了凝汽器管板涂胶、加装阴极保护等措施，取得了满意的效果。

1997 年，针对 30 万千瓦机组使用的 GH4145 螺栓在上海外高桥、浙江嘉兴、安徽马鞍山等电厂均发生断裂的情况。华东电力试验研究院做出了从螺栓材质、紧固工艺、光谱检验验收等环节加强技术监督、加强防范措施的提示。

1997 年，北京第一热电厂主蒸汽联络管和上海吴泾热电厂防腐管发生爆破后，华东电管局于 1998 年颁布了《高温、高压蒸汽管道上各种引出管的金属技术监督暂行规定》，在上海地区电厂和直属望亭电厂实施。

1999 年，上海杨树浦电厂 33 号炉发生高压加热器出水管爆管后，在该炉和 20 号机组大修检验中，查出主蒸汽管道焊口、三通、弯头、阀门壳体等存在较多数量的裂纹，隐患得到及时消除，防止了又一次可能发生的事故。针对该段时间受监设备事故较多和缺陷严重的特点，要求各厂加强对承压部件、特别是炉外管道及其附件的监督检查，并责成监督专责督促各单位严格执行现有规程，对存有隐患又接近使用年限的部件加紧予以更换。

2000 年，华东电力试验研究院编写了《1995～2000 年锅炉监察范围事故汇编》，对上海市各电厂高温、高压蒸汽管道历年来的监督检验情况和寿命评估进行详细的汇总。

（二）水电厂（站）金属技术监督

1997 年 5 月，华东电管局对 1989 年 12 月制订的《华东电业管理局水电厂金属监督范围和任务的暂行规定》修改补充后，颁发了《水电厂（站）金属技术监督条例（试行）》。2002 年再次对试行条例进行修订。

从 1999 年起，对富春江 3 号机进行水涡轮叶片补焊质量检验和转轮叶片裂纹原因分析；在新安江水电厂 7 号与 9 号机组增容改造中进行金属技术监督，对 9 号机组转轴进行质量检验与缺陷分析处理，对 1 号机组转轮裂纹检测与处理；对天荒坪抽水蓄能电站进行发电机转子磁级的监督检查、导叶压紧螺栓断裂原因分析、上迷宫间隙变化原因分析等。

2001 年，华东电力试验研究院编写的《1991～2001 年水电厂（站）事故、异常摘编》，为水电厂开展金属技术监督提供借鉴。

五、热工仪表及控制装置技术监督

1997 年，组织了华东苏浙皖闽鲁沪五省一市 30 万千瓦机组热工监督交流检查活动，分别对山东石横电厂、安徽马鞍山二电厂、江苏彭城电厂、上海外高桥电厂、浙江嘉兴电厂和福建嵩屿电厂进行了对口交流检查，有力地促进了大机组的安全稳定运行。

2002 年，根据国家电力公司《防止电力生产重大事故的 25 项重点要求》和《国家电力公司电站锅炉汽包水位测量系统配置、安装和使用若干规定（试行）》的通知要求，对华东地区超高压和亚临界锅炉汽包水位测量系统配置、安装和使用状况进行了调查，对发现的问题及时提出了整改建议，为防止发生电站锅炉汽包满、缺水事故起到了积极的作用。

从 1991 年起，华东电网 20 万千瓦及以上机组的热控自动、保护投入率等有关指标逐年有所提高，至 20 世纪 90 年代中期自动投入率已大于 85%，保护投入率大于 99%。为了保证电厂自动发电控制（AGC）能与调度自动化系统联网，安徽平圩电厂对 2 台 60 万千瓦机组的协调控制系统（CCS）主控系统进行技术改造，使该 CCS 系统投入率达 90%以上，确保了 2 台 60 万千瓦机组在 1997 年 9 月 1 日正式投运 AGC 时，负荷可调范围为 30～60 万千瓦。

2002 年，华东电力试验研究院统计了 1996 年后上海地区所有火电机组发生的保护动作情况，积累了大量的经验数据，为动作原因和影响因素的分析提供了有用的透析基点，并逐步形成了一整套正确防止和减少保护动作、提高保护动作准确率的方法和措施，使上海地区火电机组动作次数逐年下降，为确保机组及电网的安全稳定运行起到了应有的作用。

2002 年初，为配合热控技术监督人员的上岗培训，编写了近 50 万字的教材，介绍了量值传递的过程及要求、标准装置考核规范及电力系统有关计量管理的规定，并对华东及上海地区近年发生的典型热控保护动作及事故对策作了分析。

六、继电保护技术监督

1997 年，华东电力集团公司根据电力部《电力工业技术监督管理规定》文件精神，将继电保护纳入电力生产技术监督，同时制订了《继电保护及电网安全自动装置技术监督条例》，成立了继电保护技术监督机构体系，组建了继电保护技术监督网，明确了继电保护技术监督的工作内容和工作职责。条例强调技术监督主体在电力建设和生产过程中督促各单位、各部门严格执行国家、电力部和华东电管局颁发的继电保护专业规程、条例等技术规范，落实对继电保护设备（包括二次回路）的电网规划、工程设计、初步设计审查、入网设备选型、基建安装、调试验收、维护检修、运行整定和技术改造全过程的监督考核。各发电厂、供电局等基层单位通过建立设备台账，定期开展技术监督活动，逐级向上级调度机构上报技术监督月报。上级调度机构根据上报月报编制技术监督季报，分析总结全网继电保护技术监督情况，对继电保护设备进行动态跟踪监督和闭环管理。1998 年，华东电管局制订了华东电网《继电保护技术监督流程》及《继电保护技术监督工作和职责流程》。1999 年颁发了《华东电网继电保护技术监督全过程管理规定》，加强监督的动态管理，建立基层单位监督月报上报制度；要求按时、如实反映本单位实际工作情况和存在问题，对威胁电网安全运行的问题及时提出；月报由电试院统一收集整理后上报主管部门。

2001年末，华东电管局将变电站综合自动化的技术监督也纳入了工作范围，2002年的南桥"2·19"事故后，尝试对南桥站进行了跨年度的技术监督分析工作，撰写了《南桥500千伏直流输电系统2002年度运行、大修技术监督分析》、《南桥2·19事故后设备运行技术监督分析》、《南桥变电站设备运行技术监督分析之续篇》等二次部分报告，对南桥综合自动化系统中存在的问题提出了切实可行的整改意见。

七、电能质量技术监督

电能质量的主要指标是电压、频率、供电可靠性。华东电网各级调度部门围绕确保电能质量达标，进行了不懈努力。1993年，华东电管局总调度所修订的《华东电力调度规程》中，对频率和电压的管理作出了由华东总调统一布置和指挥电网调峰、调频、调压工作的规定。

各级调度部门在1996年开展的安全文明生产达标和1999年开展创建一流调度机构活动中，都把电网电压的合格率列为重要考核指标之一，根据分层分区管理原则认真配置无功设备，并大力开展了机组高力率及进相运行工作，挖掘潜力，增加系统调压能力，同时加强了无功电压考核力度，通过努力，主网电压合格率1993年以后均在99%以上。

1994年4月，华东电力集团公司颁发《华东电网省（市）际联络线功率、电量管理考核办法（试行）》，华东电网对省市实行与频率挂钩的联络线电量考核。1998年1月，华东电网利用北美电力可靠性协调委员会（NERC）的A1、A2评价标准，作为联络线的电力电量考核标准，1998年10月，该考核办法正式实施。省（市）实现ACE考核后，电网的频率质量比以前又有了明显的提高，省（市）联络线偏离计划的电量也明显减少。

2000年，华东管局颁发了《发电机进相运行及低励限制的管理规定》和《500千伏变电站自动无功控制系统（AVQC）的运行管理规定》。

系统谐波是电能质量监督的一个重要方面，针对电气化铁路和地铁等重要谐波源，1999年，组织华东电力试验研究院等单位开展了"京沪电气化铁路和地铁对上海电网影响"的研究，还对浦东变电站110千伏母线背景谐波进行了测试，为谐波治理积累了必要的技术数据。

八、环境保护技术监督

1997年6月25日，华东电管局颁发了《华东电业管理局环境保护技术监督条例》。嗣后，华东电力试验研究院对上海市电力工业局及华东电管局直属电厂进行废水普测。在废水普测中，生活污水、含油废水合格率为100%，化学废水平均合格率为91.67%；了解掌握环保设施的运行状况及"三废"排放情况，及时发现设备运行的安全隐患及污染物超标排放的问题，并进行整改；对闸电燃机电厂进行了空气质量调查测试和环保竣工验收测试。

由华东电力试验研究院对各厂的环境监测人员开展环境监测技术培训，通过理论讲授和试验操作，统一了 COD、六价铬、硬度、氨氮等项目的监测方法，交流了监测工作经验，在环保统计方面，实现了计算机网络管理，开发了环保数据管理系统。

1999 年，组织环保监督人员培训，介绍国内外电力环保发展状态、华东电力环保现状、火电厂排放脱硫国内外最新技术、电除尘器的结构和运行中常见的问题和故障等。

2000 年，举办环保统计研讨班，对《上海市电力系统环保监督考核评分细则》中环保统计报表的考核打分进行了细化，并对环保统计报表进行了数据统计分析，对程序中存在的问题提出了修改意见。

在 2001 年的环保监督会议上，华东电力试验研究院就国家环保总局制订的《火电厂污染排放标准》组织学习与讨论，介绍国内在化学废水处理工艺方面的情况，为电厂今后实施环保处理设施改造提供技术依据。此外，还就电除尘器清洗、如何加强监督以及清洗后的评价进行了讨论。

2002 年，华东电力试验研究院就电厂废水“零”排放技术，组织有关电厂进行了交流总结，促使有条件的电厂予以推广，为废水回收治理提供了新的途径。

对电磁污染源、电磁污染辐射测试等课题，着手收集国内外相关标准、添置测试仪器、开展调查研究等前期工作。在噪声的监控方面，加强对新变压器噪声验收，规定高于一定分贝值的变压器必须退货，从源头上予以控制。

九、节能技术监督

2001 年，国家电力公司颁发《火电厂节水、节油管理办法（试行）》和《国家电力公司电力网损耗管理规定》，随后，上海市电力公司也颁发了《上海市电力公司直属发供电单位节能技术监督考核奖励办法》、《上海市电力公司发电厂节约用水管理办法》、《上海市电力公司发电厂节约用油管理办法》，对电力行业开展节能工作提出了要求。

由华东电力试验研究院开发的“火电厂各类机组供电煤耗定额考核值及省煤节电奖计算方法”，促进了火电厂降耗节电工作的开展，该项目先后获华东电管局 1994 年科技进步一等奖和电力部 1995 年科技进步奖二等奖。嗣后开发的“火电机组优化运行管理系统”获得了国家专利，并在国内数十家火电厂 40 多台机组上推广应用，取得了显著的经济效益和社会效益。

华东与上海电力节能检测中心 1998 年成立后，指导、督促上海地区的所有发电厂编写每年的《上海市企业能源利用状况》报告；从 2001 年开始，对外高桥电厂 4 台 30 万千瓦机组、吴泾第二发电厂 2 台 60 万千瓦机组等进行检修前后的热耗性能测试，并跟踪监督相关经济指标。

供电线损率是电力企业的又一项综合性技术经济指标。1995 年和 1996 年，华东电力试验研究院先后开发出了 35 千伏及以上电网的线损理论计算和 10 千伏线路的线损理论计算程序，成功用于每年的线损理论计算。借助于两个线损计算程序，在上海电网每年的负荷实测汇总分析过程中，对上海主网和 110、35 千伏电网进行理论线损计算，并对 10 千伏典型线路进行理论线损计算。截至 2002 年，已连续进行了 7 年，受到国电公司的表彰。

第三节 压力容器安全监察

电力系统锅炉压力容器安全监察管理工作一直是在电力主管部门领导下自成体系、实行独立监察管理的。1993年，电力部成立了“电力部锅炉压力容器安全监察委员会”，随之，各网、省（市）电力局相继成立了各自的“锅炉压力容器安全监察委员会”，负责辖区电力锅炉的安全监察工作。华东电管局锅炉压力容器安全监察委员会由有关省（市）电力局、上海电力建设局、华东电力试验研究院等有关的专业人员组成，由华东电管局总工程师任主任。1998年电力部撤销后，锅炉安全监察工作由代表政府部门执法的劳动部门和技术监督部门掌管。

历年来，华东电业管理局锅炉压力容器安全监察委员会对新安江、富春江水电厂的有关压力容器和压力管道进行定期了解和检查，以确保其安全可靠运行。1991年成立了“电力工业华东电业管理局锅炉压力容器检验中心”。当年对上海石洞口电厂3号30万千瓦的锅炉作了示范性检验。2000年，委托华东电力试验研究院编写了《1995～2000年上海各厂锅炉监察范围事故汇编》，汇总了期间有关事故、检验工作和锅炉压力容器寿命评估情况。2001年，委托华东电力试验研究院编写了《1991～2001年水电厂事故及异常摘编》和《锅炉压力容器典型事故案例选编》，供有关人员参考，以防止同类事故重演，确保电网安全可靠运行。

第六篇　输　变　电

第六篇　输　变　电

1991～2002年，随着一批百万千瓦容量的大型发电厂的建成和区外送电华东工程的陆续投产，华东电网逐步形成了以交流500千伏系统为区域主网架、直流500千伏系统为区域电网间互联、220千伏系统为省、市电网的骨干输电网络的输变电格局。到2002年，三峡送电华东的±500千伏龙（泉）政（平）直流输电工程投入单极运行，进一步加强了华东与华中电网的联系；上海、江苏、浙江、安徽三省一市的220千伏电网也有较大发展。

按照500千伏输变电设施的产权归属，华东电网采用了不同的管理方式：各省（市）电力公司除管理自身设备外，还接受华东电管局（公司）委托，对坐落在该省（市）的华东电管局（公司）所属设备进行生产运行管理。常州政平直流换流站等产权属国家电力公司的设备，则由国家电力公司下属公司直接管理运行。按照分工原则，华东电管局（公司）进行统一调度和业务归口管理、指导。华东电网内各级输变电相关管理部门，推行全面质量管理。通过双达标和创建一流供电企业的活动，以技术监督和设备管理为中心环节，加强保养和维护，积极管好、用好输变电设备，确保电网安全经济运行。

第一章　输 变 电 设 施

截至2002年底，华东电网已运行总长7367千米的交流500千伏线路，拥有500千伏变电站27座（另有9座发电厂升压站及属国家电力公司的政平换流站），交流变电容量3260万千伏安。直流500千伏南桥、政平换流站分别接受葛洲坝、三峡电能，换流变电总容量304.6万千伏安。220千伏电网则拥有公用变电站334座，变电容量8241.6万千伏安，线路总长22947千米。

第一节　500千伏变电设施

一、500千伏变电站

华东电网内属发电厂管理的9座500千伏升压站的概况在第五篇《发电》中已有简述，其余28座500千伏变电站设备的运行和维护保养等管理工作，皆通过省、市电力局（公司）委托变电站所在地的供电局（公司）负责。

（一）上海市

截至2002年底，上海市境内拥有500千伏变电站5座，均由上海超高压输变电公司负责运行管理。

1. 黄渡变电站

黄渡变电站位于上海市嘉定区黄渡镇，占地面积11.54万米^2，是上海西北地区的重要枢纽变电站，也是上海电网接受外来电源及上海与外省市电量交换的重要关口。扩建的500千伏部分于1988年12月投运，是华东电网中首批投入运行的500千伏变电站之一，也是上海地区第一座500千伏变电站。500千伏主接线为一个半断路器接线方式，220千伏为双母线双分段带旁路接线方式。至2002年底，拥有500千伏进出线6条，每组为75万千伏安的500千伏变压器3组，220千伏出线11条，110千伏出线6条。

黄渡变电站3号主变压器为日本三菱公司1986年产品，500千伏/75万千伏安，单相壳式变压器。2000年夏季高峰后发现B、C相油中气体色谱分析出现乙炔，停电试验无法确定原因。2001年春节，进行局部放电试验，结果放电量超标。进箱检查认为：内部绕组存在不可恢复的绝缘损伤，无法继续投运。与制造厂洽谈后，决定返厂解体检修。

2. 南桥变电站

南桥变电站位于上海市奉贤县邬桥乡，距市中心约40千米。全站占地面积21.26万米^2，除500千伏交流变电站部分外，还建成有中国第一回500千伏高压直流输电工程的交直流换流站。南桥换流站安装直流换流变压器2台，每台容量67万千伏安，±500千伏双极可控硅换流阀组，采用12脉动换流阀，单极额定容量为60万千瓦，额定电流为1200安，单极阀组为悬挂式四重阀结构，空气绝缘，水冷式，总重约120吨。1990年8月，换流站直流双极投入运行。

1990年10月，南桥站500千伏交流部分投运。截至2002年，有500千伏进出线6条（至王店、杨高、泗泾各2条），构成与江、浙两省500千伏的重要通道；拥有500千伏主变压器2台，每台容量75万千伏安，总容量150万千伏安；220千伏系统有出线11条，接线方式是双母线带双旁路双母联双分段。

3. 杨高变电站

杨高变电站地处浦东新区北蔡镇，占地面积9.72万米^2，是华能上海石洞口第二发电厂的配套送出项目，是上海500千伏环网中浦东地区的一座大型枢杻变电站，于1992年4月竣工投运。杨高变电站500千伏采用一个半断路器接线，投运2个完整串。至2002年底，接有2组容量各为75万千伏安的主变压器及至南桥变电站2回500千伏进出线。220千伏采用为双母线双分段带旁路的接线方式，进出线共12回。

杨高变电站2号主变压器为法国阿尔斯通公司生产，500千伏/75万千伏安。2002年2月19日，因南桥P13控制系统事故波及，导致该主变压器内部损坏，后更换为保定天威变压器厂的产品。

4. 泗泾变电站

500千伏泗泾变电站位于上海市松江区泗泾镇，是上海西南部地区的重要枢纽站，占地面积9.16万米^2，2001年1月投入运行。该站500千伏侧采用一个半断路器接线方式，首期为5个串，其中2个为完整串。截至2002年底，已投运2组容量各为75万千伏安的主变压器和4回进出线（至黄渡、南桥各2条）。220千伏也采用一个半断路器接线，母线双分段，进出线12条。

5. 杨行变电站

杨行变电站位于上海市宝山区杨行镇境内，占地面积9.24万米^2，为吴泾电厂八期工程配套工程之一，2001年12月投运。500千伏侧采用1个半断路器接线，串内主变压器（或线路）回路不装设变压器（或线路）隔离开关，500千伏及220千伏母线采用立柱式管形母线，均为上海首次采用。站内安装1组500千伏容量为75万千伏安的主变压器，500千伏进出线共2条。220千伏也采用1个半断路器接线，共有12条220千伏进出线。

（二）江苏省

截至2002年底，江苏省境内拥有500千伏变电站已达13座，分别由南京、苏州、徐州等供电公司负责运行管理。

1. 任庄变电站

由徐州供电公司负责管理。任庄变电站是徐州至上海的500千伏输变电工程的首站，为徐州电厂的500千伏升压站，因电厂厂区狭小，围墙内无法布置而建于电厂外4千米处。站内主要电气设备采用国际公开招标和自由采购方式引进，于1987年12月投入运行，是华东电网中首批投入运行的500千伏变电站之一。500千伏侧采用一个半断路器接线，共有2组50万千伏安主变压器，500千伏进出线路3条，220千伏联络线2条。

2. 江都变电站

由扬州供电公司负责管理。江都变电站位于江苏省江都市北郊，占地11.87万米^2，是华东电网中连接徐州、山西阳城及扬州第二电厂等北部主要电源南送的一座重要枢纽变电站。江都变电站于1987年12月投运，是华东电网中首批投入运行的500千伏变电站之一。1999年为配合扬州第二电厂的建设进行了扩建。江都变电站主设备大多采用进口设备，500千伏侧采用一个半断路器接线。至2002年底，共安装500千伏主变压器2组，容量分别为50万千伏安和75万千伏安，共有500千伏进出线路6条。

3. 斗山变电站

由无锡供电公司负责管理。斗山变电站位于无锡市东北方向约16千米的锡北镇斗山西侧山麓，占地10.648万米^2。500千伏侧采用1个半断路器接线方式，1988年11月，第一组500千伏、50万千伏安主变压器（2号）投入运行；1992年，第二组500千伏、50万千伏安主变压器（1号）投入运行。至2002年底，共有5条500千伏进出线。220千伏为双母线单分段带旁路接线方式，有进出线路11条。

4. 上河变电站

由淮安供电公司负责管理。上河变电站地处淮安市楚州区上河镇境内，占地面积约8万米^2，处于500千伏网架中徐州电厂、山西阳城电厂等多电源的汇聚点，是“晋电南送”、华东电网“北电东送”和“核电南送”的重要通道。500千伏上河变电站于1999年12月投入运行，500千伏侧采用一个半断路器接线方式，220千伏采用双母线带旁路接线方式。截至2002年底，安装了500千伏、75万千伏安自耦变压器1组，500千伏进出线路共 7 条，220 千伏进出线路4 条。

5. 东善桥变电站

由南京供电公司负责管理。东善桥变电站位于南京江宁区境内，占地面积 9.27 万米^2。500 千伏部分是在 1993 年 5 月南京华能配套工程建成投运 220 千伏开关站的基础上扩建，于 1998 年 6 月建成投入运行，承担了南京地区 30%～40%的供电负荷，是华东 500 千伏网架安徽至上海通道的重要关口。

500 千伏主接线采用一个半断路器接线方式，为悬吊式管形母线布置。截至 2002 年底，装有 2 组 500 千伏、75 万千伏安主变压器，500 千伏进出线路 4 条。220 千伏侧采用双母线双分段双旁路的接线方式，通过 220 千伏 14 条进出线与 8 座变电站相连。

6. 武南变电站

由常州供电公司负责管理。武南变电站位于常州市武进区境内，占地面积 13.13 万米^2。是利港电厂二期工程送出配套项目之一，是华东电网的重要枢纽变电站。500 千伏侧采用一个半断路器接线方式，由两个完整串和一个半串、8 台断路器组成，选用软母线中型布置。安装 2 组 500 千伏、75 万千伏安主变压器，分别于 1998 年 6 月和 2002 年 1 月投入运行。500 千伏进出线共 9 条。220 千伏采用双母线双分段带旁路母线、选用支持式管形母线中型布置，进出线 9 回。

7. 三堡变电站

三堡开关站是山西阳城送电华东的配套项目，阳城发电厂送出电力经 3 条 246 千米的 500 千伏阳城—东明线路至 500 千伏东明开关站，再由 2 条 261 千米的 500 千伏东明—三堡线路接入华东 500 千伏电网。三堡开关站于 2000 年 1 月投运，500 千伏进出线共 5 条。2002 年 11 月加装 1 组 75 万千伏安变压器。后称三堡变电站。

8. 石牌变电站

由苏州供电公司负责管理。石牌变电站位于昆山市石牌镇联民村，是连接江苏和上海 500 千伏电网的重要枢纽变电站。500 千伏石牌变电站于 2001 年 3 月投运。500 千伏侧采用 1 个半断路器接线方式，为管形母线，安装 1 组 75 万千伏安的主变压器、500 千伏出线 6 条。220 千伏侧为双母双分段接线方式，采用支持式管形母线中型布置，有 6 回出线。

9. 车坊变电站

由苏州供电公司负责管理。车坊变电站位于苏州工业园区车坊镇李家村，于 2001 年 4 月投运。500 千伏侧采用 1 个半断路器接线方式，安装 1 组 3 台日本东芝公司生产的 500 千伏、33.3 千伏安的单相变压器，2 条连接石牌变电站的 500 千伏进出线路；220 千伏部分采用双母线单分段接线方式，采用支持式管形母线中型布置，有 12 回出线。

10. 盐都变电站

由盐城供电公司负责管理。盐都变电站位于盐都县郭猛镇境内，占地面积 9.34 万米^2，是华东江苏 500 千伏输变电工程之一，江苏电网北电南送的枢纽变电站，于 2002 年 8 月建成投运。500 千伏主接线为一个半断路器接线方式，220 千伏为双母线带旁路母线接线方式。站内安装 1 组日本东芝公司生产的 500 千伏、75 万千伏安的三相一体式有载调压自耦变压器。500 千伏进出线 2 条，分别连接上河和泰兴变电站。

11. 泰兴变电站

由泰州供电公司负责管理。泰兴变电站坐落于江苏省泰兴市河失镇，占地 9.33 万米^2，500 千伏侧采用一个半断路器接线方式，220 千伏为双母双分段双旁路接线方式。站内安装 1 组日本东芝公司生产的 500 千伏、75 万千伏安的三相一体式有载调压自耦变压器于 2002 年 9 月投运。500 千伏进出线 2 条，分别连接盐都和三官殿变电站。

12. 三官殿变电站

由南通供电公司负责管理。三官殿变电站位于通州市刘桥镇测震村，占地面积为 7.42 万米^2。500 千伏系统通过泰三线与泰州变电站连接，站内安装 1 组日本东芝公司生产的 500 千伏、75 万千伏安的三相一体式有载调压自耦变压器，500 千伏部分于 2002 年 10 月投运。220 千伏为双母线单分段带旁路接线方式，共有 12 条出线。

13. 政平换流站

政平换流站位于江苏省常州市东郊，属国家电力公司管辖。是±500 千伏龙政直流输电线路的终端，设计输送功率达 300 万千瓦，三峡电能由此输入华东电网。一期工程单极额定容量为 150 万千瓦，额定电流为 3000 安，于 2002 年 12 月 21 日建成投入运行。

（三）浙江省

截至 2002 年底，浙江省境内拥有 500 千伏变电站 7 座，分别由杭州、绍兴等电力局负责运行管理。

1. 瓶窑变电站

由杭州电力局负责管理。瓶窑变电站位于杭州市余杭区瓶窑镇南山村，距杭州市约 30 千米，占地面积 13.34 万米^2，是华东电网中首批投入运行的 500 千伏变电站之一，也是华东电网中联接江苏、安徽、上海三省市的重要枢纽站。1987 年 6 月首期工程建成投入运行，经过多期扩建工程，至 2002 年底，装有 1 组 500 千伏 50 万千伏安、2 组 75 万千伏安的主变压器；有 500 千伏进出线路 10 条，500 千伏侧采用一个半断路器接线方式。220 千伏进出线路 12 条。

2. 兰亭变电站

由绍兴电力局负责管理。兰亭变电站位于绍兴县兰亭镇木栅，距绍兴市西南 10 千米，占地面积 11.34 万米^2。500 千伏侧采用 1 个半断路器接线方式，第一组 500 千伏主变压器于 1992 年 12 月建成投运，至 2002 年底，共投运 3 组 500 千伏、75 万千伏安的主变压器；500 千伏进出线路 7 条。220 千伏为双母单分段带旁母分段的接线方式，出线 13 条。

3. 双龙变电站

由金华电业局负责管理。双龙变电站位于金华市婺城区苏孟乡，占地 9.6 万米^2，1997 年 12 月建成投运。随着 500 千伏福州—双龙一回、二回线的投运，成为华东电网连接福建省网的枢纽变电站。双龙变电站的 500 千伏构架是国内首次采用法兰连接的薄壁离心钢管混凝土结构。500 千伏侧采用一个半断路器接线方式。至 2002 年底，站内装有 2 组容量各为 75 万千伏安的主变压器，500 千伏进出线 3 条；220 千伏采用双母线双分段带旁路接线方式。

4. 乔司变电站

由杭州电力局负责管理。乔司变电站位于杭州市最东部的钱塘江围垦地，邻接海宁市开发区，占地面积为 8.18 万米^2，是秦山核电站电力送出的枢纽变电站之一。500 千伏侧采用一个半断路器接线方式，220 千伏侧采用双母双分段接线方式，于 2001 年 5 月投入运行。至 2002 年底，投运的 500 千伏主变压器共 2 组，总容量 175 万千伏安；500 千伏线路有 4 条，220 千伏进出线路 14 条。

5. 瓯海变电站

由温州电业局负责管理。瓯海变电站位于浙江省温州市瓯海区潘桥镇方岙村，占地 8.56 万米^2，2001 年 6 月建成投运。500 千伏侧采用一个半断路器接线方式，安装 1 组 500 千伏、75 万千伏安主变压器，500 千伏进出线 1 条；220 千伏采用双母线双分段双旁路接线方式。

6. 天一变电站

由宁波电业局负责管理。天一变电站位于浙江省鄞州区云龙镇，占地 8.26 万米^2。2002 年 3 月建成投运。500 千伏侧采用一个半断路器接线方式，安装 1 组 500 千伏、75 万千伏安主变压器；500 千伏出线 2 条；220 千伏采用双母线双分段接线方式，配电装置为管形母线，220 千伏进出线 7 条。

7. 王店变电站

由嘉兴电力局负责管理。王店变电站位于嘉兴市建设乡泾桥村，距嘉兴市区约 20 千米，占地约 8.84 万米^2。是秦山核电站二、三期建设工程的配套项目，2002 年 5 月投入运行。500 千伏侧采用一个半断路器接线方式，装有 1 组 75 万千伏安的主变压器，500 千伏出线 5 条；220 千伏侧采用双母双分段接线方式。

（四）安徽省

至 2002 年底，安徽省境内拥有 500 千伏变电站 3 座，分别由芜湖、合肥等供电公司负责运行管理。

1. 繁昌变电站

由芜湖供电公司负责管理。繁昌变电站位于繁昌县城西 3 千米处，占地 11.94 万米^2，是华东电网第一座投运的 500 千伏变电站。500 千伏侧采用 1 个半断路器接线方式，第一组 500 千伏主变压器于 1987 年 6 月投入运行，至 2002 年底，共投运 2 组 500 千伏主变压器，500 千伏进出线 5 条，220 千伏侧采用双母线分段带旁路接线方式。

2. 肥西变电站

由合肥供电公司负责管理。肥西变电站位于合肥市西南 20 千米的桃花源工业区内，占地 12 万米^2。1996 年 10 月，500 千伏首组 80 万千伏安变压器投入运行；2000 年 4 月，500 千伏第二组 80 万千伏安变压器投入运行。500 千伏主接线为一个半断路器接线方式，进出线共 4 条。220 千伏主接线为双母线单分段带旁路接线方式。

3. 颍州变电站

由阜阳供电公司负责管理。颍州变电站地处阜阳市颍泉区王后郢村，距市区约 20 千米。变电站占地面积 5.2 万米^2。2002 年 7 月，一期建成投入运行，500 千伏主接线为一个半断路器接线方式，拥有 500 千伏、75 万千伏安主变压器 1 组，500 千伏出线 1 条；

220 千伏进出线路共 6 条。

二、500 千伏变电设备

华东电网中绝大多数变压器选用技术工艺先进、制造能力强的厂商（如西门子、保定和东芝等变压器厂）的产品，总体运行情况良好。但洛河电厂 5 号联络变压器是沈阳变压器厂引进技术生产的第一代产品，由于质量、工艺等原因，曾多次返厂检修；三菱产 500 千伏主变压器因油质老化、油流带电等引起油色谱分析结果异常，有 2 组返厂检修；ALSTOM产 500 千伏变压器在 2002 年的南桥事故中，曾发生一相高压套管严重损坏、另一相内部严重击穿的故障。此外，基建安装阶段中，因局部放电试验结果不合格，导致三菱公司产的一组变压器及 EILN 公司产的一组变压器返厂检修。

2002 年底华东电网中各变电站（含发电厂升压站）的 500 千伏变压器情况见表 6-1-1。

表 6-1-1　2002 年底华东电网中各变电站的 500 千伏主变压器情况

地区	变电站（升压站）	序号	容量（万千伏安）	制造商	制造年份	投运时间
上海市	黄渡	3[1]	3×25	常州东芝	2001	2001-05
		4	3×25	日本三菱	1997	1997-06
		5	3×25	瑞典 ABB	2000	2000-12
	南桥	1[2]	3×25	常州东芝	2002	2002-12
		2	3×25	德国 TU	1986	1988-05
	杨高	1	3×25	日本日立	1990	1992-04
		2[3]	3×25	保定天威	2002	2002-06
	泗泾	1	3×25	日本东芝	2000	2001-01
		3	3×25	保定	2001	2001-05
	杨行	3	3×25	奥地利依林	2001	2001-12
	（石洞口二厂）	1	1×69	ABB	1990	1992-01
		2	1×69	ABB		1992-12
	（石洞口电厂）	1 联变	3×25	日本富士	1988	1990-04
江苏省	斗山	1	3×16.7	日本日立	1989	1992-01
		2	3×16.7	日本东芝	1987	1988-11
	江都	1	3×16.7	日本东芝	1986	1987-12
		2	1×75	日本三菱	1998	1999-05
	（任庄）	1	3×16.7	日本东芝	1986	1987-12
		2	3×16.7	日本东芝	1986	1987-12
	东善桥	1	3×25	日本三菱	1997	1998-06
		2	3×25	常州东芝	2001	2001-06
	武南	3	3×25	东芝	1997	1998-06
		4	3×25	常州东芝	2001	2002-01
	上河	1	1×75	日本三菱	1998	1999-12
	石牌	1	1×75	日本东芝	2001	2001-03
	车坊	2	3×33.3	日本三菱	2001	2001-04
	盐都	1	1×75	日本东芝	2001	2002-08
	泰兴	1	1×75	日本东芝	2001	2002-09
	三官殿	1	1×75	日本东芝	2001	2002-10
	（扬州二厂）	1	1×75	日本三菱	1997	1998-08
		2	1×75	日本三菱	1997	1998-08

续表

地区	变电站（升压站）	序号	容量（万千伏安）	制造商	制造年份	投运时间
浙江省	瓶窑	1	3×16.7	日本日立	1987	1987-06
		2	3×25	保定	1992	1992-06
		3	3×25	日本东芝	1997	1998-12
	兰亭	1	3×25	日本富士	1992	1992-12
		2	3×25	日本三菱	1996	2000-07
		3	3×25	日本东芝	1997	1998-06
	乔司	1	3×25	保定	2000	2001-05
		2	3×33.4	常州东芝	2002	2002-11
	瓯海	2	3×25	日本东芝	2001	2001-06
	双龙	1	3×25	日本东芝	2001	2001-05
		2	3×25	日本东芝	1997	1997-12
	天一	3	3×25	日本东芝	2001	2002-03
	王店	1	3×25	日本东芝	2001	2002-05
	（北仑电厂）	1	1×75.5	日本东芝	1989	1991-03
		2	1×68	GEC阿尔斯通		1994-04
		3	1×75	日本东芝	1999	1999-12
		4	1×75	日本东芝	1999	2000-03
		5	1×75	日本东芝	2000	2000-07
	（天荒坪抽水蓄能）	1	1×36	常州东芝	2001	2001-05
		2	1×36	英国皮博	1996	1998-01
		3	1×36	英国皮博	1996	2000-02
		4	1×36	英国皮博	1996	1999-07
		5	1×36	英国皮博	1996	1999-11
		6	1×36	常州东芝	2000	2000-11
	（秦山二厂）	1	3×25	保定天威	2001	2001-11
	（秦山三厂）	1	3×27.7	英国阿尔斯通	2002	2002-06
安徽省	繁昌	1	3×16.7	德国TU	1986	1987-06
		2	3×25	日本三菱	1998	1999-12
	肥西	3	3×26.7	乌克兰	1995	1996-10
		4	3×26.7	乌克兰	1998	2000-04
	颍州	1	3×25	保定天威	2002	2002-07
	（平圩电厂）	1	3×24	日本日立	1986	1988-10
		2	3×24	保定	1991	1992-12
	（洛河电厂）	3	1×36	保定	1997	1998-09
		4	1×36	保定	1997	1999-02
		5号联变	3×25	沈阳	1986	1987-06
上海南桥500千伏换流站		极1	3×22.4	德国TU	1986	1989-09
		极2	3×22.4	德国TU	1986	1990-08
常州政平500千伏换流站		单极	6×28.37			2002-12

注 ①黄渡3号主变压器由三菱生产，于1988年12月投运，2001年5月因发生故障被更换。

②南桥1号主变压器由三菱生产，于1990年12月投运，2002年12月因绝缘件爬电被更换。

③扬高2号主变压器由法国阿尔斯通生产，于1992年4月投运，2002年2月因发生故障损坏被更换。

2002 年底华东电网中使用的 500 千伏断路器的制造厂、型号、数量及投运时间汇总情况见表6－1－2。大量使用的进口 500 千伏开关设备（包括西门子公司生产的 3AS 型断路器和 ABB 公司的 ELFSP 系列等断路器及隔离开关）总体运行情况良好。在历次电网事故中，尤其是雾闪事故中，断路器均能在短时间内连续多次正确跳闸或重合闸，有效地制止了事故的扩大。但早期 500 千伏 BBC 公司 ELFSL 断路器所配置的气动操动机构的故障率较高。此外，南桥变电站扩建和新建肥西变电站工程中采用的国产引进技术生产的断路器，以及 20 世纪 90 年代中后期投运的国产 500 千伏隔离开关，由于制造工艺等质量问题突出，故障率较高。

表 6－1－2　2002 年底华东电网中使用的 500 千伏断路器汇总情况

地区	站名	型　号	制造厂	台数	投运时间	站名	型　号	制造厂	台数	投运时间
上海	黄渡	ELF SL 7－4 ELF SP 7－21 FX22 GSL－500R2	BBC ABB ALSTOM 东芝	10 1 2 1	1988－09 1997－06 1998－07 2000－12	南桥	ELF SL 7－4 LW12 SFMT－50B OFPTB－500	BBC 沈高 三菱 日立	2 5 5 1	1992－03 1994－07 1988－05 1990－12
	杨高	ELF SL 7－4	BBC	6	1992－04	泗泾	3AT2EI	SIEMENS	11	2001－01
	杨行	500－SFM－63B	三菱	7	2000－11					
江苏	任庄	ELF SL 7－4 FX22D	BBC ALSTOM	6 2	1987－12 2002－07	斗山	ELF SL 7－4 FX22 3AT2EI	BBC ALSTOM SIEMENS	10 2 1	1988－11 1998－08 2001－02
	东善桥	3AT2EI 3AT3EI	SIEMENS	9 2	1998－06 2002－07	江都	ELF SL 7－4 3AT2EI	BBC SIEMENS	5 8	1987－12 1998－06
	武南	ELF SP 7－2 3AT2EI 3AT3EI	ABB SIEMENS SIEMENS	8 6 5	1998－06 2001－01 2001－01	上河	FX22 3AT2EI 3AT3EI	ALSTOM SIEMENS SIEMENS	3 8 2	1999－12
	石牌	3AT2EI	SIEMENS	11	2001－03	车坊	3AT2EI	SIEMENS	5	2001－04
	盐都	3AT2EI 3AT3EI	SIEMENS	2 3	2002－08	泰兴	3AT2EI 3AT3EI	SIEMENS	3 4	2002－09
	三官殿	3AT2/3	SIEMENS	2	2002－08	三堡	FX22	ALSTOM	8	2000－01
	东明	FX22	ALSTOM	8	2000－02					
浙江	瓶窑	3AS5 ELF SL 7－4 ELF SP 7－2 LW12	SIEMENS BBC ABB 沈高	4 2 7 1	1987－06 1987－06 1994－12 2001－04	兰亭	ELF SL 7－4 ELF SP 7－2 3AT2EI	BBC ABB SIEMENS	3 6 7	1992 1992 1997
	王店	FX22	ALSTOM	14	2002－04	天一	3AT2/3	SIEMENS		
	双龙	3AT2/3	SIEMENS	10	1997－10	乔司	3AT2	SIEMENS	9	2001－05
	瓯海	3AT2/3	SIEMENS	4	2001－12					
安徽	繁昌	3AS5 3AT2EI	SIEMENS	9 2	1987－06 2002－05	肥西	LW13	西安高压开关厂	10	1996－10
	颍州	HPL550B2	ABB	2	2002－07					

第二节　500 千伏输电线

华东电网37座500千伏变电站之间的线路既有单回路、双回路、还有三回路，形成了辐射状和环状相结合的紧密联系的网络。通过枢纽变电站将电能分送至各地区220千伏电网。

截至2002年底，华东电网500千伏输电线路汇总及各线路所属地区、长度、投运年月见表6-1-3。

表6-1-3　　2002年底华东电网500千伏交流输电线路情况

所属地区	线路名称	长度（千米）	投运时间	线路名称	长度（千米）	投运时间
省（市）际	繁昌—瓶窑5901	202.2	1987-06	王店—南桥5912	85.0	2002-05
	王店—南桥5902	85.0	2002-06	石牌—黄渡5913	38.8	1998-07
	石牌—黄渡5903	37.8	1988-12	繁昌—东善桥5914	115.5	2002-05
	繁昌—东善桥5904	117.5	1992-08	瓶窑—武南5915	150.0	2002-05
	瓶窑—武南5905	145.0	1996-03	福州—双龙Ⅰ	348.0	2001-12
上海市境内	黄渡—泗泾5101	22.8	1988-09	南桥—杨高5106	43.9	1994-12
	石洞口——厂5102	1.2	1992-06	黄渡—泗泾5108	22.8	1994-06
	石洞口—杨行5103	14.3	1990-03	泗泾—南桥5111	25.7	1988-09
	石洞口—黄渡5104	33.6	1991-12	杨行—黄渡5113	39.8	1990-03
	南桥—杨高5105	43.9	1992-04	泗泾—南桥5118	25.7	1994-06
江苏省境内	江都—斗山5202	128.7	1988-11	泰兴—三官殿5257	65.0	2002-10
	扬州—江都5203	38.4	1998-08	东善桥—武南5263	133.3	1992-08
	扬州—江都5204	38.4	1998-08	东善桥—武南5264	144.7	2002-07
	三堡—任庄5231	37.5	2000-01	斗山—武南5265	44.8	1992-08
	三堡—上河5233	200.0	2000-01	斗山—武南5266	43.0	2001-01
	三堡—上河5234	200.0	2000-01	斗山—石牌5267	54.3	1988-12
	任庄—上河5237	223.8	1988-01	斗山—石牌5268	56.6	1998-06
	任庄—上河5238	223.8	2002	政平—武南5273	6.2	2002-09
	上河—盐都5239	82.8	2002-08	政平—武南5274	6.2	2002-09
	上河—江都5241	117.0	1988-01	石牌—车坊5277	35.0	2001-04
	上河—江都5242	113.3	1999-12	石牌—车坊5278	35.02	2001-04
	盐都—泰兴5255	177.4	2002-09	江都—武南5291	116.9	1998-08
浙江省境内	北仑—兰亭5401	134.3	1991-07	秦山—乔司5414	60.0	2001-12
	兰亭—瓶窑5402	97.5	1991-04	秦山—王店5415	40.0	2002-06
	北仑—兰亭5403	133.8	1993-12	秦山—王店5416	40.0	2002-06
	兰亭—瓶窑5404	95.7	1994-12	秦山厂际联络线5421	3.0	2002
	天荒坪—瓶窑5405	37.36	1998-05	秦山厂际联络线5422	3.0	2002
	天荒坪—瓶窑5406	37.36	1998-05	瓶窑—王店5431	85.0	2002-06
	兰亭—双龙5407	139.0	1997-10	瓶窑—王店5432	85.0	2002-05
	兰亭—双龙5408	139.0	1999-07	乔司—王店5433	42.0	2002-06
	北仑—天一5409	40.0	2002-03	天一—兰亭5455	115.0	2002-03
	瓶窑—乔司5411	52.1	2001-05	双龙—瓯海5463	173.2	2001-06
	秦山—乔司5413	60.0	2001-12			

续表

所属地区	线路名称	长度（千米）	投运时间	线路名称	长度（千米）	投运时间
安徽省境内	洛河—肥西 5301	109.5	1987-06	肥西—繁昌 5304	129.8	1987-06
	平圩—肥西 5302	121.2	1988-12	肥西—繁昌 5305	129.8	1988-12
	洛河—平圩 5303	19.7	1988-12	洛河—颍州 5306	127.0	2002-07

截至2002年底，华东电网有2条500千伏直流输电线路与华中电网连接。一条是1989年8月投运的葛洲坝（宜昌）—南桥（上海）500千伏直流输电线，全长1045.65千米，其中华东段为566.4千米。另一条是2002年12月投运的龙泉（三峡）—政平（常州）500千伏直流输电线路，全长860千米，其中华东段为468千米。另外，还有“专厂、专线、专供”的山西阳城—江苏淮阴500千伏交流输电线路，全长733千米（回路长度1706.7千米）。

第三节　220千伏电网

20世纪90年代初，由于500千伏网架比较薄弱，与220千伏线路实行电磁环网运行，当500千伏线路故障后，容易引起系统失稳。1993年11月，华东电力集团公司与省市电力公司研究决定，积极创造条件分期分批解开跨省市的220千伏联络线，实现220千伏电网省市分区运行，并作出具体安排。1994年1月，江苏与上海之间的石洞口—新泾2259线实施开断运行；1997年7月，江苏与浙江之间的宜兴—常州2246线和三井—长兴2247线、江苏与上海之间的葑门—黄渡2244线实施开断运行；1997年9月，上海与浙江之间的瓦山—石化2217线和黄渡—南湖（后改为青浦—南湖）2218线实施开断运行；1998年12月，江苏与安徽之间的赵山—纵楼2260线、龙山—采石2261线和滁州—六合2262线实施开断运行。至此，省、市之间220千伏联络线全部解开，打开了省市之间的500/220千伏电磁环网，省市之间完全以500千伏线路相联，接线清晰，易于分层分区管理。

随着500千伏网架的不断增强，省市电网内部220千伏电磁环网所带来的送电能力不足和稳定问题也开始显现，特别是短路容量大的地处长江三角洲地区的上海、苏南和浙北电网。为此，1995年上海220千伏电网分成南、北2区；2000年，江苏电网内部常州、无锡220千伏电网分区运行；2001年，上海220千伏电网分成杨行、泗泾、黄渡、南桥—杨高4片运行；2002年8月，浙江电网实施宁波、绍兴电网分区运行。

第二章 运 行 与 检 修

随着500千伏电网的不断发展，对设备加强运行管理，实施严格的缺陷管理制度；运行管理提出了新的更严格的要求。华东电管局为提升变压器等主设备的可靠性，遵循电力生产规律，完善各项规章制度；加强设备管理，实行从设备订货、监造、安装、运行到维修的全过程管理。认真落实输电线路防污闪的各项措施，提高电网抵御恶劣气候和环境的能力。上述举措，对确保华东电网输变电设备的可靠运行起到了重要作用。

第一节 变 电 运 行

变电设备具有种类多、分布广、技术复杂等特点。华东电网各供电运行部门加强岗位培训，严格执行巡视等运行规章制度，开展变电站运行竞赛，以确保变电设备在各种环境条件下的安全运行。

一、运行管理

在华东500千伏电网运行管理中，华东电管局以加强设备缺陷管理作为设备管理的中心环节和重要手段，就缺陷的发现、报告、分类评定、消缺处理及降级、验收与确认等设备缺陷的全过程闭环管理作出了具体规定，严格执行及时消除缺陷的原则。依据缺陷的危害程度分成危急、严重、一般三类，规定相应的消缺处理时间，分别为不超过24小时、一周和三个月。每台设备的缺陷记录均纳入设备台账，并实行月度统计、上报制度。

华东电管局（公司）、省（市）电力局（公司）和各供电公司在生产管理部门设立缺陷管理专责人员，对设备的缺陷进行分级管理。华东电管局负责500千伏设备危急和严重缺陷的管理工作，指导督促、检查、考核各省市电力公司的设备缺陷管理工作。省（市）电力公司负责所属220千伏及以上设备危急和严重缺陷的管理工作，组织、指导督促、检查、考核各供电公司的设备缺陷管理工作。各供电公司内部实行公司（局）、部门、班组三级负责制，负责公司所属设备中危急和严重缺陷的评定与审核，安排工作计划、定期开展考核工作，跟踪缺陷处理结果。各运行班组作为设备主人，对及时发现的设备缺陷做好记录、分类和填报，并进行缺陷跟踪和加强监视、缺陷处理及注销工作。各检修班组对设备在检修中发现的缺陷，做好记录、分类、填报；结合设备检修消除缺陷，并配合运行人员完成验收工作。

2002年4月，华东电力试验研究院开发的“华东电网500千伏输变电设备管理系统”投入使用，为实现设备的缺陷查询、跟踪、考核等进行智能化管理创造了条件。

二、交流500千伏变电设备运行

（一）500千伏变压器

1993年后，华东电网发生多起500千伏和220千伏变压器的事故。如洛河电厂500

千伏5号联络变压器事故。该变压器1987年6月投入运行。1993年1月正常运行时，A相变压器突然起火烧坏。检查原因为高压绕组对铁心放电。沈阳变压器厂认为是引进技术失败，乃重新引进日立技术，改为饼式绕组结构。修复后于1995年重新投运，1997年又发现绝缘油总烃超标异常，疑为内部过热，内检未发现明显故障点，乃将每相单台变压器的容量由25万千伏安减至20万千伏安，继续运行。

1998年，全网共发生12台次变压器损坏事故，总容量达107.6万千伏安，还发生了1台互感器爆炸事故，同比于1997年有明显增长趋势，设备的总体状况不容乐观。为此，在1999年12月召开的变压器类设备专业会议，提出要加强新造变压器的监造验收工作。

2000年7月，国电华东公司制订《国产大型变压器及其附件制造质量监造大纲（试行)》，规定了国产变压器的监造依据、监造方式、监造内容、监造报告等具体要求。规定自2000年8月起，500千伏变压器应按照大纲执行，220千伏、7.5万千伏安以上容量的变压器也应尽可能按此执行。但变压器事故仍然发生，如天荒坪抽水蓄能电站1号主变压器事故。该变压器为500千伏/36万千伏安，三相共体式，英国Peebles公司生产，1998年6月投运。2000年7月5日，该变压器在空载情况下因故障烧毁，箱体严重变形。解体检查发现A相高压绕组从高压引线下的线饼处烧穿一个大洞，高压绕组严重烧损，低压绕组受挤压造成严重机械损伤。分析认为故障部位处于全纠与半纠过渡区，电场相对集中，当有杂质或气泡进入，将因局部放电导致匝间短路，最终发展到变压器烧毁。而在该变压器及其他同类变压器的冷却系统解体检查中，曾发现管壁有大量金属焊渣，暴露了制造工艺存在的严重问题。再如北仑电厂1号联络变压器事故。该变压器为法国施耐德公司1989年生产的产品，500千伏、50万千伏安，三相共体壳式。2001年2月10日，变压器在正常运行中突然起火爆炸，并造成1、3、5号发电机相继跳闸。经检查，该变压器箱体严重损坏，大部分套管炸裂，高压绕组受电动力作用，致几根导线断股。初步分析系高压绕组对铁心击穿，导致对地短路。此外还有黄渡变电站3号主变压器事故和杨高变电站2号主变压器事故。2001～2002年，曾有4组500千伏变压器在基建验收试验中，因局部放电试验不合格或套管渗漏等导致延误投运。

国电华东公司组织江苏省电力试验研究院等单位研究解决变压器从订货到安装投运以及维护检修全过程的相关技术问题，在总结华东电网多年运行经验的基础上，2001年12月编订了《华东电网500千伏电压等级变压器全过程管理技术规范》，在变压器管理领域创造性地提出了对变压器的全过程管理。内容包括：对变压器从采购初期的选型、选厂、合同谈判，到设计、监造、验收，从变压器投产前的安装、调试，到运行维护、检修以及报废各阶段都提出了前瞻性的技术要求。首次提出将原标准规定的放电量容许上限从500皮库提升到100皮库，以从严控制变压器的绝缘性能，这项革新已被全国的行业标准采纳。采购招标中，要求制造商采用半硬自黏性换位导线制作内绕组，以确保变压器有足够的抗短路能力；制造商应优化带负荷调压开关的布置，以提高三相共体的大型变压器的绝缘裕度。现场安装过程中，要求严格控制真空处理过程中的真空度，以确保绝缘材质干燥；应按工厂试验标准的要求，进行变压器现场局部放电试验，以综合检验变压器在生产、运输和安装过程中是否遭受损伤。

其间，华东电管局（公司）组织华东电力试验研究院对华东电网内新建工程中的500千伏变压器以及上海所有220千伏变电站和电厂的主变压器进行了现场感应局部放电试验。其中，1998～1999年天荒坪抽水蓄能电站的现场试验中，发现3、6号主变压器局部放电试验数值异常超标，外方在对同型式的1号主变压器事故解体分析后，同意返厂修理，并作出赔偿。2000年，在杨行变电站3台单相500千伏变压器现场感应局部放电试验中，发现1台局部放电试验异常，最终由外方免费返厂修理。

华东电管局（公司）组织推广应用变压器油中气体色谱分析、红外成像技术、变压器绕组变形检测等监测工作，积累了大量测试数据和经验，成为华东电网变压器状态检测的有效手段。2000年后，更致力于探索、研究变压器在线监测技术；2001年采购了一批电容性设备绝缘在线监测仪和油中气体全组分色谱分析仪进行试点。

2001年，变压器类设备专业网作为绝缘监督网的一个组成部分，参与筹建“华东电网绝缘监督计算机管理系统”，以提升变压器专业的管理水平。

（二）500千伏高压电抗器

华东电网共有5组525千伏、15万千乏单相油浸自冷式有隙铁芯型高压并联电抗器，其中性点经500～600欧姆油浸式空芯小电抗接地。5组高压电抗器中，2组为瑞典ASEA公司产品，1987年6月投运；2组为德国BBC公司产品，分别于1987年12月、1988年11月投运；1组系意大利ABB TRASFO公司产品，1993年3月投运。

自1993年8月～2002年底，共发生6相次高压电抗器事故（或异常），尤以意大利ABB公司产品的故障率最高，共发生3次绝缘损坏事故和1次内部局部放电异常。

（1）瑞典ASEA公司XMZ46型电抗器共6台（相），阻抗值1856欧姆。投运后仅发生一次故障：1996年11月，电抗器因噪声异常进行停电检测，低电压阻抗值升高到2675欧姆。制造商返厂修理中，吊心检查发现故障相电抗器第2、5、8饼铁心各有一处环氧绑扎带断裂，使外层硅钢片镶块带脱落，卡在铁心饼的间隙中，造成铁心饼之间短路所致。更换铁心和绕组修复后，于1997年底恢复投运，运行情况良好。其他5相高压电抗器，在14年中，运行情况良好。

（2）德国BBC公司TOLA-55-150型电抗器7台（含1台备用相），阻抗值1837欧姆。该型电抗器投运14年中，仅有1台在投运3年后发生过一次油中溶解气体色谱异常的缺陷，乃更换备用相。退出运行的电抗器在长期停役过程中，出现了油箱渗漏现象。

（3）意大利ABBRMO型电抗器，阻抗值1780欧姆。该型电抗器投运不到半年，即发生绕组匝间短路烧毁事故，3年相继发生3相次类似事故。3台故障电抗器返厂解体检查均发现故障部位在上部绕组高压引线侧第1至第4饼绕组处，有多匝导线烧断，形成一个或多个大的熔洞。分析事故原因是电抗器穿心螺栓压紧力不够，加上绕组端部场强和匝间电位梯度过大，在电抗器运行振动的作用下，端部绕组绝缘因过热和磨损形成局部放电，使纸绝缘损伤，最终导致绕组匝间短路。

第一台故障相电抗器由制造厂重新修复后投运，第二、第三次故障后，制造厂均赔偿新的电抗器交付使用。第一台新电抗器投运不到一个月就发现油中气体色谱分析出现乙炔，并逐步上升。返厂检查发现与高压套管相连的均压环上靠绕组侧有一明显炭黑痕迹，分析原因可能是由于电抗器运行中的振动使均压环 6 个固定螺栓中有 3 个松动，导致套管与均压环连接点接触不良，形成悬浮电位，在高场强作用下局部放电所致。该组电抗器修复后，由于系统条件变化，为避免线路非全相运行时可能发生的谐振，该组电抗器一直处于备用状态。

（三）500 千伏断路器

运行中断路器出现的异常，主要集中在操动机构、本体和二次回路三部分，而操动机构的故障占全部故障的 70%左右。进口设备中以 BBC 公司生产的 ELF SL 7－4 型断路器操动机构采用的气动机构故障最严重，由于使用了无油润滑的空气压缩机，导致运行中压缩机和操动机构本身的缺陷不断。在 BBC 公司改组成 ABB 公司后，该产品已停产。20 世纪 90 年代末，备品短缺已严重影响安全运行，后不得不采用由上海华通开关厂生产的零部件，组织上海超高压输变电公司和华通开关厂合作的方式自行检修。2000 年 3 月～2002 年底，完成华东全网该型号 48 台 500 千伏断路器和 104 台 220 千伏断路器轮番检修，使该型断路器的故障率从最高的 77 次/（百台·年）下降到 2001 年的不足 10 次/（百台·年），达到了预期的目标。此外，发电厂升压站中使用的由 ABB、MG 和东芝公司生产的全封闭组合电器（GIS），运行中曾发生过电压互感器内部放电、液压机构渗漏等现象。

国产断路器的运行状况并不理想。沈阳高压开关厂的 LW－12 型断路器也是由于操动机构问题，被迫停用重合闸，经一年中的多次改进完善，才恢复应用。西安高压开关厂的 LW13 型断路器情况较好，1996 年投运后仅出现过两次故障（机构和灭弧室屏蔽罩放电各一次）。

（四）500 千伏互感器

（1）电容式电压互感器。随着运行时间的增长，500 千伏电容式电压互感器内部电容元件击穿损坏日益增多，导致二次电压异常，仅 2000 年 6 月～2001 年 4 月，华东电网相继发生 7 次早期引进的 500 千伏电容式电压互感器损坏事故。其中，繁昌、洛河、瓶窑等变电站发生了 5 起瑞典 ASEA 公司生产的 500 千伏电容式电压互感器内部电容元件击穿的故障；黄渡、斗山等变电站发生了 2 起加拿大 TE 公司生产的 500 千伏电容式电压互感器内部电容元件严重击穿和漏油的故障。

（2）电流互感器。2000 年 6 月，任庄和黄渡变电站各有 1 台沈阳变压器厂互感器分厂 1993 年生产、1994 年投入运行的 LB2－500 型 500 千伏电流互感器在运行中发生匝间短路烧毁。对其中 1 台的解体分析，认为系制造厂当时对进油渠道管理混乱，存在不当混油，致油纸绝缘异常。

（五）500 千伏避雷器

1998 年 7 月 22 日，繁昌变电站繁昌—东善桥 5904 线 A 相避雷器（瑞典 ASEA 公司产 XAP－444 型）在运行过程中发生爆炸，繁昌供电局应用远红外测温技术，陆续发现同一类型同一时期生产的避雷器都不同程度地存在缺陷，制造商称该时期生产的产品内部阀片电阻元件外缘所用的绝缘涂料为有机材料，后已淘汰，改用无机绝缘涂料。2000 年 1 月将繁昌变电站的同类型避雷器全部更换。

1999 年，瑞士 BBC 公司 1985 年生产的 MWM 型 500 千伏避雷器在江都、斗山、黄渡等 500 千伏变电站运行中损坏，分析原因为顶盖压板裂缝，导致水汽侵入，使内部阀片元件受潮闪络击穿。事后，对华东电网内同类产品进行了检查，更换了不合格的产品。

（六）其他设备

500 千伏变电站中用作补偿过剩无功的低压电抗器，主要分油浸式和干式两类。华东电网中的油浸式低压电抗器运行情况良好。而 35 千伏电压等级的干式并联电抗器则多次发生运行中突然烧毁事故，1993 年后，已发生 8 起烧毁事故。究其原因，干式电抗器户外运行的环境条件较差，受日晒雨淋和紫外线照射，一般经 5～8 年绝缘层表面即开裂，由局部放电过热发展致烧毁。嗣后，采取了搭建遮阳防雨顶棚措施，改善了运行环境条件；同时，检修中，紧贴绕组的导线表面加包了 2 层杜邦公司生产的耐 180℃高温抗老化的绝缘材料，改进后效果明显。

三、500 千伏南桥直流换流站运行

南桥换流站自 1998 年完善化和直流输电系统全容量考核试验后，一、二次设备都作过一些整改。直流输电系统事故停运率明显下降，直流输送功率从 30 万千瓦逐年递增至 2000 年 8～10 月连续输送功率在 54 万千瓦以上，最高达 78 万千瓦。

（一）换流变压器

1997 年 12 月，极 1B 相换流变压器（德国 TU 公司生产）在自动调节分接头过程中烧毁，原因是分接开关未设置限位装置，直角转换齿轮松动，导致转换时越限错位，造成内部击穿并波及变压器本体。事后，改由备用变压器投入运行。

（二）换流阀

1991 年曾发生 5 次换流阀故障导致的系统停运，嗣后，未再发生换流阀的重大缺陷。投运至 2000 年底，两极换流阀共损坏可控硅元件 19 个。运行中，因水冷控制系统运行极不稳定，导致的紧急停运故障每年都有发生，1998 年曾对水冷控制系统进行完善化改造，但效果不佳。

（三）直流接地极

南桥换流站直流接地极原采用直径 30 毫米、长 640 米的低碳钢棒平敷海边的地下 0.6 米×0.6 米×640 米的焦炭床中，1990～1991 年曾 2 次发生烧毁的故障。被迫更换直径加粗至 50 毫米低碳钢棒，重建后于 1992 年 5 月投运。1994 年、1998 年、2000 年 3 次现场开挖检查，发现接地钢棒腐蚀极为严重，实测腐蚀速率为 7 千克/（安·年），远大于设计的 1.18 千克/（安·年），腐蚀点最小截面仅为原来的 25%。1994 年由华东电力试验研究院、浙江大学和电力部武汉高压研究院共同开展“直流输电接地极技术研究”。通过接地极模型试验和电流场计算，对直流输电接地极的腐蚀机理、不同材料的腐蚀特性、接地极的热稳定性、接地极的形状等进行了系统的研究和分析，找出了接地极烧毁的原因，提出了建设长效接地极的可行方案，该研究项目曾获电力部 1996 年科技进步奖三等奖。2001 年，改用高硅铸铁作接地极材料、采用新布置方式并进行在线监测电流分布后，运行效果良好。

（四）换流站户外设备外绝缘

1990 年 8 月，南桥换流站极 1 阀厅直流 500 千伏穿墙套管曾发生 2 次雨中闪络故障，于 1991 年上半年完成对直流 500 千伏穿墙套管、直流互感器、耦合电容器等设备外绝缘表面涂刷 RTV 防污闪涂料。据评估 RTV 的寿命约为 8～9 年，2000 年底再次复涂。1996～1997 年对平波电抗器的支柱绝缘子、直流互感器和耦合电容器等设备外绝缘加装硅橡胶增爬裙。

（五）部分设备的国产化改造

南桥换流站内部分引进设备、元件（例如，直流母线避雷器、线路避雷器、直流耦合电容器、并联电容器、直流滤波电容器等），运行日久暴露出制造质量等因素造成的缺陷，危及安全运行。对此，组织国内制造商积极提供相应产品替代，取得了满意的效果。

四、500 千伏变电站运行竞赛

为加强变电站的运行管理和提高运行水平，华东电力联合公司和中国水利电力工会华东工作委员会组织开展了以电网安全、质量和可靠性为主题的华东电网 500 千伏变电站运行竞赛活动，在国内大区电网中属首创，获得上级主管部门的肯定。竞赛活动初期每年进行一次总结评优，后延为每两年一次。这种创新的管理方法，有利于集中华东电网变电运行管理人员的智慧，共同发现与解决 500 千伏变电站管理的新问题，并达到共同提高的目的。竞赛活动的持续开展，促进了各地 500 千伏变电站的运行安全和管理水平的提高。

1996 年，繁昌变电站清产核资现场调查时，发现一 500 千伏支柱绝缘子中间连接法兰的 4 支连接螺栓已有 3 支断裂，经及时处理，消除了隐患。1999 年 6 月 15 日，徐州任庄变电站值班人员在巡视设备时，发现 500 千伏 1 号联变 C 相变压器套管开裂漏油的重大设备缺陷，当时大雨刚过，雨水和油混合后难以分辨，值班人员正确判断，及时处理，避免了一起重大设备事故。这一事例也为相关单位在竞赛中增分添彩，华东电力集团公司为此特别嘉奖了任庄变电站和该值班员。

五、220 千伏集控站

进入 20 世纪 90 年代中期后，随着电网自动化水平的不断提高，变电站的值班方式发生了根本性的变化，逐步转向无人值班或少人值守。华东电网无人（或少人）值守的变电站开始出现。以 220 千伏变电站为例，1999 年 7 月 23 日，上海超高压输变电公司所属 220 千伏西郊集控站建成投入运行，该集控站最终设计将集控上海北部地区 9 个 220 千伏受控站，截至 2002 年底，已对辖有的 220 千伏恒丰、华山、古北等三座受控站集控运行。地处上海市西南的 220 千伏春申集控站也于 2002 年 11 月完成了部分设备自动化改造，2002 年 12 月底被集控的金都受控站投运。

1997 年 11 月，浙江省首座 220 千伏综合自动化变电站——绍兴东渡变电站投运。2002 年 11 月，220 千伏嘉兴集控站投入运行，负责 220 千伏嘉善、秀水、禾城三座变电站的运行维护工作。

第二节　线　路　运　行

作为线路运行管理单位和部门的各供电局（公司）坚持每月对线路定期巡视，并根据季节特点，相应增加线路特巡和夜巡，在高温用电高峰期间，组织对导线连接点进行远红外线测温，及时消除发热隐患，保证了安全运行。推行全面质量管理和线路运行标准化管理，制订和完善线路运行分析、缺陷管理和技术资料管理制度，进一步提高了线路运行管理工作水平。同时，还继续贯彻专业运行人员和群众义务护线相结合的方针，发动群众义务护线。

一、交流500千伏线路运行

（一）500千伏线路反事故、保安全工作

（1）防污闪。其间，华东电管局（公司）组织力量，开展500千伏电网防污闪的调查研究，取得了多项成果，提出并实施了多项技术措施，使电网的防污闪能力有了显著提高。

（2）防雷。雷击跳闸是华东电网500千伏线路跳闸的主要原因之一，由于雷击跳闸的重合成功率在95%以上，对电网的危害相对较小。1996年，华东电管局组织实施的包括江苏、安徽、浙江、上海三省一市在内的华东电网雷电定位系统按期建成；2002年，浙江的雷电定位系统进行通信方式的改造后，实现了华东、苏、浙、皖的探测站间信号互享和雷电信息的网络化服务。雷电定位系统的建立为调度部门提供了准实时的雷电信息，为雷雨天气下的线路运行和雷击跳闸提供了分析判断的依据。

（3）防台风（大风）。台风及飑线（局部异常且方向突变的大风）造成线路风偏跳线对塔身放电或倒塔事故，居500千伏线路跳闸原因的第三位，且跳闸后重合成功率较低，对电网影响较大。1998年8月22日，500千伏江都—武南一线因飑线导致杆塔倒塔3基，与1989年8月3日同一地段发生倒塔4基的情况如出一辙，究其原因与设计方意大利SAE公司所选用的塔材构件强度裕度偏小有关。事后，对该型拉线塔采取了补强措施。

（4）防外力破坏。野蛮施工等外力造成的线路跳闸居线路跳闸原因的第四位。城市建设中，施工方缺乏对施工的监督管理，层层转包、分包作业，更助长了只顾进度、不顾电力线路安全，导致外力破坏事故屡禁不止。对此，各线路运行部门一方面加强对《中华人民共和国电力法》、《电力设施保护条例》和《电力设施保护条例实施细则》等保护电力设施法规的宣传力度，并采取在作业场地设置宣传警告牌、增加现场特巡、与线路保护区内业主签订《现场施工安全协议》等措施；另一方面，积极争取公安部门的协助，例如，江苏省公安厅派员进驻江苏省电力公司开展反破坏和防盗窃电力设施的专项治理工作，取得了实效。

（二）500千伏大跨越维修

（1）安徽芜湖长江大跨越段。投运初期，出现过防振锤夹头松动引起位移和阻尼线线夹松动导致花边长度发生变化。

(2) 江苏镇江长江大跨越段。为意大利 SAE 公司设计。运行数年后，对因土质及雨水冲刷后出现山体局部滑坡进行过加固改造。1996 年，对跨越档导线多处在间隔棒部位出现的断、散股等缺陷，采取预绞丝补强方案紧急消缺处理，并敦促国外原设计公司予以核算。1997 年 3 月，外方确认间隔棒线夹握着力结构可承受风振作用，但应调整间隔棒次档距，每相导线间隔棒从原来 29 个增加到 33 个，并同意承担增加间隔棒的费用。1998 年 4 月和 8 月分别完成了 2 个回路跨越档间隔棒的更换。

(三) 新技术推广应用

(1) 1997 年，华东电力集团公司在国内首次引进了欧洲 Ceram 公司产的 300 支长棒型瓷绝缘子，并于 1998 年底在无锡地区投入试运行，运行经验表明该型绝缘子伞型具有良好的防污性能。

(2) 1998 年 5 月～2002 年底，500 千伏架空地线采用复合光缆地线（OPGW）的线路总长已近 2000 千米，华东电力集团公司并为此专门制定了相应的运行管理暂行规定，明确各专业的分工和职责。

(3) 1995 年，华东电力集团公司组织专业人员对线路倒塔事故的应急抢修开展研究，经过一年多的努力，完成了由华东电力设计院负责设计、有关运行检修单位参加的轻型抢修塔的开发，9 基可快速搭建的轻型抢修塔已分别存放在南京、宁波和合肥备用。

(4) 20 世纪 90 年代后期，浙江和江苏省电力局试行直升机巡线工作，曾租借通用航空公司飞机，分别在繁昌—东善桥 5904 线南京段和宁波电力局管辖的几条线路上进行过巡线试点。

二、直流 500 千伏线路运行

直流线路的总体运行情况较好。1996 年 9 月，曾对葛南 500 千伏直流输电线路吉阳长江大跨越段南跨越塔的塔基护坡进行加固整治，使其安然度过 1998 年长江百年一遇的大洪水。2002 年 12 月，全面更换了该大跨越段的导、地线防振锤、阻尼线夹，并对发现的部分地线断股用修补条进行了加固处理。

1998 年，在国家电力公司统一部署下，进行了为期 12 天的葛南直流输电系统大功率试验，完成了交直流系统谐波测试、交直流一次设备红外测温、接地极测试、直流线路检测和设备外绝缘观察、运行操作常规数据测试记录等五项考核测试，是年 9 月 26 日顺利通过葛南直流输电额定容量考核工作。

2001 年 7 月，国电华东公司编制完成并经国电公司批复同意的华东段葛南直流线路外绝缘的调整爬距实施方案，按照华东电网 2000 年版的污区分布图，采用通过采购招标的国产合成绝缘子，对未达到规定爬距的外绝缘进行调整，并于当年 11 月停电检修时完成。

2002 年 12 月 21 日，三峡龙泉至常州政平的±500 千伏龙政直流输电一期工程建成，投入单极运行。

三、巡线制度的执行

线路运行部门严格执行《架空送电线路运行规程》和《电业安全工作规程》等电力行业标准的规定，坚持“安全第一，预防为主”的工作方针，认真搞好线路的巡视、检修及反事故工作。

线路运行部门均建立和健全了岗位责任制，切实做到每条线路都有专人负责巡视维护。

对于重污区、多雷区、重冰区、洪水冲刷区、不良地质区等特殊区段和大跨越线路，线路运行部门都能根据具体情况及时加强巡视和检修，并做好反事故准备工作。

第三节　设　备　检　修

华东电网输变电设备的检修按照“应修必修，修必修好”的方针，安排预防性周期检修，通过计划上报、审核、平衡、审批、下达等流程，确定最终的输变电设备检修安排。在检修过程中，根据编制的相应设备检修标准，规范作业，并将消除设备重大隐患列为重点。随着电力企业体制改革的深化，检修队伍逐步走向市场，为检修工作专业化和提高检修质量创造了条件。同时，华东电网以创新技术为导向，规范带电作业、防污闪等工作，进一步提高了华东电网的整体检修水平。

一、计划检修

华东电网 500 千伏输变电设施的检修计划编制和执行以三省基层供电公司和上海超高压输变电公司为主。输变电设施计划检修的时间安排，尽量做到与发电厂的大机组检修同步；变电设备与线路同步；技术改造和特殊项目的检修与年度检修计划同步；一、二次设备的检修同步；具备带电作业条件时，也可以带电作业方式进行。由省（市）电力公司协调所辖供电公司间的检修配合，由华东电管局（公司）协调省际联络线的检修配合。

年度的检修项目由基层供电公司编制后，上报省（市）电力公司和华东电管局。经由每年召开的三省一市电力公司总工程师工作会议协调、平衡，最终由华东电管局批准下达。年度计划下达后，检修单位以此为依据，编制季度、月度计划，并做好检修前期准备。届时由检修单位提出停电申请，调度部门作出安排。各供电公司在保证检修质量的同时，严格控制检修工期，确因特殊情况难以按期完成时，除按调度的审批手续办理外，还必须说明原因并书面上报华东电管局。列入年度的检修计划，检修时间原则上不做调整。

500 千伏变电设备除对少数有故障、缺陷的变电设备进行解体检修外，质量较好的进口设备通常只是进行一些维护工作。线路检修大量的工作集中在调整外绝缘、更换绝缘子上。随着运行维护和检修经验的积累，不少专业参照制造厂提供的资料和现场经验制定出了检修规定和办法。到 2002 年底，输电线路、继电保护、通信、自动化等专业已形成了一套制度，对设备检修的内容、周期和具体项目均有具体规定。对变电一次设备尚无统一的检修标准，仅在设备绝缘预防性试验方面提出过要求，由各单位根据所管辖设备的具体情况，编制相应的检修要求。

其间，曾对出现重大隐患或事故的变电设备进行过重点检修，例如洛河电厂 500 千伏 5 号联络变压器、繁昌变电站 500 千伏 1、2 号高压电抗器（瑞典 ASEA 和意大利 ABB 产品）、相关变电站内的低压干式电抗器（加拿大 TRENCH 和奥地利 SPEZIELEKTRA 产品），以及对早期引进的瑞士BBC公司500千伏ELFSL系列断路器安排了集中检修，处理空气压缩机和操动结构的缺陷。通过检修，使设备完好率达到98%以上，以确保这些主设备的安全可靠运行。

二、检修体制改革

随着电力检修队伍走向市场，以往的检修体制被逐步打破，从原来所属基层分离出来的从事检修业务的公司与设备所属单位的关系变成了甲乙方的合同关系。各基层单位检修人员编制基本未变，大约为线路在40～80人之间，变电在60～140人之间。

各检修队伍通常还承接了不少新建工程和改造项目，以充分挖掘潜力。各大型供电公司和上海超高压输变电公司，因管辖设备众多，承担的检修任务繁重，除主要设备的检修自己干外，有部分检修项目需发交外包，对此，以加强检修项目管理来保证工作质量。后期则是按国家电力公司的要求，结合设备安全性评价安排检修，同时编制了有关作业指导书，予以具体落实。

检修体制市场化后，检修队伍的灵活性增加了，如对早期进口的瑞士500千伏ELF SL系列断路器检修，上海超高压输变电公司检修队伍所具有的优势就体现出来了，检修对象不仅限于上海地区，还覆盖了三省电力公司所属设备，通过签订合同形式予以落实。检修市场化后也出现了一些新问题，如履行承包合同与本单位执行年度停电检修计划的安排有矛盾时如何协调等。经过实践，认为有必要制定全网统一的500千伏输变电设施检修项目、周期和费用标准，以规范常规检修工作的实施。

三、带电作业

华东地区带电作业始于20世纪50年代末，由线路带电作业发展到高压户外设备外绝缘的带电水冲洗。1978年至20世纪90年代末的一段时间内，华东地区（沪、苏、浙、皖、鲁、赣、闽六省一市）带电作业技术情报协作网每年召开年会，交流经验，并组织对有关技术项目进行攻关，推动了带电作业的技术进步和发展。到90年代末，华东电网所属地市级供电局大多已在设备维修中实施带电作业，为日后500千伏电网开展带电作业奠定了基础。其中，上海超高压输变电公司、江苏徐州、扬州、常州、无锡供电局（公司），浙江杭州、嘉兴、宁波电力（业）局（公司），安徽合肥、淮南、芜湖、安庆供电局（公司）等单位在开展超高压输变电设备的带电作业工器具研制和相关实施技术的探索方面，都有各自不同的特色。

带电作业的重点是线路，项目包括：带电更换直线、直线转角、耐张串绝缘子；修补导、地线；处理连接金具等。为此，研究开发了不少工器具，例如，走线飞车、用于双串绝缘子的托瓶架和带液压动力的工具等。还研究了不同的进入电场的方法，例如，软梯垂直进入、硬梯水平旋转进入等。常州和扬州供电局还与武汉高压研究所共同进行了第二代500千伏线路塔头进入电场方法的研究。为提高带电作业技术水平和交流经验，1991年底，江苏省电力局在扬州组织了现场交流会，徐州、淮阴、扬州、常州、无锡供电局分别进行了演示；1995年年中，安徽省电力局在淮南组织了由合肥、淮南、芜湖、安庆供电局参加的带电作业现场交流会。

其间，比较突出的作业项目有：无锡供电局带电移升交流500千伏直线塔；安庆供电局在直流500千伏线路上的带电作业。1990年6月，以安庆供电局为主的安徽省电力局“±500千伏线路带电作业生产科研专题攻关小组”成立，1991年2月26日，安庆供电局在安徽东至县境内葛南±500千伏线路的1491号塔处，按武汉高压研究所对±500千伏线路带电作业间隙放电特性的试验研究成果，采用交流500千伏常规进入运行线路的等电位作业方式，成功地完成了运行电压下导线间隔棒更换等检修任务，实现了国内±500千伏线路带电作业“零的突破”。1994年4月和7月，安庆供电局又在葛南±500千伏线路的1493号直线塔和1482号耐张塔上顺利完成了直线整串绝缘子和耐张整串绝缘子的更换工作。

第四节 防污闪工作

1990年5月，华东电管局防污闪工作领导小组成立。嗣后，立即着手制订污秽等级划分的各项规定，安排和落实线路外绝缘调整爬距工作（简称调爬）。到1992年底，华东电网耗资近3000万元，共更换220～500千伏线路绝缘子50余万片。1993年，华东电力集团公司正式颁发根据《华东电网划分污秽等级的暂行规定》制订的第一版华东电网污区分布图，在国内率先提出以“爬电比距”直接表示污秽等级。此法直观、简洁、实用，具有华东电网特色。

1996年底，华东电网再度发生大范围污闪事故，相继有12条线路跳闸。为此，华东电力集团公司从组织研究污闪的深层原因着手，科学划分污秽等级，按所在地区的实际情况，落实调整爬距的措施。到1998年底，耗资近4000万元，调换绝缘子70余万片，使线路防污闪能力进一步提高。此外，在探求污闪机理和科研开发方面，都有所创新。华东电网的防污闪工作在国内大区电网中处于领先地位。

一、污闪事故

在500千伏电网运行初期，由于设计选用的外绝缘裕度不足，致抗污闪能力较低。1989年1月6日、7日，在日趋严重的污染环境下，由于恶劣的气象条件引发了华东电网10条·次500千伏线路污闪跳闸的严重事故。

1991～2002年，华东电网500千伏线路污闪事故次数是：1991年12月3次，1992年11月、12月各1次，1994年1月1次、4月2次，1996年12月27～31日连续发生12次，1997年3月2次、10月1次，1999年11月23日～2000年1月1日4次，2002年1月15日3次。

1996年底，华东电网大范围污闪的外因是，地区持续64天未雨，绝缘子表面长期积污。同年12月25日起雾，大雾持续的时间很长，同年同月27日9时08分，繁昌—斗山线B相首先发生污闪跳闸，至12月31日7时35分，石洞口—黄渡线最后一次污闪跳闸，共造成华东电网11条500千伏线路、24条220千伏线路百余次跳闸，其中还发生了多起因零值瓷绝缘子炸裂引发的导线落地事故，造成安徽500千伏系统一度与华东电网解列。这次污闪的持续时间和跳闸次数均远远超过1989年，由于继电保护和断路器均能正确动作，且电网结构已有所加强，加上抢修恢复送电及时，造成的损失被限制到最小。

事后，华东电力集团公司再次组织力量，分析研究其深层原因：

对形成污闪事故的外部气象条件估计不足。华东地区处于中国东南沿海，冬春两季是暖湿气流活跃期，极易成雾。据气象部门统计，上海地区大雾的活动周期为8～15年不等，这次距1989年初的大雾间隔将近8年，符合大雾周期规律。运行经验表明，雾中表示含水量的水气压力大于0.9千帕时，雾中的含水量足以使绝缘子表面污秽物充分湿润，导致绝缘下降，因此，应把这一指标视作将发生污闪的危险信号。只有足够长的干旱期，造成绝缘子表面吸附的污秽物达到一定程度，加上雾水湿润，才会导致污闪。上述三个条件对防污闪工作具有重要指导意义。

1992年前完成的线路调整爬距工作有疏漏。事故后查明，这次污闪线路的外绝缘水平大多比污区分布图标定的数值低，其原因有三：其一，尚未实施“调爬”，如繁昌—瓶窑线“爬电比距”仅1.624厘米/千伏，小于规定的1.78厘米/千伏，安徽省不少220千伏线路情况亦是如此；其二，尚有部分未完全达到污区分布图的要求，如上海几条线路的“调爬”后“爬电比距”为2.34～2.42厘米/千伏，略低于污区划分规定的2.5厘米/千伏；其三，“调爬”工作有“死角”。如500千伏江都—斗山线早在1990年就完成了调整爬距的任务，这次居然在镇江跨越锚塔的跳线绝缘子发生了数次跳闸。原以为跨越段绝缘子设计上已经加强，且又是进口产品，孰料意大利设计的跳线串只用22片普通型绝缘子，当初未予更换，“爬电比距”仅1.87厘米/千伏，远小于规定的2.3厘米/千伏，直到事后登塔检查方才发现。

绝缘子选型不当。上海电网的运行经验表明，大连电瓷厂的XWP_5和日本绝缘子公司的CA-837防污型绝缘子均未能经受大雾考验。

出现零值绝缘子炸裂造成多条线路导线落地的故障，反映出运行维护中尚存在薄弱环节，未能执行运行规程中“500千伏线路每两年要检测一次零值绝缘子”的规定。

这次污闪事故使华东电网的设计、基建、生产、调度和科研等部门对防污闪工作的认识趋于一致，防止污闪事故必须从设计抓起。以往500千伏线路建设中片面追求节省投资，留下隐患，尔后由生产部门再做补救，造成被动局面，此教训必须记取。

二、防污闪工作的实施

（一）统一部署、有序开展

华东电网的防污闪工作在华东电管局防污闪工作领导小组的统一部署下开展，领导小组由华东电管局总工程师任组长，成员包括设计、试验研究、基建、生技、调度等专业部门的负责人。嗣后，华东三省一市电力局也相继成立了防污闪工作领导小组。华东电网每年召开一次防污闪专业工作会议，通过专题讨论，交流经验，落实本年度的工作安排。还适时召开工作研讨会，先后讨论了《电瓷外绝缘划分污秽等级暂行规定》、《绝缘子等值附盐密度测量方法暂行规定》、《电瓷外绝缘划分污秽等级暂行规定实施办法》、《污区划分后输变电设备的外绝缘配置原则》和《污区分布图执行的实施要求》等文件，正式颁发后予以贯彻。

（二）绘制污区分布图、调整线路爬距

20世纪80年代末，首先选择无锡供电局作为试点，按等值附盐密度测量、环境的污湿特征和运行经验三个要素，在水利电力部《高压架空线路及变电站电瓷外绝缘污秽分级标准》的基础上，结合地区的具体情况绘制完成无锡地区污区分布图。1990年7月，华东电管局组织制定了《华东电网划分污秽等级的暂行规定》，推广无锡供电局的经验。1992年上半年，各省市电力局先后完成了地区的污秽等级划分。1993年初，第一版《华东电网三省一市污区分布图》正式颁发执行。

华东电网污区分布图上直接用“爬电比距”表示污秽等级，设备外绝缘配置水平直接与“爬电比距”挂钩，可操作性强，避免了以往配置要求上可能出现的不同理解。华东电管局（公司）还随环境污染情况的变化，定期进行修订，先后颁发1996年、2000年、2002年修订版。

根据华东电网污区分布图进行的首次主网架线路调整外绝缘“爬电比距”的工作，于1992年基本完成。上海、苏南和浙北地区的500千伏线路外绝缘从1.6厘米/千伏提高到2.34～2.52厘米/千伏。1996年底，大范围污闪事故再度发生后，实施第二次500千伏线路“调爬”，到1998年底基本完成。通过两次“调爬”，华东电网500千伏线路的外绝缘水平提升到污区分布图的要求。

（三）依托科技优势、促进防污闪工作的深化

20世纪90年代末，华东电管局（公司）组织华东和三省电力试验研究院（所）开展15项相关课题的科研工作，先后完成自然污秽试验站和人工雾室的建设。其中，在上海黄渡变电站建立的自然污秽试验站可对带电和不带电绝缘子串自然积污条件下的性能进行比较。例如，经过连续三年对双伞形绝缘子的自然污秽试验，结合人工污秽试验和运行实践检验，最终得出该型绝缘子可适用于华东电网的结论。在华东电力试验研究院建立的人工雾室，可满足500千伏电压等级绝缘子的人工污秽耐受和闪络试验。

其间，华东电力试验研究院完成了对各地区受不同污染源影响的绝缘子表面污秽物的化学成分分析；华东电力试验研究院与上海市气象局等协作，完成“气象条件（雨雾）对输电线设备影响的研究”。对污闪形成的机理和气象的影响因素进行了探索，对冬春污闪预报有积极的指导作用。

华东电管局（公司）还组织研制外绝缘瓷套增加爬距的合成橡胶防污阻泄伞裙套，被推广使用于曾发生过多次外绝缘的雨中闪络的500千伏电流互感器等设备，运行效果良好。上海市电力局组织对296号长效硅脂运行四年的性能考核。浙江省电力试验研究所完成了在线污秽监测和报警用的污秽泄漏电流仪的验证。此外，受能源部电力司委托，华东电管局还组织编印了《防污闪技术文件及有关资料汇编》。

第三章　输变电技术经济指标

在电网稳步发展的同时，华东地区输变电设备的运行水平也在不断提高。售电量从1991年的1024.77亿千瓦时增加到2002年的2797.65亿千瓦时。全口径线损总体不断下降。各类设备的可靠性指标稳步提高。这些成绩的取得与华东电网设备的严格选择和规范的维护检修以及严格的运行管理是分不开的。

第一节　线路损耗率

1991～2002年，华东电网全口径线损率的变化波动较大，1991～1994年、1999～2002年线损率逐步攀升，这与华东电网当时出现两波较大供电量增长，超过线路经济电流密度等因素有关，其间的年平均线损率为8.085%，最高为1994年的8.7%。1994～1999年，线损率逐年下降，最低为1999年的7.63%，其间，华东电网供电量增长缓慢。

1991～2002年华东电网全口径线损率情况见表6-3-1和图6-3-1。

表6-3-1　　1991～2002年华东电网全口径线损率情况

年　份	1991	1992	1993	1994	1995	1996	1997	1998	1999	2000	2001	2002
线损率（%）	7.84	8.23	8.52	8.70	8.54	8.25	7.91	7.77	7.63	7.70	7.77	8.29

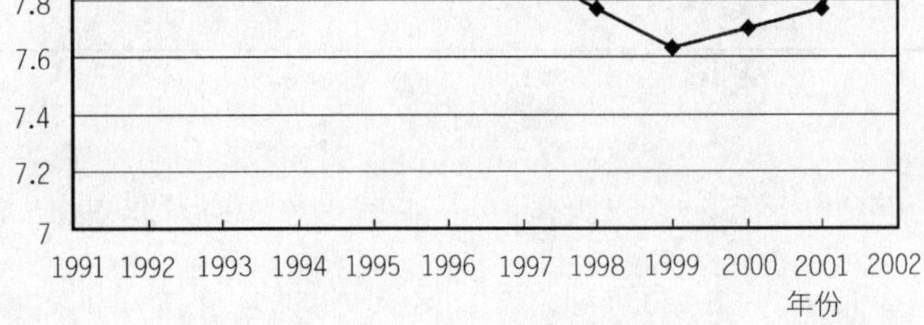

图6-3-1　1991～2002年华东电网全口径线损率情况

1991～2002年，华东电网全口径线损率普遍较高，主要由以下几方面原因造成：①电网结构不尽合理，220千伏及以下电网迂回供电问题突出，供电半径大，损耗增加；

②地区负荷发展不均衡，局部地区负荷增长过快，而电网未及时同步建设，造成设备重载情况严重，运行不经济；③无功补偿装置容量不足，调节不便，电网无功补偿度偏低，无功补偿布点不尽合理，造成电能质量不高；④设备安全可靠性低，非计划停电多；⑤设备损耗高，特别是大量使用S7型变压器，空载、负载损耗偏大，输电线截面偏小，导线电阻大，线损和线路压降大；⑥降低线损管理手段不够，落实不力，尤其是电能表计量偏差大，抄表管理落后，防窃电措施明显不足；⑦未全面开展典型日负荷实测和线损理论计算与分析工作，未能及时准确地找出线损的薄弱环节，缺乏制订降低线损的针对性措施。

第二节　供　电　量

1991～2002年，华东电网供电量年增长呈三个阶段，1991～1994年增长相对较快，供电量平均年增长达11.26%；1995～1999年增长速率趋缓，供电量平均年增长为6.04%；1999年之后，增长呈现高速发展的势头，供电量平均年增长高达13.59%，2002年的增长达到15.16%。

1991～2002年华东电网全口径供电量见表6-3-2和图6-3-2。

表6-3-2　1991～2002年华东电网全口径供电量　单位：亿千瓦时

年份	1991	1992	1993	1994	1995	1996
供电量	1024.77	1146.92	1264.67	1424.86	1561.85	1669.84
年份	1997	1998	1999	2000	2001	2002
供电量	1744.23	1791.84	1909.3	2192.18	2429.34	2797.65

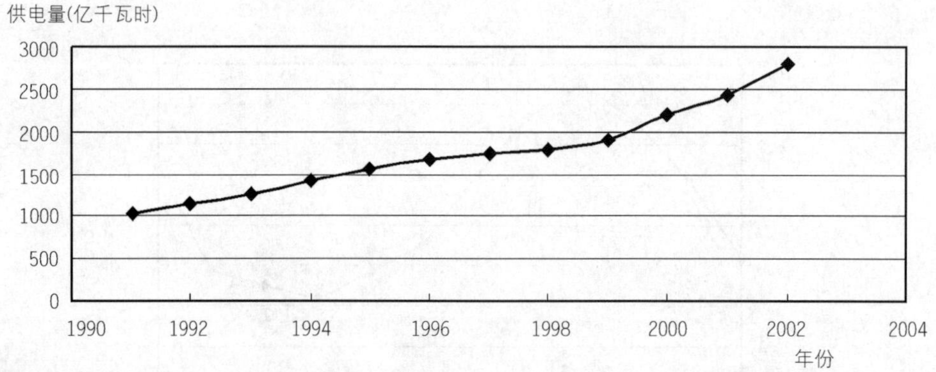

图6-3-2　1991～2002年华东电网全口径供电量

第三节　输变电可靠性指标

1994～2002年，华东电网的各类设备数量基本以每年15%左右的速度在递增，设备质量的提高及运行检修维护水平的提高带来了设备可用系数的稳步上升，但由于设备本体故障、其他设备引发的跳闸等多种因素，设备的非计划停运率有波动，特别是华东地处经济繁荣区域，区域内的基本建设规模不断扩大，线路的受外力破坏及配合基本建设的线路改造项目很多，再加上雷击、台风、山火等环境因素，导致了线路的可用系数上升缓慢，波动较大。

1994～2002年华东电网500千伏变压器、断路器及架空输电线路可靠性指标情况见表6-3-3。

表6-3-3　1994～2002年华东电网500千伏变压器、断路器及架空输电线路可靠性指标情况

年份	变压器			架空线路			断路器		
	统计数（百台·年）	非计划停运率[次/（百台·年）]	可用系数（%）	统计数（百千米·年）	非计划停运率[次/（百千米·年）]	可用系数（%）	统计数（百台·年）	非计划停运率[次/（百台·年）]	可用系数（%）
1994	0.580	8.662	92.053	27.150	0.074	98.482	0.640	6.450	98.356
1995	0.610	1.707	98.833	32.830	0	98.149	1.030	7.767	99.368
1996	0.560	1.781	97.979	35.170	0.057	99.178	1.020	8.950	99.372
1997	0.560	1.887	99.547	35.960	0.058	99.355	1.110	7.693	99.309
1998	0.710	2.807	98.714	34.934	0.059	98.437	1.173	6.821	99.240
1999	0.880	5.681	98.798	39.021	0.104	99.644	1.442	19.414	99.299
2000	0.999	2.002	98.187	51.311	0.019	96.181	1.878	12.247	99.211
2001	1.186	2.529	99.379	59.068	0.051	98.276	2.208	9.512	99.422
2002	1.284	3.894	98.683	65.629	0.137	98.430	2.670	6.740	99.204

注　电监委可靠性中心输变电可靠性指标最早收录完整数据时间为1994年。

2002年的可用系数与1994年相比，变压器提高了6.63个百分点；断路器提高了0.848个百分点；架空线路则降低了0.052个百分点。

第七篇 用 电

第七篇 用 电

随着华东电网供电能力的不断增强和用电水平增速的抑扬，12 年间，华东地区电力供应先是供不应求，一度达到供需基本平衡，后又出现更为严重的供不应求。1990 年，华东电网地区全社会用电量为 1084.87 亿千瓦时，1995 年增至 1826.73 亿千瓦时，2002 年增至 3294.63 亿千瓦时，人均用电量为 1679 千瓦时，高于全国人均年用电量 1276 千瓦时的水平，低于国际人均年用电量 2354 千瓦时的水平。

“八五”计划初期，华东地区用电“缺口”较大，各企事业单位用电须严格按照计划分配的电量使用，并采取“错峰让电、通知让电、隔日避峰、轮休、协议避峰、限电及拉电”等措施，以缓解缺电和高峰负荷期间电力供需矛盾，既保证了居民生活用电不受影响，又保证了电网供电安全可靠。

到 1996 年，随着集资办电的新建机组陆续发电并网，电力供需矛盾逐渐缓解且电力供应稍有富余后，华东三省一市按计划分配用电的方式渐渐淡出而转由市场调节。三省一市电力部门为开拓电力市场，先后推出了一系列优惠用电措施，并成立客户服务中心，开展优质服务，履行服务承诺，实施“一户一表”，使全网用电户数迅速扩大，社会用电量不断增加。

其间，华东电网在认真执行国家电价政策，做好电价管理工作的基础上，积极进行电价改革的探索；同时，还进行了供电营业区的重新划分和认定工作，加强电费回收和用电检查工作，使区内用电秩序一直处于规范、有序状态。

第一章 用 电 状 况

1990 年，华东三省一市人口为 1.79 亿人，全社会用电量 1084.87 亿千瓦时，人均用电量 604 千瓦时。20 世纪 90 年代的前几年，华东地区用电量增加较快，用电紧张，供需矛盾突出。1995 年，全社会用电量增至 1826.73 亿千瓦时。1996 年后，华东地区经济增长放缓，电力紧张状况暂趋缓和。至 2000 年，由于经济出现强劲增长，华东地区的用电增长率迅速反弹，新一轮的电力供需矛盾又显突出。

2002 年，华东三省一市全地区人口为 1.96 亿人，占全国总人口的 12.8%；GDP 为 27871 亿元（当年价），占全国 GDP 总量的 23.2%；人均 GDP 为 14220 元，是全国平均水平的 1.7 倍。华东三省一市全社会用电量 3294.63 亿千瓦时（其中统调用电量为 2887 亿千瓦时），是 1990 年的 3.03 倍，占全国社会用电量的比重从 1990 年的 17.5%上升到

2002年的20.1%。2002年人均用电量1679千瓦时，是1990年的2.78倍。2002年，华东三省一市全社会最高用电负荷5590万千瓦，其中统调最高用电负荷5126万千瓦。

第一节　用　电　增　长

一、用电量

20世纪90年代初期，在国家“抓住机遇，加快发展”精神的指引下，华东地区出现了以上海浦东开发开放为龙头的新一轮经济增长高潮。“八五”计划期间，华东三省一市GDP的年均增长率高达16.1%，用电量的年均增长率为10.7%。自1996年下半年起，电力供需矛盾开始缓和，国民经济的软着陆，产业结构的进一步调整，用电增长率开始下降，从“八五”计划的10.7%降到1996年、1997年的7%和4.9%，1998年降到最低点的3.4%，“九五”计划前三年用电平均增长率仅为5.1%。1999年，国民经济大背景出现了重大变化，特别是国企逐步走出困境，使用电增长率从1998年的3.4%回升至7.4%。2000年，由于国民经济出现强劲增长，华东地区的用电增长率迅速反弹，达到了1980～2000年的最高纪录14.7%，2001年继续保持了10.5%的增长率。2002年，是中国加入WTO的第一年，华东地区经济增长尤为迅猛，沪、苏、浙GDP增长均达两位数。2002年全年，华东电网地区全社会用电量达3295亿千瓦时，同比增长14.3%。

由于电力需求的增长远远高于原先的预测水平，也高于发电装机容量的增长速度，华东地区尤其是长江三角洲地区重现多年前的严重缺电局面。2002年8月下旬，华东电网进入了入夏后的第二个用电高峰期。上海、江苏、浙江普遍出现了36℃以上的高温天气，社会用电量猛增。为保证电网安全稳定运行，两省一市都不同程度地采取了限电措施。据统计，同年8月23日，上海最大限电电力30万千瓦，累计限电电量46.5万千瓦时；江苏苏州无锡地区最大限电电力38万千瓦，累计限电电量75万千瓦时；浙江最大限电电力35万千瓦，累计限电电量335万千瓦时。整个电网出现了多年少见的供需紧张局面。

二、用电负荷

（一）负荷增长

由于居民生活用电和第三产业用电比重不断上升，工业用电比重下降，华东电网用电结构发生了明显变化，导致电网最大负荷利用小时持续下降，最高负荷的增长快于用电量的增长。华东电网“八五”、“九五”计划末及2002年负荷特性变化情况，详情见表7-1-1。

表7-1-1　华东电网“八五”“九五”计划末及2002年负荷特性变化情况

单位：万千瓦，%，小时

指　标	1990年	1995年	2000年	2002年
全社会最大负荷	1635	2800	4300	5590
统调最大负荷	1484	2503	3920	5126
日负荷率	86.04	87.3	84.3	85.8

续表

指　　标	1990年	1995年	2000年	2002年
月不均衡系数	96.39	94.6	92.4	91.2
季不均衡系数	92.59	90.9	85.1	82.3
年负荷率（全社会）	75.2	74.4	68.7	67.3
全社会最大负荷利用小时	6589	6518	6016	5896
全社会年最大峰谷差	740	903	1520	1990

（二）年负荷变化

随着华东地区第二产业的用电比重不断下降，第三产业和居民生活用电中的空调通风和降温等季节性负荷的比重上升，气温的突然升降，其年内各月、日最高负荷变化的不均衡性随之增加。最高负荷的年内最小值从1995年的85%下降到2002年的69.9%，季不均衡系数从1995年的90.87%下降到2002年的82.26%，下降了8.61个百分点。

（三）日负荷率变化

“八五”计划期间，华东电力供应尚处于供不应求的状态，高峰负荷时段拉电、限电时有发生，年均最高负荷日的日负荷率约88%，日负荷率以及其他各项指标受到人为因素的控制扭曲，各项指标偏高。从“九五”计划的1996年下半年开始，拉电、限电状态已基本绝迹。随着人民生活水平的提高，第三产业和居民生活用电大幅度增长，反映用电负荷的日负荷率日益明显下降。1996～1999年，年均最高负荷日的日负荷率约84%，下降4个百分点。

1998年前，华东电网的日负荷最高峰出现在10：00～11：00，而1998年后则在20：00～21：00，主要是1998年以后的居民空调负荷大幅度上升及第三产业中的商场、餐饮业和娱乐业的营业时间延长，两者负荷高峰重叠所致。

由于华东地区属长江中下游，四季分明，日负荷率在年内各月的变化也较大。华东电网年最大负荷日一般出现在7月、8月，偶尔也会出现在9月。由于气温的影响，年内的日负荷率变化较大：“八五”计划期间，夏季的日负荷率较其他三季高5%～6%；“九五”计划的1996～1999年，夏季的日负荷率则高3%左右。引起夏季最大负荷及日负荷率上升的主要原因，气温因素最为重要，促使通风降温负荷大幅度上升，并日夜持续用电。如酷热的1995年7月20日，气温达38.5℃（以上海气温为参考气温，下同），最高负荷2503万千瓦，日负荷率91%。1998年8月11日气温达39℃，最高负荷3200万千瓦，日负荷率87.5%。至于1998年日负荷率比1995年下降了3.5个百分点，主要是无拉闸、限电状况，恢复了季节性负荷的本来面貌。

三、地区用电比重变化

在华东三省一市中，上海市在加快发展中不断优化经济结构，推进增长方式的根本性转变，国民经济保持了持续、快速、健康发展。1991～2002年间，国内生产总值年均增长11.6%，略低于华东电网地区13%的平均水平。2002年，国内生产总值5741亿元，人均国内生产总值43036元。12年间，上海市“三、二、一”产业的发展政策使其用电始终保持持续稳定增长，用电量从 1990 年的 266 亿千瓦时增加到 2002 年的 647 亿千瓦时，年平均增长 7.7%，占华东电网用电量比重从 1990 年的 24.2%下降到 2002 年的 19.6%。

江苏省自改革开放后，国民经济保持了快速增长，综合实力显著增强。1992 年，实现 GDP 比 1980 年翻两番，1993 年实现人均 GDP 翻两番，提前 7 年完成第二步战略目标。2002 年 GDP 突破万亿大关，达到 10607 亿元，人均 GDP 为 14371 元。1991～2002 年间，国内生产总值年均增长 13.4%，略高于华东电网地区的平均水平。12 年中，江苏省经济的高速发展带动了用电的持续、快速增长，用电量从 1990 年的 415 亿千瓦时增加到 2002 年的 1247 亿千瓦时，年平均增长 9.6%，占华东电网用电量比重基本保持不变，2002 年为 37.8%。

1990 年后，浙江省民营经济蓬勃发展，占全省总量的比重逐年上升。“九五”计划期间，浙江民营经济发展的势头依然不减，成为推动全省 GDP 增长的生力军。2002 年，全省实现 GDP8004 亿元，人均 GDP 达到 17645 元。1991～2002 年间，国内生产总值年均增长 14.4%，高出华东电网地区的平均水平 1.4 个百分点。浙江省民营经济的高速发展促进了用电的持续、高速增长，用电量从 1990 年的 230 亿千瓦时增加到 2002 年的 1018 亿千瓦时，年平均增长率高达 13.2%，占华东电网用电量比重从 1990 年的 21%猛升到 2002 年的 30.8%。1993 年起，浙江省用电量开始超过上海市。

安徽省在执行“八五”和“九五”计划过程中，经济保持继续增长。1995 年 GDP 比 1980 年实现翻两番，1996 年又实现人均翻两番；全省经济发展朝着小康水平和逐步实现工业化迈进。2002 年 GDP 达到 3520 亿元，人均 GDP 为 5526 元。12 年间，安徽经济发展使用电保持了持续增长，用电量从 1990 年的 186 亿千瓦时增加到 2002 年的 390 亿千瓦时，年平均增长 6.4%，占华东电网用电量比重从 1990 年的 17%下降到 2002 年的 11.8%。

四、电力弹性系数

1991～2002 年，华东电网地区电力弹性系数（社会总用电量年增长率与国内生产总值年增长率之比）呈周期性升降变化。20 世纪 90 年代后，华东三省一市国民经济发展较快，2002 年，国内生产总值为 27871 亿元（当年价），按可比价格计算为 1990 年的 4.3 倍，年均增长率高达 13%，相应的用电量达 3295 亿千瓦时，为 1990 年的 3 倍，年均增长 9.6%。12 年中，电力弹性系数为 0.738，其中“八五”计划期间为 0.674，“九五”计划期间为 0.672。前十年弹性系数较低的主要原因是华东地区，自 20 世纪 90 年代以后，产业结构的变化趋势比较明显，第一产业占 GDP 的比重逐年下降、第二产业占 GDP 的比重先升后降，以及第三产业占 GDP 的比重逐年上升。尤其是第三产业比重的逐年上升，对经济发展的贡献作用日渐强化，也使电力弹性系数远低于 1。

进入“十五”计划后，中国加入 WTO，华东三省一市经济发展势头强劲，国际资本和产业大举向长江三角洲转移，带动了华东地区外向型经济的高速发展。民营经济的崛起、乡镇企业的转制、国有企业的改革，成功地推动了华东地区经济和用电水平走上新台阶，消费、投资、出口已成为拉动华东地区经济和用电增长的“三驾马车”。三省一市大规模投资建设的一批化工及冶金项目也推动了用电的快速增长，电力弹性系数迅速上升到1以上，其中2001年GDP增长10%，用电量增长10.4%，电力弹性系数为1.04；2002年GDP增长11.3%，用电量增长14.3%，电力弹性系数为1.265。

第二节 用 电 结 构

1991～2002年，华东电网地区产业结构的变化趋势比较明显，第一产业占GDP的比重逐年下降，从1990年的23%下降到1995年的15.7%，再进一步下降到2002年的9.5%。第二产业占GDP的比重则呈先升后降的趋势，从1990年的49.4%上升到1994年的52.5%，达到其最高点，然后从1995年开始回落，到2002年为49%。第三产业占GDP的比重则逐年上升，从1990年的27.7%上升到1995年的33.2%，再进一步上升到2002年的41.5%。这反映出华东地区基本处于工业化的中后期阶段，第三产业比重逐年上升，对经济发展的推动作用日渐强化。华东地区的用电结构也随着产业结构的调整而发生了较大变化，第一、第二、第三产业及居民用电量构成从1990年的5.9：79.8：6.7：7.6转变为2002年的2.0：76.1：10.6：11.3。华东三省一市代表年份用电构成情况见表7-1-2。

表7-1-2 华东三省一市代表年份用电构成情况 单位：亿千瓦时，%

年份	第一产业			第二产业			第三产业			居民生活			全社会用电合计		
	电量	增长	比重	电量	增长	比重	电量	增长	比重	电量	增长	比重	电量	增长	比重
1990	64	—	5.9	866	—	79.8	73	—	6.7	82	—	7.6	1085	—	100
1995	99	3.8	5.4	1384	9.9	75.8	146	15.5	8.0	198	19.3	10.8	1827	10.7	100
2000	84	−3.2	3.2	1920	6.8	73.7	277	13.3	10.5	328	10.6	12.6	2609	18.9	100
2002	66	−11.4	2.0	2507	14.2	76.1	348	12.9	10.6	374	6.8	11.3	3295	12.4	100

一、第一产业用电

1990年，华东地区第一产业用电量为64亿千瓦时，至1995年上升到99亿千瓦时，“八五”计划期间年平均增长3.8%，占总用电的比重从1990年的5.9%下降到1995年的5.4%。进入“九五”计划后，由于农业生产结构的持续调整，华东三省一市普遍增加经济作物，减少水稻等传统作物面积，农业翻水、灌溉用电大幅减少，此外，部分地区因农网改造后原计入农业用电的电量改计到生活用电中，致使第一产业用电始终处于负增长状况，用电量从1995年的99亿千瓦时下降到2000年的84亿千瓦时，“九五”计划期间年平均增长率为负3.2%，其占总用电的比重呈迅速下降趋势，已从1995年的5.4%降到2000年的3.2%。“十五”计划前两年，华东地区第一产业用电量更加萎缩，用电量从2000年的84亿千瓦时进一步下降到2002年的66亿千瓦时，年均增长率为负11.4%，其占总用电的比重从2000年的3.2%降到2002年的2%。

二、第二产业用电

为保持华东地区经济可持续发展，第二产业进行了工业化结构调整。工业发展的重点从早期的食品、纺织、机器制造等向中期的化工、石油加工、冶金及后期的耐用消费品转换。传统的第二产业中技术含量低而能耗高的行业逐步调整或向外扩散，致使“八五”、“九五”计划期间第二产业用电增长率下降，分别为9.9%和6.8%。同时第二产业的用电比重也从1990年的79.8%下降到1995年的75.8%，2000年进一步降到73.7%。“十五”计划前两年，由于第二产业加快了发展步伐，特别是华东地区“九五”计划期间大规模投入建设的一批重化工及冶金项目陆续在“十五”计划初投产，使多年来的用电结构变化趋势又出现了新的情况，其中第二产业用电增长率猛升，两年平均增长14.2%，比“九五”计划翻了一番多，其所占比重又上升到76.1%。

三、第三产业和居民生活用电

20世纪90年代以后，华东电网地区以交通运输、邮电通讯、商业、金融保险和房地产等行业为代表的第三产业迅速发展，其用电量从1990年的73亿千瓦时猛增到2002年的348亿千瓦时，年均增长率高达13.9%，用电比重也从1990年的6.7%上升到2002年的10.6%。

随着经济的发展，华东三省一市居民可支配收入、居住条件、家用电器普及率和生活质量等方面都有很大的改善和提高，居民生活用电水平不断提高。“八五”计划期间，华东三省一市城乡居民生活用电高速增长，年均递增19.3%，居民生活用电比重从1990年的7.6%提高到1995年的10.8%；“九五”计划期间，尽管国民经济及居民收入增长速度有所下降，但生活用电增加仍然较快，年平均递增10.6%，居民生活用电比重也进一步提高到12.6%。“十五”计划前两年，由于农村居民收入增长缓慢以及部分家用电器普及率逐步饱和，城乡居民生活用电增长率有所下降，仅增长6.8%，用电比重又降低到11.3%。

第三节 用 电 水 平

一、人均用电

华东三省一市是中国经济、科技、文化较发达的地区之一。1990年，人均用电量为604千瓦时，其中上海最高为2072千瓦时、江苏614千瓦时、浙江544千瓦时、安徽328千瓦时。

随着经济的高速发展，用电量不断高涨，到2002年底，华东三省一市总人口为19620万人，用电量达到3294.63亿千瓦时，人均用电量1679千瓦时（上海、江苏、浙江、安徽的人均用电量分别为4852、1689、2245、612千瓦时），高于全国人均用电量1276千瓦时的水平，低于国际平均水平（1999年人均为2354千瓦时）。华东三省一市代表年份社会用电量情况见表7-1-3。

表 7-1-3　　华东三省一市代表年份社会用电量情况

代表年份	用电量	全国	华东电网	比重（%）
1990	全社会用电量（亿千瓦时）	6212	1084.87	17.5
	人均用电量（千瓦时/人）	543	604	1.1 倍
1995	全社会用电量（亿千瓦时）	10070	1826.73	18.1
	人均用电量（千瓦时/人）	831	975	1.2 倍
2000	全社会用电量（亿千瓦时）	13556	2609.33	19.2
	人均用电量（千瓦时/人）	1071	1343	1.3 倍
2002	全社会用电量（亿千瓦时）	16380	3294.63	20.1
	人均用电量（千瓦时/人）	1276	1679	1.3 倍

二、城乡生活用电

1990 年，华东三省一市人均生活用电量 45 千瓦时，其中上海为 112 千瓦时、江苏为 39 千瓦时、浙江为 61 千瓦时、安徽为 27 千瓦时。随着经济的高速发展和人民生活水平的提高，城乡生活用电量不断高涨，到 2002 年，华东三省一市人均生活用电量达到 191 千瓦时，其中上海最高为 464 千瓦时、江苏为 176 千瓦时、浙江为 273 千瓦时、安徽为 92 千瓦时。

华东三省一市城镇居民人均可支配收入，从 1990 年的 1588 元（1990 年价），增加到 2000 年的 3486 元（1990 年价），年平均增长 8.2%。居民的居住条件也有了很大的改善，2000 年城镇人均居住面积为 12.93 米^2。在此基础上，居民家用电器普及率有了很大提高。特别是 1992 年开发开放浦东后，人民生活水平提高很快。华东电网地区 1990 年城镇每百户居民空调拥有率仅为 0.1%。1999 年上升到 48.9%，电炊具、家庭影院、电脑以及第一代家用电器的更新等，促使家庭电气化水平迅速提高。

“八五”计划期间，华东三省一市城镇居民生活用电量增长很快，年均递增 17.6%。1995 年人均生活用电为 220.3 千瓦时。“九五”计划期间尽管国民经济增长速度及居民收入增长速度放缓，但生活用电量增长仍然较快，年平均递增 10.6%，2000 年人均生活用电水平为 342 千瓦时（按非农业人口 5000 万人计）。

华东三省一市广大农村由于居民点分散，收入低，电价偏高，用电水平很低，生活用电水平仅为城市居民生活用电的 30%左右。为了提高农村居民生活质量，自 1998 年开始，在农村实行“村村通电”的基础上，大力进行农村电网改造、农电体制改革、降低农村居民的电价水平，农村居民生活用电量有了很大增长，人均年生活用电从 1995 年的 69 千瓦时上升到 2000 年的 109.6 千瓦时，年平均增长 9.7%。随着农村生活方式趋向城市化，城乡居民生活用电实行同网同价，农村居民生活用电水平与城市居民生活用电水平的差距不断缩小。

第二章 电力供需平衡措施

“八五”计划前三年，华东电网呈现严重缺电局面。为了使有限的资源能合理分配使用，华东电管局继续对在国民经济中具有重大影响、承担国家指令性计划比例大、经济效益好、出口创汇多和国家重点支持的骨干企业即“双保”企业用电实行“先保后分”，国家新增加的统配电量优先安排“双保”企业，对其他企业用户用电仍严格按照“计划分配”，并加装负荷监控装置，实行“谁超限谁”、“限电到户”、“限电不拉路”，提高了供电计划性，减少了无计划拉限电。

1994年，随着集资办电项目陆续投产并网发电，华东电网用电形势逐步好转，缺电只体现在夏季高峰时段。1996年，国民经济宏观调控进入第二年，再加上新建投产机组的增多，电力供需矛盾进一步缓和，电力逐步从“卖方市场”转入“买方市场”，结束了华东地区长达27年的按计划分配用电的历史。电力短缺的状态告一段落，一直保持到2000年。进入21世纪后，华东三省一市用电量又节节攀升，电力供需矛盾又显突出，电力市场转入了新一轮的“卖方市场”。华东三省一市全社会用电量的增长速度和电力缺口均列全国前茅。华东电力企业在各级政府的支持下，加强了协调，特别是加强计划用电和需求侧管理，并千方百计组织外购电，确保了发用电平衡，为保障华东三省一市经济社会持续快速发展和城乡居民生活用电作出了贡献。

第一节 计划用电与需求侧管理

一、用电分配

1991～1993年，华东电管局组织三省一市电力工业局按已认可的“统一起跑线”原则制定发电计划，在全网每年新增的电力资源中，先扣除政策性电量（集资分成、新机留成与厂用、债券、用电权电量、“带帽”电量等）；再分给国家确定的华东电网区域内38家“双保”企业和33家重点企业的用电增量；然后按省市地方用电基数等增加或减少用电，报国家计委审定后正式下达。

1992年以后，国家先后审批出台了部分国家贷款机组的还本付息电价，此电价为一机一价，标准亦不一，但电力分配仍延续传统的分电口径，编制发电量计划和用电计划(包括厂用、新机留成、集资分成、用电权等)，并据以编制省市联络线送受电计划。国家贷款新机新增的电量在网内统一分配（即总量分配而非单机分配），每年分配的电量并不固定。由于新机组都是借贷建设的，需按期还本付息，于是产生了按省、市机组项目承担还贷和机组所发电量全网统一分配的矛盾，给分电带来了困难。为此，华东电力集团公司决定对“拨改贷”后各省（市）所新建机组可增供电量历年分配情况进行清理，同时研究华东电网发用电计划编制的改革方案。

1994 年 1 月召开的华东电力集团管理委员会会议决定，省市送受电统配计划以 1992 年计划为基数进行“固化”，以后省市联络线送受电计划除了用电权电量和宝钢自用电增加略作调整外，原则上不做调整。与此同时，1992 年以后各省（市）管辖区范围内新增的国有电能资源也不再调出进行全网分配，由所在省（市）自行安排使用。

二、发、用电挂钩

根据国家下达的发、用电计划，确定下达省市联络线送受电计划，实行计划包干使用，并据此进行调度和考核。

实行发、用电挂钩，多发多用、少发少用，在省市范围内，由于发电机组可调出力的提高或降低比计划多发或少发的部分由所在省市自行多用或少用。新机组提前投产发电，比计划多发的电量，在自筹燃料的前提下归省市自用。

对省市实行发电、用电、燃料“三挂钩”的办法，调动了各方面“管用电、管发电、管燃料、管办电”的积极性和主动性，不仅改变了用电无序的局面，稳定了电网秩序，也为电网深化改革奠定了基础。

三、负荷监控

电力负荷监控，无论是在缺电情况下的技术限电还是对用电负荷的经济管理，都是十分有效的技术手段，也是落实计划用电的必备装置。华东电网在 1991 年后大力推广了负荷监控装置，其目的是做到在线监控“谁超限谁”、“限电到户”、“限电不拉路”，主要推广的负荷监控装置坚持以国产设备为主，同时引进国外先进技术，消化吸收。为此，提出将负荷监控装置与配电调度自动化相结合，大部分采用集中型电力负荷监控装置，控制的用电负荷要求达到地区总负荷的 70%以上，基本做到限电不拉 10 千伏及以下线路开关，用电监控实现到户。20 世纪 90 年代末，华东电网已出现了现代负荷监控装置，该装置具备了既向供电部门提供用户用电负荷状况，也向用户提供企业实际分时段用电状况和各种动态变化曲线的服务功能。用户安装监控系统后，可以清楚地了解自己的用电状况，及时有效地调整自己的用电计划，保证本企业在最佳用电方式下，组织生产以获得最大经济效益。

四、需求侧管理

1991～2002 年，华东电网用电负荷增长迅猛，其中 1991～1993 年电力供应多次出现严重短缺。为缓解电网压力、实现全社会有序用电，华东三省一市在夏季高峰负荷期间均采取了“错峰、让电、通知让电、隔日避峰、轮休、协议避峰、限电及拉电”等措施。上述措施的实施，缓解了高峰负荷期间电力供需矛盾，使居民生活用电不受影响，既减轻了电网的压力，也保证了电网供电的安全性和可靠性。

随着用电结构的变化和居民用电比重的不断增加，电网的峰谷差日益加大。华东三省一市电力公司通过利用电力价格的经济杠杆，达到满足用电、合理用电、节约用电的目的，强化了需求侧管理，优化了电力资源配置，提高了能源的利用效率和电网的可靠性、经济性，满足了国民经济快速发展的用电需求，实现了电网所在区域经济的持续发展。

2000 年 5 月，上海市率先对部分地区居民用电试行分时电价政策，有效地改善了电网的负荷特性，后又向全市范围推广。从实际效果看，实施分时峰谷电价刺激了居民的电力需求。经调查，上海居民在使用峰谷电度表后，用户年均用电量比普通表用户平均多用电 7.1%，明显提高了各个收入阶层城市居民的电力消费系数。实施居民生活分时电价还改善了上海电网夏季负荷特性，2002 年与 2001 年相比，上海电网深夜负荷百分比由于峰谷表用户比重提高（由 12%提高到 46.9%）而增加的平均增幅为 4 个百分点。

1997 年 12 月，国家电力公司在江苏省电力公司节能产品展示中心和无锡市用电信息中心的基础上，组建成立了国家电力公司需求侧管理指导中心。1998 年 1 月，该指导中心在无锡召开了成立大会，同时宣布成立理事会，由国家电力公司和各网、省（市）电力公司用电（营销）部门的负责同志组成，国家电力公司、华东电力集团公司、江苏省电力公司三位领导任名誉理事长。

2000 年，国家经贸委和国家计委在《关于印发节约用电管理办法的通知》里，将电力需求侧管理作为节约用电的重要手段加以肯定和推广。2002 年 7 月，国家电力公司转发了国家经贸委《关于推进电力需求侧管理工作的指导意见》。此后，华东公司提出了实施需求侧管理的一系列措施，力求实现“尽量少限电，争取不拉电”的目标。主要措施有：加强负荷预测，抓好月、周、日用电计划管理；落实错峰计划；加大省际电力交易，落实区外来电；加强厂网之间协调；按计划完成电网基建投产、改造和检修任务；提高输变电设备的输送能力；加强电网建设；重视和支持电源建设。

2002 年，华东电网电力需求高速增长。全社会用电量 3295 亿千瓦时，同比增长 14.3%。统调用电最高负荷达 5125.6 万千瓦，同比增长 19.29%。夏季用电高峰期间，电力供应出现严重紧张局面，局部地区不得不采取限电措施。

为了更好地应对 2003 年的用电高峰，华东公司从 2002 年下半年起就开始着手制定落实错峰计划的管理办法，从错峰的计划管理、周计划管理、细化拉限电规定和建立错峰评价体系四个方面进行了研究。整个管理办法的编制始终围绕如何在政府有关部门的领导下开展工作，加强对华东电网各电网经营企业的内部管理和考核，更好地为社会和经济发展服务这一中心。各省市经贸委均表示赞同。2002 年 11 月，国电华东公司发出《关于加强电力需求侧管理，落实 2003 年错峰计划的通知》，要求切实加强电力需求侧管理工作，做到合理错峰、避峰，最大限度地减少电力缺口的影响，提高电网系统的可靠性，保证重要负荷和居民生活用电。对于错峰计划的完成情况，由国电华东公司组织考核。

2002 年第四季度，国电华东公司向各省市经贸委提出了错峰 410 万千瓦以上的建议计划；出台了《华东电网错峰计划管理办法》，将错峰计划纳入生产计划管理流程，并结合负荷预测，滚动修正错峰建议计划。三省一市电力公司配合省市政府采取了实行分时电价、加强大用户用电管理、安装负荷预控装置等有效措施，按照“缺电多少、错峰多少”的原则，确保全网 460 万千瓦以上错峰计划落实到位。尽管安徽省是电力送出省，为了增加对其他省市的支援，也安排了错峰 40 万千瓦以上的计划。同时，华东全网和省市电网拉限电序位表也进行了修订，并报省市经（贸）委审批或备案。2002 年起，电力需求侧管理作为实现电力工业和国民经济可持续发展的一项重要战略措施在华东电网得到了切实的贯彻执行。

第二节　节　约　用　电

节能是中国的基本国策之一。华东电网地区经济高速增长，电力需求增加，而一次能源匮乏，80%以上的发电用煤要由区外供应，社会节电工作尤为重要。随着社会主义市场经济的发展，除依靠行政手段外，开始更多地利用经济、技术和法律手段推动节电工作，初步形成一套以经济技术手段为主的社会节电工作模式，并确立了以“移峰填谷”为中心内容的技措节电工作目标。1994 年华东全网社会节电量为 37.18 亿千瓦时，超过国家计划要求的 21.4 亿千瓦时 73.74%。1995 年全网节电量达 46.86 亿千瓦时，超过 1994 年 26%，超过国家计委要求的 26 亿千瓦时 80%。“八五”计划期间，华东全网社会节电累计达 193.86 亿千瓦时。进入 20 世纪 90 年代后期，随着电力市场由“卖方市场”转入“买方市场”，“三电”办公室的功能逐渐淡化，节约用电工作由行政管理为主转向企业自主管理为主。电网经济运行和开拓电力市场逐渐成为电力行业经营的主要课题，提倡“合理用电”、“适度消费”，节约用电工作一度放松。进入 21 世纪后，电力供需矛盾又逐渐突出，节约用电工作重新提到各级人民政府和电力行业的议事日程。

一、节电组织

20 世纪 90 年代，华东三省一市以及地（市）、县三级，在“三电”办公室内设立了专职管理节约用电的机构和人员，耗电量大的企业从厂部到车间、班组，都设有节约用电专职人员，形成了上下对口的节电管理网络。1996 年，江苏省 11 个省辖市的“三电办”，共有节电专职 22 人，平均每市 2 人；65 个县（市），绝大部分配备节电专职人员，部分县有 2～3 人，极少部分县只有兼职人员。而电力系统外的主管局和工矿企业的节能机构（能源办、能源科）则或撤或并，原有人员大幅减少。特别是乡镇企业，存在无人管理现象。为此，盐城、连云港等市重新发文要求建立完善节电网络。同年，浙江省人民政府转发省计经委、省电力局《关于进一步加强节约用电工作的意见》，第一条就是加强领导，健全组织，加大节电调控力度。要求各级政府加强对本地区节电工作的领导。各级经委（计经委）、“三电办”加强力量，配备必要的节电工作人员。年用电量 500 万千瓦时及以上用户应安排专职人员抓节电工作，一般用户企业应视用电情况安排专职或兼职节电工作人员。到 2002 年，各地节电机构和人员配备得到重视。

二、节电宣传

1990 年，国家决定每年开展一次“全国节能宣传周”活动。从 1991 年起，华东电管局（公司）和各省市电力局（公司）结合每年的“全国节能宣传周”，利用各种条件，通过多种宣传媒体（如广播、电视、报刊等）加大节电宣传力度；采取不同形式，或举办节电技术讲座、进行节电技术培训，或组织观看节电技术展览、张贴节电宣传画，宣传节约用电；同时开展各种形式的同行业（如水泥、宾馆、小发电等）节电交流与竞赛，增强全民节约用电的意识，掌握新的节电技术。1992 年，江苏省电力局在常州举办“节电成果及照明节电产品展览会”，组织在全省巡回演出以节电为题材的话剧《光明使者》300 多场。1994年11月全国节约用电工作会议后，江苏省电力局与江苏电力报社联合举办全省性的节电宣传系列活动，包括节电宣传优秀征文和节电知识有奖征答竞赛，发放节电知识竞赛题卷近7万份。1997年，江苏省“三电办”与江苏电力报社联合举办“大中型企业节电征文竞赛”和“《节能法》知识竞赛”，江苏省电力局配合电力部在无锡举办“全国节电及用电新技术、新产品展览会”，参观人数达到1万人。2000年，江苏省统一编印发放电力蓄能技术宣传单20万份。上海、浙江、安徽省各级供电部门人员经常深入农村、企业、学校，开展形式多样的节约用电宣传活动，普及节约用电常识，推广节约用电技术。

三、电耗定额管理

1987年，国务院批转《关于进一步加强节约用电的若干规定》，要求加强生产用电的定额管理，对9种高耗电产品电耗的最高限额作了规定。华东电管局根据华东三省一市的实际，对11种高耗电产品电耗的最高限额作了规定。1990年后，华东三省一市都把降低单位电耗作为社会节电的重点工作任务，进一步加强电耗定额管理工作，并加大对产品电耗的考核力度。

江苏省规定产品单耗低于定额的企业可以从节约的能源总值中提取奖励，计入生产成本，免缴奖金税。还规定高峰超用、低谷少用扣罚的电量中，提出50%作为节电奖励。自1992年起，江苏省单耗考核企业多达4000户，考核产品7000余个，考核产品用电量占工业电量的70%以上。江苏省电力局统一汇总考核50种产品，除上述国家和华东电管局规定的20种产品外，其余30种为江苏省自定产品。1992～1996年，江苏省共兑现节电统配电量10亿千瓦时。安徽省“八五”计划期间继续采取“超耗加价”、“节约有奖”的政策，对全省2930个单位、3922种产品的电耗进行考核，万元产值电耗由1990年的2518千瓦时下降到1995年的1620千瓦时，下降35.7%。安徽省“九五”计划期间继续加强对产品单耗的考核工作，单耗考核面由1995年的78%提高到82%，万元产值电耗下降到2000年的1377千瓦时，下降15%。1996年浙江省人民政府转发《关于进一步加强节约用电工作的意见》提出，企业主管部门要会同“三电办”，根据产品或设备的分类电耗定额，制定科学、合理的用电定额，并按月进行统计、分析、考核，逐步使考核面达到本地区工业用电量的70%，使节电工作逐步走向科学化、规范化、制度化。同时，要求把计划用电、节约用电以及技术限电和推行峰谷电价密切结合起来，以计划用电促进节约用电，以节约用电保证计划用电。认真执行节奖超罚和择优供电的政策，进一步推动节电工作。规定企业逾期继续使用国家公布的淘汰设备和低效产品而造成浪费电力的，对超耗电量，可以不高于综合电价10倍加价收费，加收的费用作为地方的节电资金，用于推动企业的节电技术改造。华东电管局和三省一市电力局做好产品电力单耗统计和年度降耗节电分析工作，实行节约用电与计划用电挂钩。在制订调荷方案和技术限电方案时，先限高能耗设备负荷；在分配用电计划时，结合产品单耗考核情况，限制高电耗设备用电，并限期整改。

四、节电措施

华东电管局（公司）和三省一市电力局（公司）落实各项节电措施项目。重点推广应用电动机变频调速器、电动机节电器、电动机磁性槽改造、斯韦奇自动感应式开关和新光源新灯具五项节电技术。以照明、电动机、电加热、冰蓄冷为重点，积极推广经国家认定的节电新产品、新技术。通过各种渠道及时向用电企业提供有关节电新设备、新技术、新材料、新工艺信息。1994 年全国节电工作会议后，建立了节电技术措施基金，并制订了管理使用办法。1994 年，华东电网技措节电达 5.4 亿千瓦时。1995 年，全网技措节电达 6.08 亿千瓦时。1996 年，全网技措节电达 6.82 亿千瓦时，超过 1995 年节电 3.6%，比计划的 4 亿千瓦时多节电 70%。

（一）照明节电技术

1991 年，全国节约用电办公室在武汉召开全国照明节电会议，推广照明节电技术。高效节能灯的推广应用列为国家重点推广节电技术措施项目之一。华东三省一市推广使用稀土荧光灯、金属卤化物灯和高压钠灯。1996 年后，上海市电力公司为进一步推广“绿色照明”工程，在组织制定《上海市照明设备合理用电标准》基础上，成立由高校、国家测试中心及有关研究所、设计院等单位参加的照明课题组，对提高节能灯产品质量及节能灯对电网的影响等课题进行研究并提出对策，选择知名度高的南京路、淮海路等为节电照明示范点，取得经验后逐步推进。江苏省电力局在全省范围内进行灯具现状调查基础上，制定了全省推广节电照明规划及近期计划。南京市将新街口百货商店作为绿色照明示范点。浙江省规定用三年时间分批分期更换节能新光源装置，对到期未使用节能灯具者，采取征收不高于 5 倍电价的经济处罚措施，加大“绿色照明”工程推广力度。安徽省根据国家经贸委《中国“绿色照明工程”实施方案》的要求，制定了实施意见，以蚌埠市作为绿色照明技术推广的试点城市，取得经验后，在全省各大城市推广。“九五”计划期间，安徽省推广绿色照明达 200 万只（套），节电量达 5 亿千瓦时，减轻了灯峰负荷压力。

（二）电动机改造等技术措施

华东三省一市持续抓好节电技术措施的落实和推广。上海市电力公司“三电办”成立风机水泵组，并加强领导，顺利完成风机和水泵节能改造任务。1989～1993 年，江苏省共改造 100 千瓦以下 7.5 千瓦以上电动机 24 万台，容量 286 万千瓦，约占全省电动机总量的四分之一，累计年可节电 7 亿千瓦时。安徽省经贸委、“三电办”在有关主管部门的配合下，对淮南矿务局进行设备改造、工艺改革试点，分工艺、分车间进行节电考核，年节电量达 1638 万千瓦时。取得经验后，在全省各大企业推广。“八五”计划期间，安徽省推广调整低耗损变压器总容量达 197.8 万千伏安，更新改造风机总容量 113.2 万千瓦，更新改造水泵总容量 52.7 万千瓦，调整电动机总容量 41.3 万千瓦，推广节能产品 78.8 万只（套），每年可节约电量 3 亿千瓦时。

（三）余热发电

华东电网各省市重视做好余热压差发电工作，鼓励用户余热发电顶峰上网。上海市电力公司在与市技术监督局联合制定《上海市余热发电运行管理标准》的基础上，进行余热资源调查及经济分析，引导企业合理利用余热资源，“八五”计划期间累计新增余热发电量 26 亿千瓦时。安徽省对企业利用余热、压差和煤矸石发电继续实行鼓励政策，企业余热发电得到长足发展，余热发电机组总容量由 1990 年的 7.17 万千瓦增长到 1995 年的 14.47 万千瓦，增长 101.8%。年余热发电量由 1990 年的 2.48 亿千瓦时，增长到 1995 年的5.5亿千瓦时，增长121.8%。“八五”计划期间，全省累计余热发电量为20.74亿千瓦时，比“七五”计划期间增长135.7%。1996年，安徽省余热发电量达5.8亿千瓦时。

（四）电力蓄能技术

由于用电峰谷差的加大，用电负荷率逐年下降。“九五”计划期间节约用电由节约电量转向节约高峰电力，配合分时电价的逐步推开，鼓励用户进行移峰填谷。1994年，江苏、浙江、安徽省继续实行对企业节电奖励计划电量指标办法，取得良好效果。1995年6月，浙江省科委、电力局、建设厅等联合在杭州萧山召开全省推广冰蓄冷中央空调系统技术现场会。1995年夏天，南京、杭州、上海等地的蓄冰（水）制冷空调正式投运。1998年，国家电力公司印发《关于推广蓄热式电锅炉、开发低谷电力的通知》，把冰蓄冷空调、蓄热式电锅炉技术作为移峰填谷、挖掘低谷电力的技术措施；同时，国家电力公司电力需求侧管理指导中心在无锡举办“全国电力需求侧管理新技术、新产品展示会”，加大蓄能技术的推广与宣传力度。同年，江苏省电力局先后发出《关于推广试用蓄热式电锅炉开发低谷电力的通知》和《关于进一步开拓电力市场的通知》，促进电力蓄能技术的试点和推广。南京、镇江、南通等市同年底就确定了试点用户。安徽省在黄山、芜湖市采用冰蓄冷空调装置试点工程。到2000年，安徽省推广冰蓄冷空调装置、电锅炉蓄热装置69台，电锅炉容量达4.24万千瓦。截至2002年，江苏省应用蓄能技术的有150户、容量9.79万千瓦，年可削峰2.4万千瓦。

第三章 营 销

在市场化改革的过程中，华东三省一市各级供电企业的用电管理逐步与市场营销相结合。开展用电促销，相继出台了多项优惠用电、方便用电的方案，包括停止向客户收取业扩手续费、工本费，降低用户增容、扩容的收费标准，取消实施多路电源供电审批范围的限制，开放非生产性用电设施的报装申请等，拓宽了电力市场，提高了服务水平。

随着市场化的进程和用电区域的不断扩大，供电区域之间的交叉供用电的现象日益突出。为纠正这一现象，1996 年 5 月 19 日，电力工业部向全国供电企业下发了第 5 号令《供电营业区划分及管理办法》，重申电力供应实行专营，需持有电力工业部统一监制的《供电营业许可证》方可在各自的范围内进行经营活动，实行依法经营。华东电网据此开展了营业区重新划分和界定的相关工作。

其间，华东电网各级供电部门推行用电服务承诺制，并以社会各界人士评议各行各业行风建设满意度为契机，开展电力“为人民服务、树行业新风”的示范窗口达标建设活动，尽心为客户服务，尽力为经济发展用电需求先行，每年在社会行风评议中客户的满意度不断提高，排名始终居于前列。同时加强电价管理、探索电价改革，加大电费回收和用电检查力度，不少供电企业实现了当年电费当年回收结零的目标。

第一节 用 电 管 理

一、营业区划分

1997 年初，华东三省一市 4 个省级、43 个地市级、232 个县级的三级供电营业区供电管理部门，根据华东电力集团公司和三省一市电力公司的部署，本着以行政区划、电网结构为基础、从有利于电网管理和整体效益的提高出发，开始了对各自供电营业区范围的重新划分、界定工作。省、市电力公司成立了供电营业区划分工作领导小组，设立专门办事机构，印发关于做好供电营业区划分工作的通知，确定供电营业区划分的基本原则、各级的职责分工、申报材料的内容和时间进度等。

每一级供电营业区划分工作都要牵涉营业区“边界”相互接壤处有无交叉供用电的问题。无交叉供用电的，划分工作量小，容易进行；有交叉供用电的，工作量大，也有一定的难度。分三个层次：

（1）省与省之间交叉供用电的移交、接收与划分。如河南省永城县、夏邑县各有一部分村庄居民的用电和河南省神火集团（原永城矿务局）的用电，一直是由安徽省淮北供电局代供的，1997 年又续签了代供电协议。根据重新划分供电营业区的规定，安徽和河南两省两个地区供电部门之间，经过积极协商，妥善处理了行政区域交叉供用电中的有关问题。办理了交叉供用电的移交和接收手续，确定省与省之间该区域供电营业重新划定之日（1998 年 12 月 31 日），亦即代供电终止之时。江苏泗洪县有三个居民村用电一直由安徽五河县供电局代供。1997 年 8 月，江苏泗洪县供电局与安徽五河县供电局又续签了代供电协议。根据重新划分供电营业区的规定，苏皖两县供电部门经过协商，确定了终止代供电的时间。1999 年 10 月，两县供电局顺利完成了移交和接收手续，结束了多年跨省供电用电的问题。

（2）本省地市与地市之间交叉供用电的移交、接收与划分。浙江省在 11 个地市级供电营业区的供用电范围中，除杭州市行政区域内的建德市、淳安县的用电由金华电业局负责代供外，其余 10 个供电营业区的供电范围均与行政区划相同。根据规定，这两个地市供电部门，在浙江省电力公司的安排下，作了妥善处理后，浙江省较顺利完成了 11 个营业区的重新确定与划分工作。

（3）本地区县与县之间交叉供用电的移交、接收与划分。安徽省滁州市南谯区行政区域内有 7 个乡镇与相邻的县（市）存在着交叉供用电问题。根据规定，全部按县行政区划移交给相应的县（市）供电公司归口管理。

对少数移交、接收条件暂不成熟的，续签了代供电协议，待条件成熟后再办理移交手续；对个别行政区域归属问题暂不能确定的，代供电仍维持原状。如安徽省滁州市行政区域内的凤阳县用电营业区的归属问题，安徽省电力局 1997 年发文指出，应划入滁州供电局营业区范围内，蚌埠供电局代供电一年至 1998 年止，若到 1998 年底凤阳县的行政区域归属问题仍不能明确，则从 1999 年 1 月 1 日 0 时起，归滁州供电局管理。1998 年 3 月 12 日，蚌埠市人民政府向安徽省人民政府报告《要求（将）凤阳县调为蚌埠市辖区》；1998 年 9 月 9 日，安徽省人民政府在“来文复单”上批示“凤阳县供电营业区暂隶属蚌埠电网不变”。到 2002 年为止，滁州地区之内的凤阳县的用电仍由蚌埠供电公司提供。

经过近一年的努力，华东电网区域内三级供电营业区的重新划分工作，除个别营业区外，于 1998 年 1 月 1 日基本完成，领取了由电力工业部核发的《供电营业许可证》，并持此证向当地工商行政管理机构办理了企业登记注册手续，换发了“企业法人营业执照”。

1999 年 9 月，华东三省一市供电部门根据国家经贸委《关于颁发〈供电营业许可证〉的通知》的精神，将电力工业部监制核发的《供电营业许可证》，更换为由国家经贸委核发的《供电营业许可证》；该《通知》指出，今后凡行政区调整、营业区变更等，需要重新核定供电营业区的，需报省、市经贸委、电力工业局审核，一律使用国家经贸委监制核发的《供电营业许可证》。

华东电网内省市、地区、县三级供电营业区划分工作完成后，供电营业区的供电关口、人员、资产、设备运行、账务等，均按照新的管理办法进行运转。这样，不但使一些跨省、跨地区、跨县交叉供用电问题得到了清理，而且也使一些行政区域内存在的“多家管电”的现象得到了纠正。

二、营业机构变革

1991～1995 年的 5 年间，华东电网电力供应仍然紧张，江苏、浙江、安徽和上海三省一市的用电管理机构仍然是由电力部门的用电处（科）和地方政府以加强计划用电管理为主的“计划用电，节约用电，安全用电”办公室（简称“三电”办公室）联手进行管理的。“三电”办公室主任由地方政府经济部门负责人担任，电业单位的用电管理部门人员同时也是“三电”办公室成员，实行“两块牌子、一套班子”的运作模式。“三电”办公室在电力紧缺的年代，通过协调计划用电，维护供、用电秩序等，做了大量的工作，发挥了重要的作用。

1996年起，随着华东电网供电能力的不断增强，三省一市电力供需矛盾开始缓解，用户用电逐渐由计划分配转变为以市场为导向进行安排之后，“三电”办公室的作用开始日渐缩小，并在地方政府进行体制改革、机构精简的过程中，被先后撤销。“三电”中的“节约用电”、“安全用电”的管理工作，随之被列入供电企业的日常工作，仍常抓不懈；其中“节约用电”的管理工作，后来逐渐转化为社会各行业的共同行为，进入到范围更广、层次更高、成效更大的阶段。

1998年，上海、江苏、浙江和安徽省三省一市电力公司，为适应电力市场的需要，相继对本省、市用电管理部门——用电处进行了改制，组建成电力营销部，统管全省、市电力营销工作；随后，各地市供电公司也对用电管理部门——用电科进行了改制，组建成电力客户服务中心，业务从属于省、市电力公司的电力营销部。电力客户服务中心具有营销管理和营销服务的双重职能，它的成立，标志着用电管理向服务型转变。

三、营业规章

1991～1995年，华东三省一市的用电营业规章继续执行国家经贸委1983年颁布的《全国供用电规则》和1993年国家计委转发的有关调整供电贴费标准和加强贴费管理问题的“通知”。其中，有关用电营业的内容是：①新装、增容与变更用电事项，均需到供电部门的营业窗口办理申请手续，供电部门按照业务流程的规定，办理供电业务；②对各个等级电压用户的增容、扩容的收费标准及送电、受电工程施工等事项均作了具体的规定；③受电工程的竣工验收需按照电力部门与大用户之间以供、用电设备产权所属为分界点，承担各自的责任、权利和义务，供用电双方要签订《供用电协议》（合同）等。

1996年8月21日，电力工业部向全国供电企业发布第7号令《居民用户家用电器损坏处理办法》，同年10月8日，发布第8号令《供电营业规则》。华东三省一市供电部门在全面执行电力工业部两个“令”的过程中，结合本省、市供用电实际，都制定了实施两个“令”的细则或补充规定。如，对已受理的用电申请，规定了供（受）电方案的答复期限；建立实施计划检修、临时检修、停电告示制度；出台了因电力运行事故引起居民户家用电器损坏的赔偿办法的实施细则；停止执行预收电费和电度表保证金；降低高、低压用户的增容、扩容收费标准等，体现了营业规章制度内容的与时俱进，为拓展电力市场提供了制度上的保障。

第二节　营　销　服　务

一、窗口建设

供电企业对外承接用电业务的场所和网点为用电营业窗口。为不断提高电力营销水平和服务质量，华东电网内各地市、县级供电企业的用电营业窗口建设工作经过了从规范到达标的两个阶段。

规范阶段（1991～1995 年）。这个阶段的主要任务是：①推行并统一使用“三卡一账”（抄表卡、表计资产卡、业扩报装卡、电费台账）；②抓业扩工作“一口对外”，理顺内部业务流程；③确立用电营业场所是供电企业对外承接业务的窗口，杜绝多头对外受理供电业务，并加强地市级用电主营业场所和网点的建立健全工作；④在营业窗口公示业务扩充受理工作的流程和相关规定；⑤聘请行业纠风监督员，建立社会对供电企业的行风监督机制；⑥执行配电 24 小时抢修值班制度，实行业扩工作“一条龙”服务，加快用户报修、报装业务的进度。

这一时期华东电网的电力供应情况虽有好转，但并未完全摆脱被动局面，供电线路和变压器等供电设施的“瓶颈”问题，也未从根本上得到解决。由于这两大制约因素依然存在，故在一些地区对用户新装或增容用电的申请，仍然控制较严，表现为手续繁、头绪多、进度慢。对此，一些用户很有意见，批评供电部门“门难进、脸难看、事难办”。

达标阶段（1996～2000 年）。随着电力供需矛盾的逐步缓解，供电线路和变压器等设施的“瓶颈”问题，也得到了较好的解决后，华东三省一市各级供电企业在继续规范营销服务制度的基础上，积极推行用电服务承诺制，后来又紧紧抓住以社会评议各行各业行风建设满意度为契机，广泛开展电力“为人民服务，树行业新风”示范窗口的达标建设活动。浙江省电力公司向全省供电局提出了“全局要围绕营销转，营销要围绕市场转”的新思路，上海市电力公司要求供电企业员工要“用心点亮上海”，安徽省电力公司要求供电企业员工要认真践行“尽心服务，尽力先行”的安徽电力企业精神。

广大供电企业员工纷纷响应省、市电力公司的号召，积极转变观念，强化营销，变管理为服务，改坐等为上门，“以客户为中心”的营销理念，逐渐扩展到全体员工，加快了用电营销窗口达标建设的进度。

华东三省一市供电企业营业窗口建设达标后的基本面貌是：①地市供电企业的营业大厅宽敞、明亮、洁静。大厅内服务设施齐全，敞开式的柜台服务，给客户一进门后就有一种舒心、温馨的感觉。②实施“首问制”。推行“客户代表（经理）”制度，由“客户代表（经理）”全权代理客户填好用电申请单后的一切后续手续，使客户申请用电的业务，只需“进一扇门，找一个人（客户代表经理）、填一张表（用电申请表）”就可以了，将“一口对外”的服务承诺落到了实处。③压缩了业扩流程时间。对业扩的每一个环节流程的最长时间做了明确的限定，如规定业扩受理后的供电方案的答复时限是：低压客户不超过 10 天，高压客户不超过 30 天；工程竣工验收合格并交清规定的费用后的 7 天内，装表接电。④开通 24 小时为客户服务的电力服务热线 95598，电力热线集客户用电报装、故障报修、业务咨询、投诉举报等四大功能为一体，为客户开辟了一条便利、快捷地向供电部门反映用电情况的通道。电力服务热线的开通，加强了电力营销工作集约化和精细化的进程。建成后的营业窗口，以其崭新的服务形象，优质的服务水平，为华东电网各级供电企业赢得了良好的社会信誉。在地方政府每年开展的行风满意度评比中，各地供电部门的得分逐年提高，排名居于前列。1999 年，华东电网地区 43 个地市供电企业的营业窗口——营业大厅，通过了华东电力集团公司标准化营业大厅的达标验收，其中，上海市 3 个，江苏省 13 个，浙江省 11 个，安徽省 16 个。合肥供电局、杭州电力局、南京供电局和上海市区供电公司的营业大厅，还被评为“全国电力行业标准化示范窗口”。

2000 年，浙江省共有 55 个县及县以上的供电营业窗口，达到国家电力公司的规范化服务标准，建成农村供电营业规范化服务窗口 105 个；杭州市城北供电营业厅被中央文明办命名为“全国精神文明示范点”和“全国精神文明先进单位”。

二、业务扩充

华东三省一市供电部门的用电营业业务扩充（简称业务扩充或业扩）内容和工作流程基本相同。1991～1996 年，业扩工作内容和流程是：接受用户用电申请；根据用户的用电设备容量、用电性质、用电量大小和用电位置等，结合电网负荷情况，进行现场勘察，确定供电方案；收取供、配电贴费和相关业务费用；进行业扩工程设计、施工和检验用户电气设备装置；签订供用电协议；装表接电；资料归档、建立用户用电档案等。其间，部分地区供电部门着手对居民“合表用电”进行改造，业扩工作量逐渐增多。1996 年后，电力供求矛盾开始缓解，华东三省一市电力局（公司）根据电力部颁布的《供电营业规则》要求，先后制订了本省、市供电部门执行《供电营业规则》等规定的“实施细则”或“补充规定”，主要内容是：简化用电申请手续，取消一些用电扩充报装限制，压缩业扩工作流程，规定业扩工程竣工验收合格、用户交清应交的相关费用后的装表接电时间等，为不断扩大用电营业奠定了基础。1996～2002 年，华东三省一市供电部门的用电业扩工作量，随着电力供应的逐渐富余而不断增加。

（1）实施“一户一表”。即取消“合表用电”。华东地区早期城镇所建公房都是一幢房或一幢房的一个楼面，只装一只电能表。在电力紧缺年代，对居民用户要求一户装一只电能表的控制一直很严。原因一是受到城镇配电网布局的限制，所以不鼓励、不提倡；二是另立一个用电“户”头，费用较高，单独到“户”的供电线路、设施的费用用户要出一部分，手续也较繁。因此“一户一表”的发展速度缓慢，早期公房中居民生活用电“一户一表”者寥若晨星。

电力供应富余后，城镇居民用电的水平也随之不断提高，“合表用电”后的电量均摊，给居民生活带来的不便之处也日显突出。“想用户所想，急用户所急”，1993 年 4 月，浙江省杭州市电力局在地方政府和省电力局的支持下，在华东地区率先对城镇居民“合表用电”进行了改造，实施“一户一表”，打破了沿袭多年的城镇居民生活“合表用电”的陈旧格局；此后，浙江全省各地市级供电局也纷纷仿效。经过 4 年多的努力，截至 1997 年底，浙江全省城镇居民用电户已基本实现“一户一表”，用电户从 1992 年的 48.87 万户，增加到 1997 年的 129.43 万户，4 年增加了 1.65 倍。在 1998 年开始进行的农村电网建设与改造期间，浙江省农村居民生活用电也普遍实施了“一户一表”。至 2002 年，浙江全省用电户数达 660.68 万户，比 1997 年的 224.21 万户增加了 1.95 倍。1994 年初，上海市电力局在上海市人民政府的支持下，“一户一表”实施工作被列为上海市人民政府当年十大实事工程之一，投入巨额资金认真实施。至 1999 年底，完成了 133.48 万合用电表户改装成独用电表户的工作；在对农村电网进行建设与改造中，上海市电力公司也同时对农村居民生活用电进行了“一户一表”改造。1997～2000年，安徽省电力局在农网改造中，共改造城镇居民合用电表户34.2万户；在农村，更换电能表761万多只。至2002年底，江苏省用电户达2329.482万户，比1990年净增2139.92万户。

（2）推行“两电分离”。华东电网各供电企业在对企事业单位的生产用电与生活用电实施分离时，采取了多种优惠、便利的措施，保证了“两电分离”工作的如期实施。

为保护消费者的利益，各供电企业经过多方努力，与地方政府的建委、房地产局等部门联合发文，要求房地产开发商、土建、设计等单位，对在建的和即将投用的住宅的有关供电设施标准，都要按供电部门规定的要求“一步到位”；以后凡建造住宅楼房时，有关供电方案和图纸都要先送交供电部门审核通过，以免给消费者造成不必要的损失和浪费。

（3）预留增容空间。在城镇电网建设与改造时，各地区供电企业通过增大导线直径、调整公用变压器布局、缩小供电半径等措施，为以后用户报装、增容、扩容用电，都预留了一定的发展空间。

（4）开展优惠用电促销。为认真落实国家有关部门的通知精神，各地区供电企业先后出台了多项优惠用电、方便用电的方案：停止向客户收取业扩手续费、用电申请单工本费等，停止收取电费保证金和电能表保证金，供电贴费减半征收，取消实施多路电源供电审批范围的限制，全面开放对非生产性用电客户使用空调、电力冷热风机以及电炊、电热等用电设备的报装申请等。

业务扩充量的多少，是衡量供电企业开拓电力市场成效大小的具体体现。1995年，安徽省供电企业的直供用户为94万户，到2000年已扩展到162万户；1991年经营口径的售电量为174.35亿千瓦时，至2000年时增长到257.11亿千瓦时。至2000年，浙江省用电户数增加至398.51万户，比1990年增加了2.23倍，售电量为561.36亿千瓦时，比1990年增加了1.97倍。

第三节 电 价

起步于20世纪80年代中后期的集资办电政策和还本付息电价，大大促进了电力工业的发展，缓解了电力供需矛盾。到90年代的后期，还本付息电价这一特定历史时期产物由于自身的弊端逐渐显现，而最终被经营期电价所取代，但还本付息电价与电力建设基金、三峡工程建设基金一起，对于90年代电源、电网建设所起的作用是不可磨灭的。90年代的电价政策不仅为电力快速发展奠定了基础，而且也对新世纪电力体制改革和电价改革起到了重要的探索作用。

一、电价管理体制

按照国家的规定，华东电网的电价由政府管制，由政府核定电厂的上网电价及销售电价。管理体制主要分中央和地方政府两级。作为负责管理价格的中央机构，国家计委掌握着电价的核批权，地方物价局负责电价调整方案的上报，以及一些临时电价和小机组电价的制定工作。

1985 年，国家确定集资办电政策后，国家对社会集资和利用银行贷款建设等方式建设的电厂实行按还本付息原则定价的政策。随着社会主义市场经济体制改革的深化和电力市场情况的变化，到 90 年代后期，按还本付息原则核定电价的政策所产生的问题日益严重。根据电力体制改革的方向，国家计委于 2001 年 4 月 23 日下发了《关于规范电价管理有关问题的通知》，决定对核定上网电价的具体办法作适当调整，上网电价核定办法由还本付息法改为经营期电价法（在一定的资本金收益率下，按项目经营期内累计净现金流量现值为零确定电价的方法）。按先进企业的社会平均成本核定上网电价。经营期：火电 20 年、水电 30 年；长期贷款年限：火电 13～18 年、水电 18～25 年；经营期内资本金内部收益率按略高于同期国内银行 5 年期以上贷款利率计算。

1991 年后，华东电网的销售电价继续实行双轨制，即指令性电价和指导性电价并存；从 1999 年起，各省（市）陆续实行统一销售电价。

输配电价一直处于没有价格机制的状态，电网的输变电价空间只能由销售电价扣减上网电价及网损形成。

二、电价政策

从 1985 年起，华东电网与其他地区一样开始执行国家经委、国家计委、水利电力部、国家物价局等部门联合颁布的《关于鼓励集资办电和实行多种电价的暂行规定》，规定集资办电分两种方式：一是集资扩建新建电厂；二是卖用电权，将这部分资金转为电力建设资金。对部分电厂实行多种电价，用加价燃料所发电量增加的燃料费用计入成本，允许自行组织议价燃料发电，电网收取燃料附加费，组织用户来料加工收取加工费，实行峰谷、汛枯差别电价。集资电厂实行“谁投资，谁用电，谁得利”的政策等。1985 年，经国务院同意，华东电网开始试行每千瓦时征收二分钱电力建设基金用于办电。1987 年 12 月，国务院正式批准国家计委《关于征收电力建设资金暂行规定的通知》，规定从 1988 年 1 月 1 日起，在全国征收电力建设资金，征收标准为每千瓦时二分钱，用于已列入国家计划的大中型电力项目的建设，其产权按该项资金所占电站总投资比例，归各省、市、自治区所有。

20 世纪 90 年代，华东电网沿用了上述价格政策，并且根据实际情况不断地对电价进行调整，同时大力整顿电价秩序，规范收费行为，增加电价透明度，充分发挥电力价格杠杆作用，落实国家产业政策。

为了筹措三峡工程建设资金，华东电网自 1993 年 1 月 1 日起，执行国家物价局、能源部联合下发的《关于对城乡居民生活用电征收三峡工程建设基金的通知》，对城乡居民生活用电每千瓦时征收 3 厘钱作为三峡工程建设基金。从 1994 年 1 月 15 日起，三峡工程建设基金征收标准提高到每千瓦时 4 厘钱。1996 年 2 月 14 日，国家计委、财政部、电力部又以《关于进一步筹措三峡工程建设资金的通知》将三峡工程直接受益地区及经济发达地区的三峡工程建设基金征收标准，自 1996 年 2 月 1 日起提高到每千瓦时 7 厘钱。华东电网三省一市都在执行范围内。

随着集资办电政策的执行，到20世纪90年代后期，全国大面积缺电的情况有了很大缓解。为了开拓电力市场、促进电力消费、减轻电力用户负担，从2000年6月13日起，华东电网开始执行国家计委、国家经贸委联合颁发的《关于调整供电贴费标准等问题的通知》的有关规定，取消省及省以下各级政府及部门自行出台的电力增容费；现行贴费标准降低一半；城乡电网改造过程中新增的用电容量免征一切贴费或增容费。从2001年1月1日起，华东电网开始执行国家计委、财政部联合下发的《关于农村电网改造还贷有关问题的通知》规定，将征收的2分钱电力建设基金取消后并入电价收取，用于解决农村电网改造还贷问题。自2002年1月1日起，华东电网开始执行国家计委、国家经贸委联合颁发的《关于停止收取供（配）电工程贴费有关问题的通知》规定，停止收取供（配）电工程贴费。至此，电力建设基金以及电网供电贴费在华东电网均被取消。

三、电价水平

（一）销售电价

1991年以后，华东电网仍执行原水利电力部1976年印发的《电、热价格表》。1993年7月15日，国家计委、电力部下发了《关于印发〈华东电网电价表〉的通知》。通知规定：改革用电加价办法，按保持合理电价结构及比价关系的原则，将近年累计的燃运加价标准并入目录电价，对大工业电价和非工业、普通工业电价按1：1.2的比价安排；全面实行还本付息电价；对个别行业用电和贫困县农业排灌用电继续实行优惠；提高居民生活用电价格；新电价表自1993年4月1日起执行，居民生活用电和外国驻华使领馆等机构用电自1993年7月1日起执行；1976年原水利电力部印发的《电、热价格表》废止，新电价表不包含电力建设资金2分/千瓦时和三峡工程建设基金0.3分/千瓦时。通知后面附有上海、江苏、浙江、安徽电网电价表，分别见表7-3-1～表7-3-4。

表7-3-1 上海市电网电价

上海市电网销售电价

电价类别	电度电价[元/(千瓦时)]			基本电价	
	<1千伏	1～10千伏	≥35千伏	最大需量[元/(千瓦·月)]	变压器容量[元/(千伏安·月)]
居民生活电价	0.270	0.260	0.260		
非居民照明电价	0.387	0.377	0.377		
非工业、普通工业电价	0.305	0.298	0.287		
大工业电价		0.214	0.203	15.00	10.00
其中：电石、电解烧碱、合成氨、电炉黄磷		0.204	0.193	15.00	10.00
农业生产电价	0.246	0.238	0.225		

表 7-3-2　　江苏省电网电价

江苏省电网销售电价

电价类别	电度电价[元/(千瓦时)]			基本电价	
	<1 千伏	1～10 千伏	≥35 千伏	最大需量 [元/(千瓦·月)]	变压器容量 [元/(千伏安·月)]
居民生活电价	0.260	0.250			
非居民照明电价	0.379	0.369			
非工业、普通工业电价	0.302	0.295	0.284		
大工业电价		0.213	0.202	15.00	10.00
其中：电石、电解烧碱、合成氨、电炉黄磷		0.203	0.192	15.00	10.00
农业生产电价	0.250	0.242	0.229		
贫困县农业排灌电价	0.060	0.058	0.055		

江苏省电网趸售电价

电价类别	县级趸售[元/(千瓦时)]		县以下趸售[元/(千瓦时)]	
	1～10 千伏	≥35 千伏	1～11 千伏	≥36 千伏
居民生活电价	0.185		0.203	
非居民照明电价	0.290		0.308	
工业、非工业电价	0.224	0.216	0.232	0.224
农业生产电价	0.204	0.190	0.204	0.190
贫困县农业排灌电价	0.035	0.030	0.035	0.030

表 7-3-3　　浙江省电网电价

浙江省电网销售电价

电价类别	电度电价[元/(千瓦时)]			基本电价	
	<1 千伏	1～10 千伏	≥35 千伏	最大需量 [元/(千瓦·月)]	变压器容量 [元/(千伏安·月)]
居民生活电价	0.250	0.245			
非居民照明电价	0.344	0.332			
非工业、普通工业电价	0.311	0.304	0.293		
大工业电价		0.217	0.205	15.00	10.00
其中：电石、电解烧碱、合成氨、电炉黄磷		0.207	0.195	15.00	10.00
农业生产电价	0.254	0.246	0.233		
贫困县农业排灌电价	0.060	0.058	0.055		

浙江省电网趸售电价

电价类别	县级趸售[元/(千瓦时)]		县以下趸售[元/(千瓦时)]	
	1～10千伏	≥35千伏	1～11千伏	≥36千伏
居民生活电价	0.192		0.206	
非居民照明电价	0.274		0.288	
工业、非工业电价	0.237	0.228	0.245	0.236
农业生产电价	0.217	0.202	0.217	0.202
贫困县农业排灌电价	0.035	0.030	0.035	0.030

表 7-3-4　　安徽省电网电价

安徽省电网销售电价

电价类别	电度电价[元/(千瓦时)]			基本电价	
	<1千伏	1～10千伏	≥35千伏	最大需量[元/(千瓦·月)]	变压器容量[元/(千伏安·月)]
居民生活电价	0.260	0.250			
非居民照明电价	0.364	0.355			
非工业、普通工业电价	0.293	0.286	0.276		
大工业电价		0.211	0.201	15.00	10.00
其中：电石、电解烧碱、合成氨、电炉黄磷		0.201	0.191	15.00	10.00
农业生产电价	0.240	0.232	0.220		
贫困县农业排灌电价	0.060	0.058	0.055		

安徽省电网趸售电价

电价类别	县级趸售[元/(千瓦时)]		县以下趸售[元/(千瓦时)]	
	1～10千伏	≥35千伏	1～11千伏	≥36千伏
居民生活电价	0.187		0.205	
非居民照明电价	0.281		0.299	
工业、非工业电价	0.215	0.207	0.223	0.215
农业生产电价	0.194	0.181	0.194	0.181
贫困县农业排灌电价	0.035	0.030	0.035	0.030

试行峰谷电价。根据国家计委、电力部1995年4月全国计划用电会议上提出的实行峰谷分时电价的要求，从1995年下半年起，华东三省一市开始实施峰谷分时电价的试点工作。经安徽省人民政府同意，安徽省电力公司开始在滁州、巢湖等6个地市开展峰谷分时电价的推广试点中，将“峰、平、谷”三个时段各定为8个小时，峰谷电价比为3∶1。

截至2000年，峰谷分时电价的实行成了开拓电力市场、鼓励用户用电的举措之一。安徽省经委、省电力公司为鼓励用户多用低谷电，又将“峰、平、谷”三个时段重新划分为：峰段6小时，平段8小时，谷段10小时，让有想用谷电愿望的客户和调峰能力强的大用户自愿选择，效果良好。至2000年底，安徽省年均转移高峰用电负荷20万千瓦，提高用电低谷比近一个百分点，用户年均减少电费支出1.2亿元。

三省一市还对居民生活用电的峰谷分时电价作了规定。上海峰电电价每千瓦时为0.617元，谷电电价每千瓦时为0.307元；浙江峰电电价每千瓦时为0.56元，谷电电价每千瓦时为0.28元。

从1999年起，国家计委陆续在全国各省实行统一销售电价。

1999年1月8日，国家计委印发《关于江苏省实行售电统一价格和峰谷电价的批复》。规定自1999年1月1日起，统一江苏省销售电价，核定江苏省平均销售电价为0.527元/千瓦时(含附加、基金等)；对变压器容量为315千伏安及以上的工业用户的电度电价执行峰谷电价(峰、平、谷)，平段按销售电价表执行，高峰、低谷在平段电价基础上上浮和下浮50%。

2000年4月17日，《国家计委关于调整浙江省销售电价有关问题的通知》规定，自2000年1月1日起，浙江全省实行统一销售电价，核定浙江省统一销售电价水平为0.595元/(千瓦时)。

2000年8月2日，《国家计委关于调整安徽省销售电价有关问题的通知》规定，自2000年9月1日起，安徽全省实行统一销售电价，核定安徽省统一销售电价水平为0.424元/(千瓦时)。

2002年5月13日，《国家计委关于疏导上海市电价矛盾有关问题的通知》规定，自2002年5月25日起，降低部分发电企业上网电价；将降低现有集资电厂上网电价及取消“2分钱”电力建设基金解决农网投资贷款还本付息富余的部分，用于解决上海市架空线入地工程贷款还本付息、国电华东公司输电设施还本付息及上海市电力公司增加购买吴泾电厂八期和天荒坪抽水蓄能电站等电量电费支出；为了缩小用电峰谷差，峰谷电价比由3∶1拉大到3.5∶1。

1991～2002年华东电网售电情况见表7-3-5。

表7-3-5　　1991～2002年华东电网售电情况

年份	售电量(万千瓦时)	售电收入(万元)	平均售电单价[元/(兆瓦时)]
1991	8717795	1271261	145.82
1992	9767329	1680158	172.02
1993	10769657	2515178	233.54
1994	12010755	3116047	259.44
1995	13127122	3747360	285.47
1996	14169464	4493576	317.13
1997	14862761	5205930	350.27
1998	15267612	5511821	361.02
1999	16325208	6149990	376.72
2000	19972160	7737233	387.40

续表

年份	售电量(万千瓦时)	售电收入(万元)	平均售电单价[元/(兆瓦时)]
2001	22284984	8913546	399.98
2002	25643375	10553018	411.53

(二)上网电价

1992年,能源部和国家物价局以《关于扬州电厂三期工程两台二十万千瓦机组上网及售电价格的批复》,核定扬州电厂三期工程2台20万千瓦机组上网电价为0.176元/(千瓦时),并采用定向销售,售电价为0.24元/(千瓦时)。

1996年7月9日,国家计委以《关于调整秦山核电站上网电价的通知》,将秦山核电站(一期)上网电价自1996年7月1日起调整为0.42元/(千瓦时)。

2000年7月31日,国家计委以《关于核定天荒坪抽水蓄能电厂上网电价的通知》,确定天荒坪抽水蓄能电站实行两部制电价,容量电价549.90元/(千瓦年),发电电量电价0.309元/(千瓦时),抽水电价0.214元/(千瓦时)。上海、江苏、浙江从2000年1月1日起执行,安徽省自电网销售电价调整之日起执行。

2002年8月23日,《国家计委关于核定秦山核电二期上网电价的批复》下发,核定秦山二期上网电价为0.414元/(千瓦时)(装机容量2×65万千瓦,负荷因子70%)。

(三)网内互供电价

20世纪90年代初,网内互供电价分为三块内容,即电度电价、固定电价(费)和燃运加价用电加价。1993年起,燃运加价用电加价与目录电价并轨,执行新目录电价。

1. 电度电价

1991~2002年网内互动电度电价情况见表7-3-6。

表7-3-6　1991~2002年网内互供电度电价情况　单位:元/(兆瓦时)

年份	电价项目	华东公司统销电价	安徽上网电价	江苏上网电价
1991	高峰	76.74	75.05	
	低谷	43.77	43.20	
	平均电价	63.55	62.31	
1992	高峰	76.74	75.05	
	低谷	43.77	43.20	
	平均电价	63.55	62.31	
1993	高峰	183.00	260.00	
	低谷	97.00	135.50	
	平均电价	148.70	210.20	

续表

年份	电价项目	华东公司统销电价	安徽上网电价	江苏上网电价
1994	一、平均电价	155.22	217.31	
	二、峰谷电价			
	7月1日～9月30日			
	高峰	211.65	296.34	
	低谷	70.55	98.78	
	其余月份			
	高峰	242.67	339.75	
	腰荷	155.22	217.31	
	低谷	80.89	113.25	
1995	一、平均电价	162.04	204.79	
	二、峰谷电价			
	7月1日～9月30日			
	高峰	220.95	279.27	
	低谷	73.65	93.09	
	其余月份			
	高峰	253.32	320.16	
	腰荷	162.04	204.79	
	低谷	84.44	106.72	
1996	一、平均电价	182.76	230.93	224.18
	二、峰谷电价			
	7月1日～9月30日			
	高峰	249.21	314.91	305.70
	低谷	83.07	104.97	101.90
	其余月份			
	高峰	285.72	361.02	350.49
	腰荷	182.76	230.93	224.18
	低谷	95.24	120.34	116.83
1997～2002	一、平均电价	194.43	240.00	240.00
	二、峰谷电价			
	7月1日～9月30日			
	高峰	265.14	327.27	327.27
	低谷	88.38	109.09	109.09
	其余月份			
	高峰	303.96	375.21	375.21
	腰荷	194.43	240.00	240.00
	低谷	101.32	125.07	125.07

2. 固定电费

1991年，固定电价(费)包括两项合并收取，一是华东电管局超基数管理费，按1987年区内售电量比例分摊给省、市电力局；二是500千伏输变电费用，按上年区内售电量分摊给省、市电力局。

1996年，新安江电厂水库库区维护基金由每千瓦时1厘钱提高到1分钱，增加的9厘钱除华东电力集团公司负担1厘外，其余8厘列入固定电费，由三省一市电力公司负担；葛洲坝电价上调及葛沪线还贷加价列入固定电费。

1998年，固定电费中的500千伏资产的折旧、大修和还贷单列成“输变电费用”，并按两段进行分摊，即1997年及以前的资产沿用老办法，1998年新增资产的费用由受益省市电力公司承担。天荒坪—瓶窑线折旧费用，按省市电力公司分配天荒坪电站的容量比例分摊。

2001年，国电华东公司根据“尊重历史、规范现实、团结治网”的原则，出台了新的输变电费用收取办法，将原先的固定电费、输变电费用等汇总合并，作为调整输变电费用的参照基础，确定全网输变电资产平均成本费用回收率。国电华东公司按此收取输变电资产收入。该收入包括折旧、大修、材料、人工、管理费用等生产成本支出。原定向服务定向收费的500千伏输变电设施改为：60％采用“定向服务，定向收取”方式，向受益省市电力公司收取，40％按上年省市电力公司售电量比例分摊。还贷部分，2000年以前的按老办法执行，2000年及以后的，按上年区内售电量比例分摊。

第四节 电 费

一、电量抄录

1988年，南京供电局开始使用抄表微机现场抄录电能表上显示的电量读数。到1990年底，浙江省的嘉兴、绍兴，江苏省的镇江、无锡、苏州，安徽省的六安等供电局也相继使用抄表微机现场抄录电量。抄表工作从抄读电量到抄录电量，这是一大变革，但这一时期还仅仅停留在少数地区供电单位的试用阶段，就大多数地区的供电单位来说，在1991～1995年的5年间抄表工作还是以传统的手工操作为主，抄表员按固定的抄表日期领取抄表卡、簿，到用户用电现场抄读后，将抄表通知单交给用户，抄表结束后按抄表卡、簿上记载的电量读数计算电费，逐户开票，汇总后开具抄表日期，交给专职复核人员进行复核。在这一阶段，使用抄表微机抄表的推广工作进度较缓慢。

从1996年起，华东电网各供电企业随着用户不断增加，尤其是“一户一表”工程的展开，用户数急剧上升，抄表工作量明显加大后，采用抄表微机抄表的工作才被迅速推广开来。随后，在居民集中的生活小区安装的远程集中抄表系统（低压载波抄表系统）的投用、对大用户抄表采用的微电脑器的加入等，使抄表工作进入到了一个全新时期。采用微电脑器抄表，只需将大用户的户码编成“条形码”贴在大用户的电能计量表上，抄表员每月按时到现场抄表时，只要用光电笔在“条形码”上轻轻划一下，微电脑器上就能显示出这是哪户、哪块电能计量表，并将电表上显示出的电量读数自动录入电脑。对零星或居住分散的小用户抄表，还是用抄表微机抄表。抄表新器具的广泛应用，不仅减轻了抄表人员的劳动强度，而且也大大提高了抄表的效率和准确率。

抄表是电费回收工作中的重要环节，直接关系到供电企业的经营效益。因此，华东电网各级供电企业对抄表工作十分重视，尤其在电力客户服务中心成立后，各供电企业都修订了抄表工作的管理办法，如对电能表的实抄率、差错率、到位率、抄表出账率、抄表微机使用率等，都作出了具体的规定；有的地方还将居民电费回收率、低压线损率分台区考核到抄表员；有的地方规定对居民用电实行单月或双月抄表，对100千伏安及以上动力用户实行月末或零点（次月1日零点前）抄表，其他用户按月抄表，使抄表工作严格按照周期、日期进行。各地还规定了对抄表人员的工作实行定期或不定期抽查及奖惩考核等办法。

二、电费核收

在1991～1995年的5年中，华东电网有一部分供电企业的电费复核工作，还是沿用人工计算电费、专人复核电费票据的方法进行，有的最多借助PC－1500袖珍计算机或电子计算器代替人工进行电费复核。1996年后，这一部分供电企业随着客户服务中心相继成立，MIS计算机系统的先后投用，电费复核才逐渐被计算机代替。

利用计算机直接进行电费计算、电费复核，使电费复核人员从大量的繁琐的劳动中解放了出来。微机操作人员只要把抄表器插入计算机，客户的用电数量就会直接显示出来，并直接进行计算、复核，打印出客户的电费票据，交由电费员送给客户。

客户缴纳电费的方式也呈多样化：或可到供电企业的服务网点付费，或可到银行、储蓄网点付费；有的客户在银行开设了电费存款专户，电费员把客户的电费票据送到银行或储蓄网点后，银行或储蓄网点在客户的电费存款账户里进行代扣；若连续三个月扣不到电费的，银行就会把客户的电费票据退回到供电企业的客户中心，客户中心会派人上门走收，或采取其他形式催收。

华东电网不少地区供电企业还采用IC卡预付费的电能表，每只电表可预先输15千瓦时电量的电费款，用完后，电表会自动断电，用户想要继续用电，必须到售卡点购买电量后将IC卡插入电能表输电接口才能恢复送电。这一供电方式被不少供电企业采用后，避免了不少麻烦。

有些地区对迟缴电费的违约金采用微机自动扣除的收取办法，避免了人工收费的人为减免违约金的漏洞或扯皮现象。

2002年前后，浙江、安徽两省的一些地市供电公司对趸售和直供直销单位还采用工效挂钩的收费方法，对趸售供电公司预收电费；对一些用电大户进行信用等级评价，公开通报，根据信用等级采取相应的收费措施，降低了电费呆账风险。

为鼓励在电费回收工作中做出成绩的企业和个人，加快电费回收速度，三省一市电力公司都制定了电费回收指标考核评分办法。考核目标为当年电费月结月清，年底结零，旧欠电费回收20％以上；考核方式为月度考核与年度考核相结合，以月度考核为主，考核时间为年底考核，次月兑现；考核对象是趸售供电企业领导班子成员缴纳电费风险抵押金，直供供电企业领导班子成员以月度工资总额为抵押金，员工以一级岗位工资为抵押金；逐级负责，落实到人，工效挂钩。

三、欠费催收

1990年时，华东电网一些用电户拖欠的电费累计达5.04亿元，因此，从1991年开始，催缴用户拖欠的电费，就一直是一些供电企业营业管理中的一项重要工作。在这过程中，有的陈欠还清不久，又产生了新欠，有的陈欠未清又添新欠，有的历史陈欠，因年代渐久，慢慢成了"死账"或"无头账"。究其原因，一是面临前几年消费市场疲软，产品滞销，一些行业经济效益滑坡，资金周转不畅，对拖欠的电费"认账"，但又一时拿不出钱来付电费；二是一些工厂企业承包转让后，承包人不认前账，与供电部门有意扯皮；三是一些地段是地方政府招商引资的开发区，一旦出现了欠费情况，帮忙说情的人多，催缴有阻力；四是一些农业抗旱、排涝等用电的欠费，有"当然要减免"思想支配等。

尽管催缴陈欠电费有一定的难度，但各地供电企业，还是毫不松劲地努力做好欠费催交工作，制订了诸如陈欠电费催收办法，欠费回收考核奖惩办法等。在企业内部，打破工种、岗位界限，充实催收电费人员队伍，凡参与欠费催收人员皆缴纳风险抵押金，企业领导人及有关科室人员与催收人员一起，分片包干。供电企业的催费人员发扬"三千"（千辛万苦、千言万语、千方百计）精神，做到人"三勤"（勤跑、勤催、勤收），用"人盯人"的方式，与欠费企业的"当家人"不断地联系接触。不厌其烦地反复宣传供电单位是企业，电费不收回，供电企业就难以维持，若任其下去，其后果是不堪设想的道理；反复宣传电是商品，用电不交钱是不可理解的，也是做不到的理由。有的一边宣传，还一边积极帮助欠费企业争取银行贷款；或与欠费企业协商以贴息形式收取银行承兑汇票；有的主动向地方政府汇报本地区企业用电户的欠费情况，争取政府部门的理解和支持；有的把欠费催收和优质服务结合起来，对按时足额交清欠费的用户，在用电方面做到有求必应；对有钱不愿交的用户，则依照省、市电力公司的有关规定，按程序实施限电措施；对恶意欠费户则依照有关规定和程序，坚决实施停电措施，并在停电前，按照法定时限发出书面停电通知单，停电前30分钟再次通知；对个别欠费大户自认为用电性质特殊而拒绝签收《欠费停电通知单》的，或利用当地电视发广告；或发信函，发快递送出停电通知单，以取得依据；或向法院起诉恶意欠费用户。在各级政府支持下，经过各级供电企业职工的艰苦努力，华东电网陈欠电费额逐年减少，不少地区供电企业基本上做到了当年电费当年收回当年结清。

四、用电检查

1995年12月和1996年4月，《中华人民共和国电力法》和《中华人民共和国电力供应和使用条例》先后颁布，确立了供用电双方在电力供应与使用上的权利与义务。1996年5月和8月，电力部先后颁布第4号令《供用电监督管理办法》、第6号令《用电检查管理办法》。两个"管理办法"，将用电监察的职能分为供电企业的用电检查和政府管电职能部门的供用电监督检查两个方面，把用电监察工作纳入了法制化轨道。1999年和2000年，华东电力集团公司组织华东电网地区第一、二次用电检查人员学习电力法律、法规和规章，并对一、二次用电检查人员进行二、三级资格考核，均获通过。至此，华东三省一市供电企业不仅拥有国家电力公司考核通过的一级用电检查人员，而且还拥有华东电力集团公司考核通过的二、三级用电检查人员。用电检查的主要内容是：

（1）检查客户执行国家电力法规情况。根据电力部《用电检查管理办法》规定，供电企业检查用电的主要内容应是检查用户执行国家有关电力供应与使用的法规、标准和规章制度情况；用户受（送）电装置工程施工质量；用户送（受）电装置中电气设备运行安全状况；用户进网作业、电工进网作业安全状况及作业安全保障措施落实状况等。从1996～2002年的6年中，华东三省一市供电部门一直把学习、宣传、落实国家一系列的电力法律、法规和规章，作为用电检查的主要内容，并努力做到形式多样，通俗易懂，持之以恒，从不松劲，用户反映良好。

（2）协助客户做好安全供电工作。根据国家电力行政主管部门对用电检查的要求，在1991～2002年的12年中，华东电网各供电部门始终把用电检查工作的重点放在预防人身触电和大、中客户预防用电设备事故的措施落实上，并根据客户的用电方式、用电容量、用电性质等，制定了多种形式的安全用电定期检查制度。如对100千伏安的客户用电半年巡视检查一次，对100千伏安及6～10千伏安专线客户用电每季检查一次，发现客户用电缺陷，立即下达用电检查结果通知单，要求限期整改或协助消除安全隐患；对严重危及人身安全的设备缺陷，立即停止供电，并及时汇报。平时，用电检查人员注意收集大宗工业客户和自备发电机、双电源等客户的用电资料，分析用电情况，分类存档，发现问题，及时解决，确保客户安全可靠用电。

在安全用电管理方面，各供电部门还要求大、中客户根据用电情况，及时调整电容器的投运能量，做到无功电量就地平衡，确保电网安全运行；加强对社会电工的培训考核，规定社会电工只有在取得《进网作业电工证》后，才能进行电器设备的安装维修工作；对新上、迁移、增容变压器及配电设施的客户，用电检查人员严把用电安全关，对不符合安全用电要求的工程，绝不送电；经常在居民生活区宣传安全用电知识，普及安全用电常识，提高居民安全用电技能等。由于安全用电的工作常抓不懈，1991年后的12年中，华东三省一市未发生过因客户不安全用电而引起的电网各类事故。

（3）查处违章用电、打击窃电行为。1990年1月31日，国务院批转能源部、公安部联合发出的《关于严禁窃电的通知》，使查处违章、违约用电、打击窃电行为有了法律依据。华东三省一市电力部门，在地方各级政府的支持下，始终把查处违章违约用电、打击窃电行为，作为用电检查工作的一个部分，常抓不懈，维护了供用电秩序和供电企业的合法权益。在1991～2002年的12年中，安徽省统一布置开展的用电检查和反窃电专项检查共8次，累计纠正各类违章、违约用电近3.5万户次，查获窃电2.1万户次；共追补电量2.93亿千瓦时，追补电费和违约使用费1.2亿元。其中蚌埠、安庆、马鞍山等供电公司，还对较大的窃电事件进行了起诉，依法追究了当事人的刑事责任。1998年11月，江苏省在全省范围内开展为期5个月的反窃电专项斗争，掀起严打窃电高潮。反窃电专项斗争共查处窃电户23545户、窃电量1768万千瓦时，追缴电费及违约使用电电费3200万元，减少经济损失1350万元；受治安处罚的238人、送劳动教养的4人、被判处有期徒刑的27人。

第五节　电　能　计　量

一、计量管理机构

1991年10月，华东电管局（公司）按照能源部颁发的《电力工业发供电企业计量工作管理规范》、《电力工业供电企业计量器具配备规范》等文件精神要求，为明确发供电企业计量管理的组织机构及职责分工，对华东电管局（公司）“计量办公室”组成人员进行了调整和充实，“计量办公室”设在生产技术处，负责华东电力生产计量工作的组织管理。上海、江苏、浙江和安徽三省一市电力公司也先后对省（市）、地市、县三级电能计量机构人员进行了充实或调整。

1992～1994年，华东电管局（公司）就加强电力计量管理工作发出一系列文件，其中1992年2月《关于配备进口电能计量检验设备的通知》、同年3月《关于对建立9套电测计量标准与完善0.01级电能标准项目转正式报告的批复》、同年6月《关于同意购置电力计量车转为正式项目的批复》、1993年10月《关于颁发〈华东电网主网关口电能计量装置管理办法〉的通知》等，对推进华东电网电能计量管理工作“上等级”起到了很好的促进作用。

1995年1月，华东电管局（公司）为进一步加强华东电网电力生产计量工作的管理，决定成立华东电业管理局计量管理领导小组，由局（公司）总工程师等10人组成，领导小组下设局计量管理办公室，作为具体组织全网电力生产计量管理工作的常设机构。常设机构设在华东电力试验研究所。自此，华东电管局（公司）、省市电力公司、地（市）、县供电公司属下的四级专业电能计量管理机构的职责分工进一步明确，各级电能计量管理办法、规定和工作流程等进一步健全，对电能计量工作的考核管理力度也逐步加大。

1996～2002年，上海、江苏、浙江和安徽三省一市电力系统三级电能计量管理机构，在电能计量标准器具送检率、电能计量标准器具周期检验合格率、电能计量器具周期检验率和合格率、电能计量器具抽检合格率（简称“五率”）的“达标”上不断下工夫的同时，还积极开展计量ISO 9000贯标活动。经过努力，至2002年底，安徽省电力系统有14家地市供电企业通过ISO计量质量体系认证，电能计量器具的“五率”考核指标都达到国电公司规定的标准；江苏省电力试验研究院和全省13家地市供电企业通过省质量技术监督局的计量授权，取得了法定计量检定资格。

二、计量管理内容

（一）计量点监管

加强对华东电网各关口电能计量点的监督管理，是华东电管局（公司）计量管理工作的一个重要方面。其内容为计量点的设置、确立、更改和计量点上电能计量装置的添置、更新。华东电管局（公司）根据华东电网关口电能计量点设置原则和管理范围的有关规定，1991年11月，将原设在湖州变电站一侧的关口计量点移至长兴发电厂；1994年1月，将500千伏繁（昌）瓶（窑）5901线关口电能计量点由瓶窑变电站移至繁昌变电站；

1997年8月，为500千伏江都变电站计量点装置添置了一批配品配件；1999年5月，确立了秦山二、三期电厂上网电能计量的分界点；2000年11月，华东电管局（公司）向国电公司电力规划设计院发出申请函，要求在繁昌—东善桥、东善桥—武南、武南—瓶窑、政平—武南的4条2回线路及两端的变电站，都安装0.2S级关口电能表，采用双（单）表计量方式，并要求在设计中加上以上电能计量装置所需费用；2001年1月，将新安江、富春江、望亭电厂的关口电能计量点，从原先在发电机线路出口处移到发电厂线路出线侧。三个电厂关口电能计量点移位共27处，其中望亭发电厂9处，富春江水电厂12处，新安江水电厂6处。2002年4月，在王店变电工程投产前，对上海、浙江500千伏联络线关口计量点进行了调整；同年4月，在500千伏繁昌—南桥5914线、瓶窑—武南5915线、220千伏2241线投运前，明确了3条线路关口电能计量点的设置等。

其间，华东电管局（公司）电能计量管理机构先后完成了对华东电网主网关口电能计量装置的监督抽查，对华东三省一市电能计量执法结果进行了调研，对华东——福建联网工程福双线关口电能计量系统进行了现场测试和验收等。规范化的监督管理措施保证了华东电网各关口电能计量点的安全、经济运行及电能计量器具的准确性。

（二）新表监购

为采购电能计量器具质量把关，是网、省市电力两级电能计量管理机构的重要职责之一。1990年，能源部电力司和机械电子工业部仪表司在《“86”系列电能表座谈会纪要》中指出，为促进国家电能计量技术的发展，要求网、省市电力部门积极采用“86”系列电能表，并强调要注意严格抽样检验，保证购进的电能表质量可靠；要坚持先试后用的原则，防止盲目大量购进；要密切注意国外电能表技术的发展方向，积极采用世界先进水平的电能计量表，促进电能计量技术的发展；有条件的单位要积极采用质量稳定的电子式电能表。从1991年起，华东地区部分供电企业开始购置并使用“86”系列电能表；1993年，苏州市供电局在华东电网率先试用居民用户单相电子式电能表。

1995年3月，华东电管局（公司）召开华东电网电能计量工作会议，会议认为，目前“在国内已有多家制造厂推出全电子式电能表的形势下，选择试用一批电子式电能表，对于积累国产全电子电能表的使用经验、研究今后技术政策和促进提高感应式电能表质量均有积极意义”。会议要求，购置全电子式单相电能表应符合下列条件：①表计是单块专用集成电路构成；②通过部级鉴定；③型式试验合格，并经网、省电力试验研究所复试良好；④厂家具备批量生产能力。华东电管局（公司）计划处有关人员根据对有关制造厂及样表的考察、试用情况，在会上介绍了珠海市恒通电能仪表公司，认为这家仪表公司具备了上述4个条件，而且该公司电能表的专用集成电路拥有版权，并保证售给华东电网的电子式电能表保用10年，作为试运行的基础。经过讨论，会议决定采购一批恒通电能仪表公司生产的电子式单相电能表，在华东三省一市6个供电公司内试用。

随着社会主义市场经济的发展，试用和推广招标方式采购新的电能表渐成定式。1996年，华东电管局（公司）计划处首次协助上海市电力公司用电处严把质量关，用招标方式购进一批单相电子电能表。随着电力体制改革的深化，从1998年起，电能计量器具购置由省、市电力公司各自制定技术规范，统一组织招标、采购，按各供电企业年度用表计划分配使用。

（三）表具监检

1991年初，华东电网部属地（市）供电局拥有各种对用户电能表进行校验的校验台670台，其中单相电能表校验台380台，三相电能表校验台290台，标准电能表1520只。华东及江苏、浙江和安徽三省电力试验研究所的电能检验装置都达到标准装置水平。

1991年，华东三省一市电力电能计量管理机构在监督各个供电企业电能计量器具检定工作中，要求设立运用计算机管理系统进行检定的试点。1995年，计算机管理系统检定电能计量器具得到普及，并逐步将计量检定装置由电工装置更换为电子式检定装置，由计算机自动按程序规定进行检测，其检测结果准确、快捷，大大提高了检测效率。1994年，江苏省有12个地市供电公司完成了电能计量计算机管理系统的建设。2002年，江苏省电力公司新营销管理系统投用时，将电能计量管理与营销业务管理等进行了有机整合，实现了基本信息共享，进一步提高了电能计量器具检定工作的水平。上海市、浙江和安徽省各供电企业都广泛使用计算机管理系统检定电能计量器具，使电能计量器具的检定工作进入了一个全新的阶段。

1991年，国家技术监督局颁发《强制检定的工作计量器具实施检定的有关规定（试行)》，强制检定的范围是直接用于贸易结算、安全防护、医疗卫生、环境监测和执法监督等工作的计量器具，强制检定的形式分首次强制检定和周期检定两种。供电部门用于电力营销的相关电能计量器具，也在“强制检定”范围之内，见附表7-3-7。

表7-3-7 强制检定范围的电力营销相关计量器具

项目	种别号	种类	强制检定形式	强制检定范围及说明
电能表	61	单相电能表	周期检定只作首次强制检定，使用期限不得超过5年（单宝石轴承）和10年（双宝石轴承），到期轮换	用于贸易结算中用电量的测量
	62	三相电能表	周期检定	
	63	分时记度电能表		
测量互感器	64	电流互感器	周期检定	用于贸易结算中为电能表的配套设备，用于电量的测量
	65	电压互感器		

华东三省一市电力公司电能计量管理机构认真执行“强制检定”的规定，对采购来的成批电能表等器具，均由供电企业计量中心按照规定的抽检方案，利用电力营销计算机管理系统自动生成的抽样程序，在标准质量人员的监督下，统一进行首次强制检定。抽样检定结果合格的，整批入库；不合格的，整批退回。“强制检定”的执行，不论是对保证供电企业新购进电能表的质量，还是对确保在用电能表的准确性，都起到了有效的技术监督作用。

2000年，华东三省一市电力公司根据国家电力公司要求，对用于电力营销的相关电能计量器具的强制检定工作进行了大检查，薄弱环节得到了整改。至 2002 年，华东电网各供电企业的电能计量器具的考核指标都达到送检率 100％、周期检验合格率 100％、周期检验率 98％以上、周期检验合格率 98％以上、计量器具抽检合格率 98％以上的国家电力公司规定的标准。

第八篇　电网管理与电力调度

第八篇　电网管理与电力调度

1991年起，华东电网500千伏交直流系统进入了快速发展阶段。截至2002年底，华东电网共有500千伏并网发电厂和变电站36座，是1991年的2.6倍；500千伏变压器47台（不包括机组升压变压器），是1991年的3.9倍；500千伏线路70条，是1991年的6.4倍；全网统调最高用电负荷5125.6万千瓦，是1991年的3.1倍。华东电网形成了以500千伏线路为主网架，省市间220千伏联络线解列运行、省市内220千伏系统分层分区的输电网络，500千伏线路的输送功率大大提高，电网的安全稳定性明显增强。

与此同时，华东电网在全国率先进行了电网体制改革，实行省为实体、分级调度的管理模式。

作为华东电力生产和电网运行组织指挥中心的调度机构，为顺应超高压大电网的发展，确保电网安全经济运行，做到了三个坚持。一是坚持以深化电网体制改革为契机，以加强电网调度管理及制度建设为抓手，不断理顺各级调度之间的管理职责和管辖界限。二是坚持以促进电网调度的科技进步为手段，通过加强电网调度实时管理，解决电力电量平衡、事故紧急支援、电网频率调节、节能调度等诸多环节的新问题。三是坚持实施省（市）际联络线功率、电量管理考核等经济手段，对省市联络线送受计划的编制、计划的修改、经济处理原则、大机组临时检修管理、事故备用的使用以及结算办法等做出具体规定，通过各省市电力公司协同管理，发挥大电网的优越性。所有这些，推动了电网调度运行管理的进步和驾驭电网综合实力的提高，促进了电网安全、经济、稳定运行，使华东电网成为多项运行和经济指标位列全国第一的区域电网。

第一章　调度机构与运行管理

华东电力调度机构是华东电网生产运行的指挥中心。随着电力体制改革的发展，华东电力调度机构也几易名称。1995年前为华东电业管理局总调度所，1995年4月更名为华东电力调度局，2000年7月更名为华东电力调度通信中心。华东电力调度机构通过管理创新、技术创新，电网调度运行管理不断得以改进和加强，从而提高了驾驭电网安全运行的能力和水平。

第一节 调 度 机 构

一、五级调度体制

1990年，葛南500千伏直流输电系统双极投入运行后，葛南直流系统的运行由国家调度中心直接调度指挥，并制定了《葛南直流系统调度管理规定（试行）》。至此，对华东电网范围内的设备形成了五级调度管理体系：即国家电网调度，跨省、直辖市的华东电网调度，省、直辖市级电网调度，直辖市和省辖地区级电网调度和县级电网调度（简称国调、网调、省市调、地调和县调）。1999年，国家电力公司颁发《加强电网五级调度管理体系若干规定》，华东电网各级调度进一步理顺各级调度关系，加强调度管理工作。

2000年9月22日，阳城电厂二期工程1号机组并网发电，阳城电厂和阳城—东明—三堡的500千伏输电线路由国调直接调度。2001年11月3日，福建电网福州变电站通过500千伏线路联入华东电网浙江双龙变电站，该线路亦由国调直接调度。其交换电力、电量由国调确定后纳入华东电网电力、电量平衡计划。福建省调负责联络线潮流控制，华东电网负责系统频率控制。2002年12月21日，龙政直流输电线路投入运行，由国调直接调度管辖。至此，国调在华东电网的直接调度管辖点已达4处。

二、调度机构改革

1993年8月，按照华东电力集团公司的部署，华东网调进行了“三项制度”改革，制定了调度机构、岗位规范和人员配备等制度。1994年10月21日，电力部颁发《电网调度机构职权及其调度范围的划分原则和直接调度的发电厂划分原则》。华东网调据此确定定员人数、岗位名称、岗位责任、岗位级别、任职条件、专业知识和技能要求等。经华东电力集团公司同意，确定了华东网调的定员编制。1995年4月，为适应电网发展，华东电力集团公司将华东电管局总调度所更名为华东电力调度局，燃料管理和燃料调度工作也同时划归调度局管理，至2000年5月，华东电力调度局共设七科一室，86个岗位，定员162人。各省市调也在各省市电力公司领导下，进行了人员的定岗、定编工作。

2000年5月，华东电力集团公司撤销，成立国家电力公司华东公司。按国家电力公司要求，系统调度部门实施本部化（调度部门属公司一个处室），华东电力调度局改名为华东电力调度通信中心，共设七科一室：即调度科、运行方式科、继电保护科、市场运营科、通信科、自动化科、燃料科和办公室，定员115人，其中市场运营科成立于2001年4月。

截至2002年底，华东电网有1个网调，上海、江苏、浙江、安徽4个省（市）调，43个地区调度和277个县级调度。福建电网虽与华东电网互联，但福建电网调度业务尚未归属华东电网调度管理。

第二节 调度规章制度

一、电力调度规程

为适应华东电网体制改革的要求，实行“省为实体、独立核算、联合电网、统一调度”，1993年，华东电管局总调度所组织力量重新修订《华东电力系统调度规程》，同年3月颁发。新修订的规程包括总则、调度管理制度、系统运行方式编制和管理、系统频率的调度管理、系统电压的调度管理、系统设备检修管理、系统新设备投入运行管理、系统稳定管理、倒闸操作制度、系统事故管理规定、自动发电控制的调度管理、系统通信管理和水库调度管理等共15章。另有7个附件：即调度术语、操作术语、主要设备名称、220千伏电网继电保护调度标准名称表、500千伏电网继电保护调度标准名称表、典型操作任务举例等。根据该规程，华东网调统一组织全网调度计划；500千伏电网运行方式安排；30万千瓦及以上容量机组检修计划；统一布置和指挥电网调峰、调频、调压；省市联络线送受电计划和全网发电、供电计划平衡；指挥直接调度管辖的新安江、富春江水电厂，望亭、宝钢电厂，秦山核电一期机组；500千伏电网及220千伏省际联络线操作和事故处理；协调和规定500千伏电网继电保护、安全自动装置、调度自动化和调度通信的运行和管理。

新制订的《华东电力系统调度规程》颁布之后，1995年6月，浙江省调修订颁发了《浙江省电网调度管理条例》；1996年7月，安徽省调颁发了新版《安徽省电力系统调度规程》；1997年4月，江苏省调颁发了新版《江苏省电力系统调度规程》；1998年3月，上海市调颁发了新版《上海市电力系统调度规程》。至此，华东电网内网、省（市）两级调度机构的调度规程全部修订齐备。

1999年，华东网调组织各专业技术人员开始修订1993年颁发的《华东电力系统调度规程》。

二、技术、管理、工作标准

1991年3月，华东网调成立编制“技术标准、管理标准、工作标准”（简称“三项标准”）的工作小组。根据《中华人民共和国标准法》和《水利电力部标准化管理条例》，在收集调度部门应用的大量技术、管理和工作标准的基础上，编制出标准化体系草案。1991年7月，印发“三项标准”并施行，共有技术标准94份，管理标准70份和工作标准60份。1996年重新修订后，于当年6月1日全面实施。

华东网调根据生产实际情况，逐步完善各方面工作标准与制度，保证了内部管理的严格性与调度纪律的严肃性。为规范华东网调调度员在调度工作中的文明用语，实现优质调度，1992年7月，制定《文明调度会话标准用语》；为规范华东电网调度操作流程和操作术语，1996年9月，制定《华东电网电气设备运行操作说明和典型操作任务说明》；为规范华东电网新设备启动流程，保证新设备启动工作的顺利进行，1999年1月，制定《新设备启动内部管理规范》。与此同时，华东网调也逐步完善各项内部管理制度，如1999年

4月，制定《调度室文件管理制度》；2000年2月，制定《华东网调调度科交接班制度》；2000年12月，制定《华东网调调度科随班抽问管理办法》、《调度科当值调度员应知应会执行规定》、《操作管理规定》、《华东网调调度员培训管理办法》和《培训管理制度》等。各项规章制度相继制定完成，从内部改进和规范华东网调的各项管理职能。

第三节 调 度 安 全 管 理

一、电网反事故演习

一年一度的华东电网迎峰度夏和迎峰度冬系统反事故演习，是对华东电网各单位运行值班人员技术和心理能力进行综合性的检验，也是对华东电网迎峰度夏（冬）的安全措施进行检验。每年迎峰度夏之前，华东网调根据当年运行方式的薄弱点制定有针对性的演习方案，起草和准备各项反事故演习工作，内容包括：演习目的、演习出题思路、演习准备、演习组织、参演单位、演习要求及注意事项、演习方案、演习过程、演习评价、电网薄弱环节的防范措施及运行管理要求等。演习方案初步确定后，华东网调召集各参演单位讨论确定最终演习方案，演习完毕后召集各参演单位进行总结，交流经验，反映问题，使反事故演习成果得以巩固和扩大。在反事故演习中，华东电网各级调度始终贯彻“团结治网”精神，贯彻落实“统一调度、分级管理”原则，保证了各年度反事故演习取得良好的效果，对调度队伍反事故能力的提高起到了实质性的作用。随着技术手段的完善，华东网调反事故演习的逼真程度逐步加强，1994年，华东电网调度员培训仿真系统（DTS）正式投入使用，自1995年开始，连续三年全网反事故演习均在DTS仿真系统上进行，取得了较好的效果。2000年，新的能量管理系统（EMS）启动，又整合了一套新DTS系统供调度使用，使得反事故演习的模拟环境更加逼近实际的调度工作环境。

二、电网黑启动方案

1998年，华东电力调度局与上海交通大学合作完成了《华东电网黑启动方案的研究》项目。1999年12月11日和12月3日，对作为华东电网后备电源的天荒坪抽水蓄能电站和新安江水电站机组分别进行了黑启动试验。试验结果表明：天荒坪抽水蓄能电站4号发电机带4号主变压器、天荒坪—瓶窑5406线、瓶窑变电站2号母线、3号主变压器及2台低压电抗器能顺利启动；新安江电站机组在失电后能手动启动迅速建立电压。2000年，针对华东电网的实际运行情况，以天荒坪抽水蓄能电站和新安江水电站为启动点，制定了华东电网黑启动初步方案。根据2001年国家经贸委颁发的《电力系统安全稳定导则》，《华东电力系统黑启动方案》编制工作正式立项，同时成立了由调度、运行方式等专业人员参加的工作小组正式开展黑启动方案编制工作。《华东电力系统黑启动方案》按调度管辖范围分别由华东网调和各省市调制定，经共同商定后形成总的华东电网黑启动方案，充分体现全网黑启动方案的整体性、协调性和各分区的独立性。

三、新调度操作术语

2000年10月，天荒坪抽水蓄能电站运行人员操作500千伏GIS母线侧隔离开关时，引起地下GIS避雷器频繁动作。为了避免对设备的损害，在操作指令中添加“带电冷备用”操作术语，其含义为500千伏开关热备用，开关带电侧隔离开关合上位置，而另一侧隔离开关为拉开位置。这种运行状态介于常用的热备用和冷备用之间，但仍属有电性质。适应新情况制定新的调度操作术语，提高了电网操作的安全性。

四、调度范围分界点

自葛南直流工程投用开始，葛南直流工程的南桥变电站220千伏换流设备均由国调管辖。国调与华东网调分界点定义为，220千伏换流变压器南桥变电站220千伏侧母线隔离开关。历经12年调度运行操作未出现因交界设备划分不明的误调度事件。2000年9月，山西阳城电厂1号机组正式投运，该电厂通过东明开关站与华东500千伏电网三堡变电站交流互联，网调与国调分界点同样定义为，三堡500千伏华东侧出线隔离开关。一次设备明确划分调度范围，保证了阳城电厂的安全运行。

第四节　运　行　方　式

一、220千伏省际联络线解环

由于500千伏网架初期比较薄弱，与220千伏线路实行电磁环网运行。考虑到500千伏线路故障后潮流转移带来的稳定问题，500千伏输变电线路的输送功率被迫置于低限，不能充分发挥应有的作用。

220千伏地区电网的短路容量上升，苏南、浙北和上海地区大批220千伏开关遮断容量超标，严重威胁地区电网的安全供电。

500千伏线路故障后，如果相关的安全稳定装置拒动，或者因大功率转移引起220千伏线路保护误动，均将导致电网的稳定破坏，可能引发大面积停电事故。

在通信和自动化装备尚未完全更新之前，由于需要采集省（市）际500千伏联络线和10条220千伏联络线功率和电量，导致华东电网功率电量管理考核系统复杂化，受其影响可靠性也降低不少。

省市内的地区电网改建后，原有的220千伏输电线路不断环入新的变电站，新增的负荷使220千伏省际联络线输送能力相对降低，造成调度运行中控制的困难。

针对运行中存在的上述问题，1992年召开的华东电网省市电力公司总工程师会议要求“积极创造条件分期分批解开跨省市220千伏联络线，实现220千伏电网省市分区运行”。1993年11月，华东电网省市电力公司总工程师会议认真研究了220千伏省市联络线开断问题，并作出具体的计划安排。

1994年1月4日，江苏与上海之间的石洞口一厂—新泾2259线实施开断运行，这是华东电网省际联络线第一条开断的线路。

1997年7月20日，江苏与浙江之间的宜兴—常州2246线和三井—长兴2247线、江苏与上海之间的葑门—黄渡2244线实施开断，并于1998年8月21日实施永久性开断。

1997年9月1日，上海与浙江之间的瓦山—石化2217线和黄渡—南湖（后改为青浦—南湖）2218线实施开断运行，并于1999年9月28日实施永久性开断。

1998年12月31日，江苏与安徽之间的赵山—纵楼2260线、龙山—采石2261线和滁州—六合2262线实施开断运行，并于2000年4月8日实施永久性开断。

至此，省、市之间220千伏联络线全部解开，打开了省市之间的500/220千伏电磁环网，省市之间完全以500千伏线路相连，接线清晰，易于分层分区管理。在220千伏省际联络线开断初期，部分地区的电力送出稳定限额有所下降，供电可靠性有所降低，为解决这些矛盾，采取了更改安全稳定控制切机方式，增设远方切机装置，调整220千伏电网运行方式和更换老式晶体管保护为微机保护，提高切除故障能力等手段，保证了220千伏联络线开断初期电网的安全稳定运行。随着500千伏及220千伏电网进一步加强，矛盾最终化解。

二、省市电网220千伏分区运行

随着500千伏网架的不断增强，省市电网内部220千伏电磁环网所带来的送电能力不足和稳定问题也开始显现，特别是短路容量大的地处长江三角洲地区的上海、苏南和浙北电网问题更为突出。

1995年，220千伏线路在泸定和古北变电站开断后，上海220千伏电网分为南北两个电网由500千伏黄渡—南桥双线联络。

2000年，江苏220千伏电网内部常州和无锡电网分区运行。

2001年，上海220千伏电网分成以杨行、泗泾、黄渡和南桥—杨高等500千伏变电站为电源的4片运行。

2002年8月1日，浙江电网开断闻堰—柯岩2309、闻堰—柯岩2312、双桥—牌头2464、雅致—奉化2324、跃龙—奉化2326 5回线路，正式实施了宁波、绍兴220千伏电网分区运行。

三、电压管理

1991年，华东网调开展企业达标上等级工作。1996年，华东网调开展了电力部组织的安全文明生产达标活动。1995年，电力部颁发《电力工业技术监督工作规定》，将电能质量列入技术监督范围，并明确由各级电力调度机构归口负责。1999年，开展创建一流调度机构活动。这些工作中都将电网电压的合格率作为一个重要考核指标，通过这些活动，进一步加强了无功电压的管理工作。根据分层分区管理原则，认真配置无功设备，大力开展机组高功率因数及进相运行工作，挖掘潜力，增加系统调压能力，同时加强了无功电压考核力度。1992年，华东网调调度自动化系统对电压合格率统计启用了自动化日报表，加强了对主网电压合格率的监视管理，调度人员能及时掌握分析运行电压及合格率情况，及时做好电压调整。

通过努力，从1991年起，华东电网的无功电压运行状况有了显著改善，主网电压合格率逐年提高，1993年以后均在99%以上。在此期间：

1996年，洛河—繁昌5301线高压电抗器因故障一直停役，并在洛河—繁昌5301线、平圩—繁昌5302线接入肥西变电站后，因有谐振过电压问题，该高压电抗器与平圩—繁昌线高压电抗器均退出运行，造成了安徽500千伏电网无功过剩，电压偏高，使电压超上限不合格次数增加，全年电压合格率有所下降。

1997 年，由于前几年省市在电容器补偿方面做了卓有成效的工作，加装相当数量的电容器，而负荷增长相对缓慢，低电压现象基本得到控制，但另一方面随着补偿度的提高，低谷负荷功率因数也同步上升，严重偏高，再加地区小水、火电厂的大量投产，使电网某些变电站的正常负荷大幅度减少，甚至出现向主网倒送有功和无功功率的状况，220 千伏电网本身充电功率较大，缺乏感性无功补偿，受此影响，电网在轻负荷及低谷时段持续高电压，浙江电网尤为突出，致使主网电压合格率进一步下降。

自 1998 年开始，主网电压合格率有所回升，2000 年，由于阳城送电工程投产后，苏北 500 千伏电网电抗补偿度明显下降，充电无功功率严重过剩，使相应厂站 500 千伏母线电压超上限次数急剧增加，主网电压合格率有所下降。1991～2002 年华东电网 500 千伏系统电压合格率情况见表 8-1-1。

表 8-1-1　　华东电网 500 千伏系统电压合格率情况

年　份	1991	1992	1993	1994	1995	1996	1997	1998	1999	2000	2001	2002
电压合格率（%）	98.45	98.91	99.43	99.58	99.63	99.52	99.28	99.20	99.61	99.50	99.59	99.83

第五节　电网稳定管理和计算

一、电网稳定要求

1991 年 7 月，华东电网省市电力公司总工程师会议提出将华东电网稳定水平从按单相短路稳定校核提高到按三相短路稳定校核的要求，并在会上审议批准了《华东电网稳定计算暂行规定》，明确了“500 千伏线路或 220 千伏任一联络线或母线发生三相短路故障快速保护正确动作，采取各种可行措施，应保持系统稳定”。从编制《1991～1992 年华东电网稳定运行规定》开始，稳定限额计算中对三相短路故障进行了全面校核计算。

二、安全稳定控制措施

1993 年，研制了远方快速减石洞口二厂出力的稳定装置，以解决上海黄渡变电站至南桥变电站的 5101 线路故障跳闸后引起 220 千伏联络线大量过载的问题。由于黄渡—南桥第二回线及时投产，该装置未能发挥作用。

1994 年 5 月，由华东网调、浙江省调和北仑电厂共同研制成功兰亭变电站双微机、双通道、具有远方切机功能的微机稳定装置，可将兰亭至瓶窑 500 千伏线路稳定限额由 80 万千瓦提高到 115 万千瓦，解决了兰亭至瓶窑第二回线推迟投产影响送电的燃眉之急。

1996 年，研制完成在 500 千伏任庄变电站远方切除彭城机组的稳定装置和 220 千伏出线故障切除徐州电厂的稳定装置，以解决彭城电厂投运后网架出现“瓶颈”的矛盾。微机装置采用了模块化设计。

2001 年 6 月 30 日，江（江都）—泰（泰州）—扬（扬州二电厂）稳定切机装置投入运行，使江苏过江四线（5202/5291/2691/2692）的稳定限额由 200 万千瓦提高到 245 万千瓦。同日，繁（繁昌）—洛（洛河）—平（平圩）稳定切机装置投入运行，使得正常方式下繁昌—瓶窑

5901/繁昌—东善桥 5904 双线最大输送能力由原来的 150 万千瓦提高到 190 万千瓦。

三、模型、参数和软件管理

1991 年 7 月，颁布执行的《华东电网稳定计算暂行规定》，明确了使用 BPA 程序进行稳定计算。

1998 年，华东电网从美国 PTI 公司引进 PSS/E 计算、分析、管理程序，可以实现电力系统规划、短路故障分析、动态简化、快速计算分析、静态、暂态和动态稳定等多种计算分析工作。同年，由于华东网调及省市调度机构全部引进了 PSS/E 程序，华东电网的计算数据收资要求统一于 PSS/E 格式。

2000 年，华东电网的中国版 BPA 程序升级到 2.1 版本，可支持 3500 个计算节点。在稳定计算中，对于靠近故障点的发电厂，采用详细模拟发电机系统的模型，改变过去发电机都采用 Eq′恒定模型和调相机采用 E′恒定模型的做法。负荷模型考虑负荷电压、频率特性，负荷频率效应系数采用 1.5～3.0，华东电网内部负荷选用 60％恒功率、40％恒阻抗。

四、年度运行方式

年度运行方式是电网全年生产运行的指导性文件。华东网调每年均按照年度电网新设备投产情况和电力、电量需求预计，对各种电网运行方式进行细致的分析计算，针对薄弱环节，提出相应的对策，为公司领导层和有关部门的决策提供依据。年度方式内容涵盖上年度电网运行基本情况分析、当年系统规模、主要生产指标、电力电量平衡和电气方式的薄弱环节等，重点对当年的电网运行方式安排做出展望，提出意见。包括当年电网新设备投产情况、电力电量平衡情况，电网潮流、稳定和无功电压平衡分析，电网运行的薄弱环节等，在此基础上，结合电网基建的实际情况，提出电网运行安排建议，包括电气检修计划、机组检修计划、输变电/机组投产计划、区外来电安排、负荷控制预案、安全自动装置项目等；特殊情况下，也提出改善或补强电网结构的措施。

从实际情况来看，作为电网运行的年度纲要，年度运行方式为公司在规划、基建和技改工作上的未雨绸缪、超前决策，提供了非常有益的参考，使得电网规划、电网建设和电网运行等更加紧密地衔接，并随电网运行的实际情况变化而滚动修正，最大限度地满足电网运行的需求。如 1997 年年度运行方式分析预见到上海受电能力严重不足，提出了抢建斗山—黄渡第二回线的建议，得到了公司的认可。在规划、基建等部门的努力下，该线路于 1998 年 7 月顺利投产，不仅极大地提高了上海电网的受电能力，而且在 1998 年 8 月 13 日上海外高桥电厂 4 台 30 万千瓦机组同时跳闸的故障中，发挥了事故后大力支援上海的作用，避免了上海电网的崩溃事故。

第六节　调 度 生 产 计 划

一、负荷预测

华东电力调度将负荷预测作为电力系统调度、实时控制、运行计划和发展规划的前提，并将负荷预测作为体现电力系统管理水平的重要标志之一。华东电力调度不断追求准确的负荷预测，以利于合理安排电网运行方式和机组检修计划，利于节煤、节油和降低发电成本，提高电力系统的经济效益和社会效益。

20世纪90年代初，华东电网负荷预测仍沿用24点（每小时准点时刻一个预计值）的负荷预测曲线指导电网的调度运行。随着电网规模的扩大，电网用电负荷呈现新的特点，很多非小时准点时刻出现具有规律性的小高峰（如冬季7：15左右的早灯峰），原有24点负荷预测曲线难以描述新的负荷变化特点，局限性逐步显现。为更好适应新的电网发展形势，1995年3月，华东电力集团公司下发了《加强电网负荷预计、细化电网电能平衡工作的实施意见》，省（市）电力公司用电部门开始编制一周每天早峰、灯峰、低谷三点负荷预计，华东省（市）电力公司调度部门在全国率先开展每日96点（每15分钟为一个点）负荷预计，并由网调进行考核，当时负荷预计年合格率考核标准为90%。

随着负荷预测技术的进步，华东网调不断引入时间序列法、最小二乘法、回归分析法、灰色模型法和神经网络法等进行负荷预测，预测精度逐年提高。1999年6月，华东电力集团公司把对省（市）月（年）度累计负荷预计准确率及月（年）度累计最高（低）负荷预计准确率考核指标提高为98%，并从7月1日起试行考核。

此后，随着调度业务的深入，华东网调在实时调度中开展288点（每5分钟一个预测值）的超短期负荷预测并用于指导实时调度运行实践。2001年12月，华东电力调度通信中心将超短期负荷预测纳入考核范围，形成了电网综合负荷预测准确率的考核指标，通过《华东电网综合负荷预测准确率考核实施方案》予以执行。

为便于技术管理，2002年3月，华东电力调度通信中心发布了《华东电网负荷预测数据管理规定（试行）》，对数据传输要求、数据处理规定、免考核规定、考核结果等四个方面进行规范，并于同年4月1日起执行。2002年7月，华东电力调度通信中心在华东各省市调通中心开展电网负荷预测专业技术竞赛活动，推动华东电网负荷预测工作的开展。

二、电能平衡

20世纪90年代初，华东网调采用传统的电话和传真方式安排省（市）24点联络线送受电计划。随着1995年细化电能平衡实施意见的下发，华东电力调度局开始按照96点编制联络线送受电计划曲线。1997年8月，华东电力调度局下发了《华东电网省市联络线96点计划编制方法（试行）》，从当年11月1日开始进行月度、日省市联络线96点送受电计划编制工作。文件对96点及96点的峰、腰、谷时段进行了定义，高峰时段为8：00～10：45；17：00～21：45；腰荷时段为11：00～16：45；低谷时段为0：15～7：45;22：00～24：00。

三、联络线考核

1. 省、市电网之间的联络线电力电量考核

1994年，华东电网用电依然紧张，尤其是高峰时段电力缺口较大，省市偏离计划超用或少送电量较多，而低谷时段电力过剩，省（市）偏离计划少用或超送电量较多，以致高峰时段电网低频率，低谷时段电网高频率的现象频频发生。1994年4月，华东电力集团公司颁发《华东电网省（市）际联络线功率、电量管理考核办法（试行）》，《考核办法》

鼓励电网低频率时电厂多发电，高频率时电厂少发电。此外《考核办法》还对省市联络线送受计划的编制、计划的修改、经济处理原则、大机组临时检修管理、事故备用的使用以及结算办法等做了具体规定，以充分发挥大电网的优越性。华东电网对省市实行与频率挂钩的联络线电量考核，规定在偏离计划10分钟内电量不加收费用，超过10分钟后将根据高峰、腰荷、低谷不同时段，按系统频率偏差是否大于±0.1赫兹计算和考核。经过一段时间的考核运行后，华东电网的频率质量有了明显的提高。

为进一步提高华东电网的频率质量，有效提高省市在10分钟内控制联络线功率的能力，1998年1月，华东电网利用北美电力可靠性协调委员会（NERC）关于区域控制偏差（ACE）的A1、A2评价标准，作为联络线的电力电量考核标准。该考核办法首先由华东网调给出一个省、市调度调整联络线输送功率允许的偏差范围（限值），如果某省、市调度在10分钟时间内调整的偏差积分（累积）超出限值范围，将对超出部分按统销电价加价收费，进行罚款，从而使省（市）联络线输送功率同协助电网调频统一起来。随着省（市）自动发电控制（AGC）装置投用率的提高和调节容量的扩大、超短期负荷预测的推广运用，省（市）电力调度对ACE考核逐步认同，1998年10月，该考核办法正式实施。省（市）实现ACE考核后，电网的频率质量又有了明显的提高，省（市）联络线偏离计划的电量也明显减少。

为使省市控制联络线功率与系统频率控制更紧密地结合起来，从2001年10月起，华东电网改用NERC新的控制性能标准（CPS）作为联络线考核标准。推行CPS考核后，再次推动了全网自动调频和省（市）际联络线潮流控制工作，并使华东电网的频率质量有了大幅度的提高。1991～2002年华东电网频率合格率（50±0.2赫兹）情况见表8-1-2。

表8-1-2　1991～2002年华东电网频率合格率（50±0.2赫兹）情况

年份	1991	1992	1993	1994	1995	1996	1997	1998	1999	2000	2001	2002
频率合格率（%）	99.86	99.87	99.74	99.74	99.76	99.90	99.96	99.991	99.994	99.995	99.994	99.995

2. 调频补偿电量考核

2001年10月，根据《华东电网省（市）联络线功率电量管理和考核办法（试行）》第36条的规定，实行CPS的省（市）际联络线功率电量管理和考核办法后，同时对直属电厂由于调频引起的月度偏离计划电量给予经济补偿。即当直属电厂由于调频引起的高峰时段比计划少发电量及低谷时段比计划多发电量时，则按统销高峰与统销低谷电量的差价进行经济补偿，该调频补偿办法对调动直属电厂参加调频的积极性起了推动作用。

四、水库调度

1. 水库泄洪

进入20世纪90年代，新安江流域处于丰水周期，具有多年调节能力的新安江水库1994～1996年连年泄洪，1999年流域发生建库后首次洪量超百年一遇的特大洪水，上游水位首次突破设计正常高水位108米。同年7月1日21时达历史最高水位108.368米。水库泄洪历时近7昼夜，弃水21.78亿米^3。

在此期间，乌溪江、紧水滩等不完全年调节水库以及陈村等年调节水库均连年发生多次泄洪，并经受住了建库以来最大入库洪水的考验。

2. 水库防洪

新安江水电站建成后，通过水库调蓄作用，洪水下泄流量得到有效控制。1991～2002年，新安江水库拦蓄4000米^3/秒以上入库洪峰流量的洪水39次，其中10000米^3/秒以上的洪水10次。1996年7月1日拦蓄的入库洪水19140米^3/秒流量最大，为16年一遇标准。1999年6月23日14时至7月1日2时，水库一次性拦蓄的最大洪水总量达56.16亿米^3（其中7日洪水总量49.2亿米^3，频率为134年一遇）。水库拦蓄洪水后在高水位运行，为后期的电网电能平衡和经济运行创造了有利条件。

3. 节水增发

20世纪90年代，新安江流域处于丰水周期，水库运行水位较高，节水增发电量取得了较好的效果。1991～2002年，新安江电厂年均节水增发电量1.6亿千瓦时，相当于年节约标煤5.34万吨。同期，网内富春江、乌溪江、紧水滩和陈村等电站也利用丰水周期，合理调度，年均节水增发电量都超过1亿千瓦时。

4. 电厂水情自动测报系统建设

1991年，乌溪江水电站水情自动测报系统投入运行。1993年6月，新安江水电站从南京水利水文自动化研究所引进的水情测报系统通过鉴定。当年7月5日24时，新安江水库坝前水位达106.15米，距离汛限水位只有0.35米，而气象预报6日还有100毫米降水，如果真如预报所料，水库泄洪将不可避免。7月6日，电站水情自动测报系统实时监测到流域实际降水48毫米。7月7日浙江省人民政府和华东电管局领导在新安江水电站会商后决定不泄洪。最终水库水位上涨至106.65米。由于避免了泄洪，有效发挥了水库的防洪作用，取得了可观的社会效益和经济效益。紧水滩水电站和富春江水电站的水情自动测报系统于1995年和1998年分别投入运行，并在随后的水库调度中为科学调度水库发挥了重要作用。

5. 气象卫星云图接收系统

1994年6月，浙江省调从中国气象科学研究院购进气象卫星运行图接收系统并投入运行，此后由于运行不稳定，先后购进中国科学院图像部和湖北河海科技发展有限公司的气象卫星云图产品。

1995年，华东电力调度局从中国科学院图像部购进GMS卫星云图接收系统，并将天线安装于华东电力大楼25层楼顶，用于实时接收新安江、富春江流域及华东地区的实时卫星云图信息。随着网络气象服务的兴起，卫星云图信息的获取实现了多渠道化，该系统于2001年华东电力大楼改造时停用，改为通过电力数据网络从水电站侧获取卫星云图信息。

6. 抗咸顶潮等综合用水服务

钱塘江河口是我国著名的咸潮河口，素以钱塘江大潮闻名于世。每月钱塘江朔、望潮汛期，海水倒灌，钱塘江江道水质含氯度大幅度上升，杭州市自来水的原水质量受到严重影响。为保证自来水原水的取水水质，应杭州市人民政府以及浙江省防汛抗旱指挥部的要求，华东电管局（公司）在潮汛期间，安排新安江、富春江水库下泄一定的水量抵御咸潮。1991～2002 年顶潮期间，富春江水库的日平均下泄流量达 350 米^3/秒，年均顶潮水量 40 亿米^3。乌溪江电厂等也为衢州化工厂提供日常供水服务。

五、检修计划

在相当长的一段时间里，华东网调一直采用传统的传真方式在收到省（市）调度和电厂的检修计划申请后，均经各专业分别流转后进入调度执行，效率较低，不利于管理。2002 年 3 月和 5 月，华东电力调度通信中心先后颁布了《华东电网设备停役日计划流程管理规定》和《华东电网设备停役月度计划流程管理规定》，对省（市）调度和华东网调各有关处室在设备停役管理工作上的职责予以规范，推动了日及月度设备停役计划的合理高效编制。

六、备用容量管理

20 世纪 90 年代，华东网调对省（市）调度的备用容量管理较为松散。随着电网规模的扩大，为加强管理，降低电网运行风险，1999 年 3 月，华东电力集团公司下发《华东电网运行备用安排及使用的暂行规定（试行）》，明确华东电网的运行备用由华东电力集团公司和省（市）电力公司共同承担，按照“统一调度、分级管理”的原则，由网调统一调度，实行全网共享。

2002 年夏季高峰用电来临前，为应对华东电网从区外大量受电对安全运行的潜在威胁，华东电力调度通信中心颁布了《关于做好 2002 年夏季用电高峰期间华东电网旋转备用安排的通知》，要求各省（市）调通中心必须按照规定预留足够的运行备用容量，做好充分准备迎接夏季用电高峰。此后，华东网调每年均发文明确省（市）当年的运行备用容量，备用容量管理进入常态化。

第二章　继　电　保　护

20 世纪 90 年代初期，华东 500 千伏电网结构相对薄弱，系统保护仅配置集成电路型保护装置，其中大部分为进口，共 302 套。石洞口第一电厂 1 号联络变压器和斗山、杨高和瓶窑变电站部分主变压器则配置国产保护。随着华东电网的迅速发展，继电保护技术取得了长足进步，数字式继电保护装置开始应用，继电保护装置软硬件技术水平不断提高，数字式继电保护装置逐步在华东电网得到普及，为华东电网安全运行提供了技术保障。

第一节　继 电 保 护 配 置

随着技术的进步，特别是 500 千伏系统的迅速发展，华东电网在 500 千伏系统继电保护的配置与应用上经历了起步、发展和成熟三个阶段。

一、500 千伏系统

（一）线路保护

华东电网 500 千伏线路均设置两套线路主保护，分别采用两路通道方案，复用混合式（包括允许式和解除闭锁式）载波通道，或微波通道、光纤通道等方式，实现线路纵联差动保护双重化配置。早期的集成电路型线路后备保护配置 1 套三段式相间距离和接地距离保护，1 套反时限零序电流保护。采用微机型线路保护后，按照主后完整配置的双重化方案配置 2 套完全独立的主后一体式保护装置。

（二）自动重合闸

在 500 千伏工程初期建设过程中，淮—沪线工程 500 千伏部分线路，采用美国 GE 公司的保护配置方案，自动重合闸均按线路装设；徐—沪线工程 500 千伏线路及北仑电厂送出线路，采用 ASEA 公司（ABB 公司前身）的配置方案，自动重合闸按断路器装设。从 1996 年开始，新建 500 千伏工程线路全部采用自动重合闸按断路器装设的配置方案。

（三）断路器保护

华东电网 500 千伏系统除洛河电厂、天荒坪抽水蓄能电站外均采用一个半断路器接线方式，每台断路器装设 1 套断路器保护，线路的断路器保护中含断路器失灵保护和断路器重合闸功能，元件的断路器保护中仅配置断路器失灵保护。随着断路器本体三相不一致保护的不断完善，部分断路器保护中包含的断路器三相不一致保护逐渐被取消。

（四）母线保护

500 千伏母线保护按每条母线装设 2 套母差保护的配置方案。洛河电厂双母线接线，每条母线装设 1 套母差保护，另有 1 套母线总差动保护作为单条母线差动保护停用时的备用保护。

（五）主变压器保护

500 千伏主变压器配置 2 套不同原理的主变压器差动保护，后备保护的配置为：500 千伏和 220 千伏侧各配置 1 套带反向偏移的阻抗保护，并且配置 2 套低压侧过流保护，1 套中性点零序过流保护、过励磁保护、高压绕组过负荷、公共绕组过负荷和低压侧电压偏移保护。

（六）短线保护

华东电网 500 千伏电气主接线除洛河电厂和天荒坪抽水蓄能电站外都采用 1 个半断路器接线方式，其出线大多有隔离开关。当出线停役而串内断路器仍需合环运行时，该出线两断路器之间按双重化配置要求，配置 2 套短线保护。

（七）远方跳闸及就地判别

早期的远方跳闸一般由保护直接启动载波机慢速通道发信，对侧载波机收信后经过二取二回路判别出口跳闸，没有装设就地判别装置。为防止远方跳闸在高频通道受干扰影响时误跳闸，1993 年起采用由华东电管局总调度所研制的具有就地判别装置的远方跳闸。

（八）电抗器保护

500 千伏高压电抗器配置三相式高阻抗差动保护、单相式零序高阻抗差动保护、过电流保护等。高压电抗器保护动作跳开本侧断路器，起动远方跳闸回路切除线路对侧断路器并闭锁重合闸。

低压电抗器根据负荷断路器安装位置不同，一般装设欠流保护或过流保护，对于油浸式低压电抗器除了配置过流保护外，还配置了谐波制动差动保护。

（九）低压电抗器及电容器自动投切装置

根据华东 500 千伏电网电压调节的要求，华东电网 500 千伏主变压器配置了低压电抗器及电容器自动投切装置。当系统电压低于不同的整定值时，瞬时或经一定的延时切除低压电抗器或投入电容器组；当系统电压高于不同的整定值时，瞬时或经一定的延时切除电容器组或投入低压电抗器。

（十）保护通道配置

早期 500 千伏线路保护使用复用载波通道，采用相—相耦合的方式，一般取 A、B 相为耦合相。每条线路有 2 路高频通道，每条高频通道包含 1 路快速通道和 1 路慢速通道。高频主保护通过快速通道采用混合式（包括允许式和解除闭锁式）的方案传输跳闸命令；而过电压保护、失灵保护和高压电抗器保护，通过慢速通道采用直跳式通道方案构成远方跳闸。

1998 年，华东电网开始逐步建设光纤复合架空地线（OPGW）作为电网的主通信通道，复用光纤通道的分相电流差动保护在华东电网逐渐普及。

二、220 千伏系统

（一）线路保护

220 千伏线路按两套纵联差动保护配置，采用闭锁式专用收发信机。早期的晶体管后备保护配置 1 套三段式相间距离保护，1 套四段式的方向零序过流保护。采用微机保护后按照主后一体的方式配置两套完全独立的主后备保护。

（二）自动重合闸

220千伏线路自动重合闸按线路装设，配置1套晶体管型自动重合闸装置。在国产微机型保护装置推广使用后，每套保护中均有自动重合闸功能，但因与断路器接点和2套保护之间的配合问题，仍旧投用1套自动重合闸。

（三）断路器保护

220千伏双母线接线按断路器装设出线或元件的断路器失灵保护和三相不一致保护，失灵保护出口启动母差保护的出口跳故障元件所在母线的所有断路器。母联和分段断路器还装有充电解列保护，用于对检修母线复役或一次系统新设备投产启动的保护。

（四）母线保护

220千伏母线配置一套母线差动保护。

（五）主变压器保护

220千伏主变压器保护一般只配置一套主变压器差动保护作为主保护，高低压侧各装设一套复压过流保护、一套中性点零序过流保护作为后备保护。

（六）保护通道

220千伏线路保护采用专用高频载波通道，载波通道采用相地耦合方式，每套线路纵联保护配置1台高频收发信机，并通过高频电缆、结合滤过器、阻波器等通道设备构成完整的高频闭锁式线路纵联保护。

第二节 技 术 进 步

继电保护技术发展经历了电磁型、晶体管型、集成电路型和数字式等阶段，不同的继电保护类型，客观反映了当时科学技术发展的历史条件。计算机的应用促进了继电保护装置技术水平的快速发展，并大大提高了继电保护装置的性能指标，满足了电网向超高压技术发展对继电保护提出的更高要求。

一、装置进步

1991年，上海石洞口第二发电厂与石洞口第一发电厂之间联络线5102线投运，安装华东电网第一套光纤差动保护，采用美国GE公司的DLS－3型集成电路电流差动保护，使用光纤通道。同年，国产微机型保护在华东电网220千伏线路上投运后，华东电力联合公司本着积极慎重的态度，通过与研发单位进行完善化工作，使保护装置更适应电网运行的实际需要，逐步在全网220千伏线路上推广应用，220千伏电网暂态稳定水平得以提高。

1996年，华东500千伏电网第一套微机型线路保护在洛河—肥西5301线上投运，采用美国SEL公司生产的SEL－321微机型保护装置，复用允许式载波通道构成高频距离保护，保护装置采用主后一体化设计，包含高频距离、后备距离和反时限方向零序过流保护。

1998年，华东电网第一套微机型分相电流差动保护在扬州二电厂—江都5203/5204

线路上投入使用。同年，华东电网第一套复用 OPGW 光纤通道 64Kbit PCM 的分相电流差动保护在浙江天荒坪—瓶窑线路上投入使用，加快了华东电网线路继电保护的技术改造步伐，使华东电网的线路保护微机化程度进一步提高。至 2002 年末，保护装置微机化率已达到 50%。1994 年，第一套国产微机型线路保护装置在华东电网 500 千伏线路上挂网试运行，随后国产微机型线路保护也在 500 千伏系统中得到广泛应用。

1991 年，华东电网第一套国产微机型继电保护装置在 220 千伏线路上试运行，1992 年，新投产的望亭—常熟 2202 线路上装设了双套微机型保护装置，标志着微机型继电保护装置在华东 220 千伏系统正式开始入网运行。至 2002 年底，华东 220 千伏系统继电保护装置已全部实现微机化，提高了继电保护运行管理水平，也促进电网安全运行水平的提升。

二、科技进步

从 20 世纪 90 年代开始，以“超高压、长距离、大容量、交直流输电”为特征的华东 500 千伏电网逐步形成，电网继电保护运行管理工作面临新的挑战。为适应电网新技术发展的需要，华东电网调度部门通过科技进步和管理创新，不断提升继电保护运行管理水平。

1997 年，华东电力调度局与清华大学合作开发的“电力系统继电保护整定综合程序”，获华东电管局科技进步一等奖和电力部科技进步三等奖；1997 年，由华东电力调度局自行研发的“故障录波器联网系统及继电保护故障信息管理系统”，获华东电管局科技进步二等奖和电力部科技进步三等奖；1997 年，在电力部组织的全国电力系统继电保护专业练兵调考的大比武中，华东电管局直属单位和华东三省一市电力局组成的参赛队伍荣获团体一等奖。1999 年，华东电力调度局与天津大学合作研发的“交直流联合系统数字仿真及其谐波对继电保护影响的研究”，获华东电管局科技进步一等奖。2002 年，华东电力调度通信中心与上海交通大学合作开发的“华东电力调度局继电保护日常运行管理专家系统”，获上海市科技进步一等奖。

三、故障录波器联网

1994 年，结合国外最新录波器的性能，华东网调开始进行录波器联网的尝试，目的是在系统发生故障后，就地站的录波器采集到故障数据后，能立即向网调传送。设在网调的主站计算机接收到故障波形后，可以利用分析软件对故障时的波形进行分析、计算及测距等，这样就能使远在网调的继电保护专业人员及时得到故障录波等数据，分析事故原因。该系统的特点为：故障后就地站录波器即在就地打印机上打印波形图，同时又自动拨号向网调主站计算机传送故障数据；主站计算机可以对所连的录波器进行多种操作回现故障情况；还可对录到的波形进行整理加工，进行波形分析，判断故障的性质、类型和持续时间以及故障测距等。

1997 年，结合录波器的实际情况和国外录波器的最新技术，对系统进行了两项改造：一是对录波器进行再扩容，将存储容量增加到 4MB，可以连续记录 50 次故障而不丢失数据；二是对全网录波器统一时钟，安装了卫星同步时钟接收设备，使全网所有的录波器时钟同步误差在微秒以内，完全满足了双端测距的要求。自此以后，在华东电网 500 千伏系统新建厂站中，都要求录波器必须具有数据远传功能，并不断总结经验，形成了具有华东特色的故障录波器技术准则。

华东电网故障录波器联网系统建立后，使网调继电保护专业人员能够在第一时间获取电网事故的信息，在快速分析事故和系统恢复操作上发挥了极大的作用。如 1996 年 7 月 23 日繁昌至瓶窑 5901 线故障，当时线路 B 相跳闸，重合成功，但是，重合后仅几秒钟内线路再次三相跳闸。在以后的 2 个小时内，调度员发令对线路强送 2 次，均不成功。华东网调通过故障录波器远传系统，直接从两座变电站的录波器中调取波形看到系统确实有故障，只是每次的故障都是在线路恢复送电后几秒钟发生，并且每次重合成功或强送成功后故障发生的时间越来越短。由此得出结论：线路确有故障，且绝缘水平愈来愈低。网调将计算出的故障距离通报调度员。调度员据此做出决定，不再强送，通知巡线。

第三节　专　业　管　理

1991～2002 年，华东电网继电保护新技术发展迅速，继电保护装置大幅增加，对继电保护专业管理提出了更高的要求。

一、装置入网规定

根据华东电力系统的运行情况，1999 年制定了《华东电网继电保护及安全自动装置入网管理规定》，要求继电保护新产品进入华东电网运行要履行检测程序，规定明确保护入网检测机构的职责和编制入网试验大纲和检测标准，有效避免了保护装置入网试运行的随意性，确保保护装置逻辑功能的正确性和可靠性，促使保护装置生产厂家研发能力、制造工艺和产品质量的提高。

二、反事故措施

1992 年，华东网调根据电网事故分析和系统安全稳定要求，提出在母线保护退出运行时，除母线上的出线保护调整定值外，将母联及分段断路器的解列保护投用，跳闸时间整定为 0.3 秒，以此与相邻出线的快速保护配合，确保系统对重要厂站大短路容量下的暂态稳定要求，该措施在全网乃至全国得到推广应用。1994 年，根据电力部颁发的《电力系统继电保护及安全自动装置反事故措施要点》，华东电力集团公司制定实施细则，细化反事故措施的实施方案，对继电保护双重化配置要求、二次回路和直流电源配置、继电保护装置抗干扰接地、保护安装调试等方面提出一系列反措方案和标准。1996 年，华东电力集团公司针对发电厂发电机组保护运行可靠性低和运行管理等问题，为规范发电厂发电机组保护的配置及与系统保护的配合，颁发《关于执行〈华东电网大型发电机、变压器保护反措实施细则〉的通知》等文件，明确规定了发电厂发电机组涉网保护的技术应用原则和反措要求，以及机组保护与系统保护的整定配合原则，提高了机组保护的运行可靠性。

1998 年，为了进一步提高高频保护载波通道的抗干扰能力和执行国家电力调度通信中心颁发的《关于继电保护高频通道工作改进措施》，华东电力调度局对全网高频保护进行全面检查，落实高频通道的相关反措计划，并加强高频主保护运行管理的考核，有效地提高了高频保护的投用率。

2002年，国电华东公司根据国家电力公司《关于印发〈“防止电力生产重大事故的二十五项重点要求”继电保护实施细则〉的通知》精神，在继电保护专业管理、系统保护、元件保护、二次回路、运行检修等方面，将防止电力生产重大事故的“继电保护实施细则”，一一细化，落到实处。

第四节 运行管理

一、用于整定的计算软件

1991年，华东网调和上海交通大学分校合作，研发短路故障计算程序，使华东网调继电保护整定人员可以借助微型计算机进行继电保护整定计算，在一定程度上减轻了整定计算的工作量。该程序能够计算各种复杂故障，考虑互感影响等多种运行工况，可以计算出整定配合所需的正序和零序分支系数，再通过手工计算出保护的定值，但该程序具有灵活性差、数据库更新维护复杂，不可扩展等缺点，整定配合的人工计算工作量亦较重。1994年，华东网调与清华大学合作开发了基于C语言的整定计算程序，具有计算节点量大、数据更新维护方便等特点，新程序可以预先设置计算条件，直接计算出保护的配合定值，还可采取专家介入模式，确定整定限额，不但使继电保护整定人员减轻了计算工作量，而且能确保整定计算结果的正确性。

二、整定规程

1992年，能源部委托华东电力联合公司制定《220～500千伏电网继电保护装置运行整定规程》，华东电管局总调度所总结继电保护运行经验，提出“强化系统主保护配置，简化后备保护整定配合”的理念，即在220千伏线路、母线、变压器、发电机等重要元件上配置两套不同原理、不同厂家的主保护，使系统故障由主保护快速切除，提高电网抵御事故的能力，同时适当简化后备保护配置及繁琐的整定配合计算要求。经过两年的讨论修改和专家评审，1994年作为行业标准正式颁布，推动了全国电力系统继电保护技术和整定计算的发展。

三、整定单编制和执行管理规定

20世纪90年代末期，华东电网500千伏系统发展迅速，大量不同类型的继电保护装置投入运行，由于微机保护装置的功能强大，模块逻辑复杂，整定项目繁多，为确保继电保护整定计算的正确性，华东网调制定了关于整定单编制和执行的管理规定。规定对每一项新工程的继电保护装置，要求施工单位提供装置的整定项目明细表和软件版本，进行精心计算，给出调试整定单供调试单位基建调试使用。调试单位在调试过程中提交调试整定单的反馈意见给网调，华东网调根据反馈意见和实测参数编制下发正式整定单，这样可以杜绝继电保护误整定。与此同时，还明确了各运行维护单位执行新整定单的时间要求。规定新整定单执行后要履行整定单的反馈制度，由现场调试人员、运行人员等签字确认后返回给华东网调，以确保整定单在执行环节上做到调度与现场相一致。

四、运行管理规定

1995年，华东网调根据华东电网500千伏系统的运行特点，制定了《华东电网500千伏继电保护及安全自动装置运行管理规定》，涉及全网继电保护专业设置、整定运行、计划检修、设备管理、技改反措、运行考核和专业培训等，规范了华东电网500千伏系统发电厂和变电站继电保护运行管理。

五、运行统计指标

华东电网通过加强继电保护专业管理，加大技术改造力度，加强继电保护缺陷管理，强化继电保护运行检修标准化作业管理，以及新技术应用和提高继电保护性能等方面的管理工作，在继电保护管理年和达标创一流等活动中，取得了良好成绩，继电保护各项运行指标逐年攀升，220千伏及以上系统继电保护的正确动作率始终位居全国第一。1991～2002年华东电网继电保护正确动作率情况见表8-2-1。

表8-2-1 1991～2002年华东电网继电保护正确动作率情况 单位:%

年 份	1991	1992	1993	1994	1995	1996	1997	1998	1999	2000	2001	2002
直属单位	95.56	100	100	100	95.38	100	96.43	97.87	96.15	100	95.83	100
上海电网	95.81	94.86	91.47	92.31	90.63	99.42	95.96	98.01	98.37	98.54	98.65	98.72
浙江电网	96.03	92.84	94.54	95.16	94.98	97.75	97.44	98.15	98.67	99.09	99.07	99.22
江苏电网	91.24	96.94	93.94	95.28	95.35	97.56	98.35	98.80	98.78	98.65	98.86	98.99
安徽电网	91.85	94.38	86.21	93.91	94.67	98.64	96.31	98.03	98.64	98.93	99.38	98.63
华东总计	94.34	94.95	92.63	94.78	94.45	98.44	97.16	98.26	98.61	98.91	99.00	99.05

第三章 调度自动化

华东电网依靠电网调度自动化为电网调度提供先进的调度手段。随着计算机技术和网络技术的发展，电网调度自动化的技术也飞速进步，功能不断增强。进入20世纪90年代后，华东电网调度自动化的功能和实用性都发生了质的变化，从监控型逐步走向自动型、分析型，特别是自动发电控制（AGC）和电力市场工作的开展，将电网自动化水平推上了一个新台阶，形成了网、省、地、县四级调度相互联系、相互支持的庞大的调度自动化系统。

第一节 调度能量管理系统

一、华东网调能量管理系统

1992年4月1日，华东网调能量管理系统（WESDAC－32）投入正式运行，系统设备包括2台VAX－11/785主机，4台PDP－11/73前置机，应用功能主要是数据采集、处理和监视（SCADA）、自动发电控制（AGC）和经济调度（EDC）。由能源部电力科学研究院完成了南斯拉夫远动装置（由500千伏徐—沪线引进工程配置）和BBC远动装置（由500千伏淮—沪线引进工程配置）接口的开发，使两者接入WESDAC－32系统。是年11月，该系统通过了能源部主持的电网调度自动化系统SCADA＋AGC实用化验收。

系统信息采集远方终端装置主要型号有：GR－90、8890、MB－88、μ4F、JYC－01、C－3000、INDACTIC－2033、SC1801、N4F等。

该能量管理系统实现华东电网500千伏系统及220千伏主干网架的数据采集及安全监视。至20世纪90年代末，接入华东网、省（市）二级调度的远方终端装置（RTU）有434台，遥测总量22182个、遥信总量45163个、电度总量1170个、遥调总量111个。接入43个地调的RTU约有1050台，遥测总量57900个，遥信总量68940个。正常参加AGC调节的机组有118台，其中水电机组26台，火电机组92台，AGC机组的容量为2606.45万千瓦，可调总容量达1071.45万千瓦，AGC机组的可调容量占全网总装机容量的22.7%。

20世纪90年代中期，随着调度体制改革的深化，华东网调根据自动化系统的实际情况和电网调度的要求，在WESDAC－32系统的基础上，通过对系统的挖潜、扩容和完善，初步形成了以WESDAC－32系统的AGC＋EDC子系统为中心，包括电量考核子系统、DTS子系统、RMIS子系统、计算机远程通信子系统、功角实时监控系统、在线高级应用软件子系统互联的自动化系统框架。

二、省、市调能量管理系统

（一）上海电网调度能量管理系统

1990年12月，上海市电力公司与英国西屋公司正式签订了WESDAC－32系统的供货合同。根据供货合同，1993 年 3～7 月，WESDAC - 32 系统的设备陆续到货。同年 9 月该套设备开始通电调试，相继开发了报表和数据转发等多项软件功能，陆续接入 29 座发电厂、变电站远方终端装置。

1994 年 4 月，该系统完成现场验收（SAT），5 月投入试运行，6 月 1 日进入实用化考核期。同年 12 月，该系统的 SCADA 功能通过国家调度中心组织的实用化达标验收。

WESDAC - 32 系统硬件配置达到国际上 20 世纪 80 年代末的水平，具有安全监控和数据处理、自动发电、调度员仿真培训和网络拓扑应用等功能，并为实时数据库和应用软件开发提供了支持平台。

1998 年 6 月，该系统的 AGC 功能通过了实用化专项验收。至此，上海电网能量管理系统（EMS）实现了实用化。当时参与自动发电控制的电厂机组总装机容量为 470 万千瓦，根据华东电管局统一安排运行于“联络线功率频率偏差控制（TBC）”方式。

（二）江苏电网调度能量管理系统

1990 年 12 月 19 日，江苏电网调度自动化工程由江苏省电力公司与美国 CDC EMPROS 公司签约引进 ARTECS 能量管理系统（EMS），1992 年 11 月完成现场安装调试，1993 年 5 月正式投入运行并交付调度使用。是年年底，经华东电管局验收，EMS 系统 SCADA 功能达到部颁实用化标准。后经江苏省调自动化专业人员刻苦钻研，在基于系统 SCADA 功能基础上开发出自动发电控制（AGC）、网络拓扑、状态估计、安全分析、负荷预测、调度员培训等应用软件功能。1995 年，又解决了无协调控制系统（CCS）自动调节功能的机组加装火电机组调功装置（HGT）参与 AGC 的问题。1999 年 12 月，作为 ARTECS EMS 系统 SCADA 功能故障时的紧急备用系统——EMSr OPEN - 2000 系统投入运行。2001 年 12 月 28 日，改进完善后的 EMS OPEN - 2000 系统正式投入运行，以完全替代 ARTECS EMS 系统。

（三）浙江电网调度能量管理系统

1985 年国家计划委员会批准浙江省电力工业局建设浙江电网主站端能量管理系统（EMS），该系统是世界银行贷款新建的北仑火力发电厂一期工程的配套项目。项目通过国际招标，1990 年 7 月和美国 CDC - EMPROS 公司正式签订 CYBER 830 EMS 系统合同，合同总价为 400 万美元。1992 年 7 月开始安装设备，同年 12 月通过现场验收。1994 年 4 月 1 日起，EMS 主站系统进入为期 6 个月的实用化考核运行，同年 10 月 10 日经华东电管局验收合格，正式投入运行。

（四）安徽电网调度能量管理系统

1995 年初，安徽电网引进 EMS 系统，是 VALMET 公司 SCADA 系统和 OSI 公司高级应用软件的集成产品。其 SCADA 部分为 OASYS 开放式分布式结构系统，采用双以太网和客户服务器以及 UNIX 操作系统。远方终端装置（RTU）信息传至主站终端服务器，终端服务器接入以太网可与运行数据通信。串口打印机、调制解调器、PC 机均接于终端服务器与网相通，呈现出利用网络实现节点设备之间通信、网上设备与终端服务器共享资源的结构特点。OASYS 的开放性允许选用多家不同机型作为网上设备，安徽电网 EMS 采用 Alpha 系列服务器和工作站。OASYS 开放式软总线能实现建立多种平台的服务进程，便于增加第三家软件和用户化程序，由控制测量、历史数据、应用软件双服务器热备用方式和调度员工作站、调度员培训仿真工作站和通信工作站等组成的多个子系统，共同实现 EMS 功能。

三、地调能量管理系统

（一）上海地调

上海市东供电局起初使用西安骊山 LS-ZD-16 系统，后改为上海聚能公司生产的 NIG-3030 型系统，2001 年启用南京电力自动化研究院电网所生产的 RD-800 系统；上海市区供电局初期使用东方电子 DF8002 系统，2000 年开始启用南京电力自动化研究院电网所生产的 RD-800 系统；上海市南供电局开始时使用上海申贝科技发展公司的YJD-2001 系统，1998 年起使用南京自动化研究院生产的 SD-6000 系统。

（二）江苏地调

截至 2002 年底，江苏电网各地区调度的自动化系统配置情况为：南京、扬州、淮阴、苏州、镇江、徐州、泰州和宿迁供电公司使用南京电力自动化研究院电网所生产的 OPEN-2000 系统；盐城、常州和无锡供电公司使用南京电力自动化研究院系统所生产的 SD-6000 系统；南通供电公司使用南京电力自动化研究院珠海南瑞公司生产的 WNT-8000 系统；连云港供电公司使用山东大学生产的 ES-500 系统。全省 13 个地区供电公司调度自动化系统均具备与省调 EMS 系统通过 TASE. 2 协议实现实时数据通信的能力。

（三）浙江地调

截至 2000 年底，浙江电网各地区调度的自动化系统配置情况为：衢州、嘉兴、金华、温州和宁波地调使用南京电力自动化研究院电网所生产的 RD-800 系统；湖州、台州、丽水和舟山地调使用上海申贝科技发展公司生产的 YJD-300 系统；杭州地调使用上海申贝科技发展公司生产的 YJD-2000 系统；绍兴地调使用 ABB 公司生产的 SPIDER 系统。

（四）安徽地调

截至 2002 年底，安徽电网各地区调度的自动化系统配置情况为：安庆、六安、巢湖、池州和淮南地调使用上海申贝科技发展公司生产的 YJD-300 型系列；淮北、芜湖、铜陵和蚌埠地调使用山东大学威海分校生产的 ES-400 系列；宿州和马鞍山地调使用南京电力自动化研究院生产的 WJ-400 系列；滁州和黄山地调使用山东淄博无线电厂生产的 WJ-210 型；阜阳地调使用山东东方电子生产的 WDZ-7 型，宣城地调则为自行研制的 AXMS-1 主站系统。

随着地区电网的发展，各地调自动化主站陆续改造升级，机型配置档次逐步提高，操作系统陆续更新为 WindowsNT 系统，为实施电力电量采集、变电站无人值班和使用电力应用软件 PAS 创造了条件。

第二节　自动发电控制（AGC）

一、AGC 实施

1992 年，华东网调调度自动化系统的 AGC 功能通过实用化验收，但因可调容量较小及管理不配套等原因，而未能长期发挥作用。随着发电机组一次调频条件的改善和发用电矛盾的缓和以及省（市）调 EMS 系统的引进和实用化，开展全网按省、市分区实现 AGC 的条件已经成熟。1994 年 11 月，在华东电网省市电力公司总工程师会议上，提出了《关于华东电网进一步实施 AGC 的初步意见》。同年 12 月，专门召开了华东电网 AGC 工作会议，再次进行动员和布置。1995 年 1 月，华东电力集团管理委员会批准了《关于华东电网进一步实施 AGC 的初步意见》，提出要把 AGC 作为重点工作来抓。为此，华东电力集团公司制定了《华东电网自动发电控制（AGC）工作规划》，确定了 1995～2000 年分三个阶段进行实施的步骤，并确定了华东电网实施 AGC 相关的技术原则。包括在 12.5 万和 20 万千瓦火电机组上推广应用调功装置，扩大 AGC 的规模；对水电厂实行全厂控制，改善调节品质，提高电厂的经济性；确定采用网调负责调频率和省、市调按联络线负荷频率偏差控制（TBC）的技术原则；推广应用超短期负荷预计；统一设定参数，统一性能评价标准；将联络线功率电量考核转变为 ACE 考核等。网调同时开发 ACE 考核的技术支持系统，网、省（市）调利用已有的 EMS、RMIS 及建成不久的二级数据网，构筑 ACE 考核技术支持系统，实现了联络线计划的传递、每 15 秒 ACE 及相关实时数据的传递、对省（市）ACE 的统计和考核以及统计考核结果的传递等功能。

到 1999 年底，华东电网 AGC 可控机组容量达 2380.45 万千瓦，占全网统调总装机容量的 55%；AGC 可调容量达 916.45 万千瓦，占全网统调总装机容量的 21.27%，占全网统调最高负荷的 25.99%，比 1992 年提高了约 5 倍。

二、AGC 评价标准

（一）A1、A2 评价标准

1998 年 10 月，华东电网在全国电力系统中率先采用北美电力可靠性协调委员会（NERC）的 A1、A2 控制性能评价标准，作为网、省（市）调 AGC 调整品质的考核，同时给予适当的电价奖惩。该办法是利用每个 10 分钟周期内省、（市）区域控制误差（ACE）是否过零，以及区域控制误差（ACE）的 10 分钟平均值是否超过某一限额，组合成 4 种情况，来决定加价收费的标准，并对 ACE 实行统一计算、分散控制。

（二）CPS（控制性能标准）评价标准

从 2001 年 10 月开始，华东电网采用北美电力可靠性委员会（NERC）的 AGC 调节品质评价标准 CPS1、CPS2。采用 CPS 评价标准可以减少对区域控制误差（ACE）经常过零的要求，从而在一些情况下减少了发电机组的过度调节。另外，由于 A1、A2 评价标准要求各控制区域内严格控制区域控制误差的 10 分钟平均值，因而在某控制区域内发生事故时，与之互联的其他控制区域在未能及时修改交换计划时，难以及时做出相应支持响应。采用 CPS 评价标准则解决了这一问题。

三、AGC 实施成效

华东电网通过全面推动 AGC 技术的应用，并将 ACE 考核运用于电网管理，网、省（市）调 AGC 功能全部通过了实用化验收，年运行率均在 80%以上，使电网频率及省（市）际连线功率控制的自动化程度大为提高。1995 年，各省（市）联络线交换功率控制年平均合格率（按当时的规定±2.5 万千瓦计算）仅在 20%左右；而 1999 年，各省（市）

ACE控制年平均合格率均达到80%以上。电网频率合格率，特别是50±0.1赫兹偏差的合格率有了较大提高。1995年，华东电网50±0.2赫兹的频率合格率为99.76%，50±0.1赫兹的频率合格率为84.49%；1999年，华东电网50±0.2赫兹的频率合格率为99.994%，50±0.1赫兹的频率合格率达到99.07%。电能质量的提高，为社会也为电力企业本身带来了可观的效益。与此同时，电网频率分布情况趋于合理，节能效果明显。1997年，电网年平均频率为50.0186赫兹，1998年为50.0127赫兹，1999年为50.0017赫兹。根据计算，1998年比1997年节支2543.6万元，1999年比1997年节支6855万元。

第三节 调度自动化新技术

一、计算机监控系统

20世纪90年代初投运的南桥换流站控制系统堪称国内首套变电站自动化系统。该控制系统采用56套新型微机型可编程高速控制器（PHSC），以及首次用于大型变电站的数字式分散型可编程监控系统P13/42，除继电保护装置外，所有监视、控制和测量功能全部由该系统完成。南桥变电站自动化程度较高，分500千伏交流和直流两大系统，共配置2台瑞士BBC公司生产的INDACTIC-2033型RTU，与P13/42监控系统就地站相连，收集各自系统的信息，经RTU处理后通过微波电路与华东网调的BECOS 10+主站连结。华东网调不仅可以收集站内各种系统的状态信息和运行参数，还可以实现华东网调对葛—南直流输电系统多种运行方式的远方控制。同时，南桥变电站与葛洲坝升压站之间通过PLC也能相互交换信息，包括主控站转移等命令传递，两站的信息均能汇集于P13/42母线，送至各调度站接收装置。

1997年12月18日竣工投运的500千伏双龙变电站是华东电网首次取消常规控制，完全采用计算机监控的500千伏变电站。其综合自动化系统由南京自动化研究院提供的BSJ-200变电站监控系统，和位于每个继电保护小室内由西门子公司供货的五套LSA678变电站监控装置组成。所内监控系统硬件设备主要包括双主机，双人机工作站，主、备通信机和双光纤以太网络设备。一期系统能采集遥信2467点、遥测413点、脉冲104点和遥控424点，可以全面地实现变电站的监控。就地的信号和交流量输入，各间隔的输入/输出单元，经串行通信送到该小室的主单元，通过规约转换器送到所级以太网，经主机处理后，在人机工作站上显示有关信息，部分信息经主备通信机送三级调度。综合自动化系统融合远动、自动和继电保护等装置功能于一体，除常规的数据采集、统计制表和故障切除等功能外，还具有双重化的防误操作闭锁，电压自动控制（AVC）功能和变电站操作全部计算机化等特点。

二、电能量计费系统

华东电网负荷和电量自动监控系统始建于1987年3月，1987年12月正式开始运行。该系统主机采用美国INTEL公司生产的SYS86310-3A16位微机作为中央处理中枢（CPU）。采用OEM技术和开放型的操作系统，具有很强的数据处理能力和较高的I/O速度。远方终端（RTU）采用英国西屋公司引进的 Micro-4F 型，电力/电量变送器采用日本东芝公司引进的电子式精密电量变送器，具有体积小、精度高及二次负载轻等特点。系统主要功能包括：负荷及出力实时监视、显示受电计划实际和差值的曲线、显示超受功率曲线、定时及召唤打印、主/备通道自动切换、对 RTU 进行远方监视并自动报告各类故障等。

2001 年 2 月 1 日，华东电网新的电能量计费系统正式投运。计费系统能同时采集 80 座发电厂和变电站的 600 个电能表的 2400 个数据。MV-90 主站系统采用网络化的功能分布结构，具有高度的可靠性和可维护性。软、硬件接口采用国家标准和行业标准，支持与其他计算机网络的通信。厂站端配置有 QUAD4＋电能表、线路共享器和调制解调器和便携式抄表系统等。该系统从软、硬件的配置到数据采集的完整性，都大大超过了 20 世纪 80 年代建立的电费计量系统。

随着电网商业化运营和电力市场的试点，安徽省调应用国产的电量脉冲采集装置，用直接电话拨号采集和地调采集转发两种方式，率先在省网建成电量数据采集系统。浙江省调自行研制开发了电量脉冲采集 RTU，并与科研单位合作开发适用于电力市场试点的电量计费主站系统。上海市调按照“厂网分开”的电力市场试点要求，引进了电量计费主站系统，通过光纤通信网，实现了与发电厂进口智能电能表的高速数据通信。江苏省调也引进了先进可靠的电能量计费系统。

三、调度员培训仿真系统（DTS）

1995 年，华东网调与南京自动化研究院合作建成调度员模拟培训机，在华东电网反事故演习中发挥了重要作用，增强了演习的真实性、准确性和实时性。该系统由 2 台 DEC5000/133 工作站和 1 台 VAX4200 小型机及其他附属设备，如终端服务器、网桥、投影仪系统等构成。其中 1 台 DEC5000/133 工作站作为教员控制机，另 1 台 DEC5000/133 工作站作为电网仿真机，VAX4200 小型机作为 EMS/SCADA 仿真系统主机，投影仪用 PC 机通过网络从 VAX4200 中读取数据，PC 机所显示的画面可直接通过投影仪在大屏幕上显示。所有计算机通过网络联系在一起。其主要功能包括：静态和动态仿真、教员控制功能、EMS/SCADA 系统仿真功能以及与在线 EMS/SCADA 系统接口。该系统于 1997 年 8 月通过部级鉴定并正式投入运行。

四、调度生产信息管理系统（RMIS）

1995 年，华东网调建立调度生产信息管理系统，将 EMS 中的 SCADA 实时数据传送到 RMIS 数据库中，实现了日生产计划的编制、修改、查询和传送，同三省一市电力公司交换 96 点日生产计划数据并送 EMS 系统作为 AGC 计划值；日生产报表的编制、修改、查询和传送，同三省一市交换日生产报表数据；三省一市联络线的 ACE 考核及与三省一市交换 ACE 考核数据；电压、频率考核及电网实时信息显示及查询；超短期负荷预计等功能。

1998 年，华东 RMIS 系统扩展调度生产管理子系统，实现了办公自动化。其中包括调通中心 MIS 网络电子邮件；电力系统重大事件发布、转载的新闻发布；远程拨号登录访问调通中心 MIS 网络；MIS 系统的 GPS 卫星对时，使调通中心所有 PC 用户机、服务器、工作站、EMS 系统的时钟保持同步；调通中心劳动人事管理、差旅费管理、工程及科技项目管理、安全生产管理、资料管理、动力信息管理、月工作计划管理、教育培训管理、文件收发管理和办公用品管理等功能。此外，还扩大了生产管理功能，包括调度日志、调度每日工作汇报、调度生产信息披露、省（市）频率合格率和负荷预计合格率评比、各类运行数据统计、运行方式分析、继电保护整定、通信和自动化值班记录及查询、远动信息表查询等调通中心各专业初步的生产管理和查询等功能。

五、功角测量系统

1998 年，华东电网引进 ADX3000 功角稳定遥测系统；1999 年 6 月，正式验收投入运行。它由 ADX3000 智能型系统稳定性监录仪、中央监控站、数据服务器及资料分析站等组成。利用 GPS 同步测量技术，高速交流采样技术、数字式调相调幅的 19.2KB/S 高速音频调制解调器技术，采集 ADX3000 安装点的母线电压、发电机端电压及其他相关的电量数据，及时传送到华东电力调度局，实时测量系统功角的动态状况，同时完成记录安装点系统运行的所有有功功率、无功功率、电流和电压的长期稳定运行的信息。一期工程在华东电网中的徐州发电厂、平圩发电厂和新安江水电站三个检测点进行功角检测和电网低频振荡的记录分析，为调度员进行系统状态判断提供了有力的技术依据。2001 年 5 月 16 日晚 19 时 49～53 分，安徽电网局部地区发生了低频振荡，当时的 500 千伏及 220 千伏电压均未见异常、系统频率也未低于 49.9 赫兹，系统内所有的保护装置均未动作，安装于平圩发电厂的功角数据采集装置真实而详尽地记录了在这个过程中 1 号机机头电压、电流的变化，为事后的稳定分析提供了极为宝贵的现场真实数据。

第四节 调度自动化系统实用化验收

1995 年，华东电网在全国电力系统中率先实现网、省、地三级调度共 48 个单位的调度自动化系统通过实用化验收，143 个县（区）调通过 SCADA 实用化验收，其中上海全部 13 个，江苏全部 66 个，浙江 53 个和安徽 19 个。实用化工作极大地推动了全网调度自动化工作的发展。电网调度自动化系统已成为调度员指挥生产，保障电网安全、优质、经济运行不可或缺的重要技术手段。

一、华东网调调度自动化系统实用化

1992 年 11 月，华东电网调度自动化系统通过能源部组织的实用化验收。验收包括 SCADA 和 AGC 两大功能，10 个考核项目，11 项指标。2000 年，华东网调 EMS 系统的应用软件专项考核通过验收，调度自动化系统由监控型向分析型迈出了重要一步。

二、省、市电网调度自动化系统实用化

1993 年 12 月，江苏省调调度自动化系统通过实用化验收，成为从国外引进的 EMS 系统现场验收后，全国第一个在一年之内就达到能源部颁发的实用化要求的系统。1998 年，AGC 功能通过实用化专项验收；2000 年，完成了 OPEN2000 应用软件专项考核。

1994 年 7 月，安徽省调调度自动化系统实用化通过验收，成为华东电网内首先实现省、市调一级实用化的单位。1998 年，通过 AGC 功能验收；2000 年，实现 EMS 应用软件专项验收。

1994年10月，浙江省调调度自动化系统通过实用化验收。1998年5月，浙江省调的AGC功能通过验收。至1999年底，AGC允许的发电机组额定总容量达333万千瓦，可调容量101万千瓦，占机组总容量的11.1%。经过一年半努力，2000年4月，正式通过具有状态估计、调度潮流和静态安全分析3个基本软件的EMS应用软件专项考核。

1994年12月，上海市调通过调度自动化系统实用化验收。1998年6月，通过AGC功能专项验收；2000年，EMS应用软件通过专项验收，使EMS应用水平达到新水平。

三、地区调度自动化系统实用化

1990年，江苏省南京供电局成为国内第一家地区级调度机构自动化系统实用化达标单位。1991年5月，南京供电局江宁县调度自动化系统首先通过能源部组织的实用化达标验收，成为省内也是国内第一个县级达标单位。1997年底，徐州电业局贾汪区调（县级）顺利通过电力部组织的江苏省内最后一个县级调度自动化系统的实用化验收。至此，江苏全省66个县级调度自动化系统均通过实用化验收。2002年，省地两级调度自动化系统应用软件基本功能也全部通过了实用化验收。

1992年～1994年7月，安徽省阜阳、宿州和淮北地调自动化系统陆续通过了实用化验收。1995年9月，其余12个地调先后通过实用化考核，至此，安徽省地调自动化系统全部实现了实用化达标。在省地两级调度自动化系统实用化成果不断巩固和扩大的同时，安徽省县调自动化系统的工作开始起步。从1996年7月安徽省芜湖地区南陵县调在全省第一个通过实用化验收后，到1999年底陆续有16个县调通过实用化验收，占安徽全省县调的四分之一。

1992年，浙江省衢州电力局建成地区电网调度WJ-400 SCADA系统，并于1993年1月在浙江省率先通过实用化验收。1994年12月，浙江省新昌供电局与西安电子科技大学合作开发的RTS-200调度自动化系统通过实用化验收，成为该省第一个通过实用化验收的县级调度机构。1995年11月，舟山市电力公司电网安全实时监视系统通过实用化验收后，浙江省11个地区电网调度的SCADA系统全部通过实用化达标验收。1997年12月，金华地区共10个县（市）调自动化系统通过实用化验收，成为浙江省第一个地、县两级调度自动化系统全部通过实用化验收的地区。

1995年10～11月，上海市南、市东和市区供电局等三个地调相继通过了实用化验收，到1996年10月，上海电网13个区调也相继通过了部级电网调度自动化系统实用化验收。至此，上海电网市、地、区三级调度自动化系统实用化全部达标。

第五节 调度自动化运行管理

调度自动化系统运行管理贯彻“统一领导、分级管理”的原则。华东电网总调度所自动化部门在业务上领导江苏、浙江、安徽和上海三省一市的中心调度所自动化专业，省（市）中心调度所自动化部门在业务上领导地市及县（区）调度自动化专业。

华东网调自动化部门负责网内自动化系统的运行管理和指导工作；参加网内自动化系

统事故的调查、分析和处理；参加省调及部分地调的自动化系统规划和设计；编制自动化设备年度定检计划；编制本网自动化系统的运行规程或检验规程；组织网内自动化系统的考核、评比和专业技术人员培训、交流等。

其间，华东网调参与制定调度自动化有关的国家标准和电力行业标准，以及华东电网调度自动化的规章、办法等，用于指导自动化系统的建设和运行管理。其中包括：

(1)《电力系统调度自动化设计技术规程 DL5003—91》，涉及调度端 EMS 系统和厂站自动化的设计原则、主要功能、信息配置、技术指标等。

(2)《电网调度自动化系统运行管理规程 DL516—93》，涉及网、省（市）、地三级调度自动化部门和厂站的职责，规定了调度自动化系统与其他专业的分工界面，规定了运行管理、技术管理及检修管理的要求。

(3)《电网调度自动化系统实用化要求》，涉及网、省（市）、地三级调度自动化系统运行达到“实用化”的考核项目和运行指标。

(4)《远动终端通用技术条件 GB/T13729—1992》、《交流采样远动终端技术条件 DL/T630—1997》和《电测量变送器 GB/T13850—1998》，是根据 IEC 有关的国际标准制定的 RTU 远动装置主要功能和技术规范及电量变送器的技术标准。

(5)《电力系统实时数据通信应用层协议 DL476—1992》，是计算机数据通信网和远动设备通信规约开发、测试的技术依据。

(6) 华东网调制订了《华东电网 500kV 变电站计算机监控系统运行管理办法》、《华东电网 500kV 变电站计算机监控系统技术要求和验收标准》和《华东电网 500kV 变电站计算机监控系统评价标准》，对变电站计算机监控系统的建设、验收、运行和评价作了明确的规定，是变电站计算机监控系统的重要规章制度。

(7)《能量管理系统（EMS）应用软件功能及其实施基础条件》，是 EMS 系统应用功能实施的基本要求。

20 世纪 90 年代，自动化技术发展加快，电力自动化专业人员数量剧增，为提高专业人员的业务水平，华东网调自动化科先后在全网范围内举办了 4 期 μ - 4fRTU 和两期 GR -90RTU 技术培训班。同时配合 500 千伏徐—沪线和淮—沪线的引进工程举办了相应的C -3000、INDACTIC - 2033RTU 学习班，取得了良好效果。

华东电网每年召开一次调度自动化专业工作会议，总结自动化专业上一年的工作，布置当年的工作任务，并进行专题交流，同时与华东电力工委联合组织开展全网调度自动化专业劳动竞赛，并根据各单位上一年的运行指标和具体工作情况，评出先进单位和单项优胜单位，给予奖励。

第六节　调度自动化系统 Y2K 问题

为了解决计算机 Y2K 问题，华东电网从 1998 年下半年开始，对计算机系统及有计算机芯片的设备名称、型号、制造厂商、软件版本号和日期的关系进行调查分析，并与制造厂联系，询问提供的产品是否存在 Y2K 问题。

1999 年 3 月，国家电力公司针对 Y2K 问题的测试工作进行具体部署。根据国家电力公司要求，华东电力调度局颁发《华东电网 Y2K 应急方案及措施》，要求各省、市调开展 Y2K 问题的测试评估和预案措施的制订。同年 8 月，上海电网作为全国试点，率先进行全网性的 Y2K 联合测试，证实 EMS 系统各项功能满足测试大纲规定的性能要求。华东网调的 EMS 和 MIS 系统在全国电力系统联合测试及 Y2K 关键日期实际过渡期间，未发现任何问题。

Y2K 问题测试所积累的有益经验，对于进一步提高软件测试水平，把好计算机软件的质量关，提高计算机系统的管理水平有一定作用。

2000 年 1 月 1 日，华东电力调度局的自动化系统顺利进入新的一年运行。

第四章　电　力　通　信

华东电力系统通信网是伴随华东电网的发展和通信技术的进步逐步建立和发展起来的。20 世纪 90 年代，华东电网形成 500 千伏电网大发展，220 千伏系统分省运行的新格局，电力系统通信业务也由以电力调度电话为主，逐渐向传送多种调度业务方向发展，传送内容包括远动和数据信息、继电保护信号、安全自动稳定控制信号、行政电话长途交换、传真和电视电话会议等。随着微波通信的广泛应用和架空地线复合光缆（OPGW）、数字程控电话交换技术的逐步成熟，华东电力系统通信方式已由以电力载波电话和租用公网长途电话为主，点对点和小容量方式，发展成为以数字微波和光纤数字通信组成的骨干通信传输网为基础、数字程控交换网为中心的网络化、全交换为主，电力线载波电话和少量租用电路为辅的方式。整个通信网覆盖了华东电网的网、省（市）、区各级调度机构和 500 千伏系统各大发电厂、变电站以及 220 千伏系统骨干电厂、枢纽变电站。

第一节　电力通信网发展

一、载波通信

（一）220 千伏系统电力载波通信

电力线载波通信由于其自身的特点和技术的不断进步，长期以来在华东电网得到广泛应用。

1998 年 8 月，随着 220 千伏省（市）际联络线路永久性解列运行，华东网调所辖 220 千伏电力载波机全部转移划拨给各省（市）调使用，华东电网电力负荷监视和电量计费统计通道均转移到 500 千伏系统厂、站，调度电话也不再采用 220 千伏系统电力线载波电话。

（二）500 千伏系统电力载波通信

华东电网在 500 千伏淮—沪线和徐—沪线工程建设中引进电力载波机共 86 台，小程控交换机 11 台，分别安装在平圩、洛河电厂，繁昌、瓶窑、南桥、任庄、江都、斗山和黄渡等 500 千伏变电站内。

1992 年，500 千伏繁昌—斗山 5904 线输变电工程引进 GE 公司载波机 4 台。1994 年，石洞口二厂及其配套工程建成，石洞口—黄渡双回 500 千伏输电线路，采用美国 Downty 公司 RFL 型载波机 14 台，同时建成的黄渡—南桥第二回 500 千伏输电线路引进 GE 公司载波机 4 台。1995 年底提前建成 500 千伏瓶窑—斗山 5905 线，在天荒坪抽水蓄能电站配套工程中首次引进德国 SIEMENS 公司 ESB - 2000i 型 4 台数字式电力线载波机。数字式电力载波机所有技术参数设定、功能修改等都由软件完成，在中心站可以监视全线所有载波机运行状况，便于维护和管理。

1995～1999 年，是华东电网 500 千伏输变电工程建设的第二个高峰期。在天荒坪抽水蓄能电站及其配套送出工程、扬州第二发电厂及其配套送出工程中，分别引进德国 SIEMENS公司 ESB-2000i 数字式电力载波机共 34 台。在安徽省肥西 500 千伏工程和阳城电厂配套送出工程中，分别引进瑞士 ABB 公司 ETI-81 型和 ETL-500 型电力载波机共 60 台。在华东江苏 500 千伏输变电工程、上海泗泾 500 千伏变电站、浙江金华 500 千伏变电站等输变电工程和安徽平圩、洛河、肥西、繁昌等厂站 GE 载波机更改工程中，分别引进 SIEMENS 公司 ESB-2000i 型电力载波机共 40 台。

2000 年以后，由于复合光纤通道的出现，500 千伏输变电工程中使用电力载波机逐渐减少，如瓶窑—南桥 5902 线环进王店变电站后保留一条电力载波电路，而斗山—黄渡 5913 线环进石牌变电站、北仑港—兰亭线环进天一变电站后，主备用传输继保信号全部采用光纤通信，从而缓解了电力载波频率分配的紧张局面。至 2002 年底，投入运行传输复用继电保护信号载波机共 172 台，专用传输远动信号载波机 18 台（含阳城电厂送出线路中使用 12 台远动专用载波机）。

2002 年，国家电力公司批准葛—沪直流输电系统电力载波机更新改造工程，以解决 20 世纪 80 年代引进的设备老化问题。经多次论证，采用 ABB 公司新产品 ETL-500 型数字方式电力载波机替代老设备，分别传输话音信号，交替复用传输极Ⅰ、极Ⅱ紧急停机命令信号（ESOF），传输极Ⅰ、极Ⅱ常速和快速 2400 波特阀控数据信号以及向南桥、葛洲坝两家端站传输麦元中继站的远方监视信号等。2002 年底，新设备投入正式运行。

二、微波通信

华东电网微波通信经历了模拟微波频分复用调制（FDM）、数字微波准同步数字系列（PDH）、数字微波同步数字系列（SDH）3 个发展阶段，网络结构由线形逐步向星形、环形和混合形的方向发展。

1991 年，为解决华东网调—江苏省调—国调之间的通信联络，在原上海—南京—徐州 6 吉赫国产微波电路基础上重新勘察、设计，引进日本电气公司（NEC）数字微波设备改造成容量为 34 兆，480 个话路的沪徐 7 吉赫 PDH 制式数字微波电路。

1994 年，在上海—杭州—乌溪江模拟微波路径和站址基础上，采用 Harris 公司设备改造成为上海—杭州—新安江 2 吉赫数字微波电路，容量为 34 兆，480 个话路。

配合天荒坪抽水蓄能电站及其配套输变电工程，1999 年建成了 7 吉赫天荒坪数字微波电路，采用加拿大 Harris 设备，容量为 34 兆，480 个话路。1999 年 2 月，天荒坪微波电路在无锡塘头站与沪徐 NEC 微波电路相连接，构成了一个微波电路环形网，大大提高了电路的可靠性。

为解决华东至安徽、浙江省之间的迂回电路问题，1999 年建成白沙—火龙岗数字微波电路，设备采用法国 SAT 公司的产品。此电路投运后，为华东网调至安徽省调和安徽地区有关厂、站提供了第二条微波电路。

1999 年，建成固镇—徐州数字微波电路。该电路由固镇、宿东电厂、淮北一厂、三堤口、杨楼和徐州电业局等站点组成，是华东电网第一条 SDH 数字微波电路，采用 Alcatel公司设备，频段为 7 吉赫，容量为 155 兆。固徐数字微波电路开通运行，将安徽省境内微波干线与江苏省境内通过徐沪数字微波电路组成“8”字形环网，形成华东电网三省一市之间相互有迂回通道的微波干线网，提高了通信可靠性。

2002年，为解决国家电力公司—华东公司之间通信的“瓶颈”问题，国家电力公司组建京沪数字微波SDH通信电路，设备采用NORTEL公司产品，容量为2×155兆，频段为5吉赫。京沪SDH微波电路跨越北京市、河北省、山东省、江苏省和上海市等地区。该电路将华东网调、江苏省调、500千伏有关厂、站和地区调度所连成一片，不仅为国家电力公司至华东和江苏、上海之间新增一条通信干线，同时也增强了华东与江苏的通信能力。

作为三峡至华东超高压输电项目的配套工程，2002年，国家电力公司建设了宜宁SDH数字微波通信电路，设备同样采用NORTEL公司产品，容量为2×155兆，频段为5吉赫。此电路跨越华中、华东两大电网。在华东电网内有江苏省调、马鞍山电厂、芜湖供电局、火龙岗、巢湖、肥西、安徽省调、繁昌、安庆、怀宁和宿松等站；在江苏省调站同京沪SDH电路连接。加强了华东与华中两大区域电网之间的通信能力，同时也进一步加强了华东电力通信网的迂回能力和可靠性。

至2002年底，华东电网已经完成了数字微波取代模拟微波电路的改造，投运的PDH微波电路4条，SDH微波电路3条。华东电网主干微波通信系统见图8-4-1。

三、光纤通信

华东电网光纤通信从无到有，经历了普通光纤、自承式光缆（ADSS）和架空地线复合光纤（OPGW）等不同阶段。由于其通信性能优越，得到快速发展。

（一）普通光缆

1994～1995年，为解决华东电网葛—沪数字微波传播受上海地区高楼阻挡的问题，在华东网调—西郊变电站—黄渡500千伏变电站之间建成全长33.6千米6芯骨架式架空挂设光缆，该光缆和光端机、PCM终端设备均采用法国阿尔卡特公司产品，这是华东网调首条开通的PDH光纤通信电路，传输容量为34兆。

（二）自承式光缆

1998年底，在华东网调—浦东变电站—南桥500千伏变电站之间建成全长52千米的16芯光缆，其中14千米普通光缆穿越电力线管道，38千米自承式光缆（ADSS）架设在220千伏线路铁塔上，光缆采用美国美铝藤仓公司产品，设备采用英国马可尼公司光端机，传输容量为622兆，是华东网调开通的首条SDH光纤通信电路。

2000～2001年，华东网调—西郊变电站—黄渡500千伏变电站之间的架空挂设光缆经常在市政工程建设时被开断和改道，严重影响通信质量和可靠性。因此在华东网调—西郊变电站—黄渡500千伏变电站间再建一条全长35千米的16芯光缆，包括11千米管道式光缆和24千米自承式光缆。该光缆分别采用美国美铝藤仓公司和江苏南通中天集团光纤公司的产品，此电路提高了华东网调至黄渡变电站之间的SDH光纤通信电路传输可靠性。

（三）架空地线复合光缆（OPGW）

1997年，华东电网首次在天荒坪—瓶窑500千伏输电线路的架空地线上采用日本古

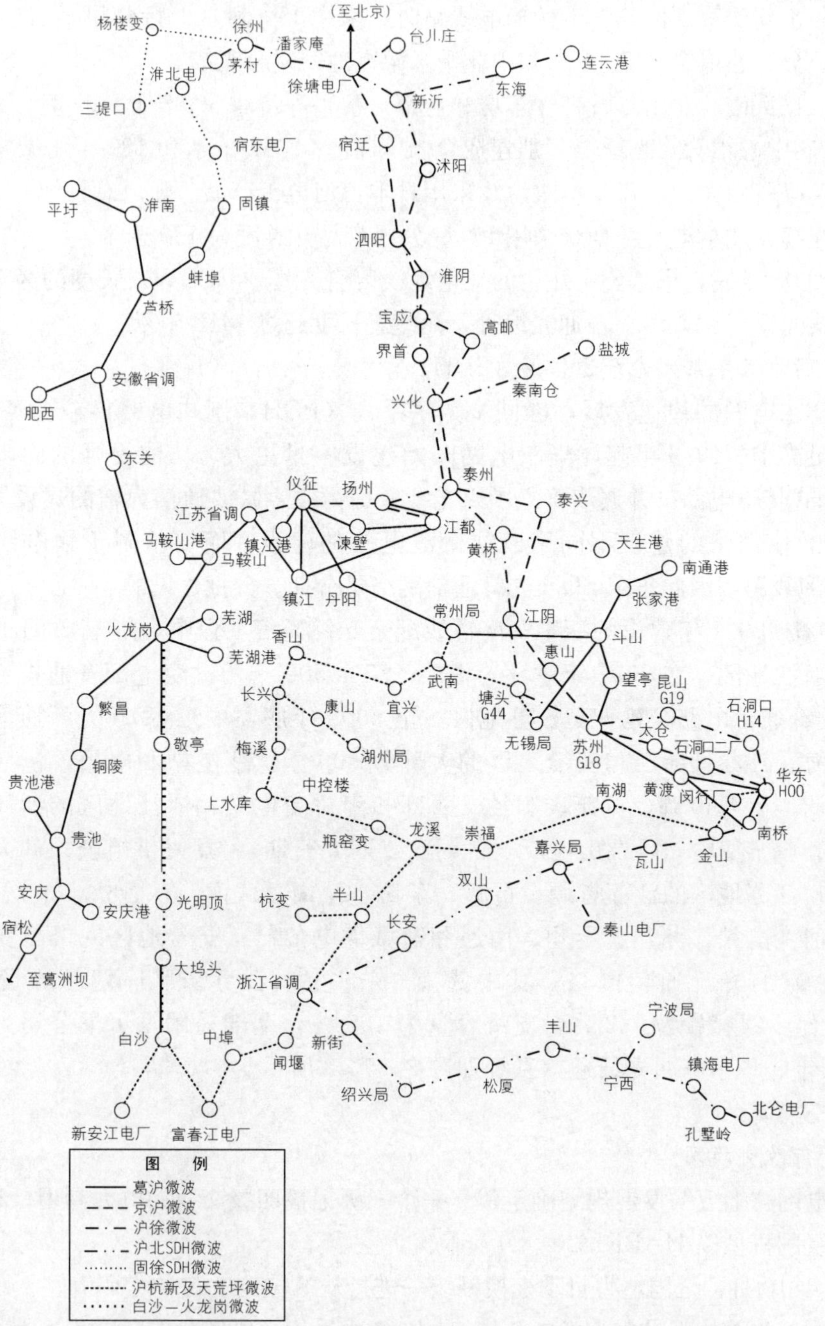

图 8-4-1　2002 年底华东电网主干微波通信系统

河公司 6 芯铝骨架式复合光缆，全长 38.5 千米。两站采用泰科公司 PDH 光端机设备，传输容量为 34 兆。

1998 年，在黄渡—斗山新建第二回 500 千伏输电线路时，采用上海阿尔卡特公司 16 芯不锈钢管层绞式复合光缆建成黄渡—斗山 5913 线架空地线复合光缆，全长 105 千米。

2000～2001 年，在泗泾 500 千伏变电站配套工程的黄渡—泗泾—南桥 500 千伏线路和南桥—瓶窑新建第二回500千伏输电线路时，采用上海阿尔卡特公司24芯不锈钢管层绞式产品，分别建成全长50千米和165千米架空地线复合光缆。

同年，在武南—斗山、石牌—车坊和盐都—泰兴等新建500千伏线路时，采用日本藤仓公司18芯中心铝管式光纤，分别建成全长54千米、37千米和135千米架空地线复合光缆。在兰亭—双龙线、双龙—瓯海线采用日本古河电工产品，建成总长约330千米架空地线复合光缆，北仑港—兰亭线采用F&G公司产品，长度为150千米。

截至2002年底，华东公司建设的架空地线复合光缆（OPGW）长度约为1217千米，加上自承式光缆（ADSS）、普通光缆等，光缆总长度超过1480千米。

（四）同步数字系列光纤通信网（SDH）

随着华东电网的快速发展，准同步数字系列（PDH）制式电路传输受容量的限制，已不能满足需求。1998年起，华东电网开始建设容量更大、功能更强的同步数字系列（SDH）制式传输电路，并逐步确立了以光纤通信为主、微波通信为辅的建设原则。由于SDH光纤通信网络的建设不同于以往微波电路的建设，而要依附于输电线上架设的OPGW光缆线路，因此华东SDH光纤通信网络是分期、分批建设的。

在2000～2001年建设的瓶窑—南桥线配套光纤通信工程中，华东SDH光纤通信电路延伸至浙江地区；在2001年建设的华东—江苏500千伏输变电配套通信工程中，华东SDH光纤通信电路又延伸至江苏地区。至2002年底，华东SDH光纤通信网络已经覆盖了上海、江苏、浙江和安徽地区的大部分500千伏变电站和电厂，包括上海地区的华东网调、上海市调，黄渡、泗泾、西郊和南桥变电站；浙江地区的浙江省调，王店、乔司和瓶窑变电站，秦山电厂（一期、二期、三期）、嘉兴供电公司和天荒坪抽水蓄能电站；江苏地区的江苏省调、石牌、车坊、斗山、武南、东善桥、泰兴、三官殿、盐都和上河变电站，苏州、泰州、南通和盐城供电公司；安徽地区的繁昌变电站等总计29个站点的光纤通信网络，其中武南—东善桥—江苏省调—繁昌的设备容量为2.5G，其他干线容量为622兆，支线容量为155兆，全部采用马可尼公司光纤通信设备。2002年底华东电网光纤通信系统如图8-4-2所示。

四、交换网

（一）行政交换网

华东电网“七五”发展规划确定建立一个三级汇接四级交换的电力专用行政电话自动交换网，组网机型以HARRIS20-20交换机为主。

1994年10月，全国电力自动交换网统一进行从8位到9位的号码升位。华东网内由原来的全网6位等位编号改为省内7位编号，省间采用全国统一的9位长途编号，电力专网长途字冠仍为“9”。

华东电力行政电话自动交换网的建成，完全替代了人工接续，实现了全国电力通信网相连。经过1995年和1998年扩容与升级，华东电力集团公司本部的HARRIS20-20LH交换机容量最终为1920端口，软件版本为23.0043级，实现了主干网的网络功能透明。1998年的升级同时解决了Y2K问题。由于容量仅2000门，限制了电话用户的扩容，再加上传输通道的原因，2兆接口联网受到限制，使得全网的联网信令水平提高缓慢，个别

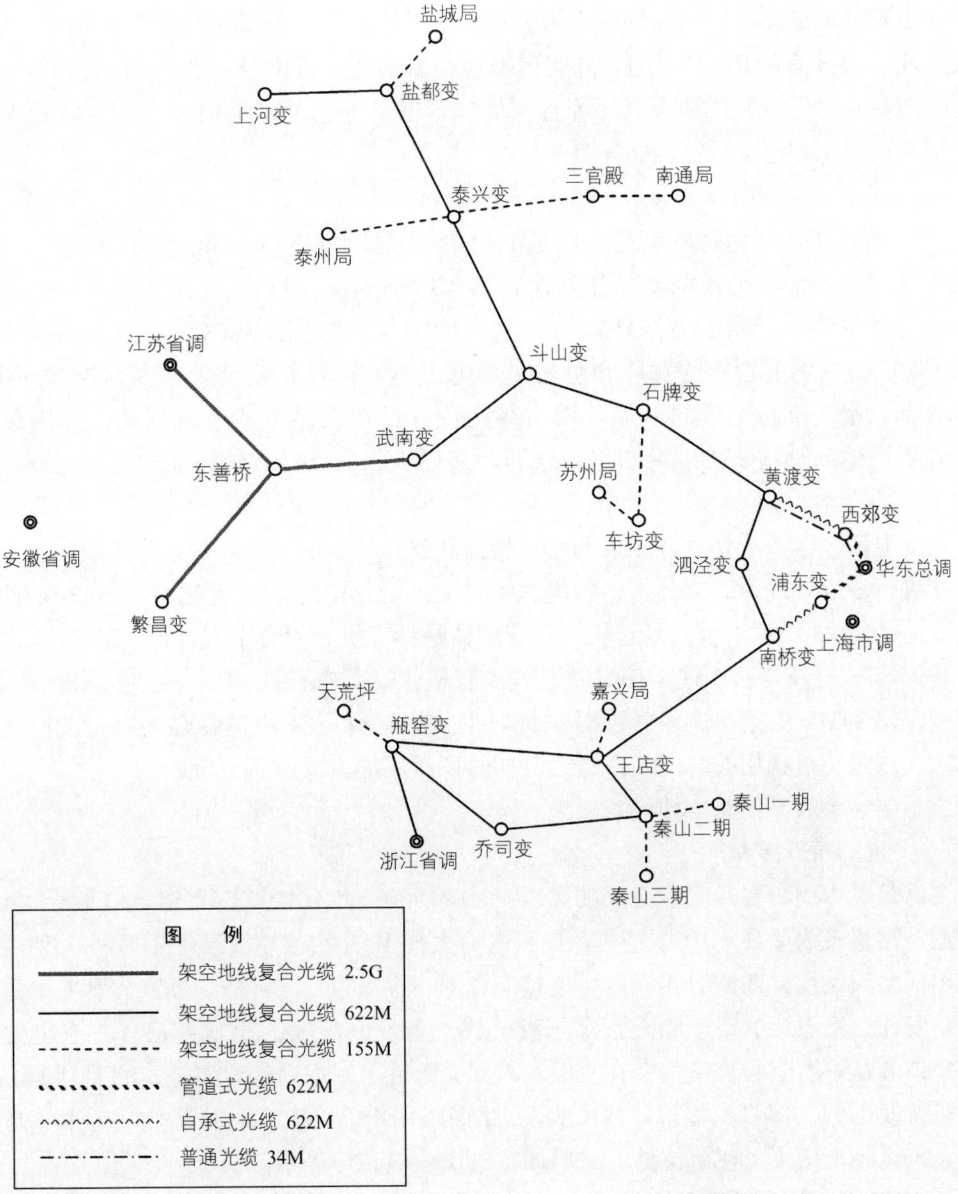

图 8-4-2 2002 年底华东电网光纤通信系统

地区局的呼叫存在阻塞情况。

2000 年底，结合华东电力大楼整体大修，对国电华东公司本部的原 HARRIS20-20LH 交换机实施更新并扩容，采用用户机与前置汇接机相结合的方式，全面提升用户功能及组网性能。用户机的型号为阿尔卡特 Omni PCX4400，初始版本 5.3，容量为 3000 用户线、2000 中继线。为办公室用户提供功能丰富的数字话机，实现了来电显示等功能；

前置汇接机的型号为上海贝尔 S12，初始版本 7.4，专门用于 7 号信令的中继组网汇接。新交换机安装调试完毕后，与国家电力公司、上海市、江苏、浙江和安徽省电力公司的交换机实现了 7 号信令 ISUP 组网，并实现不同路由的直达双中继、双 LINK，保障了系统安全。与新安江、富春江和天荒坪等直（代）管电厂等相关单位用 1×2 兆/Qsig 信令直达中继与用户机相连。

（二）调度交换网

1994 年，华东网调调度室进行改造，电力调度采用 PDS－256 空分制程控交换机，容量 128 门，四个按键式调度操作席位，两个触摸屏操作席位。1999 年 6 月，华东电力调度局颁发了《华东电力系统调度自动交换网技术管理原则（试行）》，为适应华东 500 千伏厂、站调度管辖的发展和组建华东电力系统调度自动交换网奠定了技术基础。随着各省（市）组网工作的开展，网络结构用分层接入的方式形成梯次，即网调至省调、省调至地调都用 2 兆中继双路由联网，并逐步取代点对点的通信方式，实现话路资源共享。

调度电话录音系统是对调度员的生产指挥和操作指令电话作实时录音的设备，能为调度员在进行事故处理、调查分析、经验总结时提供语音查询。20 世纪 90 年代初期使用澳大利亚迪特威 24 声道卡带式录音机，录音载体是计算机专用数字流传带，每 24 小时换一次。1998 年，更新为新一代工控机硬盘式录音机，产品选用杭州塞通通信设备公司的小绵羊（SAICOM）数字多轨录音录时系统，主备机运行，24 声道，存储容量 40G。查询方式大大改进，可选用按时间、声道、呼叫号码等不同方式进行查询。

五、电话会议系统和电视会议系统

（一）电话会议系统

为满足电力用户召开电话会议的需求，20 世纪 80 年代初期着手组建电话会议系统，早期的汇接机较为简易。1992 年初在华东电力大楼 15 层会议室安装了 JHJ－03 型汇接机组成电话会议系统，四线方式联网，连接能源部、上海市、江苏省、浙江省和安徽省电力局，新安江、富春江、望亭和天荒坪等直（代）管发电厂等。2000 年底，华东电力大楼开始整体装修，所有会议室集中在 6 楼。因此又购置了东方通信设备公司的 JHJ－18 专线汇接机替换 JHJ－03 型汇接机，容量为 24 路四线用户、8 路二线用户。2001 年 2 月完成调试，该机除汇接了上述单位外，又增加了秦山核电二厂等单位。

2002 年，为方便调度生产早例会的召集，又购置了 VCTALK 二线电话会议系统，采用电话拨入式，无需专人值机打开或关闭发言，方便与会者使用。该设备可支持 60 方同时开会。

（二）电视会议系统

1999 年 3 月，国家电力公司启动全国电力系统电视会议网建设，选定深圳市中兴通信股份公司的 ZXMVC8800 型多点控制器（MCU）和 MVC3000 型电视会议终端作为全国电力系统电视会议组网设备，分别安装在各网、省市电力公司。全系统采用分级汇接，国家电力公司的一级 MCU 与各网公司的二级 MCU 相连，华东的 MCU 连接三省一市电力公司及本部的会议终端。整个工程 2001 年 8 月竣工并投入使用。

六、数字数据网（DDN）

作为全国电力数据网（DDN）建设的组成部分，华东电管局1994年制定了Ⅱ级网建设规划，1995年底采用美国NET公司IDNX20机，建成具有带宽管理功能N×64K的DDN网络。一期工程包括华东、浙江、江苏、安徽和上海市5个节点。华东节点是华东DDN网的中心节点，机型为IDNX70。1998年二期扩容工程，新建4个节点（富春江、新安江、望亭电厂和天荒坪抽水蓄能电站），机型为IDNX20，华东节点设备由原来的IDNX70升级为IDNX90。各节点之间中继链路带宽以2M为主，数据端口速率11.2K～2M。2000年1月正式投入运行，使数据信号可以在节点处就近上网。

七、集群通信系统

1994年，由上海市电力局、华东电管局共同投资组建，引进美国爱立信和通用电气合资公司（ERICSSON－GZ）的EDACS集群无线设备。由15个信道组成和单工、双工手机、车载电话等300个用户组成。由于该系统只有一个中心发射电台，电磁覆盖范围受高楼影响使盲区不断增多，加上双工手机质量问题，使用效果不好。与此同时，由于蜂窝通信技术迅速发展，通信质量迅速超越集群系统，手机质量和成本不断降低，电力系统用户也很快普及了GSM手机，800兆集群系统被自然淘汰。

八、同步时钟系统

1998年起，华东电网开始建设容量大、功能强的同步数字系列（SDH）制式传输电路，该制式对时钟同步的要求很高，需要建立一个可靠的时钟源，为所有的SDH设备及其他接入设备提供标准的、统一的时钟。

2001年，在华东电力大楼通信传输机房安装了一套TELECOM公司的时钟设备，采用双重化的全球定位系统（GPS）双铷钟配置，共计有20个2兆比特输出和20个2兆赫输出。

第二节　各类调度业务使用通道状况

一、调度业务

调度电话可分为一般用调度电话、DTS（调度员培训模拟器）电话及电力市场用电话。通过调度交换网或用户线延伸至各调度点、电力系统内部行政电话，通过公网长途电话至各调度点等方式。

调度反事故演习电话在开展反事故演习时，需按照演习方案确定参加对象，提前试通网调到各参演厂站的专线通道。

电话会议系统，按要求确定参加电话会议的对象，以音频四线方式连接，要求电话会议前一天进行现场调试。

电视会议系统，按要求确定参加电视会议的对象，以2兆方式连接分会场，要求电话会议前一天进行现场调试。

二、自动化业务

至2002年底，华东网调从各电厂和500千伏变电站收集远动信息共有64个站、均采用主、备用专线通道，以音频（发信/收信）四线方式传送，传输速率为1200波特。

三、继电保护通道业务

（一）微波保护通道

1998年初，华东电网第一次使用微波电路开设的继电保护通道是扬州—江都5203线703（慢速）、704（快速）及扬江5204线705（慢速）、706（快速），传输速率为64K。至2002年底，共计有4条微波保护通道。

（二）载波保护通道

1987年6月，华东电网500千伏第一套载波保护通道在洛河—繁昌5301线的501、502电路上主备用双通道投入运行。随着500千伏输电线路增加，至2002年底，载波保护通道共计有86条。

（三）光纤保护通道

1998年，天荒坪—瓶窑5405线分相电流差动（701通道）和天瓶5406线分相电流差动（702通道）建成投运，成为华东电网首次使用的光纤保护通道。至2002年底，光纤保护通道已达54条。

四、安全稳定控制信号业务

1992年，安徽平圩电厂切机通道通过平圩—繁昌5302线的504电路和505电路，组成二取二等方式的切机通道。1993年，安徽洛河电厂切机通道通过洛河—繁昌5301线501电路和502电路，组成安徽洛河电厂切机通道。

1997年后，华东电网多次采用安全稳定控制装置来提高500千伏系统稳定运行水平，并制订了相应的技术规定。先后有徐州切机，兰亭（北仑）远方切机，任庄（彭城）远方切机，肥西（平圩、洛河）远方切机信号投入使用。1999年11月，阳城电厂及其输变电线路配套工程建成，阳城电厂向华东电网送电，500千伏上河变电站是该工程的主要受电变电站。阳城电厂切机信号通过江都—上河或上河—三堡1条或2条500千伏线路的慢速保护通道，经二次或三次接点信号转接后传输到山西阳城电厂，该切机信号在华东电网内有11条慢速通道进行传输，传输时间约在80～100毫秒。

至2002年底，传输安全自动稳定装置信号的通道共有13条。

第三节　电力通信网管理

一、通信调度管理

1993年，按照能源部调度系统四川乐山会议精神，华东电网及三省一市通信调度机构全部成立。

1994年，根据电力部调度通信局关于建立通信监测系统的要求，华东电力通信调度建立了华东电力通信监测系统，实施了对微波干线电路的集中监视，为通信调度提供了主干通信电路的实时运行状态显示，便于进行故障判断和调度指挥。

1995年，华东电网内大部分地区相继成立了通信调度机构，通信调度系统基本建立。

1997 年，华东电力通信调度使用了自动化通道监测系统。该系统主要对通信话路进行实时监视，对自动化通道进行实时监测，提供对远动化通道运行状态的准确判断。

1999～2000 年，在华东通信调度室建设比较完善的通信监控和相应的投影大屏幕系统。通信监测系统采用基于 TCP/IP 协议的 C/S 网络结构，以保证系统的开放性、兼容性和扩展性。系统功能分为网元管理、网络管理和服务管理等。

1999 年 6 月，华东电力集团公司颁发了《华东电网通信调度运行管理条例》，以加强通信调度工作。该条例适用于华东电力系统通信电路、设备的接入和退出、转接、调测、检修、故障处理、统计分析和评价，电路/话路的运行方式和分配计划等。

二、电力载波通信管理

2000 年 10 月，华东电力调度通信中心颁发《华东电网 500 千伏载波设备备品备件管理办法》。该办法根据"统一调度、分级管理"的原则，规范备品备件管理。

2001 年 8 月，华东网调颁发《华东 500 千伏电网载波通信系统运行管理规程》、《华东电网 500 千伏载波通信系统工程验收管理办法》、《华东电网 500 千伏电力载波通信站无人值班规定（试行）》等文件。

三、光纤通信管理

2001 年 5 月，国电华东公司颁发《华东电网 500 千伏复合地线光缆线路运行管理暂行规定》。该规定划分了通信及各专业部门的职责，明确要求在遇到运行问题或异常情况时，复合地线光缆运行及维护所涉及的各相关专业部门应相互配合，各负其责，共同处理。

四、微波通信管理

20 世纪 90 年代，由于电子监控技术的成熟，建设无人值守通信站已具备条件。为适应电力体制改革深化的要求，1995 年 2 月，华东电力集团公司颁发《华东电力系统数字微波通信站无人值班规定》。该规定对设立无人值守通信站提供了执行规范，为无人值守通信站的标准化运行提供了依据。

1996 年 6 月～2001 年 9 月，华东电力集团公司、华东网调陆续颁发了《华东电网数字微波电路管理规定》、《沪杭瓶数字微波通信电路运行管理暂行条例》、《天荒坪数字微波电路运行管理规定》、《华东电网跨省（市）数字通信电路运行管理办法（试行）》、《固镇至徐州 SDH 数字微波电路运行管理规定（试行）》等文件。

五、交换网

为组建电力调度电话交换网做好技术准备，1999 年 6 月，华东电力调度局颁发《华东电力系统调度自动交换网技术管理原则（试行）》，2000 年进行了修订。2001 年 5 月，华东电力调度通信中心印发《华东电力调度交换网交换机选型的指导意见》，使华东电网内的调度交换网建设从开始就有明确的方向。

六、数字数据网（DDN）管理

1995～1998 年，分两期建设了全国电力 DDN 网华东二级网。2001 年 6 月，在总结运行经验的基础上，华东电力调度通信中心颁发了《华东数字数据网（DDN）管理办法（试行）》。

七、通信站过电压保护管理和其他业务管理

20世纪90年代起，华东电网通信设备开始大量使用数字模块电路，由于微电子元器件的抗雷电干扰水平极低，因此雷电和线路过电压等对通信设备造成的危害非常突出。1996年上半年，仅浙江地区就发生了16起因雷击或线路过电压造成的通信设备损坏。根据能源部调通局1990年6月在河南召开的电力通信站雷害现场会的会议精神，华东网调在三省一市全面开展通信防雷、防过电压工作。1990年底及1991年初，在全网举办了三期通信站防雷技术培训班，受训人数近百名。20世纪90年代，共召开五次华东电力系统通信站防雷技术研讨会及防雷工作会议，交流、研讨防雷技术，规范施工标准。坚持每年组织联合检查组轮流抽查通信站的防雷工作，累计检查超过100个通信站，起到了相互促进、相互交流的积极作用。对较大雷击事故，组织专家赴现场调查，提出整改方案和要求，检查落实结果。通过多年努力，华东电网通信防雷害工作有了明显改善。1999年全网通信障碍共六次，因过电压造成的障碍为零次。1999年6月，根据部颁《电力系统通信站防雷运行管理规程》，华东网调颁发《华东电力系统通信站过电压保护运行管理实施细则（试行）》，为华东电网通信站过电压保护工作提供了技术依据，促使防雷管理工作常态化、规范化。

随着光纤通信和微波电路的不断发展，继电保护及安全自动装置采用光纤、微波电路传输信息日益普遍。2001年7月，华东电力调度通信中心颁发《华东电网微波、光纤电路传输继电保护信息通道运行管理办法》，明确管理职责和专业分工界面，藉以提高主保护的投入率。

八、标准通信站达标工作

1991年11月，能源部电力调度通信局颁发《电力系统通信站管理及评定标准》，在全国电力系统开展标准通信站达标活动。要求通信站在“规章制度、表报资料、业务技术、工作任务、维护质量、精神文明”等六个方面达到标准。华东网调积极开展和推进该项工作，使网内通信站达标率达到100%。1997年4月，国电通信中心组织对华东网调通信站的达标检查验收，华东网调通信总站被评定为“标准通信站”。

第九篇　农　村　电　力

第九篇　农　村　电　力

1991年起，随着农村扶贫通电和农村电网建设的推进，华东三省一市农村用电量逐年提高，用电覆盖面积逐年扩大。1994年乡镇通电率达100%，1996年行政村通电率达100%，华东成为全国第一个实现行政村"村村通电"的区域电网。同时，一大批农村电气化县相继建成。华东电网农村电气化建设事业的新局面开始形成。

1998年后，上海市、江苏、浙江和安徽省电力局（公司）在省、市人民政府领导下，积极开展农村电网改造工作，推动农村电力体制的改革。经过努力，农村电网进一步发展，电网结构进一步优化，供电能力和供电可靠性得到提高，为降低农村电价、实现城乡用电"同网同价"奠定了基础。与此同时，213个县级供电公司被改制为省、市电力公司的全资子公司或控股公司，5747个乡（镇）电管站被重组成为县（市）供电公司的派出机构，为实现农村电网县、乡一体化管理提供了体制保障。

至2002年，华东电网20千伏及以上供农业用电线路总长26804千米，比1990年的23295千米，增长了15.1%。

第一章　农村电网建设与改造

江苏、浙江和安徽三省虽然地处经济发达的长江三角洲及沿海地区，但由于三省省内各县、乡所处的地理位置和经济条件不同等原因，县、乡之间经济发展很不平衡。至1990年底，江苏、浙江和安徽三省境内仍有44个乡共4800多个村、523万农户没有用上电，制约了当地工农业生产及家庭副业的发展。

三省一市电力局（公司）向省（市）政府领导汇报争取省政府出台筹集资金的相关政策，以加快贫困地区农村电网建设，让贫困地区的"无电乡"、"无电村"早日通电。

三省一市电力局（公司）按照上级主管部门"标准化"的要求，进一步规范农村电网建设和扶贫通电工程，结合本省、市农村电网的实际，对各个电力建设项目要达到的技术指标，严格把关，保证了农村电网建设"标准化"要求的落实。在改造农村电网工程的施工中，三省一市电力局（公司）尽心、尽力、尽责，努力提高农村电网的科技含量，降低线路损耗和变压器损耗，为降低农村电价、减轻农民负担，让农民用得上电、用得起电创造了条件。

第一节 农村电网建设

1991～1997年期间，华东电网地区农村电网建设主要是以扶贫通电和达标建设两种方式并举进行的。

一、扶贫通电

1991年，江苏省电力局按照中共江苏省委和省政府的规划目标，向省政府提交了加快贫困地区农电事业发展的规划和实施意见。1992年，中共江苏省委、省政府主要领导在省电力建设工作会议及之后的几次会议上强调：要“动员全社会的力量，采取特殊政策，筹集必要资金，支援无电村、户通电。”浙江省继续沿用1991年以前决定的每年财政拨款500万元，扶持贫困地区的农村电网建设。1992年初，安徽省人民政府决定在每千瓦时的电量里加收1～5厘钱，每年集资3500万元作为“安徽省扶持农村电网建设调节基金”（简称“农电调节基金”），并规定对经济较落后的贫困地区的通电工程，省政府给予重点扶持，不仅要加大资金投入量，还要给予一定的优惠条件。

1993年，华东电管局在浙江和安徽两省还剩下最后几个乡没有实现通电目标时拨出300万元进行无偿支援，以推动扶贫通电工程的进展。是年年底，安徽省实现“乡乡通电”。

1994年，华东电管局和三省一市电力局按照电力部“电力扶贫共富工程”要求，主动向省、市人民政府联系汇报，取得了政府的认同和支持。同年7月，江苏省出台了《征收无电村通电补助资助资金的通知》，决定全省除居民生活用电外，所有用电量每千瓦时加收6厘钱，一年可集资2.5亿元，作为全省扶贫通电工程的专项补助资金，用于贫困县的电网建设、高损耗配电变压器的改造。同时，江苏省政府还成立了以常务副省长为组长的扶贫通电领导小组，负责协调和指导全省扶贫通电工作。同年，安徽省除决定从“农电调节基金”、地方财政扶贫资金、各级供电局供电贴费等资金中抽调一部分资金直接用于无电村的通电工程外，还决定把扶贫通电工程列为省政府领导的任期目标之一，由省长和省电力局局长签订责任状，要求务期必成。

1994年底，浙江、安徽两省共44个乡结束无电历史，华东三省一市实现乡（镇）通电率100%的目标。

1995年，华东电管局组织局机关及新安江水电厂、富春江水电厂和望亭发电厂等直属单位6000多名职工开展“献爱心、送光明”募捐活动，捐款71万元，支援安徽省内5个无电村的通电工程。同年，安徽省电力局党组向所属各单位党委印发了《电业职工“献爱心、送光明”募捐倡议书》，短短几天就募捐158.94万元，购买了配电变压器，赠送给无电村的通电工程。同年，上海市电力局也为支援江苏、浙江和安徽三省扶贫通电工程捐赠了变压器。1996年，浙江省为贫困山区的20个县和3个海岛的电网建设设立扶贫基金，每年约1亿元。浙江省电力局还开展了“对口扶贫”活动，动员许多企业为扶贫通电“有钱出钱，有物出物，有力出力”。华东电管局虽然没有扶贫专项资金来源，但仍想方设法为扶贫通电资助650万元、购置600多台变压器，为扶贫通电再出一份力。

经过广大电力职工的几年奋战，至1996年底，安徽省解决了256.8万农户的用电难题。1997年10月，江苏省解决了97.77万无电农户的用电难题。工程涉及该省10个市、47个县，共新建和改造35千伏变电站85座、变电容量49万千伏安，输电线路852千米；新建和改造10千伏输电线路13843千米，新增配电变压器9722台、变电容量48.15万千伏安；架设低压线路2.3万千米。1997年1月，江苏省政府决定扶贫通电政策延续2年至1999年6月底，征收的扶贫通电资金主要用于贫困县的电网建设，并向涟水、响水、灌南、淮阴四个县倾斜。

至2002年底，江苏、浙江和安徽三省基本解决了5239万农户“用电难”问题。华东农村电网也因此得到了发展和壮大，扶贫通电功不可没。

二、达标建设

1991～1997年，华东三省一市电力局继续按照标准化的要求进行农村电网建设，努力扩容增供，确保华东农村生产和生活用电需要。

上海市在扩容增供施工中，严格执行标准化要求，至1997年，上海农村供电线路已达8.16万千米，35千伏和110千伏变电站281座、主变压器554台、容量1050万千伏安，比1991年分别增长5.29%、82.47%、83.44%、172.3%；35/0.4千伏和3～10/0.4千伏配电压器31727台、变电容量877万千伏安，比1991年分别增长99.05%、239.92%。

江苏省电力局规定，通过农村低压电网标准化建设，10千伏配电设备完好率要达到100%；三相漏电保护器安装率、投用率100%，家用漏电保护器达60%以上、投运率达100%；低压综合线损在12%以下，10千伏线路线损在10%以下。通过7年建设，江苏农村电网的供电能力和可靠性明显增强，不但实现了扩容增供的预定目标，而且农村电网供电设备的完好率上了一个台阶。至1997年，江苏省农村高压线路13.68万千米，低压线路53.84万千米，比1991年高压线路10.92万千米、低压线路39.55万千米，分别增长25.27%、36.13%；35千伏和110千伏变电站共1082座，总容量2105万千伏安，比1991年分别增长32.76%、98.77%；配电变压器157269台、总容量2406万千伏安，比1991年分别增长33.95%、57.56%。

浙江省电力局按照农村电网标准化建设的要求，不断加大扩容增供力度。至1997年，浙江全省农村有高压线路10.14万千米，低压线路23.07万千米，比1991年分别增长20.57%、23.75%；35千伏和110千伏变电站769座、主变压器1292台、变电容量1521万千伏安，比1991年分别增长53.8%、63.95%、137.28%；配电变压器158938台、总容量1882万千伏安，比1991年分别增长48.30%、103.46%。

安徽省电力局将农村电网标准化建设的重点放在提高输变电设备的供电能力上，并加大建设资金的投入。其中基建工程建设资金投入并完成38267.35万元，高压线路和变电容量工程建设资金投入并完成32623.32万元，低压线路和变电容量工程建设资金投入并完成3.8亿元。至1997年底，全省已拥有高压线路12.08万千米，35千伏和110千伏变电站800座、主变压器1396台、容量751万千伏安；低压线路33.10万千米，配电变压器104994台、容量932万千伏安。比1991年的高压线路9.74万千米，35千伏和110千伏变电站666座、主变压器1133台、容量81万千伏安，低压线路24.76万千米，配电变压器75322台、容量708万千伏安，分别增长24.02%、20.12%、23.21%、827.16%、33.68%、39.39%、31.64%。

第二节 农村电网改造

1998年6月，国务院决定用3年时间在全国范围内改造农村电网、改革农电管理体制，实现城乡用电同网同价（简称“两改一同价”）。华东三省一市电力局（公司）在省、市人民政府领导下，很快制定并上报了本地区第一期农村电网改造工程的三年计划和资金预算计划。

1998年10～11月，国家计委先后批复了华东三省一市上报的农村电网三年改造项目计划，总投资为327.86亿元。农村电网改造工程的资金来源为：①工程项目法人的自有资金、电力建设基金和贴费等其他专项基金；②中央财政预算内专项资金和地方财政预算内专项资金；③国家开发银行、各商业银行及有关金融机构的贷款；④农网改造工程项目法人发行的企业债券；⑤其他资金。华东电网地区农村电网改造资金由省、市电力公司作为项目法人，负责统贷统还，华东电力集团公司提供担保。国家计委发文明确，华东电网地区农村电网与改造工程贷款执行还本付息电价政策，逐年摊入全网电价。华东农村电网该轮改造规模之大，投资之多，前所未有。华东农村电气化事业迎来前所未有的发展机遇。华东三省一市农村电网第一期改造工程贷款投资与还贷情况见表9-1-1。

表9-1-1　华东三省一市农村电网改造（一期）工程贷款投资与还贷情况

项目		上海市	江苏省	浙江省	安徽省
总投资（亿元）		37.5	123.5	116.86	50
其中	资本金	7.5		23.37	10
	贷款	30		93.49	40
还本付息增加电价（元）		0.03	0.039	0.04	0.0797
其中	农网				0.0349
	城网				0.0174
发电机组	发电机组				0.0274
还贷期		8年还贷 2年宽限	10年还贷 1年宽限	20年还贷	

注 2000年，国家又批准安徽省增补漏项改造工程投资计划2.89亿元。

华东电网地区农村电网第二期改造工程的起始时间为2001年，计划为三年，但完成时间先后不一。

一、第一期农网改造工程

上海、江苏、浙江和安徽三省一市人民政府在农村电网改造启动阶段就成立了以一位副省（市）长为组长的“两改一同价”领导小组，要求政府有关部门要主动支持、积极配合省电力局（公司）搞好农网改造工作。三省电力局（公司）就农网改造工程的组织落实、责任到位，规范管理、健全制度，加强监督、加大检查力度和严把工程质量关等问题，分别制定了农村110千伏电网改造工程的管理办法、农村配电网改造的技术条件、农村电网改造资金的管理办法、农村电网改造工程验收办法等规定，并将国家及省政府有关文件和管理办法或规定等汇编成册，组织员工认真学习，坚持把好“五关”（规划设计关、资金使用关、设备材料关、决算审计关、验收送电关），确保农村电网改造工程在每个环节上都“万无一失”。

上海市电力公司农村电网改造工程从1998年开始至2001年结束，累计共完成改造220千伏变压器6台、容量84万千伏安，220千伏线路115.5千米，电缆线路15千米；110千伏变压器6台、容量31.5万千伏安，线路50.44千米、电缆线路6.22千米；10千伏配电变压器4789台、容量73.24万千伏安，线路4330.64千米、电缆线路234.52千米；400伏线路58532.66千米、电缆线路18.92千米；实施“一户一表”119多万户。原属农村集体所有的低压线路，经过改造后资产划归上海市电力公司所有。

1998年11月，江苏省第一期农村电网改造工程启动。经过三年多的奋战，至2001年底，江苏省第一期农村电网改造工程全部完成国家下达的投资计划，累计新建和改造35～110千伏变电站473座、变电容量462万千伏安、线路3080千米；10千伏及以下线路34万千米；新增和更换高耗能配电变压器10.6万台；完成了76个县（市、区）、1851个乡镇所在地和35578个行政村配电网络的改造任务。经过这次改造后，江苏省农村供电网得到了加强，供电可靠性、供电质量得到了提高；农村低压电网线损率由改造前的25%以上降到了12%左右；农村用电电价由改造前的平均每千瓦时0.825元降到了0.686元，其中农村居民生活用电价格由改造前的平均每千瓦时0.72元降到了0.52元，实现了城乡居民生活用电“同网同价”，每年可减轻农民电费负担约15亿元。农村电力市场得到进一步开拓，农村用电量明显提高，2001年，全省县及县以下用电量达611.41亿千瓦时，比2000年增加了57.48亿千瓦时，增长了10.38%，其中乡及乡以下用电量增长了19.57%。

1999年初，浙江省全面实施第一期农村电网改造工程，同年新投线路17072千米，新增变电容量139万千伏安。2000年，该省农村电网线路36.95万千米，变电容量2112.01万千伏安。至2001年底，累计新增线路10.168万千米，新增变电容量1033万千伏安。“一户一表”改造工程使浙江省农村居民生活用电户数从1997年的37.04万户增至2000年的93.32万户，3年增加了1.52倍。

1998年，安徽省第一期农村电网改造工程开始后，省电力公司按照国电公司的要求，结合安徽省农村电网的实际情况，把改造农村电网的重点放在解决“四影响”上。“四影响”是：①影响安全的私拉乱接线路和危及人身安全的供电设施；②影响供电质量的“瓶颈”线路和迂回供电的线路；③影响经济效益的陈旧且损耗高的线路和变压器；④影响电力部门形象的公路两旁供电线路差乱、农民意见比较大的供电设施的安置部位等。农网改造中，这四个方面影响较大的问题全部得到了解决。至2001年，安徽省电力公司累计共完成改造110千伏变电站36座、容量110.15万千伏安，110千伏线路415千米；35千伏变电站221座、容量83.75万千伏安，35千伏线路1708千米；10千伏线路34159千米，低压线路167148千米；配电台区46012个，容量202.2万千伏安；下户线558.45万户，更换电能表381.5万多只。

二、第二期农网改造工程

2001年，华东三省一市电力公司在省、市政府领导下，又开始了第二期农村电网改造工程，对因受投资限制未被列入第一期农网改造工程范围的或者漏项的一些陈旧设备和线路继续进行改造。江苏、浙江和安徽三省结合本省农村电网发展规划或计划，组织编制并上报了第二期农村电网的改造计划和资金预算计划，经国家批准江苏省为41.04亿元，浙江省为28.7亿元，安徽省为33亿元。

2002年底，江苏省第二期农村电网改造工程按照计划全部完成，共增容改造110千伏变电站1座、容量6.3万千伏安；新建和增容改造35千伏变电站3座、容量2.95万千伏安，线路39千米；新建和改造10千伏线路29926千米，低压线路60655千米，配电变压器2.57万台，新增配电变压器容量为294.98万千伏安；更新10千伏断路器690台，加装线路分段断路器4202台，并建设了一批农村电网通信工程。

至2002年底，浙江省第二期农村电网改造工程仍在进行中。安徽省第二期农村电网改造工程已完成投资计划的三分之二。

第二期农网改造工程弥补了第一期农网改造中的不足，比较彻底地解决了农村电网中存在的一些问题，大幅度地提高了农村电网的供电能力、安全可靠性和自动化程度。

1991～2000年华东三省一市农村电网供电线路与变电容量发展情况见表9-1-2所示。

表9-1-2　1991～2000年华东三省一市农村电网供电线路与变电容量发展情况

年份	电压等级（千伏）	全网		上海		江苏		浙江		安徽	
		线路长度（万千米）	变电容量（万千伏安）	线路长度（万千米）	变电容量（万千伏安）	线路长度（万千米）	变电容量（万千伏安）	线路长度（万千米）	变电容量（万千伏安）	线路长度（万千米）	变电容量（万千伏安）
1991	110	1.18	1341	0.06	159	0.49	592	0.31	348	0.32	242
	35	3.38	1230	0.22	226	1.24	467	0.85	293	1.07	244
	3～10	25.81	3418	1.02	258	9.19	1527	7.25	925	8.35	708
1992	110	1.20	1488	0.06	166	0.50	654	0.32	411	0.32	257
	35	3.47	1461	0.22	248	1.27	549	0.88	375	1.10	289
	3～10	26.65	3720	1.06	302	9.40	1657	7.55	1024	8.64	737
1993	110	1.27	1689	0.06	172	0.53	753	0.34	473	0.34	291
	35	36.20	1600	0.34	337	1.27	608	0.90	388	1.11	267
	3～10	27.72	4028	1.21	320	9.70	1773	7.79	1166	9.02	769

续表

年份	电压等级（千伏）	全网		上海		江苏		浙江		安徽	
		线路长度（万千米）	变电容量（万千伏安）	线路长度（万千米）	变电容量（万千伏安）	线路长度（万千米）	变电容量（万千伏安）	线路长度（万千米）	变电容量（万千伏安）	线路长度（万千米）	变电容量（万千伏安）
1994	110	1.30	1861	0.10	184	0.60	878	0.30	492	0.30	307
	35	3.80	1916	0.40	495	1.40	652	0.90	489	1.10	280
	3～10	28.70	4550	1.20	405	10.10	2019	7.90	1309	9.50	817
1995	110	1.43	2195	0.06	253	0.62	980	0.40	630	0.35	332
	35	3.93	2170	0.43	636	1.39	681	0.95	542	1.16	311
	3～10	30.12	5047	1.44	532	10.74	2232	8.00	1423	9.94	860
1996	110	1.49	2510	0.06	227	0.66	1182	0.41	742	0.36	359
	35	3.88	2386	0.30	767	1.42	708	0.96	577	1.20	334
	3～10	31.13	6115	1.43	824	11.09	2804	8.32	1577	0.35	910
1997	110	1.54	2836	0.06	236	0.70	1335	0.42	866	0.36	399
	35	4.02	2591	0.32	814	1.45	770	1.02	655	1.23	352
	3～10	22.20	6097	1.48	877	11.53	2406	8.70	1882	0.49	932
1998	110	2.10	4671.37	0.08	353.44	0.99	2307.87	0.65	1561.62	0.38	448.44
	35	4.06	2850.24	0.32	867.78	1.48	935.64	1.02	681.14	1.24	365.68
	3～10	23.24	6204.93	1.52	872.75	12.11	2469.20	8.82	1906.51	0.79	956.47
1999	110	1.73	3495.51	0.07	297.49	0.74	1500.43	0.54	1271.14	0.38	426.45
	35	4.20	2838.98	0.32	875.27	1.49	858.84	1.12	727.02	1.27	377.85
	3～10	35.89	6454.58	1.49	684.69	13.91	2646.84	9.02	2157.72	11.47	965.33
2000	110	1.86	3843.6	0.07	326.2	0.82	1706	0.58	1332.34	0.39	479.06
	35	4.23	3027.99	0.33	932.21	1.51	914.35	1.10	779.67	1.29	401.76
	3～10	38.97	7609.54	1.52	985.89	15.46	3106.41	9.40	2500.64	12.59	1016.60

注　2001年后，国家电力公司不再进行110千伏以下供电线路分类统计。

三、农村电网装备更新

在华东电网地区农村电网第一、二期改造工程中，约有75%的投资用于购买新材料、新装置、新设备，使华东农村电网的技术含量、装备水平等上了一个新台阶。

（1）箱式变电站被广泛采用。这种变电站内部构造新颖，技术含量高，可在工厂组装，现场安装简便，调试工作量小，建设周期较短。安徽全省新建的16座35千伏变电站，采用的都是按无人值班要求设计的箱式变电站，其外观不仅小巧美观，而且占地面积又少。

(2) 投用了一大批损耗低、技术新的主、配变压器。江苏省更新变压器 10.6 万台、更新配电变压器 2.57 万台，更新 10 千伏断路器 690 台；浙江省大量采用了安全可靠、免维护的新装置、新设备，配电线路加大了电缆化、绝缘化改造，高损耗变压器被大量淘汰。安徽新安装有载调压变压器、单相变压器、S_{II} 型等新型变压器共 1100 多台，高损耗 64 系列的变压器全被淘汰，74 系列变压器被彻底改造。

(3) 在窃电和挂钩用电严重的地区进行“绝缘平行集束导线”架空的试点工作。安徽省共有 211 个试验点。采用这种集束导线架空，既能防止窃电，降低线损，又能减少触电事故，提高了农村安全用电水平。

(4) 大量采用了技术新型、损耗低的断路器。上海更换 220、110、35 千伏断路器共 168 组；更换开关柜 96 台、环网柜 106 台；江苏更新 10 千伏断路器和线路分段断路器 4892 台；浙江和安徽两省的 10 千伏变电站的出线断路器和配电网分段断路器，大部分更换为真空断路器或小型化、无油化、技术先进的六氟化硫断路器，损耗大的老式油断路器全部被更换，提高了断路器无油化率。

(5) 管理系统实现网络化。上海、江苏、浙江和安徽三省一市县级供电局（公司）均在因特网上建立了公司的网页，通过光纤通道与地市级供电公司和省、市电力公司联网，省、市电力公司和地市级供电公司的管理人员可以浏览各县级供电公司的网页，了解县级供电公司的生产管理和供用电情况，促进了县级供电公司的各项管理工作。部分县级供电公司还将各个配电台区的电子档案放到了网页上，提高了统计工作的信息化水平。

第二章　农　村　用　电

随着扶贫通电、农村电网建设与“两改一同价”的实施，华东农村的用电水平上了一个新台阶。1991 年，华东农村用电量为 277.66 亿千瓦时，1995 年时增至 455.2 亿千瓦时，增长 63.94%。“九五”计划末，增至 617.93 亿千瓦时，比 1995 年增加 162.73 亿千瓦时，增长 35.75%。

华东农村用电量快速增长的主要原因是农村生活用电领域不断拓宽，乡镇企业用电量节节攀升和农村用电覆盖面的一再扩大。至 2002 年，华东农村用电户通电率达 99.98%。

第一节　农 村 用 电 量

华东三省一市农村用电量的增长态势不一：浙江农村用电量占全省用电量的比例，在三省一市中一直处于领先地位，增势强劲；江苏农村用电量的增长在三省一市农村用电量中一直处于“老大”的位置，增势稳健；安徽省农村用电量增幅明显；上海市年农村用电量前多后少，与期间该市撤县建区、许多乡（镇）划归区辖后，相关数据不再列入农村用电范围统计有关。

一、上海农村用电水平

1991 年，上海市农村用电量为 35.98 亿千瓦时，占全市用电量的 12.46%，1995 年为 58.2 亿千瓦时，比 1991 年增长 61.76%。

二、江苏农村用电水平

1991 年，江苏省农村用电量为 122.43 亿千瓦时，比 1990 年 105.87 亿千瓦时增长 15.64%；占全省用电量的 27.29%。由于地域环境和经济条件等方面的差异，苏南、苏中、苏北农村的用电水平差距较大。2002 年，全省 13 个省辖市中，苏南 5 个市中除南京市外，苏州、无锡、常州、镇江 4 个市每个农业人口平均年用电量均超过全省 846.1 千瓦时的平均数；苏北 5 个市（盐城、徐州、连云港、宿迁、淮安）每个农业人口平均年用电量都在 350 千瓦时以下。以苏南的苏州、苏中的南通、苏北的淮安三市相比，2002 年，农村用电量分别为：苏州 108.04 亿千瓦时、南通 32.82 亿千瓦时、淮安 5.95 亿千瓦时，苏州农村用电量是南通的 3.3 倍、是淮安的 18.2 倍。

2002 年，江苏省农村用电量为 397.37 亿千瓦时，比 1995 年增长 78.66%，占全省用电量的 32.12%；农业人口人均年用电量 846.1 千瓦时，是 1990 年的 3.75 倍。

三、浙江农村用电水平

1991 年，浙江省农村用电量为 88.66 亿千瓦时，比 1990 年 73.42 千瓦时增长 20.75%，占全省用电量的 34.06%。1991 年，浙江省县及县以下人均年用电量为 398.3

千瓦时，比1990年县及县以下人均年用电量增长20.76%；农村年人均用电量为249.4千瓦时。1995年，浙江省农村用电量为172.9亿千瓦时，比1991年增长95.01%，占全省用电量的39.79%。1995年后，浙江省农村用电量增速虽然放缓，但至2002年，浙江省农村用电量仍高达387.52亿千瓦时，是1990年的5.3倍。

四、安徽农村用电水平

1991年，安徽省农村用电量为35.92亿千瓦时，比1990年27.23亿千瓦时增长31.91%，农业人口人均年用电量为74.63千瓦时，农村人均年生活用电量为13.94千瓦时。

2002年，安徽农村用电量为67亿千瓦时，占全省用电量的17.18%，是1990年的2.5倍。

2002年，安徽全省县及县以下人均年用电量为233.34千瓦时，农业人口人均年用电量为132.18千瓦时，农村人均年生活用电量为53.83千瓦时，分别比1991年同类型三项人均年用电量（135.34、74.63和13.94千瓦时）增长了72.41%、77.11%和286.15%。安徽省农村三项人均年用电量虽然增长较快，但因总体用电水平相对较低，人均用电水平仍低于周边省农村用电水平。

1991～2002年华东三省一市县及县以下农村用电水平见表9-2-1。

表9-2-1　1991～2002年华东三省一市县及县以下农村用电水平　单位：亿千瓦时

地区/项目/年份	上海市			江苏省			浙江省			安徽省		
	农村用电量	县城用电量	合计	农村用电量	县城用电量	合计	农村用电量	县城用电量	合计	农村用电量	县城用电量	合计
1991	35.98	27.31	63.29	122.43	103.49	225.92	88.66	70.51	159.17	35.92	36.07	71.99
1992	42.62	29.43	72.05	145.17	120.35	265.52	107.83	81.66	189.49	38.85	39.76	78.61
1993	52.24	24.71	76.95	166.87	131.24	298.11	129.19	89.46	218.65	40.93	41.56	82.49
1994	47.90	31.10	79.00	192.26	157.00	349.26	153.20	104.70	257.90	48.20	49.00	97.20
1995	58.20	34.60	92.80	221.41	168.90	390.31	172.90	115.70	288.60	57.3	53.30	110.60
1996	62.07	38.10	100.17	222.10	181.17	403.27	186.75	125.79	312.54	61.71	58.89	120.60
1997	64.97	44.02	108.99	237.53	187.17	424.70	205.20	133.63	338.83	63.85	60.45	124.30
1998	67.91	46.40	114.31	231.70	201.40	433.10	213.49	164.47	377.96	61.09	63.82	124.91
1999	56.29	50.74	107.03	253.98	208.37	462.35	246.08	176.81	422.89	61.49	62.86	124.35
2000	68.43	57.80	126.23	293.68	237.51	531.19	291.32	219.52	510.84	62.09	63.26	125.35
2001				351.16	260.25	611.41			589.22			
2002				397.37	322.66	720.03	387.52	319.14	706.66	67.01	66.14	133.15

注 1. 农村用电量包括排灌、农副业生产、乡镇工业、乡村居民生活和其他等用电的电量。

2. 县城用电量包括县办工业、县城居民生活和其他等用电的电量。

3. 农村用电量和县城用电量之和称县及县以下用电量。表示县及县以下用电水平的指标有三点：一是全县人口人均年用电量，即“县及县以下人均年用电量”；二是农业人口人均年用电量；三是农村人口人均年生活用电量，即“农村人口人均用电量”。

4. 本表中1991～2002年的数据，摘自《全国农村电气化综合统计年报汇编》。由于统计口径不同，本表内华东三省一市农村用电量之和与表9-2-2中华东“农村总用电量”的数字稍有出入。

第二节 农村用电构成

1991～2002年，华东电网地区农村用电构成排序发生了明显变化。一是一直排名首位的直接为农业生产服务的“排灌用电”和“农副业用电”两项用电量之和，在农村总用电量中所占的比重逐年下降。二是“乡（镇）工业用电”量连年持续上升，接近或超过“农村总用电量”的一半，成为农村用电量的主要增长点。三是农民“生活用电”的用电量已占农村用电量的1/4，反映了富裕起来的农民的生活用电不再以照明为主了，家用电器成为农民家庭生活用电的主要构成。

农村用电构成情况如下：

一、排灌用电

上海市电力排灌用电量不大。1991年为1.84亿千瓦时，占农村用电量的5.1%；1995年为2.05亿千瓦时，占农村用电量的3.44%，2002年为1.26亿千瓦时。

江苏省电力排灌用电量很大，但所占比例逐年下降。1991年为21.44亿千瓦时，占农村用电量的17.51%；1995年为25亿千瓦时，占农村用电量的11.29%；此后因江苏农村总用电量增幅很大，排灌用电量所占比重逐年下落，至2002年，排灌用电量为19.37亿千瓦时，仅占农村用电量的4.88%。

浙江省电力排灌用电量变化不大。1991年，浙江省电力排灌用电量为4.53亿千瓦时，占农村用电量的5.1%；1995年为5.5亿千瓦时，占农村用电量的2.89%；2002年为5.33亿千瓦时，占农村用电量的1.38%。

安徽省因有长江、淮河横贯全省，水系发达，电力排灌用电量一直在农村用电构成中占有一定的比重，但随着安徽农村用电量的不断增长，电力排灌用电量占农村用电量的比重呈逐年下降趋势。1991年，安徽省农村电力排灌用电量为10.67亿千瓦时，占农村用电量的29.7%；1995年为11.37亿千瓦时，占农村用电量的19.88%；2002年为6.3582亿千瓦时，占农村用电量的9.48%。

二、农业生产用电

1991年，上海农业生产用电量为2.51亿千瓦时，占农村用电量的6.44%；1995年为3亿千瓦时，比1991年增长19.52%，占农村用电量的5.15%。1991年，江苏省农业生产用电量为7亿千瓦时，占农村用电量的5.71%；1995年为13亿千瓦时，比1991年增长85.71%，占农村用电量的5.87%。1991年，浙江省农业生产用电量为4.03亿千瓦时，占农村用电量的4.55%；1995年为6.28亿千瓦时，比1991年增长55.83%，占农村用电量的3.6%；2002年为8.3亿千瓦时，比1995年增长32.17%，占农村用电量的2.14%。1991年，安徽省农业生产用电量为2.53亿千瓦时，占用村用电量的7.04%；1995年为4.73亿千瓦时，比1991年增长86.96%，占农村用电量的8.25%；2002年为14.01亿千瓦时，比1995年增长196.19%，占农村用电量的20.91%。

三、乡镇工业用电

1991年，上海市乡镇工业用电量为25.75亿千瓦时，1995年为41.2亿千瓦时，比1991年增长60%，2000年为49.71亿千瓦时，比1995年增长20.65%。

江苏省乡镇工业用电量增长迅猛。1991年为57.83亿千瓦时，1995年为110.5亿千瓦时，比1991年增长91.07%；2000年为153.81亿千瓦时，比1995年增长39.19%；2002年为270.93亿千瓦时，比2000年增长76.14%。

浙江省乡镇工业崛起后用电量大幅度增长。1991年为51.81亿千瓦时，1995年为114.92亿千瓦时，比1991年增长121.81%，2000年为286.02亿千瓦时，是1991年的5.52倍。

安徽省乡镇工业用电量不大，但占农村用电量的比例逐年提高。1991年为9.1亿千瓦时，占农村用电量的28.4%，1995年为18.06亿千瓦时，占农村用电量的31.6%，2002年为22.98亿千瓦时，占农村用电量的34.29%。

四、农村生活用电

江苏省农村居民生活用电增幅最大，1991年生活用电量为14.47亿千瓦时，占农村用电量的11.81%；1995年为41.38亿千瓦时，比1991年增长185.97%，占农村用电量的18.69%；2002年为70.05亿千瓦时，比1991年增长384.1%、比1995年增长69.28%，占农村用电量的17.63%。

1991年，浙江省农村居民生活用电量为19.17亿千瓦时，占农村用电量的21.62%；1995年为35.13亿千瓦时，占农村用电量的20.31%；2002年为68.49亿千瓦时，比1991年增长257.28%，比1995年增长94.96%，占农村用电量的17.67%。

安徽省农村居民生活用电量逐年上升，1991年为6.71亿千瓦时，占农村用电量的18.68%；1995年为14.9亿千瓦时，占农村用电量的26%；2002年为27.28亿千瓦时，比1991年增长306.56%，比1995年增长83.08%，占农村用电量的40.72%。

1991～2002年华东农村用电水平及用电分类情况见表9-2-2。

表9-2-2 1991～2002年华东农村用电水平及用电分类情况 单位：亿千瓦时

年份	农村总用电量	农村用电分类				
		排灌	农副业	乡镇工业	生活	其他
1991	277.66	39.79	30.33	142.41	44.05	21.08
1992	323.41	41.07	34.23	172.69	51.86	23.56
1993	363.17	38.35	35.01	198.78	63.22	27.81
1994	419.26	43.64	36.80	224.39	82.23	32.20
1995	455.20	46.99	38.81	236.29	97.81	35.30
1996	481.56	52.86	37.17	247.23	107.10	37.20
1997	506.22	61.32	33.76	265.14	116.17	29.83
1998	514.94	59.67	32.90	264.96	125.99	31.42

续表

年份	农村总用电量	农村用电分类				
		排灌	农副业	乡镇工业	生活	其　他
1999	550.04	58.25	30.23	295.86	133.98	31.72
2000	617.93	48.85	26.29	351.75	156.51	34.53
2001	688.91	45.54	24.33	418.84	164.44	35.76
2002	818.02	35.33	19.24	525.27	201.35	36.83

第三节　农村用电覆盖面

上海市10个县、213个乡（镇）、3098个村、154万户，早在1979年实现县县、乡乡（镇）、村村、户户全部通电，成为国内首个实现“村村通电”和“户户通电”的省级行政区域。

截至1996年10月，华东三省一市农村县、乡、村三级通电率全部达到100%的部颁标准，农村户通电率达到98.23%。

一“县县通电”

1987年底，浙江省在镇海电厂建成±100千伏直流输电工程向舟山市（群岛）送电成功。至此，华东三省一市244个县（市）全部实现了“省内联网，县县通电”，迈出了华东三省农村用电覆盖面达标的第一步。其中，以大电网供电为主的县233个，以小水电供电为主的县8个，以小火电供电为主的县3个。

二、“乡乡（镇）通电”

江苏、浙江和安徽三省1994年时共有5440个乡，其中江苏1997个、浙江1674个、安徽1769个。江苏、安徽、浙江三省分别于1985年、1993年、1994年先后实现“乡乡（镇）通电”。1994年10月，华东三省一市农村实现了“乡乡（镇）通电”目标后，标志着扶贫通电工作的第一阶段的任务已经完成。

三、行政村“村村通电”

1996年5月27日，江苏省在华东三省率先实现了35677个行政村“村村通电”，成为全国第8个实现行政村“村村通电”的省。时隔12天，安徽省于1996年6月8日，实现了30523个行政村的“村村通电”，成为全国第9个行政村“村村通电”的省。浙江省也于同年10月20日实现了42758个行政村的“村村通电”。1996年11月13日，在浙江省永嘉县举行的华东电网最后一个村——黄南乡王山头村的通电庆典大会上，电力部副部长汪恕诚为王山头村通电合闸，并宣告：华东电网在全国五大跨省电网中，第一个实现了行政村“村村通电”。

四、“户户通电”

1991年，华东电网地区农村户通电率为91.30%，1995年为97.22%，2000年为

99.92%。华东电网地区农村实现行政村村村通电后，电力部门努力接电到户。2000年，江苏农户总数为1946.17万户，已通电农户1946.02万户，通电率达99.99%。2000年，浙江省农户总数为1231.18万户，已通电农户1230.56万户，通电率为99.95%。2002年，安徽省农户总数为1319.7万户，通电率亦达99.98%。

截至2002年底，华东农村户通电率已达99.98%。少数尚未用上电的农户，大多是散居在偏远的崇山峻岭的深处或海岛上，通电确有较大的难度，但电力部门继续采用多种措施努力送电。

1991～2002年华东电网三省一市农村电网通电覆盖率进展情况见表9-2-3。

表9-2-3　1991～2002年华东三省一市农村电网通电覆盖率进展情况　　单位:%

年份	全网			上海市			江苏省			浙江省			安徽省		
	乡镇通电率	村通电率	户通电率	乡镇通电率	村通电率	户通电率	乡镇通电率	村通电率	户通电率	乡镇通电率	村通电率	户通电率	乡镇通电率	村通电率	户通电率
1991	99.73	97.60	91.30	100	100	100	100	98.68	90.09	99.41	98.57	98.30	99.52	93.17	76.79
1992	99.84	97.92	92.74	100	100	100	100	99.06	92.69	99.49	98.82	98.84	99.89	93.80	79.42
1993	99.91	98.41	93.86	100	100	100	100	99.27	93.25	99.62	99.32	98.96	100	95.03	83.23
1994	100	99.00	95.43	100	100	100	100	99.06	94.91	100	99.52	99.10	100	97.42	87.69
1995	100	99.85	97.22	100	100	100	100	99.72	96.90	100	99.76	99.48	100	99.90	92.48
1996	100	100	98.23	100	100	100	100	100	98.54	100	100	99.67	100	100	94.71
1997	100	100	99.10	100	100	100	100	100	99.83	100	100	99.74	100	100	96.82
1998	100	100	99.47	100	100	100	100	100	99.91	100	100	99.86	100	100	98.10
1999	100	100	99.84	100	100	100	100	100	99.99	100	100	99.93	100	100	99.45
2000	100	100	99.92	100	100	100	100	100	99.99	100	100	99.95	100	100	99.75
2001	100	100	99.97	100	100	100	100	100	99.99	100	100	99.97	100	100	99.93
2002	100	100	99.98	100	100	100	100	100	99.99	100	100	99.98	100	100	99.98

注　表中村通电率为行政村通电率。

第三章　农　电　管　理

华东电管局和三省一市电力局（公司）曾在农村电网发展的不同阶段，采取过不同的农电管理方式。各种方式都能取得了一些效果，但都因体制分割的原因，使农电管理制度难以进一步健全。供电企业劳动生产率相对低下等问题一直没有从根本上得到解决。不少乡（镇）电管站人员超编、管理薄弱，乱摊派、乱加价、乱收费和线损率高的现象也一直难以根治。

在华东三省一市农电体制改革任务完成后，趸售县级供电企业被改制成为省电力公司的控股公司或代管单位，乡（镇）电管站重组后成为县供电公司的派出机构，不仅为县级供电企业加强管理、加快发展消除了体制上的障碍，也为推行县、乡一体化管理农村电网、实现城乡用电"同网同价"打下了基础。

第一节　管理机构沿革

一、县级供电企业

1991年，华东三省一市农电管理仍呈三种形式：一是部分县及县级地区的电力，由大电网直接供给并直接管理；二是部分县及县级地区的电力，由以地方主管的县供电机构向大电网趸购（对大电网而言是向县趸售）电后转供给用户的，电力管理以地方政府为主；三是小部分县的电力，由地方投资建设并管理的小水电站或小火电站供给，与大电网没有直接关系，通常称自供自管县供电企业。

1998年，上海市有10个县及县级地区的农电管理机构，全部为直供直管县级供电企业，其中部属直供直管县级供电企业9个，市属直供直管县级供电企业1个。江苏省65个县及县级地区的农电管理机构，全部为直供直管县级供电企业，其中部属直供直管县级供电企业33个，省属直供直管县级供电企业32个。浙江省66个县及县级地区的农电管理机构中，有5个部属直供直管县级供电企业、21个省属直供直管县级供电企业，有38个趸售县级供电企业和2个小火电供电的自供自管县级供电企业。安徽省72个县及县级地区的农电管理机构中，有20个部属直供直管县级供电企业，52个趸售县级供电企业。截至1998年底，华东三省一市农村电网县级供电企业体制情况见表9-3-1。

表9-3-1　1998年华东三省一市农村电网县级供电企业体制情况

供电类型	全网	上海	江苏	浙江	安徽
县级供电企业（个）	213	10	65	66	72
其中：部属直供	67	9	33	5	20

续表

供电类型	全网	上海	江苏	浙江	安徽
省属直供	54	1	32	21	0
趸售	90	0	0	38	52
自供自管	2	0	0	2	0

从上表中可看出，上海市和江苏省各县全为直供县，浙江和安徽两省趸售县和自发自供县均在6成以上。

部属供电企业和省属供电企业的不同之处是，部属直供直管县级供电企业的利润上缴中央财政部门，省属直供直管县级供电企业的利润上缴省财政部门。

由于部属直供直管县级供电企业和省属直供直管县级供电企业都不是经济实体，其人、财、物由其上级部门集中管理，实行统收统支。省属直供直管县级供电企业实行承包经营，也因不是独立的企业法人，折旧费有时无法用足，大修费和贴费也不能足额返回。趸售县级供电企业虽然是独立的经济实体，但电网结构和基础管理相对薄弱，加之与大电网的电力管理缺乏紧密联系，其人、财、物等管理不够严格，企业劳动生产率相对低下。

浙江省电力局按照省政府的要求，结合当地实际情况，很早就在探索改革趸售县级电力管理体制，并进行了“电力联营”的改革尝试。其要点是将地（市）级的供电（电业）局与趸售县级的供电企业进行联合，实行统一经营、统一核算和统一考核指标，经济利益按各自投资比例和经营成果进行分配。这一改革尝试，虽然解决了趸售县级供电企业利润的一部分可以留作电网建设资金，有利于趸售县级电网的发展；企业的安全生产和经营管理方面，虽然也有明显的效果，并成为当时全国农电系统县级供电企业管理方法改进的推荐模式之一，但是由于其资产、财政体制和企业体制、性质都未改变，在后来的发展过程中，还是出现一些新的情况和新的问题。较为突出的问题是“上联下不联”，生产发展资金和联营活动经费等的提取、使用和管理办法都难以健全、完善，离退休职工的工资统筹也得不到妥善处理，企业劳动生产率低下的问题，无法从根本上解决。

安徽省趸售县级供电企业也同样存在着人员严重超编、管理混乱和劳动生产率低下等问题。1992年1月，安徽省电力局向安徽省政府提出了《关于对全省电力实行统一管理的请示》。同年3月，省政府组织由省体改委、计委、财政局、劳动局、电力局等六个部门组成的调查组，到五个县（市）进行调查、听取意见，又与省直有关部门协商取得基本共识后，形成了六个部门联合向省政府上报的《关于加强趸售县供电局管理问题的报告》。同年7月，省政府下达了《转发省体改委等六个部门关于加强趸售县供电局管理问题报告的通知》，明确各趸售县供电局由省电力局实行行业归口管理，使趸售县供电企业人员膨胀问题受到一定的控制，但企业相对较低的劳动生产率仍无法提高。

二、乡镇电管站

1991年，江苏省政府办公厅向江苏省电力局发出《关于乡（镇）电管站机构性质等问题的复函》。复函明确江苏省农村乡（镇）均应建立电管站，乡（镇）电管站为县属农村集体所有制事业单位，受乡（镇）政府和县供电局委托，承担本区域内电力管理职能，具体实施国家对农村的各项电力法规，业务归口县（市）供电局，在县（市）农电管理总站领导下进行工作。

1991年5月，华东电管局向上海市、浙江省和安徽省电力局转发了江苏省政府办公厅的这份“复函”，要求三省一市电力局“照此办理”。江苏、浙江、安徽和上海三省一市政府有关部门和省、市电力局在调查研究的基础上，结合本省、市实际情况，相继颁发了本省、市乡（镇）电管站的管理办法，要求本省、市各乡（镇）（包括小水电、小火电供电区域）均应建立乡（镇）电管站；乡（镇）电管站为县属农村集体事业单位，受乡（镇）政府和县级供电企业委托，承担本区域内电力管理职能，具体实施国家对农村的各项电力法规；业务归口县（市）供电局，在县（市）农电管理总站领导下进行工作等。

其间，三省一市电力局（公司）先后为农电工办理了人身、劳动保险，或以其他方式解决了农电工因公伤、残、病、亡及老有所养等问题；还在农电工队伍中进行了技术职称评定等，增强了乡（镇）电管站的凝聚力。

乡（镇）电管站成立后，业务范围逐渐扩大，随后三省一市为加强对乡（镇）电管站的管理，陆续组建了县级农村电力管理总站或联合管理站，是乡（镇）电管站的联合体，受县供电局直接领导。

但是，在后来几年中，部分乡（镇）管电人员严重超编，开支也逐渐增大，增加了农民用电负担。

第二节 农电体制改革

一、县级供电企业改制

华东三省一市县级供电企业在省市“农电体制改革”工作组领导下，按照“先改制、后完善、控股型”的要求，先后被改制成为省、市电力公司的全资子公司或控股公司或代管单位，建立了以资产和电网调度为联结的纽带关系，确立了省、市电力公司在省、市农电管理系统中的中心地位。省、市电力公司根据行政区划和电网结构，授权委托地（市）供电公司，行使对县级供电公司的管理职能。地（市）供电公司按照省、市电力公司制定的经营生产考核办法对县级供电公司的安全生产、经营管理和思想政治工作等进行全面管理，形成了省（市）电力公司、地（市）供电局（公司）、县供电公司的三级管理层次。

浙江省电力公司根据省政府要求对38个趸售县（市）供电企业实行代管。省电力公司先后与38个县（市）政府签订了《代管协议》，并印发了《关于对趸售县（市）供电企业代管的管理办法》。

改制后的华东三省一市县级供电公司名称统一规定为“××省（市）××县（市）供电公司”，行使企业经营管理职能，原供电局承担的政府管电职能，移交给县政府综合经济管理部门。县综合经济管理部门行使政府职能，负责本地区电力工业的规划、监督、服务和协调工作。

二、乡镇电管站重组

撤销乡（镇）电管站前（也同时撤销县农电管理总站或联合管理站），由县、市政府组织有关部门及县供电企业对乡（镇）电管站的债权债务进行清理，对乡、村农村集体电力资产，采取自愿上缴、无偿划拨方式，移交县供电企业统一管理，并由其承担管理维护责任。对农民个体经营的公用变压器和线路，不合格的停止使用，尚能使用的，通过资产评估由县供电企业作价回收。

上海市在农电体制改革中撤销了10个县（区）的农电管理所，在市南、市东、市区3个地市级供电公司和崇明县电力公司内各建立一个农电有限责任公司。原10个县（区）的农电管理所人员，只要本人愿意、申请留下的全部进入农电有限责任公司聘用。撤销10个县（区）的共208个乡（镇）用电管理站（农电工895人），在4个农电有限责任公司下重组乡（镇）供电营业站54个，其中市南供电公司25个，市东供电公司16个，市区供电公司（含长兴岛、横沙岛）7个，崇明县电力公司6个。每个供电营业站配备20人左右，负责4～5个乡（镇）的电力管理工作，站长及主要人员由县（区）供电分公司派出，原各乡（镇）农电工经培训考核通过后，与农电有限责任公司签订劳动服务合同后就近分配上岗。

江苏省乡（镇）电管站重组前为1993个，重组后新建乡（镇）供电所1993个。重组后全省共有农村供电所人员和农村电工54388人，比重组前减少18539人，减少25.42%。

浙江省乡（镇）农电管理站重组前为1635个，各级电管员共9115人，村电工38032人，重组后新建乡（镇）供电营业所1056个，重新聘用农电工2799人。

安徽省乡（镇）电管站重组前为1867个，重组后新建乡（镇）供电所1702个；原有农电工46604人，重组后农电工35726人。

重组后的乡（镇）供电所为县（市）供电企业的派出机构，名称统一为“××县（市）供电公司××供电所”。乡（镇）供电所统一管理乡及乡以下电网，是实行县（市）、乡（镇）电力一体化管理的基层管理机构。

三、县乡电力一体化管理

乡（镇）供电所（营业站）建立后，县级供电公司对乡（镇）供电所（营业站）人、财、物实行统一管理，农村用电全部实行“三公开”、“四到户”、“五统一”，农村用电户实行“一户一表”，杜绝了“乱集资、乱收费、乱摊派”和“人情电、权力电、关系电”现象；县级供电公司对农村供电所（营业站）的财务实行收支两条线管理，农村供电所（营业站）收缴的电费和其他收入全额上缴县级供电公司；供电所（营业站）所需费用由县级供电公司统一核发；县级供电公司对农村电网维护费实行统一核算，专款专用，理顺了农电的财务管理关系，实现了县、乡电力一体化管理。

第三节　农　村　电　价

解决农村电价高的问题，并非始于该轮农电体制改革。早在1991年前后，国家有关部门和省市政府就为降低农村电价进行了多次努力，但都未达预期成效。因而，解决农村电价长期居高不下的问题，实现城乡用电“同网同价”，实施“两改一同价”工程，成为农电体制改革的重要目标之一。

一、农村高电价治理

中共中央、国务院和国家有关部门为降低农村高电价，减轻农民负担，一直在作不懈的努力。国家有关部门在多种电价实施不久后就注意到农村电价、电费中的一些问题，为此，国务院很快下发了对农村电价、电费进行大检查的通知，要求加强农村电价、电费的管理，制止农村乱加价、乱收费行为，取消各种非法的附加费、基金等费用。

1991年，上海市物价局和电力局根据国家物价局和能源部要求，联合对上海市城乡工业用电电价进行了调查研究，于1992年初提出了调整上海市城乡工业用电电价的建议方案，报经上海市人民政府批准后，规定上海市“全民工业和乡（镇）工业用电实行同价，每千瓦时由0.24元调整为0.262元，自1992年3月1日起执行。其中，乡（镇）工业用电加价0.02元，由有关部门集中管理，统筹安排，用作农村低压电网维护建设资金，以改善农村用电环境，2厘钱为地方建设附加。”1992年4月16日，上海市农业委员会、上海市财政局、物价局和电力局联合发文，就“农村低压电网维护建设资金”的保管、审批、使用等作出了具体规定，强调此资金“主要用于农村低压电网建设和改造，乡（镇）用电管理站人员的开支和管理费。”也就是说，这两方面的费用，自此不再由农民承担。1996年8月，上海市开始实行农村照明电价和城市照明电价“同网同价”。

1993年初，浙江省物价局和省电力局在联合调查后联合制定了全省电力综合加价的办法，将目录电价、集资电价和加工电价实行并轨，取消省内各地二级加价，并将全省用电分为农业生产用电、贫困县农业排灌用电、居民生活用电、大工业用电、非工业用电和普通工业用电等8类，据此，对居高不下的农村电价进行抑制。

1996年初，安徽省物价局和省电力局针对安徽省农村电价长期居高不下的问题，在肥西县召开由17个地市物价局、供电局有关人员参加的农村电价问题座谈会，要求各地（市）对本地区的实际电价水平及供电设备损耗情况，进行一次认真的调查和测算，然后提出本地区的“建议电价”。不久，省物价局、电力局初步确定了全省各县（市）分3个档次的农村新电价（总体每千瓦时为0.62～0.80元），并分3批下发，取消了部分乡村干部和农电工的“乱加价、乱摊派、乱收费”的特权。当年，安徽省共整顿1143个乡（镇）电管站，取消个人承包变压器1811台，精减农电工996人。同时投入6266万元，改造农村高损耗变压器和低压线路，降低了农村低压电网的损耗，全年累计减轻农民负担13996

万元。1997年，安徽省进一步加大农村电价的整顿力度，省电力局与地（市）供电局、地（市）供电局与县（市）供电局、县（市）供电局与乡（镇）电管站，逐级签订《农村电价管理责任状》，促进了降低农村到户电价措施的落实。这一年，安徽全省农村生活用电电价每千瓦时平均下降近0.10元。

1996年，江苏省在对农村电价检查中发现，各地市随电价附加的集资项目繁多，地方综合差价征收范围与标准不一，不同程度地给用户增加了不合理的负担。1997年初，省政府成立了电价清理整顿小组，对农村电价进行清理整顿。1998年，省政府规定了农村电价的构成范围，并决定原则上实行“一县（市）一价”，难以一步到位的，可以几个乡（镇）实行一个“片价”。到1999年底，全省实行“一县（市）一价”，禁止乡（镇）电管站对村或村电工个人承包，村一级无权开票收电费，对农村电价违法行为中的有关责任人员将依法给予行政处分。1999年，江苏农村电价平均每千瓦时降到0.825元，其中农村居民生活用电电价平均每千瓦时降到0.72元。

二、“同网同价”

在农网“两改”进行过程中，江苏、浙江和安徽三省政府先后完善了本省农村电价管理制度和执行办法，或制定了农村电价“最高限价”的规定，使农村到户电价逐步呈下降趋势。农网“两改”结束后，三省一市农村居民生活用电电价均实现不得超过“最高限价”的规定。

2001年，上海市在农村电网“两改”结束后，“农村各类用电电价”全部实行城乡用电“同网同价”。

2000年1月，江苏省农村用电开始实现“一县（市）一价”，农村用电电价降到每千瓦时0.686元，其中农村居民生活用电电价由平均每千瓦时0.72元降到0.61元。2001年8月，江苏农村居民生活用电电价实现“同网同价”。2002年8月，全省农村非居民照明用电电价由平均每千瓦时0.98元降到城市其他照明用电每千瓦时0.791元的水平。

2002年6月，浙江省除舟山为独立电网用电外，全省实现了城乡居民生活用电“同网同价”。2002年10月以后，浙江省开始分批实行非普工业用电城乡“同网同价”。浙江省城乡用电“同网同价”后，农村居民生活用电电价由平均每千瓦时0.74元降到0.53元；农村工业用电电价由平均每千瓦时1.15元降到0.705元。据统计，仅此一项减轻农民电费负担2000年为5.8亿元、2001年为8.4亿元、2002年为12.5亿元。

2002年，安徽省内77%的乡村居民生活用电电价每千瓦时在0.70～0.75元之间，23%乡村生活用电电价控制在最高限价的每千瓦时0.85元以内。特别是在该省上网电价连续两次调高，供电成本明显上升后，省电力公司严格执行省政府“最高限价”的规定，通过加强管理，挖掘潜力，保证了国家关于农网“两改一同价”要求的落实。

第四节 农电营销管理

1998年，国务院在批转国家计委等部门关于农村电网进行“两改一同价”的方案中，明确要求在农电管理中要进一步加强营销管理，逐步实现农电企业“营销到户、抄表到户、收费到户、服务到户”，取消中间收费环节，杜绝“人情电、权力电、关系电”。

华东三省一市电力部门提出农村电力营销到户的要求较早。1992年，江苏、浙江省不少乡（镇）用电管理站实行抄表、收费到户。1993年3月，上海市电力局在县（区）供电局下成立农电管理所时，明确要求乡（镇）用电管理站“要抄表收费到户”。1993年4月，安徽省电力局在《安徽农村乡（镇）电力管理站编制标准（试行）》中，规定“取消行政村、自然村抄表、收费环节，由乡（镇）电管站统一营抄到户”。

乡（镇）供电所（营业站）建立后，华东三省一市电力公司按照国电公司关于规范化管理的规定，分别制定了实施细则，要求县级供电企业全面推行“五统一”（统一电价、统一发票、统一抄表、统一核算、统一考核）、“四到户”（抄表到户、开票到户、收费到户、管理到户）、“三公开”（电量公开、电价公开、电费公开）；要求县级供电企业与供电所（营业站）之间尽快建立健全城乡一体化的营业体系，明确供电所（营业站）的营业范围，直接抄表、开票、收费、管理到农户；取消电费收取的中间环节，建立并完善监督机制。供电所（营业站）要按照《文明规范服务标准》、《供电所（营业站）职工服务守则》，开展文明窗口活动，公开办事程序，开展向社会承诺的服务活动，设立供电抢修服务班组，向社会公开供电服务事故抢修和监督电话，坚持24小时值班制度，从根本上改变以往农电多头管理、责任不清、电价不统一、服务不到位的状况。

上海市4个农电有限责任公司和其属下的54个乡（镇）供电营业站，严格按照农电营销管理规范化的要求，在各自供电营业范围内，全方位地执行“五统一”、“四到户”、“三公开”的规定，坚持“用心服务、尽力先行”的服务理念，深入持久地开展让用户满意等系列活动，并通过优化服务环境、简化服务流程、改进服务方式，使优质服务水平进一步提高，获得了农民用户的广泛好评。2002年，上海市54个乡（镇）供电营业站，全部被国电公司评为规范化服务窗口。

江苏省在乡（镇）供电所建立后，制订了《乡（镇）供电所规范化管理考核办法》等，规定了乡（镇）供电所规范化管理的各项标准和考核、验收条例。经各供电所努力，至2002年底，江苏省共有1712个乡（镇）供电所通过省电力公司规范化管理达标验收，占全省乡（镇）供电所总数1729个的99%。

2000年，浙江省建成乡（镇）供电营业规范化服务窗口105个。

安徽省电力公司在认真开展乡（镇）供电所规范化管理活动中，拨出专项资金1165.5万元，为乡（镇）供电所购置保护器测试仪1679台，计算机开票系统143套，计算机及打印机675台，抄表器982个以及安全工器具等。2002年，安徽省有23个县级供电公司被评为省电力公司双文明单位，68个县供电公司被评为省电力公司优质服务先进单位，县级供电公司规范化服务达标率100%。有110个乡（镇）供电所获国电公司“为人民服务、树行业新风”示范窗口荣誉称号，有954个乡（镇）供电所通过了规范化管理的达标验收。在安徽省行业测评中，供电行业的群众满意率排名位居前列。

第五节 农电安全管理

1991年起，华东农村电网开展了以预防发生人身触电伤亡事故和输变电设备事故为主要内容的安全管理，进入了传统的思想防范与新型的技术防范相结合的新阶段。

一、“三为”服务活动

1991年6月，华东电管局根据能源部（1993年后为电力部）以“安全、效益、服务”为主要内容的“电力为农业、为农民、为农村经济服务（简称‘三为’服务）达标竞赛活动”的要求，制定了《华东电网“电力为农业、为农民、为农村经济服务活动”实施细则》，要求健全由县供电局和乡电管站组成的电力为农业社会化服务体系，积极投入到“三为”服务达标竞赛活动中去。《实施细则》规定县供电局为农业安全供电达标考核的必备条件是：全年未发生特大事故、重大事故和职工死亡事故及生产场所火灾事故，送、变电事故率分别不超过0.5次/（百千米·年）和0.15次/（台·年），连续安全生产超过1000天。考评每年进行一次。华东三省一市电力局积极组织县（市）供电局和乡电管站人员参加本地区以“安全、效益、服务”为内容的电力“三为”达标竞赛活动。各县（市）供电局为进一步提高农村安全用电水平，在认真做好“效益、服务”两项工作的同时，加大了对农村预防人身触电伤亡和送、变电设备事故的技术装备投入的力度。

1991年，安徽省电力部门采用补助的办法，加快农村触电保安器的安装进度，至1995年底，全省配电台区共安装漏电保护器达109226台，其中配变电低压保护开关6304台，低压线路分路保护开关46162台；另外，家用漏电保护器安装达1010902台。由于保护器正确动作，1995年，安徽省农村人身触电脱险达3586人次，当年全省农村触电死亡仅3人。至1998年，全省安装的漏电保护器总数已达378万台，其中家用漏电保护器353万台，配电台区的总保护为7.23万台，低压线路的分路保护17.7万台。浙江省在农村安装漏电保护器较早，至1990年，全省农村共安装漏电保护器320万台。1991年后，漏电保护器作为农村安全用电的主要技术措施而被大力推广，漏电保护器的安装量和投运率逐年提高。单就桐庐县统计，1996年全县安装总体分路漏电保护器8591台，投运率98%。

截至1999年底，根据各自申报，经省、市电力局（公司）和华东电管局两级分批考评，报经能源部（1993年后为电力部）批准，华东三省一市共有196个县级供电企业先后被授予电力“三为”服务达标县称号。其中上海市10个县（区）全部被授予电力“三为”服务达标县称号；江苏省66个县（市）供电局和3个供电分局均实现了电力“三为”服务达标；安徽全省72个县中71个县（市）跻身电力“三为”服务达标县行列；浙江省49个县（市）成为电力“三为”服务达标县。至此，华东三省一市电力“三为”达标竞赛活动圆满结束。

二、安全用电宣传

华东三省一市电力部门在农村坚持不懈地进行安全用电知识的宣传，普及安全用电技能，加强农民用电安全的自我保护意识。

1991～1998年，浙江省各地（市）、县供电企业不间断地广泛开展农村安全用电宣传，通过放映农村安全用电电影、开辟专题广播、张贴安全用电标语、墙头画、年画、挂图等形式，使农村安全用电基本常识普及到农村每家每户。在农村“双夏”高峰用电期间，开展以县（市）为单位的农村安全用电“百日无事故”竞赛活动，取得了良好的效果。

2002年，安徽省电力公司印制了4万份用电安全宣传连环画，在秋季中小学开学之际，发放到农村中小学校。制作用电安全标语11.69万条，发放大小用电安全宣传单141.7万张，播放安全用电教育片1615场，举办各类安全用电知识讲座2263次。通过上述措施，使安全用电知识家喻户晓，减少了农村触电事故的发生率，成效显著。2002年，安徽省电力公司被国电公司评为农电安全生产先进单位（全国只有3家电力公司获此殊荣）。

由于三省一市电力公司长年坚持不懈地在农村大力宣传和普及安全用电知识，并不断扩大漏电保护器和低压线路保护装置的安装面，使华东农村人身触电死亡事故得到了有效控制。

第四章　农村电气化事业

华东三省一市农村电气化县建设，是从以小水电供电为主的县开始的。在国务院批转的水利电力部关于到1990年在全国建成100个中国式的以小水电供电为主的农村初级电气化县的试点报告中，以小水电供电为主的浙江省新昌、仙居、庆元等12个县和安徽省霍山县等均名列其中。

从1991年起，华东三省一市各级政府和电力部门积极建设以大电网供电为主的“农村电气化县”，其主要指标是：①全县乡、村通电率须达100%；②农户通电率须达95%以上；③全县人均年用电量达300千瓦时以上；④农业人口年均用电量达160千瓦时以上；⑤农村人口年均生活用电量在50千瓦时以上；⑥农村电源和电源结构合理，供电质量合格率达90%以上，农村生活用电保证率达90%以上。

第一节　电气化县建设

一、小水电供电的电气化县建设

浙江省新昌、天台、仙居、泰顺、缙云、庆元、云和、景宁、龙泉、嵊县等12个县（市）对农村水电初级电气化县的建设工作抓得很紧，进展很快，至1989年，经浙江省和能源部组成的验收组验收合格后，先后提前跨入全国100个“农村初级电气化县”的行列。

安徽省霍山县为了尽快建成水电初级电气化县，与省小水电开发公司一同努力，在两年内新建小水电站20处，装机容量6650千瓦，新建35千伏线路51千米、变电站3座、容量7950千伏安；新建10千伏线路108千米，满足了初级电气化县的用电达标要求。1990年5月，经安徽省和能源部联合组成的验收组验收合格后，成为安徽省第一个“农村初级电气化县”。

二、大电网供电的电气化县建设

在1991年前，华东地区以大电网供电为主的县最早响应建设“农村初级电气化县”的是浙江省桐乡县政府和桐乡县供电局。1988年，他们分别向浙江省人民政府和省电力局提出建议：把桐乡县建成农村初级电气化县。这一建议得到了浙江省人民政府和省电力局的支持，省政府还决定把桐乡县作为全省大电网供电的农村初级电气化县建设的试点县。经过一年多的努力，桐乡县城乡电网布局和供电线路、设备得到了很好的调整和改造，达到了有电“受得进”、“送得出”的要求，农业人口人均年用电量等主要指标，全部达到或超过“农村初级电气化县”的标准。1989年10月，顺利通过浙江省组成的验收组验收，成为浙江省也是全国第一个大电网供电的“农村初级电气化县”。

就在桐乡县开始进行“农村初级电气化县”建设不久，浙江绍兴县、嘉善县、鄞县等三县人民政府和供电局，也分别向省政府和省电力局提出进行农村初级电气化县建设的申请并获得批准。经过一年多的努力，该三县在 1990 年也实现了大电网供电的“农村初级电气化县”的愿望。

建设由大电网供电的农村电气化县，相对于建设由小水电供电为主的农村电气化县而言，困难要小得多。要解决的问题大多是配电台区和低压线路标准化不够，一些边远地区的供电电压波动较大，供电保证率较低，设备自动化程度不高等。江苏省南部的大多数县（市）和上海市的 10 个县（区），在创建由大电网供电的农村电气化县的过程中，对照《农村电气化县标准》，有针对性地主攻薄弱环节，积极整改老化的供电线路和旧设备，成效十分明显。江苏省在 1994～1996 年的 3 年间，先后有 44 个县（市）成批跨入“农村电气化县”行列；上海市在 1995～1996 年的 2 年间，10 个县（区）分两批一同成为“农村电气化县”。

经过 10 多年的努力，华东三省一市农村电气化县队伍不断扩大。至 2002 年，华东电网内共有 133 个县（市、区）先后建成“农村电气化县”，其中江苏省有 59 个县（市），浙江省有 49 个县（市），安徽省有 15 个县（市），分别占本省县及县级总数的 90.77%、74.24%、20.83%。上海市 10 个县（区）在 1996 年全部建成农村电气化县。华东三省一农村电气化县建成情况见表 9－4－1。

表 9－4－1　　华东三省一市农村电气化县建成情况

年份	全网累计	上海市	江苏省	浙江省	安徽省
1986	1			新昌县	
1988	3			庆元县　缙云县	
1989	11			桐乡县　嵊　县　仙居县 天台县　云和县　龙泉县 景宁县　泰顺县	
1990	15			鄞　县　绍兴县　嘉善县	霍山县
1991	15				
1992	21		锡山市　吴江市	海盐县　余杭县　德清县 平湖市	
1993	25		江阴市　扬中县	海宁县　桐庐县	
1994	46		赣榆县　金湖县　洪泽县 武进县　丹阳市　溧水县 靖江市　泰州市　启东市 海门市　常熟市　昆山市 高邮市　张家港市	江山市　慈溪市　诸暨市	岳西县 太平县 歙　县 金寨县
1995	75	闵行区 奉贤县 浦东区 南汇县 嘉定县 松江县	宜兴市　东台市　高淳县 太仓市　江浦县　东海县 泰兴市　邗江县　铜山县 新沂市　沛　县　贾汪区 海安县	上虞市　金华县　萧山市 富阳市　临安县　镇海区 建德县　嘉兴市郊	当涂县 天长县

续表

年份	全网累计	上海市	江苏省	浙江省	安徽省
1996	111	宝山县 崇明县 金山县 青浦县	大丰县　射阳县　通州市 句容县　六合县　江宁县 吴　市　宿城区　宿豫县 雨花区　大厂区　浦口区 栖霞区　江都市　姜堰市 溧阳市　金坛市　丹徒县 灌云县　盐都县	永康市　义乌市　东阳市 兰溪市　武义县　浦江县 开化县　长兴县　安吉县 湖州市郊	全椒县 繁昌县
1997	128		盱眙县　如皋市　如东县 宝应县　仪征市　建湖县	北仑区　宁海县　临海县 路桥区　椒江区　龙游县 常山县　衢　县	凤台县 宁国县 绩溪县
1998	133		响水县　兴化市		泾　县 广德县 宣州市

注　表内一些地区名称为命名时名称。

第二节　农村用电标准化和专项达标活动

一、用电标准化建设

1991年，浙江省在建设农村电气化县的过程中，因地制宜地开展建设农村用电“合格村”、“标准村”活动，使一大批行政村的供电设施的健康状况得到了很大改善。至1999年底，全省共建成农村用电“合格村”、“标准村”13151个，占全省用电村总数的30.69%，为建设更多的农村电气化县打下了基础。1992年，江苏省电力局制定了江苏省农村用电标准化县、乡镇、村标准，规定了用电标准化县、乡镇、村的配电设备的完好率须达到100%，其中一类设备为60%，低压配电装置的完好率须达到95%，“消灭”三类设备，三相漏电保护器安装率须达到100%，家用漏电保护器安装率60%以上，低压线损在12%以下，10千伏线损在10%以下等。截至1997年1月，江苏全省先后有39个县（市、区）被命名为农村用电标准化县（市、区），为全省全面建成电气化县打下了良好的基础。安徽省扎实开展标准化管理，到1995年底，全省共建成标准化变电站430座，占变电站总数65.6%；35千伏标准化线路3644.71千米，占总数31.4%；建设标准化县级调度所45个、标准化县级电能计量室49个。

农村电网“两改一同价”工程开始后，建设用电标准化县、乡、村的工作就不再单独进行，各省结合“两改”工程，集中精力推进电气化县建设。

二、专项达标活动

江苏、浙江和安徽三省电力局在推进农村电气化县的建设中，还积极开展与电气化县建设相关连的专项达标活动。安徽省电力局在组织全椒县供电局开展节电示范县的活动中，通过整改、整修供电线路、改善供电所布局，推广节电器具等，使全县高压综合线损由10.8%下降到6.12%，低压线损由25%下降到10.36%，其他各项技术指标，都基本达到节电示范目标。1994年，被电力部授予“节电示范县”称号。至1997年，安徽全省有7个县成为“节电示范县”。

江苏省电力局将“为农业、为农民、为农村”经济服务达标竞赛活动和农村电气化建设结合起来，努力降低供电设施损耗，为农村提供经济、可靠的电力供应取得了很好效果。1997年，江苏省农电社会服务在全国电力系统评比中名列第一。

浙江省64个县级供电企业积极参加“一流县供电企业”达标活动，经过5年努力，2002年11月有27个供电企业成为国家“一流县供电企业”，供电电压合格率≥96%，配电系统用户供电可靠率县城≥99.9%、农村≥99.4%，高压综合线损率绝对值≤7%，低压线损≤11%。

截至2002年底，华东电网内已有不少县（市）具备了农村电气化县六个主要标准中的1～2个单项标准。安徽省已有20个县人口年平均用电量超过300千瓦时，有23个县农业人口年平均用电量超过160千瓦时，有27个县农村人口年平均生活用电量超过50千瓦时；江苏和浙江两省已有一大批县的人口年平均用电量、农业人口年平均用电量等单项指标，都已达到或超过了《农村电气化县标准》中的规定。少数县建成农村电气化县难度较大的主要原因，是当地农村人口年均生活用电水平一时难以达到农村电气化县所规定的标准。

第十篇　科 技 与 信 息

第十篇 科技与信息

1991～2002年，围绕服务电网安全经济运行，华东电管局（公司）和三省一市电力局（公司）适时调整科研管理机构，不断完善有关管理规定，努力调动员工投身科技创新的积极性，提高了全网科技开发和科技应用水平。在为电网可持续发展提供有力支撑的同时，各单位还获得了一大批科技成果，科技发展不断转化为强大的生产力。

从20世纪90年代开始，华东电网建立计算机局域网，管理信息由单项应用向集成化、网络化发展。90年代末，华东电管局已与三省一市电力局共同组建成以信息查询为基础的企业网页，提供丰富的信息服务。2002年，华东电网各单位局域网的覆盖率已达100%。

华东电网科技情报工作特色明显，不断探索科技信息的服务方式和深度，既交流了技术信息，促进了技术推广活动，又支撑了科技决策，满足了华东电网生产、基建等部门的迫切需要，为实现全网协调发展的总体目标提供了保障。

第一章 科学技术

华东电管局（公司）重视科技工作，企业的科技进步取得较快进展，电网整体科技水平不断提升。

通过制定科技发展战略规划，不断完善科技管理制度，并相应调整科研机构，提高了科技工作的管理水平。华东电管局（公司）制定了《科技项目计划管理办法》等科技管理规定，推动了项目立项、评审和结项等科技活动的规范化和标准化。此外，还制定了《科技开发费管理办法》，不断增加科技投入，为科技工作提供了资金保障。

华东电网自动发电控制（AGC）、华东电网功角实时监测系统、福建和华东电网联网研究等一批科技项目的研究和应用，为电网的安全、优质、经济运行发挥了重要作用，并荣获国家电力公司及省市科技奖进步等奖项。

一年一度的华东电网科技工作年会活动促进与会单位交流科技工作经验，协调科技项目立项，推动重大科技项目协作攻关，成绩斐然。

第一节 科技机构

一、华东电管局科技管理机构

1991年沿用1988年华东电力联合公司成立时的体制，为精减机关人员，避免专业岗位重复设置，使科技工作可以更好地与生产结合起来，在生产技术处内设科技科，人员编制3人。

华东电力集团公司成立后，1993年9月成立科学技术处（简称科技处），与生产技术处实行“一套班子、两块牌子”，设一名副处长专职管理科技工作，内部仍为科技科建制，对外的科技管理业务以科学技术处名义。2000年7月，华东电力集团公司改为国家电力公司华东公司后，部门体制一直保持到2002年。

华东电管局设有技术委员会，是局领导技术决策的参谋部门。华东电力集团公司成立后，考虑到决策涉及非生产技术领域，1994年5月改称科学技术委员会，吸纳了经济等方面专家参加。

二、省市电力局科技管理机构

1987年上海市电力局成立时设安全科技处，兼管科技和安全监督业务。1992年，上海市电力公司开始设置独立的科学技术处专门管理科技业务，此体制保持到1999年。2000年公司体制改革，撤销科学技术处，科技管理工作并入生产科技部。

1991年江苏省电力局内设科教处，兼管科技和教育业务。1998年，设立科技信息部、管理科技和信息业务。

浙江省电力局内一直设有独立的科学技术处建制，管理科技工作。

安徽省电力局1990年在科技处内设科技科、环保科和计算机科，负责科技、环保和计算机应用方面的业务管理。1992年撤销科技处，将科技管理并入生产技术处，内设科技科，负责科技业务管理。1994年后为科技环保信息部。

三、华东电力试验研究院（所）

华东电力试验研究院（简称华东电试院）创建于1954年5月，是华东电网的技术监督中心、技术服务中心、技术开发中心和技术情报中心（简称“四个中心”）。

1993年10月，上海市电力公司为加强上海电力工业的科技和试验研究能力，成立了上海市电力试验研究所，上海电力试验研究所与华东电力试验研究所实行“两块牌子，一套班子”的运作方式。

1995年4月，华东电力集团公司将华东电力试验研究所更名为华东电力试验研究院。

自1991年以来，华东电试院的综合科研和服务能力有了大幅提高。1993年新建的电力计量楼投用后，全院建筑面积扩大至28242米^2。至2002年底，全院固定资产已达13806万元，为1990年底的4.5倍。

1990年，华东电试院完成“抓管理、上等级，全面提高企业素质”的企业升级，通过国家二级企业的达标考核。1996年通过安全文明生产达标验收，成为电力部安全文明生产达标单位。1999年，建立了ISO 9002：1994质量标准体系，提出“以一流的管理、一流的人才、一流的设备，向顾客和社会提供一流的服务”的质量方针和目标。2001年5月，逐步建立起以市场为导向的机制，主动向华东电管局直管单位和上海地区各发供电企业推出“‘七·二四’紧急技术援助”预案服务措施，承诺每周7天、每天24小时全天候以规范化的服务为现场解决急难技术问题。

华东电试院1990年被命名为“上海市市级先进企业”，1991～2002年连续6届获得

"上海市文明单位"荣誉称号。

2002年底，华东电试院共有职工348人，其中，博士2人，硕士39人、大学本科118人、大专67人，拥有高级职称的114人，中级职称92人。

（一）专业部门设置

华东电试院拥有从发电、输电、配电到用电各相关领域的专业人才，试验研究手段完善，装备精良，部分项目的研究水平处于国内领先地位。电力工业华东低压电器质量检验测试中心、电力工业华东发电用煤质量监督检验中心等12个技术中心已通过ISO 9000：2000质量体系认证。

1991年初，华东电试所设有高压、电网、计算机、电气测量、热工自动、汽机、锅炉、化学环保、金属等专业室和华东电力科学技术情报所、华东电力建设调整试验所。从2001年10月起，为适应电力行业新的体制格局以及华东电网发展的需要，对专业部门进行了结构重组，新组建了发电部、电力系统部、输配电部、计量中心、信息技术部，原化学环保室更名为化学环保部，原金属室更名为材料技术部。同时保留了华东电力试验研究院科学技术信息所和华东电力试验研究院电力建设调整试验所。

1. 电力系统部

从事电网中长期规划、系统计算、发电机励磁系统、电能质量监测、谐波治理和降损节能等研究。承担新型继电保护装置、变电站自动化装置的性能测试，系统、继电保护、变电站综合自动化等现场调试。

建有继电保护试验室、数字仿真试验室、电能质量试验室和变电站综合自动化试验室。可对新型保护装置进行静态和动态模拟考核，承担华东电网新型继电保护装置入网认证。

2. 输配电部

从事发电机、变压器和高压电气设备绝缘技术的应用研究和技术监督，交、直流高压输变电系统的过电压及绝缘配合，输电线路和变电站电磁环境评价等试验研究。

建有高压试验室，拥有1200千伏/2安工频试验装置、3600千伏/30千焦冲击电压发生器、12米×12米×12米人工雾室等高电压试验装置，可满足500千伏电力设备绝缘试验的要求。

设在该部的电力部华东低压电器质量检验测试中心和上海市电力公司安全工器具质量检验测试中心，为检测入网低压电器和安全工器具的安全可靠性提供质量保证。

3. 发电部

从事发电企业常规技术服务、故障分析和工程技术咨询，承担发电机组的启动调试和性能考核，对电厂运行设备进行在线诊断和优化调整，对发电企业自动控制技术进行改进，开展清洁能源和节能技术的研究、推广等。建有热机、水机性能实验室和煤燃烧特性实验室。

设在该部的华东电力节能检测中心和上海电力节能检测中心，1998年12月通过国家电力公司的资质认证，2001年1月通过上海市经济委员会的资质认证。

4. 化学环保部

从事火电厂燃煤、燃油、水质分析，润滑油、抗燃油、绝缘油、六氟化硫气体测试及处理，噪声、三废等环保项目的监测治理。

设在该部的华东电管局环境监测研究中心及上海电力环境监测中心站，通过上海市质量技术监督局环保计量认证考核；华东电力六氟化硫监督检测中心 1990 年通过电力部资质审查；电力工业华东发电用煤质量监督检验中心 1993 年 4 月经电力部资格认证，1999 年通过国家质量技术监督局计量认证复评。

5. 材料技术部

从事电厂用钢的材质理化性能检测；电力设备的无损检测和检测技术改进、创新的研究；电厂承压受监部件的安全性与寿命的长期、系统评估研究；焊接、金属热处理、金属表面喷涂及刷镀等工艺的试验研究。

电力部华东电管局锅炉压力容器检验中心、上海市电力局锅炉压力容器检验中心设在该部，1992 年经能源部资格审查认可。上海市电力公司锅炉压力容器检验站 1995 年 12 月经上海市劳动局批准，报国家劳动部注册备案，成为上海市电力局锅炉压力容器检验站。

6. 信息技术部

从事电力信息技术相关专业工作，为系统内外的客户提供软件开发、系统集成、技术咨询和信息系统维护服务。

7. 计量中心

从事华东电网省际电能计量装置的校验及电测、热工计量标准量值传递；负责热工和电测的技术监督和上海地区蒸汽流量的强制检定等工作。

建有压力标准实验室、温度标准实验室、振动转速标准实验室、直流仪器标准实验室、数字仪器标准实验室、电能仪表标准实验室、直流仪表标准实验室、互感器标准实验室和电磁兼容性实验室。

8. 科技信息所

主要从事科技情报调研，包括专题情报跟踪和推广科技成果；情报咨询，包括专题科技查新和文献检索；《华东电力》等科技刊物和各类工程建设总结、科技论文集的编辑出版；三级情报网管理工作；重大活动、重大建设工程和重要科研项目的声像记录等。

（二）技术参谋和保证作用

在华东电网的快速发展过程中，华东电试院积极发挥了技术参谋作用。在山西阳城电力专线专供输变电工程中，研究采用串联电容补偿技术解决超长距离 500 千伏线路出现的系统稳定和无功平衡等技术难点，从模拟研究到建成后的系统调试都有突破。参与福建—华东联网项目的规划研究并组织系统调试，葛南线和三峡送电华东龙—政 500 千伏直流工程调试。

该院为华东电网安全、优质、经济运行起技术保证作用。在天荒坪抽水蓄能电站现场进行 500 千伏主变压器局部放电检测中，检出进口变压器的制造缺陷，为索赔提供技术依据。针对不同运行条件下输电系统大型变压器和超高压线路具有潜在容量的特征，提出适当提高短时运行温度限额的建议，缓解了高峰时段出现供电“瓶颈”的矛盾。通过对“华东电网污区分布图”的历次动态修订，为超高压线路外绝缘调整爬距提供了技术依据，提高了输电系统的防污闪能力。

在为上海电网的服务中，针对上海闸电燃机电厂引进燃汽轮机燃用重油技术难题进行研究，提出了燃油清洁指标和破乳化的试验方法，实现对燃油品质全过程监控，解决了母管制系统油压波动、燃机超温、多次点火失败及抑矾剂系统堵塞等问题。承担了开发建设上海市电力负荷监控装置的任务，至 2002 年底，配合完成了前三期工程，为缓解上海市区高峰用电矛盾发挥了重要作用。

华东电试院承担众多电厂不同等级新机组的调试和性能试验，确保新建机组高质量投运。1995～1998 年，与清华大学等单位对 30 万千瓦机组 UP 炉进行防止“四管”泄漏攻关，从设计、运行等多方面分析了“四管”泄漏发生的原因及预防对策，为 UP 炉的技术改造提供了依据。对电站锅炉汽包、集箱、高温管束、汽轮机转子等主要部件进行“剩余寿命计算及评估的研究”，先后在闵行电厂 9 号机组、望亭电厂 13 号机组上实施，并在国产 12.5 万、20 万千瓦以及改进型 30 万千瓦机组上利用简化的转子数学计算模型，实现了大型汽轮机部件寿命在线实时监测及相关系统的开发，为机组剩余寿命评估提供了技术依据。“机组性能优化管理系统”、“热力发电厂最佳电、热负荷分配系统”项目获国家版权局软件著作权，已先后在国内数十台火电机组推广应用，取得了明显的经济效益和社会效益。

该院的“大型汽轮机部件寿命评定新技术”获 2002 年国家级科技进步二等奖，“火电厂各类机组供电煤耗合理考核值及省煤节电奖励完善化建议”等 31 项获省、部级科技进步奖，并有 9 项获实用新型专利和著作权。烟道式微波飞灰含碳量在线监测装置作为上海市新产品，在全国推广应用。

四、华东三省电力试验研究所（院）

（一）江苏省电力试验研究所

1992 年初，江苏省电力试验研究所迁入占地 15692 米^{2}的南京市凤凰西街新址，建有一座 10 层主楼和高压试验大厅。新高压试验大厅配备 2400 千伏冲击电压发生器、1000 千伏工频装置和雾室等设施，具有冲击电压和工频电压升降和测试功能，可以进行江苏电网内有关电气设备的故障分析、外绝缘的污秽试验、运行中合成绝缘子的抽检等超高压等级的试验研究。该所成为省电力企业的技术监督中心和技术服务中心，负责或参与江苏省电力设备的基建调试工作，对关键技术问题组织攻关，吸收国内外的先进技术，协助组织推广。

1993 年 8 月，原属江苏省电力试验研究所的徐州分所划归徐州发电厂管理。

2001 年 5 月，该所改名为江苏省电力科学研究院，同年 9 月改制成由江苏省电力公司控股的江苏省电力科学研究院有限公司。

截至 2002 年底，该公司共有职工 240 人，其中高级职称 47 人、中级职称 94 人。设有电网所、动力所、金属室、化环室、计量中心等 5 个专业所室及科技开发部、信息中心、工程部等管理部门。有多个挂靠或设置机构：江苏省电力环保监测中心、江苏省电力局谐波监测站、江苏省电力局锅炉压力容器检验中心、江苏省电力建设调试所、江苏省电力局发电用煤质量检测中心、江苏省电力局六氟化硫监督检测中心、江苏省电力技术服务中心、电力部江苏计量测试中心、江苏省电力公司节能检测中心以及江苏省电力技术监督检测中心等。1996 年 6 月，江苏省电力局成立江苏省电力局（公司）技术监督领导小组，下设江苏省电力局技术监督办公室，挂靠在江苏省电力试验研究所，负责全省电力生产和基建的技术监督的组织管理工作。

1999 年，该所获“江苏省文明单位”称号，2001 年被命名为国家电力公司“一流电力科学院（所）”和“双文明”单位。

该院取得了许多科研成果，其中，“大型火电机组热经济通用计算机软件”、“常熟发电公司 4 号 30 万千瓦发电机大轴焊接修复研究与实施”以及“首台 30 万千瓦国产机组的技术性能鉴定”等项目达到了国内领先水平。

（二）浙江省电力试验研究所

浙江省电力试验研究所建于 1960 年，占地面积 20854 米^2，总建筑面积 48500 米^2，为专业门类齐全、技术人才密集、科研手段先进、科技实力雄厚的电力科学研究基地。

截至 2002 年底，该院共有职工 326 人，其中硕士 45 人，大学本科 130 人，大专 49 人，拥有高级职称的 62 人，中级职称 124 人。设有锅炉、汽机、热工、金属、化学、电气设备、系统、环保、技术信息、计量中心等 10 个专业室以及 6 个管理部门和 5 个公司，并有多个挂靠或设置机构：电力部无功补偿成套装置检测中心、电力部浙江低压电器质量检验测试站、电力部浙江计量测试中心、浙江省电力局锅炉压力容器检验中心、浙江省电力环境监测中心站、浙江省电力局谐波监测站、浙江省电力局六氟化硫监督中心和浙江省电力科技情报站等。拥有高压试验大厅，电测、电能、热工、高压测试仪器标准计量室和水、煤、油、六氟化硫气体检验室、金属元素分析室、金相试验室、环保分析室等 30 多个专业试验室。

该院承担浙江电网新建大、中型发电厂 20 万千瓦至 100 万千瓦机组以及超高压输变电设备的基建调试与考核试验；对浙江电网内的主要发、供电设备及辅助设备的生产运行进行技术监督、技术服务、技术改造和现代化技术开发应用；对浙江电网内各专业技术人员进行技术培训；参与制定浙江电网近期和远期发展规划；开展电力技术信息研究和科技活动，主办电力技术刊物。

该院 1999 年通过 ISO 9002 质量体系认证，2001 年获电力部无功补偿成套装置质量检验测试中心计量认证合格证书和计量授权证书，2002 年取得了中国国家实验室认可资质和电力系统六氟化硫监督检测中心资质证书。

该院多项科技项目获得国家、浙江省、华东电网和浙江省电力公司的奖励。其中“取消 500 千伏短路器合闸电阻的研究”获 1997 年国家科技进步三等奖，“500 千伏双龙变电站自动化系统”、“乌溪江梯级水电厂远方集中控制计算机监控系统”、“30 万千瓦、60 万千瓦发电机组联箱角焊缝超声波探伤方法研究”分别获 2001 年浙江省科技进步二等奖和三等奖。

（三）安徽省电力试验研究所

安徽省电力试验研究所创建于 1958 年，占地面积 52300 米^2。2001 年底，经安徽省经贸委批准，确认该所为“安徽省电力技术中心”，实行“一套机构，两块牌子”的运作机制。至2002年底，共有职工319人，其中硕士生及以上学位的24人，拥有高级职称的66人，中级职称101人，科技人员占74%以上。

随着电力工业的发展，该院逐步成为专业门类齐全、技术力量雄厚、检测计量设备先进、覆盖安徽省电力生产建设各专业领域，参与安徽电网发展的技术咨询和规划，对安徽电网各专业工程技术人员进行培训，履行安徽省电力工业技术监督、技术服务、技术开发和技术信息四个中心职责的试验研究机构。

2001年底，该院设有高压、系统、电测、热工、计算机、热机、金属、化学、电气化学、环境保护、科技信息中心11个专业室和6个职能部门。各专业部门设置的电力部电力电容器质量检验测试中心、安徽省电力锅炉压力容器检验中心、安徽省电网电能质量检验测试中心、安徽省电力环境监测中心站、安徽省电力公司六氟化硫气体检测中心、安徽省电力公司电力电器设备质量检测中心、安徽省电力节能检测中心、安徽省电力计量测试中心和国家电力公司安徽地区发电用煤质量监督检测中心分别获得国家技术监督局、国家电力公司、安徽省经贸委和安徽省技术监督局等部门的认证或认可。

该院1993年起连续获得安徽省"文明单位"称号，1997年获取国家二级计量单位合格证书；1998年荣获得电力部"安全文明生产达标企业"称号；2000年1994版ISO 9002质量体系认证，2002年通过转版审核认证；2002年荣获"一流电力试验研究所"称号。

该院取得了众多科研成果，其中"大型发电机安全监视与无刷励磁系统"获得1997年国家科技进步三等奖；"双中排阴双层床试验研究"获得2002年度中国电力科技进步三等奖，被列为国家经贸委下达的2002年度国家重点新产品试产计划；"安徽电网火电机组一次调频应用及性能优化研究"获得安徽省科技进步二等奖；"±500千伏直流线路带电更换直线和耐张绝缘子串"获得1997年安徽省科技进步二等奖。

第二节　科　技　管　理

一、科技发展战略和规划

（一）科技发展战略

"八五"计划期间，国家对于科技工作做出重大部署，电力部也加强了对全国电力系统科技工作的指导。1994年，全国电力科技工作会议提出了"一个综合体系，两个结合，三个主体，四个跨世纪科技导向工程"的电力科技工作方针，1995年后又发布了《电力部贯彻中共中央、国务院〈关于加速科技进步的决定〉的意见》，提出走"科技兴电"之路。

国家的一系列方针政策对华东电网科技进步起了巨大的推动作用。1997年3月，华东电力集团公司成立了以总经理为组长，总工程师为副组长的科技领导小组，制订了《华东电力集团贯彻中共中央、国务院〈关于加速科学技术进步的决定〉的实施办法》，1997年10月颁发，1998年8月修订后再次颁布。

华东电管局（公司）的科技发展战略要点为：

（1）各级领导必须明确科技进步是经济发展的决定性因素，要把经济工作切实转移到依靠科技进步和提高劳动者素质的轨道上来，认真贯彻执行集团公司制定的实施办法。

（2）电力工业是依靠设备生产单一产品的工业，生产成本在很大程度上取决于设计和施工的质量以及采用设备的优劣，必须在新建工程的规划、设计、施工和设备采购等各个环节上坚决贯彻依靠科技进步的指导思想。

（3）华东电力集团公司各单位科技投入要逐年有所增长，可根据需要逐步增长到上一年销售额的3%。

（4）重点课题应围绕创一流网公司的目标，提高科学管理水平，提高安全、经济效益，推广信息化管理，保证电网安全稳定和环境保护，以及可持续发展战略。华东三省一市是电力负荷巨大的地区，火电的环境容量已经不多，为了保护环境，火电的发展必定受到限制，要发展核电，研究三峡水电送华东有关的技术问题，并进一步研究四川省西部水电东送华东等问题。

（二）科技规划

华东电管局（公司）根据电力部的要求，每5年制定一次全网的科技发展规划，内容包括当前5年的近期规划和以后10年的远景规划。在20世纪90年代至21世纪初，管理体制虽多次改革，但制定科技发展规划的工作一直持续进行，没有间断。

1. “八五”（1991～1995年）科技发展规划

“八五”科技发展规划是在20世纪80年代末制定的，规划内容的80%得到实施。

2. “九五”（1996～2000年）科技发展规划

1995年下半年开始制定《华东电网“九五”科技发展规划》，其初稿提交1996年5月召开的华东电网第18届科技工作会议讨论。

1996年8月，电力部下达新的《电力工业“九五”科技发展纲要》，与此同时，华东电力集团公司也审定了根据电力部国家电力调度通信中心要求制定的《华东电网“九五”调度自动化规划和通信规划》。此后，电力部又在全国计算机应用工作会议上对计算机应用提出了新的要求，集团公司根据上述文件内容和会议精神对《华东电网“九五”（1996～2000年）科技发展规划》（第二稿）作滚动修订，作为制定科技项目计划的指导。

为了使华东电力集团公司的科技工作更好地结合电力生产的现状与长远发展的需要，提高华东电网整体科技水平，使科技成果更好地转化为生产力，为电力工业可持续发展服务，1998年1月，公司邀请专家座谈促进华东电网科技进步问题。会后，科技处整理编制了《中国华东电力集团公司1998年重大科技项目建议汇总表》，并将有关项目尽可能落实到当年的第一批科技项目申报中。下半年，又将该《汇总表》补充完善为《中国华东电力集团公司1998～1999年度科技项目申报指南》，其中有为华东电网安全经济运行所急需的项目，也有涉及今后发展方向的项目，1998年9月，科技处发文要求根据该《指南》申报集团公司1998年第二批科技项目和1999年科技项目。同时，规定对确有较高经济效益、较高科技含量的项目或属本单位确需解决的重大生产难题，虽未列入该《指南》范围，也可申报。

3. “十五”执行计划与2015年规划

2000年初，华东电力集团公司着手制定《华东电网科技发展“十五”执行计划与2015年规划》。针对当时华东电网已发展成全国第一大电网，但与世界发达国家电网相比科技发展水平还有很大差距的现状，明确制定规划的要求是：找出差距，确定目标，继续推动科技进步并贯穿于电力生产的各个领域，使华东电网逐步赶上和接近世界发达国家的电力生产水平。同时，还明确了“科技规划”应具有动态的概念，每一、二年要调整一次，具体的修改基本体现在每年发布一次的“科技项目申报指南”中。

规划委托华东电试院起草，经反复征求意见多次修改后，国电华东公司2002年6月颁发《国电华东公司科技发展“十五”执行计划与2015年规划》。编制规划的指导思想和原则是：华东公司电力科技发展应以国电公司发展战略为前提，支持和促进区域电网可持续发展。科技开发和应用要体现、提高公司的技术创新能力。规划分析了华东公司的基本状况和科技水平现状，找出主要领域与世界先进水平和与华东公司创建一流企业目标的差距，确定华东公司应逐步实现区域电网分步战略目标：即在2005年前，初步建立起满足电网发展需要的科技开发与技术创新体系，建立符合市场规律的科技投资与管理机制，确定区域技术中心的构架与目标定位。保持与加强华东公司在电网安全控制技术方面的优势，加强区外来电、西电东送、跨区联网、厂网分开、竞价上网、区域电网商业化运行等方面的技术开发与应用。到2010年，建立起完整高效的区域科技开发与技术创新体系和协调一致的运行机制，具备较强的自主创新与开发能力，拥有一批具有自主知识产权的技术成果，高技术产业化取得重大进展，科技对公司经济效益的贡献率大幅提高。力争到2010年，公司的科技应用水平跻身于世界一流水平，科技进步成为华东区域电网可持续发展的关键支撑。

规划还确定了技术创新与管理决策软科学，电力市场运营相关技术，电网规划与建设技术，电网安全、优质、经济运行技术，输变电技术，电力系统自动化，电力系统网络通信和信息及计算机技术，电厂运行及检修技术，电力环保关键技术等9个重点技术领域的主要研究内容以及这些领域的“十五”计划重点项目指南。

二、科技管理制度

（一）科技项目立项管理办法

20世纪90年代初沿用华东电力联合公司原有科技项目管理办法。1994年9月，制订《华东电力集团公司科技项目计划管理办法》，对科技项目的申请、立项、管理和经费使用等作出规定。其中包括由生技处各专业根据电网生产中存在的重大问题，提出要研究的课题，布置给华东电试院或有关基层单位，也有委托大学或科研单位承担的，落实后由相关负责人填写科技项目专项合同（代项目申请表）。公司本部各处室、调度局和基层单位也可根据各自的具体情况提出要研究或开发的课题，于每年12月申报下一年度的科技项目。然后，按照请专职或相关专家初审、科技处复审、集团公司领导审定的程序确定每年的科技项目计划。被批准的科技项目专项合同（代项目申请书）也就是科技项目合同，不再要求另外填写合同。对于重大的项目，规定要先进行可行性研究。1994年后，根据实际需要，改为每年两次申报科技项目。

从“八五”计划开始，考虑到电力生产中技术改造性质的小型科技项目较多的特点，安排了一项基层自主科研经费，专门用于解决生产中“小改小革”的科技项目，并且制定了自主科研经费管理办法。基层单位有了自主科研经费，就能及时地根据生产急需安排项目，增加了开展科研工作的灵活性和主动性。此办法实施后，受到了基层单位的欢迎。

为使科技项目立项更慎重，填写内容更全面，经费概算更具体，便于项目的审查和执行情况的检查，根据1998年2月国电公司的《科技项目管理办法》，修订了《华东电力集团公司科技项目计划管理办法》，设计了新格式的《科技项目申请书》、《科技项目可行性研究报告内容编写要求》、《科技项目合同》和《科技项目初审表》等，规定在申报1999年科技项目时正式使用。

1999年科技项目管理按照如下流程进行：①申报项目先填写申请书；②科技专业负责进行形式审查；③专家、科技处领导、集团公司领导三级审查；④集团公司发文下达科技项目计划，正式批准立项；⑤集团公司直属单位的科技项目经所属单位与集团公司签订内部合同后正式生效，其他单位的科技项目则需经所属单位与集团公司签订技术服务合同后才正式生效，财务方可支付项目费用；⑥对项目实行年度执行情况书面汇报与部分项目执行情况检查相结合的项目进展情况管理；⑦项目完成后填写项目结项申请表，提出结项方式；⑧科技处根据专家对结项申请的意见确定结项方式，如采用验收或鉴定方式，即转成果管理流程。

对于项目经费大于15万元的科技项目，新规定要求首先提出可行性研究报告。《中国华东电力集团公司科技项目可行性研究报告内容编写要求》规定了可行性研究报告应包括申请项目的目的和意义、申请项目的国内外水平综述、项目的理论或实践依据、研究内容和预期成果、项目实施方案、承担单位的条件、项目经费预算及有关证明文件等内容。

（二）科技基金管理

1992年，国家出台了企业按销售收入比例提取“技术开发费”的新政策，华东电力集团公司根据执行新财务制度以后科技经费来源的实际情况，1993年制定了《华东电力集团科技开发费管理办法》，规定科技开发费可按上一年度销售额的0.8%提取，其后逐年提升，最后放宽到3%，每年在额度范围内安排科技项目。这条政策使科技经费渠道发生了质的变化，完全摆脱了依靠技术改造费用的局面。但是，由于电力系统生产的特点，电力公司不可能投入资金开发电力生产设备，所以开始实施新政策时，落实的科技项目经费往往达不到规定的额度。

1994年曾试行科研经费有偿使用的管理办法，一般采用两种方式，即部分偿还和全部偿还方式。这种办法主要用在系统外的企业单位为电业系统进行的科研项目，有些是开发研制电力生产急需产品的科研项目。如无锡供电局委托研制的“24、27米高强度部分预应力锥形混凝土电杆”，试行了研制经费全部偿还的办法；上海电力建设施工研究所开发的“载荷力矩保护装置”，试行研制经费部分偿还。通过这种办法，既能更好地利用科研经费，也解决了研制单位经费不足的困难，取得较好的效益。

1995年开始对一些科技含量较高，但又带有工程性质的科技项目采用招投标办法，根据评标结果确定项目费用。如1995年的华东电网雷电定位系统、1996年的富春江水电厂水情测报系统、1997 年的富春江水电厂计算机监控系统改造等，都收到了降低项目经费的效果。

（三）科技项目结项管理办法

科技项目列入计划后，执行情况往往不同：有的能按期完成，达到预期目标，其成果有一定水平或有推广价值；有的则可能因为达不到预期目标而搁置，这对科技项目计划的管理带来不便。为规范科技项目的结项，使有推广价值的成果及时得到总结和推广，使由于某种原因而达不到预期目标的项目及时了结，1999 年 1 月，公司以科技处名义发文，规定科技项目完成后应及时填写《中国华东电力集团公司科技项目结项申请表》，对完成的成果可申请以鉴定或验收的方式结项。由于某种原因达不到预期目标的项目也可申请直接结项，以便及时结项。

（四）科技成果评审办法

1995 年前，华东电管局作为电力部派出机构，具有科技成果鉴定权，因而对科技成果的评审采用鉴定的办法。1994 年，国家科委颁布《科技成果鉴定办法》，强调淡化科技成果鉴定，让成果在市场上接受考验，由是否具有实际的经济效益来检验。规定只授予少数单位即省、部级科学技术委员会科技成果鉴定权。为解决华东电力集团公司系统内的科技项目取得成果的评审问题，1995 年 6 月制定了《华东电力集团科技成果、新产品鉴定及科技项目验收规定》，对鉴定、验收的范围作了界定：要列入省、部级及以上科技计划的项目才可申请鉴定，其他项目则组织验收。验收的形式有：检测验收、函审验收、会议验收和职能验收四种，可根据具体情况由项目完成单位选择一种形式提出申请，或由科技管理部门指定。

1996 年 9 月，电力部科技司转来国家科委的复函，同意授予各网局组织科技成果鉴定权。1996 年 9 月，上海市经委同意授予华东电管局上海市新产品鉴定权。2002 年 5 月，华东电业管理局撤销，相应的属于政府管理职能范畴的科技成果鉴定及新产品鉴定职能终止。

（五）科技成果效益评估

在对科技成果进行评审或奖励时，需要对其效益进行客观科学的评价，华东电力集团公司科技处 1997 年 3 月在南京召开了科技成果效益评估办法研讨会，与会三省一市电力公司科技处代表经过讨论，制定了《华东电网科技成果效益评估办法》。对科技成果产生的效益分为经济效益和社会效益两类，并对经济效益分为直接经济效益、可计算经济效益和间接经济效益三种，其中可计算经济效益分别列出计算公式，这样使华东电网的科技成果的效益评估有了统一的量化标准。

（六）科技成果奖励办法

20 世纪 90 年代初，华东电管局实行合理化建议和技术改进奖，每年评奖结果须向中央财政驻厂（局）专员申请，如 1991 年 8 月申请奖金共 74900 元。

1993 年，《中华人民共和国科学技术进步奖励条例》颁布，实施科技进步奖励制度，电力部制订了《科学技术进步奖励办法》。1994 年华东电力集团公司在实施合理化建议和技术改进奖的基础上，制订了《中国华东电力集团公司科技进步奖励办法》，规定设立华东电网科技进步奖，获得各省市电力公司科技进步一、二等奖的科技成果可以申报华东电网科技进步奖。该《奖励办法》将科技成果分为应用性成果和理论性成果两类，对科技进步奖奖励的范围、申报程序、评奖办法、奖励金额、奖金分配、争议和异议处理等作了具体的规定。该《奖励办法》一直沿用到2002年。根据国电公司设立科技进步奖的具体情况，华东电力集团公司确定2000年起不再评华东电网科技进步奖，改评华东电力集团公司科技进步奖，该奖项只受理集团公司本部和直属单位的申请，被评为华东电力集团公司科技进步奖一、二等奖的成果才能向国电公司推荐申报科技进步奖。

（七）科技管理信息公开

科技管理工作和每一个职工有关，增加科技管理工作的透明度，做到信息公开十分重要。1999年，集团公司的综合信息查询系统移植至微机局域网，公司各部门和直属单位都可以进行查询。1999年6月，为配合当年第二批华东电网科技进步奖的申报和评审，将《中国华东电力集团科技进步奖励办法》及其实施细则在网上公布。1999年7月，为配合当年国家电力公司科技项目申报，将国家电力公司的《1999～2000年度科技项目申报表格式》、《立项程序》、《申请书填写要求》等8个文件在网上公布。1999年8月，将《中国华东电力集团公司科技项目申请表》、《中国华东电力集团公司科技项目合同》、《中国华东电力集团公司科技项目结项申请表》等模板在网上公布。1999年9月，将中国华东电力集团公司1999年科技项目计划在网上公布。

三、科技投入

20世纪90年代，国家财政对科技经费管理陆续出台了新政策，华东电力集团公司和三省一市电力公司的科技经费投入除个别年份略有起落外，都逐年增加。1991～2002年华东电网科技经费投入情况见表10-1-1。

表10-1-1　　1991～2002年华东电网科技经费投入情况　　单位：万元

年份	华东直属	上海	江苏	浙江	安徽	上海电建	全网总计
1991	409	919	1117	897	236	30	3608
1992	462	1392	2001	1189	907	116	6067
1993	448	2738	1870	744	1195	228	7223
1994	644	2171	3330	1093	1287	163	8688
1995	621	3956	1919	2538	1500	164	10698
1996	621	4991	4089	2300	1700	742	14443
1997	921	5783	4684	3900	1800	130	17218
1998	839	5856	6527	6100	2000	863	22185
1999	1076	4094	4147	—	2200	1481	—
2000	1814	6703	6990	17800	2400	1506	37213
2001	2221	7340	7034	26200	3242	1319	47356
2002	3800	10444	8431	31600	8150	1334	63759

注　空白处数据待收集。

四、科技工作年会

1979 年起，华东电网坚持科技工作年会制度，每年召开一次年会，共开了 22 次，历时 22 年。2000 年以后，由于体制改革，华东电网科技工作年会没有再召开。

科技工作年会内容是：研究贯彻上级主管部门关于促进科技进步、加强科技工作的方针政策的措施；交流各单位科技工作经验；协调各单位的科技项目，避免重复立项；确定全网的重大科技协作项目，发动各单位联合攻关。

（一）第 13 届华东电网科技工作会议

1991 年 1 月，第 13 届华东电网科技工作会议在江苏扬州召开。会议讨论制订了《华东电网软件管理办法实施细则》、《华东电网科技基金管理办法》，确定了 1991 年华东电网重点科技开发项目 60 项、科技协作攻关项目 16 项、组织推广科技成果 4 项、推荐推广科技成果 21 项。会议还协商确定了科技常规工作的年度日程安排，使华东电网各单位的科技管理工作节点一致。

（二）第 14 届华东电网科技工作会议

1992 年 1 月，第 14 届华东电网科技工作会议在安徽青阳召开。会议讨论了继续增强科技意识，完善科技进步机制问题，要求围绕“安全、稳定、调峰、节能、环保、管理、维修”等七个方面组织好华东电网的重点科技课题的开发、攻关和协作，确定了“华东地区 500 千伏绝缘子防污闪测试技术和污秽区域划分研究”等 10 个华东电网全网协作攻关项目。会议确定了“燃煤精确计量配套技术”等 3 项组织推广科技成果、“双水内冷发电机转子漏水早期报警装置”等 41 项推荐推广科技成果，决定修订《华东电网科技成果推广办法》，加大组织成熟科技成果推广应用的力度。会议要求加强对科技情报工作的支持和管理，充分发挥科技情报的先导和媒介作用。

（三）第 15 届华东电网科技工作会议

1993 年 4 月，第 15 届华东电网科技工作会议在上海召开。会议重点研究了执行新财务制度后的科技经费来源，讨论《华东电力集团科技开发费管理办法》，明确科研既要为电网统一规划服务，也要为电网当前的生产服务，首次采用科技开发费与上年销售额挂钩的办法，确定 1993 年的科技开发费额度为 1992 年销售额的 0.8%。会议要求全网各单位继续增强科技意识，完善科技进步机制，确定了“绝缘子防污闪测试技术和大气污秽等级指标研究”等 13 项全网协作攻关项目；进一步组织好成熟科技成果的推广应用，确定了“华东地区 500 千伏绝缘子防污闪测试技术和污秽区域划分研究”等 5 项组织推广项目，“华东电网情报联机检索网络”等 54 项推荐推广项目。根据国家改革经济体制的新形势，会议提出科技成果推广必须引进社会主义市场机制，要改变完全依靠行政的计划经济模式，积极创造条件，逐步向建立技术市场模式过渡。

（四）第 16 届华东电网科技工作会议

1994 年 3 月，第 16 届华东电网科技工作会议在江苏吴江市召开。会议重点研究了贯彻全国科技大会精神，加大科技进步奖励力度等问题，制定了《中国华东电力集团公司科技进步奖励办法》，对科技进步奖励的范围、申报程序、评奖办法、奖励金额、奖金分配、争议和异议处理等作了具体的规定。

（五）第 17 届华东电网科技工作会议

1995 年 4 月，第 17 届华东电网科技工作会议在江苏无锡召开。会议讨论通过了《华东电力集团科技成果、新产品鉴定及科技项目验收规定》，对科技项目的鉴定、验收范围作了界定，明确只有列入省、部级及以上科技计划的项目才进行鉴定，其他科技项目完成后进行验收。验收也可以不同形式进行，如检测验收、函审验收、会议验收和职能验收等，尽量减少会议数量。同时，还规定了鉴定和验收的程序和管理。会议确定了“网省（市）调度自动化系统 AGC 控制全面投用”等 10 项全网科技协作项目，“华东电网 CD-ROM 光盘检索系统”等 58 项科技成果推广项目。

（六）第 18 届华东电网科技工作会议

1996 年 5 月，第 18 届华东电网科技工作会议在浙江温州召开。会议研究贯彻电力部对集团公司和省（市）电力公司科技进步考核办法等问题，讨论华东电力集团公司制定的《华东电网“九五”计划期间科技规划》。与会单位协调了科技项目计划，避免重复开发，确定了“华东电网雷电定位系统”等 10 项全网科技协作项目。

（七）第 19 届华东电网科技工作会议

1997 年 5 月，第 19 届华东电网科技工作会议在安徽安庆召开。会议协调了各单位 1997 年科技计划，研究了华东电网 1997 年度科技协作项目。会议讨论了《华东电力集团贯彻中共中央、国务院〈关于加速科学技术进步的决定〉的实施办法》，决定由集团公司科技处参考各单位提出的修改意见定稿。会议确定了“华东电网雷电定位系统”等 10 项全网科技协作项目；针对 1996 年华东电网科技成果推广情况，要求继续压缩规模，促使科技成果进入技术市场。

（八）第 20 届华东电网科技工作会议

1998 年 6 月，第 20 届华东电网科技工作会议在浙江淳安召开。会议修订了《华东电力集团贯彻〈中共中央国务院关于加速科学技术进步的决定〉的实施办法》，决定网、省电力公司科技进步考核工作结合“中国一流管理的电力公司”考核工作一并进行。基层单位科技进步工作的考核，由各省（市）电力公司根据具体情况自定。会议研究确定了“建立华东电网统一实时时钟系统研究”等 10 个项目为全网科技协作项目，颁发了 1997 年度华东电网科技进步奖的奖状和证书。

（九）第 21 届华东电网科技工作会议

1999 年 7 月，第 21 届华东电网科技工作会议在上海青浦召开。会议研究了制定“十五”计划科技规划时应重点考虑的研究方向，如“加强主网架建设的研究”、“三峡等区外来电后电网稳定的研究”等。会议研究确定了“华东电网统一实时时钟系统推广”等 10 个项目为全网科技协作项目，颁发了 1998 年度华东电网科技进步奖的奖状和证书。会议还讨论了电力体制改革新形势下，作为企业内部科技管理部门的科技处的工作如何适应新形势的问题。

（十）第 22 届华东电网科技工作会议

2000 年 10 月，第 22 届华东电网科技工作会议在江苏溧阳召开。当时华东电力集团公司已改制为国家电力公司华东公司，各省、市电力公司成为国家电力公司的子公司，因而会议特别讨论了在电力体制改革和企业内部重组的过渡期科技工作的热点和难点问题。

第三节 科研项目和成果

一、重大科研项目

（一）华东电网自动发电控制（AGC）

频率是电能质量的主要指标，由于缺电等历史原因，电网长期低于额定频率运行，不仅使广大用户深受其害，也使电力企业蒙受经济损失。在电网供需矛盾缓和以后，对频率实现精确自动控制势在必行，实现自动发电控制（AGC），才有可能提高电网频率的质量。

从20世纪80年代后期开始，随着电网的发展，调度自动化系统有了长足进步，也建立了质量优越的通信网络；与此同时，大型发电机组都配备了微机自动调节系统，机组本身的调节性能大为改善，为实现AGC控制创造了条件。

华东电网1991年开始进行以新安江和富春江两个水电厂为控制对象的AGC试验。1992年又投入3个火电厂，共有18台机组接入，AGC有效投运3963小时，取得了明显效益。在此基础上，1995年华东电力集团公司正式确定了符合电力体制改革目标的AGC策略，并编制了分三步走的《华东电网自动发电控制（AGC）工作规划》。至1999年底，提前一年全部达到了规划要求，全网实现了AGC控制。

20世纪80年代末，电网由统一管理改变成联合电网，各省、市之间的电力交换在财务上实现独立结算。省、市之间电力交换必须遵守事先的约定，这对电网的管理提出了更高要求。华东电网作为改革的试点，对实现AGC也提出了新的策略。华东电网AGC分区控制采用集中收集信息，集中计算ACE，然后进行分层控制，在国内属创新。为保证区域联络线考核的科学性，采用ACE积分电量以及按历史数据概率设定相关因子Ld、K（频率偏差系数）的经济考核办法，科学合理，效果明显。

华东电网所采用这种控制方案，有时间同步、控制协调、误差小、减少所需通道等优点。华东电网在实施该方案时，国内跨省电网尚没有开展该项目工作。

华东电网AGC应用结果使电网运行水平有了提高，1992年底电力部组织专家进行了实用化验收。1995年华东电网AGC扩大规模，正式作为电网控制手段，1998年国电公司又组织过复查，均获好评。

华东电网AGC的运行率逐年增加：1997年运行7603小时，运行率86.80%；1998年运行8007小时，运行率91.41%；1999年运行8701小时，运行率99.33%。AGC投运后电网频率质量逐年提高，1997年频率合格率99.96%，1998年频率合格率99.99%，1999年频率合格率99.994%，电网频率质量进入了世界先进行列。电网各企业的经济效益显著。由于频率质量提高，给电力用户带来的效益也十分可观，社会效益同样显著。AGC控制系统已成为华东电网生产运行中须臾不可离的工具。

华东电网自动发电控制（AGC）是一个庞大的系统工程，前后历时10年。围绕华东电网自动发电控制这个系统工程，安排了不少相关的科技项目，其中有“新安江水电厂机组控制器的开发”，研制了采用可编程控制器（PLC）的水轮发电机组的自动控制装置，既解决了机组功率实现自动调节的要求，同时还实现了机组启停的自动化，取代了老式的接触器控制电路。“电网超短期负荷预报”研究项目，将超短期负荷预报的结果与 AGC 相结合，提高了控制品质。“省（市）间 ACE 考核及技术支撑系统”开发项目，为实施华东电网省（市）际联络线考核办法提供了技术手段。

2001 年 10 月 1 日，华东电网试行以控制性能标准（CPS）为考核依据的新版《华东电网省（市）际联络线功率电量管理和考核办法》。这是不断总结用经济办法管理电网的经验，积极采用国际先进的运行控制技术，进一步提高频率质量，适应电网发展和区域电力市场建设的又一重大举措。

与 AGC 相关的科技成果曾分别获国电公司 2002 年科技进步二等奖、多项华东电网科技进步一、二等奖。

（二）华东电网雷电定位系统建设

雷电定位系统由分布在某一区域的若干探测站和一个分析站组成，在不少国家的航天、气象、森林防火等行业得到了应用。对于电力系统来说，雷电定位系统在输电线路雷击故障点检测、雷击事故分析、雷雨天气下系统运行预警以及为电力系统提供防雷设计依据等方面都有广泛用途。华东电网首先在山地较多的安徽省和浙江省电网开始应用。为了形成统一的华东电网雷电定位系统，在 1995 年 4 月召开的华东电网第 17 届科技工作会议上，华东电网雷电定位系统的建设列为全网科技协作项目。项目的目标是在华东电力集团公司的组织下，各省市电力公司负责建设各自的雷电定位系统，华东电网的雷电定位系统建立在三省一市电力公司雷电定位系统的基础之上，目标是做到信息共享，联合定位，提高定位精度，在华东电力调度局调度室显示全华东地区的雷电信息，在华东电试院的分析站对这些信息进行分析研究。

华东电网雷电定位系统项目 1995 年 10 月启动。浙江和安徽省电力公司的雷电定位系统原已建立，只需要扩充若干探测站，上海市和江苏省电力公司的雷电定位系统则需新建，华东电力集团公司则新建分析站。由于浙江省电力公司雷电定位系统已采用了北京超联公司的产品，而其他两省一市电力公司采用武汉高压研究所产品。由于信息格式不同，要做到信息共享，联合定位，还有困难。所以先将江苏、安徽和上海两省一市的雷电定位系统联网，初步建成华东电网雷电定位系统。到 1996 年 12 月，实现了华东电网雷电定位系统分析站与上海市、江苏省和安徽省电力公司三个雷电定位系统的联网，相互间实现了通信，做到了信息共享，江苏和安徽两省边界地区已经采用联合定位方法确定雷电位置。当年完成了各省（市）电力公司的计划目标，在全国率先建成了区域电网一级的雷电定位系统。

与浙江省电力公司雷电定位系统的联网问题，决定分两步走：第一步，将浙江的雷电定位信息送到华东电力集团公司，做到在华东电力集团公司的分析站可以收集全华东电网的雷电信息，在华东电力集团公司的显示终端上可以显示全华东电网的雷电定位信息。华东电力集团公司也将另外两省一市电力公司的雷电定位信息送到浙江，使浙江省电力公司的显示终端上也可以显示全华东电网的雷电定位信息。第二步，研究雷电定位信息格式的统一，实现信息共享，联合定位，建成真正意义上的华东电网雷电定位系统。1999 年实现了第一步，第二步则始终没有实现。这是一个值得记取的教训，像雷电定位系统这样的覆盖全网的系统必须提前规划，确定原则，然后在统一领导下分工实施，才能充分发挥它的优势。

1999 年对系统采用的通信通道改用华东二级数据交换网，提高了系统的可靠性。雷电定位信息显示扩展到生产技术处，后来进一步扩展到华东电力集团公司的综合查询系统。

在实际生产中，根据雷电定位系统记录的信息，多次为迅速查找线路雷击故障提供了有用的信息，缩短了线路雷击故障处理时间。分析站积累的大量雷电信息，为编写雷电活动分析报告提供了原始依据。

与华东电网雷电定位系统建设相关的工作曾获华东电网科技进步奖二等奖。

（三）GPS 时间同步系统在华东电网的应用

电力系统各种自动化装置（系统）的正常工作和作用发挥，都离不开时间记录和统一的时间基准，但是，这些装置（系统）内部的实时时钟都有误差。因而，如何对这些装置（系统）的实时时钟自动校准实现时间同步，是电力系统自动化领域受到普遍关注的一个问题。多年来，某些单位进行了多种尝试，由于其技术复杂、可靠性差以及费用昂贵等原因，难以普遍推广。20 世纪 90 年代，随着美国全球定位系统 GPS 的信号接收对全世界民用单位开放，国内一些厂家用进口 GPS 信号接收器（OEM 模板）进行二次开发，生产出具有时间同步信号输出的 GPS 卫星同步标准时钟，用于电力系统自动化装置的时间同步，华东电网首先用于两条 500 千伏线路各厂站，实现了海瑟威故障录波器的时间同步。1996 年华东电网第 18 届科技工作会议决定将《华东电网统一时钟研究》作为全网科技协作项目，研究 GPS 技术在电力系统各种类型自动化装置（系统）实时时钟同步方面的应用。

1997 年 11 月上旬，在上海召开了这个项目的启动会，讨论了华东电力集团公司起草的《华东电网统一时钟系统技术规范》、《华东电网统一时钟系统管理办法》以及项目开展的有关问题，决定选择五种不同类型的单位先作试点，由集团公司和三省一市电力公司各负责一个试点单位。

试点工作历时两年，取得了在不同类型发电厂、变电站和调度所采用 GPS 卫星同步时钟实现自动化装置和继电保护装置实时时钟同步的方法和一批实测数据，为制定《华东电网统一时钟技术规范》提供了技术依据。2000 年 1 月，在无锡召开试点工作总结会，认为在全网推广应用 GPS 卫星同步时钟的条件已经成熟，决定将《华东电网统一时钟技术规范》作为推广应用时的技术指导性文件，集团公司首先在 500 千伏变电站和发电厂推广，省（市）电力公司在 220 千伏变电站和发电厂推广，110 千伏及以下的变电站可视具体情况决定推广范围和进度。

2000 年，华东电力集团公司选择 5 个属华东电力集团公司资产的 500 千伏变电站推广应用，并对《华东电网统一时钟技术规范》进行修订，使之升级为企业标准。2000 年 10 月召开全网推广会，江苏省电力公司安排科技项目，在无锡供电公司的全部 17 个 220

千伏变电站安装GPS时间同步系统，上海市电力公司安排了500千伏杨行变电站等，浙江省电力公司安排了500千伏兰亭变电站等，安徽省电力公司安排了洛河发电厂等推广GPS时间同步系统项目。作为独立发电厂，扬州第二发电厂也安排了全厂GPS时间同步系统项目。这样，GPS时间同步系统项目在华东电网得到普遍推广。

《华东电网时间同步系统技术规范》作为企业标准于2002年1月通过国电华东公司的技术标准审查。

2002年4月，国电华东公司召开华东电网GPS时间同步工作会议，部署在华东电网更大规模的推广应用。国电华东公司工程部决定在新建变电站中按照《华东电网时间同步系统技术规范》设计时间同步系统，在一个变电站或发电厂建一个GPS时间同步系统的观念得到普遍认同。影响扩大到华东电网以外，其他网、省电力公司纷纷前来索取该《技术规范》，并将“在一个变电站或发电厂建一个GPS时间同步系统”的做法统称为“华东模式”。

考虑到“华东模式”已扩展到其他电网应用，国电华东公司2002年9月向中国电力企业联合会标准化部申请电力行业标准编写项目，将《华东电网时间同步系统技术规范》修订升级为电力行业标准，申请得到批准，列入了中国电力企业联合会标准化部下一年的标准制定计划。

（四）华东电网功角实时监测系统

交流电网的稳定运行取决于各发电机内电势和结点电压向量之间的相角差，测量此相角，对于电网运行的监视具有重要的意义。由于这些量是分布于电网各发电厂和变电站，以前没有简单方法可以直接测出。

20世纪90年代后期，随着GPS全球定位系统技术对全世界民用开放，在任何地点可以方便地得到高精度的时间基准，为测量任何地点的节点电压的相角提供了可能性。在此背景下，1998年华东电网开始分两期建设了多功能功角实时监测系统。一期监测系统2001年建成，由厂站实时数据采集装置、通信设备、通信通道、中央监控站、网络服务器和资料分析站等组成。监测点分别选择在新安江电厂、徐州电厂、平圩电厂、石洞口二厂、天荒坪电厂、北仑港电厂及双龙变电站。中央监控站根据厂站端的实时数据采集装置传送的电压电流的向量值得到线路功角，并对功角测量值进行频谱分析，得出系统振荡的频谱。监视10秒钟时段的功角曲线，可以看出功角变化的趋势，以预测功角的变化情况。系统的指针式功角表使调度员可以观测到功角摇摆情况，知道系统的稳定裕度。在系统出现振荡或故障时，可以同步触发启动联网的所有厂站实时数据采集装置，以同步记录系统扰动过程中各厂站的不同动态过程。中央监控站实时测量的功角信息与华东电网的EMS系统和调度中心的MIS管理系统数据网相连，利用Web浏览的方式，随时随地可观测系统的当前运行状况。

系统投入运行后曾多次记录到系统发生扰动和低频振荡的过程。在华东与福建联网线路投运后，多次记录了功率摇摆过程，并详细记录了2002年4月8日线路B相故障过程的波形。这些记录为事后的事故和系统稳定分析提供了极为宝贵的现场真实数据。

2003年以后，华东电网规定凡是接入500千伏电网的新建发电厂以及新建500千伏关口变电站均应安装实时数据检测装置接入功角实时监测系统，功角检测已经成为电网运行监视的一种常规手段。

本项目成果获 2003 年度上海市科学技术进步奖二等奖。

（五）阳城送电华东研究

2000 年，山西阳城电厂向华东电网专线专供送电，对江苏北部的网络结构带来很大的变化。该区外电源方案在设计阶段虽已考虑了对华东电网运行稳定的影响，但是华东电网尚未从受电方角度进行过研究。为此，1999 年 8 月～2000 年 4 月，华东电力调度局对阳城电厂投产后最紧迫的华东江苏 500 千伏电网稳定、无功平衡与电压调节以及过电压等问题立项进行了研究。

通过研究得出如下结论：①正常运行方式下阳城电厂远离华东主系统，暂态稳定水平偏低，当阳城电厂开 3 台机组运行时，机组不能满发，必须采取限制机组出力、控制系统电压水平等措施。②设备检修情况下，系统暂态稳定、热稳定水平都较低，必须压减阳城电厂及苏北地区电厂机组出力。在某些检修方式下，阳城电厂必须被迫全停。③阳城电厂送出系统投产后，苏北 500 千伏系统无功补偿严重不足，导致系统电压过高，机组被迫高功率因数运行，甚至进相运行，由此进一步降低了系统的暂态稳定水平。④在阳城电厂单机运行时，某些运行方式下存在机组自励磁的可能性，应避免这些运行方式的发生。⑤在阳城电厂端投合阳城—东明线路的情况下，线路首端相间过电压将超过设计值，运行中应严禁这种操作。上述研究结论在编制阳城电厂投产初期运行规定和以后投产各阶段运行方式中都起到了重要作用，并为此后苏北电网规划提供了重要技术依据。

研究报告提出的问题，国家调度中心于 2000 年 5 月专门开会研究并向国家电力公司领导提交报告。国家电力公司陆延昌副总经理在报告上批示："看来，阳城电厂投产对华东电网稳定影响不可低估，一切措施必须尽快完善，运行中不可有任何粗心大意，规程规定要明确具体。保电网、保阳城机组两者要兼顾。阳城电厂送出系统教训至深，请各方面认真记取。系统问题必须审慎处理，不可轻率。"

针对阳城电厂向华东电网苏北地区送电后暂态稳定的严峻状况，有关方面还安排了"不同安全稳定自动装置对提高阳城送电稳定水平研究"、"阳城串补仿真计算程序开发"、"阳城—淮阴 500 千伏线路可控串补方案研究"等课题，研究改善稳定的技术措施，对以后的工程实施提供了有价值的意见。在研究中还采用了新型的研究工具，如德国西门子公司 NETOMAC 电力系统仿真软件包和加拿大 RTDS 公司 RTDS 电力系统实时仿真装置，使研究工作上了一个新的台阶。

上述研究成果分别获多项华东电网科技进步奖一、二等奖。

（六）溪洛渡、向家坝水电站送电华东的研究

我国西南地区蕴藏着巨大的水力资源，长江三峡水电站开工建设后，金沙江水电开发就提上了议事日程。1993 年，华东电力集团公司为此采取三项举措：第一，从受电方研究西电东送问题；第二，研究三峡拟供川东地区电力改送华东的替代方案；第三，在前两项工作的基础上，结合制定和调整 2000～2020 年华东电网发展规划，推荐将金沙江流域首先开发的溪洛渡、向家坝两厂作为区外来电的电源，最终将两厂列入规划之中。

根据上列第一条举措，1994 年华东电力集团公司将金沙江水电东送华东研究课题“华东电网 2000～2020 年一次能源平衡及 2050 年展望战略研究”，列入了科技项目计划，并委托中国水力发电工程学会、成都勘测设计院和华东勘测设计院等单位进行。1997 年初，研究完成。研究报告提出了下列结论：①多元化、多渠道办电是解决华东地区缺电和优化电源配置的根本办法。②金沙江水电送华东是各种外来发电能源优选之首。③溪洛渡、向家坝两水电站与国内外同类电站相比技术经济指标优越，送电华东经济上是合理的。④金沙江上的溪洛渡、向家坝两水电站超远距离送电华东技术上是可行的。⑤燃煤发电仍然是华东电网的主力电源。⑥华东电网应注意发展核电。⑦争取西南地区水电更大规模东送。这些结论对华东电网的规划具有重要的参考价值。

此项研究的意义在于开创了从受电方进行深入研究的先河，改变了受电方在“西电东送”问题上处于被动局面的状况。研究成果获 1998 年华东电网科技进步奖一等奖。

（七）福建和华东电网联网研究

1998 年，福建电网与华东电网互联的工程已开始启动，但是无论华东电网还是福建电网，原来的规划均未正式考虑过互联的可能性，对互联给两网可能带来一些新的技术问题毫无准备。为了应对这一局面，1999 年华东电网安排了“华东福建互联对华东电网的影响”和“华东与福建联网的运行方式研究”课题。

研究结果表明：①除个别方式下兰亭—瓶窑线潮流过大，不能满足 $N-1$ 校验外，其他方式下潮流、电压均在合理范围内。②联网前后，华东电网的短路电流水平除浙南地区外无明显的增加，浙南地区的短路电流水平尚在许可范围内。③对联网点两侧需加适当无功补偿。④正常运行方式和正常检修方式下，华东电网的稳定水平无明显下降。个别方式下，系统将存在稳定问题。⑤ 2002 年将是系统稳定最为紧张的一年，三峡电厂和秦山核电工程配套投产后，系统的稳定水平将有较大的提高。由于华东电网规划具有较好的适应性，并留有一定的裕度，所以华东电网基本能满足联网的技术要求，仅在个别方式下存在稳定问题。

第二个课题则侧重于研究华东与福建联网后的运行方式，针对华东与福建联网后各种可能的频率控制策略应用 PSS/E 程序进行了仿真计算，分析在各种可能的频率控制策略下大机组跳闸后系统频率变化的动态过程，并给出了联网后适用的频率控制策略以及相应 K 系数配置的建议。对联网后的电力电量平衡、两网互送不同性质电力、根据电网负荷峰值时间差异进行调峰等问题进行了深入的分析。该研究成果为华东与福建联网后如何控制频率以及按照国家电力调度中心考核提供了有效的理论依据。

上述研究成果分获华东电力集团公司科技进步奖一、二等奖。

二、科技情报

（一）组织机构

华东电力科技情报所隶属华东电力试验研究所领导，下设科技情报室和编辑室，1995 年增设声像室。1995 年 4 月更名为“华东电力试验研究院科技信息所”。

华东电试院科技信息所作为华东电网的技术情报中心，主要任务是提供专题情报跟踪、专题情报咨询、科技查新和文献检索、信息网络化服务等。同时，还负责管理三级情报网（华东三省一市情报网，江苏、浙江、安徽省级情报网和直属单位情报网）以及华东六省一市情报协作网和有关专业情报网。各电力企业内部则由生技部门、车间、班组组成三级情报网展开活动。

（二）情报网活动

华东三省一市科技情报工作网和华东六省（江苏、浙江、安徽、山东、福建、江西）一市（上海）科技情报协作网每两年轮流召开一次。1991 年 12 月制定了《1991～1995 年华东电网科技情报发展规划》，1996 年 12 月制定了《“九五”计划华东电网科技信息工作发展纲要》。

1993 年 11 月～1996 年 6 月，华东电试院科技情报所作为全国六大区电力科技情报（信息）协作网网长单位，组织六大区电试院（所）牵头，联合全国 30 个网省局电力试验研究院（所），历时两年，建成《全国电力网、省局科技成果数据库》。

上海市电力局科技情报网下设发电、综合（修造）、供电三个专业情报网（分网）。在 1994 年 9 月的工作会议上，制定了《上海市电力局科技情报网章程》，委任华东电力科技情报所担任常务网长单位，负责协调日常的情报工作。

1995 年，华东电试院科技信息网建成，制定了《华东电力试验研究院科技情报网管理办法》、《华东电力试验研究院科技情报网章程》及情报网工作计划等。与此同时，还参加全国电力科技信息资源网、全国电力标准化信息网、全国超高压输变电运行专业情报网、全国电力设计热机专业情报网、全国水电厂自动化技术信息网、华东火电施工信息网、上海市专业情报网等的活动。

江苏省电力科技情报网（省电力科技情报中心站）以及发电、供电、综合科技情报网主要活动是召开网长或分网工作会议，交流总结当年情报网工作，研究下年的工作内容，修改情报网工作章程和评比条例等。浙江省水电、送电、技术标准情报网以及供电技术信息网主要活动是，不定期召开会议进行相关技术和信息交流，组织专题情报调研活动等。安徽省供电、火电、水电情报网主要活动是召开年会，总结工作，交流科技信息和开展技术推广活动等。

（三）技术期刊编辑出版

《华东电力》为技术类月刊，1972 年 4 月创刊，主要刊登有关发、供、用电技术，电力建设、设计、施工，运行维修，设备修造等主题的论文，由华东电管局中心试验所（华东电试院）主办，华东电管局主管。

《华东电力》1997 年起，开办企业专栏。1999 年第 1 期起，由原来小 16 开改版为大 16 开。2001 年建立“《华东电力》编务系统”，实现采编、发行、广告、内部管理、工具和帮助等功能。至 2002 年，印刷量达 6000 册，发行量居国内大区电力技术类期刊之首。《华东电力》1996 年入选全国《中文核心期刊要目总览》，1999 年入选中国学术期刊综合评价数据库来源期刊，1999 年全文入录《中国期刊网》和《中国学术期刊（光盘版）》。

《华东电力》曾获 1990～1991 年度上海市优秀自然科学期刊，1992 年全国能源刊物协会优秀期刊奖二等奖，1996 年上海市优秀期刊奖一等奖、电力部优秀期刊奖二等奖、全国优秀期刊奖三等奖，2001 年入选国家科委、新闻出版署中国期刊方阵，2002 年首届

《CAJ-CD规范》执行优秀期刊奖。

《上海电力》创刊于1988年1月，为上海电力企业综合性行业内部科技类连续出版物。主管单位为上海市电力局，由华东电力科技情报所主办，主要刊登输变电技术、电力建设、运行维修、设备修造等内容。1990年下半年，《上海电力》由季刊改为双月刊。出版印数4600份，逢双月底出版。1997年，在上海市新闻出版社内部出版物审读中获内部评分第一。

华东三省电力试验研究所主办的主要技术类期刊还有《江苏电机工程》（季刊，公开发行）、《浙江电力》（双月刊，公开发行）、《浙江电力技术动态》（月刊，内部发行）和《安徽电力》（季刊，内部发行）等。一度出版过《江苏电力技术》（季刊，内部发行）和《江苏电力译文》（季刊，内部发行）。

《情报专递》属情报类出版物，1995年起由华东电力试验研究院科技信息所不定期出版。《情报专递》针对各级领导迫切需要或关注的信息，通过情报调研、分析、加工和整理出版，做到快速反应，将情报专题跟踪和决策咨询服务送达各级领导，是情报产品最主要的载体。至2002年底，已出版189期。

华东电试院科技信息所出版的情报类出版物还有《情况反映》（月刊，内部发行）、《上海电力科技情报》（双月刊，内部发行）等，一度出版过《华东电力科技情报》（双月刊，内部发行）。

华东三省电力试验研究所情报类出版物还有浙江省电力试验研究所出版的《信息专递》（不定期，内部发行），《安徽电力技术情报》（月刊，内部发行），2002年改名为《安徽电力科技信息》（双月刊），《安徽电力译文》（不定期，内部发行）等，一度出版过《江苏电力科技信息》。

（四）信息资源建设

1992年12月，华东电力科技情报所建成华东电网三省一市情报联机检索网络；1994年12月建成华东电网CD-ROM光盘检索系统；1995年7月开通互联网；1996年6月建成图书馆文献采、编、流计算机管理系统；1998年7月建成基于互联网技术的科技信息共享系统，构筑“上海电力科技信息”的网络平台。网络平台集成了众多数据库：有中文科技期刊全文数据库、中国电力相关学术会议全文数据库、电力相关标准全文数据库、全国电力成果文摘数据库、全国电力自产文献文摘数据库、中国国家法律法规数据库、国际电工委员会（IEC）标准全文数据库、国际大电网会议（CIGRE）全文数据库、国际发电会议（Power-Gen）全文数据库、国际供电会议（CIRED）全文数据库、国外博硕士论文全文数据库和国外科技期刊文摘数据库等。

自1991年起，华东电力科技情报所先后与国内外多家公司签订合同，通过互联网，获取美国DIALOG系统、美国OCLC系统、国际STN系统、中国知网、万方数据、维普信息资源系统、国家电力资讯网、中国电力新闻网、中国能源网、中国经济信息网、国务院发展研究中心信息网、中国专利信息网等中外文文献数据库和信息的使用权。自1993年起，先后引进英国科学文摘（INSPEC）、美国工程索引（EI COMPENDEX）、美国政府研究报告（NTIS）、美国能源部科技文献（DOE）、世界电力数据、北美电力数据、国际大电网会议（CIGRE）论文全文、国际供电会议（CIRED）论文全文、国际发电会议（Power - Gen）论文全文、国外博硕士论文全文等光盘数据库。

截至 2002 年底，华东电试院图书馆拥有中文图书约 10000 册，外文图书约 3000 册，技术资料约 5000 册，中文期刊 130 余种，外文期刊 61 种。图书馆共收集技术标准约 7000 个，其中国家标准约 4000 个，行业标准约 1000 个，国外标准约 700 个，其他相关标准约 1300 个。

江苏省电试院建立了江苏电力信息资源网，集成了中文科技期刊全文数据库、技术标准全文数据库、电力专题和动态信息等信息资源，在局域网上实现共享。浙江省电试所自行开发了浙江省发供电技术标准全文数据库、浙江省电试所馆藏科技文献数据库和调峰技术专题数据库等，并将《浙江电力技术动态》制作成电子版，在局域网上实现资源共享。安徽省电试所建立了全文信息系统，可全文检索电力期刊和电力标准全文数据库，也可检索图书资料，并将《安徽电力》、《安徽电力科技信息》制作成电子版，在安徽省电力信息网上共享。

（五）情报咨询和科技查新

从 1989 年起，华东电力科技情报所开展面向各级领导层的决策咨询服务和为电力企业提供科技信息支持服务，提出"超前、快速、有效"的情报服务理念，根据不同时期电力生产、科研和管理工作的需求开展情报跟踪、情报调研与决策咨询服务。主要内容涉及企业管理咨询和热点专题跟踪，并逐步介入技术经济研究及咨询，向相关领导和单位提供了大量的情报咨询服务。如《华东电网公司科技发展"十五"计划及 2015 年规划》、《上海市电力公司科技发展"十五"计划及 2015 年规划》、《外高桥发电厂 1 号机组延长大修间隔论证——国内外发电机组大修间隔现状及大修间隔优化》、《工频电磁场的环境影响》、《国外老机组延长寿命及部件寿命估算方法》、《国外大城市大面积停电事故实例及对策》、《国外电力市场监管》等。

1996 年，华东电试院获得华东电管局的查新授权，制定了《科技查新咨询工作管理办法》、《科技查新咨询工作实施细则》和《华东地区科技查新专家咨询管理办法》等制度。1994 年起，先后有 5 人获国家级、1 人获部级查新员资格。1999 年 1 月 29 日获国家电力公司二级科技查新机构资格，查新工作纳入华东电试院 ISO 9002 质量管理体系。

（六）网络化信息服务

网络化信息服务是电力科技信息服务于电力行业的一种新模式，其内容主要有：以全文为特色的信息网站服务、情报专递服务、情报检索和原文索取服务、翻译服务、科技查新服务和培训服务等。

1998 年建成的"上海电力科技网站"，利用上海市电力公司光纤数字通信网为信道，将华东电试院科技信息所原有的各种信息检索系统集成在一个统一的网络检索环境中，其主要服务对象为已经接入上海电力数据交换网的节点单位用户。科技信息所的多种数据库、大量电力动态信息以及各类全文信息都可以通过该系统对外发布，用户能够方便、快捷、准确地获得科技信息的支撑。经过几年的改进与充实，网络化信息服务逐步成为一种重要的服务方式。

1999年，会员制网络化信息服务率先在上海外高桥发电厂和上海市区供电公司实现，至今会员制服务已基本覆盖上海电力企业，天荒坪抽水蓄能电站和苏州供电公司成为上海地区之外的第一批会员。

（七）声像服务

自1991年以来，声像工作为电力系统“双文明”建设提供了全方位的服务，拍摄了涉及基建、安全生产、科研、精神文明建设等内容的各类专题片。其中，不乏高质量的作品。如电视片《三十而立》获中国电力1990年度录像评比二等奖，电视片《浅谈企业文化》1991年获华东电管局电视片评比三等奖，《华东天荒坪抽水蓄能工程》1993年获“电力杯”优秀电视片评比一等奖，《线路一日》安全系列片和《安全工、器具安全设施规范化》2001年分获电力出版社电视片评比一、二等奖。

在确保为电力系统提供优质的声像服务外，声像工作尝试开展多媒体制作业务和平面制作业务。与广播电视部、广告公司等相关部门合作，同上海教育电视台、上海有线电视台音乐频道、上海有线电视台综合频道、上海东方电视台、上海科学教育电影制片厂等建立了良好的合作关系，先后拍摄制作了约300部（集）的电视片。

三、科技成果

1991～2002年，华东电网获得的国家、省（市）部级科技进步奖共146项，其中国家级科技进步奖6项，省（市）级科技进步奖28项，部级科技进步奖112项；获得华东电管局二等奖及以上的科技进步奖共254项。统计情况分别见表10-1-2、表10-1-3。

表10-1-2 1991～2002年华东电网获国家、省（市）部级科技进步奖统计情况

序号	项目名称	颁奖单位	获奖年度	获奖类型	获奖等级	受奖单位
1	无线电力负荷监控系统工程	国务院	1992	科技进步	二等	南通供电局等
2	发电厂储灰场种植植物	国务院	1992	科技进步	二等	徐州电业局等
3	大型发电机安全监视与无刷励磁系统	国务院	1997	科技进步	三等	安徽省电力试验研究所
4	取消500千伏短路器合闸电阻的研究	国务院	1997	科技进步	三等	浙江省电力试验研究所
5	提高国产20万千瓦汽轮发电机组运行稳定性、可靠性的综合研究	国务院	1998	科技进步	三等	江苏省电力科学研究院
6	大型汽轮机部件寿命评定新技术	国务院	2002	科技进步	二等	上海发电设备成套设计研究所 华东电力试验研究院 云南省电力试验研究所
7	徐州发电厂6号机综合治理消除油膜震荡	江苏省人民政府	1991	科技进步	二等	江苏省电力试验研究所 徐州发电厂
8	平圩电厂1号机转子轴颈损伤电刷镀修复	安徽省人民政府	1991	科技进步	二等	安徽省电力试验研究所 哈尔滨汽轮机厂 安徽电建二公司

续表

序号	项目名称	颁奖单位	获奖年度	获奖类型	获奖等级	受奖单位
9	南通电力负荷控制系统的研制	能源部	1991	科技进步	二等	南通供电局 上海无线电 24 厂 能源部电力科学研究院
10	YFW-Ⅰ型涡轮机叶片振动非接触测量微机实时监测装置	能源部	1991	科技进步	二等	南京电力专科学校
11	20 万千瓦、12.5 万千瓦单元机组数字式协调控制系统	能源部	1991	科技进步	二等	华北电力学院 大同第二发电厂 上海闵行发电厂
12	改性灌水泥的研究及其应用	能源部	1991	科技进步	三等	中国建筑材料科学研究院房建材料与混凝土研究所 地质勘探基础处理公司科学研究所 华东电业管理局新安江水力发电厂
13	湿式磨细水泥灌浆技术的研究	能源部	1991	科技进步	三等	地质勘探基础处理公司科学研究所 华东电业管理局新安江水力发电厂
14	操作 GIS 隔离开关引起若干过电压的试验研究	能源部	1991	科技进步	三等	华东电力试验研究所
15	高压电机放电缺陷定位检测	能源部	1991	科技进步	三等	华东电力试验研究所
16	双水内冷发电机转子漏水早期定性报警装置的研制	能源部	1991	科技进步	三等	华东电力试验研究所 上海电机厂
17	交流 500 千伏超高压输电线路无线电干扰和电场效应研究	能源部	1991	科技进步	三等	华东电力试验研究所
18	无石棉硅酸钙绝热制品	能源部	1991	科技进步	三等	上海电力建设局施工技术研究所 上海电力建设保温制品厂
19	国产 20 万千瓦机组低频分量普查及分析研究	能源部	1991	科技进步	三等	能源部西安热工研究所 东北、华北、华东、河南电力试验研究所
20	GP1200-1 电动仿形坡口机	能源部	1991	科技进步	三等	上海电力建设局施工技术研究所 上海电力安装第一工程公司

续表

序号	项目名称	颁奖单位	获奖年度	获奖类型	获奖等级	受奖单位
21	高温高压锻制三通	能源部	1991	科技进步	三等	上海电力建设局施工技术研究所 上海电力建设修造厂
22	500千伏变电站监控计算机	能源部	1991	科技进步	三等	能源部西南电力设计院 杭州市电力局
23	基本建设会计核算计算机应用系统研究与推广	能源部	1991	科技进步	四等	浙江省电力工业局
24	粗晶发电机护环超声波纵波斜入射探伤方法	能源部	1991	科技进步	四等	江苏省电力工业局 徐州发电厂
25	FG-800型高梯度电磁过滤装置	能源部	1991	科技进步	四等	西安热工研究所 上海闸北发电厂 无锡县阳山电力设备附件厂
26	微机化变径活塞泵压差式自动全脱气装置研制	能源部	1991	科技进步	四等	华东电力试验研究所
27	上海南市电厂冷却水排水口改建工程研究	能源部	1991	科技进步	四等	水利水电科学研究院 上海南市发电厂
28	重油添加剂的研制和实践	能源部	1991	科技进步	四等	华东电力试验研究所 西安热工研究所 望亭发电厂 鞍钢第二发电厂
29	国产30万千瓦汽轮机空气逆流微真空冷却	能源部	1991	科技进步	四等	江苏谏壁发电厂
30	石洞口电厂1号机汽轮机转子在线热应力监测及寿命管理	能源部	1991	科技进步	四等	华东电力试验研究所 上海石洞口发电厂
31	薄壁离心钢管混凝土结构基本计算理论的试验研究与应用	能源部	1992	科技进步	二等	浙江省电力设计院 河南电力勘测设计院
32	240米钢内筒烟囱施工技术	能源部	1992	科技进步	二等	上海电力建筑工程公司 同济大学
33	望亭电厂14号30万千瓦国产火电机组分布式微机控制系统的应用开发和工程实现	能源部	1992	科技进步	二等	望亭发电厂 能源部电力科学研究院
34	电除尘器低压微机自控装置	能源部	1992	科技进步	二等	能源部电力环境保护研究所 金华市电子仪器厂 谏壁发电厂

续表

序号	项目名称	颁奖单位	获奖年度	获奖类型	获奖等级	受奖单位
35	运行中发电机绝缘局部放电测量方法的研究	能源部	1992	科技进步	三等	武汉高压研究所 安徽省电力试验研究所
36	超临界直流锅炉螺旋水冷壁施工工艺研究	能源部	1992	科技进步	三等	上海电力安装第一工程公司 上海电力建设局施工技术研究所
37	给水联合处理	能源部	1992	科技进步	三等	西安热工研究所 望亭发电厂 华东电力试验研究所
38	DN-1型在线微量钠监测仪	能源部	1992	科技进步	三等	西安热工研究所 西北工业大学 上海闸北发电厂
39	东方汽轮机厂20万千瓦汽轮机313毫米叶片损坏原因分析及改进措施	能源部	1992	科技进步	三等	西安热工研究所 徐州发电厂
40	螺旋槽管空气预热器	能源部	1992	科技进步	四等	东南大学 下关发电厂 唐山发电总厂
41	大坝观测新技术的完善与应用	电力部	1993	科技进步	二等	天津、西北勘测设计院 河海大学 武汉水利电力学院 中国水力发电工程学会 南京水利科学研究院 葛洲坝、龙羊峡、新安江水电厂等
42	DG750-180型锅炉给水泵	电力部	1993	科技进步	二等	上海电力修造总厂
43	WHQJ型微机稳定控制切机装置	电力部	1993	科技进步	二等	南京自动化研究所 江苏省电力工业局电网调度所 华能南通电厂
44	谏壁发电厂1000吨/时直流炉水冷壁烟侧高温腐蚀的原因和防止试验研究	电力部	1993	科技进步	三等	谏壁发电厂 西安热工研究所
45	上海石洞口发电厂1号机组性能试验	电力部	1993	科技进步	三等	华东电力试验研究所
46	DG600-240型锅炉给水泵	电力部	1994	科技进步	二等	上海电力修造总厂
47	YOT51型液力偶合器	电力部	1994	科技进步	二等	上海电力修造总厂 东南大学 上海杨树浦发电厂

续表

序号	项目名称	颁奖单位	获奖年度	获奖类型	获奖等级	受奖单位
48	257米钢筋混凝土高塔塔头吊装工艺	电力部	1994	科技进步	二等	江苏省送变电工程公司
49	富春江水力发电厂计算机实时监控系统	电力部	1994	科技进步	三等	水利水电科学研究院 富春江水力发电厂
50	炉水协调pH-磷酸盐处理职能监控系统	电力部	1994	科技进步	三等	河南省电力试验研究所 上海电力学院 河南焦作电厂 上海闸北发电厂
51	在役发电机护环的超声探伤方法和接触聚焦换能器的研究	电力部	1994	科技进步	三等	浙江省电力试验研究所 徐州发电厂
52	PZH-1型厂用电快速切换装置	电力部	1994	科技进步	三等	镇江华东电力设备制造厂 江苏省电力设计院
53	DL-500型电缆输送机	电力部	1994	科技进步	三等	上海电缆输配电公司
54	秦山核电站30万千瓦核电机组二回路整组启动调试	电力部	1994	科技进步	三等	西安热工研究所 秦山核电公司 浙江省火电建设公司
55	水预处理阶段中有机物去除问题的研究	电力部	1994	科技进步	三等	上海电力学院 江苏韩庄电厂
56	220千伏紧凑型架空线路研究	上海市人民政府	1995	科技进步	三等	华东电力试验研究院
57	高钙粉煤灰综合利用研究	上海市人民政府	1995	科技进步	三等	华能上海石洞口第二发电厂
58	0.01级三相电能（功率）标准装置	电力部	1995	科技进步	二等	华东、东北、浙江、江西电力试验研究所 上海电表厂 江西九江仪表厂
59	超临界60万千瓦汽轮机调节级叶片故障原因分析	电力部	1995	科技进步	二等	电力部热工研究院 华能国际电力开发公司上海分公司 华能上海石洞口第二发电厂 华东电力试验研究所
60	EMDC-88微机分散控制系统	电力部	1995	科技进步	二等	电力部热工研究院 电力部电力科学研究院 电力部电力自动化研究院 徐州发电厂 江苏省电力设计院

续表

序号	项目名称	颁奖单位	获奖年度	获奖类型	获奖等级	受奖单位
61	取消500千伏断路器合闸电阻的研究	电力部	1995	科技进步	二等	电力部电力科学研究院 武汉高压研究所 广东省电力设计研究院 湖北省电力局超高压输变电局 浙江省、河南电力试验研究所 东北、西南电力设计院 内蒙古电力勘测设计院 贵州省电力局调度所
62	火电厂各类机组供电煤耗合理考核值及省煤节电奖励完善化建议	电力部	1995	科技进步	二等	华东电力试验研究所
63	500千伏直流设备污闪原因及防污闪措施研究	电力部	1995	科技进步	二等	华东电力试验研究所 上海交通大学 上海超高压输变电公司
64	中国华东电力集团公司综合信息查询系统	电力部	1995	科技进步	二等	中国华东电力集团公司信息中心
65	干式除灰厂内气力集中系统	电力部	1995	科技进步	三等	浙江省电力修造厂 云南省电力设计院 云南省电力建设公司 昆明发电厂
66	大机组用F12钢中频感应弯管工艺及性能研究	电力部	1995	科技进步	二等	电力部电力建设研究所 常州电力修造厂
67	石洞口发电厂输煤程控及分炉计量	电力部	1995	科技进步	二等	上海石洞口发电厂 航天工业总公司第二研究院210研究所
68	中压凝结水处理凝胶树脂研究及应用	电力部	1995	科技进步	三等	上海吴泾热电厂 华东电力试验研究所 杭州争光化工集团公司
69	LW型插入式称重料位计	电力部	1995	科技进步	三等	华东电力试验研究所 上海佳华冶金仪表实业有限公司 上海吴泾热电厂
70	MPS型中速磨煤机加载在线监测装置	电力部	1995	科技进步	三等	华东电力试验研究所 望亭发电厂
71	审计电算化管理信息系统	电力部	1995	科技进步	三等	上海市电力局审计处 上海工业大学

续表

序号	项目名称	颁奖单位	获奖年度	获奖类型	获奖等级	受奖单位
72	提高国产20万千瓦汽轮发电机组运行稳定性、可靠性的综合研究	江苏省人民政府	1996	科技进步	一等	东南大学 江苏省电力局 徐州发电厂 江苏省电力试验研究所
73	高压电烧伤动物模拟实验研究	上海市人民政府	1996	科技进步	三等	上海电力医院
74	铜及铜合金的腐蚀和缓蚀机理的光电响应和表面结构研究	电力部	1996	科技进步	一等	上海电力学院
75	水中溶解态有机物分子量分布的研究	电力部	1996	科技进步	二等	上海电力学院
76	国家标准《电能质量 公用电网谐波》	电力部	1996	科技进步	二等	电力部电力科学研究院 华中理工大学 山西省电力试验研究所 安徽省电力试验研究所
77	中速磨煤机易磨损件国产化及耐磨性提高	电力部	1996	科技进步	二等	电力部耐磨材料试验研究中心 扬州电力耐磨技术联合开发公司 山西电力设备厂 电力部热工研究院 扬州电力修造厂
78	大型变压器故障诊断技术的研究	电力部	1996	科技进步	三等	上海电力学院 东南大学
79	兰亭—北仑电厂稳定控制系统					浙江省电力局中心调度所 电力部电力自动化研究院 华东电力调度局 绍兴电业局 北仑港发电厂
80	直流输电接地极技术研究	电力部	1996	科技进步	三等	华东电力试验研究院 浙江大学 电力部武汉高压研究院
81	新安江电厂水轮机增容改造研究和仿真机研制	电力部	1996	科技进步	三等	中国水利水电科学研究院 新安江水力发电厂
82	双流式弱酸性树脂氢离子交换器	电力部	1996	科技进步	三等	武汉水利电力大学 苏州热电厂 山西省电力勘测设计院 扬州市化水设备厂

续表

序号	项目名称	颁奖单位	获奖年度	获奖类型	获奖等级	受奖单位
83	大型变压器围屏放电研究	电力部	1996	科技进步	三等	华东电力试验研究院 电力部电力科学研究院 华北电力大学北京研究生部 东北电力试验研究院
84	电力设备防污闪技术	电力部	1996	科技进步	三等	东北、华东电力试验研究院 武汉高压研究所 山东电力试验研究所 清华大学 华北电力科学研究院
85	任庄变电站稳定控制装置及徐州电厂稳定控制装置方案及实施	江苏省人民政府	1997	科技进步	二等	江苏省电力局电网调度所 南京自动化研究所
86	±500千伏直流线路带电互换直线和耐张绝缘子串	安徽省人民政府	1997	科技进步	二等	安庆供电公司 安徽省电力试验研究所 安徽省电力局
87	上海石洞口发电厂30万千瓦火电机组全仿真机	上海市人民政府	1997	科技进步	三等	上海石洞口电厂 亚洲仿真控制系统工程（珠海）有限公司
88	大气环境对输变电设备抗污闪能力的影响	电力部	1997	科技进步	二等	电力部电力科学研究院 电力部电力环境保护科学研究所 华北、河南省、东北、湖北省、西北、华东、河北、江苏省电力试验研究院
89	对流传热传质分析	电力部	1997	科技进步	二等	上海电力学院
90	抗磨感应硬化管技术开发研究	电力部	1997	科技进步	三等	电力部电力建设研究所 常州电力修造厂
91	华东电网500千伏故障录波器联网系统	电力部	1997	科技进步	三等	华东电力调度局
92	电力系统继电保护整定计算综合程序	电力部	1997	科技进步	三等	华东电力调度局 清华大学
93	华东电网在线高级应用软件系统	电力部	1997	科技进步	三等	华东电力调度局 电力部电力科学研究院
94	CLZ-2型轴系联轴器对中测量仪	电力部	1997	科技进步	三等	上海电力建设研究所
95	超声螺栓应力仪研制	电力部	1997	科技进步	三等	华东电力试验研究院 同济大学 河北电力试验研究所 北京科艺电子有限公司

续表

序号	项目名称	颁奖单位	获奖年度	获奖类型	获奖等级	受奖单位
96	绝缘油中溶解气体组分含量测定（气相色谱法）部标制定及推广应用研究	电力部	1997	科技进步	三等	电力部热工研究院 湖南电力试验研究所 福建电力试验研究所 华东电力试验研究院
97	飞灰磨损试验研究	电力部	1997	科技进步	三等	上海电力学院 上海理工大学
98	炉水处理智能监控系统	上海市人民政府	1998	科技进步	二等	上海电力学院 杨树浦发电厂
99	上海市区供电局沪西供电所信息管理系统	上海市人民政府	1998	科技进步	二等	上海市区供电局沪西供电所
100	上海吴泾热电厂12号机组运行优化管理系统	国家电力公司	1998	科技进步	二等	上海吴泾热电厂 上海市电力试验研究所
101	钢与混凝土蜂窝形组合梁的研究及应用	国家电力公司	1998	科技进步	三等	武汉水利电力大学 中南电力设计院 徐州华润电力有限公司 江苏省电力建设第一工程公司徐州分公司
102	气脉冲除灰装置在30万千瓦机组上的应用	国家电力公司	1998	科技进步	三等	中科院力学研究院 上海石洞口发电厂
103	FDZ组合型防振锤	国家电力公司	1998	科技进步	三等	杭州电力学校 浙江省电力局
104	TPR-微机发电机有功功率自动调节装置	国家电力公司	1998	科技进步	三等	电力自动化研究院 江苏省电力局电网调度所
105	凝汽器准三维数值仿真方法研究及程序研制	国家电力公司	1998	科技进步	三等	上海电力学院 西安交通大学
106	江苏省地区级电网新一代开放型分布式能量管理系统	江苏省人民政府	1999	科技进步	一等	国电公司电力自动化研究院南京供电局
107	国产30万千瓦机组汽轮机运行寿命管理系统	安徽省人民政府	1999	科技进步	二等	安徽省电力试验研究所
108	洛河电厂1号炉炉膛高温腐蚀试验研究	安徽省人民政府	1999	科技进步	三等	安徽省电力试验研究所
109	上海市电力负荷无线监控系统	上海市人民政府	1999	科技进步	三等	上海市电力工业局 上海市电力试验研究所
110	XHM型斜井滑模系统的研制与实践	国家电力公司	1999	科技进步	二等	中国水利水电第14工程局 天荒坪抽水蓄能电站工程建设公司

续表

序号	项目名称	颁奖单位	获奖年度	获奖类型	获奖等级	受奖单位
111	WBZ-500型微机变压器保护装置	国家电力公司	1999	科技进步	二等	南京电力自动化设备总厂 东北电力设计院 辽阳电业局 华中理工大学
112	额定电压64/110千伏交联聚乙烯绝缘电缆户外终端	国家电力公司	1999	科技进步	三等	上海电缆输配电公司 上海三原电缆附件公司 上海电缆研究所
113	闸电燃气轮机燃用重油技术研究	国家电力公司	1999	科技进步	三等	上海市电力试验研究所 上海闸电燃气轮机发电厂
114	调节型电动执行机构开发及汽轮机旁路系统阀门电动装置国产化	国家电力公司	1999	科技进步	三等	扬州电力设备修造厂 江苏省电力试验研究所
115	华东电网自动发电控制技术（AGC）的研究与应用	国家电力公司	2000	科技进步	二等	华东电力集团公司
116	常熟发电有限公司4号机组30万千瓦发电机大轴焊接修复研究及实施	国家电力公司	2000	科技进步	三等	江苏省电力试验研究院 热工研究院 常熟发电有限公司 江苏省电力局南京焊培中心
117	外高桥电厂辅助系统采用DCS技术的研究及应用	国家电力公司	2000	科技进步	三等	苏州热工研究所 外高桥发电厂
118	大型汽轮发电机组测功法甩负荷试验方法的研究	国家电力公司	2000	科技进步	三等	热工研究院 外高桥发电厂 哈尔滨工业大学
119	热力设备纯十八胺停运保护技术	上海市人民政府	2001	科技进步	三等	上海电力学院
120	大型汽轮发电机组异常振动诊断及治理技术	浙江省人民政府	2001	科技进步	一等	东南大学 南京热电厂
121	500千伏双龙变电站自动化系统	浙江省人民政府	2001	科技进步	二等	浙江省电力试验研究院
122	乌溪江梯级水电厂远方集中控制计算机监控系统	浙江省人民政府	2001	科技进步	三等	浙江省电力试验研究院
123	3万千瓦、60万千瓦发电机组联箱角焊缝超声波探伤方法研究	浙江省人民政府	2001	科技进步	三等	浙江省电力试验研究院
124	PMOS-2000发电市场技术支持系统	国家电力公司	2001	科技进步	二等	电力自动化研究院 南瑞集团公司 浙江电力调度通信中心

续表

序号	项目名称	颁奖单位	获奖年度	获奖类型	获奖等级	受奖单位
125	上海市电力市场技术支持系统	国家电力公司	2001	科技进步	三等	上海市电力公司中心调度所 上海市电力试验研究所
126	地区电网无功电压优化运行集中控制系统	国家电力公司	2001	科技进步	三等	泰州供电公司 河海大学电气工程学院
127	浙江电网调度计划及检修管理综合系统	国家电力公司	2001	科技进步	三等	浙江省电力局中心调度所
128	接地网防蚀研究及应用	国家电力公司	2001	科技进步	三等	武汉大学 广西电力试验研究院 安徽省电力试验研究所
129	基于TASE.2协议的EMS系统间网络通信软件	国家电力公司	2001	科技进步	三等	电力自动化研究院 江苏电力调度通信中心
130	增压流化床联合循环（PFBC-CC）中试电站工程试验及其关键技术研究	江苏省人民政府	2002	科技进步	二等	江苏省电力公司 东南大学 贾汪发电厂 哈尔滨锅炉厂有限责任公司 中石化工程建设公司 石油大学 江苏省电力科学院
131	基于TASE.2协议的EMS系统间网络通信软件	江苏省人民政府	2002	科技进步	二等	国电公司自动化研究院 江苏电力调度通信中心
132	新型氧量在线测量系统开发与应用	江苏省人民政府	2002	科技进步	二等	江苏省电力科学研究院 新海发电有限公司
133	汽轮发电机组性能监测管理与相关故障诊断系统	上海市人民政府	2002	科技进步	二等	上海交通大学 上海市电力公司 上海市电力试验研究所
134	华东电网中长期电力负荷预测数据库和数据软件	上海市人民政府	2002	科技进步	二等	上海交大 国电华东公司
135	上海市沪东供电分公司黄浦小区配网自动化	上海市人民政府	2002	科技进步	二等	上海市电力公司市区供电公司 上海电力通信有限公司 上海致达信息产业股份有限公司 新华控制工程有限公司
136	安徽电网火电机组一次调频应用及性能优化研究	安徽省人民政府	2002	科技进步	二等	安徽省电力试验研究院 安徽省电力调度通信中心 安徽省电力公司
137	洛河发电厂1号炉制粉系统自动换风控制	安徽省人民政府	2002	科技进步	三等	安徽省电力试验研究院 洛河发电厂

续表

序号	项目名称	颁奖单位	获奖年度	获奖类型	获奖等级	受奖单位
138	智能在线氢气分析仪的研制	安徽省人民政府	2002	科技进步	三等	安徽省电力试验研究院
139	上海外高桥发电有限公司汽轮发电机故障诊断专家系统	上海市人民政府	2002	科技进步	三等	上海外高桥发电有限公司 北京伏安公司
140	电站锅炉燃烧系统一次风粉流动及监测技术的研究	上海市人民政府	2002	科技进步	三等	上海电力学院 华东电力试验研究院
141	华东电能交易系统	国家电力公司	2002	科技进步	三等	华东电力调度通信中心 华东电力试验研究院
142	基于频率控制性能标准(CPS)的互联电网运行控制技术	国家电力公司	2002	科技进步	三等	华东电力调度通信中心
143	电力网电能损耗计算与分析	国家电力公司	2002	科技进步	三等	苏州供电局 河海大学电气工程学院
144	基于广域网的计量器具校验管理系统	国家电力公司	2002	科技进步	三等	江苏省电力科学研究院
145	双中排阴双层床试验研究	国家电力公司	2002	科技进步	三等	安徽省电力试验研究所 淮南田家庵发电厂
146	低正压气力除灰系统设计研究和应用	国家电力公司	2002	科技进步	三等	江苏省电力设计院

表 10-1-3　　1991～2002 年获华东电管局二等奖及以上科技进步奖统计情况

年份	获奖等级	华东直属	上海市电力公司	江苏省电力公司	浙江省电力公司	安徽省电力公司
1991	一等			2	1	1
	二等	2				
1992	一等	1	3	1	2	
	二等	9				
1993	一等	7	3	1	2	1
	二等	8	2			
1994	一等	14	8	3	2	2
	二等	8				
1995	一等	2	2	1		1
	二等	7	3	5	5	6

续表

年份	获奖等级	华东直属	上海市电力公司	江苏省电力公司	浙江省电力公司	安徽省电力公司
1996	一等	4	1	2	2	1
	二等	2	5	2	2	3
1997	一等	6	1	1	1	1
	二等	13	1	3	2	1
1998	一等	5	3	1	1	2
	二等	7	5	5	2	2
1999	一等	8	2			2
	二等	4	4	2	6	4
2000	一等	3				
	二等	7	1			
2001	一等	1				
	二等	1				
2002	一等	3				
	二等	4				
合计	一等	54	23	12	11	11
	二等	72	21	17	17	16

第二章　信　息　技　术

华东电管局的信息化工作从引进 IBM4381/P22 中型计算机起步，进行管理信息系统的总体设计，建立关键指标体系，开发计划统计、关键指标体系等子系统，研制了共享数据库和基于共享数据库的“综合信息查询系统”。20 世纪 90 年代，华东电力集团公司及三省一市电力公司信息网络建设通过了电力部管理信息系统实用化验收，管理信息系统进入实用化运行阶段。

华东电网信息化工作不断发展。经过十余年的积累，信息技术已渗透到公司各个业务领域，职工信息技术的应用能力亦有很大提高。华东电力信息网作为华东电力企业内联网络，覆盖华东三省一市电力公司、新安江水电厂、富春江水电厂、望亭发电厂、天荒坪抽水蓄能电站和华东电力试验研究院，并实现了与国家电力信息网及华东三省一市电力信息网的互联。

第一节　信 息 管 理 机 构

一、华东电管局信息管理机构

随着计算机技术的发展，华东电力系统各级领导开始重视企业管理信息系统（MIS）建设工作，各单位普遍设置信息管理部门。华东电管局 1985 年成立信息中心作为信息管理机构，负责华东电网信息系统建设及信息技术推广和应用。1993 年前，华东电管局信息中心先后挂靠在局科技处和生技处。随着华东电网的发展和信息化建设及应用的深入，华东电力集团公司信息管理机构及其职责不断加强，1993 年 9 月，信息中心正式成为公司独立的处级职能部门，下设信息开发科和系统运行科。

2001 年，为实现信息技术开发与管理职能的分离，国电华东公司委托上海东云信息技术发展有限公司负责华东公司本部信息系统开发、运行维护及技术支持，国电华东公司信息化管理职能由公司总经理工作部企管处承担。

二、省市电力局信息管理机构

上海市电力局 1989 年成立局信息中心（筹），负责组织全局管理信息系统的建设。1991 年 11 月，信息中心挂靠在上海市电力局安全科技处。1992 年 7 月，信息中心挂靠在上海市电力局计划处。2000 年 1 月，上海市电力局撤销，信息中心归属于上海市电力公司计划处。

1998 年前，江苏省电力局信息化管理工作归属于江苏省电力局科技教育处。1998 年 3 月，江苏省电力公司决定将原隶属科教处的计算机组，组建为处级编制的信息中心，主要负责江苏省电力公司计算机管理信息系统的规划、建设、运行和管理，同时承担公司信息化工作领导小组办公室的日常工作。信息中心设管理、开发和运行 3 个科。

浙江省电力公司是全国电力系统最早成立信息职能部门的省级电力公司之一。1991 年前，浙江省电力公司信息化工作管理归属浙江省电力局科技处。1991 年，成立浙江省电力局信息中心，1999 年 6 月，成立科技信息部。

1991 年，安徽省电力局科技处设立计算机科，负责信息系统管理工作。1994 年初，安徽省电力局成立信息中心，为安徽省电力局信息系统工作主管处室，下设系统开发科和办公自动化科。2001 年，安徽省电力公司成立科技环保信息部，下设科技环保科、网络技术科和应用开发科。

第二节　信息系统建设

一、华东电管局信息系统建设

（一）管理信息系统总体方案设计

1989 年 10 月，能源部管理信息系统工作会议在山东省烟台市召开，在回顾总结了电力行业管理信息系统建设的经验教训后，会议明确提出“总体设计”这一概念。1990～1991 年，华东电管局和上海复旦大学合作，在对华东电网管理需求和应用系统全面调查的基础上，编制了《华东电管局管理信息系统总体设计》。总体设计参照了国家计委颁发的《国家经济信息系统设计和应用标准化规范》，遵循《能源部信息系统建设和管理的若干规定》中的政策和要求，基于系统工程的设计思想，从优化企业整体功能要求出发，采用了当时较为流行的 BSP、IDEA 等方法。总体设计的主要内容包括：现行系统的调查与分析；信息系统的概念模型、逻辑模型和物理模型；信息系统流量分析；公共数据库系统及系统实施方案等。《华东电管局管理信息系统总体设计》提出，建立在 IBM 计算机上的公共数据库系统是整个管理信息系统（MIS）的数据管理中心，其基本数据范围包括：所有跨子系统使用的数据；反映企业生产经营和运行状况的关键数据；有助于 MIS 运行的数据。通过建立公共数据库，激活企业的信息资源，改善企业的信息服务环境。

1991 年 6 月，能源部信息中心在苏州主持召开了华东电管局管理信息系统总体设计评审会。能源部信息中心、上海市科委、中国科学院应用数学研究所及其他网省局等 20 个单位管理信息系统专家参加了评审。评审委员会一致认同《华东电管局管理信息系统总体设计》，对设计思想和方法予以充分的肯定，并认为华东电管局管理信息系统总体设计以数据资源管理为中心，充分论述了公共数据库系统，对电力行业管理信息系统建设中的数据库设计具有借鉴价值；华东电管局管理信息系统总体设计首次明确提出了面向高层管理的关键指标体系和总量指标概念，充实了公共数据库的内涵，为辅助决策提供了数据资源。

（二）关键指标体系和综合信息查询系统

1. 关键指标体系

《电力工业网、省局管理信息系统实用化验收大纲（1992 年）》规定，建成以企业关键指标体系为对象的共享库，以及具有综合处理能力的子系统，是管理信息系统验收的一个重要的具体要求。据此，华东电管局率先开展了《电力企业信息系统中的关键指标体系》的研究，创建了在发展建设、生产运行、经营财务三大支柱基础上的电力企业关键指标体系，并研制了关键指标体系管理软件。

电力企业信息系统的关键指标体系的结构为：总量指标集、发展指标集、建设指标集、质量指标集、经济指标集，最初为56个指标项，后扩展到90多个指标项。各指标项具有唯一性，有明确的指标命名、标志、计量单位、指标项所属口径的定义。

华东电管局创建的电力企业关键指标体系经过多年实践和全国电力同行的研讨不断完善，在电力部信息中心的协调下，关键指标体系及其软件在全国网省电力公司得到广泛应用，将指标数据集中传输到电力部信息中心网络。

2. 综合信息查询系统

华东电力集团公司综合查询系统是依据《华东电管局管理信息系统总体设计》，以公共数据库为基础，研制开发的综合性信息服务系统。系统设计目标为：规范信息体系，实现数据共享；为各层次决策人员和管理人员提供良好的信息服务环境；培育管理信息系统增长点，开辟经济信息窗口。系统主要实现了电力生产综合信息、社会经济信息和公众服务信息查询以及对公共数据库的维护。系统建立在华东电力集团公司管理信息系统主机IBM－4381上，通过其近程终端控制器和通信控制器连接若干微机局域网和终端工作站，形成集中式的网络结构。系统采用基于IBM－4381机的SQL/DS数据库管理系统进行数据管理，以IBM－4381机所配置的第四代语言CSP作为系统服务程序的主要开发工具。

1993年初，华东电力集团公司综合查询系统陆续投入运行，华东电力集团公司本部、望亭发电厂、江苏省电力局等50余个用户可以通过各自的仿真终端查询系统各类信息。1994年，华东电力集团公司综合查询系统通过了电力部的技术鉴定。鉴定意见认为，综合信息查询系统目标设计合理，研制策略正确。系统投运使企业信息资源得到充分利用，具有较显著的经济和社会效益。系统的成功研制开发，在解决IBM－4381机的汉字仿真、关键指标体系结构管理的实现方面有新的突破，处于国内电力行业MIS开发的领先地位。1994年，华东电力集团公司综合查询系统获得华东电力集团公司科技进步奖一等奖和1995年电力部科技进步奖二等奖。

1994年之后，由于IBM－4381机的软件资源日益老化，其硬件资源又有很大的局限性，而微机及微机局域网则飞速发展，华东电力集团公司开始将综合信息查询系统移植至微机局域网，并对其功能和内容作了进一步的修改和完善。1998年，综合信息查询系统进一步改造为Web查询方式。

（三）管理信息系统开发和应用

1. 办公自动化系统

华东电管局（公司）办公自动化系统建设起步于20世纪90年代初，随着信息技术和应用需求的变化和发展，历经了三个阶段：

（1）第一阶段（1993～1996年）

华东电力集团公司应用了江苏省电力公司开发的OA系统，该系统为DOS操作系统下的单机用户，主要实现文档一体化管理，仅在华东电力集团公司本部应用。

（2）第二阶段（1997～2001 年）

1997 年，华东电力集团公司在充分调研论证的基础上，决定选用北京奥索电脑有限公司开发的办公自动化系统（OAK），并在此基础上根据公司公文和档案处理以及通过信息网实现公文传递的要求，进行修改和完善，形成了新的版本（OAK97）。OAK97 是一个依托 WINDOWS NT 网络操作系统，和 SQL Server 数据库的典型“客户/服务器”体系结构的全过程、全信息、网络化的办公自动化系统。1997 年 10 月正式投运，应用于华东电力集团公司本部及新安江、富春江和望亭等直属电厂。

（3）第三阶段（2002 年起）

2002 年初国电华东公司办公自动化系统升级改造工作全面启动，通过调研、选型和招投标，选择了深圳亿赛公司网上办公自动化系统，并在该系统基础上，根据国电华东公司办公自动化系统建设目标和实际需求进行二次开发。2002 年上半年完成公司本部和新安江电厂办公自动化系统的升级，年底完成在直属单位的全面推广。新版的办公自动化系统是一个完全基于 Internet/Intranet 和工作流平台，能快速实现异地办公和网络化流转的广义的办公自动化系统。国电华东公司本部及下属 7 个单位分别建立独立的办公管理系统，通过华东电力信息网进行文件的传递与交换，形成一个完整的办公系统网络，实现广域网络办公。系统功能主要包括：收文办理、发文办理、签报管理、档案管理、工作计划与日志管理、会议管理、信访管理、任务督办、车辆管理、通信录、公共信息、出差管理、个人信息、公告板和人事绩效考核管理等。

2. 实时信息引入

20 世纪 80 年代中后期，江苏省电力公司率先将电网实时信息引入管理信息系统。华东电力集团公司 1994 年完成电网实时信息系统的开发，将电网实时信息送入微机局域网，使公司领导层和有关部门通过网络终端及时了解电网运行情况。1997 年，华东电试院开发了新版实时信息查询系统，将运行环境升级到 WINDOWS 95 平台，并用数据库连接代替原来的数据文件传递方式，提高了实时信息传递的可靠性。

与此同时，华东电力集团公司直属新安江电厂水情测报系统、富春江电厂水调日志以及华东电网雷电定位系统等实时信息也都引入了公司管理信息系统，使华东综合信息查询系统的内容更加丰富实用。

3. 500 千伏输变电设备管理系统

2001 年，为加强华东电网 500 千伏输变电设备的管理，国电华东公司组织对华东电网 500 千伏输变电设备管理现状进行调研，编制了华东电网 500 千伏输变电设备管理需求，包括相关的管理细则、业务流程和接口规范等，在此基础上由华东电试院进行华东电网 500 千伏输变电设备管理系统总体设计，并承担研制开发工作。

华东电网 500 千伏输变电设备管理系统涵盖了华东电网 500 千伏输变电设备检修计划、设备台账、设备缺陷、备品备件、预防性试验和技术监督等功能，涉及国电华东公司、三省一市电力公司及下属的拥有 500 千伏变电站的供电局。系统通过华东电力信息网和华东三省一市电力信息网的互联，实现信息传递和共享。

2002年，国电华东公司启动华东电网500千伏输变电设备管理系统二期，即华东电网500千伏输变电设备地理信息系统（GIS）的建设。

4. 财务管理系统（FMIS）

国电华东公司财务管理系统（FMIS）建设启动于2001年，之前公司本部采用远光财务管理软件。2001年8月，国电华东公司在上海召开财务工作会议，明确了公司FMIS建设的总体目标和发展规划。会后，由公司财务处牵头成立FMIS建设方案论证调研组，在对国电华东公司财务管理信息系统现状及国内和行业内财务信息化建设经验调研分析的基础上，制定了《国电华东公司财务管理信息系统实施方案》，并组织实施。2002年底完成试点单位望亭发电厂的实施工作，开始在国电华东公司系统全面推广。

5. 人力资源管理信息系统

人力资源管理信息系统是国电华东公司公司“十五”计划期间信息系统建设重点之一，集公司干部、劳资、教育等有关业务于一体，形成统一的人力资源信息代码体系和数据库系统，实现人力资源的动态化、网络化管理。2002年完成人力资源数据库建设和基本功能开发，并结合国电华东公司对人力资源的管理需求，进行人力资源的动态化流程管理，实现与财务管理信息系统等其他管理信息系统的集成。

（四）管理信息系统实用化

1985～1996年，经过十余年的努力，华东电管局管理信息系统覆盖了企业的主要业务部门，进入实用化阶段。1995年，华东电力集团公司按照电力部信息中心颁发的电力工业网省局管理信息系统实用化验收指南的要求，对公司管理信息系统进行全面自检，并向电力部提出了管理信息系统实用化验收申请报告。1995年8月，经电力部实用化验收工作组实地考核后，华东电力集团公司被列为电力部首批实用化达标单位。1996年6月，电力部陆延昌副部长指示，华东电力集团公司管理信息系统必须在1996年度召开的电力部第五次计算机应用暨信息化工作会议上进行远程演示，并将此作为华东电力集团公司通过管理信息系统实用化验收的必要条件。华东电力集团公司信息中心和调度局通力合作，通过调度X.25（64KBPS），实现了与中国电力信息中心的联网，并采用仿真CLIENT/SERVER查询方式，成功地在北京会场向全体代表演示了华东电管局管理信息系统。会后，电力部有关领导在部信息中心通过远程访问检查了华东电管局管理信息系统实用化工作。1996年11月，华东电力集团公司以优秀标准正式通过电力部组织的管理信息系统实用化验收，成为电力部首家通过管理信息系统实用化验收的单位。1997～2000年，华东电网内的江苏省、浙江省电力公司和上海市电力公司相继以优秀标准通过了管理信息系统实用化验收。与此同时，华东电力集团公司依据国家电力公司制定的《电力企业计算机管理信息系统实用化验收导则》的总体要求，制定了适合华东电管局直属企业的管理信息系统实用化验收细则，积极开展直属单位管理信息系统实用化验收工作，并将管理信息系统实用化列为企业创一流的必备条件。富春江水电厂、新安江水电厂和望亭电厂按照电厂发展需求，积极建设管理信息系统，达到华东电力集团公司直属企业管理信息系统实用化细则的要求。1997年，富春江电厂率先通过华东电力集团公司组织的管理信息系统实用化验收，1999年，新安江电厂和望亭电厂也相继通过了管理信息系统实用化验收。

（五）信息网络建设

1. 局域网建设

随着信息技术及管理信息系统的不断发展，华东电力集团公司计算机软硬件环境经历了几次变更。1996年前，公司管理信息系统主机为IBM－4381，通过其近程终端控制器和通信控制器连接若干微机局域网和终端工作站，形成集中式的网络结构，终端数六十余个。1997年公司从美国DEC公司引进ALPHA4100计算机系统作为华东管理信息系统的数据库服务器，同时对原来的微机局域网进行了升级改造，网络主干达到100兆。2002年，结合华东电力大楼改造工程，按照国家有关智能化建筑设计标准和综合布线设计标准，完成了华东电力大楼综合布线设计和计算机局域网设计。网络建设采用千兆以太网、分层交换技术，100兆到用户桌面，能支持话音、视频和数据的接入。

2. 华东电力信息网建设

1996年，电力部第五次计算机应用暨信息化工作会议提出，电力信息网建设是“九五”计划期间信息化工作的重点内容。1997年，中国电力信息中心编制了《全国电力计算机信息网络建设规划》，启动电力信息网建设。中国电力计算机信息网络覆盖中国电力行业内所有单位的计算机网络，以中国电力系统通信网为基础分为四级。部机关到各网局、直属省局及其他直属单位的信息网络称为第一级网络，一级网为主干网；网局到所属省局及其他直属单位的信息网络称为第二级网络，二级网是网级网；省局到地区局及其他直属单位的信息网络称为第三级网络；地区局到县局及其他单位的信息网称为第四级网络。中国电力信息网按照“统一领导、统一规划、统一标准、联合建设、分级管理、分步实施”的原则，进行建设和管理。

华东电力信息网1998年开始规划建设，1999年投入运行。网络覆盖华东电网各省市电力公司和直属单位，主干为共享2兆电力微波DDN专线，到各主要接入点为微波384K DDN专线，通过电信2兆DDN专线建立Internet出口，并利用该专线以VPN方式与国家电力公司互连。2001年初结合500千伏输变电设备管理系统投运，在各省市电力公司信息中心的大力配合下，完成了华东电力信息网和各省市电力信息网间的互联，基本形成了整个华东电力系统的企业内联网络。随着网络的全面贯通，网络化应用系统不断发展，上网用户不断增多，华东电力信息网的传输带宽已无法满足办公自动化、500千伏输变电设备管理等信息系统运行等网络业务的发展。为此，依据“十五”信息化规划目标和实施计划，2002年，国电华东公司启动信息网宽带化改造工程，将主干速率提升为622兆字节/秒，骨干接点速率根据通信条件达到8兆字节/秒至155兆字节/秒。计划2002～2003年完成到上海市、江苏、浙江省电力公司以及部分直属单位的宽带化改造，2005年全面实现目标。为此，东云信息公司和调通中心在对华东各省市电力公司通信、信息网宽带化改造工作和华东电网现有通信资源认真调研分析基础上，制定了华东电力通信和信息网宽带化改造的初步方案。

3. 信息安全

华东电网拥有较高的自动化水平。解决计算机2000年问题（Y2K问题）成为确保华东电网安全进入新千年的一项重要任务。1998年8月成立了华东电力集团公司解决

Y2K 问题领导小组，按照国家电力公司的总体要求和部署，认真地解决华东电网 Y2K 问题。

华东电力集团公司解决 Y2K 问题总体目标为：当 2000 年到来时（含 2000 年问题中相应的关键时间点），电力系统不会发生因计算机 2000 年问题引起的运行事故和一类障碍，也不会对社会及重点用户的用电造成影响。工作重点为电网实时系统，包括电网调度自动化系统、发电厂和变电站监控系统、微机继电保护及安全自动装置、电力通信系统和管理信息系统。

经过清查、测试、修改、制定应急计划、评估验收等工作，华东电网顺利实现了 2000 年 1 月 1 日、2 月 29 日、3 月 1 日“零点”的安全过渡，Y2K 问题得到彻底解决。

2002 年 8 月，根据国家电力公司对网络和信息安全的要求以及华东电力信息网络运行状况，成立了由国电华东公司、省（市）电力公司组成的“华东电网二次系统安全防护领导小组”，负责协调华东电网二次系统安全防护重大问题。调通中心和信息中心为此分别制定措施，落实责任，加强网络和信息安全运行管理。2002 年，国电华东公司启动了网络安全平台建设一期工程，完成邮件服务器、防火墙升级以及直属单位防病毒系统、网络资源管理系统、入侵监测系统等建设和完善。

（六）信息化发展规划

2000 年，国电华东公司在认真总结“九五”计划信息化工作的基础上，编制了《国电华东公司“十五”计划信息化发展规划》，明确了国电华东公司“十五”计划信息化发展的战略和目标、指导思想、实施原则、工作任务、重大工程以及信息化政策和措施，提出了“十五”计划期间信息化投资估算。2001 年按照国电公司信息化工作会议精神，对公司“十五”计划信息化规划作了进一步修改和完善。2001 年底《国家电力公司华东公司“十五”计划信息化发展规划》作为《“十五”计划华东电网“二次”系统发展规划》的“信息化应用系统部分”通过了国家电力公司组织的评审。

二、省市电力局信息系统建设

（一）上海市电力局信息系统建设与发展

1. 信息网络及基础设施

上海市电力局最早应用的主机是 1989 年购置的 VAX II，配备 VMS 操作系统，提供以 Oracle 7 为数据库管理系统的数据存储服务，此主机使用到 1996 年报废。1996～2000 年，随着公司 MIS 系统、营销系统等应用的快速发展，主机/服务器的配置规格以及数量进一步提高，主要选用 ALPHA 系列服务器、Windows NT 4.0 操作系统和 SQL SERVER 6.0 数据库系统。

上海市电力局 20 世纪 90 年代初建立了 155 兆的 SDH 数据传输网络。90 年代后期，在 SDH 网络的基础上建立了以光纤为主干的 2 兆帧中继数据交换网，覆盖了公司所属发供电企业，广域网建设初具规模。2000 年上海市电力公司租用中国网通 10 兆通信专线作为常规通道，中国电信 2 兆专线作为备用通道，建立公司电子商务平台、电力公司门户站点和电子邮局系统。“十五”计划期间，为提高可靠性、满足日益繁忙的信息通信需求，2002 年前，完成上海电力数据交换网核心层网络升级，建成 ATM 网络，核心节点之间的传输速率达到155兆字节/秒以上。

2. 信息化规划与信息系统建设

(1) 信息化规划

2001年3月，上海市电力公司组织编制了第一个全局性的《上海市电力公司信息化“十五”规划》。公司抽调相关业务人员和信息技术人员组成信息化规划小组，对企业管理和信息化现状进行诊断、分析和评估，在此基础上提出企业信息化建设的远景、目标和战略，制定了企业信息化的系统架构、确定信息系统各部分的逻辑关系。

(2) 企业资源计划（ERP）系统

2001年，上海市电力公司提出实施ERP（Enterprise Resource Planning）。ERP工程分两个阶段进行，即管理咨询阶段和ERP系统实施阶段。2001年11月，公司成立了ERP工程领导小组，2002年，ERP工程正式启动。

2002年7月，通过招投标，上海市电力公司决定邀请国际一流的咨询公司毕马威国际管理咨询公司为上海电力实施ERP管理咨询项目。

(3) 输配电生产管理系统

1998年，上海市区供电公司在沪西供电所信息管理系统（一期）实用化的基础上，组织进行沪西供电所信息管理系统二期——生产管理系统的开发工作，功能定位上以生产管理的专业应用和深度开发为目标，实现各项生产管理业务标准化和规范化，制定和形成系统的生产管理业务规范和标准。1999年，沪西供电所生产管理系统正式运行，并获得了1998年度上海市科技进步奖二等奖。在上海市区供电公司大力建设生产管理应用系统的同时，市东、市南等供电公司也在同步拓展生产管理方面的应用。

2001年，上海市电力公司提出建设统一的输配电生产管理系统的构想。输配电生产管理系统（Production Management System，PMS）定位为公司的核心业务系统，其与营销管理系统、ERP系统构成上海电力信息化的脊梁。2002年9月，上海市电力公司审查通过了《上海市电力公司输、配电生产管理信息系统总体方案》。是年，成立了PMS领导小组，正式启动PMS的开发工作，同年10月发布了《上海市电力公司配电管理系统功能规范》，11月进行“上海市电力公司GIS系统平台招标”，并最终选择ARC INFO GIS平台。

(4) 办公自动化系统（OA）

1996年3月18日，上海市电力局与联想集成系统有限公司签订合同，实施“上海市电力局MIS、OA计算机网络系统”项目。1996年6～9月，项目如期完成总体设计和详细设计，并通过了公司评审。1996年11月，OA系统开发完成，并首先在局办公室、计划处、组干处和劳动人事处4个处室中进行“运行测试”。1997年3月，OA系统在局机关全面投入试运行。

(5) 营销技术支持系统

1994年以前，电力营销计算机管理的主要领域仍集中在电费管理方面，并不支持业扩处理。1994年6月，上海市区供电公司在基于Netware服务器和FOXPRO2.5版本客户端的中小量电费出账系统上，扩充了小量业扩处理的功能，并实现了用程序将数据传递至账务电费出账的相关表（TABLE）中，此系统首次实现了真正意义上的联网运行，但没有大中用户的业扩数据和流程。1998年，上海市区供电公司第二套营销系统开始研发，2000年完成一年的实用化调试后正式启用，此套系统首次将市区供电公司范围内所有营销业务通过网络纳入整套系统中。

2001年，上海市电力公司决定建设全公司统一的电力营销管理信息系统，由上海市电力公司市场营销部、发展计划部组织实施全公司统一的电力营销管理信息系统一期工程。系统建设的目标是建成一个覆盖全市3个供电公司、13个供电分公司、电力表计工厂和供电营业站的技术先进、功能完善、运行可靠和维护简便的并与公司财务处理集成的营销信息系统。2002年2月，系统开发完成。2002年3月9日，上海市南供电公司所属的闵行供电分公司和市区供电公司所属的沪西供电分公司同时开始试运行。2002年8月，上海市电力公司组织了营销系统一期试点工作的验收和评审。

（二）江苏省电力局信息系统建设与发展

1. 信息网络与信息安全

（1）信息网络建设

1996年，江苏省电力局按照“统一领导、统一规划、统一开发、推广应用”的原则，全面实施信息网络工程建设。信息网络主要采用路由器和电力数字微波64K专用信道组网。1998年2月，由江苏省电力公司本部连接全省13个供电局（电业局）、13个发电厂以及省调度所、电力试验研究所、电力设计院、电力器材公司等直属单位和南京电力高等专科学校的企业内部广域网（企业内联网）全程建成开通。1999年5月，制定了《江苏省电力公司企业内联网二期工程总体设计》，2000年下半年开始组织实施。江苏省电力公司企业内联网二期工程主要基于光纤信道，广域连接采用ATM（异步传输模式），带宽扩展到2兆。

（2）信息安全示范工程

江苏省电力公司信息安全示范工程是国家密码管理委员会和国家电力公司2001年下达的科技项目，并被科技部列入2002年科技攻关计划。江苏省电力公司信息安全示范工程按照国家和国际信息安全有关标准，紧密结合江苏电力信息系统建设和应用的实际需求，构建电力信息系统安全保障的总体框架、安全策略、安全评估体系、技术体系和管理体系，制定科学、合理的实施原则和方案。

2. 信息系统建设和实用化

1994年12月，江苏省电力局按照电力部关于在全国电力系统网、省电力局开展MIS实用化达标验收工作的要求，颁布实施《江苏省电力局发供电企业管理信息系统实用化验收实施细则（试行）》，要求自1995年起，分期分批对下属各发、供电企业进行MIS实用化达标验收，并将其作为创一流电力企业的必备条件。1995年11月，徐州电业局在全国地、市电业局（供电局）中，第一个通过电力部信息中心组织的MIS实用化达标验收。

为有效贯彻落实信息系统建设“三统一”的原则，江苏省电力公司组织制定了《江苏省电力公司1996～1998年MIS工程实施计划》，对系统建设规模、应用平台、性能指标和建设方法等提出了具体要求。按照实施计划，江苏省电力公司安排专项资金，用于引进小型机服务器、网络设备和数据库软件，并从基层厂、局抽调计算机专业技术骨干，组成OA、供电生产、发电生产、供电计划统计、发电计划统计、劳动人事、燃料和综合查询8个课题组，集中统一开发有关的应用系统，并选择谏壁、南热、戚墅堰3个发电厂和盐城、南通、镇江3个供电局作为试点单位，采取小规模开发起步，小规模试运行，取得成功后，向全省发供电企业推广应用。

1998年1月，江苏省电力公司开发的具有自主知识产权的OA子系统，通过了电力部组织的技术鉴定。是年2月起，生产管理、计划统计、财务经营、用电、燃料、劳动人事、办公信息及档案管理、安全监察、科技情报、电网调度管理、综合查询等11个应用子系统依托广域网投入运行。

在管理信息系统实用化的基础上，江苏省电力公司进一步深化管理信息系统的开发建设。1999年，江苏省电力公司与南京金智子午信息技术公司合作，深入开发适合江苏电力特点的配电网GIS公用基础应用平台，在常州、扬州、徐州、淮安、盐城、宿迁和泰州等7个供电公司使用。国电公司2000年将重点科技项目“电力系统地理信息系统软件技术要求研究”下达给江苏省电力公司，要求为全国电力企业GIS系统建设提供经验。研究报告于2002年底完成。

2002年，按照《国电公司电力营销管理信息系统设计规范》要求，江苏省电力公司深化电力营销管理信息系统建设。2002年上半年完成包含电费、业务、用电监察和计量等营销全面流程化管理的新系统功能测试和完善工作。同时，根据信息技术发展和系统应用的要求，进行从两层结构到三层结构的改造。2002年9月，完成了从乡镇营业站、县供电公司到市供电公司统一集中营销数据的模式。

2002年9月，江苏省电力公司组织开发新版供电生产管理信息系统。程序主要涵盖变电、线路和综合3个方面，并在扬州、泰州、徐州和苏州供电公司陆续运行。

为加快500千伏输变电工程建设，在江苏省电力公司范围内加强对工程项目的宏观管理、控制和协调，江苏省电力公司在引进并推广应用美国P3&EXP（项目计划和工程及文档管理）软件的基础上，开发了“工程建设管理信息系统（CMIS)”，实现了基层单位和施工单位对工程项目进行详细的过程管理。

2002年上半年，江苏省电力公司开发的财务管理信息系统（FMIS）完成从核算型向预算管理、内部控制和会计核算三位一体新的财务管理信息系统的转化，实现内部控制制度自动执行和全面、全员、全额的预算管理，并实现全省电费账号统一集中管理，江苏省电力公司与江苏省工商银行、农业银行、建设银行和中国银行的联网工程。

2001年以来，在巩固原有应用水平的基础上，江苏省电力公司在公司本部和基层单位陆续推广从拟文、发文到归档工作流程的网络化管理。

针对MIS系统集成度不高和信息资源利用不深的现状，2002年江苏省电力公司积极开展数据中心建设的可行性研究，筹建公司数据中心（数据仓库），做好数据挖掘工作。建立各类信息相互关系的数学模型，提高信息资源的综合利用水平，进而提供生产、经营、管理辅助决策工具。

（三）浙江省电力局信息系统建设与发展

1. 信息基础建设

1999年，浙江省电力局开始建设浙江电力信息网（ZEPNET）。目标是浙江电力信息网覆盖延伸到省地县乡各业务点，覆盖上百个单位，信息基础设施承载和处理能力得到提升，制约信息资源管理和应用的“网络瓶颈”基本解决，光纤化、数字化宽度传输主干网络基本形成。

2. 信息系统建设

（1）财务信息化

1995年，浙江省电力局开始与世界银行进行融资合作，世界银行向浙江省电力公司提出财务系统应尽快与国际业务接轨的要求，引起领导层的重视，并提出企业管理信息化以财务为核心的理念。

1996年，浙江省电力局决定采取引入国际先进管理理念、引入国际先进管理模式、引入国际先进管理手段的“三个引入”的发展战略，期望通过ERP（企业资源计划）的实施，对企业业务流程进行整合，实现高效流畅的集约型管理，使企业资源利用更趋合理科学。根据世界银行建议，由国际著名的会计师公司与一家具有较大规模和实力的电力公司组成的联合体，对浙江省电力公司的组织机构、财务与会计实务、管理会计与控制等进行全面、系统、科学的诊断分析，设计和建立起与之相适应的全公司联网的、具有现代化大型电力企业特征的财务管理信息系统（FMIS）。经公开招投标，美国普华永道财务会计咨询公司和澳大利亚太平洋电力公司组成的联合体中标，负责具体实施工作。

项目自1996年10月26日启动。1997年1月31日完成项目第一阶段（考察与分析）工作，至1997年底完成了第二阶段总体设计工作。1998年5月5日，第三（详细设计）、第四阶段（实施）工作正式启动，并被命名为“先锋”项目。为此组建了由省电力公司领导和各单位主要领导组成的项目指导委员会。

1998年5～10月，经过招投标和三轮评标工作，确定选用世界著名ERP（SAP R/3 4.0B）软件，该软件在电力行业中有美国、日本、法国EDF、西班牙、意大利电力公司等众多用户。

1999年8月，浙江省电力局与绍兴电力局成功地完成了系统的切换工作，SAP系统的会计核算和成本控制（FI-CO）部分（包括总账、应收账款、应付账款、现金管理、管理会计、固定资产管理、项目成本管理7个模块）开始使用，1999年12月通过验收。

从1999年9月起，FMIS项目进入推广应用阶段，截至2002年5月，SAP系统FI-CO部分已在浙江省电力公司本部、10个供电局、4个发电厂15个点全面铺开，并通过了实用化验收，形成了以省电力公司为核心，数据高度集中、高度集成、信息及时、稳定、开放的财务信息平台，为浙江省电力公司信息化建设的进一步发展奠定了坚实的基础。

（2）办公自动化

1999～2000年2月，自主研发成功的浙江电力企业级办公自动化（OA）系统，首期在浙江省电力公司本部试点上线应用，实现了网上协同办公。

2000～2002 年，在全省电力系统 100 多家单位推广应用，系统按照省、地两级部署，应用覆盖省、地、县电力局（公司）各直属单位。该 OA 系统实现了三级纵向、横向公文流转的单轨制运行，网上协同办公，联网的单位之间全部实现电子文件传送，实现各单位政务信息交互的电子化。

2001 年 4 月，该系统的核心模块文档一体化管理系统通过鉴定，受到了以中国档案理事协会常务副理事长为组长的鉴定委员会的一致肯定，鉴定结论认为其总体技术处于国内同类系统领先水平。2001 年 11 月，该系统被国务院办公厅秘书局与科学技术部高新技术发展及产业化司授予全国政府系统优秀办公自动化应用软件。同年被OA’2001办公自动化国际学术研讨暨展览会推荐为典型应用系统。

（3）电力营销与客户服务系统

1999 年，为适应市场经济快速发展的环境，浙江省电力公司提出全面改革浙江电力营销传统的管理模式，建立省、地、县、供电所四级联网的电力营销实时信息系统，决定统一规划建设电力营销管理信息系统，成立了系统建设指导委员会和联合开发推广小组。按照“总体规划、规范业务、分步实施”的原则和全省营销管理模式“五统一”（即营销工作标准、营销业务流程、系统软件、系统数据编码和系统硬件平台五统一）的要求，制定实施方案，并积极稳妥地开展试点和建设。

经过几年的艰苦努力，浙江电力营销系统和“95598”客户服务中心全部建成，实现全省 11 个地（市）局、50 个分局（县局）以及 250 余个基层供电所联网运行。系统应用实现了业务层单轨制无笔化作业，全省电力营销报表数据信息自动汇总。系统将业扩报装、电费计算、电能计量等营销工作纳入计算机流程管理，加快了电费资金回笼和业扩报装接电速度，初步实现了电力营销管理创新的目标。

（四）安徽省电力局信息系统建设与发展

1. 信息网络建设

2000 年 6 月，安徽省电力局完成安徽电力信息三级网建设。合肥地区的 7 个单位利用光纤环网通道组成合肥电力城域网，带宽 100 兆。外地的 30 个发供电企业利用数字微波组成带宽为 64K 的电力广域网。实现全省所有的发供电企业及中心机构互联互通。2002 年 4 月，基于光纤的安徽电力三级网扩容到 27 个单位的改造完成，带宽达 2×2 兆（仅陈村水电站、黄山、宣州供电局为 2 兆）。

安徽电力四级网（县到市局间）的联网工作从 2001 年 4 月开始，到年底基本建成。安徽电力信息网与安徽省党政信息交换网于 2000 年底连通。

2. 信息系统建设和实用化

1997 年 6 月，安徽省电力公司召开安徽省电力公司第五次计算机应用暨信息化工作会议，传达国家电力公司信息化会议精神，部署公司系统信息化建设工作，讨论通过了《安徽省企业管理信息系统建设规范》，《安徽省发电厂、供电局 MIS 系统实用化验收标准》。2002 年，安徽省电力公司所属的市供电企业均建成实用化的管理信息系统，巢湖供电公司生产 MIS 系统被评为安徽省“企业管理成果奖”和 2003 年国资委及中国企业管理联合会“国家级企业管理创新成果奖”，安徽省电建一公司 MIS 系统得到中国质量协会专家的一致好评。

2002 年 4 月，安徽省电力公司启动信息网管理年活动。安徽省电力公司信息系统建设成果显著，基于安徽电力企业内联网的财务、生产、电力营销、物资等各类管理系统和办公自动化系统，成为日常生产、经营、管理工作中不可或缺的技术支撑平台。

安徽省电试所开发了基于互联网和 GIS 平台的安徽省电网配电地理信息系统和输变电地理信息系统。该系统利用计算机技术和 GIS 功能，建立了完善的配电网络数字模型，实现城市配电网络的设备信息图形化、可视化显示，实现设备巡视、停电管理、检修、缺陷管理、试验管理、设备评级管理、资产按台区、线路、设备类型统计等一系列空间设备管理功能。输变电地理信息系统以电子地理图形为背景，建立了反映电网设备拓扑连接，模拟设备实际运行状态的电气连接关系的输变电电力设施空间资源管理平台，支持输变电业务流程化、规范化的业务工作管理机制，使相关部门实现协同管理和信息共享。

安徽省电力设计院建成了以数据完整的工程图库为中心、网络为支撑，具有多项管理功能的集成系统，基本实现了设计流程计算机网络化、图纸档案管理电子化，资源共享。全院 CAD 出图率达到了 100%，实现了“甩图板”目标。

根据适应电力业务及为电力客户提供规范服务的需要，安徽省电力公司开发推广线路巡测、配电监测、“95598”客户服务系统等应用，规范了内部管理，提高了服务质量，收到了良好的效果。

第十一篇　教　育　培　训

第十一篇　教　育　培　训

华东电管局（公司）和三省一市电力局（公司）按照中共中央、国务院科教兴国，教育为本，优先发展教育的战略以及上级主管部门“科教兴电”的有关要求，抓住发展机遇，深化教育改革，学校规模逐步扩大，教育质量不断提高，企业培训持续开展，教育基地建设也进入新的发展阶段。

进入“八五”计划后期和“九五”计划时期，随着改革深入和企业发展，电力教育培训逐步由职业技术教育转向以职工培训为主。同时，用于培训的新设施和新技术也迈上了新台阶。电力教育培训通过为电力企业输送大批生产、经营、建设和科研的专业人才，提高职工队伍的整体素质，为生产运行和建设提供服务，为创一流电力企业提供服务。加强经营、管理、技术和技能 4 支人才队伍建设成为电力教育培训工作的主要任务。

第一章　职　业　技　术　教　育

1991～2002 年，华东电网电力职业技术教育深化改革，迅速发展，形成了具有 2 所高等院校，4 所中等专业学校和 9 所技工学校，多种层次，专业配套，教学设施比较完善的教育培训体系。高等院校面向全国招生，中等专业学校和技工学校面向华东三省一市招生。各类学校通过国家教育水平评估，先后进入重点中专、技校和优秀成人高校的行列。

从 1993 年开始，国家对高等教育进行了重大的体制改革和结构调整。1998 年，又对中专和技校的管理体制进行了调整。华东电管局据此采取相关措施，改革电力职业技术教育体系，稳定现有教师队伍，也为下一步企业教育培训的发展奠定了基础。

第一节　高　等　院　校

华东电力系统办有上海电力学院和南京电力高等专科学校 2 所高等院校。2 所高等院校坚持深化教育改革，提高教学质量，改善办学条件，适应电力工业发展需要，为华东三省一市电力企业输送了大批专业技术人才。2000 年 1 月，根据《国务院关于进一步调整国务院部门所属学校管理体制和布局结构的决定》，2 所高等院校分别划归上海市教委和江苏省教育厅管理。

一、上海电力学院

上海电力学院坚持改革开放，坚持教育为经济建设服务，成为以工为主，兼有理、文、管、经等学科，主干学科电力特色明显的高等学校。

学校总占地面积近 66.7 万米^2。学校图书馆藏书总量 76.5 万册，另有电子图书 34.4 万册。设有两大主要校区，其中，杨浦区平凉路校区位于上海市东部浦江之滨，已被纳入杨浦区知识创新区体系；南汇区学海路校区位于南汇科教园区内。

截至 2002 年底，上海电力学院拥有教职员工 960 人，具有高级专业技术职务的 195 人；专任教师 599 人，其中教授、副教授 169 人；具有硕士及以上学位教师的比例为 75.76％，博士比例达到 19.13％，远高于全国同层次院校水平。学校还从国内外聘请 5 名院士、50 多名专家学者为客座或兼职教授，已形成良好的学科梯队。师资队伍中有 63 人次荣获省市级以上荣誉及奖励，包括全国劳动模范、全国优秀教师、上海市劳动模范、上海市高校教学名师奖等；有 23 人次纳入国家百千万人才工程、教育部跨世纪优秀人才、上海市科技启明星计划、上海市曙光计划等人才培养计划，有 44 人被列入上海市优秀青年教师后备人选。

1994 年，电力部对部属高校管理体制进行改革。从 1995 年 1 月 1 日起，上海电力学院被接纳为华东电力集团成员单位，由集团公司参与管理，实行电力部、集团公司共同领导，并继续接受所在省市主管部门领导，以集团公司为主的管理体制。1996 年 10 月，根据电力部决定，经华东电力集团筹备，上海电力学院董事会正式成立。

1996 年，上海电力学院顺利通过国家教委组织的本科办学合格性评估。学校设有能源与环境工程、电力与自动化工程、计算机与信息工程、管理与人文、国际交流、高等职业技术和成人教育等 7 个二级学院和数理系、外语系、体育部等 3 个直属系部。拥有热能与动力工程等 19 个本科专业，热能工程、电力系统及其自动化和应用化学等 3 个硕士点，拥有 9 大实验中心、35 个实验室和 12 个研究室，其中，“热力设备腐蚀与防护”和“电站自动化技术”2 个实验室为省部级重点实验室。学校还建有 4 个上海市重点学科、1 个上海市本科教育高地。1999 年 6 月，上海电力学院成人教育学院挂牌成立，标志着电力学院的成人高等学历教育进入一个新的阶段。

随着高等教育管理体制深化改革的逐步实施，根据《国务院关于进一步调整国务院部门所属学校管理体制和布局结构的决定》，从 2000 年 1 月起，上海电力学院划归上海市教育委员会管理。

1991～2002 年，上海电力学院各专业本、专科共毕业学生 5157 人，成人学历教育共毕业 6156 人。

学校在教育教学实践中逐步形成了五大体系：一是以电力产业链为主线、辐射地方经济建设的专业体系；二是以理论、实践、外语、计算机、素质拓展教育、教学五条线四年不间断的培养方案和课程体系；三是以学分制为基础平台的两级教学管理体系；四是以过程监控和教学评价为核心的教学质量监控体系；五是以第一课堂与第二课堂相结合的育人体系。学院的科研实力不断增强，科研水平不断提高。学院先后参与或承担了国家“863”重大项目、国家自然科学基金、国家发改委科研基金、国家航天基金、上海市重大科技攻关项目、上海市重点基础研究项目等高水平纵向课题共48项，获得省部级科技成果奖10项。学校有3项科研项目获得国家自然科学基金资助，发表论文近420篇，其中有180篇发表在国家核心期刊上，另外还获得省（市）部级科技进步奖6项。

二、南京电力高等专科学校

南京电力专科学校1985年7月由国家教育委员会批准升格为大专，于1986年6月正式成立（兼容中专部，面向全国招生），由江苏省电力局主管。1992年4月，学校更名为南京电力高等专科学校，归属能源部。1993年，学校归属电力部，仍由江苏省电力局主管。

学校占地面积15.6万米^2，主要房屋建筑面积总计91309.07米^2，其中教学办公用房34230.94米^2，实习工厂、实习基地用房9445米^2。

学校设有发电厂及电力系统、电力系统继电保护、电厂热能动力工程、电力系统远方监控技术和电力财务会计等6个专业。1993年6月，国家教委提出"小范围、大幅度"专业教学改革试点，该校电网监控技术专业被国家教委确定为第一批全国专科教学改革试点专业，后又有"电力系统继电保护"和"电力财务会计"2个专业被确定为改革试点专业。1994年，学校增设"火电厂集控运行"、"输配电工程"专业。1995年又增设"财务审计""热工检测及控制技术"专业。至2000年，学校共设置10个专业。

1991～2002年，学校中专班共毕业学生2397人，大专班共毕业学生4489人。

1995年底，学校拥有教职员工656人，其中高级职称员工71人，高级讲师6人，中级职称员工241人。

1996年1月，中国电力企业联合会教育培训部对试点专业进行阶段性评估，对改革成果给予较高的评价。1996年11月，学校顺利通过国家教委"示范性专科重点建设学校"评估验收。1998年，学校被国家教委正式认定为全国示范性高等专科学校的候选学校。

从2000年2月起，南京电力高等专科学校划归江苏省教育厅管理。2000年6月，该校与南京机械高等专科学校合并成立南京工程学院。

第二节 中等职业技术教育

1991年，华东电力系统共有4所中专学校（不包括南京电力高等专科学校兼容中专）和9所技工学校。专业配套比较齐全，教学设施比较完善，教学质量不断提高。1994年以来，华东三省一市电力局认真贯彻电力部教育工作会议精神，提出争创一流教育培训体系的目标。各省、市电力局加大对职业技术教育的投入，教学设施不断完善。各所学校努力体现培养应用型、技能型人才的办学特色，注重学校自身建设，在教育管理、教学质量上争创一流，努力适应电力生产需要，做到多层次、多形式办学，为电力系统输送了大批中等专业人才。从1997年起，华东三省一市电力局面对电力体制改革的新形势，开始有计划地调整教育结构，对所属学校进行了合并和隶属关系划转，改制为企业培训中心。

2001 年，华东三省一市电力局所属中专、技校全部停止招生。

一、中专学校

（一）上海电力工业学校

上海电力工业学校经水利电力部批准成立，隶属华东电管局。1986 年，学校划归上海市电力局管理。1990 年闵行剑川路新址建成投入使用。新校址占地面积 9.1 万$米^2$，其中绿化面积 2.2 万$米^2$，建筑总面积 53000 $米^2$。学校共有教职员工 186 人，具有中、高级专业技术职称人数达 114 人，实习指导教师 49 人，每个骨干专业都有学科带头人。学校兼容上海电力技工学校，为两块牌子，一套班子。

学校设有发电厂及电力系统、电厂热能动力设备、热工计量与测试技术、电厂化学、输配电运行及检修、工业企业供用电、农村供用电等 10 个专业。拥有 17 大类专业实验室，比较先进的仪器设备、整套的电教系统、语音教室、多媒体远程教育系统、闭路电视网络和 30 万千瓦图形交互式火电厂仿真机及电气仿真培训装置等一系列先进设施。

学校曾获"上海市 A 级中等职业技术专业学校"称号。学校共毕业学生 3748 人。

2001 年 12 月，学校正式划归上海电力股份有限公司管理。

（二）杭州电力学校

杭州电力学校经水利电力部批准成立，隶属浙江省电力局管理。学校拥有教职员工 274 人，建筑面积 46500 $米^2$。

学校设置电厂热能动力设备、发电厂及电力系统、用电管理、工业与民用建筑等 4 个专业。建有物理、化学等 24 个实验室和金工、装配等 2 个实习工厂，还拥有语音、摄像等电化教室。1993 年 7 月，杭州电力学校经浙江省人民政府批准为省部级重点普通中等专业学校。1994 年 8 月，杭州电力学校被国家教委、劳动部、国家体委命名为全国职业技术教育先进学校、标兵学校，并成为电力部职业技术教育改革试点学校。1995 年，学校通过国家教委选优评估验收，确定为首批国家级重点中等专业学校。从 1997 年开始，学校停止招收中专生。学校共毕业学生 2704 人（国家计划 2323 人，自费计划生 381 人）。

1998 年 7 月，杭州电力学校和浙江电力职工大学合并，成立杭州电力教育培训中心。中心先后建成了电力调度、模拟电厂、继电保护、变电站综合自动化、电力营销、泵与风机和计算机等 9 大培训基地。中心以电力企业新技术、新知识和新设备的推广和应用为重点，以企业需求为目标，积极开展职后培训。

（三）杭州电力经济管理学校

杭州电力经济管理学校经水利电力部批准成立，隶属浙江省电力局管理。学校拥有教职员工 158 人，建筑面积 16000 $米^2$，学校设置物资管理、劳动工资管理、财务管理和计划统计等 4 个专业。1997 年 7 月，杭州电力经济管理学校按照省电力局调整教育布局和资源结构优化的决定，与浙西电力技工学校合并成立浙西电力教育培训中心，为"两块牌子，一套班子"，同时，停止招收中专和技校生。1991～1997 年，杭州电力经济管理学校毕业学生（包括成人中专）共 3892 人，

中心成立后，加强仿真变电站、模拟变电站和技能鉴定考场等设施设备的建设，逐步形成了以技术培训、经济管理、专业培训、安全培训和技能鉴定为主体，长短期结合，不

同培训类别兼有的多功能、多层次、灵活机动的培训机制和多维辐射状的培训体系。

（四）合肥电力学校

合肥电力学校经水利电力部批准成立，隶属安徽省电力局管理。学校拥有教职员工201人，占地10万$米^2$，校舍总建筑面积5万$米^2$，图书馆藏书10万册。

学校开设电厂热能动力设备、发电厂及电力系统、热工仪表及自动控制、热力发电厂运行、机电技术应用、用电管理、热力设备与供热、企业供电、计算机及应用、财务会计等10多个专业。学校设有30万千瓦火电机组全仿真、500千伏变电运行和220千伏区域电网调度、110千伏无人值班变电站等模拟培训装置。

学校先后获得“能源系统职业技术教育先进学校”、“电力职业技术教育标兵学校”、“国家级重点中专学校”、“安徽省文明单位”、“安徽省职业教育先进单位”、“安徽省电力行业双文明单位”等荣誉称号。

1998年，学校停止招生。学校共毕业中专生6000余人。

2002年3月，安徽省电力公司决定将合肥电力学校与安徽电力职工大学合并，组建安徽省电力公司培训中心。

二、技工学校

（一）上海电力技工学校

上海电力技工学校1985年1月经水利电力部批准新建，隶属华东电管局。1986年划归上海市电力局管理。1990年，学校并入上海电力工业学校，为两块牌子，一套班子。

学校设置发电厂动力设备运行与检修、发电厂电气设备运行与检修2个专业。随着电力管理体制改革的逐步实施，从2001年12月起，学校正式划归上海电力股份有限公司管理。

（二）华东电力技工学校

华东电力技工学校经能源部批准成立，隶属上海电力建设局。学校共有教职员工60人，占地面积1.8万$米^2$，建筑面积18059$米^2$。

学校设有电厂汽轮机设备安装、电气设备安装、电厂锅炉设备安装、电厂热能动力设备安装、电厂建筑、电厂热动运行、发变电运行、热工、特殊钢焊接、安装起重等专业。1992年，学校被评为“上海市职业技术教育先进单位”。1993年被评为“能源部职业技术教育先进单位”。1993年1月，在上海市技校选优中被评为A级技校，同年7月被确认为上海市重点技校。1994年，被评为“全国电力职业技术教育先进学校”。1998年10月，该校与上海电力建设有限责任公司的教育培训中心合二为一。2000年技校停止招生。学校共毕业学生2300余人。2002年7月，学校正式改制为上海电力建设有限责任公司教育培训中心。

（三）苏州电力技工学校

苏州电力技工学校由水电部批准成立，隶属江苏省电力局主管。学校共有教职员工229人，占地面积4.6万$米^2$，校舍建筑面积28280$米^2$，其中实验室5836.32$米^2$。

学校设置发变电电气运行与检修、热能动力设备运行与检修、输配电电气运行与检修、热工仪表与自动控制4个专业。1996年，增设电子技术、高压线路施工与检修专业。

从 1996 年起，经江苏省教育委员会同意开始招收中专生，开设发电厂及电力系统、电厂热能动力工程 2 个专业，1998 年又增设城乡供用电、电气仪表自动化专业。1993 年 10 月江苏省电力局确定学校为江苏电力工人高级技术培训中心。1995 年 1 月，按照电力部深化电力中专与技校教育改革的要求，启用《苏州电力工业学校》新校名，仍保留苏州电力技工学校校名。1999 年苏州电力技工学校经劳动和社会保障部批准为苏州电力高级技工学校。

1991 年，学校被评为江苏省职业技术教育先进单位。1992 年，被评为能源部系统职业技术教育先进学校。1994 年 1 月，被劳动部评为国家重点技工学校，同年 7 月被电力部评为电力职业技术教育标兵学校。

学校于 2000 年起停止招生。2001 年 6 月，经省电力局批准改为“江苏省电力公司生产技能培训中心”。

（四）徐州电力技工学校

徐州电力技工学校由水电部批准成立，隶属徐州电业局主管。1998 年，江苏省电力公司对全日制学校结构调整及体制改革，将学校划转徐州发电厂主管，保留原校名，同时挂牌江苏电力生产人员徐州培训中心。学校共有教职员工 165 人，具有中、高级专业技术职称人数 86 人。学校占地面积 9.3 万米^2，校舍建筑面积 40982 米^2。

学校设有电厂锅炉设备运行与检修、电厂汽机设备运行与检修 2 个专业，后常设专业有热能动力设备运行与检修、发电厂及变电站、电气检测试验、供用电设备运行与检修等专业。学校拥有 30 万千瓦机组仿真机。

1995 年，学校被江苏省劳动厅评为“省、部级重点技工学校”。1996 年，通过国家劳动部评估验收，被评为“国家重点技工学校”。1998 年，学校被江苏省劳动和社会保障厅评为“教学管理示范技工学校”。

（五）江苏电力建设技工学校

江苏电力建设技工学校由水电部批准成立，归属江苏省电力建设公司主管。学校拥有教职员工 52 人，具有中、高级专业技术职称 34 人。学校占地面积 1.7 万米^2，校舍建筑面积 14868 米^2。

学校设有电厂锅炉设备安装与检修、汽轮机设备安装与检修、电气设备安装与检修、土木建筑施工 4 个专业。1995 年，学校增开热工仪表安装专业和为退伍军人岗前培训设置的发供电技术专业。

1993 年，学校被江苏省人民政府评为“省级重点技工学校”。1998 年，被江苏省劳动厅评为“江苏省教学管理规范学校”。学校于 1998 年起停止招生。

（六）浙西电力技工学校

浙西电力技工学校由水电部批准成立，隶属浙江省电力局管理。学校建筑面积 19000 米^2。

学校设置输配电、发变电、用电管理、电气控制与试验 4 个专业。1994 年，学校被浙江省人民政府评为“省级重点技工学校”。1997 年 7 月，浙西电力技校与杭州电力经济管理学校合并成立浙西电力教育培训中心。

该培训中心成立后，加强仿真变电站、模拟变电站和技能鉴定考场等设施设备的建设，技能鉴定和培训工作全面开展。1991～1997 年，浙西电力技校共毕业学生 2017 人。1997 年起，学校停止招生。

（七）湖州电力技工学校

湖州电力技工学校由水电部批准成立，隶属浙江省电力局管理。学校有教职员工 75 人，拥有各类专业技术人员 58 人。学校占地面积 1.65 万米^2，建筑面积 14200 米^2。

学校设有电气运行检修、电厂热动类检修等技能训练项目装置，是浙江省电力公司唯一的配网带电作业培训基地。1993 年 1 月，学校成为浙江省首批重点技工学校。1994 年 1 月，劳动部批准该校为国家级重点技工学校，并被国家教委、国家体委、劳动部评为“全国职业技术教育系统体育工作先进学校”。同年 10 月，被浙江省人民政府批准为“省级重点技工学校”。

1998 年，学校改为湖州电力培训中心。中心立足本公司，面向全省电力系统招生，主要承担检修、安装及小热电生产等人员的培训和有关工种的职业技能鉴定。1998 年，学校改名为湖州电力教育培训中心有限公司。2001 年 7 月，湖州电力培训中心成建制划入湖州电力局，与湖州电力局职工教育培训中心合并，成立湖州电力教育培训中心。该培训中心继续承担省电力公司布点的培训任务和职业技能鉴定。2001 年 10 月，学校停止招生。2002 年 4 月，经湖州市教育局批准，建立了湖州电力学校，并于当年招生。1991～2002 年，学校共毕业学生 1978 人。

（八）淮北电力技工学校

淮北电力技工学校经水电部批准成立，隶属安徽省电力局管理。学校占地 11.3 万米^2，有教学楼、办公楼、图书馆、学生宿舍和教师住宅楼，建筑面积 3.5 万米^2。有教职员工 188 人。其中，专职教师 81 人，高级职称 8 人，中级职称 40 人。

学校开设锅炉运行与检修、汽轮机运行与检修、发电厂变电站设备运行与检修 3 个专业。后增设电厂热能动力运行与检修和发电厂变电站设备运行与检修 2 个专业。

1993 年，淮北电力技工学校被劳动部评为“全国重点技工学校”。电力部授予该校“电力部职业技术教育标兵学校”称号。1998 年，学校停止招生。1998 年以后成为安徽省电力系统军转人员的培训基地。

（九）安庆电力技术学校

安庆电力技术学校经水电部批准成立，隶属安徽省电力局管理。学校建筑面积 17688 米^2。

学校开设汽轮机设备安装、汽轮机设备运行与检修、电气设备安装、输配电起重机技术等 11 个专业。1992 年 12 月，通过省（部）级重点技校评估检查组验收。1994 年 2 月，学校被劳动部批准为国级重点技校。1994 年 5 月，被电力部确定为第一批创办新型职业技术学校，成为中专、技校一体化试点学校之一。截至 1997 年底，学校建成了电机一体化教室、语音室、焊接实习室、起重实习场、高压试验室，新建了 500 千伏、220 千伏输电模拟线路，购置了包括微机保护在内的各种继电保护测试仪，建立了微机多媒体教室和 35 千伏仿真变电站培训基地。1999 年，学校停止招生。2002 年 1 月，安庆电力技术学校并入安庆供电局。

第二章　职　工　教　育

华东电管局（公司）和三省一市电力局（公司）教育培训工作根据电力部《关于贯彻〈中国教育改革和发展纲要〉创建一流电力教育培训体系的实施意见》、《电力系统职工教育暂行规定》的要求，制定了《职工教育实施暂行办法》、《关于加强职工教育的若干意见》，以岗位培训和继续教育为重点，全面提高职工队伍素质，教育培训质量和效益明显提高。各类岗位培训、继续教育、适应性培训以及技能等级培训全面铺开，培训基地建设进一步得到加强。成人高、中等学历教育按岗位规范和科技进步的要求发展，以函授、业余形式学习为主，提升并优化了职工队伍文化结构。职工教育培训从管理人员培训、生产技能人员培训到成人中、高等学历教育，基本形成了结构合理、功能齐全的职工教育培训体系，为电力系统广大职工参加各类教育培训提供了有效的学习平台，基本满足了电力工业发展对人才培养的需求。

华东电管局和三省一市电力局都成立了以研究制定本系统职工教育长远规划、年度计划和决定教育培训经费等重大问题的职工教育委员会（或教育委员会），对职工教育工作进行决策和指导。各省、市电力局的人事教育处（教育处、科教处、后为人力资源部），是企业教育培训工作的归口管理部门，下属厂（局）基本也都成立了职工教育委员会。

华东电管局和三省一市电力局实施“科教兴电”和落实教育优先发展的战略，提出要做到“四有”（有教育规划和目标、有教育工作的指标、有对教育工作的检查、有教育工作的实绩），“四落实”（组织、制度、经费、设施落实），使职工教育培训工作落到了实处。

第一节　成 人 学 历 教 育

华东电力系统成人学历教育，随着电力工业建设和提高职工队伍素质的需求而不断发展。成人学历教育以业余函授为主，对不同层次的人员实施专业对口的高等、中等教育。各电力高等院校较早成立了成人教育部门，以适应在职职工学历教育的需要。各省、市电力局又相继成立职工大学和职工中专。各类成人学校所设专业紧贴发电、供电、生产经营等技术业务，开办时以脱产学习为主，部分开展业余和函授教学。进入“九五”计划后期，成人学历教育随着电力体制改革的深入，从学历教育转入培训教育，各类成人学校步入一个新的发展阶段。随着电力企业深化改革和加快发展的新形势，电力职业技术教育面临的任务逐渐转为提高现有职工队伍素质为主，职后培训逐步扩大。1994 年，电力部领导在全国电力教育工作会议上提出创建一流电力教育培训体系的奋斗目标，会后电力部和中国电力企业联合会先后下发了《关于“111 培训网络工程”建设的原则意见》和《关于建设网省电力公司管理人员培训中心和生产技能培训中心的若干意见》等文件。华东电管局和三省一市电力局按照电力部和中电联的要求，以职工大学和企业单位为依托，加强了管理人员培训中心和技能培训中心建设。1994 年，华东电管局投入大量资金，将华东电力仿真研究所和华东电管局干部学校的一部分组成了主要以仿真培训为主的华东电力培训中心。同年，上海市电力局将上海电业党校、上海电业职工大学和华东电管局干部学校的教学部门合并成立了上海电力教育培训中心，作为职后培训基地。江苏、浙江、安徽省电力局也进行教育培训资源整合，组建成立了各类教育培训中心。

一、职工大学

（一）上海电业职工大学

上海电业职工大学隶属华东电管局，后划归上海电力局领导。学校有教职员工 134 人，总占地面积 1.3 万$米^2$，总建筑面积 15000 $米^2$。

学校设置发电厂及电力系统、热能动力装置等专业。1994 年初，上海市电力公司将原上海电业职工大学、中共上海电力局委员会党校、华东电管局干部学校、上海供电职工中专合并，组建上海市电力局教育培训中心（即上海市电力公司教育培训中心），确立了“四块牌子，一套班子”的管理体制。1997 年，根据企业需要，加大岗位培训工作力度，压缩了学历教育规模，停止中专学历班招生，逐步形成以职后教育为主体的成人教育模式。同时，学校调整专业设置，有计划地拓展新的培训领域，引进新技术，开创了“电网仿真”培训，着力体现企业学校的服务功能，大力推广案例教学，注重对学员的技能培育，推进了上海电力的教育培训工作。学校完成各类人员培训 13100 人次。1998 年学校被评为上海市成人教育先进集体。2001 年 5 月，被上海市成人教育委员会命名为“上海市现代企业教育试点单位”。

（二）江苏电力职工大学

江苏电力职工大学与南京电力高等专科学校为一套领导班子，职工大学行政工作由职工大学办公室负责，教学管理成立教务办公室。1993 年 7 月，撤销了办公室和教务办公室，建立职工大学教务处。

学校设电力系统自动化和电力工业企业管理 2 个专业。1991 年增设发电厂及电力系统、继电保护、电力系统通信、财务会计专业。

学校毕业学生共计 520 人。

（三）浙江电力职工大学

浙江电力职工大学隶属浙江省电力局，拥有教职员工 134 人，学校占地面积 1.13 万$米^2$，总建筑面积 11277 $米^2$。

学校设置发电厂及变电站、发电厂热能动力装置、工业会计、财务和审计等专业。1992 年，浙江省电力职工大学被中电联评为“教育工作先进单位”和“全国电力系统学校管理先进单位”。1997 年，该校被评为“全国电力系统成人高等教育优秀学校”。1998 年 7 月 27 日，省局党组研究决定，浙江电力职工大学和杭州电力学校合并办学，成立杭州电力教育培训中心。学校共毕业学生 2125 人（脱产 1356 人，业余 769 人）。

（四）富春江水电职工大学

富春江水电职工大学隶属浙江省电力局，有教职员工155人。

学校设置施工机械专业大专学历班，后增设水电工程建筑、工业与民用建筑、输电工程、火电厂辅助机械与设备等专业。1996年4月，浙江省电力党校和浙江省电力干部学校在富春江水电职工大学正式挂牌成立。1992年，富春江水电职工大学被中电联评为“教育工作先进单位”和“全国电力系统学校管理先进单位”。1997年，学校被浙江省教委评为浙江省独立设置的优秀成人高校。同年，该校还被评为“全国电力系统成人高等教育优秀学校”。学校举办成人大专层次的学历教育，共毕业学生1061人。

（五）安徽电力职工大学

安徽电力职工大学由电力部批准成立，隶属安徽省电力局。学校占地面积35224米^2，有教职员工146人。

学校开设发电厂与变电站、电力系统及自动化、电气自动化、电气工程、机电、电力系统继电保护、供用电、供用电技术、城乡供用电、用电管理、电厂热能动力、电厂集控、财务会计、财会与统计、会计电算化、经济管理、商务秘书、计算机应用、计算机应用与维护等专业。

学校不断完善教学实验设施，增加了多媒体教室、多功能语音教室、30万千瓦软仿真机房、模拟变电站、流体力学、金相分析、低压配电、二次回路、继电保护、电机、财会模拟等25个实验室。学校成为劳动和社会保障部技能培训中心、AUTODESK公司ATC培训中心、北航海尔软件公司CAXA教育培训中心。1991年5月，学校与安徽省电力局干部学校合并。1994年8月，安徽省电力局批准在学校成立“安徽电力培训中心”，主要承担各种层次的干部培训和高级工、技师培训。同时，还可以面向社会开展专业培训工作。

1991年，安徽电力职工大学被评为“全国电力系统优秀学校”。1996年，学校取得了安徽省独立设置成人高校评估得分第一的好成绩。1997年，被国家教委命名为“全国成人高等教育评估优秀学校”。1998年和2002年，两次被安徽省教委、经贸委和劳动厅联合授予“安徽省职业教育先进单位”称号。

2001年，安徽电力职工大学停止招生。学校共毕业生学生2679人。

二、职工中专学校

（一）华东电管局职工中专学校

华东电管局职工中等专业学校依托局干部学校、培训中心，为三块牌子，一套班子。学校有教职工人数174人。其中专职教师52人，兼任教师13人。高级讲师2人，讲师22人，助理讲师21人，副高级职称5人，中级职称2人。

学校设电力工业企业管理、物资管理、劳动工资、统计、发电厂及电力系统、电厂热能动力设备、机械制造工艺及设备和政治工作等专业。1991～1994年1月，共毕业学生389人。

1992年，被中国电力企业联合会评为“全国电力系统先进学校”。是年，还被上海市人民政府教育卫生办公室、上海市成人教育委员会授予“全国成人中等专业教育先进学校”称号。

1993年9月30日，华东电管局和上海市电力局召开“关于华东电管局干校及职工中专划归上海市电力局管理”会议，决定两校人员、财产的划归。1994年1月，分别成立了上海市电力局教育培训中心和华东电力培训中心。至此，华东电管局职工中专学校结束历史使命。

（二）南京电力高等专科学校附设职工中专校外班

南京电力高等专科学校附设职工中专校外班，均为函授教学。

学校开设专业为农村供用电、电厂热能动力设备、供用电技术、电厂电气设备、电力市场营销、财务会计。学制有3年半、4年。学校有2461人入学，1409人毕业。

（三）盐城市电力职工中专学校

盐城供电局职工中等专业学校经江苏省人民政府批准成立，学校隶属盐城供电局管理。学校有教职员工24名，开设发电厂及电力系统、变电运行与检修、城乡供用电、计算机应用4个专业。学校占地面积1.8万米^2，校舍建筑面积7870米^2。

学校设有电工、电子、电机、继电保护、开关等7个实验室，开设了电工工艺、钳工实习工场和图书阅览室。2个计算机多媒体教室配置计算机200台，多媒体多功能阶梯教室可容纳200人听课，提高了实验、实习的开课率。1999年建成2800米^{2}的培训综合楼，后又建了变电检修、继电保护自动化、农村电气化、用电营业、高电压6个技能培训室和一些培训场所。2002年，又建成“电力营销仿真培训基地”等7个方面的技能训练室，接受电力营销所有工种员工的培训。

1992年，学校以优秀成绩通过中电联办学水平评估，被授予“全国电力系统学生管理先进单位”称号。1993年，被授予“江苏省成人中专合格学校”称号。1998年以来多次被评为“双文明单位”。2000年起，学校停止成人中专招生。1991～2002年共毕业学生1544人。

（四）南通供电局职工中专学校

南通供电局职工中等专业学校经江苏省人民政府批准成立，有教职员工28人。

学校开设发电厂及电力系统和供用电2个专业，有电子、电工、继电保护3个试验室。

1991～1995年，学校共毕业学员269名。1998年，学校停办。

（五）苏州供电局职工中专学校

苏州供电局职工中等专业学校经江苏省人民政府批准成立。

学校开设专业是发电厂及电力系统，均为函授学习。1991年以后，仅于1997年招收班组技术业务骨干专业2个班74人。2000年，学生全部毕业，学校停办。

（六）杭州电力职工中专学校

杭州电力职工中专依托杭州电力学校成立，隶属浙江省电力局。建筑面积46500米^2，有教职员工274人。

学校设置电厂热能动力设备、发电厂及电力系统、用电管理、工业与民用建筑4个专业。建有物理、化学等24个实验室和金工、装配2个实习工厂，还拥有语音、摄像等电化教室。1998年7月，学校与浙江电力职工大学合并，成立杭州电力教育培训中心。学校共毕业成人中专生1902人（全脱产209人，函授半脱产1693人）。

（七）水电经济管理职工中专学校

水电经济管理职工中专学校依托杭州电力经济管理学校成立，设置财务会计、计划与统计、物资管理、劳动工资管理4个专业。1997年7月，学校与浙西电力技工学校合并成立浙西电力教育培训中心，为“两块牌子，一套班子”，同时停止招收中专和技校生。截至1997年底，学校共毕业学生3892人。

（八）合肥电力职工中专学校

学校依托合肥电力学校办学。与合肥电力学校“一套机构，两块牌子”，面向全省电力系统和地方招收职工中专生。学校设置电厂热能动力设备、发电厂及电力系统、用电管理等专业。教学培训实验楼设有高电压、电机、泵与风机、流体力学、材料力学、电力拖动电气模拟室、热工仪表、直流电工、数字电子、模拟电子、热力系统自动化、自动测量装置、继电保护、化学、交流电工、电能计量等实验室。学校还建成安徽电力仿真培训中心，拥有30万千瓦火电机组全仿真、发变电运行和区域电网调度、无人值班变电站等模拟培训装置。2000年起学校停止成人中专招生。学校共毕业成人中专生1千余名。

第二节 企业培训

20世纪90年代初，干部（管理人员）岗位培训和专业技术人员继续教育进入实施阶段，工人（生产人员）培训的重点转入中级工培训。1991年以后，在进行科级干部岗位培训和中级技术等级培训的同时，经营管理培训、厂（处）级干部岗位培训和工人（生产人员）高级工培训也逐步展开，企业原有的培训设施已不能适应日益增多的培训活动的需要。

继完成企业职工“双补”、企事业单位和管理部门领导干部轮训、干部岗位培训、专业技术人员继续教育一系列任务后，华东电力系统加大培训力度，把提高职工队伍整体素质作为最主要任务。这一时期，也是电力教育培训工作改革和发展较快的一个时期。国家出台了《中华人民共和国教育法》、《中国教育改革和发展纲要》等重要法律法规，把教育放在优先发展的重要位置。

1992年4月，能源部召开各网、省电力局干部、教育、劳资处长会议，专门研究提高职工队伍素质的具体配套措施。1993年12月，电力部部长史大桢在全国电力工作会议上要求建立一流的包括学校教育、继续教育和岗位培训在内的教育培训体系，满足电力工业现代化对人才的迫切需要。据此，华东电管局和三省一市电力局也分别召开教育工作会议，提出贯彻中央、电力部教育工作会议精神，尽快创建一流电力教育培训体系的意见，这些举措都为教育培训改革和发展创造了良好机遇和条件，也提高了企业领导和职工对电力教育培训工作重要性和紧迫性的认识。

一、培训基地建设

（一）培训中心建设

华东电力系统普遍重视职工培训工作，电力系统培训中心也随着各类培训的开展建立起来。经过多年的共同努力，培训基地建设已逐步完善。截至 2001 年底，已建成省、市电力局一级的培训基地 7 个，即华东电力培训中心、上海电力教育培训中心、江苏电力仿真技术中心、江苏电力高级技能培训中心、杭州电力教育培训中心、浙西电力教育培训中心和安徽电力培训中心。三省一市电力局（公司）所属的地、市电力公司还建成一批地区培训中心和农电培训中心，承担着各级各类培训任务。

1. 培训基地形成网络

“八五”计划期前后，在电力企业深化改革，加快发展的新形势下，电力职业技术教育面临的任务已转为提高现有职工队伍素质为主，电力学校（包括职工大学、中专）的工作方向逐渐从职前教育或成人学历教育转到以各类培训为主。

1994 年，主要以仿真培训为主的华东电力培训中心正式成立。同年，上海市电力公司成立了上海电力教育培训中心，作为职后培训基地，实施职工的全方位培训。江苏省、浙江省、安徽省电力公司和上海电力建设局也都依托所属高、中等职业技术学校相继建立起管理、生产人员培训中心和一些专业、技能培训基地，发电、变电仿真培训基地。1998 年，华东电力集团公司依托上海电力学院建立华东电力继续教育中心。截至 1999 年底，华东电力系统已拥有一批以各类院校为依托，以省市和厂（地区）培训基地为基础，能开展各级技能培训、各层次岗位培训和继续教育的培训基地。

华东电力系统教育培训基地经过多年建设已初具规模，为电力工业的发展发挥着越来越大的作用。华东电管局还采取干部（科级）岗位培训和高级工培训专业布点的办法来实现三省一市培训资源共享和培训力量互补，较好地解决了各省、市小而全的培训格局。使原来存在的投资增大，成本上升，长线专业培训苦于任务不足，短线专业限于条件无法开出，培训资源得不到充分利用；培训内容、质量难以满足生产的实际需要；封闭型办学缺乏全系统统一的专业和课程教学计划、大纲、教材和题库，难以真正实现教考分离；学校转轨后的师资队伍尚难以适应新的培训需要，非专业教师偏多，专业技能教师偏少等问题得到初步解决，一个比较完整的培训网络逐渐形成。

2. 仿真培训逐步兴起

进入 20 世纪 90 年代，30 万千瓦火力发电机组已成为华东电网的主力发电机组，500 千伏超高压输电网架开始形成，大量运行人员迫切需要上岗培训，建设先进培训设施势在必行。华东电管局率先成立电力仿真研究所，并根据能源部《关于发展火电机组模拟培训装置的通知》要求，于 1988 年依靠自己的力量，研制出中国第一台 12.5 万千瓦火电机组全范围仿真机。仿真机设有主控制屏、教师控制台，可以人为模拟各种故障和非正常状态，可远方控制启动发电机组，消除学员误操作。1994 年 12 月，华东电力培训中心引进型 30 万千瓦火电机组全范围仿真机正式建成。此后，该培训中心还在此基础上开发、研制了 MAX1000 控制系统仿真软件，实现了一机两用。1997 年，500 千伏大型输变电仿真系统正式建成，该系统不仅可模拟操作，还可根据各变电站的实际，对仿真机界面和模型增加新内容，保证设备更加贴近变电站的实际情况。其中直流 500 千伏上海南桥变电站 CRT 数字仿真系统，是国内第一套自行研制成功的超高压直流输变电仿真机。

江苏省电力局委托南京电力专科学校向清华大学华电仿真公司订购 20 万千瓦火电机组通用型仿真机培训系统，1992 年 11 月开始接受培训任务。1991 年，由南京电力专科学校自主研制开发的 220 千伏变电站仿真培训系统，于 1993 年 11 月投入使用。1993 年，江苏省电力局在南京电力专科学校成立江苏电力仿真技术中心。浙江省电力局建成电厂同机组仿真设备和 220 千伏仿真变电设备，安徽省电力局建成 30 万千瓦火电机组全仿真、500 千伏发变电运行和 220 千伏区域电网调度、110 千伏无人值班变电站等模拟培训装置。

1998 年 5 月 11 日，华东电力集团公司发出《关于对全网 500 千伏变电站运行人员进行仿真培训的通知》，要求对全网 500 千伏变电站运行人员分期分批进行仿真培训，由集团公司人教处统筹协调，有关省（市）电力公司教育培训部门协同实施。培训大纲、教材，考核标准由华东电力培训中心负责编制，集团公司组织专家审定。培训计划由华东电力培训中心在各变电站报送的送培计划基础上编制，并报集团公司人教处备案。华东电力培训中心按计划具体实施培训和考核。截至 2002 年底，500 千伏变电运行人员培训已举办数十期，参加人数达数百人。

（二）华东电力培训中心成立

1986 年 11 月 3 日，华东电管局下发《关于组建华东电管局干部学校、职工中等专业学校、培训中心的决定》。中心占地面积 1.3 万$米^2$，建筑面积 10369.98 $米^2$，其中教学大楼 7953.74 $米^2$，招待所 2363.7 $米^2$，绿化面积 5700 $米^2$；拥有教职员工 41 人。

1994 年 1 月 28 日，华东电力集团公司下发《关于组建华东电力培训中心和干部任免的通知》，决定撤销华东电管局干部学校、职工中等专业学校、培训中心、华东电力仿真机研究所，合并成立华东电力培训中心。1994 年 2 月，培训中心有教职员工 52 人。其中工程技术人员 33 人，教学人员 7 人。专业设置为基础管理知识、电力技术、计算机应用及网络知识、仿真培训等。拥有仿真机房、电化教室、摄录像机、编辑机等先进设备和计算机专用教室。

该中心是华东电网最大的仿真培训和仿真技术开发研究基地，为电网的安全经济运行发挥着重要作用。中心拥有 12.5 万千瓦、13.5 万千瓦火电仿真机组、引进型 30 万千瓦火电机组全范围仿真机和 500 千伏变配电仿真机各一套。其中 12.5 万千瓦仿真机是国内第一台全范围仿真机，曾获电力部科技成果二等奖。1997 年建成的 500 千伏交直流输变电仿真机，1998 年投入使用。仿真机采用图形、图像、声音和文字于一体的多媒体技术，制作可操作的“软盘台”全方位代替硬盘台，具有“一机多模拟”的功能。

华东电力培训中心拥有一支仿真技术研发队伍，研制 500 千伏线路保护库仿真，研发现场运行设备以新换旧的仿真，能随时根据现场运行人员的各种培训需求，补充或修改程序的方法，为送培单位量体裁衣地修改仿真软件，使仿真系统更加贴近现场实际。这支队伍除了为培训提供技术支持外，还研发了具有自主产权的仿真支持系统。

自培训中心成立至 2002 年，已为华东电力系统及公司直属单位举办基础管理知识、电力技术、计算机应用及网络知识等干部培训班共 135 期，结业 3396 人次；举办 12.5 万千瓦仿真培训班167期，结业1766人次；举办13.5万千瓦仿真培训班29期，结业352人次；举办30万千瓦仿真培训班145期，结业1618人次；举办500千伏变电运行人员仿真培训班20期，结业1000人次。中心成立以来，还编制了大量的培训教材。其中有《12.5万千瓦机组热力设备及运行》（上、下册）、《12.5万千瓦仿真机汽轮机运行、锅炉运行操作规程》、《30万千瓦机组仿真机设备及运行》（四册）、《30万千瓦机组值班人员技术选拔赛复习大纲》（汽机、电气、锅炉三册）和《500千伏变电站值班人员技能培训教材》（二册）。

该中心经劳动和社会保障部培训就业司批准，建立“66个电力行业特有工种职业技能鉴定站”，根据华东电力职业技能鉴定工种情况和职业技能鉴定工作需要，后在原8个鉴定专业工种基础上，又申请增设50个鉴定专业工种。

华东电力培训中心曾被上海市财政局会计事务管理处确认“在沪电力会计人员继续教育培训学校”、获微软授权视窗应用学习中心授权证书、被上海市总工会命名为“上海职工素质工程教育培训基地”、被上海市人民政府授予“2001～2002年度上海市文明单位”称号。

二、管理人员培训

“八五”计划期间，为适应电力工业加速发展的需要，华东电力系统有计划地开办各级各类干部的岗位培训。华东电管局和三省一市电力局大、中型电力企业处级干部的岗位培训由电力部和中电联负责组织，为期半年，其教学委托有关高等院校实施。网内大、中型企业科级干部岗位按不同专业进行培训布点，由华东三省一市电力局负责组织，由电力职工大学和有关培训中心分工实施。一般干部的岗位培训由各基层单位自行组织。

（一）管理人员岗位培训

从1991年开始，根据中组部、国家经贸委、电力部“八五”、“九五”计划期间干部培训规划和企业管理人员培训纲要提出的培训任务和要求，华东电力系统全面开展管理人员岗位培训。

对55周岁以下（1936年以后出生）在职的大型企业5种岗位领导干部（局厂长、党委书记、总工程师、总经济师、总会计师）分别参加电力部规定的电力高等院校进行第二轮岗位培训。特大型骨干企业（省、市局领导）主要领导干部到中央党校进行马克思主义理论培训；大、中型电力企业处级干部的岗位培训继续按既定办法组织培训。1993年5月，根据电力部要求，对1987～1989年已轮训的县供电局行政领导，再进行为期三周的岗位职务培训。

华东电力系统组织科级及以下干部岗位培训。科级干部岗位培训，在华东电管局指导下，由省、市电力局组织开展，由电力职工大学和有关培训中心实施。具体做法是先由省、市电力局在培训部门组织开展有关岗位培训试点，后采取公共课由基层单位自行安排两个月培训，非公共课由省、市电力局安排集中培训。1991年8月，华东电管局举办全网首期纪检、监察科长岗位培训班；1992年，连续举办两期干部科长岗位培训班，以后相继开办用电、宣传、劳资、生技、计划、物资、保卫等科级干部岗位培训班，结业人数达数百人。在此基础上，1993年，各省、市电力局根据岗位规范的要求，进一步组织修订编制了科级管理干部岗位培训计划和教学大纲，课程设置分为公共课程和专业知识课程两部分，有电力应用文、计算机应用、电力企业现代管理、领导科学、社会主义市场经济理论与实践5门公共课程和38个岗位的专业培训计划，以及专业课程的教学大纲，5门公共课程总学时为100，专业课总学时控制在120～140之间。中层科级管理干部的岗位培训计划和教学大纲经审查修订汇编成四个分册，下发给各单位。一般干部的岗位培训，按照省、市电力局的要求由基层单位自行组织培训，一般管理干部的专业培训除公共课程中“领导科学”不学外，其余4门课程与中层科级管理干部相同，总学时控制在200～220之间，但参加省、市电力局组织的统考。

经过有系统的培训，各级各类干部不同程度地提高了综合素质及工作能力。

1996年，为了适应电力走向市场的需要，华东电力系统根据国家经贸委对国有大、中型企业的正副厂（局）长、党委书记、纪委书记、监事会主席、工会主席、总工程师、总经济师、总会计师及厂、处级领导及其后备干部的培训要求，组织进行“工商管理”培训。这项培训是适应建立社会主义市场经济体制、建立现代企业制度和转变经济增长方式，推进我国企业走向国际市场的需要，是企业领导人员基础性培训，为期脱产三个月，共学习建设中国特色社会主义、社会主义市场经济理论、现代企业制度、管理经济学、企业战略管理、国际贸易与国际金融、市场营销、财务、税收和保险等课程，并撰写论文。从1998年开始，按照电力部部署，华东电管局组织的处级干部“工商管理”岗位培训班，由电力部指定有资质的电力高等院校实施。

从“八五”计划后期开始，为加快各级管理人员培训进程，缩短脱产培训学习时间，管理人员的岗位培训分层次分级组织培训，5门公共课程由各基层单位组织培训，由省、市电力局主持考试，有关高等院校组织命题、出卷、考试及成绩统计管理。专业课由省、市电力局相关业务部门组织培训并进行考试、考核，两部分成绩均及格者，发给岗位培训合格证书。与此同时，省、市电力局组织有关院校重新编写出版岗位培训公共课程《电力企业生产现代管理》、《社会主义市场经济基础》、《计算机基础及应用》3本教材。

其间，华东电力系统还根据上级部门部署组织了管理岗位人员参加“电力企业现代化管理”知识考试。考前，由各基层企业对本单位管理人员进行培训，先中层以上干部（包括厂处级），后一般干部。江苏省电力局还将考试作为企业“三项制度”改革前对管理人员的一项有关知识培训，把成绩合格作为管理人员上岗双向选择的条件之一。除此之外，华东电管局和三省一市电力局都积极开展对管理人员的各种专项、应急、适应性培训；组织企业主管厂（局）长和财会管理人员学习财政部发布的《企业财务通则》、《企业财务准则》和《工业企业财务制度》；组织企业厂、处级领导学习“四大体制改革与建立现代企业制度”（简称“五项体制改革”）；组织企业厂、处级领导学习《电力法》、《电网调度管理条例》等。

从2001年起，华东电力系统的科级干部岗位培训重点转入县供电局局长培训、中青年干部培训及职业资格培训，一般干部岗位培训随国家推行职业资格准入制度，转入职业资格培训。

（二）专业技术人员培训和继续教育

进入“八五”计划时期，华东电力系统根据国家经委、国家科委、中国科协颁发的《企业科技人员继续教育暂行规定》和水电部颁发的《水利电力继续工程教育暂行规定》等，对从事电力生产、建设、科研、设计、科技管理及其他技术工作的在职专业技术人员，重点是具有中级以上技术职务的科技骨干和优秀青年科技人员进行专业技术培训和继续教育，主要开展新技术、新理论、新方法、新工艺的培训。培训由企业单位和经审定的培训基地组织实施，必要时外送。专业技术人员培训和继续教育对于提高专业技术人员素质，拓宽专业技术人员视野，补充新知识、新理论，学习新技术、新方法，了解国际科技发展新动态、新趋势，适应现代化建设的作用十分明显。

华东三省一市电力局还会同有关高校或培训中心，经常主办各级各类继续教育讲座，对专业技术人员和管理人员的知识不断进行更新和拓展，受教育的有关内容由人事部门登记在册，作为专业技术资格评聘的依据之一。为了保证培训和继续教育的效果，规定高、中级专业技术人员每年脱产接受继续教育累计不少于40学时，初级专业技术人员累计不少于32学时，学习结束后将考试成绩或撰写的论文交教育、干部部门登记并存入个人业务考绩档案。

1991～1996年，华东三省一市电力局为适应国外引进项目及采购外国先进设备，进行技术谈判、资料翻译、设备验收、对外交流等出国公务的需要，在上海电力学院和南京电力高等专科学校专门为有关专业技术人员举办英语口语班。

随着管理现代化的发展和需要，华东三省一市电力局普遍开展计算机应用和各种外语的培训，陆续举办了办公自动化、财会电算化、电子商务、网络技术和外语口语等实用性强的培训。这些种类多样的培训，为提高现代企业制度条件下职工队伍的综合素质打下了坚实的基础。各省、市电力局及基层各单位主要部门相继配置了计算机，培训中心和大型发供电企业都建立了计算机培训教室，分层次分级举办计算机信息管理系统（MIS）培训班。从2000年开始，各单位根据生产需要，举办“变电站微机保护”“网页制作”等培训班、技术讲座、学术研讨会，对专业技术人员进行补充扩展专业知识和新技术的培训，进一步提高专业素质，为他们取得计算机初级合格证书打下基础。

1996年，华东电管局编制了继续教育“科目指南”，并组织华东电力继续教育中心进行实施。华东三省一市电力局也都编制了本单位继续教育“科目指南”。

三、生产人员培训

劳动部颁发的《工人考核条例》和《关于加强工人培训工作的决定》以及电力部颁发的《电业工人培训管理办法》和《电业生产人员培训制度》，都对加强电力生产技能人员培训作出规定。完成对职工的“双补”（文化、技能补课）后，华东电力系统生产技能人员文化程度、技术水平低的状况有所改变。进入“八五”计划时期，电力工业的飞速发展，对生产人员素质的要求越来越高。为全面提高生产人员技术业务素质，确保电力生产安全、可靠、经济运行，从1991年开始，华东电力系统普遍开展生产人员培训。培训按照岗位规范和技术等级标准，紧密结合生产实际，本着干什么学什么、缺什么补什么的原则进行。

（一）工人技术等级培训

从“七五”计划期开始，华东电力系统重点对生产岗位技术工人进行中级工技术等级培训。到1990年底，基本完成了中级工培训占应培训人数的40%的目标要求。

1991年，华东电力系统的中级工培训转入常态培训，各单位开始组织高级工、技师技术等级培训和发供电企业运行人员、电网调度员、班组长岗位培训，并按照电力部颁《电业生产人员培训制度》对生产人员开展经常性的生产现场培训，组织岗位练兵和技术比赛活动。

华东电管局和三省一市电力局先对技术含量较高、操作技能较高的主要专业技术工种进行调查研究，编制出高级工培训计划和大纲，编写出教材或确定选用教材，并在此基础上开始尝试开办脱产培训班，培训由省、市电力局指定的培训基地实施。一般培训时间为3～4个月，学完培训课程进行考试和操作技能考核，布置专题作业回单位实践，在半年时间内，经单位对学员的技术、业绩、安全等进行考核，并将考核意见反馈给培训单位。为了充分发挥华东电网各培训中心的作用，华东管局还对培训进行了专业工种布点，凡经网局布点单位培训、考核合格的发给由华东电管局验印的高级工培训合格证书。为了做好高级工培训工作，省、市电力局还分别成立技能培训中心，主要培养高级技术工人。江苏省电力局于1993年在苏州电力技校设立江苏电力工人高级技术培训中心，浙江省电力局在浙西电力技术学校，安徽省电力局在淮北、宿州等地设立高级工培训基地。

与此同时，华东电管局会同三省一市电力局根据电力部颁布的《电力工人技术等级标准》编写了117个工种高、中、初三个技术等级的教学计划和教学大纲；开发建立了“电力工人职业技术考核试题库”，编写出一批岗位培训和高级工培训教材（技术问答）。2000年，国家电力公司华东公司组织有关省、市电力公司及部分发电厂、供电局在以前10本技术问答的基础上，又系统编写了锅炉检修、化学检修、汽轮机检修、电机检修、发电厂集控运行、变电检修、变压器检修、带电检修、电测仪表、送电线路、电气试验、配电线路、内线安装、厂用电安装、电能表校验、电能表修理、二次线安装17本《技术问答》，这批书已由中国电力出版社陆续发行。1998年起，华东电力集团公司还组织望亭发电厂等单位编写了《300MW火电发电机组运行与检修》技术培训教材一套五册；《电气》、《汽轮机》、《锅炉》、《热工仪表》和《电厂化学》培训教材，共计3708千字。全部教材于2002年10月由中国电力出版社编辑出版。

由于普遍重视高级技术工人的培养，华东电力系统高级技术工人青黄不接的状况得到缓解。

（二）班组长岗位培训

班组是企业最小的组织细胞，班组长素质的高低对企业的影响最直接。提高班组长的素质，是适应企业的发展、技术与管理进步的迫切需要。1991年起，围绕企业升级、双达标、创一流，班组管理作为企业管理和双达标最基础的管理工作被列入考核的重要内容之一。华东三省一市电力局纷纷下发关于加强电力企业班长岗位培训的意见或办法。自1992～2002年，各单位每年组织班组长岗位培训，主要内容为班组管理知识及安全生产规程，先后开设有电力企业现代管理、班组生产管理、技术管理、安全管理等13种。班组长的培训，从实际出发，围绕企业创一流，面向生产和经营工作，贯彻“学以致用、按需施教”的原则，并注重对管理能力的培养。对不同部门的班组长，开设的课程有所侧重。班组长培训还从选拔有培养前途的青年接班人着手，让他们向优秀老工人学习，为班组长队伍培养后备人才。有的单位企业升级和双达标对班组长进行培训，制订了班组长持证上岗考核意见，确定班组长持证上岗分为：政治思想教育、职业道德教育、班组管理知识、岗位专业技术、跟踪考核5个方面的内容。先对班组长班组管理知识理论培训和班组标准化管理进行跟踪考核，再进行上岗理论考试竞赛，有效促进班组标准化管理和安全、文明生产。

（三）运行人员岗位培训及仿真培训

运行人员岗位培训是根据上级主管部门颁发的岗位规范要求组织实施的。1992年，华东三省一市电力局组织编写发电厂、供电局运行人员的岗位培训计划和大纲，火力发电厂按机组容量分别编写5万千瓦、12.5万千瓦、20万千瓦、30万千瓦机组汽轮机、电气、锅炉、化学、燃料值班运行人员的岗位培训计划和大纲，供电局按变电站电压等级分别编写35千伏、110千伏、220千伏、500千伏变电站值班运行人员的岗位培训计划和大纲。各单位按培训大纲要求对运行人员进行基础理论、专业知识、安全规程、运行规程等岗前和在岗培训，技能训练主要依靠师傅带徒弟的方式进行。随着电厂陆续投入高参数、大容量机组，超高压输变电技术、电网调度自动化、单元机组集中控制等技术的不断引进和应用，对安全、经济运行要求很高。为实施有效的培训，应用现代仿真培训技术手段，根据能源部1988年下发的《关于发展火电机组模拟培训装置的通知》要求，华东电力培训中心率先组织12.5万和30万千瓦机组仿真培训。1993年，江苏省电力局也在南京电力专科学校成立江苏电力仿真技术中心。为规范仿真培训工作，于1994年制定《大型火电机组和变电站运行人员仿真（模拟）培训考核持证上岗制度》，仿真培训的对象是发电厂的值长、值班长、集控值班员、集控单元长、机组汽轮机、电气、锅炉运行值班员、调度所调度员、变电站值班员、值班长、站长、运行管理技术人员等。其中20万千瓦及以上机组、220千伏以上变电站运行人员必须参加相应的仿真培训，持证上岗，以后每隔三年必须复证轮训一次。电网调度系统运行人员根据电力工业部《电网调度管理条例》、《电网调度系统值班人员的培训考核办法》的规定，“须经培训、考核并取得合格证书方得上岗”的要求，由江苏省电网调度所承担了全省调度员、自动化远动运行值班员、通信调度运行值班员持证上岗培训的组织、协调工作。

四、技能鉴定

1993年11月，中共十四届三中全会通过的《中共中央关于建立社会主义市场经济体制若干问题的决定》提出，要在我国实行学历文凭和职业资格两种证书并重的制度。职业技能鉴定是职业技能开发和劳动管理的重要组成部分，华东电力系统积极筹备开展电力行业的职业技能鉴定工作。1997年底，江苏省劳动厅批准成立江苏省电力行业特有工种职业技能鉴定指导中心，负责组织实施江苏电力行业特有工种职业技能鉴定工作。1998年，经江苏省劳动厅批准，相继成立了南京电力高等专科学校、苏州电力工业学校、徐州电力技工学校、江苏电力建设技工学校国家职业技能鉴定所。2000年，经电力行业职业技能鉴定指导中心批准，国家电力公司华东公司职业技能鉴定中心成立；经劳动和社会保障部批准，华东第一火力发电国家职业技能鉴定站、华东第二火力发电国家职业技能鉴定站和华东水力发电国家职业技能鉴定站也先后成立。与此同时，各省、市公司也先后成立行业特有工种职业技能鉴定中心和各鉴定站。截至2002年底，华东三省一市电力系统共建成国家职业技能鉴定站（所）60个，鉴定工种覆盖华东三省一市电力行业所有特有工种，为全面开展电力行业特有工种职业技能鉴定工作提供了组织保障。

为了规范职业技能鉴定工作行为，华东电力系统各职业技能鉴定中心从建立之初就着手建章立制工作，先后制定了电力行业技能鉴定实施细则、主要职责、考务管理运行程序、基地管理办法、考场设置、理论和操作考试、考核规则程序，违纪处罚暂行规定，以及主考、监考、考评人员鉴定评分统计，巡视人员的职责、守则、保密工作规定和器材、档案管理等23项规章制度，覆盖了整个鉴定工作流程，保证了鉴定工作规范有序进行。

各鉴定中心定期组织鉴定所对技工学校应届毕业生进行职业技能鉴定，电力系统各技工学校规定学生必须取得"双证"（毕业证书、职业技能等级证书）方能毕业。2002年，根据电力行业职业技能鉴定指导中心的部署，华东电力系统开展了技师和高级技师鉴定试点工作。

电力行业鉴定工作程序严格执行国家规定，知识考试由鉴定中心从题库抽题组卷组织统考，技能操作考核由承担鉴定任务的鉴定站（所），按鉴定规范要求制定方案，报鉴定中心审批后实施。申报初、中、高级职业技能资格鉴定，需知识，操作考核均合格，经鉴定中心审核发放相应等级职业技能资格证书；技师、高级技师鉴定还需增加论文答辩和工作业绩考核，4项均合格后，提请评审委员会评审，通过评审的人员，技师由鉴定中心核发职业技能资格证书，高级技师由鉴定中心推荐到全国评审委员会评审，通过后由电力行业职业技能鉴定指导中心发放职业技能资格证书。2001年，国家电力公司华东公司职业技能鉴定中心编写了《职业技能鉴定工作指南》，并由中国电力出版社编辑出版。

2002年，根据国家电力公司的要求，电力行业逐步改革技师资格的考评方式，实行技能鉴定和综合评审制度；取消技师的比例限额；凡符合技师资格申报条件的人员，均可申报参加技师资格的考评；实行技师聘任制，实行技师资格认定与聘任分开。到2002年底，华东三省一市电力局通过技能鉴定和综合评审，已拥有技师1485名，高级技师85名。

第十二篇　多　种　产　业

第十二篇 多 种 产 业

华东电网多种经营在向市场化、产业化和集团化渐进的过程中，经历了快速发展和规范发展的两个阶段。

1991 年起，华东电网多种经营企业配合电力主业深化改革、减人增效的要求，继续做好“两个安置”（安置主业转岗分流人员和职工待业子女）工作。同时，依靠科技进步，发展支柱产品，创建支柱企业，使多种经营企业步入产业化、集团化发展的轨道。多种产业得到快速发展，效益得到全面提高。

经过 7 年努力，到 1997 年华东电网拥有多种产业企业 1700 多家，年产值从 12 亿元上升到 190 亿元；年劳动生产率从每人不到 1 万元上升到 3.58 万元；接收吸纳电力主业转岗分流人员从 17152 人上升到 69854 人，同时安置征地农民工、待业的职工子女等集体职工 15800 人。既大大减轻了国家安排就业的压力，也为电力主业实施“减人增效”，深化电力体制改革创造了条件。

1997 年，全网共有 1484 户部属集体企业首次对集体资产进行了清查、重估和产权界定，摸清了“家底”，明晰了多种产业企业的产权，既理清了国有企业与多种产业的资产关系，也为集体企业的再发展作了准备。

1998 年开始，华东电网多种产业纳入电力企业整体改革范畴，与市场经济接轨，实行规范发展。在该阶段中，华东电网多种产业继续为电力主业减人增效、实施再就业工程创造条件；为安排主业职工子女、稳定职工队伍，减轻社会和政府负担积极作出新的贡献。至 2002 年，华东电网多种产业的经济效益、安置效益都得到同步增长，企业的管理体制、运行机制改革也取得了积极成果。多种产业年产值比 7 年前翻了一番，劳动生产率达到年人均 6 万元以上。

第一章 机 构 与 体 制

其间，在华东电管局（公司）和省（市）电力局、上海电力建设局（公司）的职能机构中，多种产业管理机构均相继设置或升格为独立处室（或部），机构名称最初为“集体事业办公室”或“集体事业管理处”，后改名为“多种经营管理办公室”或“多种经营管理处”，以后又改名为“多种产业管理部”，主要负责对多产企业的行业归口管理工作，贯彻执行国家和能源部（后为电力部、国家电力公司）有关方针政策，在电力系统集体企业开展清产核资和清理整顿工作，规范企业运作，加快发展速度，进行“因企制宜”的全方位改革，通过转换机制组建和改制为股份制企业。

第一节 管 理 机 构

1991年4月，华东电网各级企业根据能源部在北京昌平召开的电力系统劳动工资暨多种经营工作会议精神，站在电力企业发展的战略高度，进一步确定了多种经营在电力企业发展中的重要地位。1992年11月，华东电网各级企业根据能源部在大连召开的电力系统加速发展多种经营现场会精神，积极贯彻“电为核心，多种产业，三大支柱，协调发展”的方针，此后，多种产业从认识定位、政策导向和组织措施等方面都发生了转变。

一、机构设置

为加强对集体经济和多种产业的组织领导，中国华东电力联合公司将集体科从劳动工资处中划出扩编，成立了独立处室建制的多种经营管理办公室，是联合公司多种经营企业归口管理部门，对公司机关和直属单位开展多种经营进行指导和服务，并组织协调完成能源部布置的全网性任务。同时，为有利于对外开展工作，继续保留“华东电业管理局集体事业办公室”，以便协调同地方政府有关部委办的关系，行使多经企业成立、歇业、劳动工资、税务等管理审批的政府职能，实施“两块牌子，一套班子”。

为加强多种经营管理的力量，经联合公司党组会议决定，多种经营管理办公室下设企业管理科和经营管理科，并从公司本部和上海市电力公司抽调6人。多经办设主任1人、副主任经济师1人、科长2人、科员8人，定员共12人。

上海、江苏、浙江、安徽等省市电力局也相继组建或扩编了独立处室编制的多种经营办公室，同时保留集体事业办公室，“两块牌子，一套班子”运作。

1993年1月，中国华东电力联合公司更名为中国华东电力集团公司后，多种经营管理办公室更名为多种经营管理处。

2000年6月，撤销中国华东电力集团公司，成立国家电力公司华东公司。

2000年7月，国电华东公司在本部机构中设立了多种产业管理部，下设企业管理处和投资经营处。主要管理职能为：贯彻执行有关多种产业的方针、政策、法规和制度，负责安全生产、教育培训和集体资产保值增值等管理工作，开展调查研究，制定发展规划。为配合精减机关工作人员，定员编制调整为6人。其余人员充实到机关办的经济实体中。

在加强领导和管理机构的自身建设方面，华东电管局（公司）和三省一市电力局（公司）都明确由一名副局长（副总经理）为多种产业的分管领导。

二、管理工作

华东电管局集体事业办公室成立后，将华东电网多种经营集体企业发展政策研究工作、会计达标工作、教育培训工作、安全生产经营工作、集体职工养老统筹基金工作、集体企业双文明建设工作、与地方政府部门条、块管理衔接工作等列入归口管理范畴。主要体现在：

（一）贯彻国家有关政策法规

为适应国家会计制度改革的要求，实现多经企业财务管理的制度化，从1993年开始，及时制订有关财务工作改革和加强管理的规定。此外，还在华东电力系统全面试行《电力系统集体企业会计核算试行办法》及补充规定。在新旧会计制度交替之际，出台有关会计核算、财务监督、财务人员考核管理的制度和办法。1991年，实施《华东电业管理局多种经营企业工资基金管理实施意见（试行）》。1997年，按财政部、电力部等四部委的要求，对华东电网多经企业开展清产核资工作，为多经企业进行产权制度改革奠定基础。1998年，按照国家电力公司要求，对华东电网多经企业进行一次全面的清理整顿，从效果看，清理整顿对促进多经企业的健康发展、法制化治理、规范化营运等发挥了重要作用。

（二）组织协调生产经营

1990年，根据中电联及劳动部的有关要求，华东电网所属集体企业广泛开展优秀产品评选活动。向部推荐三项优质产品：华东电力试验研究所所属华东电力清洗公司的“洗必清”清洗剂、江苏新海发电厂节能建材厂的PNG系列高强度轻质漂珠隔热耐火砖、安徽铜陵发电厂所属铜陵桂家湖水泥厂的“湖光牌”425号普通硅酸盐水泥。1991年，编印《华东电网多种经营产品目录》，开拓了多种经营物资渠道。1992年4月，以华东电管局名义组织华东电网地区精选后的45种多经企业产品参加第四届国际能源展览，其中直属单位有11种产品参展，赢得国内外厂商的兴趣和关注。华东电力清洗公司的清洗剂系列产品等23种产品荣获优秀产品奖，参展产品数量多、获奖率高，在全国五大电网中名列前茅。

（三）培育经营者队伍和职工队伍

从1990年开始，组织华东电网多经企业经理（厂长）进行领导岗位培训，由中电联全国电力企业职工培训考核指导委员会统一命题、统一考试、统一评卷，对考试合格者，同国有企业局（厂）长一样，发给《岗位培训证书》，作为干部任职资格的基本条件之一。全网多经企业经理（厂长）岗位培训率达到98%以上。同时结合工作实际需要，举办不同类型、不同专业、多种人员参加的就业、专业、法规、学历等培训班，有效地提高了多经企业在市场经济中的管理能力和经营能力。“九五”规划期间，根据职工队伍文化水准上升，职工岗位结构改善，职工能级要求提高的变化，教育培训工作思路不断作出相应调整，采取与大专院校挂钩，送出去、请进来等多种形式、多种渠道培训，特别重视对职工的上岗培训、转岗培训、专业技术培训和特殊工种培训，为发展电力系统多种产业奠定了人才基础。

（四）做好安全管理工作

由于多产企业历史短、产业多、战线长、人才少，使安全管理工作落后于多种产业的快速发展，特别是进入20世纪90年代以后，安全问题显现，多产企业生产事故上升。华东电力集团公司为加强华东电网多种产业安全管理工作，1996年对多经处岗位职责进行调整，专门在综合管理岗位中兼设安全管理职责。为贯彻电力部《电力系统多种经营安全管理工作规定》，在总结以往多产安全管理工作的基础上，制订了《华东电网多种经营管理处（产业办）安全管理职责》，各省（市）电力公司多经处分别制订《多种经营安全管理实施细则》，省（市）电力公司多经处、直属单位总公司均明确设立专、兼职安全员，建立和健全安全管理网络、报表制度、事故汇报制度等，理顺主业和多种产业在安全生产监察方面的关系，并组织省（市）电力公司多经处及直属单位多产企业专（兼）职安全员参加国家有关部门组织的专门培训和华东电管局安监处组织的安监专业业务培训，将全网多种产业安全管理工作逐步纳入轨道，对搞好多产企业安全生产起到了促进作用。

（五）组织新技术项目攻关推广

在开发“飞鹰”牌刀片制造、人造水晶、新型建材等新项目中，华东电管局多经处都参与可行性调研、商务谈判，并到第一线帮助解决征用土地、投资资金等具体问题。水库大坝补漏在水电系统一直是个技术难题，新安江电厂多经企业抓住机遇组建工程技术开发公司，主动与中国建材院合作，提高科技含量，联合研制成功“改性灌浆水泥”，在新安江电站大坝试验成功，1992 年获能源部科技进步奖。该公司运用这一技术成果，不断扩展水电站大坝及其他水利枢纽建筑基础防渗加固补强的施工业务。在华东电管局多经处协助下，防渗加固补强业务扩展到长江三峡水电站、天荒坪抽水蓄能电站、福建古田水电站、安徽梅山水电站等水电站。在黄河小浪底水利枢纽工程防渗加固补强施工中，该公司运用新技术、新工艺的施工方法和员工在艰苦条件下的工作作风，受到在工地工作的法国地基公司监理的称赞，在行业内被誉为“华东之星”。

（六）解决集体职工“老有所养”问题

1990 年 1 月，成立华东电管局直属单位集体所有制企业职工退休养老保险基金统筹领导小组，实施《华东电业管理局直属单位集体所有制企业职工退休养老保险基金统筹试行办法》。到 1996 年，华东电网多经企业集体职工 2.78 万人中已有 2.16 万人纳入统筹保险，占 77.69%，其中 2.14 万人还参加了企业补充养老保险。1999 年，按照国家劳动和社会保障部门的文件精神，根据电力行业实际情况，新安江、富春江水电厂多种产业集体企业职工参照主业模式，通过浙江省电力公司社保中心加入地方基本养老保险行列。

（七）开展理论研究工作

1992 年，在能源部政策法规司统一部署下，为了总结多种经营十多年中的实践经验和面临的问题，指导多种产业加速发展，承担了“关于电力系统多种经营在电力工业中战略地位问题的研究”和“电力多种经营企业资金筹集与使用问题的研究”2 个课题，撰写多篇论文，在中电联组织的审定会上通过，并获好评。

1996 年，按中电联和中国电力企业多种经营协会要求，在华东电力系统组织《在市场经济中如何大力发展多种经营》优秀论文评选活动，征集到论文 268 篇，有 41 篇论文参加全国电力多种经营论文征集评选活动，获奖 13 篇（全国电力系统共收到应征论文 104 篇，获奖共 40 篇）。

1997 年，针对当时经济范畴中“可持续发展研究”的课题，多经处与上海电力学院一起，认真审视华东电网多种经营的发展历程，总结经验，吸取教训，撰写了 10 多篇有一定水准的论文，阐述了多经企业可持续发展必须从整体上转变经营的传统观念、思维方式和行为规范；必须熟悉和掌握资本经营、资源经营，严格综合管理、制度管理，充分调动企业和职工两个积极性；必须在普查资源（如人才、物资、品牌、成果、旅游等资源）的基础上，合理分配使用，充分挖掘潜力，发挥优势。这些理论研究，对多产工作的领导决策层拓宽工作思路有启迪作用。

第二节　指　导　方　针

1991 年 4 月 19～23 日，能源部在北京召开全国电力系统劳动工资暨多种经营工作会议。会议提出："八五"计划以至十年规划期间，发展多种产业的方针是"电为核心，多种产业，三大支柱，协调发展"。新的指导方针既要求充分认识发展多种产业对电力工业提高劳动生产率和经济效益的特殊意义，也要求用产业化集团化的经营观念来认识发展电力多种产业的方针、方向和在电力工业中的地位和作用。

同年 6 月 13 日，华东电管局在上海召开华东电网省市电力局局长会议，专题研究华东电网多种产业工作。会议要求华东电网各级领导，尤其是党政主要领导，要站在改革的高度切实提高对多种产业地位和作用的认识，把发展多种产业作为一件大事，列入党政重要议事日程，要建立健全相适应的管理机制，要重视高新技术的研试，出拳头产品，多种产业要向产业化、集团化、外向型方向努力，真正成为电力工业的三大支柱之一。

会后，华东电管局领导亲自部署多种产业工作，采取包括明确职责，加强领导，强化机构等十条措施，并修订、充实了中国华东电力联合公司编制的《1989～1993 年华东电网多种经营发展规划》，进一步清理多种产业发展方向，抓巩固，抓提高，扶持重点企业，培育优势品牌，开拓外部市场，增强企业自我完善、自我发展的能力，实现向生产经营型转变。

华东电力联合公司先从公司本部抓起。针对多种经营发展正处于计划经济向商品经济转轨的探索阶段，多经企业基本上依附主业，未形成独立的适应多种产业自身发展要求的运作机制，无论在经营思想、经营作风，还是财务、投资等管理方面都存在一些问题，影响多种经营的健康持续发展，在 1992 年 8 月，作出了《中国华东电力联合公司机关发展多种经营工作的若干规定（试行）》。此规定经过试行、总结经验和针对存在问题，于 1996 年 11 月作了全面修订后正式颁布执行。

1993 年 1 月，华东电力集团公司成立后的第一个华东电网专业会议即多种产业工作会议。会上，华东电力集团公司总经理周祥根作了《抓住机遇，加大力度，加速发展，迈开步子》的工作报告，把大力发展多种产业作为深化企业改革的重要内容、发展企业自有经济的重要途径和稳定职工队伍的重要基础；指出多种产业要调整产业结构，摆脱行业依赖，增强市场竞争力，使产品上档次、企业上规模、管理上水平、发展上快车道，努力开创新局面；电力企业组织实施"三改"，一些为生产、生活服务的附属机构和相关业务要成建制剥离到多种产业，而大量主业转岗人员的合理安置，为多种产业发展增添了生力军。是年 11 月 30 日，召开了多种经营工作研讨会，就进一步搞好公司本部机关多种产业工作形成的会议纪要强调：一是各部门、各处室都要支持发展多种产业；二要理顺关系；

三要遵照国家十部委下发的文件精神，积极推行股份合作制；四要积极筹集多种产业发展基金等。

1995 年 8 月，华东电力集团公司在温州召开全网多种产业工作会议，提出多种经营产业化、集团化；主业和多经企业两方面劳动生产率和经济效益同步大幅度提高（简称“两化两提高”）的目标。

1996 年是“九五”计划开局之年。华东电力集团公司和三省一市电力公司认真总结分析了“八五”计划期间多种产业快速发展的成功经验和存在问题，组织编制“九五”发展规划，确立了新时期多种产业的发展方向、发展思路和发展目标。

1998 年 1 月，华东电力集团公司对多种产业工作提出了“加快发展产业、加速走向市场”的新要求。为扎实开展工作，又下发《直属单位多种经营工作的若干意见》，对直属单位多种产业工作提出的要求是：深化改革要有新的突破，结构调整要有新的进展，对面临问题要有新的举措，经济效益要有新的提高。

在电力工业体制进入全面改革的新时期，华东电力系统以新的观念、新的思路和改革创新精神，部署和实施“以电力为主导、发展多种产业、提高科技含量、全面进入市场、兼顾两个效益、实现协调发展”的发展多种产业的“三十六”字新方针，把发展多种经营再次提升为发展多种产业，把它作为电力企业改革与发展的重要组成部分。1999 年 1 月 26 日，在华东电力集团工作会议暨集团管委会会议上形成的《关于实现多种经营新一轮发展的若干意见》文件，确定华东电力集团多种产业新一轮发展思路和工作目标。1999 年初，召开集团多经处处长、网省（市）电力实业总（有限）公司总经理工作会议，围绕多种产业改革与发展，在取得显著的经济效益和安置效益上统一认识、理清新的发展思路、形成了共识：必须在发挥集团整体优势和网省（市）电力公司为主体的第一层次的发展上有所突破，有所作为；以电力为主导，向生物工程、信息、环保、高效农业等高新技术领域拓展。经过市场调查和预测产生了一批联手发展课题，网省（市）电力公司分别对其进行论证和写出论证报告，并将联手发展旅游产业作为第一个试点项目，进行创造性探索，以“构筑利益共同体，提高市场竞争力”为宗旨，组建华东电力旅游网络，网络主体由华东电力实业有限公司牵头，组建华东电力旅行社有限公司，于 1999 年 5 月 28 日开业，旅游网络在启动阶段的运作推动了华东电网旅游业的发展。

为进一步提高发展多种产业的认识，脚踏实地真抓实干，认真检查存在问题，及时整改，2000 年，集团公司要求多经处制订《关于加快多种经营发展的整改措施》，及时下发到公司本部及直属企业。

第三节 清 产 核 资

1997 年初，华东电管局根据财政部、国家经贸委、国家税务总局、电力部联合下达的《关于 1997 年电力部所属中央企业、单位举办的集体企业开展清产核资工作的通知》精神，在电力部和地方政府清产核资办公室的具体部署和指导下，成立了集体企业清产核资领导小组，下设办公室。按照上述《通知》要求，这项工作既要按电力系统组织进行，又要按属地原则实施，所以，对跨地区电力单位的清产核资工作按所在地省（市）电力局的规定进行，一般要进行委托，如华东电管局所属望亭电厂、新安江水电厂、富春江水电厂分别委托江苏、浙江省电力局，上海电力建设局在皖单位则委托安徽省电力局管理，开展清产核资工作。

由于集体企业清产核资工作在历史上属首次，没有经验可借鉴，单位多、人手少、时间紧、情况复杂等，各地方政府清产核资工作进度有差异，开展工作难度较高。从加深领会清产核资工作的重要意义着手，认识到搞好集体企业清产核资工作是为转机建制，建立法制化、规范化的现代企业创造条件，做到不等待、不停步、知难而进。从抓"七到位"（领导到位、机构到位、责任到位、思想到位、文件到位、宣传到位、部署到位）着手，各单位把这项工作列入重要议事日程，每个集体企业都成立了清产核资领导小组，主要领导担任组长，并成立专门办事机构，全网从上到下形成一个指挥网络。华东电管局建立网内清产办公室主任联席会议制度，结合工作实际，举行了五次工作交流会，出了八期简报，对一些共性问题给予指导和解答。各省（市）电力局也出简报，及时沟通信息。全网多经企业分前期准备、组织实施、制度建设和检查验收总结三个阶段十二项任务全面开展这项工作，于当年完成资产清查、价值重估、产权界定、资金核实、清产核资报表填报等各项工作。在清产核资工作中，结合本行业的实际，主动争取地方政府的领导和支持，认真按部和地方政府的要求完成。为了协调部与地方的工作进程，华东电管局集体企业清产核资办公室经常向地方政府清产核资办公室主动汇报工作情况和电力部有关清产核资具体部署，结合地方政府清产办的具体要求，并用清产简报的形式及时将工作安排、进程、做法向地方政府清产办公室通报，取得地方政府清产办公室的支持和帮助。如上海市地方的清产核资进程在时间进度上比电力系统要快，特别是产权界定工作，电力部文件还没出台，上海地方界定工作已完成。华东电管局清产核资办公室主动请地方政府专门组织班子为上海电力系统集体企业开"小灶"，确保产权界定工作如期完成。对每个阶段的工作，每一户企业资产的初审、复审，网、省（市）局清产核资办公室都及时向电力部和上海市、江苏省、浙江省等地方政府清产办公室汇报，此举得到了好评。

全网共有 1484 户部属集体企业参加清产核资工作（不含趸售县局和省属集体企业），其中上海 255 户，江苏 372 户，浙江 389 户，安徽 335 户，上海电建 70 户，直属 63 户。按经济类型分，工业 319 户，交通运输 45 户，商业贸易 399 户，建筑安装 346 户，其他 375 户。

通过清产核资工作，对所属集体企业占用的资产依法确定了其归属关系，摸清了"家底"，核实了企业的全部资金，基本解决了集体企业家底不清的问题。同时，经过国家有关部门的批准，华东电力集团公司按照政策核减国有权益 2.01 亿元，有效地解决了部分集体企业注册资本不实、无力承担安置任务等问题，增强了集体企业实力。华东电力集团公司还制定了关于加强集体资产管理的实施意见。1998 年 4 月，电力部清产核资领导小组派出的检查验收团来华东，分别听取华东电管局和安徽省、浙江省、上海市电力局的汇报，检查审核资料，并抽查了下属 8 个多经企业。检查验收团认为，华东电力系统的清产核资工作“领导重视，方向明确，工作扎实，政策把握适度，界定理由充分，资料准确翔实”，同意通过验收。

第四节 清 理 整 顿

1998年7月，国家电力公司下达《关于清理整顿多种经营企业的意见》，华东电力集团公司和省（市）电力公司都成立了清理整顿领导小组，结合实际制定清理整顿工作的实施方案。

华东电力集团公司认真贯彻国家电力公司确定的“清理、整顿、规范、发展”八字方针，以国家有关法律、政策法规为依据，加强和完善多种产业企业财务、资产、工资等各项管理，使之纳入法制化管理、规范化营运的轨道，重点纠正各种违规违纪行为，规范主业与多经企业间的经济关系。从当年8月起，对主管的多经企业全面开展清理整顿工作，做到不走过场、不留死角，保证实效。各独立核算企业填报自查表，由主办单位提出具体整改处理意见。华东电力集团公司召开网、省（市）电力公司多经处长会议，检查工作进度与深度，交流情况，并对带有共性的违规违纪问题，提出处置意见，限期整改。多经处长还分别带队，到基层单位进行检查，了解整改的情况。华东电网清理整顿多种产业企业工作，按国家电力公司要求，于当年底基本完成，对427户企业实行关、停、并、转，其中上海10户、江苏244户、浙江93户、安徽86户、上海电建10户、直属4户。还并、停、注销了华东电力集团公司及省（市）电力公司机关和各类社团组织兴办的经济实体112户，使多种产业企业“多、乱、散、差”的状况得到改变。同时，一些多种产业企业注册资金不实、无证经营、无照施工的情况得到制止；一些违规违纪行为得到纠正或处理；多种产业企业中投资失误、拆借资金和违规担保的情况得到清理，清债清欠取得一定成效。通过建章立制，多种产业企业的财务、资金、资产、投资和劳动工资等管理得到加强，内部监督约束机制逐步健全完善。其间，华东电力集团公司和省（市）电力公司集体企业清产核资领导小组，都注意加强和规范对多种产业企业的资产管理，实行对资产保值增值监管考核，完善集体企业资产管理制度。华东电力集团公司制定了《中国华东电力集团公司多种经营企业集体财产监督管理办法》，于1998年8月28日颁布实施。各省（市）电力公司先后出台了配套文件。

清理整顿促规范，为多种产业的持续健康发展创造了有利条件。

第五节 机 制 转 换

多经企业体制不新、机制不活是困扰发展的一个重要因素。全网多种产业企业随着清产核资、产权界定的完成，产权纽带关系的建立，给企业注入了新的活力，进入因企制宜的全方位改革，转换机制步伐加快。各企业依法成立、依法经营、依法改制，按照现代企业制度的要求，抓机制转换和制度创新，完善法人治理结构和监督约束机制。华东电力集团公司为了加快直属单位多经企业转机建制步伐，加速直属单位多种产业的发展，1996年11月27日召开直属单位多经企业转机建制研讨会，并形成会议纪要。指出转换经营机制，建立现代企业制度，不仅是国营大中型企业改革的重点，也是电力多经企业改革的重点，是直属单位多种产业加速实现两个转变的根本途径。要求抓好两个环节：一是要选准切合自身实际的改革、改制、改造形式，切不要赶时髦、图形式，搞表面化、形式主义；二是要下工夫，强化多经企业内部运作机制，认真落实现代企业制度的各项要求，建立和完善适合社会主义市场经济要求的自主经营、自负盈亏、自我约束、自我发展的经营机制，实现产权分明、政企分开、管理科学，从而提高效益。要加强五个方面的工作：①明晰多产企业的资产构成和归属；②建立和壮大集体固定资产，为多产企业发展增添后劲；③加大分配制度改革的力度，充分调动职工积极性；④加强多产企业财务管理、融通融活资金；⑤加强多产企业精神文明建设，把准企业社会主义方向。1997年12月，华东电力集团公司首先把主办的华东电力实业总公司改制为有限责任公司，实行“上岗靠竞争，收入凭贡献”为核心内容的用人、分配制度，并对经营方式、劳动人事制度、分配制度等方面进行改革。

上海市电力局理顺集体资产产权关系，明确产权归属后，经上海市工商行政管理局核准，组建了上海电力集体资产经营中心，以中心为母体、集体资产为纽带，建立法人治理体系，形成“投资—增值—再投资—再增值”的良性循环机制，实行集体资产保值增值的企业化管理，促进了资产的优化重组，增强了投资发展功能。同时积极推进了基层多种产业企业改制，到1999年底共有有限责任公司97家，股份合作制企业7家。

到1999年底，江苏省电力局所属多种产业企业改制为有限责任公司的61家，股份合作制企业92家，中外合资企业5家。

浙江省电力局到1999年底已形成127家股份制企业、18家股份合作制企业、9家中外合资企业和4家企业集团（杭州发展、温州昌泰、金华八达和浙江中新）等多种所有制结构和多元化的企业组织形式。

1996年，安徽省电力局印发《集体企业实行股份合作制试行办法》等3个文件，先后有安庆电力发展公司等5家公司列入劳动部等部委联合抓的百家改制试点单位。至1998年底，有32家总公司（含191个子公司、分公司）改制成股份合作制企业，有27家联营企业组成有限责任公司，改制企业面达80%以上。

华东电网把推行股份合作制的企业转机建制作为多种产业企业深化改革的重点工作。至1998年底，集团共有多产企业1558户，已建立决策机制、用人机制、分配机制和制约机制，并完成改制的企业有610户，占39.15%，其中改制为股份公司1户、有限公司303户、股份合作制企业306户；另建立企业集团5家；对尚未改制的企业，针对原因，分析研究，形成指导性意见，推动和促进改制工作。

通过转换机制，华东电网多种产业企业初步形成了一个以资产为纽带、以经济责任制为核心的独立法人实体和市场竞争主体。

第二章 经营与效益

华东电网多种产业在“八五”计划、“九五”规划、“十五”战略规划的制订和实施的过程中，坚持以改革为动力，着力探索和实践企业的体制、机制和管理创新，在经营上初步实现了五个转变：即发展定位从分散的多种经营到集团化发展的转变；发展模式从福利型、安置型向资产型、规模效益型的转变；发展规模从“作坊式”生产向产业化的转变；产业结构从背靠主业向多元化产业结构特别是向高新技术产业的转变；市场营销从单纯靠电力相关市场向开拓社会市场的转变。“八五”计划、“九五”规划、“十五”战略规划确定的各项目标都提前完成或超额完成，并取得了显著的经济效益和社会效益。

第一节 “八五”计划及实施

1991年初，华东电力联合公司召开全网多种经营管理处长和省（市）电力局主办的实业公司总经理工作会议，就落实能源部确定的全国电力多种经营今后十年总收入增长目标进行规划和安排。会议在华东电网多种经营发展规划的基础上，通过调整目标和充实内容，形成了华东电网多种经营发展“八五”计划，确定了“八五”计划期间的8项主要目标：总收入年递增率13%以上；实现利润、税后留利年递增率20%以上；人均创收、人均创利年递增率10%以上等。提出了依靠科技进步、发展支柱产品、创建支柱企业等10条具体对策及措施。

为了实现五年计划目标，华东电力联合公司领导决定由网、省（市）电力局、上海电建局多经处（办）的处长（主任）和直属单位分管多经工作的厂长组成多种经营工作学习团，分别于1991年3月和9月前往东北电网和山东省电力局学习。学习团归纳了电力系统两地多种产业工作的基本做法和主要特点，提出了四个方面借鉴的设想和建议，即要明确公司多种产业的中长期发展目标和发展方向，要“三上”（上档次、上规模、上快车道）、“三化”（市场化、产业化、集团化），要形成工业实业等优势互补，多层次、多门类的产业体系，在向华东电力联合公司领导汇报后，这份材料印发至各省（市）电力公司和华东电网多经企业。

华东电力联合公司直属单位率先起步，抓投入、强产业、抓开发、上项目，脱离行业保护，在积极开拓外部市场方面开始作有益的尝试。

富春江水电厂和新安江水电厂突破行业壁垒，发展市场需要的产品。富春江水电厂与历史悠久的上海刀片厂共同投资兴建了上海刀片厂富春江联营厂，引进国内先进的生产流水线，生产国内名牌产品——“飞鹰”牌碳钢双面刀片。1991年12月土建开工，第一条生产线于1992年5月建成投产，日产量40万片，年产量8000万片，创利100万元以上，产品远销东南亚，安置主业分流人员和职工的待业子女近百人次，取得良好的效益。新安江水电厂发挥热控技术优势，投资筹建人造水晶厂，于1992年5月建成。该厂拥有28台高压釜，年产水晶20吨，安置主业分流人员和待业青年30余人。

望亭电厂综合公司不断延伸经营领域，向规模化、综合型发展，下属有砌块厂、机修厂、印刷厂、服装厂、鳗鱼养殖场、电气设备厂、良种场、工程队等8个核算企业，固定资产原值达1000多万元，职工超过1000人，经营效益显著，是华东电网第一个年收入超亿元、安置职工最多、固定资产最雄厚的多经企业。

华东电力试验研究所主办的华东电力清洗公司是华东电网内第一家科技型多经企业，根据市场需要，努力将科技成果转化为生产力，研制和开发了"洗必清"等系列产品。1992年5月在中电联的指导帮助下，筹组了全国电力系统第一个跨省市的多种产业专业集团、华东电网第一个多经企业集团——东方电力清洗集团，首批参加集团的有15个成员单位，除了电力系统多经企业，还有部队和地方的专业单位，是面向全国的科技、工贸相结合的经济联合体。组建后成效明显，大大提高了市场竞争力，龙头单位的产值翻了近6倍，成员单位经济效益也不同程度地提高，当年集团总收入达8000万元。同时，加速了产品优化和新产品研制工作。

1992年6月，华东电力联合公司在机关进行"三改"，为实现减人增效，成立公司本部经济实体——上海华东电力实业开发总公司，集科技、工贸于一体，下设工程承包公司、工贸公司、科技咨询公司、对外公司、亿加华公司（中加合资）等分公司，除参与电力建设和电力技术开发外，还面向社会开展专业技术服务和物资供销、贸易等业务，迈开了向产业化、集团化方向发展的步伐，为华东电网多种产业向规模化、综合型发展起到了示范作用。1992年末，上海华东电力实业开发总公司又组建了上海华东电力技术发展公司。该公司发挥技术优势，积极参与上海市的重大工程建设，承接上海地铁一号线从德国西门子引进的技术难度高、系统复杂的供电计算机监控系统的安装、调试项目，获得西门子专家和地铁公司领导的好评；该公司还承担了上海出口巴基斯坦木札法戈32万千瓦机组的部分热控装置安装调试任务。上海供电系统多经企业跨出行业圈，与台商合资兴办"上海申濠织带有限公司"，产品90%外销国际市场。上海市东供电局抓住浦东开发开放的机遇，组建了电力市政工程公司、电力设备安装公司，完成了大批上海市政府的重点实事工程，为浦东发展作出了显著业绩。上海电力建设局所属欣影广告公司，以精湛技术、优质服务闯入市场，其90%的业务承揽于外部大市场，为广告行业同仁瞩目。

1992年11月，华东电管局根据能源部在大连召开的电力系统加速发展多种经营现场会精神，再次修订多种产业"八五"计划，提出积极配合主业三项制度改革，安置好分流人员；华东电网多种产业总收入要按年20%以上递增，并要重新规划和部署发展战略，提出实施跨行业、跨地区、多元产业发展战略。到1992年底，华东电网新办产业化多经企业达100余家。

各省（市）电力局、上海电建局先后组建成立了上海电力实业总公司、江苏电力实业发展公司、浙江省电力实业公司、安徽电力实业总公司、上海电力建设发展总公司。这些网、省（市）电力局层面多经企业的诞生，既为电力企业经营机制转变安置分流人员创造了条件，又为发展规模经营、协调企业互补双赢发挥了积极作用。

随着市场经济的发展和电力体制改革的不断深入，“八五”计划中后期，网、省（市）电力局不断调整多种产业的发展战略和思路，面向市场组建了一批技术含量高、市场占有率大、经济效益好的企业群体，经济增长质量不断提高。

1993年8月，由江苏电力实业发展公司等5家企业发起，经省体制改革委员会同意，组建江苏电力系统第一个以定向募集方式设立的江苏电力发展股份有限公司。该公司还牵头组建全省电力系统广源空调和悦力纯净水两个销售联合体，实现品牌运作，取得集约规模效应。江苏常州电力实业总公司先后与新加坡中华电力公司和亚洲电力公司合资成立常新发电有限公司和常亚发电有限公司。盐城电气实业总公司生产的分流旁路式流量计系列产品出口巴基斯坦、越南和马来西亚等国家。

1993年，安徽省和县西阜供电所12名富余职工以4万元起家，办起人造金刚石和粮油加工厂，年产值达1600万元，实现利润200万元以上。1994年，该加工厂改制为安徽省电力超硬材料总公司，成为股份合作制企业，后又瞄准目标向科技型企业发展，产品在国内、国际均受欢迎，取得显著经济效益，成为安徽省高科技企业。该公司总经理洪必钊获1995年中电联表彰的优秀经理和1996年劳动部表彰的先进个人，1998年该公司被国家电力公司授予“优秀企业”称号。

1993年始行股份制的浙江金华八达电业总公司逐步向集团化迈进，1994年又成立了“浙江金华八达集团”，以金华八达电业总公司和送变电公司为核心层，有18家企业为紧密层，19家企业为半紧密层，22家企业为松散层，成为拥有1.62亿元资产的多种产业集团。

新安江水电厂实业综合公司充分利用技术优势，和学校、科研单位共同开发科技含量较高的水轮发电机备品备件，先在厂内使用，成熟后推广到全国水电行业。先后与浙江大学、华东电力试验研究所共同研制最佳空位换位线棒，获电力部科技进步奖一等奖；加长型360度换位线棒获华东电管局科技进步奖二等奖。1993年，与辽源科学研究所共同研制水轮机弹性金属氟塑料推力瓦获得成功，在葛洲坝、青铜峡等水电站发电机安装使用，被中电联定为“弹性金属塑料瓦”定点生产企业。后又研制成功了弹性金属塑料导轴瓦节能高效产品，代替巴氏合金轴瓦，延长发电机使用寿命，减少检修人员的工作量，在1996年“水轮发电机研制和应用鉴定会”上，该产品获得上海新产品鉴定验收证书。

华东电网多种产业在“八五”计划期间积极构筑以生产经营型企业为基础、以高新技术产业型企业为先导、以资本运营型企业为主力的三大产业群体。至1995年底，全网共有多经企业1700余户。在发展产业经济中，已取得8项国家专利。上海市东电力实业公司抓住浦东开发开放的机遇，开发投资建设自己的工业生产基地。江苏淮阴电厂粉煤灰开发公司同意大利科堡尔公司合作，组建新型建材有限公司，引进高科技、多用途制砖生产线，对治理环境污染具有积极的意义。华东电力实业开发总公司在中电联多经部的支持和指导下，牵头组建了跨地区的中电多经上海交易中心，发挥了各地、各方面的优势。全网形成规模经济的多经企业超过200家，中外合资（合作）企业有21家，年总收入超亿元企业38家（其中超2亿元8家，超3亿元3家）。

1995年底，全网多种产业提前实现了“八五”计划目标，取得了显著成绩。①上缴国家税收1995年突破5亿元，而1990年仅9370万元。“八五”计划期间增长4倍，为国家作出了贡献。②劳动生产率（增加值）1995年突破人均2万元，“八五”计划期间年均增长30%以上。③人均实现利税1995年超过8500元，“八五”计划期间年均增长40%以上。④粉煤灰综合利用“八五”计划目标为1000万吨，实际利用达到1140万吨。

第二节　“九五”规划及实施

为了巩固华东电网多种产业发展成果，在新的更高的起点上促进全网多种产业持续、快速、健康发展，华东电管局于1995年8月28日印发《关于加速发展多种经营的若干意见》，共25条。《意见》提出要实现4个方面的转变：由单靠主业优势向市场导向转变；由低效益向规模效益转变；由“小打小闹”向“两化两提高”转变；由低层次向高层次转变。《意见》要求各省（市）电力局和直属单位制订相应的实施细则。与此同时，组织全网多经处长学习贯彻中共十四届五中全会精神，针对华东电网“九五”发展规划的总体要求，结合全网多种产业发展的实际，制定了华东电网多种产业“九五”规划的实施意见。

华东电网多种产业“九五”发展规划主要奋斗目标是：到2000年全网多经总收入达到200亿元以上，固定资产净值年平均增长10%，资本金利润率达到20%，全员劳动生产率年增长5%，总收入超亿元企业总数达50户以上等。

华东电网多种产业“九五”规划实施意见和主要措施有：调整产业结构，加强工业实业开发建设，提高经济效益，形成新的经济增长点，带动中、小型多经企业的高效发展。“九五”规划期间，每年组建2～4个档次高、规模大、效益好的企业集团，作为华东电网多种产业的骨干企业；要注重对现有多经企业的挖潜、革新、改造，以引进技术为主导，给予必要的投入，通过对设备进行改造、更新、挖潜，形成自己的优势项目和拳头产品，增强市场竞争能力；对小型“作坊式”多经企业，要采取果断措施，实行承包经营等形式，落实盈亏责任，放开走向市场；多经企业筹集的资金，要善于集中使用，必须保证用于发展生产。

上海市电力公司提出分三步走的发展战略：第一步完成企业改制；第二步重组机构，合理布局；第三步开拓市场，形成规模，到2000年底，总收入力争超过50亿元。江苏省电力公司提出多经发展必须与全省电力发展相适应，积极培植骨干企业，经过5年努力，争取达到总收入70亿元，利润4亿元，成立2～3个资本金和年经营收入在亿元以上的企业集团。浙江省电力公司提出第二次创业工程，基本形成多种产业和主业共同协调发展，2000年总收入突破80亿元。安徽省电力公司以发展实业为基础，大力抓好重点项目建设，通过5年奋斗，总收入达到40亿元。上海电建局加快发展规模经济步伐，要妥善安置不能适应第一线工作的老、弱、病、残的主业职工2000人次。上海电力学院提出组建技、工、贸为一体的产业集团。

1996年5月，华东电力集团公司召开直属单位多经工作会议。会议采取走出去，边走边学，边看边议的形式，不但到条件好、发展好的单位去，还专门到条件差、注重发展取得实效的单位去，学习如何走出自己的发展道路。会议代表先后考察学习了安徽、江苏、浙江10多家多经企业，有效地促进了经营者解放思想，摈弃过去把多种产业当做副业、附属品的陈旧观念，从多经企业蓬勃发展的实例，看到多种产业的生产和发展，客观上就是电力工业的延伸，拓宽了发展思路，增强了实现多经“九五”工作目标的信心和干劲，直属单位提出到2000年总收入达到6亿元、利润总额同步上升的目标。

至1997年底，年总收入超亿元的多经企业已超过66家，成为华东电网多种产业向产业化、集团化方向发展的基本力量和“排头兵”。

上海市电力公司多经企业在改制中，组建了上海电集资产经营中心，资产总量超过10亿元，显示了强有力的投资功能，促进了企业优化组合，走向市场，先后由“中心”参股控股，将原分散、小型的生产电力电缆的企业，经资产重组形成拳头，改制成年生产能力超亿元的上海普澳电缆有限公司；将生产净水的若干多经企业兼并组合，实施品牌战略，建成上海清泉乐饮料有限公司，还提出了组建十大公司为多经支柱产业的改制方案。杭州电力局实业总公司联合所属全资控股参股企业和有稳固经济协作关系的企业，组建成杭州电力发展集团公司，注册资本金5000万元，总资产达6亿元以上。组建后的集团有了实现产业化和企业资源优化组合的重要后盾，有了集中资金、技术、人才，加速发展实业的活力，增强了进入市场的竞争力，至2000年，集团年总产值达到15亿元。安徽电力系统通过资产重组将分散的12家地市开关厂联合起来，组建成“安徽电力开关制造联合体”，联合开发新产品，统一协调销售业务。

华东电网多种产业“九五”规划制订后，又进一步面向市场调整产业，优化结构、加强新技术、新产品的开发，在提高科技含量、发展规模产业的基础上，又有新的进展和提高。江苏省新海发电厂多种产业至1998年已形成建材生产、建筑安装、石英制品生产的三大支柱性产业；他们利用地方资源和港口优势，产品远销国际市场，其石英制品公司已成为连云港市规模最大的电熔石英产品出口基地，其产品的质量被连云港市外贸列为免检产品，深得日本客户的青睐。他们投资的新型建材公司，成为江苏省该行业的十大企业之一，生产的高强度轻质漂珠耐火砖远销全国25个省市，产品荣获全国资源利用优秀项目奖。浙江杭州欣美电器有限公司加速技术改造，先后从日本、德国引进先进工艺流水线，推动产品开发，每年推出一批新产品，使其成套竞争能力大幅度提高。同时，加大营销力度，在全国组建了13个销售公司，产品销往全国十多个省市地区。

1998年末，华东电力集团公司为迎接新世纪、开创新局面，又确立多种产业要实现新一轮大发展的思路和目标，提出多种产业进入“第二次创业工程”。

华东电力集团多种产业的总体目标是：面向21世纪，立足发展，抓住清产核资、转换机制两个机遇，推进股份制改造和产业化、集团化建设，全面提高多种经营增长的质量和效益，建立新的多种产业集团网络体系，继续推进多种产业持续、健康、稳定、快速发展。

到2000年，要实现“三个突破”（总产值（收入）突破250亿元，实现利税突破25亿元，亿元企业数突破100家）；“四个领先”（人均创收、人均利税、劳动生产率、资金利税率 4 项主要经济指标保持领先地位)；“五个超过”[产业化企业超过 30%；年总产值(收入)中走向外部市场的部分超过 30%；省(市)电力公司多种产业支柱企业(集团)超过 3 家；全网跨行业、跨区域支柱企业(集团)超过 3 家；年总产值(收入)3 亿元以上的骨干企业超过 20 家]。

到 2000 年底，全网多种产业“九五”规划目标提前实现，“第二次创业工程”按期完成。总收入达到 300.08 亿元，超额完成规划目标的 20%；实现利税 30.92 亿元，超额完成规划目标的 23.7%。此外，增加值从 1995 年的 31.9 亿元到 2000 年的 63.06 亿元；劳动生产率从 1995 年的 25030 元/(人·年)到 2000 年的 51100 元/(人·年)；总资产从 1995 年的 176.28 亿元到 2000 年的 342.83 亿元；所有者权益从 1995 年的 36.63 亿元到 2000 年的 111.16 亿元。

第三节　“十五”战略规划及实施

国家电力公司 2000 年工作座谈会在上海召开，对进入新世纪多种产业工作作出部署和安排，即坚持“一业为主，多种经营”的方针，切实把多种产业放到公司改革与发展，放到提高电力企业整体竞争力的全局去考虑，使之成为企业发展战略的有机组成部分。

2000 年 8 月，国家电力公司华东公司党组结合公司实际，制定“十五”多种产业战略规划，对加快公司本部及直属单位多种产业发展提出了 6 条措施：①进一步提高发展多种产业的认识，脚踏实地，真抓实干；②研究和制定发展多种产业战略规划，结合各个单位实际，确定具体工作目标，推动多经企业实现产权多元化、经营市场化、发展产业化、管理科学化，经过二三年努力，取得突破性进展；③解放思想、实事求是、鼓励探索、大胆尝试，充分发挥优势，加强市场开发工作，抓紧选题，实现一批新的产业起步，并成为“四化两体”(产权多元化、经营市场化、发展产业化、管理科学化，成为独立的法人实体和市场竞争主体)的支柱企业；④原有多经企业要积极实行技术创新，提高科技含量，加快产品升级和集约化经营水平，促进持续发展；⑤积极推进规范多产企业转机建制工作，深化用工、用人、分配制度的改革，加快体制、机制和管理创新，两年内要取得新的实效；⑥优化资本结构，以利加快发展，增强后劲。

为了加快培育和发展多元化投资功能，2000 年 2 月开始筹建华东电力投资经营有限公司，经有关部门批准，5 月底正式对外运作。首期注册资本金 3000 万元，职工持股 48.34%，华东电力实业有限公司持股 43.33%，上海电力贸易服务总汇持股 8.33%。实施资本经营战略，多种产业要对生产经营与资本经营并举进行尝试，加快项目开发，扶持实业，壮大骨干企业，培育新的经济增长点。当年投资开发建设 10 余个项目，联动直属单位发展多元化投资，还分别投资组建了苏州新区和杭州华东电力投资经营有限公司，积极帮助直属多经企业做好技术改造、技术创新、市场开发、新的产业起步工作。

华东电力实业有限公司按照上海市政府提出消灭“白色污染”的要求，积极配合市府有关部门，参与“为民除害”的环保整治工作，以控股的形式，组建上海绿色环保工程有限公司，生产一次性可降解餐饮具，当年两条生产线投产，取得良好的社会效益。

2001年，配合主导产业改制，将原实业公司下属的技术发展公司、咨询中心分别扩建、组建成上海东云信息技术有限公司和上海华东电力科技咨询有限公司，更好地发挥专家和科技人员的作用。同时，进一步研究同德国雷兹互感器公司的合作，在上海合资生产3.5万～50万伏互感器。

到2002年初，国电华东公司本部多经企业已基本完成产业（专业）结构调整，形成投资、实业、信息、咨询四家公司，加上由实业、投资两家公司共同出资组建的上海华甸实业有限公司承担公司本部后勤服务共五大板块。不仅避免了内部竞争，而且出现了互相提供、支援市场，团结互助的新局面，有利于经营者集中精力开拓主营业务，提高专业经营水平。还确定以投资公司为核心企业，实施集团化管理模式。为保证各企业健康发展，用半年时间开展建章立制工作，先后制订了《经营目标考核暂行办法》、《工资总额与经济效益考核暂行办法》、《对外投资项目管理办法》、《财务运作规则》、《财务管理制度》等一整套规章制度，并于2002年5月30日颁布执行。

2002年6月，国电华东公司召开本部多种产业工作会议，公司两位分管领导分别作了《按照“三个代表”重要思想，推进公司本部多种产业深化改革和集团化发展》的工作报告，和对多种产业发展战略规划的指导性讲话。

2002年，公司本部多种产业总收入1.83亿元，实现利润5560万元，分别比年度经营目标值超额20%以上。

“十五”计划头两年，各省（市）电力公司分别按照国电公司《关于进一步推进公司系统多种产业改革与发展的若干意见》，以省公司为主体作出部署，相继制定并实施“十五”战略规划。

上海电力公司根据国电公司工作座谈会要求，确立多种产业以发展为主题，调整为主线，突出“两个效益”，抓住“两个重点”，确保集体资产保值增值，充分利用已形成的产业规模，逐步发展成为跨地区、跨行业、跨所有制的产业集团。

到2002年底，上海电力公司所属集体企业有273户，集体资产总量为44.76亿元，资产保值增值率达到23.6%。2002年，多种产业总收入121.5亿元（2000年为64.3亿元）；实现利润10.48亿元（2000年为4.44亿元）；涌现年总收入超亿元企业11家（2000年为14家），从业人员15891人（2000年为15427人），其中主业分流9576人（2000年为9745人）。

江苏省电力公司在发展多种产业“十五”战略规划中，重点推进省电力公司层面上多种产业的发展。省电力公司层面的核心公司——苏源集团已成为资产运营中心、管理中心，下属各类专业公司成为经营中心、利润中心。到2002年底，江苏省电力系统多种产业发展成为具有相当规模和多元产业结构的行业支柱产业之一，为电力企业合理配置人力资源，提高经济效益和社会效益，积累开拓市场的经验等发挥了积极的作用。年末，以省电力公司系统为统计口径，多种产业固定资产原值为18.12亿元(其中有9个企业的固定资产原值在1亿元以上)，加上流动资产75.45亿元、长期投资17.34亿元等，总资产达到107.9亿元。多种产业总收入105亿元(其中有2个企业总收入为10亿元以上、有9个企业为5亿元以上10亿元以下)；实现利润5.75亿元；劳动生产率为59511元/(人·年)[其中有2个企业达到20万元/(人·年)以上]。

浙江省电力公司在实施多种产业“十五”战略规划时，为了推进省电力公司层面上多种产业的发展，加强内部资产整合，通过对现有资产的优化配置，实施规模经营，增强企业竞争力，整体水平上了一个新台阶。至2002年，浙江省电力多产企业经济效益创历史新高，社会效益也日益显现。全省电力多产企业利润总额17.30亿元，所有者权益64.74亿元。全年安置主业分流员工6052人，吸纳系统外社会就业人员22585人。

安徽省电力公司在实施多种产业“十五”战略规划中，突出重点，分层定位，构筑公司系统多种产业发展的新格局。第一产业有蚌埠五河农业科技园、阜阳农业种植基地、安庆及巢湖佳和绿色蔬菜生产基地等；第二产业有电力工程安装、电气设备材料加工制造、水电开发等；第三产业有电力工程设计、物业管理、房地产开发、旅游、超市等。到2002年末，安徽省电力系统多产经营收入96.63亿元，实现利润4.81亿元。

第四节 直属单位多种产业企业

2000年5月，华东电力集团公司更名为国家电力公司华东公司，“多种经营管理处”随之也改名为“多种产业管理部”。自2001年起，华东电网三省一市电力公司多种产业的报表统计等工作，直接由国家电力公司的有关部门归口。因此，仅选择直属单位的6家企业作简要介绍。

一、上海华东电力实业有限公司

其前身是上海华东电力实业开发总公司。该公司积极参与上海市重大工程建设，如承接上海地铁一号线从德国西门子引进的技术难度高、系统复杂的供电计算机监控系统的安装、调试项目，公司技术人员拥有较高的远动通信专业水平，多次得到西门子专家和地铁公司的好评，承接的项目被评为“优良工程”。2000年，上海市人大、市政府提出要节约资源、保护环境，减少“白色污染”，从源头采取有力措施，将禁止使用不可降解的发泡餐盒等包装用品，上海华东电力实业有限公司积极参与这项“为民除害”的环保综合治理工作。经过调研了解到这类项目投资大、成本高，行业中的企业单从赢利角度考虑缺乏积极性。实业公司顾大局、识大体，主动配合市人大、市政府有关部门，以控股的形式，组建了“上海绿色环保工程有限公司”，生产一次性可降解餐饮具，第二年两条生产线投产，优先供应大型餐饮店、铁路、航空、车站等流动人口密集点使用。由于可降解原料系粮食类副产物，成本高而且不断上涨，但为了有利于推广使用环保产品，维护政府政策法规严肃性，实业公司还是尽量降低销售价格，做到了微利，甚至按成本价供应市场，为环保整治工作作出了贡献。

二、望亭发电厂综合公司

望亭发电厂综合公司成立于1982年10月。该公司成立后，发展多种经营，扩大就业渠道，并对所属集体企业及集体资产进行管理。1991年除公司本部外，下属有砌块厂、机修厂、印刷厂、服装厂、电器设备厂、工程队、养鳗场、水产良种场共8家集体企业。至2002年的12年发展中，按现代企业制度要求，陆续新办运输公司、物资公司、粉煤灰分选厂和纯水公司4家全资或控股企业。

电厂排放的粉煤灰一直由综合公司负责承办开发利用。12年间，电厂共产灰462.2万吨，共利用568.8万吨（含历年存灰），利用率123%。公司所属的砌块厂的砌块产量一直保持在年产10万米^{3}左右，随着墙体材料的发展变化，大型砌块产品逐步趋于淘汰，1999年停产。为适应电厂干出灰系统全面投运，分选厂于1997年和2001年分别投资建造两套粉煤灰分选设备，生产分选一级灰，通过了由上海市建委科技委员会组织的专家组产品验收和鉴定，获得“上海市建筑材料和建设机械产品准用证”，并申报了“新固体”注册商标，产品广泛应用于沪、苏、浙等地重大工程项目，市场销路很好，至2002年的5年间共销售一级灰36.5万吨。

同时，适应地方建设需要，1993～2001年，综合公司分别向沪宁高速、锡澄高速和苏嘉杭高速公路共供灰147万吨，使电厂太湖灰场历年存灰基本处理完。为此，12年间共有6次获得综合利用先进荣誉，见表12-2-1。

表12-2-1 望亭电厂获得综合利用先进荣誉情况

序号	时 间	颁发单位	荣誉名称
1	1995-07	上海市	节约能源和资源综合利用先进单位
2	1996-11	国家经贸委	全国资源综合利用先进单位
3	1997-03	上海市	资源节约综合利用工作先进
4	1998-05	上海市计、经委	资源综合利用先进集体
5	1999-06	上海市计、经委	资源节约综合利用先进企业
6	2001-06	上海市经委	资源节约综合利用先进企业

1981年成立的印刷厂，通过逐年发展并于2002年更名为“苏州望电印刷有限公司”，注册资本增至800万元。该公司是苏州市重合同守信用企业，具有书、报、刊印刷，商标、国家秘密载体复制和广告经营等各类特种印刷资质证书。20世纪90年代后，通过加快设备的技术改造和业务结构的市场化进程，陆续引进计算机和激光排版系统，德国海德堡四色、六色彩印机，双色轮转机，书刊装订联动线及其他配套设备；业务结构逐步调整进入书刊印刷市场，彩印和软壳包装印刷市场，销售额12年递增15.7倍。随着产品质量和经济效益的不断提高，分别于1995年荣获中电联颁发的“全国电力多种经营先进企业”和国电公司颁发的“1998年度电力行业质量效益型先进企业”光荣称号。1996年起，连续4年被评为苏州市新闻出版局文明书刊印刷企业，印刷的书刊4次被评为苏州市优秀产品，14次获得上海市科技出版社、同济大学出版社书刊抽检质量优胜奖等荣誉。2001年取得了ISO 9002质量体系认证证书。在深化改革、创新体制的进程中，2001年，经电厂决定，印刷厂于2002年3月开始依据苏州市政府颁发的《关于进一步深化我市国有工业企业改革工作的实施意见》进行企业整体改制，改制工作于同年12月顺利完成，经苏州

市体改办批准，成为职工参股的现代企业。

综合公司下属其他各企业也在走向市场的进程中不断得到新的发展。

三、新安江水力发电厂综合服务公司

新安江水电厂综合服务公司成立于1983年11月，至2002年，共安置下乡务农返城的电厂职工子女及社会青年328人，主业分流人员37人。下辖水晶厂、水电维修服务队、旅游公司等。

（一）水晶生产

1990年建设新安江电力水晶厂。工程分三期，投产250毫米直径高压釜28台，总投资650万元。1991年10月试产成功。1994年、1995年分别产水晶22470千克、24000千克及部分工艺品（1995年销售额230万元）。1999年组织QC小组开展技术攻关，解决晶片炸裂、包裹难题获得成功，水晶质量趋于稳定、指标合格。2000年起开发外销品种。2002年质量稳步上升。

（二）旅游服务

旅游公司有职工80人。租赁新安江水电厂的招待所进行经营活动，并自行投资建有4层楼房的紫金宾馆，共有客房79间（床位218张）及其配套设施，并有游船4艘。经营参观、旅游、休养和会议接待（以参观电站、游览千岛湖风景区为主，辟有新安江—黄山旅游线），实行吃、住、行“一条龙”服务。1991年，被评为华东电管局直属单位招待所文明优质先进单位。2002年8月，被评为杭州市优秀旅行社。1991～2002年共接待国内外游客99.8万人次。

四、富春江水力发电厂劳动服务公司

富春江水电厂劳动服务公司创办于1983年。从1991年起，为了扩大安置主业分流人员和电厂职工待业子女，利用当地土地、自然资源和拥有机械、木工加工技术人才的优势，发展刀片、家具制造和旅游业等。

（一）刀片生产

1991年，该公司与上海名牌产品企业——上海刀片厂合作，共同投资在浙江省桐庐县富春江镇建设上海刀片厂富春江联营厂，生产、销售上海名牌产品——“飞鹰”牌碳钢双面刀片，年生产能力8000万片，1992年5月建成并正式投产。安置主业分流人员、职工子女和社会青年达100余人。

联营厂生产的碳钢双面刀片以工、农业生产使用为主，民用剃须为辅，产品由上海刀片厂（上海刀片厂合资后为上海吉利有限公司）负责销售，大部分出口东南亚及欧美国家。联营厂从1992年投产至2002年，共生产销售刀片11.03亿片，销售收入7040万元，实现利润936万元。取得较好的经济效益和社会效益，也为主业所在地的经济建设作出了贡献。

（二）家具制造

富春江水电厂劳动服务公司投资组建了家具厂，生产制作“华电”牌成套办公家具。为了保证产品质量，家具厂建立并严格执行三级质量检验制度。从1992～1996年，五年实现销售收入200多万元。

（三）旅游服务业

富春江水电厂劳动服务公司充分利用桐庐县当地“瑶琳仙境”、“严子陵钓鱼台”、“桐君山”等风景名胜以及邻近地区杭州市和千岛湖的旅游资源，适时增加了旅游、餐饮、住宿经营项目，在取得一定经济效益的同时解决了部分职工家属、子女的就业问题。1992～2002年，共取得营业收入近500万元，接待游客20多万人次。

服务公司经过清产核资、改制转制，1998年7月改建为杭州富春江电力发展有限公司，2001年迁入杭州高新技术开发区滨江科技经济园，进一步走上了规范化发展的道路。该公司在1996～1997年度、2000～2001年度连续两次被国家电力公司评为“双文明”单位。

五、上海中世经营公司

上海中世经营公司是华东电力试验研究所下属的集体所有制企业，组建于1993年3月。公司下属有印刷厂、设备厂和后勤保障等部门，员工100余名。

（一）印刷厂和印务中心

1990年4月，经上海市新闻出版局批准印刷厂列为“书刊印刷定点企业”，积极参与印刷市场的竞争，设有生产经营部、电脑排版部和印刷装订部，经营规模逐年扩大，年产值从1991年的60万元到2002年达450万元，曾被中国华东电力集团公司、华东工委评为“百佳先进班组”。

（二）设备厂

前身为修配试制工场。为了加快华东电力试验研究所科技成果转化为生产力，全厂员工积极努力先后试制成功的测试装置、节能设备等新产品不断推向市场，其中推出的科技（节能）新产品有绝缘油自动全脱气装置获得部级科技成果奖，并作为国家标准化常规测定方法之一。高精度流量校验装置、真空表校验装置、微压计、气动可调式直行程执行机构等市场应时急需的新产品，均先后获得国家、能源部、局级科技成果奖、技术进步奖等奖项而被推广应用。

（三）绿化建设与养护

该公司以合同形式承接电力试验研究所委托的绿化建设与养护、环境卫生等后勤保障服务工作。公司从事这方面工作的员工兢兢业业、认真负责，对园艺技术刻苦学习、精益求精，为试研所营造了整洁、优美的工作环境。由于他们的努力，华东电力试验研究所1995年荣获上海市绿化争先创优十佳单位，并连续12年6次获得“上海市花园式单位”和“上海市爱国卫生先进集体”等荣誉称号。

六、上海仿真控制系统工程公司

上海仿真控制系统公司（简称仿真公司）是华东电力培训中心的多种经营企业，创办于1994年7月24日，是从事仿真、自动控制、信息技术研究和开发等四技服务的高科技公司。业务范围包括仿真支撑系统技术、过程控制系统工程、信息管理系统工程、计算机软件集成工程、网站建设等。

2000年，仿真公司将仿真开发作为主要产品积极参与市场竞争，通过开拓、创新，仿真公司在业界已有较高的知名度。尤其是2002年公司开发的仿真支撑系统，其系统移植性好，可在PC机、HP小型机、Compaq小型机等计算机上运行，灵活性强，适用范围广；可以以客户机/服务器方式和终端登录方式运行仿真系统；可在一台计算机上同时进行多个仿真系统的开发。该系统为仿真公司的发展创造了良好的条件。

仿真公司对培训中心的培训工作起到了很强的支撑作用，仿真公司具备跟踪现场变化的能力，通过仿真培训，现场运行人员不断地对仿真系统提出新问题，公司据此改进，使现场的新技术在仿真系统中得以体现。

仿真公司倡导“敬业、勤奋、创新、团结”的企业文化。同时强调“靠技术与质量创名牌，靠名牌占领市场，靠优质服务赢得信赖”的质量意识。

第十三篇　经　营　管　理

第十三篇 经 营 管 理

顺应华东电力工业的快速发展和计划经济向社会主义市场经济转变的态势，华东电力企业管理体制和各项管理手段进行了相应变革。

电力体制改革，华东先行。随着华东电力联合公司和各省市电力公司的成立，华东电网实现了由独立核算、统一管理向省市电力公司作为独立法人实体的转变，调动了省市电力公司的积极性。1993年初，中国华东电力集团公司成立，成为集电力生产、建设、经营、科研、设计、教育和多种经营于一体的特大型国有企业，在国家计划内实行计划单列、财务计划单列、物资计划单列，实行工资总额与实现税利和万千瓦时售电量挂钩，享有外事审批权和对外经贸权，推进了华东电网地区电力资源的合理开发和运用。

投融资体制改革的进一步深化，拨改贷、集资办电和征收电力建设基金二分钱等措施的落实，促进了华东电力工业的发展。劳动、人事、工资配套制度改革后，实行了岗位技能工资制，完善了劳动工资管理，形成了有效的激励机制和约束机制。华东电力集团公司提出企业经营以财务管理为中心，财务管理以经济效益为中心，落实资产经营责任制，加强预算管理，提高了资产质量。通过落实全员、全面、全过程、全方位的安全生产责任制，开展各项安全管理活动，创新安全管理理念，安全监督取得了成效。开展安全文明生产达标和创一流活动，发供电设备状况有了明显改观，企业技术经济指标逐年提高。

1992年前，华东电力企业实行“利税基数承包、超收分成”的承包经营责任制。1992年后贯彻《全民所有制工业企业转换经营机制条例》。20世纪90年代后期起，按照上级主管部门“公司化改组，法制化管理，商业化运营”的要求，组建浙江东南发电股份有限公司和上海电力股份有限公司，并依据现代企业制度的要求进行运营。

2000年，撤销中国华东电力集团公司，国家电力公司华东公司成立，并成为国家电力公司的分公司，国家电力公司对国电华东公司实行法人授权委托制。2002年5月，国家经贸委决定撤销华东电管局，将其行政管理职能交给国家经贸委，实现了政企分开。

第一章 机 构 体 制

1987年，国务院代总理李鹏作出了关于“电力体制改革势在必行，华东可先行”的指示。1988年3月，水电部、国家计委、国家经委发布了关于转发国务院批复“华东电网体制改革方案”和“华东电网调度管理若干问题的规定”的通知。据此，1988年12月，由华东电管局组建的华东电力联合公司成立。以后，三省一市电力公司先后成立，同时保留华东电管局和省市电力工业局的名称和行政管理职能。将“华东电网独立核算、集中统一的管理体制改为联合公司和省市公司都是经济实体，分别实行独立核算，自主经营，自负盈亏，在经济上平等互利，都具有法人地位的联合企业”。

1991年以后，随着电力体制改革的深化，华东电网的机构与管理体制发生了多次变动。1992年底，国家计委等复函同意中国华东电力联合公司更名为中国华东电力集团公司，同意以中国华东电力集团公司为核心组建中国华东电力集团。2000年5月，国家电力公司决定成立国家电力公司华东公司（简称国电华东公司），同时撤销中国华东电力集团公司。国电华东公司成为国家电力公司的分公司，国家电力公司对国电华东公司实行法人授权委托制、经营目标责任制和内部工效挂钩考核制。2002年5月，国家经贸委批复撤销华东电管局，其承担的跨省（市）电力资源配置、规划、设计及电网运行中重大问题的协调等行政职能移交到国家经贸委。1991～2002年，三省一市电力工业管理体制也发生重大变革，由政企合一，经过公司化改组，到2000年9月和2001年1、2月，国家经贸委分别批复撤销了江苏省电力工业局和上海市、安徽省电力工业局，实现了政企分开。2002年底，实现了厂网分开，企业重组。

第一节　中国华东电力集团

一、成立背景和过程

1991年4月底，华东电管局（联合公司）根据能源部政策法规司转发的1991年3月初国家体改委、国家计委、国务院生产委召开的全国企业集团工作会议有关文件的精神和各电业管理局（联合公司）提出组建企业集团的设想方案和研究意见的要求，提出了《关于组建华东电力企业集团的意见》。意见认为，华东电网按照“政企分开，省为实体，联合电网，统一调度，集资办电”的改革方针进行了体制改革，初步调动了省市电力公司的积极性，在加快电力建设，挖掘内部潜力，促进多发电，加强计划用电，做好发供电平衡和开展承包经营，加强经营管理，提高经济效益等方面取得了一定成效。但也存在一些问题，主要是省市电力公司成为独立核算的经济实体后，对实行电网的统一调度，发挥大电网的优越性，以及执行电网发展的统一规划等增加了难度。因此，从华东电网的实践看，在现有的基础上组建企业集团是深化改革的正确道路。

1991年12月，国务院《批转国家计委、国家体改委、国务院生产办公室关于选择一批大型企业集团进行试点请示的通知》（国发［1991］71号），将华东电力集团列入了55个第一批试点企业集团名单之中。该文件对选择一批大型企业集团进行试点要达到的目的，试点企业集团必须具备的条件，要遵循的原则，试点企业集团在国家计划中实行单列，试点企业集团核心企业对紧密层企业的主要活动实行“六统一”（包括紧密层企业的主要领导干部由集团的核心企业统一任免），试点企业集团要逐步建立财务公司、要逐步赋予试点企业集团自营进出口权等内容，都作了阐述和规定。

1992年初，华东电力联合公司开始筹组华东电力集团的工作。同年3月，能源部在北京召开了组建电力企业集团工作座谈会，会后印发了会议纪要。该纪要明确了集团公司有投资中心功能，提出网、省局两级领导班子的管理按现行办法执行。同年 4 月 17 日，经过充分酝酿、反复修改后的华东电力集团组建方案和章程，在三省一市电力公司总经理和上海电力建设局局长会议上原则通过。同年 4 月 21 日，华东电力联合公司再将组建方案和集团章程送请三省一市电力公司和上海电力建设局讨论，征求意见，并请他们向省市政府汇报，征求意见。6 月 25 日，华东电力联合公司将主要意见汇总并将处理意见向能源部作了汇报。7 月 23 日，华东电力联合公司向各省市电力公司总经理通报了组建企业集团的进展情况。7 月 28 日，正式向国家两委一办和能源部上报《关于组建中国华东电力集团的申请报告》。

报告提出：现中国华东电力联合公司改为中国华东电力集团公司，是企业集团的核心企业；三省一市电力公司和上海电力建设局为企业集团的紧密层企业；其他联网的自行管理的公用电厂和与电网关系紧密的大中型企业自备电厂经申请批准后，列为半紧密层企业；有上网电量的企业小型自备电厂、联网容量在 6000 千瓦以上的地方小火电和小水电厂可参加企业集团，经申请批准后列为松散层企业；愿意参加集团的电力设计、大专院校、科研以及其他具有法人资格的企事业单位，经申请批准后，按其与集团的联结程度分别列入相应层次。集团公司按照国务院有关规定对紧密层企业实行“六统一”，即由集团公司一个头进行规划和计划；一个头对上承包；一个头对银行统贷统还；一个头对外进出口；一个头管理和任免领导干部；一个头对国有资产保值增值。半紧密层企业和松散层企业原则上按经济合同办事。企业集团在国家计划中实行单列，由能源部管理。集团公司设立财务公司。集团公司取得外贸外经自主权后，集团成员进口的技术、设备、原材料和劳务、产品出口以及对外承包工程等由集团公司归口管理。集团公司按照国务院外事办公室批准的权限，统一管理集团成员的涉外事务。保留跨省电业管理局和省市电力局，继续承担政府赋予和委托的有关职能。集团公司实行总经理负责制，集团公司的领导班子由能源部管理；紧密层企业领导班子按国家及能源部有关规定办理。企业集团设立管理委员会，由集团公司正副总经理、省市电力公司总经理和上海电力建设局局长组成；管理委员会设正、副主任各一人，由集团公司正、副总经理担任。

1992 年 10 月 10 日，能源部在对组建华东电力集团的申请报告及所附集团组建方案、集团章程等材料进行审查后，认为基本具备组建条件，同意在国家有关部门共同审批后正式组建。同年 11 月 10 日，李鹏总理为即将组建的华东电力集团题词：“发挥电力集团优势，加快华东电网建设”。

1992 年 12 月 28 日，国家计委、国家体改委、国务院经贸办发出《关于同意成立中国华东电力集团的复函》：同意中国华东电力联合公司更名为中国华东电力集团公司，同意以中国华东电力集团公司为核心企业组建中国华东电力集团；请中国华东电力集团按照国务院国发［1991］71 号文件的要求和有关部门实施办法的具体规定，办理其他专项审批手续。

1993 年 1 月 11 日，中国华北、东北、华东、华中、西北五大电力集团在北京人民大会堂召开成立大会，李鹏总理出席并讲话。1 月 16 日，中国华东电力集团暨中国华东电力集团公司揭牌仪式在上海南京东路 201 号公司本部举行。1993 年 2 月 23 日，国家工商行政管理局企业登记司发出《企业名称核准通知函》：同意将中国华东电力联合公司更名为中国华东电力集团公司，并核准以该公司为核心企业组建的国家试点企业集团名称为中国华东电力集团，请上海市工商行政管理局办理核心企业变更登记注册和集团的登记手续。同年3月3日，上海市工商行政管理局准予办理注册，并颁发了中国华东电力集团公司《企业法人营业执照》。

1994年1月7日，在中国华东电力集团工作会议上，成立中国华东电力集团管理委员会，由钱忠伟任管理委员会主任，陈文贵任副主任，顾寅章、徐航、顾智鹏、张蔚文、程光杰、丁耀祖任管理委员会委员。

二、集团公司和省市电力公司

1. 中国华东电力集团公司

与中国华东电力集团同时成立的中国华东电力集团公司为有限责任公司，实行总经理负责制，是集团的核心企业，对外代表集团。集团公司对集团的紧密层企业（华东三省一市电力公司）主要活动按国家和电力主管部门的有关规定和集团章程，实行"六统一"管理。

1992年12月，能源部决定周祥根任中国华东电力集团公司总经理，1993年3月，任命钱忠伟、丁耀祖、王根和、顾寅章4人为副总经理，刘维烈为总工程师。1993年7月，电力部党组任命钱忠伟为中国华东电力集团公司总经理，免去周祥根总经理职务，免去丁耀祖副总经理职务。1999年11月，国家电力公司决定邵世伟任中国华东电力集团公司总经理，免去钱忠伟总经理职务。

1992～2000年，华东电管局（中国华东电力集团公司）行政领导更迭情况见表13-1-1。

表13-1-1 华东电管局（中国华东电力集团公司）行政领导更迭情况

姓 名	职 务	任职时间
周祥根	局 长、总经理	1992-12～1993-07
钱忠伟	副局长、副总经理 局 长、总经理	1993-03～1993-07 1993-07～1999-11
邵世伟	局 长、总经理	1999-11～2000-06
丁耀祖	副局长、副总经理	1993-03～1993-07
王根和	副局长、副总经理 （1999年11月起为正局级）	1993-03～1993-12 1999-11～2000-06
顾寅章	副局长、副总经理	1993-03～1999-01
陈文贵	副局长、副总经理	1993-10～2000-06
徐 航	副局长、副总经理	1993-10～2000-06
邱国富	副局长、副总经理	1994-08～1999-11
刘顺达	副局长、副总经理	1996-12～1999-11
于新阳	副局长、副总经理	1999-11～2000-06
刘维烈	总工程师	1993-03～1995-08
陈开庸	总工程师	1995-08～2000-06

华东电力联合公司时期，1989 年 5 月，公司的二级机构为 16 个处室，即办公室、综合计划处、生产技术处、规划建设处、安全环保处、人事教育处、财务处、审计处、企业管理处、行政处、多种经营办公室、总调度所、企业政治工作处、监察处、保卫处、老干部处。1991 年 6 月和 11 月，又分别成立了干部处和青年工作处。华东电力集团公司成立后，1993 年 9 月，公司本部在劳动、人事、工资三项制度改革中对内部组织机构作了调整，将综合计划处改为计划处，撤销青年工作处，新成立了外事处，共 20 个处室。集团公司的二级机构设置为办公室、计划处、生产技术处、规划建设处、安全环保处、人事教育处、干部处、财务处、审计处、企业管理处、行政处、多种经营管理处、总调度所、企业政治工作处、监察处、保卫处、老干部处、外事处、信息中心和物资处。1995 年 4 月 3 日，撤销规划建设处，成立基本建设处，总调度所改名为华东电力调度局。1996 年 10 月 9 日成立台湾事务办公室，挂靠外事处；同年 10 月 28 日成立政策法规处，与企业管理处合署办公。

1991 年以后，华东电力联合公司（后为集团公司）负责管理的直属单位有：新安江水力发电厂、富春江水力发电厂、望亭发电厂、天荒坪抽水蓄能电站工程建设公司（1991 年 11 月 21 日成立）、华东电力试验研究所（1995 年 4 月改名为华东电力试验研究院）、华东电管局干部学校（1994 年 1 月 28 日改为华东电力培训中心）。

2. 省市电力公司

华东三省一市电力局原是华东电业管理局下属的内部核算单位。1988 年底中国华东电力联合公司成立后，华东三省一市也分别成立了电力公司，成为独立核算、自负盈亏的经济实体，具有法人地位，既是独立的中央企业，又是省市人民政府管电的职能部门，实行两块牌子、一套班子。与华东电力联合公司在经济上是平等互利关系，在调度管理上是上下级关系。1993 年 1 月中国华东电力集团成立后，三省一市电力公司成为华东电力集团的紧密层企业。其主要领导干部由集团的核心企业华东电力集团公司任免；由财政部直接核定华东电力集团各类指标，再由华东电力集团公司分解下达给各省市电力公司；由华东电力集团对口国家计委的物资计划单列工作，协调集团内各电力企业的物资供应，调度调剂。1998 年建立资本纽带关系后，三省一市电力公司成为华东电力集团公司的子公司。

上海市电力公司总经理先后由钱忠伟（1989 年 4 月～1993 年 7 月）、顾寅章（1993 年 7 月～1999 年 1 月）、于新阳（1999 年 11 月～　　）担任。1991 年，上海市电力公司管辖 6 家发电厂，6 家供电企业，中心调度所和施工、设计、修造及其他辅助企业 13 家。电力公司内部已由成立之初的事业部制改为处室机制运作。

江苏省电力公司总经理由顾智鹏（1988 年 12 月～2000 年 8 月）担任。1991 年，江苏省电力公司机关有办公室、计划处等二级机构 23 个（1995 年减为 21 个）；直接管理的企事业单位 42 个，其中发电企业 13 个，市供电局 11 个，施工企业 5 个，修造企业 6 个，直属单位 5 个和学校 2 所。

浙江省电力公司总经理先后由张蔚文（1990 年 3 月～1994 年 4 月）、丁有德（1994 年 6 月～1997 年 9 月）、陈积民（1997 年 9 月～　　）担任。1991 年，浙江省电力公司机关有局长室、办公室、劳资处等二级机构 26 个。1999 年初，将处室改为部室，共有局长室、总经理工作部等 22 个部室。1991 年，浙江省电力公司管辖 17 个发电厂、10 个地（市）供电局和设计、施工、修造、科研、教育等单位 20 个。

安徽省电力公司总经理先后由陈文贵（1990 年 8 月～1993 年 10 月）、程光杰（1993 年 10 月～1999 年 3 月）、邱国富（1999 年 11 月～ ）担任。安徽省电力公司内部机构，1992 年为 22 个。1994 年调整为职能处室 17 个，党群部门 3 个，列编机构 2 个，多种经营机构 4 个。2000 年为 15 个部、1 个中心和 1 个工会组织。1991 年下属的基层单位共 44 个，其中发电企业 13 个，地（市）供电局 16 个，设计、施工、修造、科研、教育等单位 15 个。

1998 年后，省市电力公司下属发电企业的公司化改组按照“产权清晰、权责明确、政企分开、管理科学”的原则，进入实质性运作阶段。从调整优化结构开始，依法改组公司，建立法人治理结构。省市电力公司对全资子公司、控股或参股企业的国有资产行使所有者职能，对国有净资产承担保值、增值责任，依法行使资产收益、重大决策和选择经营者（企业领导）权力。

三、外经贸公司的成立和出国任务审批权的取得

根据国家计委等《关于同意成立中国华东电力集团的复函》中“请中国华东电力集团按照国务院国发［1991］71 号文件的要求和有关部门实施办法的具体规定，办理其他专项审批手续”的精神，中国华东电力集团公司在 1993 年向国家有关部门申请计划单列等多项功能，除成立财务公司未能在当年实现外，其他要求都得到了批准。

1993 年 4 月 14 日，中国华东电力集团公司《关于申请自营对外承包工程、劳务合作业务和组建中国华东电力对外经济贸易公司的请示》、《关于申请进出口经营权和组建中国华东电力对外经济贸易公司的请示》、《关于申请出国任务及邀请国外人员来华审批权的请示》报送电力工业部，请电力工业部核准后分别转报国家经济贸易委员会、国家对外贸易经济合作部和国务院外事办批准。同年 7 月 19 日，国家对外贸易经济合作部《关于同意中国华东电力集团成立中国华东电力对外经济贸易公司的批复》送电力工业部，由电力工业部用通知转发给中国华东电力集团公司。通知要求华东电力对外经济贸易公司“应严格按核准的商品和业务范围从事进出口和对外承包工程及外派劳务业务。业务执行情况及统计报表在报送归口管理部门的同时，抄送我部国际合作司。”1993 年 9 月 29 日，华东电力对外经济贸易公司正式成立。

同年 12 月 13 日，外交部领事司在《关于重新印发〈有出国任务审批权部门名列〉的通知》中，将国家试点企业集团中国华东电力集团和其核心企业中国华东电力集团公司名列其中。1994 年 6 月 30 日，电力部国际司在《关于印发电力企业集团外事工作研讨会纪要的通知》中明确，国务院已授予部属五家电力企业集团出国任务审批权，有些集团已开始“试运行”，在此座谈会之后各集团都应开始“试运行”。试运行期间亦为由部统一进行任务审批向企业集团按任务审批权限自行审批的过渡期。在过渡期间应保持原通过部审批和通过各企业集团审批两种方式，并保证“两条渠道”畅通。在具备条件并经国际司验收后转入正式运行。

四、计划全面单列

1993 年 5 月 8 日，中国华东电力集团公司《关于中国华东电力集团公司在国家计划中实行单列的请示》主送国家计委，抄报国家经贸委、国家体改委、电力部等有关部委。同年10月5日，国家计委在《关于同意中国华东电力集团在国家计划中实行单列的通知》中，同意中国华东电力集团从1994年起在国家计划中实行全面单列。在国家计划单列的范围包括集团的核心企业和紧密层企业。在国家计划单列的指标主要包括中国华东电力集团核心企业和紧密层企业的经济、科技和社会发展计划指标，原则上按国务院国发［1991］71号文件和三委办计综合［1992］1264号文件《关于试点企业集团实行国家计划单列的实施办法（试行）》规定办理。在国家计划中实行单列后，中国华东电力集团在固定资产投资、直接吸收外商投资、技术引进及境外投资等方面，享有国家规定的投资自主决策权。

1993年6月22日，中国华东电力集团公司《关于中国华东电力集团实行税利分流的请示报告》主送财政部和电力部。同月30日，财政部在《关于中国华东电力集团公司实行财务计划单列和税利分流办法的通知》中称，中国华东电力集团公司的财务计划在中央财政单列，在电力工业部项下戴帽下达，由电力工业部归口管理，同意华东电力集团实行税利分流办法。

1993年11月17日，中国华东电力集团公司向劳动部发出了《关于中国华东电力集团劳动工资计划实行单列的请示》，要求计划单列后申请继续实行企业工资制度。1994年4月10日，国家计委办公厅在《关于检查1993年工资计划执行情况和划转部分国家计划单列企业集团工资计划指标的通知》中称，从1994年起，新在国家工资计划中实行单列的企业集团，要根据国家有关政策规定和国家已下达的1994年工资计划的有关要求，尽快同原主管部门协商补办本企业集团工资计划指标划转手续。1994年4月25日，劳动部在《关于下达1994年劳动事业发展计划的通知》的第14页的附注里说，新单列的企业集团，其工资总额计划暂包含在原主管部门的计划之内，请尽快补办工资总额计划指标划转手续。就工资计划指标划转问题请示电力部后，中国华东电力集团公司于同年6月，分别向国家计委、电力部和劳动部请示，要求划转1993年工资计划指标，并派人赴京向劳动部汇报，取得了同意。劳动部在下达1995年劳动事业发展计划中，已将华东电力集团的职工工资总额计划单列。

五、华东电力集团财务公司

筹建成立华东电力集团财务公司的过程复杂，时间很长。1993年4月，中国华东电力集团公司向中国人民银行上海市分行提出了《关于申请成立中国华东电力集团财务公司的报告》，报告附有中国华东电力集团财务公司可行性研究报告和财务公司章程。中国人民银行上海市分行在同月即呈报中国人民银行审批，但到1994年10月尚未得到批复。1994年10月，中国华东电力集团公司再次申请成立中国华东电力集团财务公司的报告送中国人民银行上海市分行。1995年7月21日，中国人民银行向中国人民银行上海市分行发出《关于筹建华东电力集团财务有限责任公司的批复》，同意筹建华东电力集团财务有限责任公司，请上海市分行通知华东电力集团公司按《金融机构管理规定》和《关于向金融机构投资入股的暂行规定》等有关文件的要求，做好筹建工作；筹建期为自文到之日起6个月，俟筹建就绪，向中国人民银行申请开业。同年9月8日，中国人民银行上海市分行向中国华东电力集团公司转发了中国人民银行的批复。

在中国人民银行上海市分行的具体帮助和指导下，华东电力集团公司按照《中华人民共和国公司法》及中国人民银行有关规定，有序开展筹建工作。1995 年 9 月，集团公司将拟定的财务公司章程送三省一市电力公司等征求意见；同年 10 月，要求三省一市电力公司推荐财务公司的董事和监事；同年 10 月 13 日，成立了华东电力集团财务有限责任公司筹建领导小组，下设办公室，由集团公司总经理、副总经理、干部处、人教处、财务处、专业银行领导及工作人员组成。同年 10 月 24 日，召开了各股东单位会议，成立了董事会、监事会，民主推荐董事长、副董事长、监事会主任，由董事长提名推荐总经理、副总经理，讨论通过华东电力集团财务有限责任公司章程，确定财务公司注册资本金额度为 2 亿元，确定了出资单位投入资本金比例，签订了出资协议书，讨论了财务公司的组织机构、职责、编制和内部管理制度、办法等。在筹建期间，还经常保持与中国人民银行及上海市分行的联系，及时得到指导，并取得专业银行在输送金融人员、业务培训、建章建制、计算机软件、金融业务操作等方面的帮助，同时向同行业财务公司学习取经。1995 年 11 月 22 日，集团公司向中国人民银行上海市分行提交了《华东电力集团财务有限责任公司开业申请报告》。1996 年 1 月 3 日，中国人民银行《关于华东电力集团财务有限责任公司开业的批复》送中国人民银行上海市分行，批准华东电力集团财务有限责任公司正式开业，并核准该公司章程。中国人民银行上海市分行于 2 月 1 日转发该批复给中国华东电力集团公司，望成立后的财务公司按照此批复的规定和有关的金融法规开展各项业务活动。1996 年 2 月 8 日，华东电力集团财务有限责任公司在上海河南北路锦艺大厦正式开业。

六、上海电力建设有限责任公司

1986 年 1 月，上海电力公司成立后，上海电力建设局划归上海电力公司领导。同年 9 月，水电部在《关于更改上海电力公司名称等有关问题的通知》里明确，上海电力公司更名为上海市电力工业局。上海电力建设局为地师级电力施工企业，名称、职能、待遇均不变动，委托上海市电力工业局管理，局级领导干部由华东电管局任命。1988 年 1 月，水电部党组通知，上海电力建设局与华东电管局、上海市电力工业局均为地师级机构，上海电力建设局局长由部配备正地师级干部以加强领导。原有的干部管理、任命手续暂不变。上海电力建设局党委仍归上海电业党委领导。上海电力建设局需请示部的有关问题，部委托华东电管局归口。

1998 年 6 月，华东电力集团公司《关于拟将上海电力建设局改制为上海电力建设有限责任公司的请示》送国家电力公司。同年 7 月，国家电力公司批复同意将上海电力建设局改制为由华东电力集团公司单独出资设立的上海电力建设有限责任公司的体制改革方案，并同意上海电力建设有限责任公司章程。上海电力建设局改制为上海电力建设有限责任公司后，有限公司是具有“四自”（自主经营、自负盈亏、自我发展、自我约束）功能的经济实体和企业法人，不具有政府行政管理职能。同年 8 月 28 日，上海电力建设局正式改制。

此外，1995 年华东电力集团公司批准成立了由三省一市电力公司和上海电力建设局共同参股组建的华东电力物资联合有限公司。

第二节　国家电力公司华东公司

一、成立背景和过程

1993 年 3 月，国务院撤销能源部、重新组建电力工业部。1997 年 1 月，国家电力公司正式成立，电力部与国家电力公司实行双轨制运行。1998 年 3 月，电力工业部被撤销，其承担的电力行政管理职能移交国家经贸委。国家电力公司不再承担政府职能，只按公司制运作，推进实体化进程。其工作重点是加大公司内部结构性战略调整的步伐，增强国家电力公司的控制力，逐渐把国家电力公司建设成“控股型、经营型、现代化、集团化的国际一流公司”。调整国家电力公司的组织结构，加快国家电力公司实体化的具体措施之一，就是大力精简公司系统的管理层次，提升管理效率，将南方电力联营公司和几大电力集团公司改组为国家电力公司的分公司。

2000 年 5 月，华东电力集团公司根据国家电力公司当年 3 月发出的《关于加强集团公司改组前财务管理的通知》精神，上报了 1999 年资产清理情况的报告。

2000 年 5 月 27 日，国家电力公司《关于印发中国华东电力集团公司改革方案的通知》和《关于成立国家电力公司华东公司的通知》，决定成立国家电力公司华东公司，同时撤销中国华东电力集团公司。

2000 年 7 月 3 日，国家电力公司华东公司挂牌仪式在上海金茂大厦二楼宴会厅举行。国家电力公司的分公司不具有独立的法人资格。2000 年 7 月 20 日，上海市工商行政管理局颁发营业执照给国电华东公司，其经济性质为国有企业（非公司分支机构）；同年 7 月 27 日，在颁发的组织机构代码证上写的机构类型为企业非法人。

二、国电华东公司和省市电力公司

1. 国家电力公司华东公司

国电华东公司是国家电力公司的分公司，是国家电力公司在华东地区的派出机构，是国家电力公司在华东地区的区域战略规划中心、调度指挥中心、电力电量交易与结算中心和内部利润中心。国家电力公司对国电华东公司实行法人授权委托制度、经营目标责任制度和内部工效挂钩考核制度。2000 年 6 月，国家电力公司印发国家电力公司华东公司财务管理模式，同年 12 月，国家电力公司又印发国家电力公司华东公司法人授权委托书，内容包括电力发展规划、计划和电力建设，安全管理、生产运营，调度管理，财务与产权管理，人事劳动管理，纪检监察，审计工作，信访工作，法律事务等方面。国电华东公司按照国家电力公司的委托与授权从事经营管理活动。2000 年内继续执行国家电力公司下达的资产经营考核办法，从 2001 年 1 月 1 日起按新体制运行。

2000 年 6 月 16 日，国家电力公司党组决定，邵世伟任国家电力公司华东公司总经理，陈文贵、王根和、徐航任副总经理，王祥富任总会计师。同年 11 月 1 日，任命张启平为总工程师。2001 年 7 月，任命徐伟良为总审计师。2000～2003 年华东电管局（至 2002 年 5 月撤销）和国家电力公司华东公司行政领导人更迭情况见表 13－1－2。

表 13-1-2　　华东电管局（国电华东公司）领导更迭情况

姓　名	职　务	任职时间
邵世伟	局　长、总经理	2000-06～2003-09
陈文贵	副局长、副总经理（正局级）	2000-06～2001-02
王根和	副局长、副总经理（正局级）	2000-06～2003-09
徐　航	副局长、副总经理	2000-06～2003-09
周永兴	副局长、副总经理	2001-07～2003-09
邱国富	副局长、副总经理（正局级）	2002-07～2003-09
程光杰	副局长、副总经理（正局级）	2002-12～2003-09
王祥富	总会计师	2000-06～2003-09
张启平	总工程师	2000-11～2003-09
徐伟良	总审计师	2001-07～2003-09

注　副职按任职先后顺序排列。

2000 年 7 月 3 日，国电华东公司在启用公司及内设机构印章的通知里确定，国电华东公司的内设机构有总经理工作部、生产运营部、人力资源部、发展计划部、安全监察部、审计部、监察专员办公室、财务部、电网部、思想政治工作部和华东电力调度通信中心。2001 年 12 月，国家电力公司在《关于华东公司机构编制的批复》中，同意国电华东公司的内设机构按九部一室一中心方案进行设置。具体为总经理工作部（含外事、信息）、发展计划部、财务部、生产科技部、安全监察部、工程建设部、人力资源部、思想政治工作部（含机关党委、机关工会）、审计部、监察专员办公室和国家电力公司华东电力调度通信中心。保留中国水利电力工会华东工作委员会。核定国电华东公司本部的人员编制为 280 人（不含国家电力公司华东审计部）；领导职数为 9 人。

国电华东公司成为国家电力公司的分公司后，资产属国家电力公司所有，依照国家电力公司的法人授权委托书经营管理，原来的直属企业改为直管企业，与代管的华东天荒坪抽水蓄能有限责任公司（天荒坪抽水蓄能电站工程建设公司 2001 年 3 月撤销，成立华东天荒坪抽水蓄能有限责任公司）统称直代管单位，仍是新安江水力发电厂、富春江水力发电厂、望亭发电厂、天荒坪抽水蓄能有限责任公司、华东电力试验研究院、华东电力培训中心 6 家，但新、富 2 家电厂前的冠名未改，仍为中国华东电力集团公司，到华东电网有限公司成立后，方才更名；而望亭发电厂则根据 2002 年 12 月《国家计委关于国家电力公司发电资产重组划分方案的批复》，划入中国华电集团公司。

2. 省市电力公司

2000 年 5 月 27 日，撤销中国华东电力集团公司成立国电华东公司后，上海市、江苏、浙江、安徽省电力公司成为国家电力公司的全资子公司。其主要领导干部由国家电力公司任命（1998 年 7 月，国家电力公司通知，电力集团公司内省市电力公司总经理和党组书记由国家电力公司党组直接任免并管理）；在资产经营上，三省一市电力公司由国家电力公司直接进行管理和考核，国电华东公司只是在会计核算上仍保留对省市电力公司的长期投资和会计决算的汇总合并工作。

上海市电力公司总经理仍由于新阳（1999 年 11 月）担任。到 2002 年底，上海市电力公司管辖发电厂 2 家，供电企业 6 家，施工、设计、修造、其他辅助企业 9 家。

江苏省电力公司总经理先由顾智鹏（1988 年 12 月～2000 年 8 月）、后由寇士清（2000 年 8 月）担任。1999 年，江苏省电力公司共有部属企事业单位 44 个，其中发电企业 13 个，市县供电局 9 个，基建单位 6 个，修造企业 6 个，直属单位 8 个和学校 2 所。

浙江省电力公司总经理仍由陈积民（1997 年 9 月）担任。2002 年公司机关共有局长室、总工程师室、总经理工作部等 25 个部室。2002 年，浙江省电力公司管辖发电厂 3 个、地（市）供电企业 11 个和设计、施工、修造、科研、教育等单位 18 个。

安徽省电力公司总经理由邱国富（1999 年 11 月）担任。安徽省电力公司内部机构，2002 年为 15 个部、1 个中心和 1 个工会组织，以及电力物资、燃料、通信等 10 个直属关联公司，下属的内部核算单位共 26 个，其中供电企业 17 个，设计、施工、修造、科研、教育等单位 9 个。

2002 年 12 月后，根据《国家计委关于国家电力公司发电资产重组划分方案的批复》，上海市、江苏、浙江、安徽省电力公司下属的发电厂或发电公司分别划入新成立的五大发电集团，拉开了厂网分开的序幕。

三、中国电力财务有限公司华东分公司

华东电力集团财务有限公司改制为中国电力财务有限公司的分公司，是国家电力公司确定的中国华东电力集团公司体制改革方案的主要内容之一。2000 年 5 月，国家电力公司在广西南宁召开了中国电力财务公司改组工作座谈会。2000 年 6 月，国家电力公司财务与产权管理部发出各电力集团财务公司进行资产评估的通知。2000 年 6 月 23 日，中国人民银行批复国家电力公司《关于将西北电力集团财务有限公司等四家财务公司改组为中国电力财务有限公司分公司的请示》，原则同意将西北电力集团财务有限公司、华东电力集团财务有限责任公司和华中电力集团财务有限责任公司、华北电力集团财务有限责任公司改组为中国电力财务有限公司西北、华东、华中、华北分公司。西北、华东、华中、华北电力集团财务有限公司应抓紧资产评估工作。在资产评估基础上，做好吸收合并工作，特别是债权债务承接、股权及其结构调整。具体改组方案请国家电力公司责成中国电力财务有限公司和有关成员企业研究，并上报中国人民银行审批。国家电力公司财务部随即转发了该批复，并请中国电力财务有限公司会同西北、华东、华中、华北电力集团财务有限公司制定具体改组方案，上报国家电力公司。同月，华东电力集团财务有限公司根据国家电力公司的改革总体部署和中国电力财务公司改组工作座谈会精神要求，结合华东电力集团财务有限公司的实际情况，向国家电力公司上报了《华东电力财务公司改组总体方案》的请示，并成立了改组领导小组。同年 7 月，又向国家电力公司上报了关于小股东股权调整建议方案的请示。

2000 年 11 月 18 日，中国电力财务有限公司《关于成立中国电力财务有限公司西北、华东、华中分公司的通知》称，公司按照国家电力公司体制改革的总体部署，并经公司股东大会同意，决定采取吸收合并的方式，将西北电力集团财务有限公司、华东电力集团财务有限责任公司和华中电力集团财务有限责任公司改组为中国电力财务有限公司的分公司，取消法人资格。改组后的名称分别为“中国电力财务有限公司西北分公司”、“中国电力财务有限公司华东分公司”、“中国电力财务有限公司华中分公司”。原各电力集团财务有限公司在本地区的业务均归改组后的中国电力财务有限公司分公司统一管理。各分公司在总公司法人授权范围内，按照新换发的《金融机构营业许可证》继续为所在地区电力系统内成员单位提供金融服务。

2001 年 2 月 21 日，中国电力财务有限公司华东分公司在上海挂牌，并根据《中国人民银行关于中国电力财务有限公司及其西北、华东、华中、东北分公司更换金融许可证的批复》，缴销了原《金融机构法人许可证》，换领了《金融机构营业许可证》，财务公司改组工作全面完成。此前，2000 年 11 月，华东电力集团财务有限责任公司已迁入上海市宁波路 1 号申华金融大厦新址营业。

第三节 华东电业管理局和省市电力局的撤销

按照国家电力公司提出的“四步走”改革部署，第一步为 1997 年成立国家电力公司，1998 年撤销电力工业部，完成部级层面的政企分开。第二步为 1998～2000 年，各网局和省、市电力局比照部级模式，推进政企分开。

1998 年 12 月，《国务院办公厅转发国家经贸委关于深化电力工业体制改革有关问题意见的通知》（国办发［1998］146 号），其第二部分即为坚持政企分开、省为实体的方针，深化省级电力公司的改革。通知提出，按照国务院的部署，根据政企分开和精兵简政的原则，各省、自治区、直辖市电力局（公司），要在地方政府机构改革时，将现承担的行政管理职能移交给地方政府综合经济管理部门，同时接受地方政府的指导与监督。地方各级政府均不设立电力专业管理部门。实行政企分开后，深化省级电力公司为实体的改革，每个省（自治区、直辖市）只设立一个省级电力公司，对全省电网实施统一规划、统一管理。这符合电力工业体制改革的方向和电力工业发展的实际，有利于充分调动中央和地方两个积极性，有利于电力工业健康发展。

1999 年 5 月，国家经贸委印发关于做好电力工业政企分开改革工作的意见，提出省级电力行政管理体制改革要与省级政府机构改革同步进行。要将各省、自治区、直辖市电力局（公司）及分散在政府其他专业管理部门的政府管电职能同时移交给省级经贸委，有关部门的职能做相应调整，做到精简效能、协调统一、政出一门。地方各级政府均不设立电力专业管理部门。在进行省级电力管理体制改革时，原电力工业部派出的大区电业管理局，在所辖区域内电力局撤销后予以撤销。其承担的政府管电职能，属于跨省性质的，移交给国家经贸委。各大区电力集团公司在完成本企业发展规划的同时，可接受国家经贸委的委托，承担区域电力行业规划的具体工作，在征得所在地区内各省级政府同意后，报国家经贸委审查批准。地市及以下的电力工业管理体制政企分开改革，按照中央关于地方机构改革文件的精神和国务院有关文件的要求，结合当地实际进行。

1999 年，江苏电力工业局（电力公司）在全国率先推进电力政企分开改革，编制、呈报了《江苏省电力工业局移交政府管电职能内容（报审稿）》和《江苏省电力公司组建市、县供电公司（分公司）实施方案（报审稿）》。根据建立现代企业制度要求和国家电力公司可持续发展战略构想，本着精干高效的原则，提出了江苏省电力公司及发电、供电、修造、基建单位机构设置的初步方案。2000 年 9 月 13 日，国家经贸委《关于同意撤销江苏省电力工业局的批复》下达后，开始进行省级电力行政管理职能的移交工作，向政企分开平稳过渡。2000 年 11 月 3 日，江苏省电力工业局正式摘牌。江苏省电力工业局将相应的电力行政管理职能正式移交给江苏省经贸委，实现了政企分开的目标。省电力公司所属市、县供电局在公司化改组时统称江苏省电力公司某供电公司，在市、县政府机构改革前和供电公司挂牌后的时期内，暂实行与供电局“两块牌子、一套班子”的管理模式，履行两个职能，但在管理上是分开的。2002 年 5 月 24 日，江苏省经贸委与江苏省电力公司联合发文撤销各市、县供电局，成立供电公司。

2001 年 1 月 4 日和 2 月 26 日，国家经贸委批复，撤销上海市电力工业局和安徽省电力工业局。至此，除浙江省电力工业局之外，华东电网内省市电力工业局均已撤销。

2002 年 3 月，国电华东公司向国家电力公司请示，撤销华东电业管理局。2002 年 5 月 13 日，国家经贸委批复国家电力公司，撤销华东电业管理局，原华东电业管理局承担的跨省（市）电力资源配置、规划、设计及电网运营中重大问题的协调的行政职能移交到国家经贸委。与此同时，国电华东公司也发出通知，停止履行华东电管局的行政职能，不再以“华东电业管理局”名义对外行文，“华东电业管理局”印鉴停止使用。

第四节 公司制改组

1988 年，电力企业开始实行“利税基数承包，超收分成”的承包经营责任制。第一轮 3 年，第二轮 2 年，分别于 1990 年、1992 年结束。1992 年后，又开展了落实《全民所有制工业企业转换经营机制条例》的工作，使企业成为依法自主经营、自负盈亏、自我发展、自我约束的商品生产和经营单位，成为独立享有民事权利和承担民事义务的企业法人。国有企业的这些改革措施对增强企业活力，转变企业经营机制起到了一定的积极作用。但这些改革措施没有突破传统计划经济下政府直接管理企业的基本框架。

1993 年 11 月，中共十四届三中全会通过了《中共中央关于建立社会主义市场经济体制若干问题的决定》，提出在社会主义条件下以市场作为资源配置的基础的重要性。明确指出建立现代企业制度是深化企业改革的方向，国有企业都要实行公司化，即建立有限责任公司或股份公司。1993 年 12 月，八届全国人大常委会第五次会议通过了《中华人民共和国公司法》。

为了积极稳妥地推进股份制企业试点工作，使之进一步规范化，1994 年 1 月 26 日，电力部印发了《电力行业股份制企业试点企业基本条件（试行）》和《关于电力行业股份制试点企业审批程序的暂行规定》，明确电力工业部是电力行业行政主管部门，对电力行业的股份制试点工作实行行业管理；各电管局、省（市、区）电力局是所在地区的电力行业主管部门，对本地区电力行业的股份制试点工作实行行业管理。设立电力股份有限公司需报国家综合部门审批的文件，必须经过电力部审核后转报。

1997年3月，国家电力公司在北京举办了电力企业境外上市研讨会。会后印发的会议纪要强调了六条工作原则并提出了电力企业境外上市工作程序。华东电网内股份制改革的试点企业主要有浙江东南发电股份有限公司和上海电力股份有限公司，分别在1997年和2003年上市。一大批发电厂则改制成为有限责任公司，为厂网分开做了准备。

一、上海电力股份有限公司

1993年5月，电力部批复华东电力集团公司《转报“关于上海市电力公司进行股份制试点请示”的报告》，同意上海市电力公司进行股份制试点。1994年1月，华东电力集团公司向电力部转呈上海市电力公司改制为上海电力股份有限公司的请示。同年6月23日，上海市电力公司上报改制为股份有限公司并向境内外公开发行股票申请书等材料的报告，华东电力集团公司向电力部转报了该报告。1996年7月9日，华东电力集团公司又向电力部转报了上海市电力公司组建上海电力（发电）股份有限公司（正式成立时名称为上海电力股份有限公司）并申请境外上市等材料的报告。1997年6月，上海市电力公司关于申请发行A股额度的请示送电力部。上海市电力公司与华东电力集团公司共同发起组建上海电力（发电）股份有限公司，在境内外发行股票并上市。境外上市已获国务院证券委批准，作为第四批境外上市预选企业。电力部于1996年4月同意境内发行A股，从国家分配给电力部的股票额度内分配给公司3000万元股票额度，并将1995年度指标1200万元先行下达。

1998年2月，华东电力集团公司和上海市电力公司联合行文，向电力部申请设立上海电力股份有限公司并上报可行性研究报告。电力部向国家体改委发去申请发起设立上海电力（发电）股份有限公司的函。同年3月底，国家体改委批复电力部，同意设立上海电力股份有限公司。同年4月，《关于上海电力境外上市的情况汇报》送上海市人民政府，后被上海市计委等部门否决。同年6月，上海电力股份有限公司在上海市工商行政管理局办理了注册登记手续。上海电力股份有限公司正式成立。

2000年，中国华东电力集团公司改制为国家电力公司华东公司，将其持有的上海电力股份有限公司（简称上海电力）23.73％股权划归上海华东电力发展公司。上海电力于2002年2月据此办理了股权转让的工商变更登记。同时，国电华东公司请求国家电力公司向财政部申请办理股权划转的批准手续，以便证监会审核后上市。

2003年10月29日，上海电力A股上市。股票代码：600021，发行数量24000万股，发行价5.80元，发行市盈率（摊薄法）18.52，募集资金总额139200万元。

二、浙江东南发电股份有限公司

浙江省电力公司为了筹集社会资金，加快电力建设，缓解电力供需矛盾和提高国有资产运营效率，实现国有资产保值增值，由浙江省电力开发公司发起、以台州发电厂为基础，组建浙江电力发展股份有限公司（后改名浙江东南发电股份有限公司）。在征得浙江省人民政府证券委员会同意后，1994年3～9月先后5次向华东电管局报告或请示，要求设立股份有限公司并申请公开发行股票。

1994 年 7 月 4 日，电力部批复华东电管局，原则同意对台州发电厂进行股份制改组后设立浙江东南发电股份有限公司，作为电力部股份制企业试点单位。同年 8 月 2 日，浙江省人民政府证券委员会办公室批复，原则同意浙江省电力发展股份有限公司更名为浙江东南发电股份有限公司，分配给该公司 1994 年公开发行股票的额度从 3350 万元增加至 6000 万元。后由于公司股本较大，需发行人民币特种股票（B 股）来调整股权设置，以达到有关法规要求，浙江省电力工业局特恳请批准发行人民币特种股票（B 股）2 亿元。华东电管局转报了浙江省电力工业局的申请报告和设立浙江东南发电股份有限公司项目建议书的报告。

1995 年 7 月 3 日，电力部批复其项目建议书，同意浙江省电力公司、浙江省电力开发公司作为发起人，将台州发电厂改组为浙江东南发电股份有限公司。其股本总额 4 亿元人民币。股本结构按国有股 85%，社会公众股 15%进行方案设计。台州发电厂配套的输变电工程所需资金，由股份公司负责筹集，浙江省电力公司负责还本付息，产权归浙江省电力公司拥有。股份公司将来募集的资金用于台州发电厂 7 号机组的建设。股份公司与电网要签订售购电协议，并服从电网的统一调度。同年 7 月 14 日，浙江省电力局要求将浙江东南发电股份有限公司列为浙江省首推 B 股发行单位和电力部 B 股发行单位的报告分送浙江省人民政府和华东电管局，华东电管局转报了该报告。

1996 年 1 月、5 月和 10 月，浙江省电力局又 3 次发文要求调整浙江东南发电股份有限公司发行 B 股股票额度至 4 亿元，请电力部在 1995 年度电力部分配到的股票额度中调剂给该公司 1500 万～2000 万股，并上报了可行性报告。华东电管局向电力部作了转报。

1997 年 6 月，电力部批复了由华东电力集团公司转报的浙江东南发电股份有限公司股票发行与上市可行性研究报告的请示，同意浙江东南发电股份有限公司发行 6 亿股境内上市外资股，并以普通股及全球存托凭证（GDR）的形式配售，分别在上海证券交易所和伦敦证券交易所上市交易。

1997 年 9 月 23 日，浙江东南发电股份有限公司（简称东电 B 股）上市。股票代码：900949，发行数量 60000 万股，发行价格 2.86 元人民币，筹资总额 167067.98 万元，发行市盈率（摊薄法）9.47。

三、发电厂改制为有限责任公司

在部分电厂改制为上市公司的同时，华东三省一市的许多电厂纷纷按照现代企业制度的要求，改制为有限责任公司，为后来的厂网分开做了准备。江苏省电力公司、浙江省电力公司和安徽省电力公司从 1997 年起分别向华东电管局上报戚墅堰、扬州、下关、南京热电厂和半山、镇海发电厂及田家庵发电厂等股份制改造项目建议书，由华东电管局转报国家电力公司。待国家电力公司批复项目建议书后，再上报资产评估立项的请示和要求确认资产评估结果的请示。由国家电力公司报请财政部批复，同意项目的资产评估结果后正式宣布改制。

1999 年，上海市电力公司除了组建上海电力股份公司外，还按照建立现代企业制度的要求，组建了外高桥发电有限公司、石洞口发电有限公司、吴泾第二发电有限公司等发电公司，为厂网分开建立发电侧电力市场创造了基本条件。

1999年，江苏省电力公司逐步推进厂网分开，将省电力公司投资建设和经营管理的发电厂，改制为具有法人资格的发电公司。1999年1月26日，新海发电厂组建成江苏新海发电有限公司。同年6月10日，江苏省电力系统首批两家发电有限公司——扬州发电有限公司和戚墅堰发电有限公司成立。徐塘发电厂、下关发电厂、淮阴发电厂的公司化改制也先后完成。

在“九五”计划期间，浙江省电力公司积极做好各发电厂公司化改组工作。至1999年底，按照《公司法》的要求，经政府有关部门批准，将省电力公司所属的北仑发电厂、嘉兴发电厂、镇海发电厂、温州发电厂、半山发电厂、钱清发电厂等，通过产权界定、资产置换、组建董事会与监事会等工作，全部改组成发电有限责任公司。而长兴电厂则置换成华能集团公司的全资子公司，实现了浙江省电源投资产权结构多元化。这为深化电力体制改革，实现“厂网分开，竞价上网”，发展和完善浙江电力市场，开展公平竞争打下了基础。

“九五”计划期间，安徽省电力公司完成了对平圩电厂、田家庵电厂、马鞍山二厂、宿东电厂、洛河电厂二期的改制，分别组建为安徽淮南平圩发电有限责任公司、安徽电力发展股份有限公司、安徽马鞍山万能达发电有限责任公司、安徽宿州汇源发电有限责任公司和安徽淮南洛能发电有限责任公司，基本确立了以法人治理结构为主体的现代企业制度；对新建的淮北二厂、合肥二厂等，则按照独立发电企业的要求进行了公司化运作。

第二章　计　划　管　理

随着经济体制改革的逐步深入，华东电管局（公司）的计划管理也不断变革。

在固定资产投融资管理方面，积极开辟投融资渠道，实行资金有偿使用，简化项目审批手续，放宽审批权限，实行招标投标、承包责任制，改进基建投融资计划管理。这些工作有效地促进了华东电力投融资体制的改革。

华东电管局（公司）认真探索和开展的综合统计工作，得到了上级主管部门的采纳，在全国电力系统中推广。1998 年，华东电力集团被国家统计局评为全国建设领域基层统计工作先进单位。

第一节　集　资　办　电

投资体制改革、集资办电，扩大了电力资金来源，加快了电力工业发展。

一、集资办电试点

由于用电紧缺，集资办电在上海、江苏、浙江等地应运而生。华东电网地区是我国经济发达地区，经济效益高，生产潜力大，但缺电严重。面对长期的缺电局面，要加快发展电力工业，必须从电力部独家办电的传统模式中解脱出来，探索制订优惠政策，做到国家、地方、企业一起办，走出一条多层次、多渠道筹资办电的新路子。为此，国家将华东电网作为集资办电的试点，在总结经验基础上，制订出《华东电网集资办电实施办法》。征得三省一市计委、经委同意后，报送能源部下达华东三省一市执行，并按要求分送全国有关网、省电力局。集资办电实施办法主要内容是：

集资办电的政策是“谁投资、谁所有、谁得益”；“谁集资、谁用电，多集资、多用电”，这些原则必须保证兑现。

集资办电的资金来源，除国务院批准征收电力建设资金（即每千瓦时电量征收 2 分钱）外，还应积极动员地方机动财力，能源交通基金超收地方留用部分，发行股票、债券，集资电厂或机组投产后分得的利润及还本付息，出售用电权的资金，企业自有资金，吸收外资以及其他资金等，开展多层次、多渠道筹集。

集资办电的范围：集资建设的电厂或机组，包括形成生产能力的配套工程以及 220 千伏及以上输变电送出工程投资，作为集资单位投入资金，据以核算投资比例。

集资办电项目的审批程序：集资办电的建设项目符合电网统一规划，合理布局。按基建程序分别纳入国家或地方建设计划。

集资办电的项目建议书、设计任务书通常按下列规定办理：凡是与国家合资建设的项目或在水电部属电厂扩建的项目，由省市电力局（公司）编制，上报华东电管局；全部由地方、部门或企业集资的项目，由省市电力局（公司）与省有关部门共同编制，接入220千伏系统的需征得华东电管局同意，再按规定上报。

华东电网集资办电的电厂或机组，其产权一般采取两种形式：一是由集资单位按投资比例拥有资产，分电分利；二是资产归电网，由电网向集资单位偿还本息，并按投资比例分享用电权，20年不变。集资办电电厂或机组的利润分配，按“七三”分成，即发电得70%，供电得30%；电厂配套输变电工程集资部分由所在省市电力局（公司）用其利润偿还本息，利率按“拨改贷”办法执行；实行还本付息的集资电厂或机组，在还本付息期间，可从投产当年起，用集资项目上缴所得税前的利润和大部分基本折旧费（前三年为80%，以后为70%）还本付息，并按所在省市电力局（公司）同等留利水平留利。利息按国家投资部分利率计算，偿还期一般为10年左右，最长不超过15年；实行分利的集资电厂或机组，从投产年起，根据集资电厂或机组上缴所得税前的利润按投资比例分配，并按所在省市局（公司）同等留利水平留利。用电力建设资金建设的电厂和机组分得的利润首先按“拨改贷”办法归还本息。基本折旧费前三年企业留20%，以后留30%，作为设备更新改造资金，其余70%～80%，也按投资比例分配。

集资办电的电厂或机组的上网电价，以10%的资金利润率为原则，并随成本变化实行相应浮动；集资办电的计划管理，集资电厂或机组的发供用电计划和统计，按其负责管理的单位分别纳入省市电力局（公司）的部属计划或地方计划，且均由华东电管局归口。

华东电网集资办电的经验得到上级主管部门的肯定并向全国推广后，各省市集资办电有了更加稳定的资金来源，有力地推动了华东和全国电力工业的发展。

截至1990年，三省一市地方集资办电占华东电网电力建设总投资的20.6%，国家拨款投资占华东电网电力总投资比重已下降到0.1%。

自20世纪90年代起，随着利用外资和商业贷款等资金渠道的扩大，地方集资办电所占的比重逐步下降，到2002年，地方集资办电占华东电网电力总投资的比重已下降到7.1%。

二、外资利用

华东电网在积极开辟国内电力建设资金渠道的同时，还积极有效地利用外资。

利用外资扩大了资金来源，加快了电力建设，同时引进了先进的技术装备、设计、施工技术及科学的经营管理方法。改革开放后，利用外资得到了发展，特别是在20世纪90年代得到了快速发展。电力行业利用外资的方式和渠道已经形成了多元化格局。华东电网在改革开放中利用外资的方式方法有间接投资、外商直接投资两种。

（一）间接投资

（1）利用世界银行贷款的有500千伏徐州—上海输变电工程、浙江北仑电厂、江苏扬州二电厂、上海吴泾热电厂、华东天荒坪抽水蓄能电站和华东江苏500千伏输变电工程。

（2）利用外国政府贷款的有上海杨树浦电厂、上海220千伏地下变电站、江苏利港电厂。

（3）利用出口信贷的有上海石洞口二电厂、闸北燃机电厂、江苏南通电厂等。

（4）利用补偿贸易的有南京热电厂。

（二）外商直接投资

由于电力供应紧张，而电力建设资金短缺，项目开发需利用国外资金（包括国外银行融资）。国内电力设备制造一时不能满足要求，也需引进国外设备。这样就可以采用外商直接投资，以尽快缓解缺电矛盾，同时也可引进国外先进的管理技术和经验。华东电网利用外商直接投资的项目是安徽省合肥第二发电厂和浙江省嘉兴发电厂二期工程。

1. 合肥第二发电厂工程

中外合资建设的合肥第二发电厂工程，是由华东电力集团公司、安徽省能源投资总公司、合肥市建设投资公司、安徽省电力公司（以上为中方，占总股本 51%）及新加坡联合电力（私人）有限公司（外方占总股本 49%）共同组建中外合资安徽省合肥联合发电有限公司负责建设和经营的，华东电力集团公司为董事长单位。

1996 年，国家计委在《关于审批中外合资建设安徽合肥第二发电厂工程可行性研究报告的请示的通知》中明确，资本金占发电工程总投资的 25%，资本金以外所需资金采用按有限追索的项目融资方式分别在境内外解决。

境外融资包括由德国复兴银行提供的出口信贷、商业信贷和由新加坡商业银行组成的银团提供的商业贷款。境内融资由国家开发银行和中国建设银行提供商业贷款。国内贷款与境外贷款享受同等权益，并由发起人（投资方）和借款人（合肥联合发电有限公司）及贷款人（境外押品代理行新加坡华侨银行、境内押品代理人中国建设银行）签订《有关中华人民共和国安徽省合肥市合肥第二发电厂项目融资的发起人、借款人及贷款人之间的支持协议》。

该工程建设 2 台 35 万千瓦燃煤发电机组，电厂主要设备通过国际投标方式选定德国 ABB 供货集团供应，汽轮发电机由德国 ABB 公司供应，锅炉由中国哈尔滨电站设备公司供应，建设工程采用 EPC（包括设计、采购、施工、调试等的交钥匙方式）总承包方式。由德国 ABB 公司负责牵头组织安徽电力建设一公司、哈尔滨能源工程有限公司组成工程总承包集团并承担风险。

外围辅助工程（BPC）由安徽省明达电力有限责任公司总承包。

整个工程实行设计、施工、调试全过程监理，由中国国际工程咨询公司和中国电力建设工程咨询公司联合组成监理部承担工程监理。

安徽省电力公司作为运行和维护合同的营运人负责电厂运行和管理，并与合肥联合发电有限公司签订了中外合资合肥第二发电厂运行维修合同。

此外，安徽省合肥联合发电有限公司还与安徽省电力公司签订了合肥第二发电厂并网调度合同、购电合同、燃料供应合同。但由于上网电价未按可行性研究报告审批文件到位，投资方也没有按预期资本金内部收益率 15.05%得到回报。

2. 嘉兴电厂二期扩建工程

华东电力集团公司参加了工程的全过程工作。

在华东电力集团公司和浙江省电力公司开展大量前期工作后，国家计委 1994 年在《关于中外合资建设浙江嘉兴电厂二期扩建工程项目建议书的批复》中同意，本工程由浙江省电力开发公司、华东电力集团公司、中国国际信托投资公司、英国通用电气公司和英国国家电力公司合资建设。注册资本占工程总投资的 25%，注册资本以外的建设资金由投资各方负责筹措。其中外资部分由英国通用电气公司、英国国家电力公司、中国国际信托投资公司负责融资；内资的 55%由浙江省电力开发公司自筹，45%由中国华东电力集团公司申请建设银行贷款。

该工程采取中外合作模式建设，意在为华东电网解决电力建设资金短缺及探索引进外资新模式积累经验。后由于多种原因，项目建设几经反复。

该工程建设 4 台 60 万千瓦级燃煤机组。计划电厂主设备和主要辅机为全套从国外进口。由英国通用电气公司和浙江省电力建设总公司组成交钥匙总承包集团，负责电厂的设计、采购和建设。由浙江省电力公司和英国国家电力公司组成运行、维护总承包集团，负责电厂的运行和管理。

经上级部门同意，电厂原则选用英法设备，初定由英国通用电气公司和法国阿尔斯通公司组成联合公司负责提供。经过谈判会商，两国政府相关机构基本同意提供出口信贷支持。工作相当长一段时间以后，上级部门分管领导又突然提出，该模式中有的外方既是投资商，又是承包商不妥，且英法设备质量存在问题，建议考虑改用日本设备。此后，经过反复谈判说服，英国通用电气公司不得不退出该项目。工程考虑改由日本三井公司取代英国通用公司，采用日本设备，并经上级部门向国家发展计划委员会再次上报文件。

时隔 5 年，1999 年，国家发展计划委员会以《关于中外合作浙江嘉兴电厂二期扩建工程可行性研究报告的批复》，明确本项目由浙江省电力开发公司、中国华东电力集团公司、中信国际电力发展有限公司、英国国家电力公司和浙江省电力公司组建中外合作项目公司，负责工程的建设、经营管理及债务偿还。资本金以外所需建设资金，内资由中国工商银行提供贷款解决，外资以有限追索项目融资等方式在境外筹集，并原则同意由浙江省电力建设总公司和日本三井公司组成总承包联合体承担工程的总承包建设；电厂主机设备由日本三井物产公司提供。设备采购中，国内设备生产企业分包的生产量按价值比例须达到 60.3%。

之后，遵照批复要求，按“中外合作”和“项目融资”的筹资方式从头开展工作。

嘉兴电厂二期工程从立项到可研报告正式批复，再到开工，经历了漫长岁月。在此期间，华东电力供不应求的矛盾一度得到缓解，中国电力体制改革确定了竞价上网的基本方向。有的国外投资方担心中国电力紧缺时期出台的“保电量、保电价、保回报”的优惠政策难以保障。国内银行信贷资金逐渐充裕，国家鼓励电站设备国产化。境外融资银行也削减了融资额度，日本设备供应商还计划撤回已承诺的融资条件。特别是国家和上级部门加强了对工程项目建设中违法违纪事件的查处力度，使该项目难以继续由日本厂商提供设备。外资方也在事实上停止了在该项目上的资金和人力的投入，“中外合作”和“项目融资”方式，在该项目中告一段落。

在缺电局面一度缓和的情况下，又提出了将上海外高桥二期已在安装建设的机组调往嘉兴二期的课题。增加了嘉兴二期项目的难度。

2000 年，根据浙江省发展计划委员会的意见，浙江省电力局将原可研报告作了大幅调整，改为以“国内融资、国产设备”的模式建设和经营。调整后的出资方为浙江省电力开发公司、浙江东南发电股份有限公司、国家电力公司华东公司、北京国华电力有限责任公司、浙江省电力公司、浙江省电力建设总公司组建有限责任公司（浙江省嘉华发电有限责任公司），资本金以外所需建设资金分别向中国工商银行和中国建设银行借款解决。

发电厂主设备后经招标由中国东方电气集团和上海电气集团供应。

这样，嘉兴电厂二期工程项目就由“中外合作”转为“国内合资”，设备由“国外引进”转为“国内制造”。由浙江省嘉华发电有限责任公司负责建设的嘉兴电厂二期工程4台60万千瓦机组历经10余年酝酿和反复于2004年7月～2005年10月相继投产，未能为缓解21世纪初浙江省的严重缺电发挥应有的作用。该项目建设过程的经验教训十分深刻。

三、上海华东电力发展公司

为加快电力建设，搞好电力建设资金的筹集和管理工作，增加集团公司的投资功能，1994年6月4日，中国华东电力集团公司发文同意组建华东电力发展公司。上海华东电力发展公司于6月10日正式成立。

华东电力发展公司负责经营新安江水电厂、富春江水电厂、望亭发电厂的超发电量，宝钢电厂的多发、少用电量，以及出售用电权容量等。

1995年10月，上海华东电力发展公司作为出资方之一，参与组建华东电力集团财务有限责任公司。2000年6月，根据中国人民银行复文通知，华东电力集团财务有限责任公司改组为中国电力财务有限公司华东分公司，上海华东电力发展公司的股权转让给有关股东方。

1996年7月29日，华东电管局发文批复同意华东电力发展公司出资组建望亭发电有限责任公司，进行11号机组的建设和经营。

2001年9月5日，国家电力公司发文批复同意中国华东电力集团公司所持有上海电力股份有限公司23.73％的股份改由上海华东电力发展公司持有。

到2002年，上海华东电力发展公司总资产达15.66亿元。

第二节 投融资体制与改革

一、投融资体制改革

1991～2002年，华东电网继续深化投融资体制改革。

投融资体制改革之前，华东电网建设项目的资金来源主要依靠国家拨款和自筹两项。在电力投资体制改革后，华东电力建设资金开始按企业隶属关系分别安排：中央直属企业由中央安排投资，地方企业由地方财政安排投资；电力投资中开始使用银行贷款，即由国家拨款改为银行贷款（拨改贷），并开始集资办电，积极参与上级主管部门与上海市合资建设闵行电厂1台12.5万千瓦机组与浙江省合资建设台州电厂2台12.5万千瓦机组的规划和建设工作。

到1991年，华东电网的基本建设资金已有国家拨款、经营基金、国内贷款、利用外资、基建债券、部集资、地方集资、煤代油、华能投资、自筹及其他等共11种投融资方式。

1992年，华东电网大中型项目使用电力债券13000万元，主要用于北仑港电厂和马鞍山二电厂的建设。

1994年，华东电力集团公司（省市电力公司）管理电网内的国家投资工程，负责经营管理及归还银行贷款。项目资本金由企业负责解决，银行提供贷款，进一步理顺了电力项目的投融资关系。为适应投融资体制改革的需要，规范投资行为，华东电力集团公司印发了关于试行《中国华东电力集团公司股本投资暂行管理办法》的通知。

1996年，华东电力集团公司为了深化投资体制改革，建立投资风险约束机制，有效控制投资效益，根据国务院国发［1996］35号文件精神，对固定资产投资项目试行资本金制度，电力项目的资本金比例为20%以上。

1998年，华东电网根据《国务院批转国家经贸委、国家计委关于停止执行买用电权等有关规定意见的通知》（国发［1998］32号文），停止出售用电权。

1998年，国家批准华东江苏500千伏输变电项目为深化投资体制改革项目，是由企业管理国家投资、负责经营管理及归还银行贷款的第一个单独立项的送变电工程。明确该项目由华东电力集团公司负责建设、经营及债务偿还。项目资本金占工程动态总投资的20%。其余资金利用世界银行贷款2.525亿美元（折合人民币20.96亿元），由国家开发银行提供贷款18.26亿元，由中国建设银行提供贷款22.32亿元。项目投资收益及还本付息，通过统一核定该项目收益地区销售电价的方式解决。

华东电力集团公司在提出负责还贷方案时明确，500千伏输变电项目中的江苏省内部分由江苏省电价承担，省际联络线由三省一市和华东电力集团公司电价承担。这种规范的投资行为，理顺了电力项目的投融资关系。

2001年，华东三省一市电力部门根据国家计委的通知精神，停止征收每千瓦时2分钱的电力建设基金。

2002年，华东电网基本建设资金已有开发银行贷款、商业银行贷款、利用外资、三峡基金、中央专项资金、企业自有资金、地方专项资金、地方建贷、中央债券、地方债券、地方资金、其他资金12种。

其间，华东电力集团公司按《公司法》组建有限责任公司负责管理电力投资项目。华东电力集团公司与华东三省一市电力投资公司组建华东天荒坪抽水蓄能有限公司，合资建设天荒坪抽水蓄能电站。与华东三省一市电力投资公司、中国核工业总公司组建核电秦山联营有限公司和秦山第三核电有限公司，分别合资建设秦山二期（2台60万千瓦压水堆核电机组）和三期核电项目（2台70万千瓦重水堆核电机组）。中国华东电力集团公司与安徽省电力公司、安徽省能源投资总公司、合肥市建设投资总公司、新加坡联合电力（私人）有限公司组建中外合资安徽省合肥联合发电有限公司，建设和经营管理合肥第二发电厂（2台35万千瓦燃煤机组）。

二、华东电网输配电电价研究

（一）研究背景

20世纪90年代初，华东电力工业正处于深层次改革的初期，电网建设相对滞后。电网工程不能单独立项，建设资金筹集困难，电网无法按照自身规律健康发展。

1996 年 4 月，由华东电力集团公司和电力部规划计划司牵头、北京动力经济研究所参加，共同研究的课题名为“华东电网接网费、过网费研究”。目的是为解决输变电建设资金的筹集和探索投入产出的正常途径，确保电网健康发展。

1999 年 8 月，在北京召开的华东电网接网费、过网费研究咨询会上，国电公司有关领导提出将课题的研究范围扩大到配电网，并更名为“华东电网输配电电价研究”。

该课题共进行了三个阶段的研究工作。

（二）分阶段工作

1. 第一阶段：接网费、过网费概念研究

该阶段（1996 年 4 月～1996 年 8 月）主要任务是收集、了解国外进行电力工业改革及相应的电价改革情况，结合中国电力工业改革目标和实际情况，初步提出接网费、过网费的概念。

2. 第二阶段：接网费、过网费费率测算

该阶段（1996 年 8 月～1997 年 12 月）着重对如下内容进行研究：进一步完善接网费和过网费的定义，提出过网费在接网电厂和下一电压等级的分摊方法，对华东 500 千伏电网接网费、过网费费率进行了初步测算。

3. 第三阶段：输配电电价研究

为了搞好该阶段（1998 年 1 月～1999 年 7 月）工作，1998 年 7 月 26～27 日，国电公司战略研究与规划部、华东电力集团公司和北京动力经济研究所在江苏扬州联合召开了“华东电网输电价格研究”通报会。该阶段主要研究内容是提出输电电价和配电电价设计原则、思路及方法。

1999 年 8 月 11 日，国电公司在北京召开了华东电网输配电电价课题研究咨询会。会议以纪要形式充分肯定了课题研究成果，认为其思路和方法把握了电力工业管理体制和电价体制的改革方向。同时建议，研究要结合“十五”电力规划，重点放到输配电电价规划预测上来；要以“三段制电价，两段制管理”为基础研究输配电电价作价办法；联网工程电价既要考虑双方取得的联网效益，同时要参照国外在类似问题上的处理方法，使复杂问题能够在缜密分析的基础上简化处理，以利于实际操作；研究输配电电价，要注意与现行电价的衔接，处理好国家、社会和企业的利益关系。

第三节　年　度　计　划

一、生产计划

1994 年 1 月，华东电力集团管理委员会决定，省市联络线送受电统配计划以 1992 年计划为基数，以后省市联络线送受电计划除了用电权电量和宝钢自用电增加略作调整外，原则上不作变动。1992 年以后，各省市范围内新增的国有电能资源不再调出，由所在省市自行安排使用。

这个决定缓和了发用电计划分配的矛盾，但联络线送受电统配计划与省市经济利益的交叉矛盾并未得到根本解决。由于各省市面临的缺电形势，此矛盾如不及时解决，将影响电网安全稳定运行。为此，经与三省一市电力公司总经理研究和协商，华东电力集团管委会于1996年1月16日确定，向国家呼吁及早取消统配用电，鉴于华东电网十多年中因压缩烧油，中低压老机组报废等因素，老的统配电量剩下不足400亿千瓦时，大部分计划电量是由集资办电而来，而新电新价又未合理到位，因此，在国家尚未全面取消统配计划电量之前，先在电网内部调节省市电力公司经济利益关系，取消省（市）电力公司向省外送出统配计划电量，共33.54亿千瓦时，从1996年开始，分三年逐步实施。为不减少受电省市的统配受电计划，所发生的电量缺额，由集团公司直属望亭电厂的非统配油电和非统配煤电给予填补，并在年度省市联络线送受电电量计划中安排落实。非统配电量高出统配电量的价差处理，一是通过争取地方政府同意售电加价，二是暂时由集团公司和省市电力公司共同分担，其分担比例为：上海和浙江50%；江苏和安徽25%；集团公司25%。

二、小火电建设管理

1991年前，江苏、浙江两省由于经济发展较快，电力供不应求，为此，地方政府集资兴建了一批单机容量2.5万千瓦及以下中低压凝汽式小火电机组，对缓解当时电力供需矛盾起到了一定的作用。随后，国家计委下发了《关于鼓励发展小型热电联产和严格限制凝汽式小火电建设的若干规定》。由于地方小火电的项目审批除了向国家和省里要求解决贷款资金外，其余都由所在的地市、县自己审批，因而以热电为名行发电为主的小火电在部分地市、县占有一定的比例。另外，由于上网电价的定价权也在地市、县，且上网电价基本上按小火电的实际成本为基础核定等，从而导致了小火电发展无序。截至1996年底，江苏、浙江两省地方小火电投产容量为401万千瓦，占华东电网全口径火电装机容量3867.72万千瓦的10.4%。此后几年发展更快，几近失控，甚至出现了小火电与大机组抢发电的情况，不仅对电网的安全、优质、稳定运行不利，也浪费了宝贵的一次能源。

为加强对已投运小火电机组的建设、并网、发电管理，1997年8月，电力部颁发了《小火电机组建设管理暂行规定》。华东电力集团公司根据华东电网的实际情况，随后也提出如下建议和管理措施：①对于不同发电类型机组区别对待。纯凝机组原则上按发峰电要求安排年度发电计划；抽凝机组要严格按照电力部规定的热电比要求，以热定电。②严格从紧控制上网电价水平。上网电价应有省计经委、省物价局、省电力局三家联合审批，收回原来地市、县的定价权。③在条件许可的情况下，优先安排现有纯凝机组改造供热。④按上网电价从低到高的顺序安排调度上网。⑤采取大机组替代小机组发电。

同年，江苏、浙江两省电力局与省政府有关部门联合行文，要求小火电机组必须服从电网的统一调度。至2000年，江苏省电力系统关停小火电机组33.2万千瓦，系统外关停小火电机组6.3万千瓦；浙江省的一些老发电机组和小火电机组也陆续退役或停机。

经过华东三省一市的共同努力，华东地区的小火电机组建设管理逐步走上正轨，为以后实施发电机组“上大压小”创造了条件。

三、基建投融资计划管理

随着国家电力工业投资管理体制改革的深化，1991～2002年，华东电网基本建设投融资计划管理相应作了调整。

根据1988年国务院颁发的《关于投资管理体制的近期改革方案》，华东电力联合公司归口管理华东电网所在地区的电力行业，在搞好国家能源投资公司下达的直接管理项目计划的同时，做好华东三省一市电力行业计划的归口汇总工作。根据这个要求，华东电力联合公司编制了1991年度华东电网地区全行业的基建计划。

1993年10月，国家计委发文同意中国华东电力集团从1994年起在国家计划中实行全面单列。从1994年起，华东电力集团公司编报计划时，在报送电力部的同时报送国家计委，并按计划单列企业编制计划要求，向国家计委上报建议计划。

1994年，随着国家开发银行成立、国家能源投资公司撤销，原由国家能源投资公司管理的在华东电网内的电力项目转由华东电力集团公司经营管理；由华东电力集团公司（或省市电力公司）管理电力项目中的国家投资，负责经营管理及归还银行贷款本息。1994年起，中国华东电力集团公司作为国家投资的代表，参与了上海外高桥电厂、江苏扬州二电厂、常州电厂、浙江北仑港电厂、嘉兴二电厂、安徽合肥二电厂、阜阳电厂、安庆电厂、池州电厂和秦山核电二期及三期、连云港（田湾）核电站、桐柏抽水蓄能电站、宜兴抽水蓄能电站等工程的组建，包括成立发电公司并开展前期或建设工作。这些电厂工程相继投产对华东电网缓解用电紧张局面和确保安全稳定运行起了积极作用。

2000年6月，华东电力集团公司改组为国家电力公司华东公司后，国电华东公司负责提出国家电力公司在华东地区直接投资项目和直管企业的年度投资资金计划，经国电公司批准后，负责计划执行和跟踪管理。

第四节　电　力　统　计

一、综合统计

从1992年7月1日开始，华东电管局（公司）根据能源部关于按季报送并公布电力工业经济评价考核指标的决定，每个季度最后一个月的25日前，用传真方式向能源部及上海市统计局上报工业经济效益综合指数及“七项指标”[工业增加值、工业产品销售率、资金利税率、净产值率、成本利润率、全员劳动生产率（按净产值计算）和流动资金周转次数]。

自1993年起，华东电管局（公司）根据能源部《关于做好电力工业企业经济效益评价考核指标月报上报工作的通知》要求，将工业经济效益综合指数及“七项指标”按季报送改为按月报送。上报时间为次月25日前。

国家计委批准中国华东电力集团在国家计划中实行单列后，华东电力集团在执行能源部统计管理办法的同时，执行由国家统计局、国家计委、国务院经贸办等共同制定的《国家试点企业集团统计管理实施办法（试行）》，集团企业统计报表直接向国家统计局上报。统计范围包括参加企业集团的核心企业，紧密层企事业单位，统计报告期为年报，每年3月底以前上报前一年的数据。

1993年8月，华东电管局会同浙江省电力局统计人员，在浙江衢州电力局及下属的江山供电局进行了月度统计范围口径改革的可行性调查。月度统计范围为6000千瓦及以上电厂，6000千瓦以下电厂部分在年报《主要工业产品生产能力》表中统计。供用电报表中原“购500千瓦及以下电厂电量”改为“购6000千瓦以下电厂电量”。这次调查的具体实施方案在电力部当年召开的年度统计工作会议上作了介绍，得到了电力部的重视并采纳，从1994年1月起在全国电力系统内正式执行。

1994年2月，华东电力集团公司在浙江富阳县召开统计口径专业会议，对统计口径的划分作了明确，即华东电力集团所属机组具体分为华东电力集团公司计划考核机组、省市电力公司所属机组、集体经营机组、受委托代管机组四类，取消“平均可调出力”和“可调小时”指标的统计。

从1994年起，年报在用电分类中增加“全社会净用电量”指标。“全社会净用电量”是指全社会用电量扣减厂用电和线损后的电量。在基本建设投资完成情况（自开始建设至本年度底止累计完成情况）表中，将“特别贷款”归并到“建设贷款”指标中去。

1995年10月，华东电力集团作为1000户国家重点联系企业进入国家经贸委的“全国生产流通信息网络”，每月向国家经贸委信息中心上报主要指标。华东电力集团公司综合计划处负责提供数据，信息中心负责计算机通信传送。

从1997年1月1日开始，华东电力集团公司根据国家统计局、国家计委、国家经贸委、建设部《关于修订固定资产投资新开工和竣工项目统计报告制度的通知》的规定，凡计划总投资在200万元以上的电力基建（含跨省项目）和大代小项目均实行开工统计登记和竣工统计报告制度，即在全部项目竣工验收后一个月内上报主要验收资料和竣工登记表。200万元以下的建设项目可不进行登记，但仍进行正常的投资统计。

1998年5月，华东电力集团被国家统计局评为全国建设领域基层统计工作先进单位。

1998年10月，建立城乡电网建设与改造工程统计报表制度。华东电力集团公司按要求每月后5日前按国家电力公司下达的计划逐项填报相应项目的完成投资、资金到位、资本金到位情况、工程形象进度、新增（改造）生产能力、施工管理中存在的问题等。

1999年，所有在沪的电力统计人员办理了统计上岗证，做到人人持证上岗。

2000年1月，中国水电工会华东电力工作委员会进行了华东电网（1999年年报）统计管理工作竞赛评比活动，浙江省电力公司被评为先进集体单位，上海市电力公司被评为综合统计先进单位，江苏省电力公司被评为投资统计先进单位，安徽省电力公司被评为发电统计先进单位和供用电统计先进单位，望亭发电厂被评为直属统计工作先进集体。

二、第三次全国工业普查

按照国务院的统一部署，1995年进行了第三次全国工业普查工作。

华东电力集团公司1995年4月17日正式成立了第三次工业普查领导小组，成员由办公室、计划处、生技处、财务处主要人员组成。设立工业普查办公室，抽调了2名专职人员负责工业普查的日常工作，同时还成立了财务资产、生产设备、劳动工资、数据处理和综合5个专业小组。1995年11月9日，正式启用华东电力集团公司第三次工业普查机构印章。

华东三省一市电力公司工业普查办公室组织实施调查的各类工业企业和工业生产活动

单位511个（简称系统内），其中大中型企业123个，小型企业337个，筹建和附营活动单位51个。按专业分其中有发电企业68个，供电企业64个，修造企业19个，多经企业302个。按隶属关系分其中有集团公司及直属企业16个，上海市电力公司30个，江苏省电力公司123个，浙江省电力公司190个，安徽省电力公司100个，上海电力建设局3个，上海电力学院1个。此外，还收集到华能国际、秦山核电、企业自备电厂和地市、县、乡属发供电的系统外1123个调查单位的部分数据。

工业普查办公室按照“以块为主、条块结合”和“统一设施（电力部统一设施）、分布开发、三级（省市局、网局、电力部）汇总”的工作原则明确：①华东电力集团公司本部和在沪多经企业由集团公司汇总上报上海市工业普查办公室；直属望亭发电厂的主业由上海市电力公司汇总报上海市工业普查办公室，其多经企业则报苏州当地工业普查办公室。新安江、富春江水电厂的主业和多经企业则报当地建德县、桐庐县工业普查办公室和浙江省电力公司工业普查办公室。对集团公司资产的500千伏线路和设备，按此次工业普查属地化原则，由有关地区供电局按照各自管理范围负责清查并填报，有关设备的价值量可结合清产核资，由有关部门提供，做到不重不漏。②上报电力部的资料分为六块，即华东电力集团公司直属单位（含上海电力学院）、上海市电力公司、江苏省电力公司、浙江省电力公司、安徽省电力公司、上海市电力建设局。确保不重不漏。

华东电力集团公司工业普查办公室在工业普查期间，先后编制印发了华东电力系统第三次工业普查简报共27期，分发到电力部、上海市电力公司、江苏省电力公司、浙江省电力公司、安徽省电力公司及直属单位工业普查办公室和有关人员。

经过一年普查，至1996年底，基本完成了计算机处理工作，盘清了“家底”。

（一）电网实力显著增强

截至1995年，华东三省一市发电设备装机容量达3912.52万千瓦，比1985年1544.65万千瓦增长153.3%，其中6000千瓦以上发电厂装机容量达3368.42万千瓦，与1985年比较净增2095.74万千瓦，年均增长10.5%。1995年，华东三省一市的装机容量占全国的比例为18.01%。发电量达1831.52亿千瓦时，比1985年757.64亿千瓦时增长141.7%。

（二）企业规模显著扩大

1995年，华东三省一市电力企业中，特大型企业14个，大型企业50个，中型企业85个，60万千瓦级电厂6家，30万千瓦级电厂33家。

1995年末，在全网统调电厂中，30万千瓦级及以上机组容量为1380万千瓦，占全网统调装机容量的45.33%。百万千瓦级电厂有8家。华东三省一市42个地市级供电部门中，特大型企业2个、大型企业25个、中型企业15个，年售电量超过100亿千瓦时及以上的1个(上海市区供电局)、40亿～99亿千瓦时的有11个、20亿～39亿千瓦时的有12个。

（三）工业经济总量进一步扩大

1995年末，系统内全部调查单位的资产总额为3771.19亿元，其中电力部属口径的工业企业资产总额为749.26亿元，占20%左右。电力部属口径的工业企业资产总额比1985年增加7.43倍，销售收入382.79亿元，比1985年增长7.45倍。

（四）设备更新速度加快

系统内工业企业单位，1995年用于技术改造支出的总金额为18.94亿元。在已安装使用的设备中，按年末设备价值统计，属于20世纪90年代出厂的设备占43.44%，80年代出厂的设备占45.64%，70年代以前出厂的设备占10.92%。按设备产厂属地分，进口设备占15.05%，国产设备占84.95%。

（五）大容量、高参数的发电设备占主导地位

1995年，在华东三省一市179台总容量2207.3万千瓦的发电机组中，30万千瓦级的29台，20万千瓦级的19台，10万～20万千瓦级的52台，10万千瓦级以下的79台。

（六）输变电设备有较大发展

至1995年，华东三省一市各电压等级的变电站共3039座、容量10777.48万千伏安，比1985年变电站1808座、容量3359.34万千伏安分别增加1231座、7418.14万千伏安。其中500千伏变电站8座、容量909.5万千伏安。而1985年，500千伏变电站数为零。

（七）职工文化、技术素质提高

至1995年，华东电网部属企业中，具有大专以上文化程度的31705人，占总人数15.23%；具有中专、技工、高中文化程度的97376人，占职工总人数84.77%。其中，具有高级职称的2989人，占职工总人数6.35%；中级职称的14668人，占职工总人数31.16%；初级职称的29422人，占职工总人数62.49%。

（八）工程技术人员、管理人员比重上升

至1995年，华东电网部属企业中，工人学徒工所占比例比1985年下降了3.08%，工程技术人员所占比例比1985年上升了4.57%，管理人员所占比例比1985年上升了0.36%，服务及其他人员所占比例比1985年下降了1.83%。

（九）工业科技投入加大

1995年，系统内大中型企业中拥有技术开发机构25个，系统内全部企业的技术开发人员5623人，每万个职工中拥有技术开发人员270人；当年投入技术开发经费2.28亿元，即每个技术开发人员占有的技术开发经费4万多元；当年完成技术开发和研究发展项目（课题）678个，当年获得技术开发成果奖181个（其中获国家级奖励1个、省部级奖励38个），完成科技论文306篇。

调查的系统内企业的经济效益：

工业增加值为159.87亿元，其中部属140.25亿元。利润总额为26.03亿元，其中部属21.75亿元，比1985年增加2.94倍。上缴利税52.07亿元，比1985年增长3.6倍。部属工业企业的劳动生产率为10.13万元/人，比1985年的3.29万元/人增加2倍多，年均增长11.90%。主要技术经济指标为：电网电能频率合格率为99.76%，比全国平均数高出0.25个百分点；主网220千伏及以上中枢点电压合格率99.63%，比全国高1.56个百分点。系统内全部调查企业的供电煤耗379克/（千瓦时），比全国平均数低15克/（千瓦时）。其中部属企业374克/（千瓦时），十年间共下降30克/（千瓦时）。线路损失率8.39%，高于全国平均数1.13个百分点，其中部属企业为7.8%。水电设备平均等效可用系数89.93%、火电设备平均等效可用系数88.32%。

在第三次工业普查工作中，华东电力系统中被评为国家级优秀组织者 2 人，先进集体 8 个，先进个人 23 人；电力部先进集体 13 个，先进个人 19 人；华东电力集团先进集体 28 个，先进个人 58 人。另有省市电力公司先进集体 22 个，先进个人 42 人。

为了充分利用普查信息资源，华东电力集团公司工普办对普查资料进行分析研究和开发利用，组织网省电力公司工普办汇编出版了《华东电力集团、省（市）电力公司和直属单位普查资料》和《华东电力工业普查专题分析资料》。

第三章　劳动工资管理

随着企业经营机制的转换，1991～2002 年，华东电力系统逐渐建立起劳动组织、薪酬奖金和养老保险的新体系，开创了劳动工资管理的新局面。在劳动组织工作创新中，兼顾了人才培养、员工激励和有序流动三个要素。通过定员、定编、定额、定岗和劳动优化组合，实行人力配置动态管理，极大地提高了企业劳动生产率，加速了人力资源由组织配置向市场配置的转变，初步形成了企业人员能上能下、能进能出和竞争择优的良性机制。在完成劳动、人事、工资配套制度改革后，实行岗位技能工资制，完善劳动工资管理，形成了有效的激励与约束办法，适应市场经济的新机制开始运作。

第一节　职　工　队　伍

华东三省一市电力企业（部属企业，下同）实行的是国家计划管理模式。职工按全民与集体编制，人员按工人与干部分类，并根据企业类别（级别）以及上级主管部门规定的人事管理权限，执行上级主管部门制定的劳动人事政策和管理制度。职工人数按企业类别、设备容量规模大小等核定，报上级主管部门批准后确定，同时实施工资总额承包办法，逐步扩大企业自主权。职工人数还按人员定额标准定期调整，同时进行减人增效指标控制。

一、职工来源

1991～1999 年，华东电力系统职工来源主要是按照国家计划配置模式，企业增员由上级主管部门统一按指标分配，来源有大专院校、中专（包括技工学校、职业高中）毕业生分配、复员转业军人安置、地方劳动部门在招工指标内的社会招工以及个别按政策规定的职工子女顶替和征地农民工安置等。2000 年后，职工主要来源按企业需求，向国家电力公司报送增员计划指标，经批准，按计划指标在高等院校应届毕业生中招聘。

华东电网发展迅速，随着全网大型发电企业的增多，供电容量的扩大，电业职工队伍也不断壮大。至 2002 年底，华东电力系统共有职工 150359 人，其中正式职工 148631 人，临时职工 1728 人。

二、用工管理

华东电力系统用工管理按隶属的企业所有制性质，分为全民所有制职工和集体所有制职工两种。自实行集资办电以来，特别是公司化改制以后，随着多种经营企业的成立和发展，集体所有制经济的效益和规模逐步扩大，全民与集体职工之间的差别也逐步缩小。1993 年，华东电管局和三省一市电力局根据劳动部和电力部的规定，通过实施劳动、人事和工资三项制度配套改革，建立了国家宏观调控、企业自主用工、多种形式并存的用工管理制度，在定编、定员、定岗的基础上，进行了合理的劳动组合。所属各单位在公开、公平、公正的原则下，打破企业干部和工人的身份界限，对一些专业岗位和管理岗位实行竞争上岗、择优录用、逐级聘任的办法，并签订聘用合同，对未上岗或未录用的职工转入待岗培训，初步建立起竞争、激励机制。1995年，根据《中华人民共和国劳动法》和各地方政府颁发的劳动合同制度等文件规定，先后实现全员劳动合同制，并取消“固定工”称谓；劳动合同期限分为无固定期和有固定期两种，有固定期的一般分为一年期、三年期和五年期几个等级，到期时，企业与职工重新签订劳动合同。1996年，在深化劳动制度的改革中，企业工会出面代表职工，同代表企业的厂（局）长，在平等协商，取得一致的基础上，双方签订集体劳动合同，同时明确双方的责、权、利，签订的集体劳动合同具有法律效能。与此同时，还根据社会保险制度，建立起“能进能出”的用工制度。2000年，国家电力公司统一规定实行向人才劳务市场招聘人员并签订劳动合同，除国家按特殊政策分配的人员外，原则上不再接受计划分配的大、中专院校毕业生。对部分岗位实行人事代理、劳务派遣等办法。自此，一个多种用工制度并存的局面逐渐形成。

三、队伍状况

（一）文化状况

“八五”和“九五”计划期间，华东电力系统职工队伍建设进入新阶段。各单位重视职工的入口关，同时重视开展各类培训，鼓励参加成人教育，因此，职工总数下降，学历层次逐年提高，专业、文化水平得到较大提高，适应了生产工作的需要。1996年、2000年和2002年华东电网职工文化构成情况见表13-3-1。

表13-3-1 1996年、2000年和2002年华东电网职工文化构成情况 单位：人

年份	职工人数	研究生及以上	大学本科	大学专科	中专技校	高中	初中及以下
1996	194804	34447（大专及以上）			48984	42288	69085
2000	164262	505	14308	25074	45725	33457	45193
2002	148631	632	15266	26303	40956	27950	37524

（二）职称和技能状况

其间，华东电力系统专业技术人员、生产技能人员队伍建设都有长足发展，中、高级专业和技能人才比例不断增加。各单位按国家政策和上级主管部门规定，开展专业技术职称和技能等级评定工作。与此同时，对生产技能人员进行技能培训，并从2000年起组织开展对电力行业特有工种的职业技能鉴定。技师及以下等级由省、市电力公司组织考评，高级技师由电力行业职业技能鉴定指导中心组织评审。1996年、2000年和2002年华东电网职工专业技术职称和生产技能等级构成情况见表13-3-2。

表 13－3－2 1996 年、2000 年和 2002 年华东电网职工专业技术职称和生产技能等级构成情况

单位：人

年份	职工总数	按专业技术职称分			按生产技能等级分				
		高级职称	中级职称	初级职称	高级技师	技师	高级工	中级工	初级工
1996	194804	3427	17358	28809	28	1143	122079（高级工及以下）		
2000	164262	3463	16625	24784	43	1709	19843	58351	16742
2002	148631	3982	15320	23420	90	1944	13719	39664	6813

（三）年龄状况

华东电网为满足新建设的单机容量为 30 万千瓦或 60 万千瓦特大型电厂和 500 千伏高压输电网络的人才需要，除通过招聘接收大、中专院校毕业生外，还从全国电力系统合理引进了一批年轻的专业技术人才，致使职工队伍年龄结构逐步转向年轻化。1996 年、2000 年、2002 年华东电网职工年龄构成情况见表 13－3－3。

表 13－3－3 1996 年、2000 年和 2002 年华东电网职工年龄构成情况

单位：人

年份	职工人数（正式职工）	各年龄分段职工人数					
		55 岁及以上	50～54 岁	45～49 岁	35～44 岁	25～34 岁	25 岁及以下
1996	194804	10875	13068	19986	54643	96232	
2000	164262	6915	12817	22959	50853	54739	15979
年份	职工人数（正式职工）	55 岁及以上	50～54 岁	40～49 岁	30～39 岁		29 岁及以下
2002	148631	7564	13644	44547	54381		28495

第二节 劳 动 管 理

一、劳动组织

1991～2002 年，华东电力系统劳动组织的形式、职能和管理方式，执行的都是上级主管部门统一规定的模式和标准。火力发电厂实施大分场或小分场制。如江苏省电力局所属大型火力发电厂被评为国家电力公司一流火电企业后，全部实行大分场制，即运行和检修分开的模式，机组运行人员实行四班三运转、五班四运转或五班三运转值班制。1993 年，在企业进行劳动、人事和工资三项制度配套改革后，实行检修相对集中管理模式，并逐步向检修公司方向发展。公司化改制全面推行后，发电厂检修公司（队）相继成立检修有限责任公司，以适应市场经济发展和开发国内外检修工程业务的需要。供电局在劳动组织方面以建立变电工区、检修工区和供电所为主。随着 110 千伏变电站逐步实施无人值班

后，劳动组织发生了较大变化。1998 年，华东电力系统实施三年农村电网建设改造，同时推进城网建设改造，属地管理的农电站开始逐步划归电力系统管理。各省、市农电改造工程完成后，农电职工被列入电力系统，随着农电站的撤销和县供电公司农电所的成立，供电系统的劳动组合形成了新的模式和体制。

多种经营方面的劳动组织，以适应市场经营发展为主，实施优化劳动组合。1992 年后，多种经营企业相继成立有限责任公司，劳动组织形式逐步随市场经济发展而灵活多样化，进一步实行规范化管理。

二、定员定额

进入“八五”计划时期，华东电力系统按照能源部制订的《劳动定员管理细则》，加强劳动定员定额管理。1991 年，在生产定员工作分级管理的基础上，为实现能源部提出的“严密组织、精简机构、减少人员、提高劳动生产率”的目标，各单位做了大量制订定员标准的前期准备工作，定员标准按发电、供电、修造等分成 5 类。1992 年，各单位按照部颁《供电企业编制定员标准（试行）》，制订各自省、市电力局的劳动定员管理细则（试行），核定了所属基层企业的定员人数。

1998 年，华东电力系统各单位根据国家电力公司颁发的《火力发电厂劳动定员标准》，组织进行新标准的定员测算。华东电管局根据标准，结合望亭发电厂的生产规模和设备状况，经过测算，制定下发了《关于核定望亭发电厂定员人数的通知》。2000 年，又根据国家电力公司《关于按〈供电企业劳动定员标准〉和〈水力发电厂劳动定员标准〉测算的通知》，组织了对新安江水电厂、富春江水电厂和天荒坪抽水蓄能电厂的定员测算，并在此基础上分别下发了对各家水电厂的核定定员人数的通知。江苏省电力公司根据国家电力公司颁发的《供电劳动定员标准（试行）》，在参加国家电力公司调研和测算工作的基础上，制定并下发了《关于做好贯彻“供电劳动定员标准”工作的通知》，在全省供电企业推行定员新标准。2001 年，江苏省电力公司加大资金投入，全力实行优化劳动组合，根据新标准测算了所属 13 家供电企业用人水平。在定员贯标过程中，调整管理机制、用人机制、干部政策和奖励办法等，同时强化专业培训，加强队伍建设，使整个工作上了一个新台阶。2002 年，江苏省电力公司在供电企业统一了定员、定额标准和用人尺度，完成了国家电力公司下达的 2002 年底前实现供电企业定员达标任务。

华东电网其他省、市电力公司也按照国家电力公司颁发的文件，在贯彻新定员标准过程中，开展全面调查、测算和摸底工作，根据各单位的实际制定并统一了标准，在规定的时间内完成了国家电力公司下达的任务。

随着华东电力生产、技术的不断进步，先进机组、设备的不断投用，尤其是运用先进运行监控设备后，很大程度上改变了电力系统的劳动组织形式，许多单位在完成电力部和国家电力公司下达的减人增效指标方面都取得较好的成绩，实现了人员“低增长”或“零增长”。

三、劳动生产率

1991 年，华东电力系统部属企业的劳动生产率为 71603 元/(人·年)，1996 年部属电力企业劳动生产率上升到 119940 元/(人·年)，比 1991 年提高 67.5%；2002 年，劳动生产率上升到182755元/(人·年)，比1991年提高255.2%。促使电力企业劳动生产率提高的主要因素：一是集资办电的兴起和大型发电厂的相继投产、500千伏输变电工程的建成，全面完成了安全生产任务和各项经济指标；二是劳动、人事和工资三项制度配套改革(简称“三改”)后减人增效政策的全面推行和电力部(后为国家电力公司)分配下达减人增效指标的全面落实、完成。1991～2002年代表年份华东电力系统劳动生产率情况见表13-3-4。

表13-3-4 1991～2002年代表年份华东电力系统劳动生产率情况

年份	计算劳动生产率平均人数(人)	工业总产值(万元)	劳动生产率[元/(人·年)]	备注
1991	135711	971726	71603	按不变价格计算
1995	138708	1403938	101215	
1996	121117	1452682	119940	
2000	93515	1477349	157980	
2002	82565	1508919	182755	

第三节 薪酬福利

一、薪酬

(一) 工资制度

1991年，华东电力系统工资制度遵照国家工资方针政策，按能源部颁布的规定制订薪酬标准执行，而后以工资为主的劳动薪酬历经标准工资加浮动工资、标准工资加浮动工资再加岗位津贴和岗位技能工资3个阶段。执行的部颁标准经过3次调整：1993年，“三改”完成后取消岗位津贴，实施岗位工资，原标准工资及部分工资纳入技能工资，实行岗位技能工资制度；1994年，电力部将电力企业工资政策、制度、标准逐渐规范统一，1995年，华东电管局全面实行岗位技能工资后，按电力部规定，将“1994企标”过渡到入轨后的技能工资标准，最低工资标准执行地方劳动部门的规定，同时确定新的加班、加点工资的计发基数和计发比例以及技能工资入轨后的各项补贴；1999年，国家电力公司颁发电力系统工资标准，当年华东电管局将原“1995企标”按规定纳入国家电力公司1999年标准。

2001年，经国家电力公司同意，国电华东公司试行岗薪工资，历经三年三步走，率先在电力行业实施具备宽带薪酬模式的岗位薪点工资制度。

作为主体工资制度的辅助工资——年功工资从1992年起实施，每工作一年每月计发0.50元，到2001年调整为按工作年限分段四级累进，从10元/年起，十年为一段，每段递增10元的标准。1991～2002年，劳动报酬水平逐年提高，这对加快电力发展和经济效益增长以及人才队伍的扩大，加大薪酬的激励作用具有积极意义。

（二）岗位技能工资

1993年，华东电力系统完成第一阶段“三改”后，开始在首批验收合格的单位中，经劳动四要素测评和岗位归级后，试行岗位工资。其他单位在定员、定编、定额、定岗工作实施后，也进行岗位测评和归级工作，经所在省（市）电力公司批准归级方案后实行岗位工资。同时规定，实行岗位工资后，原执行的临时岗位津贴、运行岗位津贴、班组长津贴等均予以归并，原津贴停止执行。全面实行岗位工资后，1994年实施岗位技能工资制，职工工资由基本工资（岗位工资加技能工资）和辅助工资（年功工资、各类物价性补贴、奖金及辅助形式分配的工资）两部分组成。

（三）“一岗五薪”岗位工资

1997年，为完善岗位工资运行机制，依据按劳分配原则，适当解决由于同岗而工龄、技术等级、工作业绩等差异而产生的内在矛盾，根据国家电力公司关于增强工资分配激励作用的决定，华东电管局颁发《岗位薪级工资暂行办法》，将现行岗位工资改为按岗位薪级工资办法实行。每岗位分设5个薪级标准，薪级主要由工作年限、上岗年限和业绩考评成绩三方面综合确定，以此体现同岗人员的劳动差异；考评工作每两年进行一次。每次变动调整的在岗人数控制在在职员工总数的5%之内，且管理和生产人员间原则上不互相挤占比例。1997年1月～1999年6月，岗位薪级工资的标准薪级差为10元；1999年11月10日起，调整薪级工资标准，运行人员薪级差由原10元调整到30元，其他岗位的薪级差由原10元调至25元。

（四）岗薪工资

2001年，国电华东公司归并了岗位工资、技能工资、岗位奖励，确定了岗位区间，设置了52个薪级，建立了以600元为起点的岗薪工资制；2002年，国电华东公司继续归并物价性补贴，调整到1200元为起点、等比系数为1.04，岗薪工资制渐趋完善。

（五）津贴

20世纪80年代初，国家实行物价补贴。2001年以前，企业津贴按国家和有关地方政府规定发放。2002年，津贴并入岗位薪级工资序列，实行了20多年的物价性补贴就此终结。

二、奖金

华东电力系统的奖金以综合生产奖为主，后来逐渐细化为安全奖、省煤节电奖、劳动竞赛奖和科技进步奖四大类。除按上级主管部门规定的奖励办法和标准外，主要根据电力安全生产、经营管理、劳动竞赛等实际情况，制订一系列奖金管理办法。奖金分配分为两个层次，第一层次是华东电管局、三省一市电力公司对各基层单位实行承包责任制和专业指标考核；第二层次是企业内部实行，完成各项工作任务、指标的考核奖和双文明建设、企业劳动竞赛表彰、奖励等，各项考核与分配挂钩。第一层次的奖金考评、分配和计发办法主要因素为：双文明建设、安全生产、年度任务考核指标、综合经济责任制承包、企业达标创一流和表彰先进等。华东电力系统实行的重大奖励共有以下六项：

（一）安全奖

安全奖实施范围主要是从事电力生产的发电厂、供电局（公司）和修造企业。①发供电企业。发电厂安全奖的考核周期，根据发电厂的出力或单机出力，分为 80、100、150 天 3 个档次；供电局（公司）安全奖的考核周期，根据售电量分为 80、100 天 2 个档次。受奖条件是在规定的考核周期内，无列入生产考核的人身死亡及重伤事故，无中断安全记录的发、供电设备事故。奖金按各单位列入考核的现役设备容量、台数、线路长度计算。②修造企业。修造企业安全奖考核周期为一年，考核和受奖条件是在考核期内不发生人身死亡及重伤事故，无重大设备、交通、火灾、中毒事故。符合受奖条件的单位按当年在册职工人数人均 20 元给予奖励。

（二）“安全、文明生产创水平达标”和“创一流电力企业”奖励

根据能源部《关于火力发电厂“安全、文明生产创水平达标”企业奖励办法的通知》，华东电管局、省市电力公司对发电厂、供电局（公司）开展“双文明”达标活动，经检查验收合格、达到部“双文明”标准的企业，按其正式职工给予年度人均 400 元奖励；凡经检查验收合格的达到网、省电力公司“一流企业”标准的企业，给予年度人均 300 元奖励。

（三）省煤节电奖

发电厂省煤节电奖包括：节煤、节油、节水 3 种。节煤奖根据节煤量、平均标煤单价和提奖系数确定；节油奖是按点火油、助燃油两个方面计算，每节约 1 吨油奖励 200 元；节水奖是按单机容量和不同循环供水方式确定装机水耗定额，达到定额奖励 2 万元，达不到定额扣 1 万元。省、市电力局从年度省煤奖励总额中提取 20%，用于奖励节能成效显著的项目（含节油、节水奖）和评选节能先进单位、集体、个人奖励；从年度节煤奖励总额中提取 80%按各发电厂节能实绩进行分配。供电公司主要是降损节电奖励，实行基本奖加小指标考核。基本奖是按线损率确定提奖率，同时按年售电量确定线损基准值。小指标考核分为降低线损完成率、月末抄见电量比重率、220 千伏变电站关口所在母线电能平衡合格率和坚持线损分析例会 4 项，根据实际情况予以嘉奖或扣奖。

（四）增发电量奖

对发电设备检修实行缩短工期、增发电量的奖励办法，增发电量是按电网上半年度与本年度发电设备平均利用小时的比率和缩短检修工期、单机容量，扣除厂用电等因素来计算。

（五）劳动竞赛奖

劳动竞赛奖按工资总额 1%提取，其中 90%拨付给各基层单位管理使用，10%由省、市电力工会集中使用。这 10%主要用于对各职能部室开展各种专业劳动竞赛活动和奖励省、市电力公司荣获全国、部省级劳动模范和五一劳动奖章获得者等员工的一次性奖励。

（六）科技进步奖

华东电管局、三省一市电力公司科技进步奖是授予在电力科学研究和技术开发、应用和推广先进科学技术成果，完成重大科学技术项目等方面作出重大贡献的单位和个人。科技进步奖每年评审一次，奖励等级分一等奖、二等奖、三等奖，对科技进步有特殊贡献的重大科技成果，可授予特等奖。

三、工效挂钩

1993 年 8 月，华东三省一市电力局根据电力部办公厅《关于转发〈国有企业工资总额同经济效益挂钩规定〉的通知》，要求所属单位结合本企业实际情况，提出改进和完善工效挂钩办法的意见，抓紧工效挂钩办法制订和测算工作。1993 年 12 月，华东电管局按照劳动部和财政部下发的《关于 1993 年审核企业工资总额同经济效益挂钩方案有关问题的通知》和国家计委下发的《关于同意中国华东电力集团公司在国家计划中实行单列的通知》，向劳动部、财政部和电力部上报《中国华东电力集团工资总额同经济效益挂钩办法的报告》。1994 年 2 月，劳动部和财政部在下发的《关于中国华东电力集团公司 1993 年实行工效挂钩有关问题的复函》中，同意中国华东电力集团公司 1993 年实行工资总额与实现税利和万千瓦时售电量挂钩，工资总额基数各占 50%，采取总挂总提等办法。1994 年 3 月，中国华东电力集团公司根据劳动部和财政部文件有关规定，结合华东电力集团实际，向华东三省一市电力公司下达《1993 年工资总额同经济效益挂钩实施办法和基数的通知》；同年 6 月，向华东三省一市电力公司下达《1993 年工效挂钩工资总额结算的通知》。1994～1997 年，中国华东电力集团公司根据规定，向劳动部、财政部上报集团年度工资总额同经济效益挂钩办法的报告和决算，待劳动部、财政部批复同意后，再下达给三省一市电力公司。

1994～1998 年，按照中国华东电力集团计划单列的规定，华东电力集团工效挂钩实行工资总额同实现税利和售电量复合挂钩，与实现税利挂钩的比例为 80%，浮动比例为 1∶0.75；与售电量挂钩比例为 20%，浮动比例为 1∶1。对省、市电力公司实行工资总额同实现税利和售电量复合挂钩，挂钩比例各占 50%，挂钩浮动比例分别为 1∶0.75 和 1∶1。各省、市电力公司售电量计算是在财务年报的基础上根据《关于华东电网省市联络线口子考核办法》进行折算。对华东电力集团公司直属单位新增效益工资按增长水平略高于全网增长部分人均增长水平计提。为体现团结治网共担风险的精神，每年从新增效益工资中提留风险调节基金 169 万元，用以补偿人均新增工资水平最低的省市电力公司，补偿人均新增工资列第三位人均水平的 80%。提留奖励基金 77 万元，用以华东电网调峰、频率考核等奖励。实行工效挂钩办法从制度上确定了国家与企业的分配关系，建立了正常的工资增长机制，把职工的利益与企业的效益联系在一起，对进一步搞活企业，调动广大职工的积极性，激励企业不断挖潜增效，加强经营管理，提高企业经济效益起到积极作用。同时工效挂钩办法的实行也为搞好企业内部分配提供了现实条件。

实行工效挂钩后，华东电力集团的整体实力在全国电力系统中日益提高，可以概括为“六、五、四、三”，即约占有全国六分之一的装机容量、五分之一的销售电量、四分之一的销售收入、三分之一的利润总额。人均税利已接近全国电力人均税利的 2 倍。由于工资总额与经济效益挂钩采用环比的办法，使人均经济效益水平较高的企业工资增长空间日益见小，人均创利水平高而得不到相应的人均工资水平。

1998 年，中国华东电力集团公司的工效挂钩方案改为由国家电力公司审核后，统一上报劳动和社会保障部、财政部的办法执行，因此，1998～2001 年，中国华东电力集团公司年度工资总额同经济效益挂钩实施办法和基数核定以及决算都上报国家电力公司，由国家电力公司批复后执行。2001年起，国家为了限制工资水平的过快增长，对经济效益增长超过10%的企业，新增效益工资的提取实行分档调控，即经济效益增长10%～25%部分新增效益工资最高提取50%；25%～40%部分最高提取30%；40%以上部分最高只能提取10%。

2001年，国电华东公司在财务和产权的管理上发生变化，原挂钩模式也发生改变。

第四节 社会保险

一、养老保险

1991年起，企业统筹养老金的提取办法是生产企业统筹养老基金由按工资总额的13%提取改为按15%提取，施工企业由按工程预算成本的1.35%提取改按工资总额的10%提取；统筹项目增加了丧葬抚恤费、救济费、医疗费。粮油补贴，离、退休人员补助和矽肺病定期治疗补助医疗费等在统筹内开支的项目基本保持不变。

1992年，华东电管局和三省一市电力局正式下发企业补充养老保险办法。缴费基数按本人工龄，每年工龄按本人缴纳0.50元、企业补贴0.50元计算。同时，规定企业补充养老保险个人账户累计储存额于投保人退休时，一次性发放给本人。

1995年12月29日，劳动部批准实行《电力行业职工养老保险制度改革试点方案实施办法》(简称“试点方案”)。实施办法从1996年1月1日起在全国电力系统正式试行，华东电管局参加“试点方案”的范围为华东三省一市电力局和局直属单位及代管单位。基本养老保险改革，实行“以收定支，略有结余，部分积累”的原则，实行企业和个人筹集相结合的办法（职工平均工资的20%），建立养老保险统筹基金。养老保险统筹基金由两部分组成：一是企业部分，按部核定公布的比例17%计提，由财务成本税前列支；二是个人账户部分，由个人缴费工资基数的3%（1996年规定）提取，企业按此基数三倍（即9%）加个人缴费金额之和记入个人账户，即1996年按12%建立个人账户。个人缴费比例和企业提取比例和基数今后随政策变动而调整。华东电力集团公司按“试点方案”规定，确定养老保险制度改革的原则是保障水平与企业发展和各方面的承受能力相适应；行业统筹与自我保障相结合；公平与效率相结合；统一制度，统一标准，统一管理，统一调度使用基金；行政管理和保险基金经办分开，依法管理。每年由华东电管局对三省一市电力公司的收支进行结算，然后将统筹基金汇总上缴部社保中心。

从1996年起，华东电管局和三省一市电力局先后成立社会保险管理中心（简称社保中心）挂靠劳动工资部门，实行行业集中统一管理下的分级管理体制。

1996年3月8日，电力部颁布经劳动部批准的《电力行业职工养老保险制度改革试点方案》和《实施办法》。该方案首次明确电力行业养老保险制度改革的目标和原则。规定职工基本养老保险的统筹基金：从1995年1月起，生产企业由按工资总额的15%提高到17%、施工企业由按工资总额的10%提高到12.5%；制定建立基本养老保险个人账户实施细则（实际从1993年1月起补建账，1996年1月起执行，并开始个人缴费）；改革基本养老金的计发办法，首次将“养老金”的概念引入并替代原“离、退休工资”的说法，规定新老办法分 3 年平稳过渡，实行“封顶”（1996 年封顶数为新办法不得超过老办法的 5%、1997 年为 8%、1998 年为 12%）；建立基本养老金的定期调整制度，规定从离、退休的下一年起，每年 7 月 1 日，按照电力行业上一年职工平均工资增长率的40%～60%，增加离、退休职工的基本养老金，增加部分在统筹养老基金中列支。

为健全电力行业的社会保险管理体制，1996 年，电力部成立社会保险事业管理监督委员会和社会保险事业管理局；同年，根据电力部要求，华东电管局社保中心成立。至此，一个集国家、企业、个人三者共同负担养老保险费用，以个人账户储存额和社会平均工资为基础，按月计发养老金和养老金调整机制为一体的社会养老保险制度，得到正常运转和实施。

至 1996 年底，华东电管局和三省一市电力局社保中心完成全体投保人 1993～1996 年基本养老保险个人账户的补建工作。各项社会保险基金均由社保中心独立运作。

同年 1 月，还修订《公司企业补充养老保险办法》，将个人缴费基数按本人工龄工资和岗级“（岗级－1）×3＋工龄”确定，仍维持个人缴 1 份、企业补 2 份的原则。至此，基本健全公司基本养老保险、企业补充养老保险和基本医疗保险办法，并与此相对应建立起基本养老、补充养老和医疗保险个人账户。

随着国家改革开放政策的不断扩大，按不同所有制和不同用工形式建立起的原企业职工养老保险制度，已不再适应社会、经济发展的需要，更不适应企业经营机制转换和人员岗位职业流动等改革的要求。1997 年 7 月 16 日，国务院下达了《关于全国建立统一的养老保险制度的决定》（国发［1997］26 号文件），但由于存在行业特点，立即取消行业统筹尚不具备条件，因此，国务院有关领导明确表示：“全国基本实现省级统筹尚需要一个相当长的时期”。为此，国家电力公司于 1998 年 6 月 3 日，颁发《关于电力行业 1998 年离退休的人员执行“过渡办法”有关问题的通知》，文件规定电力行业 1998 年办理离退休手续的人员仍按“过渡办法”的规定执行。

1997 年，国务院在总结开展企业职工养老保险制度改革试点经验的基础上，颁发了《关于建立统一的企业职工基本养老保险制度的决定》。1998 年 8 月，国务院颁发《关于实行企业职工基本养老保险省级统筹和行业统筹移交地方管理有关问题的通知》，通知要求从 1998 年 8 月起将原养老保险行业统筹移交地方，实施省级养老保险统筹管理，这标志着从 1986～1998 年实行了 12 年的全国 11 个行业基本养老保险金行业统筹的历史宣告结束。

为贯彻国务院“先移交，后调整”的平稳过渡原则，国家电力公司明确规定，以省（市）电力局为牵头单位，成立电力行业移交领导小组和移交办公室。这样，包括华东电管局、上海市电力局、上海电力建设有限责任公司、华东电力设计院、华能国际电力股份有限公司上海分公司、中国水利电力物资公司上海分公司、中国华能集团公司上海分公司、苏州工业园区华能发电有限责任公司、中国电力技术进出口公司上海分公司等 9 个在上海地区参加电力行业统筹的单位，其移交工作及移交后的日常归口管理工作，均由上海市电力公司具体负责。根据国务院的部署，在国家电力公司安排下，于 1998 年 8 月 15 日在北京举行交接仪式，至此开始拉开由行业统筹移交地方管理的序幕。

从 1998 年 9 月 1 日起，华东电管局和上海市电力局养老保险管理开始纳入地方社会保障体系，由劳动和社会保障部门统一管理，并由其负责收缴行业统筹企业基本养老统筹基金和发放离退休人员基本养老金。

1999 年初，审计署驻上海特派办受上海市劳动和社会保障局委托，根据国务院基本养老保险基金移交审计要求，对华东电管局和上海市电力局及由其代管的在沪其他 8 家单位进行审计。审计结果表明，电力行业在沪 9 家单位无违纪事项，得到上海市劳动和社会保障局认可。1999 年 5 月，华东电管局、上海市电力局及电力行业在沪 9 家单位，完成了企业基本养老保险统筹基金的移交工作。

1999 年 8 月，上海市劳动和社会保障局根据国务院规定，下发《关于对原参加行业统筹的单位养老保险移交本市管理有关问题的通知》，并对有关工作进行布置，对 1999 年 4 月 1 日起职工个人缴费基数和比例、1998 年 8 月底以前已离开原单位人员的个人养老保险账户、月养老金的计发办法、按市规定增加的月养老金及 5 年内过渡性补贴的计发办法等 10 个方面，都做出具体规定和要求。与此同时，华东电力集团公司基本养老保险属地管理工作的关键内容，即养老金计发办法及 5 年内过渡性补贴办法出台，使实行 12 年之久的电力行业养老金计发办法画上句号。为加强个人账户管理，还规定每年发布一次个人账户对账单，并对新参加行业统筹的单位和职工，补缴养老保险费用和建立个人账户，明确按“试行方案”规定执行，并建立相关制度。同时规定养老保险基金管理，应建立健全经办机构和职工工资收入台账制度，养老保险基金实施专款专用、银行专户储存、利息分列，同时按国家资金管理规定和安全有效原则实行账户资金保值增值，并免征税费。为强化基金管理，还对养老保险基金，实行严格的会计核算办法和制度，进行预算管理，定期内部审计和公司重点审计，切实保证养老保险基金的安全可靠。至此，华东电管局基本养老保险已按上海市人民政府颁布的各项条例执行，完成企业基本养老金的属地管理，逐步纳入社会保障保险体系。

根据劳动和社会保障部、财政部《关于调整地处浙江省的部分电力企业养老保险统筹属地关系的函》的规定，经与上海市、浙江省劳动保障部门协商并于 1999 年 7 月 13 日签署移交协议，决定华东电管局位于浙江省的直属企业和代管企业基本养老保险经上海市劳动和社会保障局划转，交由浙江省劳动保障部门统一归口管理。

二、医疗保险

1991 年，华东三省一市电力企业的职工医疗保险主要执行的是 1951 年政务院公布的《中华人民共和国劳动保险条例（草案）》和 1952 年政务院发布的《关于全国各级人民政府、党派及所属事业单位的国家工作人员实行公费医疗预防的指示》的规定。企业根据国家规定，在医疗保险管理制度方面实行的是自身控制的医疗费报销办法，一般从福利费里支付，以不超支为原则。一些企业实施医疗费个人包干，从病种、药品和费用上加以控制，确定报销范围。当时的管理制度主要是从控制费用的过快增长出发，没有脱离企业内部管理的范畴，而且医疗费与企业劳动薪酬和劳动保护不挂钩。这种医疗管理制度因医疗费由企业全额负担，对医患双方缺少制约机制，因此费用经常超支；同时，不合理的医疗费支出也难以控制，致使企业不堪重负，长此以往，职工正常的医疗难以维持。企业医疗保险制度改革势在必行。

1994年4月，国务院三部一委共同印发《关于职工医疗制度改革的试点意见》的通知，同时批准在一些城市进行全国医疗保险制度改革（简称医改）试点。1996年5月，电力部颁发《关于加快电力行业医疗保险制度改革的通知》。华东电管局和三省一市电力局贯彻电力部规定，结合电力企业全网、全程连续作业，基建队伍流动性大，跨地区管理等特点，实施以省、市电力局为整体的电力行业医改试点，并与地方劳动保障部门配合，妥善处理电力企业与当地社会医疗保险管理部门的关系，以保障职工在各地就医获得优质服务。1996年5月，电力部社会保险事业管理局下发《电力行业医疗保险制度改革指导方案》，确定电力行业医改的目的、原则、任务、实施方案和方法步骤。方案规定，以省、市电力局为整体的医疗保险制度改革，属电力部统一领导，属行业性医疗保险统筹。

1996年，华东电管局和三省一市电力局先后成立医改领导小组和社会保险事业管理局（挂靠劳动工资部门），省、市电力局所属企业也纷纷成立医改小组，电力企业医改开始起步。

电力医改的目标是建立适合市场经济要求，资金来源多渠道，权利与义务相对应，社会统筹医疗基金与个人账户相结合的医疗保险制度。电力医改的原则是适应电力改革发展，有利减轻企业负担，医疗保障水平与电力工业发展经济效益相适应，个人负担与个人承受能力相适应，医疗待遇与个人的贡献间接挂钩，建立医患双方制约机制，最大限度地减少浪费。

1998年12月，国务院颁布《关于建立城镇职工基本医疗保险制度的决定》（简称《决定》），明确铁路、电力、远洋运输等跨地区、生产流动性较大的企业及其职工，可以相对集中，异地参加统筹地区的基本医疗保险。1999年，国家电力公司对电力医改提出新的指导意见，提出“以收定支和企业有限经济责任”的原则。同年，又提出电力医改的新思路，即“大病统筹，小病分流”和实施“补充医疗保险”的电力医疗保险深化改革的指导性意见。

1999年6月，经上海市人民政府同意，上海市医疗保险局下达《关于在沪部分部属行业参加本市医疗保险的通知》，明确规定原参加行业统筹的中央在沪单位，从1999年7月1日起，统一参加上海市城镇职工医疗保险，并按《上海市城镇企业职工住院医疗保险暂行办法》、《上海市城镇企业职工门诊、急诊部分项目医疗保险暂行办法》、《上海市城镇企业退休人员门诊、急诊医疗保险暂行办法》等文件执行。为与上海市医保政策相匹配，华东电力集团公司于1999年7月12日印发《关于建立直属单位职工补充医疗保险制度的通知》，原《华东电力集团公司直属单位职工医疗保险制度改革实施办法》于同年7月1日起停止执行，并将职工基本医疗保险账户转为企业补充医疗保险个人账户。

为加强电力医改管理，1998年各电力企业均配置计算机设备，积极开发研制适合本企业医改方案的应用软件，逐步形成电力医保网络，开始信息化管理。

1999年12月，国家电力公司根据国务院《决定》中“为确保电力行业保持原有医疗水平，作为过渡措施，可以建立电力企业补充医疗保险”的规定，召开全国电力医疗保险改革工作会议，提出国家电力公司建立职工企业补充医疗保险的指导意见，决定以省电力公司为补充医疗保险统筹单位，在全国各电力企业组织实施。2000 年 12 月，国电华东公司下达关于印发《国家电力公司华东公司补充医疗保险实施办法（试行）》的通知，决定电力企业参加本地区基本医疗保险之日起，同时实行电力补充医疗保险。

电力企业补充医疗保险是对电力企业和职工参加属地基本医疗保险必要的、有限的补充。补充医疗保险贯彻“以收定支，收支平衡，略有结余”的原则，补充医疗保险基金实行统一征集、统一核算，专户存储、专项管理、专款专用的管理办法。电力补充医疗基金分统筹与个人账户两部分。统筹基金按上年工资总额和退休金总额的 4％提取，由各地省、市电力公司统一归口管理，各电力企业计提后一律缴省、市电力公司统一结算管理。省、市电力公司实行统筹基金与个人账户按标准分占基金比例总额的管理模式，在职职工个人账户资金按年龄段分档划入，原以省、市电力公司为整体的医疗保险个人账户基金结余，全额转入补充医疗保险个人账户。2000 年，华东电管局和三省一市电力局医改进入深化和加快步伐新阶段。国务院《决定》下达后，国家电力公司颁发《关于加强医疗保险管理工作的意见》，华东电管局和三省一市电力局先后召开电力医改工作会议，强调“以收定支，收支平衡”的管理原则和统筹基金与个人账户严格分开，从严管理，不得超支的规定。2000 年，各省、市电力局的医改正常运行，医疗经费基本以收定支，收支平衡，各电力企业纷纷召开电力医改工作研究会议，检查、核对和清理历年医疗保险基金运作、结算情况，同时学习、分析、研究国家电力公司有关参加属地医疗保险改革的文件、政策，明确下一步电力医改的思路，以及属地化与地方医疗保险接轨的设想、步骤、时间和方案。2001 年，各地不再提取医疗调节金，逐步实行各地电力企业与地方属地医疗的接轨。

2001 年，华东三省一市电力局按国家电力公司统一部署，开始实施医疗保险属地化管理，所属企业先后参加各地方所属医疗保险管理。同期，各电力企业开始实行补充医疗保险机制，减缓医患矛盾和经济压力。

2002 年，华东三省一市电力公司都建立了补充医疗保险，各地电力企业在参加属地医疗保险改革前，结存的原电力行业医疗保险个人账户同时转入网、省电力公司的补充医疗保险基金账户；2002 年参加属地医疗保险的电力职工在实施电力补充医疗保险后，费用开支水平有所提高。

三、劳动保护

1992 年，根据劳动部和中国电力企业联合会的文件要求，华东电力系统开始进行企业职工劳动条件分级工作，并确定将劳动条件分级作为建立现代企业制度中对劳动保护实行科学管理的一种有效手段。因其涉及面广，科学性和技术性很强，各电力企业一开始就以高标准对全行业从事高温作业、高体力劳动强度、生产性粉尘危害、有害作业和噪声作业 5 个方面的 200 个专业工种，按劳动部政策标准和分级办法进行劳动条件逐一分级和工种分级；至 1994 年，完成首轮企业职工劳动条件分级任务，初步建立了全系统电力企业劳动条件分级技术资料档案，并查清了动力系统主要职业危害范围。

（一）职业病防治

1992年，华东电力系统对各种危害职工安全健康的职业病从源头上进行防治，一系列措施和做法受到上级主管部门的高度重视。江苏省电力局的电力职工劳动条件分级和粉尘危害调查、实施方案和专业整治还受到电力部和国家电力公司表彰。由于调查工作全面深入，数据精确，对推进电力行业的粉尘防治工作有较大示范促进作用，调查工作的技术性，达到电力行业领先水平。在治理方面，江苏省电力局对生产性粉尘进行全面治理，规定资金由各厂设备大修和固定资产改造项目列支，并优先保证。治理基本完成后，通过建章建制（落实责任制、定期监测制）、提高设备完好率（消除缺陷率、投入运行率）、开展企业达标创一流和建设无泄漏企业等活动，使职业病防治工作取得根本性进步。

1994年前，华东电力系统的职业病治疗归属地方疾病防治机构管理。后经电力系统组织普查发现地方尘肺防治标准低，离电力系统制定的标准相距甚远，因此，各省、市电力局决定组织系统内具备职业病诊治资格的职工医院开展健康监护试点工作，并会同电力部（国家电力公司）新安江尘肺防治中心进行重点复查。患者经复查认定后，重病者安排在新安江尘肺防治中心进行治疗。

（二）劳动保护用品发放

华东电力系统按照《劳动法》的规定，对200多个工种和数千工作岗位按照劳动条件分级办法，执行劳动保护用品发放系列标准。1994年前，各省电力企业统一执行地方劳动部门《关于颁布职工劳动防护用品发放标准的通知》所规定的，按不同工种发放相应劳动保护用品的办法。1994年后，各电力企业根据文件规定和生产管理实际情况，拟定各自的《职工个人劳动防护用品管理办法》，制定本企业劳动防护用品领用、发放和管理的有关制度，以及职工劳动防护用品发放标准。职工个人劳动防护用品包括两大类，即一般防护用品——工作服帽（夏季和冬季）、雨具、防护鞋（绝缘、耐油、防尘）；特种防护用品——安全带、射线防护品、防毒面具、防尘口罩、防噪声耳塞、防护眼镜等。发放时间，按国家规定和工种性质而定。

第五节 三项制度改革

1991年，能源部提出进行劳动、人事和工资制度配套改革，实行以岗位技能工资为主要形式的分配制度。华东电管局据此成立了“三改”方案小组，上报将望亭发电厂、上海吴泾热电厂、上海电力安装第二工程公司、江苏无锡供电局、徐州发电厂、浙江镇海发电厂、浙江省送变电工程公司和安徽阜阳电业局等作为华东电网“三改”试点单位，并于1991年8月布置三省一市电力局、上海电力建设局和试点单位开展生产岗位测评。1992年1月，全国能源工作会议提出《关于推进企业劳动、人事、工资制度配套改革的若干意见》。是年1月9日，华东电管局在江苏宜兴召开三省一市电力局、上海电力建设局等单位干部处长和劳资处长会议，总结前阶段生产岗位测评情况与结果，同时要求各试点单位完成定机构、定员、定岗和定责（简称“四定”），编写岗位规范的工作。同年1月21日，华东电管局“三改”方案小组拟订出管理和生产岗位劳动评价测评方案，要求省、市电力局试点单位参照实行。各试点单位在“四定”的基础上，根据方案制定了本单位的实施细则，编写出包括岗位职责、工作内容和上岗条件的岗位规范，初步建立起上岗靠竞争、收入凭贡献的制度。

华东电管局根据能源部要求，于1992年3月下发《关于印发〈华东电力企业劳动、人事、工资制度配套改革的意见〉的通知》，要求加强党的领导，做好广大职工的思想政治工作，充分发挥社会主义企业的政治优势来推进改革；抓试点，以点带面；省、市电力局于1993年3月底前将试点单位、改革内容、实施方案报华东电管局；6月在执行能源部基本工资制改革方案前，必须按能源部试点企业验收标准由华东电管局组织验收，验收合格后方可试行。文件还对“三改”提出规范性意见：劳动制度改革，实行合理劳动组合，改革劳动组织，严格定编定员；按照“精干、效能、科学”的原则，制定定员方案、岗位规范、工作标准和上岗条件，明确工作的质量、数量要求，做到用人有定员，上岗有条件，在岗有责任，工作有考核；实行合同化管理，采取招聘、选聘等方法，按照先干部后工人、先科室后班组、先机关后基层的原则，合理组合，竞争上岗，并对组合上岗人员签订上岗合同书，逐步实行全员合同化管理；试行内部待岗制度，对未组合上岗的人员，实行内部待岗，各单位同时相应建立接纳待岗人员的机构，负责组织待岗人员的技术培训、转岗教育、劳动管理和上岗介绍，开辟新的第三产业，拓宽多种经营的路子，合理安排企业富余人员，做到人尽其才，才尽其用；人事制度改革，实行干部聘任制和聘用制，逐步打破干部和工人的界限，建立起适合电力生产经营特点的，有生机有活力的用人机制；坚持和完善厂长负责制，通过走群众路线，民主推荐，组织部门考察，公司党组研究，正职由局聘任，副职由正职聘任，聘任期2～4年；各单位行政中层干部和管理人员实行双向选择，聘任上岗，做到岗位公开，条件公开，责任公开，待遇公开，由个人填写双向选择志愿表，通过考试考核，择优上岗，逐级聘任；个别单位采取公开招聘，实行干部聘用制，按照干部“四化”方针和德才兼备的原则聘任干部，也可以从优秀工人中选拔人才，充实到各级管理岗位，工人在受聘期间享受同职务干部的待遇，解聘后不保留其聘用期的待遇；工资制度改革，以按劳分配为原则，以工作责任、技术要求、劳动强度、劳动条件的劳动评价四要素为依据改革现行工资管理办法，逐步实行以岗位技能工资为主要形式的结构工资制度，理顺高层次管理人员与一般管理人员，一线生产人员与二、三线人员，特殊岗位与一般岗位的工资关系，正确引导企业内部人员的合理流动；对新建企业本着“解放思想，加快步伐，大胆试验，配套推进，分类指导，积极稳妥，注重实效”工作方针，着手开展改革和新厂新办法的试点。

试点单位“三改”工作主要抓了以下几方面的工作：即设计整体改革方案，开展“四定”工作，实行干部逐级聘任，运行岗位有效定员，检修岗位合理组合，打破干部工人界限，建立劳动力有序流动机制，全员签订合同，开展劳动测评，实行岗位工资。

除试点单位外，华东电力系统还部署了其余单位的“三改”，并要求完成第一轮“三改”后的单位，切实巩固和发展改革成果。

1992年4月，能源部在江苏扬州召开全国大区网公司管理和专业技术岗位测评方案及测评情况交流会议，华东电网制定的方案得到部的肯定。汇总各大区网局方案，在此基础上，制订能源部的管理和专业技术岗位测评方案。

1992年6月，华东电管局成立“三改”领导小组。1992年7月10日华东电管局召开华东电网试点单位“三改”座谈会，10个试点单位交流了半年来的工作进展情况。1993年2月16日，江苏无锡供电局的“三改”工作顺利通过能源部“三改”考评组的考评认定。

1993年3月2日，华东电管局在江苏无锡召开由三省一市电力局劳资、干部部门及试点单位领导参加的全网“三改”大型经验交流会。会上，各单位介绍了经验，交流了情况，明确了进度。华东电管局对下一步工作作出部署，决定除试点单位外，其余单位全面进行第一轮“三改”。

1993年5月，华东电管局成立“三改”试点单位考评认定领导小组。从5月起至8月止，组织对华东直属望亭发电厂、上海吴泾热电厂、上海电力安装第二工程公司、徐州发电厂、浙江镇海发电厂、浙江省送变电工程公司和安徽阜阳电业局等7个单位的“三改”考评认定。1993年6月，华东电管局调整“三改”领导小组成员。

1993年8月23日，华东电管局机关进行了“三改”动员，并布置了阶段性任务，明确了办法，推动机关“三改”工作。1993年11月，印发《华东电力集团公司直属单位贯彻〈电力企业岗位技能工资实行方案〉的实施意见》。

截至1993年12月，华东电力系统共有67个单位通过考评认定，其中41个单位兑现岗位工资。

截至1994年9月止，“三改”工作告一段落。华东电力系统通过“三改”，各方面的工作都取得一定的成效，主要是劳动生产率明显提高。单位新定员数普遍低于部颁定员，机构得到精简压缩，而效益有一定提高；职工观念得到转变，心理承受能力有所增强，下岗转岗基本没有引起混乱；初步形成了良性运行机制，促进了人员合理流动；运行队伍得到稳定，实行临时岗位津贴后，一线员工逐渐稳定，思离现象有所改观。企业的自主性得到加强，如7个试点单位改革前部颁定员标准人数为19933人，改革后减少为14390人；改革前科室机构182个，改革后减少为110个；改革前中层干部人数为662人，改革后减少为500人；改革前管理人员数为2069人，改革后减少为1309人。华东电管局机关实行竞争机制，坚持公平、公开、择优原则，实行竞争上岗，人才优化配置逐步替代行政调配办法，初步实现了精简机构，减少人员和提高效率的目的。改革前原有处级干部50人，后为39人，减少了11人；平均年龄从原52.2岁降至50.1岁。

第四章　财　务　管　理

华东电管局（公司）注重财务管理对提高企业经营效益的特殊作用，提出企业管理以财务管理为中心，财务管理以经济效益为中心。超前思维、稳健经营，以改善企业的财务状况作为企业财务管理目标。紧紧围绕落实资产经营责任制，完善承包经营责任制，强化预算管理，实行资产经营目标考核和资金运作管理，确保各年度全面超额完成各项考核指标。同时，不断强化内部管理，努力开展增收节支工作，通过多发电、少消耗，降成本、增效益，使公司整体经济效益稳定增长，资产规模不断壮大，保持了良好的财务状况。

第一节　会　计　核　算

一、体制

1991年后，华东电网继续实行联合公司成立时推行的财务核算体制，由华东电管局归口向能源部（后电力部、国家电力公司）承包，分别按华东电管局直属单位、上海市、江苏省、浙江省、安徽省电力工业局5块各自独立核算，一直延续至2002年。各发电厂、供电局等基层企业为各省市电力公司的内部核算单位。

华东电管局的直属单位包括新安江水力发电厂、富春江水力发电厂、望亭发电厂、华东电力试验研究院、华东电力培训中心5个单位。望亭发电厂因厂网分离，2002年是最后一年纳入直属单位，此后划入中国华电集团公司。

1993年1月11日，华东电力联合公司更名为中国华东电力集团公司。同年6月30日，财政部批准同意华东电力集团公司实行财务计划单列，税利分流，降低企业所得税。财政部直接核定华东电力集团公司各类指标，华东电力集团公司对财政部下达的各类指标再分解下达给三省一市电力公司。

其间，随着投融资体制的改革和建立现代企业制度，省内一个或若干个发电厂合并进行股份制企业改制，各股份制企业成立董事会，实行独立核算，自负盈亏；省、市电力公司按照资本纽带关系和对股份公司控股情况派出董事、监事。按照合并会计报表规定，控股比例超过50%和持股比例虽未达到50%但实质控股的纳入省、市电力公司合并报表；对股权比例低于50%的子公司，省市电力公司分别对其采用权益法和成本法进行核算。

1997年，浙江成立的浙江东南发电股份公司；1998年，上海成立的上海电力股份公司；1998年，安徽成立的安徽电力股份公司；1999年，安徽成立的安徽淮南平圩发电有限责任公司均属这一类公司。华东电管局直属单位投资设立的全资子公司华东电力对外经济贸易公司、上海华东电力发展公司、华东电力燃料公司、望亭发电有限公司（望亭11

号机）和控股子公司华东天荒坪抽水蓄能有限公司均独立核算，纳入华东电网合并会计报表。

2000年，华东电力集团公司撤销，成立国家电力公司华东公司，成为国家电力公司的分公司，华东公司按照国家电力公司制定的“华东公司财务管理模式”的规定进行核算。国家电力公司对国电华东公司实行法人授权委托制度、经营目标责任制度和内部工效挂钩考核制。

二、核算

1991年～1993年6月前，会计核算执行原计划经济为基础的会计核算模式，采用流动资金、定额流动资金、专用基金（更新改造资金、大修理基金）等专款专用的资金平衡表的核算模式。

1993年7月1日起，会计核算进行了重大改革，华东电力集团公司及各省、市电力公司于1993年7月均完成了会计制度的转轨工作。会计核算执行1992年11月财政部发布的《企业财务通则》、《企业会计准则》及财政部分行业的《工业企业财务制度》和《工业企业会计制度》等制度。电力部结合电力工业经营和核算特点，制定并印发了《电力工业企业会计核算实施意见》和《电力工业企业成本核算实施意见》，基本建设项目执行财政部的《国营建设单位会计制度》。

1997年7月起，华东电力企业根据电力部《关于在国家电力公司范围内进行基本建设与工业企业财务制度接轨工作的通知》，以1997年6月30日24时为接轨时间点，实行基本建设与工业企业财务制度接轨。实施接轨后，按编制接轨点的全口径会计报表反映，华东电网资产总额达1193亿元，其中固定资产674.9亿元，长期投资38亿元；负债合计为639.7亿元；资产负债率为53.62%，比接轨前增加3.73个百分点；所有者权益达553亿元，净增31.5亿元，增长6%。

1998年，华东电力集团公司根据《财政部关于同意合并国家资本金等问题的函》和国家电力公司《关于建立资本纽带实施方案的批复》，核定对各省市电力公司的出资额，至此，自上而下地逐级确定了企业法人地位，界定为独立企业法人核算单位和非独立核算单位。华东电力集团公司及省市电力公司将所属的发供电企业、分支机构的所有者权益上划，并取消权益类科目；具体会计处理通过设置“上级拨入资金”及“拨付所属资金”科目来实现，从而确立了母子公司和总分公司的会计核算体系。

国家电力公司《关于建立资本纽带实施方案的批复》中，核定华东电力集团公司出资额为2637000万元；华东电力集团公司《关于中国华东电力集团公司建立资本纽带各子公司核定出资额的通知》中，核定各省市电力公司出资额分别为上海市电力公司623217万元，江苏省电力公司773372万元，浙江省电力公司588451万元，安徽省电力公司389361万元，上海电力建设有限公司12879万元。上海闸北电厂、石洞口电厂、吴泾电厂六期、浙江镇海电厂因存在地方投资，暂作为搁置单位处理。

1998年，制订了《华东电力集团公司建立财务决算报告制度》的规定，规范了各省市电力公司的决算编制和报告制度。

2000年，华东电力集团公司被撤销，成立国家电力公司华东公司后，国家电力公司制订了“华东公司财务管理模式”，并印发《国家电力公司分公司财务管理办法》。明确国电华东公司是国家电力公司的分公司，是国电公司控制华东地区核心业务的经营机构和分支机构，是国电公司在华东地区的派出机构，国家电力公司对华东公司实行法人授权委托制度，经营目标责任制和内部工效挂钩考核制。国电华东公司在会计核算上仍保留了对省市电力公司的长期投资和对省市电力公司会计决算的汇总及合并工作。

20世纪90年代开始，华东电网所属各省市电力公司本部及所属的供电局、发电厂的会计核算均先后开始实施会计电算化，由最初的手工和会计电算化的双轨运行，经验收通过后基本实现会计电算化的单轨运行，使用的会计电算化软件主要有《浙江益和软件》和《远光财务管理软件》，最早使用和开发该软件的为浙江省电力公司。

三、分配

1991～1992年，根据能源部《关于印发电力工业第二轮承包办法的通知》，承包经营责任制继续实行“两包一挂”的承包经营办法，华东电力联合公司向能源部承包并负责对上海市、江苏省、浙江省、安徽省电力公司和公司直属单位进行分包。

1991～1992年，能源部对华东电网利润包干的有关指标为：第二步利改税的基期利润为34550万元，计税利润基数为48900万元，上缴利润包干基数为39800万元，所得税率为55%，调节税基数部分为33.3%（调节税仍采用分档计算办法）。

1993年，财政部《关于中国华东电力集团公司实行财务计划单列和税利分流办法的通知》规定，华东电力集团在财政部实行财务计划单列、税利分流、降低所得税征收标准。其中：①核定华东电力集团的所得税率为33%，税后利润定额上缴财政部6600万元后留用；②实行税利分流后，1992年末未归还的老借款每年可用税前利润定额归还6000万元，剩余的老借款和1992年后新发生的借款一律用税后留用资金归还，同时取消税前还贷利润提取职工福利基金和奖励基金政策；③分配华东电力集团1993年上缴中央财政收入指标（所得税、利润）为3.53亿元；该办法一定三年，执行至1995年。

1994年，劳动部、财政部联合复函，同意中国华东电力集团公司1993年实行工资总额与实现税利和万千瓦时售电量挂钩，工资总额基数各占50%（1994年开始与实现税利挂钩比重占80%，与万千瓦时售电量挂钩比重占20%），采取总挂总提办法。

1996～1997年，各省市电力公司为明确企业的经营目标，均召开大型财务工作会议，落实责任，强化企业的财务管理。

1998年，根据国家电力公司和华东电力集团公司《关于下达1998年资产经营考核指标的通知》，核定华东电力集团公司及所属省市电力公司1998年资产经营指标并签订资产经营责任书。

1999年，根据华东电力集团公司《关于华东电力集团财务管理年活动方案的通知》，下达1999年资产经营考核指标。

2000年，撤销中国华东电力集团公司成立国电华东公司后，上海市、江苏省、浙江省、安徽省电力公司成为国家电力公司全资子公司。国电公司下发了授权经营文件及分公司财务管理办法，国电华东公司从2001年正式开始运作。在资产经营上，三省一市电力公司由国电公司直接进行管理和考核。1991～2002年历年承包考核情况见表13-4-1。

表 13-4-1　　1991～2002 年华东电网历年承包考核情况

项　　目	直属	上海	江苏	浙江	安徽	合计
1991～1992 年第二轮承包基数						
第二步利改税核定的基期利润（万元）	7212	13058	9160	3050	2070	34550
计税利润基数（万元）	9757	18551	12986	4399	3207	48900
上缴利润包干基数（万元）	8427	15951	10450	3166	1806	39800
调节税率（%）	38.3	39.1	32.1	21.6	1.8	33.3
1993～1995 年财政部计划单列指标						
核定所得税率（%）	33	33	33	33	33	
1992 年前借款可税前还贷额（万元）	6000					6000
1993 年税后利润定额上缴额（万元）	895.3	1447.8	3399.6	404.7	452.6	6600
1993 年上缴中央财政指标（万元）	9597	13963.1	7450	2788.2	1501.7	35300
1993 年上缴集团税后利润（万元）	50	435	342	102.8	70.2	1000
1996 年主要财务指标完成情况						
利润总额（万元）	56845	66203	94096	37535	14764	269443
资产负债率（%）	38.73	47.45	52.53	51.51	51.42	50.71
资本保值增值率（%）	125.92	136.46	121.70	125.97	113.03	126.07
1997 年主要财务指标完成情况						
利润总额（万元）	47046	77991	74032	39580	21099	259748
资产负债率（%）	46.66	52.41	51.67	52.74	43.51	50.97
资产保值增值率（%）	139.52	131.15	121.81	131.67	114.48	127.25
1998 年资产经营考核指标						
资产保值增值率（%）	104.7	102.66	103.11	102.09	101.92	102.7
投资收益率（%）	4.6	7.43	13.69	6.60	11.91	7.2
不良资产率（%）	1.07	4.01	2.79	1.75	3.14	2.8
资产负债率（%）	65	65	65	65	65	65
利润总额（万元）	40000	80000	78000	42000	20000	260000
资产风险保证金（万元）	710	1600	2100	1600	1000	7010
1999 年资产经营考核指标						
资产保值增值率（%）	105.03	101.87	102.5	101.73	101.51	102.25
投资收益率（%）	20.02	12.03	10.09	7.14	5.14	10.05
不良资产率（%）	2.67	3	2.8	2.8	5	2.8
资产负债率（%）	50	50	54	58	60	55
利润总额（万元）	50000	75000	78000	42000	20000	265000
2000 年资产经营考核指标						
资产保值增值率（%）		101.65	102.22	101.71	101.27	102.05
投资收益率（%）		12.03	10.34	7.82	4.33	10.46
资产负债率（%）		50	58	59	61	55
利润总额（万元）	54000	75000	80000	46000	16880	275880

续表

项　　目	直属	上海	江苏	浙江	安徽	合计
上缴投资收益（万元）	5000	14300	15200	12000	5200	51700
2001 年资产经营考核指标						
资产保值增值率（%）	104.53	101.45	102.16	101.84	101.74	102.02
投资收益率（%）	20.56	11.39	11.06	8.67	5.91	10.79
应收电费余额	28510	178522	72844	31500	57200	368576
资产负债率（%）	55	37.3	59.8	61.5	64.94	56.54
利润总额（万元）	54000	71000	85500	51000	23000	284500
上缴投资收益（万元）	5000	14300	15200	12000	5200	51700
2002 年资产经营考核指标						
净资产收益率（%）	3.91	1.34	2.13	1.40	1.91	
应收电费余额	28500	122000	84213	46500	57210	338423
资产负债率（%）	54.00	36.67	60.74	63.00	67.89	
利润总额（万元）	55000	66000	90000	60000	25500	296500
上缴投资收益（万元）	5000	14300	15200	12000	5200	51700

第二节　财　务　状　况

一、资产

1991 年，华东电网资产总额为 281.6 亿元，至 1995 年增长到 821 亿元，年均增长 47.9%；到 2000 年增长到 2120 亿元，年均增长 31.7%；至 2002 年底，华东电网资产总额达 2530 亿元。其中固定资产为 1639.5 亿元，占 64.8%；流动资产 729.9 亿元，占 28.8%；长期投资 148.9 亿元，占 5.9%；其他资产 11.37 亿元。

固定资产作为华东电网的主要资产构成，其变化主要为：①固定资产单位价值标准的提高，从 1992 年 7 月 1 日起，根据财政部和能源部《关于提高电力工业企业固定资产单位价值标准有关问题的通知》，将固定资产单位价值标准从原来的 800 元提高至 2000 元。②新建的电厂按照《公司法》的要求成立独立核算的公司，省市电力公司按照出资额对其作为长期股权投资处理，对于控股的子公司纳入合并会计报表范围，在公司的合并报表中作为发电资产处理，其余作为长期股权投资。③为满足电量的送出和用电需求，华东电网新建了大量的 220 千伏及 500 千伏输变电线路，增加了固定资产。④从 1998 年开始，各省市电力公司分别开展城乡电网建设和改造，增加了固定资产。根据国家计委核准的华东电网 1998～2000 年城网、农网改造建设总规模为 519.5 亿元，其中城网 192.1 亿元，农网 327.4 亿元。

1991 年末，华东电网固定资产原值 261.4 亿元，其中发电单位 150.7 亿元、供电单位 87.4 亿元。至 2002 年末，华东电网固定资产原值 2121.8 亿元，比 1991 年增长 712%。其中发电单位 443.1 亿元，比 1991 年增长 194%；供电单位 1537 亿元，比 1991 年增长

1659%；其中华东电管局 500 千伏网架资产增加 81.4 亿元。

随着资产规模的不断壮大，为了核实资产，摸清家底，20 世纪 90 年代电力行业进行了多次的清产核资工作。其中 1993 年，根据国务院统一部署，全面开展清产核资工作，并对固定资产进行了重估；华东电网重估后的固定资产原值增加 109 亿元，增幅为 37.3%，同时核销了部分陈欠电费。1995 年，根据电力部关于开展清产核资的要求以及关于印发《清产核资中土地清查估价有关问题的暂行规定》，进一步开展了清产核资，对土地进行了清查、确认和评估工作；经财政部、电力部核批同意，华东电网电力生产企业占有国有土地价值增值 216407 万元，其中集团公司 6422 万元，上海市电力公司 53102 万元，江苏省电力公司 56951 万元，浙江省电力公司 52946 万元，安徽省电力公司 46986 万元。1997 年，根据国务院《关于在全国城镇集体企业、单位开展清产核资工作的通知》和电力工业部集体企业清产核资会议精神，开展了各省市电力公司所属集体企业清产核资工作，根据国家电力公司《关于电力集体企业清产核资产权界定核减国有权益的批复》，核减华东电网国有电力企业损益 4157 万元，资本公积 13429 万元。1991～2002 年华东电网资产变动情况见表 13-4-2。

表 13-4-2　　1991～2002 年华东电网资产变动情况

项　　目	历年期末数（亿元）				平均增幅（%）	
	1991 年	1995 年	2000 年	2002 年	1991～1995 年	1995～2000 年
资产总额	281.6	821	2120.4	2530.3	47.9	31.7
固定资产原值	261.4	680.9	1545.86	2121.84	40.1	25.4
其中：发电资产	150.7	318.8	495.12	443.1	27.9	11.1
供电资产	87.4	300.9	970.08	1537.5	61.1	44.5
长期股权投资	0.54	17.1	115.20	111.2	766.7	114.7
流动资产	59.9	266.1	681.91	729.9	86.1	31.3

二、债务

华东电网的负债总额随着资产规模的不断壮大而同步增长。1993 年末，负债总额为 251.6 亿元，到 2002 年末负债总额达 1347.5 亿元，资产负债率为 53.3%。公司负债总额中绝大部分为基建项目的建设资金贷款即长期贷款，2002 年末公司长期负债 821.9 亿元，占全部负债总额的 61%。1991～2002 年负债变动情况见表 13-4-3。

基建项目建设资金占华东电网债务的绝大部分。1991～2002 年，华东电管局（公司）的建设资金仍执行 1981 年《国家计委、国家建委、财政部、中国人民建设银行总行关于进一步实行基本建设拨款改贷款通知》的要求，项目资金除项目资本金利用企业自有资金（折旧资金、税后利润等），其余项目建设资金一般均通过融资方式取得。对于以前中央财政安排的国家预算内基本建设投资，分别实行拨改贷政策，其中 1979～1988 年，由中央财政安排的国家预算内基本建设投资，扣除已经偿还、豁免的本息，从使用贷款之日起至 1995 年 7 月 1 日止的本息余额转为国家资本金，华东电网 1995 年转入国家资本金 134931 万元；1989～1996 年底止，由中央财政安排的国家预算内基本建设投资中有偿使用部分，扣除已经偿还核转部分的本息，从使用贷款之日起至 1997 年 12 月 20 日止的本息余额 56744 万元转为国家资本金，即作为国家对企业的投入。

建设资金的项目融资除国内商业银行借款外，还利用了华东电力集团成立的财务公司进行内部融资和世界银行的外资借款。其中利用华东电力集团财务有限责任公司内部融资 9.4 亿元，华东天荒坪项目、华东江苏 500 千伏输变电项目和扬州第二发电厂等项目均利用世界银行贷款，江苏省电力公司用于建设扬州第二发电厂 2×60 万千瓦机组和送出工程，利用世界银行贷款 3.5 亿美元和世界银行担保下的联合融资 1.2 亿美元，是中国第一个使用世界银行担保下的国际性联合融资项目。

其间，华东三省一市继续征收电力建设基金用于电网建设。其中 1995 年底以前征收的每千瓦时 2 分钱电力建设基金全部归地方政府作为地方电源建设基金，1996 年 1 月 1 日起根据国家计委通知改为每千瓦时电力建设基金中 1 分钱归地方政府管理，另 1 分钱归电网管理。

表 13-4-3　　1993～2002 年负债变动情况

项目	历年期末数（亿元）				年均增幅（%）	
	1993 年	1995 年	2000 年	2002 年	1993～1995 年	1995～2000 年
负债总额	251.6	428.2	1130.9	1347.5	35.1	32.8
流动负债	115.5	186.5	416.0	524.8	30.7	24.6
长期负债	136.1	241.7	714.1	821.9	38.8	39.1
其中：长期借款	111.4	202.3	686.6	791.8	40.8	47.9
资产负债率（%）	52.4	52.2	53.3	53.3		

三、净资产

1993 年，华东电网实行新的会计制度后，在资金核算体制上废除了企业资金按固定、流动、专项三项划分方法，建立了资本金核算体系，将原企业固定资金、流动资金、专用基金中的更新改造资金等作为国家投资转作国家资本金，其他地方投资转作其他法人资本金。华东电网净资产即所有者权益，自 1993 年会计制度接轨时按规定专用基金等转入净资产期末余额 229 亿元，至 2002 年末达 1154.8 亿元，每年以 44.9%的增幅增长。其中盈余公积、未分配利润等经营积累增加 136.59 亿元，年均增长 165%；资本公积累计增加 728.93 亿元，年均增长 493.8%，华东电网每年实现了国有资产的保值增值。1993～2002 年代表年份净资产变动情况见表 13-4-4。

表 13-4-4　　1993～2002 年代表年份华东电网净资产变动情况

项目	该年期末数（亿元）			
	1993 年	1995 年	2000 年	2002 年
实收资本	203.4	234.5	263.7	263.7
资本公积	16.4	123.7	579.1	745.3
盈余公积	9.2	34.7	114.2	145.8
净资产合计	229	392.9	957	1154.8

实收资本自1993年会计制度接轨建立资本金制度，1993年末实收资本余额为203.43亿元，其后每年有财政退税、电建基金中“一分钱”、拨改贷转增资本等增加实收资本。1997年末，华东电力集团公司实收资本余额为244.97亿元；1998年开始实行公司制，经财政部批复，从上至下逐级建立资本纽带关系。国家电力公司批复核定华东电力集团公司实收资本263.7亿元。

企业净资产除资本金外，所有者权益还包括了资本公积、盈余公积和未分配利润等经营积累，资本公积主要是电力企业接受用户捐赠资产、供配电贴费、资产无偿划入、资产评估增值等，资本公积从1993年的163997万元增至2002年末的7453287万元，增加7289290万元。

华东电管局（公司）的经营积累，即企业的税后利润除按国家电力公司规定上缴应付利润（上缴投资收益）外全部留作盈余公积处理，其中49%计提公益金，51%计提盈余公积。1993年，会计制度接轨时华东电网盈余公积为91937万元，2002年末，华东电网盈余公积为1458606万元。1993～2002年华东电网累计应付利润（上缴投资收益）213259万元，平均年上缴应付利润21326万元。

第三节 实现利税

一、增收

至2002年末，华东电网实现主营业务收入1227亿元，比1991年130.6亿元，增加1096.4亿元，增长839.51%，主营业务收入增加的主要原因是售电量和售电单价的变化所致。

1991年，全网售电量为871.8亿千瓦时。为满足20世纪90年代华东电网地区经济的高速发展的用电需求，华东电网陆续投产了大容量发电机组如浙江的北仑发电厂二期工程、江苏的扬州第二发电厂等电源项目和相应配套的输变电资产，使华东电网的售电量大幅增加。1993年，全网售电量达1076.9亿千瓦时，突破1000亿千瓦时大关；1995年，售电量达1312.7亿千瓦时，2000年，全网售电量达1997亿千瓦时，2002年末，全网售电量为2564.3亿千瓦时。

1991年，华东电网实现售电单价145.82元/（兆瓦时），随后因进行电价的改革和用电结构的变化，第三产业用电比重持续上升，平均售电单价不断上升。1993年，实行燃运加价与原目录电价并轨，执行新的目录电价，平均电价升幅较大，当年全网的电能销售平均电价达233.54元/（兆瓦时）。1994年为解决中央投资还贷需要，在1993年平均电价的基础上，上调每千瓦时1.5分，至1996年末，电能销售平均电价达317.13元/（兆瓦时）。1997年开始，各省（市）电力公司相继出台的统一销售电价，执行新的目录电价，至2002年末全网电能销售平均电价达411.53元/（兆瓦时）。

二、节支

截至2002年底，华东电网销售总成本为1108.3亿元，比1991年的101.8亿元增长

988.70%；售电单位成本 388.29 元/(兆瓦时)，比 1991 年的 111.60 元/(兆瓦时)增长 247.9%。由于燃煤单价和折旧的提高，售电单位成本的增幅高于售电收入 5.1 个百分点。

1991 年起，各省(市)电力公司以加强燃料管理和省煤节电降低发电成本为控制成本的重点，先后成立燃料公司，通过燃料的集中采购，以降低燃料的采购成本。发电厂燃料管理通过过衡、质检、索赔、清库，加强计划内外煤炭数量、质量验收；燃料消耗努力实行节能降耗、省煤节电措施。全网平均发电煤耗从 1991 年的每千瓦时 363 克，降至 2002 年的每千瓦时 340 克。

1993 年开始执行新的会计制度，取消专款专用，全网省市电力公司先后开始实行资金集中管理、统一调度、集约经营、集成控制、优化资源配置，以减少资金沉淀，降低财务费用，增加资金运作收益。1996 年，由华东电力集团公司控股成立的华东电力集团财务有限责任公司，各省(市)电力公司先后成立的资金结算中心，积极发挥了国家赋予的大型企业集团的金融职能，提高了集团的资金运作效益。

1997 年开始，进行股份制企业改制，部分老发电厂和新建发电厂成立股份公司，省市电力公司开始尝试竞价上网等措施，努力控制电网购电成本的支出。

20 世纪 90 年代，由于受煤炭燃料价格上升，燃煤电厂上网电价上调，加上全网电力供应紧张，电网外购电价不断上升，致使电网购电成本同步直线上升，购电单价从 1991 年的 116.14 元/(兆瓦时)上升至 2002 年的 297.85 元/(兆瓦时)，售电单位成本从 1991 年的 116.14 元/(兆瓦时)升至 2002 年的 388.29 元/(兆瓦时)。

三、税利

1991～2002 年，华东电网实现利润总额 305 亿元，上缴国家税收 687.6 亿元，年均上缴税收 57.3 亿元。

1994 年 1 月 1 日起，根据国家税收体制改革办法，电力产品销售执行国务院颁布的《中华人民共和国增值税暂行条例》，电力产品由原 1984 年开始实行的产品税(即发电环节按供电量每兆瓦时 10 元和供电环节按售电收入 10%计算上缴产品税)改为增值税并执行价税分离。适用税率为：电力产品 17%，热力产品 13%，其他货物销售及提供加工、修建修理劳务为 17%。电力产品发电环节按供电量预征每兆瓦时 4 元，后调为 6 元，供电环节按售电收入 3%，后调为 6.5%预征，最后由网省(市)电力公司统一清缴。另外，对原价外征收的电力建设基金、三峡工程建设基金并入价内统一核算，单独反映，并缴纳增值税。执行增值税后 1994 年第一年上缴增值税 260582 万元，后随着电力销售收入的增加和购售电差价的扩大，上缴的增值税逐年增加，至 2002 年末上缴增值税为 708302 万元，年均增长 21.5%，实行增值税 9 年平均年上缴 515000 万元，而 1991～1993 年实行产品税，平均年上缴 178272 万元。

电力企业所得税从 1994 年 1 月 1 日起，根据财政部《中华人民共和国企业所得税暂行条例》规定，所得税率由 55%调整为 33%，税后利润暂予免交财政，按《工业企业财务制度》及国家有关规定分配，即扣除上缴投资收益外全部计提法定公益金和法定盈余公积。取消电力减免产品税还贷政策增加利润，所得税实行先征后退办法，对价外征收的电力建设基金、三峡工程建设基金国务院税制改革后并入价内统一核算，单独反映，按规定缴纳增值税，免征企业所得税。

1991～2002年，华东电网共上缴所得税1089504万元，年均上缴所得税90792万元。

税制上，还实行企业对外提供应税劳务、转让无形资产等其他业务按规定应缴纳营业税及城建税、教育费附加、房产税、车船使用税、土地使用税等。

实现利润总额逐年增加。1991年华东电网实现利润总额为55550万元，单位售电利润为每千瓦时8.94分。1994年，国家实施税制改革，即实行价外税，将产品税改为增值税，电力产品销售税金大幅减少，同时华东电网狠抓安全生产和设备管理，实现增产增收售电量的同比增加。1994年，实现利润总额190093万元，单位售电利润达每千瓦时23.48分，当年实现利润总额大幅增加，以后逐年递增，但其中1997～1999年，由于用电形势紧张，购电单位成本上升而售电单价未予同步上调，利润总额虽上升，而单位售电利润有所回落。1998年，单位售电利润降至每千瓦时16.92分。此后有所上升，至2002年末利润总额达到410460万元，单位售电利润为每千瓦时21分。1991～2002年代表年份成本税利变动情况见表13-4-5。

表13-4-5　　1991～2002年代表年份收入成本利税变动情况

项　目	该年期末数				平均增幅(%)	
	1991年	1995年	2000年	2002年	1991～1995年	1995～2000年
主营业务收入(亿元)	130.6	402.1	908.3	1227	51.9	25.2
主营业务成本(亿元)	101.8	342.8	781.8	1108.3	59.2	25.6
利润总额(亿元)	5.6	21.7	38.1	41.1	71.8	15.1
上缴税金(亿元)	26	48.3	84.6	94.8	21.4	15
售电量(亿千瓦时)	871.8	1312.7	1997.2	2564.3	12.6	10.4
售电单价(元/兆瓦时)	145.82	285.47	387	411.53	23.9	7.1
购电单价(元/兆瓦时)	116.14	238.26	289	297.85	26.3	4.3
售电单位利润(元/兆瓦时)	8.94	29.03	26.71	21		

第四节　以经济效益为中心

华东电管局(公司)和三省一市电力公司在由计划经济向市场经济转变的过程中，以经济效益为中心开展工作。为此，逐步确立了财务管理在企业管理中的中心地位，妥善处理企业内部与外部条件的关系，在用好外部条件的同时，着重在内部管理中发挥财务管理的更大作用。华东电管局(公司)各直代管单位加强全局观念，按照公司整体效益的要求开展生产经营活动。资金管理在财务管理中地位日益提高。工程管理中也严格控制成本。各项综合措施使华东电网的经营绩效在全国电力系统名列前茅。

一、财务管理中心地位的确立

1994年起，华东电管局(公司)进一步发挥财务管理对企业经营效益的重要作用，在确保安全供电的前提下，实行企业管理以财务管理为中心，加强“大财务”运作，努力实现企业利润的最大化。

(一) 主要领导带头转变观念，把财务管理推到企业管理的中心地位

从单纯的“安全第一”，转变为“以安全为基础，以效益为中心”；从20世纪50年代沿袭下来的“重发轻供不管用”，转变为重视市场，抓好发供电，为用电服务；从企业管理以生产管理为中心，转变为以财务管理为中心。在财务管理中突出抓预算、成本和资金三大支柱，特别是资金的运用。公司领导集中主要精力管经营，亲自理财。还对大额开支实行一把手一支笔批准的制度。上海市电力公司领导认真研究国内外财务管理的知识和动态，提高了筹资过程中与外商打交道的主动权。集团公司和三省一市电力公司都成立了资金委员会和预算委员会，由主要领导担任主任，定期研究工作。

(二) 实行“一票否决”制，以资金和效益决定项目是否可行，工作是否成功

财务部门在公司生产、基建、经营等各个领域的计划、决策、实施和总结中，对资金落实与否和效益好坏分析评估，为决策提供依据。任何项目，资金不落实的不上，效益不能超过银行存款利息一定幅度的也不上。对多种产业中效益不好的项目，坚决关停并转。所属企业都推行了财务“目标利润管理办法”。江苏省电力公司对基层单位“双文明”评比实行目标利润或违纪金额超50万元一票否决制。

(三) 落实组织，加强财务管理的力量

华东电管局(公司)和各省市电力公司普遍重视财务人员的选任调配以及处内机构的合理设置。安徽省电力公司增加了财务处定员，增设了岗位。

(四) 创造条件，方便财务部门直接了解和分析其他各项管理

除了参加各类会议，掌握各类报表资料外，江苏省、浙江省等电力公司的计算机管理系统都以财务管理信息系统为中心，其他管理的信息和接口都要满足财务信息系统的要求。华东电力集团公司分管经营的副总经理牵头，每月召集一次财务、调度、生产等部门负责人参加的协管会议。

(五) 主动到位，财务部门积极发挥作用

财务部门参与制订企业经营决策，进行经济分析，研究经济运行中的问题和对策，许多意见为公司采纳。财务部门在中外合资的商务谈判中发挥重要作用。华东电管局(公司)财务部门在内部承包确定各项费用指标和目标利润时与各处室和直属单位反复协商，商定合理指标，在执行中指出存在问题，寻求解决办法。江苏省电力公司财务部门为了改善经营，增加效益，提出措施，整顿会计秩序，请会计师事务所验收，带动其他处室和基层单位整顿。财务部门还主动到经营效果差的单位，帮助查找原因，制定对策。

1999年，华东电力集团公司组织各省市电力公司和直属单位开展了“财务管理活动年”活动。中国水利电力工会华东电力工作委员会相应组织开展了财务管理合理化建议活动。

二、资金管理的不断强化

华东电管局(公司)财务部门自1994年起编制年度和月度资金计划。上海市电力公司强化了年度资金平衡预算，全面实行现金流量预算管理。江苏省电力公司财务处内成立预算组，收入和支出均按预算执行。通过财务信息系统，在基层单位中也推行预算制。

华东电力集团财务公司稳定发展。该公司成立后，通过设立各省市电力公司的结算中心，拓展业务，强化对全网资金的管理。上海市、江苏省电力公司的结算中心率先成立。至1996年浙江省、安徽省成立了结算中心。上海市电力公司基层单位资金至少有85%存入结算中心，按责任制考核，有奖有罚。多经公司的收入也存入结算中心。对电费、贴费均实行收支两条线，收入必须先交至市公司。用户工程款也必须存入结算中心。江苏省电力局与各市供电局间做到了所欠电费结零。地方的欠费，由各供电局负责追缴。1997年起，浙江省电力公司各供电局收到的电费直接存入该公司的银行账户，以利加强资金管理和对供电局的考核。

华东电管局(公司)优化资金投向。对不能控股的电厂，对经营效果没有把握的项目不投资或按条件严格控制投资，并控制对非生产性项目的投入。集中资金投资于控股电厂和500千伏输变电项目。财务部门注意资金调度，加强现金流量的管理和考核，利用好资金时间差和存贷息差，并用经济办法管理内部资金的使用。江苏省电力公司对技改项目全部进行经济评估，对有效益的项目实行内部贷款，对已完成的项目进行经济后评估。浙江省电力公司对更改工程资金实行有偿使用，按基建办法管理。对设备大修结果进行调查。1996年起，安徽省电力公司建立了内部借贷制度。

三、企业内部与外部条件关系的处理

华东电管局(公司)重视外部条件，用足用好国家给予的政策。在工资与利税和电量增长挂钩承包中，抓好预计分析，连创佳绩。“贷款改投资”和增拨补充流动资金的工作及时完成，退税实绩较好。上海市电力公司主动做好相关部门工作，全口径综合电价达到合理价位。浙江省电力公司成立了电价改革小组，推动全省统一电价出台。到2000年，继上海之后，江苏、浙江、安徽均在省内实行了统一销售电价，理顺了电价关系，拓宽了输配电价合理空间，降低了用户电费负担。华东电力集团公司为了改善省市电力公司的外部经营环境，在三年内取消了网内有关省输送省外的计划电量，克服困难，承担起该电量的供应任务，1996年承担了三分之一的差价。

华东电管局(公司)更加重视企业内部环境的改善，不断加强管理。针对“电业系统财大业大，不花白不花，花也花不完”的思想，进行教育。在内部费用承包工作中，宣传降低成本的必要性。江苏省电力公司财务处和省电力报一起，组织连续报道，强调强化内部管理对于经营效益的重要性。浙江省电力公司财务部门向分管的公司、处室领导和职工亮家底，摆债务，讲困难，提倡节俭办公司。

对内部承包合同与外部合同一样严肃对待，认真执行和兑现，不搞花架子。江苏省、浙江省、安徽省电力公司建立了内部模拟市场，安徽省有效地控制了低谷时段多发电量的问题。上海市电力公司对各项指标进行考核，与奖金挂钩。江苏省电力公司与各直属单位签订承包合同，完不成目标利润，一律用工资奖金抵赔。浙江省电力公司直属单位对可控费用进行承包，如果超过，就扣减工资。安徽省电力公司实行目标利润与职工住房建设费用挂钩。集团公司与基层单位的内部利润承包，与工资挂钩；和处室费用的内部承包，与奖金挂钩。

浙江省电力公司对省电力燃料公司的供煤实行按质论价。为了保证煤质，省燃料公司在秦皇岛设立了质量检测中心。江苏省电力公司管住了材料费用和大修费用。上海市电力公司对固定费用预算严加控制，对直属各电厂按变动成本排序调度发电。为了保证供煤质量，降低成本，上海市电力公司采取很多措施。华东电管局(公司)从 1995 年起对各处室实行了差旅费、会议费承包。浙江省电力公司也将费用承包至处室。华东电管局(公司)、浙江省电力公司等还对电话费规定了指标，并禁止公费打声讯服务电话。北仑电厂把电话费指标分解至各只分机。分机电话费均按期打印公布。桐乡县供电局局长的手机也有费用指标。许多电厂都坚持月度经济活动分析，及时研究处理成本中的问题。通过这些工作，减缓了成本的增速。

四、局部与整体关系的处理

2001 年，国电华东公司党组决策成立了市场运营处，要求有关部门通过分析市场需求，安排月、日计划，适时调整计划指标，增加火电机组调峰能力，通过合理调度，优化配置资源，取得效益。

(一) 水火电之间的优化组合调度

望亭发电厂 14 号机组改造后，其调峰容量是改造前的 3 倍，达到 18 万千瓦。公司利用这一新资源，在来水较少时，严格地控制新安江低谷发电，让新安江库存水量更好地为电网用电高峰和事故支援服务。同时，在富春江来水较多时，尽量降低望亭的出力，降低发电成本，减轻用户负担。

(二) 年内竞价电时段的合理安排

国电华东公司将大部分代发电和省市竞价电量安排在每年用电形势相对平缓的时段。一来可减少年内供电紧张时段省市电力公司的压力，避免在供不应求时竞价电量电价不可避免地上涨；二来电力富余提供了竞价基础；三来有助于降低各方的成本，实现多赢。

(三) 水库水位的合理调控

将新安江有限的水资源用于夏季高峰发电，更好地为全网服务。必要时公司及时增加购电，让新安江适当存水以备后用，严格控制新安江水库年末水位。在此基础上，望亭电厂油机大幅减发，有利于各省市分摊成本的减少。

五、工程管理和成本支出的效益控制

国电华东公司要求各主管部室不但从技术上把关，还要和直代管单位一起，加强工程成本管理，在按期保质完成任务的同时，取得更大的经济效益。

(一) 技改、检修项目的前期工作

国电华东公司规定项目建议书必须对改造对象的现状给出定量描述，作为立项决策和工程效益后评估的依据。对投资超过 200 万元的项目，坚持评审项目可行性研究报告。

(二) 招投标和造价管理的规范

制订了国电华东公司招投标规定。望亭发电厂 14 号机改造通过招投标节约投资约

3000 万元。新安江水电厂增容改造、富春江水电厂技改和调通中心技改均节约了大量投资。

在工程建设中，对投资静态控制，动态管理，控制工程造价。编印了三峡华东配套工程批准概算和现行价概算。对输变电工程严格进行竣工决算。完成了“九五”计划期间送变电工程造价分析。多年来全网电力工程火电机组单位造价水平处于全国平均中下水平，各送变电工程造价均比概算有所节余。

第五章 物 资 管 理

华东电网的物资供应与管理随着国家经济体制和电力行业改革的深入而逐步演变。由于国民经济的持续发展，物资供给日益丰富，市场采购供应逐渐代替了国家按计划分配。

华东电力集团于1993年成立后，华东电力集团公司与上海市电力公司统一进行物资管理。在经济运行体制的变化中，华东电力集团内部各企业的内部机构发生变更，各省市电力企业物资供应部门逐渐从电力公司机关分离出来，成为独立核算的企业或自负盈亏的股份制公司。这些公司秉承为电力企业服务的宗旨，成为物资采购与供应的主要供货商。在规模宏大的大电厂、大电网工程项目建设、生产以及城市、农村电网改造过程中，各省市电力企业贯彻国家发改委关于降低改造成本、确保改造工程质量的要求，逐步建立健全了物资采购的集中招投标机制，各电力公司物资企业成为华东电力物资集中采购供应的主体。电力物资采购与供应进入了市场化运行阶段。

第一节 物资管理机构与人员

自1986年起到华东电力集团成立之前，华东电管局机关内未设置专门的物资供应与管理机构。按照1986年上海电力体制改革时期的商定，原华东电管局物资供应处整编制划归上海电力公司，华东电管局机关及直属企业的物资供应委托上海电力公司物资供应处负责。《华东电业管理局与上海电力公司有关管理工作的职责划分》规定局直属单位的物资供应委托上海电力公司代办。国家统配物资指标划给上海电力公司，数量缺额由公司统筹解决，规格品种由公司调剂。上海电力修造总厂仍应承担全网备品配件的制造任务，其服务应面对全网，但生产计划由上海电力公司归口。水电部交办的大区修造企业订货会，采取各省局(公司)轮流承担会务工作，上海地区由上海电力公司办理。为了物资及修造企业行业管理和计划统计工作的需要，仅在电管局经营管理处设置物资科，编制3人，负责华东地区电力修造企业的企业管理、产品质量及标准管理和组织备品配件的生产与订货、地区协作及相关统计工作。

1989年5月，《印发“中国华东电力联合公司处室的职责、分工和机构设置”的通知》明确，由综合计划处指导和协助直属单位的物资管理，归口华东地区水利电力修造企业全面质量管理工作并组织电厂备品配件的排产定货。

1992年7月，物资部、国家计委等印发《关于国家试点企业集团物资计划单列的实施办法(试行)》，办法规定各试点企业集团可采取两种计划单列方式。1993年10月，国家计委同意华东电力集团在国家计划中实行单列。为适应国家物资计划单列需要，1993年11月，华东电力集团公司设物资处，与上海市电力公司物资处实行两块牌子、一套班子。

聘任处长1人，由上海市电力公司物资处长兼任，负责华东电力集团物资计划单列的管理与供应工作。具体实施由物资处长组织上海市电力公司物资处相关人员负责。原华东电业管理局综合计划处物资科2名工作人员随职责转移调给上海市电力公司物资处。物资处的基本职责是负责华东电力集团对口国家计委的物资计划单列的相关工作；协调集团内各电力企业的物资供应，调度调剂；负责制定相关的物资管理制度并督促实施；负责集团公司直属企业的物资供应；协调与促进集团内修造企业的发展，备品配件的生产供应，修造企业质量管理协会和企业管理协会的工作。

经过调查研究，华东电力集团制定了物资计划单列方案，于1994年报请国内贸易部和电力工业部。同年，国内贸易部批准华东电力集团实行物资计划国家计划单列。

为加强华东电力集团所属电力企业之间物资供应与经营的业务联系，密切企业之间关系，经与江苏省、浙江省、安徽省、上海市电力公司和上海电力建设局及其物资处(公司)协商，经华东电力集团公司批准，于1995年5月成立华东电力物资联合有限公司。该公司是由华东电力集团公司、沪苏浙皖电力物资公司和上海电建物资公司共同出资组建的具有独立法人资格的经济实体。集团公司物资供应及部分采购职能由华东电力物资联合有限公司负责。公司还负有计划单列后对系统物资工作实行行业管理的职责。

1998年，华东电力物资联合有限公司取得电力建设设备成套甲级资质。

1993年以后的几年间，各省市电力物资部门相继改制。上海电力物资公司改革成为上海市电力公司控股的股份制企业，江苏省电力器材公司改革成为集体性质的物资企业；安徽省电力物资公司也几经改革，先是在1993年成立了集体所有制的安徽省电力物资总公司，2000年改成安徽省电力物资有限责任公司。

第二节　物　资　供　应

20世纪80年代末和90年代初期，电力企业的物资供应在国家计划与市场调节的形势下，由国家根据企业需求，按照国家批准的计划项目开展订货。计划内项目由物资部组织各专业物资生产企业与需求单位开展各种类型的订货会，各需求单位按照国家分配的总量计划和价格，寻求符合自身需要的生产企业签订供需合同，并按照要求报电力部物资局。电力部物资局组织各网省局订货单位按不同的专业组织调度调剂，协调平衡，国内不能满足电力企业特殊需求的部分物资由物资局报告物资部，统一组织从国外进口，如发电厂热力系统的四大管道等。国家重点项目(发电厂、高压输变电)成套设备由各省(市)电力局(公司)按计划报电力部成套设备局，由成套设备局组织招标、邀标或定向采购或从国外进口等方式选择合适的供货厂商，由各需求电力企业签订供货合同，成套设备局作为合同执行的鉴证单位，督促合同按期执行。也可按工程进度的不同适当调剂需求。华东电管局所属各省电力局(公司)也按照同一模式，分别对口电力部成套设备局、物资局。在这种供应体制下，电力部物资局、成套设备局从满足全国电力生产与建设的物资需求出发，发挥了组织领导、专业指导、调度调剂、平衡协调的职能。各省市电力公司物资部门积极寻求货源，开发资源互相支持，发挥各地区的优势，在物资供应不太充分的条件下，保持了电力物资供应渠道基本畅通，较好地满足了当时全国电力基本建设与生产大发展的物资需求。华东电力系统内各电力企业物资部门充分发挥各自优势，利用华东地区市场较为发达的优势，开拓多种供应渠道，为电力基本建设和生产作出了积极的贡献。

这一时期，电力部设备成套局、物资局还组织专业人员编写了多种物资供应与管理的技术资料，供物资专业人员学习参考；举办各种类型的学习班，以提高物资专业人员的业务素质，增强管理意识。

1992年《关于国家试点企业集团物资计划单列实施办法》颁布后，华东电力集团在1994年度中国华东电力集团工作会议暨集团管理委员会会议文件之八《关于做好对国家实行全面计划单列工作的暂行规定》中第五条规定：凡承担国家指令性计划任务所需的物资以及属于国家分配和部管物资，由集团公司统一组织紧密层企业编报计划建议，经批准后，由集团公司分解下达紧密层企业，由省(市)电力公司组织订货、催交催运，集团公司负责全网物资组织协调工作。凡属于地方管理的物资由紧密层企业报地方有关部门同时报集团公司备案。集团公司物资处根据实际情况，在具体实施计划单列的过程中采取了由各紧密层企业编制的计划在报集团公司的同时，报电力部物资局。集团公司在编制集团物资需求计划后，在报请国内贸易部批准的同时，也报电力部物资局。国内贸易部按集团的需求，核定分配指标戴帽下达给电力部物资局，由物资局与华东电力集团公司商讨后，切块下达三省一市电力公司计划指标并组织订货和供应。

生产维修所需物资计划指标，按上年度发电设备容量参考电力部物资局万千瓦定额指标分配水平直接核到各省(市)电力公司物资部门。

更新改造、小型基建所需物资计划指标，按当年核定计划和资金渠道分别划拨指标。

华东电力集团物资计划单列以后，国家计划内大型基本建设项目，如外高桥电厂一期工程、马鞍山电厂、吴泾电厂八期、北仑港电厂以及随后开工的建设项目天荒坪抽水蓄能电站的物资供应，均按计划单列要求报国家批准，按批准的计划分别由项目所在地电力物资部门供应。

各电力物资部门组织专业人员成立驻工地物资供应机构或代表小组，与项目单位、施工单位主动沟通。如浙江电力物资部门还和项目单位、施工单位共同组织专业物资机构，建立物资存放场地、设备储存库，根据工程进度，主动参加工程协调会议，适时满足工程需要，获得了工程单位的好评。

上海电力物资公司按材料、设备两个专业分别派驻工地物资供应专业人员，负责工程物资的及时采购和供应。为降低工程造价，提高服务质量，华东电力集团内各物资企业针对过去工程结束后，库存物资过多的现象，提出了物资供应与结算的零库存供货方式，节约了物资采购资金，减少物资的积压和浪费。

根据国家物资部的要求，华东电力集团内物资部门在电力部物资局的领导下，召开专门会议，开展了国家计划内大型建设项目的原材料物资消耗的核销工作。参加核销工程的有石洞口电厂、外高桥电厂一期、吴泾电厂八期、北仑港电厂、嘉兴电厂一期等国家计划工程。

由国家发起的计划单列，各电力集团公司统一归口，省(市)电力公司组织供应，电力部归口管理，专业调度调剂，重要物资统一组织进口的物资供应方式，在20世纪90年代中期以后称为主渠道供应模式。这种供应模式后来由于电力行业逐步推行“厂网分开”的改革，发生了一些变化，但是，由各省(市)电力公司的物资部门统一组织基层物资供应人员为生产基本建设供应所需物资的基本渠道没有发生变化，一直延续下来。这种发挥物资供应主渠道作用的特点是：①强调了企业物资部门的物资管理和供应的主体功能；②充分调动企业各级物资部门为满足本企业物资需求工作的积极性；③为适应生产建设物资需求，物资部门充分意识到提高自身素质的重要性，主动转变观念，提高服务质量，降低采购成本；④有效地促进了物资企业的信息化和管理水平的提高。

上海市、江苏省、浙江省、安徽省电力公司的物资管理系统水平均有大幅度提高，三省一市电力公司和上海电力建设局物资部门均获得ISO 9000质量保证体系的认证。

1993～1996年间，在电力部组织下，华东电力集团公司和各省(市)电力公司根据各自企业的情况，调出少量超发电量开展物资(主要是钢材、水泥、有色金属)的调剂加工业务。安徽、上海市电力公司物资部门在公司的指导下，根据钢厂拖欠电费的状况，参与了以拖欠电费换取钢铁企业钢材满足电力生产建设物资需求的电费回收业务活动，补充了企业生产和基本建设物资供应的缺口。华东电力物资联合有限公司通过电加工物资串换，组织了对望亭电厂、新安江水电厂、富春江水电厂小型基本建设项目的物资供应。

1997～1998年，国家为拉动国内需求，投入大量资金，在全国范围内开展城市和农村电网的改造工程。华东电力集团内各电力企业经过广泛调查，研究制定了确保城市和农村电网改造工程中的物资供应计划，取得良好的效益。

2000年以后，随着发电厂的改制和“厂网分开”，华东电网物资公司相应改制成为独立的经济实体，各电力企业为保护主业经济效益，相继成立了物资采购招投标管理机构，制定价格结算管理费用等各项管理制度，加强对电力企业物资需求计划、招标采购、价格质量等物资采购环节成本和质量的控制，各物资企业主动加强与主业各部门和各基层单位的联系，开展质量保证体系认证和主业的ERP管理系统接轨，取得进出口贸易资质、物资采购招标等各类管理资质，提高了物资企业自身的适应能力。2002年华东电网物资企业资质状况见表13-5-1。

表13-5-1　　2002年华东电网物资企业资质状况

名　　称	进出口资质	成套资质	招投标资质	驻外机构
江苏省恒源电力物资公司	√	√	√	
上海电力物资有限公司	√	√	√	
浙江电力物资公司	√	√	√	越南
安徽电力物资公司	√	√	√	法国
上海电力建设物资公司	√	√	√	

物资部门现代管理技术的应用，提高了企业的管理水平，促进了物资人员综合素质的

提高，从而保证圆满地完成了华东电网各省(市)电力公司电力建设、电网改造所需要的物资供应。

第三节 燃 料 管 理

华东电管局(公司)重视燃料管理，将其作为电网安全运行管理的重要一环。在华东电力体制的几次变动中，燃料管理的职能没有改变。1991 年，燃料管理由综合计划处负责。1995 年，燃料管理职能划归华东电力调度局。至 2002 年，发电厂与电网分开后，华东电力调度通信中心管理燃料的职能自然终止。

一、计划分配

1964 年起实行的统一计划、统一订货、统一分配、统一调度、统一催交的管理模式随几次电网内部的改革，发生了变化：统一调度，改为在省市电力公司燃料公司内部进行，统一催交，由省市或电厂自己负责催交。保留了统一计划、统一订货、统一分配。缺口部分由各省市电力公司从市场上采购。

煤炭的供应受煤炭资源和铁路运输能力制约，计划分配无法满足电厂发电的需要。1991～1995 年，煤炭供应较紧，计划缺口大，在计划安排上制定了如下的分配原则：优先安排铁路直达电厂用煤和运输线末端电厂用煤；计划缺口留在有煤炭资源的省和沿海电厂；保证 20 万千瓦及以上大机组用煤计划。

1996～1999 年，煤炭资源相对宽松，在计划安排上重点调整煤炭计划供应结构，减少计划供应点，制定了新的分配原则：年供应量少于 5 万吨，一般不订货；尽量优先安排适合锅炉设计煤种的煤源。

1991～2002 年华东电网部属电厂煤炭订货及到货情况见表 13-5-2。

二、同业务竞赛

1997～1999 年，根据华东工委 1995 年的通知开展了燃料管理的同业务竞赛。经过电厂自评，省市电力公司推荐，专家组考评打分，按分值高低得出结果：

1997 年，北仑电厂获二等奖，洛河电厂获三等奖；1998 年，谏壁电厂、新海电厂、北仑电厂获二等奖，吴泾热电厂、洛河电厂获三等奖；1999 年，徐州电厂、北仑电厂获一等奖，常熟电厂、嘉兴电厂获二等奖，马鞍山电厂获三等奖。

三、燃料统计

电力燃料统计，长期处于较原始的电话报数、手工记录的状态。随着计算机的普遍运用和网络技术的成熟，1996 年实现燃料日报点对点信息传递，2001 年实现月报点对点信息传递。

1991～2002 年华东电网燃料计划执行情况见表 13-5-2。

表 13-5-2　　1991～2002 年华东电网燃料计划执行情况　　单位：万吨

年份	全网				望亭				上海			
	计划	到货	到货比率(%)	全口径	计划	到货	到货比率(%)	全口径	计划	到货	到货比率(%)	全口径
1991	4449.47	3515.9	79.02	4298.89	192.5	154.13	80.07	156.1	982.88	719.95	73.25	896.11
1992	4723.65	3651.14	77.29	4754.47	173.6	134.11	77.25	168.21	1071.14	789.37	73.69	966.43
1993	5170.69	3872.21	74.89	4987.4	153.5	40.35	26.29	79.1	1120.83	803.32	71.67	985.66
1994	4771.76	3280.61	68.75	5463.29	114	41.82	36.68	90.49	1054.75	832.45	78.92	1009.38
1995	4906.15	3188.82	65	5797.31	110.7	42.2	38.12	110.97	1075.06	757.4	70.46	1089.71
1996	5416.46	3300.94	60.94	6414.89	118.51	28.95	24.43	90.95	1123.96	772.39	68.72	1272.85
1997	5535.58	4120.88	74.44	6244.5	155.24	57.91	37.3	143.31	1201.55	609.66	50.73	1234.97
1998	5836.07	4018.73	68.86	5751.15	184.64	56.97	30.85	155.41	1278.41	834.57	65.28	1180.88
1999	5122.75	4424.7	86.37	6089.36	108	53.4	49.44	145.88	1294.4	996.59	76.99	1204.74
2000	4771.5	5061.04	106.1	6816.5	100	64.64	64.64	178.4	991	1323.05	133.50	1389.36
2001	5220	5861.35	112.3	7401.63	105	107.86	102.73	153.18	1039	1506.70	145.01	1495.56
2002	5378.21	4831.34	89.83	7829.78	80.51	138.84	172.45	140.45	911.7	669.52	73.43	1296.83

年份	江苏				浙江				安徽			
	计划	到货	到货比率(%)	全口径	计划	到货	到货比率(%)	全口径	计划	到货	到货比率(%)	全口径
1991	1474.59	1173.42	79.58	1481.3	796.77	660.09	82.85	796.76	1002.73	808.31	80.61	968.62
1992	1521.51	1080.26	71	1490.22	964.78	801.78	83.1	956.83	992.62	845.62	85.19	1172.78
1993	1740.55	1217.19	69.93	1608.49	1066.18	930.71	87.29	1045.93	1089.63	880.64	80.82	1268.22
1994	1694.31	916.53	54.09	1880.07	1003.42	891.8	88.88	1122.1	905.28	598.01	66.06	1361.25
1995	1732.53	849.02	49	1878.12	1056.22	930.48	88.1	1265.01	931.64	610.72	65.55	1453.5
1996	1874.64	760.68	40.58	2012.15	1200.29	888.72	74.04	1498.6	1099.06	850.2	77.36	1540.34
1997	1855.69	1260.01	67.9	1828.25	1264.32	1276.60	100.97	1613.44	1058.78	916.7	86.58	1424.53
1998	1854.78	880.22	47.46	1671.43	1371.53	1382.11	100.77	1475.7	1146.71	864.86	75.42	1267.73
1999	1693.35	1098.65	64.88	1935.99	1251	1501.02	119.98	1592.93	776	775.04	99.88	1209.82
2000	1315.5	1113.97	84.68	2121.29	1365	1447.18	106.02	1774.57	1000	112.2	111.22	1352.88
2001	1377	1225.81	89.02	2199.7	1669	1730.57	103.68	2002.23	1030	1290.41	125.28	1550.96
2002	1501	1294.46	86.24	2532.79	1820	1521.27	83.58	2078.49	1065	1207.25	113.36	1781.22

注　表中“全口径”指到货，包括计划(指令性、指导性)内和计划外(自行采购)。

第六章　安　全　监　督

1991～2002 年，华东电网电力企业的安全生产状况逐步改善。其间，全网没有发生任何重大恶性事故以及大面积停电事故。电力设备事故次数和人身伤亡事故除个别年份外，总体逐年下降。特别在电网高速发展，生产、建设任务相对繁重的情况下，人身伤亡事故逐年减少。电力安全为华东电网地区经济发展和人民生活用电提供了可靠的电力保障。

华东电网安全生产水平不断提高，得益于贯彻“安全第一、预防为主”的方针，重视安全监察工作。通过狠抓思想保证、能力保证、制度保证和技术保证(简称“四项保证”)，不断落实“全员、全面、全过程、全方位”的安全生产责任制，严格执行安全规章制度，开展各项行之有效的安全管理活动，创新安全管理理念，夯实安全工作基础，使全网安全生产工作落到了实处。

第一节　电 网 安 全 状 况

一、电网生产安全水平

电网安全方面。尽管华东电网的网络结构和技术发展水平较发达国家仍有一定的差距，但通过加强安全管理，统一调度，在 1991～2002 年中，华东电网历经考验，没有发生电网稳定破坏等重大恶性事故，没有发生因系统瓦解而引发的大面积停电事故，为华东电网地区经济发展和人民生活安定提供了可靠的电力保障。

设备安全方面。华东电网在生产规模不断扩大的情况下，电力设备事故绝对次数除个别年份增加以外，总体上是逐年减少，部分运行可靠性指标始终在国内电力系统中处于领先地位，接近、甚至超过发达国家的水平，例如机组的强迫停运率明显低于北美国家(美国、加拿大)的水平。强迫停运率低，得益于华东电网把可靠性指标作为考核内容，在管理上得到了加强；另一方面机组一旦发生故障，检修人员能及时进行检修，而北美国家则要等到制造厂家来处理。其间也曾有反复。如 1995～1997 年，由于用电形势长期紧张，电力企业靠“拼设备”努力多发电，加上设备投产前留下的一些隐患(抢进度、简化调试流程、外包质量控制不严等)以及《电业生产事故调查规程》(简称《调规》)考核不合理等因素，供电事故和发电事故有较大幅度的上升。

人身安全方面。期间曾有明显起伏：1991～1993 年人身伤亡严重，此后一度好转；1998～1999 年人身死亡事故又有明显上升，2000 年起又有明显改进。随着管理水平、安全能力和人员素质的不断提高，到 2002 年，华东电网各省(市)电力公司已做到了不发生人身死亡事故，但重伤事故仍时有发生。

期间，一些单位也取得过优异成绩。至1991年11月1日，江苏徐州电业局取得连续12年无人身死亡事故，创23个百日无事故的安全纪录。至1992年12月22日，江苏常州供电局创下15年无死亡事故的好纪录。

1991～2002年华东电网电力生产事故统计见表13-6-1。

表13-6-1　1991～2002年华东电网电力生产事故统计

年份	供电设备事故（次）	电网事故（次）	发电设备事故（次）	死亡（人）	重伤（人）	合计
1991	139		108	8	23	278
1992	142		79	20	16	257
1993	119		56	32	26	233
1994	99		44	6	8	157
1995	146		97	9	18	270
1996	187		139	6	18	350
1997	139		101	6	13	259
1998	107		85	13	11	216
1999	82		68	8	7	165
2000	70		67	1	4	142
2001	99	10	35	5	3	152
2002	85	22	19	0	8	134

注　根据2000年国家电力公司《电业生产事故调查规程》要求，从2001年起将原《调规》单一的“设备事故”分为“电网事故”和“设备事故”两部分。

二、影响电网安全的外部因素

（一）外力破坏

随着社会的快速发展，各地施工建设项目繁多，吊车、挖掘机等大型机械、车辆使用频繁，且施工活动很多在输变电设施附近进行，因而由违章作业引起的电力设施遭受外力破坏的事件时有发生。同时，受个人利益驱使，偷盗、破坏电力设施的案件居高不下，严重危害着电力系统的安全可靠运行，同时造成了重大经济损失。

(1) 1994年4月22日，安徽淮北某村一村民伐树不慎，树倒落在淮北发电厂的淮北—海孜718线路上，引起A、B、C三相短路，由于跳闸铁芯卡涩，跳闸线圈烧坏，718开关没断开。致使2、3、4号发电机保护动作，3号机713、4号机714开关跳闸；110千伏、35千伏母线失压。

(2) 1995年5月12日，上海220千伏新周变电站新周—瑞金2225线路接地距离、零序和纵差保护动作，开关跳闸，同时，瑞金变电站1号变压器差动保护动作，110/35千伏开关跳闸，110千伏正一段、35千伏正母线失电。经查，1号变压器引出线110千伏C相、35千伏A相有故障痕迹，且故障点地面有一根长约1米、直径1毫米钢丝，一端有电烧伤痕迹。系高空抛落导电物所致。

(3) 1996年7月13日17时31分，江苏省南京220千伏燕子矶变电站110千伏燕子矶—栖霞线745开关方向零序和距离保护动作跳闸，同时2号主变压器702开关跳闸。经查，系一钓鱼者的8米多长的鱼竿(鱼竿为碳素材料绝缘为零)，触及燕子矶—栖霞线58～59号杆之间弧垂最低点导线触电死亡。线路断落在10千伏仙鹤线上，将该线103号杆处三根导线烧断。由于745跳圈线径偏小、热稳定不满足，当第一次跳闸后，启动重合闸再次跳闸时，跳圈过热断线拒跳，造成南京第二热电厂解列。

(4) 1996年1月23日17时30分，江苏省无锡供电公司110千伏通德桥变电站35千伏通钻线384断路器速断动作跳闸重合不成。同时2号主变压器35千伏保护动作，变压器三侧断路器736、302、103和104跳闸，10千伏和35千伏副母线失电。经查，通钻线384断路器六只套管均闪络短路。事故原因：距变电站1.8千米处，市海关建筑工地上，施工塔吊臂吊钩钢丝绳对35千伏通钻线距离不够引起放电短路。由于塔吊尚未移开，致使强送不成功。又因该断路器装于室内，连续3次切除短路电流后，使较多油气从防爆管溢出，加上非金属性接地引起弧光过电压共同影响，使断路器套管表面闪络放电，导致母线短路。

(5) 1997年6月12日13时40分，安徽淮北发电厂719断路器零序和距离保护动作跳闸。经巡线，发现110千伏淮北—砀山线43—44号杆之间有放电痕迹，下面交叉跨越一条10千伏线路，也有放电痕迹，上面挂有未烧完的麦秆，附近0.7万$米^2$麦茬和麦垛也有被烧痕迹。经调查，当时气温在38度以上，风力6～7级，当地农民为省事借风势烧荒，烧着的麦垛被风卷起，从交叉跨越处刮过，缩短了导线间的放电距离，造成交叉放电的外力破坏事故。

(6) 1998年12月6日8时18分，浙江绍兴220千伏牌头变牌头—诸暨1452线零序和距离保护动作，断路器跳闸。经查，牌诸1452线43—44号杆间有一低压垂直交跨线路(与牌诸1452线路最小距离为4.95米)。诸暨市某村一村民从新建的四层楼房上将多只废水泥袋捆绑在一起抛下，砸在低压导线上，低压导线反弹后与牌诸1452线A相导线放电，引起A相弧光瞬时接地。

(7) 1999年6月15日19时，浙江220千伏建德变电站1、2号主变压器方向零序过流保护动作，跳开1、2号主变压器110千伏断路器、110千伏母联断路器，造成建德变电站110千伏母线失压。经查，金华县交通工程公司在320国道改造施工过程中，用电雷管进行爆破作业时(爆破点在线路弧垂点下方)，造成建德—新安江1677线9—10号杆C相导线接地。

(8) 1999年8月5日7时42分，上海市区供电局沪西供电所35千伏乌北变电站主变压器过流动作断路器跳闸，10千伏母线失电。经查，该站10千伏乌6/56出线电缆在乌鲁木齐路处被市政道路一施工队的挖土机掘坏，引起乌6电缆A相、乌56电缆B相两相接地故障所致。

(9) 2001年3月4日11时09分，安徽黄山供电公司220千伏宁国—万安2895线路A、C两相短路跳闸。事故原因为龙卷风刮起地面处的镀铝膜带(村民晒粉丝的场所，用于捆扎粉丝用的)，上升到边导线(A相)并缠绕在A相上，另一端飘浮起与边相(C相)达到不安全距离，使A、C两相导线通过镀铝膜短路放电，引起线路跳闸。

(10) 2001年12月20日12时17分，220千伏跃新变电站220千伏嘉兴—跃新2434线高频距离保护动作，三相断路器跳闸；12时23分，220千伏嘉跃2433线高频距离保护动作，三相断路器跳闸。经查，系一辆载有焦油油罐的浙江天台8吨加长大货车，由东往西途经杭、沪复线某处，为避让右侧摩托车时，侧翻在中间隔离带，车上装满焦油的油罐从车厢上落地，焦油溢出在220千伏嘉跃2433线、嘉新2434线(双回路架设)27—28号塔档内导线下方草地上着火，火焰窜至20余米高，嘉跃2433线B相导线、嘉新2434线B、C二相导线被大火融断。

(11) 2002年6月6日15时55分，安徽安庆供电公司220千伏安庆变电站110千伏安庆—湖滨456断路器距离保护动作跳闸，重合闸动作未成功，110千伏湖滨变电站、110千伏肖坑变电站全站失电(共甩负荷4.5万千瓦)。经查，在110千伏肖坑—湖滨423线3—4号杆交叉跨越的10千伏肖坑03(军工专线)中相导线分三段断落在地面上，而上方110千伏肖湖423线两相导线上有3～4米的放电烧伤痕迹，其中有一处导线被烧伤断6股。原因分析：10千伏肖坑03(军工专线)由于老化，机械强度不够，在突然断落时，受张力作用，断线尾部反弹缠绕到上面的110千伏肖坑—湖滨423线，造成110千伏肖湖423线相间短路。

(二) 自然灾害

台风、龙卷风、飑线、山火、雷害等自然灾害对华东电网造成了不同程度的破坏。

(1) 1994年8月21日，第17号台风在浙江瑞安市登陆，造成东南沿海一带发电厂和供电设施不同程度地受损。温州发电厂、温州电业局所受损失尤为严重。浙江省电力局迅即成立了救灾抢险领导小组，组织广大干部职工通宵达旦投入抗台救灾工作。至当月24日，部分发、供电设备和重要用户的用电才得以恢复。

(2) 1996年3月10日凌晨1时20分，天荒坪抽水蓄能电站工地开关站Ⅱ区D350-D460边坡发生山体坍塌，塌方体积约1万米^3。同月29日，该工地的大溪隧道口上方的山体又先后两次发生坍塌，塌方体积共约29万米^3。对天荒坪抽水蓄能电站建设造成巨大影响。

(3) 1996年12月27～31日，华东电网遇到了有史以来最大的雾天，致使500千伏线路污闪事故频繁，电网安全运行受到严重威胁，全网500千伏线路共跳闸达65次之多。

(4) 1997年8月18日21时30分，第11号强台风在浙江温岭市石塘登陆，正面袭击台州发电厂，最大风力十二级以上，最大降雨量402毫米。由于狂风暴雨正面袭击汽机房东面的玻璃窗，雨水从窗的缝隙渗漏到汽机房里，又渗漏到3号发电机主变压器隔离开关三相穿墙套管上，引起三相隔离开关放电，其中A、C相较严重；14时15分，3号机组被迫停运。电厂防浪墙实际高度为7.6米，18日潮位达7.9米以上，加之台风海浪，20时15分，海水涌入1～6号机组厂区(主厂房的标高6.3米)，并很快向厂房流进；20时47分，5号机组停运；20时50分，1号机组停运；21时32分，2号机组停运。台风后，经过全厂干部职工的日夜抢修，终于在21日19时46分，5号机组并网发电；23日22时

45分，4号机组并网发电；24日10时36分，3号机组并网发电；27日5时12分和5时22分，2号机组和1号机组先后并网发电(6号机组继续计划小修)。至此，受灾停运机组全部恢复运行。

事故前运行方式：全厂220千伏、110千伏正常接线方式，1、2、3、5、7号机组运行，4号机组调停，6号机组计划小修，总出力520兆瓦。

(5) 1998年7月23日，浙江省衢州地区连降特大暴雨，其中开化县平均雨量为650毫米以上，常山县430毫米以上(据了解此次降雨所形成的洪水为百年一遇)。开化县城上游河流暴涨，在上游约2千米处，有300米^{3}木材被洪水冲向下游与大量杂物冲击引起倒杆。

损坏程度：常山—华埠1771线54号杆断裂倒杆；52、53号杆严重变形及横担扭曲；50、51号杆受冲击移动；常山—开化1769线88号杆冲断报废；89号耐张杆变形、三相导线断线。至7月30日，组立杆塔和更换导线结束，线路恢复正常运行。

(6) 1999年3月25日上午7时40分许，浙江紧水滩水电厂40多位职工乘坐的厂车行至丽浦公路石塘电站库区路段时，突然被1000多米^{3}的山体塌方泥石流冲下10多米高的路基，坠入几十米深的水库，18名职工不幸遇难。

(7) 2002年8月24日，华东电网的上海市、江苏省、浙江省部分地区突遭飑线袭击，造成多条500千伏和220千伏线路以及大量的低压供电线路跳闸。位于上海市奉贤县的500千伏南桥交直流变电站直流阀厅屋顶2500米^{2}彩钢板被卷起，部分输变电设备损坏，葛洲坝至南桥直流双极跳闸停运。

三、1991～2002年重大事故

(一) 安徽电力建设第二工程公司塔机"5·16"倾覆事故

1991年5月16日8时15分左右，安徽电力建设第二工程公司(简称安徽电建二公司)二处承建的常州戚墅堰电厂2×20万千瓦发电机组工程施工工地，在使用BQ100吨/2750吨·米塔机(简称塔机)起吊翻转竖直1号锅炉第六片前墙左侧水冷壁的作业过程中，发生塔机机台以上部分倾覆事故，造成9人死亡、3人重伤、2人轻伤，部分机械设备损坏，直接经济损失折合人民币约330万元。

BQ100吨/2750吨·米塔式起重机由合肥工业大学科协起重机设计研究会设计，安徽电力建设修造厂制造。

该塔机1988年列入国家级重大新产品试产计划，于1990年6月开始在常州戚墅堰电厂扩建工程现场安装。1990年12月完成负荷试验，进入半年试用阶段，待1991年7月中旬试用期结束后，再组织鉴定。

1991年5月16日晨6时15分左右，安徽电建二公司二处大件吊装人员到现场，进行起吊前墙左侧水冷壁作业。6时20分左右开始工作。先用塔机将水冷壁组件从组合场吊起，平移到翻转竖直起吊的位置，然后塔机吊住水冷壁的上端，履带吊(KH180型)吊住水冷壁下端的加固桁架，塔机伸臂中心线和起吊的水冷壁中轴线成90度，进行双机抬吊。

7时40分，开始抬吊翻转竖直水冷壁。塔机主钩起升(副钩不吃力随同上升)，

KH180 履带吊在塔机主副钩起吊的同时，朝塔机主钩方向行走，控制水冷壁下端离地面在 30 厘米左右，并保持起吊钢丝垂直。

在抬吊过程中，塔机曾朝 KH180 履带吊方向回转 2～3 次，进行跟踪。这样，水冷壁也逐渐由水平位置趋向垂直。水冷壁接近垂直时，KH180 吊车逐步松钩，直到起吊钢丝已松弛，水冷壁处于自然垂直状态，下端离地面 10～20 厘米。此时，重量随之全部转移到塔机主钩上。KH180 吊车突然发生水冷壁下落着地，并听到塔机上部有崩裂的声响，塔机回转机台翘起，塔机随即从机台以上整体向偏北方向倾倒落地。伸臂头部将停在距塔机 90 米左右处的汽车吊、五十铃汽车、拖拉机、混凝土搅拌运输车、送开水的小板车砸毁。

这次塔机倾覆事故的直接原因是冲天失稳。回转支撑连接螺栓的断裂导致了机台上部的倾覆，造成事故扩大；间接原因是总体设计不够合理。

（二）北仑发电厂“3・10”特大事故

1993 年 3 月 10 日 14 时 7 分，浙江省北仑发电厂 1 号锅炉发生了一起设备严重损坏和人员群伤群亡的特大事故，造成锅炉 21 米层以下水冷壁管及部分刚性梁、冷灰斗等严重损坏；死亡 23 人，重伤 8 人，轻伤 16 人。这次事故直接经济损失 778 万元。

1 号锅炉经抢修于 7 月 20 日 13 时 17 分并网发电，停用抢修 132 天。

事故后，电力部、浙江省、华东电管局及宁波市领导立即赶赴现场组织指挥事故处理。并由华东电管局负责，会同浙江省电力局、省劳动厅、省总工会以及省计经委、省检察院等部门组成事故调查组，调查组下设技术分析组和资料取证组。通过现场勘察和取证，认真分析了事故前后的大量运行数据和锅炉设计及调试资料，事故调查组于 3 月 18 日提出了《北仑发电厂 1 号锅炉“3・10”特大事故初步分析意见》。

鉴于这次突发事故情况复杂，技术涉及面广，又系进口设备，为查明原因，调查组组织上海交通大学和华东电力试验研究所、浙江大学和浙江省电力试验研究所、西安热工研究所和清华大学 6 个单位组成 3 个课题组，就《北仑发电厂“3・10”事故原因分析及对策的研究》课题，同时独立地开展研究。课题组对事故的机理和原因作了大量的计算、试验、论证和分析，并于 5 月 10 日前分别向调查组提供了详细的汇报并进行了认真深入的讨论，技术分析组于 5 月 28 日正式向调查组提交了《北仑发电厂“3・10”1 号锅炉事故技术分析报告》。

（三）外高桥发电厂全厂停电事故

1998 年 8 月 13 日，上海市外高桥发电厂因化学净水操作不当，监盘失调造成全厂工业水中断，引起全厂循环冷却水（工业水）失压，循泵“冷却水压力低保护”动作跳泵，全厂循环水中断，致使全厂 4 台汽机凝汽器低真空保护动作跳闸，锅炉 MFT 动作，4 台正在运行的 30 万千瓦机组全停，造成全厂停电，构成了人员责任性的全厂停电重大事故。该日是上海持续 38℃以上高温的第 5 天，全市用电负荷高达 903 万千瓦。外高桥电厂全厂停电，造成上海发电缺额 120 万千瓦，系统频率跌至 49.71 赫兹。随着电网总调度员指令下达，电网备用水电迅速启动，通过斗山—黄渡二回线又将江苏 40 万千瓦、浙江 45 万千瓦、安徽 20 万千瓦的发电出力以及葛南直流 10 万千瓦电力调到上海，4 分钟后，系统频率恢复正常，使上海用电没有受到太大的影响。

（四）500千伏江都—武南5291线倒塔事故

1998年8月22日20时49分，江苏500千伏江南线遭飑线袭击，发生线路倒塔重大事故。故障点约在线路长度的3%地段（江都变电站侧）。

10、11号塔向东倾倒在地，塔基损坏（意大利进口拉锚塔，塔型ZLM1，呼高33米，自重6124公斤，设计风速30米/秒）。

13、14号塔向东倾倒在地，铁塔中段塔材已拧缠成团，只剩下最下一节还基本成型，铁塔基础未损坏（意大利进口自立塔，塔型ZT4，呼高33米，自重7450公斤，设计风速30米/秒）。

其他铁塔受损的情况是，6号塔，塔身有轻微倾斜，4根拉线受力不均；7号塔，左拉线松弛，三相导线倾斜30厘米，左侧地线向加号侧倾斜50厘米，右侧地线向加号侧倾斜50厘米，铝包带跑出线夹60厘米；8号塔，中相线夹损坏，加号侧拉线有松弛，左侧地线向大号侧倾斜，右侧地线横担变形，地线断4～5股，边相瓷绝缘子向大号侧倾斜，中相瓷绝缘子向小号侧倾斜；9号塔，横担严重变形；12号塔，横担变形，中相导线拉脱；15号塔塔身有轻微倾斜，地线悬垂线夹外层铝线多处损伤。

据统计，这次事故的直接经济损失为146.795万元。

经江苏省送变电抢修中心全力抢修，于1998年9月16日，江南线恢复线路送电。现场抢修用了18天时间。

（五）船坞工地“7·17”特大人身事故

2001年7月17日上午8时许，在上海市沪东中华造船（集团）有限公司船坞工地上，由上海电力建设有限公司下属建筑公司多经企业等单位承担安装的600吨×170米龙门起重机在吊装主梁过程中发生倒塌事故，造成36人死亡，3人受伤，直接经济损失8000多万元。

事故发生后，根据国务院领导同志的指示，国务院安全生产办公室会同国防科工委、监察部、上海市人民政府、全国总工会、中国船舶工业集团公司、国家电力公司和国电华东公司等单位成立了事故调查领导小组，对事故进行了全面、深入、细致的调查，提交了《沪东“7·17”特大事故调查处理报告》。报告认定这起事故的直接原因是：在吊装主梁过程中，由于违规指挥、操作，在未采取任何安全保障措施情况下，放松了内侧缆风绳，致使刚性腿向外侧倾倒，并依次拉动主梁、塔架向同一侧倾坠、垮塌。报告并认定沪东“7·17”特大事故是一起由于吊装施工方案不完善、吊装过程中违规指挥、操作，并缺乏统一严格的现场管理而导致的重大责任事故。

“7·17”事故后，国电华东公司组织开展了“查合同协议签订执行、查施工现场指挥协调、查施工技术和安全措施、查安全责任制落实”的“四查”活动。新安江水电厂、富春江水电厂、望亭发电厂、天荒坪抽水蓄能电站和华东电试院、华东培训中心等共查合同457份。同时还要求上海电建公司和三省一市电力公司也开展“四查”活动。国电公司对此予以肯定，还转发了国电华东公司“四查”的文件。

第二节　安　全　管　理

一、安全监察体系

华东电管局(公司)和各省(市)电力局(公司)在安全生产管理中，严格执行安全生产委员会会议、安全分析会、安全监督例会和生产调度分析会等例会制度，并将安全业绩与年终工作考核、年薪挂钩。各电力企业安全监察管理，实行全过程的安全目标管理，以开展调查研究、安全检查，严格执行规章制度，强化安全性评价的动态管理等为重点，抓住安全生产中的难点和热点问题，及时化解风险、消除设备和电网的安全隐患。

(一) 安全生产领导小组

华东电管局(公司)和各省(市)电力局(公司)安全生产领导小组(或安全生产委员会)组长(或主任)由公司行政正职、安全生产第一责任人担任，成员均由各公司分管领导和各职能部门正职组成。1991～2002年，因人事变动及公司改制，华东电管局(公司)的安全生产领导小组曾于1993年和2002年作过两次相应的调整，各省(市)电力公司也都根据需要，及时调整公司安全生产领导小组成员名单。

安全生产领导小组的主要职责是贯彻执行国家有关安全生产的法律、法规及上级有关规程、规定；确保本企业建立健全并落实各级领导、各职能部门的安全生产责任制；制定年度安全生产总体目标及任务；定期召开安全分析会议，及时研究解决安全生产工作中出现的重大问题；确保安全生产奖惩的实施等。

(二) 集团公司和省(市)电力公司安全管理主要职责

20世纪90年代，华东电力集团公司作为华东电网安全责任的主体，就华东电网的安全向上级主管部门负责，并对各省(市)电力公司实行安全生产责任追究。2000年体制改革后，国家电力公司华东公司按国家电力公司有关规定，按授权范围对各省(市)电力公司的安全生产进行监督；组织或参加对重大电网事故和跨省(市)电网事故的调查；参与各省(市)电力公司重大设备事故调查；对华东电网电力企业环境保护进行监督。

华东电力集团公司和各省(市)电力公司对管辖范围内确保人身、电网、设备的安全和实现安全生产目标负有全面责任。各省(市)电力公司对管辖范围内的人身、电网、设备安全向华东电力集团公司负责。

(三) 各级安全监察机构

华东电管局(公司)和各省(市)电力局(公司)根据上级《电力安全监察规定》的要求，全部设置了安全监察机构，称为安全环保处(或安全监察处)，由行政正职委托的分管生产的行政副职主管。安监部门按照《安全生产监督规定》和上级单位的授权，对省(市)电力公司实行安全监督。

华东电管局(公司)和各省(市)电力局(公司)对管辖范围内的华东电网安全生产进行监督管理，重点对电网内500千伏输变电设备以及华东电力调度的运行管理实行安全监督。各省(市)电力公司对管辖范围内的安全生产进行监督管理，重点对电网内220千伏及以下输变电设备和省(市)电力调度的运行管理实行安全监督管理。

各省(市)电力公司安监部门按照《安全生产监督规定》，对各发供电企业、车间、班组落实安全工作的情况进行监督管理，做好公司安全生产责任制规定的本职工作。

华东电网各输变电、供电、发电和施工企业建立、健全安全监督组织体系，都设立了二级独立的安全生产监督机构。

（四）安全监察网络

1990年起，华东电网各电力企业在华东和各省(市)电力公司的直接领导下，先后组建由各电力企业安全监察科、车间(工区、工段、工地)安全监察专责和班组安全员组成的本企业三级监察网络，全面开展华东电力系统安全生产监察工作。

华东电力集团公司和各省(市)电力公司每周召开1～2次生产调度会，由主管生产的副总经理或总工程师主持，生产、调度、安监等部门参加，汇报近期直属单位、500千伏和220千伏主网部分的安全生产情况，研究主要问题并协调解决。

华东电力集团公司和各省(市)电力公司安监部门每年召开安监处(科)长会议，总结前一阶段工作，布置下一步工作安排，交流经验等。在会议期间，同时开展事故统计报表的评比活动，评出优胜单位，并指出填报工作存在的不足及改进意见。

华东电力集团公司安监部门每年召开直(代)管单位安监科长会议。会上进行工作总结和工作布置，对下属单位进行安全工作点评，提出意见等。1996～1999年，每年召开华东电力调度局和三省一市调度部门安监人员会议，研究调度部门的安监工作及经验交流等。

通过安全技术培训及形式多样的安全活动，强化员工的安全意识，提高员工的自我保护意识和能力。通过安全知识竞赛、安全周活动、定期安全学习等方式，利用影像及书面教材，开展规章制度和安全知识教育培训。组织员工学习《电业安全工作规程》及考试，学习安全事故通报与案例分析，总结经验，吸取教训，不断提高员工安全素质水平，坚持一切服从安全，时刻纠正违章违纪行为，防止违章作业发生。

充分发挥三级安全监督网络的作用，认真落实安全生产责任制，严格执行奖惩制度。各级单位建立以安全生产岗位责任制为核心的安全管理机制，通过层层签订安全责任书，层层分解、落实安全目标，并通过有关的安全生产奖惩规定，加大考核力度，弘扬先进，鞭挞违章失职。强化安全纪律，从严管理，对违章或事故苗头抓住不放，将“未遂”当“已遂”对待，“小题大做”，举一反三，吸取教训。

1999年，华东电力集团公司推行了“违章记分、试岗、离岗、内部待岗”的管理机制，这是防止各类违章行为发生，确保人身、设备和电网安全的一项重要举措。这种管理机制与安全生产奖惩规定相互配合，相互补充，构成较完整的反违章管理体系。各级单位也制订了详细的违章记分管理实施细则。

（五）班组安全建设

各级电力企业强化班组安全管理，建立有效的运转机制。首先明确班组长是班组安全生产的第一责任人，对安全生产工作负全面责任。赋予班组长安全生产管理职能，使其责权明晰，做到敢抓敢管。其次，应用多种形式开展班组安全活动，作为提高员工安全意识的重要手段。学习上级有关安全生产的文件；针对近期工作重点安排学习安全规程的有关内容；对班组安全情况进行分析总结；运用本单位(包括历史上)和兄弟单位发生过的安全问题和事故的实例，作为重点教育内容来分析和讨论，找出本班组安全工作中的不足和隐患，从而完善班组的安全工作制度及措施。开好班前会、站班会、班后会。在班前会上，要根据当日的工作任务提出安全注意事项；在站班会上，依据现场作业环境布置当日安全任务，提出安全注意事项；在班后会上，对当日班组管理的安全情况做出小结。

2001年起，针对违章误操作屡禁不止，注意将自觉遵章守纪建设成为企业文化的核心内涵。这是国电华东公司继提出“四项保证”的要求后，就如何落实思想保证提出的新要求。即在抓安全的思想保证时，克服观念上的偏颇，注入爱护人、尊重人、以人为本的新理念，形成遵章守纪是对工作人员最起码的要求，遵章守纪光荣，违章违纪不可原谅的行为准则和舆论氛围。

二、规章制度

(一) 安全工作规程

1991年3月，能源部颁布《电业安全工作规程》(简称“安规”)。“安规”总结了长期以来我国电力生产过程中用鲜血和生命换来的经验，明确了保证生产安全的组织措施和技术措施，是电力从业人员的安全行为规范，是安全监督的重要依据。华东电网各电力生产企业始终执行《电业安全工作规程》，各电力施工企业始终执行能源部1992年颁发的《电力建设安全工作规程》。

(二) 安全管理、安全监督规定及制度

为规范华东电网安全管理工作，完善安全管理制度，华东电力集团公司根据《电力生产安全工作规定》及上级一系列安全生产文件，制订了贯彻执行有关制度、规定的具体措施。

有关安全管理和监督的制度规定有：《华东电网发电厂安全文明生产达标安全管理考评要求》、《华东电力集团内部人身伤亡事故全口径统计报告的规定》(1997年)、《关于开展“安全管理标准化、规范化”工作的通知》(1997年)、《中国华东电力集团公司检查火电机组达标投产“安全管理”项目实施细则》、《华东电力集团公司保电网安全管理规定(试行)》、《华东电力集团公司防止全厂停电事故安全管理规定》、《关于华东电网安全工作的思路和要求》、《关于执行华东电力发承包工程安全管理协议的通知》、《华东电网防止电气误操作安全管理规定(试行)》、《关于开展华东电网输电网安全性评价工作的通知》、《华东电网500千伏系统迎峰度夏安全大检查导则》、《国电华东公司直(代)管电厂迎峰度夏安全大检查导则》和《国电华东公司直(代)管单位危险点分析与预控管理标准》等。

有关反违章的制度有《关于制订“违章记分、试岗、离岗、内部待岗”的几点意见》。

防止各类事故的制度有《关于加强脚手架管理防止高空摔跌事故的通知》、《关于坚决防止高空坠落、触电、交通事故的通知》。

对于以上规章制度，各省(市)电力公司都制订了相应的实施办法和措施。同时根据自身的生产特点，补充了许多有效的规章制度，逐渐形成了较为完善的安全管理和监督制度体系。

(三) 执行《电业生产事故调查规程》

华东电力集团公司和省(市)电力公司认真执行《电业生产事故调查规程》(以下简称《调规》)。安监部门每月审查直(代)管单位和省(市)电力公司报来的事故(障碍)报告，对事故定性、暴露问题、事故原因分析和事故责任进行审核，提出意见，并择其典型案例登载在《安全简报》上。

为防止个别单位瞒报，在审核事故(障碍)报告时，一般先对照生产部门的可靠性统计和调度部门大机组开停机等原始记录，再核实报告内容的真实性和准确性。还按《调规》规定，对基层企业采用新设备或大型设备技改后在半年内发生无本单位人员责任的一般事故，作可不中断安全纪录的核定，以鼓励基层企业不断采用新技术，提高设备安全水平。

华东电管局(公司)根据《调规》规定或上级授权，直接组织网内特大、重大事故调查的事件主要有：1991 年 5 月 16 日，戚墅堰发电厂 20 万千瓦扩建工程中，100 吨塔吊倾覆造成 9 人死亡的特大事故；1992 年 4 月 13 日，合肥电厂锅炉打焦死亡 4 人事故；1993 年 3 月 10 日，北仑发电厂 1 号炉严重结焦、炉膛下部坍塌、死亡 23 人，重伤 8 人的特大人身和设备事故等。此外，还对一些性质恶劣的人身伤亡事故、重大设备事故进行深入调查，做到“三不放过”(事故原因不清楚不放过，事故责任者和应受教育者没有受到教育不放过，没有采取防范措施不放过)。

(四) 修订《电业生产事故调查规程》

华东电管局(公司)多次受上级委托，修订《调规》和修编《调规》事故(障碍)报告统计填报手册及其管理程序。

第 1 次在 1993 年。当时电网用电形势十分紧张，发电机组长时间连续运转，得不到应有的检修维护；由于新设备急于投产，基建缺陷无法消除、调试项目大幅减少等现象普遍存在，对电网安全构成很大威胁。安全被动局面要求修改《调规》。另外，《调规》长时间未作修改，存在一些考核不合理的问题，也要求修改《调规》。为此，华东电力集团公司主动向电力部汇报，建议调整、修订原水利电力部 1985 年颁发的《电业生产事故调查规程》(SD168—1985)。电力部委托华东电力集团公司组织修订。公司在广泛听取全国各电力企业意见的基础上，根据当时大电网已由 220 千伏升级为 500 千伏电压等级，主力发电机组由 5 万、10 万千瓦提高至安全自动装置齐全的 30 万、60 万千瓦机组的现状，并依据当时电网重、特大事故的特点，对多项条款作了修改和调整。修改后的《调规》分 6 章，涉及事故(障碍)定级部分由原来 29 条修订为 57 条。《调规》修改稿于 1994 年 9 月完成，同年 12 月 22 日由电力部颁布执行。

第 2 次在 1999 年。主要将原《调规》中有关政府职能的条文删除，即将人身事故调查职能全部改由地方政府劳动安全归口管理部门负责。同时为适应厂网分开，加强电网安全管理，将原《调规》单一的“设备事故”分为“电网事故”和“设备事故”两部分，把重大及以上电网停电、电网瓦解、电网失稳、电能质量降低及变电站 110 千伏及以上母线全停、35 千伏及以上变电站全停列为“电网事故”。修改后的《调规》于 2000 年 10 月 12 日由国家电力公司颁发，2001 年 1 月 1 日起执行。

第 3 次在 2001 年。国电华东公司受国家电网公司委托，按企业版要求历时 2 年多对

《调规》进行修订。主要是技术层面调整、修改较多。同时，将国务院、劳动部(后为劳动总局)、公安部、国家统计局、国家标准局、司法部、最高人民法院、最高人民检察院等颁发并有效的规定、通知、标准、问题解答等 18 个有关特重大事故、人身伤亡事故、火灾、道路交通事故的文件，作为《调规》附件一并印发。

三、安全考核

华东电力集团公司在接受电力部安全生产考核的同时，协助电力部对省(市)电力公司按安全责任主体进行安全考核。安全考核坚持公开、公正简化和高效的原则，注重考核不留真空、不重复。2000 年以后，国电华东公司对省(市)电力公司提出考核意见，并接受连带责任考核。

每年初，按照电力部制定的人身重伤率、发电设备事故率、全厂非计划停运次数、全厂发电机组等效可用系数、输电事故率、变电事故率、10 千伏供电可靠率 7 项指标，华东电力集团公司、各省(市)电力公司通过核定职工人数、发电机组台数、主变压器台数和输电线路百千米数及企业发生的考核事故次数，对各自的直(代)管单位安全实绩进行考核。

1996 年，华东电网装机总容量已达 4000 万千瓦，在网内使用引进技术、国内生产的 30 万千瓦机组，或引进国外制造的大机组的火力发电厂逐步增多。1997 年 1 月，为了与新建电厂、新的机制相适应，探索发电设备安全管理与发达国家的发电设备管理模式接轨，将石洞口二厂和北仑发电厂作为全国试点，于 1 月 1 日正式改发电设备故障安全考核为发电设备可靠性管理，即发电设备发生一般性事故时不中断该厂安全纪录的，不以事故论处，而以“等效可用系数”和“非计划停用次数”进行考核。

四、安全教育

(一) 安全教育、培训

每年组织开展“安全生产月”主题内容活动。对国家有关安全生产的法律、法规和电力行业的规程、规定组织学习和宣传，如 1995 年的《劳动法》、1998 年的《消防法》、2002 年的《安全生产法》。

开展触电急救、心肺复苏的培训工作。1996 年 9 月 10～14 日，为了解决基层企业培训生产员工的师资问题，华东电力集团公司举办省(市)电力公司和直属单位“紧急救护法”师资培训班，共培训了 41 人次；1997 年，组织由华东电力集团公司本部生产人员参加的触电急救、心肺复苏培训班三期，约百余人，考试及格后颁发红十字会的“紧急救护合格证”。

1996 年 2 月 27～29 日，华东电力集团公司举办第一期机关和直属单位厂处级干部《电力法》学习班。以后又举办了两期，使所有干部得到了普法培训。

各运行单位和电网各级调度机构定期开展反事故演习，分析电网薄弱环节，预测可能发生的事故，不断提高运行人员的事故处置和应变能力。

定期进行规程制度考试。华东电力集团公司和各省(市)电力公司领导、生产系统负责人每 3 年参加由电力部(后为国家电力公司)组织的安全生产法规考试；华东电力集团公司和各省电力公司对所属的发供电及施工企业领导和安监部门负责人每 2 年组织一次法规和规程制度考试；生产人员每年一次参加“安规”考试。

每年组织直(代)管单位的各级安监人员、班组长进行安全管理、安全知识培训。

对各级安监人员进行安全培训、取证。华东电力集团公司和各省(市)电力公司在电力部(后国家电力公司)每次开办安监工程师培训班时，组织下属单位的各级安监人员参加培训班，并取得上级颁发的安全监察证书。

(二) 编写安全生产教育书籍、拍摄安全教育录像片

针对电网内触电事故、高处坠落事故和电气误操作事故不断发生的现状，华东电力集团公司组织编写了《华东电网生产、基建触电伤亡事故汇编(1990～1997)》、《华东电网生产、基建高处坠落伤亡事故汇编(1990～1995)》、《华东电网发供电企业电气误操作事故选编(1990～1995)》，并内部发行至所有发供电企业和施工企业，作为安全日活动学习材料，以及供开工作票、写反事故措施、分析危险源时参考。

结合直属企业班组长培训，将讲课内容整理成《发供电企业班组安全管理培训教材》，包括国务院、电力部关于加强班组安全工作要求、安全生产和安全管理、班组安全管理重要性、班组长职责职权和安全生产责任、班组安全管理内容、班组日常安全工作、执行“两票三制”的基本要求、工业伤害分析和预防、倡导企业安全文化等篇章，附有班组应具备的安全文件、规章制度、安全记录台账、不安全状态和不安全行为分类等。1997 年由电力出版社出版发行。

针对华东电网 500 千伏变电站的事故、障碍情况，编写了《华东电网 500 千伏变电站事故、异常典型事例汇编(1986 年 12 月 7 日～1995 年 8 月 31 日)》，共有 72 个事故及事例。在华东电网内部发行后，受到电力部充分的肯定，要求再版并向兄弟单位发行、交流。

拍摄安全教育录像片。1991 年受能源部委托，组织拍摄十八项重点反事故措施系列片中的《防止热力管道爆破》，以后又拍摄了一些安全教育录像片，如《竹梯》、《消防栓、主变压器自动喷淋灭火》、《动力电缆对接头》等，有些录像片被电力出版社评为“优秀安全教育录像片”。

(三) 编写《安全简报》

华东电力集团公司和各省(市)电力公司，一直坚持每月出版一期《安全简报》。《安全简报》一般包括当月全网或该省(市)电网的安全简况及主要问题，摘登当月发生的人身伤亡事故(包括生产、基建和全口径 3 项)和人员过失造成的各类误操作事故，具有典型意义的设备一类障碍和设备事故，安全信息和经验交流，必要时加编者按语。每年的第一期全文刊登各公司上年安全工作总结及当年安全工作思路和打算。《安全简报》在华东电网内或各省(市)发行，并向上级及兄弟电网、省(市)电力公司赠阅。《安全简报》也是班组安全教育活动的主要资料。

(四) 编印事故快报、安全通报，转发上级事故通报

每当华东电网内发生重大事故时，华东电力集团公司和各省(市)电力公司都立即编发《事故快报》或《安全通报》，用电传或电子邮件形式，迅速发放至下属单位；对政府或上级有关部门下发的事故通报，在做到及时转发的同时，结合电网实际情况，提出有针对性的

措施和要求。

第三节　安　全　措　施

一、劳动保护措施

（一）制订措施

华东电力联合公司根据华东地区火电建设工程项目日益增多的形势，以及劳动安全和工业卫生设施必须和主体工程同时设计、同时施工、同时投产的“三同时”要求，于1991年颁发了《对大型火力发电厂劳动安全工业卫生设计的若干意见》。华东电管局（公司）安监处在日常工作中主要抓两个环节：一是参加网内大型骨干电厂初步设计审查会，组织地方劳动安全监察部门、公安消防部门、卫生防疫部门、总工会和省（市）电力公司安监部门及电厂安监人员审查初设中的“劳动安全和工业卫生专篇”；二是参加一些重大的危险工程项目安全技术审查。

华东电管局（公司）、省（市）电力局（公司）高度重视安全技术措施计划的制订、实施和考评。根据电力系统历年发生的事故原因和各个时期的安全薄弱环节，以及设备完好状况，电力企业每季编制和下达安全技术措施计划，作为安全生产工作的要点，结合设备检修付诸实施，并对完成情况进行考核。

1992年，对能源部颁发的《关于防止电力生产重大事故的二十项重点要求》（简称二十项措施）的贯彻执行情况进行检查，对防止特大、重大事故，收到了一定效果。当年，全网发电厂的锅炉爆管、汽轮机烧瓦和弯轴等事故有所下降，但严重火灾，恶性误操作、主变压器损坏等事故仍时有发生。

1999年，各省（市）电力公司为适应新形势对电网安全运行的要求，开展了“'99电网安全管理年”活动，活动重点是保电网、保供电，为此制定和完善了一系列保电网、保供电措施，并从防止电力系统稳定破坏、电网瓦解事故、防止省会和主要城市大面积停电、防止500千伏变电站停电事故、防止误调度、误操作事故这几个方面着手，制定反事故措施，制定、实施整改计划。各电力调度中心还对电网潮流、稳定，进行了全面计算分析，对500/220千伏及以上电网厂站母线结排方式进行逐一分析，重点检查在（$N-1$）方式下，电网的安全性和供电可靠性，校核主要厂站在其母差保护停用及联络线高频保护停用方式下的电网稳定性，并针对负荷中心地区的重要变电站开关遮断容量不足问题，提出了分区运行、开断220千伏联络线等措施。

（二）狠抓火电厂煤尘综合治理

1996年7月22日，华东电力集团公司成立了粉尘综合治理领导小组暨尘肺病防治领导小组，在火力发电厂煤尘综合治理工作的基础上，对一批煤尘浓度符合当时国家标准（粉尘中游离二氧化硅低于10%的作业场所粉尘浓度为10毫克/米^3）的电厂，会同华东电力工委进行检查、验收，颁发“合格”铜牌。首先达标的有谏壁电厂、望亭电厂等。在1997年后，再次会同华东电力工委对闵行电厂、华能南通电厂、外高桥电厂、台州电厂、嘉兴电厂、北仑电厂等进行粉尘治理达标验收。

鉴于1996年全网患尘肺病者(含“疑似”)有164人的现状，为加强粉尘治理，要求省(市)电力公司在1997年上半年，对1992年虽已达标但1996年未予复查的火电厂，开展全面复查，如三个月内未整改的则给予黄牌警告。同时要求对接触粉尘的员工(包括民工)进行尘肺病专项检查，对已定性的尘肺病患者，组织到尘肺病防治所定期疗养，进行肺冲洗治疗。

1999年3月，在吴泾热电厂召开的全网煤尘综合治理会议上，要求煤粉尘治理浓度以低于5毫克/米^{3}为验收合格标准，并颁发《华东电力行业尘肺病防治实施细则》。

(三) 通过“安全性评价”改善企业劳动安全作业环境

在对发电厂、供电局进行安全性评价中，“劳动安全和作业环境”部分得分率普遍低于设备部分，查出的问题也有100多项，突出表现在防火安全、电气安全工器具定期试验、漏电保护器安装使用和定期校验、员工对触电急救法熟悉程度、安全带和梯子定期试验、电动工机具登记造册和定期试验等方面存在问题。这些问题引起了各级企业领导的重视，都认真进行了整改。在后来的复查中情况有了明显好转，平均得分超过80分。

(四) 基建单位安全设施标准化

1997年，为贯彻国家电力公司的会议精神，将电力企业开展安全生产标准化、规范化管理作为安全工作重点之一，中国华东电力集团公司下发了《关于开展“安全管理标准化、规范化”工作的通知》，要求电网内各发供电企业、电力建设安装公司都要结合各自企业、部门的生产特点，开展安全生产标准化、规范化管理。

在抓发供电企业“两化”工作的同时，认真贯彻《电力建设安全施工管理规定》，加强了基建安全设施标准化措施的实施，使火电、送变电施工现场的安全文明生产发生了显著变化。在加强安全设施标准化检查时，重点查防高处坠落的安全设施，即自锁器、防坠器、安全围栏、高处作业平台、水平扶手安全绳、滑线安全网、孔洞钢盖板；查防触电措施，即实现一机一闸一保险、使用安全隔离电源、漏电保安器、执行“两票三制”等情况。对送变电现场，还查施工接地线挂接、下线爬梯、全方位防冲击安全带、便携式卷线电源盘等措施的落实情况。通过对安全设施标准化的检查，在基建工程逐年增加的情况下，施工伤亡人数呈逐年下降趋势。

二、反事故技术措施

1992年，能源部将《防止电力生产重大事故的十八项重点要求》修订为《防止电力生产重大事故的二十项重点要求》。2001年，国家电力公司对“二十项措施”增加了内容，改为《防止电力生产重大事故的二十五项重点要求》。在反事故措施方面，华东电管局(公司)主要开展以下工作：

(一) 防止电气误操作

针对水电厂机组启停频繁，切换操作多而发生误操作几率大的特点，组织生产技术部门将电磁锁改为微机型“五防”闭锁。对误操作事故均在《安全简报》上登载、警示，以减少人员过失造成的事故，并多次将误操作事故整理汇编成册，印发至基层班组作安全活动的学习材料。

2002年，针对当时电网内电气误操作事故未得到有效遏制的情况，及时制定了《华东电网防止电气误操作安全管理规定(试行)》。其中，最主要是重申电气操作必须遵守的六个要求和八个步骤。

(二) 防电缆火灾

结合安全大检查，加强电缆防火管理。督促各单位在扩建、改造工程中及时进行电缆封堵，电缆竖井、继电保护控制屏封堵开孔不过夜，电缆沟分段封堵、端子箱控制柜封堵、电缆防火涂料应符合要求，防止电缆着火引起变电站全停或发电厂机组停运。

组织新安江水电厂、富春江水电厂进行电缆廊道改造，更换了老旧电缆，认真做到封堵和分段隔离，并加装了水喷淋灭火系统；督促望亭发电厂做好电缆封堵、电缆隧道清理和动力电缆对接头防火防爆措施，完善主变压器自动喷淋灭火系统，开展定期试喷工作等。

(三) 防止发电厂全厂停电和500千伏变电站全站停电

为防止骨干电厂全厂停电对电网安全造成重大威胁，华东电力联合公司于1992年颁发了《关于颁发防止全厂停电措施的通知》。在平圩电厂因公用汽源故障和1998年外高桥电厂因工业冷却水中断造成的两起全厂停电事故后，又颁发了《华东电力集团公司防止全厂停电事故安全管理规定》，突出强调增加外来电作为备用厂用电源的重要性和重视公用仪控汽源、工业冷却水系统的问题，并多次组织安监、生技人员检查骨干电厂防全厂停电工作开展情况，对直属电厂上报的防止全厂停电措施进行审批。

1999年，华东电力集团公司颁发了《华东电力集团公司保电网安全管理规定(试行稿)》，2001年，颁发了《华东电网防全厂停电事故安全管理规定(试行)》和《华东电网防止500千伏变电站全站停电事故安全管理规定(试行)》，《华东电网防止500千伏变电站全站停电事故措施及事故处理预案汇编》。2002年，颁发了《华东电网防止全厂停电事故措施及事故处理预案汇编》。

(四) 危险点分析

2001年起，国电华东公司实施了每日安全生产电话会议制度，听取调度中心和各直属(代管)单位汇报危险点及安全措施。各直属(代管)单位经过检查，上报了包括望亭电厂、油库、天荒坪抽水蓄能电站上水库渗漏等重大危险源。安监、生技部门对这些危险源开展了跟踪监督工作。

根据国家电力公司提出的要在班组开展危险点分析活动的要求，国电华东公司在2002年颁发了《国电华东公司直属(代管)单位危险点分析与预控管理标准》，作为现代安全管理方法，防止设备、人身事故的发生，并要求开工前要进行生产危险因素分析，并采取应对措施，以加强危险点分析与预控的制度化、规范化和标准化工作。

浙江省电力公司从1998年开始，在绍兴电力局进行“安全生产综合预控法”试点工作。内容包括以状态评估技术为中心环节的设备安全预控法、以危险点预控技术为主要手段的人为失误事故预控法、以安全性评价为主要手段的基础管理预控法。以人为本的“安全生产综合预控法”的应用得到了国家电力公司和华东电力集团公司的充分肯定，来自全国电力系统的同行纷纷派员到绍兴电力局学习、取经。

三、安全大检查

华东电力集团公司、省(市)电力公司根据电力生产、电网运行的实际情况，经常有针对性地对安全生产状况进行检查，发现问题及时提出整改意见。对尚不能整改的，要求制订防范措施和应急预案，并报告上级有关部门备案。安全大检查逐步做到了规范化、标准化、制度化，紧紧地与运行巡视、分析和检修工作相结合，与专业工作、技术监督相结合，与安全性评价相结合。

(一) 常态安全检查

(1)每年组织对发电厂、500 千伏变电站进行春季、秋季安全大检查。为规范安全检查内容，2002 年国电华东公司相继颁发了《华东电网 500 千伏系统迎峰度夏安全大检查导则》、《国电华东公司直(代管)电厂迎峰度夏安全大检查导则》和《国电华东公司直(代管)电厂秋(冬)季安全大检查导则》。

(2)每年对直属水电厂进行春季防汛大检查。主要查大坝安全、水情预报管理、泄洪设施维修情况、电源可靠程度等。

上述安全大检查通常由公司领导带队，安监、生产、调度等部门派人参加。

(二) 专项安全检查

(1)在国家召开的“两会”、重大政治活动或节日等特殊日期，均按国家和地方政府要求，由当地电力公司制订保电措施，华东电力集团公司组织相关检查，确保措施可靠落实。

(2)针对近期电网内恶性事故频发或生产中问题突出，由公司安监部门负责进行专项检查，如防全厂停电，防电缆火灾、防触电等，达到专项整治之目的。

(3)华东电网的基建施工人身伤亡中，高处坠落、触电和起重伤害 3 类事故占80%～90%。针对安全工器具(包括安全带、安全帽等个人安全防护用品)和电气、起重工器具普遍存在安全管理较差的问题，华东电力集团公司印发《关于做好各基建施工企业安全工器具和电气、起重工器具管理的通知》，决定将 1999 年定为“基建施工安全工器具、电气、起重工器具检验年”，促进安全工器具、电气、起重工器具的安全管理规范化。

(4)与公司保卫部门一起做好公司办公大楼的节假日防火安全检查。

(三) 国务院安全生产检查组检查华东电网

2002 年 6 月 5～15 日，由国务院安全生产检查组对华东电网的上海、浙江地区部分电力企业进行了为期 10 天的安全生产大检查。检查组按照电力企业的性质、类型以及管理层次，分别对国电华东公司、华东电力调度通信中心、上海外高桥发电厂、上海超高压输变电公司 500 千伏南桥变电站、上海电力建设有限责任公司、上海市区地调及下属的沪东区调、秦山核电基地、浙江省电力公司、浙江省调、杭州电力局及杭州地调、500 千伏乔司变电站、浙江华能长兴发电厂及四期建设工地、浙江萧山发电厂、新安江水电厂等 14 家单位和管理机构进行了认真的检查。检查组最后形成了三点看法，并就查出的五点安全问题和薄弱环节，提出了“四点建议”。

新华社《国内动态清样》(第 1680 期)发表了随行记者关于电网安全问题的文章。国务院副总理吴邦国作了重要批示：“电网事故事关全局，请就安全检查查出的问题认真整改，落实责任，落实措施，加强管理，确保(在电力体制改革中，尤其要注意安全)运营安全”。为此，国电华东公司就落实检查组的“四点建议”进行了认真的整改，写出了《关于贯彻落实国务院安全检查组意见的报告》，并将整改汇总的情况随报告一并上报国家电力公司。

（四）发供电企业安全性评价

华东电力企业积极组织安全性评价，对企业的设备、管理进行全面、细致和规范化的安全“诊断”。查评人员专业齐全(一般每个专业通常有2人)，技术业务素质高，查评时间充裕(一般初评为10天，复评7天)。本着“贵在真实、重在整改”的原则进行查评，用相对得分率来表征企业发生事故的风险度。

1995年11月27日～12月6日，华东电力集团公司从省(市)电力公司和骨干电厂抽借在职人员约30名，对新海电厂2×20万千瓦机组进行“火力发电厂安全性评价”的初评。这次查评是为华东电网开展此项工作而进行的试点和人员培训。其后，北仑电厂和嘉兴电力局邀请国家电力公司安全专家组进行安全性评价初评。由此，华东电网安全性评价工作全面展开。

2000年10月23日，国电华东公司发布组建“华东电网安全性评价专家考评组的通知”。2001～2002年，专家考评组(均为退休职工)受国电华东公司、省(市)电力公司委托，先后对无锡、六安、南京、合肥等6家供电公司，谏壁、淮北、芜湖等发电厂进行复查考评。

查评结果：供电公司平均一般问题244个，重大问题34个，平均得分率65.48%；火电厂平均一般问题330个，重大问题53个，平均得分率67.95%。

（五）输电网安全性评价

2001年，国家电力公司下发了《输电网安全性评价实施办法》和《输电网安全性评价标准》。同年9月，国电华东公司从华东电网生产管理的实际情况出发，在国家电力公司输电网安全性评价专家组到来之前，先期开展自查、自评和自纠工作。

自查、自评工作主要按3个阶段进行：第一阶段为组织发动，建立组织机构，动员、辅导；第二阶段为自查、自评、自整改；第三阶段为准备自查、自评价报告，迎接国家电力公司专家组来华东公司查评，并根据专家查评意见进行整改。

在第一阶段、第二阶段2个阶段中，5个专业小组分赴电厂、变电站现场，采用开调查会、发放调查表、查阅资料等多种形式收集资料，并将收集到的资料，归类整理后组织讨论分析，分别写出专业自评价报告书的初稿。在这个过程中，公司自评价领导小组召开会议，要求边评价、边整改、边落实，特别是自身管理上存在的问题，整改工作应进一步做细、做实。经过反复、多次修改，至2002年11月中旬，各专业小组分别完成了自评价报告。

至2002年12月下旬，《华东电网输电网安全性评价自评价报告》形成，并经华东电网输电网安全性评价工作会议审定通过。

此后，根据国电华东公司的申请，国家电网公司生产运营部组织的输电网安全性评价专家组对华东电网进行输电网安全性评价。专家组听取华东公司自查、自评、自纠情况汇报后，先后查评了华东网调、500千伏江苏石牌变电站及苏州供电公司输变电运行部、天荒坪抽水蓄能电站、新安江水电厂、嘉兴电力局及其线路工区以及 500 千伏南桥变电站、500 千伏王店变电站。

根据国家电网公司输电网安全性评价标准，有 23 项内容由于华东电网不存在查评的相关设备或运行性能要求，而分别不计入标准满分和应得分。华东电网查评结果是，标准满分为 7245 分，实际得分 6094 分，得分率 84.1%。共查出扣分项 125 项，其中主要问题 26 项。

（六）对火电、送变电施工项目的安全检查

20 世纪 90 年代至 21 世纪初，是华东电网大发展时期，大型火力发电厂、抽水蓄能电站、500 千伏交直流输变电工程，500 千伏跨越长江、淮河、黄浦江工程全面开花。为减少基建施工中人身伤亡，华东电管局(公司)工程部门和安监部门经常会同省(市)电力局(公司)对火电、输变电工程进行安全检查。特别是天荒坪抽水蓄能电站建设施工情况，每年至少要去查 3～4 次，查施工现场安全，查监理单位履行安全监督职责。有时还专门请电力部的安监司和水电建设总局派人来一起检查，督促施工单位落实整改工作。在工程建设中，上下库区间公路经常发生事故，对此要求将原设计的简易块石路面改成混凝土路面，路边防护支墩改为正规的防护钢带，并增设了大量道路交通安全标志牌，完善排水沟和认真处理危岩、边坡，使道路、边坡的安全程度大为提高。

第七章　审　计　管　理

伴随着华东电管局(公司)和三省一市电力局(公司)经营管理范围的扩大，华东电力审计力度不断加大，在服务公司、完善制度、改进方法、提高质量、运用成果等方面开拓工作，促进了财务管理的规范化和会计核算的真实性。同时，在推动自我约束机制的健全与完善、加强管理、提高效益、防范风险、维护合法权益以及促进其加强廉政建设等方面发挥了较大作用。内部审计成为公司经营管理不可或缺的一环。

华东电管局(公司)审计机构受上级主管部门审计机构和华东电管局(公司)的双重领导。自成立以来，一直紧紧围绕华东电力工业改革和发展目标，以监督和促进企业规范经营管理为目的，积极为华东电业提供审计服务，并且不断拓展审计业务范围、提高审计工作质量，培养和锻炼了一支审计队伍，逐步形成了华东电力系统内部审计体系。

华东电力审计工作的特点是：以开拓创新为主线，以现代审计理论为指导，不断更新审计理念，通过加强审计监督，促进被审计单位规范经营管理、防范经营风险、提高经营效益，服务于华东电业总体经营战略目标。

2000年起，随着政企分开和电力工业体制改革，华东电力审计明确定位于内部审计，同时开始融入现代企业管理审计的理念，将效益审计作为主要任务，以创建与一流电力公司相适应的内部审计为目标，履行“监督、咨询、评价”职能，为企业规范经营、提高效益提供服务。

第一节　审　计　组　织

一、审计机构

1986年1月，华东电管局根据水电部印发的《关于建立审计组织，开展审计工作的通知》成立了审计组；1987年7月，改为华东电管局审计处；1989年5月，改为华东电力联合公司审计处；1993年9月改为华东电力集团公司审计处；2000年7月，改为国电华东公司审计部。

1993年12月，电力部华东审计分局成立，按原水电部1986年《水利电力部关于设立审计派出机构的通知》精神和电力部1993年《关于有关电力部审计分局几个问题的通知》规定，华东审计分局为电力部派驻机构，管辖范围为沪、苏、浙、皖、闽四省一市的部属企事业单位，机构设在上海市。主要任务是对华东地区范围内的电力集团公司、省(市)电力公司和部直属其他企事业单位进行审计管理及直接审计。华东审计分局挂靠在华东电管局，与上海市电力局审计处实行合署办公。

1994年4月13日，审计署驻电力部审计局印发《关于明确华东审计分局审计范围的批复》，明确华东审计分局审计范围共 17 个单位：上海市电力局、江苏省电力局、浙江省电力局、安徽省电力局、福建省电力局、上海电力建设局、苏州热工研究所、南京电力自动化研究所、电力环境保护研究所、南京电力高等专科学校、上海电力学院、华东电力设计院、上海勘测设计研究院、华东勘测设计研究院、中电物资总公司上海分公司、水电对外公司上海分公司、闽江水电工程局。

1999 年 9 月 7 日，国家电力公司印发《关于设立国家电力公司审计派出机构的通知》，决定撤销国家电力公司原派驻的各审计分局，在东北、华北、西北、华中、华东和华南 6 个地区设立审计派出机构，级别为副司局级，名称为国家电力公司××审计部。华东审计分局撤销后，设立国家电力公司华东审计部，自 1999 年 11 月 15 日起启用国家电力公司华东审计部印章。国家电力公司华东审计部与华东电力集团公司审计部合署办公。为进一步明确各审计派出机构的职责，国家电力公司不久又印发了《国家电力公司审计派出机构审计范围分工》的通知，明确国电华东审计部的审计范围是上海市电力公司、江苏省电力公司、浙江省电力公司、安徽省电力公司、福建省电力工业局，国家电力公司电力自动化研究院、国家电力公司电力环境保护研究所、上海电力学院、国家电力公司苏州热工研究所共 9 个单位，并根据国家电力公司安排的审计计划，对这些单位进行审计监督。其中上海电力学院于 2000 年 1 月划归地方管理。华东电管局(公司)审计处(审计部)的职能是对华东电管局直(代)管单位进行审计监督和审计工作的管理。

华东电管局下属各省市电力局(公司)审计机构也陆续组建。1986 年 1 月，上海电力公司成立了审计组，1988 年 7 月改名为审计处；1986 年 7 月，江苏省电力局成立了审计处；1985 年 8 月，浙江省电力局成立了审计组，1989 年 3 月改名为审计处；1985 年 3 月，安徽省电力局成立了审计处；1985 年 3 月，福建省电力局在财务处内设审计专职，1986 年 1 月，成立审计处；1985 年 4 月，上海电力建设局在财务处内设专职审计员，1987 年 3 月成立审计处。

自 1986 年后，华东电力系统的审计机构经过不断完善，初步形成了自上而下的审计组织体系。按照部颁的审计工作暂行条例，逐步履行审计监督职能，开展内部审计工作。1995 年，随着《审计法》的实施和全国电力审计工作会议的召开，华东电力系统各级机构对审计工作更加重视，内部审计的效果逐步显现，审计机构设置和审计人员配备也更趋完善。到 2002 年底，华东电力系统已经组建的独立审计机构 116 个，其中上海市电力公司独立审计机构 1 个，江苏省电力公司独立审计机构 32 个，浙江省电力公司独立审计机构 33 个，安徽省电力公司独立审计机构 27 个，福建省电力有限公司独立审计机构 17 个，国电华东公司本部及直属单位审计机构 6 个。

二、审计队伍建设

华东电力审计在人员配备方面，除了不断充实财会、审计专业人员外，还随着市场经济发展和深化改革需要配备了经营管理、法律、经济、用电、工程等专业人员，促进了审计队伍“多专业结构”的形成。华东电力审计特别重视审计人才的培养，采取多种方式和有效途径开展审计人员的教育培训，提升审计队伍的综合素质。从 1988 年起，每年组织系统内审计人员开展业务培训，其中规模和影响较大的培训有：1988 年举办的全网财经政策培训班；1992 年举办的审计电算化管理信息系统试用培训班；1995 年和 1996 年委托同济大学举办的两期工程预决算审计培训班，参加人员达 100 人，经考试合格颁发了同济大学工程预决算结业证书；1997 年举办了工程项目财务评估培训班，参加人数达 80 人；2000 年举办违反财经法规行为处罚规定培训班；2002 年委托国电高培中心举办的华东电力高级审计人员培训班等。通过审计实践的锻炼和多渠道审计专业培训，审计人员的政治素养和业务水平不断提高。到 2002 年，华东电力系统审计部门共有 52 人通过各类资质考试，其中 29 人取得注册会计师资质，17 人取得国际注册内部审计师资质。专职审计人员也不断增加，到 2002 年底，配备专职审计人员 416 人，比 1987 年增加了 219 人；具有本科以上学历的有 176 人，占全部审计人员的 42%，其中具有研究生学历的有 8 人；中级职称以上的有 282 人，其中高级职称的有 44 人。1987～2002 年华东电网审计机构、人员基本情况见表 13-7-1。

表 13-7-1　　1987～2002 年度审计机构、人员基本情况　　单位：个

年度	已配机构		已配人员		职称			学历		专业结构				
	小计	其中：独立	小计	其中：专职	高级	中级	初级及以下	大学本科及以上	大专及以下	会计审计	经济统计	工程	法律	其他
	1	2	3	4	5	6	7	8	9	10	11	12	13	14
1987	100	67	197	197		37	160	32	128	63	14	6		114
1988	100	67	197	197		37	160	32	128	63	14	6		114
1989	107	98	277	219		91	186	52	225	144	14	6		113
1990	97	95	294	237		98	196	60	234	157	14	8		115
1991	87	83	299	252		106	193	65	234	161	15	8		115
1992	84	75	310	237		105	205	70	240	165	22	8		115
1993	55	41	249	185		105	144	70	179	113	18	8		110
1994	84	55	231	203		100	131	72	159	99	21	8		103
1995	108	63	281	229		121	160	109	172	142	22	11		106
1996	85	63	302	242		135	167	121	181	178	22	28		74
1997	84	69	315	266		144	171	123	192	191	22	28		74
1998	87	64	308	252		149	159	120	188	189	22	36		61
1999	102	76	364	308		216	148	121	243	221	22	36		85
2000	99	72	381	344	17	173	154	76	268	242	24	49	4	25
2001	90	82	370	341	21	183	166	135	235	228	24	67	4	47
2002	121	116	445	416	44	238	134	176	240	246	65	70	5	30

1987～2002 年，华东审计分局和华东审计部每年组织一次管辖范围内各省市电力公司间的审计同业务竞赛，各省市电力公司也先后组织了所属单位间的审计同业务竞赛，有效地提高了审计工作的质量。

第二节　管　理　工　作

一、审计制度

1986～1999 年，华东电管局(公司)根据上级主管部门发布的一系列审计工作法规、规章，结合本系统具体情况，适时地制定了一些与之配套的实施办法、实施细则。先后制定了《华东审计岗位责任制度实施办法》、《华东审计工作报告制度实施办法》、《华东审计工作竞赛办法》、《华东经济合同签证审计办法》、《华东基本建设工程项目审计办法》、《华东审计立项立卷管理办法》、《华东电力系统内部审计机构职责暂行条例》、《华东电力系统审计工作标准暂行规定》、《华东内部审计工作实施办法》、《华东领导人员任期经济责任审计办法》、《华东审计项目质量管理责任实施办法》、《华东审计人员工作规则》、《华东电力集团公司直属单位审计委办制实施办法》等 25 项制度。华东电网省、市电力公司也根据本单位的实际，制定了一些审计监督实施细则。华东电管局审计处还把上级单位、华东电管局(公司)、省市电力公司等编制的审计规章、制度，分别汇编成 1985～1991 年《审计工作文件选编》、1995 年《审计工作文件选编》、1996～1997 年《审计工作文件选编》、1998～1999 年《审计工作文件选编》共四本，为华东电力系统审计人员学习和运用审计法规提供了便利。

2002 年，国电华东审计部修订了《资产经营责任审计暂行办法》、《任期经济责任审计暂行办法》、《审计成果运用和审计结论落实的规定》、《审计信息管理办法》、《审计档案管理办法》、《审计工作竞赛评比办法》等 6 个审计办法，为规范审计工作创造了条件。各单位在创一流电力公司的工作推动下，建立、健全了各项审计规章制度，并逐步完善了电力审计体系。

华东审计部通过定期撰写和印发各类审计信息，将审计情况上通下达。对于重大审计事项，华东审计部还制定了专门的报告制度，确保信息畅通。各省、市电力公司也制定了重大审计事项报告制度，做到定期上报审计信息，及时反映审计工作情况。

二、审计理念

华东电力审计工作以开拓创新为主线，以现代审计理论指导审计理念的更新，体现了与时俱进的精神。

(一) 服务的理念

内部审计的根本目的是为企业经营工作服务，审计监督是审计工作的基础，但从内部审计定位看，审计工作需寓服务于监督之中。华东电力审计工作始终坚持通过加强审计监督的力度来提高服务企业总体经营战略目标的水平，通过监督、评价和咨询功能的发挥，延伸审计工作的广度和深度，促进被审计单位规范经营管理、防范经营风险、提高经营效益。评价审计工作质量不能以查出多少违纪违规金额作为唯一标准，而要看能否对被审计单位提出有价值的审计意见、审计建议和改进管理的思路，只有这样才能充分发挥内部审计的服务职能。

（二）管理审计的理念

华东电力审计注意观察企业在经营管理中存在的各类问题，依赖内部审计人员熟悉企业生产经营管理的优势，把审计工作的重点放在企业的经营管理、内部控制、经营效益上；审计过程中尤其注重对查出问题提出切实可行的整改意见、提出规范管理的审计建议，解决企业经营管理怎么做的问题；对于一些政策规范滞后于经济社会发展、或暂时没有明确规定的“合理不合法”的问题，以是否违反国家大政方针、是否有利于企业发展为基本原则，本着实事求是的科学态度进行具体分析，具体处理；在慎重处理的同时，就一些案例向有关部门反映，以促进法律法规的完善，使审计工作在发展中不断提高。

（三）人本审计的理念

华东电力审计部门始终把提高人的素质、队伍的素质，作为推动审计工作前进的抓手，注重不断改善审计队伍的专业结构和知识机构。对现有审计队伍，通过各类培训、联合审计、以老带新等各种形式，使审计人员不断夯实业务功底，提高业务技能，热爱审计事业；对新进人员，提高准入门槛，确保审计人员的素质逐年提高。

（四）开拓创新的理念

华东电力审计工作始终坚持开拓创新的理念，积极探索适应形势发展的审计工作新路子和新方法。随着企业管理的需要，不断提出更好的发展目标和新要求，并努力实现始终跟随内部审计发展形势，积极推进“制度创新、方式创新、手段创新”的创新思路，积极拓展审计领域、采用先进的审计方法、尝试新的组织体系；为建立分级监督、权责分明、制度完善、手段先进、运转有序、高效廉洁、国际一流的审计监督体系而努力。

三、审计项目

华东电力审计部门成立初期，由于力量有限，主要工作是协调与审计署驻沪特派员办事处的关系，参加财税大检查，完成对华东电管局本部和各直属单位的年度决算报表审计、财务收支审计以及根据领导指示作的审计调查等项目。

1987 年，华东电管局首次组织全网联合审计，调集华东电网各单位审计人员组成审计组，对安徽省电力调度大楼进行工程财务竣工决算审计。此后，华东电力内部的审计项目也广泛采用了这种模式，如华东电管局本部组织直属单位审计人员开展审计。联合审计在一定程度上弥补了审计力量的不足，同时，对培养审计人才也起到了积极的作用。

1989 年，根据审计署《关于内部审计工作的规定》精神，华东电力内部审计工作有了较快的发展。审计工作方针不断调整，从“打基础、抓重点”到“积极发展、逐步提高”。审计内容逐步扩展，相继开展了财务决算审计、财务收支审计、企业承包经营责任审计、电费贴费审计等项目审计。

1993 年，电力部华东审计分局成立后，除了完成管辖范围内的审计任务外，还要完成上级主管部门布置的审计项目，业务范围也因此扩展到华东电网以外的网、省电力公司。

1987～2002 年，全网共完成审计项目 16422 项，其中任期经济责任审计 1250 项，资产经营责任审计 511 项，会计决算审计 1973 项，经济效益审计 562 项，工程审计 4893 项，其他审计 5600 项，审计调查 1633 项。1987～2002 年华东电网完成审计项目情况见表 13－7－2。

表 13-7-2　1987～2002 年华东电网完成审计项目情况　单位：项

年份	合计	任期经济责任审计	资产经营责任审计	会计决算审计	经济效益审计	专项审计	工程审计	其他审计	审计调查
1987	81			14				67	
1988	92	2		35				55	
1989	575		47		28	56	27	299	118
1990	780		27	283	30	89	47	200	104
1991	831	5	35	149	30	71	43	272	226
1992	732	20	11	148	53	53	23	296	128
1993	611	13	17	139	34	31	34	268	75
1994	607	19	24	108	22	42	10	300	82
1995	798	22	30	128	34	25	41	423	95
1996	983	64	23	173	33	16	118	444	112
1997	1134	120	44	149	29	40	231	390	131
1998	1160	97	37	176	32	46	298	379	95
1999	1446	193		165	64	107	476	339	102
2000	1615	177	41	165	72	106	713	214	127
2001	1804	239	64	120	80	71	960	188	82
2002	3173	279	111	21	21	/	1872	713	156
合计	16422	1250	511	1973	562	753	4893	4847	1633

国家电力公司华东审计部完成审计项目 249 项，其中任期经济责任审计 18 项，资产经营责任审计 7 项，会计决算审计 38 项，经济效益审计 2 项，工程审计 63 项，其他审计 96 项，审计调查 25 项。

（一）任期经济责任审计

1995 年起，华东电力审计逐步推行领导干部任期经济责任审计制度。主要有：1998 年，对富春江水电厂和新安江水电厂厂长任期经济责任审计；1999 年，对华东电力培训中心主任、上海电力学院院长任期经济责任审计，对安徽省电力公司领导任期经济责任审计；2000 年，对华东电力试验研究院领导任期经济责任审计等。2001 年，华东电力审计进一步加大任期经济责任审计的力度，落实国家电力公司关于加强对一把手审计的要求。

2002 年，华东电力审计部门参与干部业绩评价和考核任用，进一步完善了领导干部任期经济责任审计，华东各省市电力公司任命干部的审计覆盖面均达到 100%。通过对领导干部任期内经营业绩及经营决策实施效果的客观公正的评价，对内控制度的符合性和有效性的测试，分清了领导的直接责任和主管责任。审计部门在审计中针对部分存在的问题提出加强和改进管理的意见和建议，为干部考核提供了依据。

国家电力公司华东审计部还组织四省一市电力审计人员，先后完成了国电审计部交办的对原中国电能成套设备总公司领导人，云南省电力公司、重庆市电力公司、河南省电力公司原总经理任期经济责任审计。审计项目严格按照审计程序执行，在开展审计前调查的基础上，编制审计方案，严格按规定及审计方案实施审计，对原法人代表任期经济责任进行审计评价，肯定成绩，指出不足；对企业经营风险进行分析并提出审计建议。审计结论得到国电公司审计部和被审计单位的认可，审计报告中提出的问题也得到整改，促进了被审计单位的经营管理。

（二）资产经营责任审计

资产经营考核办法实施后，各单位普遍与下属单位层层签订资产经营考核责任书。为核实考核结果，各个审计部门每年对下属单位开展资产经营责任审计。主要内容是通过对各项考核指标完成情况的真实性和效益性的分析，评价预算执行和成本控制效果，如实反映企业经营成果和财务状况，揭示企业经营风险，也为考核兑现提供依据。

为了加强对省市电力公司层面的审计监管力度，核实经营成果、经营考核指标完成情况，分析经营特点及存在的问题，2002年，华东审计部组织力量对安徽省电力公司2001年资产经营进行了审计，对上海市电力公司、江苏省电力公司、浙江省电力公司、福建省电力公司2001年资产经营情况进行了审计调查，形成了审计情况总结报告并报国电华东公司领导。审计结果显示各省市电力公司经营成果基本真实，经营考核指标完成较好，经营情况继续保持良好态势，供电稳步增长，但效益的增长掩盖了管理还不到位的问题，尤其预算管理工作还有待进一步完善，内部控制还存在薄弱环节，财务基础工作还需加强，关联交易不规范现象较多等。审计提出了相关的意见和建议，促使各单位重视并逐步规范解决这些问题，收到了很好的效果。

（三）基建工程和城农网工程项目审计

1995年后，针对华东电网地区电力发展加快、电力建设规模不断扩大的情况，华东电力审计不断强化基本建设项目的审计力度，从简单的工程审计发展为工程造价审计、工程管理审计、竣工决算审计，对工程投资、成本控制、费用开支、项目管理等进行全面审计。

1998年，首次对500千伏武南变电站进行了工程造价和工程财务收支审计。2002年，国电华东公司审计部对华东公司1995年以后投资已完工的500千伏工程项目进行了工程结算审计、财务竣工决算审计，积极提出加强管理的意见，全年共完成19个工程项目的审计，纠正各类违规金额16021万元，其中调整8014万元，核减投资1424万元，为工程最后正确结转资产创造了条件。通过财务竣工决算审计，促进了已投产500千伏输变电工程竣工决算编制工作的进度，保证了资产的及时准确入账。通过开展基建工程审计，遏制了基本建设中不规范行为的发生，对保证工程建设质量、控制工程造价起到积极作用，同时降低了建设成本、提高了投资效益。

国电华东公司审计部采取招投标方式委托社会中介机构进行工程审价，解决了工程审计力量不足的问题，并对审计进展情况进行跟踪检查，保证及提高了审计质量，取得了较好的效果。

1998年起，国家电力公司在全国范围开展城农网建设。2001年，根据国家电力公司要求，对农村电网建设与改造项目实行内部“必审”、“全过程审计”，并积极配合好国家审计。国家电力公司华东审计部布置各单位严格开展自查自纠，实现审计关口前移，在审计过程中及时与外审联系沟通有关问题，取得理解与共识。

2002年，华东审计部针对一期农网审计中发现的问题，及时召开了全网城乡电网建设与改造项目审计工作会议，总结审计经验，同时对二期农网项目审计提出指导意见，加强对农网工程审计监督力度。

（四）审计调查

1989年后，华东电管局(公司)先后开展了基建工程、物资管理、电费收入、对外投资及出借资金、大修费用支出等审计调查，为企业决策提供依据，为改善企业管理、规避经营风险出谋划策，促进了企业增收节支。

1999年，华东公司审计部通过审计调查提出了《关于建议制定若干内部管理制度的专题汇报》，报告指出了华东电力集团公司本部管理上存在的一些问题，提出了加强管理、建立制度规范的建议。集团公司领导十分重视，总经理对报告内容逐条作了批示，并交办公室组织各有关处室研究改进措施。随后分别制定了相关经营管理制度，从而加强了管理，健全了制度，堵塞了漏洞。

2002年，华东电力系统各单位普遍开展了主业与多经企业关联交易审计调查。华东公司审计部对国电华东公司本部13家多经企业进行了审计，分析、评价了各多经企业的经营业绩，及时指出了多经企业在经营活动及财务管理方面存在的不足之处，提出加强管理、规范经营的意见和建议，并且写出总结报告，使国电华东公司领导了解多经企业经营情况和存在的问题，为公司领导的正确决策提供了参考。

第三节　审　计　成　果

一、审计工作成果

1986～2002年，华东电网的审计工作始终围绕电力改革发展和企业经营工作中心，突出重点开展审计工作，全面发挥内部审计作用，取得了丰硕的审计成果。到2002年，共查出违规金额142211万元，其中已纠正违纪金额125997万元；促进增收节支236089万元，其中核减工程款199783万元，核减合同款14580万元；提出审计建议9773条，被采纳的审计建议8944条。1987～2002年度华东电网审计成果情况见表13-7-3。

表13-7-3　　1987～2002年度华东电网审计成果情况　　单位：万元

年度	查出违规金额	已纠正违规金额	促进增收节支金额			提出审计建议	采纳审计建议
			合计	其中			
				核减工程款	核减合同款		
1987	2339	2339	38		7		
1988	1640	1640	94	3	3		
1989	1248	1040	518	4	73		
1990	1491	1420	473	328	13		

续表

年度	查出违规金额	已纠正违规金额	促进增收节支金额			提出审计建议	采纳审计建议
			合计	其中			
				核减工程款	核减合同款		
1991	1619	1571	571				
1992	683	626	712				
1993	1200	1199	1334				
1994	1282	1181	2116	1247	92		
1995	5859	5249	3711	2898	40		
1996	4154	4045	9152	7089	360		
1997	11029	10619	8839	7515	773		
1998	17650	16152	18317	16922	1066		
1999	22490	17119	23891	20924	2306		
2000	17785	14027	38004	32050	3833	2235	1985
2001	16618	13618	39068	31476	3055	2432	2274
2002	35124	34152	89251	79327	2959	3712	3359
合计	142211	125997	236089	199783	14580		

2000 年，国电华东审计部组织审计成果运用的专项调查，从华东三省一市电力公司审计成果和执行情况的调查分析看，1988～1999 年，提出审计建议 1394 条，被采纳的审计建议 1326 条，采纳率 95%；2000 年，提出审计建议 2235 条，被采纳的审计建议 1985 条，采纳率 89%；2001 年，提出审计建议 2432 条，被采纳的审计建议 2274 条，采纳率 94%；2002 年，提出审计建议 3712 条，被采纳的审计建议 3359 条，采纳率 90%。

到 2002 年，国家电力公司华东审计部共查出违规金额 25265 万元，其中已纠正违规金额 25265 万元；促进增收节支 3389 万元，其中核减工程款 2946 万元，核减合同款 137 万元；提出审计建议 392 条，被采纳的审计建议 334 条。其中 1988～1999 年，提出审计建议 121 条，被采纳审计建议 108 条，采纳率 89%；2000 年，提出审计建议 65 条，被采纳的审计建议 22 条，采纳率 34%；2001 年，提出审计建议 23 条，被采纳的审计建议 22 条，采纳率 96%；2002 年，提出审计建议 130 条，被采纳的审计建议 120 条，采纳率 92%。

二、审计工作获奖情况

到 2002 年，华东电力系统共有 4 个单位 6 次获得审计署颁发的全国内部审计工作先进单位称号，它们是：华东电网有限公司、上海市电力公司，江苏省电力公司，福建省电力有限公司，其中上海市电力公司和江苏省电力公司各获得 2 次表彰。有 3 人 4 次获得全国内审工作先进工作者称号。有 14 个单位获得全国电力系统审计工作先进单位称号，有 18 人获得全国电力系统审计工作先进工作者称号。有 13 个单位获得省市级审计厅内审工作先进单位和先进集体称号，6 人获得省市级审计厅内审工作先进个人称号。

第八章　综　合　管　理

随着改革开放的不断深化，华东电网利用外资、引进技术和进口项目的业务逐年增多，来访接待、对外联络、组团出访、项目管理、国际交流等已成为华东电网涉外工作的主要内容。1993 年 9 月，国务院外事办批复同意授予华东电力集团有一定的派遣临时出国人员和邀请外国人员来华事项的审批权，并列入外交部"有出国任务审批权部门名单"之中。同年，集团公司成立了华东电力对外经贸公司。此后，电网外事工作出现了前所未有的良好局面，涉外管理工作有了长足的进步。

其间，华东电网发、供电企业及调度机构、电试院(所)积极开展安全文明生产达标(简称"双达标")、创一流活动。以整治设备为基础，以提高员工素质为保证，以加强企业管理为关键，全网各企事业单位从整治设备入手，加强生产现场管理，加强现场培训，严明劳动纪律，使企业面貌明显改观，员工素质和设备健康水平有了很大提高。同时，各企业档案工作实行目标管理后，实现了规范化、标准化。至 2002 年，全网"双达标"火电厂累计达 32 家，"双达标"供电局达 36 个，"双达标"调度机构达 5 个，"双达标"电试院(所)达 4 个。企业档案管理有 40 家通过了国家一级认定，有 121 家通过了国家二级的认定，有 42 家通过了省(部)级认定。

第一节　达标、创一流

一、安全文明生产达标

华东电网各企业根据能源部颁发的《关于开展电力生产企业安全文明生产创水平达标活动的若干规定》要求，积极开展抓管理、上等级，全面提高企业素质的安全文明生产达标活动。

(一) 发电厂安全文明生产达标

1989 年 10 月 16 日，能源部颁发了《火力发电厂安全文明生产创水平达标实施细则(试行)》。

1989 年 10 月 24～27 日，华东电管局在徐州召开安全文明生产创水平达标工作会议，对火电厂安全文明生产达标工作进行部署，并确定江苏天生港发电厂和直属望亭发电厂为重点单位。此后两厂迅速行动，开展了"双达标"活动，取得了明显成效。1990 年，华东电管局制定了全网火电厂安全文明生产达标工作规划，不久又颁发了《华东电力系统火力发电厂安全文明生产达标实施细则》，作为因容量限制等客观原因不能达部标企业的努力方向和过渡措施，将全网火电厂"双达标"活动全面推开。

1990 年 10 月，能源部在苏州召开了全国火电厂管理工作会议。望亭发电厂在大会上作了安全文明生产达标工作的交流发言。会议代表对望亭电厂生产现场按安全文明生产达标的要求进行了检查，并予以充分肯定。

1991 年 1 月 23 日，天生港发电厂被能源部授予全国首批“安全文明生产达标企业”称号；1991 年 12 月 17 日，望亭发电厂被能源部授予全国第二批“安全文明生产达标企业”称号。此后，华东电网火电厂“双达标”活动迅速推进，1992 年安徽省平圩发电厂等 9 个发电厂、1993 年江苏省谏壁发电厂等 4 个发电厂、1994 年上海石洞口二厂等 5 个发电厂、1995 年浙江省北仑发电厂等 7 个发电厂相继获部“安全文明生产达标企业”称号。至 1996 年底，全网“双达标”火电厂累计达 32 个，除新建发电厂外，几乎都跻身“双达标”发电厂行列。

在火电厂开展“双达标”活动期间，1991 年 2 月 22 日，华东电管局颁发了《华东电力系统水力发电厂安全文明生产达标实施细则》，在网内先行试行。各水电厂也积极参加安全文明生产达标活动。

华东电网内装机容量大于 10 万千瓦的水电厂中，浙江乌溪江水电厂首批被华东电管局授予 1991 年度“安全文明生产达标企业”称号。1992 年，新安江水电厂等 4 个水电厂相继通过华东电网“双达标”企业考核。

1993 年，电力工业部《水力发电厂安全文明生产达标考核实施细则》颁发后，华东电网各水电厂更积极努力，接连通过电力部的“双达标”考核，新安江水电厂、富春江水电厂、陈村水电厂、紧水滩水电厂、乌溪江水电厂 5 个华东主力水电厂首批被授予电力工业部 1993 年度“安全文明生产达标企业”称号，实现了华东电网水电厂“双达标”满堂红。

装机容量小于 10 万千瓦的安徽佛子岭水电厂、响洪甸水电厂和梅山水电厂、浙江百丈漈水电厂也相继通过华东电管局的考核验收，成为华东电网“双达标”水电厂。至 1996 年底，全网“双达标”水电厂累计达 9 个，除新建水电厂外，几乎都跻身“双达标”水电厂行列。

1996 年，华东电力集团公司为进一步巩固华东电网发电企业安全文明生产达标成果，下发了《华东电网发电厂安全文明生产达标安全管理考评要求》。

1999 年，华东电力集团公司根据电力部《火电机组达标投产考核标准》的要求，制订下发了《中国华东电力集团公司检查火电机组达标投产“安全管理”项目实施细则》，此《细则》细化了检查和评分的依据，规范了华东电网火电机组达标投产工作。

（二）供电企业安全文明生产达标

根据 1990 年 10 月能源部在苏州召开的全国火电厂管理工作会议上提出的有条件的网省局可以先行组织开展供电企业“双达标”工作的要求，华东电管局立即行动，制订了《华东电力系统供电企业安全文明生产达标实施细则（讨论稿）》，提交是年 11 月在安徽阜阳召开的全网供电企业安全文明生产达标工作会议讨论，经修改后试行。至此，华东电网发供电企业的“双达标”活动全面推开。

1992 年 12 月 2 日，华东电管局在总结近三年实践经验的基础上，对原有的达标实施细则进行了全面修订，正式颁发了《华东电管局供电企业安全文明生产达标考核实施细则》。

1993 年 12 月 1 日，华东电管局转发能源部《关于印发水电厂和供电企业安全文明生产达标考核实施细则的通知》，并同时废止华东电管局原先颁发的两个相应的实施细则。

通过强化管理，扎实工作，华东电网有13个供电企业首批通过部考核并被授予电力工业部1993年“安全文明生产达标企业”称号，比例高达部考核供电局的三分之一。

1994～1998年，华东电网又有24个供电局先后获部“安全文明生产达标企业”称号。至此，华东电网所有供电局都成为电力部“双达标”企业。

上海超高压输变电公司工作性质不同于一般供电局，华东电管局征得电力部同意后，参考供电局的“双达标”考核标准并作适当修改补充后，作为超高压输变电公司安全文明生产达标实施细则。经考评验收，该公司也被电力部首批授予供电“安全文明生产达标企业”称号。

（三）电力试研院（所）和调度机构安全文明生产达标

1995年，电力部决定将“双达标”工作延伸到涉及电力生产的电力试验研究院（所）和省市电力调度机构。1997年3月10日、4月11日，电力部安全生产司先后颁发了《关于电力试验研究院（所）安全文明生产达标考核细则的补充规定》和《关于颁发电网调度机构安全文明生产达标考核细则（试行）的通知》。

华东电管局根据部颁《考核细则》和《补充规定》，对华东电力试验研究院和浙江省电力试验研究所进行考核验收，报部批准后，该两院（所）率先成为1996年度电力部“安全文明生产达标企业”称号。其后，江苏省和安徽省电力试验研究所急起直追，相继获1997年度电力部“安全文明生产达标企业”称号。至此，华东电网所属电力试验研究院（所）全部达部标，成为全国第一家实现电力试验研究院（所）达部标“满堂红”。

华东电管局对电力部颁发的《电网调度机构安全文明生产达标考核细则》进行了认真分析后，提出按正在实施的《华东电网自动发电控制（AGC）规划》的要求，高标准地予以考评，以避免为达标而改变原来的工作部署。上述建议得到国家调度通信中心领导的支持和省市调度机构的充分理解。结果既促进了AGC功能的圆满发挥，又提高了达标考核的质量，华东电力调度局和江苏省电网调度所首批被授予1996年度电力部“安全文明生产达标企业”称号；安徽省、浙江省和上海市电力调度所随即被授予1997年“安全文明生产达标企业”称号。至此，华东电网成为全国第一家实现网、省（市）调度机构全部达部标的区域电网。

为了巩固达标成果，不断提高企业的整体素质，华东电管局1996年颁发了《安全文明生产达标动态考核办法》，提出对发生不安全情况的达标企业给予黄牌警告，严重的，如设备等效可用系数达不到必备条件等，将毫不留情地作出摘牌处理，使达标企业永葆青春，不致衰退。

二、一流电力企业的创建

1993年底，华东电管局根据电力部要求，在全网开展创一流企业活动。同安全文明生产达标相比，创一流企业的要求更高。尤其是在安全管理、减人增效、用户供电可靠率、自动监控等方面难度更大。

1994年6月，华东电管局根据电力部在大连召开的全国电力企业达标暨创一流工作会议精神，颁发了《华东电业管理局安全文明生产达标及创一流企业五年规划（1994～1998

年)》和《华东电业管理局一流火电厂(40 万千瓦以上)考核标准》，并在电力部尚未提出创一流水电厂和供电企业考核标准的情况下，也一同制订了《华东电业管理局一流水力发电厂考核标准》和《华东电业管理局一流供电企业考核标准》，通称“创网一流”企业标准，鼓励全网各个企业积极参与，起步先行、分段攀登，奠定了晋升电力部一流企业的基础。

1995 年 7 月，华东电管局在江苏新海发电厂召开华东电网企业管理处处长会议，会议决定将江苏新海发电厂和上海华能石洞口二厂作为华东电网创建一流火力发电厂的试点单位；将江苏徐州电业局和浙江绍兴电力局作为华东电网创建一流供电企业的试点单位。

接着，华东电管局分别在新海发电厂召开了火电厂领导参加的华东电网创建一流火电厂座谈会，在徐州电业局召开了供电局领导参加的华东电网创建一流供电企业座谈会，请与会单位介绍创建一流的具体做法与体会，研究在创一流企业过程中遇到的难点、疑点及解决办法，部署全网创一流工作，以加快全网创建一流发、供电企业的步伐。

创一流企业，就要有一流设备。为促进企业完成考核指标，华东电网鼓励和引导发、供电企业加大科研和技改的力度，千方百计筹措资金进行设备技术改造，不断提高设备生产能力和技术水平。徐州电厂对 12.5 万千瓦机组以汽轮机通流部分更新为主进行改造，使出力增加 10%，煤耗率降低 24.2 克/(千瓦时)；20 万千瓦机组改造后，出力增加到 23 万千瓦，煤耗率降低 16.1 克/(千瓦时)。谏壁电厂 30 万千瓦机组以 UP 型直流炉改换为汽包炉，汽轮机通流部分以更新为主进行改造，使机组出力增加到 32 万千瓦，煤耗率降低 15.1 克/(千瓦时)。经过改造的机组，调峰能力增强，实现了集中控制，为电厂减人增效，提高竞争能力创造了条件。供电企业抓住城网和农网的改造机遇，采用真空断路器和六氟化硫断路器取代运行多年的多油或少油断路器，提高了断路器无油化率，变电设备事故率明显下降。与此同时，广泛应用信息和网络技术，完善水电厂和变电站的计算机监控系统、水电厂水情自动测报系统，为水电厂和变电站的无人值班和少人值守创造了条件；建立电量远方抄收及营销系统，并与银行系统联网实现大用户电费自动结算，建立用电服务中心，实现营业窗口无笔化作业等，使供电管理水平和工作效率大大提高。

通过努力，江苏新海发电厂及上海华能石洞口二电厂经考评验收，被电力部首批命名为 1995 年度一流火力发电厂。

为达到规定的线损考核指标，华东电网各供电企业在加快农网城网建设与改造的过程中，采取了许多措施：①加强经济调度，确保安全；②通过 10 千伏线路线损理论计算，对线损大的制定降损措施，安排计划解决；③推行分线、分压、分台片统计分析考核线损，针对存在问题找出原因进行整改；④加强营业管理，强化用电稽查，加大防窃电力度，严格关口电能计量，堵塞各种漏洞。通过几年坚持不懈的工作，华东电网线损率增长的势头得到遏制。

为使供电企业的用户供电可靠率(RS3)达到国际通用考核指标，华东电力集团公司多次组织供电局领导参加的研讨会，商讨解决这一难点的方案。经过群策群力，集思广益，提出了许多措施：①加强计划停电的统筹平衡，坚持“一支笔”审批制度；②采用“先算后停”的停电管理办法；③严格执行非计划停电审批手续；④加强停电和送电联系，尽量缩短停、服役操作时间；⑤积极开展带电作业和推行变电设备状态检修；⑥加大城市电网改造力度，采用主干线路加装分段开关和“手拉手”供电。采取这些措施后，华东电网的用户供电可靠率得到了很大的提高。

徐州电业局和绍兴电力局经华东电业管理局考评后，被首批命名为华东电网 1995 年度一流供电企业。1997 年，电力部《电力行业一流供电企业考核标准(试行)》颁发后，徐州电业局和绍兴电力局经电力部组织考核验收，被首批命名为全国 1997 年度一流供电企业。

继华东电网试点火电和供电企业首批被批准为电力部一流企业后，其他火电厂奋起直追，创一流企业活动在华东三省一市电力企业中广泛开展起来。

至 2002 年底，华东电网调度通信中心、上海市和江苏省电力调度通信中心通过考评，被国家电力公司首批授予“一流调度机构”称号。江苏省电力公司和安徽省电力公司被国家电力公司授予年度“一流电力公司”的称号。全网共有 16 家电厂、22 个供电企业、3 个电力试验研究院(所)先后被国家电力公司授予“一流企业”称号。

三、国际一流企业的创建

2001 年起，华东电网各级企业根据国家电力公司“创建国际一流火力发电厂考核标准”、“创建国际一流供电企业考核标准”、“创建国际一流水力发电厂考核标准”和建设国际一流电网调度机构考核标准，兴起了创建国际一流企业的热潮。

至 2002 年，浙江北仑发电厂被国家电力公司首批授予国际一流火力发电厂称号；江苏省苏州供电局、浙江省绍兴电力局、上海市市区供电公司、市东供电公司被国家电力公司首批授予国际一流供电企业称号。

第二节　涉　外　管　理

1962 年，华东电管局成立了援外办公室，1964 年 7 月划归华东电力建设局。当时的援外办公室主要负责援外工程项目的电站建设、专家派遣、设备运输等工作。1970～1978 年，更名为华东电业管理局对外组，1979 年 12 月，正式成立华东电业管理局对外处，1983 年 12 月撤销对外处，并入华东电管局办公室为对外科，保留对外处印章。1993 年 9 月，成立华东电力集团公司外事处。

一、出国审批

1991～2002 年，华东电管局(公司)共派出团组 1405 批，3980 人次，其中经贸项目 1156 批 3493 人次，培训考察 199 批 397 人次，国际会议 26 批 37 人次，文化交流及其他团组 24 批 53 人次。其中由集团自行审批的团组 664 批 2581 人次。接待来自 20 多个国家和地区的外宾 1661 批，6118 人次。邀请外宾来华进行技术服务、技术交流、合作洽谈的共 202 批 351 人次。

1993 年，电力部对集团公司的出国任务审批权限和审批范围与电力部的审批权限划分作了规定。集团公司在业务范围内可自行审批核心企业、紧密层企业人员出国任务；部管干部、省市电力公司(局)总经理(局长)的出国经集团公司报部审批；不属于本企业经营业务内的出国任务，如出国进修，留学，文化、体育交流，大型国际会议等均报部审批；非经贸合同内、非政府间协议内的培训通过电力部引进国外智力办公室办理审批；企业集团可组织少量的本企业业务范围内的跨地区跨部门的团组；企业集团与其他部属单位混合团组的出国任务由部审批。

根据授权范围，华东电力集团公司制订了《中国华东电力集团因公出国工作管理办法》，作为集团外事出国管理及审批工作的基本依据。1994 年 5 月，华东电力集团公司开始新的管理机制试运行，并根据出国管理办法中有关规定和工作程序，编制了出国审批管理软件，将全部的出国管理工作纳入到计算机管理系统处理运行，使出国管理工作基本实现制度化、规范化、程序化和简便化，达到一个新的层次。

华东电力集团公司对出国团组的申报方式、申报内容、申报依据、审批等作了明确规定。集团内成员单位及集团公司直属单位须向集团公司正式行文上报出国团组；集团公司本部各职能处室须提供主管领导签署的书面报告；集团公司无权审批的出国项目，以上述申报文件为基础，再由集团公司向电力部正式行文申报。在申报内容上要求有明确的出国事由及任务名称；派往国家、地区以及出国路线；出国日期及国外停留期限；出访费用来源；带队人及团组组成方案，如人数、名额分配、人员结构等。申报依据由集团公司审批和经集团公司报部的出国项目需提供国外邀请函和译文；由集团公司确认的出国任务须提供具有出国任务审批权且有权组织跨地区跨部门出国团组的部门出具的出国任务通知书或出国任务批件原件；由电力部组织的出国任务须有电力部出国任务通知书。此外，科技类项目要求有详细的考察提纲及有关国外技术优越性、必要性、针对性和经济效益分析等说明；经贸类项目要求有合同副本及主管部门对项目的审核意见或批件；合资合作项目立项前的出国考察比照科技类项目的要求，立项后要求附项目建议书、可行性研究报告及立项批件、合同、章程等，正式签约后比照经贸类项目的要求执行。在经贸类项目审批中，对那些能为企业创汇和带来经济效益的设备出口、承包工程、劳务合作及合资等出国任务采取倾斜政策，实行优先办理；同时严格控制意义不大的综合考察、招商洽谈、经贸考察等团组，特别是对进口设备的验收、培训及设计联络等出国项目严格审查，要求在签约前申报经贸项目出国任务，经请示集团公司领导同意后方可列入合同。外事部门根据申报要素，形成出国任务请示件，经外事处领导审核后呈具有出国任务签发权的领导审批。

外事审批权下放后，集团公司贯彻落实电力部一系列关于加强出国管理、加强对境外培训考察管理、规范国际旅费等文件精神，建立健全各项外事规章制度，做好出国前后的管理工作。在管住任务、简化手续、加强监督和做好服务的工作思路的指导下，严格把好出国审批关，减少出国工作的审批环节，提高了工作效率，为集团扩大对外交往，加强国外技术、经济合作，促进电力生产建设发挥了积极的作用。

2000 年，华东电力集团公司撤销，成立国家电力公司华东公司后，外交部下达了关于保留国家电力公司华东公司一定外事审批权的批复。

二、对外交流

华东电管局(公司)为加强国际交流工作，构筑了有效的国际交流平台，先后与英国、法国、加拿大、澳大利亚、挪威、日本、韩国等国家以及香港地区的同类型电力企业建立了工作联系机制，并派遣团组进行友好访问、考察培训活动。从电力规划、基本建设、生产技术、企业管理、人力资源、信息技术、企业文化等方面全方位、多角度地学习借鉴国际和香港同类企业的先进经验，不断提高管理队伍的水平。根据 1988 年 3 月 7 日水电部外事司和日本关西电力株式会社签订的"定期交流备忘录"，华东电管局与日本关西电力株式会社根据备忘录内容进行了定期交流活动。活动采取定期互访的形式，在双方商定的专业范围内进行会议、考察、参观、讲学等活动，不定期地进行学术论文、专业资料的介绍和交换。1989 年 10 月 17 日，华东电力联合公司派出以周祥根总经理带队的 8 人代表团赴日本进行第一次定期交流活动；第二年，日本方面派出以关西株式会社专务董事北田干夫为团长的一行赴北京和上海进行第二次活动，作为交流项目的延伸。

1992 年 3 月和 11 月，华东电管局总调度所和上海市、江苏、浙江、安徽省电力调度所派出两批共 10 名电力调度人员赴日本关西电力株式会社进行系统调度、电压调整和继电保护等专业的跟班培训。1993 年 3 月，能源部和日本关西电力株式会社签订了"关于延长定期交流备忘录期限的协议"，将有效期延长至 1998 年 3 月 7 日。其间，双方共进行了 10 次交流。通过交流，华东电力和日本关西电力双方增进了了解，加深了友谊，为今后进一步合作打下了坚实基础。

随着望亭电厂改造项目、利用世界银行贷款的天荒坪抽水蓄能电站工程和华东江苏 500 千伏输变电工程等涉外项目的开展，华东电管局(公司)密切联系进口设备供应商和国际知名的设备生产企业，如卡瓦纳公司(挪威)、西门子公司、ABB 公司、阿尔斯通公司、三菱公司、日立公司等，举办多次设备技术介绍会，并派遣团组赴设备制造厂和设备使用企业考察和了解设备生产、运行及管理状况，以了解国际先进设备技术新的发展动向和信息，为工程项目的顺利开展做好前期准备工作。

围绕华东电管局(公司)的工作重点和各个阶段的任务，进行多层次、多渠道、多领域的交流和合作洽谈。邀请外国专家来华进行技术研讨，内容涉及 60 万千瓦以上大机组、循环流化床、核电技术、发电与输配电、调度自动化、化学水处理、液化天然气等方面；邀请普华永道公司，BPR、PTI 等公司咨询专家来公司传授厂网分开、电力市场等方面的经验和设计方案；与世界银行、亚洲开发银行、美洲银行、德意志银行、巴黎巴银行、渣打银行等金融机构广泛接触，了解优惠贷款和融资方面的情况；组织参加各国在华举办的电力技术展览会以及由美国能源基金会介绍的美国加州能源危机讲座等；积极进行合资合作洽谈，促进与德国雷兹公司电流互感器合资厂项目的开展。

1991～2002 年，华东电管局(公司)还先后与来自加拿大总理代表团、美国众议院、英国环境国务大臣、英国能源部、英国贸易工业大臣、加拿大资源部、印度水利电力部、亚美尼亚电力部、马来西亚能源电讯部、尼日利亚电力钢铁部、巴西电力部等国家政府和部长级代表团进行会晤，共同探讨在各个领域上的发展与合作。

三、外经外贸

(一) 基本情况

1993 年 7 月 19 日，国家对外贸易经济合作部批复同意中国华东电力集团成立中国华东电力对外经济贸易公司。1993 年 9 月 29 日，经中国华东电力集团公司决定，华东电力对外经济贸易公司正式组建成立。经国家工商总局核准、上海市工商局注册登记，华东电力对外经济贸易公司于 1993 年 10 月 11 日正式对外营业，开展外经外贸业务。

该公司为中国华东电力集团公司的全资子公司，是中国华东电力集团对外开展外经外贸的窗口。注册资金 3000 万元人民币，人员编制为 25 人，内设综合部、财务部、工程部、进口部、出口部和贸易部。至 2001 年 2 月，根据业务工作的需要，公司内部机构改为总经理工作部、经营财务部、业务一部和业务二部。

华东电力对外经济贸易公司主要业务范围为：经营电力设备、备品备件、仪器仪表、原辅材料等商品及相关技术的进出口业务；对外工程承包和外派劳务业务；机电、轻纺、渔副业产品出口业务及国内贸易。公司拥有国家颁发的“外派劳务人员许可证”，2000 年获得外经贸部颁发的机电产品采购“国际招标乙级资格证书”。

为了使华东电力集团成员企业更好地用好国家授予集团的外经、外贸功能，有助于集团成员企业走向国际市场，从 1995 年 1 月开始，先后在安徽、江苏、浙江省和上海市电力公司，成立了华东电力对外经济贸易公司安徽分公司、江苏分公司、浙江分公司和华东电力物资进出口部。分公司实行由总公司授权经营、内部核算、计算盈亏的承包责任制，业务上由公司本部统一对外管理，人员由其上级主管部门委派和领导，分公司经理由其上级主管部门推荐，华东电力对外经济贸易公司任命。分公司的成立和业务工作的开展，对华东各省、市电力公司走出国门开展外经外贸业务起了积极的推动作用。

（二）业务情况

1. 外派劳务业务和对外承包工程业务

从华东电力对外经济贸易公司（简称外经贸公司）成立至 2002 年，外经贸公司共对外签订、履约了 8 个外派劳务合同，合计金额 237.6 万美元，派出工程、技术人员 110 人。

第一个外派劳务合同，是 1994 年 2 月代理上海南市发电厂与菲律宾盛康电力公司签订的、向菲律宾宿务市那嘎电厂派遣电厂检修、运行、管理技术人员的服务合同。合同的履行解决了当地经常停电的问题，在菲律宾宿务市（菲律宾第二大城市）取得了良好反响，也取得了较好的经济效益。该项目还获得了国家电力公司“优秀境外项目”称号，中国驻菲律宾宿务市总领馆还专门函报外经贸部给予肯定。其他项目主要是电厂管理、建设，电缆施工等，涉及的国家有菲律宾、日本、巴林、阿联酋、卡塔尔等。此外，外经贸公司还积极参与了一些外派劳务项目的投标和洽谈。

在菲律宾宿务市那嘎电厂外派劳务项目合作成功的基础上，经国家对外贸易经济合作部批准，外经贸公司与上海上南热电有限公司一起，和菲律宾盛康电力公司等合资成立了菲律宾盛康工程技术有限公司。该公司总投资 40 万美元，中方投资 28%，外方投资 72%。

在对外工程承包业务方面，外经贸公司组建后成立了工程部，先后接触国际工程项目 20 余项，包括组织投标、报价、洽谈等，项目内容有火电厂、水电厂、变电站、输配电线路、污水处理厂等。涉及的国家主要是新加坡、越南等东南亚国家。由于许多项目需带资、融资等原因，对外工程承包业务一直未取得合同，工程部于 2000 年撤销。

2. 进口业务

外经贸公司成立后的第一个业务，是 1993 年 10 月 21 日承接的代理上海外高桥发电厂进口给水泵配套液力耦合器。这一年，该公司向上海外汇、海关、商检等有关部门进行了资质注册，并培养了第一批报关员。

外经贸公司成立 10 年中，参与承担了多个重大工程所需设备的国际公开招标或采购任务。其中，主要工程项目有天荒坪抽水蓄能电站、吴泾电厂八期工程、杨树浦电厂改造、杨行、东善桥、王店、嘉善、石牌等 500 千伏变电站新建改造项目，以及三峡送电华东等项目。涉及设备内容广泛，包括电厂使用的三大泵、灰处理系统，变电站使用的大型变压器、高压断路器、隔离开关、保护控制等设备及电厂燃料油。外经贸公司在设备进口采购中，工作贯穿招标询价、合同谈判、对外支付、报关接货、索赔交涉等环节，为用户提供高质高效的服务。此外，公司还承接了各种技术进口、故障设备返修等项目。

10 年中，该公司为华东电网生产建设完成设备、技术进口合同共计 300 余个，代理进口额总计达 1.5 亿美元。

3. 出口业务

外经贸公司成立时，华东电力集团拥有众多电力修造企业。为了帮助这些企业的产品走向国际市场，外经贸公司联合华东各省、市电力公司物资部门多次召开产品出口推广会，参加上海市外经贸委组织的产品出国展销会。外经贸公司代理出口的主要产品有：上海水工机械厂的平板卡车、堆取料机，闵行电力机械厂的吊车，上海电力修造厂的电焊条，上海电建保温厂的保温材料，扬州电力修造厂的电动阀门，常州电力机械厂的支吊架，镇江列车电厂的电厂除尘器和消音器，浙江电力修造厂的电厂钢结构，望亭电厂的鳗鱼等。出口的国家和地区有美国、日本、韩国、德国、新加坡、马来西亚、澳大利亚、津巴布韦、科威特等。至 2002 年，公司累计代理出口金额达 2000 万美元。随着国家出口政策的放宽，不少电力修造企业都走上了自营出口的道路，但外经贸公司对推动、帮助他们将产品走向国际市场起了积极的推动作用。

华东电力对外经济贸易公司成立后，充分发挥了国家赋予华东电力集团的外经外贸功能，除了为华东电力集团生产建设提供了优质的服务，取得了较好的经济效益外，也带动了集团内成员企业从外经外贸方面走向国际市场。

第三节 档案管理

华东电管局和各省市电力局的档案部门，具有档案行政管理和保管利用两种职能，既要负责本机关的档案工作，又要对所属单位的档案工作进行监督和指导。华东电管局机关 1979 年恢复了统一档案室，1981 年又改为档案科。遵循网局领导对机关档案管理提出的“要求基层企业做到的，首先机关作出榜样”的指示，网局档案部门多年来首先抓好机关本部的工作。1991 年 4 月，华东电管局通过上海市机关档案工作先进单位二级的评审。1991 年 9 月，能源部授予华东电管局档案科“档案工作先进集体”称号；同年 10 月，上海市档案局和人事局授予华东电管局档案科“上海市档案系统先进集体”称号；1994 年，网局机关档案科被评为“上海市市级先进单位”；1996 年 12 月，华东电管局通过上海市机关档案工作先进单位一级评审。1997 年 12 月，电力部办公厅在上海召开了对华东电管局机关档案晋升部优秀等级考评暨机关档案管理考评现场会。2000 年 2 月，上海市人事局、档案局授予华东电力集团公司档案室“上海市档案系统先进集体”称号。三省一市电力局档案管理也都达到了部优秀级标准。

一、企业档案分类

1991 年 3 月，华东电管局和各省市电力局的档案部门，根据能源部印发试行的《电力工业企业档案分类规则》和《电力工业企业档案分类表(0 至 5 大类)》、水电厂、火电厂与供电单位《企业档案分类表(6 至 9 大类)》的要求，积极推行企业档案分类管理规则和分类表的实施。该分类规则和分类表，规定了电力工业企业档案的实体分类原则、分类方法、类目标志和类目设置。企业用它对档案进行分类、整理和排架管理。0～5 大类的分类表适用于全部企业；6～9 大类的分类表则按不同性质的企业各不相同。凡新进库的档案(除对原有档案的修改、更改、补充部分外)，统一执行该规则。

1992 年 2～4 月，能源部分别在江苏扬州供电局、贵州清镇电厂、浙江富春江水电厂举办了供电企业、火电企业、水电企业档案分类表的培训班，后又在上海电力建筑公司举办火电施工企业档案分类培训班。各电管局、电力局和骨干企业的档案人员参加了培训。后又分别对华东电管局和省市电力局档案管理人员进行了分类表的培训。江苏省各供电企业以协作组形式对县(市)供电局档案管理人员进行分类办法培训，统一做法，推进分类办法的实施。此后，华东电力系统内火电厂、水电厂、供电局全部使用部颁分类规则和分类表。

1992 年 12 月，华东电管局试行由浙江省电力试验研究所起草、经华东地区电力试验研究所档案协作网会议讨论通过的《电力试验研究所企业档案分类表》。1995 年 8 月，此分类表经修改后被电力部推广作为全国电力试验研究所企业档案分类表。

执行部颁分类规则和分类表的优点是统一了全国大部分电力企业的档案分类，实现了规范化、标准化，为后来使用电子计算机管理档案、进行联机检索创造了条件。

二、档案工作目标管理

1996 年，华东电力集团公司根据电力部《电力部所属机关档案工作目标管理办法的通知》和同时转发的国家档案局《企业档案工作目标管理办法》的要求，结合实际情况，积极开展机关档案工作目标管理活动，并提出开展企业档案目标管理的五年计划。开展企业档案工作目标管理是“九五”计划期间华东电力企业档案管理工作的重点。是年，网局提出机关档案管理工作年内要争取达部优秀级和上海市级机关一级的要求；各直属企业根据电力部和国家档案局的要求，制定了本单位档案管理达标计划，作好达标前的准备工作。为此，1996 年 9 月，华东电力集团公司成立了公司机关档案管理升级领导小组，同年 12 月，将重新修订的机关档案管理制度共 17 项颁发试行。网局依靠省市电力局档案部门的力量，选择档案工作基础好、有达标愿望的企业进行试点，召开现场会，不断扩大企业档案达标面，推动了全网企业档案目标管理活动的开展。

《企业档案工作目标管理办法》规定，目标管理分为省(部)级、国家二级、国家一级三个等级，按同一个考评标准的不同考核分数认定等级。电力系统的企业档案工作目标管理分为国家二级和省(部)两级，其认定和考评工作由网、省局会同地方档案局组织进行，国家一级的认定和考评工作由电力部会同地方档案局组织进行。企业档案工作目标管理坚持全面开展，自愿申报，公正考评，实事求是的原则；申报评审等级原则上从低到高，逐级进行。

1996年10月，网局和华东三省一市电力局档案人员参加了电力部在北京举办的培训班，对评审员进行上岗前的培训。随后，评审员还参加了各省市档案局举办的培训班。1997年4月，华东电管局在江苏天生港发电厂召开档案工作目标管理达到国家二级标准的现场认定会，三省一市电力局和骨干电厂、供电局的档案管理人员参加了会议。通过现场会的观摩学习，大家熟悉了申报程序和认定、考证标准。自此，华东电网档案工作目标管理全面展开。

企业档案目标管理得到了绝大多数企业的认可，纷纷积极行动，按标准提高档案管理水平，主动申报。特别在档案资料的深层次加工、编研方面，花了很大的工夫。档案部门与工程建设、生产运行、安全监察、劳动工资、纪律检查、党委和团委等各个部门联合起来，编制了工程项目简介、机组大修汇编、征用土地汇编、科研成果简介、事故分析汇编等有分析的编研材料。档案管理达到国家一级标准的企业，除了档案库房、阅览室、办公室要实行三分开，库房面积满足需要，并有保存10年以上全部案卷的余地，还必须设立荣誉档案室。1994年5月和1996年2月，新安江水电厂先后被命名为杭州市爱国主义教育基地和省级爱国主义教育基地。1999年，华东电力集团公司拨出专款筹建“新安江水电厂展览馆”，于翌年9月下旬正式对外开放。展览馆展出了电站建设和管理中的珍贵图文资料和“新安江水电站·千岛湖”大型模型，以及企业历年获奖(奖旗、奖状、奖杯等)实物，形象地展示了电站建设和管理者自力更生、艰苦创业的历程。

到2002年，网局6个直属单位的档案管理全部达到了国家级，其中富春江水电厂于1997年12月通过国家一级的认定，望亭发电厂、新安江水电厂于2001年1月和5月通过国家一级的认定，华东电力试验研究院和华东电力培训中心于1999年通过国家二级的认定，华东天荒坪抽水蓄能有限责任公司于2002年通过国家二级的认定。到2002年底，全网260多家企业中，共有40家通过了国家一级认定，121家通过了国家二级认定，42家达到了省(部)级标准。与企业档案升级时相比，达到国家一级、国家二级的单位数量大大增加。

三、工程档案管理与移交生产达标

基建档案资料在工程建设、生产管理、工程维护和改扩建中有着重要作用。网、省电力局一直把工程档案管理作为重点来抓，严格执行国家档案局印发的《基本建设项目档案资料管理暂行规定》、《建设项目(工程)档案验收办法》和《国家重点建设项目档案管理登记办法》等规定、办法，并根据华东电网工程建设的实际，制定了实施工程档案管理规定的有关具体办法和细则。

1986年，华东电管局结合华东电网基建规模大的特点，针对火电基建竣工档案资料管理中存在的问题，制订了《华东电网引进技术、设备档案资料管理暂行办法》。召开了华东电网火电基建档案工作协作交流会，并由局领导在会上提出做好竣工档案工作的要求。档案人员还会同局500千伏线路施工办公室对三条500千伏交、直流线路的竣工档案资料管理情况进行了检查。1987年，陪同水电部档案处对主要骨干电厂工程的竣工档案工作进行了检查。在企业档案管理升级考评中，始终把重点工程竣工档案管理作为一项重要考核内容，提高了全网重点工程竣工档案的管理水平。

1991年后，华东电管局重点抓好天荒坪抽水蓄能电站工程和望亭电厂11号、14号机组工程的档案管理。1994年11月，组织直属单位的文书档案人员到天荒坪抽水蓄能电站帮助整理文书档案，使天荒坪抽水蓄能电站建设公司走出了从没有档案到建立档案的第一步。1995年6月，对天荒坪抽水蓄能电站和望亭电厂11号、14号机组工程的档案管理工作进行了检查，指出了存在的问题，提出了加强档案管理工作的意见。江苏省电力局努力抓好利港电厂、常熟电厂、戚墅堰电厂等新建、扩建电厂工程的基建档案管理，督促档案管理建立体制、协调管理关系，提出了加强工程竣工资料管理的具体要求；在1996年的全省电力建设项目档案工作会议上，又提出了建精品工程和精品档案的要求，把提高工程档案的管理水平作为检验工程质量和管理水平的一个重要方面，引入依法治档、开放管档、多维控制等档案管理新理念，逐步形成超前介入、跟踪监督、同步验收、合同制约，取代了封闭的、被动的、传统的档案管理，使工程档案管理工作质量有了很大提高。浙江省电力局重点抓好北仑电厂、温州电厂、长兴电厂、嘉兴电厂、萧山电厂等电厂档案资料的收集、归档、整理工作和500千伏输变电工程的档案工作。天荒坪抽水蓄能电站工程是国家重点工程项目，根据国家档案局《建设项目(工程)档案验收办法》的要求和国家电力公司总经理工作部的意见，国电华东公司于2002年4月24～25日，邀请地方档案局和电力系统的档案专家共9人，对天荒坪抽水蓄能电站工程档案进行了检查和咨询。天荒坪抽水蓄能有限责任公司对专家组提出的意见和建议进行了3个月的整改。2002年8月，天荒坪抽水蓄能电站工程档案通过了国家档案局、国家电力公司组织的专项验收。

三省一市电力局档案部门对城市电网和农村电网建设与改造工程的档案管理中倾注了大量心血。深入基层进行调查研究，制定并执行城市电网和农村电网建设与改造工程档案管理办法或实施细则，对归档范围作出了具体规定，并进行全过程跟踪管理，保证了该项归档文件的齐全、完整、准确和规范。

1995年，电力部决定将工程档案资料的齐全、完整、准确纳入火电机组、输变电工程移交生产达标考核的评定范围，并占有一定的比重。华东电管局以贯彻《火电机组移交生产达标考核评定办法》为契机，召开了系统内档案科长会议和达标考评座谈会，对进一步做好国家重点工程项目档案工作提出了具体要求。1996年9月，档案部门参加了嘉兴电厂、外高桥电厂各2台30万千瓦火电机组档案管理的达标验收。到2002年，档案部门共参加全网28台机组和13个500千伏变电站与7条输电线路工程档案资料管理的考核复查，并认定其工程档案资料管理全部合格。三省一市电力局档案部门还参加了220千伏输变电线路工程达标投产的档案管理复查。

四、归档文件整理与文档一体化

1993年，华东电管局由办公室和局信息中心联手，应用江苏省电力公司开发的OA系统，推行计算机辅助档案管理和文档一体化。华东电管局机关8个处室先行一步。1993年11月和1995年4月，两次举办了机关处室文书员和直属单位档案人员参加的计算机培训班，请编程人员上课并上机演练。自此，华东电管局机关收发文件登记方法，改由计算机打印办文单、卷内目录、案卷目录，而且可以实现文件的追踪、催办、查询等多种功能。1998年，集团公司对办公自动化(OAK)软件进行修改完善，在直属单位中推广应用。2002年5月起，集团公司根据需要进行了二次开发，实现了文档一体化管理。各直(代)管单位的档案管理统一纳入MIS系统。

1991年，江苏省电力局开始了档案信息化管理的试点，1997年，该局使用第二代办公自动化软件(AOA)后，不但使管理范围可以跨平台使用，具有扩展的全文检索、混合性复合文档等特点，而且为档案管理提供了强大的网络计算功能，包括公文归档、网络借阅、网络浏览等。从1994年底起，上海市电力局开始进行办公自动化的应用开发工作，由局办公室、信息中心和软件开发公司具体进行，到1996年年底投入试运行，使公文处理与档案管理一体化，档案根据分类标准自动组卷拟制标题，并运用光盘技术储存信息(文件通过扫描处理)实现全信息管理，先在机关和部分发电厂、供电局试运行，然后在全局推广、联网。1990年，浙江省电力公司在系统内推广"文件档案管理系统"，到1999年6月，直属单位的企业档案已全部应用计算机存储、分类、阅卷、检索、统计和开发利用。档案管理从单机操作进入网络化操作，从条目检索进入到文本检索。2000年开始全面推广文档一体化工作，加强电子文件归档和电子档案管理工作。安徽省电力系统使用统一的档案管理软件，办公自动化和档案管理系统顺利接口，输入机读目录约60万条，档案信息共享、远程查询实现。

2000年，华东电管局直属的望亭电厂、新安江水电厂、富春江水电厂档案部门配备了档案光盘存储及管理系统，图纸和档案通过扫描，形成电子档案，有关人员能通过网络，实现图纸的检索、查询、借阅、浏览、下载；设计人员可运用设计工具在光栅和矢量两类图纸上进行编辑修改和重复利用。到2002年，华东电力系统各级档案部门都普遍采用计算机管理档案，普及率基本达到100%。在此基础上，计算机管理档案的水平也有较大的提高，从"八五"计划期间的单机管理发展成网络管理，做到了在网络上交换信息，在网络上查阅档案。

国电华东公司根据国家档案局2000年12月发布的《归档文件整理规则》，于2002年3月印发了《国电华东公司归档文件整理规则》并附上了分类和保管期限表。该规则是对应作为文书档案保存的各种纸质文件材料整理方法的一大突破，将原来以案卷为单位进行整理，改革为以件为单位进行整理，即以文件为单位进行装订、分类、排列、编号、编目、装盒，使之有序化，为实行真正意义上的文档一体化创造了条件。

2002年6月，国家档案局批准江苏省电力公司数字档案馆项目，并列入2002年度国家档案局科技项目，这是中国第一个建设中的企业数字档案馆，成为国家电力系统档案发展史上的一件大事。

五、档案协作组活动和档案编研

开展档案协作组活动，提供一个相互交流学习的平台，是提高档案管理水平的好方法。华东电管局先后组织了网、省(市)电力局档案工作协作组、华东地区电力试验研究院(所)档案协作组、华东地区电力调度局(所)档案工作协作组、华东电力施工企业档案协作组活动。活动内容从编制企业档案分类表，到交流办公自动化系统和计算机辅助档案管理的程序；从研讨企业档案的保管期限，到提出档案编研的任务和目标；从讨论声像档案管理办法，到学习电子档案归档办法等。省、市电力局按企业性质不同或按地区组织发电厂、供电局、修造与学校等单位档案协作组，每年开展一次或数次活动。网局直属的望亭电厂、新安江水电厂、富春江水电厂和天荒坪抽水蓄能建设公司参加上海地区电厂协作组活动。

1992 年，浙江省电力局决定杭州市电力局、金华电业局、嘉兴电力局、镇海发电厂、省电力设计院等 5 家单位为档案编研的试点单位，当年要拿出不少于两篇编研材料，其他单位至少也要拿出一篇编研材料，在年底召开的全省电力档案工作会议暨档案学会年会上交流评比。此后，浙江省电力局每隔一年就进行一次档案编研成果交流评比，对优胜者给予表彰和奖励，提高了档案工作者的积极性。其间，江苏省电力系统共编写档案编研材料 1361 份，约 4000 万字，编研形式有文字、图表、照片、电视录像等。

1993 年，华东网局和上海市电力局组织系统内的单位参加了上海市档案局开展的“档案创效益”活动和大型企业档案编研成果展评活动，获得了好评。新安江水电厂利用独特的室藏照片档案，编了一本《江山多娇——党和国家领导人视察新安江水电站实录》，辑入照片 300 余帧，专记文字 13 篇，每一位领导人的照片下配有文字说明，图文并茂。该书已由浙江人民出版社出版发行。

第十四篇　党　　　　群

第十四篇 党 群

1991～2002 年，中共华东电管局（公司）党组认真学习、宣传和执行党的路线、方针、政策，以及上级组织的决定和规定；充分发挥党组织在企业中的政治核心作用，对企业重大问题及时做出正确决策；不断加强党组织的自身建设，充分发挥党员的先锋模范作用，团结、组织党内外的干部和群众，不断强化职工队伍建设，努力完成企业所担负的各项任务，从而保证了企业改革发展不断取得新成就。

其间，华东电管局（公司）党组及所属企业党组织，不断加强党的思想建设、组织建设、作风建设和制度建设，实施党建工作目标管理，增强了党组织的创造力、凝聚力、战斗力。在党员教育管理中，突出理论教育和党风廉政教育、领导干部廉洁自律教育，使党员明确了新时期保持共产党员先进性要求的紧迫性和重要性，严于律己，努力起表率作用。企业思想政治工作和精神文明建设，不断在针对性、时效性上下工夫，为引导干部、群众解放思想、转变观念，积极投身于企业改革发展稳定大业，争当先进，营造团结向上的企业氛围，起到了良好的作用。工会、共青团等群众组织，在企业党组织的领导下，按照各自的工作章程、条例的要求，积极主动地开展工作。工会着力建立健全职工代表大会制度，建立健全民主管理和民主监督制度，并开展各种形式的劳动竞赛，建立“职工之家”，举办多种文体活动，丰富了职工业余文化生活。共青团围绕企业中心工作，组织团员青年开展争当“岗位能手”、争创“青年文明号”等适合青年特点和需要的建功立业、爱岗敬业活动。各研究会、协会经常进行理论探讨、学术交流和专业论文讨论，为企业改革发展献计献策。所有这些，都为促进华东电力事业的发展作出了贡献。

第一章 中国共产党的组织与工作

中国共产党在华东电管局（公司）内的各级组织是：中共华东电管局党组 [中共中国华东电力联合公司党组、中共中国华东电力集团公司党组、中共国家电力公司华东公司党组，简称华东电管局（公司）党组]、中共华东电管局（公司）党组纪检组、中共华东电管局（公司）机关委员会，以及所属在沪直（代）管单位分别设立的基层委员会、总支部委员会和支部委员会。华东电管局（公司）党组协助各地方党委管理非在沪直（代）管单位基层委员会。

1991～2002 年，华东电管局（公司）党组及所属各级党组织坚持党组织在企业中的政治核心地位和作用，围绕企业生产、建设、经营和改革开展工作。保证监督党和国家的方针、政策在企业的贯彻执行；加强对党员领导干部和党员的管理与理论政策教育；健全党的组织生活制度，不断增强党组织的凝聚力和战斗力，在深化企业管理制度和人事制度的改革，完善企业激励机制、监督机制和各类责任追究制度，鼓励和支持党员群众在社会主义现代化建设中贡献自己的聪明才智，有效地促进了企业各项工作的顺利开展。

第一节 党 组

中共华东电管局（公司）党组先后受中共能源部、电力部、国家电力公司党组和中共上海市委员会的双重领导。

华东电管局（公司）党组领导的党组织有：上海电力建设局党委（1998 年 8 月后改为上海电力建设有限责任公司党委）、华东电力试验研究院党委、华东电力培训中心党总支、华东电管局机关党委、华东电力设计院党委和上海电力学院党委。

华东电管局（公司）党组协助地方党委管理的党组织有：望亭发电厂党委、新安江水电厂党委、富春江水电厂党委和天荒坪抽水蓄能电站建设公司（2001 年 3 月改为华东天荒坪抽水蓄能有限责任公司）党委。

一、党组组成

1991 年 6 月，中共能源部党组决定，周祥根、钱忠伟、张亚圣、丁耀祖、王根和、顾寅章 6 人任华东电管局（公司）党组成员，周祥根任党组书记。是月，中共能源部党组决定，刘汉生任华东电管局（公司）党组纪检组组长。

1993 年 7 月，中共电力部党组决定，钱忠伟任中共华东电管局党组书记，免去周祥根党组书记、成员职务，免去丁耀祖党组成员职务。此后，1993 年 10 月～1996 年 12 月，中共电力部党组先后决定，陈文贵、徐航、邱国富、陈开庸、刘汉生和刘顺达任中共华东电管局党组成员；陈文贵任中共华东电管局党组副书记。

中共国家电力公司党组于 1998 年 4 月决定，成立中共中国华东电力集团公司党组，钱忠伟、陈文贵、顾寅章、邱国富、徐航、刘顺达、陈开庸、刘汉生任中共华东电力集团公司党组成员，钱忠伟任党组书记，陈文贵任党组副书记。1998 年 11 月国家电力公司党组决定，李树林任党组成员、党组纪检组组长；李永鸣任党组成员；免去刘汉生党组成员、党组纪检组组长职务。1999 年 1 月免去顾寅章党组成员职务。

1999 年 11 月，国家电力公司党组决定，邵世伟任华东电管局（中国华东电力集团公司）党组成员、书记；王根和、于新阳任党组成员。

2000 年 5 月，国家电力公司决定成立国家电力公司华东公司，同时撤销中国华东电力集团公司；是年 6 月，中共国家电力公司党组决定，成立中共国家电力公司华东公司党组，邵世伟、陈文贵、王根和、徐航、王祥富、李树林、李永鸣 7 人任中共国家电力公司华东公司党组成员；邵世伟任党组书记，陈文贵任党组副书记。2000 年 11 月～2002 年 12 月，中共国家电力公司党组先后决定，庄毅群任党组成员；周永兴任党组成员、副书记；邱国富任党组成员；程光杰任党组成员、副书记。

1991～2002 年中共华东电管局党组成员更迭情况见表 14-1-1。

表 14-1-1　　1991～2002 年中共华东电管局党组成员更迭情况

组织机构名称	姓　名	职　务	任职时间
中共华东电业管理局党组（1991 年 6 月～1993 年 7 月）中共华东电力联合公司党组（1991 年 6 月～1992 年 12 月）	周祥根	书　记	1991-06～1993-07
	钱忠伟	成　员	1991-06～1993-07
	张亚圣	成　员	1991-06～1992-10
	丁耀祖	成　员	1991-06～1993-07
	王根和	成　员	1991-06～1993-07
	顾寅章	成　员	1991-06～1993-07
中共华东电业管理局党组（1993 年 7 月～1998 年 4 月）	钱忠伟	书　记	1993-07～1998-04
	陈文贵	副书记	1993-10～1998-04
	王根和	成　员	1993-07～1993-12
	顾寅章	成　员	1993-07～1998-04
	徐　航	成　员	1993-10～1998-04
	邱国富	成　员	1994-08～1998-04
	陈开庸	成　员	1995-08～1998-04
	刘汉生	成　员	1996-11～1998-04
	刘顺达	成　员	1996-12～1998-04
中共华东电业管理局党组（1998 年 4 月～1999 年 11 月）中共中国华东电力集团公司党组（1998 年 4 月～1999 年 11 月）	钱忠伟	书　记	1998-04～1999-11
	陈文贵	副书记	1998-04～1999-11
	顾寅章	成　员	1998-04～1999-01
	邱国富	成　员	1998-04～1999-11
	徐　航	成　员	1998-04～1999-11
	刘顺达	成　员	1998-04～1999-11
	陈开庸	成　员	1998-04～1999-11
	刘汉生	成　员	1998-04～1999-11
	李树林	成　员	1998-11～1999-11
	李永鸣	成　员	1998-11～1999-11
中共华东电业管理局党组（1999 年 11 月～2000 年 6 月）中共中国华东电力集团公司党组（1999 年 11 月～2000 年 6 月）	邵世伟	书　记	1999-11～2000-06
	陈文贵	副书记	1999-11～2000-06
	王根和	成　员	1999-11～2000-06
	于新阳	成　员	1999-11～2000-06
	徐　航	成　员	1999-11～2000-06
	李树林	成　员	1999-11～2000-06
	陈开庸	成　员	1999-11～2000-06
	李永鸣	成　员	1999-11～2000-06
中共华东电业管理局党组（2000 年 6 月～2002 年 5 月）中共国家电力公司华东公司党组（2000 年 6 月～2003 年 9 月）	邵世伟	书　记	2000-06～2003-09
	陈文贵	副书记	2000-06～2001-02
	程光杰	副书记	2002-12～2003-09
	周永兴	副书记	2001-07～2003-09
	王根和	成　员	2000-06～2003-09
	邱国富	成　员	2000-06～2003-09
	徐　航	成　员	2000-06～2003-09
	王祥富	成　员	2000-06～2003-09
	李树林	成　员	2000-06～2000-11
	李永鸣	成　员	2000-11～2003-09
	庄毅群	成　员	2002-07～2003-09

二、重要决策

（一）党的组织机构的调整

在华东电网体制改革中，特别是上海电力公司（当时用此名）成立后，地处上海地区的华东电业系统如何理顺党的组织机构体制，以适应新的形势，一直是华东电管局党组关心的大事。华东电管局党组领导多次到能源部向部党组汇报有关建议。1991 年 6 月，经部党组讨论，并与上海市委组织部、市工业党委商量后，决定采纳华东电管局党组的建议，理顺在上海地区的三个电业局级单位党组织的隶属关系：撤销上海电业党委，成立上海市电力工业局（公司）党委；华东电管局（联合公司）、上海市电力工业局（公司）、上海电力建设局 3 个单位的党组织由中共上海市委领导，挂靠于上海市工业工作党委；将华东电力设计院、华东电力试验研究所和华东电管局干校 3 个单位的党组织划归华东电管局（公司）党组管理。华东电管局（公司）党组行使部分党委职能。为有利于加强党的建设，华东电管局（公司）党组决定，组建党组纪律检查组、党组办公室、组织处、宣传处。

（二）多经力量的充实加强

1991 年，能源部多种产业经营会议提出了 16 字方针：电为核心，多种产业，三大支柱，协调发展。为了充实加强多经力量，1991 年 6 月党组决定，原多经办副主任提任主任，增配一名副主任经济师；多经办原两个小组改建为两个职能科室，多经处工作人员，充实 6 人，其中 2 人为财务与劳动工资人员。1992 年 7 月，又组建了上海华东电力实业开发总公司，并由一名副局长兼任总经理，多种经营办公室主任等任副总经理。

（三）送出统配计划电量的取消

为了构筑电网商业化运营的条件，以市场经济原则处理计划经济遗留的问题，决定分三年取消送电省公司送出统配计划电量。自 1996 年开始削减安徽省、江苏省电力公司送出统配计划电量。第一年削减 11.18 亿千瓦时，由望亭电厂油机代发电补缺，并明确随油价浮动，按实结算。因油价上涨和运输费用增加，按实发油电计算新增差价 3000 多万元。经华东电力集团管委会讨论同意，对这部分差价的处理，集团公司分担 50%，送电省公司分担 16.67%，受电省市公司分担 33.33%。1997 年，继续执行取消送电省公司送出统配计划电量 22.33 亿千瓦时的措施。这部分电量由望亭电厂 11 号机组抵顶，不足部分，由望亭电厂油机和其他可能调剂的、且低于油电电价的电量补充。

（四）对上海电力学院的财务支持

上海电力学院教学基础设施、生活辅助设施和教职员工住房“欠债”较多。1995 年该院加入华东电力集团后，调整了学院领导班子，成立了院董事会，集团决定在经济上给予一定的资助。1996 年实际资助 450 万元，1997～2000 年共资助 4000 万元，年均 1000 万元。其中集团公司每年筹资 400 万元，华东三省一市电力公司每年分别筹集 150 万元。这项资金主要用于该院教学设施、设备的更改、建设和教职员工住房的改善。要按照一定的程序，加强和细化对这些资金的使用管理，学院应拟订分步发展的规划，由集团公司按项目拨款，并进行监督、检查。对每一个项目的资金使用前要审核，项目完成后要进行评估。

（五）《华东电网省（市）联络线功率、电量管理和考核办法》的修订

1994 年 4 月，开始执行《华东电网省（市）联络线功率、电量管理和考核办法》，效

果明显。但该考核办法是在电网处于用电紧张的形势下制订的，随着用电增长速度趋缓，电网发、用电渐趋平衡并出现了供大于求的新局面后，1998 年初，华东电力集团公司决定修订考核办法，用区域控制偏差（ACE）的考核代替与频率挂钩奖罚的考核，从而使省（市）调度“守口子”同协助电网调频统一起来，从 1998 年 10 月起正式执行。

2001 年 10 月，又参考北美 CPS 标准，试行了新版的《华东电网省（市）间联络线功率、电量管理和考核办法》。实现了考核标准与国际接轨，再次推动了全网的自动调频工作，使省（市）际联络线的潮流得到更准确及时的控制，对于应对其后的缺电局面、保证电网安全经济运行，发挥了重要作用。

（六）推动安全生产的“四个保证”

2001 年，公司党组领导明确提出了抓安全必须抓“四个保证”，即思想保证、能力保证、制度保证、技术保证，为安全工作奠定扎实基础。在学习贯彻国务院《关于特大安全事故行政责任追究的规定》和国电公司安全生产工作会议精神的过程中，按照“四项保证”的要求，拟写了《华东电网安全工作的思路和要求》，经党组讨论和公司安全生产领导小组会议审查修改后下发，明确提出：①狠抓头头，头头狠抓，层层落实安全责任制；②适应改革发展和技术进步的要求，采用现代安全管理手段与模式；③以人为本，把工作重点真正放到一线，加强安全“把关人”建设；④系统管理，从思想、能力、制度和技术 4 个方面提供全员、全面、全过程的安全保证。由于从根本上狠抓安全工作，公司安全生产水平逐年上升。

（七）公司后备干部管理制度的建立

为认真贯彻、执行干部队伍革命化、年轻化、知识化、专业化的方针，建立科学规范的公司后备干部管理制度，培养和造就一支素质优良、数量充足、专业齐全、结构合理，能适应华东电网改革、发展，创建“国内最佳、国际先进”的区域电网公司需要的企业领导班子后备干部队伍，2002 年 10 月，依据中共中央组织部《党政领导班子后备干部工作暂行规定》和国家电力公司的有关规定，国电华东公司制订了《国家电力公司华东公司后备干部管理办法（试行）》，经国电华东公司党组会议讨论通过，印发各直（代）管单位党委、公司各部门和关联公司。同时，根据国电华东公司的实际情况，决定从同年 10 月下旬开始，按照《管理办法》的规定，在国电华东公司本部及关联公司范围内进行国电华东公司部门级后备干部选拔工作。经过员工自荐、民主推荐和民主评议，确定了 47 名部门级后备干部考察人选。经综合素质测试和考察，并经国电华东公司党组会议讨论决定和公示无异议后，37 名员工被列为部门级后备干部。

第二节　组　织　建　设

一、党委换届

华东电管局（公司）党组的直（代）管单位共有 8 个。按照党的组织关系属地化管理的要求，具体有三种管理模式：①华东电管局（公司）党组实行全权管理模式，有华东电管局机关党委、华东电力试验研究所（院）党委、华东电力培训中心党总支。②与地方省（市）委组织部实行双重管理模式，以地方为主，华东电管局（公司）党组为辅，有望亭发电厂党委（苏州市委为主管理），新安江水电厂、富春江水电厂和天荒坪抽水蓄能电站建设公司党委（浙江省委为主管理）。③与电力规划设计总院党委实行双重管理模式，以华东电管局（公司）党组为主，电力规划设计总院党委为辅，有华东电力设计院党委。

党的基层组织换届工作每3～4年进行一次。各个党委（总支）在换届改选前，多次召开党委（总支）会议，进行专题研究分析，并按党组织隶属关系，及时将有关情况向华东电管局（公司）党组和相关省（市）委组织部汇报。按照党内规定程序和干部管理权限，华东电管局（公司）党组与相关省（市）委组织部进行联合考察，以保证党委换届工作顺利完成。

1994年，进行党委（总支）换届改选的单位有：新安江水电厂、富春江水电厂、望亭发电厂、华东电力试验研究所、华东电管局（公司）机关党委和华东电力培训中心。华东电力设计院于1995年完成党委换届改选。

1997年，华东电力培训中心完成党总支换届改选；1998年，新安江水电厂、富春江水电厂、望亭发电厂、华东电力试验研究院和华东电管局（公司）机关党委完成党委换届改选；1999年，华东电力设计院完成党委换届改选。

2002年，富春江水电厂、望亭发电厂、华东电力试验研究院、华东电力培训中心和华东天荒坪抽水蓄能有限责任公司进行了党委（总支）换届改选。新安江水电厂于2003年完成党委换届改选。此次直（代）管单位党委换届后，6个单位党委（总支）领导班子成员平均年龄48.7岁，比上届班子成员年轻0.9岁。文化程度方面，新领导班子成员中中专1人，占总数的3.5%；大专11人，占39.3%；其他16人为本科及以上，占57.2%。

二、党员管理

（一）严格党内生活制度

各级党组织为了增强党员的组织观念，提高党员政治素质，严格规定党内生活制度，坚持“三会一课”制度、民主评议党员、“创先争优”等。华东电管局（公司）党组根据企业实际，制定《党组民主生活会制度》，促使党组成员间认真开展批评与自我批评，沟通思想，构建起有原则、互尊重、团结好的和谐局面。华东电管局（公司）党组组织处和纪检组认真贯彻党组要求，组织好直属单位一年两次基层党组织民主生活会。基层党组织每年向华东电管局（公司）党组汇报贯彻落实民主集中制和召开民主生活会的情况。各基层党组织每年对党员进行一次民主评议，并认真做好组织鉴定，对先进党支部和优秀党员，给予表扬，并向上级党组织推荐表彰。华东电管局（公司）党组于1991年、1993年、1995年、1998年和2000年的“七一”前夕，对“创建先进党支部、争当优秀党员”活动中涌现的一批成绩优异、事迹突出的先进党支部、优秀共产党员和优秀党务工作者进行表彰。

（二）搞好党员教育

华东电管局（公司）党组坚持中心组学习制度，中心组学习由党组副书记具体负责，学习内容预先通知，学习人数、学习内容都详细记录、定期考核。华东电管局（公司）、三省一市电力局（公司）党组都把是否坚持中心组学习制度，作为对领导班子年度考核的一项重要内容。从1996年起，要求领导干部在年终“述职”时，必须进行“述学”，专题汇报理论学习情况。

（三）围绕时事形势和中心工作开展党员教育

1991年，进行“三基”（党的基本理论、基本路线、党的基本知识）教育，以江泽民“七一”重要讲话为指导，结合党史、党建理论的学习，分期分批地进行轮训。1992年，学习邓小平视察南方重要谈话，贯彻中共十四大文件精神。1994年，组织学习邓小平建设有中国特色社会主义理论和贯彻中共十四届三中、四中全会精神。1995年，是世界人民反法西斯战争和中国人民抗日战争胜利50周年，开展以爱国主义教育为主线的各种纪念活动。1997年，学习贯彻中共十五大精神。1999年，结合电力改革，深化“电力走向市场”的教育。1999年，历经以美国为首的北约袭击中国驻南使馆、批驳李登辉“两国论”、揭批“法轮功”邪教组织三场政治斗争，各级党组织按照中共中央以及国家电力公司党组要求，动员每个党员积极投身每一场政治斗争。2001年为庆祝中共建党80周年，以唱响“共产党好、社会主义好、改革开放好”主旋律，开展一系列纪念活动。2002年，学习中央经济工作会议和国家电力公司、国电华东公司工作会议精神，结合公司改革发展实际，组织学习交流。

（四）进行“三讲”专题教育

按照国家电力公司的部署和要求，华东电力集团公司党组、党组成员和处级党员领导干部的“三讲”（讲学习、讲政治、讲正气）教育，作为国家电力公司系统第二批开展“三讲”教育的单位，从2000年3月3日～4月17日，历时46天，按计划、有步骤地开展了集中教育工作。国家电力公司派出“三讲”教育巡视组进驻华东电力集团公司。华东电力集团公司参加“三讲”教育的局、处级领导干部共62人。整个“三讲”教育分4个阶段即思想发动、学习提高，自我剖析、听取意见依次进行，以交流思想、开展批评，认真整改、巩固成果。在思想发动、学习提高阶段中，大家认真精读了中共中央规定的必读篇目，学习了公司自行编印的30万字的3册《学习资料》。“三讲”教育采取开门搞“三讲”，发动群众做到两个100%：一是征求所属基层单位意见做到100%；二是公司本部副处级以上干部个别谈话征求意见做到100%。共有86名同志参加了对党组和党组成员剖析材料的测评，填写率达到100%，对党组剖析材料满意和基本满意率为100%，对党组成员剖析材料满意和基本满意率均在91%以上。“三讲”教育结束，巡视组的评议意见是：在这次“三讲”教育中，华东电力集团公司党组高度重视，精心组织，周密安排，以整风精神努力找准、抓住在党性党风方面存在的突出问题，以高度的政治责任感、严肃认真的态度，扎扎实实地进行每个步骤，认认真真地抓好每个环节。整个“三讲”教育工作进行得紧张、有序、健康，取得了良好效果，达到了预期的目的。

三、组织发展

（一）发展党员

1991年12月，中共上海市委组织部下发基层党支部建设纲要，要求在发展党员工作中，认真执行“坚持标准，保证质量，改善结构，慎重发展”的方针，重点突出“一线、一流、青年”。

华东电管局（公司）各级党组织贯彻中共上海市委关于组织发展工作的要求，把好党员的“入口关”。坚持成熟一个发展一个，做到“三个不发展”，即入党前未经党的基础知识培训的不发展，党内外群众有意见的不发展，材料不齐全或不合格的不发展。1995 年，各单位按照上海市工业党委提出的“三提高、一降低”（提高在职党员数与在职职工数比例，提高新党员中青年党员比例，提高新申请入党人数与已批准入党人数之比；逐年降低无党员的空白班组比例）的精神，在新申请入党人数与已批准入党人数之比上，力争达到 1.5∶1。重视在生产、经营、科技第一线发展党员，尤其是重视吸收青年和关键岗位上的优秀分子入党，把吸收优秀青年入党与培养跨世纪后备干部有机地结合起来。根据中共中央组织部的有关要求，华东电管局（公司）党组组织处于 2000 年 6 月下发《发展党员工作责任制（试行）》，明确了在发展党员工作中，党委书记、组织员、党支部（总支）书记、支部组织员和党小组长应履行的职责。

为了加强基层党组织建设，规范党的组织发展工作，让党的组织发展工作制度化，华东电管局（公司）机关党委于 1997 年 3 月制定了《党的组织发展工作流程图》及附表，发展党员工作做到规范有序，便于操作，一目了然，取得较好的效果。为了探索和创新新时期发展党员工作新路子，严把新党员的“入口关”，确保新党员的质量，望亭发电厂党委在 2001 年 5 月制定《关于实施发展党员公示制的有关规定》，明确发展党员公示制的指导思想、组织领导和内容。

据华东电管局（公司）党组织年报统计，1993～2002 年，共发展党员 235 名，其中女党员 50 名，占党员总数的 21.3%；从年龄结构上看，35 岁以下 102 名，占总数的 43.4%；从文化程度上看，大专以上 182 名，占总数的 77.4%。

1993～2002 年代表年份华东电管局（公司）在沪直属单位发展党员情况见表14－1－2。

表 14－1－2 1993～2002 年代表年份华东电管局（公司）在沪直属单位发展党员情况 单位：名

年份	发展党员数	其中女党员	年龄		文化程度			申请入党数	入党积极分子数
			35 岁以下	36 岁以上	大专以上	高中	初中		
1993	20	3	11	9	13	5	2	251	116
1995	32	6	13	19	23	7	2	198	87
2000	23	6	4	19	19	4		188	99
2002	23	6	8	15	19	4		199	100

各级党组织坚持党员标准，把好党员“入口关”，10 年中，华东电管局（公司）党员队伍稳步发展，党员平均年龄逐年下降，文化层次逐年提高。

1993～2002年代表年份华东电管局（公司）在沪直属单位党员概况见表14-1-3。

表14-1-3　　1993～2002年代表年份华东电管局（公司）在沪直属单位党员概况　　单位：名

年份	党员数	其中女党员	年龄				文化程度				
			25岁以下	26～35岁	36～45岁	46岁以上	大专以上	中专	高中	初中	小学
1993	1000	194	23	81	208	688	576	113	102	182	27
1995	1022	205	38	100	205	679	629	99	109	159	26
2000	1038	214	34	159	195	650	748	94	82	104	10
2002	1069	224	31	176	173	689	795	91	74	101	8

（二）培养入党积极分子

主要抓三项工作：①组织学习培训，送积极分子到各级党校学习，系统地学习党的知识，端正入党动机，提高对党的认识。②在实践中培养考察，让他们承担重要的工作和任务，在实际工作中经受锻炼和考验。③引导靠拢党组织，建立党员联系人制度，由联系人定期找他们谈心，让他们参加党组织的有关会议和活动，做到思想上有人帮，组织上有人管，作风上有人带。

四、统战工作

1991年，华东电管局（公司）本部和直属单位的统战对象1168人，其中民主党派45人，无党派知名人士3人，非党知识分子880人，台属82人，归侨12人，侨眷44人，港澳同胞眷属58人，海外人士家属37人，少数民族人士7人。

按照中共中央关于“长期共存，互相监督，肝胆相照，荣辱与共”的统一战略方针，华东电管局（公司）党组加强同各民主党派、无党派人士、少数民族人士和宗教爱国人士的联系，通报全国和上海市统战工作会议精神，按照上海市工业党委部署，做好民主党派、两航起义人员与归侨等统战工作。结合电力体制改革，召开民主党派人士座谈会，听取他们的意见和建议。按照上海市委组织部和统战部关于加强对民主党派干部培养锻炼的意见，华东电管局（公司）党组重视对民主党派与无党派人士的选拔、培养和使用，让他们担任各级领导职务，其中部分党外干部被所在民主党派列为重点培养对象。

第三节　干　部　管　理

一、管理权限

根据中共中央组织部关于对领导干部实行分级管理，层层负责，适当下放人事管理权的指示和中央原则上只管下一级主要领导干部的精神，水电部党组于1985年5月正式发文确认，各网局所属省市电力局领导干部的职务任免，委托各网局党组审批，报部备案。

在审批之前，要征求地方党委意见。

1991 年 1 月，能源部发出《关于进一步明确跨省电业管理局职责的通知》，通知明确跨省电业管理局的职责，电管局是能源部的派出机构，受部委托代部行使部分政府和行业管理职能；经部党组决定，设立局党组，协助部党组管理各省、市电力局领导干部。

1991 年 12 月，国务院批转国家计委、国家体改委、国务院生产办公室关于选择一批大型企业集团进行试点的请示，第一批试点企业集团包括华东电力集团共 55 家单位，明确试点企业集团核心企业对紧密层企业的主要活动实行“六统一”。“六统一”之一，就是紧密层企业的主要领导干部，由集团的核心企业统一任免。

从 1993 年开始，电力部下放干部管理权限，逐步把干部管理工作纳入健康、有序、规范的轨道。根据电力部确定的干部管理权限，华东电管局（公司）党组负责管理三省一市电力局、上海电力建设局、上海电力学院的局级干部，同时管辖直属单位和华东电管局（公司）机关厂处级干部。为理顺干部管理体制，华东电管局（公司）党组与各省（市）委领导、组织部加强沟通，明确三省一市电力局领导干部以华东电管局党组为主管理。

中共国家电力公司党组于 1998 年 7 月发出《关于进一步加强电力集团公司内省（市、区）电力公司领导干部管理的通知》，开始上收干部管理权限。电力集团公司（电业管理局）内省（市、区）电力公司（电力工业局）总经理（局长），党组（党委）书记由国家电力公司党组直接任免并管理。对副总经理（副局长），党组（党委）副书记，总工程师，总会计师，总经济师，纪检组长（纪委书记），监察专员，工会主席和党组成员的任免以及党委委员候选人的确定，各电力集团公司（电业管理局）要事先征得国家电力公司党组同意后再任免。对其他干部，按照有关规定需要明确享受副局级待遇（包括政治、生活单项待遇）的，也要事先征得国家电力公司党组同意。

1998 年 9 月，国家电力公司人事劳动局为了贯彻落实国电公司党组《关于进一步加强集团公司内省（市、区）电力公司领导干部管理的通知》精神，下发有关实施意见：电力集团内省（市、区）电力公司领导班子的定期考核，由国家电力公司人事劳动局负责组织，与电力集团公司党组共同进行。省（市、区）电力公司总经理、党组（党委）书记的任免考察，由国家电力公司人事劳动局负责组织，电力集团公司党组配合进行。省（市、区）电力公司领导班子，除总经理、党组（党委）书记外，其他成员的任免，由省（市、区）电力公司党组（党委）将调整人选请示电力集团公司党组，抄报国家电力公司党组。电力集团公司党组提出任免意见报请国家电力公司党组同意，并征得地方党委组织部同意，办理任免手续。

二、班子建设

（一）管理规定

随着国有企业改革和发展的不断深化，干部管理工作出现许多新情况。为了更科学和规范地进行领导干部选拔任用工作，根据华东电力集团干部队伍建设和管理工作的实际需要，1997 年 10 月，华东电管局党组印发《企业领导干部选拔任用工作暂行规定》，对华东电力集团公司所属省市电力公司、上海电力建设局领导干部及所属单位的厂（公司）处级干部，华东电管局（公司）本部处级及直属单位厂处级干部，以及委托网局、省市电力公司、上海电力建设局管理的厂（公司）处级及以上干部选拔任用作了明确规定。为了建立和完善公司干部动态管理机制，切实做好新提拔干部试用期的考核管理工作，2002年2月，国电华东公司印发《关于新提拔干部实行试用期的实施意见》，明确新提拔干部实行6个月的试用期。

（二）职后培训

华东电管局（公司）党组重视处级干部培训。1991年，选送20余名处级干部到各类学校，参加岗位培训，占在职处级干部总数的20%。组织华东电管局（公司）机关、直（代）管单位25名厂处级干部参加马列主义理论学习班，占在职处级干部总数的34%。1995年，华东电管局（公司）本部处级和直属单位厂级干部完成计算机应用培训。华东三省一市电力局充分利用党校、干校的教学力量，坚持脱产培训厂处级以下领导干部，1995～1997年共培训1461人次。至1999年，华东电力集团公司本部和直属单位91名处以上干部参加上海电力学院等高校举办的为期3个月的工商管理知识轮训。

搞好局级干部培训。其间，华东电管局（公司）领导成员参加中组部、电力部和上海市委组织的局级干部培训班23人次，每人至少参加2次。省、市局局级干部41人参加了各级干校的理论培训。1994年，华东电力系统有29名局级干部参加电力部四项改革学习研究班。此外，华东电力系统还选派了14名局级干部，参加国家电力公司组织的赴欧高级人员培训。

（三）考核

强化领导班子及其成员的动态管理，不断健全管理制度，加强日常管理。每年对基层领导班子及其成员和华东电管局（公司）本部中层干部进行年度考核，内容包括干部的德、能、勤、绩四个方面。对新任职的领导干部，一年内进行跟踪考察。同时，还加强对干部聘期内的届中考评和届满考核工作。对领导干部的收入、住房等重大事项实行定期申报。华东电管局（公司）党组还修订了《领导干部考核评价标准体系》，完善了各岗位的考核标准和流程。

（四）调整

坚持选拔任用标准，选配好领导班子。根据干部管理权限，1994～1997年，华东电管局（公司）党组对所属局级党政班子进行了14次调整充实，任命24人次，免职22人，其中20人为正常免职，2人因不称职或群众不拥护被免职。调整后的41名局级干部平均年龄为53岁，1997年比1993年下降1.8岁。6个局级领导班子，除上海电力建设局由于机构将改革的原因外，均按电力部党组要求配备了1名40岁左右的领导成员。局级领导干部中，大专以下学历4人，1997年比1993年减少4人；大学以上学历33人，占总数的80%。

华东电力系统厂处级领导班子结构，1997年也比1993年明显好转。厂处级领导干部平均年龄由1993年的51.9岁下降至1997年的48.3岁；大专以上学历比例从76.1%提高到81%。

经过几年的调整，华东电力集团公司系统厂、处级领导干部的文化和职称结构都发生了变化。以1997年与2000年的一组数据对比，学历本科以上从48%上升至58.97%；高级职称从 47%上升至 82.05%。

三、后备干部管理

1982 年 2 月，中共中央作出关于建立老干部退休制度的决定。根据党中央的部署和要求，1983 年以后，各单位在后备干部队伍建设上做了大量工作，取得了一定的成效。1990 年 5 月，能源部党组发出《关于加强与改进后备干部工作的通知》，提出严格掌握后备干部的标准和条件，搞好培养教育和考核管理等要求。同年 11 月，中共上海市委组织部下发《关于进一步加强局级后备干部队伍建设的通知》，就局级后备干部的标准、结构、选拔渠道和培养措施等有关事宜作了规定。

根据上级党组织的通知精神，华东电管局（公司）党组 1991 年上报了局级后备干部的名单。1994 年 10 月制订《关于加强后备干部队伍建设的意见》，提出选拔、考察和培养的要求。华东电管局（公司）党组多次强调要把工作重点放在 20 世纪 80 年代以后毕业、在基层工作 5 年以上、基本素质好、有发展潜力的大学毕业生。经多年探索，为了进一步建立科学规范的公司后备干部管理制度，于 2002 年 10 月制订《国家电力公司华东公司后备干部管理办法（试行）》，进一步明确了后备干部的条件和资格、数量和结构、选拔和培养以及管理等要求。

后备干部实行动态管理，在年度绩效考核和定期考察的基础上，按动态管理原则进行滚动调整。各单位将调整充实的新名单及有关材料报上一级组织（人事）主管部门。

经过多年努力，1991 年已基本建成一支后备干部队伍，直属单位厂、所、校级后备干部 35 名，占在职干部的 69.5%；华东电管局（公司）机关处级后备干部 36 名，占在职处级干部的 64.2%；华东电力系统局级后备干部 43 名，占在职局级干部的 126.4%。

1995 年，华东电力系统局级干部共有 81 名，其中 45 岁以下的有 44 名，占总数的 54.32%；46～50 岁的有 22 名，占总数的 27.16%；51～55 岁的有 15 名，占总数的 18.52%。

至 1997 年，建立了一支 78 人的局级后备干部队伍，平均年龄 42.9 岁，最大的 56 岁（正职后备），最小的 31 岁；大学本科以上学历 46 人，大专学历 30 人，中专学历 2 人。

（一）培养

后备干部选定后，由组织（人事）部门逐人提出培养目标建议，按照“先培训、后上岗，缺什么，补什么”的原则，制订培养计划和措施，经党组（委）领导批准后实施。

（二）学习培训

选送后备干部参加各级党校中青年干部班的轮训，华东电力集团公司党组 1994～1996 年连续 3 年选派 23 名优秀青年干部，参加电力部优秀年轻干部强化培训班。利用中英文化交流的奖学金名额，1996～1999 年，选派 3 名年轻干部赴英国攻读 MBA 硕士学位。

（三）挂职锻炼

选拔政治素质好、作风正派、大专以上文化程度、有发展潜力的年轻干部下基层挂职锻炼。挂实职，一般任行政副职，时间一年半左右。年轻同志愿意下去，认为是组织上的信任和培养，能在工作实践中增长才干；基层单位也愿意接受，这些年轻干部有能力，很努力，确实在基层干了许多实事。华东电力集团公司分别送 3 名同志到天荒坪抽水蓄能电站，5 名年轻干部到上海市电力公司挂职锻炼，这些同志都已提拔任用。

四、离退休干部管理

（一）管理机构

为加强对退休职工的管理，华东电管局（公司）党组于 1991 年 7 月决定在老干部处内，增设退休干部管理科，配备了副处长、副科长和工作人员各 1 名。至此，老干部处下设三个科级机构：老干部科、活动中心和退休干部管理科。

（二）队伍状况

1991 年，华东电管局（公司）和三省一市电力局（公司）共有离休干部 2608 名，直属单位退休干部 458 名。

1991～2002 年代表年份华东电网离、退休干部基本情况分别见表 14-1-4、表 14-1-5。

表 14-1-4　1991～2002 年代表年份华东电网离休干部基本情况　单位：名

年份	年龄		生活不能自理	享受待遇级别				
	70～79 岁	80 岁以上		享受部级待遇	享受局级待遇	享受处级待遇	享受其他待遇	总数
1991				1	425	1509	673	2608
1996	1008	58	108	1	347	1570	732	2650
1998	1453	113	74	1	320	1477	711	2509
2000	1673	213	76	1	286	1361	650	2298
2002	1669	339	89	1	266	1288	600	2155

表 14-1-5　1996～2002 年代表年份华东电网退休干部基本情况　单位：名

年份	总数	享受部级待遇	享受局级待遇	享受处级待遇	享受其他待遇
1996	12314		22	704	11588
1998	17514		42	875	16597
2000	18356		30	688	17638
2002	19196		56	1145	17995

（三）管理工作

政治上关心老同志。组织老同志学习中共十四大、十五大文件，学习邓小平关于建设有中国特色社会主义理论，学习时事政治。宣传老同志中先进人物和思想。1994 年，在华东电力系统中开展尊老敬老活动；1995 年，华东电力集团公司分别授予 51 位同志“尊老先进工作者”称号、“敬老好职工”光荣称号，并予以表彰。2002 年在处以上党员离退休干部中开展以“三讲”为主要内容的党性党风的学习教育活动。

生活上照顾老同志。各单位不折不扣地执行中央和省市政府的老干部政策，想方设法采取措施，改善离退休人员的生活。自 1999 年 7 月 1 日起，华东电力系统离退休人员全部参加当地医疗保险，并在约定医疗机构就诊。各单位组织老同志疗休养和体检。2001 年推进离休干部社区高龄养老工作，走出关键一步，华东电力集团公司机关有 15 位老干部与社区签约。

（四）加强自身建设

华东电管局（公司）老干部活动室在1991年11月全国老同志先进活动室评比中获二等奖，被授予“全国老同志活动室先进集体”称号。1996年，中共中央中组部授予江苏南通供电局老干部党支部副书记陈国新为“全国老干部先进工作者”称号。2002年12月，在中央组织部、国家电力公司、上海市工业党委联合检查中，国电华东公司离休干部信息库建库工作，以满分成绩得到检查组的赞扬。

五、技术干部管理

（一）职称评定

“文化大革命”结束后的1978年，国家决定恢复职称评定工作。1979年起，华东电管局开始了技术、财务、医务人员晋升职称工作，由华东电管局党委批复决定。1980年4月，电力部根据1979年国务院颁发的《工程技术干部技术职称暂行规定》，提出了《关于贯彻执行〈工程技术干部技术职称暂行规定〉的实施意见》。同月，华东电管局根据上述文件要求，成立了由14人组成的职称评定委员会并开展工作。此后各基层单位也成立了职称评定委员会或评定小组，对1966年以前确定过技术职称的工程技术干部套改了技术职称，对1967年1月以后确定或提升的技术职称进行了复查。当年，华东电管局对各基层单位的套改结果作了批复。

1980年12月和1981年3月，国务院分别批转了《经济专业干部业务职称暂行规定》和《会计干部技术职称暂行规定》。1981年，国务院还批转了国家人事局《关于贯彻执行国务院颁发的七种业务技术职称暂行规定若干问题的说明》（国人［1981］71号）。1982年5月，华东电管局工程技术职称评委会对各直属单位发出《关于晋升高级工程师工作的几点意见》。1982年7月，水利电力部成立专业干部业务技术职称评定委员会，负责高级会计师、高级统计师、高级经济师的评定，图书档案资料、编辑、外语翻译三种专业的高级职称由部工程技术职称评定委员会负责。同年5月，华东电管局在评委会下设经济、会计、统计三个专业评审组。华东电力系统广泛开展了工程、经济、统计、会计、卫生等系列职称评定工作。

1983年9月1日，中共中央办公厅、国务院办公厅颁发关于整顿职称评定工作的通知（中办发［1983］63号），决定全国评定职称工作暂停下来，进行一次认真检查、总结和全面整顿。

1986年1月，中央职称改革工作领导小组根据中共中央、国务院的指示精神，发出《关于职称改革工作部署的通知》，同年7月又发出补充通知，决定职称改革工作1986年先在高教、科研、卫生三个系统中的中央各部门和省市直属单位进行。同年2月，水利电力部成立职称改革工作领导小组，6月发出《关于我部职称改革工作部署的通知》，首先在事业单位试点和全面展开。同年，华东电管局为处理好过去职称评定工作中所遗留的问题，根据国务院国发［1986］27号文件的精神，决定对全网在1983年9月1日前因职称工作暂停“待批”、“待授”人员进行职称认定工作。

1987年5月，华东电管局根据全国职称改革办公室主任会议关于“有领导、有计划地适当加快职称改革工作步伐”的精神和水利电力部 1987 年职称改革工作的部署，成立了职称改革工作领导小组，以指导全网专业技术人员的专业职务聘任工作。6 月，华东电管局对技术职称改革工作作出部署，要求在做好国家经委确定的望亭发电厂职称改革试点工作的同时，积极准备下半年 20%覆盖面的企业实行职称改革的各项准备工作。8 月，根据国务院《关于实行专业技术职务聘任制度的规定》和国家经委《关于在企业实行专业技术职务聘任（任命）制度的实施意见》，华东电管局制定《关于专业技术职务聘任制度的实施细则（试行）》。该实施细则对职称改革工作应遵循的原则、专业技术职务聘任制度的基本内容、聘任专业技术职务的范围和要求、评审权限等均作了明确规定。

1987 年 6 月，水电部成立经济、统计、会计、翻译、出版、卫生、档案、图书资料等 8 个高级专业技术职务评审委员会。1987 年 6 月～1988 年 3 月，华东电管局成立高级工程师和社会科学及卫生系列中级职务评审委员会，三省一市电力局和直属单位也成立了工程师和社会科学及卫生系列初级职务评审委员会或评审小组，根据评审权限负责评审或评议推荐，或报上一级主管单位平衡。

1988 年 1 月，水电部在《关于 1988 年部属全民所有制企业实行专业技术职务聘任工作的几点补充意见》里，决定下放评审权限。同年 2 月，华东电管局对 1987 年制定的《关于专业技术职务聘任制度的实施细则》作了修正，根据水电部的意见，其中评审权限的规定是省、市电力局成立高级工程师评审委员会，网局成立高级会计师、高级经济师、高级统计师评审委员会，省、市电力局成立会计师、经济师、统计师评审委员会，负责评审或评议推荐，或报上一级主管单位平衡。同年，完成 80%覆盖面单位的职改工作，首次专业技术职务聘任工作结束。

1990 年 12 月，华东电管局根据 1990 年 4 月《中共中央办公厅、国务院办公厅关于转发〈企业思想政治工作人员专业职务试行条例〉的通知》和同年 10 月能源部印发的《关于企业思想政治工作人员专业职务评聘工作的通知》，成立企业思想政治工作人员专业职务评定工作领导小组，下设办公室，正式开展政工人员的专业职务评聘工作。1991 年 1 月，能源部印发《企业思想政治工作人员专业职务评聘实施办法》。3 月和 4 月，能源部和华东电管局分别成立了高级政工师评审委员会。5 月和 6 月，三省一市电力局、上海电力建设局和华东电管局直属单位分别成立了企业思想政治工作人员中级和初级专业职务评审委员会。同年 5 月，华东电管局上报能源部试点单位镇江供电局企业思想政治工作人员专业职务评聘实施方案。到当年 12 月底，华东电网企业思想政治工作人员首次评聘专业职务工作基本完成。

1991 年 7 月，能源部转发人事部《关于印发〈企事业单位评聘专业技术职务若干问题暂行规定〉的通知》，并作补充规定。同月，部人事劳动司转发人事部《关于重新组建专业技术职务评审委员会有关事项的通知》，要求各单位应按专业技术职务系列重新组建评审委员会，不得组建综合性的评审委员会。评审委员会不得评审本系列以外的专业技术职务。同年下半年，部、局都重新组建了专业技术职务评审委员会；华东电管局还撤销了职称改革领导小组，成立了专业技术职务评聘工作领导小组；撤销职改办，日常工作由干部处负责；印发了《华东电业管理局贯彻人事部〈企事业单位评聘专业技术职务若干问题暂行规定〉的实施意见》。

1992年以后，专业技术职务评聘作为经常化工作开展。评聘范围为工程、会计、经济、统计、审计、卫生、教育、图档、新闻、翻译和政工专业系列。评聘只限于在编在职的专业技术人员，非专业技术岗位上的专业技术人员不再评任职资格。除高级统计，高级图档，高级新闻，高、中级翻译评审委员会由能源部组织外，其他系列的各级评审委员会由华东电管局组织。

1993年2月，能源部人事劳动司转发国务院职称改革领导小组办公室《当前职称改革工作中有关问题的通知》，结合能源部的实际，提出部属各企业单位有权按照生产经营和技术工作的需要，自主设置本企业有效的专业技术职务，部不再控制企业的各级专业技术职务的结构比例。同年8月，华东电管局印发《专业技术职务评聘工作研讨会纪要》，提出已完成“三项制度”改革的单位，试行专业技术职务评、聘分开，不再实行指标控制；资格不与工资待遇挂钩。

1999年8月，国家电力公司印发《深化职称改革、完善专业技术职务聘任制度的意见》。从1999年度开始，由国家电力公司统一负责组织评定专业技术资格。原各类任职资格评审组织随即撤销，国家电力公司也不再层层授权公司系统各单位自行评审任职资格。国家电力公司按专业建立评委专家库，每次评审由国家电力公司人才评价指导中心从评委专家库中随机调取一定数量人员组成评审委员会。欲取得某种专业的专业技术资格，则需参加地方组织的全国专业技术资格考试。

此次深化职称改革，一是变“专业技术职务任职资格”名称为“专业技术资格”名称，专业技术资格不与岗位（职务）工资等待遇挂钩。二是变申报资格按组织程序层层上报为个人自愿报名，推行“专业技术资格统一管、岗位（职务）单位管”的分别管理的方法。三是变专业技术资格对聘任专业技术职务的唯一条件为条件之一。四是变专业技术资格的评审工作由用人单位等多层评审为国家电力公司统一标准、统一评定。

同年12月底，国家电力公司设立人才评价指导中心，同时分设国家电力公司人才评价指导中心华东中心等6个中心，全面负责国家电力公司系统专业技术资格的评定。2000年7月，国家电力公司人才评价指导中心通知华东中心组成人选和组建华东四省一市电力人才评价指导中心。由省市电力人才评价指导中心负责做好本地域内国家电力公司系统各单位专业技术资格和有关考试的报名审查工作，具体承办各类专业技术资格评审会议、考试组织和证书验印工作。

根据《国家电力公司系统专业技术资格考核认定（确认）办法（试行）》，从2000年起，各下属公司按人事管理权限，可按该办法对有关专业技术人员进行考核，合格后直接认定相应的初级职称。

到2002年底，华东电力系统共有专业技术干部42722人，占职工总数的29%。其中高级职称3982人，中级职称15320人，初级职称23420人。

（二）教授级高级工程师

为了表彰和鼓励在能源系统科技发展和经济建设中成绩优异的高级工程师，解决他们工资待遇偏低的问题，根据中央职称改革工作领导小组和国务院工资制度改革小组《关于试行提高部分高级工程师职务工资的通知》和转发的《关于在企业实行专业技术职务聘任制度的实施意见》及国家经委《关于实施提高部分高级工程师职务工资试行办法的通知》的精神，结合能源部的实际，能源部在1988年12月印发《关于提高企业单位部分高级工程师职务工资和待遇的实施办法的通知》，并于1989年5月成立能源部高级工程师（享受教授待遇）（俗称教授级高工）评审委员会。此后，华东电管局和三省一市电力局也都成立了评议推荐组。1993年1月，华东电管局成立高级工程师（提高待遇）评审委员会。1993年起，电力部将教授级高工的评审权下放给华东电管局。1999年，国家电力公司《关于印发深化专业技术职务聘任制度意见的通知》下发后，该项工作就不再开展。10年里，华东电网被评为教授级高级工程师有800多人。1989～1998年华东电网获评教授级高级工程师人数情况见表14-1-6。

表14-1-6　1989～1998年华东电网获评教授级高级工程师人数情况　单位：人

年份	华东直属	上海	江苏	浙江	安徽	上海电建	合计
1989（1）	18	25	32	34	19	6	134
1989（2）	67	77	49	28	27	9	257
1992	11	9	11	13	13	4	61
1995（1）	22	27	22	33	34	5	143
1995（2）	7	7	16	13	12	2	57
1996	9	6	14	13	13	1	56
1997	8	3	19	8	14	1	53
1998	11	3	9	9	8	1	41
总计	153	157	172	151	140	29	802

注　年份内的（1）、（2）指该年第1次、第2次评审人数。

（三）享受政府特殊津贴专家

为了进一步加强和改进知识分子工作，改善知识分子的工作条件和生活条件，1990年，中共中央、国务院决定给部分专家、学者、技术人员发放政府特殊津贴，优先改善有突出贡献的专家、学者、技术人员的生活待遇。这充分体现了中国共产党对知识分子的关心与爱护，对于调动广大知识分子的积极性，促进中国经济、教育、科技、文化等事业的发展具有重要意义。1991年5月，能源部人事劳动司根据人事部《关于印发1991年给部分专家、学者、技术人员发放政府特殊津贴实施方案的通知》，发出了《关于选拔推荐部分专家、学者、技术人员享受政府特殊津贴有关问题的通知》，对选拔推荐的范围、条件、呈报方式、津贴数额及发放原则、工作进度等提出了要求、作出了规定。1993年7月，根据电力部统一安排，中国华东电力集团公司成立公司（直属）享受政府特殊津贴人员评议推荐组。1991～2002年，华东电网有100多名专家享受政府特殊津贴。1991～2002年华东电网享受政府特殊津贴专家人数统计见表14-1-7。

表14-1-7　1991～2002年华东电网享受政府特殊津贴专家人数统计　单位：人

年份	华东直属	上海	江苏	浙江	安徽	上海电建	合计
1991						1	1
1992	5	10	5	9	5	3	37
1993	8	9	12	8	9	2	48
1994		1	1	1	1		4
1995	1	1		1		1	4
1996	1		1	1			3
1997	1		1	1	1		4
1998	1		1		1	1	4
1999	2	1	1	1	1		6
2000	1						1
2001							
2002			1		1		2
总计	20	22	23	22	19	8	114

第四节　思想政治工作

一、机构沿革

1962年，华东电管局党委下设宣传部，1964年12月成立政治部后，改为宣传处。1968年成立政工组，1977年3月成立政宣组。1978年12月在上海电业党委领导下设立宣传处直至1985年。1985年9月上海电力公司成立后，上海电业党委领导上海地区电业单位党的基层组织。华东电管局党组下只设党组纪检组。1986年1月，华东电管局成立政治工作办公室兼行宣传处职能。1989年5月，改名为企业政治工作处。1991年，华东电管局党组组建党组职能机构，下设宣传处，与企业政治工作处为“两块牌子，一套班子”。2000年7月，企业政治工作处改为思想政治工作部，2001年11月，党组宣传处改为党组宣传部，仍与思想政治工作部“两块牌子，一套班子”。

二、宣传、思想政治工作

（一）干部理论学习

1991年，华东电管局（公司）组织干部职工认真学习《关于社会主义若干问题学习纲要》、江泽民“七一”重要讲话和中央工作会议精神。1992年，邓小平南巡重要谈话发表后，各级党组织在学习、宣传、贯彻邓小平谈话精神过程中，首先抓了厂处级以上领导干部学习。通过学习，广大干部进一步解放思想、转变观念，加深了对邓小平建设有中国特色社会主义理论的理解，提高了坚持党的基本路线的自觉性。1993 年，各企业干部重点就如何适应社会主义市场经济、电力行业如何适应市场竞争等问题进行学习讨论。通过学习，广大干部从理论和实践的结合上加深对社会主义市场经济理论的认识和理解。1994 年，全网各级党组织把学习《邓小平文选》第一、第二、第三卷当做全年思想政治工作的首要任务，分层次、多形式地组织干部学习。华东电管局（公司）直属单位都举办了厂处级干部学习《邓小平文选》学习班，加深了对邓小平关于“解放思想、实事求是”、“发展才是硬道理”、“三个有利于”和“坚持两手抓”等重要观点的认识和理解。中共中央十四届四中全会召开后，广大干部边学习，边调研。通过学习、调研和引导使领导干部在理论和实际的结合上，提高了对建设新的伟大工程重要意义的认识，增强了工作的责任感和紧迫感。

1995 年，华东电力系统在干部职工中开展了向人民的好公仆——孔繁森学习的活动，不少单位还发起寻找身边的闪光点活动，学习身边的好人好事。1996 年，组织学习中共中央十四届四中、五中和六中全会精神和江泽民总书记在中共建党 75 周年大会上的重要讲话精神和“领导干部一定要讲政治”的指示。认真落实党组关于加强党的建设、精神文明建设的实施意见。

1997 年，华东电管局（公司）党组建立了领导干部的述学制度。1998 年，贯彻中共中央《关于进一步加强和改进企业党的建设工作的通知》精神，落实国家电力公司党建工作会议提出的各项任务，围绕公司制改组、建立法人治理结构等一些重大的现实问题，探索新机制下党组织政治核心作用发挥的有效途径。同年，以纪念中央十一届三中全会召开 20 周年为契机，举办了厂处级干部学习邓小平理论交流会，进行党的基本路线和基本理论教育。1999 年，修订《中国华东电力集团公司党组关于中心组学习的制度》，组织贯彻中共中央关于理论学习“要着眼于增强干部理性思维能力、解决实际问题的能力和改造主观世界的自觉性”的要求，以“正在做的事情”为中心，进一步完善中心组学习制度。将中心组学习范围扩大到机关处级正职，每月将报刊上的有关当前政治、经济形势中的一些热点问题汇编成《中心组学习资料》，丰富领导干部的学习内容。2000 年，国电华东公司党组修订了党组中心组的学习制度，进一步明确了党组中心组的性质、要求和任务，党组中心组学习成员的组成和学习的主要内容、学习方式等。

2001～2002 年，先后学习了江泽民总书记关于“改进党的作风”和四项基本原则的新阐述及关于四个“如何认识”的论述，提高理性思维和改革创新的能力。根据新形势新任务和中组部《关于加强改进党委（党组）中心组学习的意见》精神，制定了国电华东公司《关于进一步加强和改进党组中心组学习的意见》，完善学习制度，发挥中心组学习成员示范的辐射作用，加强公司党员干部理论学习的组织领导，加强对党委中心组学习的检查和考核。党组中心组重点组织学习江泽民总书记在中共建党 80 周年纪念大会上的讲话精神，学习“三个代表”重要思想。党组发出《关于认真学习和全面贯彻党的十六大精神的通知》，并组织了 9 场主题报告会和学习交流会，提高领导干部思想理论水平，改进思维方式和创新工作方法。

（二）思想政治教育

1991年，组织党员干部学习贯彻中共第十三届七中、八中全会、中央工作会议和全国能源工作会议精神，坚持党的基本路线，围绕生产、建设中心，加强党的建设和思想政治工作，保证了全网各项工作的顺利进行。1992年，部署劳动、人事、工资三项制度配套改革中的思想政治工作，对全年的“三改”起到导向作用。各级党组织，坚持思想发动在先，把促使观念转变作为头道“工序”，并贯穿于整个改革的全过程，以保证企业内部改革顺利和健康地发展。1993年，为适应发展市场经济中加强职工思想政治工作的需要，举办了两期学习中共十四大精神与邓小平建设有中国特色社会主义理论研讨班。全网参加学习的干部共115人，研讨班聘请了上海有关部门领导、专家授课。

1994～1995年，认真组织干部、群众学习《邓小平文选》和中共十四届三中全会《决定》，运用中国特色社会主义理论，正确处理改革、发展和稳定三者的关系，保证企业生产建设和改革顺利进行。1996年，深入学习邓小平建设有中国特色的社会主义理论，落实江泽民总书记关于“努力建设高素质的干部队伍”指示精神；加强和改进企业领导班子建设，加强和改进党的建设，深化改革、促进发展、保持企业稳定。通过学习达到“四个增强”：增强学习的紧迫感，增强政治的坚定性，增强树立良好风气的自觉性，增强搞好国有企业的责任感。

1997年，根据中共十四届六中全会《决议》关于“对县级以上领导干部要集中进行一次讲学习、讲政治、讲正气”为主要内容的“党性党风教育”的要求和上海市关于“三讲”教育的部署，华东电管局（公司）党组举办了机关和在沪直属单位处级干部“三讲”学习班。中共十五大召开之前，组织党员、干部学习江泽民总书记“五·二九讲话”，对直属单位、机关中层干部和党员作学习辅导达13场。十五大召开后，向全网下发了《认真组织学习、宣传、贯彻落实十五大精神的通知》。同年10月，举办了为期三天的厂处级干部学习班，在自学的基础上，请市委党校教授作了4场授课，并结合深化电网体制改革进行了初步的讨论研究。同年12月，组织召开了全网学习贯彻十五大精神理论研讨会，组织论文50篇，着重研讨深化电力体制改革和在电力走向市场的过程中党建和思想政治工作的新思路。1998年，中共中央发出《关于深入学习邓小平理论的通知》，华东电力集团公司党组拟订了学习邓小平理论的学习计划。党组决定：坚决贯彻《关于深入学习邓小平理论的通知》精神，采取有力措施，加大力度，进一步在华东电网兴起学习邓小平理论的热潮。召开了厂处级干部理论学习交流会。同年，华东电力系统开展了“电力走向市场”的主题教育活动，组织一支由16位演讲员组成的华东电力系统“电力走向市场”巡回报告团，在电力系统内进行巡回演讲，历时1个月，演讲38场，108家电力基层单位的近2万名干部和骨干参加了听讲。同年，组织了以厂处级领导干部为对象的学习邓小平理论交流会，主题是“走进电力第二步改革”，共收到全网厂处级干部撰写的34篇论文，交流了各单位第二步改革中的企业改制、机构设置、减人增效、人才开发、转变观念和新形势下的党建工作的新做法、新探索，以及对解决一些热点、难点问题的新思考。

2000年，华东电力集团公司对直属单位职工思想状况进行了抽样问卷调查，继续推进“电力走向市场”的主题教育活动。2001年，华东电管局党组分别召开了两次党组中心组（扩大）学习专题会，学习江泽民总书记“七一”重要讲话。参加学习的副处级以上干部在自学的基础上，对照“讲话”精神，特别是按照“三个代表”重要思想的要求，回顾了学习和贯彻“三个代表”重要思想的情况，大家体会到“讲话”为我们解决实践中遇到的新矛盾、新问题提供了理论指导，指明了前进方向。同时，还请上海市党史研究学会教授作了辅导报告。

2002年，国电华东公司的BPR管理项目正式启动。为努力宣传、推动这一适应现实需求的新管理思想统领下的现代管理，开展了一系列的宣传沟通工作：开设了BPR知识专题讲座；编印刊发了六期《BPR诊断消化工作动态》；依托《华东电业》、《华东电力报》开设专栏，发表文章；推出“青年沙龙——BPR论坛”，增强互动性；编撰《BPR理念手册》等。

（三）形势任务教育

1991年，在对党员和职工进行基本国情、基本路线教育中，突出了坚定社会主义信念、反对和平演变的教育内容。同时，围绕中共建党70周年开展了“歌颂共产党、歌颂社会主义”的系列教育活动，精心组织了丰富多彩、生动活泼、突出思想性的庆祝活动，如“党在我心中”的演讲比赛、“党的基础知识”竞赛、“七一颂”歌咏大合唱比赛、50年以上党龄老党员座谈会，以及对先进党组织、优秀共产党员进行表彰等，取得了良好效果。

1992～1994年，华东电力系统各级党组织组织党员和职工学习党的十四大文件和全国能源工作会议精神，围绕电力生产、建设、经营和“三项制度”改革开展形势任务教育。其间，召开了直属单位思想政治工作座谈会，主题是如何教育职工树立正确的世界观、人生观和价值观，防止拜金主义、享乐主义和极端个人主义。动员机关和直属单位职工捐款，开展向安徽老区无电村献爱心、送光明活动。后又组织了一个9人小组，赴安徽六安地区的金寨等县回访，行程700多千米，考察了当地供电设施和送电情况。很多贫困村、户，只有步行才能到达，对大家触动和教育很大。回来后，在职工大会上进行了汇报，并举办了照片展览，扩大影响，取得了很好的效果。同时，还把当地的要求，向华东电管局（公司）党组报告，又捐助50万元人民币，在老区金寨县建起一座希望小学。

1995年是世界人民反法西斯战争和中国人民抗日战争胜利50周年，全网许多单位组织专题报告会和观看抗日内容的影视剧目，开展爱国主义、集体主义和社会主义教育，开展电业职工职业道德和社会公德教育。1996年，围绕华东电力系统“九五”电力发展规划和1996年面临的各项任务，进行市场意识、竞争意识、效益意识和危机意识教育。组织“安全在我心中”的演讲比赛。1997年，华东电力系统在开展形势任务教育中，以行风建设为重点，加强职业道德教育。1998～2002年，华东电力系统继续深化“电力走向市场”教育，编辑出版了“电力走向市场”系列丛书——《演讲篇》、《论坛篇》、《转制篇》，举办了各类辅导讲座和形势报告等。在隆重纪念中共建党80周年系列活动中，通过运用报告、研讨、座谈、表彰、征文、展览、汇演、演讲等形式，大力开展唱响共产党好、社会主义好、改革开放好的主旋律，取得了很好的效果。在纪念中国有电120周年之际，出版了《赞美辉煌》纪念专辑。

三、文明单位创建

1991年，在华东电网第一个双达标单位——江苏天生港电厂召开了华东电网1991年思想政治工作会议，把搞好“双达标”作为全年政工工作的重点。华东电管局党组作出了《关于开展学习天生港电厂等先进企业活动的决定》，在全网掀起了一个“企业争达标，比学赶帮超”的热潮。一年中，除天生港、望亭电厂实现“双达标”外，又有徐州、吴泾、盐城、洛河、梅溪5个电厂通过省市局考评、并经华东电管局推荐报部检查审批。供电系统“双达标”也迈开了步子，阜阳、南通、宁波等供电局经过一年努力，具备了“双达标”的条件。1991年，华东电力集团公司直属单位创建文明单位活动也有了新的突破，华东电力试验研究所被上海市人民政府命名为“文明单位”。华东电管局总调度所被命名为公司“文明单位”。江苏省电力局着重在“建设”上下工夫，在培育“四有”新人上下工夫，并增加必要的物资投入。

1994年，在抓创建文明单位、双达标活动中突出了安全思想教育。电力部“7·15”电话会议以后，华东电管局（公司）组织有关部门对部分单位的安全生产教育进行了互查、交流，在基层产生一定的影响。江苏省电力局开展了全员安全知识学习竞赛活动；安徽省电力局则召开了安全生产与思想政治工作专题研讨会；浙江省电力局在全系统开展了安全宣传教育系列活动，还针对班组安全教育薄弱的现状召开了全省电力系统班组安全思想教育座谈会。

1995年，华东电力集团公司成立了“文明单位建设领导小组”，制定了直属单位1995～1997年社会主义精神文明建设规划。通过每月政工例会，共同研究创建工作情况。1996年，制订了《华东电力系统“九五”精神文明建设规划》，做到在布置生产、建设、经营任务的同时，提出精神文明建设重点和要求。上海市电力局组织开展“找差距、明目标、上台阶”活动；江苏省电力局制定了3年创建部级双文明单位的规划；安徽省电力局先后召开4次座谈讨论会，按不同的专业，对照部颁标准分解、细化考核标准及制订争创文明车间、班组、文明职工规范；浙江省电力局修改并制定了设计院、中试所、学校、超高压公司等单位创建文明单位的考核标准。

1997～1998年，华东电力集团公司就开展华东电力双文明单位活动出台了管理办法，并进行双文明单位考评。按照规定，有8家单位因出现“否决条件”未获申报权。经考评（复查），全网共有30家单位被授予国家电力公司“双文明单位”称号，占16.2%（另有13家多经、农电企业同时也被授予“双文明单位”称号）；60家单位被授予华东电力集团“双文明单位”称号，占32.4%；120家单位分别被省（市）电力公司“双文明单位”称号，占64.9%；71家单位被授予省（市）“文明单位”称号，占38.3%。为加强双文明单位的中途管理，华东电力集团公司制订了动态考核办法；对已出现“否决条件”的8家单位，撤销了“双文明单位”称号。华东电力集团公司和省市电力公司还分别制订了《双文明单位建设管理办法》、《双文明单位考评细则》；为强化双文明单位的全过程管理，专门制订了《双文明单位动态管理办法》；从实际出发，制订了对尚未取得“双文明单位”称号而直接申报网一流企业的有关考核认定标准。上海市电力公司探索将双文明建设与企业管理有机结合，外高桥电厂通过颁布《企业管理标准》统一双文明建设各项指标和考核程序，做了有益的探索。江苏省电力公司深化文明行业创建，落实责任制，扩大社会宣传，确保建成首批省文明行业。上海电建有限公司规范施工现场，开展文明工地创建，不仅树立了企业形象，还赢得了市场和效益。

1999 年，全网把创建活动作为实现国家电力公司“两型、两化、一流”和早日跻身世界 500 强战略目标的一项基础工作。上海市电力公司以“管理与创新”为主题，指导基层单位开展双文明建设一体化考核和员工绩效评估，实施“重发展、重服务、重科技”战略，提升创建工作层次，努力塑造电力企业的社会公益形象。江苏省电力公司强化文明行业建设，13 个省辖市供电局，有 12 个成为市级文明行业，其中 11 个被评为首批省级文明行业。安徽省电力公司加强创建工作的宣传，公司和各地市供电局领导主动走上街头，倾听用户要求，解疑释惑，并与省政府有关部门对基层明察暗访，主动接受社会监督。浙江省电力公司将创建活动覆盖到班组、科室、家庭和职工，抓好“细胞工程”，并着手在代管县供电企业中开展创建工作，树立完整的行业形象。至 1999 年，全网获得全国创建文明行业工作先进单位 5 家、全国精神文明建设先进单位 3 家；国家电力公司双文明单位 38 家，占单位总数的 22.35%；省（市）级文明单位 79 家，占单位总数的 46.47%；华东电力集团公司级双文明单位 98 家，占单位总数的 57.65%；省（市）电力公司级双文明单位 135 家，占单位总数的 79.41%。

2000 年，华东电力集团公司制订了《关于直属单位思想政治工作和精神文明建设方面的考核办法》并完成考评。经考评，华东电力系统荣获国家电力公司双文明标兵单位 4 家、双文明单位 38 家，占单位总数的 22%；华东电力系统双文明单位 98 家，占单位总数的 58%；省（市）电力公司双文明单位 136 家，占单位总数的 80%；省（市）文明单位 84 家，占单位总数的 49%；地市文明单位 97 家，占单位总数的 57%。一批农电和多种产业单位也荣获了国电公司双文明单位称号。另有 5 家单位获全国创建文明行业工作先进单位称号，3 家单位获全国精神文明建设先进单位称号。其中，直属望亭电厂、富春江水电厂、华东电力设计院继续保持双文明单位称号，华东电力调度局首次获国电双文明单位称号，并于同年获上海市争创工业新高地先进单位称号。2001 年，在加强对双文明单位的创建管理中，华东电力试验研究院再度荣获上海市文明单位称号，连续五届 10 年成为上海市屈指可数的 7 家“五连冠”之一；华东电力设计院再度荣获此殊荣；华东电力调通中心首次进入上海市文明单位行列。望亭发电厂、新安水江电厂、天荒坪抽水蓄能电站分别进入江苏省和杭州市、湖州市文明单位行列。至此，华东电力系统获地方省级文明单位的占 50%，获地市级文明单位的占 38%；获国电公司双文明单位的占 50%，获网、省**（市）公司双文明单位的占 88%。此外，受国家电力公司委托，对三省一市电力公司下属的一批获国家电力公司一流企业称号的单位，同步进行了双文明单位的复评或确认。**2002 年上半年，对望亭电厂、新安江水电、富春江水电厂和天荒坪抽水蓄能有限责任公司、华东电力调通中心申报新一届国家电力公司双文明单位进行了考评。同年 7 月，上述 5 家单位和新安江水电厂、富春江水电厂的多经企业被国电公司正式授予“双文明单位”称号，超额完成了国电公司提出的“近期有 60%的单位达到双文明单位”的创建目标。同时对规划创建上海市第 11 届文明单位的华东电力试验研究院、华东电力调通中心、华东电力培训中心3个单位进行了中途考核管理，在建设2002年度上海市建设工业新高地争先创优活动中，华东电试院获优秀企业称号。

四、企业文化建设

1993年，华东电力企业文化建设有了新探索。华东电力集团公司召开了电力企业文化建设交流研讨会，着重就企业文化建设的内涵与思想政治工作和精神文明建设的关系等进行了研讨。初步明确了以塑造企业精神为目标的企业文化建设思路，为推进电力企业文化建设打下一定的基础。同年，又一次召开企业文化建设现场交流会。这次会议首次播放并评选了华东电力系统企业文化建设录像片，展示了全网企业文化建设在原有基础上的发展。

1995年，开展华东电力系统电视录像片评选活动，宣传电力企业改革奋进的典型事例，弘扬电力企业职工的职业道德，宣传电力企业精神文明建设活动中先进事例，用获奖电视片制作成"华东电力系统优秀企业文化电视片集锦"发到各单位播放。1996年，加强电力行风建设，增强职工"热爱电业、忠于职守、为人民服务、对社会负责"的职业责任感。组织、指导各单位以部编教材为内容对职工进行职业道德专题培训。为提高学习效果，还组织编写了《电业优良传统专题学习资料》和统一试卷。1997年，华东电力系统召开优秀企业文化电视片评审会。会议收到参赛电视作品36部，分设人物、记事、新闻三大类进行评审，《高鹰的家》、《风雨台电人》、《确保八运供电》等18部作品分别荣获一、二、三等奖。

1998年，为进一步开展企业文化建设活动，举办了第一期全网企业文化电视专题片制作培训班。华东电力集团公司还对直属系统企业文化建设进行了调研，收集整理企业精神用语等上报。1999年，组织了以望亭电厂为主体，其他直属单位协办的"高举五四火炬，奔向新的世纪"文艺汇演，各单位自创自排了以本单位两个文明建设为题材的文艺节目。通过场内小型汇演，会后以录像带继续传播的方式，为直属企业文化建设做了有益的探索。2001年，第一次创建并运作机关党建网页、展示机关党的建设、思想政治工作、企业文化、工会工作等党员群众关注的热点问题。

2002年，举办了建设学习型企业讲座。以党组中心组学习为龙头，以青年论坛和青年干部培训班为两翼，以本部员工讲座和部门学习为主体，以公司培训中心为基地，开设诸多以转变观念、培育新理念、促进企业发展、提高员工思想文化素质为目的的讲座，营造公司的学习氛围，激发员工终身学习的热情。

五、报刊宣传报道

（一）《华东电业》杂志

1995年，华东电管局（公司）将原华东电力职工思想政治工作研究会主办的《继承与创新》杂志和华东电力企业管理协会主办的《华东电力企业管理》杂志合并为《华东电业》。《华东电业》是以反映华东电力集团公司综合管理工作为主要内容，以工作经验交流为主要目的的综合性刊物。办刊宗旨是，反映华东电网改革开放中生产、基建、经营、政工和管理等领域的工作情况，交流研讨社会主义市场经济条件下电力企业"两个文明"建设的经验。它是电业同行了解华东电网的一个"窗口"，也是与网外单位相互交流信息的媒介。电力部部长史大桢专为该刊创办题词："《华东电业》联结网内外信息的纽带"。《华东电业》主要在华东电网企业内部发行，编辑部设在华东电管局（公司）企业政治工作处。

1998年，《华东电业》由季刊改为双月刊。目标是把该刊办成一份具有"窗口、园地、纽带、挚友"功能的华东电力集团公司的综合性刊物，具有指导性、务实性、可读性、开拓性。专栏设有《领导论坛》、《电力走向市场》、《工作研究》、《一线传真》等传统栏目。新辟《鼓与呼》言论专栏，旨在弘扬闪光点，针砭不良苗头。经过努力，该刊越来越受到基层领导干部的重视和欢迎，成为展示华东电网的窗口、提供信息交流的载体，营造畅所欲言的论坛，传播企业文化的园地。

《华东电业》获奖情况：1998～1999年度、2000～2001年度，先后获中国电力报刊协会"优秀期刊"称号。1998年、1999年、2000年、2001年，连续4年获中国企业联合会管理宣传工作委员会颁发的中国企业报刊（通讯）奖特等奖。

2002年，在中国企业联合会召开的年会上荣获四项大奖，分别是内部报刊优秀成果一等奖、优秀主编奖、优秀作品奖、优秀刊物奖；同年，在中国电力报刊协会电力期刊专委会召开的年会上获优秀期刊称号。

（二）《华东电力报》

《华东电力报》是由华东电管局（公司）主管和主办的综合性报纸，创刊于1985年。其前身是创刊于1980年2月的《华东电业通讯》。1985年5月，经中共上海市工业工作委员会同意，改为《华东电力报》，先期出四开四版。1989年起，面向中国境内公开发行，1995年2月，正式改版为对开四版。

《华东电力报》为对开四版周报（单面彩报），每周四出版。第一版为要闻版，主要报道发生在华东电管（公司）、三省一市电力公司的重大消息、重要通讯和其他样式的重要新闻，刊登新闻评论和企业高层、专家的署名文章。第二版为企业新闻版，主要刊登华东电力系统基层企业及辅助企业的相关新闻和典型报道等。第三版为社会新闻版，主要报道与电相关的社会新闻。第四版为电力市场版和《华艺文苑》副刊版（隔周轮出）。电力市场版是电力改革之初，全国电力报刊最先创办的专业市场版，主要报道政府、电力监管部门的相关权威信息，报道电力市场建设、市场交易等情况，报道电力市场各方主体的相关信息，报道国内外电力市场动态等；副刊作为华东电力系统广大文学爱好者的创作平台，主要刊登系统内员工的文学作品和摄影、绘画、书法等文艺作品。

《华东电力报》的办报宗旨是，面向华东电力企业和社会电力用户，重点宣传国家能源政策，及时报道华东电力系统的生产、建设和经营管理等方面动态、成果成就、典型经验及国内外电力发展动态等，具有一定的知识性、趣味性和可读性，是电力企业员工的挚友，电力用户的桥梁和知音。

《华东电力报》的受众，主要是电力企业、辅助企业的广大干部员工（包括企业离退休人员），其次是电力客户、政府有关部门及其社会上关心支持电力事业发展的其他人员。报纸发行已覆盖除台湾、香港、澳门、西藏以外的国内各个省（市、自治区）。其中发行主要集中在华东电网区域的上海、江苏、浙江、安徽三省一市，占总发行量的90%以上。

2001年后，《华东电力报》的发行量一直稳定在3.8万～4.1万份。

《华东电力报》自1985年创刊以来，已有20多年的办报历史。从四开四版到对开四版，始终坚持正确的舆论导向，坚持贴近电力企业、贴近班组、贴近员工，经过长期的摸索和努力，形成文风朴实、文章短小、版面精致、标题独到的具有海派特色、华东电力特点的办报风格，在业内受到赞许。一些栏目，如《电熨斗》、《凡人赞》、《华灯初上》等得到业内人士好评。

1998年11月，在第二届全国企业报评比中，《华东电力报》获最高奖——全国“20佳企业报”称号。从1985年创刊、1989年公开发行至2002年，《华东电力报》连续多年被中国企业报协会、中国电力企业报协会和上海市记者协会企业报专委，分别评为最佳企业报或先进企业报。

第五节 纪 检 监 察

一、机构沿革

华东电管局党的纪律检查组织起始于1962年。1962年11月，中共上海电管局党委改为上海电力工业党委，负责上海电业系统党的工作。原中共上海电管局委员会监察委员会改为中共上海市电力工业委员会监察委员会。1965年3月，中共华东电管局党委和党委监察委员会印章启用。1979年11月，成立中共华东电管局委员会纪律检查委员会。1984年9月，启用华东电管局党组纪律检查组印章。

1986年上海电力公司成立后，中共华东电管局党组的职能部门取消，保留党组纪检组。1991年6月，中共华东电管局党组纪检组成立。此后，在局（公司）的机构更迭中，中共华东电管局党组纪检组和华东电力联合公司、华东电力集团公司、国电华东公司党组纪检组均为“两块牌子，一套班子”。

1988年9月，华东电管局成立监察处。此后，1989年5月和1993年9月成立的华东电力联合公司、华东电力集团公司的二级机构中，均有监察处，而2000年7月国电华东公司成立后的机构中，改为监察专员办公室。党组纪检组与行政的监察处（监察专员办公室）也均为“两块牌子，一套班子”运作。

华东电力系统处级及以上单位党组织均设立纪律检查委员会（纪检组），行政上均设监察处（室、科），纪委、监察合署办公。基层党支部设纪检委员。科级单位大部分设专职或兼职监察员。

1990～1994年，华东电管局（公司）举办4期华东电力系统纪检监察干部业务研讨班，共培训基层纪检监察干部147人。1995～1999年送电力部、国家电力公司培训112人。

1989～1999年，华东电管局（公司）党组评选华东电力系统纪检监察先进集体23个，纪检监察先进工作者140人。

1991年，华东电力系统组建监察学会后，根据每年工作重点开展理论研讨活动，成果显著，既指导了实践，推动了工作，也培养锻炼了纪检监察干部。

1991～2002 年，华东电管局（公司）纪检组、监察处（监察专员办公室）共编发《纪检监察情况》简报 208 期，起到上下沟通工作，推广交流经验的积极作用。

2002 年华东电网纪检监察组织机构及人员情况见表 14-1-8。

表 14-1-8　　2002 年华东电网纪检监察组织机构及人员情况

单位名称	组织机构个数			纪检监察干部人数				
	局级	处级	科级	局级	处级	科级	一般	总计
国家电力公司华东公司（含上海电力学院、华东电力设计院）	3	10	0	3	14	9	5	31
上海市电力公司	1	22	0	1	22	25	42	90
江苏省电力公司	1	40	67	1	35	143	123	302
浙江省电力公司	1	38	0	1	40	39	50	130
安徽省电力公司	1	37	0	1	39	59	66	165
上海电力建设有限责任公司	1	5	2	1	5	7	2	15
总计	8	152	69	8	155	282	288	733

注　实行纪检、监察合署办公的组织机构数为 1 个。

二、党风廉政

1991～2002 年，华东电管局（公司）及华东电力系统各单位突出了党风廉政教育、领导干部廉洁自律和党风廉政建设责任制三项工作，做到有制度、有举措、有行动、有创新、有建树。

（一）党风廉政教育

1992 年，华东电管局（公司）党组纪检组及华东电力系统各单位采用上党课、办党员短训班、看党纪影视录像、听廉政报告、组织党纪知识竞赛、参观反腐展览等各种形式，重点进行普及党的纪律基础知识教育。江苏省电力公司纪委组织系统内 16245 名党员接受党纪党规教育，安徽省电力公司党委组织 42 个单位 9000 余名党员参加学习教育，占应参加党员数的 90%以上。

1995 年，华东电力系统开展反腐倡廉演讲活动，运用身边的人和事，组织干部、职工登台演讲，层层选拔优秀演讲者举办演讲会，组织演讲比赛、巡回演讲。华东电力系统推荐 12 名选手参加全国电力系统演讲比赛，6 名演讲者获奖。

1996 年，华东电力系统在党员和干部中普遍开展典型案例和党纪政纪条规教育，观看《闽江工程局特大受贿案始末》、反映无锡新兴集团非法集资的《欲海沉浮》和《大浪淘沙》、《党纪政纪条规讲座》等录像片，发放《警钟长鸣案例篇》小册子 8000 多册。

1997 年，华东电力系统组织学习《中国共产党党员领导干部廉洁从政若干准则（试行）》（简称“廉政准则”）、《中国共产党纪律处分条例（试行）》、《关于重申和建立党内监督五项制度的实施办法》等五个条例规定。在普遍学习基础上，组织知识竞赛活动。全网共计 52738 名党员和领导干部参加书面答题，48 名局级领导干部全部参赛。

1998 年，华东电管局（公司）党组纪检组加大了对处级及以上领导干部廉洁自律教育。举办“讲学习，讲政治，讲正气”学习班；对新任领导干部上岗谈话，对单位主要领导人廉政专题谈话，对在廉洁自律方面群众有不良反映的领导干部进行诫勉谈话；坚持每年一次以廉洁自律为专题的领导班子民主生活会制度等。针对华东电力系统处级及以上领导干部违法违纪比较集中的问题，华东电管局（公司）党组纪检组、监察处剖析案例，撰写了华东电力系统 36 名违法违纪处级及以上干部案情及教训的警示教育材料，在部分省市电力公司、电力学院组织的领导干部培训班、全网政工年会及直属单位领导干部中宣传教育，增强拒腐防变能力。

1999～2000 年初，遵照国电公司党组安排，在国电公司巡视组协助下，华东电力系统局级单位的领导班子及机关处级领导干部，集中时间，以整风精神开展了以“讲学习、讲政治、讲正气”为主要内容的党风党性教育。在深入学习《廉政准则》、《中国共产党纪律处分条例》等规定文件基础上，剖析自身党风党性方面存在的突出问题，开展批评与自我批评，明确整改措施、努力方向，受到了教育。

2000 年 9 月，国电华东公司党组纪检组运用成克杰、胡长清等重大典型案例对党员干部进行警示教育。举办了两期公司机关和直属单位厂处级干部党风廉政建设学习班，举办了一期公司机关科级干部党风廉政建设学习班，以学习党纪条规，观看《胡长清案件警示录》、《生死抉择》等影视片、参观监狱等多种教育形式，以案说法，鞭挞丑恶，弘扬正气。对因故缺课者补课，确保国电华东公司机关及直属单位的 81 名处级干部、97 名机关科级干部一人不漏，教育面达 100%。

2001 年，国电华东公司党组纪检组在公司党员和领导干部中开展以学习毛泽东、邓小平、江泽民关于党风廉政建设和反腐败的论述以及党的十五届六中全会《决定》、《中国共产党党员处分条例》等为主要内容的党风党纪教育，运用电力系统原局级领导干部违法犯罪案件进行警示教育。在党员中进行党纪政纪条规知识竞赛。国电华东公司党员参赛率达 98%，公司在职 9 位局级领导和 81 位处级干部全部参赛。

（二）领导干部廉洁自律

1991 年 12 月，华东电管局（公司）转发能源部《关于严禁下级单位向上级单位赠送礼物的通知》，重申机关工作人员严禁接受基层单位赠送的礼品，不得委托基层单位贴钱代购农副产品，对在经济、业务交往中难以拒收的礼品必须按规定上交登记。1992 年，华东电管局本部领导及机关干部共 76 人次自觉登记上交现金、礼金共计 3790 元，礼品 46 件，4 人次上交采购“回扣”。

1993 年，华东电管局（公司）纪检组对原《华东电业管理局机关工作人员保持廉洁的规定》进行修改，以华东电管局（公司）党组文件颁发了《华东电业管理局机关人员廉洁自律规定》。在机关副处级以上干部中对照中央和本局廉洁规定进行自查自纠，未发现违规问题。全年机关工作人员共有 31 人主动上交登记业务活动中收受的礼品、礼券、礼金、回扣，共计价值 12890 元。

1995 年 3 月，华东电力集团公司制定了《华东电力集团公司关于领导干部廉洁自律十条规定》、《关于颁发局机关工作人员廉洁自律补充规定的通知》，转发电力部《关于电力部机关工作人员严格执行“不准接受可能对不公正执行公务有影响的宴请和不参加用公款支付营业性歌厅、舞厅、夜总会等娱乐活动”的规定的具体规定》。7 月，制定了华东电力集团公司《关于开展企业领导干部廉洁自律工作的意见》，成立了以公司党组书记为组长、党组副书记为副组长、部分党组成员组成的“企廉工作”领导小组，下设由相关部门负责人参加的“企廉工作”小组。各基层单位建立了相应的机构。8 月，华东电管局（公司）领导成员及机关和直（代）管单位副处级及以上领导干部 182 人，党员干部 1122 人参加了中纪委监察部和《中国纪检监察报》联合举办的“民主集中制问题知识竞赛”活动，局纪检组、监察处荣获中纪委宣传室和中国纪检监察报授予的“组织鼓励奖”。全网 177 个县处级单位的 1393 名领导干部按规定召开了领导班子民主生活会，领导成员进行了廉洁自律自查活动。上海市电力局（公司）和华东电管局（公司）机关、直属单位，共有 1655 人次上交礼金、礼物，折合人民币 1.7 万元。

1996 年，华东电力系统加大了领导干部廉洁自律力度。共举办厂处级干部轮训班 22 期，轮训 924 名，占全网 1436 名厂处级干部的 64.3%；制定了领导干部收入申报、礼品登记、业务招待费向职代会报告三项制度，并对执行情况进行检查监督。全年全网共 3560 人次进行礼品登记，1166 人次上交、拒收礼品、礼金 168.63 万元。华东电力集团公司本部及直属单位树立了望亭电厂党委书记等 3 名厂处级领导干部为廉洁勤政典型，并总结宣传了他们的事迹。

1997 年，贯彻中纪委八次全会、中纪委三次电视电话会以及电力部有关规定，制定颁发了《华东电业管理局关于贯彻〈中共中央国务院关于党政机关厉行节约制止奢侈浪费行为的若干规定〉的实施细则》，对严格控制新建办公楼、各种会议、配备和更换小汽车、公费出国（境）等作出八条明确规定。全网共取消、停建、缓建办公楼面积 5000 米^2；取消压缩会议 324 个，节约 637.57 万元；取消和简办庆典 40 个，节约 190 万元；清理公款住宅电话和移动电话 971 部；取消购置和缓期更换小汽车 10 辆，降低购车标准 10 辆，节约 318 万元；取消出国团组 6 个，减少出访人数 13 人，节约 33.56 万元。全网 975 人次登记上交礼品礼金，折合人民币 73.83 万元。

1998 年，华东电力系统继续清理通信工具，共清理公费安装住宅电话和公费配置移动电话 4495 部，节约费用 482.3 万元。制定安装电话和话费限额制度 162 项。领导干部进一步落实《廉政准则》和个人重大事项报告、收入申报、礼品登记制度。华东电力系统共有 1264 人次登记礼品折合人民币 109 万元，上交礼品礼金 931 人次，折合人民币 137.3 万元。1999 年，全网共有 998 人次登记上交礼品礼金，折合人民币 101.5 万元。

2000 年 4 月，华东电力集团公司制定了关于《领导干部廉洁自律的补充规定》和《中共中国华东电力集团公司党组关于建立领导干部诫勉谈话制度的规定》。11 月，在国电华东公司机关及直代管单位自下而上，层层推荐、选拔的基础上，经公司党组决定，树立了望亭电厂党委书记等四位同志为国电华东公司勤廉兼优先进典型。

2001 年 3 月，国电华东公司印发了《关于加强领导干部廉洁自律工作的通知》，并编印了《国电华东公司管理人员廉洁自律手册》、《党风廉政法律法规文件汇编》、《违法违纪案例剖析》警示学习教材和公司勤廉兼优先进典型的《勤廉赞》，下发至公司机关工作人员及直属单位科以上干部人手一册。是年，因公司领导成员变动，国电华东公司党组下发了《关于调整国电华东公司反腐败（企廉工作）领导小组成员的通知》。

为加强领导干部廉洁自律及监督，2002 年 2～6 月，在国电华东公司内开展“争当廉内助，树立好家风”活动。制定了《“争当廉内助，树立好家风”活动实施办法》（简称《实施办法》），向公司 106 名厂处级以上领导干部及配偶寄发春节慰问信，并附《实施办法》、《贪内助与廉内助》录像带，征集领导干部廉政“承诺格言”和配偶的“希望寄语”。将“承诺格言”和“希望寄语”装订成册，发给每位领导干部。在层层推荐评选的基础上，公司表彰了 13 名“廉内助”。5 月，公司党组转发中共中央企工委、中央组织部《关于中央企业领导人员廉洁自律规定的实施办法（试行）》，建立了《领导干部廉政档案》、《领导人员从业承诺书》等制度。6～10 月，公司纪检监察部门在对华东电力系统 18 个基层企业调研的基础上，形成了《关于坚持民主集中制，落实“三重一大”规定的几点思考》（“三重一大”即重大决策、重要干部任免、重大工程项目安排和大额度资金使用必须经集体讨论决定）的论文，在国电华东公司系统加强领导班子建设研讨会和国电公司纪检监察工作座谈会上交流介绍。将修改后的《关于落实“三重一大”规定的意见》以党组文件下发各单位，并作为党风廉政建设责任书的重要内容之一。

（三）党风廉政建设责任制

1991 年，华东电管局（公司）党组纪检组组织三省一市电力局（公司）和直属单位纪检监察干部，学习观摩上海电力建设局运用双向党风检查（即基层检查机关、机关检查基层）落实党风责任制的经验，得到电力部、上海市纪委的充分肯定。

1996 年 4 月，华东电管局（公司）党组纪检组组织研讨了华东电力系统加强局级机关党风廉政建设的经验和措施，形成了反腐倡廉领导责任制、纪检监察部门和组织干部部门、机关党委形成合力齐抓共管，加强机关党风廉政建设的工作思路。华东电管局（公司）党组印发了《关于党风廉政责任制和党风监督的实施办法》，要求各级党委、行政对责任范围内的党风廉政工作加强监督检查。

1996 年，安徽省电力局党组以层层签订责任书的形式实行党风廉政建设责任制，效果显著。1997 年 7 月，华东电管局（公司）党组纪检组在安徽召开华东电力系统学习推广安徽省电力局实行党风廉政建设责任制经验现场会，安徽省电力局主要领导作了《我们对实施党风廉政建设责任制的认识和体会》的主题发言，省电力局纪检组监察处、合肥电厂、芜湖电厂就落实责任制的做法和体会发了言。会后向电力部纪检组、监察局上报了安徽省电力局的经验。

1998 年，华东电力系统的 6 个局级单位，160 个处级单位实施了党风廉政建设责任制。8 月，国家电力公司在合肥召开全国电力系统党风廉政建设责任制现场经验交流会，推广安徽省电力局的经验。此后，以层层签订责任书的形式落实党风廉政建设责任制在全国电力系统各单位展开。

1999 年，华东电力集团公司党组下发了《关于认真实行党风廉政建设责任制的几点意见》，制定了《党风廉政建设责任书考核办法》。华东电力系统的 7 个局级单位主要负责人全部同下属 176 个处级单位党政主要负责人及本机关各部门负责人签订了党风廉政建设责任书。10 月，召开了华东电力系统纪检监察、组织干部部门负责人座谈会，专题研究检查落实党风廉政建设责任制的思路及做法。年底，各省市电力公司对所属基层单位落实责任制的情况进行了检查讲评。在国家电力公司党风廉政建设责任制检查考核中，华东电力集团公司获“优秀单位”称号，并排列在各网、省市电力公司首位。

2000～2002 年，华东电力集团公司（国电华东公司）党组书记、总经理每年分别与 6 个直属单位党政主要领导和机关处室主要领导签订本年度党风廉政建设责任书。各单位和机关处室每半年、年终两次对照自查，年终向公司写出自查报告。年底，公司组织检查考核并在公司工作会议上进行讲评。2000 年初，成立了华东电力集团公司党风廉政建设责任制领导小组和办公室，修改制订了《华东电力集团公司党风廉政建设责任制检查考核办法》和《华东电力集团公司党风廉政建设责任书检查考核评分标准》。同年 4 月，华东电力集团公司纪检组在安徽召开了华东电力系统党风廉政建设责任制责任追究办法研讨会；10 月，制定下发了《国家电力公司华东公司党风廉政建设责任制责任追究办法》。各省市电力公司均制定了本系统的责任制责任追究办法。2001 年 8 月，因公司领导人员变动，国电华东公司党组调整了党风廉政建设责任制领导小组和办公室成员。2000～2002 年，国电华东公司每年均获国家电力公司党风廉政建设责任制先进单位称号。

三、案件查处

查办案件是纪检监察机构的本职工作。1991～2002 年，华东电力系统查办了一批大案要案，纯洁了职工队伍，教育挽救了一批干部职工，挽回了大量经济损失，为推进电力企业生产、发展和稳定起到了保驾护航作用。

1993 年 1 月，华东电管局（公司）纪检组、监察处在能源部监察工作会上作了题为《重视案件查处，推进廉政建设》的经验介绍。

1994～1998 年，三次召开华东电力系统案件查处和案件分析会议，中纪委驻电力部纪检组长等领导出席了会议。会议交流经验，分析发案原因、规律，研究预防对策。1994 年 10 月，《华东电力系统经济案件的规律及对策》的经验，在全国电力系统反腐倡廉研讨会上交流，获得好评。1999 年，华东电管局（公司）纪检组、监察处对华东电力系统 6 年中被正式立案查处的 43 名处级以上干部违法违纪案情进行剖析，撰写并下发了《华东电力系统处级以上干部违法违纪案情浅析》的警示材料。

1999～2002 年，建立健全查办案件领导责任制和工作机制，加强了教育和信访举报工作，坚持查防结合，预防为主，加强与有关部门和司法机关的协调配合，进行教育，使贪污贿赂案件数量有所下降。

1991～2002 年华东电力系统案件查处情况见表 14－1－9。

四、行风建设

（一）纠建并举，推行社会供电服务承诺制

1992 年，华东电管局（公司）成立了纠正行业不正之风领导小组和办公室。12 月，在镇江召开华东电力系统行风建设工作交流会，提出要坚决贯彻中共十四大关于纠正行业不正之风的要求，抓紧行风工作机构的建立，纠建结合，对供电用户反映的热点、难点和重点问题开展专项治理。

表 14-1-9　　1991～2002 年华东电力系统案件查处情况

单位名称	涉案人数统计					刑事处理人数	党内处理人数					行政处理人数					
	局级	处级	科级	一般	合计		开除	留察	撤职	其他	合计	开除	留察	撤职	记大过	其他	合计
华东	0	4	8	12	24	6	5	0	1	0	6	6	0	1	0	0	7
上海	1	7	27	142	177	88	45	12	0	119	176	31	48	6	17	74	176
江苏	0	16	83	375	474	114	117	27	0	60	204	55	54	0	0	154	263
浙江	1	13	52	43	109	47	47	16	0	32	95	38	20	12	12	26	108
安徽	2	10	68	31	111	13	29	11	2	19	61	3	9	16	11	22	61
上海电建	0	9	24	38	71	17	10	6	2	14	32	3	9	6	13	19	50
总计	4	59	262	641	966	285	253	72	5	244	574	136	140	41	53	295	665

1993 年，开展了对公费出国（境）旅游的专项检查，重点贯彻电力部党组关于在全国电力系统开展对以电谋私专项治理的实施意见，组织干部职工自查自纠，使电力系统行风有很大好转。全网 54 个地市级供电局中，44 个被当地政府评为行风信得过单位和纠风先进单位，其中，江苏 11 个地市供电局全部被评为纠风先进单位。

1994 年 5 月，在认真总结南京供电局从加强职业道德建设入手，具体落实“人民电业为人民”的宗旨，加强行风建设和纠正行业不正之风经验的基础上，在该局召开了华东电力系统职业道德建设现场交流会，中纪委驻电力部纪检组组长出席。华东电力系统认真学习贯彻落实电力部党组下发的《关于严禁以电谋私的若干规定》，把治理以电谋私作为纠正行业不正之风的重点来抓，整顿电价乱收费、减轻农民不合理负担，深入开展优质服务和农电的“三为”服务活动。

1995 年 12 月，华东电管局（公司）纪检组、监察处在上海召开了华东电力系统纠正行业不正之风、加强职业道德建设经验交流会，电力部监察局局长出席会议。22 个地区供电局以上单位交流了经验。全年，共揭露行业不正之风问题 254 件，处理 99 人。

1996 年，华东电力系统加强了纠风机构建设和落实严禁以电谋私 20 条规定，县（市）供电局以上单位设纠风机构 272 个，配备专兼职纠风工作人员 1909 人，聘请社会行风监督员 6750 人。开展了行风检查和自查自纠，共查出涉及行风问题 308 件，处理 173 人，其中司法处理 17 人；开展优质服务 2237 人次，举办“三为”（为农业、为农民、为农村经济发展）服务 2857 人次，为用户办实事 23344 件，减轻农民不合理负担 1.29 亿元。上海市电力局在国务院纠风办召开的全国民主评议行风现场经验交流会上介绍了经验；安徽省电力局被省政府评为纠风先进单位；南京供电局被评为全国纠风工作先进单位。

1997 年，华东电力系统根据电力部供电社会服务承诺制会议精神，重点推行社会供电服务承诺制，42 个地市级供电局在所在区域实施了社会供电服务承诺制，并向县供电部门延伸。9月，全国电力系统纠风工作会议表彰了华东电网6个纠风工作先进集体和12名纠风工作先进工作者；华东电管局（公司）纠正行业不正之风机构进行了调整。是年，华东电力系统共组织行风检查917次，查出行风问题162件，112人受到处理，其中司法处理5人。

1998年，华东电力系统加大实施社会供电服务承诺制，共有45个地市供电局和178个县市供电局向社会推行了供电服务承诺制，41个地市级供电局参加地方行风评议全部合格，其中33个被评为优秀。

1999年，上海沪东供电所营业室、南京供电局城南分局客户服务中心、杭州电力局城北分局营业厅被中央精神文明办和国家电力公司授予“全国精神文明创建活动示范点”称号；常州供电局用电服务中心被中央精神文明建设指导委员会授予“全国创建文明行业工作先进单位”称号。全年，华东电力系统共查出以电谋私问题109件，240人受到党纪政纪处分，其中106人调离现工作岗位。安徽省电力公司再次被评为全省纠风工作先进单位。

2001年，国电华东公司开展“电力市场整顿和优质服务年”活动，制定《关于开展电力市场整顿和优质服务年活动的意见》，成立了由公司总经理任组长的领导小组，办公室设在监察专员办公室。办公室编写“电力市场整顿和优质服务年”活动宣传资料，印发《关于开展电力市场整顿和优质服务活动向三省一市电力公司作出服务承诺的通知》和《关于开展电力市场整顿和优质服务年活动向三省一市政府承诺的函》；领导小组及办公室成员分头参加三省一市电力公司组织的优质服务年宣传活动日，表彰在电力市场整顿和优质服务活动以及迎峰度夏工作中表现突出的8个先进集体、25名先进个人。因人员变动，调整了国电华东公司纠风领导小组及办公室成员。上海市电力公司在上海市十大公用服务行业的行风测评中名列第一。

2002年，上海市电力公司再次成为上海市参加行风评议的26个单位先进之首，安徽省电力公司获省政府行风评议“优秀单位”称号。

（二）供电营业窗口建设

1996年11月，根据全国供电窗口“为人民服务，树行业新风”工作会议精神，华东电力系统开展了创建“为人民服务，树行业新风”示范窗口活动。华东电管局（公司）行风领导小组将中宣部、国务院纠风办确定的上海市区供电局沪东营业室、南京供电局城南分局营业厅、杭州电力局城北供电营业室等三个城市营业窗口和华东电力系统自定的合肥市区用电管理所、常州市用电服务中心、上海市松江新桥乡电管站、宁波市镇海蟹浦电管站、安徽全椒中心乡电管站等五个城市和农村供电营业窗口，按照电力部关于城市供电营业示范窗口和农村乡（镇）电管站示范窗口规范服务要求实施细则，开展创建活动。

1997年和1998年，华东电力集团公司在三省一市电力公司自查申报的基础上，组织省市电力公司有关专家进行对口检查验收，并召开了华东电力系统“为人民服务，树行业新风”示范窗口工作会议，总结工作，交流经验，部署任务，对检查达标的城市和乡镇供电营业示范窗口授予华东电力系统“‘为人民服务，树行业新风’示范窗口”称号及铜牌。

1999～2002年，华东电力系统根据国电公司在县级以上城市开展供电营业规范化服务活动的通知精神，依据《城市供电营业规范化服务标准》开展创建活动。华东电力集团公司（国电华东公司）在各省市电力公司自查基础上，组织检查或抽查，并召开工作会议总结交流创建经验，对检查达标的供电营业窗口授予华东电力系统“供电营业规范化服务达标窗口”称号和铜牌。

1997～2002年，华东电管局（公司）授予华东电力系统城市和农村乡镇电管站“供电营业示范窗口”和“城市规范服务达标窗口”称号及铜牌情况见表14－1－10。

表14－1－10 1997～2002年授予“供电营业示范窗口”和“城市规范服务达标窗口”称号及铜牌情况

年份	供电营业示范窗口数（个）		城市规范服务达标窗口数（个）	总 计（个）
	城 市	农村乡镇		
1997	15	8		23
1998	11	4		15
1999	1	15	72	88
2000		1		1
2001			119	119
2002			47	47
累计	27	28	238	293

五、效能监察与执法监察

执法监察和效能监察对于电力企业政令畅通，提升经营管理水平，提高企业效能，维护企业经济效益和加强监督管理，从源头上预防经济犯罪具有重要的意义。这项工作从1990年提出后，经历了不断研究探索、不断实践的过程，在发电燃料、物资采购、工程建设、电网改造等领域中，在治理回扣、治理“小金库”方面取得了成效，积累了经验。

1991年，华东电管局（公司）纪检组、监察处在对企业执法监察概念、重点内容及形式方法等问题进行专题调研后形成的《浅谈企业执法监察》材料，对华东电力系统各单位开展执法监察工作起着指导作用。电力部在全国电力系统中也转发了这个材料。

1992年，在华东电力系统中围绕企业改革发展开展了效能监察专题调研，总结出6条意见印发系统各单位。在当年能源部召开的效能监察经验交流会上发言，获得好评。

1993～1994年，重点组织开展发电燃料效能监察。1993年6月，在淮北发电厂召开了华东电力系统发电燃料效能监察经验交流会，发电企业对开展燃料效能监察的重要性、必要性、有效性有了充分的认识。会议经验被推广到全国电力系统发电企业。1994年，华东电管局（公司）纪检组、监察处通过《监察情况》及时转发、推广、宣传各单位的经验。1993～1994年，江苏省电力局发电企业通过燃料效能监察共追回燃料亏吨、亏卡经济损失约1.3亿元。燃料效能监察对规范燃料采购，在抽样、化验及验收等工作环节，遏制违规违纪行为起到了有效作用。

1995 年 5 月，在常州供电局召开了华东电力系统第二次效能监察经验交流会，22 个单位从燃料、物资采购、废旧物资处理、用电监察等 10 多个领域介绍了开展效能监察的经验。中纪委驻电力部纪检组组长等有关领导到会并给予充分肯定。会后，汇编了《华东电力系统效能监察工作经验专辑》印发系统各单位。针对“回扣”成风而无法无规可循的情况，8 月，召开了华东电力系统治理“回扣”专题研讨会，形成并下发的《华东电力系统治理回扣研讨会纪要》，阐明“回扣”管理公开、申报、使用、奖励和处罚的规定，对规范和加强“回扣”管理起到了较强的指导作用。由该《纪要》改写的《浅谈回扣治理的对策》论文，获中国监察学会电力分会一等奖。当年，华东电力系统开展效能监察项目 40 个，查出违纪金额 1767.56 万元，挽回经济损失 1224.47 万元，协助建章立制 43 项。浙江省电力局开展治理账外资金效能监察，共清理账外小金库 1501 万元，修订完善了《关于严禁账外小金库的规定》、《现金管理办法》等规定。

1996～1998 年，华东电力集团公司重点开展了电力建设工程项目执法监察，成立了电力建设工程项目执法监察领导小组，办公室设在基建处。1996 年 7 月，举办了华东电力系统建设工程项目执法监察业务培训班。此后，各省、市电力局对基层进行了业务培训。工程项目执法监察分准备发动、调查摸底、自查自纠、整改四个阶段。全网自查建设工程项目 2149 项（50 万元以上的工程项目）。12 月，电力部工程项目执法监察检查组对华东电力系统部分单位抽查，评价是：华东电网开展电力建设工程项目执法监察走在全国电力系统的前面，江苏省电力局走在华东电网的前面。检查组对天荒坪抽水蓄能工程建设公司和望亭电厂工程项目执法监察给予了充分肯定。1998 年，华东电力集团公司工程项目执法监察领导小组在各省市电力公司自查报告基础上，抽查了部分工程项目。11 月，华东电力系统工程项目执法监察工作进行了总结表彰；组织编撰了《电力工程基本建设程序实施办法》、《电力建设工程施工招标投标管理实施条例》、《华东电力集团公司电力建设工程项目管理若干规定汇编》，对加强电力工程管理，规范电力建设市场，提高工程质量，降低工程造价以及预防违法犯罪起到一定作用，也为华东电网的工程项目执法监察提供依据和准则。1996～1998 年，华东电力系统开展效能监察项目 152 项，查出违法违纪金额 227.5 万元，挽回经济损失 4740 万元。江苏省电力公司开展燃料效能监察，1997 年和 1998 年两年降低发电燃料成本 5 亿多元。

1999 年 5 月，华东电力系统召开了第三次效能监察经验交流会，17 个单位就发电燃料、工程项目管理、物资采购、资金管理、供电管理等 8 个方面交流了经验，体现了效能监察工作已纳入企业管理之中。8 月，三省一市电力公司展开了城市电网建设与改造工作的执法监察，成立了执法监察领导小组和办公室，制定执法监察实施意见、实施细则以及违法违纪行为行政处理规定等相关规章制度。全年，华东电力系统效能监察项目 49 个，查出违法违纪金额 26 万元，挽回经济损失 3000.8 万元。

2000 年 5 月，在浙江召开了华东电力系统城市电网建设与改造执法监察交流会，9 个单位就物资设备采购、工程发包、招投标等重点环节的执法监察进行交流，会议对需要引起重视和加强的执法监察工作进行了研究部署。

2001 年，国电华东公司纪检组、监察专员办公室对华东电力大楼大修改造和千岛湖培训中心改造工程开展效能监察工作，制定了《华东电力大楼改造工程物资采购招标及管理规定》、《华东电力大楼改造工程发包招标规定》、《华东电力大楼改造工程物资采购廉洁协议书》和《华东电力大楼改造工程发包廉洁协议书》等8个规章制度。是年4月，由国电华东公司纪检组、监察专员办公室牵头，开展了清理“小金库”工作。公司成立了清理“小金库”领导小组，监察、财务、审计等部门共同参与，办公室设在监察专员办公室。制定下发了《关于清理“小金库”工作的实施意见》，直属各单位都相应成立了清理“小金库”领导小组和办公室。是年4月底，在无锡供电局召开了华东电力系统治理“小金库”现场研讨会，对“小金库”来源、使用途径和存在的思想误区，以及如何堵疏结合进行治理开展研讨交流。会后就《堵疏结合，从源头上治理“小金库”》的经验，以公司文件发至各单位执行。该经验被推广到全国电力系统，并获中国监察学会电力分会一等奖。6月，国电华东公司纪检组、监察专员办公室在总结天荒坪抽水蓄能电站工程建设公司紧贴工程建设实际、抓好党风廉政经验的基础上，召开了华东电力系统工程建设中加强党风廉政建设经验交流会，该公司党委、行政、纪检监察领导分别做了介绍。天荒坪抽水蓄能电站工程建设历时8年，完成67亿多元总投资的工程建设，未发现一起干部违法违纪问题，受到国电公司的充分肯定。2002年2月，国电华东公司在国家电力公司纪检监察工作会议上介绍了《更新观念，拓宽思路，扎扎实实开展效能监察工作》的经验，得到国家电力公司及各网、省电力公司的好评。

第二章 群 众 组 织

1991年～2002年2月，华东电力产业工会组织为中国水利电力工会华东电力工作委员会，2002年3月更名为中国能源化学工会华东电力工作委员会（均简称华东电力工委），先后为中国水利电力工会、中国能源化学工会在华东地区的派出机构。华东电力工委接受上级产业工会、地方总工会和同级党委的领导，履行华东电力产业工会和大型企业工会职责，行使维护、建设、参与、教育四项职能，对上海、江苏、浙江、安徽省（市）电力工会和上海电力建设有限责任公司工会以及直（代）管单位工会进行领导，为华东电力企业和职工服务。

1991年7月，华东电管局（公司）直属团委成立，归口共青团上海市委员会领导。自此，华东电管局（公司）机关、华东电力设计院、华东电力试验研究院、华东电力培训中心等单位的团组织，归属直属团委领导。

截至2002年底，华东电管局（公司）已经成立或参加的各种学会、协会共5家，这些机构都发挥了不可替代的作用。

第一节 工 会

1991～2002年，华东电力工委认真组织和推动华东电力各级工会学习、宣传和贯彻执行《工会法》、《劳动法》等，不断健全完善工会组织和队伍建设，不断建立健全企业职工代表大会制度、厂务公开制度、企业民主管理及民主监督制度；围绕企业两个文明建设，积极开展各种形式的劳动竞赛和建立“职工之家”的活动；配合行政，每年对华东电力系统级的各项先进集体、先进个人进行表彰奖励等。

一、组织与建设

（一）组织机构

华东电力工委以联合制代表制组成全委会和常委会，对工会工作和重大问题进行讨论、研究、审议、决定和部署，加强工会组织建设，推进工会各项工作，以充分体现工会领导机构的民主性和跨省（市）区域产业工会的联合性。按替补制原则，及时调整华东电力工委委员和常委，保证整体工作的连续性。

1991年12月，华东电管局（公司）职工技术协作委员会、华东电力工委女职工工作委员会成立。1995年4月，华东电力工委调整委员单位和委员，委员由原来的25名增至45名。1996年，华东电力工委加强民主集中制，强化常委会职权，建立和完善常委会、全委会、主任办公会议等会议和管理制度，实行目标管理。2002年，完成华东电力工委女职工委员会、工会经费审查委员会成员的调整。华东电力工委设办公室、生产生活部、组织宣传部。各部门在华东电力工委正副主任领导下，按照职责要求，开展日常工作。

（二）组织建设

1991～2002年，华东电力工委以建设“职工之家”活动作为工会加强自身建设的基础工作，推动贯彻全国总工会《关于继续深入开展创建职工之家活动的决定》。

1991年，交流推广了上海电业工会《关于深入开展建设职工之家活动的意见》、《浙江省电力系统建设合格职工之家考核条件》、安徽省电力工会《关于开展建设职工之家活动的实施细则（试行）》。1992年，华东电力工委召开全委会，讨论研究工会参与企业改革的工作，提出和通过了华东电力工委《关于在深化企业改革中进一步发挥工会和职代会作用的意见》，同时表彰了华东电力系统9个先进职工之家，26名优秀工会工作者和81名优秀工会积极分子。华东电力工委组织推动各级工会充分利用多种形式、学习宣传贯彻新颁布的《工会法》，并及时收集反映，反馈上级工会。

1993年，华东电力工委组织工会工作交流表彰会议，介绍19个基层工会工作经验，表彰10个先进基层工会，10个先进分工会，11个先进工会小组和65名先进个人。是年，在中国工会第十二次代表大会上，富春江水电设备总厂工会、望亭发电厂工会和新安江水电厂工会被授予“全国模范职工之家”称号；13个车间或班组获“全国模范职工小家”称号；3人被评为全国优秀工会干部，5人被评为全国优秀工会积极分子。华东电力工委召开全系统出席工会十二大代表和历届全国模范职工之家代表座谈会，并向全网工会发出倡议书。

1994年，华东电力工委召开以“职工之家要常建常新、工会工作要开拓前进”为主题的工会工作经验交流会，表彰华东电力系统先进职工之家31个、先进职工小家28个、优秀工会工作者32名、工会积极分子82名、荣誉工会积极分子11名。1996年，华东电力工委开展考评“建家”工作，提出深入开展“建家”活动的意见。两年一度的“建家”考评表彰工作成为制度。全系统评出先进职工之家15个、先进职工小家28个、优秀工会工作者21名、优秀工会积极分子42名。

1998年，华东电力工委就企业股份制改造过程中的工会工作现状进行调查研究，提出《华东电力企业股份制改造后的工会工作及思考》调研报告。同时，以“工作不离中心、配合不乏特色、维护不失原则、监督不离支持”工作指导思想和原则，组织新形势下工会工作和改革的专题讨论交流，提出工作要求，发挥指导作用。是年，华东电力系统有7名代表与特邀代表出席中国工会第十三次代表大会，有12个基层工会和12个分工会或工会小组分别被评为全国模范职工之家和职工小家，受到中国工会十三大表彰；7位同志被授予全国优秀工会干部、优秀工会积极分子或全国荣誉工会积极分子光荣称号。是年，华东电力工委举办工会主席培训班两期，80人参加学习邓小平理论、形势政策和工会专业知识。

1999年，表彰华东电力系统先进职工之家23个、先进职工小家36个、优秀工会工作者27名、优秀工会积极分子38名，扩大了先进队伍。同年，华东电力工委制定有关工会经费使用、奖励标准等若干内部管理规定，同年年末，收缴经费比上年超额20.94%。

2000年，国家电力公司党组在沪召开公司系统工会工作会议，华东电力工委认真总结近几年工作情况，作大会经验介绍。同时会同省市电力工会积极协助做好会议有关文件讨论起草工作，及时组织好会议精神传达贯彻。是年，首次举办有 50 人参加的直属单位工会干部培训班，学习、贯彻《工会法》，加强工会财会工作规范化、电算化；修订并继续开展全系统工会财务工作竞赛，表彰华东电力工会财务工作先进集体 22 个、先进财会工作者 51 名。2001 年，表彰 1999～2000 年度华东电力系统先进职工之家 22 个、先进职工小家 36 个、优秀工会工作者 30 名、优秀工会积极分子 38 名。举办有 100 多名基层工会干部参加的华东电力工会干部培训班，提高工会干部综合素质和工作能力。

2002 年，华东电力工委把学习贯彻《工会法》作为重点，发出通知，要求华东电力系统各级工会要认真组织学习贯彻；举办有 50 名基层工会主席参加的专题学习班；邀请 30 名华东电力企业党政干部参加学习《工会法》研讨班；会同华东电力报举办《工会法》学习交流活动，华东电力系统有 17 万多名工会会员参加，参与率超过 87%。与此同时，对华东电力工会财务工作组织了总结交流，对直属单位工会会计基础工作规范化进行了考核验收，提高了管理工会经费和工会财产的执法意识。

1991 年，华东电力工委获中国水利电力工会全国网、省局工会（委）“双达标”竞赛组织奖。1992 年，获中国水利电力工会“争先创优”优秀工会称号。1996～1999 年，获全国水利电力系统先进工会称号。

二、主要活动

（一）民主管理

1. 职工代表大会制度

1991 年 3 月，华东电管局（公司）党组发出通知，要求加快建立健全省市电力公司职代会制度。同年 5 月，华东电力工委召开常委扩大会议，专题研究加快建立健全省市电力公司职代会制度的工作。华东电力工委提出关于做好三省电力公司首届职代会筹备工作的若干意见。1990 年 2 月上海市电力公司已建立公司职代会制度，为华东电力系统职代会工作提供了借鉴。1991 年 9 月、10 月、11 月，江苏、浙江、安徽三省电力公司首届职代会先后召开。至此，华东三省一市电力公司全部建立职代会制度，华东电力企业形成较完整的民主管理网络。经几年推动，省市电力公司职代会制度逐步制度化、规范化，专委会工作逐步正常化，领导干部述职、民主评议普遍推开。基层企业坚持一年召开两次职代会，对重大问题采取无记名投票表决；坚持民主评议干部，开展评选职工信赖的优秀企业领导，积极推动落实职代会决议等，使职代会制度进一步巩固和规范。

1999 年初，上海电力建设有限责任公司召开了首届职代会。省市电力公司职代会普遍实行民主评议领导干部、厂务公开制度。有 93%的企业建立了集体合同制度。

2001 年，华东电力工委召开“贯彻中共十五届六中全会精神、深化企业民主管理工作座谈会”，总结交流落实国电公司党组《关于进一步加强民主管理和工会工作的意见》的经验。国电公司副总经理、能源化学工会副主席、国电华东公司总经理等到会作重要讲话。各省市电力公司党政正职和望亭发电厂厂长应邀出席并作经验介绍，进一步推动了企业民主管理工作。

至 2002 年，以职代会为主要形式的民主管理制度，和企业平等协商签订集体合同制度两大机制在华东电力系统成为企业管理的重要组成部分。华东电力企业职代会建制率达

100%，并已向多种产业企业延伸。民主评议企业领导干部基本形成从省市电力公司到基层企业到车间工地的三级评议框架。职工董事、监事制度也已启动。同年下半年，华东电力工委先后到8个发供电企业进行调研，并多次同望亭发电厂党政工领导探讨，总结深化民主管理的新思路、新举措。

2. 民主评议领导干部制度

1996年，华东电力工委推广安徽省电力局党组批转省电力局工会《关于安徽电力基层企业职代会民主评议领导干部的暂行办法》。1997年，华东电力工委召开职代会民主评议干部工作会议，交流、推广和总结职代会民主评议领导干部的经验，加大了民主评议监督工作的力度。

3. 集体合同制度

1996年，华东电力工委试点推行集体合同制度，召开专题工作会议，重点推广江苏省电力系统经验，为各单位提供指导和参考。是年，华东电力系统有77个企业签订了集体合同。1997年，华东电力系统有138个单位实行集体合同制度试点。华东电力工委总结部分单位经验，在淮北电力技校召开全网教育系统签订集体合同座谈会，推动试点工作。1998年，华东电力系统有152个企业签订了集体合同。

4. 厂务公开制度

1999年，华东电力工委把推行厂务公开制度作为拓展职代会工作突破口，参与华东电力集团公司推行厂务公开制度指导小组工作，与集团公司纪检组联合发文指导工作，确立华东电力系统试点单位39个，稍后扩大至44个。先后召开部分试点企业领导座谈会和专题工作会议，加强工作指导。2000年，华东电力工委总结试点单位经验，对厂务公开的内容、形式、程序和标准作了规范，制定《华东电力企业厂务公开考核办法》，以华东电力集团公司推行厂务公开指导小组名义印发各单位；组织专题工作会议，交流总结、推动面上工作。是年，华东电力系统189个单位中有154个企业实行了厂务公开制度，占全网基层企业总数的86.2%。2001年，华东电力工委会同国电华东公司纪检组、省市电力工会和纪检组对全系统发电、供电、基建等15个企业厂务公开作抽样检查考核。问卷调查厂务公开知情率为92.6%，满意率达83.5%。此后，华东电力工委和国电华东公司监察专员办公室联合印发了《关于华东电力企业厂务公开检查考核工作的报告》。

（二）宣传教育

1991年，华东电力工委就职工思想政治工作在教育内容上要讲求针对性，方法上要讲求多样性，效果上要讲求实效性，召开华东电力系统职工思想政治教育工作交流表彰暨信息工作会议，表彰华东电力系统职工思想政治教育工作先进集体20个，先进个人101名，以及信息工作先进集体8个，先进个人9名。1993年，华东电力工委重点组织交流基层工会参与企业劳动、人事和工资三项制度配套改革经验，增强职工对改革的承受力，促进企业改革顺利推进；建立职工思想政治教育特邀联络员网络，定期组织研讨活动。1994年，华东电力工委组织劳模报告团华东分团赴三省一市作巡回报告，推动学习宣传劳模热潮，有75个单位共5000余人听讲。同时，下发《关于在职工中开展“四岗”宣传教育活动的通知》，通过树岗位形象，起岗位作用，尽岗位职责，比岗位贡献的活动与学劳模先进活动互相促进。1995年，华东电力工委首次召开华东电力系统工会思想政治教育工作电话会议，交流南通供电局等基层工会工作经验，表彰华东电力系统工会思想政治教育工作先进集体30个，先进个人58名。省市电力公司设分会场60多个，共900人参加。1996年，华东电力工委在全网和直属单位系统分别举办“敬业爱岗”演讲比赛，激励职工树理想、学榜样，争当“有理想、有道德、有文化、有纪律”的职工，推动以提高职业道德为主题的“四岗”教育。1998年，华东电力工委联合华东电力报社开展华东电力系统发、供、建企业班组职工职业道德暨电业优良传统知识竞赛活动，并编印学习资料，印发基层近万个班组，推动学习，班组参加竞赛面达90%以上。还组织了省市电力代表队决赛，扩大了企业精神文明建设影响面。同年，华东电力工委全委会表彰1996～1997年度华东电力工会思想宣传工作先进集体16个、先进个人22名。1999年，联合华东电力报举办“迎大庆、展风采”评选活动，评出“华东电业职工风采展示十佳个人”。年末表彰1998～1999年度华东电力系统工会思想教育工作先进集体22个、先进个人30名。2001年，表彰2000～2001年度华东电力系统工会思想教育工作先进集体23个、先进个人30名。2002年，华东电力工委决定在因特网上，建立华东电力工委网页，加强了工会宣传教育力度，扩大了工会信息交流面。

（三）劳动竞赛

1. 安全文明生产创水平达标竞赛

1991年，华东电力工委发出通知，提出有关工会系统推动安全文明生产创水平达标7项要求，组织开展“双达标”活动工会工作竞赛。同年10月，召开华东电力系统工会“双达标”工作座谈会，交流工会参与企业“双达标”活动工作经验，修订《关于工会组织参与“安全文明生产创水平达标”活动的若干意见》，以推动活动深入。1992年，华东电力工委、江苏省电力工会因积极参与企业“双达标”活动，受到水电工会全委会表彰。1997年，会同省市电力工会研究制定《华东电力系统劳动竞赛管理办法（试行）》，并与行政联合发文推动竞赛管理规范化、制度化。会同有关部门举办30万千瓦机组机电炉主值班员技术操作比赛，10个参赛队40名选手参加，有19名选手获高级工证书。2002年，会同有关部门商定，把公司本部组织的原有竞赛项目从23个精简调整到15个，健全各项目实施办法，使竞赛管理逐步规范化，提高竞赛的有效性。1999年，华东电力工委会同行政召开华东电力系统“百佳”班组交流表彰会，树立典型，促进了班组建设。2001年，华东电力工委根据国家电力公司和国电华东公司党组有关“电力市场整顿”和“优质服务年”活动要求，积极动员职工投入“优质服务年”活动，广泛宣传发动、落实贯彻措施，注重竞赛活动创新，深化优质服务主题。经调查总结，向公司党组提交书面报告，组织了表彰先进工作。

2. 500千伏变电站竞赛

1991年，在总结、交流、评比1990年度华东电网500千伏变电站竞赛情况的会议上，对7个500千伏变电站进行了评比。华东电力工委会同行政提出争取500千伏变电站竞赛全部获优胜的要求。500千伏变电站站工会根据上级要求加强了参与竞赛的力度。2001年，华东电力工委会同行政对全系统500千伏变电站值班人员进行应用理论技术操作考试和比赛，有19个变电站304人参赛，推动了500千伏变电站值班人员“学习技术技能，保障电网安全运行”活动的开展。

3. 同类型大机组竞赛

1992年，华东电网大机组竞赛工作会议召开，交流竞赛经验，调整评比条件，明确主攻方向，表彰优胜单位，促进机组安全稳定经济运行。会议还决定，自1993年起，华东电力工委组织60万千瓦机组劳动竞赛，12.5万千瓦机组劳动竞赛由各省市电力公司工会自行组织。1997年，在20万千瓦以上大机组竞赛评比中，华东电网有51台机组为1996年度获奖机组。1998年，召开华东电网大机组技术交流暨竞赛颁奖大会，表彰20万千瓦以上优胜机组60台次，其中特等奖31名、一等奖14名、二等奖8名、三等奖7名。

4. 同类型大机组基建对口竞赛

1992年，由能源部、水电工会全委会牵头组织，涉及华东、东北网省公司的、时间长达4年的常熟、铁岭4×30万千瓦机组基建对口竞赛正式签约开展。同年8月，在辽宁铁岭电厂召开第二次会议，研究落实竞赛具体考评工作。1995年，对常熟、铁岭30万千瓦机组对口竞赛作检查总结。常熟电厂新建机组在安全文明施工、经济效益、工期与质量方面均取得同类型机组施工最好水平。对华东电网第五批同类型投产机组对口竞赛和同类型大机组竞赛也同时进行了检查评比。1998年，华东电力工委会同有关部门对外高桥电厂4号机组基建移交生产达标进行复查，并通过验收，在全网12台30万千瓦机组中名列第一。同时修订了20万千瓦以上机组劳动竞赛评比办法和50万伏变电运行、设备管理竞赛办法，重订了环境保护同业务竞赛评比条件及直属单位消防工作竞赛评比办法。2000年，华东电力工委会同行政对第七批60万千瓦机组对口竞赛考评，参与扬州第二发电厂2号机组基建移交生产达标验收考核。

5. 电费回收同业务竞赛及合理化建议活动

1995年后，华东电力工委会同行政开展电费回收检查评比竞赛活动收到一定成效，使1995～2000年的部属企业电费回收基本结零。2000年，工会系统配合行政抓电费回收合理化建议活动，据不完全统计，供电企业收集电费回收合理化建议3000多条，采纳实施1000多条，取得了一定成效。

（四）劳动保护

1. 粉尘治理工作

1991年，华东电力工委会同公司行政召开华东电网粉尘治理第四次经验交流表彰会议，表彰12个达标单位、11个先进集体和32名先进个人。至此，全网28个大中型发电厂中已有26个电厂达到国家和能源部提出的治尘标准。1996年，会同有关部门修订煤尘治理考核办法，先后对9个电厂进行治理达标检查和复查，全网所属30万千瓦及以上机组火电厂有18家电厂治尘达标基本完成。1999年，会同有关部门对2个大型火电厂进行治尘达标复查，并协助制定《粉尘综合治理考评细则》，推动实施《华东电力行业尘肺病防治实施细则》，与基建单位配合做好新机组投产前后治尘达标工作。会同公司行政联合召开华东电网第六次粉尘治理工作会议，交流经验，总结部署工作，表彰治尘工作先进单位9个、先进个人27名。华东电网57个火电厂中有54个治尘达标，30万千瓦及以上机组火电厂治尘全部达标。

2. 群众安全生产工作

1992 年，华东电力工委召开工作会议，总结交流工会参与企业改革和加强群众安全生产经验。大力推进“群防群治”，确保安全施工和安全经济发供电，协助行政采取切实措施，迅速扭转人身伤亡事故频发的被动局面。华东电力工委向全网各企业工会发出《关于加强当前群众安全生产工作的通知》，并召开部分单位工会劳动保护工作座谈会，研究拟订工会劳动保护监督检查意见。

1993 年，华东电力工委通过对北仑电厂事故调查，向省市电力工会和直属单位工会通报情况，提出工作要求，并制订《华东电力工委劳动保护安全工作监督检查暂行规定》（简称暂行规定）。与此同时，上海市电力局工会组织观看安全教育录像，对照讨论，提出整改措施；江苏省电力工会开展以查设备和人身事故隐患为重点的安全大检查和反习惯违章专题讨论活动；浙江省电力工会提出“四查四新”要求，发出《关于要求各级工会紧急行动起来，全力以赴配合行政采取坚决有效措施，杜绝重大恶性事故，进一步确保电力安全生产的通知》；安徽省电力工会制订实施“事故隐患通知送达制度”；上海电力建设局工会积极参与施工现场“四查一整改”检查活动。

1994 年，华东电力工委推广徐州电业局党政工团齐抓共管安全生产经验和上海电力安装第二工程公司加强对外包工、临时工安全教育管理经验，表彰工会劳动保护工作先进集体 24 个，先进个人 91 名；继续推动实施《暂行规定》，扩大试点单位。同年 12 月，华东电力工委参与了射阳电厂工地 6000 千伏断路器操作重大事故的调查。

1995 年，华东电力工委协助中国水利电力工会全委会在华东电网系统有关单位召开干部群众座谈会，调研《劳动法》贯彻情况，总结推广经验。华东电力工委在第 20 次常委会上研究提出有关工会参与劳动合同制工作意见，发文至省市电力工会；召开深化劳动制度改革座谈会，总结交流省市电力工会和 17 个试点单位工会的工作经验。组织劳动保护对口检查交流，推广上海市电力局工会执行事故处理一年后回访制度，上海电力建设局劳动保护工作联网管理和全口径管理，江苏省电力工会实行工会主席安全生产责任十到位标准等经验，并将实施《暂行规定》的试点单位扩大到 25 个。

1996 年，华东电力工委制订了《华东电网发供电系统工会小组劳动保护监督检查员工作要求》、《华东电力系统基层工会劳动安全卫生工作责任制》；召开工会安全生产劳动保护总结表彰会，推广上海电力系统劳动保护“绿十字”活动，江苏电力系统职代会安全生产工作委员会巡视制度等经验；表彰华东电力工会劳动保护工作先进集体 21 个，先进个人 58 名。

2001 年、2002 年，共组织两期工会劳动保护干部培训班，开展省市电力公司之间劳动保护工作互查互学活动。2002 年，表彰华东电力工会劳动保护工作先进集体 23 个，先进个人 58 名。

（五）生活、女工工作

1. 群众生活工作

1991 年，华东电力工委会同行政召开华东电网生活后勤工作座谈会，制订全网生活后勤工作的工作措施和目标，开展生活后勤同业务竞赛，争取 3～5 年时间达到能源部规定的标准。会议组织参观镇海发电厂、北仑发电厂和浙江省火电建设公司生活设施，进行了工作总结交流。会同行政召开直属单位生活后勤劳动竞赛 1990 年度总结表彰会，表彰先进单位 15 个，并修改了竞赛条例。同年，华东电力工委会同行政赴三省一市慰问受灾严重的发电厂、供电局、变电站和抗洪救灾电力职工，向望亭发电厂及工会发了慰问电。

1993 年，通过调研，总结基层工会兴办各类企事业的经验，制订印发了《华东电力系统工会企事业工作管理条例》，并召开全系统工会企事业工作会议，加强面上指导和沟通。至此，全网工会兴办各类企事业超过百个，职工技协 56 个，年总产值 5210 万元，安置富余人员 1111 人，安置待业青年 205 人，减轻了企业和社会负担。

1995 年，华东电力工委组织上海地区直属工会 600 人参加“中信杯”养身保健有奖知识竞赛。华东电力工委获优秀组织奖。是年底，全系统工会三产和技协达 194 个，总产值约 1.2 亿元，利润 24 万元，分别比两年前增长 140%和 25%。

1997 年，在广泛开展“送温暖”活动及社会扶贫帮困工作中，华东电力工委受华东电力集团公司党组委托，资助电力部尘肺病疗养院 20 万元，并坚持多年。资助浙江电力系统受水灾困难职工 10 万元，上海市、江苏省、安徽省电力工会也对其作了支援。据不完全统计，全网 171 个单位共走访 44592 名退病残和困难职工家庭，送去慰问金和慰问品 842.11 万元。9 个直属单位 1076 名职工得到帮助和关心，慰问金达 45.98 万元。1998 年，华东电力系统在抗洪救灾中掀起赈灾捐款热潮，据不完全统计，捐款 2546.64 万元，捐衣被 39.48 万件；华东电力工委年初拨款 54 万元，年底再拨款 80 万元，对困难职工帮困解难，推动了“送温暖”活动开展。三省一市电力局、上海电建系统和直属单位“送温暖”金额达 1120 万元，受益职工 56800 人。同年，华东电力系统有 13 个企业工会和 25 名工会干部被水电工会全委会评为电力系统工会生活保障工作先进集体和先进个人。1998～2000 年，华东电力工委帮困拨款共 262.1 万元。

2. 女职工工作

1991 年 12 月，成立华东电力工委女职工工作委员会，领导直属单位工会开展女职工工作和活动。1995 年，召开全网系统女职工工作会议及直属单位庆祝“三八”妇女节大会，表彰直属单位“三八红旗手”13 名。1997 年，华东电力工委女职工委员会成立，大会总结交流全网女职工工作情况，发表论文 16 篇，表彰先进女职工工作委员会 15 个，先进女职工 39 名，优秀女职工工作者 25 名。1998 年，华东电力工委开展了华东电力系统文明新风家庭评选，并召开华东电力系统“文明家庭建设”交流研讨暨表彰会，表彰文明新风家庭 50 个，评选交流调研报告和论文 11 篇。1999 年，组织全系统和直属单位女工干部开展课题调查，撰写论文，拓宽工作思路。2001 年，召开直属单位女职工工作交流表彰会议，表彰先进女职工 18 人。2002 年，华东电力工委女职工委员会组织直属单位女职工参加女职工法律法规保障工作调查和《劳动合同条例》培训，开展了“争当学习型女职工”评选活动。

第二节 共青团和青年工作

一、隶属关系调整

1991年7月31日和8月1日，共青团上海市委员会批复和函复共青团上海电业委员会和中共华东电业管理局党组，同意上海电业各系统团的组织隶属关系等调整：撤销共青团上海电业委员会建制，组建共青团上海市电力工业局（市电力公司）委员会；原共青团上海电业第六届委员会委员、书记和副书记分别改任共青团上海市电力工业局（市电力公司）第六届委员会（累积计届）委员、书记和副书记；组建共青团华东电业管理局（联合公司）直属委员会并将自上海电业团委中划出的华东电管局机关、华东电力设计院、华东电力试验研究所、华东电管局干部学校等单位的团组织隶属关系归属华东电管局直属团委领导；华东电管局直属团委和共青团上海电力建设局委员会的组织隶属关系归口团市委。

二、主要活动

华东电力系统各级党组织高度重视青年工作。1991上半年组建了华东电管局（公司）直属团委，11月成立青工处。同年，局（公司）党组发出《关于加强青年工作的意见》。华东电力系统的团员青年工作，始终坚持教育广大团员青年要懂得马克思主义的基本原理，努力掌握其精神实质；树立正确的人生观、价值观、道德观；引导广大团员青年学知识、学科学、学技术，提高全心全意为人民服务的本领，为社会主义现代化建设贡献自己的聪明才智；根据团员青年的特点和需要，在团员青年中广泛开展“争优夺杯”竞赛活动，开展岗位练兵，业务培训，全面提高青年职工的素质。广大团员青年在企业两个文明建设中发挥了生力军、突击队的作用。

1991年11月，华东电管局（公司）党组召开了华东电业系统青年工作会议，并作出关于加强青年工作的决定，部署在华东电业系统开展“争优夺杯”竞赛活动。1992年，以纪念中国共产主义青年团建团70周年为契机，华东电管局（公司）青工处、直属团委组织了“伟大的共产党，光荣的共青团”知识竞赛，开展了“争当华东电业优秀青年，夺取建功立业光明杯”的竞赛活动；围绕电力生产建设中心，以建功育人为宗旨，开展技术比武、岗位练兵和“五小”活动。同年，华东电管局（公司）获中电联和全国水电工委“争优夺杯”组织奖；全网有8个基层单位分别得到了发、供、建三个系列的奖杯；有2人获“全国电力优秀青年标兵”、20人获“全国电力优秀青年”、6人获“全国电力优秀青年工作者”称号。在整个授杯获奖名额中，华东电网所占的比例居全国五大电网之首。1993年，以纪念毛泽东“向雷锋同志学习”题词30周年为契机开展岗位学雷锋，行业树新风系列活动。通过学习宣传先进典型和先进人物的事迹，弘扬了奉献精神。同时围绕企业“三改”，探索新形势下团员青年工作的新方法。局（公司）直属团委和青工处针对青年知识分子中存在的热点问题编印了《青年状况调查问卷》，了解掌握青年职工的思想动向。

1994年，为响应电力部读书活动办公室的号召，在全网青年职工中开展“读好书”

活动。同年11月，电力部召开读书活动表彰会，望亭发电厂、上海宝山供电所等9个单位被评为先进集体。同时各级团员青年组织引导青年职工学习《邓小平文选》三卷。举办了《邓小平文选》三卷和四大体制改革团干部培训班。1995年，全网各级共青团组织广泛开展"争优夺杯"立功竞赛、"三学"（学知识、学科学、学技术）、"求知、成才、贡献"等各类适合青年特点的系列活动。华东电管局（公司）对在"三学"活动中的先进集体和个人进行了表彰。一大批青年同志被光荣批准加入了中国共产党。1996年，华东电管局（公司）按照电力部党组的要求，成立了包括政工、管理和生产等十多个处室负责人参加的"青年文明号"、"青年岗位能手"活动领导小组，落实、推动以"号""手"活动为主要内容的全网青年工作。华东电管局（公司）对全网青年职工在"学知识、学科学、学技术"活动中涌现出来的10名"三学状元"和10名"三学先进集体"进行了命名表彰，同时，围绕加强青年职工队伍的思想道德建设开展调查研究，编写了《电力青年职工队伍的现状和发展》的论文。1997年，召开在沪直属单位团员青年纪念五四座谈会，着重围绕在"电力走向市场"的新形势下，就青年如何岗位成才问题进行座谈交流。同时还组织了"知我香港、爱我中华"的教育活动。同年，进行了华东电力系统10个青年文明号、10位青年岗位能手的申报评审工作；对在全网30万千瓦机组主值班员技术操作比赛中成绩优异的5名青年授予"华东电力集团员青年年岗位能手"称号，并在全网政工年会上进行了表彰；协调省（市）电力公司做好全国青年文明号和全国电力系统创建青年文明号示范单位的申报工作。同年，公司企业政治工作处发出《关于加强华东电力集团员青年年文明号动态管理的通知》，就进一步加强动态管理，提高活动质量提出了管理办法。

1998年，继续抓青工队伍的思想道德建设。通过学党章、学理论活动，做好"推优"工作。同年，华东电网涌现出15个国家级青年文明号、3位国家级青年岗位能手、10个华东电力集团级青年文明号、14位华东电力集团级青年岗位能手。这一活动成为凝聚青年敬业爱岗的一个载体。1999年，各级团组织重点围绕纪念"五四"运动80周年和其他喜庆活动，在团员青年中开展丰富多彩的教育活动。组织了"跨世纪的华东电网——紫琅杯青年知识竞赛"，活动历时两个月。2000年举办了"网络·青年·跨世纪"展示活动，以多媒体形式发布18篇论文，介绍5家团员青年网站。就如何认识网络对电力青年和电力青年工作带来的影响，如何趋利避害，运用网络做好青年工作这一课题开展了交流。

2001年，推动"号""手"活动向制度化、规范化和实效化发展，开展了技能登高、导师带徒等活动。同年，华东电力系统共有4家单位荣获全国青年文明号称号。为拓展青年"号""手"活动的内涵，开展了青年创新创效活动，举办了国电华东公司"青年安全生产示范岗"活动、青年岗位技术练兵、青年科技成果评选和技能培训等活动。涌现出了不少先进青年，其中有2人被评为上海市新长征突击手，1人被评为上海市"学李斌"先进个人，1人被推荐为国家电力公司首届管理创新奖候选人。2002年，华东电管局（公司）直属团委运用报告、研讨、座谈、表彰、展览等形式，纪念建团80周年，开展"青春光明行"系列活动，其中对浙江桐庐钟山乡包家山村的扶贫帮困活动，捐赠34万余元的资金和物资设立了"青春光明基金"，引起了社会热烈反响，先后被《解放日报》等7家省级以上报刊予以报道。同年，继续开展创建"青年安全生产示范岗"、技能登高、导师带徒等活动，华东电力调通中心调度处和华东电力试验研究院发电部被评为上海市首届“青年安全生产示范岗”。华东电力系统5家单位的集体荣获了全国青年文明号，望亭发电厂团委荣获“国家电力公司五四红旗团委”称号。在直属团委组织开展的青年岗位技术练兵、科技成果评选和技能培训等活动中，先后有5人次被评为国电公司优秀团干部和优秀青年。

第三节　学会与协会

一、华东电力企业管理协会

华东电力企业管理协会成立于1983年12月，挂靠在华东电业管理局，是由华东地区的电力企业、事业单位以及从事企业管理、热心学习和探讨电力企业管理的个人自愿组成的群众性、学术性团体。其宗旨是面向华东地区电力行业，为企业服务，努力团结热心从事企业管理的同志，积极开展电力企业管理理论、制度、技术、方法和经济政策的调查研究，介绍国内外先进的企业管理经验，探索华东电力企业管理现代化的途径，为提高企业科学管理水平，提高企业经济效益，加速电力工业发展服务。

华东电力企业管理协会承认中国水利电力企业管理协会章程，并作为团体会员参加中国水利电力企业管理协会。

华东电力企业管理协会首届理事会会长于光，副会长张亚圣、钦乙俊、周公辅、彭肄、李旭；第二届理事会名誉会长于光，会长张亚圣，常务副会长陈维恒；第三届理事会会长张亚圣，常务副会长徐航；第四届理事会会长王根和，2002年8月因公司领导调整分工，改由周永兴担任会长。薛钟甦、陈文贵、张蔚文、李炜、华林裕、顾智鹏、庄虎卿、吕美宣、陈文庚、施明融、寇士清、钱发龙、杨宁生、刘顺达、施申新等领导曾先后担任过华东电力企业管理协会第二、三、四届副会长。

根据中国水利电力企业管理协会的模式和要求，华东电力企业管理协会同华东电力设备管理协会、华东电力质量管理协会、华东电力施工管理协会（后改为华东电力建设管理协会）也实行“四块牌子，一套班子”。

华东电力企业管理协会下设办公室、编辑部、培训部、咨询部等一部三室，并按专业成立若干专业协会。各专业协会自拟调研课题，开展学术活动，并负责组织、审查、选定、推荐年会的学术论文。先后成立的专业协会主要有：华东电力机械制造企业（质量）管理协会、华东电力通信管理协会、华东电力设备诊断协会、华东水电厂厂长工作研究会等。

华东电力企业管理协会注重紧紧围绕行政中心工作，遵循“服务、交流、研究、提高”的协会八字方针，主动当好参谋助手，在华东电业管理局指导下，积极开展活动，从前瞻性出发提出大量的探索性建议，为企业开展咨询服务。例如，研究了美国、英国、西德、日本等国家电力企业管理体制，撰写了《望亭发电厂综合公司企业管理改革建议》，还拍摄了《改革之路》，获部录像评比一等奖，进一步推动了该厂兴办第三产业，引起了电力系统的极大反响；在贯彻厂长负责制时期，撰写了《论厂长决策》、《厂长要处于中心地位、起中心作用》；在探讨电力企业自我发展时，撰写了《城市集中供热热价改革方案的建议》；在探讨电力发展规划时，组织撰写了《近几年来出现低电力弹性系数的原因分析》；在开展多种经营时期，提出了《粉煤灰的资源化和商品化》；在加强公司管理中，撰写了《对上海电力建设大型施工机械集中管理的建议》、《关于对发电设备可靠性指标制订上等级定额的探讨》、《关于华东电网燃料管理一些情况调查、问题探讨及建议》、《关于供电企业经济体制改革的探讨》、《对发电厂经济管理体制的探讨》等论文和建议。

华东电力企业管理协会编辑出版《华东电力企协动态》和《华东电力企业管理资料》，自 1985 年 3 月起合并为《华东电力企业管理》，作为电力企业管理理论学术交流探讨园地。1988 年开始改为双月刊，每期印 2000 本，在华东三省一市电力系统发送。其中，不少文章被《水利电力企业管理》、《上海企业》、《电力建设》等刊物转载；许多文章被评为优秀论文。除刊物外，还编辑、翻印了几十本企业管理书籍。

华东电力企业管理协会不定期举办各类培训、讲座，重点推动全面质量管理、价值工程、设备诊断、计算机辅助企业管理等新技术、新思想在电力企业中的运用。其中有会同中国水利电力企业管理协会先后联合举办全国电力系统为期 20 天的现代设备维修研讨班 3 期，由宝山钢铁总厂介绍从日本引进、经过消化移植和创新的设备维修点检制；举办为期 45 天的全国水利电力企业管理咨询业务研讨班二期，请上海市企协咨询部和华东电管局干校组织授课，经理论学习、咨询实习、严格考试，最后颁发结业证书。请上海高桥石化公司炼油厂项善秋介绍英国 FURMANITE 不停机带压堵漏技术，推动在上海地区设立带压堵漏维修站；请华中水利电力学院研究生院院长、瑞典皇家工学院博士刘晨晖，用 70 个学时为华东电力系统讲解其撰写的《投资的经济决策与盈亏分析》。

华东电力企业管理协会先后组织过企业管理优秀奖、优秀企业、优秀厂长（经理）、企业管理优秀论著、优秀质量管理小组、质量管理优秀推进者、企业管理创新成果等奖项的参评组织工作，并获得优异成绩。

华东电力企业管理协会还承华东电管局和有关上级的委托，编写了《当代中国的电力工业》第十八章“华东电网部分”，组织编写了《上海经济区工业概貌》电力卷和《电力工业词典》“管理词条”部分等正式出版书籍。

自第二届理事会后，华东电力企业管理协会和华东电管局企业管理处开始合署办公，领导逐步实行双重任职，华东电力企业管理协会年会和企业管理工作年度大会亦合并召开，协会工作的重点渐渐转为协助行政推动企业升级、达标和创一流等活动。

1998 年 10 月 25 日，国务院颁布新修订的《社会团体登记管理条例》，对跨行政区域的社会团体加以限制。自 2003 年 6 月 6 日民政部发布取消公告之后，华东电力企业管理协会未再办理重新登记手续，自行转为企业内部的群众性、学术性团体，对内负责公司本部、直代管单位社团组织的管理工作和参加上级协会有关评优活动的组织工作，对外做好与其他协会间的日常联络工作。

二、上海市电机工程学会

上海市电机工程学会成立于 1934 年。

学会支持单位是上海电气（集团）总公司、华东电管局（公司）、上海市电力公司、上海电力股份有限公司、中国华能集团公司华东分公司。拥有中高级科技人员个人会员5000余人，其中，高级会员300多人，单位团体会员40余个。学会设理事长1人，副理事长7～8人，理事70余人（内常务理事20余人），秘书长1人，副秘书长3～5人。

江泽民同志曾是该学会第三届理事会副理事长。1994年学会成立60周年时，时任中共中央总书记的江泽民同志为学会题词："发挥学会特色，促进上海建设"，勉励学会为建设上海作出更大贡献。

学会拥有以中国科学院汪耕院士、中国工程院黄崇祺院士为代表的一批学科带头人。

电力系统钱忠伟、胡永钫、刘维烈、薛钟甦、陈开庸等人曾先后担任该学会七、八、九届理事会副会长。

学会下设4个工作委员会和20个专业委员会。学会主办的刊物《电世界》，在国内外公开发行，年发行量70万册左右。

学会每年举办各类学术活动，包括开展与国外学术团体的学术交流。每一届学会理事会都组织数次较大规模的学术活动。

学会特色是围绕组织电机工程重大课题开展学术研讨。2000年，上海市科技协会举办科技论坛时，学会承办了"面向21世纪的上海电力发展战略"研讨会。组织专家对面向21世纪的上海"电源规划"、"配电系统规划"和"输电系统规划"展开研讨。供用电专委会和上海市电力公司有关部门配套组织了以"迎接21世纪的供用电"为题的技术研讨会。学会和上海电气集团联合举办了"上海电气2000年科技论坛"，许多院士、专家在论坛上作了学术报告。

学会还先后和许多国家、地区的电机工程学术团体，包括美国IEEE、日本电机协会及香港工程师学会电机部等开展了友好合作，邀请了几十个国家的专家学者来沪讲学、交流。同时在国内也发展了横向联系，建立起了华东六省一市电机工程（电力）学会联席会议制度，并承担主办一年一次的华东六省一市电机工程（电力）学会输配电技术研讨会，成为学会的品牌项目，多次得到中国电机工程学会和上海市科技协会表扬。

从七届理事会后每隔5年，亦即每届理事会任期内举办一次大型学术年会，并形成了制度。1991年，学术年会的主题是"科技进步与九十年代的上海电机工程"；1996年学术年会的主题是"从20世纪90年代迈向21世纪的上海电机工程"；2001年学术年会的主题是"以新世纪上海电机工程的技术创新迎接WTO的挑战"。

三、华东电力职工思想政治工作研究会

华东电力职工思想政治工作研究会（简称华东电力政研会）于1985年9月成立，原称华东电业管理局职工思想政治工作研究会，1991年改为现名。是中国电力职工思想政治工作研究会团体会员，华东电力系统研究职工思想政治工作的群众性团体，受华东电管局（公司）党组领导，是局（公司）党组在思想政治工作方面的参谋和助手。政研会理事会设名誉会长1人，会长1人，副会长若干人，秘书长1人，副秘书长若干人。第一届华东电力政研会名誉会长黄宇齐，会长姜培彬，副会长陈克家、王根和等5人，秘书长赵珏；第一届理事会由27人组成。1993年，陈文贵任会长；2002年，周永兴任会长。华东电力政研会下设党建、理论和青工三个学组。

政研会的主要活动内容为组织学习、研究有关思想政治工作方面的资料，开展调查研究；召开研究讨论会，总结、交流、推广职工思想政治工作的研究成果和实践经验，征集学术论文等。政研会刊物为《华东电业》，内部发行。

至2002年，华东电力政研会共召开了14次年会。2002年，华东电力政研会获中国思想政治工作研究会颁发的“全国优秀政研会”奖，也是国家电力系统唯一一家获此殊荣。同时获“上海市工业系统2001～2002年度先进政研会”奖。

1991～2002年，华东电力政研会先后就市场经济形势下，电力企业职工的思想状况、党群关系、干群关系等新情况、新问题，进行调查研究，听取党员、干部和职工的意见和建议，经分析研究，先后写成《党组织的政治核心作用是华东电力企业健康发展的根本保证》、《关于当前思想政治工作状况的调查报告》、《当前干部职工思想状况的分析及对策建议》等。

其间，华东电力政研会调研了班组安全思想教育的途径、形式和做法，并召开班组安全生产思想教育现场会。组织了第二次以反映企业形象、职工素质、内部管理为内容的电视片评比和研讨活动。华东电力政研会和望亭发电厂团委共同撰写的《新时期企业青年职工思想动态与分析》一文，被中国职工思想政治工作研究会第九次年会评为优秀政工研究成果。1996年，望亭发电厂获“全国电力优秀思想政治工作研究会”称号。

党建学组先后就如何加强电力企业党委领导班子建设、加强电力企业机关党的建设等问题开展调查研究，并不断总结、交流经验。理论学组举办学习邓小平理论和中共十四大、十五大精神交流会，召开“创建学习型企业”研讨会，交流理论学习体会，推广理论学习经验，促进企业理论学习深入。青工学组组织《青年安全生产示范岗》现场交流会，举办华东电力“网络·青年·跨世纪”活动，撰写的《电力走向市场职工思想调查报告》一文，获中国电力职工政研会青工学组一等奖。

四、华东电力会计学会

华东电力会计学会是中国会计学会电力分会的团体会员，业务上受其指导。

华东电力会计学会所属直属企业会计学会挂靠于上海市会计学会，作为上海会计学会的分支机构，全称为上海市会计学会华东电力直属工作委员会，有个人会员136人。团体会员8个：华东电力金融分会、华东电力总会计师研究会、上海市电力会计学会、江苏省电力会计学会、浙江省电力会计学会、安徽省电力会计学会、福建省电力会计学会、上海电力建设会计学会。

肖桐庆任理事会会长，龚绍培、桂庆鲤、冯新卫先后任秘书长。学会刊物为《华东电力财务与审计》，内部发行。

学会坚持学术研究为电力财务服务的原则，受行政委托，做了不少工作。根据世界银行要求，天荒坪抽水蓄能电站建设借用外资，需要附有华东电网有关电价资料，学会经过努力，如期提供了华东电网管理核算体制、资产、负债、成本的现状、华东电网电价现状、我国电价改革政策趋势、投资体制等调查资料。完成了中国会计学会电力分会指定的《电网商业化运营中的电价》课题研究。结合华东电力建设项目投资大、工期长的实际，为避免决策失误而造成经济损失，撰写了《加强建设项目财务评价管理办法》。配合会计制度改革，撰写了《会计核算办法》、《成本管理办法》等。

学会在接办咨询业务方面提出过多项有价值的研究成果。如《燃料计划价格测算》、《电价改革意见》、《会计基础工作改进意见 200 条》、《关于电力行业横向联合财务管理实施办法》、《电力市场中的电价改革》、《中国华东电力集团公司固定资产管理办法》、《中国华东电力集团公司流动资产管理办法》、《中国华东电力集团公司资金管理办法》、《固定资产目录修订》、《电力工程评价管理办法》、《审计工作文件选编》等。

学会十分重视宣传、普及现代化财务管理新知识。每年组织各个层次的财会业务培训班，对提高华东电力财会人员的政治素质、业务能力等起到了积极作用。

五、中国监察学会电力分会华东电管局支会

1995 年 4 月，中国监察学会电力分会华东电管局支会成立，陈文贵任名誉会长、刘汉生任会长，李光伦任副会长兼秘书长。

2001 年 8 月，中国监察学会电力分会国电华东公司支会进行改选，李树林任会长，李光伦任副会长兼秘书长。

1995～2002 年，结合不同时期的工作实际列出理论研讨课题，并召开了 9 次理论研讨会，研讨交流 111 篇论文，评出一等奖论文 14 篇，二等奖论文 30 篇。支会每年向中国监察学会电力分会推荐 2～3 篇优秀论文，共获一等奖 6 篇，二等奖 4 篇，三等奖 4 篇。其中《目前企业领导干部党内监督的问题与对策》、《强化对企业“一把手”的监督》、《关于坚持民主集中制原则，落实“三重一大”规定的几点思考》、《堵疏结合治理“小金库”》等论文，均获电力分会论文一等奖。

1998 年，该支会成为上海市监察学会会员单位。至 2002 年，有 8 篇论文获奖，其中 6 篇论文在会员大会上交流获得好评，5 篇论文被收入《上海企业工作实践》、《论廉政监督》、《源头治腐实践与研究》等公开发行的刊物或书籍中。1998 年，论文《目前企业领导干部党内监督的问题与对策》一文，刊登在由中国监察学会、中纪委、监察部、纪检监察研究所合办的刊物《研究参考》第 2 期上。

1999 年，承担中国监察学会对华东电力集团公司党风廉政建设情况调研课题。在电力部纪检组领导的指导下，组织调研了华东电网 16 个单位，召开座谈会 28 次，188 人参加，个别访谈 90 人，向 67 个单位发问卷 2850 份，回收 2778 份，历时 20 余天，撰写了《关于华东电力集团公司党风廉政建设情况的调研报告》，荣获全国纪检监察系统优秀调研报告三等奖。

六、华东电力企业多种经营协会

华东电力企业多种经营协会是华东电力系统多种经营企业和从事多种经营管理的工作者、学者，为促进华东电力系统多种经营事业的发展、自愿组成的社会团体。协会接受华东电管局（公司）指导，为各省市电力多种经营企业提供服务。周祥根任协会第一届理事会名誉会长，张亚圣为会长，三省一市电力局和上海电建局等五位副局长为副会长。协会有团体会员 27 个，个人会员 45 名。

协会设立秘书处，同华东电管局（公司）多种经营办公室合署办公，会刊为《华东电网多种经营信息》。协会成立后，积极开展多种经营学术研究活动，先后共收到论文268篇，其中《关于电力系统多种多种经营在电力工业中战略地位问题的研究》、《电力多种经营企业资金筹集与使用问题的研究》、《电力多种经营企业的财力开发战略》、《市场经济与电力多经企业发展》、《在市场经济中如何大力发展多种经营》等16篇被中电联评为优秀论文。其间，还与上海电力学院合作，以常熟发电厂多种经营为基本研究对象，探索华东电力企业多种经营发展规划和走向，并将此研究成果汇编成册。

1998年10月25日，国家颁布《社会团体登记管理条例》。经国家经贸委会同民政部、国家电力公司研究，电力系统保留中国电力企业多种经营协会，各区域电网公司多种经营不再组建跨省、市的行业协会组织。自此，华东电力企业多种经营协会不再办理重新登记手续，1999年起终止了日常工作和各项活动。

七、华东电力文学艺术协会与华东电力体育协会

华东电力文学艺术协会与华东电力体育协会是华东电力系统广大职工从事文艺创作、开展文艺活动和开展体育活动、举办体育比赛的群众性组织，在同级行政、工会领导下开展工作并接受上级文协、体协的指导。张亚圣、陈警众、王根和、陈文贵等先后任体育协会和文学艺术协会理事长。

协会本着因地制宜、形式多样，勤俭办事业，活跃职工文化生活，促进电力生产建设发展的原则，在全系统组织了一系列带有动员和示范效应的比赛和活动，推动基层企业群众文体活动的开展。

（一）*群众体育活动*

曾先后组织6届电力职工桥牌比赛，上海电力队获第三届（1991年）桥牌赛冠军，华东电管局（公司）老干部队获体育道德风尚奖，安徽电力队连获四、五两届桥牌赛冠军；华东电力体协组队参加中国电力体协“华能杯”桥牌赛，1995年获团体第三名，1999年、2002年连获团体冠军。1995年，在华东电力职工第二届羽毛球比赛中，江苏电力队夺取冠军。其间，华东电力文体协会还先后组织电力职工太极拳、太极剑比赛，武术、器械、硬气功和健美操表演，篮球、足球、乒乓球等比赛。承办了中国电力体协在上海举办的中国电力第一届“旗忠杯”足球邀请赛；承接了中国电力体育代表团参加在上海举办的第八届全国运动会的接待、啦啦队任务，为电力体育代表团在全运会上“保旗争分”、实现零的突破作出了贡献。

（二）*群众文艺活动*

1994年，承担中国电力摄影协会组建任务，举办了全国电力摄影展和华东电力书画摄影艺术作品的展览。组织参加电力部第一届“电力杯”新闻专题科教电视片评审推荐及全国电力文学大奖赛作品选送和文艺演出录像选送，并获大奖赛优秀组织奖。召开华东电力文学艺术协会理事会会议，部署了工作。1996年，受中国电力文协委托，组织电力摄影协会创作活动，并成立了华东电力书法、美术、摄影、音乐舞蹈、文学创作等五个协会。1997年，组织直属单位“迎回归”国防知识竞赛；组织“爱祖国、迎回归”书画摄影展览；在安徽电力文协协助下，举办了华东电力系统声乐大赛。华东电力文协还组织了摄影采风活动、文学作品创作和征集活动等。1999年，编辑出版了华东电力职工书画摄影集《画影墨缘》、文学作品创作集《播撒光明》和电力企业歌曲集《华电赞歌》，反映了华东电力改革发展和职工的精神面貌。2001 年，组织华东电力职工“歌颂祖国、歌颂党”演讲比赛。2002 年，举办庆祝中共建党 81 周年“七一歌会”；华东电管局（公司）机关春节职工联欢会；组织华东电力职工书画摄影及文艺创作作品征集评选，出版了华东电力职工书画摄影集《画影墨缘》第二辑。

人　　物

人　物

一、局级领导干部简历

周祥根　1933年3月生，浙江宁波人，中共党员，教授级高级工程师（以下简称高工）。1953年毕业于上海电业学校。历任上海线路管理所地缆工区技术员，上海供电局用电科副科长，闵行电厂电气车间主任、政治处副主任，华东电管局燃料供应站党总支副书记，金山热电厂筹建处主任，吴泾热电厂党委副书记、厂长。1981年3月任华东电业管理局副局长。1982年1月兼任华东电力建设局局长、宝钢电厂工程指挥部指挥。1983年6月～1993年7月任华东电业管理局局长、党组书记。1988年12月任中国华东电力联合公司总经理。1991年6月任中国华东电力联合公司党组书记。1992年12月～1993年7月任中国华东电力集团公司总经理。

钱忠伟　1938年11月生，浙江镇海人，中共党员，教授级高工。1962年毕业于清华大学。历任辽宁电厂电气分场技术员，望亭发电厂电气车间技术员、副主任、生产技术科副科长、副总工程师、副厂长兼总工程师。1983年8月任华东电业管理局副总工程师。1985年8月任华东电业管理局总工程师、党组成员。1987年4月任华东电业管理局副局长兼总工程师。1988年12月任中国华东电力联合公司副总经理兼总工程师（1990年2月免去兼任的总工程师职务）。1989年4月～1993年7月兼任上海市电力工业局（上海市电力公司）局长（总经理）。1991年6月任华东电业管理局（中国华东电力联合公司）党组成员。1993年3月任中国华东电力集团公司副总经理。1993年7月～1999年11月任华东电业管理局局长、中国华东电力集团公司总经理、中共华东电业管理局党组书记。1998年4月～1999年11月任中共中国华东电力集团公司党组书记。

邵世伟　1945年1月生，天津市人，中共党员，教授级高工。1967年毕业于天津大学。历任赤城县水电局技术员，赤城县云州水电站技术员、负责人，赤城县电业所负责人，赤城县电力局副局长，张家口地区电力局设计组负责人，张家口供电局设计组负责人，河北省电力局干事、副处长、处长，石家庄热电厂党委书记，河北省电力局副局长。1986年11月任能源部农村能源及电气化司副司长，后任电力部政策法规体制司司长，国家电力公司总经理助理、政策与法律事务局局长、总经理工作部代理主任。1999年11月任华东电业管理局（中国华东电力集团公司）局长（总经理）、党组书记。2000年6月任国家电力公司华东公司总经理、党组书记。曾当选1980年赤城县第七届人民代表大会代表，1986年中共石家庄市第四次代表大会代表，2002年中共上海市第八次代表大会代表。

帅军庆　1960年8月生，江西临川人，中共党员，高级工程师。1982年7月毕业于天津大学自动化系。2000年7月获得上海交通大学管理学院MBA学位。历任上海供电局上海供电所继保班技术员、生技组组长、设计组组长、副主任工程师、副所长，上海市南供电局副总工程师、副局长，上海市电力局用电营业处副处长，上海市东供电局副局长、局长，国家电力公司发输电运营部副主任。2001年7月任上海市电力公司副总经理。2002年2月兼任中共上海市电力公司委员会副书记。2003年7月任上海市电力公司总经理、中共上海市电力公司委员会书记，华东电网有限公司董事会董事。2004年12月任华东电网有限公司总经理、中共华东电网有限公司党组副书记。2005年3月任华东电网有限公司董事长、总经理、中共华东电网有限公司党组书记。

张亚圣　1932年10月生，浙江镇海人，中共党员，教授级高工。1953年毕业于上海电业学校，任上海杨树浦发电厂技术员。1954年赴苏联学习，1955年获苏联电站部技师职称后回国。历任吉林市吉林热电厂专责技术员、副科长、科长，望亭发电厂汽机车间副主任、党总支副书记、代书记，华东电业管理局生技处工程师。1979～1980年任日本三菱重工设备检验组长。1980～1983年任上海宝山钢铁总厂自备电厂副厂长。1983年6月～1992年10月任华东电业管理局副局长、党组成员。1988年12月～1992年10月任中国华东电力联合公司副总经理。1991年6月～1992年10月任中国华东电力联合公司党组成员。1992～1997年任华东电力实业总公司总经理。曾任上海市机械工程学会副理事长、名誉理事长。

丁耀祖　1933年1月生，安徽合肥人，中共党员，教授级高工。1955年毕业于上海交通大学。历任电力工业部上海基本建设局技术员，上海闵行发电厂技术员，华东电力建设局技术员，上海电力建设公司第二工程处副主任兼主任工程师，上海电力安装第二工程公司副经理兼总工程师。1983年12月～1985年8月任上海电力建设局局长。1985年8月～1993年7月任华东电业管理局副局长、党组成员。1988年2月～1994年3月任上海电力建设局局长，1992年5月～1993年7月兼任上海电力建设局党委书记。1988年12月任中国华东电力联合公司副总经理（兼）。1991年6月任华东电业管理局（中国华东电力联合公司）党组成员。1993年3月～1993年7月任中国华东电力集团公司副总经理。

王根和　1945年8月生，江苏苏州人，中共党员，高级工程师。1968年毕业于南京工学院。历任南京铁合金厂技术员、副主任、科长、副厂长，南京市冶金工业公司副经理、党委委员，南京供电局党委书记。1985年1月任江苏省电力工业局副局长、党组成员。1987年4月～1993年12月任华东电业管理局副局长、党组成员。1988年12月任中国华东电力联合公司副总经理。1991年6月任中共华东电业管理局（中国华东电力联合公司）党组成员。1993年3月～1993年12月任中国华东电力集团公司副总经理。1993年12月任福建省电力局局长、党组书记。1999年11月任华东电业管理局（中国华东电力集团公司）副局长（副总经理）（正局级）、党组成员。2000年6月任国家电力公司华东公司副总经理、党组成员。曾当选1984年中共南京市第八届市委委员。1998年4月福建省人民政府授予“福建省劳动模范”称号，同时中华全国总工会授予五一劳动奖章。

顾寅章　1938年12月生，江苏苏州人，中共党员，教授级高工。1962年7月毕业于浙江大学电机系。历任望亭发电厂电气车间技术员、班长、检修专技、车间副主任，望亭发电厂副厂长，苏南核电开发公司副总经理，望亭发电厂代理厂长、厂长。1989年2月任华东电业管理局（中国华东电力联合公司）副总工程师。1990年2月～1992年5月任华东电业管理局（中国华东电力联合公司）总工程师。1991年6月～1999年1月任中共华东电业管理局（公司）党组成员。1992年5月任华东电业管理局（中国华东电力联合公司）副局长（副总经理）。1993年3月～1999年1月任中国华东电力集团公司副总经理。1998年4月～1999年1月任中共中国华东电力集团公司党组成员。1993年7月～1999年1月兼任上海市电力工业局（上海市电力公司）局长（总经理），中共上海市电力工业局（电力公司）委员会委员。曾于1987年4月当选江苏吴县第九届人民代表大会代表、人大常委。

刘汉生　1938年9月生，安徽潜山人，中共党员，高级政工师。历任上海警备区警备师一团警通排班长、三团五连排长、二团七连副指导员、二团六连指导员、二团三营副教导员，杨树浦发电厂办公室主任、党委副书记，吴泾热电厂党委副书记、书记，华东电业管理局机关党委书记、中共华东电业管理局党组纪检组副组长、华东电业管理局监察处处长、人教处处长。1991年6月～1998年11月任中共华东电业管理局（中国华东电力联合公司、华东电力集团公司）党组纪检组组长。1996年11月～1998年11月任中共华东电业管理局党组成员。1998年4月～1998年11月任中共华东电力集团公司党组成员。

王以德　1935年2月生，浙江湖州人，中共党员，高级政工师。1953年毕业于上海电业学校。历任上海杨树浦发电厂技安科技术员，望亭发电厂技监科副科长、科长、电气车间主任、值长、副总工程师、党委副书记、书记。1991年12月～1995年8月任中国水利电力工会华东电力工作委员会主任。1980年和1981年分别荣获苏州市“优秀干部”称号，1986年被江苏省委授予“优秀政工干部”称号，1989年被中共中央组织部授予“全国优秀党务工作者”称号，被国务院授予“全国劳动模范”称号。曾于1979年和1984年分别当选苏州市第五次、第六次人民代表大会代表，1984年当选中共江苏省第七次代表大会代表。

刘维烈　1934年10月生，山东安丘人，中共党员，教授级高工。1955年毕业于清华大学并留校任教。1957年考取中国科学院机电（电工）研究所电力系统自动化专业研究生，历任该所研究实习员，华东电业管理局中心试验所技术员、工程师，华东电力试验研究所高级工程师、电力系统自动化专业组长、电力系统室副主任、所长。1991 年 12 月任华东电业管理局（中国华东电力联合公司）副总工程师。1992 年 5 月任华东电业管理局（中国华东电力联合公司）总工程师。1993 年 3 月～1995 年 8 月任华东电业管理局（中国华东电力集团公司）总工程师。1994 年 5 月～1999 年 3 月任中国华东电力集团公司科学技术委员会主任。1994 年 1 月～1999 年 9 月任上海市电机工程学会副理事长兼学术委员会主任。2001 年 5 月～2003 年 12 月任国家电力公司安全专家组组长。

陈文贵 1941 年 1 月生，江苏如皋人，中共党员，教授级高工。1966 年毕业于清华大学。历任江苏省南通电业局助理技术员、技术组副组长、副局长与党的核心小组成员，南通天生港发电厂党委副书记、副厂长、厂长。1983 年 6 月任江苏省电力局副局长、党组成员。1984 年 11 月任江苏省电力局副局长、中共江苏省电力局党组副书记。1988 年 12 月任江苏省电力局（公司）副局长（副总经理）、中共江苏省电力局（公司）委员会副书记。1990 年 8 月任安徽省电力局（公司）局长（总经理）、中共安徽省电力局（公司）党组书记。1993 年 10 月任华东电业管理局（中国华东电力集团公司）副局长（副总经理）、中共华东电业管理局党组副书记。1998 年 4 月任中共中国华东电力集团公司党组副书记。2000 年 6 月～2001 年 2 月任国家电力公司华东公司副总经理、中共国家电力公司华东公司党组副书记。

徐　航 1944 年 10 月生，江苏江阴人，中共党员，教授级高工。1966 年毕业于南京工学院。1981～1983 年公派至美国洛杉矶加利福尼亚大学进修，任该校访问副研究员、中国学者学生联谊会主席。历任望亭发电厂技术员、秘书、生技科副科长、副厂长、厂长。1991 年 5 月任华东电业管理局（中国华东电力联合公司）副总工程师。1993 年 10 月任华东电业管理局（中国华东电力集团公司）副局长（副总经理）、中共华东电业管理局党组成员。1998 年 4 月任中共中国华东电力集团公司党组成员。2000 年 6 月任国家电力公司华东公司副总经理、党组成员。曾于 1988 年当选为江苏省第七届人民代表大会代表。曾任中国电力企业协会第二届理事会常务理事，中国动力工程学会第九、十届理事，核能动力学会常务理事，国家电力公司动力经济研究中心专家委员会委员，上海市机械工程学会第九、十届常务理事，副理事长以及中国电机工程学会核能发电分会理事。

邱国富 1946 年 2 月生，江苏武进人，中共党员，教授级高工。1968 年毕业于上海电力专科学校。历任上海吴泾热电厂技术员、团委书记、党委副书记、生产副厂长、代厂长、厂长。1985 年 8 月任上海电力公司副总经理兼发输电部经理。1986 年 11 月～1993 年 7 月任上海市电力工业局副局长。1989 年 4 月～1993 年 7 月任上海市电力公司副总经理。1993 年 7 月～1994 年 3 月任上海电力建设局副局长。1994 年 3 月～1998 年 8 月任上海电力建设局局长。1994 年 8 月～1999 年 11 月任华东电业管理局（中国华东电力集团公司）副局长（副总经理）、中共华东电业管理局党组成员。1998 年 4 月～1999 年 11 月任中共中国华东电力集团公司党组成员。1999 年 11 月～2003 年 1 月任安徽省电力工业局局长、安徽省电力公司总经理、党组书记。2002 年 7 月任国家电力公司华东公司副总经理、党组成员。1984 年获上海市首届优秀厂长称号，1987 年获上海市建设功臣称号。

陈开庸　1940 年 3 月生，上海奉贤人，中共党员，教授级高工。1964 年毕业于清华大学。历任华东电业管理局总调度所调度员，四川渡口供电局副科长，华东电业管理局总调度所工程师、副总工程师、副所长兼总工程师、所长兼总工程师。1993 年 7 月任华东电业管理局（中国华东电力集团公司）副总工程师。1995 年 8 月～2000 年 6 月任华东电业管理局（中国华东电力集团公司）总工程师、中共华东电业管理局党组成员。1998 年 4 月～2000 年 6 月任中共中国华东电力集团公司党组成员。曾当选 1988 年第九届上海市人民代表大会、1992 年第十届上海市人民代表大会代表。2000 年度上海市劳动模范。2000 年 7 月～2003 年 7 月任中华人民共和国人事部专家服务中心专家顾问委员。

施申新　1947 年 2 月生，上海崇明人，中共党员，工程师。1966 年毕业于上海电力技工学校，1986 年毕业于经济管理刊大上海分校。历任南市卢家湾发电所团支部副书记、党支部委员，南市发电厂宣传科科员、基建办公室科员、汽机车间副主任、党委书记兼纪委书记，中国水利电力工会华东电力工作委员会副主任，华东电管局干部处处长。1995 年 8 月～1998 年 11 月任中国水利电力工会华东电力工作委员会主任。1998 年 8 月任上海电力建设有限责任公司董事长、党委书记。曾于 2002 年当选上海市第八次党代会代表，2003 年上海市第十二届人民代表大会代表。

刘顺达　1955 年 1 月生，湖北仙桃人，中共党员，教授级高工。1982 年毕业于华中工学院，1986 年从华中工学院管理工程专业毕业，获硕士学位。历任陆军 54 军 479 团班长，湖北沙市床单一厂党支部副书记，华中电管局调度局干部，水电部政策研究室电力处负责人，能源部电力司副处长，电力部办公厅部长办公室副主任，湖南省电力局党组成员、局长助理。1996 年 1 月任湖南省电力局副局长、党组成员。1996 年 12 月～1999 年 11 月任华东电业管理局（中国华东电力集团公司）副局长（副总经理）、中共华东电业管理局党组成员。1998 年 4 月～1999 年 11 月任中共中国华东电力集团公司党组成员。1999 年 11 月～2000 年 6 月任福建省电力工业局局长、党组书记，2000 年 6 月任福建省电力有限公司总经理、党组书记。

李树林　1947 年 1 月生，吉林农安人，中共党员，高级政工师。1993 年毕业于空军政治学院。历任空军高射炮兵第 23 团一连班长、排长，空军高射炮兵第 8 师政治部干事，空军第四军政治部秘书，空军雷达兵第 31 团政治处主任、政委，空军防空混成第三旅政委，空军航空兵第 28 师副政委，上海市电力公司燃料处处长。1998 年 11 月任中共中国华东电力集团公司党组成员、党组纪检组组长。2000 年 6 月任中共国家电力公司华东公司党组成员、党组纪检组组长。1988 年 3 月被空军授予“优秀党务工作者”称号。1986 年 6 月当选上海市第九届人民代表大会代表。

李永鸣　1955 年 7 月生，湖北黄陂人，中共党员，高级政工师。1974 年毕业于上海电力专科学校。1995 年 12 月，中共浙江省委党校函授学院经管专业毕业。历任浙江富春江水电厂团委书记、劳资科副科长、科长、党委副书记兼纪委书记、副厂长、党委书记、党委书记兼厂长。1998 年 11 月任中国华东电力集团公司党组成员、中国水利电力工会华东电力工作委员会主任。2000 年 6 月～2000 年 11 月任中共国家电力公司华东公司党组成员、中国水利电力工会华东电力工作委员会主任。2000 年 11 月任中共上海市电力公司委员会委员、纪委书记。

于新阳　1946 年 9 月生，吉林海龙人，中共党员，教授级高工。1970 年毕业于吉林电力学院。历任辽宁省建昌七〇三工程十二工地技术员，辽宁阜新发电厂汽机运行班长、值长、生技科长，辽宁清河发电厂副总工程师、副厂长、厂长，东北电业管理局副总工程师。1989 年 3 月任东北电业管理局副局长、党组成员。1991 年 5 月任中国华能集团公司总经理助理兼华能发电公司总经理。1994 年 6 月任华能集团副总经理、党组成员。1999 年 11 月任华东电业管理局（中国华东电力集团公司）副局长（副总经理）、党组成员兼上海市电力工业局（上海市电力公司）局长（总经理）、中共上海市电力公司委员会委员。2000 年 6 月任中共上海市电力公司委员会副书记。2002 年 2 月任中共上海市电力公司委员会书记。

王祥富　1961 年 2 月生，江苏赣榆人，中共党员，高级会计师。1981 年毕业于南京电力学校，1986 年毕业于苏州大学财会函授大专班，2002 年获中国人民大学与加州美国大学联办 MBA 学位。历任徐州发电厂会计、财务科副科长、科长、副总会计师，江苏省电力局财务处副处长、处长。1999 年 7 月任江苏省电力工业局副局长、江苏省电力公司副总经理、中共江苏省电力公司委员会委员。2000 年 6 月任国家电力公司华东公司总会计师、党组成员。

庄毅群　1956 年 5 月生，浙江宁波人，中共党员，高级政工师。1975 年毕业于上海电力专科学校。1987 年 6 月，华东师大成人教育学院政史专业毕业。历任上海闵行发电厂团委副书记、书记，华东电业管理局团委副书记，上海电业团委书记、党委宣传处副处长，上海电力修造总厂党委书记，上海市电力工业局工会副主席，上海市电力公司办公室主任。2000 年 11 月任中共国家电力公司华东公司党组成员、中国水利电力工会华东电力工作委员会主任。

张启平　1959 年 1 月生，山东聊城人，中共党员，教授级高级工程师。1982 年毕业于东北电力学院，1986 年获东北电力学院电力系统自动化专业研究生学位。历任东北电力学院助教、讲师，华东电业管理局总调所副科长、科长，华东电业管理局（中国华东电力集团公司）副总工程师，上海外高桥发电厂厂长助理，南市发电厂副厂长，国家电力公司华东公司副总工程师。2000年11月任国家电力公司华东公司总工程师。

周永兴 1957年12月生，山东莱州人，中共党员，高级工程师。1983年毕业于上海电业职工大学。1993年7月，上海交大成人教育学院工业管理专业毕业。1995年10月，获上海交大管理学院管理科学硕士学位。1999年10月，获上海交大管理学院管理科学博士学位。历任上海沪西供电所继保专职、生产副所长，上海市中供电公司科长、主任，上海沪西供电所所长，上海市区供电局副局长、局长。2000年4月任上海市电力工业局（上海市电力公司）副局长（副总经理）、中共上海市电力公司委员会委员。2001年7月任华东电业管理局（国家电力公司华东公司）副局长（副总经理）、党组副书记。

徐伟良 1954年12月生，江苏金坛人，中共党员，高级会计师。1993年获上海财经大学研究生学位。历任上海杨树浦发电厂财务科副科长、副厂长，上海电力工业局财务处处长，上海电力实业总公司副总经理，上海市电力工业局副总会计师兼上海电力股份有限公司副总经理。2000年3月任国家电力公司财务与产权管理部副主任。2001年7月任国家电力公司华东审计部主任。

程光杰 1944年3月生，江苏苏州人，中共党员，教授级高级工程师。1967年毕业于南京工学院。历任安徽电建公司技术员、工程师，安徽电建二公司副经理，安徽电建一公司经理。1990年8月任安徽省电力局副局长、安徽省电力公司副总经理。1993年10月～1999年3月任安徽省电力局局长、安徽省电力公司总经理、党组书记。后任国家电力公司人事董事部主任。2002年12月任国家电力公司华东公司副总经理、党组副书记（正局级）。1987年获安徽省五一劳动奖章，1988年获“安徽省劳动模范”称号，1989年获“全国劳动模范”称号，并获五一劳动奖章。

顾敏芷 女，1942年3月生，上海市人，高级政工师。1967年7月毕业于清华大学电机系，1960年10月加入中国共产党。曾任宝钢发电厂副厂长。1983年10月调任华东电业管理局干部处处长。1984年6月任上海电业党委副书记。1985年8月任上海电业党委书记。1986年后当选为中共上海市第五、第六、第七次代表大会代表。1986年3月～1996年12月任中共上海市委候补委员。1987年、1992年当选为中共第十三、第十四次全国代表大会代表。1991年6月上海电业党委撤销后，改任上海市电力工业局（上海市电力公司）党委书记直至2002年2月。1993年4月后当选为上海市第十、第十一届妇女代表大会代表、执委。1996年2月兼任上海市电力工业局职工思想政治工作研究会会长。2001年12月任良友（集团）有限公司监事会主席。

顾智鹏 1940年10月生，江苏苏州人。中共党员，教授级高级工程师。1963年毕业于浙江大学电机系。1986年中央党校干部培训班研究生毕业。1963年8月参加工作，曾任谏壁发电厂值长、副总工程师、副厂长。1983年6月任江苏省电力局副局长、党组成员。1987年4月任江苏省电力局局长、党组书记。1988年12月任省江苏省电力局局长、省电力公司总经理、党委书记。1994年1月，任华东电力集团管委会委员。2000年8月任江苏省电力局巡视员。系中国电机工程学会常务理事和江苏省第七、第八、第九届人大代表。

寇士清 1945年10月生，天津市人。中共党员，高级经济师。1995年西北大学经济系专业研究生毕业，经济学硕士。1961年11月参加工作，曾任天津第一发电厂党委副书记，天津市电力局团委书记，大港发电厂党的领导小组组长，杨柳青发电厂党委副书记兼政治部主任、第一副厂长、代厂长，天津市电力局党委副书记、纪委书记、副局长、局长，天津市电力公司总经理、党委书记。2000年8月任江苏省电力局局长、省电力公司总经理、党委书记。系第八、第九届全国人大代表，第六、第七届中共天津市委委员，第十三届天津市人大代表、第十次中共江苏省代表大会代表、第十届江苏省人大代表。

张蔚文 1943年2月生，浙江慈溪人，高级工程师。1966年毕业于南京工学院动力工程系，1974年1月加入中国共产党。曾任浙江省电力工业局办公室副主任、主任、副局长、党组成员，北仑港发电厂工程建设领导小组组长，浙江省电力企业管理协会第一届理事会副会长，浙江省电力学会第六届副理事长等职。自1990年3月起，任浙江省电力工业局（省电力公司）党组书记、局长、总经理。1994年1月，任华东电力集团管委会委员。1994年调宁波市委工作。

丁有德 1937年9月生，浙江海宁人，高级工程师。1958年毕业于浙江机械专科学校，1969年11月加入中国共产党。曾任浙江省电力工业局基建处处长、副局长、党组成员，中国电力建设企业协会第一届常务理事。自1994年6月起，任浙江省电力工业局（省电力公司）党组书记、局长、总经理，华东电力集团管委会委员。系第八届浙江省政协常委，浙江省电力技术经济咨询委员会主任。

陈积民 1943年11月生，浙江奉化人，教授级高工。1967年毕业于浙江大学电机系，1976年2月加入中国共产党。曾任宁波电业局基建科副科长、科长、局长、局长兼党委书记等职。1990年3月起，历任浙江省电力工业局（省电力公司）党组成员、副局长（副总经理），党组副书记等职；1997年9月，任党组书记、总经理（局长）、华东电力集团管委会委员。

二、华东电力系统全国劳动模范事迹简介

陈兆丰 马鞍山发电厂退休办核算员。30年如一日，以雷锋为榜样，全心全意为

人民服务。多年受到上级部门表扬和新闻单位公开宣传。本人作事迹报告会 38 场，获各种荣誉称号 60 余个，还将 1 万元特等劳模奖金捐给马鞍山市“见义勇为基金会”。陈兆丰先后被评为 1994 年全国电力工业特等劳动模范，1995 年全国劳动模范。

王之佩　上海市电力工业局副总工程师。多年来，学习运用国外先进技术，结合实践经验，引用系统工程等理论，提出了“家用电器对电能质量的影响及对策分析”，受到上海市领导的首肯。他领导进行 1990～2010 年上海城市电网的规划工作。针对家用电器猛增，电网功率因数量化问题，领导实施在低压电网中采用低压无功补偿装置，优化无功分布，大幅减少网损。率先在国内组织实施市区架空配电线路绝缘化攻关。实地查勘，解决居民区电压过低等难题。被评为 1995 年全国劳动模范。

俞东明　江苏天生港发电厂运行值长。1994～1995 年，在运行值班中发现设备大小缺陷 188 条，提出合理化建议 52 条，节约资金 40 多万元，1990 年评为南通市劳动模范、1994 年评为全国电力工业劳动模范，并获 1995 年全国劳动模范称号。

周方文　浙江省火电建设公司华业公司副经理。勇于创新，在解决北仑电厂 2 号机设备缺陷多导致焊口合格率不高难题中，组织 QC 攻关小组，提高焊口合格率；在 2 号机水冷壁安装中，提出先地面焊接，后一把起吊新方案，提高焊接质量，减少高空作业危险性。周方文被评为 1995 年全国劳动模范。

琚太顺　浙江衢州电力局线路班长。“八五”计划期间，带队架设输变电线路 32 条 181.5 千米，累计加班非休日达一年多，没有补休过一天。凭着多年工作积累，成为远近闻名的架线工，所带班组连续 10 年被评为先进班组。被评为 1995 年全国劳动模范。

陶新建　安徽平圩发电厂运行值长。在 1 号机正式运行期间，多次发现重大设备缺陷，解决诸多生产难题。积极探索新体制管理方法，率先在值里实行工时考核制度，调动大家工作积极性，以人为本，用言传身教带动人，无微不至关心人，无私精神感动人。被评为 1995 年全国劳动模范。

孙赵富　上海电力安装第二工程公司锅炉加热面班长。勇于创新，带领班组开展技术攻关，在锅炉安装中实施压缩机吹扫，内窥镜检查等措施，消除设备缺陷，保证安装质量。在锅炉大件吊装中突破传统施工方法，改革组件支撑加固和吊点处理，缩短了锅炉本体安装工期。总结撰写的《确保水冷壁管道净》等 QC 成果荣获上海市优秀 QC 小组成果奖。被评为 1995 年全国劳动模范。

骆应龙　江苏徐州电业局党委书记、局长。担任领导期间，在各项工作中紧紧围绕“安全、效益、改革、发展、文明、稳定，创建一流”这一大局，努力拼搏，开拓进取，1999年获江苏省五一劳动奖章。被评为2000年全国劳动模范。

张国富　江苏常州供电公司副经理。发扬“接受任务不摇头、遇到困难不低头、完不成任务不回头”的“三头”精神，用勤劳和智慧书写了常州供电公司带电作业光辉历史。被评为2000年全国劳动模范。

徐昌俊　上海电力闵行工程公司汽机本体班班长。在125机组大修中，运用“隔板和汽封调整法”，缩短5天工期。还预先调整高低转子中心到一定范围，又节省2天工期，抢回因外单位等原因延误的工程进度。组织大家对设备进行重大技术改造，使8、9号机组，仅汽轮机高压缸效率分别提高2.86%和4.6%，年节约标准煤分别为1580吨和2541吨。被评为2000年全国劳动模范。

叶火良　上海松江新桥镇用电管理站站长。为解决电力不足问题，跑遍全镇，了解电力资源，先后组织整修高压、低压电网263.5千米。组建股份制公司，1995～1999年出色完成一批市、区实事工程，5年间累计创产值8822万元，实现利润444万元，上缴国家税收240万元。荣获上海市劳动模范和全国五一劳动奖章。被评为2000年全国劳动模范。

卢宗奎　江苏盐城发电厂运行计量班长。1996年起，先后主持完成皮带秤改造、煤自动取样装置改造、皮带秤微机联网等12项技术改造和革新工作创造巨大经济效益和社会效益。1999年被评为国家电力公司系统劳动模范。被评为2000年全国劳动模范。

陈银龙　浙江省电力公司科信部主任工程师。长期从事电网调度自动化，积累丰富软硬件开发经验，具有较强研发管理经验和系统设计分析能力。曾获第23届中国电网调度运行会议优秀论文奖，研究解决了重点工程500千伏双龙变电站监控系统与网省地三级调度规约通信技术难题，“ERTU-2000远方电能量数据终端”项目分获省电力公司科技进步一等奖和华东电管局科技进步二等奖。被评为2000年全国劳动模范。

施卫清　浙江湖州电力局长兴供电局运行工区副主任。在全局最为偏僻和艰苦的110千伏独山变电站默默工作了20多年，忘我劳动、刻苦钻研，从一名中技生成长为正值、值长、技术员、所长。待人真诚、管理创新、赢得职工群众信赖，成为大家学习的榜样。被评为2000年全国劳动模范。

施　勇　上海电力安装第二工程公司汽机管道班班长。针对管道安装高难度、高标准、高空作业多的特点，精心实施工厂化施工等优选方案，改进多项施工安装工艺。在上海吴泾电厂八期等工程中，通过应用创新的三维“立体管道动画施工方案”，缩短施工周期，改进工作方法，节约人工材料，提高工程质量效益，被职工称为“施勇工作法”。被评为2000年全国劳动模范。

董传银　安徽电力建设第二工程公司烟塔分公司合肥项目队长。工作中严格管理、科学施工、优质高效，带队负责施工的合肥二电厂烟囱工程提前23天完成210米烟囱的筒壁滑升，中心垂直误差仅4毫米，工程被评为安徽省电力局优质工程，项目队被评为省局质量先进集体。先后荣立三等功20多次，二等功4次，多次被评为公司先进生产者和优秀共产党员。1998年荣获安徽省“十佳班组长”、安徽省五一劳动奖章。被评为2000年全国劳动模范。

刘　卫　安徽省蚌埠市热电厂锅炉分场主任。他带领的锅炉运行班在1995～1996年仅节能一项就为企业增加效益200多万元。在班组开展“传、帮、带、超”活动，重视岗位培训，提高班组整体运行技术水平及处理事故能力，为分场培养了一批班长和司炉。被评为2000年全国劳动模范。

三、省、部级劳动模范名单

华东电力系统省市级劳模、先进生产（工作）者和部级劳模名录

上海市：

姓　名	称　号	所在单位及职务
王泉根	1991年上海市劳动模范	上海市东供电局总工程师
周大庆	1991年上海市劳动模范	上海闵行发电厂运行部工人
陆忠民	1993年上海市劳动模范	上海勘测设计研究院水工组组长
崔长玉	1993年上海市劳动模范	上海沪北供电所所长
陈骑虎	1993年上海市劳动模范	上海闵行发电厂厂长
杨德敏	1993年上海市劳动模范	上海电力修造总厂质保部检验组组长
王之佩	1994年全国电力工业劳动模范	上海市区供电局副局长兼总工程师
张田弘	1994年全国电力工业劳动模范	上海电缆输配电公司电力电缆工程第二公司质量检验员
褚志忠	1994年全国电力工业劳动模范	上海吴泾热电厂锅炉车间主任
陈永龄	1994年全国电力工业劳动模范	上海金山供电局局长、高级工程师
王慰康	1991年上海市劳动模范 1994年全国电力工业劳动模范	上海超高压输变电公司变电六班班长
陆敏勇	1994年全国电力工业劳动模范 1999年上海市劳动模范	上海电力物资公司东润供电实业有限公司工程师

张正钧	1995年上海市劳动模范	上海市浦东供电分公司工程股长
陈秀琴	1995年上海市劳动模范	上海吴泾热电厂汽机运行值班工
徐昌俊	1995年上海市劳动模范	上海电力闵行工程公司汽机本体班班长
王怡风	1995年上海市劳动模范	上海超高压输变电公司五十万筹建处副主任
王仲丹	1995年上海市劳动模范	上海市南供电局局长兼党委书记
陈惠民	1995年上海市劳动模范	上海电力修造总厂设计科科长
张　杰	1997年上海市劳动模范	上海水工机械厂铆焊车间工人
朱祚云	1997年上海市劳动模范	上海市电力公司副总工程师
赵家康	1997年上海市劳动模范	上海电缆输配电公司运行工区维试二班班长
吴顺萍	1997年上海市劳动模范	上海送变电工程公司输能公司经理
王松鹤	1997年上海市劳动模范	华能石洞口第二发电厂检修部机械三班班长
张茂义	1997年上海市劳动模范	上海石洞口发电厂发电部主任
钱维忠	1999年国家电力公司系统劳动模范	上海市区供电局生产运行部主任
许义波	1999年国家电力公司系统劳动模范	上海外高桥发电厂副总工程师
伏如祥	1999年国家电力公司系统劳动模范 2000年国家电网公司劳动模范	上海市电力公司信息技术部项目处处长
方金福	1999年国家电力公司系统劳动模范	上海电力实业总公司总经理
杨银明	1999年国家电力公司系统劳动模范	上海送变电工程公司送电工程处主任
应志玮	2000年上海市劳动模范	上海电力设计院副总经理兼总工程师
诸纪新	2000年上海市劳动模范	上海市电力公司调度通讯中心主任
毛建成	2000年上海市劳动模范	上海电缆输配电公司工程公司安装六班班长
顾书明	2000年上海市劳动模范	上海市电力公司松江供电分公司经理
李昌强	2000年上海市劳动模范	吴泾第二发电有限公司总经理
葛剑青	2000年上海市劳动模范	上海电力检修工程公司副经理

江苏省：

姓　名	称　号	所在单位及职务
毛传洲	1991年江苏省劳动模范	徐州电业局局长
周茂盛	1991年江苏省劳动模范 1994年全国电力工业劳动模范	无锡供电局副局长
吴士根	1991年江苏省劳动模范	常州供电局班长
赵庆忠	1991年江苏省劳动模范 1994年全国电力工业劳动模范	南京供电局驾驶员
宋汉皋	1991年江苏省劳动模范	江苏射阳县供电局钳工
季　诩	1991年江苏省劳动模范	江苏淮安县季桥供电所所长

许兆沛	1991年江苏省劳动模范	淮阴供电局主任工程师
张永德	1991年江苏省先进工作者	新海发电厂科长
王才西	1994年全国电力工业劳动模范	徐州电业局副总工程师
俞东明	1994年全国电力工业劳动模范	天生港发电厂运行值长
郑叔琛	1994年全国电力工业劳动模范	南京电力专科学校系主任
张静伟	1994年全国电力工业劳动模范	江苏省送变电工程公司工程处主任
席铁生	1994年全国电力工业劳动模范	南京线路器材厂总工程师
汤承峰	1994年全国电力工业劳动模范	南京热电厂副厂长
李迎春	1994年全国电力工业劳动模范	盐城供电局班长
徐开志	1994年全国电力工业劳动模范	连云港供电局经理兼支书
徐洪强	1994年全国电力工业劳动模范	江苏吴江市供电局局长
费百明	1994年全国电力工业劳动模范	江苏洪泽县供电局局长
周　海	1994年全国电力工业劳动模范	江苏省电力建设二公司电缆班班长
张怀廉	1996年江苏省劳动模范	盐城供电局局长兼党委书记
石延森	1996年江苏省劳动模范	徐州发电厂副厂长兼总工程师
汪立行	1996年江苏省劳动模范	淮阴供电局局长
卓洪树	1996年江苏省劳动模范	连云港供电局分局长兼支部书记
李德如	1996年江苏省劳动模范	无锡供电局线路工人
彭玉根	1996年江苏省劳动模范	戚墅堰发电厂班长
马亚军	1996年江苏省劳动模范	江苏省靖江市供电局工区副主任
季友鹏	1996年江苏省劳动模范	江苏省兴化市供电局班长
申健虎	1996年江苏省劳动模范	江苏省泰兴市供电局副经理
胡建民	1996年江苏省劳动模范	宿迁供电局班长
沈德香	1996年江苏省劳动模范	江苏省海门市供电局工区副主任
陈金武	1996年江苏省劳动模范	南通供电局工区主任兼支部书记
张永超	1996年江苏省劳动模范	徐州电业局副总工程师
刘　峰	1996年江苏省劳动模范	江苏省宜兴市供电局副局长
丁万奎	1996年江苏省劳动模范	盐城供电局副局长
葛国平	1996年江苏省劳动模范	江苏省电力设计院院长
邱国全	1996年江苏省劳动模范	江苏省丹阳市供电局工人
曾晓明	1996年江苏省劳动模范	扬州供电局工区副主任
金永佩	1996年江苏省劳动模范	南京供电局变电管理所主任、书记
韩连富	1999年江苏省劳动模范	扬州第二发电有限公司总经理
刘锦春	1999年国家电力公司系统劳动模范	江苏省电力公司副总工程师
董锡瑞	1999年国家电力公司系统劳动模范	徐州发电厂厂长
卢宗奎	1999年国家电力公司系统劳动模范	盐城发电厂计量班班长
莫来恩	1999年国家电力公司系统劳动模范	江苏省电力调度所副所长
吴金华	1999年国家电力公司系统劳动模范	江苏省电力建设三公司总经理

汤 璐	1999年国家电力公司系统劳动模范	扬州发电厂副总经理
朱建华	1999年国家电力公司系统劳动模范	南通供电局副总经济师
汪建民	1999年国家电力公司系统劳动模范	无锡供电局班长
臧 雯	1999年国家电力公司系统劳动模范	江苏省姜堰市供电局营业厅业务主办
赵永德	1999年国家电力公司系统劳动模范	扬州供电局广源电气有限公司经理
顾志刚	1999年国家电力公司系统劳动模范	镇江供电局党委书记
何锦林	1999年国家电力公司系统劳动模范	华能南通电厂工人
李桂生	2001年江苏省劳动模范	连云港供电公司总经理
季 强	2001年江苏省劳动模范	扬州供电公司总经理
刘恩喜	2001年江苏省劳动模范	泰州供电公司总经理
周志刚	2001年江苏省劳动模范	宿迁供电公司总经理
张斌元	2001年江苏省劳动模范	宿迁供电公司副总经理
葛铭祥	2001年江苏省劳动模范	天生港发电有限公司总经理
孙一峰	2001年江苏省劳动模范	江苏省电力建设三公司总经理
李 平	2001年江苏省劳动模范	徐州供电公司党委副书记
杭小新	2001年江苏省劳动模范	扬州第二发电有限公司副总经理
蒯狄正	2001年江苏省劳动模范	江苏省电力试验研究院副院长
韩永亮	2001年江苏省劳动模范	南通供电公司工会主席
梅正青	2001年江苏省劳动模范	无锡供电公司电能表质量负责人
朱培富	2001年江苏省劳动模范	徐州发电厂纪委书记
李培新	2001年江苏省劳动模范	江苏省泰兴市供电局调度通讯中心主任
赵迎春	2001年江苏省劳动模范	江苏省泗阳县供电公司变电运行专职
于金莲	2001年江苏省劳动模范	江苏省如东县供电公司变电站站长
章国林	2001年江苏省劳动模范	江苏省如皋市供电公司副主任
王崇礼	2001年江苏省劳动模范	徐州供电公司工长
朱学飞	2001年江苏省劳动模范	镇江供电公司质量与安全管理专职
朱秀明	2001年江苏省劳动模范	江苏省扬中市供电公司经理
杨希昌	2001年江苏省劳动模范	常熟发电有限公司文明生产专职
包加祥	2001年江苏省劳动模范	华能南通电厂专业工程师
赵凤刚	2001年江苏省劳动模范	新海发电有限公司党委书记兼总经理
吴书强	2001年江苏省劳动模范	南京供电公司总工程师
戴永祥	2001年江苏省劳动模范	盐城供电公司工区主任
王永富	2001年江苏省劳动模范	江苏省建湖县供电公司总经理
董振斌	2001年江苏省劳动模范	江苏省淮安县供电公司总经理
费盘生	2001年江苏省劳动模范	江苏省东海县供电公司副总经理
卢水荣	2001年江苏省劳动模范	苏州供电公司科长
孙连喜	2001年江苏省劳动模范	戚墅堰发电有限公司班长

薛　勇	2001年江苏省劳动模范	江苏省涟水县供电公司总经理兼党委书记
缪继明	2001年江苏省劳动模范	江苏省沭阳县供电公司班长

浙江省：

姓　名	称　号	所在单位及职务
徐普喜	1994年全国电力工业劳动模范	乌溪江水电厂运行工
谢新生	1994年全国电力工业劳动模范	湖州电力局市区供电公司双林供电所线路班长
何加茂	1994年全国电力工业劳动模范	浙江省送变电工程公司送电一公司经理
倪士高	1994年全国电力工业劳动模范	嘉兴市电力局恒光电建公司班长
赵武昌	1997年浙江省劳动模范	绍兴电力局用管所市运班班长
张斌立	1998年浙江省劳动模范	浙江北仑发电厂汽机主管
戴荣先	1999年浙江省劳动模范	金华电业局送变电工程公司副总工程师
郎仁华	1999年浙江省劳动模范	浙江省送变电工程公司变电公司经理
高泉智	1999年浙江省劳动模范	温州电业局乐清供电局农电总站副站长
孙哲唯	1999年浙江省劳动模范	湖州电力局市区供电公司织里供电所副所长
金才宝	1999年浙江省劳动模范	台州电业局送电工区主任
李晓军	1999年浙江省劳动模范	丽水电业局电力承装线路一队队长
公建国	1999年浙江省劳动模范	衢州市电力局修试厂党支部书记
韩明华	1999年浙江省劳动模范	嘉兴电力局嘉善供电局魏塘供电所副所长
蒋成祖	1999年浙江省劳动模范	宁波电业局象山供电局大徐电管站站长
郑晓东	1999年浙江省劳动模范	金华电业局检修试验厂党支部书记
丁志成	1999年国家电力公司系统劳动模范	湖州电力局市区供电公司菱湖供电营业所所长
洪　敏	1999年国家电力公司系统劳动模范	杭州市电力局电力设备制造公司经理、书记
孙处定	1999年国家电力公司系统劳动模范	温州电业局昌泰电力变压器厂党支部书记
丁洪焜	1999年国家电力公司系统劳动模范	杭州钻探机械厂厂长、书记
张奇兴	1999年国家电力公司系统劳动模范	电力部杭州机械设计研究所所长
胡大水	1999年国家电力公司系统劳动模范	富春江水电设备总厂技师
俞成立	2000年浙江省劳动模范	浙江省电力试验研究院副总工程师
姚庆华	2001年浙江省劳动模范	湖州电力局安吉县供电局营销科长

安徽省：

姓　名	称　号	所在单位及职务
姜晓东	1992年安徽省劳动模范	池州供电局高压试验专业高级技工

泰华录	1992年安徽省劳动模范	淮南供电局风台局线路班长
王宗福	1992年安徽省劳动模范	安徽电建一公司维修班班长
程伯儒	1992年安徽省劳动模范	平圩发电厂分场副主任
樊德宝	1992年安徽省劳动模范	淮北发电厂电机技师
王社会	1992年安徽省劳动模范	马鞍山发电厂锅炉制粉班班长
胡振彪	1992年安徽省劳动模范	蚌埠供电局110千伏临淮变电站班长
张炳忠	1994年全国电力工业劳动模范	田家庵发电厂厂长
刘永清	1994年全国电力工业劳动模范	淮北发电厂锅炉本体班班长
黄民生	1994年全国电力工业劳动模范	安庆供电局局长
陶新建	1994年全国电力工业劳动模范	平圩发电厂运行值长
姜家德	1997年安徽省劳动模范	淮南供电局局长
蔡昌淮	1997年安徽省劳动模范	田家庵发电厂锅炉风机三班班长
王　军	1997年安徽省劳动模范	淮北发电厂电气电机二班班长
郭同云	1997年安徽省劳动模范	蚌埠供电局配电工区主任兼党支部书记
江浩林	1997年安徽省劳动模范	马鞍山第二发电厂厂长兼党委书记
王淮生	1999年国家电力公司系统劳动模范	田家庵发电厂锅炉本体班班长
戴茂长	1999年国家电力公司系统劳动模范	安庆电力实业总公司总经理
邢昌宏	1999年国家电力公司系统劳动模范	淮北发电厂副厂长兼总工程师
黄传经	1999年国家电力公司系统劳动模范	铜陵供电局局长兼党委书记
吴婉彬	1999年国家电力公司系统劳动模范	芜湖供电局变电工区运行工
李树林	2001年安徽省劳动模范	芜湖发电厂厂长
瞿德根	2001年安徽省劳动模范	铜陵供电局实业总公司党总支书记
许建军	2002年安徽省劳动模范	池州供电局局长兼党委书记
陈玉豪	2002年安徽省劳动模范	安庆供电公司党委书记
赵晓根	2002年安徽省劳动模范	安徽电建一公司分公司经理
许国新	2002年安徽省劳动模范	平圩发电厂厂长
韦清顺	2002年安徽省劳动模范	蚌埠供电局电力实业总公司电力工程公司线路工程队队长
张昌丽	2002年安徽省劳动模范	芜湖供电局500千伏繁昌变电站正值班员

电建公司（局）：

姓　名	称　号	所在单位及职务
史德范	1991年上海市劳动模范	上海电力安装第二工程公司锅炉工地辅机班班长
田渭根	1991年上海市劳动模范	上海电力建设机械化公司总工程师
王建新	1993年上海市劳动模范	上海电力建筑工程公司结构队副队长
杨永德	1995年上海市劳动模范	上海电力建设启动调整试验所所长
徐龙发	1994年上海市劳动模范	上海电力安装第一工程公司项目经理

孙赵富	1994 年全国电力工业劳动模范	上海电力安装第二工程公司锅炉加热面班长
孔银强	1994 年全国电力工业劳动模范 1995 年上海市劳动模范	上海电力建设机械化公司修理班班长
施　勇	1995 年上海市劳动模范	上海电力安装第二工程公司汽机管道班班长
顾　刚	1997 年上海市劳动模范	上海电力安装第二工程公司副工程师
高旭炎	1997 年上海市劳动模范	华东送变电工程公司经理
张耀庆	1999 年国家电力公司系统劳动模范	上海电力安装第二工程公司项目总工程师
顾成林	2000 年上海市劳动模范	上海电力安装第一工程公司项目经理
胡金月	2000 年上海市劳动模范	上海电力安装第二工程公司焊工技师

直属单位：

姓　名	称　号	所在单位及职务
陈锡奎	1994 年全国电力工业劳动模范	新安江水电厂安监科长
吴道统	1995 年上海市劳动模范	华东电力试验研究院
李寿康	1995 年浙江省劳动模范	新安江水电厂工会主席
马仁明	1997 年上海市劳动模范	华东电力试验研究院
殷雄武	1999 年国家电力公司系统劳动模范	望亭发电厂综合公司印刷厂厂长
钱维良	1999 年浙江省劳动模范	新安江水电厂副厂长、总工程师
柴兆宗	1999 年国家电力公司系统劳动模范	中国华东电力集团公司副总工程师
尚明华	1999 年国家电力公司系统劳动模范	天荒坪抽水蓄能电站工程建设公司总经理
陈开庸	2000 年上海市劳动模范	国家电力公司华东公司总工程师

大　事　记

大 事 记

(1991～2002 年)

1991 年

1 月 6 日 南桥交直流变电站葛洲坝—上海 500 千伏直流输电双极投运 100 天。国务院总理李鹏题词表示祝贺。

1 月 7 日 华东电管局、中国华东电力联合公司驻北京联络处正式对外办公。

1 月 25～27 日 1991 年华东电网工作会议在沪召开。

2 月 8 日 刘安生任中共华东电力设计院委员会书记。

2 月 27 日 华东电管局局长周祥根和华能发电公司总经理潘燕生就望亭发电厂燃油机组资产划转等问题进行商谈。

3 月 9 日 上海电力电缆公司成立，成为全国首家电力电缆施工专业公司。

4 月 8 日 华能上海石洞口第二发电厂成立。

4 月 20 日 中共中央政治局常委、中央纪委书记乔石在浙江省委书记李泽民和浙江省电力局局长张蔚文的陪同下视察北仑港电厂。

5 月 9 日 上海市中供电公司、上海市北供电公司合并组建成立上海市区供电局。9 月 17 日，上海市东供电公司、市南供电公司分别更名为上海市东供电局、市南供电局。

5 月 16 日 安徽电力建设第二工程公司二处承建的常州戚墅堰电厂 2×20 万千瓦发电机组工程施工工地发生大型塔机倾覆事故，造成 9 人死亡、3 人重伤、2 人轻伤，直接经济损失约 330 万元。

6 月 24 日 华东电管局召开干部会议，能源部副部长史大桢、上海市副市长顾传训、上海市工业党委副书记胡欣然等出席。史大桢副部长宣布网局党组成员、市局、建设局党委主要领导的任命和有关单位党组织划归决定：根据工作需要，并征得上海市委同意，经能源部党组研究决定，周祥根、钱忠伟、张亚圣、丁耀祖、王根和、顾寅章 6 位同志任中共华东电业管理局(公司)党组成员，周祥根任党组书记；撤销上海电业党委，成立上海市电力工业局(公司)委员会，原上海电业党委正、副书记、委员改任上海市电力工业局(公司)委员会正、副书记、委员；汪海光、李照宝同志任中共上海电力建设局委员会正、副书记；同时，将华东电力设计院、华东电力试验研究所和华东电业管理局干校三个单位的党组织划归中共华东电业管理局党组管理。明确网局党组、市局党委、建设局党委都由中共上海市委领导，归口市工业工作党委管理。

6 月 26 日 中共华东电业管理局党组决定，组建中共华东电业管理局党组纪律检查组、党组办公室、组织处、宣传处并任命干部。

6月28日　中共能源部党组通知，决定刘汉生同志任中共华东电业管理局(电力联合公司)党组纪检组组长。

7月9日　下午17时，中共中央总书记江泽民、国务院副总理田纪云在江苏省委、省政府主要领导沈达人、陈焕友的陪同下视察了遭受暴雨、洪涝袭击的苏州供电局110千伏胥门变电站。

7月　华东电业管理局分别拨款30万元和70万元，帮助、解决江苏省和安徽省电力局广大电业职工因洪涝灾害造成的生活困难，并从直属电厂超发电中拨2.7亿千瓦时平价电量，支援三省一市抗洪排涝用电。

7月31日和8月1日　上海电业各系统团的组织隶属关系等调整，共青团上海市电力工业局(市电力公司)委员会、华东电管局直属团委和共青团上海电力建设局委员会的组织隶属关系归口团市委。

8月9日　国家计委批准在华东电网建设天荒坪抽水蓄能电站的项目建议书。该电站总容量为180万千瓦，安装6台30万千瓦抽水蓄能机组，建设资金由国家能源投资公司、上海、江苏、浙江、安徽三省一市共同筹集。同年10月15日，国家能源投资公司、上海、江苏、浙江、安徽省(市)计经委、投资公司及省、市电力局签订天荒坪抽水蓄能电站集资补充协议。1992年3月18日，国家计委批准天荒坪抽水蓄能电站利用外资可行性研究报告，同意利用外资建设该电站。

9月26～27日　华东电网第七次规划领导小组会议在杭州召开，原则通过华东电网“八五”电力发展规划。

10月30日　浙江北仑港电厂1号发电机组(60万千瓦)正式投产发电。1994年10月20日该厂60万千瓦2号机组建成，移交试生产。

11月16日　全国政协副主席洪学智到响洪甸水电站视察。

11月21日　天荒坪抽水蓄能电站工程建设公司成立，丁耀祖兼任总经理，傅万英任常务副总经理。12月5～6日，电站董事会第一次会议在浙江湖州召开，王林任名誉董事长，周祥根任董事长，华建敏任副董事长。会议还通过了董事会章程。1994年2月2日，中国华东电力集团公司任命尚明华为天荒坪抽水蓄能电站工程建设公司总经理(副局级)。免去丁耀祖天荒坪抽水蓄能电站工程建设公司总经理职务。

12月15日　中国第一座自行设计、自行建造的秦山核电站并网发电。

12月17日　石洞口第二电厂送出工程500千伏石(洞口)黄(渡)第二回输变电工程启动投运。

12月18日　中共能源部党组决定王以德同志任中国水电工会华东电力工作委员会主任。

12月27日　上海吴泾热电厂11号发电机组(30万千瓦)投产。1992年11月7日该厂12号机组(30万千瓦)投产。

1992年

1月2日　国务院副总理邹家华在上海市市长黄菊等陪同下视察华能上海石洞口第二

电厂。

1月27～29日　华东电网工作会议在上海召开。会议总结了1991年工作，部署了1992年各项任务，重点研究发用电平衡，劳动、人事、工资三项制度配套改革及科技进步、节能降耗、经营管理等工作。

1月29日　500千伏无锡斗山变电站扩建容量为50万千伏安的1号主变压器经24小时试运行后移交生产。

2月29日　上海电力建设局成立上海电力建设工程承包总公司。

3月9～12日　能源部基建司、国家能源投资公司电力项目部在常熟电厂工程现场召开1992年华东地区火电、送变电基建工程汇报会。会议要求华东电网本年投产和争取投产发电机组15台445万千瓦。

4月4日　颁发《中国华东电力联合公司机关奖励试行办法》。采用奖金标准与岗位系数和考核相结合的奖励分配办法，岗位系数按本人担负的岗位职责来确定，最高系数为1.8，最低系数为1。从4月1日起实行。

4月7日　500千伏杨高变电站及容量均为75万千伏安的1号、2号主变压器建成投运。500千伏南桥—杨高5105线同时建成投运。

4月13日　合肥电厂2号炉省煤器漏临修停炉，土木分厂负责水冷壁打焦，因严重违反安全规程，红焦坍塌，造成4人死亡。6月5～7日，能源部电力安全工作现场会在合肥召开。

5月1日　国务院总理李鹏在浙江省委书记李泽民、省长葛洪升、能源部副部长史大桢等陪同下，视察北仑港发电厂。

5月6日　上海外高桥发电厂和上海外高桥发电厂筹建处同时成立。同年10月25日，该厂举行开工典礼。能源部副部长史大桢为厂房奠基，华东电管局周祥根局长、张亚圣、丁耀祖副局长参加。

5月12日　能源部通知，顾寅章任华东电业管理局(电力联合公司)副局长(副总经理)，免去其华东电业管理局(电力联合公司)总工程师职务；刘维烈任华东电业管理局(电力联合公司)总工程师。丁耀祖任中共上海电力建设局委员会书记。

6月12日　上海石洞口第二电厂1号机组(60万千瓦)完成24小时试运转，投产发电。同年12月20日，该厂2号机组(60万千瓦)完成整套启动试运行，移交生产。1993年4月13日，上海市政府和华能国际电力开发公司在上海石洞口第二电厂举行一期工程2台60万千瓦超临界机组全面建成投产庆典。国务院总理李鹏、中共上海市委书记吴邦国等领导出席庆典。

6月16日　华东电管局批准成立华东电力实业开发总公司及下属的科技咨询、工贸、工程承包、对外公司。张亚圣任实业公司总经理。

6月23日　500千伏瓶窑变电站第二台主变压器(75万千伏安)通过启动调试，完成24小时试运转，投产送电。1998年12月15日，该变电站75万千伏安3号主变压器投运。

7月9～10日　召开华东电网试点企业“三项制度”改革座谈会。十个试点单位交流了半年来的工作进展情况，华东电管局副局长王根和作会议小结，华东电管局局长周祥根提出了“三项制度”改革工作的要求。

8月5日 500千伏繁(昌)—斗(山)线正式投产运行。

8月18日 上海电力检修工程公司在上海展览中心友谊会场举行成立大会。

10月21日 能源部通知，免去张亚圣同志中共华东电业管理局(电力联合公司)党组成员、副局长(副总经理)职务。

11月 投运三年多的华东电网调度自动化系统实用化通过了能源部验收。能源部副部长史大桢出席验收大会。

12月24日 安徽平圩电厂2号机组(60万千瓦)完成整套启动试运行，移交生产。

12月26日 500千伏兰亭变电站75万千伏安主变压器完成24小时试运行后投产送电。1998年6月2日和2000年7月8日，该变电站又有75万千伏安主变压器各1台投运。

12月28日 国家计委、国家体改委、国务院经贸办复函同意中国华东电力联合公司更名为中国华东电力集团公司，同意以中国华东电力集团公司为核心企业组建中国华东电力集团。同年12月30日，能源部通知，周祥根任华东电力集团公司总经理。

1993年

1月11日 中国华东电力集团与华北、东北、华中、西北五大电力集团在北京举行成立大会，李鹏总理等中央领导出席会议。16日，中国华东电力集团暨中国华东电力集团公司揭牌仪式在上海华东电力大楼隆重举行，上海市副市长顾传训等参加仪式。

1月23日 国务院副总理朱镕基在浙江省省长万学远、省委副书记葛洪升的陪同下，视察北仑港发电厂。

是日 中共中央政治局委员、中共上海市委书记吴邦国、上海市副市长徐匡迪、上海警备区司令员徐文义少将视察南市发电厂。吴邦国指出：搞建设能源要先行；电是制约国民经济发展的重要因素，要加快电力建设，尤其是输配电网的建设速度要加快；要抓好计划用电工作，以满足工农业生产和居民生活用电需要。

2月3～4日 华东电力集团成立后的第一次工作会议在上海召开。会议总结了1992年电网生产、建设、多种产业等工作，确定了1993年集团主要任务，提出要励精图治、真抓实干、转换机制，尽最大努力适应华东三省一市经济发展和人民生活用电需要。

3月8～10日 能源部部长黄毅诚到上海石洞口第二电厂、江苏常熟电厂视察，并出席上海市经委召开的超临界机组会议。

3月10日 14时07分，北仑发电厂1号炉带40万千瓦负荷运行时，突然发生爆炸，蒸汽和热灰渣飞扬，造成47人伤亡，死亡23人。事故发生后，副总经理钱忠伟、顾寅章、王根和总工程师刘维烈赴北仑发电厂了解事故情况、组织事故调查。

3月27日 能源部通知，钱忠伟、丁耀祖、王根和、顾寅章4位同志任中国华东电力集团公司副总经理；刘维烈同志任中国华东电力集团公司总工程师。

4月7日 中共中央政治局委员、中共上海市委书记吴邦国莅临上海石洞口发电厂视察。

5月20日 江苏利港电厂1号机组(35万千瓦)投产。同年12月13日，该厂2号机组(35万千瓦)移交生产。

5月 上海市电力公司资金结算中心成立。

6月30日 财政部发出《关于中国华东电力集团公司实行财务计划单列和税利分流办法的通知》。

7月2日 江苏常熟电厂1号机组(30万千瓦)投产。同年12月30日，该厂2号机组(30万千瓦)移交生产。1994年3月20日和11月1日，该厂3、4号30万千瓦机组投产，全厂装机容量达120万千瓦。

7月7日 电力部副部长赵希正来沪，在华东电管局、上海市电力局、上海电建局干部会议上宣布电力部党组关于三局主要领导的任免决定，并在会上作了重要讲话。根据7月5日中共电力工业部党组通知，钱忠伟同志任华东电业管理局局长兼中共华东电业管理局党组书记、中国华东电力集团公司总经理；免去周祥根同志的华东电业管理局局长，中共华东电业管理局党组书记、成员和中国华东电力集团公司总经理职务；免去丁耀祖同志的华东电业管理局副局长、中共华东电业管理局党组成员和中国华东电力集团公司副总经理职务。顾寅章同志兼任上海市电力工业局局长、上海市电力公司总经理和中共上海市电力工业局(电力公司)委员会委员，免去钱忠伟同志兼任的上海市电力工业局局长、上海市电力公司总经理和中共上海市电力工业局(电力公司)委员会委员职务，刘安生同志任中共上海电力建设局委员会委员、书记，免去丁耀祖同志的中共上海电力建设局委员会书记职务。

是日 新安江流域持续降雨，水库水位猛涨，已逼近汛期防洪限制水位106.5米。浙江省副省长柴松岳、刘锡荣和华东电管局总工程师刘维烈赶赴现场紧急会商，在综合分析气象等诸多因素后，决定不泄洪。是年水库最高水位达106.75米，为10年来峰值。

7月9日 中共中央政治局委员、中共上海市委书记吴邦国视察崇明电力公司和该公司16号发电机组基建工地现场。8月10日到外高桥发电厂工地视察。在听取情况汇报后指出：开发浦东，电力先行，加强协调，抓紧资金到位，加快工程进度，争取早日发电。8月11日又视察220千伏人民广场地下变电站。

7月19日 中国对外贸易经济合作部发出《关于同意中国华东电力集团公司成立中国华东电力对外经济贸易公司的批复》。9月，华东电力对外经济贸易公司正式成立。

7月25日 电力部部长史大桢来沪，就上海和华东电力的开发、建设，接受上海电视台、上海人民广播电台、新民晚报等新闻单位采访。27日，史大桢部长在钱忠伟总经理陪同下视察了江苏利港、张家港电厂。

9月30日 根据华东电力集团公司和上海市电力公司领导商定及总经理办公会议决定，华东电力集团公司所属干部学校，职工中专围墙内所有人员、财产、设备，即日起原则上全部划归上海市电力公司管理。仿真机仍属集团公司管理。

9月 中国华东电力集团公司机关“三改”进入高潮，22日正式聘任处级干部，机构设置也相应有所变动。10月28日，华东电力集团公司举行聘任合同签字仪式，总经理钱忠伟与公司机关正副处长分别签订岗位聘任合同。机关“三项制度”改革工作告一段落。

10 月 5 日　国家计委发出《关于同意中国华东电力集团在国家计划中实行单列的通知》。

10 月 15 日　中共电力工业部党组通知，陈文贵同志任华东电业管理局(电力集团公司)副局长(副总经理)、中共华东电业管理局党组副书记；徐航同志任华东电业管理局(电力集团公司)副局长(副总经理)、中共华东电业管理局党组成员。程光杰任安徽省电力工业局(电力公司)局长(总经理)、中共安徽省电力工业局(电力公司)党组书记；免去陈文贵安徽省电力工业局(电力公司)局长(总经理)、中共安徽省电力工业局(电力公司)党组书记职务。

是日　天荒坪抽水蓄能电站主机设备引进合同在北京人民大会堂签字。国务院总理李鹏、全国政协副主席钱正英等领导参加了仪式。合同签订价约 1.6 亿美元(合 88 美元/千瓦)。1994 年 3 月 1 日，天荒坪抽水蓄能电站工程正式开工。

10 月 27 日　上海市电力试验研究所举行揭牌仪式。华东电力集团公司总经理钱忠伟、副总经理兼上海市电力公司总经理顾寅章、集团公司总工程师刘维烈等参加。

11 月 23 日　电力部部长史大桢在华东电业管理局局长钱忠伟陪同下，视察 220 千伏人民广场地下变电站。

12 月 6 日　500 千伏北仑港—绍兴第二回输电线路投产。

12 月 15 日　华东电管局成立电力工业部华东审计分局。

12 月 28 日　中共电力工业部党组通知，免去王根和同志华东电管局(电力集团公司)副局长(副总经理)、中共华东电管局党组成员职务，由部另行安排工作。

1994 年

1 月 7～8 日　1994 年中国华东电力集团工作会议和集团管理委员会第一次会议在上海召开。7 日，集团管理委员会成立，集团公司总经理钱忠伟、副总经理陈文贵分别任管委会正、副主任。集团管委会决定从 1994 年起华东电网执行省(市)联络线交换电量、峰谷差价并加强考核。

1 月 22 日　华东电力集团公司收到外交部领事司 1993 年 12 月 13 日印发的《有出国任务审批权部门名列》，华东电力集团公司名列其中。

2 月 24 日　华中与华东电网送电协议商讨会在上海召开。双方对华东电力集团公司提出的协议草案坦率交换意见，并对更好地发挥直流输电工程的设计功能、提高两大电网的联网效益、加强事故支援和利用错峰效应等取得了共识。

3 月 2 日　中国华东电力集团公司关于邱国富等同志职务任免的通知，邱国富任上海电力建设局局长，免去丁耀祖局长职务。

3 月 8～9 日　第十六届华东电网科技工作会议召开。会议讨论和修改了《华东电力集团公司科技进步奖励办法》和《电力工业部华东地区专利工作网站章程》等。

3 月 17 日　华能南京电厂 30 万千瓦 1 号机组建成正式移交试生产。1994 年 10 月 20 日该厂 30 万千瓦 2 号机组建成正式移交试生产。

3月20日 江苏常熟电厂30万千瓦3号机组投产。同年11月1日，该厂30万千瓦4号机组投产。

3月31日 中国华东电力集团公司召开省市电力公司领导电话会议，宣布《华东电网省(市)联络线功率、电量管理考核办法(试行)》4月1日正式执行。钱忠伟总经理要求各级领导认真对待，7个供电局确保联络线计量正确，使集团公司电网运行的重大举措得以顺利实施。

4月8日 中共华东电管局党组通知免去张蔚文浙江省电力工业局(电力公司)局长(总经理)、党组书记职务。

4月上旬 由华东电力集团公司研制开发的"综合信息查询系统"通过电力部科技司委托部信息中心组织的专家鉴定。

4月30日 朱镕基副总理在国务院副秘书长刘济民、浙江省省长万学远的陪同下，视察新安江水电厂。

是日 "五一"前夕，电力部和中国水电工会联合评选、表彰了全国电力工业劳动模范和先进集体。华东电力系统有陈兆丰等39位同志被评为全国电力工业特等劳动模范、劳动模范，上海杨树浦电厂燃料车间等11个单位被评为先进集体。是日上午，华东电力集团公司总经理钱忠伟、副总经理陈文贵、华东电力工委主任王以德等领导，同刚从北京载誉归来的华东电力系统的6位部劳动模范代表欢聚一堂，亲切交谈，共庆"五一"国际劳动节。

5月29日 扬州第二发电厂项目联合融资贷款签字仪式在北京人民大会堂举行。这是国内首次采用世界银行提供担保方式，利用国际联合融资(1.2亿美元)。国务院总理李鹏出席了签字仪式。同年12月14日，国家计委批复扬州第二发电厂工程可行性研究报告。

6月11～13日 电力部部长史大桢视察上海浦东地区的外高桥电厂和市东供电局，参加"电与浦东"新闻发布会，并听取了上海市电力局的工作汇报，对加快上海、浦东新区电力改革和发展等作了重要讲话。

6月15日 新安江水电厂开闸泄洪。到6月20日共泄洪11.54亿米^3，相当于2米左右的库容，2.2亿千瓦时电量。到21日早晨，水位降至106米，关闸停泄，但机组仍在满发。

6月17日 中共华东电管局党组关于丁有德同志、陈积民等同志职务任免的通知，丁有德任浙江省电力工业局(省电力公司)局长(总经理)、党组书记，陈积民任副局长(副总经理)，党组副书记，庄虎卿等任副局长(副总经理)、党组成员。

6月20日 上海华东电力发展公司正式成立。

6月21日 国家经贸委批复中外合作闸北电厂技术改造工程项目建议书。

6月28～30日 电力部在大连召开全国电力企业达标暨创一流工作会议。华东电网新安江水电厂等5个部属水电企业和徐州电业局等14个供电企业荣获首批部级水电、供电安全、文明生产达标企业称号，镇海发电厂等6个火电企业同时荣获达标企业称号，使华东电网火电厂达标总数达16个。

6月30日 500千伏(黄)渡—南(桥)第二回路5108线建成投运。

7 月 18 日　国家计委批复中外合资建设浙江嘉兴电厂二期扩建工程项目建议书。

8 月 12 日　中共电力部党组通知，邱国富任华东电业管理局(中国华东电力集团公司)副局长(副总经理)，中共华东电业管理局党组成员。

8 月 21 日　第 17 号台风在温州瑞安市登陆，造成东南沿海一带发电厂和供电设施不同程度的损失。温州发电厂、温州电业局的损失尤为严重。浙江省电力局迅即成立了救灾抢险领导小组，组织广大干部职工通宵达旦投入抗台救灾工作。至 24 日，部分发、供电设备和重要用户恢复用电。

8 月 27 日　华东电力集团公司、上海市电力公司、华能发电公司代表签署关于石洞口发电厂 3、4 号机组及望亭发电厂 14 号机组产权划转等有关问题的会谈纪要。

9 月 5 日　国家计委批复安徽池州电厂项目建议书。

10 月 18 日　电力部通知，考虑到薛钟甦同志兼任华能上海分公司经理，决定明确其职级为正局级。

10 月 22 日　国家计委批复华能南通电厂二期扩建工程项目建议书。

11 月 25 日　国家计委复函同意将北仑电厂 5 号机组增列为利用世界银行贷款项目。北仑电厂二期工程增加建设 1 台 60 万千瓦燃煤发电机组(5 号机组)，相应将二期工程建设规模改为 180 万千瓦。同意增加 2000 万美元的联合融资贷款，总投资 25.2 亿元。

11 月 29 日～12 月 1 日　1994 年华东电网省、市电力公司总工程师会议在安徽省安庆市召开。会议就进一步加强电网建设、管理和考核，研究和通过了《华东电网省(市)联络线功率、电量管理和考核办法》的修订意见及促进华东主网架建设和实施 AGC 的意见。

12 月 6 日　电力系统华东片区政务信息网络组建成立。

12 月 25 日　500 千伏绍兴—牌头输电线路建成投运。

12 月 28 日　500 千伏绍兴—瓶窑第二回输电线路建成投运。

12 月 30 日　500 千伏南(桥)—杨(高)5106 线建成投运。上海地区 500 千伏电网形成 C 型双环网。

1995 年

1 月 1 日　根据电力部党组决定，上海电力学院被接纳为华东电力集团成员单位，实行电力部、集团公司共同领导，以集团公司为主的管理体制。

1 月 12～13 日　华东电力集团工作会议暨集团管委会会议在沪召开。会议全面总结了 1994 年电网改革、生产、建设、经营和精神文明建设等各项工作，提出了 1995 年的主要工作目标和 7 项重点任务。会议期间，集团管委会就联络线口子考核奖惩结余处理、经销电量和互调电量的电价、科技教育基金的分担、工资总额挂钩承包 4 个重大经济事项进行了讨论，达成了一致意见。

3 月 14～15 日　华东电力集团公司召开专题会议，要求加快实施自动发电控制(AGC)步伐。

4 月 3 日　华东电力集团公司规划建设处改为基本建设处，总调度所和华东电力试验研究所分别改名为华东电力调度局、华东电力试验研究院。

4月13～14日 电力部部长史大桢在华东电力集团公司总经理钱忠伟、江苏省电力公司总经理顾智鹏陪同下，视察江阴夏港电厂和谏壁电厂。

4月25日 外高桥电厂30万千瓦1号机组建成移交生产。12月28日，该厂30万千瓦2号机组建成移交生产。

4月30日 中共中央总书记江泽民在参观全国第二届工业企业技术进步成就展览会时，观看了上海人民广场地下变电站模型，并向工作人员询问了大型城市地下变电站运行中的技术问题。

5月26日 国务院办公厅发出关于解决新安江水库移民遗留问题的通知。7月20日根据国办函[1995]32号文件精神，财政部发出关于解决新安江水库移民遗留问题的通知。10月5日国家计委发出关于落实国务院关于解决新安江水库移民遗留问题中有关价格问题的通知。

5月30日 华东电力物资联合有限公司在沪成立，标志着计划单列后的华东电力集团物资供应和管理体制开始运作。

6月3日 全国人大常委会委员长乔石在浙江省委书记李泽民、省长万学远陪同下，视察了新安江水电厂。

6月25日 新安江水电厂因流域内连降暴雨，最大洪峰达13974米^3/秒，水库水位陡升，被迫开闸泄洪，这次泄洪历时135小时。

7月2日 浙江嘉兴电厂30万千瓦1号机组建成移交生产。12月13日，该厂30万千瓦2号机组建成移交生产。

7月10日 刘腾达任华东电力设计院院长。

7月12日 秦山核电一期工程通过国家验收，国务院副总理吴邦国等领导出席验收会。

8月2日 华东电管局党组批复中共华东电力设计院第六届委员会组成，吕吉轩任党委书记。

8月3日 中共电力部党组通知，陈开庸同志任华东电业管理局(中国华东电力集团公司)总工程师、党组成员；施申新任中国水利电力工会华东电力工作委员会主任；免去刘维烈总工程师职务；免去王以德华东电力工委主任职务。

9月 华东电力集团以1994年销售总额333.66亿元的经营实绩，被国务院发展研究中心所属中国企业评价协会及中国企业评价中心评为全国500家最大工业企业第二位。

10月9日 国务院副总理邹家华在江苏省常务副省长季允石陪同下，视察谏壁电厂。

10月 华东电力集团被评为“八五”全国节能先进企业。

11月23日 中共上海市委组织部批复，同意刘安生任中共上海电力建设局委员会书记。

11月27日 华东电管局党组关于上海电力学院干部任免的通知：免去胡三梅院党委书记职务，陈大森任院长，免去兰之达院长职务，由局另行安排工作。

12月28日 安徽马鞍山第二电厂30万千瓦1号机组建成投产。1996年12月16日，该厂30万千瓦2号机组建成投产。

1996年

1月16～17日 华东电力集团工作会议暨集团管委会会议在上海召开。会议总结了“八五”计划期间的工作和经验，研究了“九五”计划构想和电网发展中的重点问题，部署了1996年的各项工作。

2月8日 华东电力集团财务有限责任公司开业。

2月9日和14日 500千伏瓶窑—斗山线工程江苏段和浙江段分别通过竣工验收。3月29日，正式转入运行。

3月10日 1时20分，天荒坪抽水蓄能电站工地开关站Ⅱ区D350—D460边坡发生山体坍塌，塌方体积约1万米^3。同月29日，该工地的大溪隧道口上方的山体又先后两次发生坍塌，塌方体积共约29万米^3。华东电力集团公司总经理钱忠伟、副总经理邱国富和周祥根董事长，当天即赶赴事发现场，与天荒坪电站建设公司、设计、施工、监理等单位共同研究处理对策，并决定成立滑坡处理领导小组，加强对山体塌方处理工作的领导。

3月29日 华东电力集团公司和上海市电力公司联合召开《中华人民共和国电力法》新闻发布会。

3月 《华东电业》杂志(首刊号)，正式出版。

7月1日 在上海召开1996年华东电网投产工程基建汇报会。华东电力集团公司副总经理邱国富出席会议并在总结发言中指出，争取本年投产298万千瓦，确保280万千瓦机组投产。

7月2日和12日 由于气候反常，连降暴雨，致使新安江水位陡增，水库水位分别达到106.53米和107.85米。为确保库区人民生命财产安全，根据浙江省防汛抗旱指挥部命令，新安江水电厂分别于7月3～5日和7月14～17日2次开闸泄洪，总弃水量达到11.14亿米^3。

7月3～4日 在上海青浦召开华东电网规划工作小组会议，着重讨论并基本同意华东电力集团公司编制的《华东三省一市电力发展“九五”计划和2010年规划目标》，初步讨论了华东电力设计院编制的《华东电网2010年、2020年主网架规划设计》，原则同意华东电力设计院推荐的主网架发展方向。

9月7～11日 浙江嘉兴电厂2号机组、上海外高桥电厂2号机组，经电力部组织的近百名专家考评，通过了基建移交生产达标复检。

9月15日 江苏彭城电厂30万千瓦1号机组建成投产。1997年5月24日，该厂30万千瓦2号机组投产。

9月 浙江秦山三期(重水堆)核电站工程可行性研究报告通过电力部和中国核工业总公司的审查。

10月16日 上海电力学院董事会成立，并举行了第一次董事会议。华东电力集团公司总经理钱忠伟当选为董事长，副总经理陈文贵和上海电力学院院长陈大森当选为副董事长。

10月 安徽500千伏肥西变电站新建1台容量为80万千伏安主变压器投产。2000年4月12日，该变电站又1台80万千伏安主变压器投运。

11月13日 电力部副部长汪恕诚为浙江永嘉县黄南乡王山头村合上了配电变压器隔离开关，从而结束了浙江省无电村的历史。至此，苏、浙、皖、沪各个行政村都已通上了电，比计划目标提前两年，华东电网成为全国第一个实现行政村村村通电的大电网。

11月15日 中共电力部党组决定，刘汉生同志任中共华东电业管理局党组成员。

11月20～21日 1996年华东电网省市电力公司总工程师会议在苏州召开。会议着重对进一步深化联络线电力、电量考核，进一步加快AGC工作，加强技术监督和1997年电网生产等6个问题进行了讨论研究。

11月26日 中国、加拿大两国在上海举行关于合作建设秦山埃杜型核电站商务合同的签字仪式，揭开了秦山核电三期工程的序幕。

11月29～30日 国务院总理李鹏、副总理吴邦国及电力部部长史大桢等，在华东电力集团公司总经理钱忠伟等陪同下，考察了天荒坪抽水蓄能电站。

12月24日 电力部党组任命刘顺达为华东电业管理局副局长、中国华东电力集团公司副总经理，中共华东电业管理局党组成员。

12月27～31日 华东电网遇到了有史以来最大的迷雾天气，致使500千伏线路污闪事故频繁，电网运行受到严重威胁，全网500千伏线路已跳闸65次之多。

12月28日 安徽田家庵发电厂技改工程30万千瓦机组完成168小时满负荷运行正式移交生产。

1997年

1月17日 华东电力集团公司总经理钱忠伟在北京参加全国电力工作会议期间，出席了由国务院总理李鹏主持召开的电力体制改革座谈会，向李鹏总理汇报了华东电网贯彻电力部“20字”方针，充分发挥网、省(市)电力公司积极性，加快电力发展的情况。

1月22日 电力部部长史大桢和江苏省副省长俞兴德为江苏省新海发电厂成为全国“一流火力发电厂”揭牌。

1月24日 上海南桥变电站发生直流极IB相换流变压器损坏事故，30天内未能修复。性质为重大非责任性设备事故。

1月28～29日 华东电力集团工作会议暨集团管理委员会会议在上海召开。钱忠伟总经理在会上作了题为《抓住重点，带动全局，促进华东电网两个文明建设更好发展》的报告。

1月 为探索发电设备安全管理与发达国家的发电设备管理模式接轨，华能上海石洞口第二电厂和浙江北仑电厂作为全国试点，于1月1日正式改“发电设备故障安全考核为发电设备可靠性管理”，即发电设备发生一般性事故不中断该厂的安全纪录，不以事故论处，而以“等效可用系数”和“非计划停用次数”进行考核。

2月14日 华东电管局档案工作通过上海市档案局严格考核，被正式评为上海市市级机关档案工作先进单位(一级)。

2月22日 电力部在上海召开新闻发布会，电力部部长兼国家电力公司总经理史大桢说，国家电力公司将加大中西部地区电力投资，开发大型水、火电基地，加强跨地区电网建设，实现“西电东送”，确保上海和华东地区的用电需要，同时推动中西部地区经济发展。

2 月 28 日　普通高等学校国家级教学成果奖评审结果公布，华东电网南京电力高等专科学校的《电网监控技术专业“两条线”教学改革模式的探索与实践》获一等奖；上海电力学院的《开展产学研合作教育，深化教学改革的研究与实践》获二等奖。

3 月 26 日　经国务院批准，国家计委、电力工业部分别确定了上海市、江苏省、浙江省、安徽省的新机组上网电价水平：1997 年以前投产的新机组上网电价，在现行上网电价基础上，上海每千瓦时提高 1.44 分；江苏每千瓦时提高 1.16 分；浙江每千瓦时提高 1.28 分；安徽每千瓦时提高 1.11 分。

4 月 9 日　华东电管局直属望亭发电厂 11 号机组(30 万千瓦)投产。

6 月 23 日　500 千伏黄渡变电站扩建 1 台容量为 75 万千伏安 4 号主变压器投运。2000 年 12 月 28 日，该变电站又 1 台 75 万千伏安主变压器投运。

6 月 25 日　安徽合肥二电厂项目融资建设合同签字仪式在北京人民大会堂举行，国务院副总理吴邦国出席签字仪式并会见各方代表。

是日　华东电力继续教育中心举行成立仪式。

7 月 29 日　中共上海市委书记黄菊等在华东电力集团公司总经理钱忠伟等陪同下，深入到外高桥电厂调查研究。在听取了上海市电力现状和发展规划的情况汇报后，黄菊书记就抓好上海电力建设的规划、准备、建设和运行四大环节等问题作了重要指示。

8 月 18 日　11 号强台风在浙江温岭一带沿海登陆，并以 25 千米/小时的速度，向北偏西方向推进，袭击台州、宁波、上海、苏州、南通等大中城市。华东三省一市 20 万电力职工紧急行动起来，积极迎战 11 号台风的侵袭，截至 8 月 19 日下午台风减弱时，华东电网受到破坏的电力设施绝大部分已恢复正常运行。为此，国家电力公司于 8 月 19 日特地致电表示慰问。

9 月 10 日　中共华东电管局党组通知，陈积民任浙江省电力局局长、省电力公司总经理、局党组书记；免去丁有德局长、总经理、党组成员、书记职务。

9 月 19 日　上海外高桥电厂 30 万千瓦 4 号机组建成投产。此前 1996 年 12 月 21 日，该厂第三台 30 万千瓦燃煤发电机组(3 号机)正式投产。1997 年 11 月 10 日，上海外高桥发电厂举行隆重竣工庆典仪式。

10 月 5 日　500 千伏绍兴—金华输电线路建成投运。

10 月 11 日　电力部在上海浦东大酒店召开了八运会中国电力代表团誓师大会。国家电力公司副总经理赵希正希望 6 支参加运动队的运动员顽强拼搏，实现电力行业在全运会上“零”的突破。

10 月 30 日　华东电管局在上海市松江县新桥电管站召开了华东电力系统“为人民服务、树行业新风”示范窗口工作会议。上海沪东所营业室等 10 个城市供电营业窗口和上海松江县新桥镇用电管理站等 5 个农村乡(镇)电管站，获首批“示范窗口”授牌。

11 月 8 日　华东电力集团公司在国家重点企业信息系统运行工作会议上被评为国家重点企业信息系统先进单位。

11 月 16 日　全国人大常委会副委员长李锡铭在浙江省人大常委会副主任许行贯等陪同下，视察新安江水电厂。

12 月 18 日　浙江 500 千伏双龙变电站新建 1 台容量为 75 万千伏安主变压器投运。2001 年 5 月 25 日，该变电站又 1 台 75 万千伏安主变压器投运。

12 月 23 日　浙江台州电厂“以大代小”工程的 33 万千瓦 8 号机组建成投产。1994 年 9 月 18 日，该厂四期扩建工程开工。1997 年 2 月 1 日 7 号机组已建成投产。至此，该厂装机总容量达到 141 万千瓦。

12 月　《中华人民共和国政府和俄罗斯联邦政府合作建设连云港核电站总合同》在北京人民大会堂签署，中国国务院总理李鹏、副总理李岚清，俄罗斯第一副总理涅姑佐夫等出席签字仪式。

至 1997 年末　华东三省一市电力公司依据《电力法》等法规、条例，严格按照法定程序完成了辖区内供电营业区的划分工作，共划分出江苏省、浙江省、安徽省和上海市 4 个省(市)级供电营业区、43 个地(市)级供电营业区和 232 个县(区)级供电营业区；华东电网地区共有 280 个供电单位获得“供电营业许可证”，这为规范华东电网内的供电营业活动和促进华东电网电力市场有序发展奠定了基础。

1998 年

1 月 16～17 日　1998 年华东电力集团工作会议在上海召开。钱忠伟总经理在会上作了题为《以党的十五大精神为指导，努力推动华东电力集团改革与发展再上新台阶》的主报告。

2 月 20～21 日　浙江省温州电厂通过 1997 年电力部安全、文明生产达标企业考核。至此，华东电网除正在新建火电厂未进入达标考核期外，其他电厂均通过部或网局级安全、文明达标企业的考评。

2 月 21 日～3 月 5 日　华东电力集团公司副总经理徐航受钱忠伟总经理委托，全权代表华东电力集团，赴美国华盛顿参加与世界银行就华东江苏 500 千伏输变电工程贷款协议和项目协议进行谈判，并签署了会议纪要。

3 月 5 日　江苏利港电厂二期工程 3 号 35 万千瓦机组建成投产。同年 8 月 11 日，该厂二期工程 35 万千瓦 4 号机组建成投产，全厂装机容量达 140 万千瓦。

4 月 13～16 日　国家电力公司在上海召开了五大电力集团公司深化体制改革座谈会。

4 月 22 日　中共国家电力公司党组决定：成立中共华东电力集团公司党组；钱忠伟、陈文贵、顾寅章、邱国富、徐航、刘顺达、陈开庸、刘汉生同志兼任中共华东电力集团公司党组成员，钱忠伟同志兼任党组书记，陈文贵同志兼任党组副书记。

5 月 14～15 日　华东电力集团公司总经理钱忠伟在高邮路招待所主持召开了集团成员单位和公司直属单位“一把手”和经营、财务负责人会议，贯彻落实党中央、国务院决定实施的国有大型企业稽查特派员制度。19 日，华东电力集团公司成立迎接稽查工作领导小组。

5 月 25 日　华东电力集团被国家统计局评为全国建设领域基层统计工作先进单位。

6 月 16 日　500 千伏南京东善桥变电站和常州武南变电站(升压)建成，各投运 1 台 75 万千伏安主变压器。2001 年 6 月 13 日和 12 月 31 日，东善桥变电站和武南变电站又各投运 1 台 75 万千伏安主变压器。同年 6 月 18 日，500 千伏南京东善桥输变电工程竣工典礼在东善桥变电站内举行。中共江苏省委书记陈焕友为工程竣工投运剪彩，华东电力集团公司总经理钱忠伟和中共南京市委书记王武龙为该变电站揭牌。

6月23日 华东电力集团公司颁发《关于贯彻电力部停止执行若干限制用电规定的通知》，决定将1981～1986年华东电管局颁布的6个限制用电的文件全部停止执行。

6月27日 220千伏蕴藻浜变电站发生1号主变压器隔离开关机构箱进水、绝缘击穿，引发蕴藻浜全站停电，并扩大至220千伏森林、钢铁变电站和闸电燃机电厂停电。少送电量27.2万千瓦时。

6月 完成华东三省一市电力发展“九五”后三年优化滚动修订计划，上报国家电力公司。

7月19日 500千伏斗山—黄渡第二回线投产。

7月22～23日 天荒坪抽水蓄能电站第14次董事会议、华东天荒坪抽水蓄能有限责任公司第一次股东会在杭州召开。第一次股东会确认并通过了《公司合资合同》和《公司章程》，确定由钱忠伟等13位同志组成公司董事会，由7位同志组成公司监事会。公司董事会选举钱忠伟为董事长，陈光华为副董事长；聘任尚明华为华东天荒坪抽水蓄能有限责任公司总经理；一致同意天荒坪抽水蓄能电站委托华东电力集团公司生产经营。

8月7日 华东电网500千伏绍(兴)—金(华)输变电工程通过了华东电力集团公司组织的达标投产复检，成为华东电网第一个达标投产的输变电工程。

8月11～12日 8月8日以来，华东电网所在地区发生了历史上罕见的持续高温天气，致使用电负荷再次骤增。8月11日全网用电负荷又创历史最高纪录，达3200万千瓦；8月12日全网用电量达6.77亿千瓦时，创历史最高纪录。

8月12日 中共中央政治局委员、中共上海市委书记黄菊和上海市副市长蒋以任一行，来到华东电力调度大楼，亲切慰问坚守华东电网调度第一线的干部职工。要求再接再厉，继续保持电网安全稳定运行为上海的经济建设和发展作出新的贡献。

8月13日 上海外高桥电厂因循泵冷却水中断，造成全厂停电。该日是上海持续38℃以上高温的第五天，全市用电负荷高达903万千瓦。该厂停电事故，造成上海发电缺额120万千瓦，系统频率跌至49.71赫兹。随着电网总调度指令下达，电网备用水电迅速启动，又将江苏40万千瓦、浙江45万千瓦、安徽20万千瓦的发电出力以及葛沪直流10万千瓦电力调到上海，仅过了4分钟，系统频率恢复正常，同时也确保了上海用电不受影响。在处理此次事故中，提前建成投运的江苏斗山到上海黄渡500千伏第二回线发挥了重要作用。

8月19日 长江中下游的水害灾情，深深牵动着电业职工的心。华东电力集团公司及其直属单位的6000名员工，在短短的一星期里，纷纷解囊，踊跃捐款，截至8月19日，为抗洪救灾共捐赠人民币100万元。到8月底，全网共捐款1555万元。

8月22日 因遭受飑线袭击，扬州江都—武南5291线发生4基倒塔事故。

8月24～27日 长江第七次洪峰流经华中地区，由于葛洲坝、隔河岩等大型水电厂停机错峰，华中电网用电告急。为夺取抗洪斗争最后胜利，华东电网克服自身困难，及时向华中电网伸出援助之手。从24日14时～25日10时50分支援华中电网电力20万千瓦，

25 日 10 时 50 分～27 日 0 时支援电力 36 万千瓦。

8 月 28 日 上海电力建设局正式改制为上海电力建设有限责任公司。施申新任董事长兼党委书记，华林裕任副董事长兼总经理。

9 月 1～25 日 由华东电力集团公司组织的“电力走向市场”巡回报告团在苏、浙、皖、沪四省市巡回报告 38 场，108 个电力基层单位近 2 万名员工听取了报告。

9 月 6 日 安徽淮南洛河发电厂二期扩建工程 3 号机组(30 万千瓦)顺利通过 168 小时试运转并移交生产。该厂 4 号机组于 1999 年 2 月 2 日通过 168 小时试运转并移交生产。

9 月 23 日 国家电力公司副总经理赵希正在华东电力集团公司听取了华东电力集团公司总经理钱忠伟、副总经理刘顺达汇报华东电网体制改革情况。

9 月 30 日 天荒坪抽水蓄能电站 1 号机组移交生产。同年 12 月 27 日，天荒坪抽水蓄能电站 2 号机组移交生产。

10 月 29 日 华东电力集团公司副总经理徐航、总工程师陈开庸在高邮路招待所召开三省一市电费回收工作会议。全网 1～9 月用电报表欠费已达 60 亿元人民币，针对当前用户欠缴电费的严重问题，会议明确了今年电费回收工作的目标：保证今年年底欠费余额小于去年，力争今年年底当年欠费结零，回收往年陈欠电费 30%。会议要求加大力度，争取地方政府支持，充分运用技术、经济、法律等手段全面回收电费。

11 月 5 日 在第二届全国企业报评比中，《华东电力报》荣获最高奖——全国“20 佳企业报”光荣称号。

11 月 10～11 日 华东电力集团公司总经理钱忠伟赴杭州了解浙江省电力公司体制改革和探索网厂分开的情况，并考察了杭州市电力局。

11 月 11 日 中共国家电力公司党组通知，李树林任中共华东电力集团公司党组成员、党组纪检组组长；李永鸣任中共华东电力集团公司党组成员、中国水电工会华东电力工作委员会主任；免去刘汉生中共中国华东电力集团公司(电业管理局)党组成员、中共华东电业管理局党组纪检组组长职务；免去施申新中国水电工会华东电力工作委员会主任职务。

11 月 12 日 江苏扬州第二发电厂 60 万千瓦 1 号机组建成投产。次年 6 月 20 日，该厂 60 万千瓦 2 号机组投产。

11 月 13～14 日 受中电联委托，华东电力集团公司在上海海仑宾馆举行'98 中澳电力论坛研讨会。来自华东三省一市的代表约 150 人参加了会议，华东电力集团公司副总经理徐航、刘顺达出席了研讨会。

1999 年

1 月 22 日 国家电力公司决定免去顾寅章的中国华东电力集团公司党组成员职务，免去其华东电力集团公司副总经理职务，免去其上海市电力公司总经理职务。

1 月 26～27 日 1999 年，华东电力集团工作会议暨集团管委会会议在杭州召开。华东电力集团公司总经理钱忠伟在会上作了题为《瞄准一流目标，加大改革力度，把充满生机与活力的华东电力集团全面推向 21 世纪》的主报告。

3月16日 国家电力公司党组通知：免去程光杰的中共安徽省电力公司(电力局)党组书记、成员和总经理(局长)职务。

3月23日 中共华东电力集团公司党组决定：成立中共浙江省电力公司党组，陈积民同志兼任党组书记。成立中共安徽省电力公司党组，钱发龙同志兼任党组副书记。

3月25日 上午7时40分许，浙江紧水滩电厂40多位职工乘坐的厂车行至丽浦公路石塘电站库区路段时，被1000多米^{3}的山体塌方石流冲下10多米高的路基，坠入几十米深的水库，有18名职工遇难。

4月1日 华东电力报记者报道，由于重视电网管理工作，注重科技产品开发，健全完善规章制度，华东电网稳定运行27年，未发生稳定破坏等重大恶性事故，为华东地区经济发展和人民生活稳定提供了可靠保证。

4月14日 华能南通电厂35万千瓦3号机组投产。同年7月12日该厂35万千瓦4号机组投产。至此，该厂二期工程完成，全厂总装机容量达140万千瓦。

5月6日 为适应市场要求和三峡来电，华东电力集团公司在上海召开华东电网近期电源项目计划优化调整会议，对"九五"后两年和"十五"计划期间省(市)电力公司的电源项目及开工年份进行了优化排序，并就"十五"和"十一五"计划期间华东电网吸纳区外来电等问题进行了认真讨论和研究。

5月28日 江苏500千伏江都变电站扩建1台75万千伏安主变压器投运。

6月3日 全国1998年度火电大机组竞赛评比揭晓，安徽马鞍山第二发电厂的2号机组和上海华能石洞口第二发电厂的2号机组分获30万千瓦级机组和60万千瓦级机组唯一的一个特等奖(第一名)。此外，马鞍山电厂参赛的另1台30万千瓦级组同时获一等奖(第二名)，上海外高桥电厂的2号、3号机组获二等奖(第三名和第六名)。在60万千瓦级机组中，华能石洞口二厂1号机组获一等奖(第二名)，平圩发电有限公司1号机组获二等奖(第三名)。在参赛的9台60万千瓦大机组中，只有平圩发电有限公司的机组是国产机组。

6月8日 中共华东电力集团公司党组通知：杨宁生任安徽省电力公司(局)副总经理(副局长)。

是日 华东电力集团公司在上海召开电费回收专题会议，华东电力集团总经理钱忠伟、副总经理徐航、总工程师陈开庸和三省一市电力公司领导及分管副总经济师和用电处、财务处处长出席了会议。华东欠缴电费数约占全国欠费总数的22.8%，今年新增欠费数上涨势头迅猛，并出现了欠缴国家目录电费的情况。欠费直接影响电力企业的正常运营，已到了非解决不可的时候。

6月22日 上海电力学院成人教育学院正式挂牌成立。

8月16日 新安江水电厂提前137天圆满完成1999年发电量任务，并实现连续安全生产1129天。

8月19日 中共华东电力集团公司党组批复，陈胜明任中共华东电力设计院委员会书记。

8月26日 《华东电力报》记者报导，竞价上网发电运作成功，启动华东电力市场迈出具有历史意义的一步。年初华东电力集团管委会做出决定，从7月起，集团公司划出5.6亿千瓦时的电量，由三省一市电力公司作为竞价上网发电主体参与投标。7月、8月、9月3个月的竞价电量分别由江苏、浙江、上海市电力公司以每兆瓦时257元、248元和200元竞价中标。

9月8～10日 白露时节，长江中下游及江南北部地区出现了35～37℃的高温天气。华东电网地区日用电量和日最大负荷再创历史新高，分别达到7.1419亿千瓦时和3509.9万千瓦。

10月20日 上午，中国装机容量最大的核电站——江苏田湾核电站在连云港市举行开工仪式，从而标志着中国"九五"计划期间的4座核电工程项目全部开工建设。江泽民主席和叶利钦总统就中俄合作建设的田湾核电站开工相互致函祝贺。中共中央政治局委员、国务院副总理吴邦国出席了开工仪式。田湾核电站建设规模为4台100万千瓦级压水堆机组。一期工程建设2台俄罗斯核电机组。该机组由中国核工业总公司、江苏省电力公司、江苏省国际信托投资公司、中国华东电力集团公司按投资比例组成的江苏核电有限公司建造和营运。

10月27～28日 国家电力公司副总经理谢松林一行到华东电力集团调查研究并主持召开华东电力集团经营情况分析汇报会。谢松林副总经理提出，希望华东电力集团在国电公司年初下达的26.5亿元利润指标的基础上，争取再多完成一些。华东电力集团1999年至少将完成利润指标28.5亿元。

是日 华东电力集团公司在宁波召开华东电网第12次省(市)电力公司总工程师会议，讨论如何确保电网安全稳定运行，全面完成年度电力生产任务，提高ACE考核力度和深化省际电力市场。

10月28日 中国电力报公布1999年度国家电力公司科技进步奖获奖项目，水电十四局与天荒坪抽水蓄能电站建设公司"XHM型斜井滑模系统的研制与实践"、南京电力自动化设备总厂等4家单位的"WBZ-500型微机变压器保护装置"获应用技术类二等奖。华东地区另有3项成果获应用技术类三等奖。

11月1日 中共华东电力集团公司党组通知：决定上海电力学院新一届行政领导班子组成，陈大森同志任上海电力学院院长。

11月8日 中国首次引进单机容量最大的90万千瓦发电机组的上海外高桥发电厂二期工程主厂房地基正式打桩。

11月10日 国家电力公司决定，邱国富同志任中共安徽省电力公司(电力工业局)党组成员、书记，安徽省电力公司(电力工业局)总经理(局长)。

11月12日 华东电力集团在沪召开干部大会，宣布国家电力公司对华东电力集团公司、上海市电力公司领导成员任免的决定。国家电力公司副总经理赵希正出席会议并作了重要讲话。会上，首先宣读了国家电力公司党组11月10日关于邵世伟、王根和、于新阳以及钱忠伟等同志的任免决定。邵世伟同志任中国华东电力集团公司(电业管理局)党组成员、书记，中国华东电力集团公司(电业管理局)总经理(局长)；王根和同志任党组成员，副总经理(副局长)(正局级，排陈文贵同志之后)；于新阳同志任党组成员，副总经理(副局长）（正局级，排王根和同志之后）；免去邱国富同志党组成员，副总经理（副局长）职务，免去刘顺达同志党组成员，副总经理（副局长）职务；免去钱忠伟同志党组书记、成员、总经理（局长）职务。于新阳同志任中共上海市电力公司（电力工业局）党委委员，上海市电力公司（电力工业局）总经理（局长）。

是日　中共华东电力集团公司党组通知，费圣英同志任江苏省电力公司（局）副总经理（副局长）、党委委员。

12 月 10 日　安徽铜陵电厂 30 万千瓦 3 号机组建成投产。

12 月 12 日　安徽 500 千伏繁昌变电站扩建 1 台 75 万千伏安主变压器投运。

12 月 19 日　华能太仓电厂 30 万千瓦 1 号机组建成投产。次年 4 月 19 日，该厂 2 号机组建成投产。

12 月 27 日　上海市副市长蒋以任、国家电力公司副总经理赵希正一起为上海外高桥发电有限责任公司和上海吴泾第二发电有限责任公司成立揭牌。

12 月 31 日　深夜，上海市市长徐匡迪、副市长蒋以任一行在华东电力集团公司总经理邵世伟、上海市电力公司总经理于新阳、党委书记顾敏芷等领导陪同下，视察了吴泾电厂八期工程并到 30 万千瓦机组集控室，向参加 2000 年世纪之交计算机关键日期过渡的值班人员及坚持元旦节日期间加班的员工表示亲切慰问。

2000 年

1 月 20～21 日　2000 年度华东电力集团工作会议暨集团管委会会议在南京召开。华东电力集团公司总经理邵世伟在会上作了题为《认清形势、转变观念、同心协力、继承创新，把充满生机与活力的华东电力全面推向新世纪》的工作报告。

1 月　根据国务院《关于进一步调整国务院部门所属学校管理体制和布局结构的决定》，上海电力学院划归上海市教育委员会管理。

3 月 3 日～4 月 17 日　华东电力集团公司开展“讲学习、讲政治、讲正气”的三讲教育。

3 月 31 日　中共华东电力集团公司党组决定，赵义亮任浙江省电力公司（工业局）副总经理（副局长）、党组成员。

4 月 13 日　安徽淮北第二发电厂 30 万千瓦 1 号机组投产。同年 7 月 10 日，该厂 30 万千瓦 2 号机组投产。

5 月 2 日　上海市电力公司在全国率先在居民中试行分时电价，首批 1.2 万户居民从 5 月 2 日起将优先享受优惠电价。每天 6 时～22 时电价与全市统一居民电价一样为每千瓦时 0.61 元，22 时至次日 6 时为每千瓦时 0.35 元。

5 月 22 日　中共华东电力集团公司党组召开公司本部处以上干部和直属单位党政工主要负责人会议，通报华东电力集团公司体制改革方案，要求认真组织学习贯彻，确保改制顺利进行。

5 月 24 日　华东电力集团公司在杭州召开 2000 年季度经济活动分析会。华东电网已走出近几年社会用电量窄幅增长的格局，今年以来社会用电量已持续数月保持两位数增长水平，预计今年三省一市全社会用电量增长仍呈稳步提高态势。

5月27日 国家电力公司印发中国华东电力集团公司体制改革方案，并决定成立国家电力公司华东公司，同时撤销中国华东电力集团公司。

6月16日 中共国家电力公司党组决定：成立中共国家电力公司华东公司党组。邵世伟、陈文贵、王根和、徐航、王祥富、李树林、李永鸣7位同志任党组成员，邵世伟任党组书记，陈文贵任党组副书记。成立中共国家电力公司华东公司党组纪律检查组，李树林任纪律检查组组长。李永鸣任中国水利电力工会华东电力工作委员会主任。

是日 国家电力公司决定，邵世伟任国家电力公司华东公司总经理，陈文贵、王根和、徐航3位同志任副总经理；王祥富任总会计师；免去王祥富中共江苏省电力公司(局)委员会委员、江苏省电力公司(局)副总经理(副局长)职务。中共国家电力公司党组决定：于新阳任中共上海市电力公司(局)委员会副书记。

6月22日 华东电力报报道，经教育部批准，南京机械高等专科学校与南京电力高等专科学校两校合并组建南京工程学院。南京电力高等专科学校原隶属于国家电力公司，创建于1946年，2000年2月划归江苏省管理。

7月3日 国家电力公司华东公司在上海成立。国家电力公司总经理和苏、浙、皖、沪三省一市领导为国电华东公司揭牌。

7月10日 上海吴泾热电厂八期工程1号机组顺利通过168小时满负荷运行。这是上海首台自行设计、制造、施工、调试和生产运行的引进型60万千瓦亚临界燃煤发电机组。2001年5月6日该厂八期工程国产60万千瓦2号发电机组完成168小时满负荷运行，顺利移交试生产。

7月21日 从7月17日开始，华东电网所在地区的气温持续上升，致使华东电网用电负荷和日用电量再创新高。7月21日全网最大负荷达3919.7万千瓦，日用电量达8.09亿千瓦时。

7月31日 建设三峡向华东送电的第一条通道，三峡至常州500千伏直流输电工程东端常州政平换流站举行开工奠基仪式。

8月1日 中共国家电力公司党组决定：寇士清任中共江苏省电力公司(工业局)委员会委员、书记，江苏省电力公司(工业局)总经理(局长)；免去顾智鹏中共江苏省电力公司(工业局)委员会书记、委员、江苏省电力公司(工业局)总经理(局长)职务，任江苏省电力工业局巡视员。

9月13日 国家经贸委批复撤销江苏省电力工业局，将电力行政管理职能交江苏省经贸委。

9月28日 浙江北仑发电厂二期工程最后一台60万千瓦机组(3号)顺利通过168小时试运行考核。此前，2000年7月8日和7月28日该厂4号、5号60万千瓦机组投运。至此，北仑发电厂总装机容量达到300万千瓦，成为中国内地最大的火力发电厂。12月16日，北仑发电厂二期工程投产典礼暨庆功大会隆重举行。

9月29日 中共中央政治局常委、国务院副总理李岚清在文化部部长孙家正、科技部副部长邓楠、江苏省委书记回良玉、省长季允石等陪同下，视察国家电力公司南京自动化研究院。

10月13～31日　华东电网经葛南直流线路再次增受华中电网9738万千瓦时电量，预计增受总量将超过1.4亿千瓦时，最大限度地减少了华中弃水电量，又一次实现了大区电网间有效的资源优化配置。

10月17日　首届中国供电国际会议在上海国际会议中心召开，新技术、新产品和城市电网技术进步展示会也同日开幕。这次会议研讨的主题是"21世纪的城市供电"。国电公司副总经理陆延昌等作主旨演讲，上海市副市长蒋以任等出席并讲话。

11月1日　中共国家电力公司党组决定：庄毅群任中共国电华东公司党组成员、华东工委主任；免去李永鸣中共国电华东公司党组成员、华东工委主任职务。同日国电公司任命张启平为国电华东公司总工程师。

11月30日　500千伏上海杨行变电站建成，500千伏石洞口—杨行5103线及杨行—黄渡5113线投运。2台容量为75万千伏安的主变压器分别于2001年12月6日和2003年5月10日投运。

12月12日　国务院总理朱镕基在中共浙江省委书记张德江、省长柴松岳等陪同下，到浙江省电力公司考察浙江电力市场试点工作。

12月25日　装机容量180万千瓦、单机容量30万千瓦的国家重点建设工程天荒坪抽水蓄能电站第6号机组通过启动验收，正式并网发电，投入试运行。此前，1999年9月26日，12月18日和2000年3月11日，该电站4号、5号、3号机组投入运行。2002年6月28日，天荒坪抽水蓄能电站枢纽工程通过国家验收。

2001年

1月4日　国家经贸委发出关于撤销上海市电力工业局的批复，将电力行政管理职能交上海市经济委员会。

1月5日　500千伏上海泗泾变电站及1台容量为75万千伏安的1号主变压器建成投运。1台75万千伏安的2号主变压器于5月21日建成投运。

1月8日　华东电网电能交易系统(ECETS)投入试运行。这是在新世纪之初，华东电网利用计算机互联网技术，在三省一市电力公司间应用电子商务进行电能交易迈出的第一步，是华东电网发展区域电力市场的重要步骤。5月11日，该系统通过验收。

1月11日　上海市计算机2000年问题工作组发来感谢信，感谢国电华东公司向新疆阿克苏地区捐赠50台电脑。

1月12日　中共国家电力公司党组决定，杨宁生任中共安徽省电力公司(工业局)党组副书记，免去钱发龙中共安徽省电力公司(工业局)党组副书记、成员职务。

1月17～19日　国电华东公司工作会议在上海召开。会议总结了公司系统2000年各项工作，部署了2001年工作任务。邵世伟总经理作重要讲话，陈文贵副总经理作了工作报告。

1月21日　国电华东公司召开第一次电力市场整顿和优质服务年领导小组会议，宣布成立以邵世伟为组长的领导小组。2月21日华东公司分别向三省一市政府发出文件，庄重地作出了承诺；2 月 24 日根据国电公司统一部署，公司领导分别在三省省会和上海市参加宣传日活动。此后，华东公司认真落实各项措施，投产 500 千伏输变电线路 613 千米，新建变电站 6 座，扩建 3 座。在夏季用电高峰到来之前，全面完成优质服务承诺。

2 月 10 日 浙江北仑电厂 1 号联络变压器突然起火，引起该厂 3 台 60 万千瓦机组相继跳闸，减少出力 145 万千瓦，系统频率从 50.01 赫下降到 49.65 赫。在华东网调的统一指挥下，直(代)管电厂和三省一市调度所迅速行动，或超铭牌发电，或满出力运行，或拉出备用出力，从而满足了浙江电网的用电需求，充分体现了大电网的优越性。

2 月 14 日 国家电力公司党组决定，免去陈文贵同志国家电力公司华东公司(电业管理局)副总经理(副局长)、中共国家电力公司华东公司(电业管理局)党组副书记、成员职务。

2 月 21 日 中国电力财务有限公司华东分公司在上海挂牌。

2 月 26 日 国家经贸委发出关于撤销安徽省电力工业局的批复，将电力行政管理职能交安徽省经贸委。

3 月 18 日 500 千伏江苏石牌变电站 1 台容量为 75 万千伏安主变压器建成投运。

4 月 3 日 “九五”国家重点科技攻关项目——贾汪电厂增压流化联合循环(PFBC—CC)中试电站工程试验及其关键技术研究，在徐州通过科技部组织的专家验收。

4 月 10 日 全国人大常委会委员长李鹏等一行在浙江省省长柴松岳、省人大常委会主任李泽民、副省长卢文舸等陪同下，到浙江省电力公司考察电力市场试点工作。

4 月 20 日 国家电力公司总经理在国电华东公司总经理邵世伟、上海市电力公司总经理于新阳等陪同下，来到上海市电力公司客户服务中心视察工作，并就有关问题接受了新闻媒体的采访。

4 月 22 日 500 千伏江苏车坊变电站 1 台容量为 100 万千伏安主变压器建成投运。

4 月 29 日 温州电厂二期扩建工程 30 万千瓦 3 号机组建成投产。同年 9 月 14 日，该厂 30 万千瓦 4 号机组建成投产。

5 月 14 日 500 千伏浙江乔司变电站 1 台容量为 75 万千伏安主变压器建成投运。2002 年 11 月 3 日，该变电站 1 台容量为 100 万千伏安主变压器建成投运。

6 月 13 日 中共国家电力公司党组任命费圣英为中共江苏省电力公司委员会副书记。

6 月 24 日 温州市第一座超高压变电站——500 千伏瓯海变电站建成投运，主变压器容量为 75 万千伏安。

6 月 华东电网开展 500 千伏变电站运行人员技术操作比赛。全网有 304 名运行值班人员参赛，参赛率达 99%。江苏武南变电站和浙江双龙变电站分获理论普考和操作比赛第一名。

7 月 11 日 国家电力公司决定，周永兴同志任国家电力公司华东公司(电业管理局)副总经理(副局长)、中共国家电力公司华东公司(电业管理局)党组成员、副书记，徐伟良同志任国家电力公司华东审计部主任。

是日 国家电力公司任命帅军庆为上海市电力公司副总经理。

7 月 17 日 上午 8 时许，在沪东中华造船(集团)有限公司船坞工地，由上海电力建筑工程公司等单位承担安装的 600 吨×170 米龙门起重机在吊装主梁过程中发生倒塌事故，造成 36 人死亡，3 人受伤，直接经济损失 8000 多万元。11 月 21 日，国家安全生产监督管理局发出事故结案通知，确认这是一起由于吊装施工方案不完善，吊装过程中违规指挥、操作，并缺乏统一严格的现场管理而导致的重大责任事故。国务院同意事故调查处理领导小组对事故责任人员的处理意见。

7 月 18 日　国家重点建设工程、上海外高桥电厂二期工程引进的 2 台 90 万千瓦单轴超临界燃煤发电机组开工典礼上午在外高桥电厂工程现场隆重举行。中共中央政治局委员、上海市委书记黄菊、上海市市长徐匡迪等为工程奠基。

7 月 23 日　上海遭受第三波热浪袭击，最高气温达 38℃。上午 10 时 34 分，华东电网负荷为 4304.6 万千瓦，刷新历史纪录。

8 月 14 日　国家"九五"计划重点工程 500 千伏山西阳城至江苏淮阴输电线路全线贯通。此前的 1999 年 12 月 7 日，江苏接受山西阳城电厂来电的 500 千伏淮阴上河变电站建成投运。

8 月 21 日　中外合资合肥第二发电厂 35 万千瓦 2 号机组投产，一期工程竣工。工程于 1997 年 9 月 1 日正式动工，是安徽省最大的中外合资项目，35 万千瓦 1 号机组已于 2001 年 6 月 16 日投产。

10 月 1 日　华东电网试行以电网频率控制性能标准(CPS)为核心的新版《华东电网省(市)际联络线功率电量管理和考核办法》。

10 月 15 日　上海电力学院喜庆 50 华诞。中共中央政治局委员、市委书记黄菊致贺信，市委副书记龚学平题词祝贺。

11 月 6 日　长达 366 千米的 500 千伏福双线(福州北—双龙)启动调试成功后，于当日投入试运行，福建电网与华东电网实现了系统互联。

11 月 16 日～12 月 28 日　国家电力公司华东公司本部机构改革。12 月 18 日国家电力公司关于华东公司机构编制的批复，同意华东公司内设机构按九部一室一中心进行设置，保留中国水利电力工会华东工作委员会，核定公司本部的人员编制为 280 人。经过改革，公司的部门由 23 个减至 11 个，人员从 454 人降到 269 人。

12 月 11 日　500 千伏江阴长江大跨越工程跨越塔及附件供货合同在南京签字。

2002 年

1 月 7 日　安徽省省长许仲林在淮南市委书记陈维席、代市长陈世礼等陪同下视察洛河电厂。

1 月 25 日　国家电力公司华东公司与国电电力发展股份有限公司签订出资权转让协议，国家电力公司华东公司同意将其拥有的外高桥第二发电有限责任公司 20%的出资权有偿转让给国电电力发展股份有限公司。

2 月 6 日　中共国家电力公司党组决定，于新阳任中共上海市电力公司委员会书记，帅军庆任中共上海市电力公司委员会副书记，顾敏芷不再担任中共上海市电力公司委员会书记、委员职务。

2月19日　上海超高压输变电公司南桥变电站控自动化装置(P13)操作系统正常运行中突然失控，造成南桥变电站、杨高变电站500千伏停电，2月20日，P13操作系统恢复正常。

2月28日　国电华东公司与国电电力发展股份有限公司签订出资转让协议，由国电华东公司有偿转让其在浙江北仑发电有限公司15%的资本总额给国电电力。

3月5日　江苏徐塘发电厂30万千瓦4号机组投产运行。同年7月14日，该厂30万千瓦5号机组投产运行。

3月30日　500千伏浙江天一变电站1台75万千伏安主变压器建成投运。

4月2日　安徽洛河发电厂3、4号机组同时跳闸，造成全厂停电，系统频率从50赫跌至49.91赫，当天恢复并网运行。

4月15日　秦山核电站二期65万千瓦1号机组投产运行。

5月13日　国家经济贸易委员会批复，撤销华东电业管理局。

5月18日　500千伏浙江王店变电站1台75万千伏安主变压器建成投运。

5月19日　500千伏繁昌至东善桥输电线路工程竣工投产。

6月23日　国家副主席胡锦涛在浙江省委书记张德江、省长柴松岳等陪同下，视察了秦山核电三期工程，并向工程建设者致以亲切的问候。

7月8日　500千伏江阴长江大跨越输电工程在靖江现场举行了隆重的开工典礼，国电华东公司总经理邵世伟出席典礼并讲话。

7月15日　以三峡稽查办副主任张德楠为组长、吴敬儒为副组长的三峡输变电工程稽查组来国电华东公司检查建设三峡配套间隔工程和电量消纳的准备工作情况，对国电华东公司负责的三峡配套工程表示满意。

7月17日　国家重点工程三峡输变电配套工程阜阳500千伏颍州变电站和500千伏洛河至颍州输电线路正式投入系统运行。

7月23日　国家电力公司决定邱国富任国电华东公司副总经理、党组成员。

7月26日　纪念中国有电120周年活动在上海东方电视台举行。中共中央政治局委员、上海市委书记黄菊，国家电力公司主要领导为象征中国第一盏电灯的纪念碑揭幕。上海市常务副市长蒋以任，国家电力公司党组成员以及各网省公司领导等800多人出席了纪念活动。

7月29日　中共中央政治局委员、上海市委书记黄菊，中国工程院党组书记、院长徐匡迪，浙江省省长柴松岳等，在国电华东公司总经理邵世伟的陪同下视察华东天荒坪抽水蓄能电站。

8月9日　国电华东公司举行专业带头人、双文明单位授证仪式，钱之银等25人、望亭发电厂等7家单位荣获公司专业带头人和国电公司双文明单位称号。

8月23日　华东区域内的上海市、江苏省、浙江省普遍出现了36℃以上的高温天气，上海市当天最高气温达到了38.8℃。华东全网统调用电负荷再创新高达到5125万千瓦。

8月24日　上海500千伏南桥变电站遭飙线袭击，造成葛洲坝送上海南桥500千伏直流输电中断。事故发生后，经尽力抢修，于9月8日和10日直流极Ⅰ、Ⅱ恢复运行。

9 月 9 日 浙江省省长柴松岳和副省长章猛进在温州市委书记李强的陪同下，来到苍南县龙金大道电力抢修现场，慰问奋战在抗击 16 号台风第一线的电力职工。

9 月 26 日 国家重点工程之一的华东江苏 500 千伏泰兴输变电工程建成投运。此前 8 月 28 日和此后 10 月 16 日，江苏盐城 500 千伏盐都变电站和 500 千伏南通三官殿变电站建成，各投运 1 台容量为 75 万千伏安主变压器。

10 月 28 日 全国政协副主席杨汝岱在江苏省和连云港市有关领导的陪同下视察了国家重点建设工程田湾核电站。

11 月 11 日 浙江嘉兴电厂二期工程 4 台 60 万千瓦机组正式开工。

12 月 15 日 浙江长兴第二发电厂 30 万千瓦 1 号机组投产运行。

12 月 16 日 国家电力公司决定程光杰任国电华东公司副总经理、党组副书记(列邵世伟之后)。

12 月 31 日 秦山核电站三期 72.8 万千瓦 1 号机组投产运行。

专　　记

专　　记

一、华东电网发展计划、规划编制

改革开放后，华东电网更加重视发展规划的编制工作。华东电管局党组坚持以邓小平理论和“三个代表”重要思想为指导，始终把解决电网缺电问题、缓和华东地区的电力供需矛盾、确保电网安全可靠作为华东电网规划的主要任务。从20世纪80年代末到2002年，党组主要领导和分管领导始终把规划工作放在重要位置和重要议事日程上，并要求省、市电力局“一把手”亲自抓，总工程师分工抓，要求各省、市电力局都要选择、配备思想作风好、业务熟悉，对党的经济政策理解深、吸收能力强的员工充实到规划工作的队伍，不断提高规划工作水平。

1991～2002年，华东电网先后编制了《华东三省一市电力发展“八五”计划和二〇〇〇年规划》、《华东三省一市电力发展“九五”计划及2010年规划目标》、《华东三省一市电力发展“十五”计划及2015年远景规划》。这三个五年电力发展规划的编制实施对华东电网的发展具有重要的战略意义。

（一）《华东三省一市电力发展“八五”计划和二〇〇〇年规划》的编制

1987年6月，华东电管局开始编制《华东电网电力发展“八五”计划及“九五”设想》，这是在原“七五”计划及“八五”设想基础上提出的。规划中预测1995年需电量为1800亿～1910亿千瓦时，最高负荷2790万～2965万千瓦。与此相应，“八五”期间拟新增机组1500万千瓦，其中新建、扩建9个百万千瓦级骨干电厂，天荒坪抽水蓄能电站投运60万千瓦；新建500千伏输电线路2265千米（内含与福建联网500千米），进一步加强500千伏主干网络，新增500千伏变电容量1150万千伏安；争取从区外受电200万千瓦，电量80亿千瓦时；力争“八五”计划扭转电网建设落后于电源建设的局面。

鉴于国家原定全国在2000年实现国民生产总值比1980年翻两番的目标可提前于1995年实现，而华东三省一市的经济增长速度高于全国，可望于1994年提前实现，因此按照国家的部署，为了做好《华东三省一市电力发展“八五”计划和二〇〇〇年规划》的编制工作，1991年9月26～27日，华东电网规划领导小组第七次会议在杭州市浙江宾馆召开，参加会议的有国务院上海经济区规划办公室主任、原水利电力部副部长、顾问王林，浙江省副省长柴松岳，能源部和国家能源投资公司、电力规划设计总院有关领导以及华东三省一市电力局主要领导。

会议期间，王林同志就华东电网中长期发展问题作了重要讲话，能源部计划司和国家能源投资公司、电力规划设计总院有关领导都作了发言，对编制《华东三省一市电力发展“八五”计划和二〇〇〇年规划》提出了指导意见。华东电业管理局作了工作报告。

会议肯定了华东电网20世纪80年代特别是“七五”计划期间所取得的成绩，并一致认为，由华东电管局提出的《华东三省一市电力发展“八五”计划和二〇〇〇年规划（讨论稿)》符合华东电网的实际和未来发展方向，表示相信在国家有关部委和省、市人民政府的指导支持下，经过努力，“八五”计划任务是可以实现的。会议经过审议，一致同意并原则通过了《华东三省一市电力发展“八五”计划和二〇〇〇年规划》。会后，根据会议提出的建议，对《讨论稿》进行了修订补充，正式上报能源部及有关领导部门。

该次会议取得了重大成果，综合归纳如下：

1. 会议一致同意《讨论稿》提出的奋斗目标

(1) 年需电量。为使方案与能源部、国家计委指标相吻合，1995 年需电量有高、低两个方案：高方案为 1660 亿千瓦时，低方案为 1570 亿千瓦时；2000 年需电量为 2200 亿千瓦时。会议认为，考虑到华东地区经济发展的实际状况，“八五”方案将会突破。

(2) 装机容量。“八五”争取建成 1240 万千瓦，确保投产 1000 万千瓦。从国民经济发展看，提两个目标是恰当的，也有利于“八五”结转至“九五”的建设规模，“九五”规划装机 1470 万千瓦。

2. 根据《讨论稿》拟定的目标和要求，“八五”应着重抓紧做好以下工作

(1) 抓紧重点工程建设。华东电网“八五”重点电源工程项目共 15 台机组 610 万千瓦要按期建成。

(2) 为使华东电网电力发展有后劲，要求继续抓紧电源开发前期工作，抓紧“八五”结转“九五”的建设项目，特别是大机组的工程项目要争取早立项、早开工，这是保证“八五”计划完成和“九五”结转容量的关键。要确保“九五”期间和 21 世纪初的电力可持续发展。

(3) 加强 500 千伏电网和输变电配套工程建设。

“七五”电源建设较快，电网建设落后于电源建设，特别是 60 万千瓦机组并网投产后带来了“卡脖子”现象。因此，“八五”计划期间一定要花大力气加强、加快 500 千伏网架的建设。要把电网建设放在与电源建设同等重要的位置。会议要求省、市局领导要亲自抓，迅速扭转这一局面。会议建议并请电力规划设计总院和华东电力设计院考虑把华东电网作为试点，进行五年和十年系统规划设计并予审查，以指导解决新建大电厂接入系统问题。

会议还要求，在落实电源建设的同时落实配套项目建设，包括资金、设备和施工力量，一定要做到输变电配套先于电源建设，电网与电源投产同步。

(4)《讨论稿》中提出要建设一定比例的抽水蓄能电站，特别是 2000 年前开发一个大容量、高水头抽水蓄能电站。会议建议由国家和三省一市共同投资建设天荒坪抽水蓄能电站。同时，还建议浙江、安徽省电力局继续抓紧进行大型抽水蓄能电站可行性研究和前期工作，力争早开工。

会后，各省、市电力局均根据这次会议原则通过的《华东三省一市电力发展“八五”计划和二〇〇〇年规划》，修改和完善了省、市电力局各自的“八五”计划和二〇〇〇年规划。华东电管局将补充修改后的《华东三省一市电力发展“八五”计划及 2000 年规划》于 1991 年 10 月正式上报能源部及有关领导部门。

本次会议召开以后，在邓小平同志南巡讲话精神鼓舞下，1995 年华东三省一市全社

会用电量达1826.7亿千瓦时；年均增长率为10.9%，比“七五”提高3.2个百分点。全社会最高用电负荷达2820万千瓦，年均增长11.1%，比“七五”提高1.2个百分点。

整个“八五”计划期间，华东三省一市全口径投产发电装机容量1330万千瓦，未达到原定“八五”计划新增机组1500万千瓦的目标，主要是天荒坪抽水蓄能电站等大型建设项目推迟投运。到1995年底，全网接转“九五”计划的在建容量为985.5万千瓦，其中水电188万千瓦，火电622.5万千瓦，节能改造项目175万千瓦。

“八五”计划期间，华东电网共建成500千伏交流线路939千米，500千伏变电容量350万千伏安，已形成斗山—黄渡—南桥—瓶窑—繁昌—斗山500千伏单回主环网（其中黄渡—南桥为双回路）。华东电网500千伏交流输电线路长度从1990年的1518千米增加到3002千米；500千伏降压变压器容量从1990年的350万千伏安增加到909.5万千伏安。

以上成果充分体现出华东电网规划领导小组所做的发展决策意义深远，为华东电网在“八五”计划期间快速、健康发展奠定了良好的基础。

（二）《华东三省一市电力发展“九五”计划及2010年规划目标》的编制

1993年，根据国家计委提出的电力工业“八五”计划及十年规划调整意见和电力部关于编制2020年电力发展长远规划的要求，华东电管局于1993年10月编制完成了《华东三省一市电力发展“八五”计划、“九五”规划（滚动修正）及2010年、2020年初步规划》，并向电力部作了汇报。

1994年，根据电力部的部署和要求，华东电管局进行了规划的再次修订工作，于1994年12月编制完成《华东三省一市电力发展“八五”计划、“九五”规划（滚动修正）及2010年、2020年规划（送审稿）》，并上报电力部。

1995年3月，电力部要求优化修订“九五”计划，华东电管局于1995年5月编制完成《华东三省一市电力发展“九五”计划（汇报稿）》，上报电力部并在1995年5月全国电力规划工作会议上（杭州会议）作了汇报。

在1996年1月召开的中国华东电力集团工作会议暨集团管委会会议上，总结了华东电网“八五”工作和经验，研究并部署了华东电网“九五”主要预期目标和电网发展中的重要问题。

1996年3月，全国人大八届四次会议批准《中华人民共和国国民经济和社会发展“九五”计划和2010年远景目标纲要》后，华东三省一市电力局分别根据各自的省市国民经济和社会发展“九五”计划和2010年远景目标纲要，滚动修正了各省市电力发展“九五”计划和2010年规划目标。

1996年6月，华东电管局修订编制完成《华东三省一市电力发展“九五”计划及2010年规划目标（讨论稿）》，并于1996年7月在华东电网规划工作会议上讨论通过。

在此基础上又结合华东三省一市电力局的“九五”计划做了滚动修正，重点调整了需电量和最高负荷水平及相应的电源建设规模，于1996年12月编制完成。

鉴于“八五”计划期间华东电网取得较大发展，发电量、装机的增长率均超过10%，该计划针对当时存在的“电力建设跟不上国民经济发展和人民生活提高用电的需要；电网调峰容量不足；电厂在建容量不足，即将出现新机投产低谷；网架长期滞后于电源发展，导致网架薄弱和输变电容量不足；电价水平偏低，使资金利润率低下，还贷能力和再投资能力差”5个主要问题，提出2000年需电量为2700亿～2900亿千瓦时，最高负荷为4380万～4700万千瓦。“九五”计划要求新机投产1878.5万千瓦；同时加快华东500千伏电网建设，计划新建500千伏输电线路4641千米（内含阳城送淮阴配套线路1840千米），扩建、新建500千伏变电站17个，共计变电容量2100万千伏安。

在滚动修正后的“九五”计划，还着重对落实建设资金、平衡电煤运输、上网电价水平、环保治理和节能降耗等作了具体安排：在测算所需电力建设资金后，对资金缺口提出了解决方案；在电煤运力平衡上既作了全面总量分析，又对各电厂燃煤增量的运输路线作了具体安排；在电价上试算了2000年新扩建电厂平均上网电价水平；在环保和节能上提出要尽量控制二氧化碳和烟尘排放量，控制小机组发电，实行以大代小。“九五”计划要求更多地安装30万～60万千瓦机组，推动耗能高的小机组退役，2000年及以后多安装90万千瓦大型机组。

在“九五”计划方案中还预计华东电网“十五”计划期间，2005年的需电量指标低方案为4000亿千瓦时，年均增长率为8.2%；高方案为4350亿千瓦时，年均增长率为8.4%。

（三）《华东三省一市电力发展“十五”计划及2015年远景规划》的编制

根据国家经贸委电力司、国家电力公司计划投资部《关于开展“十五”电力行业规划编制工作的通知》的要求，华东电力集团公司立即开始《华东三省一市电力发展“十五”计划及2015年远景规划》的编制工作，1999年3月25～26日，华东电网规划工作小组扩大会议在江苏昆山市召开。

（1）会议针对电网“九五”前三年规划执行情况和存在问题以及“十五”发展规划展开了热烈的讨论。会议紧紧围绕华东电网在改革和发展中保持电网安全可靠稳定运行这一中心，总结工作，查找问题，明确任务，开拓思路。国家电力公司、电力规划设计总院代表充分肯定了华东电网规划工作的成绩和经验，并结合华东电网现状和今后发展方向提出了建设性意见。

会议首先明确了“九五”后两年、“十五”初期电网规划和建设任务，指出要在解决规划建设中这些问题和实现目标网架的结合上，做好“九五”后三年以及“十五”初期的规划工作，取得一致的意见。“九五”后三年要按计委批复和国家电力公司的意见，实现43项500千伏输变电项目的投产。其中1999年投产8项，2000年投产21项，2001年投产14项。

如果上述项目在1999～2001年均能按期投产，华东三省一市500千伏电网的薄弱环节将基本得到解决，华东500千伏电网输送能力和安全稳定运行水平将跃上新的台阶。

会议还提出了华东500千伏电网的发展前景和“九五”后三年的主要工作。

随着华东江苏500千伏输变电项目，浙江秦山二、三期，上海外高桥二期配套输变电项目以及三峡送电华东配套输变电项目的实施，不仅华东500千伏主环网，而且三省一市内的500千伏电网也将有很大程度的加强。上海将建成黄渡—泗泾—南桥—杨高—川沙—

外高桥二期—杨行—黄渡的双回环网，形成一个坚强的受端系统。江苏将建成两个苏北向苏南送电的过江通道，从而大大提高苏北向苏南的送电能力。浙北与浙南将形成两个过江通道，不仅提高该地区的受电可靠性，而且加强浙江电网与华东电网的联系。安徽将建成投产阜东输变电工程。这样，华东500千伏电网就向2010年目标迈进了一大步。

三峡配套第一批交流输变电项目不仅关系到华东电网消纳三峡送来电力，而且对华东电网的自身发展也相当重要。华东电网与福建电网联网是国家电力公司实施全国联网的重要步骤之一。

在本次规划工作小组扩大会议后，华东电力集团公司又修改印发了《关于加强华东电网500千伏主网架规划建设工作的若干意见》。该意见在肯定了华东电网500千伏主网架基本适应华东电网安全、稳定运行需要基础上，针对实际问题，提出了加强华东电网500千伏主网架规划建设工作的意见。

（2）在向国家电力公司有关部门汇报后，经反复研究修改，2000年5月中国华东电力集团公司编制完成了《华东三省一市电力发展“十五”计划及2015年远景规划》，并在南京通过了国家经贸委和国家电力公司的评审。评审会议对华东公司和三省一市电力公司编制的规划给予了充分的肯定。

“十五”计划提出华东三省一市2005年需电量为3230亿千瓦时，年均增长率为5.5%。最高用电负荷为5780万千瓦，年均增长率为6%。“十五”计划期间投产发电机组1836.8万千瓦，华东500千伏电网建设目标是在充分考虑全国联网格局的基础上，进一步加强华东地区长江三角洲负荷中心的跨省500千伏主环网，并以主环网为依托，逐步形成各省（市）500千伏网架，华东三省一市将新建500千伏交流输电线路3935千米，新增500千伏交流变电容量2775万千伏安。

（3）2000年，华东电网用电负荷和用电量快速回升。2000年全社会最高负荷为4350万千瓦，同比增长11.54%；用电量达2617亿千瓦时，同比增长14.49%。因此，根据“九五”华东电网电力供求实际，特别是根据2000年变化的情况，为确保“十五”计划期间华东电网的电力电量供应，促进三省一市国民经济的可持续发展。2001年3月，国家电力公司华东公司在苏州国际会议中心召开了华东电网规划工作会议，国家电力公司华东公司在会上作了题为《滚动优化华东电网“十五”电力发展计划，促进三省一市国民经济可持续发展》的主题报告。

会议要求，要进一步做好电力市场预测，调整电源结构，优化电力资源配置，进一步完善和加快网架建设，而且要提前研究华东电网在“十五”中可能出现的一些问题，提出相应的对策和措施。

会议根据“九五”华东电网电力发展基本情况，特别是华东三省一市用电年均增长率为7.3%的情况下，提出将原先上报的“十五”华东电网需电量增长的速度从5.5%调整到6%，即将2005年需电量水平从原先的3230亿千瓦时调高到3500亿千瓦时，同时，鉴于华东三省一市用电负荷从1995年的2820万千瓦已上升至2000年的4350万千瓦，提出2005年华东三省一市最高用电负荷水平从5780万千瓦调整到6200万千瓦，年均增长率从5.8%调整到7.3%。

会议提出，要认清形势，加快电源建设步伐，满足用电需求。由于“九五”计划中后期国家严格控制新开项目，致使2000年底华东三省一市电力在建规模仅925万千瓦，“十五”中期电力投产容量偏小，将直接影响电力电量的平衡，届时将不可避免地出现严重缺电局面。会议认为，由于外高桥发电厂二期、常熟二期发电厂和嘉兴发电厂二期等重大项目国家仍未下达开工计划，这些项目如不能及时开工建设，将直接影响到“十五”末华东的电力电量平衡。为配合“西气东输”工程建设，调整发电能源结构，缓解电网调峰压力，华东电网将规划建设一批燃气-蒸汽联合循环机组，这些项目在2000年编制的“十五”计划和2015年远景规划中没有充分反映。从2000年下半年起至2001年初，根据国家计委的要求，华东公司相继对三省一市利用西部天然气的8个燃机项目进行了初步可行性研究报告审查，部分项目的项目建议书呈报至国家计委。

“十五”计划期间，三峡电站将开始送电华东，秦山核电站二、三期、田湾核电站将陆续建成投产，这些项目的投运对电网调峰所造成的影响要进行深入研究，对配套项目的建设要提出切实可行的方案。

“十五”计划期间华东电网的实际运行轨迹，证明了该次会议所指出的“十五”末华东的电力电量平衡中的问题具有重要的前瞻性，2004～2005年华东电网出现了严重的缺电局面。

在华东电网“八五”、“九五”和“十五”计划的编制、实施的实践中，网省电力公司的共同体会是，要进一步完善和加强网架建设，消除薄弱环节，适应“网厂分开、竞价上网”需要，继续保持电力发展的适度超前；为了规划的顺利实施，要做好项目前期工作，安排好合理工期，确保过渡年份电网供电的可靠性和安全性；确保区外送电的通道畅通和区内各省市之间电力电量交换能够顺利进行。

二、华东电力市场的起步

1992年，中共十四次全国代表大会将社会主义市场经济确定为中国经济体制改革的目标模式，由此开始了由社会主义市场经济体制向计划经济体制的战略转变。1992～2002年，国家先后实施了价格、财政、税务、金融等一系列改革，国民经济继续保持高速增长。作为国民经济的主要基础，电力工业也相应进行了政企分开和市场化改革。在国家计委、电力部（国家电力公司）等的领导下，华东电力市场改革工作开始起步。华东公司积极利用价格促进网区内外电力资源优化配置，与国外咨询机构合作探索区域电力市场的路径。区域内上海市、浙江省开展了省级电力市场试点工作，积累了大量经验。

（一）建立电力市场的准备工作

1992年11月，在华东电网调度自动化系统实用化验收大会上，能源部提出电网调度自动化工作的目标，第一步要实现实用化，第二步要商业化。1993年，华东电网在深化管理体制改革的基础上，首先实施省（市）电网间联络线电量峰谷电价，按季节和时段确定电量价格，规定每年第一、第二和第四季度分峰、腰、谷3个时段，第三季度分峰、谷2个时段。峰谷电价比值为3∶1。实现联络线峰谷电价，进一步调动了各省（市）电网主动调峰的积极性。

1994年1月1日，中国华东电力集团公司印发《关于望亭发电厂油加工发电的管理办法》，以市场模式支持省市电力公司缓解电力电量平衡的困难。

1994年，华东电网开始实施省（市）电网间联络线口子经济考核办法，按不同的价格分解联络线口子电量。主要包括国家统配计划基数电量电价、经销电价、事故支援电价与频率挂钩考核以及超计划送受电奖罚电价。经过几年不断实践和改进，考核办法的实施日臻完善，为省（市）电网之间建设和运作电力市场迈出了第一步。

1996年，华东电力集团管委会决定用3年时间取消送出省指令性年度统配计划33.54亿千瓦时，客观上给省（市）电网进行电量交易腾出了一定空间，为发展区域电力市场提供了条件。同年，华东电力集团公司启动电力市场的研究，先后向美国、英国、阿根廷等国资深专家咨询电力市场的模式和规约。

1997年11月，电力部召开了模拟电力市场研讨会，总结了部分网省公司开展模拟电力市场的经验。华东电力集团公司在会上介绍了华东电网体制改革和商业化运行情况。1997年跨省市经销电价见表专-1。

表专-1　　1997年跨省市经销电价

时段	峰谷出力比及时段	电价[元/(千瓦时)]	腰荷出力比
全年经销电		0.33	1∶0.9
全月经销电	1∶0.8	0.345	1∶0.9
	1∶0.7	0.356	1∶0.85
	1∶0.6	0.367	1∶0.8
全日经销电	1∶0.8	0.367	1∶0.9
	1∶0.7	0.378	1∶0.85
	1∶0.6	0.389	1∶0.8
小时经销电（1～6月、10～12月分3个时段）	高峰	0.615	
	腰荷	0.394	
	低谷	0.205	
小时经销电（7～9月分2个时段）	高峰	0.537	
	腰荷	0.179	

1998年6月，国家电力公司提出“实行网厂分开建立发电侧电力市场的实施方案框架”。同年7月7日，国家电力公司在北京召开实行厂网分开建立电力市场的方案框架研讨会，并明确上海市、浙江省、山东省为全国厂网分开、建立电力市场试点单位。12月24日，国务院办公厅转发《国家经贸委关于深化电力工业体制改革有关问题的意见》的通知，确定上海、浙江、山东、辽宁、吉林、黑龙江六省、市进行厂网分开、竞价上网的试点。这标志着由政府积极推进的建立发电侧电力市场的工作正式启动。华东电力集团公司和三省一市电力公司积极参与电力工业改革，着力建设统一、开放、有序的电力市场。

（二）上海市发电侧电力市场试运营

1999年，上海组建了上海电力股份公司、外高桥发电有限公司、石洞口发电有限公司、吴泾第二发电有限公司等发电公司，为厂网分开建立发电侧电力市场创造了基本条件。

为确保市场化运营的顺利进行，1999 年 10 月，上海市电力公司组建了“上海电网竞价上网运作中心”（简称 COC)，与上海市电力公司中心调度所合署办公。

是年，《上海电网发电侧电力市场竞价上网运营规则》和各相关细则完成制定。规则规定，电厂分为竞价电厂和非竞价电厂，竞价电厂可以参加期货电能交易和现货电能交易；非竞价电厂（包括调峰电厂和自备电厂）以及市外来电只参加合约电能交易。上海市电力公司是发电侧电力市场的单一购买者，利用期货电能交易、现货电能交易、合约电能交易三种形式，负责购买各发电企业（厂）的电能并销售给最终用户。

在运作模式上，现货市场采取部分电量竞价的日前市场模式，现货竞价电能约占整个电量的 10%。在现货市场中，各竞价电厂申报每 15 分钟的电力和上网价格，上海电力公司按申报价格排序收购。最终成交的申报价格即为现货成交价格，并按此价格进行现货电量财务结算。实际调度偏差电量按调整期货电量原则进行。

上海市发电侧电力市场运行分为三个阶段：联合调试阶段、离线模拟竞价上网阶段和在线试运行阶段。1999 年 12 月 27～31 日，COC 利用当年最后一周安排了 5 天带有测试性质的在线实价试运行。从 2000 年 1 月 1 日开始，上海市发电侧电力市场正式进入竞价上网实价试运行。

1999 年，在实价试运行阶段，COC 共安排现货交易电量 4586.9 万千瓦时，约占竞价电厂总发电量的 9.3%，现货电价平均为 225.59 元/（兆瓦时)。

2000 年，现货成交发电量为 36.226 亿千瓦时，占竞价电厂总发电量的 10.01%，现货电价平均为 266.92 元/（兆瓦时)。

2001 年，现货成交发电量为 42.78 亿千瓦时，占竞价电厂总发电量的 10.71%，现货电价平均为 267.49 元/（兆瓦时)。

2002 年，现货成交发电量为 36.49 亿千瓦时，占竞价电厂总发电量的 8.49%，现货电价平均为 291.23 元/（兆瓦时)。

（三）浙江省发电侧电力市场试运营

浙江电力模拟市场于 1995 年 1 月 1 日正式运行。1998 年，浙江省电力公司被国家经贸委和国家电力公司列为“厂网分开、竞价上网”市场化改革的试点。2000 年 1 月 1 日，浙江发电侧电力市场投入试运营。期间，浙江省电力公司组织开发并应用的浙江电网发电市场技术支持系统达到了较高水平，其中实时调度功能水平更高。试运营期间，浙江电网和发电市场运行正常，市场竞价有序，市场结算正常，对电力企业实行“厂网分开、竞价上网”市场化改革起到了促进作用。

1. 电力模拟市场

为适应电力工业市场化改革，1994 年，浙江省在对发供电企业实施承包机制的基础上，开始建立浙江电网电力模拟市场。1994 年 8 月 1 日，浙江电力模拟市场开始试运营，浙江省电力公司颁发《浙江电网模拟电力市场运转管理办法》，将省公司系统划分为发电、调度中心和供电三个环节。发供电企业均采用峰谷电价进行电量结算，发电与供电的电量及曲线考核，与电网的频率挂钩（套用华东电网三省一市联络线口子考核办法），每天各有三个时段十二种不同的奖罚情况，外加调整补偿条款，弥补电网对发供电企业所造成的电量损失。考核指标的设计力求做到公平、公正和公开，从以企业自身纵向对比为主朝同类企业横向对比为主转轨。用经济手段和市场规律，调动企业自主经营积极性。

1995年1月1日，浙江电力模拟市场正式运营。同年6月，浙江省电力公司下发《浙江省模拟电力市场的调整补充规定》，对发电厂调度停开机组、高峰压低负荷、低谷多发电和水电调相运行等问题，作出具体规定；对供电局日用电曲线的编制原则适当修改，放宽一些限制条件。该规定使模拟电力市场的运营更趋完善。

1997年8月，浙江省电力公司颁发《浙江电网电力市场运营暂行规则》，明确浙江电力市场行为主体，提出电力批发和电力零售两级市场形式；取消电量考核与电网频率挂钩的方法，按计划曲线±30%为合格范围进行考核；发电厂上网电价实行两部制形式，以鼓励发电厂服从电网调度命令；加强发电设备检修与维护，有效提高机组可用小时数；鼓励供电局拓展电力销售市场，管理好地方小火（水）电机组的发电计划，开展用电负荷曲线的预测。

为了进一步完善和规范市场的运作行为，杜绝日常考核中的消极因素，1998年7月，浙江省电力公司颁发了《浙江电网电力市场的调整补充规定》，针对各地区供电局片面追求电量奖励，忽视用电计划曲线的正确性，放松用电负荷预测的实际情况，重新制定并实施用电曲线合格率的考核办法。经过4年的电力市场模拟运行，在此基础上，于1998年底开始筹建浙江电网发电侧电力市场。

2. 发电侧电力市场

(1) 组织机构。浙江省电力公司于1999年2月成立了以省公司总经理，分管生产、经营的副总经理，总工程师及公司各主要部室主任组成的电力市场改革指导委员会。指导委员会下设三个专业工作小组：市场设计与市场规则编制组、市场法规与政府监管研讨组和市场技术支持系统建设组，并成立一个独立办公室（市场办）。

(2) 厂网分开和上网电价。为逐步实现厂网分开，按照先改制后改组的原则，历时一年有余，于1999年底完成了浙江电网统调各电厂的资产结构调整、股权置换及企业改制工作。除乌溪江水电厂、紧水滩水电厂保留作为省公司直属企业外，其他电厂均成为独立电厂。改变了原来“一机一价”的定价方式，实行“一厂一价”，以适应建立竞争性发电市场的需要。

(3) 竞价模式。1999年底，确定采用“单一购买者＋差价合约”竞价模式。即建立每天48点价格变化的实时电力现货市场；用差价合约代替现有的购电合同，形成合约市场；发电企业通过竞价上网发电，由单一购买者统一收购销售，采用每天按48时段市场价格和差价合约实时结算。

单一购买者指代表所有电力用户，统一收购电力市场竞价上网电力的购买者，在浙江电网发电市场中为浙江省电力公司。差价合约是买卖双方的一种金融期货合同，用于控制现货市场价格波动过大引起的经营风险。

电费结算办法为：发电企业收入＝现货市场售电收入＋差价电费收入，即：

$R = Q_g \cdot P_m + Q_c \cdot (P_c - P_m)$（其中 R 为发电企业收入、Q_g 为现货市场交易电量、P_m 为现货市场结算电价、Q_c 为合约电量、P_c 为合约电价）。

(4) 规则和监管条件编制。浙江省电力公司借鉴澳大利亚 PPI/TG 咨询组意见，于 2001 年制订了《浙江发电市场运营规则（试行）》，并报批试行。同时颁发了《浙江电网电力市场监管条例》。

2002 年 4 月，国家经贸委批复了《浙江发电市场运营规则（试行）》。该规则由现货市场、合约市场、辅助服务和系统安全等组成了具有浙江特色的发电市场运营规则。内容包括：提出浙江电力市场发展目标；规范了市场竞争主体；明确了市场成员准入程序；提供了现货市场与合约市场相结合的市场交易管理办法和程序；规定了在市场环境下系统安全稳定运行保障体系；制订了辅助服务操作方法。

《浙江电网电力市场监管条例》规定，按照《电力监管条例》和“发电市场”规则对浙江电网发电侧电力市场进行监管，对“发电市场规则”的公开、公平、公正执行进行监管；修订“发电市场规则”和提出“市场监管法规”的立法建议；负责电力市场准入审批和颁发许可证；对争议纠纷进行协调和仲裁，以及对违法违规行为进行调查和处罚，处理投诉事件。

(5) 技术支持系统。电能量计费系统和电力数据交换网分别于 1999 年 6 月和 7 月建成投运。

1999 年底，浙江电网发电市场技术支持系统（发电市场交易系统）的主要模块调试完成。该系统从功能上分为七个模块：交易管理、信息发布、电量计量、SCADA/AGC、计划处理、市场结算、远程通信网，各模块之间通过网络连接集成计算机系统。浙江电网发电市场技术支持系统对市场运作各环节的技术给予全面支持，完整实现了浙江发电市场规则，使浙江发电市场成功地以实时交易形式运营。发电市场运营期间，该系统各功能模块运行基本稳定。

(6) 市场运行和管理。根据国家经贸委的文件，在征得省计经委、省物价局的认可后，浙江电网发电市场按原计划于 2000 年 1 月 1 日开始运行。各发电商根据交易日的合同水平、发布的市场供求信息、电网检修情况、机组设备情况等因素做出合理的报价。电力调度与市场运行管理机构根据短期负荷预测、电网约束条件、电厂报价，排出预调度计划并向发电商发布次日预调度信息。实时调度按 10 分钟 1 个调度时段进行，每 10 分钟根据电厂报价、超短期负荷预测、安全约束自动下发 1 次实时调度指令。发电商按实时调度指令调整机组出力。自 2000 年 1 月 15 日起，各发电商按差价合同收入和现货市场售电收入分别计算，进行财务结算。

2000 年市场运行 328 天，市场中止 24 天（包括春节市场计划停运 15 天），市场运行率 93.18%；市场总交易时段 15144 个，价格管制 413 个时段，价格管制率 2.62%；市场总交易电量 277.06 亿千瓦时，经差价合约调整后，实际结算电价平均为 0.308 元/千瓦时，下降 0.75 元/兆瓦时。2000 年 12 月 12 日，中共中央政治局常委、国务院总理朱镕基在浙江省省委书记张德江、省长柴松岳的陪同下，在浙江省电力公司调查了解浙江电力市场试点工作的情况，并查看了电力市场运营情况。

2001年，市场运行363天，市场中止2天，市场运行率99.45%；市场价格管制548个交易时段，价格管制率3.15%；市场交易电量400.33亿千瓦时，总合约电量320.43亿千瓦时，占80.04%；平均结算电价为0.317元/千瓦时，下降4.94元/(兆瓦时)。

2002年，市场正常运行362天，市场中止73个交易时段，占总交易时段的0.42%。市场交易电量396.82亿千瓦时，合约电量317.11亿千瓦时，占79.91%；经差价合约调整后，实际平均结算电价为0.366元/（千瓦时），下降8.55元/（兆瓦时）。

浙江省发电侧电力市场试运行后，为使市场成员对发电市场框架和市场规则了解，进行规范化管理，浙江省电力公司进行了多期电力市场培训，期间平均每年培训人数约600人。

为保证发电市场按“市场规则”运行，2000年2月18日成立“浙江电力交易中心”，承担市场交易和综合协调职能，明确了交易中心的人员和职责。“电力交易中心”与“电力调度通信中心”共同完成市场交易和系统运行任务。

2000年4月，成立了由各市场成员代表组成的“市场成员联络协调工作小组”。商议市场中存在的问题；解答发电商关于市场运行所提出的疑问；提出完善《市场规则》的建议；参与市场监督和自律管理；内部争议的协商及调解等。此种形式成为完善电力市场内部管理，制定相应规则，有效贯彻“三公”原则的重要手段。

为规范市场成员操作行为，调动发电商AGC机组参与省际联络线和频率偏差控制(ACE)，在与各发电商充分协商的基础上，2000年7月，电力交易中心制定了《浙江电网发电市场自动发电控制（AGC）管理暂行规定》和《浙江电网发电市场发电出力偏离调度范围的管理办法》，8月开始执行，对自动发电控制（AGC）实行有偿服务，控制发电商发电出力偏离实时调度指令的行为，为提高ACE合格率提供了依据。

为了让市场成员及时了解PASA（系统充裕性评估）信息，对其设备发电及检修进行决策，2001年10月，开发了“PASA信息管理系统”，对PASA信息进行了分类，为市场信息公开化提供技术保障。

浙江省电力市场取得显著成效。然而，浙江电网发电市场规模较小，市场集中度较高，加之需求侧市场尚未放开，浙江发电市场实际是一个不完整的市场，没有电价联动机制，单一购买者面临很大的市场风险。

2003年7月2日，因浙江电网严重缺电，发供电持续不平衡，浙江发电侧电力市场根据电力市场规则终止运行。2004年5月1日，国家电监会正式发文终止包括上海、浙江在内的6个省（市）发电侧电力市场的运行。

（四）华东电网发电侧电力市场试运营启动

1998年，为发展区域电力市场做准备，华东电力集团公司立项“发展华东区域电力市场咨询项目”。通过招标方式，美国BDR咨询服务公司中标，并于1999年与华东公司共同完成了《华东电网区域电力市场总体框架设计》、《市场运作手册》、《市场运作协议》、《发电合同》、《过网费》、《电网规程提纲》、《省市交易合同》七个文件，其中电网规程由华东电力调度局独立完成。与此同时，华东电力调度局正式启动修改《华东电力系统调度规程》。

2000年6月6日，华东公司出台了《关于下达“华东电网省（市）际电力电量双边交易实施细则（试行）”的通知》。由于各省（市）电网均呈现不同程度的发用电不平衡，以及负荷随气温变化的不确定性，在华东公司的组织下，省（市）间双边交易非常活跃。2000～2002年，省（市）双边交易电量合计为199.8亿千瓦时。同时，为了尽最大可能满足用电需求，在短期及实时运行过程中，华东电力调度局积极组织华东区外来电，协调省（市）电力调度通信中心利用负荷时间差进行交易，最大限度地促成了省（市）际短期及实时交易电量的成交。

2001年，国电华东公司提出，在团结治网的基础上，依法管网，市场强网，注意电力资源在更大范围的优化配置。“团结治网、依法管网和市场强网”的新理念，不但注重全网互相协作，也讲求运用法制手段和市场手段管理电网，在华东电网生产运行工作会议上得到了三省一市电力公司和列席会议的福建省电力公司的认同。

同年，为确保电网的安全稳定运行，国电华东公司在制订的《华东电网省（市）际联络线功率电量管理和考核办法（试行）》中，对省（市）电网内发生单机容量60万千瓦及以上机组跳闸，或2台30万千瓦及以上机组同时或相继跳闸时，确定了事故支援电量的经济处理原则。办法内容是必须应省（市）电力调度通信中心要求，修改联络线关口计划，其中按照旋转备用使用规定的额度，自联络线关口计划修改时刻开始30分钟以内按3倍高峰统销电价结算，事故支援时间最长为30分钟，超过30分钟的增减电量按调入调出双方事先商定的电价处理。由于事故，省（市）电力公司或国电华东公司直属电厂未按规定安排旋转备用，多调部分的电量按高峰统销电价的5倍结算。

2001年4月，国电华东公司党组决定在华东电力调度通信中心组建市场运营科，加强电力市场工作。5月，华东电网电能量交易系统（ECETS）通过了专家鉴定，为省（市）双边交易提供了一个更加方便的平台。6月，开始对天荒坪抽水蓄能电站实行可调小时考核，小时数与容量电量的支付挂钩。通过大规模检修，天荒坪抽水蓄能电站机组可靠性有了明显提高。电站综合效率达80%，比设计值高6个百分点，发电容量157.5万千瓦，比计划增长5%。

2002年5月，国务院颁发5号文，提出了电网体制实行厂、网分开，组建独立的发电公司实体，统一调度下各发电主体竞价上网，独立核算，自负盈亏，发展区域电力市场，并确定东北和华东两大区域电网作为开展区域电力市场的试点。据此，华东电网的区域电力市场工作正式启动。

三、天荒坪抽水蓄能电站建设和运营

天荒坪抽水蓄能电站是华东电网20世纪90年代电力建设史上具有特殊意义的电站，是华东容量最大的抽水蓄能电站。水头高、规模大，采用世界银行贷款，国际招标，设备先进，设计、施工和运行均达到国际一流水平。

天荒坪抽水蓄能电站位于浙江省安吉县境内，直线距离至杭州57千米，至上海175千米，至南京180千米。电站以2回34千米长的500千伏输电线路接入瓶窑变电站，接近华东电网的负荷中心，地理位置十分优越。

电站安装了6台30万千瓦可逆式抽水蓄能发电机组，总装机容量180万千瓦。设计年发电电量（调峰电量）30.14亿千瓦时，抽水电量（填谷电量）41.04亿千瓦时，为日调节纯抽水蓄能电站。电站由华东电力集团公司、上海申能股份有限公司、江苏国际信托投资公司、浙江电力投资公司和安徽能源投资公司5家企业共同投资，利用世界银行贷款3亿美元，工程实行业主负责制、招标制和建设监理制。电站自1992年开工，2000年建成，建设总工期8年，其中从主体工程开工到1号机组投入试生产，历时55个月。国家批准的概算总投资为73.77亿元，实际总投资为62.18亿元，节余11.59亿元，投资节约率15.7％。概算单位千瓦投资4098元，实际单位千瓦造价为3455元。

电站枢纽工程由上水库、下水库、输水系统、地面开关站、中控楼、地下厂房洞室群等部分组成。上水库是一块沟源洼地，下水库位于太湖流域西苕溪的支流大溪河上。输水系统和厂房均深埋于地下。上、下水库天然高差约590米，筑坝后形成的平均水头约570米，最大发电毛水头610米。上、下水库的水平距离仅1千米左右，输水道平均长度1428米，输水道长度与平均发电水头之比$L/H=2.5$，与国内外同等水头的抽水蓄能电站相比有较优越的地形评价指标。

电站的主要设备经国际招标采购，水泵水轮机由挪威KVAERNER公司制造，发电电动机由加拿大GE公司制造，电站监控系统由奥地利ELIN供货，500千伏主变压器由英国Peeblus公司制造，500千伏封闭式组合电气（GIS）由瑞士ABB公司制造，500千伏电缆由日本制造。主设备采购合同于1993年10月5日在北京人民大会堂签字，李鹏总理出席了签字仪式。

该电站在华东电网中起到了常规电站不可替代的作用。当系统发生事故时，天荒坪抽水蓄能电站可在2～3分钟紧急开启机组，并带至满负荷。机组还具备黑启动的功能，在500千伏电网解列的情况下，允许本站1台机组带约5万千瓦负荷小系统启动，提高了抵抗系统事故的能力。

天荒坪抽水蓄能电站不但有显著的经济效益，而且有显著的社会效益，促进了地方经济及旅游事业的发展。

电站主体工程完成的土建工程量为土石方明挖（包括3.29滑坡体处理）960万米^3，洞挖石方81万米^3，坝体土石方填筑582万米^3，混凝土浇筑44万米^3，沥青混凝土防渗护面29万米^2，金属结构制作及安装6418吨。主要工料消耗指标为劳动力6564772工日，钢材27178吨，水泥176270吨，燃料油25625吨。

上水库库盆共由1个主坝和4个副坝围成。主坝和北副坝为土石混合坝，东副坝为堆石坝，西副坝和西南副坝为土坝。所有坝的上游坝面和全库盆一起采用浆砌石网格梁沥青混凝土防渗护面。下游坝面采用浆砌石网格梁植草皮护坡。

上库区挖填工程。由中国水电第五工程局承担施工，于1993年6月20日进点，同年12月1日主体工程开工，至1997年4月30日上库工作面全部移交。

沥青混凝土防渗护面施工。由于上水库工程地质条件十分复杂，为适应地基的变形能力，选定沥青混凝土面板作为上库盆的主要防渗结构，面积约为28.5万米^2。经国际招标，上水库沥青混凝土防渗面板工程（称C_4标）由德国斯特拉堡工程有限公司中标承建。承包商于1995年8月1日进场作施工准备，1996年4月18日开始摊铺，1997年8月12

日完成全部施工任务。全库库盆、库岸用沥青混凝土防渗在全国尚属首例。

下水库及地下厂房洞室工程。主要包括下水库坝、地下厂房、地下主变压器洞、尾闸洞、主厂房上游边墙以下的尾水系统、溢洪道、两岸放空洞，由中国水电第十四工程局施工，1993 年 4 月 1 日进点。地下厂房自 1994 年 3 月 1 日起开挖，至 1995 年 12 月 30 日结束。

下水库坝为钢筋混凝土面板堆石坝，钢筋混凝土面板自 1996 年 11 月开始浇筑至 1997 年 6 月完成。

厂房上游输水系统由上水库进/出水口，闸门井，2 条内径为 7 米、长 697 米、倾角 58°的斜井，钢筋混凝土岔管和 6 条内径为 3.2 米的钢衬支管（一条斜井分为三条支管）组成。1993 年 10 月 15 日，中国水电第一工程局进点开工。1 号输水道于 1997 年 9 月 30 日完工，2 号输水道于 1998 年 9 月完工，经充排水试验，证明输水道结构稳定，渗漏量满足设计要求。

高压输水道施工采用了重大技术创新。一是每条斜井上、下两段同时施工作业，使工期缩短了近一半；二是建设公司与水电十四局共同研制的 XHM－7 型斜井滑模运用于施工，加快了施工进度，节约了成本，并且填补了斜井混凝土施工的一项技术空白。该技术获得 2000 年度国家科技进步奖二等奖。

电站接入系统方式。通过 2 回 500 千伏平行输电线路接入瓶窑变电站，线路导线为 LGJQ－4×400，长度 34 千米。能满足电站最大送出、吸收功率的要求。

电站主接线。电站 6 台发电机和主变压器采用一机一变接线，共组成 3 个联合单元。500 千伏主接线形成不完全单母线双分段接线方式。电站采用低压侧换相方案。厂用电源与励磁电源均从主变压器低压侧接引。

地下部分布置。机组、主变压器及机组的辅助设施均布置在地下厂房内。

地面部分布置。中控楼、500 千伏 GIS 室与 500 千伏出线场、35 千伏降压站及柴油发电机室，集中布置在下水库旁 350.2 米高程的地面平台上。

水泵水轮机。机组为立轴、单级、可逆、混流式水泵水轮机，由挪威 KVAERNER 公司制造。

安装与调试。水泵水轮机安装始于 1996 年 1 月 29 日的 1 号机尾水管吊装定位，终于 2000 年 6 月 26 日 6 号机尾水管充水试验，历时 4 年 5 个月。

球阀。电站 6 台进水阀为卧轴球阀，阀体由铸钢分两瓣铸造，装入活门后焊接成一体，整体出厂。球阀采用双接力器油压操作机构。每台球阀配有 2 个重锤，设有一套独立的压油系统。

发电电动机。机组为立轴、悬式、三相、50 赫磁、空冷可逆式同步电机型，由加拿大 GE 公司制造。

静止变频启动装置（SFC）。电站设有 2 套静止变频启动装置，用于机组抽水方式的启动，由法国制造。装置主要包括输入回路、SFC 本体和输出断路器三大部分。SFC 运行初期故障率较高，经过环境改善，改用屏蔽电缆及制造厂的消缺后，SFC 装置进入了稳定运行阶段。

500千伏主变压器。电站6台500千伏主变压器，经过国际招、投标，由英国Peebles公司中标制造。3号与6号主变压器在现场试验中，发现局部放电值超标，处理未成，被返厂修理。3号主变压器返回奥地利ELIN工厂修理，修复后重新安装投入运行；6号主变压器返回广州ELIN工厂修理未成，按退货处理。1号主变压器试运行期间，发生变压器高压绕组匝间短路、爆裂事故，无修复可能，对此供货方已予理赔。为保证工程的进度，业主向常州东芝工厂订购了2台新变压器。因此，本电站2、3、4、5号主变压器为英国Peebles产品；1、6号主变压器为常州东芝产品。

500千伏电缆。500千伏电缆联接地面的GIS和地下三个变压器联合单元的GIS，由日本日立公司供货，共3个回路，总长1890米，每根电缆平均长度为210米。电缆敷设由上海电缆公司负责，电缆终端由日立公司派员制作。电缆第一回线自1997年9月10日开始支架安装到1998年5月21日投入试运行，第二回线于1999年7月24日投入试运行，第三回线1999年11月6日投入试运行。

500千伏GIS设备。500千伏SF_6全封闭组合电器（GIS）分地面站和地下站两部分。地面GIS 6个间隔和地下一单元GIS自1996年11月开始安装，到1998年12月31日交接给业主；地下二单元于2000年3月31日交接，地下三单元于2000年11月30日交接。

电站计算机监控系统（PSCS）采用分层分布结构，分电站控制级和现地级。该系统由法国EDF编制标书，奥地利ELIN公司负责整个系统的集成，计算机监控系统采用了加拿大BaiLey公司的Infi90全分布式控制系统，即电站控制层计算机和现地控制层的控制单元（LCU）是连接在一个通信速率为10兆字节的INFI-90环网上，进行数据交换，共享实时信息。

电站联动调试是在电站水工建筑物已通过充水前验收和国家安全鉴定的前提下，在机电设备分系统调试成功的基础上进行。

首机启动调试。天荒坪电站为纯抽水蓄能电站，上水库无自然径流，首机启动必须按水泵方式启动。按水泵方式启动要比发电方式启动复杂、难度较大。为稳妥起见，利用施工水泵向上水库充水，充水持续约3个月，使上库水位接近863.3米，蓄水量约38万米^3。利用这有限的水量先进行机组发电方向转动检查，在确定机械平衡无大问题的前提下，再进行水泵工况调试，待发电、抽水工况调试完成，再进行工况转换试验。1号机组于1998年5月31日开始启动调试，历时4个月完成调试任务，于1998年9月30日投入试运行。其余5台机组的调试，先进行发电方向启动调试，然后对水泵及其他工况进行调试。

电站成组控制试验。成组控制是华东电网调度对天荒坪全厂总负荷和电压实施远方控制。成组控制调试于2000年5月在5台机组投入运行的情况下进行的，历时1个月，基本完成调试任务。

电站黑启动试验。电站的1、4号机组具有黑启动的能力。1999年12月11日华东电网会同有关单位对天荒坪4号机组进行了黑启动试验。由厂内柴油发电机提供厂用电源，天荒坪4号机带4号主变压器、天荒坪—瓶窑5406线及瓶窑变电站2号母线和3号主变压器启动，整个试验过程稳定，建立电压正常，机组未出现自励磁现象。黑启动试验的成功，表明了天荒坪电站 4 号机具有黑启动的能力。华东电力调度通信中心编制的《华东电力系统黑启动预案》，明确天荒坪电站是电网全部停电后迅速恢复供电的首选电源。

从 1998 年 9 月 30 日～2000 年底，6 台 30 万千瓦抽水蓄能发电机组相继投产。华东电网的首家抽水蓄能电站以其巨大的调峰、填谷和事故备用功能，成功探索了一条确保电网安全稳定运行的新途径。

运行方式。机组具有 5 种稳态运行工况，即发电、发电方向调相、抽水、抽水方向调相、静止，5 种工况可相互转换。每台机每天启动停机多达 10 次，电站可持续满发时间 5 小时多。电站正常运行方式为一抽两发，其中 8：00～12：00，16：00～21：00 为发电时段；晚 23：00 到次日 6：00 为抽水时段。在电力供需矛盾突出的情况下，积极配合电网调度的安排，采用增加下午腰荷发电以及腰荷抽水等特殊手段，来缓解用电紧张的局面。电站高峰发电能力为 180 万千瓦，低谷填谷能力为 190 万千瓦，最大调峰能力可达 370 万千瓦，电站的灵活运行方式从根本上改变了华东电网基本由火电机组调峰的状况。

事故响应。抽水蓄能机组具有灵活的运行方式和快速的响应能力。电站能在几分钟内开启全部机组，提供紧急事故备用电源。电站自投产以来到 2003 年底，已为华东电网事故应急开机共 36 次。此外，天荒坪抽水蓄能电站上水库设计有事故备用库容可顶替 60 万千瓦事故容量 3 小时，机组还具有黑启动的功能。

运行情况。机组在投产初期运行的可靠性不够高，但经过 2 年的努力，对设备初期暴露出来的缺陷进行了认真分析、处理和改造，设备健康状况得到了明显改善，进入了稳定运行期。1999～2003 年电站运行可靠性指标情况见表专-2，机组启动次数及启动成功率情况见表专-3。

表专-2　　1999～2003 年天荒坪抽水蓄能电站运行可靠性指标情况

年　份	等效可用率（%）	强迫停运情况		跳机次数
		强迫停运次数	强迫停运率（%）	
1999	81.97	147	10.00	17
2000	54.90	224	40.43	26
2001	86.30	62	3.30	24
2002	88.83	3	0.22	3
2003	88.9	5	0.17	5

表专-3　　1999～2003 年天荒坪抽水蓄能电站机组启动次数及启动成功率

年　份	启动次数	发电方向启动		抽水方向启动	
		启动次数	启动成功率(%)	启动次数	启动成功率(%)
1999	1873	1084	94.46	789	86.09
2000	2905	1765	97.00	1140	86.14
2001	4535	2958	98.99	1577	94.36
2002	5153	3485	99.31	1668	97.72
2003	5518	3778	99.36	1740	98.39

1996年底组建以承担日常维护为目标的检修队伍，人员来自公司内部调整及向外单位少量招聘，这些人员既参加机组安装调试，又负责设备验收交接及日常维护管理工作。

机组主轴密封改造。运行初期，机组主轴密封经常出现温度过高或密封环抬起产生严重漏水，导致启动不成功或跳机的异常情况，经统计从1999～2001年的3年时间里，因主轴密封不正常导致机组跳机达46次之多。通过制造厂和电站技术人员的共同研究，重新设计主轴密封。原供货商经过长达4年的努力，对主轴密封进行了彻底的改造，将原设计双腔式调节压力的密封改为单腔式固定压力的密封，从根本上解决了问题。此后，6台机组的主轴密封，全部更换为新型的结构，运行情况稳定。

自动化元件可靠性问题。电站试运行期间，自动化元件故障较多，成为影响机组安全运行和启动成功率的主要原因。为此，公司花费了相当多的精力，分析元件故障原因，重新选型，予以更换和调整。通过整改，使电站的自动化故障率大幅度下降，进入了稳定运行。

水泵水轮机在调试初期，曾出现低水头空载运行不稳定现象，后增设了导叶不同步控制装置，使空载运行的稳定问题得到了较好解决。

检修分类。机组的检修分为A级（扩大性大修）、B级（一般性大修）、C级（扩大性小修）、D级（外围检查、消缺）4种。机组大修、扩大性小修都采用外包方式，公司的机组检修都由新安江水电厂和富春江水电厂分别承担，主变压器及500千伏设备的试验由华东电力试验研究院承担。公司的检修队伍承担设备的日常维护工作。

主要检修情况。1999年12月中旬，1号机组首次进行整改性大修，历时3个半月，主要解决低水头的稳定和导叶磨损的问题。这是电站自投产发电以来的第一次机组大修。从1999～2002年底，累计进行机组大修共6台次、小修共27台次。

根据国家电力公司机组达标投产的要求，2001年12月10～13日，受国家电力公司委托，国电华东公司组成专家组来天荒坪现场，对电站机组进行达标投产考核评定，按照国家电力公司《水电机组达标投产考评办法（1999年版）》的规定，先对电站4、5、6号机组进行了认真细致的考评，认定4、5、6号机组具备达标条件；同时对1、2、3号机组也进行了检查考评，也确认达到了机组达标考核的要求。考评组同意按程序报批。至此，天荒坪电站的6台机组都成为达标投产机组。

电站建立了完善的水工监测自动采集系统，观测项目和测点布置能较全面地反映各建筑物的工作状态，原型监测自动数据采集系统选用了美国基美星2380系统，已接入的测点1209点。观测资料对施工、设计、科研、运行都能起到指导作用。整个系统从1998年底开始安装，到1999年7月投入正常运行，安装历时半年。

下水库：1999年3月15日～4月8日首次将下水库放空，进行例行安全检查和缺陷处理。4月9日开始蓄水，10日下水库投入运行。检修后的下库坝、放空洞底孔、进出水口及金属结构的质量都全面达到或超过了设计标准。2000年二季度完成了地下洞室局部渗漏及潮湿问题的处理。2002年，对地下主厂房下游侧顶拱裂缝进行了处理。

上水库：1998年9月17日上水库首次放空进行检查，对发现的裂缝，及时进行了处理，并于同年10月26日开始再次蓄水，水位升至886.51米。之后，分别于1999年9月下旬、2001 年 5 月上旬二次放空检修处理缺陷。

高压输水道。2002 年 11 月底，对两条高压输水道放空进行检查维护，并对两条斜井混凝土衬砌体进行了摄像检查，全面摸透了斜井混凝土衬砌体的情况，检修工作于同年 12 月底完成。

2002 年，针对电站水工设施运行几年后暴露出的缺陷和专项工程验收中提出的 11 项整改项目，全面进行了整改处理，使电站水工设施更趋完善。

天荒坪抽水蓄能电厂实行两部制上网电价经历了一个很长的过程。从 1994 年起，为保证电厂投资各方权益，充分发挥其在系统中的作用，华东电力集团公司即开始对天荒坪抽水蓄能电厂运行的经济问题进行研究，其中重点是研究电厂的本息回收问题。研究初期，由于受制于常规思路，把抽水蓄能电厂等同于一般火电机组，采用还本付息的单一制上网电价。结果发现：价格很高而效用不高。也曾设想采用上网峰谷电价，但其只能反映抽水蓄能电站的高峰效益，无法反映事故备用、应急调频等动态效益。1995 年以后，研究确认蓄能电站采用两部制上网电价在理论上是合理的。但由于当时没有设计两部制上网电价的经验，为此，经世界银行推荐，于 1996 年，与美国 BDR 咨询公司签订了天荒坪抽水蓄能电站电价设计与运行咨询合同。1997 年，BDR 公司提交了经华东电力集团公司确认的电价咨询报告。至此，形成了完整的两部制上网电价架构。1998 年，天荒坪电厂机组开始投运，同年 12 月 23 日，国家计划发展委员会价格司发出《关于核定天荒坪抽水蓄能电厂上网临时结算电价的函》，下达了天荒坪电厂上网临时结算电价为容量电价每年每千瓦 210 元，电量电价每千瓦时 0.163 元（均不含增值税）。临时结算电价自电厂投入商业运行之日起，执行到上网电价正式审批下达后终止。2000 年 9 月 30 日，《国家计委关于核定天荒坪抽水蓄能电厂上网电价的通知》，正式核定天荒坪电站上网电价：容量电价为 470 元/（千瓦年），电量电价 0.264 元/（千瓦时），抽水电价 0.1829 元/（千瓦时）（均不含增值税）。执行时间除安徽省为 2000 年 9 月 1 日外，其余省市均从 2000 年 1 月 1 日起执行。

两部制上网电价由容量电价和电度电价两部分组成，二者之和构成了电费收入主体。容量电价的基础主要是固定成本，容量电费的收取与机组可利用率挂钩；电度电价主要由变动成本组成，按实际上网电量计算电费。

抽水蓄能电站的投运不仅有利于电网的安全稳定经济运行，而且也改善了电网中火电机组运行的安全性和经济性，因此，抽水蓄能电站的效益融化在电网之中，电网也应作出相应的回报，实行两部制电价，有效保证了抽水蓄能电厂的合理收益。

天荒坪采用两部制电价的计算公式为：

容量电价＝［公司管理费＋财务费用＋折旧费＋（维修费＋材料费＋其他费用）×70%＋工资福利费＋销售税金及附加税＋还贷所需税前利］/电厂发电净上网可用容量

电度电价＝［抽水电价×抽水电量＋（维修费＋材料费＋其他费用）×30%＋库区后期扶持基金＋销售税金及附加税＋公司资本金利润］/电厂计划年上网电量

天荒坪在综合考虑蓄能机组的运行特性后，机组的年发电小时按设计年发电小时数 1756 小时×70%＝1230 小时（设定容量系数为 1）进行计算的。国家计委在批复天荒坪电价时将其提高到80%，即实际采用的机组年发电小时数为1404小时。

电费结算中的电量电价比较明确，而容量电价的结算就比较复杂，天荒坪根据电网的要求结合自身的特点与华东电力集团公司共同制定了一整套容量电价（计价容量）的考核办法并严格执行。

附录

附　录

一、关于机构、体制沿革文件

关于同意成立中国华东电力集团的复函

计规划［1992］2598号

国务院有关部门，中国华东电力联合公司：

中国华东电力联合公司《关于组建中国华东电力集团的请示》收悉。经研究并商能源部，现函复如下：

同意中国华东电力联合公司更名为中国华东电力集团公司。同意以中国华东电力集团公司为核心企业组建中国华东电力集团。请中国华东电力集团按照国务院国发［1991］71号文件的要求和有关部门实施办法的具体规定，办理其他专项审批手续。关于核心企业对紧密层企业的管理办法，请能源部商有关方面研究提出具体的实施意见。

希望中国华东电力集团认真贯彻执行国务院《全民所有制工业企业转换经营机制条例》，进一步完善组织结构和功能结构，认真做好试点工作，注意发挥地方办电的积极性，为加快发展我国电力工业，促进国民经济发展，作出积极贡献。

中华人民共和国国家计划委员会（章）
中华人民共和国国家经济体制改革委员会（章）
国务院经济贸易办公室（章）
一九九二年十二月二十八日

关于同意中国华东电力集团在国家计划中实行单列的通知

计综合［1993］1786号

国务院各部门、直属机构，浙江省、安徽省、江苏省、上海市计委（计经委），中国华东电力集团公司：

根据国务院国发［1991］71号文件和国家计委、国家体改委、原国务院经贸办联合印发的《关于试点企业集团实行国家计划单列的实施办法（试行）》（计综合［1992］1264号）的规定，经研究并商有关部门，同意中国华东电力集团从一九九四年起在国家计划中实行全面单列。现将有关计划单列的事项通知如下：

一、在国家计划单列的范围包括：中国华东电力集团的核心企业中国华东电力集团公司，紧密层企业浙江省电力公司、安徽省电力公司、江苏省电力公司、上海市电力公司、上海市电力建设局。

二、在国家计划中单列的指标主要包括中国华东电力集团核心企业和紧密层企业的经济、科技和社会发展计划指标，原则上按国务院国发［1991］71 号文件和三委办计综合［1992］1264 号文件规定办理。请有关部门、地方与中国华东电力集团按上述文件规定的计划单列内容进行计划指标的划转工作，及时将各项指标基数报送我委和国务院有关部门，以便纳入国家计划。

三、在国家计划中实行单列后，中国华东电力集团在固定资产投资、直接吸收外商投资、技术引进及境外投资等方面，享有国家规定的投资自主决策权。

四、中国华东电力集团在国家计划中实行单列后，要继续努力完成国家任务，自觉接受国家宏观指导，并不断深化改革，进一步转换企业内部经营机制，加强集团组织建设，不断提高经济效益和管理水平，继续注意发挥地方办电的积极性，增强在国内和国际市场上的竞争能力，为加快我国能源工业的发展作出积极贡献。

请各有关部门和地方积极支持中国华东电力集团的计划单列工作，在中国华东电力集团计划单列后，继续对中国华东电力集团给予政策指导和支持，积极为中国华东电力集团的生产和建设等提供服务。

中华人民共和国国家计划委员会（章）

一九九三年十月五日

关于中国华东电力集团公司实行财务计划单列和税利分流办法的通知

财工字［1993］第 271 号

电力工业部、中国华东电力集团公司：

根据国务院国发［1991］71 号文件规定，中国华东电力集团公司（以下简称“华东集团”）的财务计划在中央财政单列，在电力工业部项下戴帽下达，由电力工业部归口管理。现将有关事项通知如下：

一、关于华东集团的财务体制

根据财政部和国家体改委［91］财改字第 4 号文件的精神，同意华东集团实行税利分流办法。具体方案核定如下：

1. 核定华东集团的所得税率为 33%，税后利润定额上交财政 6600 万元后留用，并按《工业企业财务制度》第 63 条规定的顺序分配。

2. 实行税利分流办法后，华东集团 1992 年末未归还的老借款每年可用税前利润定额归还 6000 万元，剩余的老借款和 1992 年后新发生的借款一律用税后留用资金归还，同时取消按税前还贷利润提取“两金”（职工福利基金、奖励基金）的政策。税利分流办法的其他规定，按照财政部、国家体改委［91］财改字第 4 号和财政部［92］财综字第 192 号文件执行。

3. 华东集团所得税继续按原来的缴库办法缴库，即由华东集团所属的省电力公司就地上缴中央金库；税后利润定额上缴部分由华东集团分解下达给所属的省（市）电力公司，并由省（市）电力公司就地上缴给中央金库，年终，由财政部与华东集团按核定的税利分流办法实行总清算。

4. 本办法执行时间为1993年1月1日～1995年12月31日，执行范围为华东集团直属的工业企业。

5. 华东集团在我部核定的总方案内，应尽快落实集团内部各省（市）电力公司的财务体制，并报我部备案。

6. 华东集团实行财务单列后，集团财务管理的有关问题请按财政部［92］财工字第98号文件规定执行。

7. 在新一轮方案中，华东集团应努力转换经营机制，严格执行国家有关财经制度和税收、价格、工资政策，并接受财政、税务、物价、审计部门的监督。

有关安全、质量等指标由电力工业部另行考核。

二、关于华东集团的财务计划

根据国家预算安排，分配给华东集团1993年上缴中央财政收入指标（所得税、利润）为3.53亿元。

中华人民共和国财政部（章）

一九九三年六月三十日

关于成立国家电力公司华东公司的通知

国电人资［2000］282号

中国华东电力集团公司：

为深入贯彻落实党的十五届四中全会《决定》精神，根据国务院国发［1996］48号、国务院办公厅国办发［1998］146号文件确定的改革要求，按照国家电力公司《关于印发中国华东电力集团公司改革方案的通知》（国电总［2000］271号）精神，经研究，决定成立国家电力公司华东公司（简称“国电华东公司”），同时撤销中国华东电力集团公司。

国电华东公司是国家电力公司的分公司，是国家电力公司在华东地区的派出机构，是国家电力公司在华东地区的区域战略规划中心、调度指挥中心、电力电量交易与结算中心和内部利润中心。国家电力公司对国电华东公司实行法人授权委托制度、经营目标责任制度和内部工效挂钩考核制度。国电华东公司按照国家电力公司的委托与授权从事经营管理活动。

请据此办理成立国家电力公司华东公司和注销中国华东电力集团公司的有关工商手续事宜。

国家电力公司（章）

二○○○年五月二十七日

关于撤销华东电业管理局的批复

国经贸电力［2002］297号

国家电力公司：

你公司《关于转报〈华东电业管理局撤销方案〉的请示》（国电办［2002］260号）收悉。经研究，批复如下：

一、自发文之日起撤销华东电业管理局。

二、请严格按照中编办、国家经贸委关于调整电力行政管理职能有关文件精神，实行政企分开，做好职能移交工作，确保衔接有序、平稳过渡。原华东电业管理局承担的跨省（市）电力资源配置、规划、设计及电网运营中重大问题的协调等行政职能移交到国家经贸委。综合统计工作，目前暂按照我委《关于委托国家电力公司承担电力统计工作的函》（国经贸电力［1998］769号）执行。

三、政企分开后，国家电力公司华东公司、有关省（市）经贸委（经委）、电力公司要认真负责，做好本职工作，同时要加强协商配合，相互支持，确保电网安全稳定运行，促进电力工业的持续、稳定、健康发展。

中华人民共和国国家经济贸易委员会（章）

二〇〇二年五月十三日

二、1990～2002年华东三省一市统计资料

1990～2002年华东三省一市全社会用电量　　单位：亿千瓦时

年份		1990	1991	1992	1993	1994	1995	1996
一、农林牧渔水利业合计		81.69	91.20	98.86	101.16	112.64	121.16	127.23
二、工业合计		859.06	942.31	1056.41	1150.11	1262.35	1362.87	1436.41
三、地质普查和勘探业		0.44	0.55	0.71	0.76	0.95	1.14	1.18
四、建筑业		6.59	7.25	8.76	13.27	18.33	21.04	22.95
五、交通运输邮电通信业		9.20	9.93	11.13	12.69	15.55	18.28	20.10
六、商业饮食物资供销仓储业		13.94	15.05	18.12	22.93	30.19	36.15	43.98
七、其他事业		32.31	37.24	42.42	49.78	60.28	68.57	81.26
八、城乡居民生活用电合计		81.64	93.97	108.95	129.34	166.26	197.52	220.66
合计		1084.87	1197.50	1345.36	1480.04	1666.56	1826.73	1953.75
其中	第一产业	64.25	73.13	79.58	82.62	91.57	98.67	104.50
	第二产业	865.65	949.56	1065.17	1163.38	1280.68	1383.91	1459.36
	第三产业	73.33	80.85	91.66	104.70	128.04	146.63	169.23

续表

年 份		1997	1998	1999	2000	2001	2002
一、农林牧渔水利业合计		124.91	123.99	120.20	109.73	105.62	91.40
二、工业合计		1492.00	1508.55	1643.19	1898.29	2117.00	2469.96
三、地质普查和勘探业		0.97	0.99	1.03	1.05	1.16	1.12
四、建筑业		23.57	24.27	24.10	25.47	29.60	36.67
五、交通运输邮电通信业		21.66	23.98	25.02	29.08	33.13	36.62
六、商业饮食物资供销仓储业		52.24	60.46	67.58	82.49	93.90	108.97
七、其他事业		92.69	107.90	114.61	135.38	147.95	175.52
八、城乡居民生活用电合计		241.77	268.45	279.38	327.84	353.65	374.37
合 计		2049.82	2118.58	2275.12	2609.33	2882.02	3294.63
其中	第一产业	101.75	101.08	94.75	83.82	77.83	65.42
	第二产业	1515.57	1532.81	1667.29	1920.43	2146.60	2506.63
	第三产业	190.73	216.23	233.70	277.25	303.94	348.21

1990～2002年华东三省一市用电最高负荷（全口径） 计量单位：兆瓦

年份	华东	上海	江苏	浙江	安徽
1990	16350	4310	6330	3850	2820
1991	17700	4500	6820	4300	3150
1992	20000	5150	7600	4800	3450
1993	22100	5550	8400	5850	3600
1994	24500	5300	9500	6250	4150
1995	28000	7100	10800	6900	4550
1996	31400	7600	12200	7600	5000
1997	33000	8250	12900	7800	5350
1998	36300	9200	14000	9000	5500
1999	38800	9200	15320	9819	5900
2000	43000	10600	16600	11499	6200
2001	47400	11300	18400	13092	6600
2002	55900	12600	21800	15539	7480

1990～2002年华东三省一市装机容量、发电量

年份	全社会发电装机容量（万千瓦）					全社会发电量（亿千瓦时）				
	合计	水电	火电	核电	其他	合计	水电	火电	核电	其他
1990	2582.54	284.29	2298.25			1091.45	69.87	1021.58		
1991	2766.66	287.36	2479.30			1203.85	74.50	1129.35		
1992	3078.15	293.81	2784.34			1349.60	73.26	1271.11	5.23	
1993	3315.20	296.42	3018.78			1483.68	74.23	1392.05	17.40	
1994	3615.33	308.06	3277.27	30.00		1672.20	74.64	1579.77	17.79	
1995	3912.52	316.55	3565.97	30.00		1831.52	89.81	1719.53	22.18	

续表

年份	全社会发电装机容量（万千瓦）					全社会发电量（亿千瓦时）				
	合计	水电	火电	核电	其他	合计	水电	火电	核电	其他
1996	4235.82	338.10	3867.72	30.00		1961.20	64.44	1874.51	22.25	
1997	4399.34	355.73	4013.61	30.00		2051.45	71.69	1959.64	20.12	
1998	4757.86	447.08	4280.78	30.00		2119.10	114.37	1993.10	11.63	
1999	5214.14	506.51	4673.96	30.00	3.67	2268.89	119.03	2141.93	7.33	0.60
2000	5669.84	600.02	5036.00	30.00	3.82	2596.30	97.78	2477.44	20.35	0.73
2001	5932.22	637.50	5359.70	30.00	5.02	2823.76	115.57	2682.67	24.72	0.80
2002	6250.16	665.31	5412.03	167.80	5.02	3145.04	153.99	2933.54	56.12	1.39

1990～2002 年华东三省一市变电容量、输电线路长度

年份	全社会变电容量（万千伏安）					全社会输电线路长度（千米）				
	合计	500 千伏	220 千伏	110 千伏	35 千伏	合计	500 千伏	220 千伏	110 千伏	35 千伏
1990	6121.07	559.70	2112.00	1991.47	1457.90	67491	2061	11662	16013	37755
1991	6457.35	559.40	2255.50	2109.17	1533.28	70306	2389	12005	16692	39220
1992	7493.83	909.40	2644.00	2276.21	1664.22	72885	2667	12747	17187	40284
1993	8291.53	909.40	2936.00	2574.03	1872.10	75248	2797	13545	17524	41382
1994	9342.27	909.50	3365.00	2860.93	2206.84	79110	3000	14556	18727	42827
1995	10777.48	909.50	3922.00	3349.48	2596.50	83097	3002	15744	19441	44910
1996	12169.53	989.60	4416.70	3918.68	2844.55	86715	3185	16552	20944	46034
1997	13398.21	1139.40	4870.00	4301.28	3087.53	90593	3324	17657	21988	47624
1998	14895.50	1439.40	5458.00	4676.63	3321.47	93469	3761	18668	22874	48166
1999	16229.17	1664.40	5950.00	5123.78	3490.99	96032	4377	19602	23629	48424
2000	17926.24	1894.40	6490.00	5843.00	3698.84	101363	5841	20307	25401	49814
2001	20683.25	2594.40	7345.00	6663.46	4080.39	108775	6737	21502	27717	52819
2002	23507.00	3394.40	8241.60	7560.36	4310.64	116115	7978	22947	30551	54639

1990～2002 年华东三省一市供电量、线损率

年份	供电量（亿千瓦时）	线损率（%）	年份	供电量（亿千瓦时）	线损率（%）
1990	930.17	7.63	1997	1744.23	7.91
1991	1024.77	7.84	1998	1791.84	7.77
1992	1146.92	8.23	1999	1909.3	7.63
1993	1264.67	8.52	2000	2192.18	7.70
1994	1424.86	8.70	2001	2429.34	7.77
1995	1561.85	8.54	2002	2797.65	8.29
1996	1669.84	8.25			

编 后 记

《华东电力工业志》（1991～2002）经过全体编纂人员近两年的努力，终于付梓出版了。这部志书记载了华东电力工业在改革开放以来12年的发展历史。本书的出版是华东电力系统精神文明建设和企业文化建设的又一成果。

华东电网有限公司修编《华东电力工业志》（1991～2002）工作，是从2007年4月中国电力企业联合会桂林续志工作会议以后开始酝酿的。2007年6月4日，公司调整了《华东电力工业志》编纂委员会。公司党组书记、董事长、总经理帅军庆任主任，分管副总经理赵首先、顾问邵世伟、徐航等3人任副主任，公司各部门主任和直代管单位行政正职以上领导任编委会委员。同时成立《华东电力工业志》编辑室，挂靠在总经理工作部。具体负责志书编辑工作，由徐航任主编，总经理助理、总经理工作部主任王国平兼任副主编，另聘请两位编辑。

2007年8月2日，公司发文聘请公司各部门和直代管单位熟悉断限时间内华东电力工业历史、又有一定文字功力的在职和少量退休人员共36位同志担任撰稿人，并聘请公司原总工程师、副总工程师、华东电力报副总编辑等人为特约编辑。

2007年7月2日，公司召开启动《华东电力工业志》续志工作会议，公司总经理、编委会主任帅军庆同志作了动员报告。编委会各位成员、各撰稿人参加会议。自此，续志工作较快地做到了思想落实、组织落实和行动落实，按照优质高效和务期必成的要求不断推进。

华东电网有限公司的续志工作经历了篇目大纲编写定稿，部门、单位组写初稿，形成部门、单位送审稿，形成各篇章总纂初稿，编委会内审，华东协作组片审和报送中国电力史志编委会终审等几个阶段。

启动会议后，立即对编纂人进行了修志基本常识的培训。在此基础上，组织了篇目大纲的编写。经各部门各单位内部反复讨论，并由编辑室与各部门多次协商后，大纲报经编委会领导同意。8月7日提请华东协作组审查。修改后9月10日报经中国电力工业史志编委会同意。

此后，各部门、各单位撰稿人按照篇目大纲所规定的范围，进入搜资、撰稿阶段。11月2日，公司再次召开修志工作会议，总结了前四个月工作，提出了后续要求。

2008年春节前，大部分单位和部门完成了志篇初稿的撰写。编辑室与有关方面协商，由各部门、各单位分别主持召开审查会议，请部门或单位负责人、撰稿人、特约编辑、熟悉历史情况的老领导、老职工参加，一篇篇、一章章地审查初稿，讨论补充修改意见，特别是如何提炼无题小序，倾注了大量心血。编辑室自始至终派人参加会议，发表意见。部门、单位审查后，编写人员又以较高效率对初稿进行了反复修改。

2008年4月中旬起，志书进入总纂阶段。编辑室人员进行了明确分工，仔细审阅并修改初稿。对照档案资料，核对历史事实；遵照行文规范，核对机构名称和计量单位；按照文字规范，推敲遣词造句；根据志书要求进行修改，并尽可能统一各篇章的文采格调；重新撰写部分无题小序；如遇疑难问题，立即与初稿编写人员商讨解决。在此基础上，再由编辑室人员与各篇章的撰稿人逐章逐节逐段地就总纂稿的修改、补充进行协商。取得一致意见后，形成篇章的总纂稿。

2008年8月11～15日，编辑室与部分特约编辑在千岛湖培训中心召开了总纂会议。尽力按照中国电力工业史志编委会提出的篇目完整、层次分明、内容协调、文体统一、繁简得当、数字精确、图文并茂、具有较强可读性等要求对总纂稿进行了通稿。之后，又对部分稿件进行了再次补充修改或重写。

2008年9月中旬，完成了初稿，印刷后送《华东电力工业志》编委会成员和公司老领导审查，并送华东四省一市协作组修志专家审阅。2008年11月12日，召开了公司内部的审查会。得到了编委会的基本认同，通过了内审。

2008年12月16日，召开了华东协作组片审会议，通过了片审。编辑室广泛征求对送审稿的意见，并根据意见作了认真的修改后，于2009年2月经公司党组审查同意后，报中国电力史志编委会终审。2009年3月24日通过了中国电力工业史志编委会的终审。此后，按终审会的意见，编辑室又进行了详细的修改。

《华东电力工业志》（1991～2002）之所以在较短时间内得以成书，有其原因。一是得到了中国电力史志编委会的及时指导，我们也主动争取他们的支持。二是华东电网有限公司党组对编纂工作非常重视，党组领导同志亲自关心工作进展，落实编志责任，及时解决工作中的困难和问题，保证编纂工作的顺利进行。三是华东电网有限公司各部门和各直代管单位领导重视该项任务，具体负责撰稿的同志，废寝忘食工作，坚持质量是志书生命的原则，严格执行规范，反复推敲修改志稿。四是编辑室通过许多次大大小小的协调会议和89篇简报，加强组织，边学边干，不断激励，鼓气不泄气。五是四省一市修志同行给予了许多支持和帮助。在此，对所有关心支持本书编写工作的领导和同志们致以诚挚的感谢！

限于编写水平与经验，志书难免有错漏和不足之处，敬请读者批评指正。

《华东电力工业志》编纂委员会

二〇〇九年五月三十一日

《华东电力工业志》
编辑出版人员

总体策划　刘克兴　仙文杰

责任编辑　陈琛才　罗翠兰

彩图设计　杨晓东

版式设计　车　平

责任校对　焦秀玲

出版印制　黄鹏飞

联系电话　（010）68316496、88370049

图书在版编目（CIP）数据

华东电力工业志：1991～2002/《华东电力工业志》编纂委员会编著．—北京：中国电力出版社，2009
（中国电力工业志丛书）
ISBN 978-7-5083-9463-3

Ⅰ．华… Ⅱ．华… Ⅲ．电力工业-工业史-华东地区-1991～2002 Ⅳ．F426.61

中国版本图书馆 CIP 数据核字（2009）第 172508 号

中国电力出版社出版、发行
（北京三里河路 6 号　100044　http://www.cepp.com.cn）
北京盛通印刷股份有限公司印刷
各地新华书店经售
*
2009 年 12 月第一版　2009 年 12 月北京第一次印刷
787 毫米×1092 毫米　16 开本　45.75 印张　1020 千字　12 插页
定价 **300.00** 元